Wolfgang Kawollek

Das große Ulmer GARTENBUCH

Ulmer

Wolfgang Kawollek

Das große Ulmer GARTENBUCH

5., aktualisierte Auflage

Lieber Gärtner, liebe Gärtnerin,

dass „Das große Ulmer Gartenbuch" nun schon in der 5. Auflage erscheinen kann, erfüllt mich mit großer Freude. Die Grundlagen des Gärtnerns haben sich seit Erscheinen der 1. Auflage natürlicherweise nicht verändert, hier bedurfte es keiner Überarbeitung. Anders ist dies hinsichtlich der Sortenempfehlungen, insbesondere bei den Nutzpflanzen. Hier ist die Zeit nicht stehen geblieben. Deshalb habe ich alle Sortenempfehlungen aktualisiert. Dabei erhielten bewährte, widerstandsfähige Sorten und neue, krankheitsresistente Sorten den Vorzug vor vermeintlich sensationellen Neuheiten, die nur auf Bildern im Katalog gut aussehen, aber im Garten versagen.

Ergänzt habe ich die 5. Auflage darüber hinaus um einen praktischen Gartenkalender, der Ihnen Monat für Monat Hinweise auf die anfallenden Arbeiten in den einzelnen Gartenbereichen gibt.

Außerdem haben wir Ihnen kleine Gartenhelfer an die Seite gestellt, die Sie fröhlich durch dieses Buch und Ihr Gartenjahr begleiten.

Viel Freude am Gärtnern wünscht Ihnen

10

1 VOM GRUNDSTÜCK ZUM GARTENPARADIES

Bei der Anlage eines Gartens, dessen Neu- oder einer Umgestaltung, gilt es etwas zu schaffen, das den persönlichen Bedürfnissen und Neigungen seiner zukünftigen Benutzer entspricht. Die drei wesentlichen Faktoren, die dabei zu berücksichtigen sind, sind die Gegebenheiten des Grundstücks, die vorgesehene Funktion des Gartens und der persönliche Geschmack. Das Kapitel vom Grundstück zum Gartenparadies liefert die dazu notwendigen Informationen. Wie wird die Gartenanlage geplant und strukturiert? Was kann und sollte ein Garten enthalten? Wie kann man Pflanzen effektvoll gruppieren? Was ist bei der Anlage und Pflege von Rasenflächen unbedingt zu beachten?

32

2 GARTEN BASICS

Einen Garten anzulegen, ihn das ganze Jahr hindurch in einem guten, möglichst gepflegten Zustand zu haben das bedarf nicht nur eines gewissen Aufwandes, sondern auch der notwendigen praktischen Kenntnisse. Mit den Bedingungen, die für das Wachstum der Pflanzen von Bedeutung sind, den theoretischen und praktischen Grundlagen beschäftigt sich dieses Kapitel. Es beschreibt, wie man auf naturgemäße Weise den Gegebenheiten von Klima und Boden Rechnung trägt, den Boden fruchtbar hält, den Nährstoffansprüchen der Pflanzen gerecht wird, Schädlinge und Krankheiten sinnvoll bekämpft und wie man Nützlinge im Garten fördern kann.

3

GEHÖLZE FÜR JEDEN GARTEN

Bäume und Sträucher sind wichtige Gestaltungselemente eines Gartens. Sie geben dem Garten eine räumliche Gliederung, nicht nur in der Fläche, sondern auch in der Höhe. Sie schirmen ihn nach außen ab, bieten Schutz gegen Wind und zu starke Sonneneinstrahlung. Was man bei der Auswahl der Gehölze, der Pflanzung und Pflege zu beachten hat, wird in diesem Kapitel näher beschrieben. Nach der zukünftigen Größe der Gehölze geordnet, findet der Gartenbesitzer eine große Auswahl von Gehölzen für seine speziellen Bedürfnisse und Wünsche. Dabei kommen auch Kletterpflanzen, Hecken, Rhododendren und Rosen nicht zu kurz.

4

DER BLUMENGARTEN

Blumen, ob Stauden oder Sommerblumen, sind ein Muss für jeden Garten. Eine voll erblühte Stauden- oder Sommerblumenrabatte ist für viele Menschen der Inbegriff eines schönen Gartens. Blumen geben dem Garten im Sommer mit ihrer Blütenfülle frohes Leben und eine große Pracht. Die Farbpalette der Blumen wird von keiner anderen Pflanzengruppe erreicht. Es gibt sie in allen Farben, aber auch in einer unvorstellbaren Zahl von Formen und Strukturen, mit zarten bis betäubenden Düften. Die schönsten Sommerblumen und Stauden, Gräser, Zwiebelpflanzen und Knollenblumen werden in diesem Kapitel vorgestellt.

5 DER GARTENTEICH

Wasser kann beruhigend und anregend wirken, es bringt einen Hauch von Kühle in den Garten, aber auch von Exotik. Mit einem Wassergarten schafft man nicht nur Lebensraum für besondere Pflanzen, sondern auch für verschiedene Tiere, für Libellen, Wasserläufer, Molche, Frösche und auch Vögel. Welche Voraussetzungen erfüllt werden müssen, um auf Dauer Freude an seinem Teich zu haben, wie man einen Teich baut und welche Materialien dazu besonders geeignet sind, welche Pflanzen für die verschiedenen Teichzonen in Frage kommen und wie man sie pflanzt und pflegt, wird in diesem Kapitel ausführlich beschrieben.

6 DER OBSTGARTEN

Obstbau ist in jedem Garten möglich. Auch das kleinste Gärtchen erlaubt es noch, manche Leckerei zu ziehen. Wie beim Gemüse kommt man in den Genuss von Vorzügen, die uns noch so gepflegte Handelsware nicht bieten kann, nämlich die Frische und die Freiheit von unerwünschten Inhaltsstoffen. Die für unsere Breiten wichtigsten Kern-, Stein-, Schalen- und Beerenobstarten werden in diesem Kapitel beschrieben. Beschrieben wird insbesondere, wie man durch sorgfältige Planung, überlegte Sortenwahl, geeignete Erziehungsmethoden und Pflege auf naturgemäße Weise gesundes und frisches Obst erhält und wie man es lagern kann.

7

DER GEMÜSE- UND KRÄUTERGARTEN

Gemüse und Gewürzkräuter selbst heranzuziehen kann vielerlei Gründe haben. Viele Menschen schätzen die Frische und den guten Geschmack, den gekauftes Gemüse nur selten erreicht. Andere nutzen den Gemüsegarten, um exotische oder ungewöhnliche Arten und Sorten, die sonst kaum erhältlich sind, zu ziehen. Ein weiterer Grund ist die Gewissheit, dass die Produkte nicht mit allerlei zweifelhaften Chemikalien in Berührung gekommen sind. Welches Gemüse und welche Kräuter es sich lohnt in unseren Gärten anzubauen, welche Anbaumethoden die besten Erfolge bringen, welche Sorten besonders geeignet sind, wird in diesem Kapitel beschrieben.

8

MOBILES GRÜN IN KÜBELN UND KÄSTEN

Schon die alten Ägypter, Griechen und Römer haben verschiedenste Gewächse in Töpfen gezogen, um ihre häusliche Umgebung zu schmücken. Diese alte Tradition hat auch bei uns große Bedeutung. Ein Garten, in dem nicht auch bepflanzte Gefäße stehen, ist heute eher selten. Wenn in Gärten die Pflanzflächen begrenzt sind, haben Töpfe und Kübel einen unschätzbaren Wert; sie bieten sich aber ebenso an, um Terrassen, Dachgärten und Balkone zu schmücken. Mit der Kultur und Pflege von mobilem Grün beschäftigt sich dieses Kapitel.

Service

Vom Grundstück zum Gartenparadies

Am Anfang steht das Grundstück

Der Garten ist ein von Menschenhand gestaltetes Stück Natur. Und wo der Mensch mit im Spiel ist, werden auch Fehler gemacht. Wie die Erfahrung zeigt werden bei Neubauten schon schwerwiegende Fehler begangen, bevor der Garten überhaupt entsteht.

Bodenbearbeitung noch vor der Gartenanlage

Bei Neubauten wird der künftige Garten zunächst einmal zum Bauplatz. Bauplätze aber sind Orte, an denen die Natur meist ganz gründlich zerstört und geschunden wird und wo viele Schäden entstehen können, die sich später nicht mehr beheben lassen.

Der Gartenplan sollte bei Neubauten stets zusammen mit dem Bauplan des Hauses entstehen. Es ist grundfalsch, erst mal das Haus zu bauen und dann zu überlegen, was drum herum mit dem Garten geschehen könnte. Nur bei rechtzeitiger Gartenplanung lässt sich verhindern, dass beim Hausbau dem künftigen Gartenboden und, soweit vorhanden, dem Pflanzenbestand Schaden zugefügt wird, der nicht mehr zu beseitigen ist. Viel zu oft wird gegen diesen Grundsatz verstoßen. Dann steht das Haus fertig da in einer von Baumaschinen zerstörten Natur, bei der man ganz bei Null anfangen muss, um etwas Neues wachsen zu lassen. Überlegt werden muss auch wie und ob die vorhandene Geländeform und vorhandene Höhenunterschiede, die beim rohen Bauplatz in der Regel naturgegeben sind, sinnvoll genutzt werden können, ohne erst einmal mit der Planierraupe alles zu zerstören. Mit der Planierraupe ist es ja so einfach, alles kahl und eben zu machen. Viel reizvoller kann es hingegen sein, natürliche Höhenunterschiede zu nutzen und Erdbewegungen auf das wirklich Unvermeidbare zu begrenzen.

▼ Der wertvolle Mutterboden sollte mit der Planierraupe an die Grundstücksgrenze geschoben werden. Allerdings sollte der Haufen mit Muttererde sich nicht zu hoch türmen.

Den Mutterboden bergen und lagern

Eine ganz besonders wichtige Arbeit vor Beginn der Bauarbeiten ist die Bergung des Mutterbodens. Die ist auf allen Flächen, die bebaut werden sollen oder bei denen die Höhe verändert werden soll, nötig: also der Bereich des künftigen Hauses selbst, die Hof- und Wegeflächen und – soweit notwendig – der Bodenabtragflächen und etwaigen Auffüllflächen. Wenn hier sorgfältig verfahren wird und tatsächlich alle Muttererde geborgen wird, kann man sich später den Zukauf teurer Erde sparen. Das hat dann auch den Vorteil, dass die naturgegebenen Bodenverhältnisse nicht durch fremde Muttererde verfälscht werden.

Leider wird diese wichtige Arbeit, wenn überhaupt, oft nur unvollständig vom Bauunternehmer ausgeführt. Hier geht dem künftigen Gartenbesitzer wertvolles Gut verloren, das dann wieder teuer gekauft werden muss. Meistens haben die Bauherren kaum Einfluss auf die Qualität; schlechter Boden muss dann oft mit teuren Bodenverbesserungsmitteln verbessert werden.

Bodenverdichtungen vermeiden

Der Umgang mit dem Mutterboden will überlegt sein. Die Planierraupe erlaubt bei sachgemäßem Einsatz eine recht genaue Trennung von Muttererde und Untergrund.

WICHTIG

Der angelieferte Oberboden (Mutterboden) kann viele Wurzelunkräuter (Quecken, Winden, Disteln, Giersch) enthalten. Das ist oft der Fall, wenn der Boden von einer Wiese stammt. Nach Möglichkeit sollte man die Wurzelstücke so vollständig wie möglich auslesen.

In diesem Zusammenhang ist es wichtig zu wissen, dass insbesondere bei bindigen Bodenarten (Lehm, tonige Böden) nicht bei starkem Regen und durchnässtem Boden gearbeitet werden darf. Bodenverdichtungen, die nur mit größerem Aufwand später wieder zu beheben sind, wären die Folge. Ist die Witterung zu ungünstig, müssen geduldig bessere Verhältnisse abgewartet werden oder Handarbeit muss an die Stelle treten. Auf keinen Fall sollte man schnelle Arbeit erzwingen wollen. Sandige oder kiesige Unterböden sind weniger gefährdet, weil sie aus weniger wasseraufnehmenden Bestandteilen bestehen und die Kornstruktur auch im verdichteten Zustand erhalten und damit wasserdurchlässig bleibt.

Wohin mit der Muttererde?

Der größte Teil der Muttererde wird später einmal in unmittelbarer Nähe des Hauses gebraucht werden, aber da ist er während der Bauphase unerwünscht. Es muss also möglichst in der Nähe ein Erdlager eingerichtet werden. Notfalls braucht man das Einverständnis des Nachbarn, dass bei ihm die Muttererde zwischengelagert werden darf. Dabei muss beachtet werden, dass Muttererde niemals zu haushohen Bergen aufgetürmt werden darf, weil dann im Innern eines solchen Berges das Leben wegen Luftmangel abstirbt. Günstig ist es, die Erde in Mieten von etwa 2 m Breite und 1,5 m Höhe zu lagern. Ideal ist es, wenn der gesicherte Oberboden schattig liegen kann und die Oberfläche mit Gründüngungssaaten (siehe Seite 48) wie Esparsette, Luzerne oder Lupinen angesät wird. Das verhindert eine Verunkrautung und das Austrocknen der Erde bis zur Wiederverwendung. Dass der Mutterboden vor Verunreinigungen, etwa durch Zementwasser, Beton- und Ölreste oder Chemikalien in der Bauphase zu schützen ist, ist wohl selbstverständlich. Denn solche Verunreinigungen wirken sich noch Jahre später nachteilig auf das Wachstum der Pflanze aus.

▼ Verdichteter Untergrund muss vor dem Anlegen des Gartens unbedingt gelockert werden. Erst danach wird der Mutterboden wieder aufgetragen.

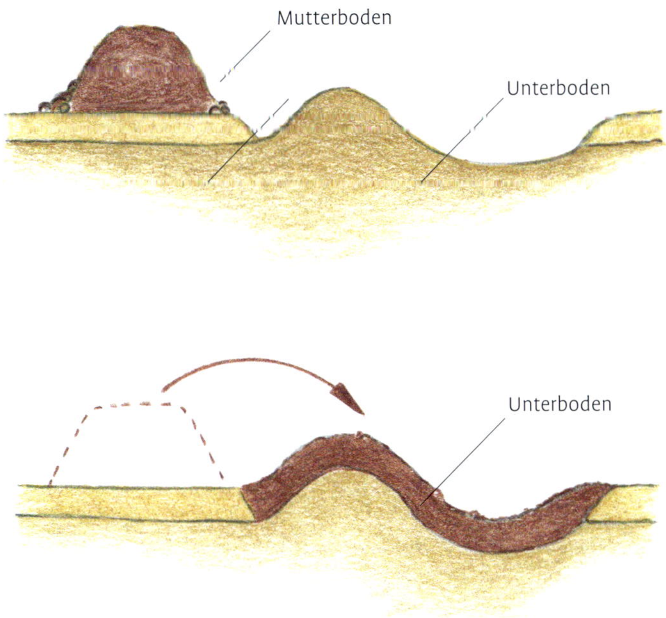

Wohin mit dem Baugrubenaushub?

In der Regel fällt bei einem Neubau Baugrubenaushub an, der oft ohne viel nachzudenken abgefahren wird, soweit er nicht mehr für das Einfüllen der Arbeitsräume benötigt wird. Allenfalls wird alles eben ausgewalzt oder es entstehen sture Böschungen. Selten wird das Baumaterial Erde als billiges, formbares und harte Gegensätze ausgleichendes Gestaltungsmittel benutzt. Dabei können mit einer Oberflächenmodellierung räumliche Verhältnisse verbessert und lebendige Wirkungen erzielt werden. Wenn der Garten einmal fertig ist, geht so etwas kaum mehr. Deshalb ist auch hier eine rechtzeitige Gartenplanung wichtig. Mit einiger Phantasie lassen sich durch Bodenmodellierungen kleine Flächen gliedern. Auch ein Schutz gegen Einblick, Wind und Verkehrslärm lässt sich oft erreichen. Selbstverständlich muss dabei nicht sämtlicher anfallender Rohboden mit aller Gewalt eingebaut werden. Was nicht sinnvoll verwendbar ist, muss abgefahren werden.

Nach Ende der Bauarbeiten?

Nach Abschluss des Hausbaus und vor dem Auftrag des abseits gelagerten oder anzuliefernden Mutterbodens ist es wichtig, alle durch Baumaschinen verdichteten Flächen einer gründlichen Tiefenlockerung zu unterziehen. Sonst kann es noch nach Jahren beim Wachstum der Bäume und Sträucher zu bösen Überraschungen kommen. Je tiefer die Lockerung erfolgt, desto besser. Eine Verzahnung von Unter- und Oberboden, bessere Bodendurchlüftung, Wasserdurchlässigkeit und besseres Wurzelwachstum sind davon in hohem Maße abhängig.

Moos als Folge verdichteten Bodens

Gartenbesitzer fragen oft, was gegen Moos im Rasen zu tun sei. Fachleute wissen, dass die Ursache von Moos im Rasen in aller Regel auf einen verdichteten Boden zurückzuführen ist. In nahezu allen Fällen müssen sich die Gräser auf ungeeigneten Bodenschichten „durchboxen“. Die bekannten Rasendünger mit Moosvernichter können dann auch keinen dauerhaften Erfolg bringen; sie beseitigen nur die Symptome, nicht aber die Ursachen für die Moosentwicklung. Auf Dauer sind die Kosten für eine gründliche Bodenvorbereitung eine lohnende Investition, die sich schon bald amortisiert.

Die Gartenplanung

Die Neuanlage eines Gartens kann sich nicht darin erschöpfen, einige gekaufte Bäume und Sträucher „irgendwo in die Gegend" zu pflanzen. Nein, man sollte beim Hausbau auch rechtzeitig daran denken, seinen Garten zu planen. Ziel ist, dass Haus und Garten zueinander in Beziehung treten. Das ist für den größeren und den kleineren Garten wichtig. Die vorhandenen Möglichkeiten voll auszuschöpfen, ist das Geheimnis des Erfolges.

Checkliste für die Gartenplanung

Allgemeines ☐ Wasseranschlüsse ☐ Elektroanschlüsse ☐ Gartenbeleuchtung	**Höhenbewältigung** ☐ Stützmauern ☐ Böschungen	**Wasser** ☐ Teich ☐ Feuchtbiotop ☐ Schwimmteich ☐ Schwimmbad ☐ Gartendusche ☐ Springbrunnen ☐ Vogeltränke ☐ Bachlauf
Einfriedung und Begrenzung ☐ Zäune zur Straße ☐ Zäune zum Nachbarn ☐ Begrenzungen ☐ Sicht- oder Lärmschutz	**Ruhe- und Sitzflächen** ☐ Terrasse ☐ Ruhebänke ☐ Grillplatz	**Gärten** ☐ Gemüsegarten ☐ Kräutergarten ☐ Obstgarten ☐ Ziergarten ☐ Wäschetrockenplatz
Abstellflächen ☐ Autoabstellplatz ☐ Carport ☐ Fahrradabstellplatz ☐ Platz für Mülleimer	**Gartenbauten** ☐ Kleingewächshaus ☐ Frühbeetkasten ☐ Gartenhaus ☐ Gerätehaus ☐ Laube ☐ Pergola	
Befestigte Flächen ☐ Vorplatz ☐ Wege ☐ Auf- und Abgänge	**Spiel und Spaß** ☐ Kinderspielplatz ☐ Sandkasten ☐ Schaukel, Turngerüst ☐ Tischtennis, Federball ☐ Grillplatz ☐ Spielrasen	

Worauf es bei der Gartenplanung ankommt

Tausend Wünsche werden beim Gedanken an den künftigen Garten wach. Es ist nur ein kleines Stück Erde, aber was möchte man nicht alles darin unterbringen. Neunundneunzig von hundert Gärten sind überfüllt und unpraktisch eingeteilt. Zu einer sinnvollen Gliederung kommt der Gartenbesitzer nur dann, wenn er seine Wünsche an den Garten mit der Größe des Grundstückes in Einklang bringt. Es kann gefährlich werden, wenn er alles, was ihm gefällt, auch im Garten besitzen möchte. Der schönste Plan kann seine Wirkung wieder verlieren, wenn ein „Zuviel" an Bäumen, Sträuchern und Blumen gepflanzt wird. Ohne ausreichenden Raum entwickeln die Pflanzen auch nicht die für sie typische Schönheit und Gestalt. Immer ist zu bedenken, dass ein Garten etwas Wachsendes, Werdendes ist.

Bei größeren Gartenanlagen wird man im Allgemeinen nicht ohne einen erfahrenen Gartenarchitekten oder eine Garten- und Landschaftsbaufirma auskommen. Es zeigt sich immer wieder, dass die hierfür ausgegebenen Mittel die besten Zinsen tragen. Wenn irgend möglich, sollte schon vor dem Hausbau ein befähigter Gartenarchitekt beauftragt werden, mit dem Bauarchitekten zusammen die Lage des Hauses zum Garten festzulegen. Es würden dann sicher viel weniger Häuser als Fremdkörper im Garten stehen. Haus und Garten sollen sich ergänzen. Je inniger die Verbindung zwischen Haus und Garten ist, umso zufriedenstellender wird später das Leben in den beiden sich ergänzenden Objekten sein.

Aber auch bei Einschaltung eines Gartenarchitekten sind die folgenden Betrachtungen wichtig, können wir doch unsere Wünsche dem Gartenarchitekten leichter aufzeigen, und Gartenbesitzer und Gartenarchitekt kommen eher zu einem fruchtbaren Gespräch über das, was geschehen soll.

Was kann und sollte ein Garten enthalten?

Ein Garten kann das Schöne mit dem Nützlichen verbinden, er kann der Erholung dienen, reiner Ziergarten oder Nutzgarten sein. Ein junges Ehepaar mit Kindern hat sicher andere Vorstellungen von einem Garten als ein älteres Ehepaar. Der Naturfreund, der Künstler, sie alle haben andere Vorstellungen.

Zuerst klare Ziele setzen

Damit eine enge Beziehung zwischen dem Menschen und seinem Garten entstehen kann, ist es zunächst erforderlich, klare Ziele zu setzen. Dazu muss man die Bedürfnisse der Familienmitglieder kennen, das heißt, man muss sich mit der Familie zusammensetzen und gemeinsam beraten, wie der Garten aussehen soll. Man sollte seinen Wunschgarten entwerfen, auch wenn dieser aus finanziellen Gründen erst in einigen Jahren oder nur schrittweise zu verwirklichen ist.

Was soll der Garten enthalten – eine Laube, einen Spielplatz für die Kinder, eine Rosengruppe, ein Erdbeerbeet, ein Blumenbeet, schön blühende Gehölze an den Rändern des Gartens, Himbeer-, Stachelbeer- und Johannisbeersträucher, ein Spargelbeet, eine Ecke für Würz- und Küchenkräuter, Obstbäume und Gemüsebeete nach Raum und Bedarf? Am besten notiert man sich zunächst alle Bestandteile, die der zukünftige Garten haben sollte. Die Checkliste, die keinen Anspruch auf Vollständigkeit erhebt, soll dazu beitragen, dass bei der individuellen Planung nichts vergessen wird.

Da in einem Garten, wie die Erfahrung zeigt, mit Sicherheit nicht alle Vorstellungen erfüllbar sind, muss man Prioritäten setzen. Wenn einzelne Familienmitglieder im Moment Wünsche zurückstellen müssen, können diese vielleicht zu einem späteren Zeitpunkt erfüllt werden. So kann z. B. ein Sitzplatz im Garten neben einem Kinderspielplatz später in eine stille Meditationsecke mit Biotop umgewandelt werden. In beiden Fällen sollte daher an dieser Stelle schon jetzt ein Wasseranschluss vorgesehen werden, damit man den Garten später nicht wieder aufgraben muss. Auch die Bepflanzung kann schon auf die spätere Situation ausgerichtet werden, denn Bäume und Sträucher brauchen mehrere Jahre, bis sie sich voll entfalten.

Entscheidungen über Baumaterialien oder andere Details sind in diesem Stadium der Planung zurückzustellen, man sollte sich nur darum kümmern, was wo wann gemacht werden soll. Von den Elementen, die im Garten untergebracht werden sollen, muss man in diesem Planungsstadium nur wissen, wie groß sie sind, damit man später keine Überraschungen erlebt.

Ein Garten für Kinder

Nicht von ungefähr stehen am Anfang der Planung eines Gartens oft die Kinder. Denn nirgendwo sonst als in der Natur können Kinder so reichliche Erfahrungen machen, die für ihre seelische und geistige, ihre soziale und motorische Entwicklung notwendig sind. Und das nächste Stück Natur ist nun einmal der Hausgarten. Wo sollen Kinder klettern, Stöcke schneiden, Löcher bis ans Ende der Welt graben, im Wasser matschen, Feuer machen, Beeren naschen, Gerümpel zu abenteuerlichen Burgen verbauen, Pflanzen und Tiere beobachten und kennenlernen? Wo sollen sich Kreativität und Phantasie entfalten, wo die Sinne sich üben? Die Natur und damit der Garten sind hierzu durch nichts zu ersetzen.

▲ Im Garten lernen Kinder die Natur mit allen Sinnen kennen.

Erlebnisbereiche für Kinder schaffen

Kinder sollten an einem glücklichem Gartenleben teilhaben können. Ihr Bereich soll so weit wie möglich bemessen und nicht nur auf eine Sandkiste beschränkt sein. Wenn möglich und genügend Platz vorhanden ist, sollten für die Kinder verschiedene Erlebnisbereiche geschaffen werden. Kinder wollen springen, laufen, hüpfen und herumtollen. Man sollte ihnen deshalb die Möglichkeit geben, die Lust an der Bewegung auszuleben. Deshalb ist für Kinder der Rasen ein wichtiger Gartenteil, dort können Ball- und Laufspiele stattfinden. Auch Kletterschaukeln sowie Hangelgerüste zum Wettklettern oder Schwebebalken zum Balancieren usw., die von Spezialfirmen in vielen Variationen angeboten werden, dienen der körperlichen Ertüchtigung. Schöner als vorgefertigte Klettergerüste wäre allerdings, wenn ein zum Klettern geeigneter alter Obstbaum oder sogar mehrere vorhanden wären. Außerdem können darin Baumhütten gebaut, Kletterseile, Schaukel oder Strickleiter befestigt werden. Unter dem Baum ist entweder eine Grasdecke oder eine Sandschüttung zweckmäßig, um die Verletzungsgefahr zu verringern. Der Baum sollte auch vorher auf brüchige Äste geprüft werden. Kinder wollen auch selbstständig bauen und basteln. Wenn möglich sollte man ihnen deshalb einen versteckten Winkel im Garten hinterlassen, wo sie sich eine Hütte zimmern oder ein Zelt aufstellen können.

Eigenes Pflanzbeet für Kinder

Die Liebe zu den Pflanzen wird bei Kindern geweckt, wenn ihnen etwa im Gemüsegarten ein eigenes Pflanzbeet geschenkt wird. Verständnisvolles Anleiten wird dazu führen, dass sie auch an der Arbeit im Garten spielerische Freude gewinnen. Hier können die Kinder alle sich in der Natur vollziehenden Prozesse am besten miterleben. Sie erfahren die Elemente und deren Wirkung auf die Pflanze. Säen, Jäten, Gießen, Pflanzen, alle diese Tätigkeiten lassen Sorgfaltskräfte in ihnen wachsen. Sie lernen Geduld und Ausdauer zu haben. Und gerade hier kann der Grundstein gelegt werden für den Umgang des Erwachsenen mit der Natur.
Da Kinder mit Tieren schnell Freundschaft schließen, sollte diese Liebe zum Tier auf jede nur erdenkliche Weise im Garten gefördert werden, und dazu gibt es unzählige Gelegenheiten.
In einem Kinderparadies sollte auch das Wasser nicht fehlen. Beispielsweise eine Regentonne zum Wasserschöpfen oder eine Pumpe, aber auch ein Gartenschlauch, der im Sommer als Brause dient, wären eine wichtige Einrichtung.

Sandkasten in der Nähe des Hauses

Bei all den Überlegungen ist aber immer das Alter der Kinder zu berücksichtigen. Während kleinere Kinder sich lieber in der Nähe des Hauses und ihrer Bezugspersonen aufhalten, spielen die größeren lieber unbeaufsichtigt etwas weiter entfernt. Die Kleinkinderecke in der Nähe des Hauses braucht sicher immer einen Sandhaufen. Hierbei ist zu überlegen, wie fest man einen Sandkasten oder Ähnliches baut, da die Kinder schnell größer werden. Je nach Material lässt sich dieser Kasten später vielleicht zu einem Grillplatz, einer Sitzmulde oder einem Wasserbecken umbauen. Deshalb sollte man vorher einen geeigneten Platz überlegen. Eine Kleinkinderecke braucht außerdem meistens einen Schutz, der in Form einer niedrigen Hecke, z. B. mit Spiersträuchern oder Fingersträuchern, ausgebildet sein kann. Und schließlich vervollständigen einige Holzsitzstufen an verschiedenen Plätzen die Spiel-Einrichtung des Gartens.

Die Grundstücksgrenze gestalten

Menschen suchen nicht nur in Häusern, sondern auch in Gärten Geborgenheit. Um dieses elementare Bedürfnis zu erfüllen, wurde der Garten schon von jeher eingefriedet. Im Grunde hat sich an der Abgrenzung gegen außen bis heute wenig geändert. Allenfalls die technischen Hilfs-

▲ Ein kleiner Vorgarten wirkt durch die Bepflanzung mit niedrigen Sträuchern oder Stauden großzügiger als mit Rasen.

mittel, deren wir uns dabei bedienen, soweit zur Einfriedung nicht Hecken verwendet werden.
Die Einfriedung soll vor allem schützen, wie der Name schon ausdrückt. Dabei geht es heutzutage in erster Linie um Sichtschutz. Nicht weniger wichtig ist jedoch die schmückende Funktion, die in vielen Fällen sogar im Vordergrund steht. Niedrige Zäune oder Hecken in Vorgärten deuten den Schutz nur an.

Niedere Hecken

Ein schmaler Vorgarten muss zur Straße hin kaum durch eine mannshohe Hecke oder einen Zaun abgegrenzt werden, im Gegenteil: Der Vorgarten darf sich den Blicken des Ankommenden gerne einladend öffnen und es genügt in den meisten Fällen eine niedrigere Einfassung. Das Haus wirkt großzügiger, wenn der Vorgarten niedrig bepflanzt ist. Um Hunde am Eindringen in den Vorgarten zu hindern, eignet sich am besten ein niedriger Holzzaun. Er steht mit einem Abstand von etwa 50 cm zur Straße und wird von der Pflanzung überspielt. Geschälte Rundholzstangen oder rustikale Bretter eignen sich gut dafür, wenn sie waagerecht angebracht werden. Niedere Drahtflechtzäune oder einfache Spanndrähte fallen in locker gewachsenen Blütenhecken aus beispielsweise Fünffingerstrauch (*Potentilla*) und Berberitze (*Berberis*) fast überhaupt nicht auf, schützen aber dennoch.

◄ Die Bepflanzung der Grenze vermittelt jeweils ein völlig anderes Raumgefühl.

Oben: Bei der Bepflanzung mit einer niedrigen Hecke können alle Nachbarn in den Garten hineinschauen.

Mitte: In diesem Garten ist die Hecke so hoch, dass die Nachbarhäuser „gerade“ unsichtbar sind.

Unten: Hohe Sträucher und Bäume an der Grenze werfen viel Schatten.

Hohe Einfriedungen

Bei Grundstücken außerhalb der geschlossenen Bebauung ist der höhere Zaun, die Mauer oder Hecke auch zur Straßenseite hin verständlich, hier steht die Schutzfunktion der Einfriedung im Vordergrund. Eine höhere Einfriedung kann auch wegen des Klimas nötig sein. Dies gilt beispielsweise für Grundstücke in freien und windigen Lagen. Eine hohe Hecke oder Mauer hält auch Straßenstaub ab. Der Garten hinter der Einfriedung bleibt warm und geschützt. Am billigsten ist die Bretterwand, dauerhafter die Mauer und am natürlichsten die Hecke. Bei enger Bebauung und kleinen Parzellen kann ein Sichtschutz notwendig sein.
Eine Hecke kann die Strenge eines Zaunes mildern. Wenn der Zaun sichtbar bleiben soll, sind Holz oder Schmiedeeisen geeignete Baumaterialien. Soll der Zaun dagegen später durch Pflanzen verdeckt sein, so genügt ein unauffälliges Drahtgeflecht.

Terrassen und Sitzplätze im Garten

Die Terrasse

Die Gartenterrasse ist in den vergangenen Jahrzehnten zum unentbehrlichen Bestandteil des Wohnens im Garten geworden. Hier kann man sitzen, liegen, spielen, grillen, den Garten betrachten und vieles andere tun. Ein Wohngarten ohne Terrasse gilt als unvollkommen. Auch auf dem kleinsten Grundstück will man auf diesen zentralen Bestandteil nicht verzichten. Die Gartenterrasse verbindet meistens den Wohnraum im Haus mit dem Garten, kann aber auch als „Ruheplatz“ abgerückt vom Haus entstehen. Eine gut geplante Terrasse bietet ungestörte Privatsphäre und räumliche Geborgenheit. Und sie schafft einen engen Kontakt mit der Gartenvegetation. Drei grundsätzliche Platzierungen für Terrassen sind denkbar.

Terrasse dicht am Haus

Das ist der Normalfall. Hier sind Innen und Außen eng miteinander verbunden. Man ist schnell draußen und bei Störungen

Nachbarrecht beachten

Bei der Gestaltung der Grundstücksgrenzen ist zu beachten, dass der Gesetzgeber in den einzelnen Bundesländern im Nachbarrecht festgelegt hat, welche Höhe die Zäune oder Hecken haben dürfen, wenn sie auf der Grenze errichtet werden (siehe auch Seite 158). So sind z. B. in einem Bundesland Einfriedungen bis zu einer Höhe von 1,50 m gestattet. Höhere Zäune müssen um den Betrag der Mehrhöhe von der Grenze abgerückt werden. Ist die Einfriedung also 2,00 m hoch, muss sie 50 cm von der Grenze erstellt werden. Grundsätzlich sollte man sich auf jeden Fall vor der Anlage bei seiner Kommune nach Vorschriften erkundigen, die eingehalten werden müssen.

schnell wieder im Haus. Dach- und Deckenüberstände sowie Nischen in der Gebäudefassade geben räumlichen Schutz; zusätzliche Wände sind in der Regel nicht erforderlich.

Terrasse abgerückt vom Haus

Eine Terrasse abgerückt vom Haus ist dann sinnvoll, wenn das Gelände am Haus nicht groß genug ist, beispielsweise bei hoch liegenden Ausgängen aus dem Haus oder sofort abfallenden oder ansteigenden Steilböschungen. Haus und Terrasse können dabei durch Pergolen oder Dächer miteinander verbunden sein. Sie eröffnen großzügigere Spielräume als ein eingeklemmter Platz am Haus. Bei überlegter Planung muss der längere Weg zwischen Haus und Terrasse nicht unbedingt nachteilig sein.

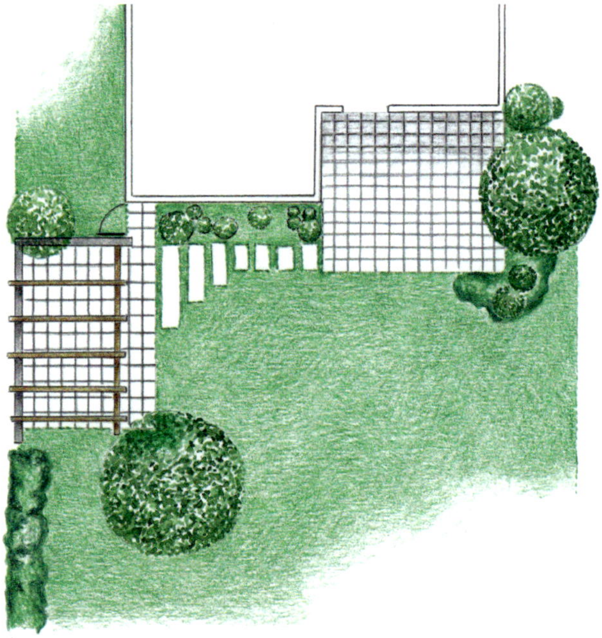

Grenze gemeinsam gestalten

Eine gemeinsame Grenzgestaltung mit den Nachbarn ist sinnvoll. Man kann einen Drahtzaun auf die Grenzlinie setzen und ihn auf beiden Seiten individuell bepflanzen. Später ist der Zaun im Gehölz versteckt und erfüllt doch voll und ganz seinen Zweck. Man kann aber auch auf den Drahtzaun verzichten und auf die Grenze eine gemeinsame Hecke pflanzen.

Terrasse weit in den Garten hinausgeschoben

Vorteilhaft ist bei solchen Lösungen das Gegenüber zum Haus, der gegenseitige Sichtbezug. Gärten gewinnen dadurch zusätzlich räumliche Tiefe, besonders wenn dieser als zweiter Platz zusätzlich zu einem hausnahen angelegt werden kann. Die Verbindung zum Gebäude kann unscheinbar und untergeordnet sein. Oft genügt grasdurchwachsenes Pflaster oder nur ein herausgemähter Weg. Eine solche hinausgeschobene Terrasse sollte teilweise umgrenzt sein, nur dann ist man geschützt vor Einblicken und vor Wind. Als Umgrenzung sind denkbar: Sichtschutzmauern, transparente Holzwände, Metallgitter, eine Pergola oder auch eine Hecke in frei wachsender oder geschnittener Form.
Auch Erdmodellierungen können nach außen hin schützen. Sie können entweder als Wälle im ebenen Gelände bei großen

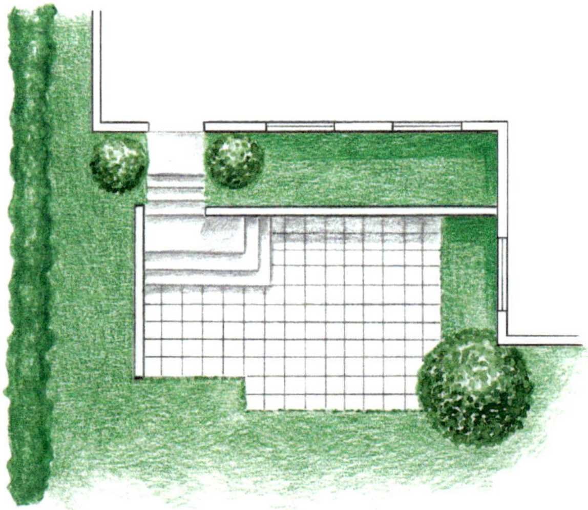

◀ Oben: Zwei Sitzplätze: Der Eine direkt am Haus und der Andere abgerückt vom Haus, in die Grenzbepflanzung eingebettet. Eine Pergola bietet hier zusätzlich optischen Schutz.

Mitte: Der hausnahe Sitzplatz ist günstig in den Winkel des Hauses eingepasst. Ein zweiter Sitzplatz an der Grundstücksgrenze ist durch Steinplatten mit ihm verbunden. Hier bietet ein Baum Schutz vor der Mittagssonne.

Unten: Die Terrasse ist hier abgerückt vom Haus angelegt, weil die Fläche am Fuß der Treppe größer ist.

Gärten angelegt sein oder im Hang als Einmuldungen mit Randüberhöhungen. Wenn auf den Wällen zusätzlich noch Sträucher gepflanzt sind, ergibt sich eine interessante Raumwirkung, gleichzeitig ist man hier noch besser geschützt. Auf solchen vom Haus abgerückten Terrassen darf der Schattenbaum als grüner Baldachin nicht in Vergessenheit geraten. Es sollte jedoch keine Linde oder Kastanie sein, die sich später riesig ausbreitet. Für den Garten gibt es ausreichend kleinkronige Laubbäume. Liegt die Terrasse unter einem Baum, ist die Wanderung der Sonne im Tageslauf besonders zu beachten. Vorzugsweise sollte der Baum vor Mittagssonne Schatten bieten. Statt einer Terrasse kann man auch ein offenes Gartenhäuschen oder einen Pavillon bauen.
Welche der drei genannten Terrassenanordnungen die zweckmäßigste ist, hängt selbstverständlich von den lokalen Gegebenheiten ab. Oft können auch Kombinationen der verschiedenen Platzierungen richtig sein. Das ebene Gelände bietet die meisten Möglichkeiten. Steigt das Gelände vom Haus aus jedoch steil an oder fällt rasch ab, muss man abgerückt vom Haus eine geräumige Lage finden.

Sitzplätze dem Zweck entsprechend anlegen

Zusätzliche Sitzplätze im Garten sollten auch benutzt werden. Beim Planen ist daran zu denken, welchem Zweck sie dienen sollen. Soll eine größere Familie hier sitzen, sollen hier Kaffeekränzchen oder sonstige Gesellschaften stattfinden? Wird der Sitzplatz nur morgens oder in den Vormittagsstunden benutzt, so kann er ruhig etwas sonniger liegen, sitzen die Bewohner gerne an heißen Nachmittagen draußen, muss für Schatten gesorgt sein. Man sollte versuchen, die Sitzplätze so anzulegen, dass man vom Haus dorthin schauen kann und umgekehrt. Vom Sitzplatz aus soll sich ein schönes Gartenbild bieten; der Blick kann über eine Rasenfläche gehen oder in der Achse eines blumigen Weges enden. Er kann auch in der Nähe eines Teiches liegen. In größeren Gärten sind erhöhte Sitzplätze auf Hügeln, von denen man ungesehen das Straßenleben beobachten kann, besonders beliebt. Ein Sitzplatz kann auch als Naturlaube aus Gehölzen gebildet werden oder mit einem Gitterwerk aus Holz umgeben oder überdacht und bepflanzt sein. Für die eigentliche Sitzgelegenheit gibt es viele Möglichkeiten: frei aufgestellte Bänke, fest eingebaute Bänke oder Sitzmauern.

TIPP für mehr Ruhe

Sitzplätze möglichst nicht direkt angrenzend an die Terrasse im Nachbargarten anlegen. Man hört sonst besonders bei Reihenhäusern jedes Wort, das bei den Nachbarn gesprochen wird.

Ausreichend Platz einplanen

Die Terrasse muss für Möbel ausreichend Platz bieten. Für Tische und Stühle gibt es eine grobe Grundformel für Mindestgrößen: Tischbreite zuzüglich 1,00 bis 1,20 m je Sitzbreite = Terrassenbreite.

Rasen an Terrasse anbinden
Es ist sinnvoll, den Rasen flächenbündig an die Terrasse anzuschließen, damit man bei Festen oder beim Spielen dorthin ausweichen kann.

▼ Wer sitzt schon gern auf dem Präsentierteller? Mit einem Pflanzwall ist es möglich, auch schmale Gartenteile zu einem intimen Raum auszubauen.

Kommen Liegestühle, Gartengrill und Hollywoodschaukel hinzu, ist entsprechend größer zu bemessen. Für Rollstühle werden mindestens 4,5 m^2 Fläche angegeben.

Wichtiger als die Größe der Terrasse ist deren Zuschnitt. Extrem schmale, lange oder dreieckige Plätze sind oft schwieriger zu möblieren als quadratische. Runde Plätze schaffen optisch eine zentrale Mitte, auf der man die Möbel aufstellt. Die Ränder sind „Reste“ und schlecht zu möblieren. Zu groß darf die Terrasse aber nicht sein, sonst wird sie schnell zu einer öden Fläche.

Wege im Garten

Wege gliedern und erschließen, sie führen uns in den Garten zu den Pflanzen und auf den Rasen, sie verbinden die Straße mit dem Haus, die Küche mit dem Kräutergarten und die Terrasse mit dem Sitzplatz oder der Kinderspielecke, einer Baumgruppe, einem Teich, dem Gartenhaus oder dem Grillplatz. Auch der Obst- und Gemüsegarten und vor allem der Kräutergarten müssen gut zugänglich sein.

▼ Schrittplattenwege wirken sehr dekorativ.

TIPP für schönere Wege

Wenn Mauern entlang eines Weges stehen, sollte ein schmaler Pflanzstreifen zwischen Weg und Mauer vorgesehen werden.

Wege im Garten sollen in erster Linie zweckmäßig sein. Man sollte so wenig Wege wie möglich, aber doch auch so viele wie nötig anlegen. Ein Zuviel an Wegen zerstört räumliche und großzügige Wirkungen.

Ausgangspunkt für das Wegesystem sollte immer das Haus sein. Wege sollten die verschiedenen Gartenbereiche so verbinden, dass sie nicht störend wirken. Wenn sie sich in den Gartenraum eingliedern sollen, muss die Führung der Wege, die Breite und das Material für den Belag aufeinander abgestimmt sein. Wege sollen keine Flächen unnötig zerschneiden. Sie können aber auch – beabsichtigt – Rasen- und Pflanzflächen voneinander trennen, ohne den Gartenraum zu stören.

Der kürzeste Weg führt zum Ziel
Da der Mensch dazu neigt, jeweils den kürzesten Weg zum Ziel einzuschlagen, ist jede unnötige Wegkrümmung möglichst zu vermeiden. Dies gilt insbesondere für Zielpunkte wie Spielplatz, Gemüsegarten, Wäschetrockenplatz, Garage und Hauseingang von der Straße.

Formal angelegte oder geschwungene Wege

In kleineren Hausgärten ist eine formale Gestaltung besser. In großräumigen Gärten ist dagegen eine weiche, geschwungene, parkartige Wegführung vorzuziehen. Will man bestimmte Pflanzen oder andere Blickpunkte besonders herausheben, kann die gerade Weglinie ohne Weiteres durch leichtes seitliches Versetzen unterbrochen werden. Die Zweckmäßigkeit ist auch hier die Grundlage des Schönen. Wegführungen, die in allen möglichen Kurven den Garten durchschneiden und dem Garten ein landschaftliches Bild geben sollen, sind zu vermeiden.

Mauern und Treppen direkt am Haus sollten von Form und Material in die Gesamtgestaltung mit einbezogen sein. Direkt am Haus ist eine regelmäßigere, strengere Weggestaltung in der Regel eine sinnvolle Lösung. Falls der Garten groß genug ist, können dann entfernt vom Haus die Wege freier geführt werden. Hier kann man dann auch ein anderes Material für den Belag verwenden.

Wege in größeren Gärten, die zu Pflanzungen, zu Bänken, Baumgruppen oder zu einem Teich, Brunnen oder Wasserbecken führen, können geschwungen und freier geführt werden. Sie sollten zum gemütlichen Spazierengehen und Durchwandern einladen. Auch spielt dabei die Bodenmodellierung sowie die Materialauswahl für die Wegbefestigung eine wesentliche Rolle. Mit rechtwinkligen Platten lässt sich schlecht ein geschwungener Wegverlauf gestalten, mit Pflaster- oder unregelmäßigen Natursteinplatten geht das besser.

Nutzung bestimmt Belag

Bei der Planung der Wege ist auch darüber nachzudenken, ob die Wege häufig oder weniger oft begangen werden. Es ist wichtig, sich die künftige Nutzung vorzustellen, denn es muss entschieden werden, ob Schrittplatten, geschotterte Graswege oder befestigte Wege in welchen Breiten gebraucht werden. Auch ist die Nutzung als Fußweg oder Fahrweg oder beides kombiniert festzulegen. Überlegt werden muss auch, welche Wege ganzjährig und welche nur im Sommer benutzbar sein sollen, denn dies wiederum beeinflusst den Wegeaufbau und die Art des Wegebelages. Erhöhte Randbegrenzungen sind bei Wegen meist nutzlos, erschweren die Pflege und verhindern eine enge Verbindung zur angrenzenden Vegetationsfläche. In Ausnahmefällen ist eine erhöhte Randbegrenzung als Wasserführungskante bei langem und starkem Längsgefälle angebracht.

Mauern und Treppen

Mauern haben in einem Garten die unterschiedlichsten Aufgaben zu erfüllen. Sie bieten als frei stehende Mauern beispielsweise Sicht- und Lärmschutz, markieren Grenzen oder dienen im hängigen Gelände als Stützmauern, mit denen Erdreich abgefangen wird. Sie ermöglichen eine bessere Flächenausnutzung als bei steilen Böschungen, mit denen man oft nicht viel anzufangen weiß. Mauern können auch einfach Sitz-, Zier- oder Einfassungsmauern für Pflanzungen und Sandspielplätze sein. Mauern aller Art sind also vornehmlich zweckdienliche Einrichtungen.
Hohe, gartenumschließende Mauern sind heute eher selten und werden von den zuständigen Behörden auch immer seltener genehmigt. Eher bildet man heute mit frei stehenden Mauern intime Wohnhöfe, wo man von Nachbarn ungestört so leben kann, wie es einem beliebt.
Grenzmauern haben zur Straßenseite des Gartens hin nur dann Sinn, wenn sie Höhenunterschiede ausgleichen, wobei sich solche in größeren Gärten auch einfacher und billiger durch eine Böschung bewältigen lassen. Die Böschung kann man mit Gehölzen bepflanzen; sie wird somit zu einer ökologisch sehr wertvollen Fläche. Bei richtiger Bepflanzung kann sie weder abrutschen noch durch Regengüsse ausgewaschen werden.

Gartentreppen

Treppen dienen in erster Linie dazu, Höhenunterschiede zu überwinden. Sie haben aber auch eine gestalterische Funktion. Treppen werden in Gartenanlagen in der Regel dort notwendig, wo größere Steigungen (mehr als 10 %) zu überwinden sind. Bei Wegen mit glattem Belag (z. B. Platten) ist dies ab ca. 8 %, bei rauem Belag (z. B. Natursteinpflaster) ab etwa 15 % Steigung der Fall. Auf kurze Distanz können Wege auch stärkere Steigungen aufweisen, die allerdings unbequem zu begehen sind. Es gibt aber auch Fälle, wo aus gestalterischen Gründen (z. B. bei Terrassenflächen) ein Gefälle von 2 % ungern überschritten wird.

Reihenhausgärten

Grund und Boden ist nicht vermehrbar und wird daher immer teurer, deshalb sind so viele Reihenhäuser entstanden. Auf diese Weise kann ein Maximum an Wohnraum auf möglichst wenig Grundfläche geschaffen werden. Der Freiraum zwischen den einzelnen Häusern wurde eingespart, sodass der Reihenhausgarten in der Regel meist sehr schmal, dafür aber sehr lang ist.
Wenn sich jeder Gartenbesitzer sein ganz individuelles Reich ohne Abstimmung mit dem Nachbarn schaffen will, wird es ganz schnell zu Schwierigkeiten kommen. Nämlich dann, wenn die ersten Baumkronen über den Zaun wachsen, oder wenn der eigene Baumbestand den Nachbargrund in schattiges Dunkel taucht. Grenz-

1

2

3

4

◄ Beispiele für unterschiedliche Grundkonzepte der Gartengestaltung:
1 Rechtwinklig konzipierte Grundform
2 Schräge Lösung
3 Geschwungene Form
4 Runde Form
5 Durch die unterschiedlich hohe Bepflanzung ist der lange schmale Reihenhausgarten in verschiedene Räume gegliedert.

abstände, wie sie sonst üblich sind, können ja kaum eingehalten werden und der Kampf um Sonne, Licht und Luft, die jede Pflanze braucht, ist nicht mehr aufzuhalten. Meist liegt auch Terrasse an Terrasse und man kann jedes Wort hören, ob man will oder nicht.
Versuche, großzügige Gesamtanlagen oder Gemeinschaftsanlagen zu schaffen, scheitern fast immer an den unterschiedlichen Bedürfnissen der Reihenhausbesitzer, denn der eigene Garten ist nun einmal eine ganz individuelle und persönliche Sache, zugeschnitten auf die unterschiedlichsten persönlichen Neigungen und Bedürfnisse.

Gemeinsame Lösungen finden

Trotzdem sollte versucht werden, zumindest in Teilbereichen gemeinsame Lösungen zu erarbeiten, z. B. bei Gartentrennungen, Sicht- und Lärmschutzeinrichtungen oder im Vorgartenbereich. Ansonsten besteht die Gefahr, dass Entscheidungen getroffen werden, die sich einfach nicht miteinander vertragen.
Meist wollen Reihenhausbesitzer in ihrem schmalen Garten alles unterbringen, was das Gärtnerherz begehrt: neben der Terrasse einen Sitzplatz im Garten, einen Gartenteich und einen Grillplatz, Kinderspielgeräte, einen Gemüsegarten, Obstbäume, einen Komposter und wenn möglich noch ein Gerätehaus, nicht zu vergessen eine grüne Wiesenfläche und das Ganze soll möglichst wie ein Naturgarten wirken.

Optischer Trick macht Garten größer

Bei besonders schmalen aber tiefen Gärten wendet der Fachmann einen optischen Trick an, indem er die Enden des Gartens höher ansetzt, sodass in der Mitte eine Senke entsteht. Dadurch erscheint der Gartenraum breiter als er ist. Diesen Effekt erreicht man entweder durch einen Erdaushub in der Mitte des Gartens, wobei der Erdaushub am Gartenende aufgeschüttet wird oder durch Erhöhung der Gartenenden, z. B. eine höherliegende Terrasse auf der einen Seite und ein stufenförmiger Terrassenaufbau am Gartenende. Ein kleiner Gartenteich in der Senke verstärkt dann den gewünschten Effekt, weil sich die umgebende Landschaft noch im Wasser spiegelt.
Eine weitere Möglichkeit der optischen Verkürzung von Schlauchgrundstücken ist die Unterteilung der Gartenfläche in zwei oder mehrere Bereiche. Dadurch entstehen mehrere, aber besser proportionierte Gartenzellen, und die Tiefe des Gartens ist nicht mehr erkennbar.
Die dritte Möglichkeit wäre die Aufschüttung eines Hügels in der Grundmitte von etwa 1,60 m, denn über diese Erhöhung kann man nicht sehen und der hintere Teil des Gartens wird verdeckt.
Für Berufstätige sind kleine Gärten ideal: Einerseits bieten sie genügend Grünraum an, um sich ausgiebig zu erholen und andererseits benötigen sie keinen zu großen Zeitaufwand für die Pflege.

5

Rasenflächen im Garten

Ein Garten ohne Rasen ist für viele undenkbar. Durch ihn kommen Stauden, Gehölze und Baulichkeiten erst zur vollen Wirkung. Der Rasen verbindet die Gartenelemente, rundet das Bild ab und schafft eine Atmosphäre behaglicher Wohnlichkeit. Dabei kommen dem Rasen verschiedene Aufgaben zu. Er soll nicht nur den elegant-zierenden Teppich des erweiterten Wohnraumes darstellen, sondern als solcher auch bis zum äußersten strapazierbar sein. Er ist Sport- und Spielplatz, dient als Liegewiese oder Wäschetrockenplatz und ist Mittelpunkt von Gartenfesten.

▲ Eine Rasenkante aus speziell geformten Betonsteinen kann auch geschwungen angelegt werden.

Der Gartenrasen ist eine durch intensive Pflege gleichmäßig niedrige, geschlossene, von Gräsern gebildete, ausdauernde Pflanzengemeinschaft. Voraussetzung für die Entstehung sind insbesondere regelmäßiger Schnitt, Düngung und die Bekämpfung unerwünschter Kräuter. Weitere Kulturmaßnahmen kommen im Laufe der Zeit hinzu. Übrig bleibt eine artenarme und gleichmäßig niedrige Vegetationsdecke, die allerdings den Vorteil hat, dass sie praktisch jederzeit begehbar und für eine Vielzahl von Aktivitäten geeignet ist.
Demgegenüber ist die Wiese eine ausdauernde Pflanzengemeinschaft, in der Kräuter und Gräser genügend Zeit haben, ihre Entwicklung bis zur Samenreife abzuschließen. Ihr Bestandsaufbau – nach Arten, Höhe und Dichte unterschiedlich – lässt sich durch Schnitthäufigkeit und -zeitpunkt regulieren.

Die Rasenfläche planen

Bei der Planung einer Rasenfläche darf man nicht nur deren Wirkung für die gesamte Gartenanlage im Auge haben, sondern man muss auch daran denken, dass sie später gepflegt werden muss. Durch eine ungeschickte Formgebung der Rasenfläche kann die Pflege nämlich unnötig erschwert werden. Größere zusammenhängende Rasenflächen lassen sich nämlich viel leichter mähen als unterbrochene, verschnörkelte Beete. Stauden, Sommerblumen, sonstige Beetpflanzen und Gehölze sollten besser am Rande einer Rasenfläche gepflanzt sein als in deren Mitte. Ist allerdings die Mittellage solcher Pflanzbeete gewünscht, sollten die verbindenden Rasenstreifen so breit sein, dass man mit einem Mäher bequem darauf arbeiten kann.
Am schlechtesten lassen sich sogenannte „Hochkanten“ schneiden, die dort entstehen, wo der Rasen direkt an eine Mauer oder an einen Zaun angrenzt. Solche Hochkanten kann man vermeiden, indem man Gehölze pflanzt, Staudenrabatten anlegt, Wege entlangführt oder andere Abgrenzungen bildet.
Auf steil abfallendem Gelände ist die Rasenpflege nicht leicht. Die Neigung des Geländes muss so stark ausgeglichen werden, dass höchstens 30 % Gefälle verbleibt. Dann können immer noch Motorrasenmäher eingesetzt werden. Damit die Grasnarbe beim Mähen nicht beschädigt wird, muss die Böschung möglichst sanft in ebenes Gelände übergehen.

Den Rasen anlegen

Ein gleichmäßig grüner Rasenteppich ist nicht nur das Ergebnis richtiger Pflege und der geeigneten Samenmischung. Ebenso wichtig ist die richtige Bodenvorbereitung, die leider oft vernachlässigt wird.

Den Untergrund lockern

Der Rasen kann sich nur so gut entwickeln, wie der Boden es ihm gestattet. Wasserpfützen nach Regenfällen, eine lückenhafte Grasnarbe, unerwünschte Kräuter und Moose, die die Gräser verdrängen. Ein unansehnlicher Rasen ist in der Regel die Folge einer mangelhaften Bodenvorbereitung.

Lockern genügt nicht
Vor einer ausschließlichen Lockerung und folgender Aussaat kann, zumindest bei Neubauten, nur gewarnt werden. Denn in der Regel wird im Rahmen der Bauphase der Unter- und Oberboden (Mutterboden oder Ackerkrume) so miteinander vermischt, dass der vorhandene Boden sich nicht zur Raseneinsaat eignet.

Man kann fast immer unterstellen, dass beim Bauen schwere Baumaschinen und Transportfahrzeuge den anstehenden Boden bis in Tiefen von 50 cm und mehr verdichtet haben. Vor allem bei lehmigem und tonhaltigem Untergrund sowie bei feinsandigen Böden wird durch die Verdichtung das Gefüge des Bodens so zerstört, dass er wasser- und luftundurchlässig wird.
Häufig beschränkt sich die Bodenvorbereitung darauf, eine 10 bis 20 cm hohe Schicht aus sogenanntem „Mutterboden“ auf dem vorher planierten Unterboden aufzubringen. Auf einem so hergerichteten Boden haben nicht nur Gräser eine geringe Überlebenschance. Bei reichen Niederschlägen versumpft die oberste „Mutterbodenschicht“, da das Wasser nicht versickern kann. Die Bedingungen für die meisten Rasengräser verschlechtern sich und Moos breitet sich aus (ein typisches Zeichen für verdichteten Boden). Fallen keine oder nur wenige Niederschläge, beginnen die Gräser schon nach kurzer Zeit zu vergilben und abzusterben, weil durch die Verdichtungen das Grundwasser nicht aufsteigen kann. Wenn man auf Dauer Freude an seinem Rasen haben möchte, ist die Lockerung eines verdichteten Untergrundes vor dem Auftragen des Mutterbodens unumgänglich. Hierzu eignen sich vor allem Aufreißhaken an Erdbaugeräten und Untergrundlockerer an Schleppern. Sollte durch den Flächenzuschnitt der Einsatz solcher Geräte nicht möglich sein, müsste der Untergrund mit dem Baggerlöffel oder gar mühselig von Hand aufgebrochen werden.

Auftragen des Oberbodens

Nachdem der Unterboden gelockert und die Fläche planiert ist, gilt es den Oberboden, die sogenannte Rasentragschicht, in der die Rasengräser in erster Linie wurzeln, aufzutragen. Verwendet wird dazu der vor Baubeginn abgeschobene und für die Bauzeit gesicherte Mutterboden. Hat man den Oberboden nicht am Rand der Baugrube gelagert (siehe Seite 12), wird man Mutterboden von außen besorgen müssen.
Beim Auftragen des Mutterbodens ist darauf zu achten, dass das Fahrzeug auf dem abgedeckten Boden fährt. Die dabei entstehenden Verdichtungen reichen nicht tief, sodass sie anschließend mit der Bodenfräse oder durch Umgraben beseitigt werden können. Allerdings ist hierbei auch der Wassergehalt des Bodens zum Zeitpunkt des Einbaus von besonderer Bedeutung. Lehm- und tonhaltige Mutterböden dürfen nur in erdfeuchtem Zustand bearbeitet bzw. ausgebracht werden, weil sie sonst „verschmieren“ und nur durch eine aufwändige Bodenpflege wieder aktiviert werden können.
Ein besonderes Augenmerk gilt auch jetzt schon der Unkrautbekämpfung. Denn unkrautfreie Flächen sind die Voraussetzung für einen schönen Rasen bzw. eine schöne Wiese, wobei die Unkrautbekämpfung bei der Anlage einer Wiese weitaus größere Bedeutung hat als bei Rasenflächen. Beim Rasen sorgt der regelmäßige Schnitt und die Konkurrenzkraft der Rasennarbe selbst dafür, dass sich Unkräuter erst gar nicht entwickeln können. Auf der Wiese werden die Unkräuter nicht auf diese Weise verdrängt.

Unkräuter mit Leguminosen verdrängen
Eine andere Möglichkeit ist die Aussaat von Leguminosengemengen, damit die Unkräuter verdrängt werden. Leguminosen sind zudem Stickstoffsammler und sorgen mit ihrer Pflanzenmasse für eine Nährstoff- und Humusanreicherung im Boden.

Die Dauerunkräuter (Wurzelunkräuter), wie beispielsweise Löwenzahn und Disteln können beim Planieren ausgestochen und ihre Wurzeln sorgfältig beseitigt werden. Den Samenunkräutern kann man durch eine sogenannte Brachebehandlung wirksam entgegenwirken. Bei einer Brachebehandlung wird versucht, alle in der obersten Bodenschicht vorhandenen Unkrautsamen zum Keimen zu bringen. Jedes Mal, wenn das Unkraut aufgegangen ist, wird es durch eine entsprechende Bodenbearbeitung zerstört. Frühestens nach einer sechsmaligen Bearbeitung kann man mit dem Herrichten zur Einsaat beginnen. Die Brachebehandlung dauert mindestens 2 bis 3 Monate.

Den Oberboden verbessern

Als Regelmaß gilt für Rasentragschichten eine Dicke von 10 bis 20 cm. Die Schicht soll einen guten Luft- und Wärmehaushalt haben, das heißt relativ locker, dabei aber immer noch trittfest sein, im Idealzustand das einsickernde Oberflächenwasser teilweise speichern und Überschusswasser an den Baugrund abgeben können. Ein lehmiger Sandboden wäre hierfür ideal. Meistens sind die Bodenverhältnisse aber anders, dann ist eine gründliche Bodenverbesserung unerlässlich. Am besten lässt man sich anhand von Bodenproben eine exakte Analyse sowie Verbesserungsempfehlungen von einem Bodenuntersuchungsinstitut ausarbeiten (siehe auch Seite 53).

Bei bindigen Böden mit hohem Tonanteil ist gewaschener Sand in der Körnung 0 bis 2 oder 0 bis 4 mm in den Oberboden einzuarbeiten. Je nach Intensität der zu erwartenden Belastung rechnet man für 100 m^3 Rasenfläche zwischen 3 und 10 m^3 Sand. Geringere Mengen sind nur vorübergehend wirksam.

Anstelle von Sand kann auch Lavamaterial in entsprechender Körnung verwendet werden. Lava hat zudem gegenüber Sand zwei weitere Vorteile, die seine Verwendung gegebenenfalls erforderlich machen. Durch seine raue Oberfläche hat dieses Material eine hohe Scherfestigkeit, was auf Spiel- und Sportrasen von Bedeutung sein kann. Außerdem ist es porös und kann Wasser mit bis zu 50 % seines Eigenvolumens speichern. Darüber hinaus hat sich bei bindigen Böden der Einsatz von sogenannten Bodenhilfsstoffen bewährt. Zum Beispiel „Alginure Bodengranulat" mit 5 kg je 100 m^2 oder „Agrosil® LR" mit 10 kg je 100 m^2 Rasenfläche. Diese Stoffe sind in der Lage, die Tonteilchen miteinander zu verkleben und somit die Struktur zu verbessern. Nachdem der Mutterboden aufgetragen und gegebenenfalls Bodenverbesserungsstoffe ausgebracht worden sind, muss die Rasentragschicht grundlegend bearbeitet werden. Dafür eignen sich insbesondere Motorhacke, Spaten und Grabegabel (siehe Seite 42).

Herrichten der Saatfläche

Nachdem sich der Boden gesetzt hat, ist das sogenannte Feinplanum an der Reihe. Dabei geht es darum, die mit Bodenverbesserungsstoffen durchmischte und gelockerte Bodenfläche des künftigen Rasens möglichst ebenflächig abzuziehen und die oberste Bodenschicht (3 bis 6 cm) so fein zu krümeln, dass die relativ kleinen Samen der Rasengräser ein optimales Saatbett bekommen. Zu einer feinen Krümelung eignen sich flachgestellte motorgetriebene Bodenfräsen oder Motorhacken sowie handgeführte Gartenfräsen und Krümler. Zum ebenflächigen Abziehen des Bodens verwendet man Rechen aus Holz oder Metall, einen Krail oder auch spezielle Rasenrechen (siehe auch Seite 44). Beim Abziehen der Fläche ist zu bedenken, dass sich der Boden nach der Bearbeitung noch etwa 2 cm setzt. Wichtig ist dies für die Anschlüsse an die Terrasse, an Plattenwege und an alle sonstigen Mähkanten, die mit der Rasenfläche eine Ebene bilden sollen, um das spätere Mähen zu erleichtern. Soweit Steine und Wurzelunkräuter wie Quecke und Giersch bei der Arbeit ans Tageslicht gefördert werden, werden diese sorgfältig aufgesammelt und anschließend entfernt.

Bei geeigneter Bodenbeschaffenheit macht das Krümeln und Feinplanieren keine Schwierigkeiten. Bindige Böden bilden jedoch beim Abrechen gerne Klumpen, die bei zunehmender Trockenheit steinhart werden können. Bei trockenem Wetter hilft unter Umständen eine Beregnung, sodass in einem folgenden Arbeitsgang mit dem Rechen oder der Egge die Klumpen zerfallen.

▼ Wuchsformen der Gräser
Links: Horstbildendes Gras
Mitte: Oberirdische Kriechtriebe bildendes Gras
Rechts: Unterirdische Ausläufer bildendes Gras.

Den Boden setzen lassen
Nach der Lockerung des Oberbodens empfiehlt es sich, dem Boden einige Wochen Zeit zu geben, damit er sich setzen kann. Dies ist besonders dann wichtig, wenn auch der Untergrund stark und tief gelockert wurde. Wartet man nicht, kann es später nach dem Auflaufen der Gräser zu ungleichmäßigen Veränderungen in der Rasenoberfläche kommen. Das Setzen des Bodens vor der Aussaat ist vor allem bei den Spiel- und Sportrasen nötig, die eine glatte Fläche haben müssen.

Rasengräser und Grassamenmischungen

Der Handel bietet verschiedenste Mischungen an, vom robusten Spielrasen bis zum feinsten Zierrasen oder Sondermischungen für Schattenplätze. Rasensamenmischungen sind eine Wissenschaft für sich. Sie enthalten raschwüchsige „Obergräser" sowie „Untergräser". Neben horstbildenden Gräsern enthalten die Mischungen ausläufertreibende Gräser. Die horstbildenden Gräser haben einen festen Erdstamm, durch Bestockung vergrößern sie ihren Umfang. Sie werden von den ausläufertreibenden Gräsern umwachsen, die überall da wurzeln, wo noch Platz ist. Erst durch dieses Zusammenspiel entsteht eine dichte, feste Grasnarbe.

Wer Wert auf Qualität legt, sollte sich Regel-Saatgut-Mischungen kaufen, die auf der Verpackung mit dem Kürzel RSM ausgezeichnet sind. Für den Hausgarten sind von Bedeutung:

- RSM 1.1 Zierrasen
- RSM 2.1 Gebrauchsrasen – Standard
- RSM 2.2 Gebrauchsrasen – Trockenlagen
- RSM 2.3 Gebrauchsrasen – Spielrasen
- RSM 3.1 Sportrasen – Neuanlagen.

Die Aussaatmenge in Gramm pro m² richtet sich in erster Linie nach der Zusammensetzung der Mischung und ist auf der Verkaufspackung angegeben. Nach DIN 18917 sollen 30 000 bis 50 000 Samenkörner auf 1 m² gesät werden. Das entspricht einer Menge von 15 bis 30 g Gräsersamen.

Die Aussaat

Je gleichmäßiger das Saatgut verteilt wird, desto gleichmäßiger wird der neue Rasen später sein. Gartenbesitzer, die selbst aussäen wollen, können die Grassamen mit Streuwagen oder von Hand ausbringen. Streuwagen kann man auch mieten. Beim Säen mit dem Streuwagen müssen sich die Fahrspuren ausreichend überlappen, damit sich später im Rasen keine Lücken bilden.

Bei der Handsaat wird die Saatgutmenge für die jeweilige Fläche abgemessen, die Menge halbiert und dann in eine Richtung gehend ausgestreut. Beim Verteilen der zweiten Hälfte geht man quer dazu. Bei starkem Wind sollte nicht ausgesät werden, da dabei leichtes (großes) von schwerem (feinem) Saatgut getrennt wird und damit eine Entmischung erfolgt.

▲ Ein guter „Bodenschluss" ist wichtig; zum Andrücken der Samen ist eine Walze nötig.

Um eine Vorstellung von der notwendigen Saatdichte zu bekommen, steckt man sich am besten vor der Aussaat eine Fläche von 1 m² ab und wiegt sich die dafür notwendige Menge Saatgut genau aus. Nach dem Einarbeiten ist die Saatfläche anzuwalzen. Bei kleinen Flächen kann man auch mit Tretbrettern (50 × 25 cm) arbeiten, die man an die Schuhe bindet. Sie lassen sich aus alten Kistendeckeln sehr leicht herstellen. Ist der Boden sehr feucht, sollte mit dem Antreten bzw. Walzen gewartet werden, bis der Boden oberflächlich abgetrocknet ist.

Ob nach der Aussaat gewässert werden muss, hängt von der Witterung ab. Insbesondere in den ersten 2 Wochen nach der Aussaat ist auf ausreichende Feuchtigkeit zu achten. War es vor der Ansaat schon längere Zeit trocken, dann bei heißer Witterung besser nicht wässern, sondern die Ansaat trocken liegen lassen und auf den nächsten Regen warten. Sobald die Samen gequollen sind, darf die Fläche nicht mehr austrocknen; denn wenn der Keimablauf unterbrochen würde, könnte das für den Samen tödlich sein. Bei Wärme und ausreichender Feuchtigkeit keimen nach 4 bis 7 Tagen die ersten jungen Rasenpflänzchen. Es sind in der Regel die wüchsigeren Obergräser. Unauffällig folgen später die Untergräser. Der erste Rasenschnitt sollte erfolgen, wenn die aufgelaufenen Gräser 8 bis 10 cm hoch sind, allerdings nicht tiefer als 5 cm.

Der Rasenschnitt

Nur ein regelmäßig und richtig geschnittener Rasen wird dicht wie ein Teppich. Durch regelmäßiges Schneiden lassen sich

Wann aussäen
Günstige Keimbedingungen herrschen ab 8 °C Bodentemperatur bei ausreichender Bodenfeuchte. Das ist in der Regel von Mai bis September der Fall. Wird zu früh bzw. zu spät im Jahr ausgesät, keimen bei den niedrigen Temperaturen die Gräser nicht.

Nicht zu tief säen
Grassamen sind lichtgeförderte Keimer und dürfen nicht zu tief in den Boden kommen: etwa 0,5 bis 1 cm. Liegen die Samen zu tief, keimen sie nicht gut. Den Samen am besten mit einem Rechen oder einer Igelwalze ganz oberflächlich mit dem Boden vermengen. Bei rauer Bodenoberfläche ist ein Einarbeiten nicht extra erforderlich, da hier das Saatgut in die Unebenheiten fällt.

▲ Eine solche Gartenanlage braucht sehr viel Pflege, vor allem Rasenpflege.

unerwünschte Kräuter niederhalten. Diese Kräuter können eine ständige Entblätterung nicht vertragen und gehen zurück, sobald der Rasen dauernd kurzgehalten wird. Einjährige überwinternde Samenunkräuter verschwinden gänzlich.

Wird nur selten oder gar nicht gemäht, entwickelt sich eine Wiese mit hoch werdenden Gräsern und Kräutern. Eine solche Fläche darf man dann aber nicht regelmäßig betreten, weil sich im hohen Gras keine belastbare Grasnarbe ausbildet.

Schnitthöhe

Die richtige Schnitthöhe für den Rasen ist der nebenstehenden Tabelle zu entnehmen. Daraus folgt, dass der Mährhythmus nicht einem starren Schema folgen darf, sondern den Aufwuchsbedingungen der Gräser angepasst sein muss. Bei trockenem Wetter den Rasen nicht kürzer als 4 cm schneiden. Rasen in Schattenlagen nicht unter 5 cm hoch schneiden. Hier muss der Lichtmangel durch größere Blattmasse ausgeglichen werden.

Ist der Rasen einmal zu lang geworden, schneidet man nie mehr als ein Drittel oder höchstens die Hälfte ab. Eventuell muss man in zwei oder gar drei Etappen auf die Normalhöhe mähen, denn hoch gewachsener Rasen trocknet nach kurzem Schnitt im Sommer leicht aus und verbrennt. Im November wird der Rasen das letzte Mal geschnitten.

Wohin mit dem Rasenschnitt

Die Frage, ob man das Schnittgut liegen lassen kann oder abräumen muss, hängt von der Länge des Schnittmaterials ab. Sind die Rasenschnipsel länger als 3 cm sollte man sie abräumen, da die Rasenfläche sonst leicht verfilzt. Rasenschnitt mit Kompost aufgesetzt, ergibt einen nährstoffreichen Kompost. Er eignet sich aber auch vorzüglich zum Bedecken von Baumscheiben und Gehölzgrundflächen. Beim letzten Schnitt im Herbst sollte das Mähgut auf jeden Fall entfernt werden, damit keine Fäulnisherde entstehen können.

Düngung des Rasens

Ein Rasen soll gesund sein, schön aussehen, dicht wachsen und trittfest sein. Zudem wird er regelmäßig gemäht und muss den Blattverlust durch die Bildung neuer Triebe und Blätter ersetzen. Um das alles leisten zu können, braucht ein Rasen eine umfassende und ausgewogene „Ernährung". Wie oft und wie viel gedüngt wird, hängt stark von den Anforderungen an den Rasen ab.

Bei Verwendung leicht löslicher mineralischer Dünger (z. B. Blaukorn oder Ammonsulfatsalpeter) ist die Düngermenge auf drei Gaben zu verteilen. Die erste Düngung erfolgt zu Beginn der Vegetationsperiode im März / April, die zweite Nährstoffgabe im Juni / Juli, um den Rasen gegen Sommerstress zu stärken. Im Oktober erfolgt die Herbstdüngung. Der Rasen lagert bereits jetzt Nährstoffe ein, die ihn winterhart und weitgehend resistent gegen Krankheiten machen. So gedüngt, bleibt der Rasen auch im Winter grün, während er sich in dieser Zeit sonst gerne gelb-braun verfärbt. Außerdem wird das Wurzelwachstum angeregt, denn die Gräserwurzeln wachsen auch bei relativ niedrigen Temperaturen von 3 bis 5 °C.

Organische oder mineralische Dünger?

Bei Verwendung von organischen oder organisch-mineralischen Mischdüngern ist

Das Erfolgsrezept für einen „englischen Rasen"

Besucher englischer Landhäuser sind immer wieder von der Pracht dortiger Rasenflächen begeistert. Fragt man einen erfahrenen „Herrschaftsgärtner", wie man einen solch erstklassigen Rasen bekommen kann, dann erhält man stets die gleiche Antwort: „100 Jahre lang regelmäßig schneiden, düngen, wässern und das Unkraut bekämpfen".

Harmlose Unkräuter

Mit den keimenden Gräsern laufen oft sehr viele Unkräuter auf. Diese werden mit dem ersten Rasenschnitt aber kurz geschnitten und sind daher unproblematisch.

Die richtige Schnitthöhe für den Rasen

Rasentyp	Schnitt bei minimaler Wuchshöhe	Schnitt bei maximaler Wuchshöhe	Schnitthöhe auf
Gebrauchsrasen	6 cm	10 cm	3 cm
Spielrasen	6 cm	10 cm	3 cm
Zierrasen	4 cm	7 cm	2 cm
Sportrasen	6 cm	8 cm	3–4 cm

die erforderliche Nährstoffmenge ebenfalls auf drei Gaben zu verteilen. Solche Dünger setzen sich langsamer um und wirken länger. Verbrennungen, wie bei den mineralischen Düngern, kommen kaum vor.
Für die Rasendüngung besonders zu empfehlen sind Langzeit- oder Depotdünger auf synthetisch-organischer Basis. Ohne Gefahr der Überdüngung kann man bei den Langzeitdüngern die gesamte, für ein Jahr notwendige Düngermenge auf einmal im Frühjahr ausstreuen. Der Stickstoff, der bei den Langzeitdüngern in verschiedenen Formen vorliegt, wird nach und nach mineralisiert und steht den Pflanzen dadurch während eines langen Zeitraumes zur Verfügung, während ein geringer Anteil an schnellwirkendem Salpeterstickstoff für eine sofort einsetzende Düngerwirkung sorgt. Da die Umsetzung des Stickstoffs auch von der Temperatur abhängig ist, ist bei warmem Wetter die Stickstoffanlieferung größer als bei kaltem Wetter. Da bei steigenden Temperaturen auch der Rasen stärker wächst, passt sich die Stickstoffversorgung dem wechselnden Stickstoffbedarf der Pflanzen an. Der Nachteil der Langzeitdünger liegt in ihrem relativ hohen Preis.
Die meisten Rasengräser bevorzugen einen schwach sauren pH-Wert (5,5 bis 6,5). Die Kalkung einer Rasenfläche ist in der Regel nicht notwendig, da der Kalkbedarf des Rasens gering ist. Zudem fördert ein hoher Kalkgehalt das Unkrautwachstum und den Kleebesatz.

Ausbringen des Düngers

Bei kleineren Flächen und bei genügend Erfahrung kann man die Dünger von Hand ausstreuen. Dazu gibt es auch mit der Hand zu bedienende Düngerstreuer, die recht zuverlässig arbeiten. Auf jeden Fall muss sorgfältig gearbeitet werden. Werden mineralische Dünger unregelmäßig ausgebracht, können Verbrennungen oder sichtbar ungedüngte Stellen entstehen. Soweit möglich, sollte dann gedüngt werden, wenn Regen zu erwarten ist oder bereits eingesetzt hat. Unabhängiger ist man, wenn hinterher künstlich beregnet werden kann. Wird der ausgestreute Dünger kräftig eingewässert, ist die Gefahr von „Verbrennungen" gering, die Wirkung setzt rasch ein und eine nicht ganz exakte Verteilung wird weitgehend ausgeglichen.

TIPP

Wichtig zu wissen ist, dass normale Rasenmäher Gras, das höher als 15 cm ist, nicht mehr gut schneiden können. Kritisch wird es hier in der Urlaubszeit.

Unkrautbekämpfung in Rasenflächen

Unkräuter keimen und breiten sich bevorzugt dort aus, wo eine Rasenfläche lückenhaft und spärlich wächst und die Rasenpflanzen durch zu kurzes Mähen und / oder mangelhafte Wasser- und Nährstoffversorgung geschwächt sind. Das heißt, die beste vorbeugende Unkrautbekämpfung ist durch eine ausgewogene Wasser- und Nährstoffversorgung und den regelmäßigen Schnitt gewährleistet.
Die Mehrzahl der Rasenunkräuter haben einen kurzen Wachstumsrhythmus und kommen schnell zur Samenreife. Sie passen sich viel besser an die jeweiligen Standortverhältnisse an als die Kulturgräser und verdrängen sie deshalb. Gerade deshalb ist eine Unkrautbekämpfung wichtig. Das Unkraut kann sich in kürzester Zeit so stark ausbreiten, dass Teile der Rasennarbe vollständig absterben. Entfernt man das Unkraut zu spät, so bilden sich Kahlstellen, die neu eingesät werden müssen und dadurch für lange Zeit das Bild eines schönen Rasens zerstören.

Herbizide im Notfall

Auf größeren Flächen ist eine mechanische Bekämpfung in der Regel zu aufwändig und man wird auf chemische Mittel zurückgreifen. Dazu verwendet der Gärtner sogenannte selektive Herbizide, die in Wasser gelöst mit Pflanzenschutzspritzen ausgebracht werden, welche die Unkräuter dezimieren und die Gräser schonen.
Es handelt sich um Mittel auf Wuchsstoffbasis, die auf die zweikeimblättrigen Pflanzen stärker wirken als auf die einkeimblättrigen Gräser.
Unkrautbekämpfungsmittel sollten möglichst bei Tagestemperaturen über 18 °C ausgebracht werden; nach dem Ausbringen darf es 24 Stunden lang nicht regnen. Der Rasenschnitt sollte vor der Anwendung etwa 5 Tage zurückliegen. Nach der Anwendung soll wirklich erst dann gemäht werden, wenn eine deutliche Wirkung des Mittels sichtbar ist. Anschließend muss der Rasen gedüngt werden, damit er in der Lage ist, die Lücken zu schließen, die die Unkräuter hinterlassen haben.
Die Mittel müssen sehr sorgfältig nach Gebrauchsanweisung ausgebracht werden. Auch ist unbedingt zu vermeiden, dass

► Wurzelunkräuter wie der Löwenzahn lassen sich leicht mit einem mechanischem Gerät namens „Speedy-weedy“ entfernen.

Teile der Spritzbrühe abdriften und dadurch andere Pflanzen geschädigt werden. Neben den in Wasser gelösten Unkrautbekämpfungsmitteln gibt es auch solche in gekörnter Form. Interessant für den Hausgarten sind Rasendünger mit Unkrautvernichter, da man hier einen Arbeitsgang spart.

Moos im Rasen

Die Ursachen für die Moosbildung im Rasen sind: Nährstoffmangel, Schatten und Bodenverdichtungen in Verbindung mit Staunässe.
Dies sollte man beachten, wenn man im Handel angebotene Mittel zur Mossbekämpfung einsetzt. Deren Wirkung ist nur vorübergehend, die Ursache der Vermoosung wird mit solchen Mitteln nicht beseitigt.

Säure ist nicht schuld
Die Meinung, dass Moos im Rasen die Folge einer sauren Bodenreaktion ist, ist nicht richtig. Kalk nützt nur vorübergehend, weil Moose Reaktionsänderungen relativ schlecht vertragen. Dem Rasen wird mit dem Kalk aber in der Regel kein Dienst erwiesen.

Bewässerung der Rasenflächen

Rasen, der regelmäßig geschnitten wird, benötigt nicht nur ausreichend Nährstoffe, sondern verlangt auch eine reichliche Bewässerung. Junger Rasen braucht mehr Wasser als alter Rasen mit seiner starken Wurzelmasse. Bei heißem trockenem Wetter verdunsten die Rasengräser häufig mehr Wasser als ihren Wurzeln im Boden zur Verfügung steht. In solchen Fällen sterben ganze Pflanzenpartien ab, sie „verbrennen“. Der Rasen bekommt eine harte, braune Oberfläche. Die Folgen einer Bodentrockenheit für die Rasengräser sind nicht zuletzt abhängig von der Bodenart, denn die Wasserkapazität und Wasserverfügbarkeit ist bei den einzelnen Bodenarten sehr unterschiedlich.
Auf lehmigem Boden wird eine alte eingewachsene Grasnarbe nicht so schnell durch Trockenheit Schaden nehmen. Der Rasen wird zwar gelb und später braun, nach einem Regen treibt er aber durch und wird wieder grün. Allerdings kann die Trockenheit Veränderungen in der Zusammensetzung des Rasens hervorrufen, was nicht gewünscht ist, und auch der Verunkrautung wird Vorschub geleistet. Anders sieht es auf Sandböden und bei jungem Rasen aus. Hier ist bei längerer Trockenheit mit Totalausfällen zu rechnen. Ist man bereit, zeitweise einen braunen und später auch etwas struppigen Rasen hinzunehmen, kann auf „normalen“ Böden auf das Wässern verzichtet werden. Rasen auf Sandböden, Spiel- und Sportrasen oder auch Repräsentierflächen müssen bewässert werden.

Rasenfilz beseitigen

Im Laufe der Zeit kann sich im Rasen eine Filzschicht aus trockenem Mähgut, abgestorbenen Gräsern sowie Moosen bilden. Dieser sogenannte „Rasenfilz“, der ohne Eingriff durchaus mehrere Zentimeter dick werden kann, saugt Feuchtigkeit wie ein Schwamm auf und verhindert das Eindringen von Wasser, Luft und Nährstoffen in den Boden. Rasenfilz ist dem Rasenwachstum in jeder Beziehung abträglich. Auf Rasenflächen, auf denen ständig gemulcht wird, das heißt der Rasenschnitt auf der Fläche verbleibt, und auf stark belasteten Rasenflächen, wo die oberste Bodenschicht laufend verdichtet wird, bildet sich die Verfilzung besonders schnell und stark aus.
Da die Wurzeln der Gräser dort stärker wachsen, wo Wasser und Nährstoffe für sie gut erreichbar sind, breiten sie sich überwiegend in der Filzschicht aus und dringen nicht mehr in den Boden. Eine

Wasser für Rasen
Der zusätzliche Wasserbedarf für Rasenflächen ist nicht überall gleich. Er schwankt je nach der Höhe und der Verteilung der Jahresniederschläge, der Höhe des Grundwasserstandes, der Bodenart und der Lage der Rasenfläche. Er richtet sich aber auch nach der jeweiligen Temperatur und Luftbewegung. Man rechnet je Woche im Durchschnitt mit 20 l je m^2. Fällt diese Menge nicht als Regen, muss gegebenenfalls bewässert werden.

▼ Rasenflächen müssen gründlich gewässert und nicht nur oberflächlich besprengt werden.

Durchdringend gießen

Beim Gießen von Rasenflächen werden viele Fehler gemacht. Das tägliche „Sprühen" beruhigt zwar das Gewissen, ist aber letztendlich eine extreme Wasserverschwendung, da der Großteil des Wassers verdunstet und den Rasengräsern überhaupt nicht zugutekommt.
Darüber hinaus bewirkt das oberflächliche Sprühen, dass sich die Wurzeln der Rasengräser nur knapp unter der Oberfläche entwickeln und nicht in die Tiefe gehen. Die Narbe verfilzt dann stärker, und die Gräser sind noch empfindlicher gegen Austrocknen. Daher ist es wichtig, dass kräftig und durchdringend gewässert wird. Nur dann dringt das Wasser in tiefere Bodenschichten, wird dort gespeichert und steht den Gräsern von da aus zur Verfügung. Als Faustzahl gilt je Bewässerungsgang mindestens 10 l/m² auszubringen. Dabei ist zu empfehlen, in den Morgen-, Abend- oder Nachtstunden zu wässern, da hier die geringsten Wasserverluste auftreten.

Verzahnung mit der eigentlichen Rasentragschicht kommt nicht mehr zustande. In längeren Trockenperioden „verdursten" die Gräser und sterben ab, da ihre Wurzeln aus tieferen Bodenschichten kein Wasser mehr nachliefern können. In den entstehenden Kahlstellen siedeln sich Unkräuter an. Rasenfilz bietet daneben aber auch Moos und Pilzkrankheiten gute Entwicklungsmöglichkeiten.
Rasenfilzschichten entstehen vor allem auf sandreichen, sauren Böden mit eingeschränkter biologischer Aktivität. Auf humusreichen Böden, bei denen die Mikroorganismen aktiv sind, bildet sich weniger Filz aus, weil dort die organische Substanz von eben diesen Mikroorganismen abgebaut wird.

Vertikutieren

Durch Vertikutieren lässt sich eine bestehende Filzschicht beseitigen oder verkleinern. Gleichzeitig verbessert es die Zusammensetzung des Rasens. Es schädigt vor allem unerwünschte breitblättrige Kräuter und flachwurzelnde Gräser, fördert aber Gräser mit Ausläufern durch Anregung der Seitentriebbildung. Eine nachhaltige Moosbekämpfung, wie sie oft mit dem Vertikutieren angestrebt wird, ist nicht möglich.
Vor dem Vertikutieren sollte der Rasen kurz, wenn möglich auf 1 cm geschnitten werden, damit die Vertikutiermesser auch wirklich in die Filzschicht eindringen und diese zerschneiden.
Auf kleinen Flächen kommt man mit einem Vertikutierrechen gut zurecht. Mit dem Gerät wird der Rasen durchkämmt. Weniger anstrengend ist diese Arbeit mit einem Vertikutierroller. Ähnlich einer Harke haben diese Geräte Stahlmesser statt Zinken.
Grundliches Vertikutieren gelingt mit einem Motor-Vertikutierer. Wichtig sind ein enger Messerabstand, schnell rotierende, möglichst scharfe Schlitzmesser.

Wann vertikutieren?

Im Allgemeinen muss man einmal im Jahr vertikutieren. Am besten geschieht dies im Frühjahr zur Zeit der intensivsten Regeneration. Die Rasenflächen können sich im April/Mai durch kräftiges Wachstum schnell wieder schließen, indem neue, den Boden gründlich durchdringende Wurzeln gebildet werden. Als weiterer Termin käme bei günstigen Feuchteverhältnissen oder Beregnungsmöglichkeiten der Spätsommer oder frühe Herbst in Frage. Auf jeden Fall muss genügend Zeit bis zum Ende der Vegetationsperiode zur Regeneration bleiben. Nach dem Vertikutieren wird das herausgeschnittene Material abgerecht und entfernt.
Danach heißt es die Rasenfläche sorgfältig zu pflegen, zu düngen und bei Trockenheit zusätzlich zu bewässern. Auch sollte der Rasen, bis er wieder völlig dicht geschlossen ist, nicht unnötig belastet werden.

Sand hilft

Bei sehr belasteten und verdichteten Rasenflächen sowie auf Böden mit hohem Feinerdeanteil ist neben dem Vertikutieren das Besanden eine wichtige begleitende Maßnahme. Durch den Sand wird die oberste Bodenschicht, die ja der Belastung und damit der Verdichtung am meisten ausgesetzt ist, wasserdurchlässiger, trittfester und besser durchlüftet. Der Sand erhöht das Porenvolumen und sorgt damit für ein erhöhtes biologisches Umsetzungsvermögen. In gut durchlüfteten und biologisch aktiven Substanzen kann sich kaum Filz bilden. Alle Bedingungen, die die Mineralisierung der organischen Substanz fördern, wirken der Bildung einer Filzschicht entgegen. Für die Besandung sind etwa 2 bis 3 kg Sand/m² notwendig. Bei über 1 cm starken Filzschichten ist ein mehrmaliges Aufsanden angebracht.
Zum Besanden ist Sand in der Körnung 0/2 bis 0/3 mm zu verwenden, der Kornbereich unter 0,025 mm darf 12 % nicht übersteigen.

2 Garten Basics

Kleine Bodenkunde

Wer mit seinen Pflanzen im Garten Erfolg haben will, muss seinen Boden kennen. Gemeint ist hier nicht nur die Kenntnis der Bodenart, sondern auch der Eigenschaften und des Zustandes. Boden ist etwas „Lebendiges“, – und wie jedes Lebewesen ist auch der Boden von den Bedingungen abhängig, unter denen er sein Leben verbringen muss, das heißt, es kann ihm gut oder schlecht gehen – ganz unabhängig von seinen Bestandteilen, aus denen er sich zusammensetzt. Nur auf einem fruchtbaren oder „garen“ Boden können die Pflanzen gesund heranwachsen. Der Gärtner hat es in der Hand, die Bodenfruchtbarkeit zu verbessern.

Sandböden und Tonböden

Den Bodenkundler interessiert zunächst die Bodenphysik. Er will wissen, welche Bodenart und welche Bodenstruktur er vor sich hat. Den Boden kann man sich wie einen mehr oder weniger saugfähigen Schwamm vorstellen, bei dem es feste Bestandteile und Hohlräume oder Poren gibt. Von der Art, der Form und Größe der festen Bestandteile sowie ihrer Lage und Bindung untereinander hängt es ab, wie viele und wie große Poren entstehen und ob sie miteinander verbunden sind.
In diesen Poren durchwachsen die Pflanzenwurzeln den Boden, umklammern die Saugwurzeln die Erdteilchen und entnehmen ihnen die Nährstoffe und das Wasser sowie den für die Wurzelatmung notwendigen Sauerstoff. Von der Anzahl der Hohlräume und Poren, ihrer Größe und Form ist der Anteil und die Verfügbarkeit von Luft (Sauerstoff) und Wasser sowie deren Verteilung im Boden abhängig.
Liegen einzelne einförmige Bodenteilchen dicht beieinander, spricht man von einer „Einzelkornstruktur“. Einzelkornstruktur besitzen reine Sandböden wie auch reine Tonböden. Während bei Sandböden die Teilchen keinen Halt untereinander haben, liegen beim Tonboden die feinen blättchenartigen Tonminerale sehr dicht aufeinander. Sandboden enthält genügend luftgefüllte Poren. Je gröber der Sand, umso mehr Hohlräume (Poren) sind vorhanden. Doch Sandboden kann nur wenig Wasser speichern. Ein Tonboden enthält sehr wenig Luft, speichert aber im Gegensatz zum Sandboden viel Wasser. Dieser hohe Wassergehalt nutzt allerdings wenig, weil ein hoher Anteil davon fest in den Poren eingeschlossen ist und den Pflanzen nicht zur Verfügung steht. Bodenkundler bezeichnen es als „Totwasser“. Sowohl der reine Sandboden als auch der reine Tonboden eignen sich nicht zum Kultivieren von Pflanzen. Sie müssen erst nachhaltig verbessert werden.

▼ Was ist Bodengare? Ein garer Boden bietet den Pflanzen die besten Wachstumsbedingungen. Bei ihm halten die Bodenteile in den Krümeln gut zusammen, er versorgt die Pflanzen mit allen nötigen Nährstoffen und er bietet vielen Bodenlebewesen Lebensraum.

Krümel erwünscht

Ballen sich einzelne Teilchen des Bodens infolge der zwischen ihnen bestehenden Anziehungskräfte (unterschiedliche elektrische Ladung) zu Klümpchen zusammen, so entsteht ein Gefüge aus unförmigen Gebilden. Diesen Zustand bezeichnet man als „Krümelstruktur“. Die „Krümel“ entstehen aus den Verbindungen feinster mineralischer Bodenteilchen (Sand, Schluff, Ton) mit organischer Substanz (Humus), den sogenannten Ton-Humus-Komplexen. Die schwammartig lockeren, aber fest zusammenhaltenden Bodenkrümel von 1 bis 5 mm Durchmesser schließen Bodenhohl-

Die wichtigsten Merkmale eines fruchtbaren Bodens
- gute Durchwurzelbarkeit, auch des Unterbodens
- gute Wasser- und Luftführung
- große Fähigkeit, Nährstoffe und Wasser zu speichern (Sorptionskraft)
- hoher Anteil an Kalzium und Magnesium
- hoher Nährstoffgehalt
- hohe bodenbiologische Aktivität und damit die Fähigkeit, organische Stoffe zu verarbeiten, umzuwandeln und die Nährstoffe für die Pflanzen verfügbar zu machen
- hoher Humusgehalt

Luftkapazität verschiedener Bodenarten	
Bodenart	**Luftkapazität in Vol.-%**
Sand	30–40
Schluff und Lehm	10–25
Ton	0–15
Moor	0–25

räume ein und sind dabei selbst noch so porös, dass sie Wasser und Nährstoffe aufnehmen und physikalisch und chemisch binden können.

Eine gute Krümelstruktur ist die entscheidende Grundvoraussetzung für eine hohe Bodenfruchtbarkeit. Damit sich stabile Krümel bilden können, müssen neben physikalischen und chemischen Vorgängen die Mikroorganismen mitspielen. Die Krümelstruktur ist keine beständige Eigenschaft, sondern muss durch sorgfältige Bodenpflege erhalten und gefördert werden. Das heißt, auch ein Boden, der auf Grund einer günstigen Zusammensetzung aus Sand, Ton und Humus eine gute Krümelstruktur aufweist, kann durch unsachgemäße Bodenbearbeitung und -pflege zurück in eine Einzelkornstruktur verfallen.

MERKSATZ

Bei einer guten Bodenstruktur sollten die festen Bodenbestandteile und die Bodenhohlräume jeweils 50 % des gesamten Bodenvolumens ausmachen, sodass ein ideales Verhältnis von Bodensubstanz zu Luft und Wasser von 50 : 25 : 25 entsteht.

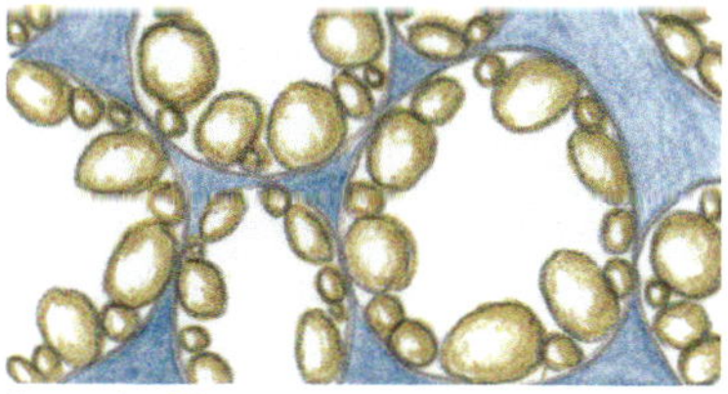
Krümelgefüge

festes Einzelkorngefüge

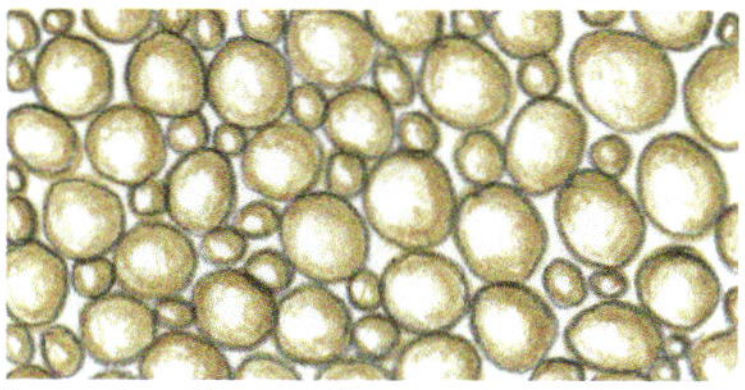
loses Einzelkorngefüge

► Die verschiedenen Gefügeformen des Bodens.

Biologische Bodeneigenschaften

Die biologischen Eigenschaften eines Bodens werden geprägt durch die organischen Bestandteile des Bodens. Sie bilden gemeinsam mit den mineralischen die feste Bodensubstanz und beeinflussen entscheidend die Wasser-, Luft- und Wärmeverhältnisse des Bodens. Darüber hinaus ist die organische Substanz ein wichtiger Lieferant für Pflanzennährstoffe.

Zur organischen Substanz gehören alle abgestorbenen pflanzlichen und tierischen Stoffe sowie deren organische Umwandlungsprodukte, sowohl im Boden als auch auf der Bodenoberfläche.

Was beim Zersetzen und Umwandeln der organischen Substanz entsteht, ist dunkel gefärbter Humus. Je nach dem Zersetzungsgrad unterscheidet man dabei zwischen Nähr- und Dauerhumus. Unter Nährhumus versteht man die rasch abbaubaren organischen Stoffe im Boden. Der Dauerhumus ist dagegen eine vorläufige Endstufe ihrer Zersetzung. Zum Dauerhumus zählen auch die Huminstoffe, die nur schwer angreifbar sind. Das Zersetzen und Humifizieren der organischen Substanz geschieht nicht von allein, Akteure sind dabei die Bodenlebewesen.

Bodenfauna und Bodenflora sind aktiv

Tiere im Boden zerkleinern die Streu und mischen sie ein. Die Bodentiere unterscheidet man nach ihrer Größe in Kleinsttiere, Kleintiere und größere Tiere. Kleinsttiere (Mikrofauna) sind kleiner als 100 µm. Hierzu gehören die Einzeller, wie Flagellaten, Rhizopoden und Ziliaten. Sie bewegen sich im Wasser der feinen Bodenporen. Zu den Kleintieren (Mesofauna) zählen die Tiere zwischen 100 µm und 10 mm Größe, und zwar Milben, Springschwänze und Borstenwürmer. Die größeren Tiere (Makrofauna) sind größer als 1 cm. Es sind Asseln, Tausendfüßler, Insekten und deren Larven sowie vor allem die Regenwürmer.

Bodenleben fördern
Bei der Bedeutung der Bodenorganismen für die Bodenfruchtbarkeit tut der Gartenbesitzer gut daran, ihnen beste Lebensbedingungen zu schaffen. Dazu gehören eine sorgfältige garefördernde Bodenbearbeitung, die Zufuhr organischer Substanz in jeder Form und ein optimaler pH-Wert.

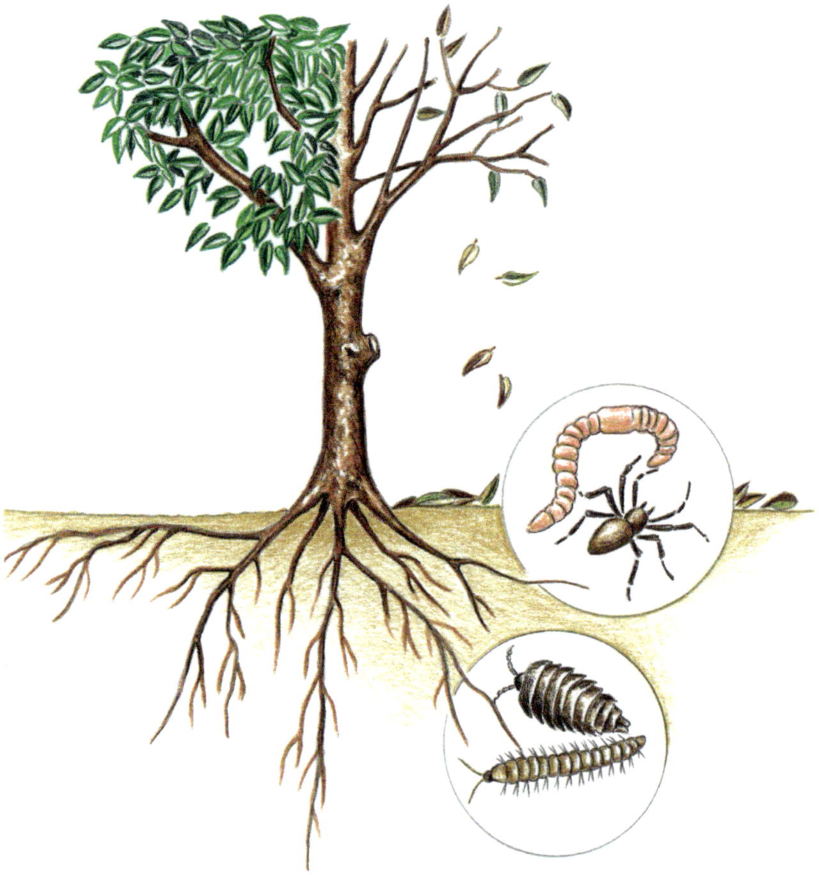

► Die organische Substanz befindet sich in der Natur in einem ständigen Kreislauf. Bodenorganismen bauen die organische Substanz zu Humus und Nährstoffen ab, die wiederum als Nahrung für lebende Pflanzen dienen.

Die verschiedenen Vertreter der Bodenflora, insbesondere Bakterien und Strahlenpilze, zersetzen die organischen Stoffe schließlich in ihre chemischen Grundbestandteile. Es herrscht eine Arbeitsteilung und Verbundwirtschaft zugleich, bei der von der nächsten Gruppe verarbeitet wird, was die vorherige übrig lässt.
Bei diesen Umsetzungsvorgängen werden auch die in den abgestorbenen Pflanzen- und Tierresten enthaltenen Mineralstoffe pflanzenverfügbar gemacht. Der in der organischen Substanz enthaltene Kohlenstoff wird zu CO_2 veratmet. Daher kann man in unmittelbarer Bodennähe eine höhere CO_2-Konzentration messen als in höheren Luftschichten. Diese erhöhte Kohlendioxidkonzentration kommt den Pflanzen zugute.

Regenwürmer durchmischen den Boden

Die Bodenlebewesen beeinflussen durch ihr Umsetzen die physikalischen Eigenschaften des Bodens. Bakterien bilden Schleimstoffe, die Sand-, Ton-, Schluff- und Humusteile zu Krümeln verkleben, während Pilze durch ihr Pilzgeflecht zum Zusammenhalt beitragen. Beide wirken dem Verfall der Krümel in Einzelkornstrukturen und damit der Verschlämmung des Bodens entgegen und führen zusammen mit den Wurzeln der Pflanzen zu einer Lebendverbauung und damit zu einer Stabilisierung der Krume.
Die Bodentiere, und hier vor allem die Regenwürmer, tragen durch das Wühlen von Gängen zur Verbesserung der Wasser- und Luftführung des Bodens und zu seiner Lockerung bei. Regenwurmgänge erleichtern den Pflanzenwurzeln das Eindringen in tiefere Bodenschichten. Bei ihrer Arbeit bringen die Regenwürmer Material aus dem Unterboden an die Oberfläche. Gleichzeitig nehmen sie humusreiches Material mit nach unten. Auf diese Weise tragen sie wesentlich zur Vertiefung der Krume und des Wurzelraumes der Pflanze bei. Darüber hinaus wird beim Passieren des Regenwurmdarmes die Erde aufgeschlossen.

Optimaler pH-Wert
Alle unsere Obst- und Gemüsekulturen sind wie die meisten Kulturpflanzen mehr oder minder stark auf Kalk angewiesen und fühlen sich im Bereich um den Neutralpunkt (pH-Wert 6,5–7,5) am wohlsten; Rhododendren, Azaleen und Kulturheidelbeeren brauchen dagegen einen niedrigen pH-Wert. Auf pH-Werte über 7,5 sind viele alpine Steingarten- und Polsterstauden angewiesen.

Von sauer bis alkalisch

Reaktionsbezeichnung	pH-Wert
extrem sauer	<3,0
sehr stark sauer	3,0 – 3,9
stark sauer	4,0 – 4,9
mäßig sauer	5,0 – 5,9
schwach sauer	6,0 – 6,9
neutral	7,0
schwach alkalisch	7,1 – 8,0
mäßig alkalisch	8,1 – 9,0
stark alkalisch	9,1 – 10,0
sehr stark alkalisch	10,1 – 11,0
extrem alkalisch	>11,0

▲ Der pH-Bodentest basiert auf dem Farbumschlag eines Indikators, der als Tablette gemeinsam mit destilliertem Wasser dem Boden beigemischt und in ein feines Glasröhrchen gefüllt wird. Anschließend wird ein Farbvergleich zwischen dieser „Lösung“ und der beiliegenden Farbtafel durchgeführt. Der Test bestimmt die Bodenreaktion jedoch nur auf circa eine pH-Einheit genau.

Chemische Bodeneigenschaften

Die chemischen Eigenschaften eines Bodens werden durch seinen pH-Wert bestimmt. Der pH-Wert ist ein Maß für die Bodenreaktion (den Kalkzustand). Er zeigt an, ob der Boden sauer, neutral oder alkalisch „reagiert“. Die Abkürzung pH ist vom lateinischen potentia hydrogenii (Wirksamkeit des Wasserstoffs) abgeleitet. Der pH-Wert zeigt die Konzentration der Wasserstoff-Ionen in einem Boden an. Je mehr H-Ionen sich im Boden befinden, desto höher ist die H-Ionen-Konzentration und umso kleiner ist der pH-Wert. Je kleiner die H-Ionen-Konzentration, je weniger sauer also die Bodenlösung ist, umso größer ist der pH-Wert. Die Angabe des pH-Wertes erfolgt durch eine Ziffer. Die Einteilung der Bodenreaktion in pH-Bereiche zeigt die Tabelle. Böden, die weder sauer noch alkalisch reagieren, haben einen pH-Wert von 7,0, sie bezeichnet man als neutral.

Bei der Bildung stabiler Krümel spielt der Kalkgehalt (der pH-Wert) des Bodens eine wichtige Rolle. Bei einem hohen pH-Wert lagern sich die einzelnen Bodenteilchen (Ton, Schluff, Sand und Humus) zu lockeren Häufchen zusammen. Bei Kalkverlusten und damit der Veränderung des pH-Wertes verliert ein Boden zunehmend diese Bindungswirkung. Die Stabilität der Krümel lässt nach und die Bodenteilchen gehen zunehmend in Einzelkornstruktur über. Wenn der Boden an der Oberfläche verschlämmt und die gröberen Poren zuschlämmen, entsteht schließlich ein dichter, luftarmer und wasserundurchlässiger Boden. Vor allem in feinsandig-schluffig-tonigen Böden gehen dann viele luftführende Poren verloren, stattdessen wird das Wasser als Totwasser dem Kreislauf entzogen.

Nicht weniger wichtig ist der Einfluss des pH-Wertes darauf, wie stark Nährstoffe an die festen Bodenbestandteile gebunden werden. Je besser gelöste Stoffe gebunden werden, desto stärker ist die Filterwirkung eines Bodens. Dabei werden nicht nur Nährstoffe, sondern auch Schadstoffe zurückgehalten, die sonst in tiefere Schichten oder ins Grundwasser ausgewaschen würden. Die Abbildung zeigt die Verfügbarkeit der Pflanzennährstoffe in Mineralböden bei verschiedener Bodenreaktion. Der breiteste Teil des Balkens zeigt die größte Verfügbarkeit.

pH-Wert des Bodens

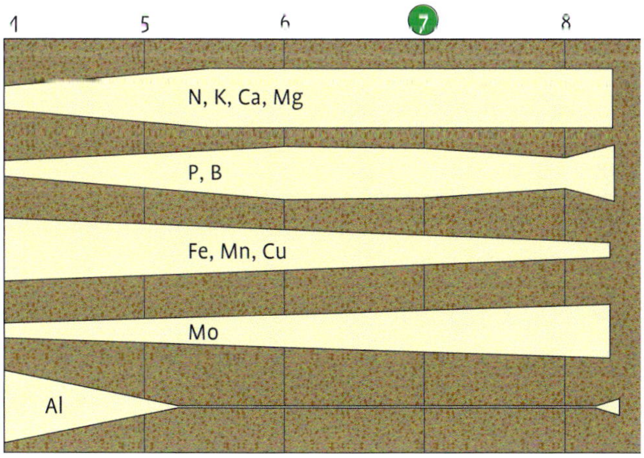

▼ Die Verfügbarkeit der einzelnen Nährstoffe ist vom pH-Wert abhängig. Am besten ist es, wenn der Boden schwach sauer bis neutral reagiert.

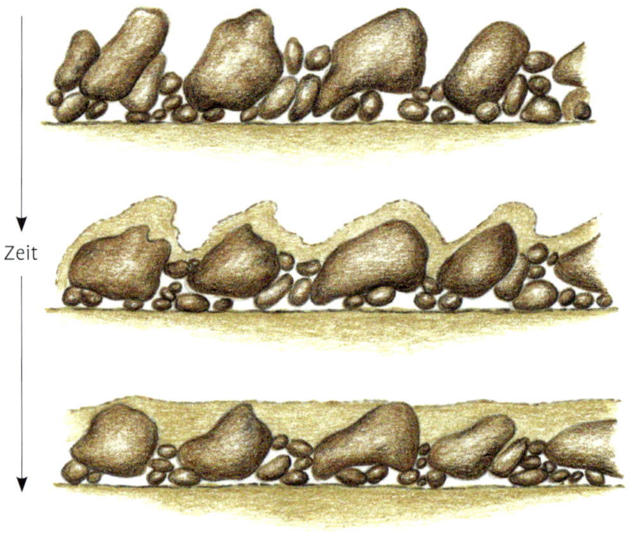

▲ Wirkung des Bodenfrostes auf einen umgegrabenen Tonboden.

Folgen eines niedrigen pH-Werts für den Boden

- Bodenbakterien sind weniger aktiv.
- Die Stabilität der Bodenstruktur verringert sich. Insbesondere wird der Lufthaushalt negativ beeinflusst.
- Die Nährstoffverfügbarkeit wird stark beeinflusst.
- Es bilden sich wenig wertvolle Humusformen.
- Regenwürmer und andere Bodenlebewesen sind weniger aktiv.
- Stoffe mit toxischer Wirkung auf die Pflanzen werden zunehmend mobilisiert.

Tendenz zum Versauern

Wichtig zu wissen ist, dass der Boden ständig Gefahr läuft, an Kalk zu verarmen und zu versauern. Die Ursachen dafür sind die natürliche Auswaschung (besonders stark in niederschlagsreichen Gebieten), der Entzug durch die Ernte (bei Obst- und Gemüseflächen) und die Düngung mit mineralischen und organischen Düngern.
Die Gärtner sollten deshalb regelmäßig den pH-Wert kontrollieren. Dann können sie rechtzeitig etwas gegen die Kalkverarmung und die Bodenversauerung tun und dann, wenn nötig, kalken.
Der pH-Wert eines Bodens und damit sein Säuregrad lässt sich über eine Bodenuntersuchung in einem Labor ermitteln. Nicht zuverlässig sind die pH-Messung mit Indikatorpapier und viele der einfachen elektronischen Messgeräte mit Metallelektroden. Empfohlen werden kann dagegen der sogenannte pH-Bodentest (z. B. der Fa. Neudorff, Emmerthal), der brauchbare Ergebnisse liefert.

Fruchtbaren Boden schaffen

Was eine gute Bodengare eigentlich ist, lässt sich schwer für jemanden beschreiben, der den Unterschied zu einem ungaren Boden noch nicht selbst feststellen konnte. Man wird den Vergleich etwa so ziehen: Garer Boden ist elastisch locker, im Idealfall „federt" er beim Betreten. Er erscheint frischer, dunkler als der ungare Boden, hat angenehmen Erdgeruch und enthält reichlich Humus und Nährstoffe. Bei einem garen Boden ist das Verhältnis von Luft zu Wasser ideal und die Krümelstruktur stabil. Es wird nicht von jedem Regen zerstört.
Die Qualität der Bodengare ist von vielen Faktoren abhängig. Sie kann durch die Art der Bearbeitung (Bearbeitungsgare), durch die Witterung (Frostgare), durch Kalkzugaben (Kalkgare), durch Bodenbedeckungsmaßnahmen bzw. Art des Pflanzenbewuchses (Schattengare) und durch den Anteil an organischer Substanz (Humus- oder Dauergare) entscheidend beeinflusst werden.

Bearbeitungsgare

Ist ein Boden verdichtet oder gar verkrustet, so liegt es nahe, ihn zu lockern. Die Herstellung eines krümeligen Bodens aus einem vorher stark verdichteten Oberboden durch mechanische Maßnahmen bezeichnet man auch als Bearbeitungsgare. Sie hat allerdings in der Regel nur kurzen Bestand, denn schon der nächste Regenguss oder ein Betreten des Bodens kann den Effekt wieder zerstören. Dies trifft um so mehr zu, je mehr tonige Anteile der Boden hat und umso weniger Humus vorhanden ist. Wer seine Flächen nur durch Bearbeitung locker halten wollte, um so einen ausreichenden Luft- und Wasserhaushalt zu gewährleisten, wäre zu dauernder Wiederholung seiner Arbeit verdammt, denn das Erreichte ist nur von kurzer Dauer.

Frostgare

Die Frostgare entsteht, wenn man im Herbst den Boden umgräbt und in grober Scholle liegen lässt. Im Winter bilden sich im Boden Eiskristalle; beim Gefrieren entziehen sie den Bodenteilchen Wasser. Diese schrumpfen daraufhin. Dabei werden die Bodenteilchen durch die Sprengwirkung des Eises aus ihrer starren Bindung gelöst, die Scholle wird dadurch krümelig. Die Frostgare hat nur bei schweren Böden, die eine feste Struktur aufweisen, eine Bedeutung. Bei leichten Sandböden, die schon von Natur aus locker sind, spielt sie keine Rolle.
Auch die Frostgare hat wenig Bestand. Oft zerstört der erste starke Frühlingsregen die Krümel und hinterlässt eine verschlämmte Kruste.

▲ Das Kalken begünstigt die Bildung stabiler Krümel.

Kalkgare

Tonige, schwer zu bearbeitende Böden kann man vorübergehend durch Branntkalk verbessern. Dieser Dünger wird im zeitigen Frühjahr eingearbeitet. Die Krume ist dann für einige Monate gelockert, aber die Wirkung verpufft bald. Der Kalk wirkt nur dann dauerhaft, wenn der Boden gleichzeitig gut mit Humus versorgt ist. So verdankt z. B. die Schwarzerde in der Magdeburger Börde ihre durch Jahrtausende bewährte Fruchtbarkeit in erster Linie dem Gehalt an Dauerhumus in einer mit Kalk gesättigten Form.

Scheingaren
Kalkgare, Bearbeitungsgare und Frostgare werden auch als Scheingaren bezeichnet, weil sie nur kurzfristig wirksam sind. Trotzdem sind die Einwirkungen auf den Boden wertvoll, da durch den Frost oder durch die Bodenbearbeitungsgeräte Luft in den Boden gebracht wird. Das wiederum fördert das Bodenleben und unterstützt damit die Bildung der „echten" Gare (der Humus- oder Dauergare) durch Lebendverbauung.

Schattengare

Ein garer Boden entsteht besonders intensiv unter einer Bodenbedeckung oder unter Pflanzenbewuchs. Beispiele für Schattengare findet man in der Natur selbst, die diesen Garezustand z. B. im Wald ohne Zutun des Menschen erreicht: Hier liegt der Boden unter Pflanzenwuchs und Humusdecke in fruchtbarer Gare.

In einem beschatteten Boden sind die Bodenlebewesen sehr aktiv, außerdem ist er „widerstandsfähiger" gegen ungünstige Wettereinflüsse. Er ist geschützt vor dem Austrocknen bei Sonnenschein, außerdem bremst das Blätterdach einen Gewitterregen ab, sodass der Boden nicht verschlämmt.

In unseren Gärten findet man eine gute Schattengare dort, wo der Boden durch ständigen Bewuchs (z.B. von Sträuchern, Bäumen und Stauden) beschattet ist und das herabfallende Laub liegen bleibt. Im Garten gibt es aber auch viele Flächen, etwa auf Sommerblumen- oder Gemüsebeeten, die nicht ganzjährig bewachsen sind. Hier erreicht man die Schattengare durch Mulchen mit halbfertigem Kompost oder Grasschnitt. Im Staudenbeet oder unter Sträuchern kann man den Boden auch mit Rindenmulch, Laub, Stroh oder Grasabfällen bedecken (siehe Seite 46).

Zur Bodenpflege im Gemüsegarten gehört auch, Kulturen in die Fruchtfolge einzubauen, die die Gare fördern. Dies geschieht mit Pflanzenarten, die den Boden mit ihrer Blattmasse in relativ kurzer Zeit bedecken. Spinat oder Kresse sind dafür gute Beispiele.

Schattengare erreicht man auch mit dem Anbau von Gründüngungspflanzen. Dazu gehören auch die Leguminosen, die als willkommene Nebenwirkung mit Hilfe ihrer Knöllchenbakterien den Stickstoff aus der Luft binden.

Diese Zwischenkulturen muss man ebenso wie die Gemüsekultur selber düngen. Geschieht dies nicht, so werden Ertrag und Gareförderung meistens unbefriedigend bleiben, außerdem muss man die entzogenen Nährstoffe zur nächsten Kultur ohnehin ersetzen. Auch Blattreste, die man nach der Gemüseernte liegen lässt und die den Boden vor der Sonneneinstrahlung schützen, fördern das Bodenleben wesentlich. Auch die Mischkultur ist eine gute Möglichkeit, für eine ständige Bodenbedeckung im Gemüsegarten zu sorgen (siehe auch Seite 395).

Schattengare durch Perserklee
Leguminosen kann man zusammen mit dem Gemüse anbauen. So hat sich bei Rosen-Kohl eine Untersaat mit Perserklee bewährt, der sehr rasch keimt und eine dichte Pflanzendecke bildet, die sich mit Sichel oder Heckenschere kurz halten lässt (Näheres zur Gründüngung siehe Seite 48).

▼ Pflanzen wie der Spinat bedecken den Boden intensiv und sorgen für einen garen Boden.

So viel Kompost ist nötig
Je m² werden etwa 300 ml (das sind je nach Ausgangsmaterial etwa 100 bis 300 g) Humustrockenmasse im Jahr verbraucht. Um den Humusgehalt des Bodens auf Dauer deutlich anzuheben, muss mehr Humus gegeben werden. Zu empfehlen sind zwischen 2 und 5 m³ je 100 m² (20 bis 50 Liter/m², dies entspricht einer 2 bis 5 cm hohen Kompostschicht). Näheres zur Kompostwirtschaft siehe Seite 57.

▼ Kompost ausbringen.

Die Bodenbedeckung mit sogenannten Mulchfolien (angeboten werden hierfür schwarz oder weiß eingefärbte Folien sowie Papiermulch) ist nur ein Notbehelf; Ziel sollte die Verwendung organischer Materialien sein.
Auch die Schattengare ist nicht beständig, sobald die Bedeckung fehlt, verfällt die Bodenstruktur.

Dauergare oder Humusgare

In engem Zusammenhang mit der Kalk- und Schattengare steht die sogenannte Dauer- oder Humusgare. Will man den Boden auf Dauer in einen guten Garezustand bringen, heißt es vor allem, das Lebendige im Boden zu Hilfe zu nehmen und zu fördern. Diese Form der Bodengare wird als Dauergare bezeichnet, weil sie die langlebigste ist. Die alternative Bezeichnung Humusgare deutet darauf hin, dass dazu Humus nötig ist.
Die Bedeutung des Humus für die Bodengare oder Bodenfruchtbarkeit kann nicht hoch genug eingeschätzt werden.

- Humus begünstigt zusammen mit Kalk die Bildung stabiler Krümel. Dadurch werden sowohl die Luft- und Wasserverhältnisse als auch die Bearbeitbarkeit von schweren Böden verbessert.
- Humus kann das 3- bis 5-Fache seines Eigengewichtes an Wasser aufnehmen und festhalten. So können Humusgaben die zu geringe Wasserhaltefähigkeit von leichteren Böden verbessern.
- Die organische Substanz bildet die Lebensgrundlage für das Bodenleben. Die in ihr festgelegten Nährstoffe werden bei ihrem Abbau durch die Bodenlebewesen in eine pflanzenverfügbare Form überführt (mineralisiert). Sie stellt also eine langsam fließende Nährstoffquelle für die Pflanzen dar.

So ist also der Humus der Schlüssel zur fruchtbaren Dauergare. Freilich, der Humus ist hier nur Mittel zum Zweck, denn die eigentlichen Garebildner sind jenes unüberschaubar große Heer von Bodenlebewesen, denen der Humus als Nahrung dient. Sie sind es, die durch ihre Lebenstätigkeit für eine gründliche Durchmischung von Mineralteilchen und Organischem sorgen. Dieses Zusammenfügen der einzelnen Bodenteilchen führt zu den so beständigen Krümeln, die kennzeichnend für die Dauergare sind. Das hat gerade bei bindigen Böden mit hohem Tongehalt besondere Bedeutung. Hier bewirkt die Durchmischung die Entstehung der „Ton-Humus-Komplexe“, die nichts anderes sind, als eine durch die Kleinlebewesen erreichte Verkittung vieler Ton- und Humusteilchen zu größeren Gebinden, die wir Krümel nennen. Da nun diese Krümel unregelmäßige Gestalt haben und locker lagern, bleibt zwischen ihnen viel Raum frei. Darum gleicht ein vormals schwerer Lehmboden im Zustand der Dauergare einem aufgelaufenen Hefeteig und hat Dichte und Schwere verloren.
Insbesondere im Obst- und Gemüsegarten kommt es entscheidend darauf an, durch die laufende Zufuhr von organischer Substanz (z. B. Kompost) den Boden biologisch aktiv zu halten.

Humusgehalt in Böden
Der Humusgehalt der natürlichen Böden schwankt in weiten Grenzen. In Moorböden liegt er über 15 %. In Ton- und Sandböden liegt er meist unter 1 %, in Lehmböden bei etwa 2 %. In langjährig bewirtschafteten Gartenböden liegt er meist über 4 %, nicht selten bei über 10 %.

Stallmist einarbeiten
Damit nicht zu viel Stickstoff verloren geht, sollte er möglichst rasch in den Boden eingearbeitet werden. In stark durchlüfteten Sandböden gräbt man ihn tiefer ein (15–20 cm), um eine zu rasche Zersetzung zu verhindern. Im Gegensatz dazu soll er in luftarmen Tonböden nur flach eingemulcht werden (5–10 cm). Man darf ihn auf keinen Fall zu tief untergraben, sonst kann er sich in regelrechten Matten auf der Sohle ablagern, dort verrottet er nicht und behindert später die Durchwurzelung.

Die Praxis der Bodenbearbeitung

Hacken, harken und graben – für viele Gartenbesitzer sind das die wichtigsten Tätigkeiten im Garten. Und in der Tat geht es nicht ohne. Mit Hacke, Grabegabel und Spaten lässt sich der Boden lockern. Dann können die Pflanzen ihn wieder besser durchwurzeln. Man kann Mist, Kompost und Gründüngung sowie mineralische Düngemittel einarbeiten und Unkraut weghacken. Wenn der Gärtner das nicht täte, würde sich der Garten bald in eine undurchdringbare Wildnis verwandeln.

▲ Mit der Grabegabel lässt sich der Boden schonend lockern ohne ihn zu wenden. Zur Lockerung des Bodens wird die Grabegabel im Abstand von 10 cm in den Boden gestoßen und hin- und herbewegt. Auf diese Weise wird der Boden streifenweise durchgearbeitet.

Bodenbearbeitung – aber richtig

Die Bodenbearbeitung kann die Bodenfruchtbarkeit bzw. Bodengare positiv oder auch negativ beeinflussen. Gartenbesitzer können deshalb nicht nach feststehenden Rezepten vorgehen. Sie müssen sich vielmehr nach dem jeweiligen Boden und dessen Zustand richten und dabei das jeweils passende Gerät verwenden.

Wie stark der Boden gelockert werden muss, hängt von der Bodenart, dem Klima, der Bewirtschaftung und der jeweiligen Pflanzenart ab. Ein gelockerter Boden ist besser durchlüftet und speichert mehr Wasser. Pflanzenwurzeln können besser in ihn eindringen. Ist er aber zu locker, wird die natürliche Krümelstruktur zerstört und der Humusabbau beschleunigt. Ein solcher Boden verschlämmt bei Regen und Bewässerung leichter und neigt dann zum Verdichten. Ein weiterer Nachteil ist, dass in Trockenzeiten die Wasserverfügbarkeit abnimmt, die Wasserführung und damit die Wasserversorgung der Pflanzen gestört ist. Dies gilt besonders für die Keimphase. Dem Boden schadet es auch, wenn die Bodenkrümel durch die Bearbeitung zerstört werden. Der Boden sollte nicht feiner aufbereitet werden, als es die Saat bzw. Pflanzung und ein guter Bodenschluss erfordern. Jede weitergehende Zerkleinerung mindert die „natürliche" Stabilität der Böden.

Bei der Bodenbearbeitung wird in der Regel zwischen der Grundbodenbearbeitung (Tiefbearbeitung), die 20 bis 30 cm tief reicht, und der pflegenden Bodenbearbeitung (Flachbearbeitung) unterschieden. Im ersten Fall soll die Bearbeitung einen möglichst großen Anteil der Krume erfassen und lockern – z. B. bei der herbstlichen Bodenbearbeitung nach Vegetationsende, dem Herrichten von Saat- und Pflanzbeeten im Laufe des Vegetationsjahres oder dem Einarbeiten von Pflanzenresten und Düngemitteln. Bei der Flachbearbeitung mit der Hacke oder dem Krail wird nur die Bodenoberfläche gelockert, es werden Krusten gebrochen und Unkräuter mechanisch bekämpft.

Für schwere lehmige und besonders für tonige Böden ist ein Wenden des Bodens durch Umgraben oder Pflügen und Liegenlassen in grober Scholle vor dem Winter von Vorteil, weil durch das gefrierende Wasser die groben Aggregate gesprengt werden (das Volumen vergrößert sich um etwa 9 %). Man spricht dann auch von Frostgare, die zunächst nur eine mechanische Zerkleinerung ist. Mit ihrer Hilfe können die Böden aber im Frühjahr zeitig abtrocknen und sich erwärmen sowie eine beständige Gare bilden. Sind die Böden dagegen humusreich, gut strukturiert und

Einmaleins der Bodenbearbeitung

Im Herbst umgegrabenen Boden im Frühjahr nicht nochmals mit dem Spaten umstechen. Das ist nicht nur doppelte Arbeit, die wir uns ersparen können, sondern es würden auch die wertvolle Winterfeuchtigkeit und die durch Frost bewirkte Bodengare zerstört. Der Boden wird deshalb nur oberflächlich gelockert, bevor Beete und Rabatten sä- und pflanzfertig hergerichtet werden.

Umgraben oder lockern?

In den letzten Jahren ist oft recht heftig darüber diskutiert worden, ob ein Boden bei der Grundbodenbearbeitung gewendet, gemischt oder nur gelockert werden darf. Die Diskussion darüber ist jedoch oft müßig, denn der beobachtende Gärtner merkt sehr bald, ob er zum Spaten, zur Grabegabel oder zum Sauzahn greifen muss. Selbst wenn er wollte, wird er einen tonigen Lehmboden mit dem Sauzahn nicht tiefergehend lockern können.

Viele Biogärtner lehnen das Wenden und Durchmischen des Bodens ab, weil angeblich die Bodenorganismen durcheinandergewirbelt werden und dadurch die Bodenfruchtbarkeit nachhaltig gestört wird. Es ist richtig, Bodenorganismen sind, wie schon dargestellt (siehe Seite 35) Spezialisten, die ganz bestimmte Lebensbedingungen brauchen. Flora und Fauna der oberen Erdschichten sind im unteren Boden weitestgehend nicht existenzfähig, umgekehrt ist es genauso. Deshalb kann man leicht zum Schluss kommen, dass jegliche tiefe, besonders die wendende Bodenbearbeitung, von Nachteil sei. Die Struktur eines tätigen Bodens baut sich jedoch nach einer Bearbeitung schnell wieder auf. Wenn genügend Luft und Wärme vorhanden ist, regenerieren sich die krümelbildenden Helfer im Boden in kurzer Zeit. Der Aufbau wird gefördert durch die wachsende Pflanze, in deren Wurzelbereich die Organismen besonders aktiv sind.

krümelig, so reicht die lockernde Bearbeitung, z. B. mit dem Sauzahn oder der Grabegabel, aus.
Grundsätzlich ist zu beachten, dass durch jede Bearbeitung, bei der der Boden durchmischt oder gewendet wird, organische Substanz abgebaut wird.

Zeitpunkt der Bodenbearbeitung

Für jeden Boden gibt es einen Zeitpunkt, an dem er sich gut bearbeiten lässt. Es ist vor allem schädlich, einen zu nassen Boden zu bearbeiten, da durch das Verschmieren der luftführenden Poren die Luftzirkulation unterbunden wird und es zu Bodenverdichtungen kommt. Auf zu trockenen Böden bilden sich leicht Klumpen und man muss beim Bearbeiten viel Kraft aufwenden. Bei leichten Böden ist die Spanne des günstigen Feuchtebereichs mit 20 bis 70 % Wasserkapazität sehr weit. Bei Tonböden ist die Spanne mit 40 bis 50 % Wasserkapazität sehr eng und wird bei höherem Ton- und Schluffanteil immer enger. Man spricht dann auch von Minuten- oder Stundenböden. Ein zu trockener Boden sollte deshalb vor der Bearbeitung ausreichend bewässert werden.

Geräte für die grundlegende Bodenbearbeitung

Spaten

Die Einsatzmöglichkeiten des Spatens sind vielfältig. Man benötigt ihn nicht nur zum Umgraben, sondern auch zum Ausheben von Pflanzgruben für Bäume und Sträucher sowie zum Löchergraben für Zaunpfähle und für vieles andere mehr.
Für normale Bodenverhältnisse sind der sogenannte „Bremer Spaten“ (Blattbreite ca. 16 cm, Blattlänge ca. 24 cm, Gewicht ca. 1,8 kg) und der „Vierländer Spaten“ (Blattbreite ca. 17 cm, Blattlänge ca. 25 cm, Gewicht ca. 1,9 kg) zu empfehlen.

Grabegabel

Die Grabegabel ist in der technischen Grundkonzeption dem Spaten gleich. Sie wird überall dort eingesetzt, wo es darum geht, den Boden nur aufzulockern und nicht wie beim Graben umzuschichten. Auch erfordert die Arbeit mit der Grabegabel weniger Kraft und geht rasch vonstatten. Grabegabeln weisen statt des Blattes vier bis fünf etwa 2 cm breite Stahlzinken auf.
Die Grabegabel ist auch zum „Umgraben“ zwischen stehenden Pflanzen geeignet. Sie wird ebenfalls gebraucht zur Ernte von Wurzelgemüse und zum Ausgraben von Kartoffeln, Blumenzwiebeln und Knollen sowie Pflanzen mit empfindlichem Wurzelwerk.
Die Spatengabel ist ein Mittelding zwischen Spaten und Grabegabel. Der obere Blattteil ist flächig, während der untere, wie bei der „richtigen“ Grabegabel, in vier Zinken ausläuft. Dieses Gerät kann beim Umgraben einen Spaten ersetzen.

Grabegabel günstiger bei Quecke
Die Grabegabel ist zum Bearbeiten steiniger oder von Wurzelunkräutern durchzogenen Böden günstiger als der Spaten. Sie zerteilt Quecken und andere Wurzelunkräuter nicht in viele Stücke, wie es beim Spaten der Fall ist.

Sauzahn

Der Sauzahn, der auch als Tiefenlüfter bezeichnet wird, ist ein sichelförmig gebogener Ziehhaken aus Stahl (manchmal verkupfert) mit Gänsefußschar. Mit ihm kann man den Boden krumentief lockern und dabei gleichzeitig die natürliche Bodenschichtung schonen. Bei einem günstigen Anstellwinkel greift der Sauzahn intensiv und tief bei geringem Kraftaufwand. Allerdings kann man ihn nur auf humusreichen, von Natur aus lockeren Böden verwenden, nicht bei schweren lehmigen oder tonigen Böden.
Die mit dem Sauzahn tiefgründig gelockerte Fläche ist nach dem Einebnen mit dem Rechen saat- und pflanzfertig. Dünger und Kompost streut man vor der Arbeit auf die Beete, sie werden bei der Arbeit mit dem Sauzahn nur flachgründig eingemischt. Der Sauzahn dient auch als Erntehilfe bei Wurzel- und Knollenfrüchten.

Fräsen

Bodenfräsen (bzw. Motorhacken) haben im erwerbsmäßig betriebenen Gartenbau eine große Bedeutung, aber auch der Hobbygärtner nutzt sie immer mehr. Sie ist deshalb interessant, weil man mit ihr ein optimales Saat- und Pflanzbeet in nur einem Arbeitsgang bereiten kann. Wenn man eine geringe Arbeitstiefe einstellt, lassen sich Fräsen auch zur Unkrautbekämpfung und oberflächlichen Bodenlockerung einsetzen.

Wann lohnt sich die Fräse
Mindestens 300 m^2 Beetfläche sollte der Garten schon haben, damit sich die Anschaffung lohnt. Für motorbetriebene Bodenfräsen gibt es je nach Fabrikat vielfältiges Zubehör. Als Anbaugeräte kommen beispielsweise Pflug, Mähwerke, Schneebesen oder Schneepflüge in Frage. Allerdings sollte man die Praxistauglichkeit solcher Zubehörteile sorgfältig prüfen, besonders bei kleineren Maschinen.

Bei einer Fräse befinden sich an einer rotierenden Welle Haken-, Winkel- oder Zinkenmesser. Ein Fräsdach bzw. Prallblech verhindert das Wegschleudern des Bodens, streicht ihn glatt und dient gleichzeitig der Tiefenregulierung. Die Auswahl der Messerform richtet sich nach der durchzuführenden Arbeit. Als Pflug- und Spatenersatz und zur Einarbeitung organischer Substanzen werden scharf abgewinkelte Winkelmesser (90 bis 110 °) eingesetzt. Zur Krümelung des Bodens nach dem Graben oder Pflügen werden leicht bis stark gekrümmte Messer verwendet. Von diesen Grundformen gibt es eine Reihe von Abwandlungen in unterschiedlichsten Formen.
Die Intensität der Bodenbearbeitung ist abhängig von der Bodenart, dem Bodenzustand, der Anzahl und Form der Fräsmesser, der Bissengröße und der Stellung des Prallbleches. Je höher die Bissengröße, desto gröber ist die Krümelung des Bodens. Die Bissengröße hängt wiederum ab von der Fahrgeschwindigkeit (2 bis 8 km / h) und der Drehzahl der Fräswelle. Je langsamer die Geschwindigkeit und je höher die Drehzahl, desto kleiner ist die Bissengröße und desto feiner wird der Boden zerschlagen. Die maximale Bearbeitungstiefe hängt vom Durchmesser der Messerkränze ab und liegt allgemein bei 15 bis 25 cm. Die Arbeitsbreiten liegen bei den Gartenfräsen für den Haus- und Kleingarten zwischen 60 und 90 cm.

Nachteile des Fräsens
Bei zu häufigem und zu feinem Fräsen besteht die Gefahr, dass der Boden mit der Zeit „totgefräst“ wird. Das intensive Durcharbeiten des Bodens fördert über die Entmischung der Kornfraktionen die Zerstörung der Krümelstruktur und den Verlust des Bodenschlusses zum Unterboden (die Kapillarität wird unterbrochen). Bei schluffreichen Böden wird die Neigung zum Verschlämmen gefördert. Wurzelunkräuter können zerschnitten und damit vermehrt werden. Zudem werden durch das Fräsen größere Bodentiere, vor allem Regenwürmer, abgetötet. Durch die starke Durchlüftung beim Fräsen bauen Bakterien verstärkt Humus ab.

▼ Das Arbeitsprinzip der Fräse besteht darin, dass die rotierenden Messer einen „Bissen“ nach dem anderen aus dem festen Boden herausschneiden und nach hinten gegen das Prallblech bzw. Fräsgehäuse schleudern. Dabei wird der Boden gelockert, gekrümelt und intensiv durchmischt. Organische Materialien wie Stallmist, Unkräuter sowie Ernterückstände werden optimal in den Boden eingemischt.

Wie tief wird bearbeitet?
Die Grundbodenbearbeitung reicht bis in 20–30 cm Tiefe. Bei der pflegenden Bodenbearbeitung wird der Boden nur flach, etwa 3–5 cm tief, bearbeitet, um die Wurzeln der Kulturpflanzen zu schonen und den Boden nicht zu verdichten.

Geräte für die pflegende Bodenbearbeitung

Grubber
Grubber (auch Krümmer oder Krümler) mit runden, zum Ende spitz zulaufende Zinken sind vor allem zum Auflockern schwerer Böden, weniger für Pflegearbeiten geeignet. Grubber mit lanzettförmigen Zinken sind dagegen für die Bodenvorbereitung zur Aussaat und Pflanzung ebenso zu verwenden wie für Pflegearbeiten in Pflanzungen.

Kultivator
Der Kultivator ist am Ende der umgebogenen Zinken mit kleinen Pfeilscharen (gänsefüßchenförmig) ausgerüstet. Es gibt sie in verschiedenen Arbeitsbreiten mit ein, drei oder auch fünf Scharen. Bei einigen Fabrikaten lässt sich die Arbeitsbreite des Gerätes durch die Anzahl der Bügel verändern, die in eine Tülle gesteckt und mit einer Schraube festgehalten werden. Neben Ausführungen mit feststehenden Zinken gibt es verstellbare Geräte auf dem Markt. Hier können die Zinken den Reihenabständen angepasst werden. Der Kultivator ist zur Unkrautbekämpfung weniger geeignet, denn er schneidet die Keimlinge nicht wie die Hacke ab. Nur Pflänzchen im Keimstadium werden beim Durchziehen bereits vernichtet.

Handbodenfräsen
Handbodenfräsen gibt es in unterschiedlichen Ausführungen, Arbeitsbreiten und einer Vielzahl von Bezeichnungen auf dem Markt. Die Bezeichnungen „Rollkrümler“,

Vom Hacken und Grubbern
Mit der pflegenden Bodenbearbeitung wollen die Gärtner nach dem Säen und Pflanzen vor allem eine günstige Bodenstruktur erhalten. Immer wieder muss die Kruste an der Bodenoberfläche gebrochen werden, die sich bei Niederschlägen durch Verschlämmen bildet. Durch das Hacken oder Grubbern wird das Wasser im Boden gehalten und gleichzeitig der Boden besser durchlüftet. Das Bodenleben, das wegen der günstigen Luft-Wasser Verhältnisse in etwa 10–15 cm Tiefe am stärksten vertreten ist, kann sich dadurch noch intensiver entwickeln. Ein wichtiger Zweck ist auch die Unkrautbekämpfung. Unkräuter, die sich im Keimstadium befinden oder auch schon aufgelaufen sind, werden beim Hacken zerstört.

▲ Für die pflegende Bodenbearbeitung stehen eine Vielzahl von Geräten zur Verfügung. Kultivator, Grubber (Krümmer oder Krümler) und Bodenfräse dienen auch dazu, Dünger und Kompost oder andere Materialien einzuarbeiten. Während Grubber und Kultivator ziehend gebraucht werden, wird die Bodenfräse hin und her bewegt. Bei allen drei Geräten ist es zweckmäßig, den Stiel mit einem Ziehgriff auszustatten, der das Festhalten beim Ziehen sehr erleichtert.

„Sternfräser", „Garten-Wiesel", „Rollhacke", „Gartenfräse", „Kombikrümler" und noch einige andere sind herstellerspezifische Bezeichnungen. Die Werkzeuge solcher Geräte sind Zackensterne oder ähnliche mit Zinken ausgestattete Rollen auf einer Achse, wobei Anzahl und technische Gestaltung sowie Ausführung unterschiedlich sind. Achsen und Rollen lassen sich bei verschiedenen Fabrikaten auswechseln, so kann die Arbeitsbreite verstellt werden. Wie bei den Zinkengeräten ist das Herrichten der Gartenbeete unter gleichzeitigem Einarbeiten von Kompost und Dünger möglich. Der Boden wird fein gekrümelt, besonders, wenn man das Gerät „kreuz und quer" über das Gartenland führt. Handbodenfräsen sind nicht bei einem Besatz mit hohen Unkräutern geeignet.

Krail

Beim Krail (auch Dunghacke, Karst, Vierzahn oder Queckenhaken) handelt es sich um ein stahlgeschmiedetes Stielgerät mit klauenartig im rechten Winkel abgebogenen runden Zinken. Daneben gibt es dieses Gerät auch mit giebelförmigen Zinken. Letzteres wird auch als Kartoffelhacke bezeichnet. Der Krail dient dazu, Beete zur Aussaat und Pflanzung einzuebnen und Kompost oder Dünger oberflächlich einzuarbeiten. Dazu wird der Krail quer bzw. diagonal zum Beet ziehend-stoßend hin und her geführt.

Harke

Die Harke, die in Süddeutschland Rechen heißt, ist ein vielseitig einsetzbares Arbeitsgerät. Mit ihr kann man u. a. Grasschnitt, Laub und Unkraut zusammenziehen, die Oberfläche des Bodens flach auflockern oder auch oberflächlich Dünger oder Saat einarbeiten. Insbesondere wird der Rechen aber eingesetzt, um Pflanz- oder Saatflächen, die vorher gegraben oder auf andere Weise aufgelockert wurden, glatt zu ziehen (einzuebnen). Es gibt viele Formen und verschiedene Abmessungen von Rechen. Der Bügelrechen (Arbeitsbreite zwischen 35 und 40 cm) ist besonders geeignet zum Einebnen und Abziehen von Pflanzflächen sowie zum Säubern von Beeten und Kieswegen. Die seitlichen Bügel sorgen für gleichmäßige Kraftverteilung. Die sogenannten Kleinrechen mit einer Arbeitsbreite von 13 bis 19 cm haben besonders eng stehende Zinken und sind insbesondere für das Fertigmachen von Aussaatflächen geeignet sowie für kleine, schmale Beetanlagen.

Zum Reinigen des Rasens oder zum Planieren von Neuanlagen gibt es von verschiedenen Herstellern spezielle Rasenrechen auf dem Markt (Arbeitsbreite bis 70 cm). Für die Entfernung von feinem und grobem Kehrgut (Laub, Rasenschnitt, abgeschnittenes Unkraut usw.) sind Draht-, Fächer-, Rasen- bzw. Laubbesen in den unterschiedlichsten Ausführungen und Materialien (Kunststoff oder mit Federstahl) im Handel erhältlich.

▲ Ein Kultivator ist unentbehrlich zum Lockern der Erde zwischen den Gemüsereihen.

Hacken

Schlaghacken

Schlaghacken werden seit Jahrtausenden benutzt. Sie werden in unterschiedlicher Größe und Schwere angeboten und sind oft nach Landschaften verschieden. Manche tragen ihre Bezeichnung auch nach der Kultur, für die sie ursprünglich entwickelt wurden (z. B. Rüben-, Hopfen-, Weinberg- oder Kartoffelhacke). Im Laufe der Entwicklung sind die Hacken leichter und in der Schneide schärfer geworden; die ursprünglich kurzen, dicken Stiele wurden länger und dünner. Für den Boden ist dies günstig, denn mit schweren Hacken wird oft zu tief gehackt.

Holzharken sind manchmal besser

Holzharken ersetzen keinen konventionellen Eisenrechen, aber sie sind leichter und eignen sich zum Einharken von Grassamen besser. Auch für das „Zusammenkehren" von Laub und andere Reinigungsarbeiten ist ein Holzrechen in vielen Fällen günstiger.

▼ Wo der Boden unbedeckt da liegt, müssen die Kapillargänge, durch die das Wasser verdunstet, mittels Hacken unterbrochen werden.
Aufgabe der Hackgeräte ist es, den Boden flach (1–5 cm) zu lockern, ihn oberflächlich zu mischen und / oder Wildpflanzen (Unkräuter) zu vernichten. Das Angebot an Hackgeräten ist besonders vielseitig und umfangreich.
Je nach Arbeitsbewegung unterscheidet man drei Arten von Hacken.

Ziehhacke (Zughacke)

Von der leichten Schlaghacke führte die Entwicklung zu den Ziehhacken, mit denen mehr gezogen als gehackt wird. Ihre schärfbaren Stahlblätter schneiden das Unkraut gut ab. Wird das Blatt von einem Bügel gehalten, spricht man von einer Bügelzughacke. Ziehhacken gibt es für verschiedene Arbeitsbreiten, z. B. 8, 12, 16, 18 oder 20 cm breit. Verschiedentlich werden außer den „geraden“ Hackblättern auch gewellte und gezähnte angeboten. Bei diesen sind die Schneidflächen größer, denn Wellen und tiefgezackte Zinken sind über die Arbeitsbreite gemessen länger als gerade Schneiden. Die Ziehhacke hat gegenüber der Schlaghacke viele Vorteile. Bei der ziehenden Arbeitsweise muss man nach dem Bearbeiten den Boden nicht mehr berühren, während nach dem Arbeiten mit der Schlaghacke der aufgelockerte Boden wieder betreten werden muss. Die Ziehhacke ist auch ergonomischer. Man kann mit ihr im Stehen hacken, während man beim Arbeiten mit der Schlaghacke den Rücken krümmen muss.

Pendelhacke

Ein Mittelding zwischen Stoß- und Ziehhacke stellen die Pendelhacken dar. Sie können als Zug- und Stoßhacke genutzt werden. Das in der Regel auswechselbare und beiderseits geschliffene, U-förmige Hackenblatt ist in der Halterung lose, also pendelnd befestigt. Es bewegt sich entsprechend der Arbeitsrichtung und schneidet dabei das Unkraut ab. Die Pendelhacke wurde vornehmlich zur Verwendung an schwer zugänglichen Stellen entwickelt: Man kann mit ihr jäten und den Boden unter Sträuchern und zwischen weit ausladenden Stauden oberflächlich lockern. Kurzum, für alle Stellen, die man mit einer normalen Hacke schlecht erreicht, ist eine Pendelhacke zu empfehlen.

Stoßhacken

Stoßhacken, die auch als Schuffeln bezeichnet werden, haben beidseitig eine scharf geschliffene Schneide. Sie werden nicht so sehr auf Beeten, sondern vielmehr auf Plätzen und Wegen zum Wegschürfen oder Abstoßen von Unkraut verwendet. Besonders zu empfehlen sind Geräte die mit Federstahlmessern ausgestattet sind.

Häufelgeräte

Mit Häufelgeräten zieht man Dämme auf. Sie dienen auch der Bodenlockerung und Unkrautbekämpfung. Dabei werden die Unkräuter in den Reihen durch Verschütten abgetötet. Gehäufelt wird auch zur Erhöhung der Standfestigkeit (z. B. bei Buschbohnen), zum Bleichen von Pflanzenteilen (z. B. bei Lauch) oder zum Erleichtern der Ernte (z. B. bei Kartoffeln). Darüber hinaus können Häufelgeräte auch zum Furchen- und Rillenziehen verwendet werden, um beispielsweise Kartoffeln zu legen oder um Bewässerungsgräben zu ziehen. Aber auch zum Ziehen tiefer Furchen, die mit Komposterde angefüllt werden, um dort hinein beispielsweise Gurken zu säen oder zu pflanzen, ist ein Häufelgerät sehr gut geeignet.
Durch Häufeln wird die Bodenoberfläche vergrößert, wodurch das natürliche Niederschlagswasser und das Gießwasser besser aufgenommen werden können. Außerdem kann die Sonnenwärme intensiver auf den Wurzelbereich einwirken. Das alles sind Vorteile, die erfahrene Gartenpraktiker zu nutzen wissen.
Verschiedene Gerätehersteller bieten sogenannte Geräte-Stiel-Kombinationen an. Diese Kombinationssysteme machen es möglich, mit einem Stiel für mehrere Geräte auszukommen. Bei Neuanschaffungen von Geräten sollte man sich genau informieren.

Welche Hacke wählen?
Im Allgemeinen sind Ziehhacken bei der Arbeit vorzuziehen. Sie erfordern einen geringeren Kraftaufwand und sind ergonomischer zu handhaben. Ein weiterer Vorteil ist, dass der bearbeitete Boden im Gegensatz zur Arbeit mit der Stoß- und Schlaghacke nicht noch einmal betreten werden muss.

Wie lang der Stiel sein muss
Bei einer körpergerechten Hacke muss das Stielende bis in Brusthöhe reichen, wenn man die Hacke im Gerätewinkel aufstellt. Das gilt auch für Grubber und Kultivator, die mit Stiellänge um 1,70 m angeboten werden. Dagegen ist bei Schlaghacken ein langer Stiel eher hinderlich. Hier genügen 1,30 bis 1,50 m. Für Zughacken sind Stiellängen um 1,40–1,50 m günstig. Bei Handbodenfräsen kommt man mit Stiellängen von 1,50–1,70 m gut zurecht.

Mulch und Gründüngung als schützende Decke

Im Biogarten ist ein wichtiger Grundsatz, dass der Boden nie unbedeckt sein darf. Nur unter einer schützenden Decke kann sich ein garer, fruchtbarer Boden entwickeln. Bodenlebewesen finden hier beste Lebensbedingungen, auch deshalb, weil sie sich von der überreichlich vorhandenen organischen Masse ernähren können.

Mulchen nach dem Vorbild der Natur

Unter einem dauernd mit Pflanzen bedeckten Boden entwickelt sich das für den jeweiligen Bodentyp günstigste Bodengefüge. Die Pflanzendecke schützt die Bodenoberfläche vor der krümel- und garezerstörenden Wirkung der Niederschläge und vor direkter Sonneneinstrahlung. Der extreme Wechsel zwischen oberflächlicher Austrocknung und Vernässung wird erheblich gemildert. Das Bodenleben kann sich unter einer Mulchdecke ungestörter entwickeln. Es schafft durch sein Wühlen, Lockern, Mischen und Verbauen ein stabiles Krümelgefüge in der Krume. Die abgestorbenen Teile der Pflanzen liefern die organischen Stoffe für eine intensive Humusbildung. Bodenleben und Pflanze schaffen damit nahezu ideale Voraussetzungen für einen ungestörten Luft- und Wasserhaushalt im Wurzelraum.

Vorbild beim Mulchen ist der Waldboden in ungestörter Natur. In unseren Gärten finden wir ähnliche Verhältnisse bei Dauerkulturen, unter Hecken und Ziergehölzen. Auf solchen Flächen kann sich im Laufe der Zeit ein ebenso reges Bodenleben entwickeln wie in der freien Natur. Demgegenüber herrschen auf dem freien Gartenland, auf den Gemüse- und Blumenbeeten völlig andere Verhältnisse. Hier trägt der Boden nur zeitweise eine schützende Pflanzendecke. Zudem stehen die angebauten Kulturpflanzen häufig in weitem Reihenabstand und das freie Gartenland ist während des Jahres mehr oder weniger lange ohne garefördernde Vegetation. Der Boden muss immer wieder bearbeitet werden, z. B. zur Saatbeetherstellung und Unkrautbekämpfung, das fördert den Humusabbau. Beim Bearbeiten und Ernten wird der Boden verdichtet. Alle diese Einflüsse zusammen mindern die Bodenfruchtbarkeit. Die Bodennutzung im Garten ist deshalb eigentlich naturwidrig. Durch Bedecken des offenen Bodens mit organischen Materialien kann aber ein Ausgleich geschaffen werden.

▼ Eine Mulchdecke schützt den Boden vor dem Austrocknen und vor starken Regengüssen.

Geeignete Materialien zum Mulchen

Als Mulchmaterial können Ernterückstände, samenlose Unkräuter, Rasenschnitt, Heu, Stroh, Laub, Stallmist und Ähnliches verwendet werden. Nicht geeignet sind samentragende Pflanzen sowie Wurzelunkräuter und kranke Pflanzen. Auch feuchte Küchenabfälle sind nicht geeignet. Frisch gemähtes Gras darf nur in dünner Schicht aufgetragen werden, damit es den Boden nicht „luftdicht“ abdeckt. Zu leicht stellt sich Fäulnis ein. Herbstlaub ist besonders gut zum Mulchen von Baumscheiben, Zier- und Obststräuchern sowie Hecken geeignet. Dies gilt auch für Heckenschnitt und sonstiges zerkleinertes holziges Material. Rindenmulch ist ebenfalls gut als Mulchmaterial unter Gehölzen geeignet, aber auch zwischen Stauden unterdrückt Rindenmulch Unkrautwuchs

Vorteile des Mulchens

Das Mulchen bzw. die Flächenkompostierung dient dem Schutz der obersten Bodenschicht. Durch eine ständige Bodenabdeckung wird der Boden vor Auswaschungen bei starken Regengüssen und vor Wind und Austrocknung durch die Sonne geschützt.

- Unter einer Bedeckung bleibt der Boden feucht und krümelig und fördert das Bodenleben.
- Aufwendiges Hacken entfällt.
- Es muss weniger gegossen werden, da die Mulchschicht eine übermäßige Verdunstung verhindert.
- Unkräuter können unter der Mulchschicht nur schwer keimen und werden beim Wachsen behindert.
- Ganz gleich ob es sich um Erdbeeren, Salat oder anderes Gemüse handelt, durch die Mulchschicht bleibt alles bis zur Ernte sauber. Es gibt auch bei starken Regengüssen keine Verunreinigung durch Spritzer.
- Die Wachstumsbedingungen werden verbessert, da die organische Bodenbedeckung langsam verrottet. In ihr finden die Mikroorganismen beste Lebensbedingungen, setzen vermehrt pflanzenverfügbare Nährstoffe bei und erhöhen den Humusgehalt des Bodens. Man spart Geld für Handelsdünger und entlastet die Umwelt.
- Ein weiterer Vorteil der Mulchschicht ist, dass die Bedeckung zwischen den Pflanzenreihen ohne Gefahr für den Boden (im Vergleich zum unbedeckten Boden) als Trittweg benutzt und auch bei feuchtem Wetter betreten werden kann.

und fördert das Bodenleben. Im Gemüsegarten oder auf dem Sommerblumenbeet muss im Frühjahr das Land zur Aussaat und Pflanzung frei sein. Aber im Laufe des Jahres kann auch zwischen den Gemüsereihen und Sommerblumen eine Mulchschicht aufgebracht werden, wenn die Jungpflanzen etwa 10 cm hoch sind. Wichtig ist, dass man die Mulchschicht nicht zu stark aufbringt. Mehr als 5 cm sollten es nicht sein. Vor dem Aufbringen sollte die Erde mit dem Sauzahn, dem Grubber oder der Hacke gelockert werden. Die Mulchschicht baut sich allmählich ab, deshalb sollte man sie von Zeit zu Zeit ergänzen. Wie lange es dauert, bis die Mulchschicht verrottet ist, hängt von der Höhe ab, in der sie aufgetragen wurde, vom Mulchmaterial und von der biologischen Aktivität des Gartenbodens. Grüne und feuchte Pflanzenteile verrotten schneller als trockene (wie Stroh oder Laub) oder holzige Stoffe.

▼ Wenn man mit Stroh mulcht, sollte man zusätzlich Stickstoff düngen, weil dieser Nährstoff von den Mikroorganismen festgelegt wird. Stroh hat ein weites C/N-Verhältnis. Beim Mulchen muss man je m^2 5 g Stickstoff (Reinnährstoff) beigeben.

Stickstofffestlegung vermeiden

Auf ein mögliches Problem beim Mulchen muss noch hingewiesen werden. Je nachdem wie das verwendete Mulchmaterial zusammengesetzt ist, kann es im Boden zu Stickstoffmangel kommen. Die Bodenlebewesen benötigen für eine optimale Aktivität Stickstoff und Kohlenstoff. Ist in den Mulchmaterialien nur wenig Stickstoff vorhanden, entziehen die Bodenlebewesen den fehlenden Stickstoff dem Bodenvorrat. Das heißt, die Mikroorganismen konkurrieren mit den Pflanzen. Wenn dem Boden nicht zusätzlich Stickstoff zugeführt wird, sind Wachstumsstörungen bei den Pflanzen die Folge.
Die organische Masse setzt sich normal um, wenn das Verhältnis zwischen Kohlenstoff und Stickstoff (das sogenannte C/N-Verhältnis) unter 25 : 1 liegt. Allgemein kann man sagen, dass krautige, grüne Pflanzenteile ein enges und holzige Pflanzen ein weites C/N-Verhältnis aufweisen. Wichtig zu wissen ist, dass der Stickstoff, den die Mikroorganismen benötigen, dem Boden bzw. den Pflanzen nicht verloren geht. Er wird als Eiweiß in den Organismen gespeichert und ist nach deren Absterben als ständig fließende Stickstoffquelle wieder pflanzenverfügbar. Auch beim Kompostieren sollte man das C/N-Verhältnis der organischen Materialien kennen. Denn je „enger" das C/N-Verhältnis, umso schneller verläuft die Mineralisierung. Wenn der Kompost zu viel strohiges und holziges Material enthält, kann es angebracht sein, dem Kompost zusätzlich Stickstoff zu geben.

TIPP gegen Plagegeister

Wem Schnecken und Wühlmäuse das Leben schwer machen, der sollte Mulchmaterial nur dünn und dafür öfter ausbringen. Denn unter einer dicken Mulchschicht, die über mehrere Monate liegt, können sich die Plagegeister ungestört vermehren. Dies gilt allerdings nicht bei der Verwendung von Rindenmulch, der Wühlmäuse und Schnecken eher fernhält.

Der beste Mulch für Gemüsebeete

Für Gemüsebeete am besten sind grob zerkleinerte Blätter von Heil- und Wildkräutern, wie Beinwell, Senf, Borretsch, Ringelblume, Brennnessel, Schafgarbe, Löwenzahn und viele anderen Pflanzen. Dagegen gehören schwer verrottbare Stoffe, wie Äste und Zweige von Laub- und Nadelgehölzen, nicht aufs Gemüseland. Zwischen Beerensträuchern und unter Obstbäumen leisten sie aber gute Dienste.

Rindenmulch

Rindenmulch eignet sich hervorragend zum Abdecken im Zier- und Obstgarten, zwischen Erdbeeren oder auch im Gemüsegarten. Verwendet wird Rindenmulch aber auch zum Abdecken von Gartenwegen. Rindenmulch enthält einen Cocktail von Gerbstoffen, Harzen, Phenolen, Wachsen und Tanninen, die gegen Bakterien, Pilze und Unkräuter wirken. Im Gegensatz zu Rindenhumus ist Rindenmulch nicht fermentiert und enthält keine zusätzlichen Nährstoffe. Aus diesen Gründen ist das Einarbeiten von frischem Rindenmulch nicht zu empfehlen. Die herbizide Wirkung der organischen Stoffe hält solange an, bis sie durch im Boden lebende Mikroorganismen abgebaut ist. Erst dann ist es möglich, die Rinde als Humus in den Boden einzubringen. Damit sich der Rindenmulch schneller umsetzt und der Stickstoff nicht festgelegt wird, sollte man vor dem Aufbringen Stickstoff betont düngen. Zu beachten ist, dass Rindenmulch nur im feuchten Zustand mineralisiert, im trockenen gar nicht. Übrigens hat Rindenmulch auch eine günstige Wirkung gegen Wühlmäuse und Schnecken.

Je nach Absiebung wird Rindenmulch in folgenden Körnungen angeboten: 0 bis 40, 10 bis 40, 0 bis 80 und 10 bis 80 mm, wobei die Körnung 10 bis 40 mm besonders zu empfehlen ist.

C/N-Verhältnis verschiedener organischer Substanzen

Organische Substanz	C/N-Verhältnis
Grünmasse (aus frischen Gartenabfällen)	7 : 1
Rasenschnitt	12 : 1
Gründüngung von Leguminosen	15–25 : 1
frischer Mist	20–30 : 1
Stapelmist nach dreimonatiger Lagerung	15–20 : 1
Getreidestroh	50–100 : 1
Stroh von Hülsenfrüchten	15–25 : 1
Kartoffelkraut	25 : 1
Küchenabfälle	23 : 1
Rindenmulch nicht aufbereitet	40–80 : 1
Rindenhumus aufbereitet	15–25 : 1
Kiefer- und Fichtenstreu etwa	30–50 : 1
Laubstreu etwa	40–50 : 1
Schwarztorf	30 : 1
Weißtorf	50–60 : 1
Kompost	15–25 : 1
Sägemehl	500 : 1

Gründüngung – Lebende Bodenbedeckung

Bei der Gründüngung arbeitet man mit lebenden Pflanzen. Der Effekt ist ähnlich wie beim Mulchen.

- Eine Gründüngung schützt wie das Mulchen den Boden vor Sommerdürre und Gewitterregen, sie verbessert die Lebensbedingungen der Mikroorganismen durch Beschattung und unterdrückt Unkräuter.
- Eine Gründüngung liefert beachtliche Mengen an leicht abbaubarer organischer Masse, welche bei der Einarbeitung die biologische Aktivität des Bodens steigert. Dies wirkt sich günstig auf das Bodengefüge und auf das Nährstoffumsetzungsvermögen des Bodens aus.
- Gründüngungspflanzen können durch entsprechende Pflanzenwahl zur tiefgründigen Lockerung des Bodens beitragen.
- Wenn der Boden mit Gründüngung bedeckt ist, werden weniger Nährstoffe ausgewaschen, da die leicht löslichen Nährstoffe in der wachsenden Pflanzenmasse vorübergehend gebunden werden. Deshalb ist die Gründüngung im Herbst besonders wichtig. Beete im Gemüsegarten, die vor September frei werden, bestellt man mit Gründüngung.

▼ Gründüngungspflanzen wie der Bienenfreund durchwurzeln den Boden intensiv und schließen ihn auf.

Gründüngungspflanzen für den Vor- und Nachanbau im Gemüsebau (Saattermin März/April bis Mitte September)

Gründüngungspflanze	Saatmenge g/m²	Kulturdauer in Wochen	Bemerkungen
Grünschnitterbsen	25	6–9	Stickstoffsammler. Besonders für kalkreiche, leichte Böden. Tief säen. Als Vorkultur zu Bohnen und Erbsen nicht geeignet.
Sommerwicken	20	6–8	Stickstoffsammler. Nicht für saure Böden. Langsame Anfangsentwicklung. Als Vorkultur zu Bohnen und Erbsen nicht geeignet.
Alexandriner-Klee-Perser-Klee-Mischung (50:50)	5	6–9	Stickstoffsammler. Als Vorkultur zu Bohnen und Erbsen nicht geeignet.
Sommerwicken-Grünschnitterbsen-Mischung (70:30)	20	8–9	Stickstoffsammler. Als Vorkultur zu Bohnen und Erbsen nicht geeignet.
Sommerwicken-Saathafer-Mischung (50:50)	25	8–12	Sommerwicken sind Stickstoffsammler. Als Vorkultur zu Bohnen und Erbsen nicht geeignet.
Sommerwicken-Grünschnitterbsen-Saathafer-Mischung (20:20:60)	25	8–12	Sommerwicke und Grünschnitterbse sind Stickstoffsammler. Als Vorkultur zu Bohnen und Erbsen nicht geeignet.
Bienenfreund, Büschelschön, *Phacelia*	1,5	6–8	Schnelles Wachstum, unempfindlich gegen Trockenheit. Bienenweide.
Gelbsenf	3	4–5	Im Sommer etwa 3 Wochen Kulturzeit. Als Vorkultur zu Kohlarten und Rettich nicht geeignet.
Öl-Rettich	3	6–9	Tiefwurzler. Als Vorkultur zu Kohlarten und Rettich nicht geeignet.
Chinakohlrübsen	2,5	6–9	Eigentlich winterhart. Im Herbst aber untergraben, da sonst störendes Wiederaustreiben im Frühling. Als Vorkultur zu Kohlarten und Rettich nicht geeignet.
Studentenblume (*Tagetes*)	1	8–10	Zur Bekämpfung von Nematoden. Kann auch längere Zeit stehen bleiben.
Ringelblume (*Calendula*)	1,5	8–10	Kann auch längere Zeit stehen bleiben. Samt sich selbst aus. Mag keine schweren, zu Staunässe neigende Böden.
Sperli-Gartendoktor (mit Ringel- und Studentenblume)	1,5	bis Frostbeginn	Zur Nematoden-Reduzierung.
Sperli-Grünaktiv (verschiedene Leguminosen, Öl-Rettich)	12,5	bis Frostbeginn	Stickstoffsammler, Bodenlockerung und -durchwurzelung, für schwere Böden.
Sperli-Grünhumus (verschiedene Lupinen, Inkarnatklee, Wicken, Sonnenblumen)	12,5	bis Frostbeginn	Stickstoffsammler, Bodenlockerung und -durchwurzelung, für leichte Böden.
Sperli-Schnellgrüner (verschiedene Leguminosen, Welsches Weidelgras)	2,5	bis Frostbeginn	Stickstoffsammler, Bodenlockerung und -durchwurzelung, für leichte Böden.

Winterharte Gründüngungspflanzen für den Gemüsegarten (Saattermin bis Mitte September)

Gründüngungspflanze	Saatmenge g/m²	Aussaat Einarbeitung	Bemerkungen
Winter- bzw. Zottelwicke	20	Herbst, Ende April/Anfang Mai	Stickstoffsammler. Als Vorkultur zu Bohnen und Erbsen nicht geeignet.
Winterroggen	18	Herbst, Ende April/Anfang Mai	Auch für arme Böden. Gute Gareschutzdecke. Hält Winterfeuchte fest.
Landsberger Gemenge: Zottelwicke: Anteil 48 % Inkarnatklee: Anteil 32 % Ital. Raygras: Anteil 20 %	8	Herbst, Ende April/Anfang Mai	Stickstoffsammler. Gute Gareschutzdecke. Als Vorkultur zu Bohnen und Erbsen nicht geeignet.

Mit und ohne Knöllchen

Die Gründüngungspflanzen werden in zwei Gruppen eingeteilt, in die Schmetterlingsblütler oder Leguminosen, welche mit Hilfe von Bakterien den Luftstickstoff zu binden vermögen, und die Nichtleguminosen.

Die Sache mit den Knöllchenbakterien

Die Vertreter der Leguminosen leben mit Knöllchenbakterien, die sich an den Wurzeln der Pflanzen ansiedeln, in Symbiose, sie bilden eine Lebensgemeinschaft. Diese Knöllchenbakterien sind in der Lage, den in der Bodenluft enthaltenen Stickstoff aufzunehmen und in ihr Zelleiweiß einzubauen. Wenn die Wirtspflanze verrottet, zerfallen auch die Wurzelknöllchen, der Stickstoff gelangt in den Boden, indem er mit Hilfe von anderen Bakterien aus dem Eiweiß gelöst und in Stickstoffverbindungen übergeführt wird. So gelangt mit Hilfe der Knöllchenbakterien auf natürliche Weise der Stickstoff in den Boden. Dieser Nährstoff wird industriell nach dem Haber-Bosch-Verfahren aus der Luft gewonnen. Dieses Verfahren ist aber sehr energieintensiv; pro kg ist das 1,3fache an Rohöl nötig.

Langlebige Gründüngungspflanzen zur Rekultivierung nach dem Hausbau und zur Erschließung von Ödland		
Gründüngungspflanze	**Saatmenge g / m²**	**Bemerkungen**
Stoppelrübe	5	Für feuchtere, aber nicht staunasse Standorte.
Lupine	20	Stickstoffsammler mit tief gehenden Wurzeln. Man kann das Kraut auch im Herbst abfrieren lassen und als Mulchmaterial bis zum Frühjahr liegen lassen.
Weiß-Klee, Bokhara-Klee	3	Stickstoffsammler für leichte Böden. Anspruchslose Pionierpflanze. Wurzeln schlagen immer wieder aus, daher gut einarbeiten.
Ackerbohne	25	Stickstoffsammler für schwere, bindige Böden, mit hohem Wassergehalt. Friert bei den ersten Frösten ab.
Kapuzinerkresse	1	Flachwurzelnd. Fördert sehr gut die Schattengare. Friert bei den ersten Frösten ab.

Im Frühjahr wird die Gründüngung eingearbeitet.
- Nimmt man Leguminosen als Gründüngungspflanzen, wird der Boden zusätzlich mit Stickstoff angereichert.

Die Formen der Gründüngung sind vielfältig. Ist z. B. nach dem Abernten einer Gemüsekultur zunächst keine neue Kultur vorgesehen, kann eine Gründüngung als Zwischenkultur, als Vor- oder Nachfrucht eingesät werden. Eine Gründüngung ist aber auch als Untersaat möglich. Hier stehen die Gründüngungspflanzen zwischen den Reihen der bestehenden Kulturen. Dabei kann es vorkommen, dass die Untersaat mit den Kulturpflanzen um Wasser und Nährstoffe konkurriert. Die Gründüngung ist auch wichtig, wenn nach einem Hausbau das Land urbar gemacht werden soll.
Ausgesät werden die Gründüngungspflanzen in der Regel breitwürfig. Die Samen arbeitet man mit dem Rechen oder dem Krail in den Boden ein. Sie sollten doppelt so tief liegen wie das Samenkorn dick ist. Nur wenn genügend Nährstoffe vorhanden sind, kann die Pflanze über ihr Wurzelsystem auf den Boden einwirken, also den Boden lockern und zur Krümelbildung beitragen. Aus diesem Grunde sollte man nährstoffarme Böden, in die man Gründüngung einsät, auch leicht düngen.
Erfahrene Gärtner arbeiten Gründüngungspflanzen unmittelbar vor der Blüte in den Boden ein. Dadurch vermeiden sie, dass sich die Samen verbreiten. Außerdem sind die Pflanzen in diesem Zustand noch nicht verholzt und verrotten rascher. Entweder werden die Pflanzen leicht in die Oberfläche eingearbeitet oder man lässt sie als Mulchmaterial auf dem Boden liegen. Ein zu üppig geratener Pflanzenbestand lässt sich schlechter einarbeiten. Dann mäht man zunächst die Pflanzen ab, zerkleinert sie mit dem Spaten durch senkrechte Spatenstiche und arbeitet sie dann mit der Grabegabel ein. Selbstverständlich kann man die oberirdische Stängel- und Blattmasse auch abräumen und kompostieren. Dadurch wird die positive Wirkung der Gründüngung nicht wesentlich gemindert. Denn zum einen bleibt die Wurzelmasse im Boden, und zum anderen gelangt die Krautmasse später in Form von Kompost auf die Beete zurück.

WICHTIG zu wissen

Auf keinen Fall darf die Grünmasse tief untergegraben werden, weil sonst die zur Rotte benötigte Luft fehlen würde. Größere Menge an Grünmasse sind auf schweren Böden flach, auf leichten 10 – 15 cm tief einzuarbeiten.

Was Plinius schon wusste
Bereits Plinius (79 n. Chr.) kannte die besonderen Eigenschaften der Leguminosen, hier der Lupine. Er schreibt: „Alle aber sind sich darüber einig, dass nichts gedeihlicher sei als die Saat der Lupine, ehe sie Hülsen bildet, wenn man dieselbe mit dem Pfluge oder der zweizinkigen Hacke untergräbt oder Büschel davon, die man abgeschnitten an den Wurzeln der Bäume und Weinstöcke unter die Erde bringt, ... sie düngt so gut wie Mist“.

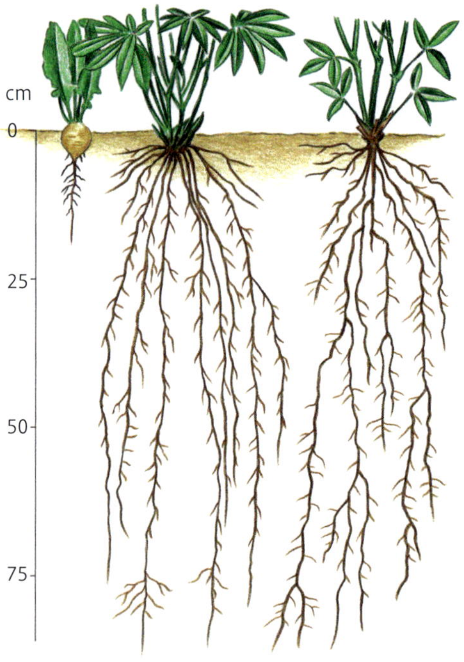

▼ Bei den Gründüngungspflanzen ist das, was sich unter der Bodenoberfläche abspielt, ganz wesentlich. Tiefwurzler wie Lupine oder Steinklee dringen mit ihren Wurzeln bis zu 1 m in den Boden ein.

Die Düngung im Garten

Durch das Ernten von Gemüse und Obst wird der natürliche Stoffkreislauf unterbrochen. Die Ernte entzieht dem Boden Nährstoffe. Der Verlust kann aus dem Boden selber, aus den Ernterückständen, aus der Tätigkeit der Stickstoff sammelnden Bakterien und den Niederschlägen in der Regel nicht ausgeglichen werden. Außerdem wird ein Teil der Nährstoffe im Boden ausgewaschen oder chemisch und biologisch festgelegt. Diese negative Nährstoffbilanz macht eine Düngung unerlässlich. Man braucht sie, um gute Erträge zu erzielen. Ziel dabei ist auch, die Bodenfruchtbarkeit zu verbessern. Und das Düngen soll nicht von Nachteil für die Umwelt sein.

Die wichtigsten Nährstoffe

Nach heutigem Wissensstand sind neben
- Kohlenstoff (C),
- Wasserstoff (H),
- Sauerstoff (O)

folgende Elemente für das Pflanzenwachstum unentbehrlich:
- Stickstoff (N),
- Phosphor (P),
- Schwefel (S),
- Kalium (K,)
- Kalzium (Ca),
- Magnesium (Mg),
- Eisen (Fe,)
- Mangan (Mn),
- Kupfer (Cu),
- Zink (Zn),
- Molybdän (Mo),
- Bor (B),
- Chlor (Cl).

Geschichte der Düngung

Die Düngeranwendung reicht vermutlich zurück bis in die Anfänge des Ackerbaus vor über 5000 Jahren. Im primitiven Hackbau nutzte der Mensch in der Steinzeit zunächst die naturgegebene Fruchtbarkeit der Böden, erkannte aber offenbar schon frühzeitig die Möglichkeit, das Wachstum der Kulturpflanzen durch Zufuhr von (Dünger-)Stoffen zu verbessern. Primitive Formen der Düngung zur Verbesserung der Bodenfruchtbarkeit waren jedenfalls bereits bei den alten Kulturen der Menschheit (in den Stromländern am Nil, Euphrat, Indus, in China, Südamerika usw.) weit verbreitet. Die Düngungserfahrung der Frühzeit wurde dann im klassischen Altertum (Griechenland und Rom) ausgebaut und beschrieben. Zwar erwähnte bereits Homer in der Odyssee den Stallmist als Dünger, aber erst im alten Rom gaben die landwirtschaftlichen Schriftsteller umfangreiche Darstellungen über die Düngung, z. B. Cato (200 v. Chr.), Plinius und Columnella (1. Jh. n. Chr.). Nach Cato bedeutet guter Ackerbau: gutes Pflügen, gutes Pflegen und gutes Düngen. Bestimmte Dünger galten im Altertum als so wertvoll, dass Diebstahl unter Strafe stand. Im alten Rom wurde dem Stercutius für die Erfindung des Düngers von den Göttern die Unsterblichkeit verliehen.

Als Düngestoffe dienten pflanzliche und tierische Abfälle sowie Aschen aus Stroh, Holz, Knochen sowie Mergel, Kalk und Gips. Außerdem konnten sich bei der Brache die natürlichen Nährstoffvorräte regenerieren.

Das Prinzip der Düngung mit diesen Stoffen beruht im Wesentlichen auf einer Schließung des Nährstoffkreislaufs. Auf diese Weise konnte langfristig ein (zumindest) niedriges Ertragsniveau aufrecht erhalten werden. Mit dieser Art der Düngung wurde bis etwa zu Beginn des 19. Jahrhunderts gewirtschaftet. Theoretische Grundlage war die Humustheorie des Aristoteles (350 v. Chr.): „Die Pflanze ernährt sich von Humusstoffen, die sie mit den Wurzeln aus dem Boden aufnimmt; nach dem Absterben wird sie wieder zu Humus, und Humusstoffe sind daher Dünger." Der letzte bedeutsame Vertreter der Humustheorie war Thaer (1809).

Die Humustheorie wurde dann von dem Chemiker Justus von Liebig, der sich Mitte des 19. Jahrhunderts mit Fragen der Pflanzenernährung auseinandersetzte, auf den

Nährstoffaufnahme

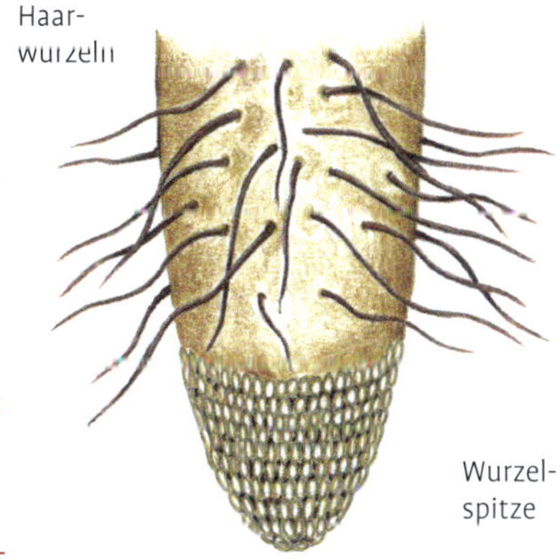

Der überwiegende Teil der von den Pflanzen benötigten Mineralstoffe wird durch die Haarwurzeln und die wachsenden Wurzelspitzen aus der Bodenlösung aufgenommen. Die Pflanzennährstoffe wandern zunächst aus der Bodenlösung in die Wände der Wurzelzellen und werden von dort in die Stoffleitungsbahnen der Pflanzen eingeschleust. Durch einen besonderen Mechanismus in den Wurzelzellen werden die wichtigsten Pflanzennährstoffe im Vergleich zu anderen Mineralstoffen bevorzugt aufgenommen. Hierzu wird viel Energie benötigt, die durch Veratmung von Zucker in den Wurzeln gewonnen wird. Bei gleichem Nährstoffangebot in der Bodenlösung wird deshalb die Aufnahme um so besser sein, je höher die Wurzelatmung ist. Die besten Voraussetzungen für die Nährstoffaufnahme sind deshalb in leicht erwärmbaren, lockeren und gut durchlüfteten Böden gegeben. Aus dieser Tatsache wird deutlich, warum für das Wachstum der Pflanzen ein gut gekrümelter Boden mit gutem Luft- (Sauerstoff-) haushalt wichtig ist.

Kopf gestellt. Er hat u. a. Getreidepflanzen verglüht und bei der Analyse der Pflanzenasche Nährstoffe gefunden. Seine grundlegenden Erkenntnisse gipfelten in der Feststellung, dass die Pflanze die Nährstoffe nur in mineralischer Form aufnehmen kann. Weiter erkannte er, dass die Nährstoffe als Salze gelöst im Wasser vorliegen müssen, wenn sie für die Pflanzenwurzeln erreichbar sein sollen. Damit wurde er zum Begründer der Mineraldüngung. Im Überschwang dieser Entdeckung meinte man damals, nun auf die Zufuhr von Nährstoffen organischer Herkunft verzichten zu können. Heute wissen wir, dass die Mineraldüngung laufend durch eine organische Düngung ergänzt werden muss. Die in den organischen Düngern vorhandenen Nährstoffe müssen aber von Bodenlebewesen mineralisiert, das heißt in ihre Grundelemente zerlegt werden, ehe sie für die Pflanze verfügbar sind.

Die Nährstoffe müssen im Stoffwechsel der Pflanzen zusammenwirken, nur dann können sie normal wachsen. Wichtig ist, dass jeder Nährstoff den Pflanzen zur richtigen Zeit und in ausreichender Menge zur Verfügung steht. Werden diese Ansprüche nicht erfüllt, kommt es zu Wachstumsstörungen, die am Anfang kaum feststellbar sind. Bei fortgesetzter Unterversorgung der Pflanzen mit einem Nährstoff bilden sich jedoch typische Mangelerscheinungen heraus, das Wachstum ist stark eingeschränkt und bei Nutzpflanzen kommt es zu Ertrags- und Qualitätsminderungen.

Nährstoffangebot und Nährstoffverfügbarkeit

Alle der oben genannten Mineralstoffe müssen in der Bodenlösung vorhanden sein, damit Pflanzen wachsen können. Da die Pflanzenwurzeln der Bodenlösung fortwährend Mineralstoffe entziehen, müssen immer wieder neue Nährstoffe aus dem Bodenvorrat freigesetzt und in Lösung gebracht werden. Dabei spielen verschiedene Faktoren eine Rolle: 1. Der Boden muss die Nährstoffe enthalten. 2. Er muss die Nährstoffe speichern und wieder abgeben. 3. Die Verfügbarkeit hängt davon ab, wie schnell die Mineralstoffe in eine wasserlösliche Form umgewandelt werden. 4. Wie weit die Pflanzennährstoffe von der Bodenlösung entfernt sind, an deren Berührungsflächen sie in Lösung gehen.

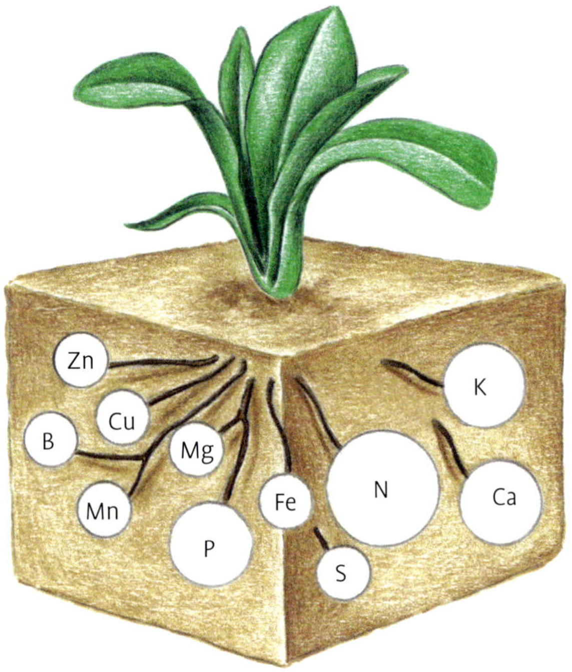

▲ Das braucht die Pflanze zum Leben: Pflanzennährstoffe, die in großen Mengen benötigt werden sind Stickstoff = N, Phosphor = P und Kalium = K. In geringeren Mengen brauchen die Pflanzen Magnesium = Mg, Kalzium = Ca und Schwefel = S. Diese sechs Nährstoffe werden auch als Hauptnährelemente (oder Makroelemente) bezeichnet. Von den Spurenelementen wie Bor = B, Kupfer = Cu, Mangan = Mn, Zink = Zn, Eisen = Fe und Molybdän = Mo, brauchen die Pflanzen nur geringe Mengen. Als nützliche Elemente für manche Pflanzenarten sind Silizium, Natrium, Kobalt und Nickel bekannt.

Nährstoffspeicherung

Die Fähigkeit, Nährstoffe zu speichern und an die Pflanze abzugeben, ist von Bodenart zu Bodenart sehr verschieden und hängt wesentlich von deren Gehalt an „Feinerde“ (Ton, Schluff) und Humus ab. Diesen Bodenteilchen sind bestimmte Bindungskräfte eigen. Manche Nährstoffe werden sehr fest gebunden und müssen erst aus der Bindung herausgelöst werden, um für die Pflanzen verfügbar zu sein. Der Ammoniakstickstoff und das Kalium werden stark gebunden. Gering ist das Festhaltevermögen der Böden für Magnesium und Kalk. Nicht gebunden wird der leicht bewegliche Salpeterstickstoff (Nitratstickstoff), der deshalb auch am leichtesten mit dem Sicker- und Dränwasser aus dem Boden ausgewaschen wird.

Schwere Böden sind im Allgemeinen besonders nährstoffreich, allerdings sind die Nährstoffe oft nicht verfügbar, weil sie zu stark gebunden sind. Die Untersuchung der Böden auf Gesamtnährstoffgehalte mit groben chemischen Untersuchungsverfahren sagt daher über die pflanzenverfügbare Menge und damit die Ertragsfähigkeit nur wenig aus. Diese starke Nährstoffbindung in Tonböden bewirkt aber auch, dass die Pflanzennährstoffe

Sandböden binden Nährstoffe schlecht
Leichte Böden binden nur wenig Nährstoffe. Bei ihnen wäscht der Regen viele Nährstoffe aus und lässt sie im Boden versickern. Deshalb muss man den Dünger auf solchen leichten Böden möglichst in kleinere Einzelgaben aufteilen.

weitgehend vor Auswaschungen durch absickerndes Regenwasser geschützt werden. Auf Sandböden werden dagegen viele Nährstoffe ausgewaschen.

Nährstofffreisetzung

Neben der mechanischen Verwitterung, dem Einfluss von Hitze und Kälte, spielen die Lebensvorgänge im Boden die wichtigste Rolle bei der Freisetzung der Nährstoffe. Vor allem sind es die Kleinlebewesen, Bakterien und Pilze, die an der Aufschließung beteiligt sind. Außerdem können die Wurzeln durch Ausscheidung von Wasserstoffionen und organischen Säuren schwer zugängliche Nährstoffe aus ihren Bindungen lösen. Alle Maßnahmen, welche das Wurzelwachstum fördern (z. B. Bodenlockerung, Dränage, Krumenvertiefung usw.), wirken sich deshalb auf den Boden wie eine zusätzliche Düngung aus. Darüber hinaus tragen in den Boden eingebrachte Düngemittel durch Trennung der in den Boden gebrachten Salze in die einzelnen Bestandteile (Base oder Salzbildner und Säure) zur Umsetzung und dadurch Freisetzung der Nährstoffe im Boden bei. Die im Boden vorhandenen Salze gehen mit den neu hinzukommenden Bestandteilen neue Verbindungen ein. So bildet beispielsweise die aus den Kalisalzen freiwerdende Salzsäure mit den Kalksalzen des Bodens eine Verbindung, die mit dem Sicker- und Dränwasser aus dem Boden verschwindet. Es ist dies mit ein Grund für die Entkalkung der Böden. Auch die Aufnahme des einen Bestandteils eines solchen Düngesalzes, z. B. des Kalis, durch die Pflanze führt zum Freiwerden des Restbestandteils, in diesem Fall der Säure, die ihrerseits bei Kalkmangel versauernd im Boden wirken kann. Beim Stickstoff liegt der überwiegende Anteil in der organischen Substanz des Bodens gebunden vor. Bei ihrem mikrobiellen Abbau wird er über verschiedene Zwischenstufen in leicht lösliches Nitrat umgewandelt.

Verfügbarkeit der Nährstoffe
Für die Mineralstoffaufnahme durch die Wurzel ist nicht die Gesamtmenge der Nährstoffe im Boden, sondern vielmehr deren Verfügbarkeit entscheidend. Darunter wird der wasserlösliche Anteil sowie diejenige Mineralstoffmenge verstanden, die innerhalb eines bestimmten Zeitraumes in die Bodenlösung nachgeliefert werden kann.

Überangebot verhindern

Zum Abbau der organischen Substanz und zur Freisetzung des Stickstoffs brauchen die Bakterien genügend Wärme, viel Sauerstoff, ausreichende Feuchtigkeit, eine möglichst neutrale Bodenreaktion und natürlich ausreichend organische Substanz. Je besser diese Ansprüche erfüllt sind und je mehr organisch gebundener Stickstoff im Boden vorhanden ist, desto mehr Nitrat wird frei. Es kann dann vorkommen, dass zuviel Nitrat in der Bodenlösung vorhanden ist, vor allem, wenn gleichzeitig mit mineralischem Stickstoff gedüngt wird. Bei der Stickstoffdüngung müssen die Gärtner deshalb die mögliche Nitratanlieferung aus dem organisch gebundenen Stickstoff des Bodens berücksichtigen.

Die Bodenanalyse

Die Bemessung der Düngung nach dem Nährstoffbedarf der Pflanzen ist ein einfaches, aber zu grobes Verfahren der Pflanzenernährung. Die im Boden vorhandenen Nährstoffmengen werden hierbei nicht berücksichtigt. Wird auf diese Art und Weise über einen längeren Zeitraum gedüngt, so kommt es, wie Erfahrungen zeigen, nicht selten zu einer Überversorgung mit Nährstoffen. Dies schadet nicht nur den Kulturpflanzen, sondern auch der Umwelt, da unnötig Nährstoffe in das Grundwasser ausgewaschen werden.
Wer sachgerecht düngen will, muss auch über die Verfügbarkeit der Nährstoffe Bescheid wissen. Bei vielen Nährstoffen gibt es erhebliche Unterschiede zwischen Nährstoffgehalt und -verfügbarkeit im Boden, so z.B. für Phosphor und Kalium. Genauen Aufschluss hierüber können nur Bodenanalysen geben. Aus dem verfügbaren Gehalt wird dann die notwendige Düngermenge abgeleitet, indem die im Boden verfügbaren Nährstoffmengen von dem für die einzelnen Pflanzenarten oder -gruppen bekannten Nährstoffbedarf oder Nährstoffentzug für einen bestimmten Anbauzeitraum abgezogen werden.
Für Phosphor, Kalium und Magnesium erhält man genau aufgeschlüsselte Angaben, wieviel der Boden insgesamt enthält und welche Menge hiervon in einer für die Pflanzen verfügbaren Form vorliegt. Zusammen mit der Bodenanalyse erhält man auch detaillierte Vorschläge für die Düngung. Ergänzend kann man den Boden auf Spurennährstoffe, Humusgehalt und Körnung untersuchen lassen.
Der Stickstoff wird bei der normalen Bodenanalyse nicht gemessen. Sein Wert schwankt sehr stark, sodass die „Momentaufnahme“ bei der Entnahme der Boden-

Bodenuntersuchung im Labor
Bei der Bodenuntersuchung werden die Nährstoffvorräte des Bodens, bezogen auf eine bestimmte Bodenmenge, mit Hilfe von chemischen Verfahren festgestellt. Die Grunduntersuchung umfasst die Bestimmung
- der Bodenart,
- des Volumengewichtes,
- des pH-Wertes,
- des Phosphorgehaltes (P),
- des Kaliumgehaltes (K) und
- des Magnesiumgehaltes (Mg).

probe keinen großen Aussagewert hätte. Dies hängt damit zusammen, dass Stickstoff in der organischen Substanz des Bodens gespeichert wird. Wieviel Stickstoff (N) den Pflanzen zur Verfügung steht, hängt im Wesentlichen davon ab, wie stark das Bodenleben den Humus mineralisiert und wie hoch die Auswaschung in den Unterboden ist. Da diese Vorgänge im Boden großen Schwankungen unterworfen sind, ändert sich auch laufend die pflanzenverfügbare Menge an Stickstoff. Nur in besonderen Fällen ist eine Untersuchung auf pflanzenverfügbaren Stickstoff nach der sogenannten N_{min}-Methode angebracht (N_{min} = leichtlöslicher Nitratstickstoffanteil des Bodens). Für den Hausgarten ist dies jedoch nicht üblich.

Die Probennahme

Bodenproben entnimmt man am besten im zeitigen Frühjahr vor Vegetationsbeginn oder im Spätherbst. Dabei sollte die letzte Düngung (mineralisch oder organisch) mindestens vier Wochen zurückliegen, weil das Ergebnis sonst verfälscht werden würde.
Bei Gemüseland, Sträuchern und Obstbäumen werden die Proben in der Regel spatentief (dies sind 0 bis 30 cm Bodentiefe) entnommen, bei Rasenflächen aus 0 bis 10 cm Tiefe. Hierzu werden gleichmäßig über die Fläche verteilt etwa 10 Einzelproben entnommen, diese in einem Eimer gut miteinander vermischt. Von dieser Mischprobe werden dann 300 bis 500 g an das Untersuchungslabor geschickt. Zur Probenentnahme gibt es spezielle zylinderförmige Probenstecher. Man drückt den Probestecher bis zur vorgesehenen Tiefe in den Boden, dreht ihn kurz im Boden herum und streift nach dem Herausziehen mit einem Holzstab aus dem Schlitz die Erde in einen Eimer ab.
Probenbeutel und Probenlisten kann man sich von den Untersuchungsanstalten und privaten Labors zusenden lassen. Die Probenbeutel müssen außen beschriftet werden. Eingelegte Zettel weichen auf und werden unleserlich. Den Proben ist ein kurzes Begleitschreiben mit Absender und Art der Nutzung, z.B. Rasen, Gemüsegarten, Obstgarten, Ziergarten oder gemischt genutzter Garten beizufügen.

▼ Beschriften des Probenbeutels für die Bodenanalyse.

Bodenanalysen richtig interpretieren

Der Untersuchungsbefund des Labors enthält üblicherweise folgende Angaben:

- Bodennutzung (z.B. HG für Gemüse, HZ für Zierpflanzen).
- Bodenart. Sie gibt an, ob ein leichter, mittlerer oder schwerer Boden vorliegt.
- Ausgehend vom gemessenen pH-Wert erfolgt die Zuordnung zu einer Kalkversorgungsstufe (E = nicht kalkbedürftig, C = schwach kalkbedürftig, A = stark kalkbedürftig) und der daraus folgende Kalkbedarf.
- Die Nährstoffgehalte des Bodens sind in mg/100 g Boden ausgewiesen. Der gefundene Nährstoffgehalt wird durch die Nährstoffgehaltsklasse bewertet (siehe Tabelle auf Seite 55). Die Nährstoffgehaltsklassen sind das Ergebnis langjähriger Feld- und Gefäßversuche, bei denen ermittelt wurde, wie ein bestimmter Nährstoffgehalt des Bodens in Abhängigkeit von der Bodenart zu beurteilen ist. Bei den einzelnen Nährstoffen sind die Mengen angegeben, die zur Einstufung in eine der fünf Gehaltsklassen führen. Die Tabelle zeigt, dass zu einer bestimmten Gehaltsklasse nicht ein einzelner Zahlenwert gehört, sondern ein Bereich. Damit werden die Unterschiede verschiedener Standorte berücksichtigt.

Bodenprobe ziehen
Die Bodenprobe entnimmt man mit Hilfe des Spatens. Dazu werden zwei Spatenstiche Boden ausgeworfen und eine Wand senkrecht abgestochen. Vom dritten Spatenstich wird die Erde in einem 3 cm breiten Streifen von oben nach unten in den Eimer abgekrümelt, die gezogene Erde gemischt und daraus die Durchschnittsprobe genommen.

Die Bemessung der Düngermenge

Wenn der Boden zu wenig Nährstoffe enthält, muss natürlich gedüngt werden. Die Düngung orientiert sich nicht allein am optimalen Nährstoffgehalt des Bodens (siehe Tabelle Nährstoffgehaltsklassen), sondern auch am Nährstoffentzug der Kulturpflanzen. Deshalb muss man für einen optimalen Ertrag zur Düngemenge den voraussichtlichen Entzug addieren. So benötigt ein Boden der Gehaltsklasse C eine Düngung in Höhe des zu erwartenden Nährstoffentzuges. Ähnliches gilt auch für die Gehaltsklasse D, wenn auch in geringerem Maße. Bei der Nährstoffgehaltsklasse E ist in der Regel eine zusätzliche Düngung nicht notwendig.

Im Hausgarten starke, mittlere und schwache Zehrer

Der Nährstoffentzug, der über die abgeführten Pflanzenteile wie Früchte, Blätter, Wurzeln, Schnittgut (z.B. Hecken, Rasen) usw. erfolgt, ist bei den meisten landwirtschaftlichen und gärtnerischen Kulturpflanzen recht gut bekannt bzw. abschätzbar.

Entsprechend dieser Werte düngt der Erwerbsgartenbauer seine Kulturen. Dies ist für ihn auch relativ einfach, da er die Pflanzen großflächig anbaut. Im Hausgarten, wo viele Pflanzen auf engem Raum stehen, kann die Düngung entsprechend den einzelnen Pflanzenarten kaum differenziert werden. Hier behilft man sich mit Annäherungswerten und teilt die Pflanzenarten in drei (stark, mittel und schwach zehrende) Kulturen, heute in der Regel aber in vier Bedarfsgruppen ein (siehe Tabelle Düngevorschlag). Als „Leitelement“ für diese Einteilung wird der Stickstoff herangezogen, da dieser in der Regel die größte Wirkung auf Ertrag und Qualität hat.

Auch mit Kompost kann man überdüngen

Im Hausgarten gelangen viele Nährstoffe über den Gartenkompost oder andere Wirtschaftsdünger, wie Stallmist, Rindenhumus, Mulchmaterialien usw. oder auch über Gründüngung in den Boden. Auch sie müssen, obwohl sie nur relativ wenig Nährstoffe enthalten, in die Nährstoffbedarfsrechnung einbezogen werden. Auch mit Kompost und anderen organischen Stoffen kann man des Guten zuviel tun. Kompost enthält z. B. verhältnismäßig viel Phosphat und Kalium. Selbst bei ausschließlicher Verwendung von Kompost kann es zur Überversorgung der Böden mit Phosphor und Kalium kommen.

Faustzahl für Kompost

Die exakten Nährstoffgehalte organischer Dünger lassen sich nur sehr schwer angeben. Sie schwanken je nach Ausgangsmaterial sehr weit. (Wer es exakt wissen möchte, muss die Proben in einem Labor analysieren lassen.) Deshalb rechnet man mit Faustzahlen. Demnach enthält 2,5 kg Kompost etwa 1–2 g N, 0,5–1 g P_2O_5, 3 g K_2O und 0,5–1 g MgO.

Nährstoffgehaltsklassen

Klasse	Nährstoffgehalt	P_2O_5 (mg/100 g)	K_2O (mg/100 g)	Mg (mg/100 g)	Düngungsempfehlung
A	niedrig (zu niedrig)	0–5	0–5	0–5	stark erhöht
B	mittel (niedrig)	6–14	6–14		erhöht
C	hoch (anzustreben)	15–25	15–25	6–14	entspricht Entzug
D	sehr hoch (hoch)	26–40	26–40		reduzierte
E	besonders hoch (extrem hoch bzw. zu hoch)	über 40	über 40	über 12	keine

Düngevorschlag für Hausgärten bei optimaler Versorgung (Nährstoffgehaltsklasse C)

Nährstoff	bei sehr stark zehrenden Kulturen	bei stark zehrenden Kulturen	bei mittelstark zehrenden Kulturen	bei schwach zehrenden Kulturen
Stickstoff (N) (ohne Bodenuntersuchung)	20–30 g/m^2	15–19 g/m^2	10–14 g/m^2	4–9 g/m^2
Phosphat (P_2O_5)	5–15 g/m^2	5–15 g/m^2	4–12 g/m^2	3–10 g/m^2
Kalium (K_2O)	15–25 g/m^2	15–25 g/m^2	10–20 g/m^2	7–15 g/m^2
Magnesium (MgO)	4–6 g/m^2	4–6 g/m^2	2–4 g/m^2	1–2g/m^2

Düngung und Umwelt

Damit sich die Düngung nicht negativ auf die Umwelt auswirkt, müssen nicht nur professionelle Gärtner Grundregeln beachten, sondern auch die Haus- und Kleingärtner. Es kommt dabei vor allem darauf an, Nährstoffverluste zu vermeiden:

- die Düngung (besonders von Stickstoff) auf den Nährstoffbedarf der Pflanzen und den Bodenvorrat abstimmen;
- auf leichten Böden (z.B. Sand) organische und mineralische Düngemittel nur zu Beginn bzw. während der Vegetationsperiode ausbringen;
- Düngemittel nicht auf tief gefrorenen Boden bzw. bei höherer Schneedecke (Gefahr des Oberflächenablaufs) ausbringen;
- Böden möglichst ganzjährig mit Pflanzenbewuchs bedeckt halten, indem man Zwischenkulturen anbaut.

◀ Düngemittel nie nach dem Motto „viel hilft viel" ausbringen, sondern immer nur so viel geben, wie die Kulturpflanzen brauchen.

Die Kompostwirtschaft

Der Kompost ist im Hausgarten immer noch das wichtigste Düngemittel. Viele Hobbygärtner betrachten den Komposthaufen als Sparbüchse oder bezeichnen ihn als braunes Gold. Diese Wertschätzung genießt der Kompost völlig zu Recht.

Warum kompostieren?

Der Boden ist kein totes Gestein, sondern ein belebtes System aus mineralischen Bestandteilen und organischer Substanz (siehe zu diesem Komplex auch Seite 35). Humus ist ein Teil der organischen Substanz im Boden. Er ist Träger und Förderer der Bodenfruchtbarkeit. Zur langfristigen Sicherung der Bodenfruchtbarkeit muss der Boden ausreichend mit organischer Substanz versorgt sein. Da der Humusgehalt im Boden durch Ernte und biologische Abbauprozesse ständig abnimmt, ist es das Ziel jeder pflanzenbaulichen Tätigkeit, den Humusgehalt zu erhalten und möglichst noch zu mehren.
Sicher, es gibt eine Reihe käuflicher organischer Stoffe, die als Humuslieferanten für den Hausgarten in Frage kommen (z. B. Torf, Rindenhumus). Wesentlich billiger und umweltfreundlicher ist es, die benötigten organischen Stoffe selbst herzustellen, indem man organische Abfälle kompostiert, die in Haus und Garten anfallen. Das ist auch finanziell von Vorteil, weil man dann weniger mineralische und organische Düngemittel zukaufen muss. Weil das Kompostieren im eigenen Garten auch praktizierte Abfallvermeidung ist, leistet sie auch einen Beitrag zum Umweltschutz.

Kleine Helfer
Im Kompost gibt es viele fleißige Helfer, wenn sie die richtigen Bedingungen vorfinden. Rotte ist also ein Lebensvorgang, an dem eine riesige Zahl von Lebewesen beteiligt ist. An keinem anderen Platz im Garten gibt es eine solche Verdichtung des Lebendigen. Hier läuft nicht mechanisch die Resteverwertung ab – hier lebt es!

Der Rotteprozess

Böse Zungen behaupten, es gäbe mehr Rezepte zur Kompostbereitung als es Gärtner gibt. Ganz so schlimm ist es natürlich nicht, aber diese Aussage zeigt uns, dass es viele Wege zum gleichen Ziel gibt.
Unter dem Kompostierungsprozess, auch Rotte genannt, versteht man die Zersetzung organischer Masse, den Abbau und Umbau organischer Substanz durch Kleinlebewesen, die nur in luftiger Umgebung lebensfähig sind. Im Gegensatz dazu steht die Zersetzung unter Luftabschluss, die man als Fäulnis bezeichnet. Das Ergebnis der Rotte ist eine mürbe, erdige Masse, die angenehm nach Waldboden duftet. Bei der Fäulnis hingegen entsteht eine wässrige, breiartige Masse, die übel riecht. Wer also über einen Kompostplatz die Nase rümpft, der weiß entweder nicht über die dort ablaufenden Vorgänge Bescheid oder aber hat erkannt, wenn etwas am Kompost nicht in Ordnung ist: Nur der unsachgemäß aufgesetzte Kompost, der zu dicht gelagert und zu nass ist, kann faulig stinken.

Günstige Bedingungen für Mikroorganismen

Die Kunst des Kompostierens besteht darin, für die Mikroorganismen günstige Bedingungen zu schaffen (siehe auch Seite 35). Die Abbauvorgänge im Komposthaufen verlaufen dann besonders zügig, wenn er locker und luftig lagert, gleichmäßig feucht ist und nicht dem Licht ausgesetzt wird. Weil die Mikroorganismen so winzig klein sind, können sie ihre Nahrung nur aufnehmen, wenn sie auf einem Wasserfilm auf die Nahrstoffe zuschwimmen und diese berühren können. Bei fehlender

▼ Ein Kompostbehälter zum Kompostieren der organischen Abfälle aus dem Garten und aus der Küche passt in jeden noch so kleinen Garten.

▲ Der Kompost gilt als Gold des Gärtners.

Feuchtigkeit gehen viele Mikroorganismen in eine Ruhepause über, sodass der Verrottungsprozess stockt. Zuviel Wasser behindert dagegen die Tätigkeit der luftliebenden Lebewesen: Die Durchlüftung ist gefährdet, der Haufen kühlt aus und in der Folge kann es zu unerwünschten Fäulnisvorgängen kommen. Damit ist klar, dass einerseits ausreichend Feuchtigkeit vorhanden sein muss und andererseits grobe organische Substanzen zerkleinert sein müssen, damit die Mikroorganismen eine große Oberfläche zur Ansiedlung vorfinden. Von diesen Anforderungen muss man sich bei allen Arbeiten am Kompost leiten lassen.

Stürmischer Rottebeginn

Werden die entsprechenden Bedingungen geschaffen, dann setzt die Rotte zu Beginn geradezu stürmisch ein – der Kompost erwärmt sich merklich und fängt manchmal sogar an zu dampfen. Zu Beginn der Rotte verändert sich das Kompostgut am augenfälligsten: Jetzt werden die Zellwände in den Pflanzenresten zerstört, der Kompost sackt darum sehr rasch zusammen. Die späteren Veränderungen sind weit weniger augenfällig und verlaufen auch wesentlich langsamer. Insbesondere der eigentliche Reifevorgang, bei dem sich Humusteilchen und Mineralien verbinden, nimmt die längste Zeit in Anspruch.

Heiße und kalte Rotte

Wird frisches Rottegut in größeren Mengen auf einmal zu einer Miete aufgeschichtet, so erhitzt es sich, weil die Mikroorganismen die leicht abbaubaren Substanzen schnell umsetzen und ihre dabei entstehende Körperwärme nicht an die Umgebung abgeben können (Isolationseffekt). Die Erhitzung des Rottegutes ist erwünscht, da bei den entstehenden Temperaturen von mehr als 50 °C (bis zu 80 °C) verschiedene Krankheitserreger und Unkrautsamen abgetötet werden. Die starke Erhitzung des Rottegutes hält einige Tage an. Danach sackt sie stark ab und sinkt schließlich allmählich fast auf die Umgebungstemperatur.
Diese Heißrotte findet aber nur in Komposthaufen statt, die in einem Zug aufgesetzt werden. Wird das Kompostmaterial dagegen nach und nach in kleineren Mengen aufgeschichtet, was im Garten die Regel ist, so verläuft der mikrobielle Abbauprozess weniger intensiv, und die entstehende Wärme kann an die Umgebung abgegeben werden. Man spricht hier auch von der sogenannten Kaltrotte. Bei dieser Kaltrotte, die bei frei aufgesetzten Komposthaufen die Regel ist, werden schädliche Keime und Unkrautsamen

Eine gute Mischung

Da die einzelnen organischen Stoffe einseitig zusammengesetzt sind, sollten sie nicht allein, sondern immer gemischt mit anderen Stoffen kompostiert werden. Bei großen Mengen Grasschnitt z. B. müssen strukturreiche Stoffe wie Reisig, Holzhäcksel oder auch Sägespäne und Stroh dazugemischt werden, damit Luft eindringen kann und der Kompost nicht zu einer schleimigen Masse wird.
Man sollte folgendermaßen vorgehen: Grünes wird vorzugsweise mit Strohigem gemischt, Nasses mit Trockenem, Frisches mit Altem, Faseriges mit Weichem. Auf diese Weise werden ungünstige Eigenschaften der Einzelstoffe ausgeglichen.

◀ Die Temperatur im Kompost kann man mit einem Kompostthermometer kontrollieren. Besonders hohe Werte zeigt es an den ersten Tagen nach dem Aufsetzen an.

nicht abgetötet. Allenfalls im Herbst, wenn größere Mengen organischer Abfälle anfallen, kann es zu einer stärkeren Erwärmung des Komposthaufens kommen.

Was kann kompostiert werden?

Zum Kompostieren eignen sich eigentlich alle pflanzlichen und tierischen Reste. Im Garten werden es also Erntereste von Gemüse, abgeräumte Pflanzen (Erdbeeren, Einjahresblumen), Laub, Heckenschnitt und Staudenreste sein, die zum Kompostplatz wandern. Aus Küche und Haushalt kommen die Putz- und Schälreste von Gemüse und Obst, aber auch Eierschalen, Kaffee- und Teesatz, Pappkartons, Papierservietten, Holzwolle und, sofern ein offener Kamin oder Ofen mit Holz befeuert wird, die wertvolle Holzasche. Hinzu kommen noch Erdreste aus der Jungpflanzenanzucht oder von Topfpflanzen oder an den Wurzeln ausgerissener Pflanzen, womit der Kompost auch Mineralisches erhält.
Auch Stallmist von großen und kleinen Tieren eignet sich hervorragend zur Kompostierung und macht einen Kompost besonders gehaltvoll. Grundsätzlich ist der Kompost umso wertvoller, je vielseitiger er zusammengesetzt wurde. Die Vielseitigkeit wirkt sich auch günstig auf die Rottedauer aus – einseitig zusammengesetzte Komposte brauchen wesentlich länger zur Reife als eine Mischung aus vielerlei verschiedenen Stoffen.

Nicht auf den Kompost gehören: Illustrierte, Glas, Metalle, Kunststoffe, Verbundstoffe, Textilien, Staubsaugerbeutel, Brikett- und Kohlenasche, Straßenkehricht, von Krankheiten befallene Pflanzenteile (Kohlhernie, Monilia, Feuerbrand); Fleisch- und Speisereste nur im Kompostsilo und bei Heißrotte.

Der Einsatz von Häckslern

Nicht alle im Garten anfallenden organischen Abfälle liegen in einer für den Rotteablauf günstigen Form vor. Sperriger Heckenschnitt, dürres und sparriges Staudenstroh oder das Schnittholz aus dem Obst- und Ziergarten sollten erst zerkleinert werden, ehe sie auf den Kompost kommen. Dickere Stängel, z. B. von Sonnenblumen oder Dahlien, sollten zerstampft oder aufgespalten werden, um den Mikroorganismen bessere Angriffsmöglichkeiten zur Zersetzung zu bieten. Das Zerkleinern ist zwar kein absolutes Muss, doch dann verrottet das Material sehr viel schneller. Die gilt insbesondere für holzartige Pflanzenteile.
Für kleinere Mengen bieten sich zur Zerkleinerung Säge, Ast- und Gartenschere, für krautiges Material Futterschneider und Handbeil an. Für größere Mengen und zur Arbeitserleichterung bieten sich Gartenhäcksler an. Je nach Fabrikat werden diese Zerkleinerungsmaschinen als „Komposter", „Kompost-Meister", „Schredder" oder „Häcksler" – oftmals in Verbindung mit dem Wort „Bio" bezeichnet. Es gibt Geräte für jeden Bedarf, für Gartenbesitzer und den kommunalen Bereich bis hin zu reinen sogenannten Hochleistungs-Brennholzhackern oder Kompostbereitern.

TIPP

Leistungsstarke Gartenhäcksler sind teuer. Gartenbesitzer sollten sich deshalb überlegen, ob sie sich mit Nachbarn oder Freunden zusammentun und gemeinsam einen Häcksler kaufen. Dann ist das Gerät auch viel besser ausgelastet.

▲ Der Häcksler ist ein wichtiges Hilfsmittel beim Zerkleinern der organischen Abfälle.

▼ Die zerkleinerten Stängel und Äste verrotten auf dem Kompost rasch.

Möglichkeiten der Kompostierung

Kompostiert werden kann in freien Mieten, in Kompostsilos oder in sogenannten Rotteboxen. Die Kompostierung in Mieten ist dort empfehlenswert, wo größere Mengen an Kompostrohstoffen anfallen. Eine Alternative zur freien Kompostierung ist die Verwendung von Kompostsilos, die man im Fachhandel fertig kaufen oder aus Holzlatten, Draht oder Backsteinen selbst herstellen kann. Rotteboxen (Thermokomposter oder Schnellkomposter) werden auf dem Markt in verschiedenen Formen und Ausführungen angeboten. In diesen Rotteboxen, die nur für geringe Mengen an Kompostrohstoffen in Frage kommen, findet eine Heißrotte statt (siehe auch Seite 58). Für größere Gärten empfehlen sich diese Rotteboxen als Sammelbehälter für die Abfälle aus der Küche.

▼ Der Kompostplatz sollte möglichst zentral und gut zugänglich im Garten liegen. Besonders vom Gemüseland und von der Küche her darf der Weg nicht zu weit sein, weil hier das meiste Kompostiermaterial anfällt. Zumindest der Weg von der Küche zum Kompostplatz sollte sauber, z. B. mit Gehwegplatten befestigt sein, damit er zu jeder Zeit auch bei ungünstiger Witterung leicht und bequem zu erreichen ist.

Die Mietenkompostierung

Komposthaufen dürfen nach allgemeiner Rechtsprechung auch an der Grundstücksgrenze zum Nachbarn angelegt werden. Denn er ist keine bauliche Anlage und kann ohne Belästigung betrieben werden.

Der Platz selbst muss möglichst eben sein. Bester Untergrund für Kompostmieten ist guter, tiefgründiger Gartenboden. Völlig verfehlt wäre es, den Kompostplatz zu schottern, zu pflastern oder gar mit einer Betondecke zu versehen. Die Kleinlebewesen, Regenwürmer, Asseln, Springschwänze, Milben und andere Mikroorganismen, deren Aufgabe die Rotte ist, müssen in den Komposthaufen einziehen und nach getaner Arbeit in die darunter liegende Bodenschicht abwandern können. Ein befestigter Untergrund lässt dies nicht zu. Günstig ist es, den Boden vor dem Aufsetzen einer neuen Kompostmiete durch Bearbeiten (wie etwa Hacken oder Umgraben) zu lockern.
Wie groß der Kompostplatz sein muss, lässt sich nicht allgemein sagen. Der Platzbedarf hängt von der Menge des Rottegutes und der Kompostierdauer ab. Normalerweise reicht es aus, für den Kompostplatz 5 bis 10 % der Fläche anzusetzen, die mit Gemüse und Blumen bestellt wird. Dabei rechnet man die Wegeflächen nicht mit. Teiche, Obstwiesen, der Rasen und frei wachsende Grenzpflanzungen liefern nur wenig Rottemasse für den Kompost, wenn man das Laub an Ort und Stelle belässt und Rasenschnitt zum Mulchen verwendet.

Kompost beschatten

Der Kompost muss vor starker Besonnung, Wind und Austrocknung geschützt werden, denn extreme Witterungsverhältnisse schaden dem Kompostierungsprozess. Als Windschutz, Schattenspender und Sichtschutz können Baumgruppen oder Hecken dienen. Laubabwerfende Gehölze sind hierfür besonders geeignet, weil dann der Kompost in der kalten Jahreszeit wärmende Sonnenstrahlen erhält, während im Sommer für den notwendigen Schatten gesorgt ist. Auch Stangenbohnen oder Spalierpflanzen können den Komposthaufen umgrenzen. Ist ein solcher Platz nicht vorhanden, kann der Haufen auch durch ein überdachtes Gestell geschützt werden. Da beim Aufsetzen trockener, strohiger Rottemasse immer Wasser zum Anfeuchten gebraucht wird, ist eine Wasserzapfstelle am Kompostplatz zweckmäßig.
Die Kompostmiete sollte trapezförmig aufgesetzt werden und folgende Maße aufweisen:

Regel beim Aufsetzen
Als grobe Regel für das Aufsetzen der Kompostmiete gilt: Nasses Material sollte auf trockenes folgen, grobstrukturiertes auf feinstrukturiertes, stickstoffreiches auf stickstoffarmes. Von Vorteil wäre die lockere Mischung der vorhandenen Stoffe, weil dann die Mikroorganismen gleichmäßige und günstige Lebensbedingungen finden.

▲ Die großen Blätter der Kürbispflanze schützen den Komposthaufen vor Austrocknen und vor Regengüssen.

Ein Mantel für den Kompost
Beim fertigen Teil der aufgesetzten Miete ist ein „Deckmantel" sinnvoll, denn der Kompost lebt ja und sollte möglichst nicht ungeschützt daliegen. Als Mantel oder Haut eignen sich längeres Gras, Heu, Stroh, Kartoffelkraut, Laub, Schilfmatten, alte Säcke oder auch Mulchfolie. In regenreichen Gebieten ist eine lebende Decke zu empfehlen, die man durch die Pflanzung von rankenden Gewächsen wie Gurken oder Kürbissen sowie mit der Aussaat von Leguminosen wie Wicken, Erbsen und Bohnen erreicht.

- Untere Breite: 1,20 bis 1,50 m (nicht breiter als 2,00 m)
- Obere Breite: 0,80 bis 1,00 m
- Höhe: 0,80 bis 1,20 m (nicht höher als 1,50 m)
- Länge: beliebig lang, bzw. entsprechend dem Platzangebot und dem zur Verfügung stehenden Rohmaterial, welches kompostiert werden soll.

Der Kompost sollte nicht so hoch und an den Seiten schräg abfallend angelegt werden, sodass das Eigengewicht der Abfälle die unteren Lagen des Ausgangsmaterials nicht zusammenpresst.
Werden viele Küchenabfälle kompostiert oder grünes, noch frisches Pflanzenmaterial ohne viel anhaftende Erde, ist es sinnvoll, den Materialien stets etwas Gartenerde oder reifen Kompost beizumischen. Damit die Erde sich besser mit den pflanzlichen Abfällen vermischt, hebt man das Kompostmaterial etwas an, damit die Erde in die Zwischenräume hineinrieseln kann. Außerdem sorgt man durch das Anheben des Materials und das Einrieselnlassen der Erde nochmals für Belüftung. Verwendet man Gartenabfälle, denen bereits viel Erde anhaftet, z. B. Unkräuter, deren Wurzeln nicht ausgeschüttelt wurden, so erübrigt sich natürlich ein Zusatz von Erde oder altem Kompost.
Das oftmals empfohlene schichtweise Aufsetzen des anfallenden Kompostmaterials ist nicht notwendig, eher nachteilig, zumal bei kleineren Mengen, wie sie überwiegend anfallen, die Möglichkeit des schichtweisen Aufsetzens gar nicht gegeben ist.
Ist das Kompostierungsmaterial beim Aufsetzen zu trocken, muss es mit der Gießkanne oder dem Schlauch befeuchtet werden; ist es zu nass, müssen trockene Stoffe dazwischen gemischt werden.

Den Kompost umsetzen

In der geschilderten Weise entsteht im Laufe der Zeit eine Miete, deren oben angegeben Breite und Höhe nicht überschritten werden sollte. Grundsätzlich sollte ein Kompost einmal jährlich umgesetzt werden. Ein Umsetzen ist dann unumgänglich, wenn die Rotte nur langsam vor sich geht und das Material eventuell wegen mangelnder Durchlüftung zu faulen beginnt. Die Miete wird dabei neu auf die oben angegebenen Maße aufgeschüttet. Dadurch kommt verstärkt Sauerstoff in die Miete und die Rottestoffe werden noch besser miteinander vermischt als dies beim Aufsetzen möglich war. Beim Umsetzen entdeckt man auch Trockenstellen oder Fäulnisnester und kann sie befeuchten bzw. beseitigen. Grundsätzlich fördert jedes Umsetzen den Rotteprozess, man kann also den Kompost schneller verwenden.

Hilfsmittel fürs Verrotten

Für die Kompostierung wird eine Vielzahl von Hilfsmitteln angeboten, die den Rotteprozess in Gang bringen, die ihn beschleunigen oder auf irgendeine Weise verbessern sollen. In der Regel sind Hilfsmittel für die Kompostierung nicht notwendig. Wenn die Kompostrohstoffe gut aufbereitet und gemischt sind, locker aufgeschüttet und günstig feucht, sind alle Bedingungen für das Verrotten geschaffen. Ist der Kompost dagegen zu nass oder zu trocken, können dies auch sogenannte Kompoststarter oder -beschleuniger kaum ausgleichen.

TIPP für den Neustart

Vorteilhaft ist bei der Neuanlage einer Kompostmiete allerdings, wenn man einige Schaufeln reifen Kompost zugibt. Man streut ihn einfach zwischen das neu aufgebrachte Material. Die in dem alten Kompost enthaltenen Kleinlebewesen dienen gewissermaßen als „Impfmittel" für den neuen Kompost.

Kalk zugeben

In bestimmten Fällen ist eine Zugabe von Kalk sinnvoll. Die für den Rottevorgang erwünschten Mikroorganismen entwickeln und vermehren sich dann optimal, wenn die Säurereaktion im neutralen Bereich liegt. Bei sehr erdhaltigem Kompostierungsmaterial ist dies so, sodass man Kalk in der Regel nicht zugeben muss. Anders ist dies bei hohen Anteilen an Grasschnitt und großen Mengen Laub. Hier ist eine Zugabe von Kalk (z. B. Algenkalk oder Kohlensaurem Kalk) sinnvoll. Eine Anwendungsmenge von etwa 1 bis 3 kg Kalk je m^3 Kompostmasse ist dabei ausreichend. Man gibt eher etwas mehr als zu wenig.

Stickstoff zugeben

Um die Stickstoffversorgung sicherzustellen eignen sich Blut-, Horn- und Knochenmehl oder daraus hergestellte Handelsdünger. Auf jede 20 bis 25 cm starke Abfallschicht streut man je m^2 etwa 150 g (dies entspricht etwa 2 bis 3 kg Dünger je m^3 Kompostmaterial) dieser Dünger. Mineralische Stickstoffdünger sind ebenfalls geeignet. Insbesondere Kalkstickstoff ist zu empfehlen. Kalkstickstoff tötet bei seiner Umsetzung keimende Unkrautsamen, wie auch verschiedene Bodenschädlinge und Krankheitserreger ab. Außerdem fördert der säureabstumpfende Kalkanteil den Kompostierungsvorgang. Beim ersten Ansetzen des Komposthaufens können auf jede 20 bis 25 cm starke Abfallschicht je m^2 150 g gestreut werden.

Gelegentlich wird empfohlen, dem Kompost auch Tonminerale beizugeben. Tonminerale sind Bestandteile jener wichtigen Ton-Humus-Komplexe, die erheblichen Einfluss auf die Bodenfruchtbarkeit bzw. den Garezustand des Bodens haben. Solche an Tonmineralien reiche Gesteinsmehle, sogenannte Bentonite (z. B. Edasil), sind nur dann erforderlich, wenn das Kompostmaterial ausschließlich aus Grünabfällen besteht. Wenn genügend lehmige Gartenerde mit den Pflanzenresten auf den Kompost gelangt, sind zusätzliche Tonmaterialien nicht notwendig.

▼ Riechprobe am Kompost: Fertiger Kompost riecht angenehm erdig. Während Rohkompost noch deutlich erkennbare, nur wenig zersetzte Pflanzenteile aufweist, hat Reifekompost ein erdiges Aussehen, die Rotte ist weitgehend abgeschlossen und die Strukturen des Ausgangsmaterials sind nicht mehr erkennbar.

Die Verwendung von Kompost im Garten

Was die Verwendung im Garten angeht, unterscheidet man im Allgemeinen zwischen Rohkompost – er wird auch als halbreifer Kompost, unreifer Kompost oder Frischkompost bezeichnet – und Fertigkompost – der wiederum auch als Reifekompost bezeichnet wird.

Wann ist Kompost fertig?

Einen brauchbaren Frischkompost mit 30 bis 50 % erdigen Bestandteilen erhält man bei optimalen Bedingungen nach etwa 12 Monaten. Reifekompost entsteht erst nach 2 bis 3 Jahren. Wann diese Rottezustände im Einzelnen tatsächlich erreicht werden, hängt insbesondere von den verwendeten Materialien ab. Bringt man nur krautige Pflanzenteile auf seinen Kompost, wird es schneller gehen, als wenn man überwiegend holzige Materialien aufschichtet. Nicht zuletzt hängt die Dauer der Rotte vom Zerkleinerungsgrad des Rottegutes ab.

Es gibt Empfehlungen, Kompost schon nach einer Lagerung von 2 bis 3 Monaten zu verwenden. Dies kann man sicherlich tun, doch sollte man dieses Material nicht als Kompost im eigentlichen Sinne bezeichnen. Dieses nur angerottete Material, bei dem noch sämtliche Strukturen der Pflanzen erkennbar sind, sollte als Mulchmaterial bezeichnet und als solches verwendet werden (siehe Seite 46).

Bei kohlenstoffreichem Material Stickstoff zugeben
Neben Kalk kann auch eine Zugabe von Stickstoff sinnvoll sein. Vor allem dann, wenn große Mengen kohlenstoffreicher Materialien auf den Kompost kommen. Dazu gehören u. a. Stroh, Strauch- und Baumschnitt, Rinde und Sägemehl, Stoffe also mit einem weiten Kohlenstoff-Stickstoff-Verhältnis. Die Mikroorganismen benötigen für die Umsetzung des Kohlenstoffs mehr Stickstoff als in den genannten Materialien vorhanden ist.

Auf der anderen Seite ist es für die Verwendung des Kompostes im Garten nicht erforderlich, eine Kompostmiete so lange liegen zu lassen, bis auch das letzte Holzstückchen vererdet ist. Wer allerdings seinen Kompost zur Herstellung von Blumenerden verwenden oder den Humusgehalt seiner Böden dauerhaft erhöhen will, der darf ihn erst nach drei Jahren verwenden. Hier muss die Rotte weitgehend abgeschlossen sein. Dieser Zustand ist dann erreicht, wenn die Strukturen des Ausgangsmaterials nicht mehr erkennbar sind.

Rohkompost

Rohkompost liefert fast ausschließlich Nährhumus. Die nicht verrotteten Bestandteile dieses Materials werden im Gartenboden weiter ab- oder umgebaut. Auf den Boden gebracht, regt Rohkompost die Tätigkeit der Bodenlebewesen an. Obstbäume, Ziergehölze – egal ob Laub- oder Nadelgehölze – reagieren auf eine Schicht Rohkompost auf der Baumscheibe ausgesprochen positiv. Auch alte Hecken aus Liguster, Lebensbaum, Weißbuche usw. mögen gerne etwas von diesem Rohkompost.
Es versteht sich von selbst, dass für Rasenflächen oder Blumenwiesen Rohkompost nicht geeignet ist. Die Gräser würden auf eine solche „Düngung“ mit Faulstellen reagieren.

TIPP für glückliche Pflanzen

Rosen und Boden deckende Pflanzen, wie z. B. das Dickmännchen (*Pachysandra*) oder das Immergrün (*Vinca*), sind Jahr für Jahr für einige Schaufeln Rohkompost dankbar. Man verteilt ihn breitwürfig auf der Fläche.

Fertigkompost

Fertigkompost ist eine sehr wertvolle Nährstoff- und Dauerhumusquelle, mit der das Bodenleben und die Bodenfruchtbarkeit gefördert wird. Fertigkompost kann aber auch zur Herstellung von Erden, z. B. für Balkon- und Topfpflanzen, verwendet werden.
Ersten Fertigkompost kann man schon nach etwa 15 Monaten gewinnen. Hierzu ist der Kompost durchzusieben, um Reifes von Halbverrottetem zu trennen. Sinnvoll ist das Aussieben aber nur dann, wenn etwa zwei Drittel des Rottegutes bereits erdige Struktur bekommen hat. Sind weniger Anteile ausgereift, dann lohnt sich das Aussieben nicht. Das Halbverrottete setzt man dem nächst jüngeren Komposthaufen zu, der damit gleich mit Rotteorganismen geimpft wird und dann besonders rasch reifen kann. Hat die Kompostmiete hingegen schon die rechte Reife, dann kann man das Material so wie es vorliegt verwenden.
Zur Bodenverbesserung sollte der Kompost im Winter oder zeitigen Frühjahr angewandt werden. Im Spätsommer oder Frühherbst sollte man ihn nicht verwenden; insbesondere bei hohen Niederschlägen kommt es sonst zu einer Auswaschung von Nährstoffen.

Kompost nur flach einarbeiten

Als lebendige Masse sollte reifer Kompost nur flach eingearbeitet, keinesfalls untergegraben werden. Am besten wird die Fläche mit einem „Sauzahn“ oder Grubber durchgezogen oder mit einem Rechen abgestrichen. Würde man die Komposterde „nackt“ liegen lassen, wären die für die Fruchtbarkeit verantwortlichen Bodenlebewesen den Temperaturgegensätzen zwischen Taghitze und nächtlicher Kälte, Wind, Trockenheit und Regen unmittelbar ausgesetzt. Diese Umstellung wäre für viele Kleinstlebewesen der sichere Tod.

Der Kompost als Nährstoffquelle

Je nach Ausgangsmaterial enthält Komposterde 2 bis 3 % Stickstoff, 2 bis 3 % Phosphor und 1 bis 3 % Kali. Kompost ist somit auch eine gute Nährstoffquelle, die bei der Düngung der Pflanzen zu berücksichtigen ist. In den wenigsten Fällen wird aber die Menge des eigenen Kompostes ausreichen, um den Nährstoffbedarf seiner Pflanzen im Garten zu decken. Wird viel Kompost im Garten verwendet, kann es allerdings zu einer Überversorgung mit einzelnen Nährstoffen (z.B. Phosphor) kommen. Regelmäßige Bodenuntersuchungen wirken dieser Gefahr entgegen (siehe hierzu auch Seite 53). Kompost, der überwiegend aus Laub besteht, hat eine schwach saure, Kompost aus Nadeln von Kiefer und Fichten eine stark saure Reaktion. Ohne zusätzliche Beigaben von Kalk eignen sich beide Komposte sehr gut zur Bodenverbesserung zwischen Rhododendren und anderen säureliebenden Moorbeetpflanzen.

Wieviel Kompost ist nötig?
Man kann natürlich nur so viel Kompost ausbringen wie anfällt. Wird im Jahr eine etwa 1 cm dicke Kompostschicht aufgebracht (1 – 2 kg bzw. 2 – 3 Liter / m^2), so wird eine gute Humusversorgung des Bodens erreicht. Steht nur wenig Kompost zur Verfügung, so sollten hauptsächlich Gemüsearten wie Gurken, Kürbis und Kohlgewächse sowie Tomaten mit ihm versorgt werden, da diese Arten eine Kompostdüngung am besten lohnen.

Gesunde Pflanzen

Ungetrübte Freuden sind bekanntlich selten. Dies gilt nicht nur für das Leben im Allgemeinen, sondern auch für unsere Gärten, denn die Pflanzen dort sind allerlei Anfeindungen von Schädlingen und Krankheiten ausgesetzt und können auch durch eine Vielzahl anderer Ursachen geschädigt werden. Ob und wieviel bewusst betriebener Pflanzenschutz erforderlich ist, und ob Pflanzenschutzmittel überhaupt angewandt werden, richtet sich insbesondere danach, wie wirtschaftlich die Nutzung sein soll. Im Garten muss man sich nicht nach Vermarktungsvorschriften richten wie in Landwirtschaft und Erwerbsgartenbau. Obst und Gemüse brauchen nicht makellos zu sein und auf Höchsterträge kann verzichtet werden. Aus dieser Sicht lässt sich im Garten leichter mit Krankheiten und Schädlingen leben als im Erwerbsanbau.

Ökologisches Gleichgewicht anstreben

In der ungestörten Natur stehen alle Lebewesen im ständigen Konkurrenzkampf untereinander. Es besteht ein ökologisches Gleichgewicht, das aber keine friedliche Idylle ist. Alle Teile dieses Systems sind an ihre Umwelt angepasst. Zu einem solchen Ökosystem gehören auch die von uns als Schädlinge bezeichneten Organismen. Viele von uns als Schädlinge bezeichneten Arten sind außerordentlich wichtige Glieder im Naturgeschehen. So befallen „Schadinsekten" auch Unkräuter und beteiligen sich am Abbau der Pflanzenmasse. Darüber hinaus dienen sie der Ernährung vieler anderer Lebewesen. Der Wunsch nach einer vollkommenen Vernichtung der Schädlinge ist daher nicht sinnvoll; auch ist sie im Allgemeinen kaum zu erreichen. Das heißt, Pilzkrankheiten, Blattläuse und andere Schädlinge gibt es auch dort, nur kann keiner von ihnen durch die vielseitigen Wechselwirkungen überhandnehmen. Dieses ökologische Gleichgewicht fehlt bei der durch den Menschen betriebenen Pflanzenkultur meist, sodass es trotz guter Kulturbedingungen immer wie-

▼ Mischkulturen und eine geregelte Fruchtfolge beugen einem Befall durch Schädlinge vor.

Bekämpfen nur wenn unbedingt nötig

Im Garten sollten aufeinander abgestimmte, miteinander verträgliche, umweltschonende Verfahren im Sinne des integrierten Pflanzenschutzes* im Vordergrund stehen, ohne auf optimale (nicht maximale) Erträge zu verzichten, Mensch und Tier zu gefährden und die natürliche Vielfalt des Lebensraums Garten zu mindern. Erst wenn keine anderen Bekämpfungsmaßnahmen möglich sind oder Erfolg versprechen, den Kulturen schwerer Schaden droht und der Schädling oder die Krankheit richtig erkannt ist, sollten gezielt Pflanzenschutzmittel eingesetzt werden.

* Laut Pflanzenschutzgesetz versteht man unter integriertem Pflanzenschutz „eine Kombination von Verfahren, bei denen unter vorrangiger Berücksichtigung biologischer, biotechnischer, pflanzenzüchterischer sowie anbau- und kulturtechnischer Maßnahmen, die Anwendung chemischer Pflanzenschutzmittel auf das notwendige Maß beschränkt wird".

der zu einem Befall von Krankheiten und Schädlingen kommen kann.
Hier soll nicht auf einzelne Krankheiten und Schädlinge eingegangen werden. Näheres dazu findet sich bei der Beschreibung der einzelnen Gattungen und Arten. Im Folgenden soll auf die verschiedenen Pflanzenschutzmaßnahmen, ihre Vor- und Nachteile, näher eingegangen werden.

Schädlings- und Krankheitsbefall vorbeugen

Pflanzen werden nicht nur dann krank, wenn Parasiten sie befallen. In vielen Fällen spielt auch der Zustand der Pflanze eine wesentliche Rolle. Die Pflanze muss sozusagen „empfänglich" sein. Verschiedene äußere Einflüsse, wie schlechte Ernährung, Überdüngung, Trockenheit, übermäßige Nässe, Verletzungen, anhaltender Lichtmangel usw., können diesen Zustand herbeiführen. Gerade solche Faktoren auszuschalten, welche die Krankheit oder Schädigung erst ermöglichen, ist als vorbeugende Maßnahme meist viel wichtiger, als die Bekämpfung selbst.
Pflanzenschutz darf daher nicht erst mit dem Auftreten der Schadorganismen beginnen. Neben der Witterung haben Boden und Nährstoffe, Fruchtfolgen und Anbautermine, Sortenwahl und Hygiene großen Einfluss auf den Gesundheitszustand der Pflanzen.

WICHTIG

Optimale Wachstumsbedingungen für die Pflanzen schaffen ist eine der wichtigsten Voraussetzungen für ihre Gesunderhaltung.

Witterung

Das Wetter beeinflusst sowohl die Pflanzenentwicklung als auch die Schadorganismen. Das bezieht sich nicht nur auf Spät- und Frühfröste, sondern auf den gesamten Temperaturverlauf, die Niederschlagsverteilung, die Luftbewegung und die Häufigkeit extremer Witterung, wie Hagelschlag und Gewitter.
Wärmeliebende Kulturen wie z. B. Gurken und Tomaten benötigen zum Wachsen vergleichsweise hohe Temperaturen. Dagegen sind Schwarzwurzeln, Lauch, Spinat, Feldsalat, Rosenkohl und Grünkohl nicht so anspruchsvoll und gedeihen auch bei niedrigen Temperaturen.
Wärme und Trockenheit begünstigen Spinnmilben, Blattläuse, Kohlmotten, Erdraupen und Erdflöhe in ihrer Entwicklung. Hohe Feuchtigkeit begünstigt u. a. das Auftreten von Schorf, Obstbaumkrebs, Kräuselkrankheiten, Falschen Mehltau, Kohlhernie, Blattfleckenkrankheiten, Kraut- und Knollenfäulen und die Brennfleckenkrankheiten.
Ausgesprochen feuchtigkeitsempfindlich sind die Falter des Kohlweißlings und junge Eulenraupen. Windempfindlich sind einerseits Buschbohnen, Gurken und Kürbisse, andererseits aber auch Kohlweißlinge, Gemüsefliege und die Kohldrehherzmücke.

▲ Überbauungen bei Tomaten können einem Krankheitsbefall vorbeugen.

Genügend Luft muss sein

Das Kleinklima im Gartenbeet wird auch durch Pflanzabstände und Saatstärken beeinflusst. Ein dichter Pflanzenbestand bedingt höhere Luftfeuchte bzw. geringere Luftbewegung und begünstigt somit besonders Pilzkrankheiten.

Boden und Nährstoffe

Ein biologisch aktiver, in Struktur, Nährstoff- und Wassergehalt ausgewogener Boden schafft die Voraussetzung für wüchsige und damit weniger anfällige Pflanzen. Gedüngt werden sollte weitestgehend auf der Grundlage von Bodenanalysen, und der Bodenpflege ist besondere Bedeutung beizumessen. Eine möglichst lange Bedeckung (z.B. durch Mulchen und den Anbau von Zwischenfrüchten) verbessert das Bodenleben in den oberen Schichten und damit die Bodenstruktur. Eine gute Humuswirtschaft sollte betrieben werden. Hier hilft vor allem ein gut gepflegter Komposthaufen. Allerdings können über den Kompost unter Umständen Krankheiten und Schädlinge in die Kulturen eingeschleppt bzw. verbreitet werden.

Beim Kompostieren vorbeugen
Ausläufertreibende Unkräuter wie Quecke und Ackerwinde sollten keineswegs auf den Kompost kommen. Auch Erde und Pflanzenmaterial mit überdauernden Schädlingen und Krankheiten wie Kohlgallenrüsser, Kohlfliege, Möhrenfliege und Kohlhernie gehören nicht auf den Kompost, sondern sollten verbrannt bzw. in den Hausmüll gegeben werden.

Bestimmte Schadursachen, die durch Nährstoffmangel hervorgerufen werden (z. B. die Eisenmangelchlorose bei Azaleen und Rhododendron), sind in der Regel nicht auf den Mangel des Nährstoffes im Boden zurückzuführen, sondern ihre Ursache liegt in einem zu hohen oder zu niedrigen Kalkgehalt (pH-Wert) des Boden begründet. Das Problem lässt sich lösen, indem man den pH-Wert bestimmt und dementsprechend düngt bzw. den Boden verbessert.

Fruchtfolge

Unter einer Fruchtfolge wird ein planvoller Wechsel der angebauten Kulturarten auf einer Fläche verstanden. Durch diesen Wechsel will man vermeiden, dass sich bestimmte Organismen ausbreiten. So können sich bei falscher Fruchtfolge vom Boden ausgehende Pflanzenkrankheiten (z. B. Kohlhernie) oder Schädlinge (z. B. Nematoden) im Boden anreichern und nachgebaute Pflanzen schädigen.
Deshalb sollten die selben Pflanzenarten nicht aufeinander folgen. Das gilt auch für andere Arten, die zur selben Pflanzenfamilie gehören. So sollte z. B. die Gründüngungspflanze Senf nicht auf Kopf- oder Blumen-Kohl folgen. Die Dauer der Anbaupause richtet sich nach der potenziellen Überlebensdauer des Schaderregers. Sie beträgt beispielsweise bei Kohlhernie etwa 6, bei Nematoden 3 bis 5 Jahre. Die Anbaupausen lassen sich bei einigen Schaderregern verkürzen oder umgehen durch den Anbau von sogenannten Feindpflanzen (z. B. *Tagetes* gegen Wurzelnematoden) oder Fangpflanzen. Bei Fangpflanzen, wie z. B. Spinat, sterben die Larven der Rübennematoden infolge der kurzen Kulturdauer der Wirtspflanze vor der Zystenbildung ab. Anbaupausen führen jedoch nur dann zum Ziel, wenn die Schaderreger nicht auf anfällige Unkräuter oder andere im Garten stehende Pflanzen ausweichen oder zuwandern können.
Nachbauschwierigkeiten bei unzureichendem Fruchtwechsel können auch durch toxisch wirkende Stoffwechselprodukte in Form von Wurzelausscheidungen oder Rückständen der Vorkultur entstehen. Man spricht hier auch von Unverträglichkeit und unterscheidet zwischen „selbstverträglichen" und „selbstunverträglichen" Pflanzenarten. So gelten als besonders „selbstunverträglich" Petersilie, Erbse und Möhre, als „selbstverträglich" Lauch und Sellerie.
So wie sich bestimmte Pflanzenarten gegenseitig fördern bzw. hemmen, so werden auch Schadorganismen durch den dichten Anbau ihrer Wirtspflanzenart (Monokultur) in ihrer Ausbreitung gefördert. Ebenso ist der Zuflug von Schädlingen oft um so größer, je einheitlicher und umfangreicher der Anbau ihrer Nahrungspflanzen ist. Diese Erfahrungen haben zur Anlage von Mischkulturen geführt. Etwa vermindert eine Mischpflanzung von Weiß-Kohl und Salat oder Bohnen den Schädlingsbefall. Bei einem gemisch-

▼ Petersilie ist in der Fruchtfolge nicht mit sich selbst verträglich. Das Würzkraut sollte frühestens nach 6 Jahren wieder an dieselbe Stelle kommen.
Oben: Fruchtfolge nicht eingehalten.
Unten: Fruchtfolge eingehalten.

Einfluss von Anbauterminen auf den Schädlingsbefall		
Kultur	**Schädling**	**Günstiger Anbautermin**
Kohl	Kleine Kohlfliege (1. Generation)	Anfang April oder Ende Mai
Radies	Kleine Kohlfliege (1. Generation)	Anfang April oder Ende Mai
Winterspinat	Rübenfliege	Ernte bis Mitte Mai
Möhre	Möhrenfliege	Aussaat ab Juli
Dicke Bohne	Schwarze Bohnenblattlaus	möglichst frühe Aussaat
Bohnen	Wurzelfliege	Aussaat erst bei genügend erwärmtem Boden, evtl. Ende Mai
Gurken	Wurzelfliege	Aussaat erst bei genügend erwärmtem Boden, evtl. Ende Mai

ten Anbau kann der Ertrag aber auch niedriger ausfallen, da eine geregelte Fruchtfolge nur schwer einzuhalten ist. Tritt trotz Mischkultur ein Schadorganismus auf, lässt er sich schwerer bekämpfen als in einer Monokultur.

Winterwirte für Schädlinge und Krankheiten

Nicht selten ist auch die Nachbarschaft bestimmter Pflanzen die Ursache für einen Schaderregerbefall. Einige Krankheiten und Schädlinge suchen in der kalten Jahreszeit sogenannte Winterwirte in der näheren Umgebung auf. So kommt die Salatwurzellaus nur in der Nähe von Pappeln vor. Die Grüne Pfirsichblattlaus, die sehr viele Kulturen befällt, kann in Gebieten mit Wintertemperaturen unter –12 °C neben Pfirsich nur an der spät blühenden Traubenkirsche und *Prunus davidiana* überwintern. Der Birnengitterrost ist an bestimmte Zierwacholder (besonders anfällig ist *Juniperus sabina*, der Sadebaum) und der Johannisbeer-Säulenrost an fünfnadelige Kiefern gebunden.

Anbautermine

Zu einem Schädlingsbefall kommt es nur, wenn Schadorganismus und Wirtspflanzen in einem bestimmten Entwicklungsstadium (das heißt Termin) zusammentreffen. Wird Kohl bereits Anfang April oder erst Ende Mai gepflanzt, so wird er von der Kohlfliege, deren erste Generation gewöhnlich Ende April bis Mitte Mai fliegt, kaum geschädigt. Spätere Aussaaten sind sicher vor der Möhrenfliege. In der Tabelle sind einige Gemüsearten aufgeführt, bei denen durch bestimmte Anbautermine der Schädlingsbefall vermindert werden kann.

Sortenwahl

Ein wichtiger Bestandteil des vorbeugenden Pflanzenschutzes ist auch die Sortenwahl. Durch eine entsprechende Sortenwahl kann man auf Boden- und Klimagegebenheiten und auf Anfälligkeiten gegenüber bestimmten Krankheiten reagieren. Darüber hinaus gibt es bei vielen Zier- und Nutzpflanzen gegen bestimmte Krankheiten resistente oder teilresistente Sorten. So sind schorfresistente Apfelsorten, mehltauresistente Stachelbeersorten und gegen Sternrußtau resistente Rosensorten im Handel. Seit kurzem gibt es sogar blattlausresistente Salatsorten und Rettiche, die gegen die Rettichschwärze resistent sind.
Die Anfälligkeit gegen bestimmte Krankheiten und Schädlinge kann aber von Region zu Region sehr verschieden sein. Dies ist durch unterschiedliche Klima- und Bodenverhältnisse sowie durch spezielle Erregertypen bedingt. Hier sollten die regionalen Erfahrungen ausschlaggebend für die Auswahl der Sorten sein. Informationen hierüber können für Gemüse der Beschreibenden Sortenliste des Bundessortenamtes (www.bundessortenamt.de) entnommen werden. Es gibt aber auch in allen Regionen Deutschlands staatliche Stellen (je nach Bundesland Landwirtschaftskammern oder Landesanstalten für Pflanzenschutz), die für solche Beratungen zur Verfügung stehen.

Hygiene

Vor dem Kauf sollte man Pflanzen genau auf Schädlinge und Krankheiten hin kontrollieren, damit man diese Lästlinge nicht unbeabsichtigt in die Pflanzenbestände einschleppt. Es kann auch hilfreich sein,

„Neuankömmlinge" für eine gewisse Zeit „unter Quarantäne" zu stellen.
Kranke oder von Schädlingen befallene Pflanzen oder Pflanzenteile sollten sofort beseitigt werden, damit sich die Schadorganismen nicht ausbreiten. Durch Schnittwerkzeuge können eine Reihe von Krankheiten übertragen werden, so der Obstbaumkrebs und Feuerbrand. Deshalb sollte man Gartenscheren, Messer und Sägen desinfizieren.

Pflanzen physikalisch und mechanisch schützen

Mechanische bzw. physikalische Verfahren gelten zwar als „altmodisch", sie sind aber umweltfreundlich und schonen Nützlinge.

Absammeln, Abschneiden, Abfangen

Das Absammeln der Schädlinge empfiehlt sich bei Raupen, Käfern und Schnecken. Bei kleineren Schädlingen bringt das Abspritzen mit eine scharfen Wasserstrahl, bei Bäumen das Abkratzen oder Abbürsten der Stämme mit der Drahtbürste bei der Blutlausbekämpfung einen gewissen Erfolg. Auch das Abschneiden befallener Pflanzenteile, bevor die Krankheit auf die noch gesunden Pflanzenteile übergreifen kann, gehört zu den mechanischen Pflanzenschutzmaßnahmen. So das Abschneiden von „Mehltau-Spitzen" (weiß bepuderte Triebspitzen) an Apfelbäumen oder das Wegschneiden von mit *Monilia* befallenen Zweigen an Kirschen. Das Aufsammeln von mit dem Apfelwickler, der Pflaumensägewespe oder dem Pflaumenwickler befallenen Früchte gehört auch hierzu.
Ein weiteres Verfahren, um Schädlinge im Obstgarten mechanisch zu fangen, sind Leimringe, die im Herbst gegen die Frostspanner um die Obstbaumstämme gelegt werden, um den Weg der Insekten vom Boden auf die Äste zu unterbrechen. Gleichzeitig wird damit verhindert, dass Ameisen an den Stämmen hochkrabbeln und Blattlausfeinde vertreiben. Eine andere Möglichkeit ist das Anlegen von Wellpapperingen um den Stamm von Apfelbäumen, die gern als Versteck von Raupen des Apfelwicklers angenommen werden und dann beseitigt werden können.

Netze und Drahtgeflechte

Schädlinge können auch durch Netze ferngehalten werden. Altbekannt ist dieses Verfahren zur Abwehr von Vögeln im Obstanbau. Engmaschige Netze oder Vliese haben sich in den letzten Jahren bewährt, um verschiedene Gemüseschädlinge wie

▼ Mit Leimringen, die fest um den Stamm der Obstbäume gebunden werden, lassen sich die ungeflügelten Weibchen des Frostspanners abfangen.

◀ Gegen Schnecken sind Schneckenzäune sehr wirksam. Diese „Zäune" aus Blech, Gitterdraht oder Kunststoffelementen müssen eine nach unten abgewinkelte Kante aufweisen. Die Schnecken können solche Hindernisse nicht überwinden. Da das Anbringen sehr aufwändig ist, kommen solche Schneckenzäune in der Regel nur für Anzucht- und Gemüsebeete in Frage.

Kohlfliege, Möhrenfliege, Zwiebelfliege und Lauchmotte abzuhalten (Näheres hierzu siehe Seite 403).
Gegen Wühlmäuse können junge Obstbäume und Blumenzwiebeln geschützt werden, indem man das Pflanzloch mit Drahtgeflecht (16 mm Maschenweite) auskleidet. Bei Bäumen ist allerdings das Wurzelwachstum zu berücksichtigen.
Zu den physikalischen Bekämpfungsverfahren sind auch die vibrations- und schallerzeugenden Geräte zu rechnen. Schallquellen zur Vogelabwehr haben im Hausgarten wegen des Lärms keine Bedeutung. Die zum Teil hochgepriesenen, für den Menschen nicht wahrnehmbaren Schallquellen zur Wühlmausvertreibung sind nach eigenen Erfahrungen praktisch unwirksam.
Reflektierende Stanniolstreifen werden gegen Vögel in Obstbäumen eingesetzt.

Absaugen
Eine interessante Methode ist das Absaugen tierischer Schädlinge von den Pflanzen. Besonders geeignet sind hierzu Staubsauger, bei denen die Saugluft stufenlos eingestellt werden kann.

▲ Weiße Fliegen werden von Gelb angelockt und Blau lockt Blütenthripse an. Deshalb hängt man so gefärbte Leimtafeln im Gewächshaus auf.

Biotechnische Verfahren

Neben den rein physikalischen Verfahren und dem Einsatz von Nutzorganismen können auch natürliche, chemische und physikalische Reize, die in der Entwicklung der Schädlinge, bei ihrer Nahrungssuche, ihrer Partnerwahl oder bei anderen Prozessen eine Rolle spielen, zur Schädlingsbekämpfung genutzt werden.

Farbtafeln
Hierbei hat sich das Anlocken von Schädlingen mit Farbtafeln sehr bewährt. So können mit Hilfe von gelben Leimtafeln (Gelbtafeln) verschiedene Blattlausarten bekämpft werden. Im Gewächshaus werden solche Gelbtafeln zur Bekämpfung der Weißen Fliege eingesetzt. Häufiges Bewegen der Pflanzen sorgt dafür, dass die erwachsenen Tiere auffliegen und die Falle ansteuern. Blaue Leimtafeln locken dagegen Blütenthripse an. Auch auf Trauermücken haben Blautafeln (oder auch Gelbtafeln) eine gewisse Wirkung. Zur Bekämpfung der Kirschfruchtfliege haben sich im Handel erhältliche gelbe, für die Prognose und Bekämpfung von Sägewespen weiße Leimtafeln bewährt.
Lichtfanggeräte locken Fluginsekten mit UV-reichem Licht an ihre elektrische geladenen Gitter, wo diese dann direkt verglühen. Bis zu einem gewissen Grad lassen sich damit auch Weiße Fliegen und Trauermücken bekämpfen.

Lockstoffe und Köder
Die Lockwirkung bestimmter Substanzen wird z. B. bei der Bierfalle für Schnecken praktisch angewendet. Bei der Mischkultur macht man indirekt von den abschreckenden und befallshemmenden Eigenschaften bestimmter Pflanzen Gebrauch. Im Obstbau haben sich Pheromon-Fallen bewährt, die mit dem weiblichen Sexuallockstoff bestimmter Schädlinge (Sexualpheromon) beködert werden. Im Handel sind Fallen für Apfelwickler, Pflaumenwickler und Fruchtschalenwickler, mit denen jeweils die männlichen Falter angelockt und gefangen werden können. Chemische Reize können auch in Form von Abschreckstoffen (Repellents) eingesetzt werden. Sie dienen z.B. der Vergrämung von Wild.

Biologische Schädlingsbekämpfung

Die biologische Bekämpfung, die sich auf natürliche Feinde oder Widersacher der Schädlinge stützt, findet seit einigen Jahren immer größeres Interesse. Im Gartenfachhandel gibt es in der Zwischenzeit eine Reihe von Nützlingsarten zu kaufen,

▲ Besonders im Kleingewächshaus können gezielt Nützlinge eingesetzt werden.

die gezielt gegen Schädlinge eingesetzt werden können.
So wurden zur Bekämpfung der San-José-Schildlaus und der Blutlaus zwei Schlupfwespenarten eingebürgert. Zur biologischen Bekämpfung von Apfel-, Fruchtschalen- und Pflaumenwickler sind verschiedene Trichogramma-Schlupfwespen im Handel erhältlich.
Im Gewächshaus wird die Raubmilbe zur Bekämpfung der Spinnmilbe eingesetzt; die Schlupfwespe, auch Erzwespe oder Zehrwespe genannt, zur Bekämpfung der Weißen Fliege; die Florfliege (Goldauge) und die räuberische Gallmücke zur Blattlausbekämpfung. Darüber hinaus steht eine spezielle Marienkäferart zur Bekämpfung von Woll- und Schmierläusen im Gewächshaus und Wohnbereich sowie verschiedene Raubwanzenarten zur Bekämpfung von Thripsen und Blattläusen zur Verfügung.
Zur Bekämpfung von versteckt bzw. im Boden lebenden Larven des Dickmaulrüsslers sowie gegen Trauermückenlarven im Gewächshaus oder Freiland können nützliche Nematoden eingesetzt werden.
Schmetterlingsraupen können mit den amtlich geprüften und zugelassenen *Bacillus-thuringiensis*-Präparaten bekämpft werden. Die Raupen sollten dazu noch klein sein, und die Temperaturen sollten zumindest zeitweise 15 °C betragen. Das Mittel muss so angewendet werden, dass es von den Raupen beim Fressen aufgenommen wird. Nach etwa einem Tag hören die Tiere auf zu fressen und sterben nach 4 bis 7 Tagen. Gegen Eulenraupen ist die Wirkung schwach, gegen versteckt fressende Raupen (Apfelwickler, Schalenwickler, Pflaumenwickler) unzureichend. Gegen die Larven von Stechmücken und Kartoffelkäfern wirken jeweils andere im Handel erhältliche Unterarten des Bakteriums *Bacillus thuringiensis*.
Sehr spezifisch wirkende Apfelwickler-Granuloseviren stehen zur Reduzierung des Apfelwicklers zur Verfügung. Dickmaulrüssler und Wurzelspinner können mit dem Pilz *Metarhizium anisopliae* bekämpft werden, der vorbeugend in den Boden eingearbeitet oder der Topferde beigemischt wird.
Pilzliche Erreger, Bakterien und Viren können bisher noch nicht mit biologischen Verfahren bekämpft werden. Verfahren zur Bekämpfung bodenbürtiger Pilze mit Hilfe eines Bakteriums sind zwar in der Entwicklung, aber noch nicht praxisreif bzw. zugelassen. Eine Vorbeugung gegen Pilzinfektionen ist nur durch optimale Wachstumsbedingungen und zusätzlich eventuell durch prophylaktische Behandlung mit Stärkungsmitteln möglich.
Sollen Nützlinge zur Schädlingsbekämpfung eingesetzt werden, so müssen die Nebenwirkungen von chemischen Behandlungen auf den Biologischen Pflanzenschutz beachtet werden. So dürfen z. B. mindestens sechs Wochen lang vor und während des Nützlingseinsatzes keine synthetischen oder auch natürlichen Pyrethroide eingesetzt werden.

Natürliche Insektizide

Kräuterzubereitungen und Pflanzenstärkungsmittel

Im biologischen Anbau spielt die Anwendung von Kräuterzubereitungen unterschiedlichster Form eine große Rolle. Sie werden wegen der Düngewirkung, wegen ihrer günstigen Wirkung auf die Widerstandskraft der Pflanzen oder auch zur direkten Bekämpfung von Schädlingen und Krankheiten empfohlen.
Biogärtner haben die Wahl zwischen Tees, Brühen, Jauchen und Auszügen (Extrakte).

▼ Die Brennnesselbrühe ist als schnell wirkender Dünger im Biogarten sehr begehrt. Sie wird 1 : 10 bis 1 : 20 verdünnt und in den Wurzelbereich der Pflanzen gegossen.

Jauchen, Tees, Brühen und Auszüge gegen verschiedene Schadorganismen	
Brennnessel	Jauche zur Düngung und Stärkung
Rainfarn	Tee, Brühe gegen Mehltau, Rost und Milben
Wurm- und Adlerfarn	Jauche, Brühe gegen Blattläuse
Schachtelhalm	Jauche, Brühe gegen Mehltau, Rost, Schorf
Knoblauch und Zwiebel	Jauche gegen Pilzkrankheiten
Tomaten	Auszug gegen Kohlweißlinge
Sacchalin-Staudenknöterich	Auszug vorbeugend gegen Echte Mehltaupilze

Nützlinge in der Natur fördern
Bisher stehen erst wenige Nützlinge für die Bekämpfung von Schädlingen im Garten zur Verfügung. Umso wichtiger ist es, die in der Natur vorkommenden Nützlinge zu fördern, indem man ihre Lebensbedingungen verbessert und sie fördert. Hier liegt für den Hobbygärtner das Schwergewicht der biologischen Verfahren zur Schädlingsbekämpfung (siehe auch Seite 73ff. „Nützlinge im Garten fördern“).

Blattunterseiten behandeln
Damit die pflanzlichen Auszüge und Tees Erfolg haben, ist es wichtig, dass die Schädlinge bzw. Pilzrasen direkt getroffen werden. Um z. B. Spinnmilben zu erwischen, müssen die Blattunterseiten gründlich eingesprüht werden, was häufig nicht ganz einfach ist.

Tees werden durch Einweichen frischer oder getrockneter Kräuter in heißem Wasser hergestellt. Brühen werden ebenso angesetzt und nach etwa 24 Stunden auf kleinem Feuer 20 Minuten lang gekocht, dann zugedeckt zum Abkühlen abgestellt. Zur Herstellung vergorener Jauchen werden grüne Pflanzenteile in ein Holz- oder Plastikgefäß gefüllt und soviel Wasser – möglichst Regenwasser – darüber gegossen, dass sie bedeckt sind. Täglich muss mindestens einmal durchgerührt werden, damit Sauerstoff hineinkommt. Nach ein bis zwei Wochen, je nach Temperatur, ist die Jauche vergoren. Sie schäumt dann nicht mehr. In der Regel wird Brennnesseljauche im Verhältnis 1:10 mit Wasser verdünnt und auf den Boden in den Wurzelbereich der Pflanzen gegossen.

Nur einige dieser und ähnlicher Rezepturen sind auf ihre Wirksamkeit hin untersucht worden. Doch weiß man, dass viele der benutzten Pflanzen Insekten abweisen oder giftige Stoffe enthalten. Sie sind Ursache dafür, dass Schädlinge und Krankheitserreger aus der Fülle der Pflanzenarten nur jeweils wenige befallen. Deshalb versprechen vor allem Pflanzenauszüge aus auffällig gering anfälligen Pflanzenarten Erfolge bei der Schädlingsbekämpfung.

Auch die Pflanzenschutzmittelindustrie hat auf den Trend zu biologischen Pflanzenschutzmaßnahmen reagiert und bietet eine Reihe sogenannter natürlicher Pflanzenschutzmittel an, die oft etwas vereinfacht als „biologisch“ bezeichnet werden. Die Basis solcher Präparate sind u. a. ätherische Öle aus Eukalyptus, Kiefernnadeln, Pfeffer-Minze, Thymian, Rosmarin, Melisse und Salbei. Sie enthalten wachstumsstimulierende Wirkstoffe, die die Pflanze aufbauen und bei regelmäßiger Anwendung Krankheiten und auch einem Befall durch Schädlinge vorbeugen. Mit dem Extrakt aus dem Sacchalin-Staudenknöterich, das unter dem Handelsnamen „Milsana“ verkauft wird, kann man den Echten Mehltau unter einer gewissen Schadensschwelle halten. Dies gilt auch für diverse Lecithin-Präparate.

Natürliche Fettsäuren (z. B. „Neudosan“), Paraffin- oder Rapsöl werden unter anderem zur Bekämpfung von Spinn- und Weichhautmilben, Blatt- und Schildläusen eingesetzt. Auch Blattglanzmittel haben aufgrund ihrer öligen Bestandteile (Paraffin- oder Silikonöle) eine gewisse Wirkung gegen Insekten.

Weitere gegen Insekten wirksame natürliche Insektizide sind unter anderem im Bitterholz (*Quassia*), in tropischen Leguminosen (*Derris, Rotenon*) und in den Samen des Neem-Baumes (*Azadirachta indica*) enthalten. Der Vorteil dieser natürlichen Insektizide liegt in ihrem raschen Abbau. Doch sollten auch Naturstoffe nur sparsam und gezielt im Pflanzenschutz eingesetzt werden, da sie ebenfalls Nützlinge schädigen können und zum Teil bienengefährlich und fischgiftig sind.

Chemischer Pflanzenschutz

Die Anwendung von chemischen Pflanzenschutzmitteln ist außerordentlich problematisch und erfordert eine hohe Verantwortung des Anwenders, denn chemische Mittel sind nicht ungefährlich. Viele dieser Mittel wirken nicht spezifisch auf den zu bekämpfenden Organismus, sondern können bei unsachgemäßem Einsatz auch die Gesundheit oder sogar das Leben des Menschen gefährden. Darüber hinaus besteht immer ein gewisses Risiko, dass Rückstände des Pflanzenschutzmittels auf und in der Pflanze bleiben. Im Hausgarten

Wichtiger Hinweis zum Einsatz chemischer Pflanzenschutzmittel
Immer mehr Gartenbesitzer verzichten freiwillig auf chemische Pflanzenschutzmittel. In den einzelnen Bundesländern gibt es eine Tendenz, derartige Präparate im häuslichen Grün generell zu verbieten und nur solche Produkte zuzulassen, die nützlingsschonend und für Menschen wie Haustiere ungefährlich sind. So ist in Baden-Württemberg im Garten nur der Einsatz derjenigen Pflanzenschutzmittel erlaubt, die auf einer amtlichen Positivliste verzeichnet sind.

Beim Einsatz von Pflanzenschutzmitteln bitte beachten

- Pflanzenschutzmittel dürfen nur von sachkundigem Personal verkauft werden, das dem Kunden für eine fachliche Beratung zur Verfügung steht. Daher ist beim Kauf das Beratungsangebot zu nutzen; in schwierigen Fällen erhält man Auskunft und Rat bei den Pflanzenschutzämtern.
- Beim Einkauf stets Mittel bevorzugen, die nicht mit Gefahrensymbolen gekennzeichnet, also nicht als „giftig" usw. eingestuft sind.
- Am besten selektive Mittel verwenden, die gezielt gegen den Schadorganismus wirken.
- Nach Möglichkeit nicht bienengefährliche Mittel (Kennzeichnung B4) anwenden. Bienengefährliche Mittel (B1) dürfen nicht auf blühende Pflanzen – auch nicht auf blühende Unkräuter – gespritzt werden.
- Mittel verwenden, die für bestimmte Nützlinge wenig schädlich sind – beim Kauf den Fachberater danach fragen.
- Möglichst keine Mittel mit Wasserschutzgebietsauflagen auswählen.
- Schon beim Einkauf daran denken, wieviel Mittel gebraucht wird, das heißt in der Regel Kleinpackungen kaufen, die für den Haus- und Kleingarten vorgesehen sind. Es ist besser, weniger zu kaufen, als angebrochene Packungen lange stehen zu lassen.
- Pflanzenschutzmittel in Originalbehältern aufbewahren; nie in andere Behälter umfüllen; nie mit Lebens- und Futtermitteln zusammen aufbewahren.
- Pflanzenschutzmittel müssen kindersicher unter Verschluss aufbewahrt werden, am besten in einem Giftschrank.
- Vor dem Ansetzen der Spritzflüssigkeit die Gebrauchsanleitungen für Mittel und Spritzgerät aufmerksam lesen.
- Nie Ess-, Futter- oder Küchengeräte zum Ansetzen der Spritzflüssigkeit benutzen.
- Nie mehr Spritzflüssigkeit ansetzen, als unbedingt benötigt wird. Den Mittelbedarf genau berechnen, Messgeräte benutzen.
- Beim Ansetzen der Spritzflüssigkeit und bei der Anwendung Körperschutz – wie Schutzhandschuhe, -bekleidung, Atemschutz – entsprechend der Gebrauchsanleitung tragen. Schutzhandschuhe sollten grundsätzlich getragen werden, insbesondere unverdünnte Präparate sind besonders gefährlich.
- Grundsätzlich gilt: beim Umgang mit Pflanzenschutzmitteln nicht rauchen, essen oder trinken.
- Zum Ausbringen der Mittel kühle (nicht über 25 °C) und windstille Tageszeiten nutzen. Abdrift vermeiden.
- Bereits bei leichtem Unwohlsein sofort mit der Arbeit aufhören und einen Arzt aufsuchen. Ihm die Mittelpackung und Gebrauchsanleitung vorlegen.
- Das leer gespritzte Gerät ist nach jedem Gebrauch sehr gründlich zu reinigen. Reinigungswasser auf bei der Behandlung ausgesparte Pflanzen spritzen, auf keinen Fall in Gewässer, Gräben, Dränage oder Kanalisation leiten (verboten) und auch nicht auf den Kompost geben.
- Alle Körperteile, die nicht von Arbeits- oder Schutzkleidung bedeckt waren, gründlich mit viel Wasser und Seife abwaschen. Schutzkleidung ebenfalls reinigen.
- Leere Präparate-Packungen und Behälter müssen gründlich gereinigt (ausgespült) und unbrauchbar gemacht werden. Danach können sie dem Hausmüll beigegeben werden. Auf keinen Fall für andere Zwecke nutzen. Selbst kleine Reste von Pflanzenschutzmitteln nicht einfach fortwerfen, sondern den kommunalen Sondermüllaktionen zuführen.
- Im Gemüse- und Obstgarten ist es wichtig, die Wartezeit (Karenzzeit) bis zur Ernte zu beachten.
- Pflanzen, die ständig von Blattläusen oder anderen Schädlingen befallen werden und deshalb möglicherweise mehrmals im Jahr behandelt werden müssen, sollten gegen andere widerstandsfähige Arten und Sorten ausgetauscht werden.

---

mit sehr vielen Kulturen neben- und untereinander lässt sich außerdem eine Abdrift der Pflanzenschutzmittel auf Nachbarkulturen kaum vermeiden. Und die Einhaltung der vorgeschriebenen Wartezeit zwischen der letzten Anwendung und der Ernte ist sehr erschwert. Insbesondere die Abdrift auf benachbarte Kulturen ist ein Problem, welches nicht zu unterschätzen ist. So z. B. wenn an einem Zaun von Mehltau überzogene Rosen stehen und nur einige Handbreit dahinter erntefähiges Gemüse des Gartennachbars. Deshalb sollten chemische Pflanzenschutzmittel zur Bekämpfung von tierischen und pilzlichen Schädlingen nur dann angewendet werden, wenn keine andere Möglichkeit der Abwehr besteht.

Auf chemische Unkrautvertilgungsmittel sollte im Garten grundsätzlich verzichtet werden. In einigen Bundesländern ist ihre Anwendung generell untersagt.

Nützlinge im Garten fördern

Auch ein Schädling hat natürliche Feinde, die ihm zum Verhängnis werden können. Eine natürliche Feindschaft, die man sich zunutze machen kann. So vertilgt ein Ohrwurm bis zu 100 Blattläuse pro Nacht, die Larve der Florfliege bis zu 500 Stück während ihrer Entwicklungszeit. Und ein ausgewachsener Marienkäfer muss bis zu 60 Blattläuse täglich vertilgen, um seinen Heißhunger zu stillen. Und dann die Vögel. Es ist unglaublich, wie viele Tausende Schadinsekten ein kleines Vögelchen im Laufe eines Jahres vernichtet. Jeder Gartenfreund, der schon einmal eine Kohlmeise bei der Futtersuche oder bei der Fütterung der Jungvögel beobachtet hat, wird dies bestätigen. Aber es ist nicht nur die Kohlmeise, die uns im Garten nützlich ist, Blaumeise, Rotkehlchen, Hausrotschwanz, Gartenrotschwanz, Fliegenschnäpper-Arten, Schwalben und selbst Sperlinge brauchen zumindest zur Jungenaufzucht Insektenfutter.

Vogelschutz im Hausgarten

Die Vogelwelt in all ihrer Vielfalt ist ein ganz wichtiger Teil der Nutzorganismen in unseren Gärten. Unsere Singvögel, Nachtigallen, Stieglitze und Finken, aber auch Spechte, Meisen, Bachstelzen, Rotschwänzchen und Stare bilden eine eifrige „Gartenpolizei", die weit wirkungsvoller als die Anwendung chemischer Pflanzenschutzmittel sein kann. Schon deshalb ist es lohnend, die Vögel in unserem Garten zu schützen und zu hegen und ihnen die Möglichkeit zu geben, dass sie im Garten auch nisten können. Dazu müssen wir ihnen entsprechende Wohnmöglichkeiten schaffen und damit die natürlichen Brutstätten, die durch Bebauung und intensive Kultur verloren gegangen sind, zu ersetzen suchen.

Nicht verschwiegen werden soll, dass man im Garten einige Vogelarten nicht so gerne sieht. Dazu gehören Amseln, Spatzen und Stare, die manchmal in großen Scharen in den Garten einfallen. Sie zerwühlen Saatbeete, scharren kleine Pflanzen aus dem Boden, fressen Samen und große Mengen Obst. Dagegen muss sich auch ein Naturfreund schützen. Netze, Folien und blinkende Alustreifen halten diese Vögel fern, ohne ihnen zu schaden.

Bei der Schaffung von Nisthilfen als Ersatzquartiere für unsere Vogelwelt sind grundsätzlich drei Dinge zu beachten:

1. Nisthilfen sind nur dann sinnvoll, wenn die nistende Vogelart in der Umgebung auch die ihr gemäße Nahrung vorfindet.
2. Nisthilfen müssen passend sein: ein Höhlenbrüter benötigt eine andere Nisthilfe als ein Heckenbrüter.
3. Nisthilfen so aufhängen, dass natürliche Feinde der Vögel keinen Zugriff haben. Insbesondere die Katzen sind wohl die schlimmsten Feinde unserer gefiederten Freunde.

Nisthilfen für Höhlen- und Halbhöhlenbrüter

Will man nicht nur eine Vogelart bevorzugen, benötigt man für Höhlenbrüter Nistkästen mit unterschiedliche Einfluglöchern:

- 26 mm für Blaumeise und Sumpfmeise,
- 32 mm für Kohlmeise, Kleiber, Trauerschnäpper und Feldsperling,
- 32 mm × 50 mm für Gartenrotschwanz.

TIPP gegen Raubkatzen

Zur Katzensicherung empfiehlt es sich, in halber Höhe um den Stamm Hindernisse aus Stacheldraht, Dornenzweigen oder eine Blechmanschette anzubringen. Im Handel sind hierfür sogenannte Katzenabwehrgürtel für verschiedene Baumumfänge erhältlich.

Halbhöhlen benötigt man für die Ansiedlung von Hausrotschwanz, Grauschnäpper, Bachstelze und gelegentlich auch für Rotkehlchen und Zaunkönig.

Die Nisthilfen sind in 2 bis 4 m Höhe so aufzuhängen, dass ihre Öffnungen nach Südosten oder Osten zeigen (der Wetterseite also entgegengesetzt) und sich die Kästen leicht nach vorne neigen. Damit können Katze, Marder und auch Eichhörnchen und größere Vögel nicht mit Pfote oder Schnabel hineinlangen.

Im Herbst sind die Nistkästen gründlich zu reinigen. Altes Nistmaterial kann auf den Kompost gegeben werden. Haben Wespen

oder Hornissen den Nistkasten als Sommerquartier ausgewählt, sind die Wabenbaue erst im zeitigen Frühjahr, wenn die Gäste „ausgezogen" sind, zu reinigen. In der Regel genügt das Auskratzen. Wer es etwas gründlicher machen will, verwendet zum Desinfizieren kochendes Wasser. Niemals dürfen irgendwelche Chemikalien verwendet werden.

Heckenbrüter

Der Vogelschutz im Garten sollte sich nicht im Aufhängen von Nistkästen erschöpfen.

TIPP für Mauern zum Wohnen

Niststeine können in jede Mauer eingebaut werden. Die sechs bis acht Kilogramm schweren Steine bestehen aus Holzbeton und sind für Höhlen- und Halbhöhlenbrüter im Handel erhältlich.

▲ Die Nisthilfen sind so aufzuhängen, dass natürliche Feinde der Vögel keinen Zugriff haben.

► Halbhöhle.

► Meisenkasten.

Genau so wichtig ist es, den offen brütenden Vogelarten zu helfen, die in Hecken und Gebüschen ihre oft kunstvollen Nester bauen.
Vogelarten, die ihre Nester in Hecken und Sträuchern, Bäumen und gelegentlich auch in Stauden anlegen, sind Singdrossel, Hänfling, Zaunkönig, Buchfink, Rotkehlchen, Mönchsgrasmücke, Heckenbraunelle, Grünling und Dompfaff. All diesen Heckenbrüter ist am besten mit dichtem, stark verzweigtem Gebüsch und Hecken geholfen. Der Dompfaff bevorzugt als Nistplatz Nadelgehölze.

Trinkplätze für Vögel

Zum Vogelschutz im Garten gehört auch eine Vogeltränke oder ein Vogelbad. Vögel kommen wie wir Menschen nicht ohne frisches Wasser aus. Im Siedlungsbereich fehlt aber das lebensnotwendige Wasser oft. Um den Vögeln überhaupt die Möglichkeit des Überlebens im Garten zu geben und um sie an sich zu gewöhnen, sind im Sommer Trinkplätze und im Winter Futterplätze zu errichten.
Besteht im Garten ein künstlich angelegter Teich mit flachen Ufern, ist damit eigentlich auch schon alles Notwendige für die Vögel getan. Ansonsten muss man sich eine Vogeltränke selbst bauen oder im Handel erhältliche Tränken verwenden.
Als Vogeltränke genügt ein Sandsteinbrocken, in den eine Vertiefung mit dem Meisel eingehauen wird. 30 cm Durchmes-

Beerentragende Gehölze pflanzen

Wichtiger als der Futterplatz ist die Pflanzung von Vogelnährgehölzen, denn sie bieten eine naturgemäße Nahrungsquelle. Geeignet sind hierfür Eberesche, Weißdorn, Rotdorn, Schneeball, Feuerdorn, Heckenrose, Mahonie, Holunder, reich fruchtende *Cotoneaster*-Arten, Heckenkirschen und Mispel, um nur eine Auswahl zu nennen. Auch Samenstände verblühter Stauden bieten den Vögeln Futter. Daher sollten Stauden erst im Frühjahr zurückgeschnitten werden.

Füttern nur bei geschlossener Schneedecke
Die Vögel müssen in unseren Breiten bei normaler Witterung nicht gefüttert werden. Nicht selten wird mit unsachgemäßen Futterstellen mehr Schaden angerichtet, als die ganze Fütterei Wert ist. Nur bei geschlossener Schneedecke und länger anhaltendem Frost ist die Fütterung berechtigt und sinnvoll. Auf keinen Fall darf man damit zu früh anfangen oder zu lange ins Frühjahr hinein füttern.

ser und 10 cm Tiefe mit flach ansteigende Rändern sollte die Tränke haben, um auch als Bad für die gefiederten Gäste dienen zu können. Der Futterplatz muss so angelegt sein, dass auch bei starkem Wind weder Regen noch Schnee auf das Futter geweht werden können, denn nasses Futter verdirbt und ist auch Nährboden für ansteckende Vogelkrankrankheiten.
Vogelbäder und -tränken müssen so angelegt sein, dass die Vögel freien Blick haben und nicht von Katzen überrascht werden können. Geeignet sind freie Stellen mit einem Busch oder Baum in der Nähe, in den der Vogel bei Gefahr flüchten kann.

Kleine Säugetiere als Gartenbewohner

Igel
Ein wichtiger Insektenjäger ist der Igel, der nach der Bundesartenschutzverordnung unter besonderem Schutz steht. Er ernährt sich von Insekten aller Art und deren Larven, aber auch von Schnecken und verschmäht auch Obst nicht. Sobald genügend dichtes Unterholz oder Laub und Strauchhaufen sowie ausreichend Nahrung vorhanden sind, stellen sich Igel ein. Die Ansiedlung kann man fördern, indem man zwischen seinen Sträuchern einen Haufen aus Reisig und Laub mit einem trockenen Mittelpunkt schafft. Dieser dient den Igeln als Wohnung, Überwinterungsort oder auch nur zum kurzzeitigen Aufenthalt.

TIPP für Igelwege

Der Igel benötigt ein ausreichend großes Lebens- und Jagdrevier, deshalb sollten Besitzer kleiner Gärten mit den Nachbarn reden, damit ein Durchschlupf in den Zäunen geschaffen wird.

Maulwürfe
Obwohl ein Maulwurf im Garten ein nicht unbedingt gern gesehener Gast ist, ist er ein ausgesprochener Nützling. Er frisst Würmer, Insekten, Larven, Puppen, Engerlinge, Nacktschnecken und räumt sogar Nester der schädlichen Wühlmäuse aus. Maulwürfe müssen täglich soviel Nahrung zu sich nehmen, wie sie selber wiegen. Als Erdbewohner gräbt sich der Maulwurf ein ausgedehntes Gangsystem, das er ständig durchforstet, um nach Nahrung zu suchen. Seine Nahrungsgänge erkennt man daran, dass alles hineinragende Wurzelwerk der Pflanzen unbeschädigt bleibt. Das ist ein sicherer Hinweis darauf, dass hier nicht die Wühlmaus aktiv ist, denn diese nagt in ihren Gängen die Wurzeln restlos ab.

Spitzmäuse
Spitzmäuse sind leicht an ihrem spitzen Rüsselschnäuzchen und dem kurzen Schwanz zu erkennen. Sie fressen keine Pflanzen, sondern Schnecken, Insekten und Larven.

Fledermäuse
Fledermäuse sind selten geworden, weil ihnen Schlupfwinkel in Scheunen und Höhlen fehlen. Fledermäuse sind Nachttiere und fangen die „Nachtschwärmer" unter den Insekten, z. B. Eulenschmetterlinge, Wickler, Spanner und Schnaken. Wo es uns möglich ist, sollten wir dafür sorgen, die Schlupfwinkel zu erhalten und zu schützen. So kann es im Garten vorkommen, dass sie einen Vogelnistkasten als Kinderstube benützen. Stellt man einen solchen Glücksfall fest, dann sollte man die Fledermäuse in Ruhe lassen, denn sie nehmen Störungen sehr übel und verschwinden dann sehr schnell wieder.

Nützliche Insekten

Marienkäfer
Wichtige Blattlausjäger sind die Marienkäfer. So verspeist ein erwachsener Marienkäfer täglich rund 100 Läuse. „Den" Marienkäfer gibt es nicht. Man unterscheidet bei uns etwa 70 verschiedene Arten mit wechselnder „Punktzahl" auf den roten, aber auch gelben und schwarzen Flügeldecken. Lebensraum der Marienkäfer ist die Krautschicht unserer Gehölzpflanzungen, sie leben aber auch in unserer Blumenrabatten oder sogar im Pflanzkübel. Die Larven schlüpfen aus senkrecht aufgestellten Eiern. Wenn sie sich verpuppen, rollen sich diese Larven kugelförmig zusammen. Dann hängen sie an „Füßchen" an den Blättern oder Stengeln. Man erkennt sie an ruckartigen Bewegungen, wenn man sie berührt. Werden die Tage kürzer (weniger

◀ Alle möglichen Insekten kann man mit solchen Nisthilfen in die Gärten locken.

als 12 Stunden Tageslicht) und sinken die Temperaturen, sucht der Marienkäfer unter Moos, Rinde oder Steinen nach einem Überwinterungsquartier.

Florfliegen

Die Florfliege ist neben dem Marienkäfer einer der wichtigsten Helfer gegen Blattläuse. Ihre Larve wird treffend als „Blattlauslöwe" bezeichnet und kann in einer Blattlauskolonie fürchterlich hausen. Die Florfliege überwintert als erwachsenes Tier in Gebäuden, oft auf Dachböden in den Ritzen des Gebälks. Beliebte Überwinterungsplätze sind auch Vogelnistkästen aus Holz, wo die Tiere sich in den Ritzen zwischen Vorderwand und Kasten aufhalten.

Schlupfwespen

Die verschiedenen Schlupfwespen-Arten sind kleine, 5 bis 30 mm lange Insekten. Sie haben dunkle, glänzende Körper, schimmernde Flügel und einen langen Legestachel. Mit diesem „Instrument" bohren die Schlupfwespen Blattläuse an und legen ihre Eier in den lebenden Tieren ab. Die Schlupfwespenlarve frisst von innen her ihren Wirt auf und überwintert dann verpuppt in der hohlen Laus. Ein Schlupfwespenweibchen kann 200 bis 1000 Läuse mit Eiern belegen. Gebündelte Halme oder hohle Holunderzweige, die waagerecht an der Fassade angebracht werden, sind eine ausgezeichnete und leicht herzustellende Nisthilfe für Schlupfwespen.

Schwebfliege

Die Schwebfliege, die der Wespe ähnlich sieht, aber harmlos für den Menschen ist, ist ein wichtiger Insektenjäger. Eine Larve braucht während ihrer rund zwei Wochen dauernden Entwicklung etwa 700 Blattläuse. Schwebfliegen sind schwarz-gelb gemustert, aber relativ klein (7 bis 15 mm). Man erkennt sie an ihrem schnellen geräuschlosen Flug. Sie können ihre Flügel so schnell bewegen, dass sie in der Luft auf der Stelle „stehen bleiben". Die hellen, weiß oder gelblich gefärbten Larven sehen aus wie Maden. Schwebfliegen lassen sich durch Doldenblütler anlocken, deren Nektar sie gut erreichen

Erfolgreiche Blattlausjäger

- Marienkäfer: 60 am Tag
- Florfliegenlarven: 500 insgesamt
- Schwebfliegenlarven: 700 insgesamt
- Ohrwurm: 100 am Tag

▲ Schwebfliegenlarven sind erfolgreiche Blattlausjäger; die Insekten selber umschwirren Doldenblütler und andere Blütenpflanzen.

Laufkäfer

Diese 2 bis 3 cm langen, schillernden, schwarzen, braunen und auch grünen Käfer mit ihren langen Beinen sind wertvolle Nützlinge. Mit ihrem scharfen Zangenbiss können sie sowohl andere Käfer als auch verschiedene Insekten und besonders deren Larven vertilgen. Laufkäfer fressen bis zu 400 Raupen pro Jahr und sind meistens in der Dämmerung oder bei Nacht tätig. Tagsüber verstecken sie sich unter Mulch und Steinen und versäumen es nicht, dabei auch mit den Schnecken aufzuräumen.

Ohrwürmer

Ohrwürmer sind weder Würmer, noch zeigen sie eine Vorliebe für Ohren. Ohrwürmer sind mehr oder weniger Allesfresser und können eventuell auch die eine oder andere Blüte anfressen. Überwiegend ernähren sie sich aber von Blattläusen, Spinnmilben sowie anderen Insekten und ihren Eiern. Als nächtliche Räuber sind sie am Tage auf dunkle, feuchtwarme Verstecke angewiesen, wobei sie sich gerne unter loser Rinde oder in Blüten verbergen.

Um Ohrwürmer zu fördern, hängt man Blumentöpfe, die mit Holzwolle vollgestopft werden, kopfunter in Bäume. In diesen Höhlen verstecken sich die Ohrwürmer tagsüber gern. Nachts gehen sie dann auf Jagd.

Wespen und Hornissen

Weniger bekannt ist, dass nahe Verwandte der Bienen und Hummeln, die Wespen, hervorragende Vertilger von Schadinsekten sind. Besonders unsere größten staatenbildenden Wespenarten, die Hornissen, leiden unter den auf Vorurteilen begründeten Verfolgungen. Diese Tiere sind effektive Insektenjäger – die Gesamtbeute eines Tages kann bei großen Staaten bei 500 g liegen – und tragen zu einer wirkungsvollen Schädlingsminderung um Haus und Garten bei. Hornissen gehören zu den wenig agressiven Wespenarten. Die Giftwirkung ist kaum höher als bei der Honigbiene. Sie greifen meist nur an, wenn sich jemand unbedacht dem Nest nähert. Sie besiedeln Höhlen großer Laubbaume, Dachboden, Scheunen, Schuppen oder auch schon mal Vogelnistkästen.
Neben den staatenbildenden gibt es noch eine Vielzahl von einzeln lebenden Wespenarten mit den unterschiedlichsten Verhaltensweisen.

Totholzhaufen als Versteck für Tiere

Ein Totholzhaufen im Garten bietet Singvögeln Versteck und Brutplatz, anderen Schädlingsvertilgern wie Säugern, Amphibien und Reptilien (Erdkröte, Zauneidechse), Überwinterungs- und Unterschlupfmöglichkeiten. Bei einem Totholzhaufen werden Äste und Zweige, zusammen mit Laub, Wurzeln, Baumstubben und Aststücken aufgeschichtet. Auch Steinhaufen bieten einer vielfältigen Tier- und Pflanzenwelt Lebensraum. Eidechsen, Laufkäfer, Kröten, Frösche, Spitzmäuse und viele andere Tiere, die zur „Schädlingsbekämpfung" beitragen, nutzen Höhlungen und Zwischenräume als Unterschlupf. Andere Insekten wie etwa Hummeln, Schwebfliegen und Schmetterlinge werden von den Pflanzen, die sich in Ritzen ansiedeln, angelockt.

3 Gehölze für jeden Garten

Bäume und Sträucher

Gehölze sind mehrjährige ausdauernde Pflanzen, deren oberirdische Triebe vollständig oder zumindest teilweise verholzen. Im Hinblick auf die Größe und Wuchsform unterscheidet man zwischen Bäumen und Sträuchern unterschiedlicher Höhe, Zwergsträuchern und kriechend oder niederliegend wachsenden Sträuchern sowie Klettergehölzen. Die Übergänge von Baum zu Strauch können fließend sein: Zieräpfel oder Zierkirschen, Hainbuche oder Feldahorn können baum- oder strauchförmig wachsen.

Viele Gehölze werfen ihr Laub vor dem Eintritt des Winters nach einer mehr oder weniger auffälligen herbstlichen Verfärbung ab. Das sind die sommergrünen Gehölze. Ihnen stehen die immergrünen Gehölze gegenüber. Zu ihnen gehören die meisten Nadelgehölze, aber auch einige Laubgehölze wie die Stechpalme oder der Buchsbaum. Eines der wenigen Nadelgehölze, das alljährlich seine Nadeln im Herbst abwirft, ist die Lärche. Zwischen den sommergrünen und den immergrünen Gehölzen sind die wintergrünen einzuordnen, z. B. verschiedene Zwergmispeln und der gewöhnliche Liguster.

Die Aufgabe der Gehölze im Garten

Bäume und Sträucher sind wichtige Gestaltungselemente. Sie gliedern den Garten, nicht nur in der Fläche, sondern auch in der räumlichen Höhe. Sie schirmen ihn nach außen ab, bieten Schutz gegen Wind, Zugluft und vor zu starker Sonneneinstrahlung an Freiplätzen und Terrassen und binden das Haus und andere Baulichkeiten in die Gestaltung ein. Während Stauden im Winter praktisch ohne Gartenwirkung sind, bilden selbst die laubabwerfenden Gehölze zu dieser Zeit eine Zierde. Die Gehölze unterscheiden sich im Wuchs und in der Größe viel stärker voneinander als etwa die Sommerblumen und die Stauden im Vergleich. Die Unterschiede können sogar innerhalb einer Gehölzart sehr groß sein, ein Beispiel dafür ist die stattliche Fichte und die Kiefer mit ihren zahlreichen Zwergformen. Das muss bei der Auswahl der Gehölze bedacht werden, damit es nach Jahren keine unliebsamen Überraschungen oder Enttäuschungen gibt.

Gesichtspunkte bei der Auswahl der Gehölze

Bei dem unüberschaubar großen Angebot in Gärtnereien und Gartencentern fällt es Gartenbesitzern oft schwer, die geeigneten Arten und Sorten auszusuchen. Es gibt Baumschulen, die in ihrem Katalog weit mehr als 1000 verschiedene Arten und Formen von Laubgehölzen, Sträuchern und Bäumen sowie Nadelhölzer und Rosen anbieten. Darunter sind eine Vielzahl von Arten aus fremden Ländern mit ähnlichen Klimazonen (z. B. Nordamerika, Asien), die in unseren Gärten ebenso gut gedeihen wie unsere einheimischen Gehölze.
Sehr wichtig für die Auswahl der Gehölze sind die Boden- und Klimaverhältnisse am Ort. Man muss deshalb die Ansprüche der einzelnen Arten und Sorten an den Gartenstandort kennen, um sie an der richtigen Stelle unterbringen zu können. Erst wenn die richtigen Pflanzen am richtigen Platz im Garten stehen, können sie auf Dauer auch wirklich gut gedeihen.
Ein weiteres Kriterium bei der Auswahl der Gehölze ist ihr Äußeres. Je nach Art gefallen den Gartenbesitzern die Silhouette, die Blüte, der Fruchtschmuck, die Färbung und Struktur der Rinde oder eine attraktive Herbstfärbung.

Genügend Raum geben

Ein weiterer Aspekt ist die Größe der Pflanzen, die häufig nicht ausreichend berücksichtigt wird. Sträucher und Bäume nehmen über Jahre hinweg allmählich an Größe zu. Die vorausschauende Artenauswahl ist hier von besonderer Bedeutung, denn jedes Gehölz kann nur dann seine gestalterische Wirkung entfalten, wenn es ausreichend Platz für sein individuelles Wachstum hat und nicht von seinesgleichen bedrängt oder unterdrückt wird.

▲ Rahmenpflanzungen erhalten durch wiederkehrende Gehölzarten eine ablesbare, rhythmische Struktur.

▲ Wiederholte Einzelgehölze markieren einen Raum.

► Pflanzen mit geschlossenen Konturen lenken den Blick stark, daher ist ihre Wiederholung besonders effektvoll.

▼ Weiter Raum, aber Schutz bietender Rahmen.

▼ Wohnlicher, den Maßverhältnissen von Innenräumen nahe kommender Gartenraum.

▲ Größenentwicklung einer heranwachsenden Birke.

Nicht selten stören Gehölze durch ihre Größe. Sie versperren dann die Sicht, nehmen einem Zimmer das Licht oder „unterdrücken" andere Pflanzen.
Sicher wird man im Laufe der Zeit hier und da die Pflanzungen den sich verändernden Verhältnissen anpassen. Die eine oder andere Pflanze wird herausgenommen, anderes gegebenenfalls hinzugepflanzt.

TIPP

Zu enges Pflanzen lässt sich vermeiden, wenn am Anfang bereits größere, sogenannte Solitärgehölze gepflanzt werden, die schon ihre spätere Größe ahnen lassen.

Nicht gewaltsam eingreifen

Ganz verfehlt wäre es, einen bestimmten Entwicklungszustand einzelner Bäume oder ganzer Teile der Gehölzpflanzungen mit gewaltsamen Maßnahmen bewahren zu wollen, das weitere Wachstum der Gehölze also aufzuhalten, nur weil man zu eng gepflanzt hat. Axt und Säge sind nur in ganz besonderen Ausnahmefällen einmal erlaubt und müssen mit äußerstem Feingefühl gehandhabt werden. Mit rigorosen Eingriffen wird in Gehölzpflanzungen meist beträchtlicher Schaden angerichtet. Sie sind die Folge von gleich am Anfang begangenen Fehlern.
Pflanzt man in einem neuen Garten zu eng, um möglichst schnell in den Genuss von Sicht- und Windschutz zu kommen, muss man nach einigen Jahren einen Teil der Gehölze verpflanzen, da sie einander bedrängen und sich in ihrer Entwicklung gegenseitig stören.

Unterschiedliche Pflanzabstände

Die Forderung nach dem Einhalten ausreichender Pflanzabstände darf jedoch auch nicht missverstanden werden. In eindrucksvollen Baum- und Strauchgruppen stehen beispielsweise stets einige Gehölze sehr dicht nebeneinander. Sie haben oft weniger als 1 m Abstand voneinander und wurden beim Pflanzen möglicherweise sogar in ein gemeinsames Pflanzloch gesetzt. Für eine solche Pflanzweise eignen sich allerdings nur relativ junge Gehölze, die von klein auf gemeinsam aufwachsen können. Auf jeden Fall muss man beim Pflanzen weit vorausdenken. Groß gewachsene Bäume beeinflussen den Garten durch Schattenwurf und Bodendurchwurzelung, sie können ihm aber auch Windschutz geben.

Bäume in Beziehung zum Haus setzen

Einzeln stehende Bäume und Sträucher benötigen weit mehr Raum als ihr Kronendurchmesser ausmacht, wenn sie als markante Einzelwesen voll zur Geltung kommen sollen. Der notwendige Pflanzabstand für Bäume im freien Einzelstand ist von der Wuchsform und Wuchskraft der jeweiligen Baumart abhängig. Nadelbäume mit schmalem Kronenaufbau, wie die Omorikafichte, entwickeln sich bereits im Abstand von 5 bis 7 m von den nächsten höheren Gehölzen in sehr ebenmäßiger Form. Bei kleineren bis mittelgroßen Laubbäumen, wie Eberesche oder Birke, muss man mit etwa 10 bis 15 m Abstand

▼ Der Unterschied zwischen schnell und langsam wachsenden Bäumen wird mit dem Alter deutlicher. Links eine schnellwüchsige Lärche, die schon nach 25 Jahren über 20 m hoch sein kann; rechts die langsam wachsende Eibe, die auch im hohen Alter kaum über 10 m Höhe hinaus kommt.

▲ Beim Pflanzen von Bäumen muss man bedenken, wie hoch und breit sie später einmal sein werden. Schlank aufstrebende Nadelbäume wie Tannen und Fichten nehmen trotz ihrer beträchtlichen Höhe nur verhältnismäßig wenig Fläche in Anspruch. Stark wachsende Laubbäume können dagegen ihre Kronen über eine Fläche von über 300 m² ausbreiten.

rechnen, wenn der Eindruck eines frei stehenden Baumes erreicht werden soll. Stark wachsende Bäume, wie Ahorne, Eichen oder Eschen, erfordern dagegen über 20 bis zu 30 m Abstand bis zum nächsten höheren Baum.
Grundsätzlich sollten die Gehölze in einen sinnvollen Zusammenhang mit dem Haus gebracht werden. Von Fenstern und Türen gehen immer deutlich spürbare Achsen in den Gartenraum hinein, die freigehalten werden müssen. Der Blick aus einem Fenster muss in die Tiefe des Gartens, vielleicht sogar über ihn hinaus in die weitere Umgebung gehen können. Man sollte ihn nicht durch ein hohes Gehölz, ob Baum oder Strauch, behindern. An das Ende des Gartens gepflanzt kann ein größerer Strauch oder ein Baum ein wirkungsvoller Schlusspunkt sein. Man muss sich darüber im Klaren sein, dass alle im Gartenraum selbst endenden Achsen den entstehenden Raumeindruck verkürzen, während über die Grundstücksgrenzen hinausweisende Achsen das Gefühl der Weite aufkommen lassen. Kleine Gärten gewinnen so oft in erstaunlicher Weise an Tiefe und Größe.

Bäume und Sträucher als Einzelpflanzen

In der freien Natur deuten einzelne Gehölze auf Extremstandorte hin; im Garten gestaltet man gezielt mit ihnen. Einzeln verwendete Sträucher und Bäume gliedern die Fläche und setzen Akzente. Ihr Erscheinungsbild bestimmt letztendlich den Charakter des Gartens. Selbst kleine Gärten und Gartenhöfe, in denen nur wenige Pflanzen Platz finden, können durch Einzelpflanzen (der Gärtner bezeichnet sie als Solitärpflanzen) belebt werden.
Mit einzeln stehenden Gehölzen können Knickpunkte von Geländelinien, von Wegen, Treppen und Pflanzbeeten akzentuiert werden. Wenn man einen Solitär beispielsweise auf die Innenseite der Wegkrümmung pflanzt, bleibt einem nichts anderes übrig als dieses Hindernis zu umgehen. Mit kugeligen oder säulenförmigen Gehölzen lässt sich der Charakter eines geschwungenen Weges gegensätzlich steigern.

Grenzpunkte setzen

Die Einzelpflanze als Auftakt eines Weges, am Hoftor, an der Haustür, an der Treppe usw. signalisiert „Situationswechsel". Sie setzt einen Grenzpunkt und weist auf Änderungen der Flächennutzung oder Gestaltungsthemen hin. Für solche Situationen sind hochstämmige Bäume sowie kahlfüßig aufstrebende Gehölze empfehlenswert, die den Vorübergehenden nicht behindern, vielleicht auch Durchblicke zu-

TIPP

Gehölze mit seitwärts ausgebreiteten Ästen (z. B. *Viburnum plicatum* 'Mariesii', *Juniperus chinensis* 'Pfitzeriana') bilden einen wirkungsvollen Gegensatz zu den vertikalen Gebäudekanten eines Hauses. Arten mit groben Ästen (z. B. *Rhus typhina*) oder auffallend feiner Bezweigung (z. B. *Acer palmatum*) kommen vor hellen Wandflächen voll zur Geltung, sie werfen ein Schattenmuster darauf.

▼ Damit die interessanten Blüten des Blumen-Hartriegels zur Geltung kommen, sollte der Strauch einzeln stehen.

lassen und gleichzeitig ein rahmendes Dach bilden (z. B. *Rhus typhina*, *Koelreuteria*, *Phellodendron*, *Tsuga canadensis*).
An einem Sitzplatz im Garten oder im Zusammenhang mit der Terrasse unterstreicht ein schirmförmiges, Ruhe vermittelndes, gleichzeitig großflächigen Schatten spendendes Gehölz die besondere Form der Nutzung (z. B. *Acer negundo*).
Einzelgehölze können aber auch den Hintergrund, die Seiten und den Vordergrund des Gartens begrenzen. Dabei hat das Gehölz im Vordergrund besondere Bedeutung, weil es dem Garten Maßstab und Tiefe gibt. Grundsätzlich kann jeder Strauch oder Baum zu einem Blickfang heranwachsen, wenn er am richtigen Standort steht und sich frei entfalten kann.
Wer Einzelgehölze pflanzen will, sollte unbedingt seinen Gärtner um Rat fragen.

TIPP

Die höheren Sträucher kommen in die Mitte oder in den Hintergrund, die niedrigen an den Rand der Gehölzgruppe.

Zusammenhängende Gehölzpflanzungen

Sicher sind zusammenhängende Gehölzpflanzungen von besonderem Reiz, doch sind die meisten Gärten dafür zu klein. Platz ist dafür in der Regel nur am Rand in Form von Hecken (siehe auch bei Hecken Seite 156).
Als Vorbild einer zusammenhängenden Pflanzung mag die Feldhecke in der freien Landschaft dienen, in der die verschiedenen Gehölze zusammen ein harmonisches Ganzes bilden. Die Gehölze blühen nacheinander zu unterschiedlichen Zeiten, tragen allerlei unterschiedlich gefärbte Früchte – häufig bis tief in den Winter hinein – und klingen mit vielerlei leuchtenden Herbstfarben der Blätter aus.
Die Feldhecke ist auch das Vorbild für die unterschiedlichen, aber harmonisch zusammengefügten Wuchsformen. Aufstrebende Formen wechseln mit breit ausladenden oder mehr rundlichen, kompakt wachsenden ab, sodass trotz Artenvielfalt ein einheitliches, geschlossenes Bild entsteht. Die natürlichen Wuchsformen der verschiedenen Straucharten zeigen sich am besten in älteren Gärten, vorausgesetzt, die Pflanzen können sich frei entfalten und werden nicht ständig von der Schere und Säge eines „Gärtners" verfolgt.
Beim Einordnen von Bäumen und Sträuchern in zusammenhängende Pflanzungen sollte nicht übersehen werden, dass die Grundlagen für die pflanzliche Gestaltung im stufig gegliederten Aufbau eines naturnahen Waldes mit Baum-, Strauch- und Krautschicht vorgegeben sind. Wenn es gelingt, dieses natürliche Prinzip nachzuvollziehen, dann können mit Bäumen, Groß- und Kleinsträuchern, Stauden, Gräsern, Farnen, Zwiebelpflanzen und Sommerblumen naturnah wirkende Pflanzengemeinschaften entstehen.

TIPP

Als Blickfang Ungewöhnliches pflanzen: insbesondere augenfällige Gehölze mit außergewöhnlichem Wuchsbild, attraktiven Blüten, Früchten, Blättern, Rindenfärbung oder -textur. In Wegnähe oder in unmittelbarer Nähe von Sitz- und Ruheplätzen sind Pflanzen mit interessanten Details zu bevorzugen, z. B. das Pfaffenhütchen, *Euonymus alata*, dessen Zweige mit auffälligen Korkleisten versehen sind.

Baumschutzsatzungen beachten
Wer alte Gehölze entfernen will, sollte sich vorher informieren, ob es in der Gemeinde Baumschutzsatzungen gibt.

◀ Eine solche frei wachsende Hecke ähnelt mit ihren vielfältigen Wuchsformen einer Feldhecke.

Die Abgrenzung zum Nachbarn (Das Nachbarschaftsrecht)
Beim Pflanzen von Bäumen und Sträuchern muss man die Regelungen des Nachbarschaftsrechts beachten. Da das Nachbarschaftsrecht in den einzelnen Ländern unterschiedlich geregelt ist, wird hier auf nähere Ausführungen verzichtet.

Vor dem Pflanzen informieren

Vor dem Pflanzen muss man wissen, wie hoch und breit die Sträucher wachsen und welche Blüten- und Blattfarbe sie haben, um schöne Gruppen zusammenstellen zu können. Viele Gartenbesitzer neigen dazu, die Strauchgruppen zu regelmäßig zu pflanzen. Genau wie sich in der Natur die Gehölzgruppen frei und unregelmäßig bilden, so darf auch im Garten keinerlei Zwang herrschen.

Bäume und Sträucher einkaufen und transportieren

Damit die Gehölze später gut gedeihen, müssen sie vor und während des Pflanzens optimal behandelt werden. Dazu gehören insbesondere die pflegliche Behandlung während des Transports von der Baumschule zum Pflanzplatz, der Schutz der Wurzeln vor Austrocknen, die Vorbereitung des Pflanzplatzes, die richtige Pflanztiefe und die Behandlung frisch gepflanzter Gehölze. Darüber hinaus hängt der Anwachserfolg auch von Pflanzzeiten sowie von der Qualität der Pflanzware ab.

Mit dem Nachbarn absprechen
Alle Gesetze behandeln die gegenseitige Absprache mit dem Nachbarn als vorrangig. Bevor man also eine Hecke oder einen Baum in Grenznähe pflanzen will, sollte man sich mit seinem Nachbarn einigen. Man kann die Bäume, Sträucher und Hecken unter Umständen auch unmittelbar auf die Grenze pflanzen und dadurch sehr viel Platz sparen.

Die beste Zeit zum Pflanzen

Gehölze lassen sich, mit Ausnahme von Containerpflanzen (siehe Kasten), nur zur Zeit der Vegetationsruhe, also vom Herbst bis zum Frühjahr, erfolgreich pflanzen bzw. verpflanzen.
Die Frage nach der besten Pflanzzeit – Herbst oder Frühjahr – wird immer wieder diskutiert. Die Herbstpflanzung ist dann der Frühjahrspflanzung vorzuziehen, wenn so rechtzeitig gepflanzt wird, dass die Gehölze noch vor Eintritt strenger Froste neue Wurzeln bilden können. Insbesondere Nadelgehölze (Koniferen) und immergrüne Laubgehölze sind, wenn sie nicht mehr ausreichend neue Wurzeln bilden können, im Winter stark gefährdet, da sie den Verdunstungsverlust der Blätter nicht ausgleichen können. Die Pflanzung wäre hier schon im September, spätestens Anfang Oktober, vorzunehmen.
Der große Vorteil der Frühjahrspflanzung ist, dass man hier das Risiko des Auswinterns umgeht, was besonders bei empfindlichen Arten von großer Bedeutung ist. Insbesondere bei schweren, nassen Böden sollte die Frühjahrspflanzung vorgezogen werden. Zumal man nicht voraussehen kann, wann der Winter beginnt und wie streng er wird. Allerdings muss man die Pflanzen im Frühjahr rechtzeitig beschaffen. Sonst kann es geschehen, dass die Gehölze bei einer allzu stürmischen, frühlingshaften Witterung rasch austreiben. Das Pflanzen wurzelnackter Pflanzen wird dann auch im Frühjahr zum Risiko.

Immer mehr Containerpflanzen

Will man sich nicht an die üblichen Pflanzzeiten halten, sollte man zu Containerpflanzen greifen. Containerpflanzen können auch im Sommer gepflanzt werden, weil der Wurzelballen dabei nicht beschädigt wird. Die Containerkultur ist bei Schling- und Kletterpflanzen sowie bei Rosen weit verbreitet und setzt sich auch bei vielen Ziergehölzen immer mehr durch. Ein großer Vorteil von Containerpflanzen ist darüber hinaus, dass man sich die Gehölze in belaubtem oder gar blühendem Zustand aussuchen kann und nicht auf Beschreibungen und Abbildungen angewiesen ist.

Qualitätsmerkmale beachten

Über den Preis einer Baumschulpflanze entscheidet die Pflanzenart und deren Qualität. Preisunterschiede zwischen verschiedenen Arten sind auch bei gleicher Größe aufgrund der Wachstumsgeschwindigkeiten und der unterschiedlich schweren Anzucht verständlich. Schwerer zu verstehen sind die Preisunterschiede bei scheinbar gleich großen Pflanzen derselben Art, was auch immer wieder zu Unstimmigkeiten führt, wenn Preisvergleiche angestellt werden. Hier spielt die Beschaffenheit und Anzucht der Pflanzen eine entscheidende Rolle. Eine für Hecken gezogene Hainbuche kann z. B. bei gleicher Wuchshöhe etwa 6 €, aber auch 18 € oder 36 € kosten. Im ersten Fall stammt sie aus „engem Stand“ und wurde nur einmal verpflanzt, im zweiten Fall handelt es sich um mehrfach verpflanzte Sträucher aus „weitem Stand“ und im dritten Fall sind die Pflanzen noch zusätzlich mit einem Erdballen versehen. Letztendlich spiegelt sich in den gestaffelten Preisen der unterschiedliche Arbeitsaufwand, der größere Platzbedarf und die längere Kulturzeit wider.

Beim Einkauf die Größe beachten
Kauft man recht kleine Pflanzen, bekommt man sie zwar billig, wartet dann aber oft lange auf die beabsichtigte Wirkung. Mit großen Solitärpflanzen lässt sich sofort ein nahezu „fertiger“ Garten erstellen. Außerdem pflanzt man dann von vorneherein nicht so dicht, was bei der Verwendung kleiner Gehölze häufig geschieht.

Einkauf vor Ort oder im Versand

Gehölze kann man in Gartencentern, in der Baumschule vor Ort oder auch über einen Katalog in einer Versandbaumschule kaufen. Der Kauf vor Ort hat den großen

▲ Oben: Im Einschlag werden die Pflanzen locker in Reihen nebeneinander gestellt und bis zum Wurzelhals eingegraben; die Erde wird fest angetreten, dann gründlich gewässert.

Unten: Wenn Gehölze nicht gleich gepflanzt werden können, müssen sie mit Matten vor der Sonne und vor austrocknenden Winden geschützt werden.

Vorteil, dass man die Gehölze selbst aussuchen kann, was bei dem Einkauf bei einer auswärtigen Versandbaumschule nicht möglich ist. Größere Anbieter geben alljährlich einen neu erscheinenden Katalog mit Preisangaben über das zum Verkauf zur Verfügung stehende Sortiment heraus. Anhand des Kataloges kann man sich vorher ausgiebig informieren und Vergleiche anstellen.
Beim Kauf in einer Versandbaumschule tut man gut daran, sich bei der Bestellung nach den dort gemachten Angaben zu richten und neben der botanischen Bezeichnung auch die angeführte Bestellnummern anzugeben, um Verwechslungen von vornherein weitgehend auszuschließen. Da Versandbaumschulen für nicht mehr vorrätige Arten oder Größen im Allgemeinen gleichwertigen Ersatz liefern, muss man sich gegebenenfalls Ersatzlieferungen bei der Bestellung schriftlich verbitten. Vor einer Bestellung sollte man auf jeden Fall die jeweiligen Lieferungsbedingungen gründlich durchlesen!

Vor Austrocknen schützen

Beim Transport der Gehölze muss man darauf achten, dass die Pflanzen nicht durch Fahrtwind und / oder Sonne austrocknen. Vor allem die Wurzeln dürfen nicht der Gefahr starken Austrocknens ausgesetzt werden. Deshalb sind die Pflanzen besser in geschlossenen Fahrzeugen zu transportieren, als auf dem Autodach oder im offenen Anhänger. Man kann die Pflanzen aber auch mit einer dichten Plane abdecken.
Bei stärkerem Frost sollte man keine Gehölze transportieren.
Falls die Gehölze nicht gleich gepflanzt werden können, sind sie an einem windgeschützten und möglichst auch schattigen Platz einzuschlagen.

Know-how beim Pflanzen

Baumgrube ausheben oder Boden großflächig lockern

In vielen Anleitungen zum Pflanzen von Gehölzen findet man immer noch genaue Angaben über Breite, Länge und Tiefe von Baumgruben und die Verbesserung der Pflanzerde. Diese Empfehlung muss man bei Nachpflanzungen im Garten beachten. Bei der Neuanlage eines Gartens ist es jedoch weitaus sinnvoller (und notwendig), den Boden großflächig, das heißt über den gesamten Garten (bzw. die Pflanzflächen) zu bearbeiten und zu verbessern. Dabei werden gleichzeitig die tieferen Bodenschichten gelockert. Bei Baumpflanzungen sollte der Boden mindestens 60 bis 80 cm tief, bei Strauchpflanzungen 40 bis 50 cm tief gelockert werden. In einem so vorbereiteten Boden richtet sich die Größe des Pflanzloches nur noch nach dem Umfang der Wurzeln.
Direkt vor dem Pflanzen wird der planierte Boden nochmals großflächig gelockert, gegebenenfalls die Gründüngung einge-

Der Blumentopfeffekt

In verdichteten Böden, bei senkrecht gestochenen Seitenwänden und bei Verwendung einer stark verbesserten Pflanzerde, kann der sogenannte Blumentopfeffekt entstehen. Dabei können die Wurzeln nicht aus der Pflanzgrube in den angrenzenden Boden wachsen, sondern bleiben in der Grube und wachsen dort – wie bei Topfpflanzen in zu engen Töpfen – immer im Kreis. Die Pflanze wird nach einiger Zeit kümmern, weil sie wegen der guten Pflanzerde den Bereich der Pflanzgrube nicht verlassen wird oder nicht in den umgebenden verdichteten Boden hineinwachsen kann. Außerdem bekommt sie im „Blumentopf“ nie einen ausreichenden Halt. Es besteht auch die Gefahr, dass die Grube wie ein Dränageloch wirkt und sich dort das Wasser ansammelt, sodass die Wurzeln, wenn dieser Zustand länger anhält, verfaulen. Andererseits fehlt im „Blumentopf“ bei Trockenheit die Verbindung zum Grundwasser bzw. zum anstehenden Boden im weiteren Bereich des Gehölzes. Es wird dann kaum Wasser nachgeliefert und die Pflanze vertrocknet leicht.

▲ Bäume pflanzt man am besten zu zweit.

arbeitet. Dabei ist eine Vorratsdüngung mit mineralischen, organischen oder organisch-mineralischen Düngern vorzunehmen. Die Höhe der Nährstoffgaben sollte sich am Ergebnis einer Bodenuntersuchung orientieren (siehe Seite 53). Liegt eine solche vor, gilt als Anhaltspunkt 30 bis 40 g Mehrnährstoffdünger und 40 bis 60 g Kohlensaurer Kalk je m^2 auszubringen.

Auch bei Nach- und Neupflanzungen in alten Gärten mit gesundem Boden ist das Ausheben einer großen Baumgrube, das heißt doppelt so tief und doppelt so breit wie der Ballen der Pflanze, an sich überflüssig. Hält man die Baumgrube trotzdem für nötig, muss man beim Graben in die Tiefe die Mächtigkeit des Mutterbodens beachten. Wichtig ist, dass sich das Pflanzsubstrat mit dem anstehenden Boden verzahnen kann.

TIPP

Den Boden kann man schon Wochen oder Monate vor dem Pflanztermin lockern, je früher, desto besser. Sehr gut wäre eine Zwischenbegrünung mit Gründüngungspflanzen (z. B. Lupinen) während des Sommers.

Pflanztechnik

Zweckmäßigerweise beginnt man mit den großen Gehölzen, da diese Pflanzen das Gerüst der Pflanzung bilden und somit als Orientierung wertvoll sind. Der vorgesehene Standort der Pflanze wird mit einem Pfahl, einem Spatenstich oder anderen Hilfsmitteln markiert. So verfährt man, bis die Standorte aller großen Pflanzen gekennzeichnet sind. Anschließend hebt man die Pflanzlöcher aus und setzt die Pfähle, falls erforderlich. Danach erst holt man die Pflanzen aus dem Einschlag und setzt sie. Nach dem Setzen der Großgehölze werden die größeren Sträucher der Gruppen- oder Einzelpflanzung gepflanzt, anschließend die kleinen Gehölze der Vor- und Unterpflanzung (z. B. Bodendecker); danach setzt man Stauden und Blumenzwiebeln.

Reihenfolge beim Pflanzen

Man fängt mit den großen Pflanzen an und geht dann zu den nächst kleineren über. Dieses Verfahren hat Vorteile: Die großen Pflanzen gliedern die Fläche und erleichtern dadurch das richtige Verteilen der kleineren. Auch gibt es weniger Beschädigungen.

Diese Arbeitsweise ist jedoch nur als zeitliche Abfolge zu verstehen. Mitunter muss die Pflanzung bestimmter Gehölze vorgezogen werden, weil z. B. einige der vorgesehenen Pflanzen noch nicht geliefert werden konnten. Aber auch in solchen Fällen empfiehlt es sich, die Pflanzstellen für die größeren Gehölze schon vorzeitig sorgfältig herzurichten und zu markieren. Bei Flächenpflanzungen mit ein und derselben Pflanzenart (z. B. bei Bodendeckern) setzt man die Pflanzen im Dreiecks- oder Quadratverband.

WICHTIG zu wissen

Das Ballentuch bleibt am Ballen, muss aber oben aufgebunden werden. Diese Maßnahme darf nie „vergessen“ werden, denn im Laufe des Dickenwachstums werden Stamm oder bei Sträuchern die Triebe im Wachstum behindert und können im Extremfall absterben.

Pflanz- und Wurzelschnitt

Bevor Gehölze gepflanzt werden, muss zuerst der Pflanzschnitt und bei ballenlosen Pflanzen mit entblößten Wurzeln zusätzlich ein Wurzelschnitt durchgeführt werden.

Der Pflanzschnitt hat zwei Aufgaben. Zum einen soll ein Ausgleich geschaffen werden zwischen dem beim Ausgraben stark verkleinerten Wurzelwerk und den oberirdischen Pflanzenteilen und zum andern soll dadurch der Wuchs und die Entwicklung der Pflanze beeinflusst werden. Man spricht auch von einem Erziehungsschnitt. Ein zu zaghafter oder gar gänzlich unterlassener Pflanzschnitt ist oft die Ursache

TIPP

Locker aufgebaute Gehölze wie die Felsenbirne werden nur vorsichtig ausgelichtet, wenn sie mit Ballen gepflanzt werden. Ein Rückschnitt ist in der Regel nicht nötig. Alle Sommer- und Herbstblüher schneidet man im Frühjahr nach der Pflanzung ganz kurz zurück.

für jahrelangen Kümmerwuchs oder das Eingehen der Gehölze.
Sträucher, die ohne Erdballen gepflanzt werden, sind um ein Drittel zurückzuschneiden.
Bei Ballenpflanzen ist der Ausgleich zwischen Krone und Wurzel natürlich nicht in dem Maße erforderlich, wie bei Pflanzen ohne Erdballen. Sie werden nur zur Erziehung geschnitten. Man entfernt beschädigte, kranke und störende (z. B. nach innen wachsende) Triebe und Zweige.
Die Kronen von Laubbäumen werden ebenfalls nur ausgelichtet. Dazu ist ein Teil der Triebe unter Berücksichtigung der angestrebten Baumform bis zum Stamm zu entfernen oder Teile von Ästen werden bis an die nächste Verzweigung herausgeschnitten. Keinesfalls darf man alle Triebe

► Im Gegensatz zum Pflanzschnitt, der schon einige Zeit vor der Pflanzung durchgeführt werden kann (gegebenenfalls vom Fachmann in der Baumschule), ist der Wurzelschnitt stets unmittelbar vor dem Pflanzen durchzuführen. Hierbei sind beschädigte oder zu lange Wurzeln sauber abzuschneiden, ohne die Wurzelmasse unzulässig zu verkleinern. Alles sonstige Herumschneiden an den Wurzeln schadet der Pflanze. Die Schnittflächen sollten bei stärkeren Wurzeln immer nach unten zeigen.

pauschal abschneiden oder auf ein Drittel einkürzen, schon gar nicht die Stammverlängerung. Denn die Pflanzen sollen sich natürlich entwickeln. Nadelgehölze, welche ohnehin meist mit Ballen verpflanzt werden, schneidet man gar nicht.
Strauchrosen werden wie Sträucher behandelt. Veredelte Rosen schneidet man bei der Pflanzung im Herbst auf 10 bis 20 cm Länge, im Frühjahr auf zwei bis vier Augen zurück.
Bei Containerpflanzen erfolgt niemals ein Wurzelschnitt oder eine Verkleinerung des

▼ Bei nahezu allen wurzelnackten, zwei- oder dreijährigen Sträuchern werden nach dem Pflanzen die schwächeren und älteren Triebe ganz entfernt, die restlichen um ein Drittel oder die Hälfte ihrer Trieblänge eingekürzt.

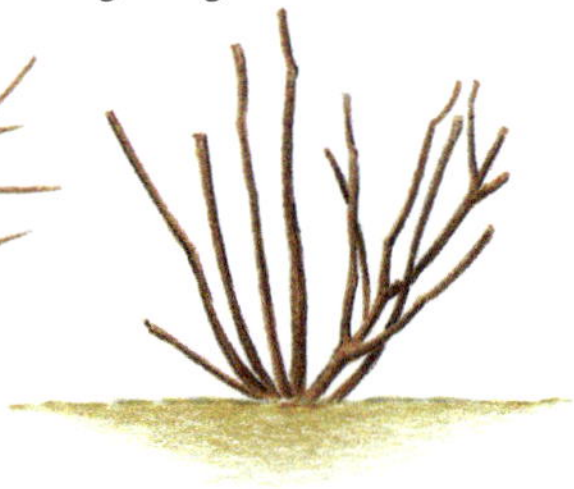

▼ Der Pflanzschnitt bei Zierkirschen und Zieräpfeln geschieht wie im Obstbau: Die Seitentriebe werden bis auf eine Ebene zurückgeschnitten, der Mitteltrieb bleibt 20 bis 30 cm länger.

▼ Bäume mit sehr dichten Kronen müssen nach dem Pflanzen unter Umständen stark ausgelichtet werden.

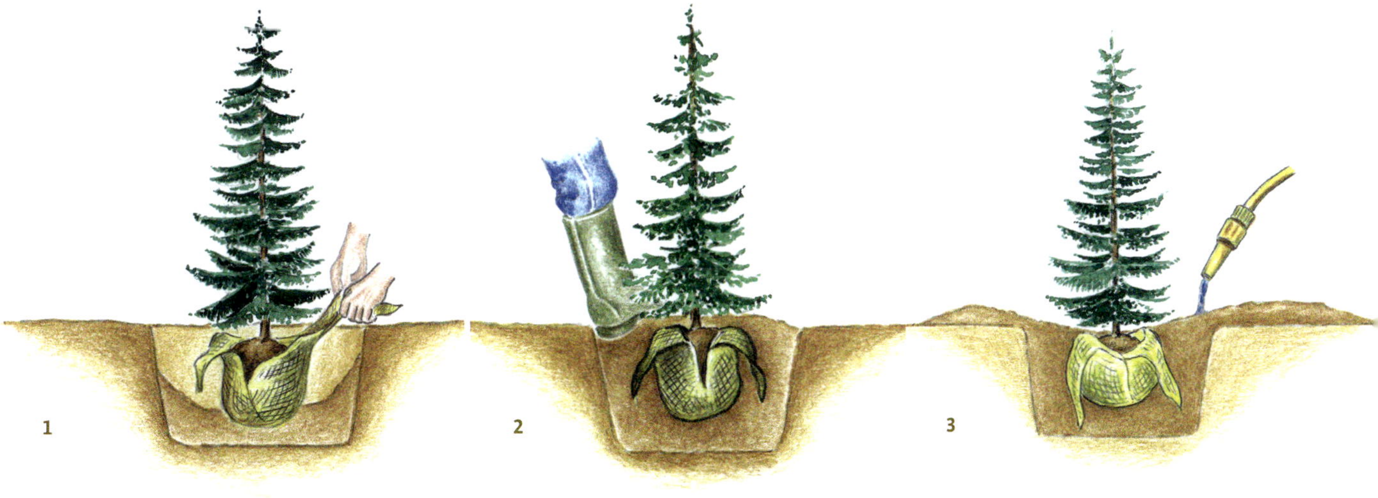

▲ **1** Für eine Ballenpflanze die Pflanzgrube ausgraben, die Knoten des Ballenleinens lösen, das Ballenleinen nicht entfernen.
2 Erde einfüllen und so antreten, dass der Ballen nicht beschädigt wird.
3 Angießen und anschließend Gießmulde anlegen.

Ballens, bei Ballenpflanzen sind nur beschädigte Wurzeln abzuschneiden. Hat bei Ballenpflanzen der Ballen seine Festigkeit verloren, ist es wichtig, die gesamte Erde, die vorher am Ballen war, beim Einpflanzen wiederzuverwenden. Bei allen Schnittmaßnahmen scharfe Messer und Scheren verwenden.
Entstehen bei den Schnittarbeiten Wunden, deren Durchmesser größer als 3 cm sind, so sollten diese Flächen mit einem Wundverschlussmittel behandelt werden – auch die Wurzeln. Man verhindert durch den Wundverschluss das Eindringen von Pilzen und Fäulniserregern und erleichtert die Wundheilung durch den Baum.
Pilzhemmende und pilztötende Wundverschlussmittel auf der Basis von Baumwachsen und Baumharzen bieten verschiedene Hersteller an.

Das Einpflanzen

Beim Pflanzen ist darauf zu achten, dass die Pflanzen nicht tiefer in den Boden kommen, als sie vorher gestanden haben. Die entsprechende Höhe ist bei den wurzelnackten Gehölzen am Wurzelhals an der unterschiedlichen Färbung meist deutlich zu erkennen. Bei Rosen muss die Veredlungsstelle unter dem Boden liegen, bei Obstgehölzen über dem Boden.
Wurzelnackte Gehölze können beim Einfüllen des Bodens auf die richtige Höhe hochgezogen (angelupft) werden, Ballen- und Containerpflanzen müssen von Anfang an auf die richtige Höhe gesetzt werden. Bei Ballenpflanzen bleibt das Tuch am Ballen, muss aber oben aufgebunden werden. Der eingefüllte Boden wird leicht angetreten. Mit dem überschüssigen Aushub wird ein Gießrand geformt.

▼ **1** Bei Koniferen und anderen Ballenpflanzen sollte man den Pfahl schräg, zur Hauptwindrichtung hin setzen, damit der Ballen nicht beschädigt wird.
2 und **3** Größere Sträucher und kleine Bäume werden an einem senkrecht stehenden Pfahl angebunden.
4 und **5** Stärkere Bäume werden entweder mit drei Drähten an kurzen, schrag stehenden Pfählen angebunden oder mir vier leicht schräg stehenden und miteinander verbundenen Pfählen windfest verankert.

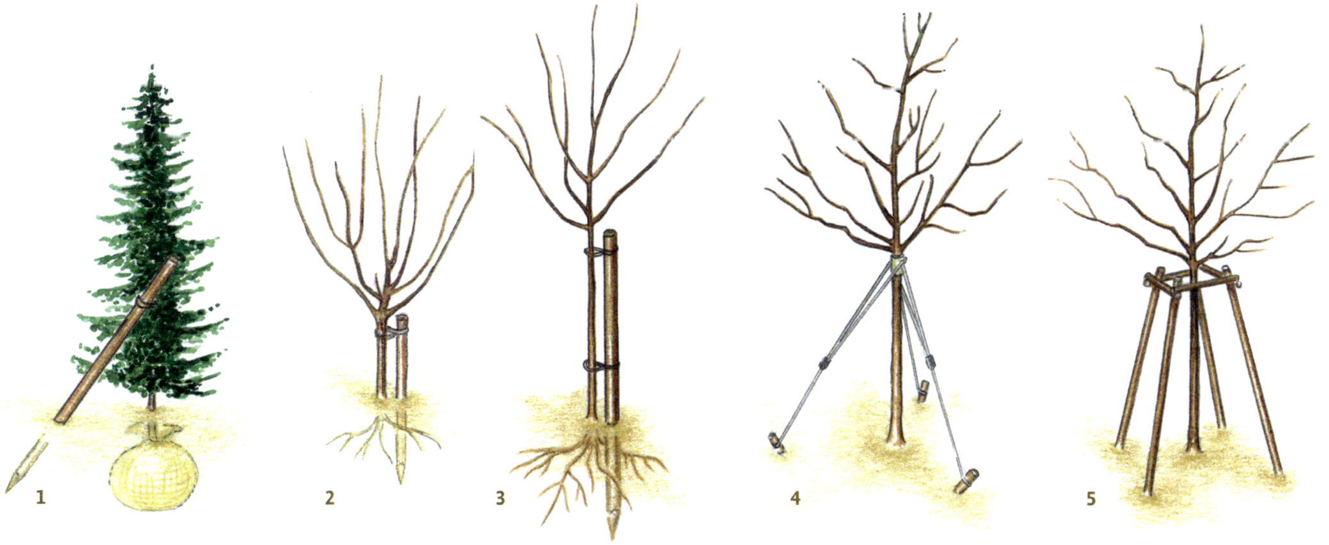

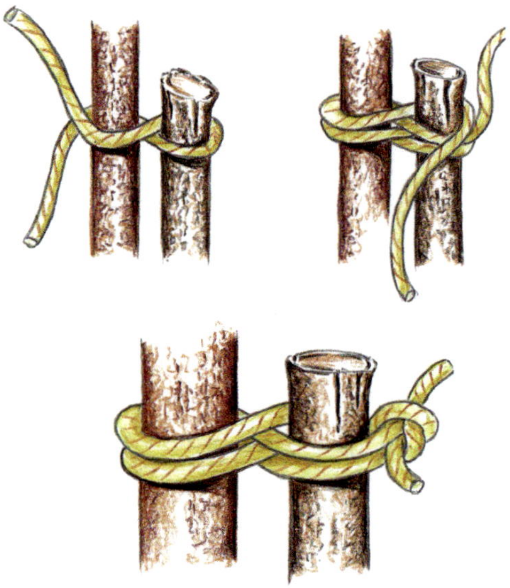

▲ Beim Anbinden unbedingt darauf achten, dass es keine Reibstellen gibt. Üblich ist die Befestigung in Form einer „doppelten Achterschlinge". Als natürliches Material werden gerne Kokosstricke verwendet.

Angießen und Mulchen

Gleich nach dem Pflanzen sind die Gehölze sorgfältig und durchdringend anzugießen. Dabei verhindert der aufgesetzte Gießrand das Weglaufen des Wassers. Dieses Angießen ist nicht nur für die Wasserversorgung wichtig, der Boden wird dadurch auch in die Hohlräume zwischen den Wurzeln eingeschwemmt und lagert sich fest an die Wurzeln an.

Zweckmäßigerweise werden die Gehölzpflanzflächen danach mit Laub, Rasenschnittgut oder ähnlichem Material etwa 10 cm dick bedeckt. Dieses Mulchen verhindert ein schnelles Austrocknen des Bodens, wirkt sich günstig auf die Bodengare aus und unterdrückt außerdem weitgehend das Aufkommen von Unkräutern.

Anbinden

Bei dem Anbinden der Pflanzen geht es weniger darum, die Pflanzen vor Windbruch zu bewahren, als zu verhindern, dass die Wurzeln der Windbewegung der Pflanzen folgen und dabei immer wieder die feinen Wurzelhaare abgerissen werden, die für die Wasser- und Nährstoffaufnahme von größter Bedeutung sind. Es müssen also alle Pflanzen angebunden werden, deren Zweige oder Stämme den Winddruck auf das Wurzelwerk übertragen.

Bei größeren Bäumen ohne Ballen wird im Pflanzloch zuerst der Pfahl gesetzt, dann wird der Baum gepflanzt. Anderenfalls kann der Baum bzw. dessen Wurzeln beim Einschlagen des Pfahles leicht beschädigt werden. Bei Ballenpflanzen wird der Pfahl schräg eingeschlagen, um den Ballen zu schonen. Dabei soll der Pfahl gegen die Hauptwindrichtung zeigen. Größere Bäume werden durch einen sogenannten Dreibock verankert. Alternativ ist ein Verspannen mit Drähten relativ einfach, man schafft aber dadurch vielfach Stolperstellen.

Frisch gepflanzte Gehölze pflegen

Nach dem Pflanzen ist in erster Linie das Freihalten der Pflanzflächen und Baumscheiben von Unkraut wichtig. Auch Rasen soll man in den ersten Jahren nicht zu dicht an Bäume und Sträucher heranwachsen lassen.

Auf den Pflanzscheiben sollte man keinesfalls umgraben, da hierbei die feinen, dicht unter der Erdoberfläche entlangstreichenden Wurzeln zerstört werden. Gerade diese sind aber für das Leben der Gehölze sehr wichtig.

Wenn die Gehölze standortgerecht, insbesondere den Bodenverhältnissen entsprechend, ausgewählt worden sind, ist es später kaum nötig, zusätzlich zu wässern und zu düngen.

Eine Ausnahme machen vor allem die geschnittenen Hecken, die regelmäßig gedüngt und gegebenenfalls auch gewässert werden müssen, damit sie die durch den Schnitt verloren gegangene Substanz wieder ergänzen können. Hier und da wird man auch bei einem bestimmten einzelnen Strauch oder Baum etwas nachhelfen, am besten immer mit guter Komposterde, die eventuell zuvor noch mit geeigneten Mineraldüngern angereichert wurde.

Schnitt der sommergrünen Laubgehölze

Viele denken, dass Ziergehölze ebenso wie Obstgehölze regelmäßig beschnitten werden müssen. Das ist aber nicht so. Es gibt praktisch nur einen Grund für den Rückschnitt der Ziergehölze, nämlich einem Strauch seine volle Lebenskraft und somit Jugendlichkeit und Blühfreudigkeit auf Dauer zu erhalten. Der Schnitt soll also nicht das Wachstum von Baum und Strauch begrenzen (Ausnahmen machen

TIPP

Kann aus irgendeinem Grund nicht sofort gepflanzt werden, sind Gehölze ohne Ballen in ein Gefäß mit Wasser zu stellen. Nach dem Tauchen sollten die Wurzeln der Pflanzen ein wenig „entwirrt" werden.

Gehölze windfest verankern

Stärkere Solitärgehölze werden entweder mit drei Drähten an kurzen, schräg stehenden Pfählen angebunden oder mit vier leicht schräg stehenden und miteinander verbundenen Pfählen windfest verankert. Bei der Drahtverankerung werden die Stämme durch eine stabile Gummimanschette geschützt. Man kann den Draht auch durch kurze Stücke eines weichen Gartenschlauches führen, bevor man ihn um den Stamm legt.

▲ Entwickeln Sträucher sehr viele Jungtriebe, werden beim Auslichtungsschnitt auch davon einige entfernt.

nur Formhecken), sondern soll deren Aufbau fördern und ihre natürlichen Formen erhalten. Notfalls kann ein Verjüngungsschnitt ihre Lebensgeister neu wecken.

Auslichten genügt meistens

So wie sich in der Natur die mehrstämmigen Sträucher beständig verjüngen, indem aus dem Boden neue Stämme bzw. Zweige hervorkommen, während die ältesten absterben und vergehen, muss man es beim Rückschnitt auch halten. Nach Notwendigkeit werden allmählich die ältesten Stämme im Winter (in der Vegetationsruhe) bis zum Boden herausgeschnitten (ausgelichtet), um den Nachwuchs anzuregen und ihm Platz zu schaffen. Einen auf diese Weise behandelten Strauch sieht man es kaum je einmal an, dass er „geschnitten" wurde, und er verjüngt sich doch fortdauernd. Auch das Hochschneiden der Verzweigung ist zu unterlassen. Das schließt natürlich nicht aus, dass man gelegentlich zur Schere greifen muss, um einen störenden Ast oder Zweig zu entfernen oder um einem Strauch eine bessere Figur zu geben. Aber die Betonung liegt auf dem „gelegentlich" im Gegensatz zu „regelmäßig". Der Strauch wurde richtig geschnitten, wenn der arttypische Habitus erhalten blieb und man gar nicht sieht, dass geschnitten worden ist.

Regelmäßiger Schnitt bei Hochsommerblühern

Bei einer Gruppe von Sträuchern ist ein regelmäßiger Schnitt nicht zu umgehen. Es sind dies Blütensträucher, die erst im Sommer oder zum Herbst hin an den Spitzen der sommerlichen Triebe, das heißt an den im Verlauf des Jahres gebildeten Trieben, blühen. Bei diesen Sträuchern, z. B. dem Schmetterlingsstrauch oder der Säckelblume zeigt die Erfahrung, dass sie weit schöner und reichlicher blühen, wenn der letztjährige Trieb im Nachwinter auf nur wenige Knospen zurückgeschnitten wird. Der Austrieb aus diesen Knospen erfolgt im Frühjahr zumeist so schnell, dass man bald nichts mehr vom Rückschnitt sieht.

Bei Blütenbäumen die Krone aufbauen

Bei Blütenbäumen beschränkt sich der Schnitt im Allgemeinen auf die Regelung des Kronenaufbaues in den ersten Jahren. Ein Rückschnitt nach Frostschäden soll nicht zu früh geschehen und bis in die gesund gebliebenen Teile hinein erfolgen. Dass abgestorbene Teile eines Gehölzes sauber entfernt werden, versteht sich wohl von selbst. Die günstigste Zeit für den Schnitt bei Blütenbäumen ist stets ausgangs des Winters.

Wildtriebe entfernen

Kummer bereiten oft die Unterlagen bei veredelten Pflanzen. Viele Zierkirschen und Zieräpfel, die Flieder, Mandelbäumchen, Zaubernüsse und viele Gartenformen von Bäumen und Sträuchern sind veredelt und wachsen auf fremder Unterlage. Oft treiben diese Unterlagen durch und bilden Wildtriebe. Diese „Wildtriebe", die an den anders gestalteten oder gefärbten Blättern meist leicht zu erkennen sind, sind möglichst bald an ihrer Entstehungsstelle sauber zu entfernen, sie können sonst durch ihr ungestümes Wachstum die Veredlung schnell überwuchern und schließlich „ersticken". Da die Triebe an ihrer Basis abgeschnitten werden müssen, häufig aber aus dem Boden kommen, muss man zunächst den Wurzelhals freimachen. Je schärfer sie am Stamm abgeschnitten sind, um so weniger werden sie wieder durchtreiben.

Schnitt verboten

An einigen Ziergehölzen sollte man möglichst nie herumschneiden, entweder weil sie es nur schlecht vertragen, oder weil die Form erheblich beeinträchtigt würde. Es sind dies u. a. Fächer-Ahorn (*Acer palmatum* und Formen), Katsurabaum (*Cercis*), Seidelbast (*Daphne*), Zaubernuss (*Hamamelis*), Magnolie (*Magnolia*) und Federbuschstrauch (*Fothergilla*).

▲ Verwahrloste Sträucher können verjüngt und neu aufgebaut werden. Alle Äste werden auf 30 bis 50 cm Höhe zurückgeschnitten. Es werden sich viele neue Triebe entwickeln, von denen im zweiten Jahr etwa zwei Drittel ganz entfernt werden.

Der Verjüngungsschnitt

Der zuvor beschriebene Erhaltungsschnitt ist der wesentlichste Schnitt an den Sträuchern. Darüber hinaus gibt es noch den Verjüngungsschnitt, der ein sehr radikaler Eingriff ist und nur ausnahmsweise durchgeführt werden sollte. Nur dort, wo die Standortbedingungen in Ordnung sind, aber die Gehölze lange nicht ausgelichtet und demzufolge verwildert sind, kann ein Verjüngungsschnitt empfohlen werden. Oftmals sollen mit dem Verjüngungsschnitt Pflanzfehler korrigiert werden, das ist nicht möglich, da bereits wenige Jahre nach dem Schnitt das Gehölz wieder die alte Größe einnimmt. Der Verjüngungsschnitt wird folgendermaßen ausgeführt: Das Auslichten geschieht wie bei dem Erhaltungsschnitt, aber so stark, dass nur etwa 3 bis 7 jüngere Äste (je nach Art und Größe des Strauches) stehen bleiben, die dann auf 30 bis 60 cm Länge kegelförmig zueinander zurückgeschnitten werden. Günstig ist es, wenn die dann zahlreich erscheinenden Triebe bereits im Sommer ausgelichtet werden. Zumindest muss im kommenden Winter ausgelichtet werden, sonst verkahlen die Sträucher von unten her und der alte unschöne Zustand ist sehr schnell wieder hergestellt. Bei diesem Auslichten werden alle schwachen Triebe ganz entfernt, die starken vereinzelt, falls es zu viele sind.

Es muss darauf hingewiesen werden, dass nicht alle Gehölze einen radikalen Rückschnitt vertragen. Goldregen (*Laburnum*) können absterben ohne durchzutreiben.

Schnitt der immergrünen Laubgehölze
Immergrüne Laubgehölze bedürfen im Allgemeinen nur dann eines Schnittes, wenn sie Frostschäden erlitten haben, oder aber auch, um ihre Form zu verbessern.

▼ Die Triebe des Schmetterlingsstrauches werden jährlich kurz zurückgeschnitten. Wird der Strauch nach einigen Jahren zu groß oder unansehnlich, ist auch eine Rücknahme bis ins alte Holz möglich.

Eine Auswahl schöner Laubgehölze

Die nachfolgend beschriebenen Gehölze sind nach Wuchsgruppen eingeteilt (Endgröße). Bis die Endgröße erreicht wird, kann es viele Jahre oder gar Jahrzehnte dauern.

Die Zuordnung mancher Arten zu einer dieser Gruppen ist nicht immer eindeutig möglich, weil das Wachstum der Gehölze auch vom Standort abhängig ist. So werden einzelne Sträucher nicht ganz die übliche Höhe erreichen, während an anderer Stelle auch einmal hohe Exemplare zu finden sind.

Der Standort ist entscheidend

Ein Gehölz muss an seinem Platz ungehindert wachsen können. Ist dies nicht der Fall, wurde ein falscher Baum oder Strauch gepflanzt oder nicht die richtige Pflanzstelle gewählt. Das gilt auch für kleinere Gehölze, ganz gleichgültig, ob sie mehr in die Höhe oder stark in die Breite wachsen.

Ganz allgemein kann man davon ausgehen, dass sich auf einem guten, tiefgründigen, nährstoffreichen und ausreichend feuchten Boden die Gehölze gut entwickeln. Auf flachgründigem, trockenem und nährstoffarmem Boden werden die Gehölze nicht so hoch. Im Schatten werden manche Arten höher als in freien sonnigen Lagen, bleiben dabei allerdings auch meist lockerer und durchsichtiger, während ein sonniger Stand zu einem dichten, gedrungenen Wuchs führt.
Wenn Bäume und Sträucher standortgerecht, insbesondere den Bodenverhältnissen entsprechend, ausgewählt worden sind, brauchen die Gehölze in den folgenden Jahren kaum Pflege.

▼ Laubgehölze bringen Farbe in den Garten.

Starkwüchsige Laubbäume mit großer, ausladender Krone

Die nachfolgend aufgeführten Bäume mit großen und ausladenden Kronen sind vorzüglich zur Pflanzung in weiträumigen Anlagen geeignet. Für viele unserer Gärten kommen sie nur in besonderen Fällen in Betracht. Denn ein einziger derartiger Baum kann solche Ausmaße annehmen, dass nicht nur die Nutzungsmöglichkeiten des eigenen Gartens stark eingeschränkt, sondern auch die Nachbargrundstücke beeinträchtigt werden. Wer Obst und Gemüse anbaut, braucht immer sonnige Flächen, hier sind starkwüchsige Bäume in unmittelbarer Nachbarschaft immer fehl am Platze.

Hausbaum
„Pflanz einen Baum und kannst du auch nicht ahnen, wer einst in seinem Schatten tanzt, bedenke Mensch, es haben deine Ahnen, eh' sie dich kannten, auch für dich gepflanzt!" Ein schöner Spruch, der den Gedanken des Hausbaumes widerspiegelt. Des Baumes, der mit dem Haus, mit seinen Bewohnern und ihrem Schicksal verbunden ist.

Ein Spitzahorn (*Acer platanoides*) wächst relativ schnell, wird annähernd 30 m hoch und beansprucht mit seiner ausladenden Krone dann eine Fläche von 200 bis 300 m², also fast einen ganzen kleinen Garten. Etwas anders sind unsere beiden heimischen Eichenarten, die Trauben-Eiche (*Quercus petraea*) und die Stiel-Eiche (*Quercus robur*), einzuschätzen, die zwar auch zu mächtigen Bäumen heranwachsen, dafür aber im Gegensatz zu den meisten anderen Laubbäumen sehr viel Zeit brauchen. Es dauert immerhin fast 200 Jahre, bis sie ihr Höhenwachstum abgeschlossen haben. Die Kronen bleiben außerdem immer recht locker, sodass auch unter alten Eichen noch ziemlich viel Licht auf den Boden gelangt. Die Standortverhältnisse werden also nicht so ungünstig beeinflusst wie beispielsweise durch die Rosskastanie, in deren tiefem Schatten wirklich kaum noch etwas wächst.

► Der Walnussbaum als Hausbaum passt nur in große Gärten oder auf Bauernhöfe.

Obst ist immer richtig
Ein Obstbaum, der blüht und Früchte bringt, ist als „Hausbaum" immer richtig; sei es ein größerer Apfel-, Birn- oder Kirschbaum, eine Walnuss oder nur ein kleinerer Pfirsich, eine Reneklode, Zwetsche oder eine Quitte.

Acer
Ahorn

Acer platanoides
Spitz-Ahorn

Großer, rundkroniger Baum mit dicht geschlossener Krone; 20 bis 30 m hoch und 15 bis 22 m breit, Jahreszuwachs 45 bis 60 cm. Blüten gelbgrün in aufrechten Doldentrauben vor dem Laubaustrieb. Blühende Bäume sind von größter Schönheit. 'Faassen's Black', Blätter im Austrieb leuchtend rot, bis zum Laubfall konstant dunkelpurpurbraun. Blütenstiele, Narben und Hüllblätter glänzend dunkelrot. 'Reitenbachii', Blätter im Austrieb rötlich braun, dann schwarzrot, später vergrünend. Blütenstiele und Kelch außen rot. 'Schwedleri', vergleichsweise schwachwüchsig. Blätter im Austrieb leuchtend blutrot, später bronzegrün, Blattstiele und Adern bleiben rot, Herbstfärbung orangerot bis kupferfarben.

Acer pseudoplatanus
Berg-Ahorn

Großer stattlicher Baum, im Freistand malerisch ausladend; 25 bis 30 m hoch und 15 bis 20 m breit, Jahreszuwachs in der Jugend 80 cm, später etwa 40 cm.

Acer saccharinum
Silber-Ahorn

Großer Baum, 15 bis 20 m hoch und 12 bis 20 m breit, Jahreszuwachs 40 bis 50 cm. Borke silbergrau, längsrissig; Blätter hellgrün, unterseits silbrig weiß, Herbstfärbung leuchtend gelb, aber auch orange bis weinrot. Der Silber-Ahorn bevorzugt tiefgründige, genügend feuchte Böden, neigt bei hohem Kalkgehalt zu Chlorose.

Aesculus
Rosskastanie

Aesculus × carnea
Rotblühende Rosskastanie

Rundliche bis breit gewölbte, dicht geschlossene Krone; 15 bis 20 m hoch und 8 bis 12 m breit, Jahreszuwachs 25 cm. Blüten hellrot, in aufrechten, 15 bis 20 cm langen Rispen in der 2. Maihälfte; Baum blüht im Alter von 10 Jahren.
'Briotii', Scharlach-Rosskastanie. Rundliche Krone, Blüten leuchtend blutrot, größer als bei *A. × carnea*.

► Die aufrechten Blütenrispen der Rosskastanie sind eine hervorragende Bienenweide.

Aesculus hippocastanum
Gewöhnliche Rosskastanie

Bekannter Baum mit hoch gewölbter, dicht geschlossener Krone, untere Zweigpartien im Alter malerisch überhängend; 25 bis 30 m hoch und 15 bis 20 m breit, Jahreszuwachs bis 50 cm. Blüten weiß, gelbrot gefleckt, in 20 bis 30 cm langen, aufrechten Rispen. Sehr gute Bienenweide.

Ailanthus altissima
Götterbaum

Stattlicher, oft mehrstämmiger Baum, Kronenäste malerisch geschwungen, eschenähnlich; bis 25 m hoch und 10 bis 15 m breit, Jahreszuwachs 50 cm. Blätter auffallend groß, bis 60 cm lang, unpaarig gefiedert. Blüten grünlich gelb, in 10 bis 20 cm langen Rispen. Die Früchte erscheinen in großen Mengen, sonnenseits oftmals leuchtend rot.

Betula
Birke

Betula ermanii
Gold-Birke

Krone breit und locker auseinanderstrebend, oft mehrstämmig; 15 bis 20 m hoch und 8 bis 10 m breit, Jahreszuwachs 40 cm. Rinde rosaweiß bis cremeweiß, dünn abrollend. Blätter farngrün, im Herbst leuchtend goldgelb. Treibt früh aus.

Betula papyrifera
Papier-Birke

Pyramidale Krone mit aufrechtem Stamm, Äste nehmen im Alter eine fast waagerechte Stellung ein; 15 bis 20 m hoch und 10 bis 15 m breit, Jahreszuwachs 40 cm. Rinde blendend weiß (wie Papier) bis in die Wipfeläste.

Betula pendula
Hänge-Birke, Warzen-Birke

Lockere, hochgewölbte Krone; bis 30 m hoch und 7 bis 12 m breit, Jahreszuwachs 45 cm. Rinde weiß, abrollend; Borke an der Basis der Stämme schwarz, tief gefurcht. Schnittmaßnahmen nur in der Vegetationsruhe durchführen.
'Tristis', Hänge-Birke. Hauptäste zunächst ansteigend, im Alter aber unter der Last der senkrecht herunterhängenden Äste sanft nach außen gebogen, 15 bis 20 m hoch und 6 bis 10 m breit, Jahreszuwachs bis 40 cm.

Castanea sativa
Edel-Kastanie, Ess-Kastanie, Marone

Großer Baum mit kurzem, kräftigem Stamm und breit ausladender Krone; 15 bis 30 m hoch und 12 bis 20 m breit, Jahreszuwachs 40 cm. Die essbaren Früchte (Maronen) kommen auch in Norddeutschland zur Reife.

Corylus colurna
Baum-Hasel

Breit kegelförmige Krone mit meist geradem, bis zum Wipfel durchgehendem Stamm; bis 20 m hoch und 8 bis 12 m

► Die Baum-Hasel ist wegen ihres aufrechten Wuchses und ihrer Hitzetoleranz ein idealer Straßenbaum.

◄ Der ausgesprochen attraktive Tulpenbaum kann sich nur auf großen Grundstücken oder in Parks voll entfalten.

breit, Jahreszuwachs 30 cm. Blätter breit eiförmig, doppelt gesägt, Herbstfärbung goldgelb. Weitgehend frei von Krankheiten und Schädlingen.

Fagus sylvatica
Rot-Buche

Großer, breit- und rundkroniger Baum mit starken, bis zum Boden herabhängenden Ästen; 25 bis 30 m hoch, im Freistand genauso breit, Jahreszuwachs bis 50 cm. Blätter dunkelgrün, Herbstfärbung leuchtend gelb bis rotbraun.
'Atropunicea', Blut-Buche. Blätter im Austrieb dunkelrot, später schwarzrot, glänzend.

Fraxinus excelsior
Gewöhnliche Esche

Ovale bis rundliche, lichte Krone; 25 bis 40 m hoch und 20 bis 30 m breit; Jahreszuwachs 30 cm. Blätter unpaarig gefiedert, bis 40 cm lang.

Juglans regia
Echte Walnuss

Stattlicher, rundkroniger Baum; 15 bis 20 m hoch und 10 bis 15 m breit, Jahreszuwachs 40 cm; siehe auch Seite 362.

Liriodendron tulipifera
Amerikanischer Tulpenbaum

Hoher Blütenbaum mit schlankem, geradem Stamm und pyramidaler Krone; 25 bis 35 m hoch und 15 bis 20 m breit, Jahreszuwachs 35 cm. Die Blüten, in Form und Größe einer Tulpenblüte sehr ähnlich, sind eine besondere Attraktion. Grundfarbe schwefelgelb bis gelbgrün.

Platanus × hispanica
Bastard-Platane

Baum mit starken Hauptästen und weit ausladender, hoch gewölbter Krone; 20 bis 30 m hoch und 15 bis 25 m breit, Jahreszuwachs 50 cm. Blätter ahornähnlich. Früchte kugelig, meist zu 2, seltener 3, in 15 bis 20 cm langen, hängenden Fruchtständen, die bis zum Frühjahr am Baum haften.

Prunus avium
Vogel-Kirsche

Bekannte Wildform unserer Süßkirsche, mit eirundlicher Krone und geradem, weit in die Krone durchgehendem Stamm; 15 bis 20 m hoch und 10 bis 15 m breit, Jahreszuwachs etwa 50 cm. Früchte nur 1 cm groß, süß bis bittersüß, essbar.

Quercus
Eiche

Quercus coccinea
Scharlach-Eiche
Zunächst pyramidale, später mehr rundliche, offene Krone mit lockeren Astpartien; 15 bis 18 m hoch und 9 bis 12 m breit, Jahreszuwachs etwa 30 cm. Blätter lebhaft grün, Herbstfärbung.

Quercus petraea
Trauben-Eiche
Bekannte heimische Eichenart mit hoch gewölbter Krone und bis zum Wipfel durchgehendem Stamm; 20 bis 30 m hoch und 15 bis 20 m breit, Jahreszuwachs 35 cm.

Quercus robur
Stiel-Eiche
Heimischer Baum mit breiter, hoch gewölbter, lockerer und lichter Krone auf meist kurzem Stamm; 25 bis 35 m hoch und 15 bis 20 m breit, Jahreszuwachs 35 cm.

Quercus rubra
Rot-Eiche
Großer Baum mit rundlicher Krone; 20 bis 25 m hoch und 12 bis 18 m breit; Jahreszuwachs 40 cm. Blätter oberseits dunkelgrün, unterseits hellgrün, Herbstfärbung prachtvoll orangerot bis glühend scharlachrot.

Robinia pseudoacacia
Robinie, Gewöhnliche Scheinakazie

Baum mit lockerer Krone, Äste unregelmäßig, waagerecht ansetzend, im Alter malerisch schirmförmig; 20 bis 25 m hoch und 12 bis 18 m breit, Jahreszuwachs in der Jugend bis 1 m, später nur noch 50 cm. Blätter, Früchte, Samen und Rinde giftig.

Salix alba
Silber-Weide

Großer, stattlicher Baum, mit hoch gewölbter Krone und breitausladenden Ästen; 15 bis 20 m hoch und 10 bis 15 m breit, Jahreszuwachs in der Jugend bis 80 cm, später etwa 30 cm.

'Tristis', Trauerweide, Hängeweide. Malerischer Baum mit weit ausladenden, starken Ästen und senkrecht bis zum Boden herabhängenden Zweigen, rasch wachsend, im Alter bruchgefährdet; 15 bis 20 m hoch und ebenso breit, Jahreszuwachs 60 cm.

Sorbus
Eberesche

Sorbus aucuparia subsp. *aucuparia*
Gewöhnliche Eberesche, Gewöhnliche Vogelbeere
Baum mit ovaler, später mehr rundlicher Krone, aber auch mehrstämmig; bis 20 m hoch und 4 bis 6 m breit. Jahreszuwachs 40 cm. Blätter unpaarig gefiedert; Herbstfärbung prachtvoll gelb bis orangerot. Früchte leuchtend rot, in großer Fülle.

Sorbus domestica
Speierling
Baum mit rundlich gewölbter Krone und kurzem Stamm; 10 bis 15 m hoch und ebenso breit, Jahreszuwachs 30 cm.

◄ Die Robinie verträgt sehr viel Hitze und Trockenheit. Dabei sieht sie mit ihren 10 bis 25 cm langen, herabhängenden Blütentrauben, die stark süßlich duften, ausgesprochen attraktiv aus.

▲ Die Früchte des Speierlings sind als Zusatz zu Most oder Apfelwein sehr begehrt.

Früchte birnen- bis apfelförmig, 2 bis 4 cm lang und bis 3 cm dick, grüngelb, sonnenseits leuchtend rot, essbar, Zusatz zu Apfelwein.

Sorbus torminalis
Elsbeere
Heimischer Baum mit geschlossener, eirundlicher Krone; 10 bis 20 m hoch und 7 bis 12 m breit; vergleichsweise langsam wachsend, Jahreszuwachs 40 cm. Blätter ahornartig gelappt, Herbstfärbung prächtig gelborange, rot bis gelbbraun. Früchte essbar.

Tilia
Linde

Tilia cordata
Winter-Linde
Bekannter heimischer Baum mit breit kegelförmiger, dichter Krone; 18 bis 25 m hoch und 10 bis 15 m breit, Jahreszuwachs etwa 30 cm. Blätter mit leuchtend gelber Herbstfärbung. Beste Bienenweide. Wird nicht so stark von Blattläusen befallen wie die Sommerlinde (weniger Honigtau).

Tilia platyphyllos
Sommer-Linde
Mächtiger, heimischer Großbaum; 30 bis 35 m hoch und 18 bis 25 m breit, Jahreszuwachs 45 cm. Treibt früher aus als die Winter-Linde; ist anfällig gegen Rote Spinne; gute Bienenweide.

Tilia tomentosa
Silber-Linde
In Südosteuropa / Kleinasien heimischer Baum, mit breit kegelförmiger, geschlossener Krone; 25 bis 30 m hoch und 15 bis 20 m breit, Jahreszuwachs etwa 40 cm. Übersteht sommerliche Luft- und Bodentrockenheit besser als andere Linden. Der Baum ist weitgehend widerstandsfähig gegen Insekten und Krankheiten, wenig Honigtauabsonderung. Die Blüten lassen sich auch medizinisch einsetzen.

Blüten für die Hausapotheke
Ein Teeaufguss aus den Blüten der Winter-Linde und der Sommer-Linde ist eine hervorragende Medizin bei fiebrigen Erkältungskrankheiten.

Ulmus
Ulme

Ulmus glabra
Berg-Ulme
Stattlicher, heimischer Großbaum, mit dichter Krone und einem Stamm, der sehr weit in die Krone hineinreicht; 25 bis 35 m hoch und bis 20 m breit, Jahreszuwachs 45 cm.

Resistente Ulmensorten
Die Baumschulen führen auch Sorten, die gegen die gefürchtete Ulmenkrankheit resistent sind.

Ulmus minor
(Syn. *Ulmus carpinifolia*)
Feld-Ulme
Bekannter heimischer Baum mit hoch gewölbter, dichter Krone und kurzem Stamm; 20 bis 35 m hoch und 18 bis 25 m breit, Jahreszuwachs 40 cm. Nachteilig ist die Anfälligkeit für die Ulmenkrankheit.

▼ Bei den Ulmen gibt es Sorten mit hübscher Gelbfärbung des Laubes.

Kleinkronige Laubbäume

In der Regel müssen für Gärten Baumarten gewählt werden, die den begrenzten räumlichen Verhältnissen entgegenkommen. Das sind Bäume mit gemäßigtem Wuchs oder einer schmalen Kronenform. Es gibt sie in einer relativ großen Zahl und Vielfalt, zumal auch viele Großsträucher von sich aus oder mit einiger Nachhilfe zu sehr schönen Kleinbäumen heranwachsen.

Aber auch bei diesen kleineren Bäumen gilt, dass bei der Wahl des Baumes die Größe des Gartens bestimmend ist. Auch ein kleinerer Baum braucht etwa 7 m Abstand nach allen Seiten hin, also einen Flächenraum von rund 50 m^2. Bei den kleineren Bäumen kann man das Angenehme mit dem Nützlichen verbinden, indem man Obstbäume pflanzt. Das können sowohl Apfel- und Birnbäume als auch Süß- und Sauerkirschen oder die verschiedenen Pflaumenarten sein. In warmen Lagen sind auch Pfirsiche oder sogar Aprikosen möglich.
Nachfolgend eine Auswahl von Klein- und Mittelbäumen, die selten höher als 10 bis 15 m werden und als Hausbäume verwendet werden können oder in größeren Gärten in Rahmenpflanzungen raumbegrenzende Höhenakzente setzen.

▶ Blütenbäume, wie diese Zierkirsche, finden auch in kleinen Gärten einen Platz.

Acer
Ahorn

Acer campestre subsp. *campestre*
Feld-Ahorn

Einheimischer, kleiner bis mittelgroßer Baum, im Alter mit rundlicher Krone, oder auch mehrstämmiger, dicht und sparrig verzweigter Strauch; 5 bis 15 m hoch, Kronendurchmesser 7 m, Jahreszuwachs 40 cm. Verträgt Schnitt sehr gut, als Heckenpflanze geeignet (siehe Seite 156).

Acer capillipes
Roter Schlangenhaut-Ahorn

Kleiner Baum oder Großstrauch mit aufrechten, locker verzweigten Ästen; 7 bis 9 m hoch, Kronendurchmesser 5 m, Jahreszuwachs 20 cm. Außerordentlich attraktives Rindenbild, glänzend olivgrüne Zweige und Stämme mit weißen Längsstreifen. Die dreilappigen Blätter sind glänzend dunkelgrün, Herbstfärbung leuchtend karminrot.

Acer negundo
Eschen-Ahorn

Baum oder Großstrauch, meist mehrstämmig mit lockerer, breiter Krone; bis 15 m hoch, Kronendurchmesser 10 m, Jahreszuwachs 40 cm. Blätter hellgrün, unpaarig gefiedert, Herbstfärbung lichtgelb, gelegentlich auch leuchtend orange. Die vor dem Laubaustrieb erscheinenden blassgelben, in hängenden Trauben stehenden männlichen Blütenbüschel sind eine große Zierde. Von der Art gibt es noch eine Reihe Gartenformen, die alle etwas kleiner bleiben.
'Aureo-Variegatum', Goldeschen-Ahorn. Blättchen dunkelgrün mit unregelmäßigen, goldgelben Flecken.
'Variegatum', Silbereschen-Ahorn. Blättchen unregelmäßig weiß gerandet oder gebändert.

Acer platanoides
Spitz-Ahorn

'Columnare'. Mittelgroßer Baum mit zunächst eiförmiger, später säulenförmiger Krone; bis 10 m hoch, Kronendurchmesser 5 m, Jahreszuwachs 30 cm. Blätter bis 15 cm breit, im Austrieb rötlich, später dunkelgrün.
'Globosum', Kugel-Ahorn. Kleiner Baum, ohne Schnitt eine regelmäßig dicht verzweigte, geschlossene Kugelkrone bildend; bis 6 m hoch, Kronendurchmesser 5 m, Jahreszuwachs 15 cm. Die Blätter sind lebhaft grün.

Acer rufinerve
Rotnerviger Ahorn

Kleiner Baum, meist aber mehrstämmiger Großstrauch mit lockerer Krone und starken, aufrecht strebenden Ästen, heimisch in den Bergwäldern Japans; 6 bis 8 m hoch, Kronendurchmesser 5 m. Die jungen, olivgrünen Zweige sind bereift, Äste mit auffallend weißen Längsstreifen, die besonders im Winter eine große Zierde sind. Die 3-lappigen Blätter färben sich im Herbst orange bis karminrot. Die hellgrünen Blüten erscheinen nach der Laubentfaltung im Mai.

Acer × zoeschense 'Annae'
Zöschener Ahorn

Malerischer, meist mehrstämmiger Kleinbaum mit ausladenden Kronenästen; 5 bis 8 m hoch, Kronendurchmesser 7 m, Jahreszuwachs 40 cm. Interessant durch die 5-lappigen, dunkelgrünen, im Austrieb leuchtend dunkelroten, später seidenglänzenden, etwas ledrigen Blättern mit auffallend roten Blattstielen. Herbstfärbung leuchtend dunkelgelb.

Aesculus
Rosskastanie

Aesculus hippocastanum 'Globosum'
Kugel-Rosskastanie

Kleiner Baum, Krone in der Jugend ohne Schnitt kugelig, im Alter breit kegelig mit starken Ästen; bis 8 m hoch, Kronendurchmesser 8 m, Jahreszuwachs 20 cm. Blätter 10 bis 20 cm lang, 5- bis 7-teilig, dunkelgrün. Blüten weiß, gelbrot gefleckt, in 20 cm langen, aufrechten Rispen.

Betula
Birke

Betula albosinensis
Chinesische Birke

Kleiner Baum mit lockerer, breit pyramidaler Krone und leicht überhängenden, dünnen Trieben; 6 bis 8 m hoch, Kronendurchmesser 5 m, Jahreszuwachs 25 cm. Eine besondere Attraktion ist die Rinde, in großen Fahnen dünn abrollend, kupferfarben-glänzend bis braunorange, junge Stämme und Äste sind oft zart bläulich bereift.

Betula pendula 'Youngii'
Trauer-Birke

Kleiner Baum mit schirmartiger Krone und senkrecht herunterhängenden Ästen, die oft bis zum Boden reichen; 4 bis 6 m hoch, Kronendurchmesser 5 m, Jahreszuwachs 30 cm. Schnittmaßnahmen an der Trauer-Birke sollten nur in der Vegetationsruhe durchgeführt werden.

Carpinus
Hainbuche

Carpinus betulus 'Fastigiata'
Pyramiden-Hainbuche

Mittelgroßer Baum mit regelmäßig kegelförmiger Krone und bis zum Wipfel durchgehendem Stamm; bis 15 m hoch, Kronendurchmesser 4 m, Jahreszuwachs 30 cm. Herbstfärbung leuchtend gelb.

Cercidiphyllum
Kuchenbaum

Cercidiphyllum japonicum
Kuchenbaum, Katsurabaum

Kleiner, oft mehrstämmig wachsender Baum oder Großstrauch, mit im Alter breit kegelförmiger, rundlicher und zuletzt auch schirmförmiger, malerischer Krone; 8 bis 10 m hoch, Kronendurchmesser 6 m, Jahreszuwachs 30 cm. Blätter bis 8 cm lang, Basis herzförmig, Blattstiele schön rot gezeichnet, sich gut abhebend von den frischgrünen bis bläulich grünen Blättern. Austrieb früh, fast karminrot; im Herbst von hellgelb über aprikosenorange bis zu karmin- und scharlachrot.

Crataegus × lavallei 'Carrierei' ist ein beliebter Hausbaum.

Crataegus
Weißdorn

Crataegus laevigata 'Paul's Scarlet'
Echter Rotdorn

Kleiner Baum oder Großstrauch mit breitkegelförmiger, später mehr rundlicher Krone und breit ausladenden Ästen; 4 bis 6 m hoch, Kronendurchmesser 4 m, Jahreszuwachs 20 cm. Die Attraktion sind die leuchtend karmesinroten, gefüllten Blüten im Mai bis Juni.

Crataegus × lavallei 'Carrierei'
Lederblättriger Weißdorn

Kleiner Baum mit zunächst kugeliger, später ausgeprägt breiter, flach gewölbter Krone; bis 7 m hoch und 5 m breit, Jahreszuwachs 25 cm. Blätter glänzend dunkelgrün, Herbstfärbung gelbbraun bis orange. Blüten weiß bis rosa, in Schirmrispen im Mai. Früchte orangerot gesprenkelt, werden oft in Massen angesetzt und haften bis weit in den Winter hinein.

Fagus
Buche

Fagus sylvatica 'Purpurea Pendula'
Hänge-Blutbuche

Schwachwüchsiger Baum mit meist schmaler, gleichmäßiger Krone, Äste kurzbogig, fast senkrecht bis zum Boden herunterhängend, bildet keinen Mitteltrieb; 6 bis 10 m hoch, Kronendurchmesser 4 m, Jahreszuwachs 15 cm. Blätter im Austrieb tiefrot, später schwarzrot, Herbstfärbung braunrot.

Fraxinus
Esche

Fraxinus ornus
Blumen-Esche, Manna-Esche

Zierender kleiner Blütenbaum oder Großstrauch mit rundlicher oder breit pyramidaler Krone auf kurzem Stamm; 8 bis 10 m hoch, Kronendurchmesser 7 m, Jahreszuwachs 20 cm. Blätter unpaarig gefiedert, 15 bis 20 cm lang. Blüten cremeweiß, in dichten, endständigen, bis zu 15 cm langen Rispen, die den ganzen Baum bedecken und einen angenehmen Duft verbreiten.

Magnolia
Magnolie

Magnolia × soulangeana
Tulpen-Magnolie

Kleiner kurzstämmiger Blütenbaum oder Großstrauch, in der Jugend mit pyramidaler Krone, im Alter rundlich mit ausladenden Hauptästen, die sich oft malerisch bis zum Boden senken; 4 bis 8 m hoch, Kronendurchmesser 5 m, Jahreszuwachs 25 cm. Vor dem Laubaustrieb große tulpenförmige Einzelblüten mit weißer Grundfarbe und rosavioletter Einfärbung, an etwas sparrigen Kurztrieben.

▼ Unvergleichlich edel wirken die Blüten der Tulpen-Magnolie. Leider schädigt der Frost oft die Blütenblätter.

Malus
Apfel

Malus-Cultivars
Zierapfel

Seit dem Ende des 19. Jahrhunderts befassen sich viele europäische Gärtner mit der Züchtung und Auslese von Zieräpfeln. Nachfolgend einige dieser Gartenformen, die zu kleinen Bäumen heranwachsen (4 bis 7 m hoch, Kronendurchmesser 4 bis 5 m, Jahreszuwachs 30 cm) und sich durch attraktive Blüten und / oder Früchte auszeichnen. 'Hillieri', Blüten rosa, halbgefüllt, Früchte gelborange bis hellrot; 'Profusion', Blüten blaurot bis rosenrot, Früchte mittelrot bis dunkelrot; 'Evereste', Blüte weiß, Früchte orangerot; 'John Downie', Blüten weiß, Früchte gelb bis hochrot; 'Prof. Sprenger', Blüten weiß, Früchte gelborange bis orangerot; 'Wintergold', Blüte weiß, Früchte gelb.

Malus floribunda
Vielblütiger Apfel

Kleiner malerischer Blüten- und Fruchtbaum mit breit gewölbter Krone; 4 bis 6 m hoch, Kronendurchmesser 5 m, Jahreszuwachs 30 cm. Blüten aufgeblüht weiß mit schwacher rosa Einfärbung. Früchte erbsengroß, zuerst gelbgrün, später etwas rötlich.

Malus tschonoskii
Wolliger Apfel

Kleiner Blüten- und Fruchtbaum mit einer breiten pyramidalen Krone; 8 bis 12 m hoch, Kronendurchmesser 5 m, Jahreszuwachs 30 cm. Herbstfärbung der Blätter gelborange bis orangerot. Blüten weiß. Früchte 2 bis 2,5 cm dick, gelbgrün mit rötlicher Backe.

Nothofagus
Scheinbuche

Nothofagus antarctica
Scheinbuche, Südbuche

Kleiner Baum oder Großstrauch mit eigenwilligem Wuchs, Hauptstämme oft knieförmig gebogen oder schräg aufwärts gewunden, Seitenäste horizontal ansetzend, häufig sich ganz einseitig ausbreitend und bogenförmig abwärts geneigt; 6 bis 10 m hoch, Jahreszuwachs 25 cm. Verzweigung auffallend fischgrätenartig. Blätter eiförmig, 1 bis 3 cm groß, mit fein gewelltem Rand. Herbstfärbung prächtig goldgelb.

Prunus
Kirsche, Pflaume

Prunus 'Accolade'

Zierlicher Blütenbaum, Hauptäste locker, trichterförmig aufsteigend, im Alter malerisch schirmförmig ausladend; 5 bis 7 m hoch, Kronendurchmesser 5 m, Jahreszuwachs 30 cm. Blüten in Büscheln, leuchtend rosa, leicht gefüllt, Einzelblüten bis 4 cm breit.

▼ Die zierliche Japanische Blüten-Kirsche hüllt sich im April / Mai in eine Blütenwolke.

Prunus avium 'Plena'
Vogel-Kirsche

Kleiner Blütenbaum mit rundlicher, regelmäßig verzweigter, dichter Krone; 7 bis 12 m hoch, Kronendurchmesser 6 m, Jahreszuwachs 30 cm. Blüten schneeweiß, dicht gefüllt, in Büscheln, sehr attraktiv. Früchte werden kaum angesetzt.

Prunus cerasifera 'Nigra'
Blutpflaume

Kleiner Blütenbaum oder baumartiger Strauch mit rundlicher bis kegelförmiger Krone, Zweige im Alter malerisch überhängend; 5 bis 7 m hoch, Kronendurchmesser 4 m, Jahreszuwachs 25 cm. Blätter dunkelpurpurrot bis schwarzrot mit metallischem Glanz. Blüten leuchtend rosa, einfach, vor oder mit dem Laubaustrieb im April.

Prunus fruticosa 'Globosa'
Kugelsteppen-Kirsche

Als Hochstamm veredelter, kleiner Baum mit regelmäßiger Kugelkrone; 3 bis 5 m hoch, Kronendurchmesser 2,5 m, Jahreszuwachs 20 cm. Blüten weiß, zu 2 bis 4, langgestielt in sitzenden Dolden. Früchte dunkelrot, etwa erbsengroß, essbar, säuerlich schmeckend.

Prunus padus
Traubenkirsche

Kleiner Baum oder mehrstämmiger Großstrauch mit schmal eiförmiger bis rundlicher, geschlossener Krone; 6 bis 10 m hoch, Kronendurchmesser 5 m, Jahreszuwachs 50 cm. Blüten weiß, stark duftend, in 10 bis 15 cm langen, lockeren, halb aufrechten bis überhängenden Trauben. Die Blüten erscheinen nach den Blättern oder entwickeln sich gleichzeitig mit dem Laubaustrieb. Früchte kugelig, etwa erbsengroß, essbar, bitterer Geschmack.

Prunus sargentii
Berg-Kirsche

Kleiner Blütenbaum, Hauptäste trichterförmig aufrecht, im Alter locker und breit ausladend, sehr malerisch; 6 bis 12 m hoch, Kronendurchmesser 6 m, Jahreszuwachs 30 cm. Borke kastanienbraun, glänzend. Blätter süßkirschenähnlich, Herbstfärbung prächtig orange bis scharlachrot. Blüten rosa, einfach, in 2- bis 4-blütigen Trugdolden in großer Fülle.

Prunus serrulata
Japanische Blüten-Kirsche

'Amanogawa'. Kleiner Blütenbaum, Äste straff säulenförmig aufrecht, dicktriebig, oft mit mehreren gleichstarken Hauptstämmen, 4 bis 7 m hoch, Kronendurchmesser 2 m, Jahreszuwachs 30 cm, in der Breite 5 cm. Blüten hellrosa, leicht gefüllt, Einzelblüten bis 4 cm breit, zu 3 bis 5, sehr zahlreich, zart duftend.
'Kanzan', Nelken-Kirsche. Kleiner Blütenbaum, Krone trichterförmig mit steif aufrechten, starken Hauptästen, im Alter breit ausladend; 7 bis 10 m hoch, Kronendurchmesser 6 m, Jahreszuwachs 30 cm. Blüten rosa, dicht gefüllt (etwa 30 Blütenblätter), in Büscheln zu 2 bis 5, Einzelblüte bis zu 6 cm breit, außerordentlich reich blühend.
'Shiro-fugen'. Kleiner Blütenbaum, Krone zunächst trichterförmig, im Alter malerisch breit ausladend; 5 bis 8 m hoch, Kronendurchmesser 6 m, Jahreszuwachs 30 cm. Blüten reinweiß, gefüllt, Einzelblüte 4,5 bis 5 cm breit.

Prunus subhirtella
Frühjahrs-Kirsche

'Autumnalis'. Kleiner Blütenbaum, Krone breit aufrecht, Zweige und Triebe sehr fein, im Alter dicht verzweigt und überhängend; bis 5 m hoch, Kronendurchmesser 5 m, Jahreszuwachs 25 cm. Blüten weiß bis weißlich rosa, halbgefüllt. Die ersten Blüten erscheinen bei milder Witterung oft schon im November / Dezember. Hauptblüte März / April. 'Autumnalis Rosea', Blütenmitte rosafarben.
'Fukubana'. Kleiner Blütenbaum mit kurzem Stamm und kräftigen, aufrechten Grundästen und malerisch breit überhängender Bezweigung; 4 bis 6 m hoch, Kronendurchmesser 3 m, Jahreszuwachs 15 cm. Blüten tiefrosa, leicht gefüllt, Blütenblätter am Rand tief eingeschnitten, gekraust.

Prunus × yedoensis
Tokyo-Kirsche

Kleiner Blütenbaum, der von vielen übereinstimmend als eine der schönsten Zierkirschen bezeichnet wird. Krone zunächst trichterförmig, Äste im Alter breit und locker ausladend, Zweige und Triebe leicht überhängend; 5 bis 8 m hoch, Kronendurchmesser 5 m, Jahreszuwachs 40 cm in der Jugend, später weniger. Blüten knospig rosa, später strahlend weiß, einfach.

Pyrus
Birne

Pyrus calleryana 'Chanticleer'
Chinesische Wildbirne

Kleiner Blütenbaum mit schmal kegelförmiger Krone und aufrechten Seitenästen; 8 bis 12 m hoch, Kronendurchmesser 4 m, Jahreszuwachs 30 cm. Blüten weiß, in sehr zahlreichen Dolden, sie erscheinen vor oder mit dem Laubaustrieb.

Robinia
Akazie

Robinia pseudoacacia 'Umbraculifera'
Kugelige Robinie

In Kommunen häufig angepflanzter kleiner Baum mit dichter, kugelrunder, feintriebiger Krone; 5 bis 6 m hoch, Kronen-

▲ Die Kugelige Robinie passt mit ihrer kleinen Baumkrone auch in kleine Vorgärten.

durchmesser 4 m, Jahreszuwachs 15 cm. Blätter unpaarig gefiedert, insgesamt zierlicher und kleiner als bei der Art. Blüht nicht.

Sorbus
Eberesche

Sorbus aria
Gewöhnliche Mehlbeere

Kleiner Blüten- und Fruchtbaum mit gleichmäßig aufgebauter, breit kegelförmiger oder kugeliger Krone und meist kurzem Stamm; 6 bis 12 m hoch, Kronendurchmesser 6 m, Jahreszuwachs 30 cm. Blätter breit elliptisch bis breit eiförmig, 8 bis 12 cm lang, Austrieb weißfilzig, später dunkelgrün. Blüten weiß in bis zu 5 cm breiten Schirmrispen. Früchte orange bis rot, kugelig, 1 cm dick, mehlig, essbar.

Sorbus × arnoldiana
Arnolds Eberesche

Eine Kreuzung zwischen *Sorbus aucuparia × Sorbus discolor*. Zu dieser Gruppe gehören auch die „Lombart's Hybriden". Es sind kleine Blüten- und Fruchtbäume, 7 bis 10 m hoch, Kronendurchmesser 3 bis 5 m, Jahreszuwachs 20 cm, mit unpaarig gefiederten, bis 20 cm langen Blättern. Herbstfärbung leuchtend gelb bis orangerot. Die weißen Blüten stehen in bis zu 15 cm breiten, flachen Rispen. 'Apricot Queen', Früchte orangegelb, essbar, mit hohem Vitamin-C-Gehalt (158,5 mg je 100 g Früchte). 'Golden Wonder', Früchte ockergelb. 'Red Tip', Früchte weiß mit roten Punkten.

Sorbus aucuparia subsp. *moravica*
Süße Eberesche

Mittelgroßer Blüten- und Fruchtbaum mit gleichmäßig pyramidaler, geschlossener Krone; 10 bis 15 m hoch, Kronendurchmesser bis 6 m, Jahreszuwachs 40 cm. Blätter unpaarig gefiedert mit 13 bis 15 Blättchen, Blattspindel braunrot, Herbstfärbung leuchtend gelb bis orangerot. Blüten weiß, in bis zu 20 cm breiten, flachen Rispen. Die essbaren Früchte enthalten 60 bis 110 mg Vitamin C pro 100 g.

Sorbus × hybrida
Bastard-Mehlbeere

Kleiner Blüten- und Fruchtbaum; 7 bis 10 m hoch, Kronendurchmesser 5 m, Jahreszuwachs 25 cm. Blätter mehr oder weniger eiförmig, oben breit-abgerundet, nur an der Basis mit 1 bis 2 Fiederblättchen. Früchte tiefrot.

Sorbus intermedia
Schwedische Mehlbeere

Mittelgroßer Blüten- und Fruchtbaum mit zunächst kegelförmiger, im Alter rundlich gewölbter Krone; 10 bis 12 m hoch, Kronendurchmesser 6 m, Jahreszuwachs 25 cm. Blätter eiförmig mit 5 bis 9 rundlichen Seitenlappen, derb ledrig, dunkelgrün. Herbstfärbung gelb bis orangegelb. Früchte etwa 1 cm dick, orangerot. 'Brouwers' ist eine besonders hübsche Selektion.

Ulmus
Ulme

Ulmus glabra 'Pendula'
Hänge-Ulme

Kleiner Baum, bis 5 m hoch und ebenso breit, mit dachartiger, dicht verzweigter Hängekrone; Äste flach, schirmartig ausgebreitet.

Ulmus minor 'Wredei'
Gold-Ulme

Kleiner Baum mit säulenförmiger Krone und meist durchgehendem Stamm; 8 bis 10 m hoch, Kronendurchmesser 4 m. Blätter im Austrieb leuchtend gelb, später gelb.

Großsträucher, Wuchshöhe über 5 bis 10 m und mehr

Allgemein bekannte Sträucher dieser Größenordnung sind der Holunder und der Goldregen. Entsprechend ihrer Höhe benötigen Großsträucher auch genügend Platz in der Breite. Sie stehen vor allem am Rand des Gartens, meist einzeln als Einsprengsel zwischen etwas niedrigeren Sträuchern. Wenn genügend Platz ist, pflanzt man sie auch in lockerer, heckenartiger Reihung. Aber auch in Einzelstellung an ausgesuchten Plätzen, z. B. im Vorgarten, am Rand der Rasenfläche oder in der Nähe des Sitzplatzes am Haus sehen Großsträucher gut aus.

Acer Ahorn

Acer monspessulanum Felsen-Ahorn, Französischer Ahorn

Großstrauch (oder kleiner Baum) mit meist drehwüchsigen Stämmen und unregelmäßiger, breit eiförmiger oder rundlicher Krone; 5 bis 8 m hoch und 5 m breit, Jahreszuwachs 30 cm. Blätter 3-lappig, ganzrandig, Herbstfärbung schön gelb. Besonders attraktiv auch die gelbgrünen Doldentrauben im April / Mai, während des Austriebs. Wird kaum von Krankheiten befallen.

Acer negundo 'Odessanum' Eschen-Ahorn

Mächtiger Großstrauch; 7 bis 10 m hoch und 5 bis 7 m breit, Jahreszuwachs 30 cm. Junge Triebe dicht weißlich behaart, später dunkelgrün. Blätter gegenständig gefiedert, Blättchen im Austrieb bronzefarben, später leuchtend goldgelb.

Amelanchier Felsenbirne

Amelanchier lamarckii (Syn. *A. canadensis*) Kupfer-Felsenbirne

Großer, mehrstämmiger Blütenstrauch, in der Jugend locker aufrecht, im Alter zunehmend breiter mit etwas schirmförmiger Krone und leicht überhängenden Seitenästen; bis 6 m hoch und im Alter ebenso breit, Jahreszuwachs 20 cm. Blätter grün, im Austrieb kupferrot, Herbstfärbung leuchtend gelb, orange bis rot. Blüten weiß, Früchte blauschwarz, essbar, recht schmackhaft.

Strauchförmige Laubgehölze

Sträucher bilden zum Unterschied zu den Bäumen keinen Stamm, sondern verzweigen sich schon dicht über dem Erdboden oder treiben unmittelbar aus dem Wurzelstock im Boden zahlreiche, mehr oder weniger gleichrangige Triebe, die einen meist rundlichen, anderenfalls aufstrebend wachsenden oder auch weit überhängenden Busch bilden. Eine eindeutige Grenze zwischen Baum und Strauch lässt sich nicht ziehen, zumal es Gehölzarten gibt, die unter den jeweiligen Umständen entweder baumartig oder nur strauchförmig wachsen. Sträucher bleiben im Großen und Ganzen niedriger als Bäume. Die Wuchshöhe ist jedoch kein charakteristisches Merkmal, denn manche Kleinbäume erreichen auch im Alter niemals die Höhe mancher Großsträucher.

Einteilung der Sträucher nach der Wuchshöhe
- Großsträucher, Wuchshöhe über 5 bis 10 m und mehr
- Hohe Sträucher, Wuchshöhe etwa 3 bis 5 m
- Mittelhohe Sträucher, Wuchshöhe etwa 2 bis 3 m
- Niedrige Sträucher, Wuchshöhe etwa 1,5 m
- Zwerggehölze, Wuchshöhe 0,5 bis 1 m

◀ Die Kupfer-Felsenbirne sieht das ganze Jahr über attraktiv aus. Dabei ist der Strauch sehr anspruchslos.

Corylus
Haselnuss

Corylus avellana
Gewöhnliche Hasel

Breit aufrecht wachsender, vielstämmiger Fruchtstrauch; 5 bis 7 m hoch und ebenso breit, Jahreszuwachs 30 bis 40 cm. Sehr gutes Ausschlagvermögen selbst nach stärkstem Rückschnitt. 'Hallesche Riesen', ist eine der besten Haselnüsse, großfrüchtig, sehr ertragreich. Schon 1788 entstanden. 'Rotblättrige Zellernuss', Blätter im Austrieb blutrot, später vergrünend. 'Webbs Preisnuss', ertragreiche, nicht zu stark wachsende Sorte aus der Gruppe der Lambert's-Hybriden. Die Erntezeit ist von August bis Oktober.

Crataegus
Weißdorn

Crataegus monogyna
Eingriffeliger Weißdorn

Aufrechter, stark bedornter Blütenstrauch; bis 6 m hoch, alte Büsche im Freistand oft breiter als hoch, Jahreszuwachs 25 cm. Blätter im Umriss eirund, jederseits mit 1 bis 4, oft bis zur Mittelrippe eingeschnittenen Lappen. Blüten in weißen, endständigen Schirmrispen, in großer Fülle im Mai / Juni. Bevorzugt kalkhaltige, tiefgründige, nahrhafte Böden, ist aber anpassungsfähig.

Wildfrucht
Die dunkelroten Früchte des Weißdorns sind essbar. Sie schmecken fad. Früher wurden sie häufig zu Kompott und Wildfruchtmarmelade verarbeitet.

Elaeagnus
Ölweide

Elaeagnus angustifolia
Schmalblättrige Ölweide

Sommergrüner, hoher Blütenstrauch mit sparrigen, breit ausladenden Ästen, Zweige im Alter oft malerisch überhängend; 5 bis 7 m hoch, im Alter meist genauso breit, Jahreszuwachs 25 cm. Blätter sommergrün, 4 bis 8 cm lang und 2,5 cm breit, oberseits grünlich grau, unterseits dicht sternhaarig, silbrig, weich. Blüten zu 1 bis 3 in den Blattachseln junger Kurztriebe, glockenförmig, innen gelb, außen silbrig, angenehm duftend. Bevorzugt lockere, durchlässige und kalkhaltige Substrate.

Wuchskräftig
Der Sanddorn kann durch starke Ausläuferbildung lästig werden. Dagegen bildet die Vielblütige Ölweide keine Ausläufer.

Hippophae
Sanddorn

Hippophae rhamnoides
Sanddorn

Unregelmäßig wachsender Fruchtgroßstrauch oder kleiner Baum, bis 6 m hoch, im Alter oft so breit wie hoch, Jahreszuwachs 30 cm, mit dornigen Kurztrieben und z. T. starker Ausläuferbildung (ist unbedingt zu beachten). Pflanze ist zweihäusig, die weiblichen Pflanzen tragen die bekannten attraktiven orangefarbenen, sehr saftigen Früchte, die Multivitaminträger sind. Sie enthalten neben der sehr hohen Vitamin-C-Konzentration zehn weitere Vitamine.

Ilex
Stechpalme

Ilex aquifolium
Gewöhnliche Stechpalme, Hülse

Immergrüner, spitz kegelförmiger bis breit pyramidaler Fruchtgroßstrauch oder kleiner Baum mit breit eiförmiger, oft rundlicher Krone; bis 7 m hoch und 3 bis 5 m breit, Jahreszuwachs 20 cm. Blätter immergrün, 3 bis 8 cm lang, derb ledrig, Rand ungleichmäßig wellig, dornig gezähnt, dunkelgrün glänzend. *Ilex* ist zweihäusig, die weiblichen Pflanzen tragen leuchtend rote Steinfrüchte, die allerdings giftig sind. Bei 'Alaska' sind die Blätter kleiner und zierlicher als bei der Normalform. 'I.C. van Tol' fruchtet besonders stark, da einhäusig, ist ein zusätzlicher Pollenspender nicht nötig.

◄ Die roten Steinfrüchte der Stechpalme sind giftig. Symptome sind Leibschmerzen, Erbrechen, unter Umständen auch Durchfälle nach Verzehr von mehr als zwei Beeren. Schwere Symptomatik ist aber erst nach Aufnahme einer großen Menge von Früchten zu erwarten.

▲ Vom Goldregen sind fast alle Pflanzenteile, insbesondere die Fruchthülsen, giftig.

Laburnum
Goldregen

Laburnum anagyroides
Gewöhnlicher Goldregen

Hoher Blütenstrauch oder kleiner Baum mit trichterförmig gestellten Grundästen und locker ausgebreiteten, überhängenden Seitenästen; 5 bis 7 m hoch und bis 4 m breit, Jahreszuwachs 25 cm. Blätter unpaarig gefiedert, 3-zählig. Attraktiv durch die hellgelben Blüten, in lockeren, bogig überhängenden, 10 bis 30 cm langen Trauben, nicht duftend. Nicht besonders schnittverträglich. Große Wunden überwallen schlecht. Alle Pflanzenteile sind giftig, insbesondere die Samen.

TIPP

Goldregen verträgt keinen radikalen Rückschnitt. Bei ihm darf man die Stämme nur auf tieferstehende Stammaustriebe oder Seitenzweige zurücknehmen. Sie könnten sonst absterben ohne durchzutreiben.

Laburnum × watereri 'Vossii'
Hybrid-Goldregen

Der in unseren Gärten am weitesten verbreitete Goldregen ist ein hoher Blütenstrauch oder kleiner Baum, Grundäste straff aufrecht, Seitenzweige leicht übergeneigt; 5 bis 6 m hoch und bis 4 m breit, Jahreszuwachs 25 cm. Blüten goldgelb, in bis zu 50 cm langen, dicht besetzten Trauben, duftend.

Magnolia
Magnolie

Magnolia kobus
Kobushi-Magnolie

Baumartiger Blütenstrauch oder kleiner Baum mit zunächst kegelförmiger, später mehr breit-rundlicher Krone; bis 10 m hoch und 4 bis 8 m breit, Jahreszuwachs 30 cm. Blüten weiß, aus 6 bis 9 Blütenblättern bestehend, 10 cm groß, weit geöffnet, gelegentlich außen am Grunde schwach lilarosa überlaufen. Überreich Ende April blühend.

Magnolia × loebneri 'Merrill'
Loebner's Magnolie

Breit kegelförmiger Großstrauch; 5 bis 7 m hoch und 4 bis 5 m breit, langsam wachsend, nach 20 Jahren 6 m hoch, Jahreszuwachs 20 cm. Blüten sternförmig, 10 bis 12 cm breit, außen entweder reinweiß oder mit ganz schwachem lila Streifen, duftend, vor dem Laubaustrieb, den ganzen Strauch überdeckend.

Malus–Cultivars
Zierapfel

Seit dem Ende des 19. Jahrhunderts befassen sich viele europäische Gärtner mit der Züchtung und Auslese von Zieräpfeln. Etwa 400 Zierapfel-Sorten soll es geben.

Nach den Magnolien und den Japanischen Zierkirschen erleben wir mit der überwältigenden Blütenfülle der Zieräpfel einen der größten Höhepunkte des Gartenjahres.

▼ Fantastisch ist das Farbenspiel bei den Früchten der Zierapfel-Sorten.

Im Sommer treten die Zieräpfel ein wenig in den Hintergrund, überraschen uns aber wieder im Herbst mit einem reichen, farbenprächtigen Fruchtbehang. Nachfolgend einiger dieser Gartenformen, die zu Großsträuchern heranwachsen, 5 bis 7 m hoch und bis 5 m breit werden, Jahreszuwachs 30 cm.

- 'Eleyi', Blätter im Austrieb rötlich grün, dann schwach lilabraunrot, glänzend, später dunkelgrün; Blüten dunkelweinrot bis blaurot, einfach; Früchte dunkelrot, schorfanfällig.
- 'Hopa', Blüten dunkellilarosa bis lilarosa, einfach; Früchte bis 2 cm dick, hochrot.
- 'Red Sentinal', Blüten weiß, einfach, bis 3 cm breit; Früchte bis 2,5 cm breit, sonnenseits kirschrot, auf der Schattenseite etwas heller, sehr lange haftend.
- 'Royalty', Blätter glänzend dunkelrotbraun, später dunkelgrünrot, Rand scharf gesägt; Herbstfärbung braunrot; Blüten rubinrot, einfach; Früchte bis 1,5 cm dick, dunkelrot.
- 'Van Eseltine', Blüten rosa mit blauroten Einfärbungen, innen zartrosa bis rosa, halbgefüllt, sehr groß; Früchte 1,5 cm dick, gelb, auf der Sonnenseite orangerot überlaufen.

Parrotia
Parrotie

Parrotia persica
Parrotie

Großstrauch oder kleiner Baum, oft mehrstämmig, Hauptäste trichterförmig, Seitenäste weit ausladend; 6 bis 10 m hoch und ebenso breit, Jahreszuwachs 25 cm. Attraktiv insbesondere durch die bis 10 cm langen, im Austrieb rot gerandeten Blätter. Herbstfärbung gelb über orangerot bis hin zum violett überlaufenen scharlachrot. Blätter oft mehrfarbig. Färbung hält lange an. Krankheitsanfälligkeit gering. In der Jugend etwas frostempfindlich.

Rhus
Essigbaum

Rhus typhina
Essigbaum, Kolben-Sumach

Meist mehrstämmiger, hoher Strauch, bis 6 m hoch und breit, Jahreszuwachs 30 cm, mit etwas steifen, dicken Trieben (Ausläufer bildend!). Attraktiv durch die unpaarig gefiederten, bis 30 cm langen Blätter. Herbstfärbung prächtig orangerot, feurigrot bis scharlachrot. Früchte weinrot, samtig behaart, in kolbenartigen Ständen, nicht giftig!

Salix
Weide

Salix caprea
Sal-Weide

Großer Strauch oder auch kleiner Baum. Hauptäste breit aufrecht, etwas sparrig, im Alter untere Zweige leicht hängend; 5 bis 8 m hoch und 3 bis 6 m breit, Jahreszuwachs 40 cm, rasch wachsend. Blüten in großen, grausilbrigen bis goldgelben Kätzchen vor dem Laubaustrieb im März / April. 'Mas', die sogenannte Kätzchenweide, ist eine männliche Sorte mit großen, goldgelben Kätzchen, die bis 5 cm lang werden.

Salix matsudana 'Tortuosa'
Korkenzieher-Weide

Großer Strauch oder auch Kleinbaum mit schlank aufstrebenden, korkenzieherartig gedrehten und gewundenen Ästen und Zweigen; 4 bis 8 m hoch und bis 4 m breit, Jahreszuwachs 25 cm. Blätter schmal lanzettlich, 5 bis 10 cm lang, spiralig gedreht.

Sambucus
Holunder

Sambucus nigra
Schwarzer Holunder

Breitbuschiger und locker aufrechter Blüten- und Fruchtstrauch, gelegentlich auch als kleiner, kurzstämmiger Baum mit rundlicher bis hoch gewölbter Krone; 3 bis 7 m hoch und bis 5 m breit, Jahreszuwachs etwa 50 cm. Blüten rahmweiß, in 10 bis 20 cm breiten Schirmrispen. Früchte glänzend schwarz, sehr saftreich, hoher Vitamingehalt (A, B und C). Der Schwarze Holunder, in Norddeutschland auch Flieder genannt, ist eine treue Gefolgspflanze des Menschen. Seit den ältesten Zeiten lieben die Menschen diesen Strauch. Der Duft des Laubes ist allerdings nur wenig angenehm. Blüten und Früchte werden verarbeitet.

Hohe Sträucher, Wuchshöhe 3 bis 5 m

Allgemein bekannte Vertreter dieser Größenordnung sind der Liguster, die Forsythie, der Falsche Jasmin (Pfeifenstrauch) und der Flieder. Meist pflanzt man sie gemischt mit höheren Großsträuchern oder Bäumen, aber auch etwas niedrigeren Sträuchern zusammen, unter Umständen sind aber auch einheitliche Pflanzungen möglich. Einzelne Sträucher werden an ausgesuchten Plätzen ganz frei stehend im Rasen gepflanzt oder in Stauden- und Sommerblumenbeete eingefügt. Sie eignen sich aber auch für frei wachsende Hecken, die einen guten Sicht- und Windschutz bieten sollen.

Acer
Ahorn

Acer japonicum
Japanischer Ahorn

'Aconitifolium', Eisenhutblättriger Japanahorn. Malerischer, baumartig wachsender Strauch mit kurzem Stamm und locker aufrechten, im Alter breit ausladenden Hauptästen; 3 bis 5 m hoch, im Alter meist genauso breit, Jahreszuwachs 25 cm. Blätter 8 bis 14 cm lang und breit, fast bis zur Basis fiederschnittig gelappt, sehr dekorativ. Herbstfärbung leuchtend orangerot bis feurig weinrot. Flügel der Früchte im Herbst glänzend rot. Einer der schönsten Sträucher zur Einzelstellung. Etwas spätfrostempfindlich.

'Aureum'. Mittelhoher Strauch, gelegentlich auch baumartig mit kurzem Stamm und dichter, flachrundlicher Krone, zur Einzelstellung; 2,5 bis 5 m hoch und im Alter ebenso breit, Jahreszuwachs 20 cm. Zweigpartien oft fächerartig gestellt. Blätter mit meist 11 spitzen, doppelt gesägten Lappen, 6 bis 8 cm breit, zur Zeit des Austriebs leuchtend hellgelb bis grünlichgelb, gelbe Farbe bleibt auch während des Sommers erhalten, im Herbst kann die Belaubung herrlich gelb, orange und sogar rötlich färben. Die Früchte mit horizontalen Frucht-

▶ Der Pfeifenstrauch kann sich im Einzelstand voll entfalten.

flügeln färben sich rot und bilden einen schönen Kontrast zu dem gelben Laub.

Acer palmatum-Cultivars
Fächer-Ahorn
Nachfolgend eine Auswahl von Gartenformen des Fächer-Ahorns mit einer Wuchshöhe von 3 bis 5 m (im Alter oft breiter als hoch). All diese Sorten sind kostbare Gehölze, die nur langsam wachsen. Auch dürfen diese dekorativen Gehölze nicht zwischen anderen untergehen und sind deshalb in Einzelstellung zu verwenden.
'Atropurpureum', Blätter über die Blattmitte tiefgeschlitzt, im Sommer konstant dunkelrot bis granatrot, Herbstfärbung leuchtend rot. 'Bloodgood', Blätter herrlich dunkelpurpurrot bis schwarzrot, Herbstfärbung leuchtend scharlachrot, Lappen bis zur Hälfte der Blattspreite eingeschnitten, wenig gesägt. 'Dissectum Atropurpureum', Blätter 5- bis 7-lappig, fast bis zur Mitte geteilt, Lappen fein und tief geschlitzt, zuerst braunrot, später warm bronzegrün, Herbstfärbung feurig rot. 'Osakazuki', Blätter für eine Palmatum-Form verhältnismäßig groß, 6 bis 10 cm breit, 7-lappig, kräftig grün, im Herbst von dunkelorange bis leuchtend karminrot.

Aesculus
Rosskastanie

Aesculus parviflora
Strauch-Rosskastanie
Blütenstrauch mit wenig verzweigten, bogig aufrechten Grundtrieben, im Alter zunehmend dichter werdend, durch Ausläuferbildung sich ausbreitend; 3 bis 4 m hoch, im Alter meist breiter als hoch, Jahreszuwachs 20 cm. Blätter 8 bis 20 cm lang, handförmig 5- bis 7-teilig. Blüten weiß, in 30 cm langen, aufrechten Rispen, die in großer Zahl über dem Laub stehen (Juli bis August).

Amelanchier
Felsenbirne

Amelanchier laevis
Kahle Felsenbirne
Mehrstämmiger Blütenstrauch, locker aufrecht, im Alter malerisch ausgebreitet mit einigen stark ausgeprägten, horizontalen Seitenästen und überhängenden Zweigspitzen; 3 bis 5 m hoch, im Freistand ebenso breit. Austrieb herrlich bronzerot, im Sommer bläulich grün, Herbstfärbung prachtvoll gelb bis orange-scharlach. Blüten weiß, bis 12 cm langen, hängenden Trauben. Früchte kugelige Beeren, dunkelpurpurn, bereift, essbar, sehr schmackhaft.

Berberis
Sauerdorn, Berberitze

Berberis julianae
Julianes Berberitze
Immergrüner Blütenstrauch, aufrecht und sehr dicht wachsend, im Alter Zweige bogig übergeneigt; 2 bis 4 m hoch, im Freistand oft breiter als hoch. Blüten gelb, in Büscheln von Mai bis Juni. Früchte länglich, schwarz, blau bereift.

Berberis × ottawensis **'Superba'**
Ein hoher sommergrüner Blütenstrauch, Grundtriebe locker aufrecht, Zweige überhängend; bis 4 m hoch und breit. Blätter rundlich, 3 bis 5 cm lang, dunkelrot, mit bläulichem Glanz, oft gelb gerandet, Herbstfärbung leuchtend orange bis hellrot. Blüten leuchtend gelb mit rot in langgestielten Dolden.

Berberis thunbergii **'Red Chief'**
Thunbergs Berberitze
Raschwüchsiger, sommergrüner Blütenstrauch mit aufrechten Grundtrieben und schirmförmig überhängenden Zweigen; bis 4 m hoch und breit. Blätter frisch purpurbraunrot, Herbstfärbung leuchtend rot. Blüten gelb, in Büscheln.

Buxus
Buchsbaum

Buxus sempervirens
Gewöhnlicher Buchsbaum
Der Gewöhnliche Buchsbaum ist ein immergrüner, breit aufrecht wachsender, dichtbuschiger Strauch, gelegentlich auch kleiner Baum; 2 bis 4 m (bis 8 m) hoch und genauso breit. Wie alle Buchsbaum-Formen ist auch die Art außerordentlich schnittverträglich (Heckenpflanze). In allen Teilen giftig.

Caragana
Erbsenstrauch

Caragana arborescens
Gewöhnlicher Erbsenstrauch
Straff aufrecht wachsender Blütenstrauch mit dicken, wenig verzweigten Grundtrieben; 4 bis 5 m hoch, in der Regel immer höher als breit. Blätter unpaarig gefiedert, bis 15 cm lang. Gelbe Schmetterlingsblüten, einzeln oder zu viert im Mai. Die Wurzeln leben in Symbiose mit Luftstickstoff bindenden Bakterien.

Cercis
Judasbaum

Cercis siliquastrum
Gewöhnlicher Judasbaum
Hoher Blütenstrauch oder auch kleiner Baum, in der Jugend straff aufrecht mit starken, etwas sparrig verzweigten Ästen, im Alter mehr breit ausladend, sehr malerisch; 4 bis 6 m hoch und breit. Blätter 7 bis 12 cm lang, bläulich grün, herzförmig oder nierenförmig. Purpurrosa Schmetterlingsblüten in kurzen Trauben vor dem Austrieb am mehrjährigen Holz oder aus älteren Stämmen hervorbrechend (Kauliflorie). Schädlingsanfälligkeit gering.

Cornus
Hartriegel

Cornus alba
Tatarischer Hartriegel
Mittelhoher bis hoher Strauch mit auffällig gefärbter, attraktiver Rinde; 3 bis 4 m hoch und breit, im Alter meist breiter als hoch. Junge Triebe blutrot, älteres Holz rotbraun bis olivbraun. Hohes Ausschlagvermögen, kann durch diesen starken Ausbreitungsdrang auch lästig werden. 'Kesselringii' hat im Austrieb dunkelbraune, später bläulich grün gefärbte Blätter, Herbstfärbung gelb.

Cornus florida
Blumen-Hartriegel
Langsam wachsender, breit ausladender, dekorativ verzweigter Blütenstrauch, 4 bis 6 m hoch und genauso breit. Rinde der jungen Triebe grünlich bis purpur und oft bereift, alte Borke rechteckig gefeldert (erinnert an den Rücken eine Alligators). Herbstfärbung der Blätter prachtvoll scharlachrot bis violett. Blüten unscheinbar, in 12 mm großen Köpfchen, die von 4 weißen, bis zu 9 cm breiten, außerordentlich attraktiven Hochblättern umgeben sind. Sie erscheinen von Mai bis Juni in unglaublicher Fülle. Bei 'Rubra' sind die Hochblätter rosafarben.

▲ Beim Judasbaum brechen die purpurrosafarbenen Schmetterlingsblüten direkt aus dem Stamm hervor.

Cornus kousa
Japanischer Blumen-Hartriegel
Großer, eleganter Blütenstrauch mit vasenförmig gestellten Hauptästen und etagenartig angeordneten Zweigpartien; etwa 5 m hoch und ebenso breit. Blätter 5 bis 9 cm lang, leicht gewellt, dunkelgrün, Herbstfärbung leuchtend gelb bis scharlachrot. Die grünlich gelben Blütenköpf-

▼ Typisch für den Blumen-Hartriegel sind die weißen Hochblätter.

chen sind umgeben von 4 großen, weißen Hochblättern. Attraktiv auch die himbeerartigen, rosa, etwa 2 cm dicken Früchte, die lange haften.

Cornus nutallii
Nutalls Blumen-Hartriegel

Hoher, breit aufrechter Blütenstrauch; 3 bis 6 m hoch und 2 bis 5 m breit. Blätter 6 bis 12 cm lang, im Herbst leuchtend gelb bis orangerot. Die unscheinbaren Blütenköpfchen sind umgeben von 4 bis 8 rundlich-ovalen, zuerst cremeweißen, später weißen, etwas rosa überhauchten Hochblättern. Der Durchmesser der „Gesamtblüte" kann über 10 cm betragen.

Corylus
Hasel

Corylus avellana 'Contorta'
Korkenzieher-Hasel

Breit und schirmförmig wachsender Strauch, Grundtriebe und Zweige korkenzieherartig gedreht und gewunden, im Alter dicht verzweigt und überhängend; bis 5 m (6 m) hoch und ebenso breit, Jahreszuwachs 25 cm. Die männlichen Kätzchen sind im Frühjahr an den gedrehten Zweigen eine große Zierde.

Cotinus
Perückenstrauch

Cotinus coggygria
Europäischer Perückenstrauch

Breit ausladender Blütenstrauch mit etwas sparrigem Wuchs, zur Einzelstellung. Bei alten Exemplaren legen sich die Außenäste schleppenartig nieder; bis 5 m hoch, im Alter genauso breit wie hoch. Blätter 3 bis 8 cm lang, frischgrün, Herbstfärbung von mildgrün über leuchtend gelborange bis scharlachrot. Blüten gelblich grün, unscheinbar, in 15 bis 20 cm langen, endständigen Rispen. Auffallend die perückenartigen Fruchtstände, die aus den seidig-fedrig behaarten Stielen der unfruchtbaren Blüten bestehen. Bei 'Royal Purple' Blätter intensiv schwarzrot, metallisch glänzend, Herbstfärbung orangerot bis scharlachrot. Fruchtstände auffällig silbrig-rötlich. Der Perückenstrauch ist extrem trocken- und hitzeresistent.

Cotoneaster
Zwergmispel

Cotoneaster salicifolius var. *floccosus*
Weidenblättrige Zwergmispel

Mehr oder weniger immergrüner Strauch, meist mehrstämmig aufrecht wachsend mit elegant bogig überhängenden und breit ausladenden Seitenästen; 3 bis 5 m hoch und meist genauso breit. Blüten weiß, zahlreich in vielblütigen Schirmtrauben, stark duftend. Herrlicher Fruchtschmuck durch große Mengen orangeroter, bis 6 mm langer Früchte.

Cotoneaster watereri-Cultivars

Hier handelt es sich um Sorten, die aus Kreuzungen verschiedener *Cotoneaster*-Arten entstanden sind. In die Kategorie der Sträucher mit einer Wuchshöhe von 3 bis 5 m gehören 'Watereri' und 'Cornubia'. 'Cornubia' ist ein halbimmergrüner (wintergrüner) Fruchtstrauch mit trichterförmig aufwärts gerichteten Grundstämmen und regelmäßiger, schwachbogig abstehender Seitenbezweigung. Blätter bis 10 cm lang und 3 cm breit, dunkelgrün, Herbstfärbung zum Teil gelb bis orangerot. Leuchtend rote Fruchtstände. Der Fruchtbehang ist außerordentlich attraktiv und bleibt in milden Wintern bis zum Frühjahr haften. 'Watereri' bildet hellrote Fruchtstände aus. Größeren Fruchtansatz erreicht man, wenn andere *Cotoneaster*-Arten in der Nähe als Pollenspender dienen.

▼ Mit seinen schwarzroten Blättern kontrastiert der Perückenstrauch 'Royal Purple' zu grünblättrigen Gehölzen.

Deutzia
Deutzie

Deutzia × magnifica
Hoher, straff aufrechter Blütenstrauch mit dicken, sparrig ausgebreiteten Zweigen; 3 bis 4 m hoch und bis 3 m breit. Blüten reinweiß, sehr groß, locker rosettenartig gefüllt, in dichten, rundlichen Doldenrispen.

Deutzia scabra 'Candidissima'
Raue Deutzie
Hoher, straff aufrecht wachsender Blütenstrauch, im Alter trichterförmig ausladend; bis 4 m hoch und bis 2 m breit. Knospen zartrötlich überlaufen. Blüten reinweiß und dicht gefüllt, überreich blühend.

Elaeagnus
Ölweide

Elaeagnus commutata
Silber-Ölweide
Sommergrüner, breitbuschig aufrecht wachsender, dornenloser Strauch mit starker Ausläuferbildung; 3 bis 5 m hoch und ebenso breit. Blätter bis 10 cm lang, beiderseits silbrig glänzend. Blüten trichterförmig bis glockig, zu 1 bis 3, achselständig, innen gelb, außen silbrig, duftend. Früchte dunkelbraun-silbrig, essbar, mehlig-trockenes Fleisch.

Wuchskräftig
Die Ölweide kann durch starke Ausläuferbildung lästig werden. Dagegen bildet die Vielblütige Ölweide keine Ausläufer.

Elaeagnus multiflora
Reichblütige Ölweide
Breitbuschiger, sommergrüner Blüten- und Fruchtstrauch, überwiegend dornenlos, an Langtrieben vereinzelt Sprossdornen; 3 bis 5 m hoch und ebenso breit. Blätter 6 bis 8 cm lang, dunkelgrün, unterseits silbrig mit glänzenden, braunen Schuppen. Blüten blassgelb, zu 1 bis 2 in zahlreichen Büscheln, gute Bienenweide. Früchte dunkelrotbraun, essbar, saftig, herbsauer, können zu Kompott verarbeitet werden.

Euonymus
Spindelstrauch

Euonymus alatus
Flügel-Spindelstrauch
Langsam wachsender Fruchtstrauch, bis 3 m hoch, im Alter oft breiter als hoch, Jahreszuwachs 15 cm, Äste sparrig, weit ausladend. Zweige kantig mit 4 abwechselnd stehenden, korkigen Leisten. Herbstfärbung der Blätter außerordentlich attraktiv, leuchtend karminrot bis lilarot, früh färbend. Früchte: Fruchtkapsel rötlich, Samenmantel orange bis mennigrot, sehr zierend.

◀ Die Früchte des Pfaffenhütchens sehen außerordentlich attraktiv aus. Sie ähneln mit ihren farbigen Fruchtkapseln und dem Samenmantel den Kopfbedeckungen früherer Pfarrergenerationen.

Euonymus europaeus
Gewöhnliches Pfaffenhütchen
Aufrechter Fruchtstrauch oder kleiner Baum mit etwas sparrigen, locker gestellten Ästen; bis 6 m hoch und 4 m breit, Jahreszuwachs 20 cm. Blätter 6 bis 8 cm lang, dunkelgrün, Herbstfärbung leuchtend gelb bis rot. Blüten gelblich grün, unscheinbar, reichlich Nektar bildend, gute Bienenweide. Früchte und Blätter sind sehr giftig! Pflanzen werden nach dem Laubaustrieb gern von Gespinstmotten befallen.

Euonymus planipes
Flachstieliger Spindelstrauch
Fruchtstrauch, locker und breit aufrecht wachsend, später auseinander strebend und leicht überhängend; 3 bis 4 m hoch und genauso breit, Jahreszuwachs 20 cm. Blätter 5 bis 12 cm lang, Herbstfärbung auffallend früh einsetzend, gelb bis orangerot. Blüten grünlich gelb, zahlreich, unscheinbar. Früchte leuchtend karminrot, glänzend, Fruchtkapseln lang gestielt, 5-flügelig, Samenmantel orange, sehr attraktiv. Früchte sehr giftig!

Forsythia
Forsythie, Goldglöckchen

Forsythia × intermedia
Garten-Forsythie

Forsythien gehören zu den beliebtesten und bekanntesten Frühlingsgehölzen. Sie sind zum Inbegriff des Frühlings geworden. Die auffälligen Blüten bestehen aus vier Kelch- und vier Kronblättern. Durch Kreuzung sind eine Reihe von Gartenformen entstanden. Die nachfolgenden Gartenformen werden 2 bis 4 m hoch und in der Regel genauso breit wie hoch. 'Beatrix Farrand', Blüten knallgelb (signalgelb, chromgelb), Einzelblüte 3,5 bis 4,5 cm breit. 'Lynwood', Blüten knallgelb, Einzelblüte 2,5 bis 3,5 cm breit, sie erscheinen in dichtgedrängter Fülle gut verteilt an den Zweigen, große Leuchtkraft. 'Spectabilis', Blüten dunkelgelb, Einzelblüte bis 3 cm breit, in großer Fülle an den Zweigen. 'Spring Glory', Blüten hellgelb (primelgelb), Einzelblüte bis 3,5 cm breit, Kronblattzipfel leicht gedreht.

Halesia
Schneeglöckchenbaum

Halesia carolina
Carolina-Schneeglöckchenbaum

Hübscher Blütenstrauch mit breiter abgerundeter Krone; Seitenäste malerisch ausladend; bis 6 m hoch und im Alter oft genauso breit, Jahreszuwachs 25 cm. Blüten weiß, bis 1,5 cm lang, glockenförmig, an dünnen Stielen in Büscheln zu 2 bis 5 am vorjährigen Holz, äußerst attraktiv. Von April bis Mai kurz vor dem Laubausbruch oder mit den Blättern erscheinend.

Hamamelis
Zaubernuss

Hamamelis × intermedia
Hybrid-Zaubernuss

Sie ist ein locker trichterförmig bis breit ausladend wachsender Strauch; bis 4 m hoch, im Alter oft breiter als hoch, Jahreszuwachs 20 cm. Blüten 4-zählig in kurzen gestielten, achselständigen Köpfchen; Kronblätter schmallinear, im knospigen Zustand, aber auch bei Minustemperaturen zusammengerollt. Der beinahe quadratische, 4-teilige Kelch ist meist rötlich gefärbt und bildet dann einen schönen Kontrast zu den gelben Blütenblättern. 'Arnold Promise', leuchtend primelgelb bis schwefelgelb. 'Diane', Kronblätter an der Basis braunviolett bis leuchtend weinrot, zur Spitze lackrot. 'Feuerzauber', Kronblätter am Grunde braunviolett bis weinrot, zur Spitze hin heller werdend. 'Primavera', Kronblätter gelb, an der Basis rötlich überzogen; Kelch innen granatrot bis dunkelrubin; angenehmer Duft.

Hamamelis × japonica
Japanische Zaubernuss

Blütenstrauch mit trichterförmigem, breit ausladendem Wuchs; 3 bis 4 m hoch und im Alter mindestens ebenso breit, Jahreszuwachs 15 cm. Blätter 5 bis 10 cm lang, Herbstfärbung prachtvoll gelb bis orangerot. Kronblätter gelb, Kelch purpurn. In den ersten Jahren praktisch kein Zuwachs.

Hamamelis mollis
Chinesische Zaubernuss

Wuchs wie vorige Art. Blüten intensiv gelb, schwach duftend; Blütezeit ab Januar. 'Brevipetala', dunkelgelb bis chromgelb, stark duftend. 'Pallida', hellgelb, schwefelgelb, an der Basis weinrot überlaufen, stark duftend.

◄ Schon im Januar überrascht die Chinesische Zaubernuss mit ihren gelben duftenden Blüten.

◄ Die Magnolien-Hybridsorte 'Susan' ist durch ihre lange Blütezeit und ihre Frosthärte sehr wertvoll.

Hamamelis virginiana
Virginische Zaubernuss
Hoher Blütenstrauch, in der Heimat auch kleiner Baum mit kurzem Stamm, Hauptäste breit trichterförmig, weit ausladend; 3 bis 6 m hoch und im Alter ebenso breit. Blätter 8 bis 15 cm lang, Herbstfärbung prachtvoll gelb. Blüten hellgelb, duftend, sie erscheinen zur Zeit des Laubfalls von Oktober bis November. Gedeiht auch im Schatten noch sehr gut.

Ilex
Stechpalme

Ilex × altaclerensis 'Golden King'
Großblättrige Stechpalme
Immergrüner, aufrechter, breiter Strauch mit locker abstehenden Seitenzweigen; 3 bis 4 m hoch und im Alter genauso breit. Blätter eiförmig, 4 bis 6 cm lang und 2 bis 4 cm breit, mit nur wenigen Randdornen, dunkelgrün, glänzend, mit breitem goldgelbem Rand, einzelne Blätter ganz gelb.

Ilex aquifolium 'Myrtifolia'
Myrtenblättrige Stechpalme
Spitz kegelförmig wachsender, sehr dichtbuschiger, immergrüner Strauch; 2,5 bis 4 m hoch, Jahreszuwachs nur 10 cm. Blätter lanzettlich zugespitzt, 2,5 bis 4,5 cm lang und 0,5 bis 1 cm breit, jederseits mit 4 bis 5 feinen Randdornen.
'Silver Queen' ist ein hoher immergrüner Strauch, aufrecht wachsend, schmal kegelförmig, Zweige abstehend; bis 4 m hoch und 1,5 m breit, Jahreszuwachs nur 15 cm. Blätter graugrün marmoriert, mit breitem, weißem Randsaum, meist ganz ohne Dornen oder nur sehr kleinen an der Blattspitze. Junge Blätter lila getönt.

Magnolia
Magnolie

Magnolia liliiflora 'Nigra'
Purpur-Magnolie
Breit aufrechter, oft vielstämmiger Blütenstrauch, dichtbuschig; bis 4 m hoch und breit, Jahreszuwachs 15 bis 20 cm. Junge Triebe und Knospen angedrückt behaart. Blüten erscheinen zugleich mit den Blättern, sie sind schmal vasenförmig, 10 bis 12 cm lang und 5 cm breit, außen rubinrot bis magenta gefärbt. Blütezeit Ende April bis Anfang Mai mit Nachblüte bis Mitte Juni, oft noch im September einige Blüten. Frosthärteste Sorte der Art.

Magnolia sieboldii
Siebolds Magnolie
Breit aufrechter Blütenstrauch, im Alter mit betont flach trichterförmig ansteigenden Hauptästen; 2,5 bis 4 m hoch und breit, Jahreszuwachs 15 bis 20 cm. Blüten erscheinen nach den Blättern im Juni bis Juli; Einzelblüten schalenförmig, reinweiß, mit auffallend leuchtend scharlachroten Staubgefäßen, 7 bis 10 cm breit, nickend an 3 bis 6 cm langen Stielen, angenehmer Duft.

Magnolia 'Susan'
Eine Hybride. Breit aufrechter, vielstämmiger Blütenstrauch, in der Jugend mehr pyramidal, später dichtbuschig und rundlich; 2,5 bis 4 m hoch und breit. Blüten öffnen sich vor der Laubentfaltung oder während des Austriebs. Blüten schmal glockenförmig, lilienähnlich, aufrecht, zur Vollblüte sternförmig ausgebildet. Blütenfarbe außen am Grunde tiefmagenta, zur Spitze hin etwas heller werdend von violettrot bis graumagenta, streng duftend.

Philadelphus
Sommerjasmin, Pfeifenstrauch

Philadelphus coronarius
Gewöhnlicher Pfeifenstrauch, Falscher Jasmin

Straff aufrecht wachsender Blütenstrauch; bis 3 m hoch und 2 m breit. Blüten zu 5 bis 9 in Trauben, weiß, stark duftend. Hohes Ausschlagvermögen auch nach Radikalschnitt.

Philadelphus inodorus var. *grandiflorus*
Großblütiger Pfeifenstrauch

Locker aufrecht wachsender Blütenstrauch mit schlanken Trieben, im Alter malerisch breit überhängend, rasch wachsend; 3 bis 4 m hoch und im Alter 3 m breit. Blüten weiß mit auffallend gelben Staubgefäßen, sehr groß, bis 5 cm breit, einzeln oder zu 7 bis 9 in Trauben, kein Duft.

▼ Die kugeligen Früchte des Feuerdorns haften bis spät in den Winter hinein am Strauch.

Philadelphus 'Virginal'

Straff aufrecht wachsender Blütenstrauch, Seitentriebe im Alter überhängend; 2 bis 3 m hoch und breit. Blüten weiß, gefüllt, duftend, aufgeblüht bis 5 cm breit, in dichten Trauben, in Massen blühend.

Photinia
Glanzmispel

Photinia villosa var. *villosa*
Warzen-Glanzmispel

Aufrecht und locker wachsender Blüten- und Fruchtstrauch, im Alter mit ausgebreiteten, oft waagerechten Astpartien und übergeneigten Seitenzweigen; bis 5 m hoch und breit, Jahreszuwachs 25 cm. Blüten weiß, in bis zu 5 cm breiten Doldentrauben (sie erinnern an Weißdorn), Ende Mai bis Anfang Juni. Früchte bis 1 cm dicke, glänzend rote Kernäpfel, oft bis zum Winter am Strauch haftend, sehr zierend, essbar. Attraktiv ist auch die wunderschöne Herbstfärbung der Blätter.

Pyracantha-Cultivars
Feuerdorn

Im Handel meist nur Gartenformen, die durch Kreuzung verschiedener Arten entstanden sind. Immergrüne Blüten- und Fruchtsträucher, mehr oder wenig aufrecht wachsend, sparrig verzweigt. Blätter eiförmig bis lanzettlich, dunkelgrün, glänzend, ledrig. Zweige verdornt. Blüten weiß, zu vielen in dichten Schirmrispen entlang den mehrjährigen Trieben. Früchte kugelig, etwa erbsengroß, auffällig orange, gelb oder rot gefärbte Steinäpfel ab Anfang September bis spät in den Winter haftend. Empfehlenswerte Hybriden, die 3 bis 4 (5) m hoch werden, sind: 'Mohave', Früchte orangerot, schorfresistent, in ungünstigen Lagen etwas frostempfindlich. 'Orange Glow', Früchte orangerot, schorfresistent. 'Teton', gelborange, schorfresistent, aufgrund des Wuchses besonders geeignet für frei wachsende und geschnittene Hecken.

Schorfresistenz
Bei der Sortenwahl sollte man auf schorfresistente Sorten achten.

TIPP
Bei frei stehenden, zu sparrig wachsenden Feuerdornsträuchern (*Pyracantha*), leitet man die langen Endtriebe auf Seitenzweige ab.

Salix
Weide

Salix purpurea
Purpur-Weide

Großer, breitbuschiger Strauch von besenförmigem Wuchs, gelegentlich auch baumartig; schnellwüchsig; 3 bis 5 m hoch und genauso breit. Rinde rotbraun, später grau.

Salix udensis 'Sekka'
Japanische Drachenweide
Großer, bizarrer Strauch, Triebe unregelmäßig verzweigt, gewunden aufrecht, Zweigenden mit auffallend breiten und flachen, teilweise gedrehten Verbänderungen; 3 bis 4 m hoch und meist breiter als hoch.

Sambucus Holunder

Sambucus canadensis 'Maxima'
Kanadischer Holunder
Ausläuferbildender Blüten- und Fruchtstrauch mit dicken, aufrechten, etwas sparrig verzweigten Hauptstämmen; bis 5 m hoch und etwa 4 m breit, Jahreszuwachs 40 cm. Cremeweiße, bis 40 cm breite Schirmrispen. Früchte bis 0,5 cm dicke Beeren, kugelig, purpurschwarz, essbar.

Sambucus racemosa
Trauben-Holunder, Roter Holunder
Ein breitbuschiger, locker wachsender Fruchtstrauch mit straff aufsteigenden Grundstämmen und malerisch überhängender Bezweigung; 2 bis 4 m hoch und meist genauso breit. Blüten gelbgrün, in 5 bis 10 cm langen, aufrechten Rispen am Ende vorjähriger Kurztriebe. Früchte rund, bis 0,5 cm groß, scharlachrot, roh ungenießbar (früher Brech- und Abführmittel), reifes Fruchtfleisch lässt sich zu Marmelade verarbeiten. Vorsicht, die Steinkerne sind giftig.

Sorbus Eberesche

Sorbus koehneana
Weißfrüchtige Eberesche
Aufrechter, mehrstämmiger Fruchtstrauch, Zweige feintriebig, im Alter buschig überhängend; 2 bis 4 m hoch und 2 m breit, langsam wachsend, Jahreszuwachs etwa 15 cm. Blätter unpaarig gefiedert, sehr zierlich, 10 bis 16 cm lang, Herbstfärbung bronzerot. Blüten in bis zu 8 cm breiten Schirmrispen. Früchte weiß, perlig glänzend, Fruchtstiele oft rot überlaufen, sehr zierend.

Staphylea Pimpernuss

Staphylea colchica
Kolchische Pimpernuss
Blüten-, und Fruchtstrauch, Grundtriebe straff aufrecht, wenig verzweigt, im Alter ausladend; bis 4 m hoch und etwa 2,5 m breit, langsam wachsend. Blätter an Langtrieben 5-zählig, an Blütentrieben meist 3-zählig, Blättchen 3 bis 8 cm lang. Blüten gelblich weiß bis glasig weiß, in bis zu 10 cm langen und 5 cm breiten, aufrechten oder nickenden Rispen; Einzelblüte glockig geformt, angenehm duftend. Früchte blasig aufgetriebene Kapseln, gelbgrün, lange am Strauch haftend, sehr zierend; Samen erbsengroß.

▼ Die meisten Fliedersorten bestechen durch dekorative Blüten und herrlichen Duft.

Syringa Flieder

Syringa × chinensis
Chinesischer Flieder
Breitbuschiger, Blütenstrauch mit bogig überhängender, dünntriebiger Bezweigung; 3 bis 4 m hoch und genauso breit. Blüten lilarosa in lockeren, 15 bis 30 cm langen, hängenden Rispen, in großer Fülle, süßlich duftend. 'Saugeana' unterscheidet sich durch stärkeren Wuchs und dunklere, tieflila Blüten.

TIPP
Beim Flieder wird der Austrieb geschwächt, wenn man die Früchte reifen lässt. Deshalb möglichst bald nach der Blüte die Blütenstände vorsichtig ausbrechen.

Syringa josikae
Ungarischer Flieder
Breit, aufrechter, dichtbuschiger Blütenstrauch mit etwas steifen und starkholzigen Trieben, rasch wachsend; bis 4 m hoch und genauso breit, Jahreszuwachs etwa 35 cm. Blüten helllila (knospig pur-

purn), in schmal pyramidalen, 10 bis 15 cm langen Rispen, stark duftend.

Syringa reflexa
Bogen-Flieder
Attraktiver, Blütenstrauch mit bogig überhängenden Zweigen; 3 bis 4 m hoch und im Alter ebenso breit, rasch wachsend. Blüten knospig karminrosa, aufgeblüht außen rosa, innen weißlich, in endständigen, 10 bis 25 cm langen, überhängenden Rispen.

Syringa vulgaris
Gewöhnlicher Flieder
Aufrechter, dicht verzweigter und etwas steiftriebiger Blütenstrauch; 4 bis 6 m hoch und 3,5 bis 5 m breit, Jahreszuwachs etwa 20 cm. Blüten in bis zu 15 cm langen, aufrechten Rispen, stark duftend. Der Flieder ist ein schöner Beweis dafür, was Menschenhand aus einer Wildpflanze machen kann. Durch intensive Züchtungsarbeit sind zahllose Gartenformen entstanden.

Tamarix Tamariske

Tamarix parviflora
Kleinblütige Tamariske
Breitbuschiger Blütenstrauch mit dünnen, weich überhängenden Trieben; 3 bis 4 m hoch und 3 m breit, rasch wachsend. Blätter schuppenartig, eiförmig zugespitzt, halb stängelumfassend. Sie verleihen den Sträuchern ein sehr reizvolles, zartes Aussehen. Blüten rosa, in schmalen, etwa 4 cm langen Trauben an den vorjährigen Trieben. 'Pink Cascade', Blüten rosa, in Doppeltrauben, aus 3 bis 8 cm langen, lockeren Trauben zusammengesetzt. 'Rubra', dunkel rosarot.

Viburnum Schneeball

Viburnum lantana
Wolliger Schneeball
Aufrechter, reich verzweigter, buschiger Blütenstrauch mit zahlreichen Basistrieben, in der Jugend raschwüchsig, 3 bis 4 m hoch und genauso breit. Blüten weiß, in 10 cm breiten, halbkugeligen Schirmrispen, streng duftend. Früchte giftig!

Viburnum opulus
Gewöhnlicher Schneeball
Breit ausladender, unregelmäßig locker aufgebauter Blüten- und Fruchtstrauch, im Alter Außenzweige etwas überhängend; bis 4 m hoch und genauso breit. Blüten rahmweiß, in 8 bis 10 cm breiten, tellerförmigen Schirmrispen, die von einem Kranz steriler Randblüten umgeben sind. Die kugeligen weißen Blütenstände haben dem *Viburnum* den Namen Schneeball eingetragen. Früchte leuchtend rot, bis 1 cm dick, glänzend, sie bleiben oft den ganzen Winter am Strauch und sind besonders in der Schneelandschaft eine große Zierde (Giftig!). Das Fruchtfleisch wurde früher zu Gelee und Marmelade verarbeitet. 'Roseum', Gefüllter Schneeball. In überreicher Fülle erscheinen bis 8 cm große, weiße, ballförmige Blütenstände, im Verblühen leicht rosa. Ein prächtiger Gartenstrauch, der gut mit Sträuchern harmoniert, die zu gleicher Zeit blühen, wie Goldregen, Rotdorn und Flieder.

Viburnum rhytidophyllum
Runzelblättriger Schneeball
Immergrüner, etwas steif aufrecht wachsender, im Alter breit auseinanderstrebender Blüten- und Fruchtstrauch; 3 bis 5 m hoch und ebenso breit, in der Jugend höher als breit. Blätter länglich eiförmig bis elliptisch, 8 bis 18 cm lang, stark runzelig, oberseits dunkelgrün, unterseits dicht braunfilzig behaart. Blüten cremeweiß, in bis zu 20 cm breiten, flachen Schirmrispen. Bereits im Herbst werden die nächstjährigen Blütenstände ausgebildet. Früchte eiförmig, 0,7 cm lang, im August leuchtend rot, reif schwarz, glänzend. Giftig! Der immergrüne Schneeball ist einer der dekorativsten Blattsträucher.

▼ Der gewöhnliche Schneeball trägt bis in den Winter hinein leuchtend rote Früchte.

Mittelhohe Sträucher, Wuchshöhe etwa 2 bis 3 m

Allgemein bekannte Sträucher dieser Größe sind die Berberitzen, Weigelien und Spireen. Viele dieser mittelhohen Arten und Gartenformen gehören zu unseren schönsten Blütensträuchern, die am besten in kleinen Gruppen oder auch einzeln gepflanzt zur Geltung kommen. Wegen ihrer geringen Wuchshöhe beanspruchen sie weniger Platz in der Breite und eignen sich insbesondere zur Pflanzung in kleineren Gärten. In dieser Gruppe befinden sich aber auch hervorragende Heckensträucher für gemischte und einheitliche Pflanzungen. Sie bieten noch ausreichenden Blickschutz und in unmittelbarer Nähe der Gehölze auch einen gewissen Windschutz.

▼ Fächer-Ahorne müssen einzeln stehen, damit ihre schöne Gestalt und ihr Blattwerk gut wirken.

Acer
Ahorn

Acer palmatum-Cultivars
Fächer-Ahorn

Nachfolgend eine Auswahl von Gartenformen des Fächer-Ahorns mit einer Wuchshöhe von 2 bis 3 m. Alle diese Sorten sind kostbare Gehölze, die nur langsam wachsen und bestens vorbereitete Böden verlangen. Pralle Sonne mögen sie nicht. 'Deshojo', nicht über 3 m hoch; Blätter 5 bis 7-lappig, Austrieb herrlich karminrot, später hellgrün. 'Dissectum', Grüner Schlitz-Ahorn, flachkugelig, bis 2 m hoch und dann ebenso breit; Blätter 5- bis 7-lappig, bis zur Basis geteilt und fein geschlitzt, hellgrün. 'Dissectum Inabashidare', 1,5 bis 2 m hoch, dabei mehr breit als hoch, Blätter 5- bis 7-lappig, tief geschlitzt, dunkelbraunrot. 'Dissectum Nigrum', 1,5 bis 2 m hoch und meist doppelt so breit, Blätter 5- bis 7-lappig, tief und fein geschlitzt, dunkelbraunrot, im Austrieb leuchtend rot.

Amorpha
Bastardindigo

Amorpha fruticosa
Gewöhnlicher Bastardindigo, Scheinindigo

Niedriger, locker aufgebauter, breit ausladender Blütenstrauch; 2 bis 3 m hoch und ebenso breit. Blätter unpaarig gefiedert bis 30 cm lang. Blüten violettblau in 15 bis 20 cm langen, endständigen Trauben. Ein Absud aus den Blättern färbt blau.

Indigoersatz
Amorpha wurde von den amerikanischen Siedlern zum Blaufärben benutzt, als Ersatz für den echten Indigo, *Indigofera tinctoria*.

Berberis
Sauerdorn, Berberitze

Berberis gagnepainii var. *lanceifolia*

Immergrüner, dicht verzweigter Blüten- und Fruchtstrauch, Zweige später überhängend; 2 bis 3 m hoch und breit. Blätter schmal lanzettlich, gewellt, bis 10 cm lang, Blattrand mit nach vorn gerichteten Stachelzähnen. Blüten im Mai leuchtend goldgelb, zu 3 bis 10 in Büscheln vereint. Früchte blauschwarz, bereift, etwa 1 cm lang.

Berberis thunbergii
Thunbergs Berberitze

Sommergrüner Blütenstrauch, dicht verzweigt, Grundtriebe trichterförmig aufrecht, Zweige nach außen überhängend; 2 bis 3 m hoch und genauso breit. Blätter eiförmig, bis 3,5 cm lang, frischgrün, unten bläulich, Herbstfärbung prachtvoll scharlachrot bis orange. Blüten gelb bis rötlich in Büscheln. Früchte korallenrot, bis weit in den Winter am Strauch haftend. Von der Art gibt es noch eine Reihe von Gartenformen von gleicher Wuchshöhe. 'Atropurpurea' hat purpurrote bis rotbraune Blätter; Herbstfärbung wundervoll leuchtend karminrot. 'Azisa' wächst breit aufrecht bis leicht überhängend, Blätter dunkelgrün, im Herbst gelborange bis kupferrot. 'Golden Ring', Blätter dunkelpurpurrot mit einem schmalen gelben bis gelbgrünen Rand; Herbstfärbung herrlich tiefrot.

Buddleja Schmetterlingsstrauch

Buddleja alternifolia Schmalblättriger Sommerflieder

Raschwüchsiger, breit ausladender Blütenstrauch mit starken, aufrechten Hauptästen und langen, dünnen, malerisch überhängenden Seitenzweigen; 2 bis 4 m hoch und ebenso breit. Die hellvioletten, stark duftenden Blüten erscheinen in großer Fülle am vorjährigen Trieb.

Beim Rückschnitt beachten
Der Schmalblättrige Sommerflieder blüht an den vorjährigen Trieben. Man schneidet ihn deshalb nicht regelmäßig zurück, sondern lichtet nur aus.

► Der Sommerflieder wird zur Blütezeit von Schmetterlingen wie dem Tagpfauenauge geradezu belagert.

Buddleja davidii Sommerflieder

Der Sommerflieder kann bis zu 2 m lange Jahrestriebe entwickeln, die in unserem Klima häufig mehr oder weniger stark zurückfrieren. Dies ist kein Nachteil, da der Sommerflieder am diesjährigen Trieb blüht und ohnedies jährlich zurückgeschnitten werden sollte. Die Blüten erscheinen in etwa 20 cm langen, schlanken Blütenrispen. Die oft sechs Wochen dauernde Blütezeit erklärt sich dadurch, dass auch die später entstehenden Seitenzweige Blüten tragen. Ein scharfer Rückschnitt im Frühjahr wirkt sich ungemein positiv auf Blütengröße und Blütenfülle aus. Im Handel eine Reihe Gartenformen. Neben der ursprünglichen lila Blütenfarbe befinden sich darunter auch Sorten mit weißen, roten und schwärzlich violetten Farbtönen.

Buxus Buchsbaum

Buxus sempervirens 'Handsworthiensis' Europäischer Buchsbaum

Eine Immergrüne, breitbuschige, aufrechte Buchsbaum-Form, dicht verzweigt mit starken, aufstrebenden Grundtrieben; 2 bis 3 m hoch und oft genauso breit. Außerordentlich schnittverträglich (Heckenpflanze). In allen Teilen giftig!

◄ Der Liebesperlenstrauch sorgt im Spätherbst, wenn alles trist und grau ist, für Farbtupfer.

Callicarpa Schönfrucht, Liebesperlenstrauch

Callicarpa bodinieri var. *giraldii*

Malerischer Fruchtstrauch mit aufrechten Grundtrieben und lockerer, etwas sparriger Verzweigung; 2 bis 3 m hoch und 2 m breit. Blüten lila, unscheinbar, in gestielten Trugdolden. Beerenartige Steinfrüchte, rotviolett, glänzend, außerordentlich zahlreich, sehr zierend. Früchte sind giftig. Friert in starken Winter gelegentlich zurück, treibt jedoch wieder gut durch.

Calycanthus
Gewürzstrauch

Calycanthus floridus
Echter Gewürzstrauch

Interessanter, bis 3 m hoher und 2 m breiter Blütenstrauch. Blätter 5 bis 12 cm lang, lebhaft grün, unterseits graugrün. Blüten dunkelrotbraun, 4 bis 5 cm breit, sie duften (erdbeerartig) besonders stark in den Abendstunden. Ganze Pflanze hat einen aromatischen Duft, daher auch die Bezeichnung Gewürzstrauch.

Chimonanthus
Winterblüte

Chimonanthus praecox
Chinesische Winterblüte

Hübscher, 2 bis 3 m hoher Blütenstrauch, dessen Blüten in milden Wintern sich oft schon im Dezember öffnen und dann bis Februar / März blühen. Die glockigen, interessant geformten, 2,5 cm breiten, stark duftenden Blüten erscheinen am 2-jährigen Holz. Die äußeren Blütenblätter wachsgelb, innere etwas kürzer und purpurn gestreift bis gefleckt. Sehr lange Blütezeit.

Cornus
Hartriegel

Cornus alba-Cultivars
Tatarischer Hartriegel

Attraktive Sträucher mit auffällig, gefärbter, attraktiver Rinde. Nachfolgend Gartenformen, die bis 3 m hoch und breit werden. 'Argenteomarginata', Rinde dunkelrot, Basis hellrot, später schwarzrot; Blätter auffallend löffelförmig, Rand unregelmäßig rahmweiß gefärbt. 'Sibirica', Rinde korallenrot, von intensiver Leuchtkraft. 'Spaethii', Rinde dunkelrot, Blattränder sehr schön maisgelb bis hellgelb. Durch scharfen Rückschnitt erzielt man Jahr für Jahr wieder schöne, gefärbte Triebe.

Cotoneaster
Zwergmispel

Cotoneaster dielsianus
Diels Felsenmispel

Breit aufrechter, bis 2,5 m hoher, locker verzweigter Fruchtstrauch, Zweige an älteren Exemplaren bis 1 m bogig überhängend, malerisch. Früchte hochrot, bis 1 cm dick, in großer Fülle.

Cotoneaster multiflorus
Vielblütige Zwergmispel

Eine aufrechter Blüten- und Fruchtstrauch Zweige locker, bogig überhängend. Blätter für *Cotoneaster* auffallend groß; Herbstfärbung gelblich bis rotbraun. Blüten weiß in Schirmrispen, überreich blühend. Früchte kirschrot, bis 1 cm lang.

Enkianthus
Prachtglocke

Enkianthus campanulatus
Glockige Prachtglocke

Attraktiver Blütenstrauch, aufrecht, wachsend mit deutlich quirlständig angeordneten Zweigpartien; bis 3 m hoch und 1,5 bis 2,5 m breit. Blätter an den Triebenden quirlig gehäuft. Blüten klein, glockenförmig, gelb, mit feiner rötlicher Zeichnung, in Büscheln vor dem Blattaustrieb.

Hydrangea
Hortensie

Hydrangea arborescens
Wald-Hortensie

Breitbuschig wachsender Blütenstrauch mit vielen Grundtrieben; bis 3 m hoch, Jahreszuwachs 20 cm. 'Anabelle' trägt sehr große (bis 25 cm) zunächst grünliche, dann rahmweiße Blütenbälle. 'Grandiflora' trägt bis 20 cm große, cremeweiße, flachrunde Blütenbälle. Starkwüchsige Pflanzen müssen nicht selten wegen ihrer übergroßen, schweren Blütenlast gestäbt werden.

Hydrangea aspera 'Macrophylla'
Riesenblatt-Hortensie

Attraktive, bis 3 m hohe Hortensie (Jahreszuwachs 20 cm) mit bis 35 cm langen Blättern, oberseits rau behaart, unterseits

► Bei der Riesenblatt-Hortensie stehen die Blüten in 30 cm breiten, flachen Schirmrispen. Dabei sind die fertilen Blüten rosalila bis hellviolett und bilden einen schönen Kontrast zu den weißen Randblüten.

dicht anliegend weiß behaart. Kann in sehr starken Wintern zurückfrieren, treiben jedoch nach Rückschnitt gut wieder durch.

Hydrangea aspera subsp. *sargentiana*
Samt-Hortensie
Aufrechter, bis 3 m hoher Blütenstrauch, mit wenig verzweigten, etwas steifen Trieben. Durch Ausläuferbildung sind alte Pflanzen nicht selten breiter als hoch. Blätter bis 11,5 cm lang, Oberseite samtgrün, leicht rau, unterseits samtig, dicht mit weißen, abstehenden Haaren besetzt. Blüten in flachen Schirmrispen, bis 20 cm breit, Innenblüten helllila bis hellviolett, Randblüten weiß.

Hydrangea paniculata 'Grandiflora'
Rispen-Hortensie
Hübsche, 2 bis 3 m hohe Hortensie. Blüten in breit kegelförmigen, endständigen Rispen, 20 bis 30 cm lang, rahmweiß, im Verblühen rosa färbend. Die Blüten entwickeln sich an diesjährigen Trieben. Abgeschnittene Rispen halten in trockenem Zustand noch lange ihre Farbe. Bei starkwüchsigen Pflanzen Windbruchgefahr.

Ilex
Stechpalme

Ilex crenata
Japanische Stechpalme
Immergrüner, straff aufrecht wachsender Strauch, im Alter unregelmäßig wachsend; etwa 3 m hoch und ebenso breit, Jahreszuwachs 15 cm. Gut schnittverträglich. Pflanze ist zweihäusig, Blüten sehr klein, mattweiß. Früchte schwarz, giftig.

Ilex verticillata
Amerikanische Winterbeere
Sommergrüner, aufrechter Fruchtstrauch mit etwas sparrig verzweigten Ästen; bis 3 m hoch und breit, Jahreszuwachs 15 cm. Die kleinen weißen Blüten stehen in den Blattachseln und werden sehr stark von Bienen und Hummeln beflogen. Früchte bis 8 mm dick, leuchtend rot, in großer Fülle entlang der jungen Triebe; sie sind sehr zeitig ausgefärbt und haften vom Herbst bis zum Spätwinter am Strauch. Sehr attraktiv. Als Fruchtzweige für die Vase in der Weihnachtszeit sehr beliebt.

Kolkwitzia
Kolkwitzie

Kolkwitzia amabilis
Kolkwitzie
Aufrecht wachsender, dicht aufgebauter, attraktiver Blütenstrauch, später mit ele-

▼ Kolkwitzienblüten duften zart und süß und werden stark von Bienen und Hummeln beflogen.

gant überhängenden Zweigen; 2 bis 3 m hoch und breit, Jahreszuwachs 20 cm. Blüten rosaweiß, in endständigen Doldentrauben, Einzelblüten glockenförmig, bis 1,5 cm lang, rosaweiß mit gelbem bis orangefarbenem Schlund.

Lonicera
Heckenkirsche, Geißblatt

Lonicera caerulea
Blaue Heckenkirsche

Heimischer Blüten- und Fruchtstrauch, sehr dichtbuschig, Verzweigungen auffallend waagerecht und sparrig; 1 bis 2,5 m hoch, ältere Exemplare, die einzeln stehen, sind doppelt so breit. Blüten gelblich weiß, röhrig-trichterförmig, bis 1,5 cm lang. Früchte kugelig, schwarz und hellblau, bereift. Der fleischige Becher ist zwar essbar, aber nicht wohlschmeckend.

Lonicera tatarica 'Zabelii'
Tataren-Heckenkirsche

Straff aufrechter, dicht buschig verzweigter Blütenstrauch; 3 bis 4 m hoch und breit, Jahreszuwachs 20 cm. Blüten leuchtend purpurrot, paarweise nebeneinander. Früchte kugelig, hellrot.

Lonicera xylosteum
Rote Heckenkirsche

Heimische Heckenkirsche. Breit aufrechter, reich verzweigter Blüten- und Fruchtstrauch, Triebe zickzackförmig wachsend; 2 bis 3 m hoch und breit, Jahreszuwachs 35 cm. Blüten weiß, paarweise in den Achseln der Laubblätter. Früchte dunkelrot, bis 7 mm dick, giftig! Vogelnährgehölz.

Magnolia
Magnolie

Magnolia stellata
Stern-Magnolie

Langsam wachsender, dicht verzweigter, breitbuschiger Blütenstrauch; bis 3 m hoch und breit, Jahreszuwachs 15 cm. Blüten vor dem Laubaustrieb, sternförmig, weiß, geöffnet bis 10 cm breit, angenehm duftend. 'Royal Star', Blüten größer und breiter als bei der Art.

◄ Angenehm duften die Blüten der Stern-Magnolie.

Photinia
Glanzmispel

Photinia davidiana var. *davidiana*
Lorbeer-Glanzmispel

Immergrüner, in der Jugend, breitbuschig aufrecht wachsender Strauch, später eigenwillig und malerisch ausladend; 2 bis 3 m hoch und ebenso breit. Blätter immer grün, länglich lanzettlich, Blattstiele oft rötlich, Herbstfärbung der älteren Blätter sehr schön leuchtend orange bis rot. Blüten weiß, in bis zu 8 cm breiten, flachen Doldentrauben. Früchte leuchtend rot, etwa erbsengroß, schöner Kontrast zu dem dunkelgrünen Laub. Giftig!

Prunus
Lorbeerkirsche

Prunus laurocerasus
Kirschlorbeer, Lorbeerkirsche

Die folgenden Gartenformen werden 2, bis 3 m hoch, im Alter genauso breit. Die Früchte sind giftig. 'Herbergii', Blüten weiß, in 10 cm langen, aufrechten Trauben. Früchte etwa 1 cm groß, zur Reifezeit schwarz. 'Schipkaensis Macrophylla', Blüten weiß, in bis zu 20 cm langen aufrechten Trauben, im Herbst oft noch eine Nachblüte.

◀ Die Lorbeerkirsche ist ein immergrüner, breit aufrecht bis kegelförmig wachsender Blütenstrauch.

Ribes
Johannisbeere

Ribes aureum
Gold-Johannisbeere

Straff aufrecht wachsender, Blütenstrauch, im Alter leicht überhängend; 2 bis 3 m hoch und breit. Blüten goldgelb, in lockeren, hängenden Trauben, duftend. Früchte erbsengroß, purpurbraun bis schwarz, herbsauer schmeckend.

Salix
Weide

Salix caprea 'Kilmarnock'
Hänge-Sal-Weide

Kleinkroniger Zierbaum, Zweige schleppenförmig bis zum Boden herabhängend. Je nach Veredlungshöhe 1,5 bis 3 m hoch. Männliche Sorte mit goldgelben, zart duftenden Kätzchen, die dicht bei dicht entlang der vorjährigen Triebe sitzen.

Sambucus
Holunder

Sambucus canadensis 'Aurea'
Kanadischer Gold-Holunder

Breit, aufrecht wachsender, sparrig verzweigter, später bogig überhängend wachsender Strauch; bis 3 m hoch und ebenso breit. Blätter gefiedert, bis 30 cm lang; Blättchen an den Spitzen intensiv goldgelb, nach innen vergrünend. Blüten rahmweiß, in bis zu 25 cm breiten Schirmrispen. Früchte kugelig, hellrot, wohlschmeckend.

Spiraea
Spierstrauch

Spiraea nipponica
Japanischer Spierstrauch

Breitbuschig-trichterförmig wachsender Blütenstrauch, Seitenbezweigung und Spitzen weitbogig überhängend; 1,5 bis 3 m hoch und breit. Blüten weiß, in bis zu 7 cm breiten, halbkugeligen Doldentrauben, in ungeheurer Menge auf der ganzen Länge der vorjährigen Triebe, Stiele mit auffallenden, blattartigen Tragblättern. Sehr auffallendes Blütengehölz.

Spiraea prunifolia
Pflaumen-Spierstrauch

Aufrechter Blütenstrauch mit locker stehenden, dünnen und etwas überhän-

◀ Der Duftschneeball *Viburnum × burkwoodii* blüht oft schon im November.

genden Trieben; 2 bis 3 m hoch und breit. Blüten weiß, dicht gefüllt, zu 3 bis 6, in sitzenden Doldentrauben am vorjährigen Holz.

Viburnum
Schneeball

Viburnum × bodnantense 'Dawn'
Bodnant-Schneeball

Dichtbuschiger Blütenstrauch, ältere Äste im Außenbereich weitbogig übergeneigt bis leicht überhängend, sehr malerisch; bis 2,5 m hoch und breit. Blüten aufgeblüht weißlich rosa, in endständigen Rispen, Knospen tiefrosa, duftend. Im Sommer durch die braunroten Zweige und die dunkelgrüne Belaubung ein schöner Strauch, der sich zu Einzelstellung eignet.

Viburnum × burkwoodii
Burkwoods Schneeball

Wintergrüner Blütenstrauch, in der Jugend breitbuschig-rundlich, Triebe im Alter bogig überhängend; 2 bis 3,5 m hoch und breit, langsam wachsend. Herbstfärbung bei den älteren Blätter hübsch gelb bis orange- und weinrot. Blüten in der Knospe rosa, später weiß, in ballförmigen Trugdolden, sehr starker, aber angenehm süßlicher Duft. Blütezeit April / Mai mit Nachblüte im Herbst.

Viburnum plicatum
Japanischer Schneeball

Breitrunder Blütenstrauch mit waagerecht ausgebreiteten Zweigpartien; 2 bis 3 m hoch und breit, langsam wachsend. Blüten weiß, in ballförmigen, bis 10 cm großen Trugdolden, außerordentlich reich blühend, im Verblühen zartrosa färbend. Die Form f. *tomentosum* baut sich etagenförmig auf. Herbstfärbung der Blätter dunkelweinrot bis violett.

Viburnum × pragense
Prager Schneeball

Immergrüner Blütenstrauch etwas unregelmäßig, locker und breitbuschig wachsend; bis 2,5 m hoch und ebenso breit. Um 1955 in der Stadtgärtnerei Prag aus einer Kreuzung zwischen *Viburnum rhytidophyllum × V. utile* entstanden. Blüten in der Knospe rosa, aufgeblüht cremeweiß, in flachen Schirmrispen.

▲ Weigelien sind durch ihre lange Blütezeit im Sommer sehr wertvoll.

Weigela
Weigelie

Weigela-Cultivars
Weigelie

Weigelien sind sommergrüne Blütensträucher mit sehr attraktiven Blüten. Sie erinnern mit ihren glockigen bis trichterförmigen Kronröhren an die schon etwas exotisch anmutenden Trompetenblumengewächse. Beim Schneiden sollte man nur alte, blühunwillige Triebe herausnehmen. Die nachfolgenden Gartenformen werden zwischen 2 bis 3 m hoch und ebenso breit. 'Bristol Ruby', Kronröhre außen rubinrot, sehr schwach glänzend, innen blaurot, Kronröhre innen gelegentlich mit gelborangerotem Fleck. 'Candida', reinweiß bis zum Verblühen. 'Eva Rathke', Kronröhre außen blaurot, glänzend, innen geringfügig heller. 'Eva Supreme', weinrote Blüten. 'Floreal', karminrot, großblumig und reich blühend. 'Newport Red', karminrot bis violettrot. 'Styriaca', im Aufblühen rosa, im Verblühen dunkelrosa.

Weigela florida
Liebliche Weigelie

Etwa 3 m hoher und ebenso breiter, buschig-aufrecht wachsender Blütenstrauch, Außentriebe bei älteren Pflanzen leicht überhängend. Kronröhre der Blüten rosaweiß mit rosa (bis blauroten) Einfärbungen, im Verblühen dunkler werdend, sehr reich blühend.

Niedrige Sträucher, Wuchshöhe etwa 1,5 m

Die meisten Gehölze dieser Gruppe bleiben unterhalb der Augenhöhe, sodass der Blick frei über sie hinweggehen kann. Als Sichtschutz kommen sie also kaum in Betracht. Man kann mit ihnen einzelne Gartenbereiche kleinräumlich untergliedern oder sie vor höhere Gehölzen setzen. Als Einzelpflanzen sind sie besondere Blickpunkte an Terrassen oder im Vorgarten. Viele der Arten und Formen blühen sehr schön. Die Mehrzahl dieser Gehölze stammt aus Amerika oder Asien.

Acer
Fächer-Ahorn

Acer palmatum-Cultivars
Fächer-Ahorn
Nachfolgend eine Auswahl von Gartenformen des Fächerahorns mit einer Wuchshöhe von 1 bis 2 m. Alle diese Sorten sind kostbare Gehölze, die nur langsam wachsen. Auch dürfen diese dekorativen Gehölze nicht zwischen anderen untergehen und sind deshalb in Einzelstellung zu verwenden.
'Crimson Queen', Blätter gleichmäßig dunkelbraunrot, im Herbst hochglänzend scharlachrot. 'Goshiki-shidare', Blätter gekräuselt, Blattfarbe variiert von tiefgrün bis dunkelrot, teilweise mit hellerer Panaschierung. 'Kuruijishi', Blätter tiefgrün, im Herbst schön gelb. 'Shime-no-uchi', Blätter zunächst tiefrot bis purpurrot, im Sommer rötlich grün bis bronzefarben. 'Tsumagaki', Blätter gelbgrün, an den Spitzen rötlich, im Herbst rot. 'Ukegumo', Blätter cremeweiß bis rosa panaschiert.

► Die Früchte der Apfelbeere lassen sich zu Marmelade und anderen Köstlichkeiten verarbeiten.

Amorpha
Bastardindigo

Amorpha canescens
Weißgrauer Bleibusch
Niedriger Blütenstrauch, breit aufrecht wachsend, 1 bis 1,5 m hoch und breit, feinzweigig, dicht grau behaart. Blätter bis 20 cm lang, unpaarig gefiedert. Blüten violettblau, in 10 bis 15 cm langen endständigen Trauben.

Aronia
Apfelbeere

Aronia melanocarpa
Kahle Apfelbeere
Ein kleiner, mehrtriebiger Blüten- und Fruchtstrauch, mehr oder weniger straff aufrecht wachsend, 1 bis 1,5 m hoch, im Alter oft breiter als hoch, im Alter etwas übergeneigt, bildet Ausläufer, sodass vieltriebige Kolonien entstehen. Blätter verkehrt eiförmig, oberseits glänzend grün, bis 5,5 cm lang; Herbstfärbung sehr schön leuchtend weinrot bis dunkelrot. Blüten reinweiß, zu 10 bis 20 in Schirmrispen. Früchte zuerst rot, später glänzend schwarz, erbsengroß, essbar. Wenig anfällig gegen Krankheiten! 'Viking' bleibt im Ganzen etwas kleiner; Früchte außerordentlich zahlreich, Geschmack süßlich frisch.

Berberis
Sauerdorn, Berberitze

Berberis candidula
Schneeige Berberitze

Halbkugeliger, dicht geschlossener, bedornter, immergrüner Blütenstrauch; bis 1 m hoch und oft doppelt so breit, sehr langsamwüchsig. Blätter bis 3 cm lang, Rand eingerollt, mit kleinen Zähnen, glänzend dunkelgrün, unterseits schneeweiß. Blüten glockig, goldgelb.

Berberis hookeri
Hookers Berberitze

Dichttriebiger und immergrüner Blütenstrauch, 1 bis 1,5 m hoch und genauso breit, mit bis zu 3 cm langen Blattdornen. Blätter glänzend grün, unterseits bläulich weiß. Blüten schwefelgelb, zu 2 bis 6 in Büscheln.

Berberis 'Parkjuwel'

Halbimmergrüne Hybride. Ein rundlich und geschlossen wachsender Blütenstrauch mit aufrechten Grundtrieben, rotbrauner bis graubrauner gefurchter Rinde; bis 1,5 m hoch, im Alter meist breiter als hoch. Blattdornen einzeln oder 3-teilig. Blätter bis 4 cm lang, glänzend dunkelgrün, unten blaugrün. Blüten gelb in Büscheln. Früchte klein, länglich schwarz. 'Red Jewel' unterscheidet sich durch zunächst bronzefarbene bis braunrote Blätter.

Berberis × rubrostilla

Diese Kreuzungen sind sommergrüne oder halbimmergrüne, etwa 1 m hoch werdende hübsche Fruchtsträucher. 'Barbarossa', auffallend schöner Fruchtbehang, die Früchte sind länglich, bis 7 mm lang und scharlachrot. 'Crawleyensis', wird mit den hochroten, bis 1,7 cm langen, also recht großen Beeren als eine der schönsten Fruchtsorten unter den Berberitzen angesehen.

Berberis thunbergii-Cultivars
Thunbergs Berberitze

Die vier folgenden Gartenformen sind nur etwa 1 bis 1,5 m hoch werdende, sommergrüne Blütensträucher. 'Green Carpet', Blätter 1 bis 2 cm lang, glänzend lichtgrün, Herbstfärbung leuchtend gelb bis scharlachrot; Blüten gelb bis rötlich, sehr zahlreich in kleinen Büscheln; Früchte länglich, rosa bis rot. 'Green Ornament', Blätter im Austrieb bräunlich, danach gelblich grün, später tiefgrün, Herbstfärbung bräunlich gelb; Blüten gelb, Früchte leuchtend rot. 'Red Pillar', Wuchs straff aufrecht, Blätter purpurfarben braunrot. 'Roxane', Blätter rotbraun, Früchte leuchtend rot.

Berberis verruculosa
Warzige Berberitze

Immergrüner, langsam und sehr kompakt wachsender Strauch, Seitentriebe bogig überhängend; bis 1,5 m hoch und breit. Rinde dicht mit schwärzlichen Warzen bedeckt, Dornen 3-teilig, bis 2 cm lang. Blüten goldgelb, in großen Einzelblüten.

Betula
Birke

Betula humilis
Strauch-Birke

Heimischer Strauch mit aufrechten, etwas sparrigen Grundtrieben; bis 1,5 m hoch und ebenso breit. Blätter klein, rundlich-eiförmig mit 4 bis 5 Seitenaderpaaren, Herbstfärbung.

Buxus
Buchsbaum

Buxus sempervirens 'Bullatus'
Europäischer Buchsbaum

Diese Gartenform des immergrünen Buchsbaumes wird frei wachsend bis 1,2 m hoch. Blätter breit-eiförmig, blasig aufgetrieben, dunkel blaugrün. Der Buchsbaum ist giftig.

Ceanothus
Säckelblume

Ceanothus × delilianus 'Gloire de Versailles'
Französische Hybrid-Säckelblume

Ein kleiner, bis 1,5 m hoch und meist genauso breiter, locker aufrecht wachsender Blütenstrauch. Zweige fein behaart. Blätter dunkelgrün, unterseits behaart oder filzig. Blüten violett bis puderblau in großen, end- und achselständigen Rispen am einjährigen Holz.

Chaenomeles
Zierquitte

Chaenomeles japonica
Japanische Scheinquitte

Blüten- und Fruchtstrauch mit dornigen Zweigen und eiförmigen Blättern; bis 1 m hoch und ebenso breit. Blüten ziegelrot, am vorjährigen Holz, sie erscheinen zusammen mit den Blättern. Früchte 3 bis 4 cm breit, gelb, meist orangefarben gepunktet, stark aromatisch, essbar; werden gern von Vögeln gefressen. 'Sargentii', Blüten hellorange, bleibt kleiner als die Art.

► Die Zierquitte passt in den Steingarten oder für niedrige Hecken.

► Die Früchte der Zierquitte kann man genauso wie richtige Quitten zu Marmelade verarbeiten.

Chaenomeles speciosa
Chinesische Scheinquitte

Sie unterscheidet sich von der Japanischen Zierquitte durch etwas stärkeren Wuchs und schmalere, spitze, oberseits glänzende Blätter. Die nachfolgenden Formen sind besonders großblütig, die Früchte bis 7 cm lang, gelbgrün, auf der Sonnenseite gerötet. Nachfolgend eine Auswahl von Gartenformen.

- 'Dianne' apfelblütenrosa
- 'Exima' reinrosa
- 'Josef Arends' dunkelrot
- 'Josef Keller' karminrot
- 'Nivalis' reinweiß
- 'Simonii' prächtig dunkelrot
- 'Umbilicata' kirschrosa

Chaenomeles × superba
Zierquitte

Eine Hybride zwischen den beiden vorgenannten Arten. Nachfolgend die wichtigsten und schönsten Sorten.

- 'Andenken an Karl Ramcke' leuchtend zinnoberrot
- 'Clementine' orangerot
- 'Crimson and Gold' dunkelrot, Staubblätter auffallend goldgelb
- 'Elly Mosel' feuerrot
- 'Etna' scharlachrot
- 'Fire Dance' signalrot
- 'Nicoline' karminrot
- 'Pink Lady' dunkelrosa
- 'Youki Gotin' cremeweiß, gefüllt

Corylopsis
Scheinhasel

Corylopsis pauciflora
Armblütige Scheinhasel

Reizender, breitbuschiger und, feintriebiger Blütenstrauch mit leicht überhängenden Triebspitzen; bis 1,5 m hoch und meist genauso breit. Blüten hellgelb, glockig zu 2 bis 3 in kurzen, hängenden Ähren, sie erscheinen vor dem Laubaustrieb im März / April, leichter Primelduft.

Corylopsis spicata
Ährige Scheinhasel

Wenn *C. pauciflora* fast verblüht ist, beginnt diese bis 2 m hohe und genauso breite Art zu blühen. Locker verzweigter Strauch, Triebe oft leicht gedreht. Blüten hellgelb, duftend, zu 6 bis 12 in 4 cm langen, hängenden Ähren, die vor dem Laubaustrieb im April / Mai erscheinen.

Cotoneaster
Zwergmispel

Cotoneaster franchetii
Franchets Zwergmispel

Wintergrüner Blüten- und Fruchtstrauch; bis 2 m hoch und genauso breit. Grundtriebe aufrecht, trichterförmig, Seitenbezweigung elegant überhängend. Blüten weiß bis rosa, zu 5 bis 11 vereint auf filzigen Stielen. Früchte orangerot bis hochrot, etwa 1 cm dick, außerordentlich zierend.

Cotoneaster sternianus
Wintergrüne Zwergmispel
Ein aufrecht wachsender Blüten- und Fruchtstrauch mit locker ausgebreiteten und dünnen, überhängenden Zweigen; bis 2 m hoch und ebenso breit. Blätter halbimmergrün bis immergrün, unterseits weißzottig behaart. Blüten in rötlichen Schirmtrauben. Früchte hellrot, bis 1 cm dick, lange haftend.

Cytisus Geißklee

Cytisus × praecox
Elfenbeinginster
Der Elfenbeinginster ist mit seinen überhängenden Zweigen die wichtigste Ginsterart für unsere Gärten.
Dichtbuschiger Blütenstrauch; bis 2 m hoch und ebenso breit. Blüten hellgelb bis rahmweiß, in überschäumender Fülle im April / Mai, Duft etwas streng. Im Handel meist eine Reihe von Gartenformen, unter anderem 'Albus', weißblühend; 'Allgold', goldgelb, wird am meisten angeboten; 'Hollandia' trägt kleine, purpurrote, rahmweiß gesäumte Blüten.

Cytisus scoparius
Besenginster
Bekannter, bis zu 2 m hoher und ebenso breiter Blütenstrauch unserer heimischen Flora, der z. B. in der Lüneburger Heide oder im Schwarzwald wild wächst. Wuchs vieltriebig, besenartig. Ginstergelbe Schmetterlingsblüten mit strengem Geruch. Lebt in Symbiose mit Bakterien, die Luftstickstoff binden.
Durch intensive Züchtung und Selektion entstand eine große Anzahl von Gartenformen. Sie sind wegen ihrer unglaublichen Blütenfülle wichtige Farbträger im Frühlingsgarten.

Daphne Seidelbast

Daphne mezereum
Gewöhnlicher Seidelbast
Kleiner, wenig verzweigter, heimischer Blütenstrauch; bis 1,5 m hoch und breit. Blüte rosa, sie erscheinen bereits im Februar / März in großer Zahl entlang den jungen Zweigen, stark duftend, kann Kopfschmerzen verursachen. Früchte glänzend rot, etwa 8 mm dick. Alle Pflanzenteile sind giftig! 'Alba' trägt weiße Blüten; 'Rubra Select', blüht intensiv dunkelrosa bis dunkelrot.

Deutzia Deutzie

Deutzia × hybrida
Diese Züchtungen sind locker aufrecht wachsende, 1,5 bis 2 m hohe und 1 bis 1,5 m breite Blütensträucher. Am schönsten ist 'Mont Rose', Blüten groß, weit offen, malvenrosa, mit breit geflügelten gelben Staubgefäßen, Einzelblüte bis 3 cm breit.

Deutzia × kalmiiflora
Locker aufrecht wachsender Blütenstrauch mit zierlichen und bogig überhängenden Zweigen; 1,5 bis 2 m hoch und breit. Blüten innen weißlichrosa, außen kräftig rosa bis blaurot, zu 5 bis 12 in einer aufrechten Doldenrispe vereint, sehr reich blühend.

Deutzia × lemoinei **'Boule de Neige'**
Blütenstrauch, Haupttriebe straff aufrecht, Zweige dünn bogig abstehend; bis 1,5 m hoch und ebenso breit. Blüten rahmweiß, bis 2,5 cm breit, Staubgefäße auffallend gelb, in 10 cm langen Rispen.

◄ Deutzien sind wichtige Blütensträucher für den Frühsommer.

Deutzia × rosea
Blütenstrauch, dichtbuschig, aufrecht, mit überhängenden Triebspitzen; bis 1,5 m hoch und 1 m breit. Blüten rosa, innen weiß, bis 2 cm breit, in kurzen Rispen. 'Grandiflora' hat mit 3 cm Durchmesser die größten Blüten, innen weiß, außen hellkarminrot, in lockeren Rispen. Die lang überhängenden Zweige sind auf der ganzen Länge mit Blüten bedeckt.

Euonymus
Pfaffenhütchen

Euonymus alatus 'Compactus'
Flügel-Spindelstrauch
Zwergform der Art, 1 bis 1,5 m hoch und im Alter doppelt so breit, mit besonders gut ausgebildeten Korkleisten und intensiver leuchtend karminroter bis lilaroter Herbstfärbung.

Fothergilla
Federbuschstrauch

Fothergilla major
Großer Federbuschstrauch
Sehr attraktiver, rundlicher Blütenstrauch mit zahlreichen dicht stehenden, aufrechten Grundtrieben, 1,5 bis 2,5 m hoch und 1 bis 2 m breit. Blätter 5 bis 10 cm lang, Herbstfärbung von goldgelb über orangerot bis ganz rot. Blüten weiß, in 4 bis 8 cm langen, aus 20 bis 24 Einzelblüten zusammengesetzten Ähren an den Enden der vorjährigen Zweige über dem sich gerade entfaltenden Laub, duftend.

▼ Bei der Garten-Hortensie stehen die Blüten in 10 bis 20 cm breiten Doldentrauben.

◄ Die großen, malvenartigen Blüten des Echten Roseneibisch blühen von Ende Juni bis Ende September am diesjährigen Holz.

Hibiscus
Eibisch

Hibiscus syriacus
Echter Roseneibisch
Straff aufrechter, etwas steifer Blütenstrauch; sortenspezifisch 1,5 bis 2 m hoch und bis 1,5 m breit. Blätter erinnern an Chrysanthemen. Sehr viele, zum Teil mehr als 200 Jahre alte Sorten können eine reiche Farbskala in unsere Gärten bringen, die von reinem Weiß über Rosa bis zum tiefen Violett reicht.

Hydrangea
Hortensie

Hydrangea macrophylla
Garten-Hortensie
Dichtbuschiger Blütenstrauch mit sehr unterschiedlich großen Blättern; 1 bis 1,5 m hoch und breit. Zu dieser Art gehören auch unsere Topfhortensien, die von Weihnachten bis zum späten Frühjahr in Gärtnereien und Blumengeschäften angeboten werden. Nachfolgend eine kleine Auswahl empfehlenswerter Sorten für den Garten, unterteilt in ballförmige und sogenannte „Lacecap-Hortensien" (Spitzenhäubchen). Letztere besitzen flache Blütenstände mit einem Kranz steriler Randblüten, die in der Regel anders gefärbt sind als die fertilen Innenblüten.
Ballförmige: 'Bouquet Rose', rosa, besonders frosthart. 'Masja', rosa. 'Tovelit', tiefrosa bis rosarot.
Lacecap-Hortensien: 'Blue Wave', Innenblüten blau, Randblüten rosa, lilarosa oder blau. 'Lannart White', Innenblüten blau, Randblüten reinweiß. 'White Wave', Innenblüten blau, Randblüten weiß.

So wird die Hortensie blau
Die Hortensie braucht unbedingt sauren Boden und zusätzlich Alaun, damit sich die Blüten blau färben.

Ilex
Stechpalme

Ilex crenata 'Convexa'
Japanische Stechpalme
Immergrüner, breit trichterförmig, aufrecht wachsender Strauch; 1,5 bis 2 m hoch und ebenso breit, Jahreszuwachs 10 cm. Blätter erinnern an Buchsbaum. Außerordentlich schattenverträglich.

Kerria
Ranunkelstrauch

Kerria japonica
Japanisches Goldröschen, Kerrie, Ranunkelstrauch
Buschig aufrechter, vieltriebiger Blütenstrauch mit dünnen, rutenförmigen, wenig verzweigten Grundtrieben, im Alter bogig überhängend, durch Ausläuferbildung oft dichte Horste bildend, 1,5 bis 2 m hoch und breit. Blüten goldgelb, schalenförmig, bis zu 3 cm breit. 'Pleniflora', dicht gefüllt, goldgelb, einer Ranunkelblüte ähnlich.

Ligustrum
Liguster

Ligustrum obtusifolium var. *regelianum*
Breitbuschiger und dicht verzweigter Strauch mit horizontal abstehenden, leicht bogig geneigten Zweigen; bis 2 m hoch (im Alter auch höher) und breit. Eine der wenigen Liguster-Arten, deren Blütenschmuck bemerkenswert ist. Blüten in weißen, kurzen und dichten Rispen. Früchte erbsengroß, bleigrau bis schwarz, sehr ansehnlich, giftig.

Mahonia
Mahonie

Mahonia bealei
Beales Mahonie
Wohl die schönste Mahonienart. Steif aufrechter, wenig verzweigter Blüten- und Fruchtstrauch mit dicken, starren Trieben und dekorativen, relativ großen Fiederblättern; bis 2 m, in wintermilden Gebieten auch bis 4 m hoch und 1,5 bis 3 m breit. Blüten hellgelb / primelgelb, duftend, in 7 bis 15 cm langen, aufrechten bis nickenden Trauben. Früchte schwarze, hellblau bereifte Beeren, bis 1 cm dick.

Paeonia
Pfingstrose

Paeonia suffruticosa
Strauch-Pfingstrose
Aufrechter, wenig verzweigter, kleiner Blütenstrauch mit dicken, etwas steifen Trieben; 1 bis 1,5 m hoch und breit. Während die Stammform etwa 15 cm breite Blüten trägt, können die der Gartenformen wesentlich größer sein. Die Blüten sind rosa bis weiß, jedes Blütenblatt ist mit einem dunkelviolettroten, rotgerandeten Basalfleck versehen. Im Handel zahlreiche Sorten.

▼ Liebhaber rühmen die Strauch-Pfingstrose als aristokratische Gestalt unter unseren Blütengehölzen und betonen, dass ihren Blüten an Größe, Schönheit und Eleganz kein anderer Strauch auch nur nahe käme.

TIPP für reiche Wurzeln

Bei den Gartenformen der Strauch-Pfingstrosen handelt es sich um Veredlungen. Man setzt die Pflanzen etwas tiefer, als sie vorher standen. Auf diese Art und Weise gepflanzt bilden sich über der Veredlungsstelle im Laufe der Zeit eigene Wurzeln.

Philadelphus
Pfeifenstrauch

Philadelphus-Cultivars
Pfeifenstrauch, Sommerjasmin
Die nachfolgenden Gartenformen verschiedener Arten des Pfeifenstrauchs werden nur 1 bis 2 m hoch und breit. Es sind kleine, wunderschöne Blütensträucher mit zahlreichen Grundtrieben, dicht verzweigt und gedrungen wachsend.
'Belle Etoile', weiß, mit rosalilafarbenem Basalfleck, Rand der Blütenblätter leicht

▲ Der süße Duft des Jasmins – die weißen Blüten des Pfeifenstrauchs verströmen ihn in lauen Sommernächten.

fransig gerüscht, Staubgefäße leuchtend gelb, Einzelblüte sehr groß und ausdrucksstark, angenehm duftend. 'Dame Blanche', weiß, einfach bis halbgefüllt, sehr stark duftend. 'Erectus', reinweiß, einfach, wohlriechend. 'Girandole', rahmweiß, dicht gefüllt, leicht duftend. 'Lemoinei', weiß, einfach, stark duftend. 'Manteau d'Hermine', schneeweiß, locker bis dicht gefüllt, wenig duftend.

Potentilla
Fingerkraut

Potentilla fruticosa
Gewöhnlicher Fingerstrauch

Der Fünffingerstrauch mit seinen, Gartenformen gehört auf Grund seiner Anspruchslosigkeit, der außergewöhnlich langen Blütezeit und des dichten, bodendeckenden Wuchses zu den dankbarsten Kleinsträuchern; bis 1,5 m hoch und breit. Grundtriebe aufrecht, dicht verzweigt, breit buschig. Blüten bei der Art gelb, schalenförmig, außerordentlich zahlreich von Anfang Juni bis Oktober. Nachfolgend einige wichtige Gartenformen. 'Abbotswood', reinweiß, von großer Leuchtkraft. 'Goldfinger', dunkelgelb, bis 5 cm breit, von intensiver Leuchtkraft. 'Jackmann', dunkelgelb, von intensiver Leuchtkraft. 'Klondike', hellgelb, bis 4 cm breit.

Prunus
Kirsche

Prunus laurocerasus
Kirschlorbeer, Lorbeerkirsche

Immergrüner, breit aufrechter bis, kegelförmiger, dicht und langsam wachsender Blüten- und Fruchtstrauch. Blüten weiß, in bis zu 12 cm langen Trauben. Früchte etwa 1 cm lang, schwarz, giftig. Die nachfolgenden Sorten werden zwischen 1 und 2 m hoch, in der Regel ebenso breit, manchmal auch breiter. 'Otto Luyken', besonders reich blühend, bewährte Gartenform. 'Zabeliana', breit wachsende Form, Hauptäste schräg aufsteigend bis waagerecht ausgebreitet.

Prunus triloba
Mandelbäumchen

Das Mandelbäumchen ist weithin bekannt und als einer der schönsten Frühlingsblüher allgemein geschätzt. Breit aufrecht wachsender Blütenstrauch mit dicht verzweigten Grundtrieben; bis 2 m hoch und breit. Blüten rosa, rosettenartig gefüllt, dicht bei dicht entlang den vorjährigen Trieben sitzend.

TIPP

Wurzelechte Mandelbäumchen pflanzen. Damit umgeht man die Nachteile veredelter Pflanzen, die darin besteht, dass die Unterlage durchtreibt.

Ribes
Johannisbeere

Ribes sanguineum
Blut-Johannisbeere

Ein wertvoller, anspruchsloser Blütenstrauch, straff aufrecht wachsend; bis 2 m hoch und 1,5 m breit. Blüten und Blätter besitzen den typischen Geruch Schwarzer Johannisbeeren. Blüten rot, in bis zu 8 cm langen, hängenden Trauben, gleichzeitig mit dem Austrieb der Blätter. 'Atrorubens', tiefrot; 'King Edward VII', weinrot, in großen Trauben; 'Splendens', große, hellrote Blüten.

Salix
Weide

Salix hastata 'Wehrhahnii'
Spieß-Weide

Der niedrige, im Alter knapp mannshohe, dichtbuschige Strauch trägt sehr hübsche, eirundliche, beiderseits dicht behaarte Blätter und besonders dichtstehende, hellgelbe, männliche Blüten. Zur Blütezeit eine auffällige Erscheinung.

Salix purpurea 'Nana'
Zwergpurpur-Weide

Halbkugelförmig wachsender, dichtverzweigter, feintriebiger Strauch; bis 2 m hoch, im Freistand doppelt so breit. Wirkt durch die Gestalt, Blütenkätzchen unscheinbar.

Spiraea
Spierstrauch

Spiraea × arguta
Braut-Spierstrauch

Locker und breit aufrechter, dichtbuschiger und sehr feintriebiger Blütenstrauch, Zweige elegant überhängend; 1,5 bis 2 m hoch und breit, Jahreszuwachs 15 cm. Blüten weiß, in großer Fülle vor den Blättern in kurz gestielten Doldentrauben. Gut schnittverträglich.

Spiraea thunbergii

Die früheste aller Spiräen. Locker und breit buschig wachsender Blütenstrauch. Triebe dünn, zierlich, elegant überhängend; bis 1,2 m hoch und breit. Blüten weiß, in meist 5-blütigen Dolden vor dem Blattaustrieb, enorm reich blühend.

▼ Spiräen mit ihren elegant überhängenden Zweigen kommen einzeln stehend am besten zur Geltung.

Symphoricarpos
Schneebeere

Symphoricarpos albus var. *laevigatus*

Buschig aufrechter, dicht verzweigter Strauch, Triebe dünn, etwas überhängender Fruchtstrauch, bis 2 m hoch, im Alter breiter als hoch, durch Wurzelausläufer sich stark ausbreitend (kann lästig werden). Blüten rötlich unscheinbar.

Knallerbsen
Die weißen bis grünlich weißen, schwammig aufgetriebenen Beeren sind bei Kindern als Knackbeeren oder Knallerbsen beliebt.

Symphoricarpos × chenaultii
Bastard-Korallenbeere

Ein aufrecht wachsender, dichtbuschiger Fruchtstrauch mit zierlichen, bogig überhängenden Zweigen, durch Bewurzelung der Bodentriebe sich ausbreitend, 1,5 bis 2 m hoch und breit. Blüten rosa, klein, in end- oder achselständigen Ähren. Früchte bis 9 mm dick, roterübenfarbig über lilarosa bis fast weiß, erscheinen in großen Mengen. Giftig!

Viburnum
Schneeball

Viburnum carlesii
Koreanischer Schneeball

Breit buschig bis kugelig aufgebauter Blütenstrauch, 1 bis 1,5 m hoch und breit. Blüten im Aufblühen rosa, später weiß, in flachen, 5 bis 7 cm breiten Trugdolden, intensiv süßlich duftend. Im Handel meist die robustere und gesündere Gartenform 'Aurora'.

Viburnum opulus 'Compactum'
Gewöhnlicher Schneeball

Dichtbuschiger, breit-rundlicher, gedrungener Blütenstrauch, 1 bis 1,5 m hoch und 2 m breit, sehr langsamwüchsig. Blüten rahmweiß, in tellerförmigen Schirmrispen. Früchte leuchtend hellrot, glänzend, bis 1 cm dick, werden auffallend reich angesetzt.

Viburnum plicatum 'Mariesii'
Japanischer Schneeball

Ein betont breitwüchsiger Blüten- und Fruchtstrauch mit waagerechten, sehr ausgeprägten Zweigetagen; 1,5 bis 2 m hoch und bis 3 m breit. Blüten cremeweiß, in bis zu 15 cm breiten, flachen Schirmrispen, die von einem Kranz reinweißer Randblüten umgeben werden. Früchte etwa 7 mm lang, im August leuchtend hellrot, zur Reife blauschwarz, sehr zierend.

Weigela
Weigelie

Weigela florida-Cultivars
Liebliche Weigelie

Die beiden nachfolgenden Gartenformen von *W. florida* wachsen buschig aufrecht, dicht geschlossen und werden 1 bis 1,5 m hoch und bis 2 m breit. 'Purpurea', Blätter tief braunrot, Blüten dunkelrosa. 'Variegata', Blätter gelblichweiß gesäumt, Blüten tiefrosa. 'Victoria', tief braunrote Blätter, Blüten außen purpurrot, innen purpurrosa. Ähnlich ist 'Polka'.

Zwerggehölze, Wuchshöhe 0,5 bis 1 m

Die vielfältigen Gehölze dieser Gruppe sind sind hübsche Solitärsträucher für schmale Rabatten im Garten und in Vorgärten oder am Rand der Terrasse. Sie lassen sich sogar in größere Töpfe oder Tröge und in Dachgärten pflanzen. Wegen ihres niedrigen Wuchses eignen sie sich auch als Grabbepflanzung. Gartengestalter verwenden sie – massenhaft gepflanzt – häufig als Bodendecker an Hängen, Böschungen und sonstigen Freiflächen.

Berberis Berberitze

Berberis buxifolia 'Nana' Buchsbaumblättrige Berberitze

Rundlich wachsender, dicht buschiger, immergrüner Kleinstrauch, 0,5 m hoch. Blüten leuchtend orangegelb, blüht meist erst nach mehreren Jahren. Kann insbesondere für Gruppenpflanzungen und Einfassungen empfohlen werden.

Berberis thunbergii-Cultivars

'Atropurpurea Nana' ist ein flachkugelig und dicht buschig wachsender Kleinstrauch; bis 0,6 m hoch und bis 1 m breit. Blätter bis 2 cm lang, dunkelpurpurbraun, Herbstfärbung scharlachrot. Blüten gelb bis rötlich. 'Bagatelle' wächst dicht und kurztriebig verzweigt, bis 0,4 m hoch und mehr als doppelt so breit. Blätter braunrot bis schwarzrot, Herbstfärbung herrlich scharlachrot. Blüten gelb, in kleinen Büscheln.

Für Einfassungen
Beide Gartenformen der Berberitze sind für Einfassungen und kleinere Gruppenpflanzungen besonders gut geeignet.

▶ Die Bartblume ist einer der wenigen Blütensträucher, die im Spätsommer blühen. Ihre Blüten sind meistens von Bienen und Schmetterlingen umlagert.

Betula Birke

Betula nana Zwerg-Birke

Kleiner, meist niederliegender, aber auch aufstrebend wachsender Kleinstrauch; 0,5 bis 1 m hoch und breit. Blätter fast kreisrund, tief gekerbt, bis 1,5 cm lang, Herbstfärbung gelbgrün bis gelb, aber auch goldorange bis leuchtend rot.

Buxus Buchsbaum

Buxus sempervirens 'Suffruticosa' Europäischer Buchsbaum

Diese Gartenform des immergrünen Buchsbaumes wird als immergrüne Beeteinfassung in Bauerngärten und für die ornamentalen Figuren der Barockgärten verwendet. Langsam und gedrungen, straff aufrecht wachsend. Die gegenständig sitzenden, eiförmig oder verkehrt eiförmigen Blätter werden 1 bis 2 cm lang. Wurzelsystem weitstreichend und tief. Frei wachsend wird er auch im Alter nicht über 1 m hoch.

Caryopteris Bartblume

Caryopteris × clandonensis Clandon-Bartblume

Der vieltriebige, bis 1 m hohe und breite Strauch öffnet im August/September seine dunkelblauen Blütenbüschel in den Achseln glänzender, tiefgrüner Blätter. Im Handel meist die Sorten 'Heavenly Blue' und 'Artur Simmonds'.

Chamaecytisus
Zwergginster

Chamaecytisus purpureus
Purpur-Zwergginster
Ein bis zu 0,6 m hoher, niederliegend-aufrechter Blütenstrauch (im Alter doppelt so breit wie hoch), dessen grüne, rutenförmige Zweige weit abstehen und im Juni/Juli dicht mit ziemlich großen, purpurroten Blüten bedeckt sind.

Cotoneaster
Zwergmispel

Cotoneaster horizontalis
Fächer-Zwergmispel
Kleiner Fruchtstrauch mit zunächst flach ausgebreiteten, fast waagerechten Zweigpartien, Haupttriebe später bogig aufstrebend und sehr dekorativ fischgrätenartig verzweigt; bis 1 m hoch, an Hauswänden und Gartenmauern auch höher. Blüten weiß oder rötlich, zu 1 bis 2 an den vorjährigen Trieben. Früchte erbsengroß, leuchtend rot, sie erscheinen in großer Fülle und sind bis Dezember, wenn sie nicht von Vögeln gefressen werden, eine große Zierde.

Cotoneaster nanshan
Nanshan-Zwergmispel
Niedriger Kleinstrauch mit bogig, überhängenden, abwärts gerichteten, sparrigen Zweigen und dornigen Kurztrieben. Die bodenaufliegenden Triebe bilden Wurzeln und können über 1 m lang werden. Blüten rosa, zu 1 bis 3 in den Blattachseln. Früchte bis 12 mm dick, lebhaft rot.

Cotoneaster salicifolius 'Parkteppich'
Weidenblättrige Zwergmispel
Kleinstrauch mit bogig überhängenden, bis flach aufliegenden Zweigen; bis 0,8 m hoch und meist mehr als doppelt so breit. Blüten weiß, in dichten Schirmtrauben. Früchte hellrot, sehr zahlreich.

Cytisus
Geißklee

Cytisus × beanii
Eine Hybride des Ginsters, die einen bis 0,8 m hohen, kriechenden oder niederliegenden Blütenbusch bildet. Blüten goldgelb, überreich blühend.

Daphne
Seidelbast

Daphne × burkwoodii
'Sommerset'
Burkwoods Seidelbast
Kleiner, äußerst attraktiver Blütenstrauch, bis 1 m hoch und im Alter oft breiter als hoch. Blüten weißlichrosa bis leicht purpurrosa, in großen, endständigen Büscheln im Mai/Juni, angenehm duftend. Früchte werden bei uns nicht angesetzt. Alle Pflanzenteile sind giftig.

Deutzia
Deutzie

Deutzia gracilis
Zierliche Deutzie
Straff aufrecht wachsender, dicht buschiger Blütenstrauch; 0,6 bis 0,8 m hoch und ebenso breit. Blüten weiß, glockig, in bis zu 9 cm langen, aufrechten Rispen, überaus reich blühend.

Genista
Ginster

Genista tinctoria
Färber-Ginster
Locker aufrecht wachsender Blütenstrauch; bis 0,8 m hoch und breit. Von Juni bis August erblühen die goldgelben Blüten in bis 6 cm langen Trauben, die oft zu langen Rispen vereint sind. 'Plena' ist eine gefüllt blühende Form, die noch niedriger bleibt.

Hypericum
Johanniskraut

Hypericum androsaeum
Mannsblut
Halbimmergrüner, bis 1 m hoher und mindestens genauso breiter Strauch. Interessant vor allem durch seine zahlreichen kugeligen Früchte, die zunächst rotbraun, später glänzend schwarz sind. Blüten goldgelb, schalenförmig, einzeln oder zu 3 bis 9.

▲ *Hypericum* 'Hidcote'.

Hypericum forrestii
Forrests Johanniskraut
Diese Art, auch als *H. patulum* var. *forrestii* oder *henryi* im Handel, wird von vielen als schönste aller Johanniskrautsträucher angesehen. Im Alter bis 1 m hoher, dichtbuschiger Blütenstrauch. Blüten leuchtend gelb, bis 5 cm breit, unermüdlich von Juli bis in den September hinein blühend.

Hypericum 'Hidcote'
Wintergrüne Hybride. Kleiner, Blütenstrauch mit aufrechten Grundtrieben und leicht bogig übergeneigten Triebenden (etwa 1 m hoch und breit). Blüte Juni bis September ununterbrochen. Blüten leuchtend gelb, schalenförmig, 5 bis 7 cm breit.

Hypericum kalmianum 'Gemo'
Kalms-Johanniskraut
Halbimmergrüner Blütenstrauch, in der, Jugend straff aufrecht, später mehr breitbuschig 0,6 bis 1 m hoch, im Alter breiter als hoch. Blüten goldgelb, außerordentlich reich blühend.

Ilex
Stechpalme

Ilex crenata 'Golden Gem'
Japanische Stechpalme
Breit ausladender, sehr langsam, wachsender Kleinstrauch, bis 0,8 m hoch, aber breiter werdend. Blätter 1 bis 2 cm lang, goldgelb, vergrünend.

Ligustrum
Liguster

Ligustrum vulgare 'Lodense'
Gewöhnlicher Liguster
Wintergrüner, dichtbuschiger, sehr, kompakter Kleinstrauch; bis 1 m hoch und breit. Wird insbesondere für niedrige Hecken verwendet.

Verträgt Schnitt
'Lodense' gilt als außerordentlich schnittverträglich.

Mahonia
Mahonie

Mahonia aquifolium
Gewöhnliche Mahonie
Immergrüner Blüten- und Fruchtstrauch, vieltriebig; bis 1 m hoch und breit. Blätter gefiedert, bis 25 cm lang, dornig gezähnt, dunkelgrün glänzend, im Austrieb kupfrig. Blüten in aufrechten, goldgelben Trauben. Früchte bis 1 cm dick, schwarz, hellblau bereift, nicht giftig. Bei 'Apollo' sind die aufrechten, goldgelben Trauben etwas größer als bei der Normalform. 'Atropurpurea' hat eine besonders attraktive, dunkelrot bis bronzebraune Herbstfärbung, nur 0,6 m hoch.

Potentilla
Fingerstrauch

Potentilla fruticosa
Strauch-Fingerkraut
Der Fünffingerstrauch mit seinen Gartenformen gehört auf Grund seiner Anspruchslosigkeit, der außergewöhnlich langen Blütezeit und des dichten, bodendeckenden Wuchses zu den dankbarsten Kleinsträuchern. Die nachfolgenden Gartenformen werden bis 1 m hoch und meist breiter als hoch. 'Farreri', 0,6 bis 1 m hoch, dunkelgelb. 'Goldstar', 0,8 bis 1 m hoch,

▲ Eine niedrige Hecke aus Fingersträuchern grenzt den Garten zur Straße hin ab.

leuchtend gelb, ausgesprochen groß. 'Goldteppich', 0,5 bis 0,7 m hoch, gelb. 'Princess', 0,8 hoch und 1,2 m breit, rosa. 'Red Ace', bis 0,7 m hoch und etwa 1,2 m breit, rotorange.

Salix Weide

Salix purpurea 'Pendula' Hänge-Purpur-Weide

Kleinstrauch mit sehr dünnen, bogig überhängenden Zweigen (oft hochstämmig gezogen), bis 0,6 m hoch, aber mehr als doppelt so breit.

Skimmia Skimmie

Skimmia japonica Japanische Skimmie

Immergrüne, lorbeerartige Kleinsträucher, 0,6 bis 1 m hoch, im Alter breiter als hoch, mit wohlriechenden, gelblich weißen, bis 8 cm langen Blütenrispen. An weiblichen Pflanzen (die Art ist zweihäusig) entwickeln sich eine Fülle rundlicher, bis 1 cm dicker, roter Früchte, die oft von Oktober bis zum Frühjahr die Sträucher zieren, weil sie von Vögeln geschmäht werden. Wenn man Wert auf den Beerenschmuck legt, muss man unbedingt männliche zu den weiblichen Pflanzen setzen, sonst gibt es keinen Fruchtansatz.
'Emerald King', männliche Sorte mit rahmweißen Blüten. 'Kew White', eine Sorte mit weißen Beeren. 'Rubella', männliche Sorte, die großen Blütenrispen sind im Herbst und Winter auffallend braunrot gefärbt. 'Veitchii', die hellroten Früchte hängen in großen Rispen.

Verträgt Schatten
Nur wenige Sträucher wachsen noch im tiefen Schatten gut. Dazu gehört die Skimmie.

Spiraea Spierstrauch

Spiraea japonica Japanischer Spierstrauch

An den kurzen, steif-aufrecht stehenden, einjährigen Trieben tragen sie endständige, weiße bis dunkelrosafarbene, abgeflachte Schirmrispen. Die rosa Blüten verdanken ihre Wirkung nicht zuletzt den weit herausragenden Staubgefäßen. 'Little Princess' wird bis 0,6 m hoch. Viele Wochen ist der Strauch im Sommer mit unzähligen rosaroten, flachen Blütenständen überhäuft. Geeignet für niedrige Blütenhecken sowie zur Einzelstellung und Bepflanzung größerer Flächen (z. B. Böschungen). 'Golden Princess' unterscheidet sich durch die goldgelb gefärbten Blätter. 'Shirobana' ist sehr interessant, die Blütenfarbe wechselt innerhalb der Doldentrauben von weiß über rosa bis blaurot.
'Anthony Waterer', 80 cm hoch, an kantigen Zweigen sitzen scharf gesägte, im Austrieb rote Blätter, die gelegentlich weißbunt panaschiert sind. Von Juli bis September werden ununterbrochen karminrote, flache, endständige Doldentrauben produziert.
'Froebeli' wird nur wenig höher als die vorige Sorte, Blüten etwas heller.

▼ Die Sommerspieren sind wichtige Sommerblüher für niedrige Blütenhecken, aber auch zur Einzelstellung.

Gehölze für Laubengänge

Laubengänge lassen sich nur mit wenigen Gehölzen formieren. Diese müssen sich gut für den Schnitt eignen und ein hohes Ausschlagvermögen besitzen. Gut ist es auch, wenn sie Schatten vertragen, damit sich auch im Inneren des Ganges Blätter entwickeln können.

In unseren Breiten werden für Laubengänge ausschließlich sommergrüne Laubgehölze verwendet. Unter den immergrünen Nadelgehölzen kommen in der Regel nur Eibe (*Taxus*) und Lebensbaum (*Thuja*) in Frage. Andere Nadelgehölze vertragen den notwendigen strengen Schnitt nicht so gut. Wer Eibe verwenden will, sollte beachten, dass sie sehr langsam wächst und viele Jahre vergehen, ehe man damit begehbare Laubengänge oder auch nur einzelne Bögen aufbauen könnte. Lebensbaum-Arten wachsen zwar rascher, haben aber den Nachteil, dass der Duft des Laubes von vielen Menschen nicht als angenehm empfunden wird.

◄ Die Hainbuche (*Carpinus betulus*) ist nicht nur eines der klassischen Heckengehölze, sondern wird wohl auch für den Aufbau von Laubengängen am häufigsten verwendet. Sie ist in hohem Maße schnittverträglich und mit ihren biegsamen Zweigen leicht formbar. Die Hainbuche lässt sich hervorragend zu geschlossenen Laubengängen, zu Torbögen oder einzelstehenden Bogenelementen formen, die zu durchbrochenen Laubengängen aneinander gereiht werden.

Blütenkaskaden vom Goldregen

Erscheint auch der Goldregen (gemeint ist hier *Laburnum × watereri* 'Vossii') auf den ersten Blick als ganz ungewöhnlich für den Aufbau eines Laubengangs, zeigen Beispiele aus alten Herrschaftsgärten, dass dieser Strauch ganz hervorragend für Laubengänge geeignet ist. Von ganz überwältigender Wirkung sind solche Laubengänge zur Zeit der Blüte, wenn die bis 50 cm langen, leuchtend gelben Blütentrauben vom Laubendach herabhängen. Die Äste lassen sich leicht über die Gerüste führen. Bei älteren Laubengängen werden die über dem Laubendach aufstrebenden Äste entfernt oder herabgebunden, nachdem ältere Astpartien entfernt worden sind. So bleibt das „Kronendach" licht- und sonnendurchlässig. Wichtig ist bei Goldregen eine gute Ernährung, wenn die Pflanzen jährlich reich blühen sollen.

Unter Linden wandeln

Seit Jahrhunderten sind Linden Begleiter der Menschen, sowohl als Hof- und Dorfbäume, Gerichtslinden, Tanzlinden, als hohe, streng geschnittene Heckenwände oder auch als Gehölze für Laubengänge. Für diesen Zweck am besten geeignet ist die kleinblättrige Winter-Linde (*Tilia cordata*), deren hohes Ausschlagvermögen auch aus altem Holz sprichwörtlich ist. Der Wärme liebende, weiße Maulbeerbaum (*Morus alba*), ist in Gegenden mit Weinbauklima auch sehr gut für Laubengänge geeignet. Der Boden sollte gut dräniert und kalkhaltig sein. Geeignet für Laubengänge ist auch die Kornelkirsche (*Cornus mas*).

Laubbäume für Baumhöhlen

Bäume mit hängendem Wuchs, im Handel meist als Trauerbäume bezeichnet, haben eigentlich wenig Trauriges an sich. Zum einen ermöglichen sie viele stimmungsvolle Gartensituationen, oft eher mit beschwingter Note, zum anderen können einige dieser „Trauerbäume“ für Kinder die schönsten Höhlen zum Spielen und Herumtollen sein. Gerade dort, wo Kinder zum Haushalt gehören, sollte man an die Pflanzung von Bäumen mit hängendem Wuchs denken.

► Mit *Ulmus glabra* 'Pendula', lassen sich nette kleine Baumhöhlen für Kinder gestalten.

Als Gehölze für Baumhöhlen und Lauben eignen sich vier Arten besonders gut: *Fagus sylvatica* 'Purpurea Pendula'. Ein schwachwüchsiger Baum mit meist schmaler, gleichmäßiger Krone, Äste kurzbogig, fast senkrecht bis zum Boden herunterhängend, bildet keinen Mitteltrieb. Gelegentlich gibt es Rückschläge durch aufwärts wachsende Äste, die herauszuschneiden sind. Die Blätter sind im Austrieb tiefrot, später schwarzrot. Die grünblättrige Gartenform 'Pendula' ist aufgrund ihres starken Wachstums für den Hausgarten weniger gut geeignet. Ein im Alter großer Baum, Seitenäste waagerecht oder bizarr bogenförmig, weit ausladend, Seitenbezweigung malerisch bis zum Boden herabhängend. *Betula pendula* 'Youngii'. Ein kleiner Baum mit schirmartiger Krone und senkrecht herunterhängenden Ästen, die oft bis zum Boden reichen; langsamwüchsig. *Ulmus glabra* 'Pendula'. Ein kleiner Baum mit dachartiger, dicht verzweigter Hängekrone, Äste flach schirmartig ausgebreitet, Zweige und Triebspitzen im Außenbereich überhängend. *Morus alba* 'Pendula', kann nur für warme Standorte (mit Weinbauklima) empfohlen werden. Ein kleiner Zierbaum mit schirmartiger Krone, dessen Zweige senkrecht bis zum Boden herabhängen. Er wird in den Baumschulen als Stammveredlung angeboten. Dieser zierlich wirkende, hängende Maulbeerbaum ist besonders gut für kleinere Gärten geeignet. Die brombeerähnlichen Früchte sind essbar, der Geschmack ist süßlich, doch etwas fad. Vorsicht! Die saftreichen Früchte färben stark.

Eine Auswahl schöner Nadelgehölze

Nadelgehölze haben wie die immergrünen Laubgehölze den Vorzug, dass sie uns auch im Winter mit ihrem Grün erfreuen. Allerdings sind die Nadelgehölze nicht so formenreich wie die Laubgehölze. Eine Zeit lang waren Nadelgehölze etwas verpönt, weil sie das ganze Jahr über gleich aussehen und den Garten bei zu dichtem Pflanzen düster machen. Mit sorgfältig ausgewählten Arten und Sorten, muß dies aber nicht sein. Nadelgehölze dienen als Sichtschutz oder als raumgliederndes Element.

Alle baumförmigen Nadelgehölze wachsen in ihrer Jugend streng kegelförmig. Erst im Alter öffnen einige Arten ihre Kronen. Kiefern und Zedern entwickeln dann ausgesprochene Schirmkronen. Breit ausladende Kronen kennen wir auch von freistehenden Lärchen. Recht unterschiedlich geformt sind die Wacholder-Arten: Es gibt baumförmige, strauchförmige oder gar kriechende Arten. Strauchig als natürliche Arten sind ansonsten nur Eiben und einige Kiefern. Mehr Farben- und Formenvielfalt bieten die variablen Gartenformen. Ideal für viele Gärten sind Zwergformen, die sich durch deutlich schwächeren Wuchs auszeichnen. Die Gartenformen schmücken sich bisweilen auch mit gelben oder rotbraunen Nadeln. Bei den in den nachfolgenden Listen genannten Wuchshöhen sind die Höhen angegeben, die Bäume unter optimalen Standortbedingungen im Alter erreichen können.

WICHTIG

Da die Wurzeln instabil sind (besonders auf guten Böden) müssen größere Solitärpflanzen bei der Pflanzung über mehrere Jahre gut verankert werden.

► Nadelgehölze müssen beim Einkaufen in der Baumschule mit Bedacht ausgewählt werden. Aus den winzigen Pflänzchen im Topf werden später oft Baumriesen, die viel zu groß für einen normalen Hausgarten sind.

Wuchshöhe je nach Standort

Bei den in den nachfolgenden Listen genannten Wuchshöhen sind die Höhen angegeben, die Bäume der jeweiligen Art oder Gartenform unter optimalen Standortbedingungen im Alter erreichen können. Obwohl diese Höhen oft erst nach Jahrzehnten erreicht werden, sollten die möglichen Ausmaße der Gehölze bei der Auswahl berücksichtigt werden, es sei denn, man denkt nur in kurzfristigen Zeiträumen oder ist bereit, später zu groß gewordene Bäume zu beseitigen.

Hohe Nadelgehölze

Wahrlich majestätisch sind Nadelgehölze, die über 20 m hoch werden. Allerdings muss der Garten entsprechend groß, geradezu parkähnlich sein.

Abies
Tanne

Abies concolor
Colorado-Tanne

↕ bis 30 m
↔ bis 10 m
↑ 30 – 40 cm

Die Colorado-Tanne verträgt Hitze und Trockenheit wie kaum ein anderes Nadelgehölz, ist absolut frosthart und unempfindlich gegen Luftverunreinigungen. Krone zunächst etwas steif, schmal kegelförmig, im Freistand bis unten beastet.

Abies homolepis
Nikko-Tanne

↕ 20 – 30 m
↔ 10 m
↑ 30 cm

Hoher Baum mit regelmäßig aufgebauter, pyramidaler Krone. Die frischgrünen, ziemlich steifen Nadeln der Nikko-Tanne sind unterseits kreideweiß gefärbt.

Abies nordmanniana
Nordmanns-Tanne

↕ bis 30 m
↔ 10 m
↑ 25 cm

Stattlicher Baum mit pyramidalem Kronenaufbau. Nadeln dicht bürstenförmig gestellt, unterseits zwei silberweiße Bänder.

Abies procera (Syn. *A. glauca*) 'Glauca'
Edle Tanne

↕ 20 m
↔ 6 – 8 m
↑ 30 cm

Im Handel meist die veredelte Gartenform 'Glauca', mit prächtiger, blauweißer Benadelung. Wuchs nur dann regelmäßig wie die aus Samen gezogene Art, wenn sie durch Veredlung mit Gipfeltrieben gezogen wurde. Werden Seitenzweige verwendet, legen die Bäume nur sehr zögernd ihren Zweigcharakter ab oder entwickeln sich gar nicht zu regelmäßig verzweigten, aufstrebenden Bäumen.

Cedrus
Zeder

Cedrus atlantica 'Glauca'
Blaue Atlas-Zeder

↕ 15 – 25 m
↔ bis 15 m
↑ 30 – 50 cm

Zedern sind herrliche, im Alter oft riesengroße Parkbäume, die in Hausgärten nur für eine begrenzte Zeit ausreichenden Platz finden. Sie kommen besonders auf weiten, freien Rasenflächen zur Geltung.

▲ Die Colorado-Tanne ist mit ihren langen, blaugrün bereiften Nadeln eine der wichtigsten und schönsten Tannen für unsere Gärten.

× *Cuprocyparis*
Bastardzypresse

× *Cuprocyparis leylandii*
Leylandzypresse

↕ 30 m
↔ 5 – 6 m
↑ 40 cm

Eine Hybride zwischen der Scheinzypresse und der echten Zypresse. Sie wächst ungewöhnlich rasch, hat eine dichte und zierliche, kegel- bis säulenförmige Krone, weist eine hohe Winterhärte und eine große Widerstandsfähigkeit gegen Trockenheit auf. Sie eignet sich auch ausgezeichnet für hohe, frei wachsende oder auch geschnittene Hecken.

▲ Eigentlich ist der *Ginkgo* kein Nadelgehölz. Er gehört zu den nacktsamigen Pflanzen, den Gymnospermen und gilt als Relikt prähistorischer Baumarten, die vor etwa 180 Millionen Jahren weit verbreitet waren.

Ginkgo
Ginkgobaum, Fächerblattbaum

Ginkgo biloba
Mädchenhaarbaum

Ein hoher, sommergrüner Baum mit Lang- und Kurztrieben und fächerförmigen, im Herbst goldgelben Blättern. Gepflanzt werden sollten nur männliche Pflanzen, da die Früchte der weiblichen Exemplare äußerst unangenehm nach Buttersäure riechen.

Larix
Lärche

↕ 20 m
↔ bis 15 m
Jahreszuwachs: bis 40 cm

Lärchen sind nur etwas für ausgesprochen große Gärten. Als ausgeprägte Lichtholzart verlangen sie einen freien Stand. Bietet man ihnen schon in der Jugend genügend freien Raum, bleiben sie bis unten beastet und können dann zu eindrucksvollen Baumgestalten werden. Im Gegensatz zu vielen anderen Koniferen sind Lärchen sommergrüne Bäumen, das heißt, sie werfen ihre Nadeln nach einer wunderschönen gelben Herbstfärbung ab. Äußerst dekorativ ist der zartgrüne Austrieb. Aufgrund der guten Schnittverträglichkeit sind Lärchen auch brauchbare Heckenpflanzen.

Larix decidua
Europäische Lärche
Larix kaempferi
Japanische Lärche

Larix decidua wächst zu einem bis 30 m hohen und 15 m breiten Baum heran. *Larix kaempferi* wird ebenso hoch und breit und unterscheidet sich durch die rötlich braunen Jungtriebe, die blaugrünen Nadeln und die mehr oder weniger waagerecht abstehenden, nicht überhängenden Äste. *L. decidua* bevorzugt nährstoffreiche, tiefgründige, ausreichend feuchte Böden und ist anpassungsfähig an den pH-Wert. *L. kaempferi* wächst optimal nur bei genügend hoher Boden- und Luftfeuchtigkeit, sie gedeiht deshalb auch im Küstenbereich besonders gut.

Metasequoia
Urweltmammutbaum

↕ 25 – 35 m
↔ 10 m
Jahreszuwachs: in der Jugend bis 1 m, später 30 – 50 cm

Metasequoia glyptostroboides
Urweltmammutbaum

Der „Urweltmammutbaum“ ist wegen seiner Größe und des schnellen Wachstums nur für wirklich große Gärten geeignet. Es ist ein Nadelbaum mit gleichmäßig kegelförmiger, dicht beasteter Krone. Stamm gerade, bis zur Spitze durchgehend, an der Basis leistenförmig verbreitert und nach oben sich stark verjüngend. Die Nadeln sitzen an Kurztrieben, die im Herbst abgeworfen werden. 'Emerald Feather', Wuchs regelmäßig kegelförmig. 'National', Wuchs schmal kegelförmig.

Picea
Fichte

Picea abies
Gewöhnliche Fichte, Rotfichte

Die wohl jedem als Wald- und Weihnachtsbaum bekannte Fichte ist als Gartenbaum nur bedingt geeignet. Empfohlen werden kann die Sorte 'Acrocona', deren Äste mehr oder weniger waagerecht abstehen.

↕ 30 – 50 m
↔ 6 – 8 m
Jahreszuwachs: 50 cm

Picea omorika
Serbische Fichte

Ein kerzengrader Nadelbaum mit schlank kegelförmiger bis fast säulenförmiger Krone, Äste im unteren Bereich malerisch durchhängend. Von dieser Art werden oft einige Exemplare in kleinen Gruppen gepflanzt. Die Serbische Fichte schmückt sich mit glänzend dunkelgrünen, auf der Unterseite blauweißen Nadeln. Sie ist gegenüber Krankheiten wenig empfindlich, kann aber unter Magnesiummangel leiden. Abhilfe schafft eine Frühjahrsdüngung mit Magnesiumsulfat (Bittersalz).

↕ 15 – 25 m
↔ 2,5 – 4 m
Jahreszuwachs: 30 cm

Pinus
Kiefer
Pinus nigra subsp. *nigra*
Schwarz-Kiefer

Diese Kiefer ist in unseren Gärten aufgrund ihrer Anspruchslosigkeit weit verbreitet, doch sollte man in kleinen Hausgärten auf sie verzichten, denn sie wirkt nur als Solitärpflanze oder in kleinen, lichten Gruppen.

↕ 20 – 30 m
↔ 8 – 10 m
Jahreszuwachs: 40 cm

Pinus wallichiana
Tränenkiefer

Die aus dem Himalaja stammende Tränenkiefer ist von den in unseren Breiten winterharten Kiefern wohl eine der schönsten Arten. Sie entwickelt sich zu einem breitkegelförmigen, lockeren Baum. Höchst dekorativ sind die zu fünft beisammenstehenden und bis 20 cm langen, dünnen, bläulich grünen, hängenden Nadeln und die nahezu 30 cm langen Zapfen.
Zu ihrer weiteren Verbreitung hat ihre Anspruchslosigkeit beigetragen. Sie kommt auch auf sehr armen, trockenen Standorten vor und verträgt Luftverunreinigungen wie keine andere Kiefer.

↕ 10 – 30 m
↔ 7 – 10 m
Jahreszuwachs: 30 – 40 cm

Nadelgehölze mit Wuchshöhen von 10 bis 20 m

Fichten und Scheinzypressen, die nicht ganz so hoch werden, lassen sich auch in normalen Hausgärten pflanzen. Wenn sie sich ihrer Art entsprechend entfalten können, bereichern sie Gärten im Alter ungemein.

Araucaria
Schmucktanne

Araucaria araucana
Araukarie

↕ 10 m
↔ 4–8 m

Ihre Äste stehen in unregelmäßigen Quirlen. Die Zweige sind dicht mit dachziegelig angeordneten, scharf stachelspitzigen, ledrigen Blättern bedeckt, die 10 bis 15 Jahre am Leben bleiben, dann vertrocknen, aber nicht abfallen.
Die Araukarie ist frostempfindlich und ist nur für geschützte, luftfeuchte, warme Lagen, wie wir sie z. B. am Niederrhein oder am Bodensee vorfinden oder als Kübelpflanze, zu empfehlen.

◀ Ein besonders bizarres, ornamentales, außergewöhnlich hübsches und seltenes Nadelgehölz ist die Araukarie.

Cedrus
Zeder

Cedrus deodara
Himalaya-Zeder

↕ 15 m
↔ 6–10 m
30 cm

Sie unterscheidet sich von der Atlaszeder (siehe Seite 141) durch ihre langen, weichen, frischgrünen Nadeln. Dieser elegante Nadelbaum ist nur in genügend mildem Klimabereich ausreichend frosthart, insbesondere ist er aufgrund des frühen Austriebs spätfrostgefährdet.

Chamaecyparis
Scheinzypresse

Chamaecyparis nootkatensis 'Pendula'
Nutka-Scheinzypresse

↕ 10–15 m
↔ etwa 5 m
20 cm

Die wohl schönste aller Scheinzypressen-Formen kann durch ihr gefälliges und dekorativen Äußeres begeistern. Es ist eine aufrecht wachsende Hängeform mit geradem, bis zur Spitze durchgehendem Mitteltrieb. Von den weit gestellten, abwärts gerichteten Ästen hängen die Zweige senkrecht, mähnenartig herab. Nadeln schuppenförmig, dunkelgrün, im oberen Teil abstehend. Ein wundervoller Baum. Muss, um sich richtig entfalten zu können, vollkommen frei stehen, braucht aber wenig Platz, da sie vergleichsweise schmal bleibt.

Picea
Fichte

Picea abies 'Columnaris'
Säulenförmige Rotfichte

↕ ca. 15 m
↔ 1,5 m
30 cm

Während die Art als Gartenbaum nur in Ausnahmefällen für unsere Gärten in Fragen kommt, eignet sich diese Form auch für kleinere Gärten. Sie wächst durch sehr kurze, horizontal stehende oder etwas abwärts gerichtete Äste und dicht verzweigte Seitenzweige schmal-säulenförmig.

Picea pungens
Stech-Fichte, Blau-Fichte

↕ 15–20 m
↔ 6–8 m
30 cm

Die Stech-Fichte und ihre Formen sind in unseren Gärten weit verbreitet. Sie werden von den Baumschulen jährlich in riesigen Stückzahlen produziert. Der Baum

Wuchsform bei Nadelgehölzen

Alle baumförmigen Arten wachsen in der Jugend streng kegelförmig. Erst im Alter öffnen einige Arten ihre Kronen, werden lockerer und gefälliger. Kiefern und Zedern entwickeln dann ausgesprochene Schirmkronen. Breit ausladende Kronen kennen wir von frei stehenden Lärchen.
Während Fichten bis ins hohe Alter die Grundform des Kegels bewahren, bilden die Tannen an der Spitze leicht abgeflachte, nestförmige Kronen aus. Beide Gattungen sind so schon aus größerer Entfernung zu unterscheiden. Lebensbaum und Scheinzypresse behalten ebenfalls ihre jugendliche Gestalt. Recht unterschiedlich geformt sind die Wacholder-Arten. Strauchförmige Koniferen sind nur von Eiben bekannt.

hat einen regelmäßig kegelförmigem Kronenaufbau. Ihre Nadeln stehen radial, sind starr und stechend. Neben der Wildform mit meist bläulich grüner oder auch nur grünen Nadelfärbung sind besonders die beiden folgenden blaunadeligen Formen besonders zu empfehlen. 'Glauca' ist eine aus Samen gezogene Form, die sich durch eine schöne, intensiv stahlblaue Nadelfärbung auszeichnet. 'Koster' ist die bekannteste aller Blau-Fichten-Gartenformen. Sie bleibt mit 10 bis 15 m Höhe und 4 bis 5 m Breite etwas kleiner als 'Glauca', Jahreszuwachs zwischen 20 und 30 cm. Die spitzen, stechenden, silberblauen Nadeln stehen sehr dicht beieinander.

Pinus
Kiefer

Pinus cembra
Zirbel-Kiefer, Arve

↕ 15 m
↔ 4–5 m
↑ 20 cm

Für den Hausgarten ist die Arve mit ihrer regelmäßigen, bis zum Boden beasteten Krone und ihrem vergleichsweise mäßigen Wuchs die wichtigste baumförmige Kiefer. Ihre Samen, die Zirbelnüsse, sind essbar.

Pinus heldreichii (Syn. *P. leucodermis*)
Schlangenhaut-Kiefer

↕ 15 m
↔ 5–7 m
↑ 20 cm

Die Schlangenhaut-Kiefer, deren jungen Zweige nach dem Abfallen der Kurztriebe schlangenhautartig gefeldert sind, gehört mit ihrem geschlossenen, schmal-kegelförmigen Aufbau und den dunkelgrünen Nadeln zu unseren schönsten und gleichzeitig anspruchslosesten Kiefern. Die aschgraue Borke zerspringt in eckige, streng abgegrenzte Felder und löst sich ab.
Im Alter ist die Krone unregelmäßig gerundet und fast säulenförmig.

Taxus
Eibe

Taxus baccata
Europäische Eibe

In der Gartengestaltung sind die Eiben seit altersher von großer Bedeutung. Sie lassen sich in jede Form zwingen und vertragen diesen Schnitt über Jahrhunderte, wie sehr alte Figuren in norddeutschen Bauerngärten beweisen. Nachteilig ist, dass alle Pflanzenteile giftig sind, dies gilt insbesondere für den Samen, während der leuchtend rote Samenmantel, der sogenannte Arillus, der den Samen umgibt, sogar essbar ist und süßlich schmeckt.

↕ 10 m
↔ 8–12 m
↑ 25 cm

Schattenverträglich
Von allen Nadelgehölzen braucht die Eibe am wenigsten Licht. Sie gedeiht auch noch als Unterpflanzung unter höheren Gehölzen.

Thuja
Lebensbaum

Thuja occidentalis
Abendländischer Lebensbaum

Im Freistand wächst die natürliche Art zu einem kegelförmigen Baum heran. Noch stärker als die Art wächst die Form 'Brabant'. 'Fastigiata' wächst breit und säulenförmig, Äste aufrecht abstehend.

↕ 20 m
↔ 3–4 m
↑ 30 cm

Thuja plicata
Riesen-Lebensbaum

Der Riesenlebensbaum ist ein schnellwüchsiger Nadelbaum mit kegelförmiger Krone. Im völligen Freistand bleibt er bis zum Boden beastet. Seine untersten Äste bewurzeln sich dann häufig, richten sich an der Spitze auf und entwickeln sich zu selbständigen Bäumen, die wie ein Kranz den Mutterbaum umgeben. Aus diesem Grund nur für wirklich große Gärten geeignet.

↕ 15 m
↔ 3–5 m
↑ 30 cm

Tsuga
Hemlocktanne

Tsuga canadensis
Kanadische Hemlocktanne

Obwohl die Hemlocktanne zu einem mächtigen Baum heranwächst, gehört sie dank ihrer feinen Bezweigung zu den zierlichsten aller Nadelgehölze. Sie entwickelt einen schlanken, oft gegabelten Stamm, wächst von der Basis an gelegentlich auch mehrstämmig.

↕ 15–20 m
↔ 8 m
↑ 30 cm

Nadelgehölze mit Wuchshöhen von 5 bis 10 m

Die Hausgärten sind in den vergangenen Jahren immer kleiner geworden. Trotzdem brauchen die Gartenbesitzer nicht auf Nadelgehölze verzichten. Ein mit Sorgfalt ausgewählter Solitär, wie die Koreatanne oder ein Säulenwacholder, findet bestimmt noch Platz.

Abies
Tanne

Abies koreana
Koreanische Tanne

↕ 10 m
↔ 4 m
10 cm

Bei den im Handel erhältlichen Pflanzen ist zwischen Sämlingen und Veredlungen zu unterscheiden. Sämlinge werden bis 10 m hoch und etwa 4 m breit und sind von regelmäßiger pyramidaler Gestalt. Veredlungen werden nur 4 bis 7 m hoch, wachsen langsamer, haben aber den Nachteil, dass sie sich oft unregelmäßig aufbauen.

◄ Die Koreanische Tanne ist ein attraktiver Nadelbaum, der aufgrund seiner Größe auch für kleinere Hausgärten gut geeignet ist. Ihre Beliebtheit verdankt sie auch ihren glänzend grünen, unterseits weißen Nadeln und der besonders frühen Fruchtbarkeit, die schon an kleinen Bäumen Zapfen entstehen lässt.

Chamaecyparis
Scheinzypresse

↕ 20 m
↔ 2–4 m
20 cm

Scheinzypressen werden von vielen Menschen als Friedhofsgewächse und als gartenunwürdige Pflanzen abgelehnt. Mit diesem pauschalen Urteil wird man diesen interessanten Nadelgehölzen mit schuppenförmigen, den Zweigen eng anliegenden Blättern aber nicht gerecht. In den Gärten richtig eingesetzt, kann man mit Scheinzypressen überzeugende Gartenbilder schaffen. Die nachfolgend aufgeführten Arten und Gartenformen entwickeln sich frei stehend alle zu mehr oder weniger kegelförmigen Bäumen mit durchgehenden Stämmen und überhängenden Gipfeltrieben. Alle diese Arten und Formen sind auch eng gepflanzt hervorragende Heckenpflanzen, die einen guten immergrünen Sichtschutz bieten.

Nicht zu trocken
Alle Gartenformen der Lawsons Scheinzypresse wachsen auf jedem kultivierten, nicht zu trockenen Gartenboden. Auf zu trockenen Winterstandorten leiden sie unter Frosttrocknis.

Chamaecyparis lawsoniana
Lawsons Scheinzypresse

Als natürliche Art für Gärten nicht im Handel. 'Alumii' wird 3 bis 4 m breit; Blätter schön blaubereift, später mehr graublau. 'Columnaris', nur 1 bis 1,5 m breit werdend; Blätter stahlblau bereift, später mehr blaugrün. 'Golden Wonder', im Alter 2,5 bis 3 m breit; Blätter im Austrieb goldgelb, später hellgelb. 'Kelleriis Gold', 2 bis 3 m breit werdend; Blätter gelblich grün bis stumpfgrün. 'Lane', 2 bis 2, 5 m breit; Blätter oberseits goldgelb, unterseits mehr gelbgrün. 'Silver Queen', 2,5 bis 4 m breit werdend; Blätter silbrig schimmernd, im Inneren mehr gelblich graugrün.

Chamaecyparis pisifera
Erbsenfrüchtige Scheinzypresse

Die natürliche Art ist nicht sonderlich dekorativ. 'Plumosa' wird 3 bis 5 m breit; Blätter nadelförmig spitz, grün, im Winter gelegentlich bräunlich. 'Plumosa Aurea', 3 bis 5 m breit; Blätter nadelförmig, ganzjährig goldgelb, im Winter oft noch kräftiger

Juniperus
Wacholder

Juniperus chinensis 'Ketelerii'
Chinesischer Wacholder

Eine schlanke säulenförmige Gartenform des Chinesischen Wacholders mit ansteigenden Ästen und dichtem, im Alter etwas lockerem, aber dennoch geschlossenem, malerischem Aufbau. Blätter schuppenförmig, sehr spitz, grün, leicht bläulich

↕ 10 m
↔ 1–1,5 m
20 cm

bereift. Pflanze ist weiblich, zum Winter überreich mit kugeligen, bläulich bereiften Beerenzapfen besetzt.

Juniperus communis
Gewöhnlicher Wacholder

↕ 5–8 m
↔ unterschiedlich
20 cm

Der heimische Wacholder ist ein strauch- oder säulenförmiger, sehr dichter, oft mehrstämmiger Busch oder kleiner Baum. Im Alter fallen die Säulen oft auseinander und es entwickeln sich dann zum Teil sehr skurrile Baumgestalten.

Juniperus virginiana
Virginischer Wacholder

Die natürliche Art ist für den Garten weniger geeignet, dafür aber einige Gartenformen, die meist hohe Säulen bilden und insbesondere im Heidegarten, auf Rasenflächen oder im Vorgarten ihren Platz finden.

'Canaertii', schlank und dicht aufstrebender, hoher Strauch (6 bis 8 m hoch und 2 bis 3 m breit, Jahreszuwachs 20 cm). Blätter auffallend tiefgrün. Früchte sehr zahlreich, klein, blauweiß, bereift. 'Glauca', säulenförmiger Großstrauch, 6 bis 10 m hoch und 2 bis 5 m breit, Jahreszuwachs 25 cm. Blätter intensiv stahlblau. Früchte 6 mm dick, blaubereift. 'Skyrocket', Raketenwacholder, straff aufrecht wachsende, extrem schmale Säulenform, 6 bis 8 m hoch und 0,8 bis 1 m breit, Jahreszuwachs 20 cm. Blätter schuppen- bis nadelförmig.

Für Bleistifte
Der Virginische Wacholder liefert ein rotbraunes, wohlriechendes Holz, das wegen seiner Leichtigkeit und der guten Schneidbarkeit als Bleistiftholz allgemein bekannt ist.

Picea
Fichte

Picea breweriana
Siskiyou-Fichte

↕ 10 m
↔ 5–6 m
15 cm

Von ihren waagerecht abstehenden, an den Spitzen leicht ansteigenden Ästen hängen Zweige dicht und peitschenförmig schlaff herab. Allerdings braucht sie völligen Freistand, um sich artgerecht entwickeln zu können und ihre Schönheit zu zeigen.

Pinus
Kiefer

Pinus nigra 'Select'

↕ 7 m
↔ 3 m
15 cm

'Select' ist eine Gartenform der Schwarz-Kiefer. Der Baum mit breit kegeliger Krone wächst sehr langsam.

Pinus parviflora
Mädchen-Kiefer

↕ 10 m
↔ 5 m
20 cm

Die grasgrünen bis blaugrünen Nadeln der Art sind gedreht und an den Enden der Zweige pinselförmig gehäuft. Im Handel werden in der Regel die folgenden Gartenformen angeboten:

'Glauca', Nadeln blaugrün, Innenseiten intensiv blauweiß. Zapfen werden bereits nach 10 Jahren angesetzt. 'Negishi', Nadeln auffallend graublau, sehr zierend. 'Tempelhof', malerischer Baum, Nadeln blaugrün, gedreht.

Pinus sylvestris 'Fastigiata'
Säulenwald-Kiefer

↕ 8–10 m
↔ 1,5 m
20 cm

Diese Gartenform der heimischen gemeinen Kiefer besticht durch extrem schlanken Wuchs und blaue Nadelfärbung. Die zu zweit stehenden Nadeln färben sich auffallend graublaugrün. Im Handel wird diese Form gelegentlich auch mehrstämmig angeboten.

Taxus
Eibe

Taxus baccata-Cultivars

↕ 8 m
↔ 1,5–7 m
20 cm

'Dovastoniana', Adlerschwingen-Eibe, eine außerordentlich dekorative, für Einzelstellung zu empfehlende Gartenform. Sie wächst in der Regel baumförmig mit quirlständigen, waagerecht abstehenden Ästen, deren Spitzen senkrecht herabhängen. Bei 'Dovastonia Aurea' tragen die nadelförmigen Blätter einen breiten, goldgelben Rand. 'Fastigiata', Säulen-Eibe, ist eine straff aufrecht wachsende, schlanke und geschlossene Säulenform.

Thuja
Lebensbaum

Thuja occidentalis 'Columna'
Säulen-Lebensbaum

↕ 5–8 m
↔ 1,5 m
15 cm

Diese dunkelgrüne Gartenform des Abendländischen Lebensbaums formt auch ohne Schnitt regelmäßige, schmale, kräftig wachsende Säulen. Der Stamm ist besetzt mit kurzen, waagerecht abstehenden Ästen und sehr gedrängt stehenden, fächerförmigen Zweiglein. Diese Gartenform zeichnet sich durch gute Frosthärte und Windfestigkeit aus.

Nadelgehölze mit Wuchshöhen von 3 bis 5 m

Nadelgehölze dieser Größe lassen sich gut handhaben. Früher gehörten Pfitzeriana-Wacholder unverzichtbar zum Gehölzbestand des Gartens. Und die unverwechselbare Zuckerhutfichte hat durch ihren kompakten Wuchs viele Vorzüge – nicht nur bei der Grabgestaltung.

Chamaecyparis Scheinzypresse

Chamaecyparis pisifera 'Boulevard'

↕ 5 m
↔ bis 2 m
↑ 20 cm

Diese Gartenform mit ausgesprochen silberblauen, nadelförmigen Blättern ist in unseren Gärten weit verbreitet. Der Nachteil dieser Form ist, dass sie nur in der Jugend wirklich hübsch ist, denn im Alter wird sie locker und im Inneren der Pflanze vertrocknen die Nadeln und werden braun.

Juniperus Wacholder

Juniperus chinensis-Cultivars Chinesischer Wacholder

↕ 3–5 m
↔ bis 5 m
↑ 20 cm

Vom Chinesischen Wacholder gibt es viele Gartenformen mit recht unterschiedlichen Kronenformen, strauchig oder gar niederliegend. Nachfolgend eine Auswahl von Formen, die mehr oder weniger aufrecht wachsen.

► Der Gemeine Wacholder, der in Europa weit verbreitet ist und das Gesicht so mancher Landschaft prägt (Lüneburger Heide), hat auch einige Gartenformen hervorgebracht.

'Blue Alps', buschig aufrecht wachsende Strauchform mit kräftigen Hauptästen und leicht überhängenden Triebspitzen, Blätter nadelförmig, sehr steif und stechend, prächtig frischgrün, unterseits leuchtend silbrig. 'Hetzii', kraftvoll breit ausladender Großstrauch, Blätter schuppenförmig, ausgesprochen graublau. 'Pfitzeriana' ist in unseren Gärten weit verbreitet, Blätter teils schuppen-, teils nadelförmig, blaugrün. 'Pfitzeriana Aurea', breit ausladend, Blätter an jungen Trieben goldgelb, später gelbgrün.

Juniperus communis-Cultivars Gewöhnlicher Wacholder

↕ 3–5 m
↔ 1–1,5 m
↑ 15 cm

Nachfolgend eine Auswahl von Gartenformen des Gewöhnlichen Wacholders, die Höhen von 3 bis 5 m erreichen. 'Hibernica', der Irische Säulen-Wacholder, bildet schmale, sehr dicht verzweigte Säulen, Blätter nadelartig, scharf zugespitzt, beiderseits bläulich grün. 'Meyer', breit und locker aufrechte, dichtbuschig-geschlossene Säulenform, Blätter nadelförmig, spitz, stechend, silbriggrün bis intensiv blaugrün. 'Suecica', im Gegensatz zu 'Hibernica' wächst der Schwedische Säulen-Wacholder breit-säulenförmig mit überhängenden Zweigspitzen und bläulich grünen, stechenden Nadeln.

Juniperus squamata 'Meyeri' Schuppen-Wacholder

↕ 3–5 m
↔ 2–3 m
↑ 20 cm

Der Blauzeder-Wacholder ist in unseren Gärten weit verbreitet. Es ist ein aufrechter Großstrauch mit unregelmäßig trichterförmig aufsteigenden, kräftigen Hauptästen und zahlreichen kurzen Seitentrieben. Blätter nadelartig, ausgesprochen silberblau. Wird im Alter recht locker und dann durch die Braunfärbung der Nadeln im Innern der Pflanze unansehnlich. Durch rechtzeitigen Schnitt kann man die Pflanze dicht und jugendlich halten.

Picea
Fichte

Picea glauca 'Conica'
Zuckerhut-Fichte, Zwerghut-Fichte

↕ 4 m
↔ 2 m
Zuwachs 5–10 cm

Diese Gartenform der Schimmel-Fichte, die auch als Zuckerhut-Fichte bezeichnet wird, ist heute wohl eine der am häufigsten gepflanzten Zwergkoniferen und in unendlich vielen Exemplaren in Gärten und auf Friedhöfen zu finden. Sie wächst unverwechselbar regelmäßig, dicht, kegel- oder zuckerhutförmig mit sehr feinen Zweigen und frischgrünen Nadeln. Sie wächst allerdings außerordentlich langsam. Ein großer Nachteil ist die große Empfindlichkeit dieser Kulturform gegen die Rote Spinne.

Picea omorika 'Nana'
Omorika-Fichte

↕ 4–5 m
↔ 3 m
Zuwachs 5–15 cm

Gartenform der Serbischen Fichte mit breit kegelförmigem, dichtem, geschlossenem Wuchs. Im Alter etwas lockerer und natürlicher werdend. Die steifen Nadeln stehen vergleichsweise dicht.

Pinus
Kiefer

Pinus mugo
Berg-Kiefer, Krummholz-Kiefer

↕ 5 m
↔ 4–5 m
Zuwachs 15 cm

Diese in den Alpen heimische zweinadelige Kiefer tritt in vielerlei Gestalt auf. Von extrem niederliegenden (durch Schneedruck) bis zu baumartigen Formen sind alle Übergänge zu finden. In den Baumschulen werden in der Regel verschiedene ausgelesene und vegetativ vermehrte Klone angeboten.

Pinus strobus 'Radiata'

↕ 3,5 m
↔ 3,5 m
Zuwachs 15 cm

Diese Gartenform der Weymouths-Kiefer hat intensiv blaugrün gefärbte Nadeln, die an den Triebenden gehäuft stehen. Zweige dicht gedrängt, bis zum Boden dicht verzweigt.

Pinus sylvestris 'Watereri'
Strauchförmige Waldkiefer

Gartenform mit kegelförmigem Wuchs, bis 4 m hoch und breit, Nadeln blaugrün, steif, eine der schönsten niedrigen Kiefern. Rinde älterer Pflanzen fuchsrot.

Taxus
Eibe

Taxus baccata 'Fastigiata Aureomarginata'

↕ 3–5 m
↔ 2,5 m
Zuwachs 10 cm

Straff aufrecht wachsende, schlanke und stets geschlossene Säulenform. Die dunkelgrünen Nadeln haben einen breiten, goldgelben Rand.

Taxus × media
Hybrid-Eibe

In Frage kommen die beiden folgenden Sorten. 'Hicksii', bis 4 m hohe, schmal aufrechte Säulenform, Äste lang und aufstrebend, Nadeln oberseits glänzend dunkelgrün, unterseits hellgrün. Weibliche Form, Früchte werden sehr zahlreich angesetzt. 'Hillii', wächst breit kegelförmig, mit aufrechten, dichtstehenden Zweigen und kurzen Seitentrieben. Ebenfalls weibliche Form mit zahlreichen Früchten. 'Strait Hedge', schmal säulenförmig, Äste straff aufsteigend. Früchte auch schon an jungen Pflanzen.

Thuja
Lebensbaum

Thuja occidentalis-Cultivars

↕ bis 5 m
↔ bis 2 m
Zuwachs bis 15 cm

Der Abendländische Lebensbaum ist in unseren Gärten mit seinen Gartenformen weit verbreitet. Nachfolgend Gartenformen, die bis 5 m hoch werden. 'Europe Gold', Belaubung schön goldgelb. 'Holmstrup', Blätter lebhaft grün. 'Rheingold', zierliche, fast moosartige Zweige, im Austrieb schön rosa, im Sommer leuchtend goldgelb bis orangegelb. 'Smaragd', Blätter ganzjährig glänzend frischgrün.

Tsuga
Hemlockstanne

Tsuga canadensis 'Pendula'

↕ bis 4 m
↔ bis 4 m
Zuwachs 20 cm

Diese Hemlockstanne gehört zu den schönsten aller Koniferen-Hängeformen. Ein ausgezeichneter Solitärbaum. Äste bogig abstehend bis stark übergeneigt, Zweige beinahe senkrecht herabhängend, im Alter kaskadenartig in mehreren Lagen übereinander schiebend. In der Jugend muss der Haupttrieb aufgebunden werden.

Nadelgehölze mit Wuchshöhen von 1 bis 3 m

Für den Steingarten oder für Gräber sind die vielen Nana- und Minima-Formen der Scheinzypresse genau richtig. Und bei den Kiefern heißen die Zwerge sinnigerweise 'Gnom' und 'Mops'. Sie dürfen sich auf Staudenbeeten oder in dauerhaften Trögen tummeln.

Abies Tanne

Abies lasiocarpa 'Compacta' Felsengebirgs-Tanne

↕ bis 3 m
↔ 2–2,5 m
↑ 5–10 cm

Gartenform der Felsengebirgs-Tanne. Sie fällt durch ihre bürstenförmig aufwärts gerichteten, sehr schönen silberblauen Nadeln auf. Die weibliche, gelblich weiße Rinde ist auffallend stark verkorkt.

Chamaecyparis Scheinzypresse

Chamaecyparis lawsoniana-Cultivars Lawsons Scheinzypresse

↕ bis 3 m
↔ bis 1,5 m
↑ 10 cm

Nachfolgend eine Reihe Gartenformen der Art, die bis 3 m hoch werden. 'Blue Surprise', schmale, dicht geschlossene und fein verzweigte Säulenform; Blätter nadelförmig, sehr fein, auffallend silberblau. 'Ellwoodii', schmal kegelförmige, dicht geschlossene Form, Blätter federig, blaugrau, im Herbst stahlblau. Bei 'Ellwood's Gold' sind die Triebspitzen im Frühling und Sommer lebhaft goldgelb, zum Winter hin verblassend. 'Minima Glauca', dicht bezweigte Form mit etwas muschelförmig angeordneten Zweigen und mattblau bereiften Nadeln. 'Tharandtensis Caesia', als junge Pflanze wächst sie kugelförmig, später wird sie breit-kegelförmig, ihre zahlreichen Zweige sind etwas kraus und schön blau bereift.

Chamaecyparis obtusa 'Nana Gracilis' Muschel-Scheinzypresse

↕ 1–2,5 m
↔ bis 1,5 m
↑ 5 cm

Die Muschel-Scheinzypresse ist eine der häufigsten Koniferen-Zwergformen unserer Gärten. Die durch Stecklinge vermehrten Pflanzen bleiben dabei kleiner als die durch Veredlung vermehrten Exemplare. Typisch sind die waagerecht abstehenden Zweige und die muschel- bis tütenförmig gedrehten, dunkelgrünen und glänzenden Zweige. Jungpflanzen unregelmäßig kegel- bis kegelförmig; im Alter breit kegelig. 'Pygmaea' ist eine breit kugelig wachsende Zwergform, die im Alter eine Höhe von 2 m erreicht und 1 bis 2,5 m breit wird. Auffällig ist die rotbraune Färbung der fächerförmig gestellten Zweige.

Juniperus Wacholder

Juniperus chinensis-Cultivars Chinesischer Wacholder

↕ bis 2 m
↔ bis 4 m
↑ 10 cm

Der Chinesische Wacholder ist ein Nadelgehölz mit recht unterschiedlichen Kronenformen, bleibt aber auch strauchig oder gar niederliegend. 'Blaauw', diese Gartenform ist in unseren Gärten weit verbreitet. Eine strauchig verzweigte, trichterförmig wachsende Zwergform, Blätter schuppenförmig, dicht, graublau. 'Mint Julep', mit bogig abstehenden Ästen, elegant überhängenden Zweigspitzen und frischgrünen Nadeln. 'Plumosa Aurea' ist eine strauchige Form mit bemerkenswert goldgelber Belaubung, im Winter bronzegelb.

Juniperus sabina 'Femina' und 'Mas' Sadebaum

↕ bis 1,5 m
↔ bis 7 m
↑ 10 cm

Der weibliche Sadebaum 'Femina' ist ein breitbuschig wachsender Strauch mit ausgebreiteten Ästen, niederliegend bis schräg ansteigend, Blätter dicht anliegend, dunkelgrün. Zierend die blauschwarzen, bereiften Wacholderfrüchte. 'Mas' ist der männliche Sadebaum, wächst stärker als die weibliche Form, Äste schräg aufsteigend.

Gekonnter Rückschnitt

Nadelgehölze werden in der Regel nicht zurückgeschnitten. Eine Ausnahme gibt es allerdings, das sind die Berg- oder Krummholz-Kiefern (*Pinus mugo* – ihre Varietäten und Formen).
Bei ihnen ist ein regelmäßiger Rückschnitt denkbar, wenn die Pflanzen kompakt und niedrig bleiben sollen. Bei ihnen behilft man sich mit einem Trick: Wenn im Frühjahr die jungen Triebe („Kerzen") beginnen, die Nadeln zu schieben (Ende April/ Anfang Mai), kürzt man sie um die Hälfte oder zwei Drittel ein. Abbrechen ist besser als schneiden, weil dadurch die obersten Nadeln nicht gestutzt werden und man später den Eingriff nicht sieht. Durch diesen Rückschnitt bilden sich die winzigen, in den Nadelscheiden angelegten Kurztriebknospen zu Triebknospen aus und es entstehen mehr Triebknospen, als am natürlichen Triebende entstanden wären. Bei alljährlicher Behandlung erzielt man so dichttriebige Pflanzen, die nur wenig an Größe zunehmen. Kürzt man nur die stärksten Kerzen ein, was man auch tun kann, dann ist die Wuchsbremse geringer. Wichtig ist bei dieser Schnittmaßnahme nur, dass am verbleibenden Teil der gekürzten Triebe noch Nadelansätze vorhanden sind.

Picea
Fichte

Picea abies 'Acrocona'
Zapfen-Fichte

↕ 2–3 m
↔ 4 m
⇡ 10 cm

Malerisch wachsende Form, breit kegelförmig mit unregelmäßig ansteigenden Ästen und bogig überhängenden Zweigen. Eine große Zierde sind die leuchtend roten, noch unreifen Zapfen, die schon an jungen Pflanzen ansetzen.

Picea pungens 'Glauca Globosa'

Zwergform; in der Jugend locker und unregelmäßig, später breit kegelförmig bis flachkugelig und sehr dicht. Die dichtstehenden, leicht sichelförmigen Nadeln färben sich silbrig blau.

Pinus
Kiefer

Pinus mugo
Berg-Kiefer

↕ 1–2,5 m
↔ bis 1,5 m
⇡ 5 cm

Diese in den Alpen heimische zweinadelige Kiefer tritt in vielerlei Gestalt auf. Von extrem niederliegenden bis zu baumartigen Formen sind alle Übergänge zu finden. Nachfolgend eine Auswahl von Zwergformen, die 1 bis 3 m hoch werden. 'Gnom', kugelig, sehr dicht wachsend, im Alter mehr breitpyramidal mit meist durchgehendem Mitteltrieb; 'Mops', kugelige, später unregelmäßige, breit kissenförmige Zwergform.

Pinus pumila
Ostasiatische Zwerg-Kiefer

↕ bis 2 m
↔ bis 3 m
⇡ 5 cm

Diese in Ostasien heimische Kiefer darf wohl als schönste aller Zwergkiefern bezeichnet werden. Ein stammloser, niederliegender Strauch mit an den Spitzen sich aufrichtenden Ästen. Die blaubereiften Nadeln liegen den Zweigen in der Regel dicht an. Besonders auffallend sind die tiefroten, männlichen Blüten. Die Gartenform 'Globe' entwickelt sich zu einem nahezu kugeligen, sehr dichten Strauch mit dünnen, schön gefärbten, blaugrünen Nadeln.

Pinus strobus 'Macopin'

↕ bis 2,5 m
↔ bis 2,5 m
⇡ 5 cm

Die Nadeln sind intensiv blaugrün gefärbt und stehen an den Triebenden gehäuft. Trägt bereits als Jungpflanze Zapfen.

Pinus sylvestris 'Watereri'

↕ bis 4 m
↔ bis 4 m
⇡ 10 cm

Gartenform mit graublauen bis stahlblauen, steifen Nadeln und kegelförmigem Wuchs, eine der schönsten aller zwergigen Kiefern.

Taxus
Eibe

Taxus baccata-Cultivars

↕ bis 3 m
↔ bis 8 m
⇡ 5–10 cm

'Nissens Corona', strauchig wachsende Gartenform mit flach ausgebreiteten Ästen. 'Nissens Präsident' ist etwas starkwüchsiger, wird bis 3 m hoch. 'Washingtonii' – eine häufige Form der Eibe, die gedrungen und locker wächst und sich mit abstehenden Ästen und überhängenden Spitzen zeigt. Ihre sichelförmigen Nadeln sind im Sommer grünlich gelb, im Winter bronzegelb gefärbt.

Taxus cuspidata 'Farmen'

Diese Gartenform der Japanischen Eibe wächst strauchförmig mit kompaktem, regelmäßig breit buschigem Wuchs.

Thuja
Lebensbaum

Thuja occidentalis 'Recurva Nana'

↕ 2 m
↔ 2 m
⇡ 5 cm

Eine Lebensbaum-Zwergform mit regelmäßig kugeligem, später breit kegelförmigem Wuchs. Die schuppenförmigen, mattgrünen Blätter sind dicht dachziegelartig angeordnet.

Nadelgehölze mit Wuchshöhen bis 1 m

Die zwergwüchsigen Formen der Nadelgehölze finden wir in Heide- und Steingärten, auf engen Rabatten und als Vorgartensträucher, in Atrium-, Dach- und Troggärten, auf Friedhöfen, an Hängen und Böschungen. Sie sind überall da willkommen, wo nur wenig Raum zur Verfügung steht. Man verwendet sie allein, in Verbindung mit niedrigen Laubgehölzen, mit Gräsern, kleinen Zwiebelblumen und niedrigen Sträuchern oder in mehr oder weniger großen, zusammenhängenden Gruppen einer Art, etwa bei der Böschungsbefestigung oder als trennendes Element auf Beeten im Garten. Viele von ihnen eignen sich auch als frei wachsende, niedrige Hecken. Allerdings sind diese Gartenformen wegen des langsamen Wachstums sehr kostspielig.

Abies
Tanne

Abies balsamea 'Nana'
Zwerg-Balsam-Tanne
Langsam und flachkugelig wachsende Zwergform, 0,8 bis 1 m hoch und bis 2 m breit, Nadeln auffallend kurz und sehr dicht stehend. Empfindlich gegenüber Trockenheit.

Chamaecyparis
Scheinzypresse

Chamaecyparis lawsoniana 'Rijnhof'
Eine dunkelgrünblaue Zwergform mit flach ausgebreiteten, in mehreren Etagen stehenden Ästen. Etwa 1 m hoch und ebenso breit.

Chamaecyparis obtusa 'Rigid Dwarf'
Tief dunkelgrüne Gartenform, 90 cm hoch, schmal kegelförmig, mit steifen, straff aufrechten Ästen, Zweige fingerförmig abstehend.

Chamaecyparis pisifera-Cultivars
'Filifera Nana', abgeflacht kugelig, dicht wachsende Zwergform, bis 1 m hoch, im Alter breit ausladend, Spitzen der Zweige fadenförmig nach allen Seiten kaskadenförmig überhängend. 'Plumosa Flavescens', bis 1 m hoch und 1,5 m breit, in der Jugend kugelig, später breit kegelförmig, Blätter nadelartig, im Austrieb weiß, später leuchtend gelb, im Herbst gelbgrün.

Juniperus
Wacholder

Juniperus chinensis 'Old Gold'
Langsam und sehr kompakt wachsende, wunderschön goldgelbe Strauchform, mit ausgebreiteter, dichter Bezweigung, bis 1 m hoch und etwa 2,5 bis 3 m breit, Jahreszuwachs 5 cm.

Juniperus communis 'Compressa'
Schmal-säulenförmige Zwergform, Zweige steif und straff aufrecht, extrem dicht und gleichmäßig geschlossen, 0,8 bis 1 m hoch und 25 bis 35 cm breit, Blätter nadelförmig, sehr fein, hellgrün.

Juniperus sabina 'Blue Star'
Herrlich silberblaue, dichtbuschig und kompakt wachsende Zwergform, die sich im Alter unregelmäßig breitkugelig entwickelt, bis 1 m hoch und 1,5 m breit; Jahreszuwachs 3 cm.

▼ Die *Chamaecyparis*-Sorte 'Filifera Aurea' wächst nur etwa 1 m hoch.

Picea Fichte

Picea abies-Cultivars
Unsere heimische Fichte hat eine Reihe von Zwergformen hervorgebracht, die in Jahrzehnten nie mehr als meterhoch werden. Nachfolgend die wichtigsten und schönsten. 'Echiniformis', Igel-Fichte, kugelig bis kissenförmig, Nadeln hart und spitz, stechend. 'Little Gem', breit kissenförmig mit kurzen, von der Mitte aus schräg anstehenden Zweigen und nestartiger Vertiefung. 'Maxwellii', flach halbkugelig; Äste fast waagerecht abstehend, Nadeln frischgrün. 'Nidiformis', Nest-Fichte, 0,8 bis 1 m hoch und bis 2,5 m breit, regelmäßig rundlich abgeflacht, stets ohne Mitteltrieb, in der Mitte nestförmig vertieft. 'Procumbens', Äste flach ausgebreitet, Astpartien übereinandergeschoben. 'Pumila Glauca', bis 1 m hoch und 3 m breit, langsam wachsend, Jahreszuwachs 3 cm, in der Jugend gedrungen plattkugelig, Pflanzenmitte im Alter hochgewölbt, Nadeln leicht bläulich. 'Pygmaea', Gnomen-Fichte, kugelig bis kegelförmig mit dicht stehenden, kurzen, schräg aufgerichteten Trieben, bis 1 m hoch und 2 bis 3 m breit, Jahreszuwachs 4 cm, Nadeln frischgrün.

Picea glauca-Cultivars
'Alberta Globe', 0,5 bis 1 m hoch und etwa 1 m breit, kugelförmig, dichttriebig und geschlossen, Nadeln dichtstehend, frischgrün, sehr interessantes Nadelkleid. 'Echiniformis', Blaue Igelfichte, sehr flach, kissen- bis kugelförmig, 0,5 m hoch und 1 m breit, Jahreszuwachs 2 cm, Nadeln gelbgrün, graublaugrüner Reifebelag. 'Laurin', Wuchsform wie die Zuckerhut-Fichte 'Conica', ungleich langsamer wachsend, Wuchshöhe 1 bis 3 m, Jahreszuwachs 2 bis 3 cm. Ähnlich ist die Sorte 'Zuckerhut'.

Picea mariana 'Nana'
Kissenförmig, rundlich, Äste waagerecht ausgebreitet, bis 0,5 m hoch und doppelt so breit, Nadeln blaugrün.

Picea pungens 'Glauca Procumbens'
Strauchig wachsend, silbergraue Zwergform, 0,5 m hoch, kann im Alter quadratmetergroße Flächen bedecken, schmiegt sich Geländeunebenheiten an. Besonders interessant für Steingärten.

Pinus Kiefer

Pinus mugo-Cultivars
'Mini Mops', flach ausgebreitet, kissenförmig, bis 0,3 m hoch und 1 m breit, Jahreszuwachs 2 cm, Nadeln sehr dicht stehend, dunkelgrün. Subsp. *pumilio*, flachkugelig bis kissenförmig, 1 m hoch und 2 bis 3 m breit, Jahreszuwachs 5 cm, Nadeln in der Länge sehr unterschiedlich, dunkelgrün.

Pinus pumila 'Glauca' Blaue Kriech-Kiefer
Breit niederliegende Hauptäste, bogig aufsteigende Seitenzweige, dicht buschig, unregelmäßig, bis 1 m hoch und bis 3 m breit, Zapfen jung purpur violett, Nadeln blaugrün, sehr dichtstehend.

Pinus sylvestris-Cultivars
'Globosa Viridis', kugelig bis eiförmig, Zweige kurz und dicht gedrängt, bis zum Boden ausgebreitet, bis 1 m hoch, Nadeln bis 10 cm lang, dunkelgrün. 'Nana', 0,5 bis 1 m hoch, dicht verzweigt, Zweige sehr kurz, aufwärts gerichtet, Nadeln 3 cm lang, blaugrün.

Taxus Eibe

Taxus baccata-Cultivars
'Adpressa Aurea', etwa 1 m hoch, strauchig, mit ansteigenden Ästen, unregelmäßig dicht verzweigt, Nadeln der Triebspitzen gelbbunt. 'Repandens', Tafeleibe, Kisseneibe, flach ausgebreitet, dicht bezweigt, überhängende Triebspitzen, 0,6 bis 0,8 m hoch, 3 bis 4 m breit, Jahreszuwachs 3 cm, Nadeln auffallend dunkelgrün.

Thuja Lebensbaum

Thuja occidentalis 'Danica'
Flachkugelig, dicht geschlossen, mit feiner frischgrüner Benadelung, bis 1 m hoch und ebenso breit, sehr langsam wachsend.

Bodendeckende Laub- und Nadelgehölze

Eine Pflanzung von Bodendeckern, ob im Öffentlichen Grün oder auch im Hausgarten, erfüllt in erster Linie praktische Zwecke, muss dabei aber auch ansprechend und dekorativ sein. Eine Bedeckung des Bodens mit bodenbedeckenden Gehölzen erspart das ständige Unkrautjäten und die Bodenlockerung.

WICHTIG

Kriechende und flach wachsende Bodendecker-Gehölze werden nur dann geschnitten, wenn sie über den vorgesehenen Platz hinauswachsen. Wacholder, die zu breit und ausladend werden kann man durch geschicktes Zurücknehmen der langen Zweige an Verzweigungsstellen im Zaum halten.

Man verwendet Bodendecker überall dort, wo Gehölze auf Rabatten oder Pflanzstreifen in lockerer Anordnung stehen und genügenden Lebensraum für den Unterwuchs lassen. Bodendecker können z. B. an Böschungen und Hängen auch Rasenersatz sein.

Um als Bodendecker Verwendung zu finden, muss ein Gehölz bestimmte Eigenschaften haben. Es muss sich in möglichst großen Flächen pflanzen lassen, denn Bodendecker wirken nur in geschlossenen, großflächigen Pflanzungen. Das Gehölz soll von gleichmäßig hohem Wuchs sein, mit kriechenden, in Bögen abwärts wachsenden oder mit zahlreichen dicht und aufrecht stehenden Trieben die Fläche schnell begrünen. Ideal hierzu sind Gehölze mit unterirdischen Wurzelausläufern. Dabei sind immergrüne Gehölze den laubabwerfenden in der Regel vorzuziehen.

Je größer, desto höher

Die zulässige Höhe eines Bodendeckers richtet sich nach der Größe der Fläche und nach der Höhe der zu unterpflanzenden Gehölze. Je größer die zu bepflanzende Fläche, desto höher dürfen die Pflanzen werden. Je kleiner die Fläche und die auf ihr stehenden Gehölze, desto niedriger muss ein Bodendecker sein. Ein Bodendecker muss möglichst anspruchslos an den Boden sein, Schatten ertragen können und eine hohe Regenerationsfähigkeit nach einem Rückschnitt besitzen.

Nadelgehölze kriechen nicht

In der nachfolgenden Tabelle sind neben bewährten bodendeckenden Laubgehölzen auch bodendeckende Nadelgehölze aufgeführt. Zu den Nadelgehölzen ist anzumerken, dass die meisten der kriechenden und flach wachsenden Nadelgehölze keine Bodendecker im eigentlichen Sinn sind; sie lassen sich kaum so verwenden wie Laubgehölze, die mit Ausläufern oder mit ausgebreiteten und niederliegenden Trieben kleine und große Flächen schnell dicht bedecken und in der Regel auch der Wurzelkonkurrenz und dem Kronendruck größerer Gehölze gewachsen sind. Fast alle Nadelgehölze verlangen offene und freie Standorte, nur *Taxus*-Arten und -Formen gedeihen auch in sehr schattigen Lagen. Man sollte deshalb die in der Tabelle aufgeführten kriechenden Nadelgehölze nur für kleinflächige Begrünungen, an kleinen Böschungen, in Stein- und Heidegarten verwenden. Richtig eingesetzt können aber auch sie von hervorragender Wirkung sein.

▼ Auch verschiedene Nadelgehölze, z.B. Wacholder, sind mit ihren flach auf dem Boden liegenden Ästen als Bodendecker geeignet.

Laubgehölze als Bodendecker

Art	Wuchshöhe cm	Verwendung und Eignung	Menge je m²
Arctostaphylos uva-ursii, Immergrüne Bärentraube	20	immergrün, niederliegend, bis über 100 cm lange Zweige bilden überall Wurzeln; nur für saure, humose Böden	10–12
Calluna vulgaris mit zahlreichen Sorten, Besenheide	30	von unserer heimischen Besenheide gibt es eine große Anzahl herrlichster Sorten mit unterschiedlicher Blütenfarbe und Blütezeit; leichte, saure Böden und jährlicher Rückschnitt ist für gutes Gedeihen notwendig	12–15
Cornus canadensis, Kanadischer Hartriegel	20	für sandige humose, saure Böden, bei optimalen Bedingungen herrlicher Blütenteppich; hoher Feuchtigkeitsbedarf	15–20
Cotoneaster adpressus, Kriechende Zwergmispel	30	kriechend, mit bodenaufliegenden, dekorativ fächrig verzweigten Trieben, rosa Blüten und roten Früchten	3–4
– *congestus*	25	dem Boden aufliegende Art mit immergrünen Blättern	3–4
– *dammeri*	10	eine der wichtigsten niedrigen Bodendecker, überall zu verwenden	8–10
– – 'Coral Beauty'	50	immergrün, hübsch fruchtend, Laub im Winter gut haltend	3–4
– – 'Eichholz'	25	immergrün, für große und kleine Flächen, raschwüchsig, besonders winterhart	4–6
– – 'Jürgl'	50	immergrün, reich blühend und fruchtend	3–4
– – 'Major'	50	kräftig wachsend, relativ große Blätter	3–4
– – var. *radicans*	10	besonders kleinblättrig	8–10
– – 'Streibs Findling'	10	sehr kleinblättrig, schwach wachsend, besonders für kleine Flächen	8–10
– *horizontalis* 'Saxatilis', Fächer-Zwergmispel	30	sommergrün, Triebe fest dem Boden aufliegend, dekorativ fischgrätenartig verzweigt, Früchte hellrot, sehr zahlreich	3–4
– *salicifolius* 'Parkteppich', Weidenblättrige Zwergmispel	50–80	niederliegender, immergrüner Strauch, schnell wachsend, Früchte hellrot, sehr zahlreich	3–4
– Watereri-Hybride 'Herbstfeuer'	50	besonders reich fruchtende und stark wachsende, immergrüne Form	3–4
Erica carnea-Cultivars, Schnee-Heide	25	für flächige Pflanzungen insbesondere in Heidegärten; sehr bodentolerant, verträgt aber keine Staunässe und Bodenverdichtung	12–15
Euonymus fortunei 'Coloratus', Kletternder Spindelstrauch	50	mit Haftwurzeln kletternder oder dem Boden aufliegender, kriechender immergrüner Strauch	3–4
– – 'Dart's Blanket'	30	Triebe niederliegend-aufsteigend, für die Begrünung großer Flächen	6–8
- - 'Dart´s Carpet'	30	breitwachsend bis kriechend, Blätter im Winter stark verfärbt	6–8
- - 'Emerald Gaiety'	30	weißgerandete, große Blätter	3–4
- - 'Goldtip'	40	Blätter grün mit goldgelbem Rand	6–8
- - 'Minimus'	20	polsterförmig wachsend, feintriebige Matten bildend	15–20
- - var. radicans	30	niederliegend oder kletternd, auch für tiefen Schatten	6–8
- - 'Variegatus' ('Gracilis')	30	niederliegend oder kletternd, leicht aufsteigende, dünne Triebe	6–8

Laubgehölze als Bodendecker			
Art	**Wuchs-höhe cm**	**Verwendung und Eignung**	**Menge je m²**
Gaultheria procumbens, Niedere Rebhuhnbeere	15	immergrün mit hübschen Blüten und Früchten, einer der schönsten niedrigen Bodendecker für humose, saure Böden und halbschattige Lagen	12–15
Hedera colchica	30	wesentlich großblättriger als *H. helix*, nur für geschützte Lagen	5– 6
– *helix* mit zahlreichen Sorten	20	bekannte immergrüne Kletterpflanze, die über den Boden kriecht, wenn keine Klettermöglichkeit vorhanden ist	6– 8
Hypericum calycinum, Großblütiges Johanniskraut	30	winter- bis immergrüner, niedriger Strauch mit Wurzelausläufern, verträgt sonnige und schattige Standorte, friert gelegentlich zurück, treibt aber willig wieder aus	6– 8
Lavandula angustifolia, Echter Lavendel	60	graulaubiger, aufrecht wachsender Strauch für sonnige Lagen, in Heidegärten oder in Verbindung mit Rosen	8–10
Lonicera pileata	30	sehr schattenverträglich, besonders für große Flächen	4– 5
Pachysandra terminalis	20	immergrüne Staude, bester Bodendecker in schattigen Lagen auf humosen Böden, „schluckt" gut das Laub	12–15
Vinca minor, Kleines Immergrün	20	bekannte einheimische Waldpflanze mit reinblauen Blüten, die mit weiten Ausläufern kriecht und auch im tiefen Schatten noch wachst	10–12

Nadelgehölze für flächige Pflanzungen		
Art	**Wuchs-höhe cm**	**Verwendung und Eignung**
Juniperus chinensis var. *sargentii*, Chinesischer Wacholder	30–50	kriechende, flach über den Boden ausgebildete Äste, 2–3 m breite Polster bildend, Blätter schuppenförmig, blaugrün
Juniperus communis 'Hornibrookii'	50	flach dem Boden aufliegende Äste, Triebspitzen leicht ansteigend, bis 2 m breit, Blätter nadelartig, stechend, hellgrün
– – 'Repanda'	30–40	bis 1,5 m breite, kriechende Form, Zweigpartien sich horizontal gleichmäßig nach allen Seiten ausbreitend, Blätter nadelartig, weich, dunkelgrün, oben silbrig gestreift
Juniperus horizontalis-Formen, Kriech-Wacholder	20–30	alle Gartenformen entwickeln sich mit flach auf dem Boden aufliegenden Zweigen zu dichten Matten, besonders zu empfehlen sind 'Blue Chip', 'Hughes', 'Jade River', 'Prostrata' und 'Wiltonii'
Juniperus procumbens 'Nana'	30	niederliegend, mattenartig, Äste steif, flach ausgebreitet, dicht besetzt mit schräg aufrechten Kurztrieben, Blätter nadelartig, scharf zugespitzt, bläulich grün
Juniperus squamata 'Blue Carpet'	30	ganz flach und breit wachsend, Nadeln blauweiß gefärbt, auch für halbschattige Lagen
Microbiota decussata, Zwerglebensbaum	20–40	flach ausgebreitet wachsend, ältere Zweige waagerecht, in mehreren Lagen übereinander; Durchmesser bis zu 2 m, Blätter immergrün, schuppenartig, dachziegelartig angeordnet, im Sommer frischgrün, im Winter kupfrigbraun
Taxus baccata 'Repandens', Kissen-Eibe, Tafel-Eibe	50	Wuchs niederliegend und weit ausgebreitet, 2–5 m breit, beste Form für flächige Pflanzungen, Nadeln auffallend dunkelgrün

Hecken als Einfriedung

Ein Zaun aus Gehölzen bietet die Möglichkeit, vielfältige biologische Ausgleichsräume im Garten zu schaffen. Auch ist die mit den richtigen Arten aufgebaute Gehölzpflanzung in der Regel kostengünstiger als so manche Mauer oder so mancher Zaun. Eine Hecke kann nicht nur schöner als ein Zaun sein, sie ist auch naturgemäßer. Sie kann vor Sicht, Straßenstaub und teilweise sogar vor Straßenlärm schützen.

Grundsätzlich ist zwischen der frei wachsenden und der durch regelmäßigen Schnitt geformten Hecke, der sogenannten Formhecke, zu unterscheiden. Die Höhe der Hecke ist bei der frei wachsenden Hecke durch die Wahl geeigneter Gehölzarten, bei der Formhecke durch die Schnitthöhe steuerbar.

Frei wachsende Hecke oder Formhecke?

Diese Frage ist nicht einfach zu beantworten. Grundsätzlich ist zu sagen, dass beide Typen ihre Berechtigung haben. Dem naturgemäßen Garten steht die freie Pflanzung selbstverständlich besser als die geschnittene Hecke.

Eine frei wachsende Hecke braucht zwar viel Platz, dieser kleine Nachteil wird aber durch den geringeren Pflegeaufwand aufgewogen. Für einen naturbelassenen Gehölzstreifen kann man die Pflanzen nach der gewünschten Höhe auswählen. Eine frei wachsende Hecke schützt vor Wind besser als die geschnittene Hecke.
Eine streng in Kastenform gehaltene Hecke kann in freien Lagen, z. B. am Ortsrand, als Mauer wirken, bei der die Luftströmung hochsteigt, um einige Meter dahinter um so heftiger auf den Boden aufzutreffen. Die viel lockerer aufgebaute freie Pflanzung hingegen lässt den Wind eindringen und bremst dadurch die Strömung ab.

Der Platz schränkt ein

Eine frei wachsende Hecke verursacht weniger Arbeit als eine geschnittene Hecke.

▼ Eine Hecke rahmt ein Grundstück auf natürliche Weise ein.

Allerdings ist es auch bei frei wachsenden Hecken in der Regel unumgänglich (abhängig von der Gehölzart die verwendet werden soll), von Zeit zu Zeit auch hier mit der Schere korrigierend einzugreifen. Aber die Frage, ob man eine frei wachsende oder eine geschnittene Hecke verwendet, ist bei den dem Sichtschutz dienenden Hecken nicht zuletzt von dem zur Verfügung stehendem Platz bzw. von der Größe des Grundstücks abhängig. Dies trifft auf niedrige, „überschaubare“ Hecken in diesem Maße nicht zu. Hier stehen dem Gartenbesitzer verschiedene Gehölze mit und ohne auffällige Blüten oder Früchte sowie eine Reihe klein bleibender Koniferen zur Verfügung. Bei diesen Gehölzen ist allerdings zu berücksichtigen, dass die Anschaffung dieser Pflanzen nicht ganz billig ist.

Ein- oder mehrreihig pflanzen

Hohe raumbildende, frei wachsende Hecken können aus einer einreihigen oder auch mehrreihigen Pflanzung einer oder verschiedener Baum- und Straucharten bestehen. Auch Zusammensetzungen aus lockeren Gruppen sind möglich. Für niedrige frei wachsende Hecken gilt es, immer nur eine Art bzw. Sorte zu pflanzen. Das Nebeneinanderstellen mehrerer Straucharten ergibt bei niedrigen Hecken in der Regel kein harmonisches Bild, zu unterschiedlich ist ihr Habitus.

Architektonischer Charakter

Geradlinige Konturen verleihen der Formhecke im Gegensatz zur frei wachsenden mehr architektonischen Charakter. In der klassischen Gartenkunst der Herrschaftsgärten früherer Zeiten hatte sie eine große Bedeutung. Sie hat in der heutigen Zeit als Ersatz für frei wachsende Hecken dort ihre Berechtigung, wo geringe Grundstücksgrößen dies erforderlich machen. Sie bietet auf engstem Raum Sicht- und Windschutz, wobei sogar die Vorschriften der Grenzabstände durch beliebig zu bestimmende

▼ Hecken können ganz unterschiedlich wirken.

1 Frei wachsende Laubgehölzhecke aus einer Gehölzart.

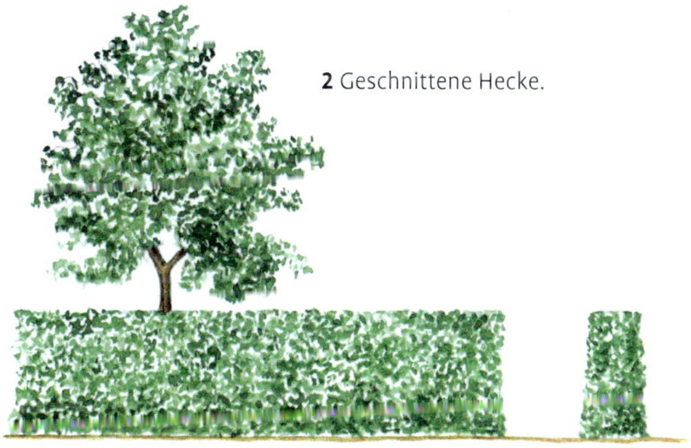

2 Geschnittene Hecke.

3 Gemischte, frei wachsende Laubgehölzhecke.
Dabei wechseln niedrige, mittelhohe und hohe Gehölzarten sowie Bäume ab.

Höhenfestlegungen berücksichtigt werden können. Der erforderliche Schnitt bedeutet aber einen nicht zu unterschätzenden Arbeitsaufwand.
Als Alternative zu Mauern oder anderen technischen Lösungen haben Formhecken allerdings den Vorteil, dass sich Tiere in ihnen aufhalten können und sie ihr Erscheinungsbild – trotz geometrisch festgelegter Gestalt – im Jahreslauf ändert. Außerdem sind Hecken billiger als Mauern und können den Staub besser abfangen. Die Verwendung verschiedener Gehölzarten in einer geschnittenen Hecke ist bei Laubgehölzen nicht zu empfehlen. Wuchsverhalten und Textur sind so unterschiedlich, dass der von einer Formhecke erwartete ruhige und geschlossene Wandeindruck beeinträchtigt wird. Dagegen kann es bei Verwendung von Nadelgehölzen reizvoll sein, die gleiche Art in verschiedenen „Laubfarben" einzubringen. So entsteht bei Verwendung dunkel- bis gelbgrüner *Chamaecyparis*-Formen ein changierender Effekt.

Das Nachbarschaftsrecht

Wer eine Hecke pflanzen will, sollte sich vorher unbedingt mit dem Nachbarschaftsrecht beschäftigen, in dem unter anderem die Pflanzabstände zu den Grundstücksgrenzen geregelt sind. Leider gibt es hierzu keine bundeseinheitliche Regelung, denn solche Nachbarschaftsgesetze sind Ländersache. Alle Gesetze behandeln aber die gegenseitige Absprache mit dem Nachbarn als vorrangig. Bevor man also eine Hecke oder einen Baum in Grenznähe pflanzen will, sollte man sich mit seinem Nachbarn einigen. Man kann dann die Hecke unter Umständen auch unmittelbar auf die Grenze pflanzen und damit viel Platz sparen.
Wie unterschiedlich die Regelungen in den Ländern sein können, machen die folgenden Beispiele deutlich.
Für frei wachsende Hecken gelten folgende Abstände zur Grundstücksgrenze (gemessen von der Heckenmitte):

- Für Hecken über 2 m Höhe in Bayern 2 m, Berlin und Nordrhein-Westfalen (hier von der dem Nachbarn zugewandten Heckenseite gemessen) 1 m, in Thüringen und im Saarland 0,75 m.
- Für Hecken bis 2 m Höhe im Saarland 0,75 m, in Bayern, Berlin, Nordrhein-Westfalen (hier von der dem Nachbarn zugewandten Heckenseite gemessen) 0,5 m.

Bei geschnittenen Formhecken, die als Einfriedung an der Grundstücksgrenze stehen, können die genannten Abstände geringer sein.
Wichtig zu wissen ist, dass für die Beseitigung einer vormals einvernehmlich auf die Grundstücksgrenze gepflanzten Hecke die Zustimmung beider Nachbarn erforderlich ist.

Pflanzenbedarf und Pflanzabstände

In den folgenden Pflanzentabellen wird auf die Angabe des Pflanzenbedarfs je laufender Meter und damit auf die Nennung von Pflanzabständen, wie dies allgemein üblich ist, verzichtet. Eine Angabe der Pflanzabstände bei den einzelnen Pflanzenarten wäre leicht, wenn nur die Wuchsform und die Wuchskraft zu berücksichtigen wäre. Da aber auch die Größe des Pflanzgutes zum Pflanzzeitpunkt die Anzahl der notwendigen Gehölze beeinflusst, müsste eine Vielzahl von Empfehlungen gegeben werden. Dies gilt sowohl für frei wachsende als auch geschnittene Hecken. So gibt es nicht nur für frei wachsende Hecken unterschiedliche Pflanzengrößen zu kaufen, von wurzelnackten

▼ Beim Pflanzen von Bäumen und Hecken muss ein gesetzlich vorgeschriebener Mindestabstand zum Nachbargrundstück eingehalten werden. Meist richtet sich der Grenzabstand nach der Wuchshöhe: Je größer ein Gehölz wird, desto mehr Abstand muss zur Grundstücksgrenze eingehalten werden.

Pflanzen mit drei Trieben, bis hin zur Solitärpflanze mit mehrmals verpflanztem Ballen, auch für geschnittene Hecken werden vorgeformte Heckenpflanzen in unterschiedlicher Größe, die durch Schnittmaßnahmen während der Anzucht in der Baumschule eine dichte Verzweigung aufweisen, angeboten. Solche vorgeformten Heckenpflanzen, z. B. von Hainbuchen, Liguster oder Stechpalme gibt es bis zu möglichen Endgrößen im Handel.
In welcher Größe die Pflanzen vom Gartenbesitzer in der Baumschule gekauft werden, ist letztendlich eine Frage des Geldes. Ist man sich über die zu kaufende Größe seiner Heckenpflanze im klaren, gibt der Gärtner in der Baumschule über die benötigte Anzahl Auskunft.

Nicht zu eng pflanzen

Bei der Pflanzung höher werdender frei wachsender Hecken mit unterschiedlichen Gehölzen gilt es, die Pflanzabstände so zu wählen, dass sich die Pflanzen weitestgehend so entwickeln können, wie es ihrem Wuchscharakter entspricht. Denn eine solche Hecke wirkt dann am natürlichsten, wenn sich Gehölze mit unterschiedlicher Wuchshöhe abwechseln. Pflanzt man zu eng, behindern sich die Pflanzen sehr schnell, schieben sich gegenseitig in die Höhe und wachsen zu besenartigen Gestalten heran. Fehler lassen sich vermeiden, wenn gleich größere, sogenannte Solitärgehölze gepflanzt werden, die ihren eigentlichen Wuchscharakter und ihre spätere Größe erahnen lassen.

▲ Formhecken werden entlang einer Schnur gepflanzt. Grundsätzlich sollen die Pflanzen so tief in den Boden kommen, wie sie in der Baumschule oder im Container gestanden haben. Dies heißt, der Wurzelhals soll mit der Oberfläche des an das Beet angrenzenden Bodens gleich hoch stehen.

Die Bodenvorbereitung und die Pflanzung

Bei der Pflanzung von Hecken wird nicht selten folgender Fehler begangen: Man hebt einen schmalen oder auch einen breiteren Graben aus, stellt die Pflanzen hinein und füllt den Graben mit Erde zu, der vorher mit Kompost verbessert wurde.

▼ Angebotene Verkaufsqualitäten bei Berberitze (*Berberis thunbergii*) und Wolligem Schneeball (*Viburnum lantana*):

Berberitze

2 × verpflanzt 40 – 60 cm hoch

1 × verpflanzte leichte Sträucher 40 – 70 cm hoch

dreijährig, verpflanzt 30 – 50 cm hoch

Wolliger Schneeball

dreijähriger Sämling, verpflanzt

leichter Strauch, 1 × verpflanzt

Strauch, 2 x verpflanzt

Solitär, 2 × verpflanzt, mit Ballen

A) 2 Weigelien, *Weigela*-Hybride 'Styriaca'
B) 1 Sommerflieder, *Buddleja davidii* 'Royal Red'
C) 1 Flieder *Syringa vulgaris* 'Andenken an L. Späth'
D) 3 Spiräen, *Spiraea × arguta*
E) 1 Hybrid-Goldregen, *Laburnum × waterei* 'Vossii'
F) 1 Flieder *Syringa vulgaris* 'Mad. Lemoine' (reinweiß, gefüllt)
G) 3 Spiräen, *Spiraea × vanhouttei*
H) 1 Flieder *Syringa vulgaris* 'Charles Joly'
I) 1 Garten-Forsythie, *Forsythia × intermedia* 'Spectabilis'
J) 3 Japanische Quitten, *Chaenomeles*-Hybride 'Crimson and Gold'
K) 1 Prunkspiere, *Exochorda racemosa*
L) 1 Blut-Johannisbeere, *Ribes sanguineum* 'King Edward VII'
M) 2 Garten-Forsythien, *Forsythia × intermedia* 'Spectabilis'
N) 1 Blut-Kirschpflaume, *Prunus cerasifera* 'Nigra'
O) 1 Blut-Johannisbeere, *Ribes sanguineum* 'King Edward VII'
P) 3 Garten-Forsythien, *Forsythia × intermedia* 'Spectabilis'
Q) 1 Sommerjasmin, *Philadelphus × lemoinei* 'Virginal'
R) 3 Deutzien, *Deutzia × elegantissima*

▲ Pflanzschema und Pflanzenbedarf für eine frei wachsende, 15 m lange Hecke aus Blütensträuchern.

Die Folge ist, dass sich die Wurzeln zunächst nahezu ausschließlich im lockeren Erdreich ausbreiten und sich bald gegenseitig Wasser und Nahrung streitig machen. Wachstumsdepressionen, die sich häufig erst nach Jahren zeigen, sind fast unvermeidlich.

Den Boden großflächig vorbereiten

Besser ist es, den Boden großflächig vorzubereiten. Falls Bodenverdichtungen vorhanden sind, mit vorausgehender Untergrundlockerung. Die großflächige Bearbeitung ist besser als die Herstellung einer engen Pflanzgrube mit stark verbessertem Boden.

Bei einem so vorbereiteten Boden braucht man bei frei wachsenden Hecken an den entsprechenden Pflanzstellen nur noch Pflanzgruben in Breite und Tiefe des Wurzelballens der Pflanzen auszuheben und kann pflanzen. Bei Formhecken dagegen empfiehlt es sich, entlang einer Schnur einen entsprechenden Graben auszuheben, um die Pflanzen einfacher in einer gerade Reihe setzen zu können. Später spannt man noch eine zweite Schnur (bestens geeignet ist eine dehnbare Maurerschnur) in Höhe der Pflanzen, damit die Hecke auch schnurgerade verläuft.

Wer diesem Ratschlag der großflächigen Bodenbearbeitung nicht folgen kann oder will, der sollte seinen Graben oder sein Pflanzloch in doppelter Höhe und Breite des Wurzelballens der zu pflanzenden Heckenpflanzen ausheben.

Erde gut festtreten

Nach dem Einfüllen der Erde muss diese gut festgetreten werden. Einzelne Pflanzen sind gegebenenfalls auszurichten. Die Erde wird zum Schluss so auseinander gezogen, dass die Pflanzen in einem leicht durchlaufenden Bewässerungsgraben stehen. Danach ist gut zu wässern und abschließend der Graben mit dem Krail einzuebnen. Zur Pflanzung selbst siehe auch die weitergehenden Erläuterungen zur Pflanzung von Gehölzen auf den Seiten 86–90.

Gut düngen

Der Düngung kommt bei Formhecken eine besondere Bedeutung zu, dies gilt vor allem für die ersten Jahre. Der geringe Pflanzabstand verursacht eine starke Konkurrenz um Licht, Wasser und Nährstoffe. Hinzu kommt, dass durch Schnittmaßnahmen dauernde Verluste an Nährstoffen auftreten. Zur Düngung verwendet man am besten einen granulierten Mehrnährstoffdünger, von dem jährlich 100 g je laufendem Meter Hecke auszubringen ist. Nach Erreichen der gewünschten Wuchshöhe kann die Düngung auf die Hälfte verringert werden oder unter Umständen ganz entfallen.

TIPP

Sommergrüne Gehölze ohne Ballen vor dem Pflanzen stark zurückschneiden. Ebenso werden zu lange Wurzeln oder stark beschädigte Wurzeln eingekürzt.

Mulchdecke schützt

Auch eine Mulchdecke, die laufend zu ergänzen ist, ist von großem Vorteil. Sie sorgt für einen ausgeglichenen Feuchtigkeitshaushalt im Boden.

Pflanz- und Aufbauschnitt

Nach dem Setzen der Pflanzen möchte man natürlich recht bald eine dichte Hecke erhalten, die Schutz bietet vor Lärm und Staub und vor den Blicken Neugieriger. Allzu häufig sieht man Hecken, die in den unteren Partien locker und durchsichtig sind. Solche Gebilde sind die Folge unsachgemäßer Pflege in der Jugend und hängen mit dem Bestreben zusammen, möglichst schnell in den Genuss einer hohen Hecke zu kommen. Diese Hecken wurden nach dem Pflanzen nicht scharf genug zurückgeschnitten und in den folgenden Jahren hat man zu viel vom jährlichen Zuwachs stehen gelassen.

1

„Fertige" Hecken pflanzen

Allerdings gibt es eine Reihe von Pflanzenarten, die keinen besonderen Pflanz- und Aufbauschnitt brauchen. Dies sind zum einen jene Nadelgehölze, die sich aufgrund ihres säulenförmigen Wuchses bei enger Pflanzung nahezu in jeder beliebigen Höhe als „fertige" Hecke pflanzen lassen und zum andern Laubgehölze, die in den Baumschulen mit einem geraden Mitteltrieb gezogen und regelmäßig so geschnitten wurden, dass sich eine bis zum Boden reichende Seitenverzweigung entwickeln konnten. Unter anderem werden von Hain- und Rotbuche und der Stechpalme solche Pflanzen angeboten.

2

TIPP

Grundsätzlich gilt: Je schärfer der Rückschnitt, um so besser. Dazu muss man wissen, dass neue Triebe immer nur unmittelbar unterhalb der Schnittstelle gebildet werden, der Triebteil darunter bleibt kahl.

Scharfer Pflanzschnitt für dichte Hecken

Bei den meisten für Hecken verwendeten Gehölzen handelt es sich um Sträucher, die von Natur aus keinen aufrecht wachsenden Stamm entwickeln, sondern sich vom Boden an mehr oder weniger stark verzweigen und als wurzelnackte Pflanzen von den Baumschulen geliefert werden. Um möglichst dichte Hecken zu erhalten, ist bei diesen Gehölzen ein scharfer Pflanzschnitt und in den folgenden Jahren – bis zum Erreichen der Zielhöhe – ein Rückschnitt des Zuwachses in kleinen Schritten Voraussetzung. Beim Pflanzen sind die Triebe kurz über dem Boden zurückzuschneiden, sodass mit dem Neuaustrieb eine dichte Verzweigung bis zum Boden erreicht wird.

Mit dem Pflanzschnitt allein ist es aber nicht getan. In den ersten Jahren nach der Pflanzung ist ein laufender Schnitt unumgänglich, bis die Hecke die gewünschte „Endhöhe" erreicht hat. Nimmt man vom jährlichen Zuwachs zu wenig fort, so verzweigen sich die verbleibenden Triebe nicht ausreichend. Eine sparrige, durchsichtige Hecke ist die Folge. Der jährliche Zuwachs an Höhe und Breite muss also so weit zurückgenommen werden, dass möglichst viele der verbleibenden Knospen zum Austreiben angeregt werden, wodurch dann eine vieltriebige, dichte Hecke entsteht. Die Stärke des Rückschnitts lässt sich nicht in Zentimetern angeben. Sie richtet sich nach der Art der Hecke und ist nur durch persönliche Beobachtung und Erfahrung zu ermitteln.

▲ **1** Bei diesen speziell für Hecken gezogenen „garnierten" Pflanzen mit Mitteltrieb schneidet man die Seitenzweige und die Stammverlängerung nach dem Pflanzen bis auf eine einheitliche Höhe zurück. Dabei soll der Rückschnitt nur wenig über der Basis der letztjährigen Triebe angelegt werden.

2 Die enge Pflanzung von größeren säulenförmigen Nadelgehölzen, z. B. *Chamaecyparis*, ergibt praktisch eine fertige Hecke.

▲ Verjüngungsschnitt
Vernachlässigte Hecken lassen sich in der Regel durch einen radikalen Rückschnitt von unten her neu aufbauen.

Günstiges Heckenprofil

Über das günstigste Heckenprofil sind sich auch Fachleute nicht einig. Immer wieder geht es um die Frage, ob man die Seitenwände einer Hecke senkrecht oder etwas schräg, das heißt nach oben sich verjüngend, schneiden soll. Es gibt hunderte von Beispielen, dass Hecken aus Laubgehölzen nicht konisch beschnitten werden müssen. Anders ist dies bei Nadelgehölzen, hier ist die Heckenbasis breiter als die Heckenkrone anzulegen. Die Heckenwände sollten dann um etwa 10 % aus der Senkrechten geneigt sein. Bei Hecken aus Fichten und Lärchen sollten die Seiten – entsprechend ihrem natürlichen Habitus – noch stärker geneigt sein.
Mancher Gartenbesitzer möchte seine Hecke bogenförmig über das Gartentor wachsen lassen. Dies ist keine große Kunst. Dazu werden die Triebe an einem gespannten Draht oder einem Flacheisen entlang geleitet, bis sie sich in der Mitte treffen. Die endgültige Form ergibt sich im Laufe der Zeit, je nach der Raschwüchsigkeit des Gehölzes.
In dem Zusammenhang sei auch das Schneiden von Figuren kurz angesprochen. Am Niederrhein oder bei einigen Bauernhöfen in Westfalen findet man Hecken, an denen über der Oberkante die Form von Tieren geschnitten sind. Es ist eigentlich schade, dass diese lustige Sitte fast völlig verschwunden ist. Aber vielleicht lebt sie im Zuge der Renaissance der Buchshecken wieder auf.

Erhaltungsschnitt

Hat die Formhecke ihre gewünschte Höhe und Breite erreicht, so sind bei jedem Schnitt die jeweils neuen Triebe bis zum ursprünglichen Ansatz zurückzunehmen. Dies ist zwar etwas mühevoll, weil man unter Umständen die Schere in diesem stark verholzten Bereich mehrmals ansetzen muss, doch sehr ratsam. So „getrimmt", behalten die meisten Hecken ihre ursprüngliche Form exakt bei. Verfährt man nicht so, bleiben Mal für Mal einige Millimeter oder mehr stehen. Unmerklich wird die Hecke breiter und höher, bis man sich eines Tages zu einem sehr starken Rückschnitt entschließen muss.

Recht und Gesetz beim Heckenschnitt

Dass der Baum im eigenen Garten nicht immer gefällt werden darf, dürfte allgemein bekannt sein. Weniger bekannt aber ist die Tatsache, dass auch Hecken und Sträucher nur zu bestimmten Jahreszeiten geschnitten werden dürfen.
Diese Bestimmungen wurden zum Schutz der heimischen Vogelwelt erlassen, die in Hecken und Sträuchern nisten oder Schutz suchen. Verstöße können mit einem Bußgeld geahndet werden. Bundeseinheitliche Regelungen gibt es allerdings nicht; da Natur- und Umweltschutz Ländersache ist. Um Schwierigkeiten aus dem Weg zu gehen, sollte man sich bei seiner Kommune über die entsprechenden Vorschriften informieren.

Wann schneiden?

Immergrüne Hecken, die ihre Endgrößen erreicht haben, sollten im Frühjahr geschnitten werden. Das hat den Vorteil, dass die Pflanzen voll ausgereift in den Winter gehen konnten und nicht junge, unausgereifte Triebe durch Frost gefährdet sind. Ein zweiter Schnitt ist bei immergrünen Hecken selten notwendig.
Die „üblichen" sommergrünen Hecken und auch die „immer- bzw. wintergrünen" Liguster-Arten müssen gegebenenfalls mehrfach geschnitten werden. Hecken aus Hainbuche und Rotbuche, die Singvögeln beste Nistgelegenheiten bieten, sollte man nicht vor dem Ausschlüpfen der Jungen, Ende Juli bis Anfang August, schneiden. Den Pflanzen macht das nichts aus. Überdies wirken sie auch „im vollen Ornat" harmonisch. Die Pflanzen lässt man dann bis zum Frühjahr in Ruhe und bringt die Hecke – kurz vor dem Austrieb – in die gewünschte Form.

▼ Verschiedene Heckenprofile:
1 Hohe Hecken werden häufig recht schmal gehalten und mit senkrechten oder schrägen Seitenwänden geschnitten.
2 Niedrige Hecken aus Liguster sind oft breit und leicht gewölbt.
3 Koniferenhecken sollten immer mit schrägen Seitenwänden geschnitten werden.

Schöne Gehölze für die Pflanzung von Hecken

Ob sommergrüne oder immergrüne Laubgehölze oder ob Nadelgehölze, in allen drei Gruppen finden wir Arten, die sich sowohl für frei wachsende Hecken, als auch für Formhecken eignen. Allerdings eignen sich nur wenige Arten für regelmäßig geschnittene Hecken. Nur wenige Gehölze besitzen das notwendige hohe Regenerationsvermögen, das einen regelmäßigen Rückschnitt erlaubt.

Laub- oder Nadelgehölze wählen?

Die Frage, ob man zur Bepflanzung Laub- oder Nadelgehölze wählen und welchen Arten den Vorrang gegeben werden sollte, ist sicherlich in erster Linie eine Frage der persönlichen Vorlieben bzw. des individuellen Geschmacks. Nimmt man die Natur als Vorbild, fällt einem die Entscheidung leicht. Feldgehölze und Waldsäume bestehen fast immer aus sommergrünen Laubgehölzen, sofern es sich wirklich um natürliche Pflanzengesellschaften handelt. Auch der Nadelwald hat einen Waldsaum aus Strauch- und Buschwerk, der im Herbst das Laub abwirft. An dieses Vorbild sollte man sich bei der Anlage des naturgemäßen Gartens halten, denn der biologische Wert einer verrottenden Laubdecke im Gehölzstreifen ist nicht hoch genug einzuschätzen.
Eine „grüne Mauer“ aus Eiben (*Taxus*), Lebensbäumen (*Thuja*) oder Scheinzypressen (*Chamaecyparis*) wirkt meist etwas steif. Auf der anderen Seite sind Nadelgehölze – mit Ausnahme der nadelabwerfenden Lärche (*Larix*) – mit ihrer immergrünen Belaubung als frei gewachsene Sichtschutzhecke aber auch als regelmäßig geschnittene Hecke den sommergrünen Laubgehölzen in Sachen Sicht- und Windschutz naturgemäß überlegen.
Dichte Nadelholzpflanzungen können den Garten vor unerwünschter Einsicht völlig abschirmen, und sie stellen einen wirksamen Schutz gegen regelmäßig auftretende Kaltluftströme im Gelände dar.
Die Steifheit und Düsterheit von Nadelgehölzhecken kann zum Garten hin mit blühenden Laubgehölzen aufgelockert werden.

Gehölze für frei wachsende Hecken

Nachfolgend eine Auswahl von Gehölzen für frei wachsende Hecken, gegliedert nach Wuchshöhen und Eigenschaften. Die zu erwartende Heckenbreite beträgt etwa die Hälfte bis zwei Drittel der erreichbaren Wuchshöhe. Die Mehrzahl der genannten Gehölze sind im Abschnitt „Eine Auswahl schöner Gehölze für den Garten“ näher beschrieben. Dort sind auch Angaben über die Breite der Pflanzen zu finden, die Hinweis auf die räumliche Ausdehnung geben. Soweit Höhenangaben bei den Arten gegeben werden, geben sie Hinweis auf die Wuchshöhe, welche die Art oder Sorte bei guten Standort- und Wachstumsbedingungen erreichen kann.

Sommergrüne Laubgehölze für sichtschutzbietende Hecken (über 2,0 m)

- *Acer campestre, A. ginnala, A. tataricum* 5 – 15 m
- *Amelanchier laevis, A. lamarckii* 3 – 5 (10) m
- *Berberis ottawensis* 'Superba' 2 – 4 m
- *Caragana arborescens* 4 – 5 m
- *Carpinus betulus* 15 – 20 m
- *Colutea arborescens, C. × media* 3 – 4 m
- *Cornus alba, C. mas, C. sanguinea* 4 – 7 m
- *Corylus avellana* 4 – 5 m
- *Cotoneaster bullatus, C. multiflorus* 2 – 3 m
- *Crataegus laevigata, C. × lavallei, C. monogyna* 5 – 10 m
- *Deutzia × magnifica, D. scabra* 3 – 5 m
- *Elaeagnus angustifolia, E. multiflora* 5 – 7 m
- *Euonymus europaeus* 3 – 6 m
- *Forsythia*, alle Arten und Sorten 2 – 4 m
- *Hippophae rhamnoides* 4 – 6 m
- *Ligustrum vulgare* 2 – 5 m
- *Lonicera korolkowii, L. ledebourii, L. maackii, L. tatarica, L. xylosteum* 2 – 5 m
- *Philadelphus coronarius, P. inodorus* 2 – 4 m
- *Physocarpus amurensis* 3 – 5 m
- *Populus nigra* 'Italica', *P. simonii* 'Fastigiata' 20 – 25 m

- *Prunus avium, P. cerasifera, P. mahaleb, P. padus, P. serotina, P. spinosa* 4 – 15 m
- *Rhamnus cathartica* 4 – 6 m
- *Rhodotypos scandens* 2 – 3 m
- *Rhus typhina* 3 – 4 m
- *Ribes aureum* 2 – 3 m
- *Rosa*, Wildarten und deren Sorten sowie Strauch- und Parkrosen 2 – 4 m
- *Sambucus racemosa* 3 – 7 m
- *Sorbus aria, S. aucuparia, S. × hybrida, S. intermedia* 10 – 15 m
- *Spiraea × vanhouttei* 2 – 3 m
- *Symphoricarpos albus, S. × chenaultii* 2 – 3 m
- *Syringa vulgaris* 3 – 6 m
- *Viburnum lantana, V. × pragense* 2 – 4 m
- *Weigela florida* 2 – 3 m

Immer- und wintergrüne Laubgehölze für sichtschutzbietende Hecken (über 2,0 m)

- *Berberis gagnepainii* var. *lanceifolia, B. julianae* 2 – 4 m
- *Buxus sempervirens* 'Handworthensis' 4 – 8 m
- *Cotoneaster × watereri* 3 – 5 m
- *Ligustrum ovalifolium* 2 – 5 m
- *Ilex aquifolium* 5 – 7 m
- *Pyracantha*-Cultivars 3 – 5 m
- *Rhododendron*-Cultivars, z. B. 'Catawbiense Boursault', 'Cunnigham's White' 2 – 5 m
- *Viburnum rhytidophyllum* 3 – 5 m

Nadelgehölze für sichtschutzbietende Hecken (über 2,0 m)

- *Chamaecyparis lawsoniana* 'Alumii', 'Columnaris', 'Stardust'; *C. pisifera* 'Plumosa', 'Squarrosa' 8 – 10 m
- *× Cupressocyparis leylandii* 20 – 30 m
- *Juniperus chinensis* 'Obelisk' 3 – 4 m
- *Picea abies* 'Columnaris', 'Cupressina' 10 – 40 m
- *Picea glauca, P. omorika, P. pungens, P. sitchensis* 15 – 30 m
- *Pinus mugo* 1 – 3 m
- *Taxus baccata* 'Fastigiata', 'Hessei'; *T. × media*, 'Hicksii' 2 – 3 m
- *Thuja occidentalis* 'Columna', 'Fastigiata', 'Smaragd' 5 – 20 m
- *Thuja plicata* 'Aurescens', 'Exelsa' 10 – 15 m
- *Tsuga canadensis* 10 – 15

Laubgehölze für überschaubare Hecken (1,0 bis 2,0 m)

- *Berberis julianae, B. verruculosa*
- *Chaenomeles japonica, C. × superba*
- *Cornus sericea* 'Flaviramea'
- *Cotoneaster dielsianus, C. divaricatus, C. franchetii*
- *Deutzia × kalmiiflora* 'Mont Rose'
- *Hibiscus syriacus*
- *Kerria japonica*
- *Lonicera caerulea, L. xylosteum* 'Claveys Dwarf'
- *Ligustrum obtusifolium* var. *regelianum*
- *Philadelphus* 'Belle Blanche'
- *Prunus laurocerasus*-Cultivars
- *Rhododendron*-Catawbiense-Hybriden
- *Ribes alpinum, R. sanguineum* 'Atrorubens'
- *Rosa rugosa* und öfterblühende Strauchrosen in Sorten
- *Spiraea × arguta, S. nipponica, S. prunifolia, S. thunbergii*
- *Viburnum × pragense*

Sommergrüne Laubgehölze für knie- bis hüfthohe Hecken (0,4 bis 1,0 m)

- *Berberis aggregata, B. circumserrata, B. wilsoniae*
- *Caryopteris* 'Heavenly Blue', 'Marie Simon'
- *Corylopsis pauciflora*
- *Cotoneaster nanshan*
- *Cytisus nigricans, C. purpureus*
- *Deutzia gracilis*
- *Euonymus alatus* 'Compactus', *E. nanus*
- *Forsythia × intermedia* 'Courtasol'
- *Genista tinctoria*
- *Hydrangea arborescens, H. macrophylla, H. serrata*
- *Hypericum* 'Hidcote', *H. hookerianum, H. × moserianum, H. patulum*
- *Ligustrum vulgare* 'Lodense'
- *Potentilla fruticosa* 'Goldstar'
- *Prunus tenella*
- *Rhododendron*, sommergrüne Azaleen
- *Ribes alpinum*
- *Spiraea japonica* 'Anthony Waterer', 'Albiflora', 'Bullata'
- *Symphoricarpos* 'Magic Berry'
- *Syringa meyeri* 'Palibin'
- *Viburnum opulus* 'Compactum', *V. plicatum* 'Watanabe'

Immergrüne Laubgehölze für knie- bis hüfthohe Hecken (0,4 bis 1,0 m)

- *Berberis buxifolia* 'Nana', *B. candidula*
- *Buxus microphylla*-Cultivars
- *Ilex crenata* 'Convexa'
- *Mahonia aquifolium*
- *Skimmia japonica*

Nadelgehölze für knie- bis hüfthohe Hecken (0,4 bis 1,0 m)

- *Chamaecyparis lawsoniana* 'Aurea Densa', 'Globosa', 'Gnome', 'Minima Aurea'
- *Chamaecyparis obtusa* 'Nana Gracilis'
- *Juniperus communis* 'Compressa'
- *Pinus mugo* 'Brevifolia', 'Mops'
- *Taxus baccata* 'Compressa', 'Paulinia'
- *Thuja occidentalis* 'Tiny Tim'
- *Thuja orientalis* 'Aurea Nana'

Laubgehölze für sehr niedrige Hecken (etwa 0,4 m)

- *Berberis thunbergii* 'Atropurpurea Nana', 'Aurea'
- *Buxus sempervirens*-Cultivars
- *Cotoneaster microphyllus* 'Cochleatus'
- *Deutzia gracilis*
- *Ilex crenata* 'Microphylla'
- *Lonicera pileata*
- *Mahonia aquifolium* 'Apollo'
- *Potentilla* 'Farreri', 'Goldfinger', 'Goldstar'
- *Rhododendron*-Repens-Hybriden
- *Spiraea japonica* 'Anthony Waterer', 'Froebelii', 'Little Princess'

Gehölze für Formhecken

Nachfolgend eine Auswahl von Gehölzen für Formhecken, gegliedert nach Wuchshöhen und Eigenschaften. Die Mehrzahl der genannten Gehölze sind im Abschnitt: „Eine Auswahl schöner Gehölze für den Garten“, näher beschrieben.

Sommergrüne Laubgehölze für tischhohe Formhecken (0,6 bis 1,0 m)

- *Berberis thunbergii 'Atropurpurea'*
- *Chaenomeles 'Carl Ramcke'*
- *Cornus mas*
- *Cotoneaster dielsianus, C. divaricatus, C. lucidus*
- *Deutzia gracilis, D. × kalmiiflora*
- *Ligustrum vulgare 'Lodense'*
- *Ribes alpinum 'Schmidt'*
- *Spiraea japonica-Cultivars*

Immergrüne und wintergrüne Laubgehölze für tischhohe Formhecken (0,6 bis 1,0 m)

- *Berberis candidula, B. gagnepainii 'Klugowski', B. verruculosa*
- *Buxus sempervirens-Cultivars*
- *Ilex crenata 'Convexa'*
- *Ligustrum ovalifolium, L. vulgare 'Atrovirens'*
- *Lonicera nitida 'Elegant'*
- *Mahonia aquifolium*
- *Prunus laurocerasus-Cultivars*
- *Pyracantha-Cultivars*

Sommergrüne Laubgehölze für überschaubare und höhere Formhecken (etwa 1,5 m)

- *Acer campestre, A.ginnala*
- *Alnus glutinosa*
- *Berberis × ottawensis 'Superba', B. thunbergii 'Atropurpurea'*
- *Carpinus betulus*
- *Cornus mas, C. sanguinea*
- *Cotoneaster bullatus, C. dielsianus, C. divaricatus, C. lucidus*
- *Crataegus laevigata, C. × lavallei, C. monogyna*
- *Fagus sylvatica*
- *Forsythia × intermedia*
- *Gleditsia triacanthos*
- *Lonicera tatarica, L. xylosteum*
- *Rhamnus cathartica*
- *Ribes alpinum 'Schmidt', R. divaricatum*
- *Sorbus aucuparia*
- *Tilia cordata*
- *Ulmus minor*
- *Viburnum lantana*

Immergrüne und wintergrüne Laubgehölze für überschaubare und höhere Formhecken (etwa 1,5 m)

- *Berberis julianae*
- *Buxus sempervirens 'Handsworthiensis'*
- *Ilex aquifolium*
- *Ligustrum ovalifolium, L. vulgare 'Atrovirens'*
- *Prunus laurocerasus 'Herbergii'*
- *Pyracantha-Cultivars*

Nadelgehölze für nicht überschaubare (über 2,0 m hohe) Formhecken

Für diese Heckenart kommen die gleichen Nadelgehölz-Arten in Frage wie für Nadelgehölze für raumbildende, sichtschutzbietende, nicht überschaubare, über 2,0 m hohe Hecken.

WICHTIG zu wissen

Für alle Nadelgehölze, die natürlicherweise über 5 m hoch wachsen, sind bei Formhecken Heckenhöhen von 2 bis 4 m üblich, für Nadelgehölze unter 5 m natürlicher Wuchshöhe können auch niedrigere Heckenhöhen gewählt werden.

Flechtzäune aus Pflanzen

Eine interessante Alternative zur üblichen Heckenform ist der austriebfähige Flecht- oder Gitterzaun, der am ehesten in ländliche Gegenden passt. Bewährtes Flechtmaterial sind wenigstens 1,5 m lange unbewurzelte Weidenruten. Je Meter Zaunlänge werden etwa zehn Ruten schräg gegeneinander gekreuzt und verflochten. Es entsteht ein undurchdringlicher lebender Zaun, dessen Austrieb frei wachsend belassen oder zurückgeschnitten werden kann. Ein solcher Weidenzaun verlangt möglichst sonnige Lagen.

Eine weitere Alternative ist die „Lebende Gitterzaunhecke“. Sie unterscheidet sich vom Weidenflechtzaun durch die überwiegend fehlende Seitenbezweigung, sodass der Eindruck eines obenauf beblätterten Polygonzaunes („Jägerzaun“) entsteht. Der Pflanzabstand bestimmt die spätere Rautenbreite. Für diese Art „Zaun“ eignen sich heimische Laubbäume, insbesondere Hainbuche, Buche, Esche, Eberesche und Birke. Jungpflanzen, zunächst normal senkrecht gesetzt, werden durch Entfernen der Seitenzweige zu einem ausreichenden Höhenwachstum veranlasst und – nachdem die Stämmchen einen Durchmesser von 1 cm erreicht haben – schräg gegeneinander verflochten („vergittert“). Die Entrindung der Berührungspunkte fördert das Zusammenwachsen.

Rhododendren

Rhododendren gehören zum Imposantesten und Schönsten, was uns unser winterkaltes Klima an Blütengehölzen bietet, und dies in einer großen Mannigfaltigkeit. Zur Gattung Rhododendron gehören nicht nur immergrüne Arten, sondern auch die laubabwerfenden, die in der Regel als Azaleen bezeichnet werden. Rhododendren und Azaleen sind Kleinode im Garten. Man sollte sich dies bei der Pflanzung immer vergegenwärtigen und sie nicht wahllos irgendwohin pflanzen. Sie wirken erst dann richtig, wenn sie in größeren Gruppen mit ihresgleichen zusammenstehen, eine Einzelstellung ist fast immer falsch.

▲ Eine unvergleichliche Wirkung haben Rhododendren zur Blütezeit im Mai.

Als Partner zu Rhododendren eignen sich andere immergrüne Laubgehölze, die in gleicher Weise den Ansprüchen an Boden und Klima, absonniger bis schattiger Lage, Luft- und Bodenfeuchtigkeit entsprechen. Zu diesen, auch als „Moorbeetpflanzen" bezeichneten Pflanzenarten gehören unter anderem Prachtglocke, Lorbeerrose, Lavendelheide, Torfmyrte, Moorheide und Traubenheide; im Übergang zu sonnigeren Stellen auch Wacholder oder Heidelbeere.
Aber auch verschiedene Stauden, Farne und Gräser können solche Moorbeetpflanzungen ergänzen. Sehr zweckmäßig ist – wie bei anderen Pflanzungen auch – der Schutz des Bodens mit Bodendeckern, die zugleich die Funktion der Krautschicht erfüllen und den Charakter der Moorbeetpflanzungen vervollständigen. Hierzu gehören z. B. die immergrünen Zwerghartriegel, Rebhuhnbeere und Preiselbeere, aber auch flächendeckende Stauden wie Waldmarbel-Formen, Ysander und Waldschaumkerze. Im Übergang zu sonnigeren Plätzen empfehlen sich als Bodendecker Heidekrautformen: Besen-, Glocken-, Cornwall- und Schneeheide.

Ansprüche an Boden und Klima

Rhododendren kommen in der Regel in luftfeuchten Gebieten auf humosen, sauren Böden vor. Die hohe Luftfeuchtigkeit garantiert eine nicht zu hohe Sonneneinstrahlung im Sommer, verhindert extreme Temperaturen im Winter und verhindert einen zu hohen Wasserverlust durch Transpiration. Da sich in windexponierten Lagen die Transpiration wesentlich erhöht, sind windgeschützte Plätze eine der Grundvoraussetzungen für die erfolgeiche *Rhododendron*-Kultur. Auch die pralle Sonne ist den Rhododendren unzuträglich. Sie gehen zwar nicht ein, aber das Wachstum ist nur kümmerlich und die Blütenbildung lässt zu wünschen übrig. Die besten Lichtverhältnisse bietet ihnen leichter Baumschatten. Es ist falsch, Rhododendren an die Süd- oder Westseite von Hauswänden zu setzen, da sie dort durch die zusätzliche Rückstrahlung nicht nur eine noch höhere Lichtintensität vorfinden, sondern auch eine geringere Luftfeuchtigkeit. Je geringer aber die Luftfeuchtigkeit ist, umso weniger Sonne vertragen sie.

Bestimmte Ansprüche an den Boden

Rhododendren sind ausgesprochene Flachwurzler. Gegen stauende Nässe, Bodenverdichtung und hohen Kalkgehalt sind sie in höchstem Maße empfindlich. Ihre feinen Faserwurzeln verlangen einen lockeren,

1

2

▲ Passende Standorte für Rhododendren:
1 heller, lichter Schatten unter hochkronigen Bäumen,
2 im Schatten von Häusern.

humosen und in der Regel sauren Boden. Der optimale Bereich liegt bei einem pH-Wert zwischen 4,2 und 5,5. Bei einem pH-Wert darunter und darüber ist eine Pflanzung nur noch bedingt möglich. Humus- oder Waldböden mit einer Rohhumusauflage, wie an den natürlichen Standorten unserer Rhododendren, wird man in unseren Gärten wohl kaum vorfinden. Daher wird man in der Regel eine gründliche Bodenvorbereitung durchführen müssen, damit die Rhododendren auf Dauer günstige Wachstumsbedingungen vorfinden.

Kalktolerante Rhododendren

Seitdem Rhododendren in unseren Gärten Einzug gehalten haben, haben Züchter versucht, einem Mangel abzuhelfen, der der weiteren Verbreitung der Rhododendren bisher im Wege stand bzw. diese einschränkte, das Vorhandensein eines sauren Bodens. Seit einigen Jahren sind nun *Rhododendron*-Sorten auf dem Markt, die auf kalktoleranten Unterlagen stehen. Die weitgehende Kalktoleranz der Unterlagen eröffnet dem Absatz dieser Rhododendren in weiten Gebieten Europas neue große Chancen, ein Bodenaustausch ist nicht mehr notwendig. Kalktolerante *Rhododendron*-Sorten tragen auf dem Etikett die Bezeichnung INKARHO. Dieser geschützte Markenname steht für Interessengemeinschaft Kalktolerante *Rhododendron* Unterlagen. Als optimaler pH-Wert für die INKARHO-Pflanzen wird in den Hinweisen zur Pflanzung und Pflege ein Wert von 6,0 und 6,5 angegeben. Die Böden müssen nach wie vor gut durchlüftet sein. Stark tonige Standorte und Kalk- und Mergelböden sind nicht geeignet. Feste und verdichtete Böden müssen vor der Pflanzung gelockert werden.

Pflanzzeiten für Rhododendren

Die besten Pflanzzeiten für Rhododendren sind das Frühjahr bis in den Mai und die frühen Herbstmonate, etwa August oder September, damit die Pflanzen bis zum Winterbeginn noch ausreichend neue Wurzeln bilden können. Vor dem Pflanzen müssen die Rhododendren so bewässert werden, dass die Ballen vollständig durchnässt sind. Gegebenenfalls sind die Pflanzen hierzu in ein Gefäß mit Wasser zu stellen. Frisch gepflanzte Rhododend-

▼ Auf Böden, die für Rhododendronkulturen eigentlich nicht geeignet sind, kann man die Blütensträucher in ein aufgeschüttetes Substrat aus Torf, Nadelstreu, Rindenkompost und Lauberde über einer Dränageschicht aus Koniferenreisig oder gehäckseltem Holz pflanzen.

ren können durch ein Schattengerüst vor übermäßigem Wasserverlust geschützt werden. Das Anwachsen der Rhododendren kann auch durch ein Entfernen der Blütenknospen nach dem Pflanzen erleichtert werden.

Pflege der Rhododendren

Nicht zuletzt wegen ihres besonders flachen Wurzelsystems muss bei Rhododendren stets auf gleichbleibende Bodenfeuchtigkeit geachtet werden. Das gilt im besonderen Maße für die winterliche Wasserversorgung. Steht den Pflanzen nicht ausreichend Wasser zur Verfügung, werden die Blätter braun und fallen schließlich ab. Man sagt dann, die Pflanze sei erfroren. Solche vermeintlichen Frostschäden erweisen sich in der Regel aber meist als Trockenschäden, weil Rhododendren als Immergrüne auch im Winter Wasser über die Blätter verdunsten. Deshalb ist es wichtig, nach einem trockenen Herbst oder auf trockenen Standorten vor Beginn der Frostperiode gründlich zu wässern. Die Wassergabe muss in niederschlagsarmen Wintern wiederholt werden, sofern der Boden frostfrei ist. Besonders viel Wasser brauchen Rhododendren darüber hinaus zur Zeit der Blüte. Fallen in diesem Zeitraum nicht genügend Niederschläge, ist eine zusätzliche Wässerung notwendig.

WICHTIG

Man darf auf keinen Fall im Wurzelbereich der Pflanzen graben, da Rhododendren Flachwurzler sind.

▼ Ausgesprochen elegant können ausgewachsene Rhododendronsträucher wirken.

Auch Rhododendren müssen ausreichend mit Nährstoffen versorgt werden. Doch muss dies mit Augenmaß geschehen. Gedüngt wird Anfang Juni, um den Blütenknospenansatz für das nächste Jahr zu fördern. Dabei stets einen chloridfreien Mehrnährstoffdünger, z. B. Nitrophoska, nehmen. Auch organisch-mineralische Düngemittel (z. B. Hornoska) oder Langzeitdünger sind geeignet. Eine wichtige Pflegemaßnahme ist das Ausbrechen oder Abschneiden der abwelkenden Blütenstände. Das muss vorsichtig geschehen, damit die dicht darunter sitzenden Laubknospen nicht verletzt werden.

Rückschnitt nur in Ausnahmefällen

Die Schere oder Säge wird man im Allgemeinen bei Rhododendren nur in Ausnahmefällen einsetzen müssen. Bei manchen Sorten kann in den ersten Jahren nach der Pflanzung ein Erziehungsschnitt notwendig sein, der die Pflanzen sich besser verzweigen lässt. Oft erreicht man dies schon durch ein Ausbrechen der endständigen Triebknospen kurz vor dem Austrieb im zeitigen Frühjahr. Pflanzen, die schon sparrig geworden sind, lassen sich ohne Schwierigkeiten auch bis weit in das alte Holz zurückschneiden.

TIPP

Zu groß und schlacksig gewordene Rhododendren kann man unbedenklich durch starken Rückschnitt bis ins mehrjährige Holz verjüngen. Der Schnitt sollte stets über der Basis eines Jahreszuwachses erfolgen.

Immergrüne Rhododendron-Hybriden

Die immergrünen Hybriden werden im Allgemeinen in fünf Gruppen gegliedert.
Zur Gruppe der „Großblumigen Rhododendren" gehören verschiedene Hybridgruppen, unter denen die Catawbiense-Hybriden dominieren. Sie zeichnen sich durch hohe Winterhärte, Wüchsigkeit und gesunde Belaubung aus. Die meisten Sorten dieser Gruppe können sich zu sehr großen Sträuchern entwickeln, die mehrere Meter in Höhe und Breite erreichen können. Allerdings sind dazu oft Jahrzehnte notwendig. Die anderen vier Gruppen der Immergrünen Rhododendren bleiben kleiner und sind auch nicht so großblütig.
Diese sind: Williamsianum-Hybriden (1–2 m hoch), Yakushimanum-Hybriden (0,5–1 m hoch), Repens-Hybriden (0,3–1 m hoch), Impeditum-Hybriden (0,5–1,2 m hoch).

Robuste Pflanzen
Die farbenprächtigen Azaleen haben den Vorzug, dass sie im Allgemeinen widerstandsfähiger und weniger bodenempfindlich als die immergrünen Rhododendron sind.

Sommergrüne Rhododendron (Azaleen)-Hybriden

Den immergrünen Rhododendren steht das Heer der sommergrünen Rhododendren-Hybriden gegenüber, die im gärtnerischen Sprachgebrauch allgemein als Azaleen bezeichnet werden. Es sind Sträucher, die über mannshoch werden können (in der Regel zwischen 1,5 bis 2 m) und im Frühjahr entweder noch vor Beginn des Laubtriebes oder mit diesem zusammen erblühen, also von Ende April bis Mai. Fast aufdringlich können ihre Blütenmassen – die Blüten stehen in mehrblütigen Büscheln an den Zweigspitzen – an den blattlosen Sträuchern erscheinen. Ihre Farbskala reicht von rahmgelben, rosa und lachsrosa Tönen über Orange bis zum Scharlach und Zinnoberrot.
Man sollte diese Azaleen nicht zu geballt einsetzen und auch nicht mit immergrünen Rhododendren zusammenpflanzen. Sie sollten ohne „Konkurrenz" voll zur Wirkung kommen. Sie wirken besonders schön, wenn sie als einzelne Farbkleckse zwischen neutralisierendem Grün von z. B. Wacholdern, Eiben, Stechpalmen, Lorbeerkirschen und anderen Immergrünen auftreten oder unter dem Schirm locker stehender Kiefern, sodass sich die Farben einzelner Sorten nicht so beißen.

▶ Der wesentliche Unterschied der Azaleen gegenüber den Rhododendren ist, dass sie im Herbst die Blätter verlieren. Sie blühen in prächtigen Farben von enormer Leuchtkraft, die in dieser Intensität bei immergrünen Arten und Hybriden nicht vorkommen.

▲ Japanische Azaleen ähneln sehr unseren „Topfazaleen" (*R. simsii*), die als Zimmerpflanzen angeboten werden.

Japanische Azaleen

Unter dieser Bezeichnung wird eine Fülle von Sorten zusammengefasst, die durch Züchtung aus einer größeren Zahl in Japan beheimateter, immergrüner (die in unserem Klima meist nur wintergrün sind), kleinblättriger Wildarten entstanden sind. Im Wesentlichen waren am Entstehen der Japanischen Azaleen *Rhododendron kaempferi* und *R. kiusianum* beteiligt. Die meisten Sorten wachsen niedrig-buschig, werden etwa 0,5 bis 1,5 m hoch und mindestens genauso breit. Ein besonderes Merkmal ist ihre enorme Reichblütigkeit. Bezaubernd weich, zart und doch leuchtend sind ihre Blütenfarben und ihr Blütenreichtum ist so groß, dass sie oft wie reine Farbkleckse wirken. In Bezug auf die Verwendung ist zu beachten, dass Japanische Azaleen weniger winterhart sind als die anderen hier genannten Arten und Hybriden. Sie benötigen zu einer optimalen Enwicklung neben zusagenden Bodenverhältnissen einen vor Wind und starker Sonneneinstrahlung geschützten Stand ort. In klimatisch weniger günstigen Gebieten ist eine winterliche (Mitte Dezember bis Anfang April) Abdeckung mit Nadelholzreisig zum Schutz gegen Sonne und austrocknende Winde unbedingt notwendig.

Ideal für Steingärten

Japanischen Azaleen sind ideal für kleinere Moorbeet-Pflanzflächen in Steinanlagen und auf Steinterrassen, für die große Rhododendren wenig geeignet sind.

Kletter- und Schlingpflanzen

Keine andere Pflanzenform vermag im Garten eine so malerische Wirkung zu entfalten wie Schling- und Kletterpflanzen. Man verwendet sie zum Überwuchern von kahlen Zäunen, zur Berankung von Pergolen, Laubengängen und vielen anderen Objekten. Die wohl größte Bedeutung haben heute die Lianen aber sicherlich zur Begrünung von Hausfassaden. Ein langweiliges Wohnhaus, das architektonisch nicht gegliedert ist, macht einen freundlichen Eindruck, wenn es von Lianen zierlich umrankt wird.

Unterschiedliche Kletterorgane

Das Wissen um die Eigenart der Kletterorgane ist für die Verwendung und die Anforderungen an die Kletterhilfen, die wir den Lianen bieten müssen, von großer Bedeutung, daher soll zunächst etwas näher darauf eingegangen werden.

▼ Romantik ist beim Wandeln unter dem Blauregen angesagt.

Schlingpflanzen

Schling- oder Windepflanzen machen den größten Teil der Lianen aus. Sie sind durch die kreisende Bewegung ihrer Sprossspitze gekennzeichnet, mit der sie alles Erreichbare umwinden. Der Spross zeichnet sich durch besonders lange Abstände (Internodien) zwischen den Blattansatzstellen aus. Man unterscheidet zwischen Links- und Rechtswindern.

Als Kletterhilfen für diese Gruppe benötigt man vertikale (senkrechte) Konstruktionselemente, Seile, Stäbe (Rohre) aus Holz oder Metall, mit einem Durchmesser von 4 bis 50 mm. Der Durchmesser sollte 4 mm nicht unterschreiten, um ein Abknicken der Kletterpflanzentriebe zu vermeiden. Der Abstand der vertikalen Elemente voneinander sollte bei vollflächiger Übergrünung je nach Wuchsstärke der verwendeten Art 30 bis 50 cm betragen. Der Abstand zur Wand sollte bei schwach- bis normalwüchsigen Arten 10 cm und bis 20 cm bei starkwüchsigen Arten (z. B. Blauregen, Baumwürger, Knöterich) betragen. Waagerechte Elemente können aus Stabilitätsgründen, z. B. bei Auftreten von starken Winden, zur Sicherung vor Windsog notwendig sein oder sind aus gestalterischen Gründen sinnvoll.

Rankenkletterer

Rankenkletterer bilden aus Spross-, Wurzel- oder Blattknospen Ranken, die unter ständigen Suchbewegungen auf Berührungsreize reagieren und Haltefunktion übernehmen. Sprossranken besitzt z. B. der Wein (*Vitis*). Bei der Jungfernrebe (*Parthenocissus*) entwickeln sich zusätzlich Haftscheiben am Ende der Sprossranken (siehe auch bei Selbstklimmer). Manche Sprossranken werden spiralig, sobald sie festen Kontakt geknüpft haben. Gegenüber den zerstörerischen Angriffen des Windes geben sie so besser nach und reißen nicht. Blattranken finden sich bei Kür-

Wurzelkletterer (*Hedera helix*)

Spreizklimmer (*Rosa filipes*)

Schlinger (*Lonicera henryi*)

Rankenkletterer (*Cobaea scandens*)

bisgewächsen und vielen Schmetterlingsblütlern, z. B. bei Erbse und Wicke.
Als Kletterhilfen für Rankpflanzen benötigt man gitterartige Gerüste mit waagerechten und senkrechten Konstruktionselementen (in der Regel Stäbe aus Holz oder Metall), an denen sich die Ranken festhalten können. Je nach Wüchsigkeit sollte die Gitterweite 10 bis 20 cm, der Durchmesser der Konstruktionselemente 0,5 cm (z. B. bei *Clematis*), 1 cm (z. B. bei *Vitis riparia, Parthenocissus quinquefolia, Clematis montana*) oder auch 2 cm (z. B. bei *Vitis vinifera*) betragen. Als Wandabstand der Kletterhilfen sind 10 cm ausreichend, weil die Pflanzen nicht schlingen und demzufolge überwiegend vor dem Gitter bleiben.

Spreizklimmer

Spreizklimmer sind weder mit Haftwurzeln ausgestattet, noch winden sie. Eigentlich sind sie keine richtigen Kletterpflanzen. Sie klettern nicht aus eigener Kraft, sondern benutzen ihre langen, steifen Triebe, die sich infolge des Eigengewichts biegen und quer auf anderen, niederen Zweigen aufliegen (Jasmin) oder sie verhaken sich untereinander mit Hilfe von Stacheln (Rosen), widerhakenartigen Seitensprossen oder infolge stark behaarter Triebe.
Für Spreizklimmer benötigt man horizontal ausgerichtete Kletterhilfen, wie sie für Rankpflanzen üblich sind, um die langen Triebe der Spreizklimmer anheften zu können. Gerade Spreizklimmer sollten ihre ungezwungene, gefällige, natürliche Haltung auch im Garten bewahren, sie sollten nicht in widernatürlicher Weise fest angebunden werden. Das Anheften wird nur auf das Notwendigste beschränkt und erfolgt nur bei solchen Arten, die der Organe zum Selbstklimmen entbehren, und dann hauptsächlich im Frühjahr vor dem Austreiben. Den Sommer hindurch lässt man die Zweige soweit es geht frei und ungezwungen wachsen.

Selbstklimmer (Wurzelkletterer oder Pflanzen mit Haftscheiben)

Wurzelkletterer wie der Efeu benötigen keine besondere Kletterhilfe. Sie tragen sprossbürtige Haftwurzeln, mit denen sie sich dauerhaft an der Unterlage, z. B. an Hauswänden oder sonstigen Wänden, an Baumborken, Pergolen usw., verankern.

► Nach der Ausbildung ihrer Kletterorgane unterscheidet man die Lianen in vier Gruppen: in Schlingpflanzen, Rankenkletterer, Spreizklimmer und Selbstklimmer (Wurzelkletterer und Pflanzen mit Haftscheiben). Während sich Selbstklimmer, Schling- und Rankenkletterer für große Höhen eignen, sind Spreizklimmer eher für niedrigere Gerüste geeignet.

Die Jungfernrebe (*Parthenocissus quinquefolia*), die an sich zu den Rankenkletterern gehört, entwickelt an ihren Ranken besondere Haftscheiben, die die Pflanzen zu hervorragenden Kletterern auch auf glatten Wänden macht.

Kletterpflanzen am Haus

Gebäudewände in die Begrünung einzubeziehen, ist nicht nur aus ästhetischen Gründen sinnvoll, das hat vielmehr auch praktischen Nutzen. So wirken Kletterpflanzen positiv auf den Energiehaushalt von Gebäuden ein. Darüber hinaus sind noch weitere positive Eigenschaften von Kletterpflanzen zu nennen: die Sauerstoffproduktion, die Kohlendioxid-Verwertung, Schalldämpfung, Staub- und Schadkeimreduktion. Auch erfüllen sie eine ökologische Bedeutung. Begrünte Hausfassaden sind Lebensraum für eine Vielzahl von Insekten und Vögeln.
Wer Lianen ans Haus pflanzt, muss wissen, was er will. Ist eine vollflächige Begrünung erwünscht oder soll ein Teil der Fassade (aus gestalterischen Gründen) nur teilweise begrünt werden.

Die ganze Fläche begrünen

Eine vollflächige Begrünung (z. B. von fensterlosen Giebelwänden) ist sowohl mit Selbstklimmern als auch mit Schling- und Rankenkletterern möglich. Die Verwendung von Selbstklimmern ist preisgünstig, weil ein besonderes Klettergerüst nicht notwendig ist. Zu beachten ist allerdings, dass direkt am Untergrund haftende Selbstklimmer nötige Reparaturen an geputzten / gestrichenen Wänden erschweren bzw. unmöglich machen. Sie sind ja in der Regel auch nicht erwünscht. Die Verwendung von Rankenkletterern und Schlingpflanzen bedarf eines Gerüstes, welches bei entsprechender Konstruktion demontiert bzw. weggeklappt werden kann.
Soll eine Fassade aus gestalterischen Gründen nur begrenzt übergrünt werden, kommen nur Rankenkletterer und Schlingpflanzen, gegebenenfalls auch Spreizklimmer (abhängig von der Höhe der Begrünung) in Frage, bei denen gewährleistet ist, dass diese die ihr zugedachten Flächen nicht verlassen.

Bauwerkschäden durch Lianen?

Als angebliche Verursacher von Schäden an Mauerputz, Ziegeldächern und Dachrinnen stehen Klettergehölze immer wieder zwischen Ablehnung und Fürsprache. Aber echte Nachteile durch einen Kletterpflanzenbewuchs oder schwerwiegende Schäden sind nicht zu befürchten, wenn einige Dinge beachtet werden.
Drän- und Abwasserrohre können durch eindringende Pflanzenwurzeln sehr starkwüchsiger Kletterpflanzen (z. B. dem Knöterich) verstopft werden. Starke Schlinger, wie der Blauregen, können Fallrohre zusammendrücken und dürfen daher nicht in deren Nähe gepflanzt werden; sie brauchen eine eigenständige Kletterhilfe. Ebenso müssen Dachrinnen von Bewuchs frei sein, damit sie funktionstüchtig blei-

▼ Phantasie ist bei der Fassadenbegrünung angesagt. Für jeden Haustyp gibt es passende Pflanzenarten und Rankgerüste.

Auf Standsicherheit achten

Für Kletterhilfen an Hausfassaden braucht man keine Baugenehmigung. Man muss aber trotzdem auf die nötige Standsicherheit achten, denn die auftretenden Belastungen an einer Kletterhilfe können erheblich sein. Neben dem Eigenwicht der Konstruktion und dem Pflanzengewicht spielen auch Wind-, Schnee- und Eislasten eine Rolle.
Aufgrund von Berechnungen stellte man beispielsweise für Chinesische Blauregen (*Wisteria sinensis*), die jeweils eine Wandfläche von 24 m^2 bedeckten, Gesamtgewichte zwischen 250 und 320 kg fest, je nachdem, ob sie trocken oder nass gewogen wurden. Eine Amerikanische Pfeifenwinde (*Aristolochia macrophylla*) bringt es auf 87 kg, eine Ufer-Rebe (*Vitis riparia*) auf 94 kg unter entsprechenden Bedingungen. Demgegenüber fällt der Gewichtsanteil marktgängiger Kletterhilfen mit Werten zwischen 100 g und 800 g pro laufenden Meter kaum ins Gewicht. Balkenartige und flächige Rankgerüste können aber bis zu 10 kg pro laufenden Meter wiegen, sie müssen entsprechend befestigt werden. Besonders schwer werdende Arten sind am besten an stabilen, bei geringer Tragfähigkeit der Hauswand zusätzlich vorgeständerten Konstruktionen aufgehoben, die neben einer sicheren Verdübelung an der Hauswand zusätzlich durch Bodenanker gehalten werden, die die einwirkenden Kräfte nach unten ableiten.
Die Befestigung auf der Wand kann Probleme bereiten. Gut zu verwenden sind Dübel und Schrauben auf einlagigen Mineralputzen über Massivsteinwänden wie Ziegel und Kalksandstein. Auch Blockbohlenwände bereiten keine Schwierigkeiten. Problematisch sind Vorwandbekleidungen und Wärmedämmverbundsysteme, die in der Regel eine geringe Tragfähigkeit besitzen. Wie im Falle von Gasbetonsteinen müssen in solchen Fällen Spezialdübel, eventuell in größerer Zahl, verwendet werden. Man sollte sich nicht scheuen, fachlichen Rat bei einem Architekten oder einer Baufirma einzuholen, da sonst unter Umständen teure Fassadenreparaturen drohen.

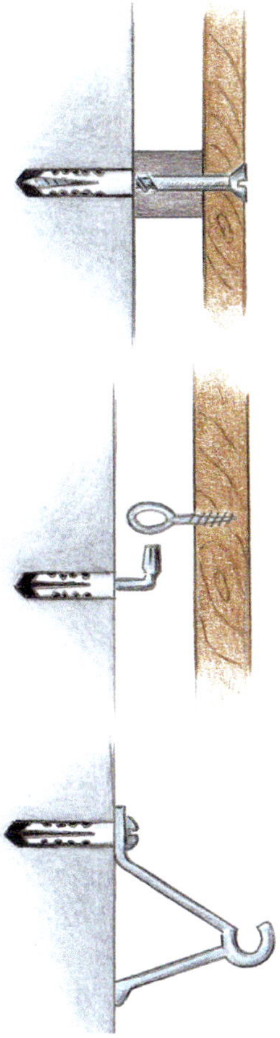

◄ Die Schrauben für die Halterung der Wandspaliere werden immer mit Dübeln gesichert. Oben dient ein Hartgummi- oder Kunststoffblock als Abstandhalter. In der Mitte sind Schraubhalter und Ösen verwendet. Und unten eine handelsübliche Aufhängung für Metallspaliere, die in die Öffnung eingehängt werden.

ben. So kann sich der stark wachsende Knöterich unter die Dachziegel schieben und diese anheben. Allerdings lässt sich ein solcher „Schaden" durch einen Rückschnitt an den gefährdeten Stellen leicht verhindern. Grundsätzlich muss gesagt werden, dass sich durch eine situationsgerechte Artenauswahl Nachteile für das Gebäude weitgehend ausschließen lassen.

Schaden Haftwurzeln dem Putz?

Auch die Wurzelkletterer und die Pflanzen mit Haftscheiben stellen für die Hauswände im Allgemeinen keine Gefahr dar. Haftwurzeln in fertig ausgebildeter Form sind keine Saugwurzeln, das heißt sie geben keine Stoffe an ihre Umgebung ab und nehmen auch keine auf. Ein Funktionswechsel von Haftwurzeln zu Saugwurzeln ist allenfalls in sehr jungen Stadien denkbar. Später verkorken die Haftwurzeln und bekommen dadurch eine undurchlässige Oberfläche, von der keine schädigenden Einwirkungen auf intakte Mauern und Putze zu erwarten sind. Sind Wand und Putz aber dauerhaft durchfeuchtet und gar noch gerissen, so wachsen die Wurzeln wie in ein Bodensubstrat und bilden unter solchen Umständen sprossbürtige Saugwurzeln aus, die durch Erstarken und Absprengen der Putzoberfläche Schäden verursachen können. Wichtig ist aber in diesem Zusammenhang zu wissen, dass die Wurzeln der Wurzelklimmer selbst keine Löcher in Mauern und Fugen „bohren", sie nutzen lediglich vorhandene Risse und Unebenheiten geschickt aus. Bautechnisch intakte, trockene Putzoberflächen sind aber nie gefährdet.
Während die Begrünung von intakten Kalkzementputzen, Klinker- und Betonwänden unproblematisch ist, sind Holzwände und Fachwerk für Wurzelkletterer nur bedingt geeignet.

Rank- und Kletterhilfen

Schlingpflanzen, Rankenkletterer und Spreizklimmer benötigen eine Kletterhilfe, um an den Hauswänden hoch zu wachsen. Dies gilt auch für einige Kletterpflanzen,

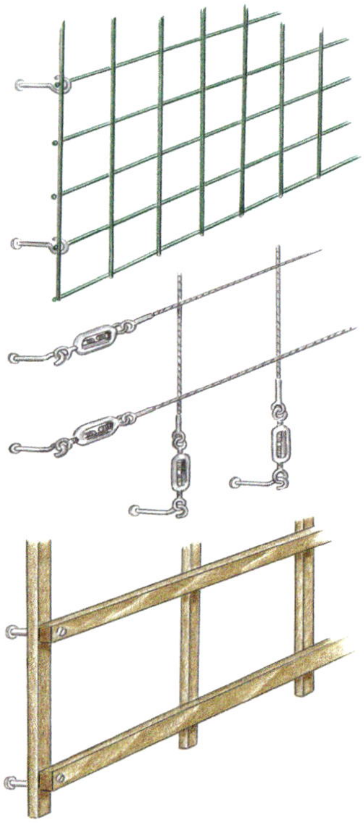

► Rankhilfen für Kletterpflanzen (von oben nach unten): verdübeltes Drahtgitter, verdübelte Spanndrähte, Spalier aus Holz.

Lianenpflanzen
Kletterpflanzen werden ausschließlich (Ausnahmen gibt es bei Kletterrosen und Brombeeren) als Topfballen- oder Containerware geliefert und sind bei der Pflanzung als solche zu behandeln. Werden Kletterpflanzen in befestigte Flächen gepflanzt, z. B. zur Wandbegrünung in eine Hoffläche, sollte das Pflanzloch mindestens 40 – 50 cm breit, 60 – 80 cm lang und 50 cm tief sein.

die zwar Haftwurzeln entwickeln, sich aber damit dauerhaft nicht befestigen können. Dies trifft z. B. für die Klettertrompete (*Campsis radicans*) und die Kletter-Hortensie (*Hydrangea anomala* subsp. *petiolaris*) zu, die zusätzlich durch ein starkes Klettergerüst gehalten werden müssen.
Als Kletterhilfen können zu Gebäudewänden Abstand haltende unauffällige Seilwerke oder strukturgebende Gerüste – insbesondere das traditionelle Wandspalier – verwendet werden. In Gartencentern und Baumärkten sind eine Vielzahl von Konstruktionen aus den unterschiedlichsten Materialien komplett mit Befestigungssätzen und Abstandhaltern erhältlich. Auf die einzelnen Konstruktionen hier näher einzugehen ist nicht möglich. Einige Ausführungen hierzu sind schon bei der Vorstellung der einzelnen Kletterpflanzen-Gruppen oben gemacht worden. Grundsätzlich gilt: die Kletterhilfen und damit verbunden die Konstruktionsdicken und Rastermaße, sind den Ansprüchen der Pflanzen anzupassen.
In Bezug auf die Materialien ist zu beachten: Bei Verwendung von Holz sollten Harthölzer verwendet werden, die keine Astlöcher aufweisen (sie verschlechtern die Tragfähigkeit) und pflanzenverträglich imprägniert sind. Metalle sollten korrosionsgeschützt sein. Als Rankgitter empfehlen sich feuerverzinkte Baustahlmatten. Edelstahlseile haben den Vorteil, dass sie unauffällig und in beliebigen Rastermaßen anzubringen sind. Die Verankerung ist stets nur in die tragenden Bauteile vorzunehmen.

Winterharte ausdauernde Lianen

Immergrüne Selbstklimmer

Euonymus fortunei var. *radicans*
Kletternder Spindelstrauch
Blätter gegenständig, ei-elliptisch, 2 bis 4 cm lang, dunkelgrün, im Herbst zum Teil orangerot bis rötlich braun.
'Coloratus', Blätter außerordentlich variabel in Form und Größe (3 bis 7 cm lang), dünn, dunkelgrün, im Herbst und Winter tiefpurpur mit hellrötlicher Unterseite.
'Variegatus' ('Gracilis'), Blätter elliptisch bis spitz-eiförmig, Blattmitte graugrün bis silbergrün marmoriert, Rand unregelmäßig und weiß eingefärbt.
'Vegetus', Blätter elliptisch bis fast rund, 2 bis 4 cm lang, Rand kerbig gesägt, derb und fest, hellgrün bis mittelgrün, keine Herbstfärbung. Fruchtet im Gegensatz zu den anderen Formen reichlich.

↕ 3 – 5 m

Hedera colchica
Kolchischer Efeu
Wächst stärker als der heimische Efeu, ist aber weniger winterhart, Blätter bis 20 cm lang, meist ungelappt. 'Dentata Variegata' ist eine gelbbunte Form.

↕ 10 m

Hedera helix
Gewöhnlicher Efeu
Blätter sehr variabel, meist 3-lappig, aber auch 5-lappig, lederig dunkelgrün, oft mit schöner weißer Blattnervatur; Blätter der Altersform (Blühsprosse) ungelappt, rauten- bis herzförmig. Im Handel eine Vielzahl von Sorten, darunter auch weißbunte und gelbbunte Formen.

↕ 20 m

Hedera hibernica
Irischer Efeu
Blätter 5-lappig, Lappen dreieckig, Mittellappen länger als Seitenlappen, Blätter größer als bei *H. helix*, 7,5 bis 15 cm breit.

↕ 20 m

Sommergrüne Selbstklimmer

Campsis radicans
Amerikanische Trompetenwinde

↕ 10 m

Die Trompetenwinde trägt im Spätsommer besonders schöne, auffällig orangerote, trompetenförmige Blüten, die in Gruppen an diesjährigen Achsen sitzen und bis zu 8 cm lang werden können. Blätter glänzend grün, gefiedert mit 9 bis 11 Blättchen. Die Pflanzen benötigen sonnige, geschützte Südlagen. In rauen Lagen ist Winterschutz durch Abdecken der Pflanzscheibe mit Laub oder anderen Materialien notwendig. Ein jährliches Zurückstutzen der jüngsten Achsen fördert die Blütenpracht. Die Trompetenwinde bildet zwar sprossbürtige Wurzeln aus, doch ist zur besseren Sicherung und Führung an Hauswänden ein starkes Klettergerüst angebracht. 'Flava' ('Yellow Trumpet') blüht gelb.

Hydrangea anomala var. *petiolaris*
Kletter-Hortensie

↕ 5–7 m

Blütenkletterpflanze, attraktiv durch die flachen, weißen, bis 25 cm breiten Schirmrispen mit einem Kranz weißer, steriler Randblüten, süßlich duftend. Blätter eirundlich, 6 bis 10 cm lang, mit auffallend langem Blattstiel. Die Kletter-Hortensie ist zwar selbstkletternd, doch ist zur besseren Sicherung und Führung an Hauswänden ein starkes Klettergerüst angebracht.

Parthenocissus quinquefolia
Gewöhnliche Jungfernrebe

↕ 10 m

Man erkennt die Art an ihrenr rötlichen Jungtrieben und den 5-zähligen, glänzend dunkelgrünen, bis 10 cm langen und auf der Unterseite bläulichen Blättern, die sich im Herbst von rot bis purpur färben. 'Engelmannii', Engelmannswein, unterscheidet sich von der Art durch zierlichere Blätter, die sich im Herbst dunkelrot färben, und durch die besser ausgebildeten Haftscheiben. Jahreszuwachs 0,5 bis 1 m.

Parthenocissus tricuspidata
Dreilappige Jungfernrebe

↕ 10 m

Bildet besonders fest haftende Ranken; Blätter langgestielt, bis 20 cm breit mit 3 grobgesägten Lappen, im Herbst orangegelb bis scharlachrot gefärbt. 'Veitchii' ist besonders weit verbreitet, Blätter sehr veränderlich, eiförmig, ungelappt bis 3-zählig, Austrieb bronzefarben bis braunrötlich; im Sommer glänzend grün, Herbstfärbung von brennend gelborange über scharlachrot bis dunkelkarmin. Jahreszuwachs 1,5 bis 2,5 m. 'Green Spring', Blätter sehr groß, bis 25 cm lang, ungeteilt mit 3 Lappen, gelegentlich 3-teilig, junger Trieb mit Blättern braunrötlich, später grün. Jahreszuwachs 1,5 bis 2,5 m.

Sommergrüne Schlingpflanzen

Actinidia arguta
Scharfzähniger Strahlengriffel

↕ 6 m

Blätter 8 bis 12 cm lang, dunkelgrün, Blattstiele rot, heben sich gut ab, Herbstfärbung leuchtend reingelb. Früchte stachelbeerartig, 2 bis 2,5 cm lang, sehr gut schmeckend, süß, Vitamin-C-Gehalt sehr hoch.

Actinidia deliciosa (Syn. *A. chinensis*)
Kiwi, Chinesische Stachelbeere

↕ 8 m

Bekannte Kiwi, die nur in sonnigen und im Winter gut geschützten Lagen ausreichend winterhart ist. Blätter auffallend groß, über 15 cm lang, unten dicht weiß behaart. Voraussetzung für die Fruchtbildung ist das Nebeneinander von männ-

◄ Die Kletter-Hortensie wächst am Anfang recht langsam, später dafür umso stärker.

lichen und weiblichen Pflanzen. Im Handel meist die Sorte 'Hayworth'.

Actinidia kolomikta
Kolomikta-Strahlengriffel

3 m

Ein schwach schlingender Kletterstrauch, der durch die weiß-rosa Färbung der oberen Blatthälften unerhört attraktiv und zierend ist. Die Früchte sind essbar. Gedeiht auch im Schatten, dort ist aber die Blattfärbung nur gering.

Akebia quinata
Fingerblättrige Akebie

6 m

Die handförmig gefiederten Blätter und die eigenartig anmutenden eingeschlechtigen Blüten machen den besonderen Zierwert aus. Faszinierend in der Form die violettbraunen weiblichen Blüten; männliche Blüten kleiner, rosa, duftend, im Mai. Jahreszuwachs 1 bis 1,5 m.

Aristolochia macrophylla
Amerikanische Pfeifenwinde

10 m

Bildet interessante pfeifenartige, außen gelbgrüne, innen purpurbraune, bis 8 cm lange Blüten aus. Blütezeit Juni bis August. Blätter auffallend groß, herzförmig bis 30 cm lang.

Celastrus orbiculatus
Baumwürger

12 m

Stark verholzender Schlinger mit 5 bis 10 cm langen, plötzlich kurz zugespitzten, im Herbst leuchtend gelben, auffallenden Blättern. Sehr attraktiv sind die 3-lappigen Früchte. Nach dem Aufplatzen der leuchtend gelben Kapseln werden die von einem hellroten Arillus umgebenen, kugeligen Samen sichtbar.

Fallopia baldschuanica
(Syn. *Polygonum aubertii*)
Schling-Flügelknöterich

10 m

Der bekannte Knöterich gehört zu den starkwüchsigsten Kletterpflanzen mit Jahrestrieben von 3 bis 5 (bis 8 m). Problematisch kann er auf Hausdächern werden, wo er Ziegel hebt und in Bodenräume wächst. Muss rechtzeitig zurückgeschnitten werden.

Humulus lupulus
Gewöhnlicher Hopfen

3 m

Ausdauernder Schlinger mit auffallend rauhaarigen Achsen, dessen weiblichen

◄ Ein Unbekannter aus der Kiwi-Verwandtschaft: der Kolomikta-Strahlengriffel.

und männlichen Blüten an unterschiedlichen Pflanzen stehen. Die weiblichen Blüten entwickeln sich ab Juli an Scheinähren zu den bekannten zapfenartigen, hängenden Hopfenfruchtständen. Blätter gegenständig, 3- bis 5-lappig mit herzförmigem Blattgrund. 'Aureus' ist gelbgrün.

Lonicera × brownii

4 m

Blütenschlingpflanze. Hybride, die im Handel meist nur in der Sorte 'Dropmore Scarlet' erhältlich ist. Bildet orange-scharlachrote Blüten von Juni bis zum Herbst. Blätter unterseits bläulich.

Lonicera caprifolium
Jelängerjelieber, Wohlriechendes Geißblatt

6 m

Einheimische Schlingpflanze, die leicht an den verwachsenen oberen Blattpaaren und den gelben bis weißen Blüten zu erkennen ist, die von Mai bis Juni erscheinen. Abends intensiv süßlich duftend (Nachtfalterblume). Die Früchte färben sich schon im September korallenrot.

◄ Das Geißblatt mit seinem handfesten Charakter passt gut in ländliche Gärten.

↕ 3–4 m

Lonicera × heckrottii
Sie gilt als schönblütigste *Lonicera* und besitzt 3 bis 6 cm lange bläulich grüne Blätter und purpurgelbe, duftende Blüten, die zu 15 bis 30 in quirlartigen Ständen angeordnet sind. Sie erscheinen von Juni bis September in ununterbrochener Folge. Die Sorte 'Goldflame' trägt karminrote, später lilarote Blüten. Die jungen Zweige sind dunkel purpurrot, in voller Sonne tief purpurrot gefärbt. Jahreszuwachs etwa 60 cm.

↕ 5 m

Lonicera henryi
Henrys Geißblatt
Dieser stark windende Strauch trägt an stark behaarten Trieben lanzettliche, dunkelgrüne, immergrüne Blätter. Die rötlich oder gelbroten Blüten sind wenig auffallend. Die meist reichlich angesetzten Früchte sind von tiefschwarzer Farbe.

↕ 3–4 m

Lonicera periclymenum
Wald-Geißblatt
Eine bei uns heimische Liane. Die gelbweißen, rötlich überlaufenen Blüten stehen gruppenweiße an den Triebenden. 'Belgica Select' ist eine reich blühende Selektion mit gelblich weißen, außen tiefpurpurfarbenen Blüten und großen roten Beeren. Bei 'Serotina' stehen die reinweißen, im Verblühen gelben, außen lilaroten, in der Knospe dunkel purpurroten Blüten in dichten Blütenständen. Hauptblütezeit ist Juni/Juli, bis Oktober nachblühend.

↕ 10 m

Lonicera × tellmanniana
Blätter tiefgrün, unten weißlich bereift. Die 4 bis 5 cm langen, auffällig goldgelben Blüten sitzen meist in zwei Quirlen übereinander. Jahreszuwachs bis 1,5 m.

↕ 10 m

Menispermum canadense
Amerikanischer Mondsame
Eine bei uns selten anzutreffende, anspruchslose, aber attraktive Kletterpflanze mit kleinen gelbgrünen Blüten im Mai, denen traubenartige, blauschwarze Früchte folgen. Die Pflanze ist zweihäusig, daher sind zum Fruchtansatz beide Geschlechter erforderlich. Blätter langgestielt und 3- bis 7-lappig.

↕ 8 m

Wisteria floribunda
Japanischer Blauregen
Dieser rechtswindende Blauregen trägt wechselständige Blätter mit 11 bis 19 Fiederblättchen. Die Blüten sind violett, entfalten sich Ende Mai/Juni vom Grund der Traube zur Spitze hin und stehen in bis zu 50 cm lagen Trauben. 'Alba' ist eine weiß blühende Form; 'Macrobotrys' ('Multijuga') trägt besonders große Fiederblättchen und bis 1 m lange, violette Blütentrauben; 'Rosea' blüht hellrosa in bis zu 35 cm langen Trauben.

↕ 10 m

Wisteria sinensis
Chinesischer Blauregen
Einer der schönsten Frühjahrsblüher. Linkswindender Blauregen, Blätter mit 7 bis 13 Fiederblättchen. Die violettblauen Blüten erscheinen vor den Blättern, sind schwach duftend und blühen in der Traube etwa gleichzeitig auf. Die Sorte 'Alba' trägt weiße Blüten; 'Black Dragon' trägt ausgesprochen große Blätter und Blütentrauben in blauvioletter Farbe.

Rankenkletterer

Ampelopsis aconitifolia
Sturmhutblättrige Scheinrebe
Starkwüchsiger Rankenkletterer mit 3- bis 5-teilig gefingerten, teilweise tief zerschlitzten Blättchen. Die Blüten sind unscheinbar. Die Früchte färben sich zunächst blau, später orange.

Vitis coignetiae
Rostrote Rebe
Starkwüchsige, dekorative Kletterpflanze mit rostbraunfilzigen Trieben, die schnell auch hohe Gerüste, Mauern oder Pergolen zu bekleiden vermag. Blätter bis 25 cm breit, am Grunde tief herzförmig. Sie farben sich im Herbst scharlach- bis karminrot. Schwarz und purpurn bereift sind die bis 8 mm großen Früchte.

Spreizklimmer

↕ 2–5 m

Jasminum nudiflorum
Winter-Jasmin
Bildet lange, rutenförmige und bogig überhängende Triebe. Blüten primelgelb, ähnlich denen der Forsythien. Sie erscheinen je nach Witterung von Dezember bis April. Die Triebe müssen an Spalieren angebunden werden. Bodentriebe wurzeln, können so ganze Kolonien bilden.

Clematis hoch im Kurs

Die Gattung Clematis mit ihren Arten und Sorten braucht im Grunde nicht besonders vorgestellt zu werden. Clematis gehören zu den attraktivsten und beliebtesten Kletterpflanzen. Ihr größter Schmuckwert ist die unglaublich massive Blütenfülle. Form und Anordnung der Blüten sind unterschiedlich. Die Wildarten haben meist krug- oder glockenförmige, nickende Einzelblüten, aber auch vielblütige, duftige Rispen. Sie zeichnen sich durch gesunden Wuchs, eine kaum erreichte Eleganz in der Blütenform und durch den sehr zierenden, fedrig-silbrigen Fruchtschmuck aus. Bei den Hybriden überwiegen Formen mit großen, tellerförmigen Einzelblüten. Bis auf die gelbe Farbe, die wir bisher nur bei den Wildformen finden, ist bei den großblumigen Sorten die gesamte Farbpalette vom reinsten Weiß über Porzellanrosa, Rubinrot und Violettblau vertreten.

▲ Clematis werden nicht direkt an die Hauswand gepflanzt, sondern etwas entfernt davon. Der Topfballen wird „schrägflach" in die Erde gelegt. Die unteren Triebteile sind dabei auf einer Länge von 30 cm etwa 5 cm stark mit Erde zu bedecken, bevor man sie nach oben führt. Dies fördert wesentlich die Wurzelbildung und sichert den gegen Bruch empfindlichen Wurzelhals. Im Pflanzloch sorgt eine Schotterschicht für einen guten Wasserabzug. Eine Mulchschicht hält die durchlässige Pflanzerde feucht.

Kräftiger Rückschnitt zur Verjüngung

Ältere *Clematis* neigen zu einer gewissen Kopflastigkeit, während sie unten herum zunehmend verkahlen. Diesem Prozess kann man durch Formieren und Rückschnitt begegnen. Dazu werden die Pflanzen je nach Art im Vorfrühling oder nach der Blüte kräftig zurückgeschnitten (der optimale Zeitpunkt ist bei den einzelnen Arten nachfolgend angegeben). Dabei können einzelne Achsen seitlich gebogen und am Spalier befestigt werden, um eine größere Breite der Waldrebe zu erzielen. Gleichzeitig kann man durch Absenker nach links und rechts von der Hauptachse den Austrieb der Pflanze von unten her verbreitern.
Im Gegensatz zu den Großblumigen Hybriden, die regelmäßig zurückgeschnitten werden sollten, kann ein regelmäßiger Schnitt bei den Wildarten unterbleiben, obwohl auch sie einen kräftigen Rückschnitt gut vertragen. Dazu werden alle spätblühenden Arten im zeitigen Frühjahr, alle frühblühenden unmittelbar nach der Blüte zurückgeschnitten.

Verzweigung fördern

Waldreben wachsen ihrer Natur folgend steil nach oben. Bereits bei der Pflanzung sollte man darauf achten, die jungen Triebe seitlich zu verteilen. Ein vorsichtiges Einkürzen kann zu der gewünschten reicheren Verzweigung führen.

◀ Die Clematis-Hybriden haben große, tellerförmige Einzelblüten.

Clematis-Welke

Der gefürchteten Clematis-Welke, bei der einzelne Zweigpartien oder ganze Pflanzen in der Vegetationszeit in ganz kurzer Zeit absterben können, kann durch sorgfältige Bodenvorbereitung mit gutem Wasserabzug vorgebeugt werden. In der Regel sind großblumige Hybriden stärker gefährdet als Wildarten.

Sortenvielfalt

Von der fast unüberschaubaren Anzahl an *Clematis* ist im Folgenden eine Auswahl schöner, bewährter und leicht erhältlicher Wildarten und Hybridsorten genannt. Die Wildformen sind robust und widerstandsfähig und bedürfen keiner besonderen Sorgfalt.

Clematis alpina
Alpen-Waldrebe

In den Alpen heimische Art. Blüten einzeln an 12 cm langen Stielen, nickend aus glockig geformten bis gespreizten, violettblauen oder weißen Blütenblättern. Blütezeit Mai bis Juni. Schneiden nach der Blüte. Nur bei Platzbedarf notwendig. Die Wildformen sind robust und widerstandsfähig.

↕ 1–2 m

Clematis montana
Berg-Waldrebe

Starker Kletterer mit dem ganze Gebäude und Gehölzgruppen begrünt werden können. Die weißen Blüten mit gelben Staub-

↕ 10 m

blättern erscheinen in großen Massen im Frühjahr. 'Elizabeth', hellrosa mit hellem Rank, duftend; 'Rubens', hellrosa, kleinblütig, die bekannteste Sorte; 'Marjorie' blüht gelblich weiß; 'Odorata' weiß, stark süßlich duftend; 'Pink Perfection' tiefrosa.

Clematis orientalis
Orientalische Waldrebe

4 m

Die Art und ihre Sorten tragen die schönsten gelben Blüten. Sie sind klein bis mittelgroß, laternenartig aufgehängt mit zurückgekrümmten Blütenblättern und erscheinen in großer Zahl ab August an den jungen Trieben. 'Anita', hellgelb; 'Aureolin', duftet intensiv nach Kokos; 'Bravo' blüht hellgelb und 'Corry' goldgelb. Schnitt nur, wenn erforderlich. Verjüngungsschnitt im Februar / März.

Clematis tangutica
Mongolische Waldrebe

3 m

Schwachwüchsiger, dünntriebiger Ranker mit einfach bis doppelt gefiederten Blättchen und anmutigen goldgelben Blüten im Juni, an langen, dünnen, aufrechten Stielen, nickend. Nachblüte bis zum Herbst. Einzelblüte zunächst glockig, im Verblühen gespreizt. Eine weitere Attraktion sind die silbrig glänzenden, federartigen Samenstände, die bis in den Winter eine große Zierde sind. Verjüngungsschnitt im Februar / März.

Clematis-Hybriden

Sorte	Blütenfarbe	Blütezeit	Blütengröße in cm	Wuchshöhe in m	Rückschnitt
'Comtesse de Bouchard'	rosa bis rosalila	VII – VIII	10 – 14	2,5 – 3,5	im Februar / März bis auf 40 – 80 cm
'Dr. Ruppel'	pastellviolett mit tief weinroten Streifen	V – VI 2. Blüte IX	12 – 18	2,5	im Februar / März nur leichter Rückschnitt
'Ernest Markham'	purpurweinrot	VI – IX	10 – 14	3,5	im Februar / März bis auf 40 – 80 cm
'Gipsy Queen'	tiefviolett, sehr samtig	VIII – IX	12 – 14	4	im Februar / März bis auf 40 – 80 cm
'Hagley Hybrid'	purpurrosa, im Verblühen heller	VII – VIII	8 – 13	2,5 – 3	im Februar / März bis auf 40 – 80 cm
'Huldine'	weiß mit silbrigem Schimmer	VII – X	5 – 10	4 – 5	im Februar / März bis auf 40 – 80 cm
'Jackmanii'	tiefviolett	VI – IX	10 – 15	3,6 – 6	im Februar / März bis auf 40 – 80 cm
'Jackmanii Superba'	samtig dunkelviolett	VII – X	10 – 15	3,5 – 6	im Februar / März bis auf 30 – 60 cm
'Lady Betty Balfour'	dunkelpurpurblau	VIII – X	12 – 18	3,5 – 6	im Februar / März bis auf 40 – 80 cm
'Lasurstern'	blauviolett mit gelblichen Staubgefäßen	V – VI 2. Blüte VIII – IX	17 – 22	2,0 – 3,5	im Februar / März nur leichter Rückschnitt
'Mme Le Coultre'	weiß	VI – IX	12 – 18	2,5 – 5	im Februar / März bis auf 40 – 80 cm
'Nelly Moser'	lilarosa, rot gestreift	V – VI 2. Blüte VIII – IX	10 – 14	2,5 – 3	im Februar / März nur leichter Rückschnitt
'Niobe'	samtig, tiefweinrot	V – VI 2. Blüte VIII – IX	12 – 18	2 – 3	im Februar / März bis auf 40 – 80 cm
'Perle d'Azur'	himmelblau, Mitte rosalila	VII – IX	10 – 14	2,5 – 3,5	im Februar / März bis auf 40 – 80 cm
'The President'	blauviolett bis tiefviolett, samtig	VI – IX	12 – 18	2,5 – 3	im Februar / März nur leichter Rückschnitt
'Ville de Lyon'	rubin bis tiefmagenta	VII – IX	10 – 14	2,5 – 3	im Februar / März bis auf 40 – 80 cm

Rosen

Seit mehreren tausend Jahren begleitet die Rose den Menschen. Sie gehört ohne Zweifel zu den ältesten Kulturpflanzen und der sprichwörtliche Rosenluxus des alten römischen Kaiserreiches lässt vermuten, dass schon damals die Rose mit besonderer Liebe gehegt wurde. Die Jahrtausende haben ihrer Verehrung keinen Abbruch tun können. In vielen Gärten hat sie sich ihren festen Platz erobert. Von Jahrhundert zu Jahrhundert, später von Jahrzehnt zu Jahrzehnt und heute von Jahr zu Jahr entstanden und entstehen Neuzüchtungen von fabelhaftem Farbenspiel, von kaum zu übertreffender Formvollendung und von dem herrlichsten Wohlgeruch. Aber auch die einfacheren Vertreter der Rosen, die Hecken- oder Wildrosen, verdienen beachtet zu werden. Sie, die ein untrennbares Glied der Strauchgemeinschaften der Natur, des Waldsaumes, der Flur- und Heckengehölze sind, sollten auch im Garten nicht fehlen.

Sonniger Platz

Rosen sind Sonnenkinder und verlangen eine freie, sonnige Lage. Man sollte sie nie an absonnige Stelle oder unter Bäume und Sträucher pflanzen. Rosen, die unter großkronigen Bäumen stehen, werden unter dem Tropfenfall leiden. Je länger das Laub der Rosen nachts und morgens feucht bleibt, desto eher haben Pilzkrankheiten die Möglichkeit einer ungehinderten Vermehrung. Rosen mögen aber auch keine besonders heiße, enge Ecken ohne Luftbewegung. Letztere ist notwendig, um das Blattwerk schneller zu trocknen und um Stauwärme zu verteilen. In Gartenecken, wo bei schwülem Wetter die Luft fast steht, breiten sich auf den Blättern leicht Krankheiten aus.

Den Boden vorbereiten

Blütenreichtum, Schönheit und Lebensdauer der Rosen sind abhängig vom Boden und seiner richtigen und guten Vorbereitung. Rosen gedeihen in fast allen Böden, wenn diese gut bearbeitet sind und die erforderlichen Nährstoffe bieten. Die besten Voraussetzungen für kräftiges Wachstum und reiches Blühen bieten tiefgründige

TIPP

Rosenhochstämme sollte man immer so verwenden, dass eine größere Anzahl sich nebeneinander reiht, entweder in einer Linie, in größeren Gärten auch in zwei oder drei Linien, unterpflanzt mit Buschrosen.

◄ Strauchrosen und Beetrosen lassen sich sehr gut mit Stauden wie Polsterglockenblumen kombinieren.

Bei Neu-Anlagen beachten

Insbesondere bei Anpflanzungen in Neubaugebieten ist oft zu beobachten, dass die verdichteten Böden zu einem Kümmerwuchs der Pflanzen führen. Die aufgebrachte Mutterbodenschicht ist zu flach, und eine luftdurchlässige Verbindung mit dem Unterboden ist nicht gegeben.

► Rosen werden in der Regel in zwei Güteklassen angeboten.

1 Nach den Bestimmungen des Bundes deutscher Baumschulen (BdB) müssen Rosenpflanzen der Güteklasse A mindestens drei gut ausgereifte Triebe haben, wovon zwei aus der Veredlungsstelle kommen müssen, der dritte Trieb darf bis 5 cm über dieser Stelle entspringen.

2 Rosenpflanzen in B-Qualität müssen wenigstens zwei starke, gut entwickelte Triebe, beide der Veredlungsstelle entspringend, aufweisen.

1

gut entwickelte Wurzeln

2

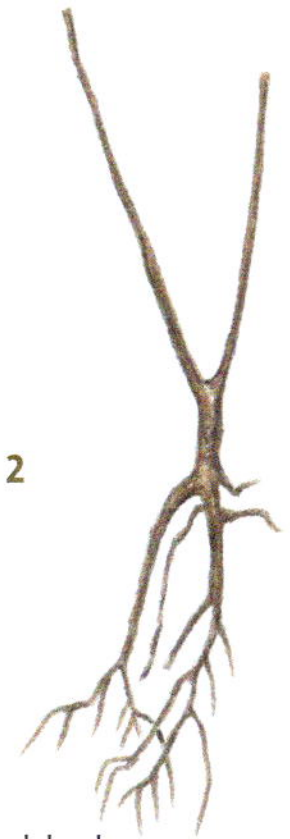

schlecht entwickelte Wurzeln

► Hochstammrose im Container.

A) Starke, gesunde Sprosse, gleichmäßig verteilt
B) Stütze
C) Gerader Stamm

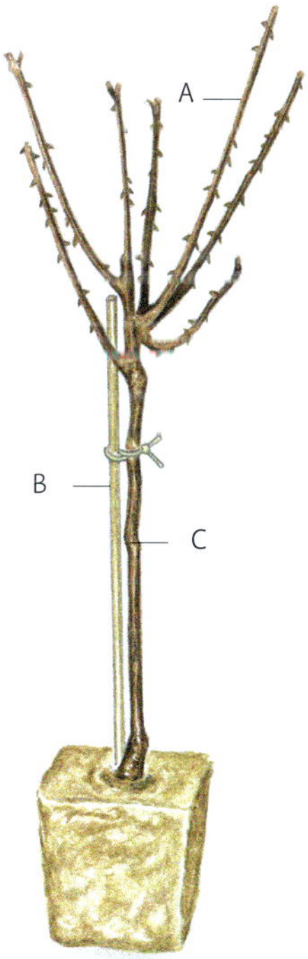

◄ *Clematis* ranken in Rosenstöcke. Weiße, rosa oder rot blühende Kletterrosen-Sorten sind gut mit hell- bis dunkelblauen, violetten oder weißen Waldreben, sowohl groß- wie kleinblütigen Arten und Formen, zu benachbarn, indem man sie zusammen ins gleiche Pflanzloch setzt. Sie vertragen sich recht gut, die Waldreben können an den Kletterrosen emporranken, ohne sie zu beeinträchtigen.

(Rosen wurzeln sehr tief), lehmig-humose, nährstoffreiche, schwach saure (pH-Wert 5,5 bis 6,5) Böden. Bei zu hohen pH-Werten ist das Spurenelement Eisen für die Pflanzen nicht mehr verfügbar, was zu Chlorosen führt. Gegebenenfalls ist kohlensaurer Kalk einzuarbeiten, um den Boden auf den gewünschten pH-Wert zu bringen. Zu Staunässe und Verdichtung neigende, das heißt, kalte Standorte sind nicht geeignet, oder müssen entsprechend verbessert werden.
Ein Boden, auf dem mehrere Jahre lang Rosen gestanden haben, ist für Neupflanzungen nur dann geeignet, wenn er tiefgrundig durch Einarbeiten von Kompost oder anderer Humusstoffe verbessert wird.

Die Pflanzung

Sollten Rosenpflanzen in gefrorenem Zustand eintreffen, lässt man sie in einem ungeheizten, frostfreien Raum langsam auftauen und packt sie erst anschließend aus.
Kann nicht sofort gepflanzt werden, sind die Rosen im Garten einzuschlagen und bis mindestens 10 cm über der Veredlungsstelle mit Erde anzuhäufeln.
Wurzelnackte Rosen legt man vor dem Pflanzen zwei bis vier Stunden ganz in ein Wasserbad, damit sich Wurzeln und Gewebe vollsaugen können. Bei Frühjahrspflanzung, wenn die Rosen aus dem Kühlhaus kommen, ist diese Maßnahme besonders wichtig.

REGEL

Schwacher Trieb – starker Rückschnitt; starker Trieb – schwacher Rückschnitt.

TIPP

Der Schnitt der Rosen sollte im Frühjahr vor dem Knospenschwellen erfolgen. Der Rückschnitt vor der Winterruhe ist nicht empfehlenswert, da die eingekürzten Triebe in einem strengen Winter noch weiter zurückfrieren können und dann ein zweiter Rückschnitt zusätzlich im Frühjahr erforderlich ist.

▶ **Schnitt bei Rosen**
1 Die Triebe schneidet man wegen der Gefahr des Zurückfrierens im Winter nicht oder nur wenig zurück.
2 Sehr lange Triebe kürzt man auf etwa 20 cm ein.
3 Der eigentliche Rückschnitt auf drei bis sieben Augen geschieht dann mit Beginn des Austriebs im Frühjahr.

Pflanzschnitt – gewusst wie

Vor dem Pflanzen die Enden aller Wurzeln frisch anschneiden. Allzu lange Wurzeln werden etwas stärker eingekürzt. Bei Frühjahrspflanzung werden alle Triebe stärker zurückgeschnitten. An kräftigen Trieben lässt man maximal fünf Augen stehen, bei schwächeren drei, ganz schwache Triebe schneidet man vollständig ab. Der Schnitt erfolgt immer 3 bis 5 mm über dem Auge des jeweiligen Triebes, da der Trieb selbst leicht zurücktrocknet. Wer sich mit den Augen noch nicht so richtig auskennt, schneidet alle Triebe auf etwa 15 cm zurück. Park- und Wildrosen werden etwa um die Hälfte eingekürzt und Kletterrosen auf zehn Augen geschnitten.
Gepflanzt werden Rosen wie ballenlose Sträucher (siehe auch Seite 89). Dazu sind ausreichend große Pflanzlöcher auszuheben und die Sohle zu lockern. Die Wurzeln müssen gut ausgebreitet ihrer natürlichen Lage entsprechend in den Boden kommen. Sie sollten wie eine nach unten ausgespreizte Hand fächerförmig zu liegen oder zu stehen kommen. Unter keinen Umständen dürfen die Wurzelspitzen nach oben stehen, da Rosen dies sehr übel nehmen und durch späteres zaghaftes Wachstum anzeigen.
Nach dem Pflanzen Erde beifüllen und gut einschlämmen. Nach dem Einsickern des Wassers ist gut anzutreten und die Pflanzen so anzuhäufeln, bis nur noch die Triebspitzen hervorschauen. Dies gilt auch bei Frühjahrspflanzung.

Winterschutz

In rauen Klimalagen, in denen die Temperatur häufig unter −10 °C absinkt, benötigen Rosen einen Winterschutz, um sie vor Frost und zu starken Temperaturschwankungen an sonnigen Winter- und Vorfrühlingstagen zu schützen. Bei Beet- und Edelrosen wird im Herbst (Ende November bis Anfang Dezember) die Pflanzenbasis bis zu einer Höhe von etwa 15 cm angehäufelt.
Beet-, Kleinstrauchrosen und Strauchrosen können bei Frostgefahr mit Nadelholzzweigen oder Vliesen abgedeckt werden. Hierzu sollten bereits im Spätherbst die Rosensträucher mäßig zurückgeschnitten werden, damit sie besser abgedeckt werden können.

Abgeblühtes entfernen
In den Sommermonaten sollten die verblühten Blumen entfernt werden. Dann werden die Rosen nicht so schnell von Krankheiten befallen und außerdem fördert das den Austrieb der nachgeordneten Blatt- und Blütenknospen.

▼ **Winterschutz**
1 Buschrosen nicht vor Anfang November anhäufeln und abdecken.
2 Hochstammrosen über den Zapfen weg zur Erde biegen und die Krone anhäufeln. Den Stamm durch Haken niederhalten und mit Fichtenreisig umwickeln (siehe dazu auch Seite 194).
3 Kletterrosen locker mit Fichtenreisig behängen.

Empfehlenswerte Rosen

Wie die Erfahrung zeigt, wird der Formenreichtum der Rosen bei der Auswahl für den Hausgarten in der Regel viel zu wenig berücksichtigt. Man begnügt sich in der Regel mit Beet- und Edelrosen – gelegentlich da und dort mit Kletterrosen – aber nur selten werden die vielfältigen Formen der kleineren und größeren, einmal- und dauerblühenden Strauchrosen oder gar von Wildrosen (Hagebuttenrosen) mit zierenden Früchten verwendet. Es lohnt sich sehr, sich schon vor der Planung des Gartens intensiv mit den einzelnen Gruppen in der großen Rosenfamilie zu beschäftigen.

In besonderen Prüfgärten an elf verschiedenen Standorten werden die Eigenschaften der Sorten anhand von Merkmalen wie Winterhärte, Reichblütigkeit, Wirkung der Blüte, Duft oder Wuchsform über mehrere Jahre bewertet. Das Wichtigste bei der Bewertung ist jedoch die Widerstandsfähigkeit gegen Krankheiten und Schädlinge. Die Sorten, die einen bestimmten Qualitätsstandard erreichen, werden mit dem Prädikat „ADR-Rose" ausgezeichnet. Jedes Jahr kommen alte und neue Sorten auf den Prüfstand. Es ist deshalb empfehlenswert, sich bei der Auswahl der Rosen an derart ausgezeichnete Sorten zu halten, die auch in den Katalogen besonders herausgestellt sind.

Sortenauswahl in Schaugärten
Wer plant, für den Garten Rosen zu kaufen, kann sich zur Zeit der Rosenblüte in Schaugärten oder in Baumschulen einen Überblick verschaffen. Es öffnen sich hier ganz neue Perspektiven der Pflanzenauswahl und -verwendung.

Beetrosen

Beetrosen haben für unsere Gärten die größte Bedeutung. Als Massenblüher mit mehreren Blüten je Stiel lassen sie wirkungsvoll Farbflächen entstehen. Hierzu trägt auch die weitgehend gleiche Blü-

Klassifizierung der Rosen

Sortengruppen	Eigenschaften / Verwendung
Beetrosen	Massenblüher, gleiche Blütenhöhe, schaffen Farbflächen mit Fernwirkung, für klein- und großflächige Beetbepflanzungen im Garten, am Terrassenrand, im Vorgarten, als Wegbegleitung, als niedrige Hecke und zur Bepflanzung von Gräbern und ausreichend großen Pflanzgefäßen
Edelrosen	meist nur eine oder wenige gefüllte, elegant geformte Blüten je Stiel, von angenehmem Duft; vorwiegend Nahwirkung, in kleineren Gruppen, vorrangig für Beete in Wegnähe; Schnittblume
Strauchrosen (einschließlich Moos-, Bauern- und Hagebuttenrosen)	attraktive Blüten, häufig leuchtstarke Blütenfarben, zur Einzelstellung oder Gruppenpflanzungen, z. B. in Rasen- und Staudenflächen, für Hecken
Kletterrosen	aufgebunden an Spalieren, Rankgerüsten und Pergolen, frei wachsend wirkungsvoll auf Böschungen und Mauerkronen, Einzelstellung
Kleinstrauchrosen (Bodendeckerrosen)	Flächenpflanzungen, insbesondere für Böschungen, größere Vorgärten
Miniatur- oder Zwergrosen	für Heide- und Steingärten, Beeteinfassung, Gräber, Balkonkästen, Tröge
Hochstamm- und Trauerrosen (Hängerosen)	Einzelstellung in Beeten, gegebenenfalls auf Rasenflächen
Wildrosen	insbesondere für naturnahe Gärten zur Einzelstellung, Gruppenpflanzungen und Hecken, Böschungssicherung und -begrünung

▲ Die Beetrose 'Bonica' hat sich als sehr robust und reich blühend bewährt.

tenhöhe bei. Beetrosen verwendet man für groß- und kleinflächige Beetbepflanzungen im Garten, am Terrassenrand, im Vorgarten, als Wegbegleitung, als niedrige Hecke, zur Bepflanzung von Gräbern und ausreichend großer Pflanzgefäße.
Bei den Beetrosen können zwei Sortentypen unterschieden werden:

- Polyantha-Rosen: Kurze Triebe und ein sehr buschiger Wuchs mit kleinen, mehr oder weniger einfachen Blüten in vielblumigen Dolden.
- Floribunda-Rosen: Bei diesem Sortentyp ist der niedrige Strauchwuchs und die Vielblumigkeit mit der Formschönheit der Edelrosenblüten verbunden. Sie besitzen einen lockeren Blütenaufbau. Im Reichtum der Farben wetteifern sie mit der Fülle der Edelrosen, ausgeprägter Duft ist bei ihnen allerdings selten. Diese Sorten halten sich recht lange in der Vase.

Einmal- oder öfterblühend?
Bei der Auswahl der Rosensorten sollte auch das Blühverhalten im Verlauf des Sommers beachtet werden, das bei den einzelnen Gruppen bzw. Sorten sehr verschieden sein kann. Man unterscheidet dabei zwischen:

- einmal blühenden Rosen
- Rosen mit florweisem Blühverhalten = öfter blühende Rosen
- Rosen mit kontinuierlichem Blühverhalten.

Pflanzabstände

Beetrosen wachsen je nach Sorte unterschiedlich hoch und breit – allein daraus ergeben sich ebenso abweichende Pflanzabstände. Auch die Fruchtbarkeit des Bodens ist von großer Bedeutung. Demnach kann es nötig sein, auf leichteren Sandböden doppelt so dicht wie auf schweren Lösslehmböden zu pflanzen. Nicht zuletzt spielt die Regenhäufigkeit eine Rolle: Je enger der Pflanzabstand, desto später trocknet das Laub ab. Da sich mit der Dauer des Feuchtefilms auf dem Laub die Keimchancen der allgegenwärtigen Sporen von Schadpilzen erhöhen, sollte in Regenlagen bzw. an windgeschützten Orten der Pflanzabstand etwas weiter gewählt werden. Insofern sind allgemeingültige Maßangaben schwierig. Als Faustzahl gilt für schwächerwüchsige Sorten 30 bis 40 cm Abstand (6 bis 8 Pflanzen / m^2), für starkwüchsige 40 bis 60 cm Abstand (4 Pflanzen / m^2).

Pflegemaßnahmen

Beim jährlichen Frühjahrsschnitt belässt man drei bis vier kräftige Triebe mit ebenso vielen Knospen. Schwach wachsende Sorten können durch stärkeren Rückschnitt zu kräftigerem Austrieb veranlasst werden. Darum keine Angst vor kräftigerem Rückschnitt bis auf 20 cm über dem Boden. Ansonsten gilt: Alles schwache Holz entfernen. Das weiche Rosenholz trocknet zurück, deshalb sollten die Schnitte mindestens 0,5 cm über den Knospen geführt werden.

Weitere Hinweise

Die Veredlungsstelle sollte stets etwa 3 cm von Boden bedeckt sein. Dies reicht in den meisten Lagen als Frostschutz und macht ein weiteres Anhäufeln sowie eine Reisigabdeckung vor Winterbeginn in der Regel entbehrlich.
Nur in besonders kalten Lagen ist ein Abdecken mit Deckreisig (am besten Fichtenzweige verwenden) erforderlich. Dieser Schutz gilt dabei nicht so sehr dem Schutz vor Kälte, sondern dem Schutz vor Sonnenstrahlen, vor allem im Vorfrühling, wenn dem Auftauen am Tag wieder ein Gefrieren bei Nacht folgt.

Edelrosen

Edelrosen (sie werden gelegentlich auch noch als „Teehybriden“ bezeichnet) unterscheiden sich von anderen Sortengruppen dadurch, dass sie meist nur eine oder wenige Blüten je Stiel entwickeln. Die Blüten sind in der Regel gefüllt, elegant geformt und von angenehmen Duft. Wegen der geringen Blütenzahl ist die Gesamtwirkung auf dem Beet nicht so eindrucksvoll, daher lassen sich Edelrosen nicht wie Beetrosen verwenden. Da die Blütenform betrachtet und der Duft wahrgenommen sein will,

Eine Auswahl empfehlenswerter Beetrosen

Farbe	Sorte	Blüte / Typ	Höhe in cm
Rosa	'Ballade'	hellrosa, halbgefüllt, Floribunda	70
	'Bella Rosa'	reinrosa, gefüllt, leicht duftend, Floribunda	60
	'Bonica 82'	rosa, gefüllt, ADR-Rose, Floribunda	60
	'Frau Astrid Späth'	korallenrosa, einfach, Polyantha	40
	'Georgette'	dunkelrosa, hellrosa verblühend, leicht duftend, ADR-Rose, Polyantha	100
	'Ricarda'	reinrosa, gefüllt, duftend, ADR-Rose, Floribunda	80
	'The Queen Elizabeth Rose'	reinrosa, gefüllt, duftend, Floribunda	100
Rot	'Andalusien'	blutrot, halbgefüllt, ADR-Rose, Polyantha	60
	'Chorus'	zinnoberrot, einfach, ADR-Rose, Floribunda	60
	'Crimson Meidiland'	leuchtend rot, halbgefüllt, ADR-Rose, Floribunda	120
	'La Sevillana'	scharlachrot, halbgefüllt, ADR-Rose, Floribunda	80
	'Montana'	leuchtendot, gefüllt, ADR-Rose, Floribunda	90
	'Ricarda'	zinnoberrot, halbgefüllt, ADR-Rose, Floribunda	80
	'Tornado'	blutrot, gefüllt, leichter Duft, ADR-Rose, Floribunda	60
Orange	'Neues Europa'	rotorange, gefüllt, Floribunda	50
	'Träumerei'	lachsorange, gefüllt, duftend, Floribunda	60
	'Vicky'	orangerot, halbgefüllt, ADR-Rose	90
Gelb	'Allgold'	goldgelb, gefüllt, Floribunda	50
	'Anthony Meilland'	goldgelb, gefüllt, leicht duftend, Floribunda	60
	'Bayerngold'	reingelb, gefüllt, Floribunda	70
	'Bernsteinrose'	bernsteingelb, gefüllt, sehr wetterfest, Floribunda	60
	'Friesia'	goldgelb, gefüllt, duftend, ADR-Rose, Floribunda	60
	'Goldener Sommer'	gelb, gefüllt, ADR-Rose, Floribunda	60
Weiß	'Aspirin Rose'	weiß, gefüllt, selbstreinigend, ADR-Rose, Floribunda	60
	'Edelweiß'	cremeweiß, gefüllt, ADR-Rose, Floribunda	40
	'La Paloma'	reinweiß, gefüllt, Floribunda	60
	'Schneeflocke'	reinweiß, halbgefüllt, ADR-Rose, Floribunda	50
	'Snowdance'	reinweiß, gefüllt, ADR-Rose, Floribunda	50

Edelrosen als Schnittblumen
verwendet man Edelrosen als Schnittblumen, lässt man an den Trieben der Rosenstöcke möglichst viel Laub, sodass sich schnell neue Triebe entwickeln können.

sind Edelrosen vorrangig für Beete in Wegnähe geeignet. Man pflanzt sie am besten in kleinen Gruppen, stellt sie solitär oder kombiniert sie mit Stauden. Besonders apart sehen sie vor einer immergrünen Gehölzkulisse aus. Darüber hinaus sind sie ein wichtiger Vasenschmuck.

Pflanzabstände

Die Pflanzweite richtet sich nach der Wuchsstärke der Sorte und liegt in der Regel zwischen 30, 40 und 50 cm. Siehe diesbezüglich auch Hinweise bei den Beetrosen.

Pflegemaßnahmen

Bei Edelrosen soll jede einzelne Blume groß und vollkommen sein und auf einem kräftigen Stiel stehen. Das lässt sich nur durch ausreichende Nährstoffversorgung und strengen Schnitt erreichen. Ohne Beschneiden würden die Kronen vielleicht im ersten Jahr einige Blumen mehr tragen, bald aber würden sie unten kahl werden, die Stiele der Blumen kurz, die Blumen selbst klein und kümmerlich ausfallen. Nur strenger Rückschnitt erzeugt kräftiges Holz und vollkommene Blumen in diesem Jahr und wertvolle Knospen für das

Eine Auswahl empfehlenswerter Edelrosen			
Farbe	Sorte	Blüte / Typ	Höhe* in cm
Rosa	'Aachener Dom'	lachsrosa, stark gefüllt, reichlich duftend, ADR-Rose	80
	'Carina'	silbrigrosa, gefüllt, leicht duftend, ADR-Rose	80
	'Dolly'	karminrosa, halbgefüllt, leicht duftend, ADR-Rose	80
	'Eiffelturm'	reinrosa, stark duftend	90
	'Raissa'	dunkelrosa, gefüllt, leicht duftend	110
Rot	'Burgund 81'	blutrot, samtig, gefüllt, intensiver Duft	120
	'Duftrausch'	rot, gefüllt, sehr intensiver Duft	100
	'Duftzauber'	scharlachrot, intensiv duftend	90
	'Erotika'	dunkelrot, stark duftend, ADR-Rose	80
	'Ingrid Bergmann'	dunkelrot, samtig, reichlich duftend	80
Gelb	'Banzai 83'	gelb gemischt, gefüllt, ADR-Rose	80
	'Berolina'	gelb, gefüllt, leicht duftend, ADR-Rose	150
	'Canary'	gelb, gefüllt	80
	'Christel von der Post'	gelb, gefüllt, leicht duftend, ADR-Rose	100
	'Sutters Gold'	goldgelb, gefüllt	80
	'Duftgold'	gelb, stark gefüllt, intensiv duftend	70
	'Gloria Dei'	goldgelb mit rosa Rand, gefüllt, leicht duftend	100
	'Mabella'	zitronengelb, stark duftend	80
Orange	'Christoph Columbus'	orange, gefüllt	100
	'Freude'	orange, gefüllt, reichlich duftend	100
	'Königin der Rosen'	lachsorange, gefüllt, leicht duftend, ADR-Rose	70
Mehrfarbig	'Opera'	kirschrot und gelb, duftend	70
	'Trade Winds'	innen dunkelrot, außen weiß, stark duftend	70
	'Westminster'	innen braunrot, außen goldgelb	70
Weiß	'Evening Star'	reinweiß, stark duftend	70
	'Kaiserin Auguste Viktoria'	weiß mit gelbem Grund, stark duftend	80
	'Margaret Merril'	weiß, gefüllt, intensiv duftend	70
	'Memoire'	weiß, gefüllt, leicht duftend	90
	'Virgo'	reinweiß, leicht duftend	80

* Die Höhe hängt davon ab, wie stark die Rosenstöcke zurückgeschnitten worden sind.

nächste Jahr. Hinsichtlich Pflanzung und Pflege verlangen sie die gleiche Behandlung wie die Beetrosen.
Aus jeder Pflanze werden zunächst alle dünnen und alle zu dicht stehenden Triebe herausgeschnitten; von den übrigen kräftigen Zweigen, die im letzten Jahr gewachsen sind, wird jeder auf seine drei bis fünf untersten Knospen zurückgeschnitten.
Das wiederholt sich in jedem folgenden Jahr. Gezählt werden hierbei nur die vollkommen ausgebildeten Knospen, aus denen mit Sicherheit gute Triebe zu erwarten sind. Bei den Schnittmaßnahmen ist aber auch darauf zu achten, dass die Pflanze eine hübsche Form behält. Daher wird man mal den einen Zweig länger, einen anderen kürzer zurückschneiden müssen.

Strauchrosen

Unter Strauchrosen werden die großen Schwestern und Brüder der Beet- und Edelrosen zusammengefasst. Sie werden höher und breiter, die starkwüchsigen Sorten un-

▲ 'Cinderella'. Die Blüte überzeugt nicht nur durch ihre Schönheit, sondern auch durch den starken, nach Apfel riechenden, fruchtigen Duft.

ter ihnen werden an günstigen Standorten bis 2 m hoch und höher. Die Grenze zwischen Beet- Edel- und Strauchrosen sind nicht einfach zu ziehen, sodass man eine bestimmte Sorte in den Katalogen mal unter den Beetrosen, den Edelrosen und mal unter den Strauchrosen finden kann. In ihren Verwendungsmöglichkeiten vielseitig, werden Strauchrosen gern als „Solitärgehölze" in Rasen- und Staudenflächen eingesetzt, sind aber für freie Hecken oder als Gehölzgruppe am Haus, im Vorgarten oder an der Terrasse ebenso gut geeignet. Die leuchtstarken Blütenfarben gewinnen vor einem dunklen Gehölzhintergrund besonders an Wirkung.

Besonders eindrucksvoll sind auch die als „Hagebuttenrosen" bezeichneten Strauchrosen mit zierenden, unterschiedlich geformten, interessanten Früchten, die oft bis in den Winter hinein erhalten bleiben und gartenwirksam sind, abgesehen von ihrer Eigenschaft als Nahrung für mancherlei Vögel. Sie stammen von der Kartoffelrose *Rosa rugosa* ab und werden besonders im naturnahen Garten gern verwendet.

Eine Auswahl empfehlenswerter Strauchrosen

Farbe	Sorte	Blüte / Typ	Höhe in cm
Rosa	'Centenaire de Lourdes'	rosa, gefüllt	150
	'Eden Rose'	zartrosa, stark gefüllt, „Moosrosen"-Typ	150
	'Felicitas'	karminrosa, einfach, ADR-Rose	80
	'IGA '83 München'	kräftigrosa, halbgefüllt	100
	'Ilse Haberland'	karminrosa, gefüllt, stark duftend	150
	'Mozart'	rosa, mit weißem Auge, Wildrosencharakter	120
	'Romanze'	dunkelrosa, halbgefüllt, ADR-Rose	150
	'Rosenresli'	lachsrosa, gefüllt, duftend, ADR-Rose	150
	'Vogelpark Walsrode'	hellrosa, halbgefüllt, ADR-Rose	150
Rot	'Bischofsstadt Paderborn'	zinnoberscharlach, einfach bis halbgefüllt, ADR-Rose	150
	'Burghausen'	dunkelrot, halbgefüllt, ADR-Rose	200
	'Dirigent'	blutrot, halbgefüllt, ADR-Rose	160
	'Grand Hotel'	blutrot, stark gefüllt, ADR-Rose	180
	'Kordes Brilliant'	leuchtend orange, gefüllt, duftend	130
Gelb	'Bonanza'	leuchtend gelb, gefüllt, leichter Duft, ADR-Rose	200
	'Graham Thomas'	gelb, stark gefüllt	140
	'Lichtkönigin Lucia'	zitronengelb, gefüllt, duftend, ADR-Rose	150
	'Postillion'	gelb, gefüllt, ADR-Rose	160
	'Westerland'	lichtgelb, halb gefüllt, starker Duft, ADR-Rose	150
Weiß	'Schneewittchen'	reinweiß, gefüllt, ADR-Rose	160
	'Smarty'	weiß, einfach blühend, heckenrosenähnlich	80

Moosrosen
In die Kategorie der Strauchrosen gehören auch einige alte Rosen, unter denen insbesondere die dichtgefüllten „Moos- oder Bauernrosen“, die durch borstendrüsige Blütenkelche und -stiele gekennzeichnet sind, immer wieder Liebhaber finden.

Eine Auswahl empfehlenswerter Moosrosen, Bauernrosen und Hagebuttenrosen

Farbe	Sorte	Typ	Höhe in cm
Rosa	'Bourgogne'	Hagebuttenrose: Blüte zartrosa, groß, einfach, schalenförmig; leuchtendrote Hagebutten, gilt als schönste früchtetragende Rose, hoher Vitamin-C-Gehalt	150
	'Conrad Ferdinand Meyer'	Bauernrose: reines Porzellanrosa, groß, dichtgefüllt, stark bestachelt, empfindlich für Rost und Sternrußtau!	250
	'Maiden's Blush'	Moosrose: helles Rosa, prall gefüllte Blütenschüssel in Büscheln, Blüte häufig auf alten Stillleben zu finden	150
	'Marguerite Hilling'	Parkrose: karminrosa mit heller Mitte; groß, schalenförmig, reich blühend; Nachblüte bis Herbst	200
	'Muscosa'	Moosrose: intensives Rosa; stark gefüllt, in Büscheln, neigt zum Auseinanderfallen; Uromas Gartenrose	100
	'Pink Grootendorst'	Bauernrose: reinrosa, gefüllt, Blütenblätter nelkenartig gefranst, in Büscheln; als Nelkenrose bekannt	150
Rot	'Souvenir de la Malmaison'	Bauernrose: zartrosa, später rosig-weiß, stark gefüllt, remontierend; berühmteste Bourbonrose	70
	'Hansa'	Hagebuttenrose: dunkles Violettrot, verblauend; leuchtendrote Hagebutten	200
	'Königin von Dänemark'	Bauernrose: Knospe karminrot, Blüte silbrigrosa, blüht nur am vorjährigen Holz	150
	'Parkzauber'	Moosrose: kräftiges Fuchsienrot; groß, gut gefüllt, Kelch und Stiele stark moosig-borstig	150
	'Rose de Rescht'	Damaszenerrose: fuchsienrot, dicht gefüllt, duftet stark; frosthart, robust	120
Gelb	'Golden Wings'	Hagebuttenrose: schwefelgelb, später rahmgelb, orangerote Staubfäden; große, orangerote Hagebutten	150
Weiß	'Suaveolens'	Hagebuttenrose: reinweiß, prall gefüllt, voll erblüht mit offener Mitte; längliche Hagebutten	300

▼ 'Graham Thomas' hat sich als eine sehr robuste und üppig blühende „Englische Rose“ bewährt.

Pflanzabstände
Die Unterschiedlichkeit der Wuchshöhen und Wuchsformen von Strauchrosen gehört zu ihrem Wesen. Genau das aber macht generelle Angaben zum Platzbedarf und damit zum Pflanzabstand so schwierig bis fast unmöglich, zumal der Pflanzabstand vor allem auch von der optischen Wirkung, die mit der Pflanzung erzielt werden soll, abhängt. Werden schnell dichte Strauchrosengruppen gewünscht, wählt man viel engere Abstände als bei lockerer Benachbarung einzelstehender Sorten, wenn beispielsweise die Schönheit einer überhängenden Wuchsform voll zur Geltung kommen soll. Unter diesem Aspekt kann ein Pflanzabstand von 50 cm ebenso richtig sein wie einer von fast 2 m. Der engere Abstand gilt auch bei der Anlage von Strauchrosen-Hecken. Bezüglich der Pflanzabstände gilt, sich beim Kauf der Rosen beraten zu lassen.

Pflegemaßnahmen

Strauchrosen sind im Allgemeinen urwüchsig und besonders frosthart. Es spricht für die Strauchrosen, dass sie weniger pflegebedürftig sind als Beet- und Edelrosen, vor allem hinsichtlich des sonst notwendigen Rückschnitts. Schneiden sollte man Strauchrosen nur sehr sparsam. Im Gegensatz zu den Beet- und Edelrosen blühen viele der Strauchrosensorten an Kurztrieben, die entlang der langen, vorjährigen Triebe entstehen. Ständiger Rückschnitt hätte nur die Bildung langer Triebe zur Folge, auf reichen Blütenschmuck würde man umsonst warten. Das Auslichten älterer Pflanzen genügt in der Regel als Schnitt. Dabei werden die jeweils ältesten Triebe an der Basis entfernt, um dem Nachwuchs Platz zu machen. Alle vier bis fünf Jahre ist ein starker Rückschnitt mit der Astschere oder der Säge zu empfehlen.

▲ Eine von der Kletterrose 'Sympathie' umrahmte Haustür bietet freundlichen Empfang.

Kletterrosen

Kletterrosen sind sogenannte Spreizklimmer (siehe auch Seite 171). Ihre langen, bestachelten Triebe haben – wenngleich die Stacheln sich verhaken – keine wirklichen Halteorgane, sodass ihnen ein Gerüst zur Verfügung gestellt werden muss und die Triebe aufgebunden werden müssen. Die Blüten entsprechen meist denen der Beetrosen, das heißt in der Regel blühen sie in Büscheln. Man pflanzt diese Rosen an Hauswände oder Pergolen, lässt Lauben, Rosenbögen, frei stehende Pyramiden und Säulen oder auch größere Böschungen beranken. Auch ein Gartenzaun kann als Rankgerüst dienen, ebenso eignen sich Bäume. So ist die Sorte 'Coral Dawn' eine besondere Augenweide, wenn sie den Schutz einer Schwarzkiefer nutzt, um lianenhaft an deren Stamm und Zweigen hinaufzuklettern und mit ihren korallenrosa Blüten das Schwarzgrün des Nadelkleides durchbricht. Darüber hinaus sind Kletterrosen auch frei wachsend verwendbar. Sie bilden dann malerische „Überhänge", die besonders eindrucksvoll auf Mauerkronen stehen. Eine Kombination mit Beetrosen hinsichtlich Blütenfarbe und Wuchsform ist häufig möglich, z. B. bei Pergolen und erweitert die Vielfalt des Rosenerlebens. Spaliere an Wänden sollten mindestens 10 cm Wandabstand haben (siehe hierzu auch Seite 173).

Obwohl Kletterrosen frohwüchsig sind, eignen sie sich auch für kleine Gärten. Die Ausmaße an Höhe und Breite eines Strauches lassen sich durch die biegsamen bzw. standfesten Triebe spielend lenken. Die Palette der Kletterrosen hat sich in den letzten Jahrzehnten stark erweitert. Von der Blütenfarbe abgesehen, kann man sich bei ihnen zwischen ein- oder mehrmals- bis dauerblühend entscheiden. Nicht vergessen werden sollten bei der Sortenwahl altbekannte „Rambler" wie 'Bobby James', die einmal blühen und bei voller Entfaltung klassische Rosenromantik zeigen.

Pflanzabstände

Auch bei den Kletterrosen ist es nicht möglich, einen generellen Pflanzabstand anzugeben, da der Platzbedarf der einzelnen Sorte entsprechend ihrer Wuchsstärke und -form unterschiedlich groß ist. Der Abstand richtet sich auch nach dem Zweck, ob beispielsweise eine Wand geschlossen berankt werden soll oder bewusst Zwischenräume gewünscht sind. Strebt man ein Ineinanderwachsen verschiedener Sorten an, was zu reizvollen Farbeffekten führen kann (so ist besonders hübsch die gemeinschaftliche Verwendung dunkelroter und reinweißer Sorten), so können die Abstände enger gewählt werden, ausnahmsweise ist sogar eine Pflanzung von zwei Kletterrosen in einem

Eine Auswahl empfehlenswerter Kletterrosen

Farbe	Sorte	Blüte / Typ	Höhe in cm
Rosa	'Bantry Bay'	hellrosa, halbgefüllt, leichter Duft	300
	'Coral Dawn'	samtigrosa, gefüllt, duftend	300
	'Lawinia'	reinrosa, gefüllt, stark duftend	300
	'Morning Jewel'	karminrosa, gefüllt, ADR-Rose	300
	'New Dawn'	hellrosa, gefüllt, leicht duftend	300
	'Rosarium Uetersen'	tiefrosa, gefüllt, leicht duftend	300
Rot	'Dortmund'	leuchtend rot, mit Auge, einfach bis halbgefüllt, schwach duftend, ADR-Rose	350
	'Flammentanz'	rot, gefüllt, einmal blühend, ADR-Rose	300
	'Paul's Scarlet Climber'	rot, gefüllt	300
	'Santana'	dunkelrot, gefüllt	250
	'Super Excelsa'	hellkarminrot, gefüllt	350
	'Sympathie'	samtig dunkelrot, gefüllt, stark duftend	300
	'Tradition 95'	blutrot, locker gefüllt	300
Gelb	'Golden Showers'	hell-goldgelb, halbgefüllt	300
	'Goldstern'	tief goldgelb, halbgefüllt	300
Orange	'Salita'	leuchtendes Orange, gefüllt	250
Weiß	'Bobby James'	weiß, einfach, intensiv duftend	500
	'Ilse Krohn Superior'	reinweiß, gefüllt, duftend	300
	'New Dawn'	weißlich rosa, gefüllt, duftend	400
	'Schneewalzer'	reinweiß, gefüllt	300

großen Pflanzloch möglich. Nicht zuletzt beeinflussen Bodenfruchtbarkeit und Klima Wuchsstärke und Höhe der Kletterrosen und damit den Pflanzabstand. Als Durchschnittswerte gelten für starkwüchsige Sorten Pflanzabstände von mindestens 2 m und für schwachwüchsige Sorten mindestens 1 m.

Pflegemaßnahmen

Geschnitten werden Kletterrosen nur wenig. Es gilt, möglichst viele lange und starke Triebe zu erzielen. Sie bilden im kommenden Jahr Kurztriebe und damit die Grundlage für den Blütenreichtum. An den alten Zweigen, die schon einmal geblüht haben, nimmt man die Kurztriebe auf drei bis vier Augen zurück. So geschnitten können die „Stämme" jahrzehntealt werden. Abgeblühte Blumen werden bis ins kräftige Holz entfernt. Die Bildung von blühfreudigen Kurztrieben wird gefördert, wenn die langen Triebe stark bogenförmig bis waagerecht am Gerüst angebunden werden.

▲ Kleinstrauchrosen wie die Sorte 'Ballerina' sind ideal für kleine Gärten.

Kleinstrauchrosen oder Bodendeckende Rosen

Rosen als Bodendecker sind keine neue Rosenklasse im eigentlichen Sinne, sondern hier wurde ein Verwendungszweck neu bzw. wieder entdeckt. Die meisten Sorten der als Kleinstrauchrosen bezeichneten Gruppe sind den Strauchrosen zuzurechnen, besonders schwach wachsende

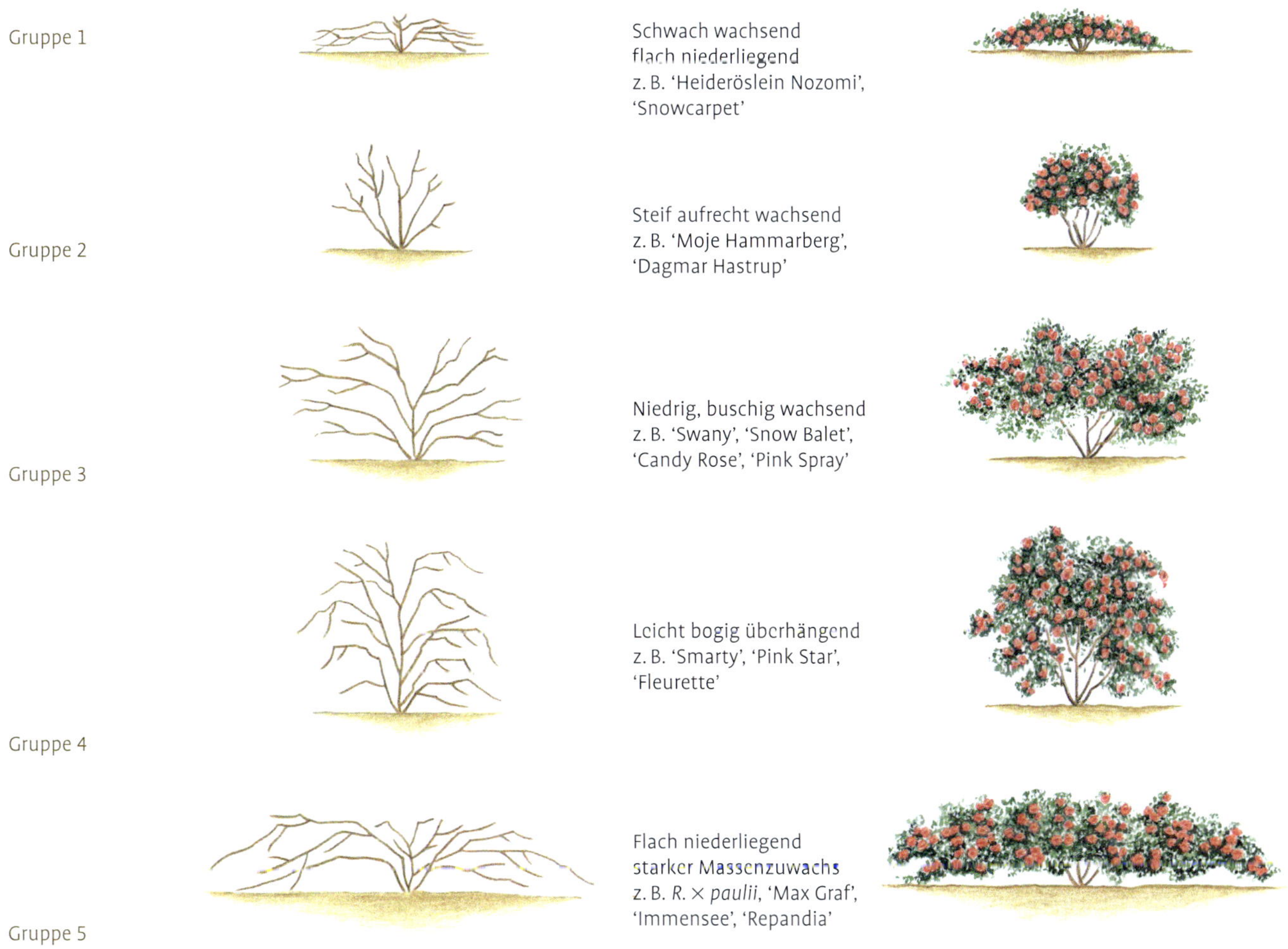

▲ Bei den Bodendeckerrosen gibt es ganz unterschiedliche Wuchsformen. Je nach Verwendungszweck muss man die Sorten danach aussuchen.

Sorten auch den Beet- und Zwergrosen. Es sind ausnahmslos robuste Sorten, die entweder mit zahlreichen aufrechtstehenden Trieben, oft auch mit unterirdischen Ausläufern, dicht und buschig wachsen oder mit langen, niederliegenden oder bogenförmig geneigten Trieben mehr oder weniger breit wachsen und den Boden mit einem dichten Teppich bedecken. Normalerweise werden diese Rosensorten höchstens 80 cm hoch.

In den letzten Jahren werden verstärkt stecklingsvermehrte bodendeckende Rosensorten angeboten und nur solche sollten wenn möglich verwendet werden. Die Erfahrung hat nämlich gezeigt, dass sich im Laufe der Zeit aus veredelten Pflanzen zweietagige Pflanzungen entwickeln, bestehend aus der Sorte und der durchgewachsenen Unterlage mit Wildtrieben. Die Blütenformen bei den Kleinstrauchrosen sind wie die Charaktere der Pflanzen sehr verschieden: prall gefüllte Bällchen; dicht gefaltete, breite Schalen; einfache Schalen aus fünf herzförmigen Blütenblättern, mit gelben Staubgefäßen sowie viele Zwischenformen.

Pflanzabstände

Die Gruppe der Kleinstrauchrosen vereint Sorten unterschiedlicher Wuchsform, -höhe und -stärke, entsprechend schwankt der Platzbedarf der einzelnen Sorten. Dabei spielt auch die optische Wirkung eine große Rolle. Soll der Eindruck eines dicken Bodenteppichs erreicht werden, erfordert das engere Pflanzabstände, ist nur eine locker strukturierte Oberfläche des Beetes erwünscht, braucht man weniger Pflanzen pro m². Wie viel Pflanzen man letztendlich für eine bestimmte Sorte je m² benötigt, sollte beim Kauf der Pflanzen in der Baumschule erfragt werden. Als Faustzahl gilt: Pflanzabstand gleich halbe Wuchshöhe.

Problematische Unkrautbekämpfung

Gegen Wurzelunkräuter haben die Bodendeckerrosen kaum eine Chance. Es ist fast unmöglich, in einem geschlossenen knie- oder hüfthohen Bestand von Kleinstrauchrosen hartnäckige Dauerunkräuter wie Ackerwinde oder Quecke wirksam zu bekämpfen. Deshalb ist es besonders wichtig, den Boden vor dem Pflanzen gut vorzubereiten.

Eine Auswahl empfehlenswerter Kleinstrauchrosen			
Farbe	**Sorte**	**Blüte / Typ**	**Höhe in cm**
Rosa	'Apfelblüte'	karminrosa, halbgefüllt, ADR-Rose	70 / 90
	'Heidekönigin'	reinrosa, dicht gefüllt, leicht duftend	50 / 200
	'Heidetraum'	kräftig rosa, stark gefüllt, ADR-Rose	70 / 200
	'Immensee'	perlmuttrosa, einfach, intensiv duftend	40 / 200
	'Magic Meidiland'	karminrosa, gefüllt, ADR-Rose	60 / 120
	'Marondo'	leuchtendes rosa, halbgefüllt, einmalblühend, ADR-Rose	40 / 150
	'Max Graf'	rosa mit gelber Mitte, einfach	50 / 100
	'Mirato'	pinkrosa, ADR-Rose	40 / 200
	'Palmengarten Frankfurt'	kräftiges Rosa, gefüllt, ADR-Rose	70 / 100
	'Repandia'	hellrosa / weiß, ADR-Rose	50 / 250
	'Super Dorothy'	rosa, kleinblumig, gefüllt	30 / 100
Rot	'Fairy Dance'	blutrot, gefüllt	40 / 100
	'Mainaufeuer'	blutrot, gefüllt	50 / 100
	'Red Meidiland'	dunkelrot, halbgefüllt	50 / 70
	'Rote Max Graf'	leuchtend rot mit heller Mitte, gefüllt	40 / 200
	'Scarlet Mediland'	kleinblumig, gefüllt	50 / 70
	'Sommerabend'	rot, einfach, ADR-Rose	40 / 180
Weiß	'Alba Meidiland'	weiß, gefüllt	70 / 90
	'Swany'	reinweiß, gefüllt	40 / 50
	R. × *paulii* (Syn. *Rosa rugosa* 'Repens Alba')	reinweiß, einfach	50 / 100
	'Weiße Max Graf'	leuchtend weiß	40 / 200

Pflegemaßnahmen
Der bei Beet- und Edelrosen übliche Schnitt entfällt. Alle vier bis fünf Jahre sollte bei stecklingsvermehrten Rosen während der Vegetationsruhe ein Verjüngungsschnitt durchgeführt werden. Selbst nach einem Rückschnitt auf 20 cm regenerieren sich die wurzelechten Rosen schnell. Bedarfsgerechte Düngung ist erforderlich. Jährlich entfernt man gegebenenfalls kranke und abgestorbene Triebe.

Miniatur- oder Zwergrosen

Hierunter werden Rosensorten zusammengefasst, die oft nur 20 bis 30 cm (bis 50 cm) hoch werden. Man verwendet sie in Heide- und Steingärten, als Beeteinfassung, auf dem Friedhof und, bei ausreichender Wasserversorgung, auch für die Balkonbepflanzung oder den Topf. Hierher gehören auch die als „Compacta-Rosen“ bezeichneten Sorten, die sich insbesondere durch einen gleichmäßig hohen Wuchs, gesunde, tiefgrüne Belaubung und dicht besetzte, rispenförmige Blütenstände auszeichnen. Viele Zwergrosensorten wölben ihre innersten Blütenblätter nach außen.

Pflanzabstände
Da Zwergrosen relativ gleichmäßig groß werden und sich auch in der Wuchsform ähneln, sind generelle Empfehlungen für passende Pflanzabstände in dieser Gruppe am ehesten möglich. Als Faustzahl gilt 12 Pflanzen je m^2, das entspricht einem Pflanzabstand von 25 cm. Etwas präziser ist die gute Regel: Wuchshöhe gleich Abstand.

Pflegemaßnahmen
Zwergrosen sind jährlich insgesamt etwas zurückzuschneiden, altes und zu dünnes Holz ist dabei zu entfernen. Werden Zwergrosen in Gefäßen gehalten, müssen diese im Winter geschützt werden.

Eine Auswahl empfehlenswerter Zwergrosen			
Farbe	Sorte	Blüte / Typ	Höhe in cm
Rosa	'Amulett'	rosarot, dicht gefüllt, Pompon-Dahlien ähnlich	50
	'Bubikopf'	hellrosa, schalenförmig	25
Rot	'Maidy'	blutrot, unterseits silbrigweiß, mit rotem Rand, gut gefüllt	35
	'Domino'	leuchtend blutrot, gefüllt	30
Orange	'Orange Juwel'	lachsorange, stark gefüllt	30
	'Clementine'	apricot-orange, stark gefüllt	40
Gelb	'Dorola'	leuchtendes Goldgelb, locker gefüllt	50
	'Goldjuwel'	goldgelb, edelrosenähnlich	40
Weiß	'Schneeküsschen'	weiß, zartrosa überhaucht, gefüllt, auffällig großer Kranz kräftig gelbe Staubgefäße	30
	'Schneeweißchen'	reinweiß, edelrosengleich	30

Hochstamm- und Trauerrosen (Hängerosen)

Bei den Hochstammrosen handelt es sich um auf Stämmchen veredelte Beet-, Kleinstrauch- oder Zwergrosen. Diese Stämmchenrosen sind aus unseren Gärten leider verschwunden. Früher waren sie für mit Buchsbaum eingefasste Beete der Bauerngärten typisch. Wer den Duft der Rosen, ihre Farben und ihr Erblühen aus nächster Nähe betrachten will, sollte sich einen Platz für solche Stammrosen schaffen. Auf Stämmchen veredelte Kletter- und Bodendeckerrosen (verwendet werden Sorten mit kriechendem bzw. hängendem Wuchs) werden aufgrund ihrer hängenden Zweige als Trauer-, Kaskaden oder Hängerosen bezeichnet.

Pflegemaßnahmen

Hochstamm- und Trauerrosen benötigen einen Pfahl, der bis in die Krone reichen sollte. Denn nicht nur der Stamm, auch die oft schwere Krone muss angebunden werden.
Zum Schnitt ist Folgendes zu sagen: Zunächst muss ein genügend starkes Kronengerüst entwickelt werden, aus dem sich die blütentragenden Neutriebe entwickeln können. Im Allgemeinen baut man die Krone aus sechs bis acht gleichmäßig verteilten Trieben auf. Diese Triebe werden dann jährlich im Frühjahr zurückgeschnitten. Die Länge des Schnittes richtet sich

► Hochstammrosen wie hier die Sorte 'Sommerwind' passen gut in formale Gärten. An ihrem Fuß können noch Stauden, Kräuter oder niedrige Buchsbaumhecken wachsen.

Im Winter zu Boden biegen

Hochstammrosen werden leider immer noch falsch überwintert. Unter Folie und Ölpapier schwitzen und vermodern sie. Richtig ist, die Veredlungsstelle vollständig am Kronenansatz mit lockerer Erde zu überdecken (Komposterde, bei der der Rotteprozess noch nicht abgeschlossen ist, ist wegen der Umsetzungsvorgänge nicht geeignet). Dabei geht man folgendermaßen vor: Jede Hochstammrose hat an ihrem Stammfuß einen mehr oder weniger deutlich sichtbaren Absatz. Schon beim Pflanzen achtet man darauf, dass diese Absätze und Bögen alle in eine Richtung weisen, und zwar in Längsrichtung der Rabatte. Nachdem die Kronentriebe genügend ausgereift sind, biegt man die Stämme der Rosen über den Bogen zur Erde und deckt die Veredlungsstelle zu. In die andere Richtung gebogen, würde der Stamm mit hoher Wahrscheinlichkeit abbrechen. Jeder gesunde Rosenstamm übersteht diese Prozedur ohne Schaden, man schützt ihn selbst und die Krone vor Frost und Sonnenbrandschäden durch Reisig (siehe auch Seite 182).

Eine Auswahl empfehlenswerter Trauerrosen – Stammhöhe 140 cm. Es handelt sich dabei auf Stamm veredelte Kletter- und Bodendeckerrosen

Farbe	Sorte	Blüte
Rosa	'Heidekönigin'	reinrosa
	'Raubritter'	helles Purpurrosa
Rot	'Flammentanz'	feuriges Blutrot
	'Sympathie'	samtiges Dunkelrot
Gelb	'Goldener Olymp'	goldgelb mit Kupferschein
Weiß	'Ilse Krohn Superior'	blendendes Reinweiß

nach der Wuchsstärke der Sorte. Schwach wachsende Sorten darf man stärker einkürzen als starkwüchsige. Dabei ist eine gute Verteilung der Triebe innerhalb der Krone anzustreben. Querstehende, nach innen oder unten wachsende Triebe werden an der Ansatzstelle entfernt, ebenso trockenes und knorriges Holz. Wird die Krone im Laufe der Jahre zu breit, kann man einen Teil des Kronengerüstes entfernen und die Krone mit jungen Trieben in Stammnähe neu aufbauen.

Wildrosen

Wildrosen sind vielseitig verwendbar. Sie eignen sich sowohl zur Einzelstellung als auch für Gruppenpflanzungen oder frei wachsende Hecken. Blühende Wildrosen sind absolute Höhepunkte im Gartenjahr. Arten mit dichtem Wuchs, starker Bewehrung und Ausläuferbildung können besonders gut zur Anlage von Schutzpflanzungen eingesetzt werden.

Pflanzabstände

R. canina, *R. glauca* und *R. multiflora* benötigen als geschlossene Gruppe Pflanzabstände um 1 m, für den Eindruck einer lockeren Gruppe mindestens 1,5 m. Für dichte Hecken pflanzt man 3 Stück pro laufendem Meter. Die kleiner bleibenden oder schmaler wachsenden *R. carolina*, *R. spinosissima* und *R. rugosa* benötigen als Gruppe 2 bis 3 Stück je m^2, als Hecke 4 Stück pro lfd. Meter. *R. nitida* pflanzt man auf 40 cm Abstand.

Rosa canina
Hunds-Rose

Locker aufrechter, raschwüchsiger Strauch mit weit ausladenden und bogig überhängenden Zweigen, durch Wurzelausläufer sich stark ausbreitend, bis 3 m hoch und breit. Rosa bis weiße Schalenblüten, zu 1 bis 3, Einzelblüte 4 bis 5 cm breit, duftend, Ende Mai / Anfang Juni bis Juli blühend. Hagebutten scharlachrot, essbar mit hohem Vitamin-C-Gehalt.

Rosa glauca
Rotblättrige Rose, Bereifte Rose

Locker aufrecht wachsender Strauch mit langen, bogig überhängenden Grundtrieben, ohne Ausläuferbildung; bis 3 m hoch und breit. Blätter purpurn überlaufen, Blattstiele dunkelrotlila. Blüten blaurot bis purpurrot, Blütenmitte weiß, im Juni bis Juli blühend. Hagebutten leuchtend rot, bis 1,5 cm dick.

Rosa multiflora
Vielblütige Rose

Raschwüchsiger Strauch mit breit ausladenden, bogig überhängenden, schlan-

◀ Kartoffel-Rosen blühen und fruchten zur gleichen Zeit. Die großen Hagebutten kann man gut zu Marmelade verarbeiten.

ken Zweigen; 2 bis 3 m hoch (bei Klettermöglichkeit bis 5 m) und 3 m breit. Blüten weiß, stark nach Honig duftend, im Juni bis Juli blühend. Hagebutten erbsengroß.

Rosa nitida
Glanzblättrige Rose

Durch starke Ausläuferbildung sehr dichttriebiger Kleinstrauch mit straff aufrechten, stark borstigen und stacheligen Trieben, Kolonien bildend; 0,5 bis 0,8 m hoch, meist breiter als hoch. Blüten rosa, im Juni bis Juli. Hagebutten hellrot, 1 cm dick, sehr lange haftend. Bei zu hohem pH-Wert tritt Eisenmangelchlorose auf.

Rosa rugosa
Kartoffel-Rose

Straff aufrecht wachsender, Ausläufer treibender Strauch mit wenig verzweigten, dicken, filzig behaarten, borstig-stacheligen Trieben, sehr schnell Dickichte bildend; bis 2 m hoch. Blüten dunkelrosa und weiß. Einzelblüte 6 bis 8 cm breit, duftend, Juni bis Oktober blühend. Hagebutten scharlachrot, 2,5 cm breit, flachkugelig. Leidet wenig unter Schädlingen oder Pilzkrankheiten.

Rosa sericea subsp. *omeiensis* (Syn. *Rosa omeiensis* f. *pteracantha*)
Stacheldrahtrose

Starkwüchsiger, sparriger Strauch mit auffallenden, im Austrieb blutroten Stacheln; bis 3 m hoch und fast ebenso breit. Blüten im Mai bis Juni, weiß. Früchte birnenförmig, bis 1,5 cm lang, hellrot.

Rosa spinosissima (Syn. *Rosa pimpinellifolia*)
Bibernell-Rose

Ausläufer treibender, kleiner Strauch mit sparrig aufrechten Grundtrieben, dichte, vieltriebige Horste bildend; 0,5 bis 1,5 m hoch. Blüten weiß oder gelblich weiß, sehr zahlreich, im Mai bis Juni. Hagebutten bis 1,5 cm dick, schwarz bis schwarzbraun.

Rosa virginiana
Virginische Rose

Aufrechter Strauch mit braunroten Trieben und hakenförmigen Stacheln, Ausläufer bildend; etwa 1,5 m hoch und breit. Blüten 5 cm breit, meist zu 5, wohlriechend; Hagebutten flachkugelig, bis 1,5 cm dick, rot, vereinzelt mit Borsten besetzt, lange am Strauch haftend.

▼ Über und über bedeckt sich 'Maria Lisa' im Juni mit Blüten. Als Multiflora-Abkömmling blüht sie nur einmal.

4 Der Blumengarten

Sommerblumen im Garten

So formenreich und farbenprächtig wie die Sommerblumen ist sonst keine andere Pflanzengruppe. Man kann Vorlieben für Stauden, Gehölze, Obst oder Gemüse haben, aber auf die bunte Pracht der Sommerblumen werden wohl nur wenige Gartenbesitzer verzichten wollen. Selbst wenn keine speziellen Pflanzflächen vorgesehen sind finden sich immer noch Lücken und Plätze, an denen Sommerblumen gut gedeihen. Die kurze Entwicklungszeit und die vergleichsweise einfache Vermehrung und Anzucht sind Vorzüge der Sommerblumen. Millionen von Blumenfreunden nutzen dies in ihren Gärten. Aber ebenso verschönern Sommerblumen unsere Städte und Gemeinden.

Die Bedeutung der Sommerblumen liegt vor allem in ihrer starken, oft vollflächigen Farbwirkung. Die wertvollsten Arten blühen vom Frühsommer bis zum ersten Frost.

Bei der Bezeichnung „Sommerblumen" handelt es sich um keine wissenschaftlich fundierte botanische Klassifikation, sondern um einen gärtnerischen Sammelbegriff. Die Mehrzahl der den Sommerblumen zuzuordnenden Arten sind einjährige (annuelle) Gewächse. Es sind jene Lebenskünstler unter den Pflanzen, die es fertig bringen, in den wenigen Monaten eines Gartenjahres den ganzen Lebenslauf von der Keimung bis zur Reife des neuen Samens zu durchlaufen. Nirgends wird uns der ewige Kreislauf von Keimen, Wachstum, Reife und Vergehen deutlicher, bei den Einjahresblumen.

▼ Nicht unbedingt nützlich, sondern einfach schön – das ist Daseinsberechtigung genug für die Blumen. Niemand möchte im Garten auf sie verzichten.

Keine andere Pflanzengruppe ist wegen der Kürze ihrer Lebenszeit so darauf angewiesen, jeden Tag zu nutzen, um das Ziel aller Blütenpflanzen zu erreichen: Die Erzeugung neuer Samen, um die Art zu erhalten.

Zu den Sommerblumen werden aber auch Arten gezählt, die aus wissenschaftlicher Sicht ausdauernd sind, jedoch bei uns nur einjährig angebaut werden, da sie in unseren Klimaten nicht winterhart sind. Die jährliche Neuanzucht ist für diese Pflanzen rationeller als eine frostfreie Überwinterung. Andere, wie z. B. das Gänseblümchen (*Bellis perennis*), gehören zu den winterharten Stauden, werden aber in der Regel einjährig gezogen, da sie nur bei jährlicher Neuaussaat ihre volle Schönheit erreichen.

Den Sommerblumen zugeordnet werden schließlich auch noch die einjährigen und einjährig angebauten Ziergräser.

Voraussetzungen für ein gutes Gedeihen und reiches Blühen von Sommerblumen sind warme, durchlässige Böden ohne Staunässe. In warmen Sommern gedeihen diese Pflanzen gut und entwickeln rasch einen reichen Blütenflor. Sehr nachteilig wirken sich dagegen nasse Sommerjahre aus, da vor allem die extrem sonnenbedürftigen Arten dann völlig versagen. Außerordentlich günstig wirkt sich aber der meist in unseren Breiten recht beständige Spätsommer für all die verschiedenen Einjährigen aus, die oft noch lange in den Herbst hinein in voller Blüte stehen, bis der erste stärkere Nachtfrost den meisten Arten ein jähes Ende bereitet.

Was sind Sommerblumen?

Die im gärtnerischen Sprachgebrauch als „Sommerblumen" zusammengefassten Pflanzenarten sind eine Mischung verschiedener Lebensformen. Dazu gehören Pflanzen, die tatsächlich innerhalb eines Sommers – einer Vegetationsperiode – alle Lebensstadien von der Keimung über die Samenreife bis zum Absterben durchlaufen. Die Gärtner zählen aber auch Sträucher wie Pelargonien und Fuchsien sowie die Knollengewächse Dahlien und Blumenrohr dazu. Auch sie werden entweder jährlich neu herangezogen oder nur während des Sommers im Freien kultiviert.

▲ Es gibt auch eine ganze Reihe von „Sommerblumen", die vor allem durch ihr Laub auffallen und nicht minder reizvoll sind z. B. der *Rizinus*. Diese Pflanzen bilden zwar auch Blüten aus, doch sind diese keineswegs so auffällig wie z. B. bei den Astern oder den Löwenmäulchen. Was den Betrachter vielmehr fasziniert, sind die auffällig grünen oder bunten Blätter. Ebenso gibt es eine Reihe von Pflanzen, bei denen die Samenstände weitaus zierender sind als ihre Blüten und die aus diesem Grund angepflanzt werden.

Großes Sortiment für verschiedene Zwecke

Das Sortiment der Sommerblumen umfasst Bodendecker, Gruppenpflanzen und mannshohe Arten zur Einzelstellung oder für sichtbegrenzende Hecken. Welch stattliche Pflanzengestalten es bei aller Kürze der zur Verfügung stehenden Wachstumszeit unter den Einjahresblumen gibt, wird am Beispiel der Sonnenblumen deutlich, die an Wuchsleistung alles übertreffen, was an Pflanzenleben in unseren Breiten überhaupt vorkommt. Weit über zwei Meter hoch ragen sie auf und fangen doch ganz bescheiden im Frühjahr mit einem Samenkorn an, das kaum einen Zentimeter lang ist. Dazu kommen zahlreiche Kletterpflanzen, die nicht nur hübsch blühen, sondern auch wirksamen Sichtschutz bieten können. Prunkwinde, Duftwicken, Blumenbohnen und Kapuzinerkresse machen rasch aus einem kahlen Zaun eine blühende Wand. Sommerblumen dienen aber auch als Schnittblumen für die Vase.
Man kann die Sommerblumen für sich allein oder zusammen mit Stauden und Zwiebelgewächsen auf Rabatten anordnen oder in bestehende Stauden- und Gehölzbestände (um deren Farbwirkung zu steigern) einbeziehen. So können Mittagsblumen und Gazanien eine nach Süden gerichtete Gehölzpflanzung bereichern, sorgen Studentenblumen oder Duftsteinrich für Farbgegensätze im Rosenbeet.

Mit Sommerblumen Bilder malen

Die Pflanzenzüchter haben uns bei den Sommerblumen mit einer geradezu verschwenderisch üppigen Riesenzahl schönster Sorten beschenkt, mit denen sich wahre Blütengemälde gestalten lassen. Oft stehen die Blüten so dicht, dass sie das Laubgrün überdecken. Selbst derjenige, der in einiger Entfernung steht oder rasch vorübergeht, nimmt die meist leuchtstarken Farben wahr. Sommerblumenpflanzungen sind deshalb für die Schaffung von Farbeffekten mit einer gewissen Fernwirkung insbesondere in Vorgärten von besonderer Bedeutung.
Während man sich bei der Pflanzung von Stauden in der Gestaltung des Gartens auf lange Zeit festlegt, da die meisten Jahre benötigen, bis sie ihre volle Blütenpracht entfalten, so ist man bei der Verwendung von Sommerblumen unabhängiger.
Ein weiterer Vorteil der Sommerblumen ist, dass die Auswahl der für verschiedene Anwendungsbereiche geeigneten Arten und Sorten jährlich immer wieder neu getroffen werden kann. Pflanzen, die uns nicht gefallen oder die am Standort nicht befriedigend gedeihen, wird man nicht mehr anpflanzen.

Blumenrabatten aus Sommerblumen

Sommerblumen werden meist auf separaten Pflanzflächen konzentriert. Das steigert ihren Effekt. Ein Vorteil ist dabei auch, dass der Pflegeaufwand geringer ist. Man kann sie auch zwischen Stauden und Gehölze pflanzen.
Am besten ist es, die Beete in Form geschlossener Pflanzbänder oder größerer Pflanzflächen anzulegen, deren Konturen der vorhandenen Situation entsprechen. So bringen beispielsweise kleine, über den Rasen verstreute Farbtupfer weniger Wirkung, stören den Flächeneindruck des Rasens und behindern den Rasenschnitt. Ebenso sind schmale Rasenstreifen zwischen Weg und Wechselbepflanzung schwierig zu pflegen. Hier wird es in der

Ideal für junge Gärten
In den ersten Jahren nach der Neuanlage eines Gartens können die Sommerblumen wertvolle „Lückenbüßer" sein. So sind Sommerblumen in noch jungen Gärten eine wichtige Hilfe, um das noch spärliche Erscheinungsbild mancher Stauden, Sträucher und Bäume zu verdecken.

Regel sinnvoll sein, die Beetfläche unmittelbar an den Wegrand anzuschließen.

Die Beetfläche gliedern

Nachdem man sich darüber klar geworden ist, auf welche Fläche bzw. Beete die Sommerblumen gepflanzt oder ausgesät werden sollen, ist zunächst die Aufteilung der Flächen festzulegen.
Die Beetfläche kann man sehr vielfältig gliedern: naturhaft frei, formal, symmetrisch oder formal unsymmetrisch. Sommerblumenpflanzungen eignen sich besonders für ornamentale Flächenmuster mit genau nach Vorgabe verlaufenden Gliederungslinien, da die Pflanzen während ihrer kurzen Standzeit diese kaum „überwachsen" können. Werden Konturen aus der Umgebung in die Beetbegrenzung übernommen und bis in die Beetflächengliederung fortgesetzt, ergibt sich ein durchaus harmonischer Gesamteindruck. Nach Festlegung der Flächenstrukturen kann über die Höhenstufung der Teilflächen entschieden werden. Hierfür sind die Betrachterstandpunkte maßgebend.

TIPP

Vor Mauern und Zäunen nach hinten die hochwachsenden Sorten, in die Mitte die halbhohen und vorn die niedrigen Arten anordnen. Großflächige Beete, die von allen Seiten eingesehen werden, sollten etwa einheitliche Höhe aufweisen und durch Einsprengen von einigen hohen Tuffs oder Gruppen besondere Akzente erhalten.

Nach Farben auswählen

Schließlich gilt es, die Farbverteilung zu planen und geeignete Pflanzen auszusuchen. Besonders gut wirken etwa rote Blüten neben gelben Blumentuffs, dann Blau zu Weiß. Kräftige Farben kann man durch weiß blühende Sommerblumen trennen, sodass sie sich nicht gegenseitig „beißen". Man kann auf größeren Beeten schon mit vier bis fünf verschiedenen Sorten auskommen, sollte jedoch im Allgemeinen nicht mehr als zehn nehmen. Es könnte leicht bei größeren, zusammenhängenden Sommerblumenpflanzungen zu einer fast unerträglichen Farbenvielfalt kommen. Für die Gesamtwirkung ist nicht zuletzt neben den Farbe der Blüten, die miteinander harmonieren müssen, auch die Pflanzen- und Blütenform der verwendeten Sommerblumen entscheidend für die Gesamtwirkung. Blumenfreunde wählen die Pflanzen nicht nur nach Farben und Wuchshöhen aus, sondern auch danach, ob sie für bestimmte Krankheiten und Schädlinge anfällig sind. Weitere Kriterien für die Auswahl sind: Blühdauer, besondere Nährstoffansprüche, Wuchsstärke, Pflanzenbedarf je m^2, Fähigkeit zur Selbstreinigung. Hier wird deutlich, dass zur fachgerechten Planung selbst solch kurzlebiger Sommerblumenpflanzungen Pflanzenkenntnisse erforderlich sind. Gegebenenfalls muss auch überlegt werden, ob und welche Folgepflanzungen auf dem Beet im Laufe des Sommers als Ersatz für abgeblühte Arten notwendig werden.

Bepflanzungsskizze anlegen

Zweckmäßigerweise sollte man sich vor der Ausführung eine Bepflanzungsskizze anlegen, ähnlich wie sie der Gartenarchitekt als Anweisung für den mit der Pflanzung beauftragten Gärtner anfertigt. Dazu zeichnet man sich die zur Pflanzung bzw. Aussaat vorgesehene Fläche maßstabsgerecht auf, etwa im Maßstab 1 : 50, also so, dass 1 cm der Skizze 50 cm in der Wirklichkeit darstellen. Man überzieht dann das Beet auf der Skizze mit einem Quadratnetz von 2 cm Kantenlänge. Die Quadrate der Skizze stellen somit, wenn sie auf den Garten übertragen werden, Quadrate mit einer Fläche von 1 m^2 dar. Auf diese Weise ist ein leichtes Übertragen der Skizze auf die wirklichen Verhältnisse möglich.
In der Skizze werden nun die einzelnen Arten auf die zu bepflanzende Fläche im entsprechenden Pflanzabstand eingetragen. Aus der Skizze lässt sich auch ohne Weiteres der Pflanzenbedarf ermitteln. Man tut gut daran, stets einige Pflanzen als Ersatz für einen eventuellen Ausfall beim Pflanzen in Reserve zu halten.
Zur Übertragung der Skizze in die Wirklichkeit teilt man die Pflanzfläche nach dem gleichen Schema in 1 × 1 m große Quadrate ein und kann dann leicht die Pflanzflächen für die einzelnen Sorten und Arten in den aufgezeichneten Formen abstecken. Die Anfertigung einer Skizze in der angedeuteten Weise mag vielleicht recht umständlich erscheinen, doch irgendwann muss man sich ja einmal Gedanken über die Bepflanzung machen.

Teppichbeete aus Sommerblumen

Neben den oben erwähnten Blumenrabatten und Beeten mit Sommerblumen unterschiedlicher Wuchshöhe stellen ausgesprochene Teppichbeete eine Möglichkeit der Gestaltung mit Sommerblumen dar. Wie der Name schon andeutet, handelt es sich meist um niedrige Schmuckpflanzungen mit einheitlicher Höhe in ein oder mehreren Blütenfarben. Hier tritt der

▲ In barocken Parkanlagen, aber auch in öffentlichen Schmuckpflanzungen sind Teppichbeete sehr verbreitet.

unterschiedliche Wuchscharakter und die einzelne Blütenform völlig in den Hintergrund, denn nur die Blütenfarbe dient hier als alleiniges Gestaltungselement. Beabsichtigt ist bei derartigen Teppichbeeten die Schaffung bestimmter streng geometrischer Formen oder Ornamente, Wappen, Figuren, Zifferblätter, Zahlen, Buchstaben oder Wörter. In barocken Parkanlagen, aber auch in öffentlichen Schmuckpflanzungen ist diese Art der Beetgestaltung verbreitet. Man erinnere sich hier nur an die herrlichen Gartenanlagen barocker Schlösser oder Anlagen im strengen französischen Gartenstil. Voraussetzung sind hierfür jedoch ausreichend große Flächen, die auch für den Beschauer einen guten Überblick bieten, denn nur dort werden derartige Pflanzflächen noch zur Wirkung gelangen.

Blumen für Hecken

In der Regel nimmt man Gehölze für Hecken, doch dauert es seine Zeit, ehe diese zusammengewachsen und groß geworden sind. Auch gibt es Fälle, wo das Gelände bald geräumt werden muss, sodass es sich gar nicht lohnt, Hecken aus Gehölzen anzulegen. In solchen Fällen kann man sich mit Hecken aus Einjahresblumen helfen. Ihr Vorteil ist, dass sie wenig kosten und nicht viel Arbeit machen, ihr Nachteil, dass man sie alljährlich erneuern muss und dass sie bis Mitte oder Ende Juni brauchen, ehe sie groß sind und etwas Schutz gewähren können. Auch darf eine Hecke aus Einjahresblumen nicht zu exponiert stehen, da die Pflanzen nicht so stabil sind.
Als Heckenpflanzen kommen insbesondere folgende Sommerblumenarten in Frage:

- *Alcea rosea*, Chinesische Stockrose
- *Cosmos bipinnatus*, Fiederblättrige Schmuckkörbchen
- *Helianthus annuus*, Gewöhnliche Sonnenblume
- *Hibiscus trionum*, Stunden-Roseneibisch
- *Bassia scorparia* subsp. *scoparia*, Sommerzypresse
- *Lavatera trimestris*, Strauchpappel
- *Malope trifida*, Trichtermalve
- *Ricinus communis*, Wunderbaum
- *Silybum marianum*, Gewöhnliche Mariendistel
- *Zea mays*, Zier-Mais.

Sommerblumen als Bodendecker

Kahler Boden im Garten kann stören und ist auch unnatürlich, denn in der freien Natur herrscht die geschlossene Pflanzendecke vor, es sei denn, die Verhältnisse gestatten sie nicht. Im Garten jedoch hat man es selbst in der Hand, dass jedes Fleckchen Erde etwas trägt. Man braucht nicht einmal die Flächen unter Rosenhochstämmen oder zwischen weitläufig gepflanzten Dahlien leer zu lassen, denn es gibt eine Reihe von Einjahresblumen, mit denen sich der Boden bedecken lässt. Die Arten bleiben niedrig und sind wenig anspruchsvoll; man braucht also nicht zu befürchten, dass sie die Rosen- oder Fuchsienhochstämme oder die Dahlien beeinträchtigen. Am besten ist es, wenn man diesen Unterwuchs pflanzt, nur bei großen Flächen ist Aussaat an Ort und Stelle angebracht.
Als Bodendecker eignen sich folgende Einjahresblumen:

- *Coleostephus multicaulis* (Syn. *Chrysanthemum multicaule*, Vielstängelige Goldblume
- *Dorotheanthus bellidiformis*, Garten-Mittagsblume
- *Lobularia maritima*, Duftsteinrich
- *Sanvitalia procumbens*, Husarenknopf
- *Verbena*-Cultivars, Garten-Verbene.

Ranker und Schlinger

Mit Sommerblumen kann man ebenfalls sehr gut Zäune, Mauern, Hauswände, Pergolen, Lauben und jede Art von Rankgerüsten bekleiden. Unter diesen Rankgewächsen befinden sich einige der farbenprächtigsten Blüher überhaupt. Sie sind vor allen Dingen dann zu verwenden, wenn man die Schlinger und Ran-

▲ An der sonnigen Südwand klettert die Prunkwinde bis in den zweiten Stock.

ker schnell oder nur für einen Sommer benötigt. Man muss sich darüber im Klaren sein, dass sie erst im Laufe des Sommers und somit nur eine relativ kurze Zeit wirken. Wichtig ist, dass die Stangen, Gerüste, Spaliere, Zäune, Fäden oder Netze, welche als Halt und Stütze dienen, recht stabil sind, damit sie die Last der Blätter und Zweige auch bei Regen sicher zu tragen vermögen und nicht umsinken, zerreißen oder brechen.

Als einjährige oder einjährig gezogene Kletterpflanzen kommen folgende Arten in Betracht:

- *Maurandya barclaiana*, Windendes Löwenmaul
- *Eccremocarpus scaber*, Schönranke
- *Ipomoea*-Arten, Prunkwinde
- *Lathyrus odoratus*, Duft-Wicke
- *Phaseolus coccineus*, Feuer-Bohne
- *Thunbergia alata*, Schwarzäugige Susanne
- *Tropaeolum majus*, Große Kapuzinerkresse
- *Tropaeolum peregrinum*, Kanaren-Kapuzinerkresse.

Blumenkästen und Kübel

Gute Wirkungen kann man mit Sommerblumen auch durch die Bepflanzung von Kübeln, mobilen Gefäßen und großen Schalen erzielen, die man im Garten an geeigneten Stellen, z. B. auf Terrassen aufstellt. Näheres siehe Seite 576 bei den Balkonpflanzen.

Sommerblumen als Schnittblumen

Wenn man aus dem Sommerblumensortiment geschickt auswählt, kann man von April bis zum Eintritt des Frostes im Spätherbst frische Schnittblumen ernten. Aber nicht nur im frischen Zustand, sondern auch als Trockenblumen sind manche Arten beliebt. Grundsätzlich ist es sinnvoll, Sommerblumen für den Schnitt auf gesonderte Beete zu säen oder zu pflanzen, um die Schönheit der dem Gartenschmuck dienenden Rabatten nicht zu beeinträchtigen. Sollen aber Sommerblumen nur gelegentlich und in kleinen Mengen geschnitten werden, wird eine getrennte Pflanzung nicht lohnen.

Wer Sommerblumen zum Schnitt gezielt anbauen will, sollte auf vorkultivierte Pflanzen zurückgreifen. Auf dem Land ist es noch allgemein üblich, die Sommerblumen selbst anzuziehen.

In der Regel werden im Samenhandel von den verschiedenen Sommerblumen speziell für den Anbau als Schnittblume gezüchtete Sorten angeboten. Sie zeichnen sich durch besonders große Blumen oder stattliche Blütenstände auf festen Stielen, reichen Flor und lange Haltbarkeit aus.

Besonders gute Schnittblumen:

- *Antirrhinum majus*, Garten-Löwenmaul
- *Bellis perennis*, Gänseblümchen
- *Calendula officinalis*, Garten-Ringelblume
- *Callistephus chinensis*, Sommeraster
- *Campanula medium*, Marien-Glockenblume
- *Centaurea cyanus*, Kornblume
- *Chrysanthemum*-Arten, Chrysantheme
- *Clarkia amoena*, Atlasblume
- *Clarkia unguiculata*, Mandelröschen
- *Cleome spinosa*, Dornige Spinnenpflanze
- *Coreopsis tinctoria*, Färber-Mädchenauge

- *Cosmos bipinnatus*, Fiederblättriges Schmuckkörbchen
- *Dianthus*-Arten, Bartnelke, Landnelke
- *Dimorphotheca sinuata*, Buschiges Kapkörbchen
- *Erysimum cheiri*, Goldlack
- *Euphorbia marginata*, Schnee auf dem Berge
- *Gaillardia*-Cultivars, Kokardenblume
- *Gypsophila elegans*, Sommer-Schleierkraut
- *Helianthus annuus*, Gewöhnliche Sonnenblume
- *Iberis*-Arten, Schleifenblume
- *Lathyrus odoratus*, Duft-Wicke
- *Lupinus*-Arten, Lupine
- *Matthiola incana*, Garten-Levkoje
- *Myosotis sylvatica*, Wald-Vergissmeinnicht
- *Nigella damascena*, Jungfer im Grünen
- *Papaver*-Arten, Mohn
- *Penstemon*-Cultivars, Bartfaden
- *Phlox drummondii*, Einjähriger Phlox
- *Reseda odorata*, Garten-Resede
- *Rudbeckia hirta*, Rauer Sonnenhut
- *Salpiglossis sinuata*, Trompetenzunge
- *Scabiosa atropurpurea*, Samt-Skabiose
- *Tagetes*-Arten, Studentenblume
- *Zinnia elegans*, Zinnie.

Haltbarkeit und Schnittzeitpunkt von Sommerblumen

Sommerblumen sollen in der Vase möglichst lange halten. Die spätere Haltbarkeit in der Vase lässt sich schon auf dem Blumenbeet beeinflussen. Zu dicht gesäte oder gepflanzte Bestände, zu feuchter und mit Stickstoff überdüngter Boden und nicht zuletzt sonnenarme Plätze wirken sich auf die Schnitthaltbarkeit ungünstig aus. Auch der Schnittzeitpunkt ist nicht unbedeutend. Am günstigsten ist es, morgens im taufrischen Zustand zu schneiden. Die Gewebe sind dann durch die nächtliche Wasseraufnahme bei nur geringer Verdunstung am straffsten.

Auch das Entwicklungsstadium der Blumen zur Zeit des Schnittes muss beachtet werden. So sollten die Blüten der Sommerastern, Zinnien, Tagetes, Sonnenblumen und Sommerphlox bereits weiter geöffnet sein, während die Blüten bei Nelken, Wicken, Skabiosen und Löwenmaul noch knospig geschnitten werden. Dies gilt auch für alle Mohnarten, die man unbedingt knospig schneiden sollte. Sie bleiben dann geschnitten manchmal länger frisch als an der Pflanze.

Ährige und rispige Blütenstände sind in der Regel schnittreif, wenn die unteren Blüten geöffnet sind. Die anderen Blüten öffnen sich dann in der Vase nach und nach.

Damit die abgeschnittenen Blumen eine möglichst geringe Verdunstungsoberfläche haben, entfernt man überflüssige Blätter. Die Haltbarkeit der Blumen kann durch das schräge Anschneiden der Stielenden, ausreichende Wasserhöhe in den Vasen, die regelmäßige Erneuerung des Wassers und Frischhaltemittel erhöht werden. Keinesfalls dürfen Blätter im Wasser stehen.

▼ Die ganze Blütenfülle eines Sommers vereint in einem Strauß.

Ansprüche der Sommerblumen

An Boden und Klima

Die Mehrzahl der Sommerblumen stammt aus den wärmeren Gebieten der Erde, deshalb sollten die Pflanzen auch bei uns im Garten einen möglichst warmen und geschützten Platz in voller Sonne erhalten. Nur an solchen Standorten können sie sich gut entwickeln und werden vor allem auch den ganzen Sommer hindurch reich blühen. Wenn die Sommerblumen nicht recht wachsen wollen, liegt das meist daran, dass die Blumen zu sonnig oder zu schattig stehen, zu viel oder zu wenig Wasser bekommen oder der Boden ihnen nicht

Unbedingt Fruchtwechsel einhalten
Wenn man Jahr für Jahr Sommerblumen in seinen Garten pflanzt, ist ein Fruchtwechsel einzuhalten, d.h. die Pflanzflächen bzw. die Sommerblumenarten jährlich zu wechseln (siehe auch Seite 393).

zusagt. Die meisten Sommerblumen stellen hohe Ansprüche an den Boden und an die Wasserversorgung. Ihr Wurzelwerk ist nicht so gut ausgebildet wie bei den Stauden. Deshalb müssen Gärtner ausreichend Nährstoffe und Wasser bereit halten.
In Bezug auf die Bodenverhältnisse bietet ein lehmiger, durchlässiger Boden mit ausreichendem Humusvorrat und gutem Nährstoffgehalt die besten Voraussetzungen für gutes Gedeihen.

Sommerblumen säen oder pflanzen?

Die Aussaat an Ort und Stelle ist die einfachste Art der Anzucht. Sie ist bei einer Reihe von Sommerblumen unerlässlich, da sie sich nicht oder nur schlecht verpflanzen lassen. Bei weiteren Arten ist es nicht unbedingt nötig, sie gleich an den vorgesehenen Platz auszusäen, aber praktisch, weil in diesen Fällen gepflanzte Bestände weder üppiger und schöner noch länger blühen.
Bei der Mehrzahl der Sommerblumen – bei Astern, Löwenmäulchen und Tagetes – ist allerdings die Jungpflanzenanzucht der Direktsaat vorzuziehen. Denn die meisten Sommerblumen sind im Jugendstadium besonders wärmebedürftig oder haben eine lange Vegetationszeit, sodass sie

▶ Die meisten Sommerblumen muss man im Haus vorkultivieren. In jedes Saatgefäß steckt man Etiketten. Mit Glashauben oder Plastikabdeckungen sorgt man für gespannte Luft. Dann keimen die Samen besser und schneller.

bei einer Direktssaat erst spät im Jahr blühen würden. Andere besitzen sehr feine Samen, von denen an Ort und Stelle nur wenige auflaufen und brauchbare Pflanzen ergeben würden. Aber auch der gestalterische Aspekt spielt eine große Rolle. Oft fallen ganze Teilflächen wegen Trockenheit oder Kälte aus.

Aussaat an Ort und Stelle

Die Aussaat der Sommerblumen an Ort und Stelle erfolgt in der Regel von März an bis Ende Mai. Einige wenige Arten werden schon im Herbst des vorhergehenden Jahres ausgesät.
Neben der Sortenreinheit ist die innere Qualität des Saatgutes, gemeint ist hiermit die Keimfähigkeit, ein wichtiger Faktor bei der Anzucht der Sommerblumen. Dies gilt insbesondere bei einer Aussaat an Ort und Stelle. Bei dem im Samenhandel erhältlichen Saatgut ist eine hohe Keimfähigkeit, die bei 80 bis 90 % liegt, in der Regel gegeben. Altes Saatgut, das aus früheren Jahren übriggeblieben ist, sollte zur Aussaat an Ort und Stelle nur dann verwendet werden, wenn feststeht, dass die Keimfähigkeit noch ausreicht.

Keimfähigkeit prüfen

Zur Beurteilung der Keimfähigkeit kann man selbst eine Keimprobe machen, indem man rechtzeitig vor dem Aussaattermin eine kleine, genau abgezählte Anzahl Samenkörner in einer Schale mit feingesiebter Erde oder auf Filterpapier aussät und diese gleichmäßig feucht und warm hält. Die auflaufenden Sämlinge werden gezählt, und unter Berücksichtigung der ausgesäten Zahl wird sodann der Prozentsatz des gekeimten Samen berechnet.

Boden vorbereiten

Die für die Sommerblumen vorgesehenen Beete sollten bereits im Herbst tiefgründig gelockert oder umgegraben werden. Da Sommerblumen für eine Humusdüngung besonders dankbar sind, sollte dabei Fertigkompost oder andere Humusstoffe eingearbeitet werden. Zur Aussaat sind die Beete dann oberflächlich aufzulockern und eben abzuziehen (nähere Hinweise siehe Seite 407).

▲ Wenn man Sommerblumen direkt sät, ist es wichtig, dass man zu dicht stehende Sämlinge ausdünnt.

Sommerblumen sät man breitwürfig oder in Reihen aus. Auf kleineren Flächen empfiehlt sich die Breitsaat, während es auf größeren Beeten sinnvoll ist, in Reihen auszusäen, weil hier die nachfolgende Bodenbearbeitung und Unkrautbekämpfung leichter erfolgen kann.

Aussaattechnik

Die Aussaatdichte bzw. die Reihenabstände richten sich nach dem Wuchsverhalten der jeweiligen Art. In der Regel sind Reihenabstände von 20 bis 30 cm üblich. Mit einem Rechenstiel oder dem Reihenzieher zieht man Rillen, in die die Samen ausgebracht werden. Die Tiefe der Rillen, d. h. die Aussaattiefe, richtet sich nach der Größe der Samen. Nach dem Zuziehen der Reihe sollte der Samen etwa in doppelter Samenstärke mit Erde bedeckt sein. Bei sehr feinen Samen heißt dies, die Reihe mit Rechenstiel oder Reihenzieher nur anzudeuten. Nach dem Säen werden die Reihen zugezogen und die Erde leicht angeklopft oder angewalzt, damit die Samen engen Kontakt zum Erdreich bekommen. Bei breitwürfigem Aussäen wird auf die eingeebnete Fläche direkt ausgesät, anschließend der Samen mit einem Rechen leicht eingearbeit oder man überstreut die Fläche mit feingesiebter Erde. Anschließend sorgt ein Anklopfen für den notwendigen Bodenschluss.
Ohne den Boden zu verschlämmen ist nach der Aussaat kräftig anzugießen, damit die Samen quellen und die Keimung zügig einsetzen kann.

TIPP

Um ein gleichmäßiges Ausstreuen sehr feinkörniger Sämereien zu erleichtern, vermischt man den Samen mit der doppelten Menge Sand, der die gleiche Korngröße haben sollte.

Saatbänder

Von vielen Sommerblumen gibt es im Handel auch sogenannte Saatbänder. Sie bestehen aus Papierstreifen, auf die der Blumensamen aufgestreut und haftend angebracht ist. Es gibt die Saatbänder für fast alle gängigen Blumenarten und auch in fertigen Mischungen. Man braucht sie nur noch in die Saatrillen zu legen, leicht mit Erde zu bedecken und anzugießen.

Ausdünnen

Sind die jungen Sämlinge etwa fingerlang, also so groß, dass man sie gut greifen kann, dünnt man sie aus oder vereinzelt sie. Dabei alle zu eng stehenden Pflänzchen entfernen, sodass nur noch ein Teil der Gesamtmenge übrig bleibt. Stehen bleiben sollten stets die kräftigsten Exemplare. Die verbliebenen Pflanzen müssen so weitläufig stehen, dass sie sich gegenseitig nicht beeinträchtigen, sondern zu stattlichen Exemplaren heranwachsen können. Man kann die zu dicht stehenden Pflanzen herausziehen, kann sie abhacken oder mit einem Messer wegschneiden. Zieht man die Pflanzen heraus, ist es notwendig, nach getaner Arbeit kräftig zu gießen, damit die Erde wieder fest an die Wurzeln der verbliebenen Exemplare gespült wird.

WICHTIG

Das Vereinzeln wird oft übergangen und als nicht notwendig angesehen. Es bildet aber die Voraussetzung für gut entwickelte Bestände. Dünnt man nicht oder nur ungenügend aus, bedrängen sich die zu eng stehenden Pflanzen gegenseitig, nehmen sich gegenseitig Nahrung, Wasser, Licht und Luft weg. Sie vergeilen und kümmern schließlich, blühen schon bald, aber viel zu kurz.

Aussaat und Vorkultur unter Glas

Die Aussaat und die Möglichkeiten der Vorkultur unter Glas ist auf Seite 407 für die Anzucht von Gemüsejungpflanzen beschrieben. Die dort gemachten Angaben gelten sinngemäß auch für die Jungpflanzenanzucht der Sommerblumen. Welches Anzuchtverfahren man dabei anwendet, ist von den gegebenen Möglichkeiten, von eigener Anschauung und letztendlich von der Pflanzenart abhängig. Bei der Beschreibung der einzelnen Arten wird auf bewährte Methoden hingewiesen.

Abhärten nicht vergessen

Vor dem Auspflanzen ins Freiland sind die Jungpflanzen abzuhärten, das heißt an die im Freiland herrschenden Temperaturen und Lichtverhältnisse zu gewöhnen. Das Abhärten ist eine wichtige Voraussetzung für das verlustarme Auspflanzen. Im Gewächshaus ist dazu die Heiztemperatur abzusenken und stärker zu lüften. Frühbeetkästen werden stärker gelüftet, bis man schließlich die Fenster ganz von den Pflanzen wegnimmt. So an das Außenklima angepasste Pflanzen können ins Freie gepflanzt schnell weiterwachsen.

Auspflanzen

Der beste Pflanzzeitpunkt für Sommerblumen ist vom örtlichen Klima, dem Standort und besonders von den Eigenschaften der betreffenden Arten abhängig. In der Regel wird ab Mitte Mai, also nach den „Eisheiligen", ausgepflanzt. Die Erfahrung zeigt, dass eine erst Ende Mai / Anfang Juni erfolgte Pflanzung empfindlicher Arten nicht nachteilig ist. Die Pflanzen holen früher gepflanzte Jungpflanzen, deren Wärmebedürfnis im Freiland nicht erfüllt werden konnte, in der Entwicklung bald ein. Die günstigsten Pflanztage sind solche, an denen regnerisches, trübes Wetter herrscht. Unter solchen Bedingungen wachsen die Pflanzen ohne zu welken und ohne Verluste an.

Eisheilige abwarten
Sommerblumen, die im Haus vorkultiviert worden sind, sollten erst nach den Eisheiligen Mitte Mai ausgepflanzt werden. Einer alten Bauernregel zufolge können die Eisheiligen Pankratius, Servatius und Bonifatius vom 12. bis 14. Mai sowie die Kalte Sophie am 15. Mai noch einmal Frost bringen.

Den Boden vorbereiten

Unerlässlich ist eine gute Bodenvorbereitung. Sie muss zum Ziele haben, den Boden in einen guten, krümeligen Zustand zu bringen und ihn ausreichend mit Nährstoffen zu versorgen. Wurden die Beete oder Rabatten bereits im Herbst tiefgründig bearbeitet, so braucht vor dem Auspflanzen der Boden nur mehr flach gelockert zu werden. Anderenfalls ist zunächst der Boden tiefgründig zu lockern.
Sommerblumen sind für eine Humusdüngung dankbar. Hierzu ist stark verrotteter Stallmist (der untergegraben wird) und vor allem Fertigkompost (siehe Seite 62f.) geeignet. Steht kein Kompost oder dieser nur in unzureichender Menge zur Verfügung, dann ist Rindenhumus eine gute Alternative. Sowohl Kompost als auch Rindenhumus ist im Gegensatz zum Stallmist nur oberflächlich einzuarbeiten.
Bei einem so mit Humus verbesserten und vorbereiteten Boden kann eine Grunddüngung unterbleiben. Eine gezielte Düngung erfolgt erst, nachdem die Jungpflanzen gut angewachsen bzw. die Sämlinge die ersten Laubblätter ausgebildet und ein gutes Wurzelsystem entwickelt haben. Dies ist etwa 2 bis 4 Wochen nach dem Auspflanzen der Fall (zur Düngung siehe weiter unten), bei Sämlingen artabhängig.
Zur Pflanzung markiert man sich auf den glatt abgerechten Pflanzflächen zweckmäßigerweise die entsprechenden Felder für die einzelnen Gruppen und verteilt auf diesen die erforderlichen Pflanzen im notwendigen Abstand. Selbstverständlich dürfen dabei nur immer so viele Pflanzen ausgelegt werden, wie sofort wieder eingesetzt werden können, damit sie nicht erst zu welken beginnen.
Die Pflanzenabstände richten sich nach den Eigenschaften der Arten und Sorten. Auch unterschiedliche Verwendungszwecke können die Standweiten beeinflussen. So pflanzt man bei Hecken und natürlichen Abgrenzungen aus Sommerblumen enger als auf Beeten oder bei Pflanzungen in Gruppen.

Vorsichtig austopfen

Beim Aufnehmen der Jungpflanzen von Saatbeeten oder aus Saatkisten schiebt man am besten die flache Hand unter den

▼ Die Pflanzen werden jeweils so tief in die Erde gesetzt, wie sie vorher gestanden haben. Zu hoch gesetzt, kippen die Pflanzen leicht um, zu tief gesetzt, stockt das Wachstum oder empfindliche Pflanzen faulen am Wurzelhals ab.

▲ Damit Sommerblumen üppig blühen, brauchen sie ausreichend Wasser. Im Hausgarten ist die Gießkanne zum Bewässern das am häufigsten benutzte Gerät.

Wurzelbereich und trennt dabei die Setzlinge vorsichtig einzeln voneinander. Keinesfalls dürfen die Pflanzen einfach aus der Erde herausgezogen werden, da sonst gerade die wichtigen und feinen Haarwurzeln abreißen.
Jungpflanzen aus Ton- oder Kunststoffgefäßen werden vorsichtig ausgetopft, solche aus Torftöpfen mit der Hülle gepflanzt. Wichtig ist, dass die Wurzelballen zum Zeitpunkt des Auspflanzens gut durchfeuchtet sind.

Angießen für guten Bodenschluss

Nach dem Pflanzen ist jede einzelne Pflanze anzugießen. Das Angießen hat nicht nur den Zweck, der Pflanze Feuchtigkeit zuzuführen, sondern vor allen Dingen zu bewirken, dass sich die Bodenteilchen dicht an die feinen Wurzelhaare anlegen. Die Wasserzufuhr soll durchdringend sein, damit dieser Zustand erreicht wird. Ein kurzes Überbrausen der Pflanzen genügt nicht. Schlammbrei darf andererseits aber auch nicht entstehen.

Sommerblumen pflegen

Bodenpflege

Bis sich die Pflanzbestände im Laufe des Sommers völlig geschlossen haben, sollte die Bodenoberfläche insbesondere bei schweren, lehmigen Böden, die nach heftigen Regenfällen sehr leicht verkrusten, von Zeit zu Zeit flach aufgelockert werden.
Neben der damit verbundenen lebensnotwendigen Bodendurchlüftung werden bei jeder Lockerung die feinen, wasserführenden Kapillarröhrchen in der Bodenstruktur unterbrochen, und die darin aufsteigende Bodenfeuchtigkeit bleibt damit dem Erdreich erhalten. Durch diese Maßnahme wird auch einem vorzeitigen Austrocknen des Bodens entgegengewirkt.
Die Bodenlockerung verfolgt gleichzeitig den Zweck, eventuell auflaufende Samenunkräuter zu bekämpfen. Selbstverständlich muss jede Bodenbearbeitung zwischen den Pflanzen so flach, vorsichtig und behutsam erfolgen, dass die Wurzeln der Sommerblumen nicht beschädigt werden. Bewährt haben sich hierzu ziehende Gartengeräte wie Krümler oder Kultivator.

Gießen

Wenn auch eine Reihe von Sommerblumen Trockenheit bis zu einem gewissen Maße vertragen, muss bei heißer und trockener Witterung für eine ausreichende Bodenfeuchtigkeit gesorgt werden. Während im Frühsommer mit noch kühlen Nächten zweckmäßig in den Morgenstunden gegossen wird, sollte im Hochsommer am Abend gewässert werden, damit die Feuchtigkeit möglichst lange im Boden bleibt.
Zur Bewässerung in Sommerblumenbeeten haben sich Tropfschläuche gut bewährt, weil dadurch die Blüten über die normalen Niederschläge hinaus von Wasser verschont bleiben, denn nicht wenige Sommerblumen sind sehr empfindlich gegen Nässe auf den Blüten. Auf großen Beeten wird man freilich mit einem Regner arbeiten.

Düngung

Da die meisten Sommerblumen eine Menge Laub- und Blütenmasse in einer verhältnismäßig kurzen Zeit ausbilden, sind sie auf eine ständige Nährstoffzufuhr angewiesen. Als Mittelwert wird für Sommerblumen eine Nährstoffentzug von 9 g N, 3 g P_2O_5 und 14 g K_2O je m^2 angegeben. Orientiert man sich an dem genannten Nährstoffentzug, dann wird der Nährstoffbedarf der Sommerblume durch etwa 60 g / m^2 eines Mehrnährstoffdüngers mit einem Nährstoffgehalt von 15 % N, 5 % P_2O_5 und 20 % K_2O gedeckt. Dabei ist die Menge auf zwei Gaben aufzutei-

WICHTIG

Für die Bewässerung gilt grundsätzlich, die Pflanzungen lieber einige wenige Male kräftig zu wässern als täglich nur leicht anzufeuchten. Gräbt man im Boden etwas nach, kann man sich überzeugen, wie tief das Wasser eingedrungen ist, und die Wassermengen darauf abstimmen.

len. Das erste Mal gedüngt wird, wenn die Sommerblumen richtig angewachsen sind. Dies ist etwa zwei bis vier Wochen nach dem Auspflanzen bzw. bei Aussaat an Ort und Stelle nach dem Ausdünnen der Fall. Ob zur Düngung organische oder mineralische Düngemittel eingesetzt werden, ist letztendlich egal. Auch sogenannte Langzeitdünger bieten sich an.

Das jeweilige Düngemittel ist sorgfältig und gleichmäßig zwischen den Pflanzen auszustreuen und flach einzuarbeiten. Vorteilhaft ist anschließendes Wässern der Flächen, da sogleich ein Teil der Nährsalze aufgelöst wird und an die Wurzeln der Pflanzen gelangen kann.

Samenstände entfernen

Bei den meisten Sommerblumen bildet sich nach dem Verblühen der Blüten der Samen aus. Da das Samenkorn dem einmal aus ihm entstehenden neuen Pflänzchen einen gewissen Nährstoffvorrat mitgeben soll und dieser während der Samenbildung und -reife von der Pflanze geliefert werden muss, geht ihr viel Energie für die Bildung neuer Blüten verloren. Es ist deshalb von Vorteil, die abgeblühten Blütenstände zur Erhaltung eines langen Blütenflors regelmäßig zu entfernen, es sei denn, man will den Samen gewinnen. In diesem Fall reicht es meist, wenn man dafür einige wenige Pflanzen auswählt und deren Samenreife gegebenenfalls durch Ausbrechen zu vieler Blüten bzw. Knospen fördert.

Einige Sommerblumen, wie Duftsteinrich (*Lobularia*), Husarenknöpfchen (*Sanvitalia*) und andere, können nach dem ersten Blütenflor um ein Drittel zurückgeschnitten werden. Schon bald treiben sie neu durch und blühen nochmals üppig.

Pflanzenschutz

Sommerblumen können sich nur dann in ihrer Schönheit entfalten, wenn wir für optimale Wachstums- und Entwicklungsbedingungen sorgen. Optimale Wachstumsbedingungen zu schaffen ist der beste Schutz vor Krankheiten und Schädlinge.

Die Zeit der Jungpflanzenanzucht ist wie bei allen Pflanzen, so auch bei den Sommerblumen, besonders von Schädlingen und Krankheiten bedroht. In den Vermehrungsbeeten, Saatschalen und Frühbeetkästen können uns vor allem die Vermehrungspilze zu schaffen machen. Sie äußern sich durch Wurzelbräune, Schwarzbeinigkeit oder Umfallen der Sämlinge und Stecklinge. Hohe Bodenfeuchtigkeit, Lichtmangel, zu enger Stand, ungenügende Lüftung, zu große Wärme und mangelhafte Bodenlockerung fördern die Pilzentwicklung. Deshalb verwende man nur bestes Saatgut, keimfreie Erde und sorge für beste Temperatur- und Luftverhältnisse. Schwächliche und vergeilte Jungpflanzen, wie sie bei Lichtmangel, überhöhter Temperatur oder zu dichtem Stand während der Anzucht entstehen, führen schon nach der Pflanzung zu Ausfällen und lassen kaum eine weitere gute Entwicklung zu.

▲ Von den meisten Sommerblumen wie der Kokardenblume lassen sich leicht selbst Samen gewinnen. Man braucht nur die gut ausgereiften Samenstände abzuknipsen.

Äußere Einflüsse schädigen Pflanzen

Schäden durch Sonnenbrand, Trockenheit oder Kälte sind oft auf ungenügende Abhärtung der Jungpflanzen, auf fehlende zusätzliche Bewässerung oder zu frühes Auspflanzen zurückzuführen. Diese und andere durch uns selbst beeinflusste oder ausgelöste Erscheinungen machen den Hauptteil der jährlich auftretenden Schäden und Verluste aus. Dazu kommt, dass die durch ungünstige Umwelteinflüsse geschädigten Pflanzen weniger widerstandsfähig als gesunde Sommerblumen sind. Sie werden von einer Reihe parasitär bedingter Krankheiten vorrangig befallen und sind auch gegen verschiedene Schädlinge besonders anfällig.

Eine gezielte Bekämpfung ist bei dem großen Sortiment und der vielfach gemischten Pflanzung der Sommerblumen oft nur bedingt möglich.

Pilzkrankheiten, die bei den Sommerblumen häufiger auftreten sind: Falscher und Echter Mehltau, Rostkrankheiten und *Fusarium*-Welke.

Eine Auswahl empfehlenswerter Sommerblumen

Dieser spezielle Teil nennt und beschreibt die wichtigsten Sommerblumen und Sorten und gibt Auskunft über die Vermehrung, Weiterkultur und sonstige wissenswerte Besonderheiten der jeweiligen Art. Die intensive züchterische Arbeit, nicht nur bei uns in Deutschland, lässt ständig neue Sorten entstehen. Dadurch sind die Sortimente in ständiger Bewegung. Daher können die hier in diesem Buch genannten Sorten auch nur eine kleine Auswahl sein. Für die Sortenwahl sollten deshalb die jährlich neu erscheinenden Kataloge und Angebotslisten der verschiedenen Samenhändler bei der Auswahl mit herangezogen werden.

Es konnte nicht darauf verzichtet werden, die wissenschaftlichen Namen der betreffenden Pflanzen aufzuführen, da es einerseits in vielen Fällen keine eingebürgerten deutschen Namen gibt, zum anderen die Pflanzen in Samenlisten und Katalogen der Samenhändler und Gärtnereien auch nur mit ihren botanischen Namen angeboten werden. Pflanzen, von denen nur der deutsche Name bekannt ist, findet man über das Sachregister.

Von wenigen reinen Wildarten abgesehen, handelt es sich bei den im Samenhandel angebotenen Sommerblumen um gezüchtete Gartenformen, wie sie im Laufe vieler Jahrzehnte durch Kreuzungen entstanden sind. Durch diese gärtnerische Züchtungsarbeit wurden qualitativ hochwertige Sorten mit besonderen Wuchseigenschaften, vielerlei Blütenfarben, gefüllten und einfachen, großen und kleinen Blüten geschaffen. Botanisch werden diese Züchtungen als Hybriden bezeichnet und vom Züchter dann mit Sortennamen versehen. Bei vielen dieser Sorten handelt es sich um F_1-Hybriden, die sich durch ein besonders gleichmäßiges und kräftiges Wachstum, intensive Blütenfarben usw. auszeichnen. Viele Hybridsorten gibt es bei den Begonien, bei den Primeln und bei den Stiefmütterchen.

Sommerblumen mit Fleuroselect®-Zeichen

Bei der Auswahl der Sommerblumen sollten den Sorten der Vorzug gegeben werden, die das Fleuroselect®-Zeichen tragen. Fleuroselect® ist eine Vereinigung von Blumenzüchtern und handelsfirmen aus ganz Europa. Fleuroselect® hat es sich zur Aufgabe gemacht, neue, aus Samen vermehrte Blumen in zahlreichen in Europa verteilten Probegärten zu prüfen und ihren Wert für den Gartenbau bzw. für Gärten zu beurteilen. Neue Blumensorten werden gründlich unter ganz verschiedenen klimatischen Bedingungen geprüft, bevor sie in den Verkehr gebracht werden. Die Züchtungen, welche von den Preisrichtern der Probegärten eine hohe Punktzahl erhalten, können eine Fleuroselect®-Medaille gewinnen. Deshalb bedeutet die Verleihung einer Fleuroselect®-Auszeichnung eine Gewähr dafür, dass die Neuheit in einem weiten Gebiet Anbauwert besitzt. Sowohl der Erwerbsgärtner als auch der Hobbygärtner können an dem Fleuroselect-Zeichen ein außerordentliches Wertzeugnis für eine Blumensorte erkennen.

Acroclinium roseum bzw. Rhodanthe chlorocephala subsp. rosea
Rosa Papierblümchen

Das Rosa Papierblümchen ist eine hübsche in Australien heimische Trockenblume. Die äußeren Hüllblätter der einzeln stehenden und langgestielten Blüten sind trockenhäutig, braun und glänzend. Sie gehen allmählich in die inneren kronblattartigen, rosenroten über. Zur Trockenblumengewinnung muss sofort nach dem Aufblühen geschnitten werden. Der Sonnenflügel lässt sich aber auch gut in bunte Sommerblumenpflanzungen einfügen. Die in

- März – April unter Glas, 18 °C
- Ende April/Anfang Mai an Ort und Stelle
- 16 – 20 Tage
- 20 – 25 cm

◄ Stockrosen sind in Bauerngärten unverzichtbar. Leider sind sie oft von Malvenrost und Malvenflohkäfer verunziert.

Weiß, Rosa und Rot blühenden, 50 cm hohen Sorten werden meist in Mischungen angeboten.

Alcea rosea, *Alcea ficifolia*-Cultivars
Stockrose

- im Mai – Juni auf Anzuchtbeete
- im Mai – Juni an Ort und Stelle
- Februar bis April unter Glas direkt in 8- bis 9-cm-Töpfe
- 12 – 20 Tage
- 75 × 100 cm

Die Stockrose gehört zu den ältesten Gartenpflanzen und wirkt infolge ihrer stattlichen Erscheinung (sie wird bis 2 m hoch) einzeln und in Gruppen sehr dekorativ. Auf bunten Sommerblumenbeeten steht sie am besten im Hintergrund. In großen Vasen wirken die Blütenstände auch als Schnittblumen sehr dekorativ. Das Sortenspektrum enthält gefüllt blühende Sorten in weiß, gelb, rosa und roten Farbtönen, die z. B. in der Sorte 'Prachtmischung' vereint sind. Manche Spielarten sind auch gefüllt. Die Stockrose wird zwei- bis mehrjährig kultiviert. Die *Alcea ficifolia*-Hybriden mit ihren tief eingeschnittenen Blättern sind von vorneherein ausdauernder als die normalen Stockrosen.

Amaranthus caudatus
Garten-Fuchsschwanz

- im April – Mai unter Glas bei 15 – 18 °C
- auf Anzuchtbeeten im Freiland
- sät sich oft selbst aus
- 8 – 14 Tage
- 40 × 50 cm

Der Garten-Fuchsschwanz ist mit seinen langen, hängenden Blütenständen im Sommerblumenbeet eine wahre Augenweide. Beim Pflanzen muss man beachten, dass der Fuchsschwanz den ihm gemäßen Standraum erhält, damit die schönen Blütenstände voll zur Wirkung kommen. Am bekanntesten sind die Sorten 'Rotschwanz' mit roten Blütenzöpfen und 'Grünschwanz' mit lang herabhängenden, grünen Blütenständen. 'Kupferberg' ist eine Neuzüchtung mit aufrecht wachsenden, zunächst goldgelben, im reifen Zustand kupfer- bis bronzefarbenen Blütenständen.
Darüber hinaus gibt es eine Reihe von Sorten, die vor allem wegen ihres buntes Laubes auffallen.

► Auf dem Land wird der Garten-Fuchsschwanz als Trockenblume verwendet. Beim Schneiden müssen die Blütenstände voll entwickelt sein.

Ammobium alatum
Papierknöpfchen, Sandimmortelle

- unter Glas im März / April bei 16 – 18 °C
- Aussaat direkt an Ort und Stelle im Mai
- 14 – 20 Tage
- 20 – 25 cm

Das Papierknöpfchen, eine mehrjährige aber einjährig kultivierte Pflanze, ist eine hübsche Trockenblume. Zu diesem Zweck schneidet man die Blumen bevor sie voll geöffnet sind, da nur dann die Hüllblätter ihre weiße Farbe behalten. Neben Auslesen der Art ist die etwa 35 cm hoch werdende Sorte 'Bikini' besonders zu empfehlen.
Der botanische Name bedeutet Sandbodenpflanze (ammos = Sand, bios = leben). Er weist darauf hin, dass nasse Böden, vor allem solche mit stauender Nässe, nicht geeignet sind.

Anchusa capensis
Kap-Ochsenzunge

- im März / April unter Glas bei 12 – 18 °C
- 12 – 14 Tage
- 20 – 25 cm

Die Ochsenzunge blüht herrlich Blau. Bei Sommerblumen ist diese Farbe eher selten. Man pflanzt die 25 bis 60 cm hoch werdenden Blumen gruppenweise zusammen. Das Sortenspektrum umfasst neben blauen violette, weiße, seltener auch gelbe Blütenfarben.

Anethum graveolens
Grüngelber Dill

- im März – April unter Glas bei 15 – 18 °C
- am besten Direktsaat mit 3 – 5 Samen in 7- oder 8-cm-Töpfe
- 14 – 20 Tage
- 30 cm

Dill als Sommerblume? Nicht nur Floristen verwenden Dill gerne in ihren Gebinden. Die etwa 80 cm hoch werdende Sorte 'Vierling', mit gelben Blütenschirmen und blaugrüner Belaubung, ist eine stattliche Solitär-Sommerblume, deren Stiele auch sehr gut getrocknet werden können. Der Dill gedeiht auf allen durchlässigen Gartenböden. Er liebt es, mit Selbstaussaat durch den Garten zu wandern. Die Pflanzen haben eher geringe Nährstoffansprüche.

Antirrhinum majus
Garten-Löwenmaul

- Februar – April unter Glas bei 15 – 20 °C
- einzeln in Pflanzeinheiten pikieren
- 10 – 14 Tage
- 30 cm

Das bei uns einjährig kultivierte Löwenmäulchen ist in seiner Heimat eine Staude. Schon seit dem 16. Jahrhundert ist es eine der beliebtesten Gartenblumen. Löwenmäulchen gibt es in allen möglichen Farben, vor allem in gelben, rosa- und lachsfarbenen, roten und bronzefarbenen Tönen. Das züchterische Angebot reicht von den niederen Beetsorten bis zu den langblütigen Schnitt-Löwenmäulchen. In der Regel unterscheidet man zwischen folgenden Sortengruppen:

1. **Hohe Sorten:** 80 bis 100 cm hoch, z. B. 'Riesen Vorbote'.
2. **Halbhohe Sorten:** 40 bis 60 cm hoch, etwa 'Hohes Lied Prachtmischung'.
3. **Niedrige Sorten:** nur etwa 20 cm hohe Sorten mit einer Breite von bis zu 40 cm. In diese Gruppen gehören u. a. die Sorten 'Floral Carpet', 'Pumilum' und 'Wunderteppich'.

Unter der praktisch unüberschaubaren Anzahl von Sorten gibt es auch F_1-Hybriden, deren Saatgut relativ teuer ist und für den Hausgarten keine so große Bedeutung hat, da das übrige Sortiment eine ausreichende Anzahl attraktiver Sorten enthält.

TIPP

Verblühte Löwenmäulchen setzen schnell Samen an. Wenn man nach dem Hauptflor alles Verblühte entfernt, treiben sie noch einmal durch, und sie blühen bis zum Herbst. An geschützten Stellen am Haus überwintern Löwenmäulchen manchmal sogar.

▶ Das Löwenmäulchen ist eine der schönsten Sommerblumen. Die Blütenstiele halten sich in der Vase sehr gut.

Während die hohen Sorten vor allem für den Anbau von Schnittblumen geeignet sind, eignen sich die anderen für Beete, Einfassungen, für die Pflanzung zwischen Stauden und für Steingärten. Die niedrigen Sorten sehen auch in breiten Schalen, in Töpfen und Balkonkästen interessant aus. Wenn man die Löwenmäulchen noch vor der Blüte entspitzt, dann werden sie besonders buschig und jeder Trieb schließt mit einer Blüte ab.
Wenn man Löwenmäulchen schneidet und in die Vase stellt, wird man beobachten, dass sich die Stielenden nach kurzer Zeit stets senkrecht aufrichten. Deshalb sollte man die Stiele nach dem Schnitt bis zur Weiterverwendung nicht schräg, sondern möglichst gerade (senkrecht) in Gefäße stellen. Die Blütenstiele halten, wenn das Wasser zwischendurch erneuert wird, etwa 2 Wochen in der Vase.

Arctotis-Cultivars
Bärenohr

Das Bärenohr ist ein mehrjähriger, bei uns einjährig kultivierter, formen- und farbenprächtiger Korbblütler. Die lang gestielten Blumen tragen edel geformte Zungenblüten in Gelb, Rosa, Orange, Violett oder Weiß. Im Handel sind meist Mischungen pastellfarbener Töne (Modefarben). Hierzu gehört die Sorte 'Neue Hybriden Harlekin', die etwa 50 cm hoch wird. Als Schnittblume weniger geeignet.

- im März – April unter Glas bei 18 °C
- frühzeitig in kleine Töpfe pikieren (Pfahlwurzel)
- 10 – 14 Tage
- 20 – 40 cm

Bassia scoparia
Sommerzypresse, Besen-Radmelde

Zu den bekanntesten des Laubes wegen gezogenen Sommerblumen gehört die Sommerzypresse. Für eine Einjahrespflanze ist sie besonders starkwüchsig, sie bildet bis 1 m hohe, geschlossene Büsche von gleichmäßigem Wuchs. Infolge der reichen Verzweigung und der zierlichen Blätter wirkt sie dabei grazil und auflockernd. Die Blüten erscheinen in reicher Zahl, bleiben jedoch wegen ihrer unauffälligen Farbe und Größe nahezu unbemerkt. Das zarte Grün der Sommerzypresse schafft ruhige Pole in einer bunten Sommerblu-

- März – April unter Glas, 18 °C
- Direktsaat mit 3 – 5 Samen je 8- bis 10-cm-Topf
- an Ort und Stelle, nur die kräftigste Pflanze stehen lassen
- 8 – 14 Tage
- 50 – 80 cm

menpflanzung und wirkt zugleich verbindend und vermittelnd. Auch Gruppenpflanzungen im Rasen oder an anderen Gartenstandorten sind zu empfehlen. Man kann aber auch niedrige einjährige Hecken schaffen, die sich mit der Schere in Form schneiden lassen. Die Sorte 'Trichophylla' verfärbt sich zum Herbst blutrot, während 'Childsii' grün bleibt.

Bellis perennis Gänseblümchen, Maßliebchen

- Juni – Juli unter Glas bei 18 °C
- oder auf Anzuchtbeete im Freiland
- 7 – 14 Tage
- 15 – 20 cm

Das Gänseblümchen ist zwar eine mehrjährige Staude, wird aber bei uns in der Regel nur einjährig gezogen. *Bellis* pflanzt man an den Rand von Beeten oder unter Tulpen und Narzissen. Auch in Balkonkästen, Schalen und Töpfen sehen sie hübsch aus. Aus der Wildform des Gänseblümchens hat die Züchtung Erstaunliches gemacht. Die Blütenblätter können nicht nur, wie üblich, zungenförmig sein, sondern auch nadel- oder röhrenförmig ausgebildet sein. Die Blumen erreichen bei den großblumigen Sorten 6 bis 7 cm Durchmesser. Die Höhe der verschiedenen Rassen variiert zwischen 12 und 20 cm. Für größere Beete eignen sich am besten die kleinköpfigen Sorten. Die großköpfigen Sorten mit Zungen- oder Röhrenblüten passen eher in kleinere Gärten. Neben den herkömmlichen Sorten in Weiß, Rosa und dem dunkelsten Rot sind alle Farbnuancen vertreten. Darüber hinaus werden auch eine Reihe von F_1-Hybriden angeboten.

TIPP

Maßliebchen säen sich im Garten leicht selbst aus. Allerdings sind die Nachkommen gegenüber der ursprünglichen Sorte nicht mehr so schön.

▶ Die neueren Züchtungen wie diese großblumige Sorte 'Habanera' haben mit dem heimischen Gänseblümchen nur noch den Namen gemeinsam.

Brachyscome iberidifolia Blaues Gänseblümchen

- ab Anfang April unter Glas
- 3 – 5 Sämlinge in 9-cm-Töpfe
- 10 – 14 Tage
- 20 – 20 cm

Das 20 bis 25 cm hoch werdende Sternblümchen eignet sich bestens für gemischte Pflanzungen sowie für gruppenweise Verwendung und für Einfassungen. Die schwarzen Scheibenblüten werden bei der Stammform von einem Kranz blauer, am Grunde weißer Zungenblüten umgeben. Bei den Sorten herrschen blaue, blauviolette und weiße Farben mit schwarzer Mitte vor. Besonders kompakt wachsend und insbesondere für Einfassungen und sonstige Randbepflanzung geeignet ist die Sorte 'Bravo' mit verschiedenen Farbvarianten. Das Australische Gänseblümchen ist besonders wärmebedürftig und empfindlich gegen Nässe.

Brassica oleracea var. *acephala* Zier-Kohl

- im April unter Glas bei 16 °C
- oder von April – Juni auf Anzuchtbeete im Freiland
- 6 – 8 Tage
- 40 cm

Neben den Kohlarten für den Kochtopf existieren Sorten, welche als Schmuckpflanze verwendet und deshalb zu den Sommerblumen gezählt werden. Die Zierkohlsorten haben durch die gekrausten bis gewellten Blätter einen hohen Schmuckwert, im Frühherbst färben sich die inneren Blätter weiß, gelblich, violett, rosa oder rot. Zu empfehlen sind die Sorten 'Kyoti', eine F_1-Hybride, von der es neben der Mischung auch Farbsorten gibt, und die Sorte 'Gefranste Gemischt'.

◀ Fast zum Reinbeißen schön: Zier-Kohl gewellt und gekraust.

Eine neuere Züchtung ist ‘Sunrise’, ein Typ, der 70 bis 80 cm hoch wird, deren Köpfe einer Pfingstrose ähneln und auch als Schnittsorte angeboten werden.

Calendula officinalis
Garten-Ringelblume

- an Ort und Stelle von März bis Mai
- später auf 25 cm vereinzeln
- 10 – 15 Tage

Bei der Ringelblume vereinigt sich Schönheit und Anspruchslosigkeit mit einfacher Anzucht. Das Sortiment umfasst Sortengruppen von 20 bis 30 cm Höhe (z. B. ‘Fiesta Gitana’) und solche, die 50 bis 60 cm hoch werden (z. B. ‘Prinzess’). Dementsprechend ist die Verwendung als Beet- und Topfpflanze oder für den Schnitt möglich. Die Blumen der gelben bis orangefarbenen Sorten blühen einfach, halb gefüllt oder gefüllt und erreichen Durchmesser bis zu 10 cm. Die Blütenkronen sind sortenbedingt zungen- oder röhrenförmig.

Ringelblumen in der Medizin

Die Blüten der Ringelblume kann man für Tee ernten. Durch ihre orangerote Farbe werten sie Teemischungen auf. Viele Frauen auf dem Land bereiten aus den Blütenblättern eine heilkräftige Salbe zu. Als Salbengrundlage nehmen sie Schweineschmalz, Vaseline oder Melkfett. Ringelblumensalbe ist ein bewährtes Mittel zur Hautpflege und bei kleineren Hautverletzungen.

Bei Verwendung als Schnittblume sollten die Blumen beim Schneiden noch nicht völlig geöffnet sein. Normalerweise sät man Ringelblumen im Frühjahr; die Aussaat ist jedoch auch im zeitigen Herbst möglich.

Callistephus chinensis
Sommeraster, Gartenaster

- unter Glas von März – Mai bei 15 °C, dann pikieren
- im Mai auch auf Anzuchtbeete im Freiland
- an Ort und Stelle Anfang Mai ist möglich
- 7 – 14 Tage
- 25 – 40 cm

Das intensive und erfolgreiche züchterische Wirken hat nicht nur ein umfangreiches Sortiment hervorgebracht, sondern der Aster einen ganz vorderen Platz im Sommerblumensortiment gesichert. Zahlreiche Sortengruppen mit hunderten von Sorten bieten in den Wuchseigenschaften, Blütenformen (röhren-, trichter- und zungenförmigen Blüten) und -farben eine kaum zu überblickende Vielfalt. Die hohen (50 bis 80 cm) und halbhohen (40 bis 50 cm) Sorten sind ausgezeichnete Schnittblumen. Halbhohe und besonders die niedrigen Sommerastern eignen sich bestens für geschlossene und bunte Beetpflanzungen, für Teppichbeete oder für Einfassungen. Wichtig ist stets, für den jeweiligen Verwendungszweck geeignete Sorten auszuwählen, wozu uns das umfangreiche Sortiment alle Möglichkeiten bietet.

Auf die Fruchtfolge achten

Bei Sommerastern treten seit langem immer wieder hohe Verluste durch die über einen pilzlichen Erreger verursachte Asternwelke auf.
Durch die Züchtung wurden zahlreiche mehr oder weniger welketolerante Sorten und Sortengruppen geschaffen, die widerstandsfähig, jedoch keineswegs resistent gegenüber der gefährlichen Erkrankung sind. Neben anderen vorbeugenden Maßnahmen ist es wichtig, die Astern jedes Jahr auf einem anderen Beet anzubauen. Dabei sollte man mindestens acht Jahre warten, bis man Astern wieder an dieselbe Stelle pflanzt. Das ist die wirkungsvollste Vorbeugemethode.

▲ Es gibt wohl keine andere Sommerblume, bei der das Farbspektrum so groß ist, wie bei den Astern.

Campanula medium
Marien-Glockenblume

- unter Glas bei 15 °C, später pikieren
- auf Anzuchtbeete im Mai / Juni
- 14 – 20 Tage
- 40 cm

Die bis 100 cm hohe Marien-Glockenblume wird seit dem 16. Jahrhundert bei uns angebaut und gehört zu den traditionellen Gartenpflanzen. Im Garten wird man sie auf Beeten zusammen mit anderen Sommerblumen oder in frei stehenden Gruppen verwenden. Im Juni und Juli sind die Pflanzen über und über mit großen, je nach Sorte einfachen, zweikronigen oder gefüllten, weißen, rosa, roten oder blauen Blüten übersät. Geschnitten halten

▶ Die Marien-Glockenblume wächst seit dem 16. Jahrhundert in mitteleuropäischen Gärten. Die zweijährige Blume gehört traditionell in den Bauerngarten.

die Blütenstiele bis zu 10 Tage. Bei anhaltender Trockenheit muss regelmäßig ausreichend gewässert werden.

Centaurea cyanus Kornblume

▮ März – April oder schon im Herbst am besten an Ort und Stelle, später auf 15 – 20 cm vereinzeln

▮ 14 – 20 Tage

▮ 15 – 20 cm

Die Kornblumen sind für den Schnitt, bedingt auch für gemischte Beetpflanzungen geeignet. Die Gestalt ist sehr unterschiedlich. Die purpurfarbenen, blauen, gelben oder weißen Blüten stehen einzeln oder in Rispen auf mehr oder weniger langen Stielen. Die Randblüten sind teilweise verlängert und unfruchtbar, sodass der Eindruck eines Zungenblütenkranzes entsteht. 'Jubilee Gem' blüht leuchtend blau und wird nur 40 cm hoch.

Chrysanthemum Chrysantheme, Wucherblume

Die Gattung *Chrysanthemum* umfasst etwa 200 verschiedene Arten ein- oder mehrjährige Kräuter, seltener Sträucher. Die botanische Bezeichnung der einzelnen Arten hat sich in den vergangenen Jahren immer wieder geändert. Die nachfolgende Gliederung entspricht den ursprünglichen Bezeichnungen, weil in den meisten Samenkatalogen die Arten unter diesen Namen zu finden sind. Die derzeit gültigen botanischen Namen sind, soweit erforderlich, bei den jeweiligen Arten im Text erwähnt.

▮ unter Glas März – Mai bei 5 °C
▮ oder breitwürfig an Ort und Stelle April – Mai

▮ 7 – 30 Tage

▮ 25 – 40 cm

Chrysanthemum carinatum Bunte Wucherblume

Es gibt eine Reihe von Farbsorten auf dem Markt, die sich durch auffallende und sehr wirkungsvolle Farbzonen und dunkel gefärbte Blumenscheiben auszeichnen. In der Regel wird man aber bunte Mischungen wie z. B. 'Frohe Mischung Blaupunktsamen' anbauen. Im Handel sind auch Gartenformen, die zu einem hohen Prozentsatz gefüllt sind. Gültiger Name *Ismelia carinata*.

Chrysanthemum coronarium Kronen-Wucherblume

Die auch als Goldblume bezeichnete Art trägt auf langen Stielen 4 bis 8 cm breite, gelbe oder weiße Blumen mit grünlicher Scheibe. Die Sorten werden 60 bis 120 cm hoch. Sie sind reich verzweigt und haben feste Stiele. Gültiger Name *Xanthophthalmum coronarium*.

Chrysanthemum multicaule Vielstängelige Goldblume

Die Vielstängelige Goldblume wird nur 25 cm hoch. Der gültige Name ist eigentlich *Coleostephus multicaulis*. Die langgestielten, bis 4 cm breiten Blumen besitzen leuchtend gelbe Strahlenblüten und grünlich gelbe Scheibenblüten. Die nur 20 cm hoch werdende, goldgelbe Sorte 'Kobold' ist für Einfassungen besonders gut geeignet.

▼ Die Blüten der Bunten Wucherblume haben verschieden gefärbte Farbzonen; dadurch wirken sie wie eine Kokarde.

Chrysanthemum parthenium
Mutterkraut

In vielen älteren Gärten versamt sich das Mutterkraut immer wieder selbst und kann so fast ein wenig lästig werden. Nicht so schön ist, dass die Triebe oft von schwarzen Blattläusen überzogen sind. Das Mutterkraut ist eine Staude, normalerweise wird es aber einjährig gezogen. Die kleinen, kurzgestielten Blütenköpfchen sitzen beim Mutterkraut in Doldentrauben zusammen. Die 20 bis 60 cm hohen Sorten sind den Blüten der Kamille ähnlich oder beim Wegfall der Zungenblütenkronen röhrenartig gefüllt, diese Blüten wirken wie ein farbiger Kopf. Das Farbspiel bewegt sich zwischen gelb und weiß. Die großblumige, gefüllt blühende, 50 cm hoch werdende Sorte 'Tetraweiß' und die Sorte 'Schneekrone' mit geröhrter Mitte, eignen sich besonders gut zum Schnitt. 'Goldball', 25 cm hoch, goldgelb und 'Weißer Stern', 20 cm hoch, mit weißen Zungenblüten und geröhrter Mitte sowie 'Auteum' mit goldgelben Laub sind hübsche Sorten für Beete und Einfassungen. Gültiger Name *Tanacetum parthenium*.

Mutterkraut in der Medizin

Das Mutterkraut ist ein altes Volksheilmittel bei Frauenkrankheiten. Frische Blätter – regelmäßig gegessen – sollen Migräneanfällen vorbeugen. In der Apotheke gibt es auch Fertigpräparate aus Mutterkraut.

Chrysanthemum segetum
Saat-Wucherblume

Die Art ist bei uns als Ackerunkraut bekannt. Im Handel sind Sorten mit Anteilen gefüllter Blumen und Farbmischungen (gelb, weiß). Am schönsten sind goldgelbe Sorten mit tief schwarzbrauner Scheibe wie 'Prado', die 50 cm hoch wird und langstielig und großblumig ist. Gültiger Name *Xanthophthalmum segetum*.

Clarkia
Godetie, Atlasblume

Clarkia amoena
Atlasblume

Die Heimat der Arten dieser Hybriden ist Kalifornien. Die verzweigten, 25 bis 50 cm hohen Gartenformen tragen zahlreiche, azaleenähnliche, glänzende Blüten.

◀ Normalerweise blühen Godetien nur sechs bis acht Wochen lang. Die Blütezeit lässt sich verlängern, indem man die abgeblühten Blütenstände abknipst. Wenn der Winter nicht allzu kalt ist, überwintern die Godetien.

Das Farbspiel der einfach und gefüllt blühenden Sorten und Mischungen ist reichhaltig und umfasst außer Gelb eigentlich alle Farbtöne. In der Mehrzahl handelt es sich bei den heutigen Sorten um F_1-Hybriden. Für Schnittzwecke gibt es auch hohe, langstielige Sorten. Zu empfehlen ist die 25 cm hohe Sortengruppe 'Satin' und die 50 cm hohe Sortengruppe 'Grace', von beiden gibt es sowohl Farbsorten als auch Mischungen. Die farbenfreudigen Godetien werden gern als Beet- oder Einfassungspflanzen verwendet. Besonders gut wirken sie in geschlossenen Pflanzungen.

- März – Mai an Ort und Stelle
- oder Vorkultur unter Glas bei 16 °C
- 8 – 12 Tage
- 25 – 40 cm

Clarkia unguiculata
Mandelröschen

In seiner kalifornischen Heimat wird dieses Nachtschattengewächs bis zu 60 cm hoch. Die Blüten sitzen einzeln in den Blattachseln und gehen am Ende der Äste in eine endständige Traube über. Die Farbskala umfasst in erster Linie rote bis purpurfarbene Töne. Die angebotenen Sorten blühen durchweg gefüllt (z. B. 'Mischung Gefüllter') und umfassen ein reichhaltiges Farbenspektrum. Vielfach sind sie aus Kreuzungen zwischen *C. pulchella* und *C. unguiculata* hervorgegangen. Die Sommerfuchsie ist vor allem als dankbare Schnittblume beliebt. Für Schnittzwecke sollte man die Sommerblume in Reihen aussäen. Die Ernte erfolgt, wenn sich die unteren Blüten am Stiel geöffnet haben. In bunten Sommerblumenpflanzungen wirken Clarkien ebenfalls gut.

Cleome spinosa Dornige Spinnenpflanze

- März–April unter Glas, 18 °C
- 14–20 Tage
- 40–50 cm

Die Blüten sind lang gestielt in reich blütigen Trauben angeordnet, die sich im Laufe ihrer Entwicklung verlängern. Auffallend und eigenartig wirken die sechs langen Staubblätter jeder Einzelblüte. Sie sind Spinnenbeinen ähnlich und haben zum deutschen Namen dieser Pflanze geführt. Cleomen pflanzt man am besten in Gruppen zu nur wenigen Einzelpflanzen in den Rasen, vor Baulichkeiten, Abgrenzungen oder in niedrig gehaltenen Sommerblumenbeeten. Im Handel sind weiß, dunkelviolett, karminrosa und hellrosa blühende Sorten. Daneben werden Farbmischungen angeboten, die besonders zu empfehlen sind.

▲ Die Spinnenpflanze ist eine der eindrucksvollsten Sommerblumen. Wo sie steht, überragt sie mit ihren 1,5 m Höhe viele Nachbarn und bietet mit den spinnenähnlichen Blüten einen prächtigen Anblick.

Cobaea scandens Glockenrebe

- März–April unter Glas, 18 °C
- Direktsaat mit 3–5 Samen je 11-cm-Topf
- oder 3 Pflanzen je Topf pikieren
- 16–20 Tage
- 60–100 cm

Der aus Mexiko stammende Strauch wird bei uns einjährig als Kletterpflanze angebaut. Der raschwüchsige Kletterer bewächst Pergolen oder ähnliches Gitterwerk ebenso wie Mauern oder Wände. Die zwei- bis vierpaarig gefiederten Blätter laufen in eine Wickelranke aus, die durch Umwandlung von Fiederblättchen entstanden ist. Die großen, glockenartigen Blüten sind langgestielt und violett gefärbt. Im Handel sind Auslesen der botanischen Form, darunter auch eine weißblühende Varietät.

Consolida

- März–April unter Glas, 12–15 °C
- an Ort und Stelle ab Mitte April
- 18–25 Tage
- 20–30 cm

Consolida ajacis (Syn. *Delphinium ajacis*) Garten-Rittersporn, Sommer-Rittersporn

Neben 50 cm hohen Sortengruppen mit eintriebigen und hyazinthenähnlichen Blütenständen werden auch hohe, verzweigte Sorten von mehr als 100 cm Wuchshöhe angeboten, neben Farbsorten auch Mischungen. Das Farbspiel bewegt sich von Weiß über Rosa, Rot bis zu hell- und dunkelblauen Tönen.

Consolida regalis (Syn. *Delphinium consolida*) Acker-Rittersporn

Der in Europa und Kleinasien weit verbreitete Acker-Rittersporn wird 30 bis 50 cm, in Gartenformen bis 120 cm hoch. Die Art selbst blüht violett, im Handel sind daneben Sorten mit hellblauen, rosa, roten oder weißen Blüten, neben einfachen auch gefüllt blühende Sorten. Es werden unterschiedliche Farbmischungen angeboten. Beide Ritterspornarten haben sich bestens als Beetpflanzen bewährt. Prächtig wirken Bepflanzungen größerer Flächen mit nur einer Farbsorte der niedrigeren Gruppe. Die höher werdenden Sorten sind sehr gut als Schnittblumen geeignet.

◀ Der Garten-Rittersporn besitzt einen vielblütigen Blütenstand mit kurz gestielten, dünn bespornten Blüten. Die Fruchtstände eignen sich hervorragend zum Trocknen.

▶ Das Mädchenauge setzt rotbraune oder braune Farbtupfer ins Blumenbeet. Leider hält das einjährige Mädchenauge nicht den ganzen Sommer durch, sodass man im Spätsommer oder Herbst andere Blumen pflanzen muss.

Coreopsis tinctoria Färber-Mädchenauge

- März/April unter Glas, 10–15 °C
- an Ort und Stelle Ende April

- 10–16 Tage

- 20–30 cm

Das in Nordamerika heimische, buschig wachsende Mädchenauge trägt langgestielte Blumen mit zungenförmigen Rand- und röhrigen Scheibenblüten in gelben und rotbraunen bis braunen Farbnuancen. Die Wuchshöhe schwankt zwischen 30 und 100 cm. Das Mädchenauge eignet sich für bunte Pflanzungen besonders gut. Die Haltbarkeit als Schnittblume ist sehr gut.

Cosmos bipinnatus Fiederblättriges Schmuckkörbchen

- März–Mai unter Glas, 18 °C
- Direktsaat mit 2–3 Samen je 8-cm-Topf
- ab Mai an Ort und Stelle

- 10–18 Tage

- 35–40 cm

Diese in Mexiko heimische, 80 bis 120 cm hoch werdende Pflanze trägt doppeltfiederschnittige, fadenartig wirkende Blätter. Die Stammform blüht rosenrot, Kulturformen gibt es in Rosa, Rot oder Weiß. Manche dieser Sorten tragen einen zonenartigen, dunklen Ring. Einige sind halb gefüllt. In der Regel bietet der Samenhandel Farbmischungen an. 'Frühwunder' ist extra früh, 'Sensation' blüht etwas später, ist aber besonders großblumig. Kosmeen sind in erster Linie Schnittblumen. Die Scheibenblüten sollten zum Schnittzeitpunkt noch nicht geöffnet sein. Auf bunten Sommerblumenbeeten pflanzt man Kosmeen einzeln oder in Gruppen.

Cucurbita pepo var. *ovifera* Zierkürbis

Als Zierkürbisse werden die Früchte dieser Varietät unseres Gartenkürbis gern angebaut. Besonders bei Kindern sind diese schnellwüchsigen, farbenfrohen und formenreichen Einjahrsgewächse sehr beliebt. Die harten Fruchtkörper sind ungenießbar. In den Gärten sind die vielfältigsten Formen zu finden, die kugelig, birnen- oder löffelartig, glatt oder warzig, gelb, grün oder zweifarbig sein können. Ihr Durchmesser beträgt 4 bis über 20 cm. Man kann mit Zierkürbissen große Beet- und Böschungsflächen abdecken. Auch Ecken mit allerlei Gerätschaften sowie Erdlager lassen sich schnell durch entsprechende Pflanzungen verdecken. An Mauern, Gerüsten, Pergolen und an frei stehenden Pyramidengerüsten kann man die Pflanzen klettern lassen. Nach Abschluss der Vegetation erfreuen uns die Zierkürbisse noch als exotisch anmutender Schalenschmuck.

- Mitte/Ende April unter Glas mit je 2–3 Samenkörnern in Töpfe
- im Mai an Ort und Stelle mit 3–4 Samen je Saatstelle

- 10–14 Tage

- 50–70 cm

▼ Zierkürbisse machen wegen ihrer vielfältigen Formen nicht nur Kindern Spaß.

Dahlia-Cultivars Dahlie, Georgine

Hier soll von den niedrig wachsenden „einjährigen Dahlien" die Rede sein, die jährlich neu aus Samen angezogen werden. Bei dieser Sortengruppe handelt es sich um niedrige, 25 bis 40 cm hoch werdende, kompakt wachsende Pflanzen mit kleinem Laub und einer früh einsetzenden, lang anhaltenden reichen Blüte. Das breite

- Februar – April unter Glas, 18 °C
- direkt in Töpfe mit 2 – 3 Samen
- später direkt in 9- bis 12-cm-Töpfe pikieren
- 7 – 14 Tage
- 30 – 40 cm

Sortiment der niedrigen Dahlien ermöglicht die vielfältigste Verwendung auf Sommerblumenbeeten, aber auch für die Gefäßbepflanzung. Für kleine Vasen sind diese Dahlien als Schnittblumen bedingt geeignet. Die Sorten unterscheiden sich nicht nur hinsichtlich der Größe, sondern durch die Anzahl und Form der prächtig gefärbten Zungenblütenkronen. Im Handel sind einfache, halbgefüllte oder gefüllte Typen in vielen Farben. Als Sorten zu empfehlen sind u. a. 'Gartenfreude', eine niedrige Mischung, halb gefüllter, farbstarker Blumen; 'Rigoletto', eine bewährte, halb gefüllte Mischung; 'Mignon', niedrigste Zwerge, besonders reich blühend und 'Figaro Mischung', halb gefüllt.

Dianthus
Nelke

Dianthus barbatus
Bart-Nelke

- April – Juli unter Glas, 16 °C
- auf Anzuchtbeete im Freiland
- Auspflanzen ab Mitte Juli, spätestens bis Mitte August
- 8 – 14 Tage
- 20 – 30 cm

Die Bartnelke ist eine kurzlebige Staude, die bei uns zweijährig gezogen wird. Die farbenreichen und duftenden Blüten sitzen in dichten, kopfigen Büscheln auf bis zu 50 cm hohen Stielen. Das Sortiment umfasst einfach- und gefüllt blühende Sorten, die als Einzelfarben oder in Mischungen angeboten werden. Neben Weiß enthält das Sortiment vor allem rosa, rote und purpurfarbene Töne. Bartnelken sind nicht nur hübsche Beetpflanzen, sondern mit ihren kräftigen Stielen auch haltbare Schnittblumen. Die Sorten 'Indianerteppich' und 'Rondo Mixture' werden nur 20 bis 25 cm hoch und sind ideal für niedrige Einfassungen. Seit neuestem gibt es auch eine Sorte 'Bodestolz', die einjährig gezogen wird. Sie blüht von Juli bis September.

◀ Die Garten-Nelke wird wegen ihres feinen Dufts gerne angebaut.

Dianthus caryophyllus
Garten- und Land-Nelke

- unter Glas im Februar – März, 18 °C
- am besten direkt in 7- bis 8 cm Töpfe pikieren
- 8 – 14 Tage
- 20 – 30 cm

Die Garten-Nelke ist mehrjährig, wird in der Regel aber einjährig gezogen. An der Entstehung des umfangreichen Formenkreises der Garten-Nelken dürften neben *D. caryophyllus* weitere Arten beteiligt gewesen sein. Seit Jahrzehnten bekannt sind die Chabaud-Nelken, deren 50 cm langen, starken Stiele fast zu 100 % gefüllte und große Blüten tragen. Die in weißen, gelben, rosafarbenen und roten Farbtönen bekannten Nelken sind geschätzte Schnittblumen. Für den Garten als Schnittblume ist die Sorte 'Riesen Chabaud Prachtmischung' besonders zu empfehlen. Ein interessantes Farbenspiel zeigt die Sorte 'Benarys Spezialzucht Mustermischung'. Zweijährig gezogen wird die Land-Nelke 'Floristan', von der neben einer Mischung auch Einzelfarben im Handel sind. Die großen Blüten stehen auf langen, geraden, kräftigen Stielen.

Dianthus chinensis
Chinenser-Nelke, Kaiser-Nelke

- Februar – April unter Glas, 18 – 20 °C
- Direktsaat mit 2 – 3 Samen je 9-cm-Topf.
- 8 – 14 Tage
- 20 – 25 cm

Diese in China heimische Nelkenart ist zwei- bis mehrjährig, wird aber einjährig angebaut. Die Wuchshöhe beträgt 20 bis 40 cm. Charakteristisch für die Blüten sind die gezähnten oder geschlitzten Kronblätter. Die Züchtung ließ ein vielfältiges Sortiment entstehen, darunter auch F_1-Hybriden. Die Blüten duften zwar nicht, aber dafür entschädigen die buschig-verzweigten, früh und reich blühenden Farbsorten und Mischungen mit den bis zu 6 cm großen Blüten in einem reichen Farbenspiel. Neben reinen Farben sind insbesondere Blüten mit weißem Saum besonders beliebt. Die einfach oder gefüllt blühenden Gartenformen werden 15 bis 30 cm hoch und lassen somit vielfältige Anwendungsmöglichkeiten als Sommerblumen zu. 'Gefüllte Mischung', ist eine Sorte, die 40 cm hoch wird und sich besonders für den Schnitt eignet. Die Sortengruppe 'Telstar' und 'Princess' wird 25 bis 30 cm, 'Charm' 20 cm und 'Parfait' nur 15 cm hoch.

Dimorphoteca sinuata
Buschiges Kapkörbchen

- März – April unter Glas, 15 °C
- Direktsaat mit 4 – 5 Samen je 8-cm-Topf
- ab Anfang April breitwürfig an Ort und Stelle

- 8 – 12 Tage

- 15 – 25 cm

Die in Südafrika heimische Pflanze wird 30 bis 40 cm hoch und blüht orangegelb, wobei die Zungenblütenkronen am Grunde häufig violett gefärbt sind. Das heutige Sortiment scheint aus Kreuzung obiger Art mit *D. pluvialis* hervorgegangen zu sein. Dadurch ist das Farbenspiel noch reichhaltiger geworden. Die Sorten, die unseren *Gerbera*-Blumen ähneln, blühen weiß, gelblich und in orangefarbenen Tönen.
Die 30 cm hoch werdende Sorte 'Sommermode' enthält reizvolle Pastellschattierungen in Orange, Gelb, Lachs und Weiß.
Die Kapringelblume eignet sich vorzüglich als Beetpflanze. Besonders schön wirken Beete oder breite Einfassungsstreifen, die mit nur einer Sorte bepflanzt werden. Zu beachten ist, dass sich die Blüten nur bei Sonnenschein öffnen. Darüber hinaus ist die Pflanze auch eine interessante Schnittblume.

Dorotheanthus bellidiformis
Garten-Mittagsblume

- März – April unter Glas, 18 °C
- Direktsaat mit 4 – 5 Samen je 8-cm-Topf
- ab Anfang

- 14 – 20 Tage

- 20 – 25 cm

Die kleinen, 10 cm hohen, verzweigten Pflanzen erfreuen sich großer Beliebtheit, denn diese Sommerblume bietet uns die Möglichkeit, auch trockenste Standorte erfolgreich zu bepflanzen. Dort, wo die Mehrzahl der anderen Arten versagt, findet dieses Gewächs seine günstigsten Bedingungen. Größere, einheitliche Bepflanzungen sind besonders wirkungsvoll. Sehr vorteilhafte Wirkungen ergeben breite Einfassungen beiderseits eines Wegabschnittes, die Bepflanzung trockener Böschungen oder Gestaltungen in Verbindung mit Steinen. Die Farbskala der Blüten umfasst beinahe alle Töne, dabei sind sie innerhalb einer Blüte zonenartig abgestuft. Bei trübem Wetter und nachts sind die Blüten geschlossen. Wenn man die Samenkapseln nach dem Abblühen regelmäßig absammelt, fördert man die Neubildung von Blüten und einen lang anhaltenden Flor.

Eschscholzia californica
Kalifornischer Kappenmohn, Schlafmützchen

- an Ort und Stelle im März – Mai oder im September
- später auf 20 – 30 cm vereinzeln

- 8 – 14 Tage

- 20 – 25 cm

Diese eigentlich ausdauernde, bei uns einjährig angebaute Art ist in den Küstengebieten von Kalifornien und Oregon beheimatet; sie wird bis 60 cm hoch, wächst buschig und bildet lange Pfahlwurzeln. Schon die Laubblätter allein schmücken durch ihre Feinfiedrigkeit und die blaugrüne Farbe. Die lang gestielten, gelben Einzelblüten sind bis 8 cm breit und schalenförmig. Sie öffnen sich nur bei sonnigem Wetter. Man muss darauf achten, dass fruchtende Bestände durch Selbstaussaat nicht zum Unkraut werden.
Da der Goldmohn eine Pfahlwurzel ausbildet, lässt er sich schlecht verpflanzen. Dieser Mohn ist an seinen grünen Teilen, im Gegensatz zum echtem Mohn, nicht behaart.

► Mit der trockenheitsverträglichen Mittagsblume kann man sehr trockene Böschungen oder Steingärten bepflanzen.

◄ Auf Beeten in größeren Gruppen angepflanzt wirkt das Schlafmützchen besonders apart. Hier die Sorte 'Inferno'.

Euphorbia marginata Schnee auf dem Berge

▮ März – Mai unter Glas, 18 °C
▮ an Ort und Stelle im Mai
▮ 7 – 12 Tage
▮ 40 – 60 cm

Wie eine Schneewolke ordnen sich die weißgeränderten Blätter dieser Euphorbie über den Pflanzen. Eigentlich sind das, was wir zu sehen bekommen, die Hochblätter, die die unscheinbaren Blüten umgeben. Dieses Wolfsmilchgewächs baut sich mit unzähligen Seitentrieben zu bis zu 80 cm hohen Büschen auf. Im Handel einige Sorten, so 'Bergschnee', 'Eiszapfen' und 'Sommerschnee', die sich nur unwesentlich voneinander unterscheiden. Am wirkungsvollsten kommt diese Pflanze in Verbindung mit anderen, vor allem dunkellaubigen Blattpflanzen zur Geltung. Auch in Einzelgruppen sind sie eine aparte Erscheinung. Die Pflanzen werden auch gerne als Dekorationsmaterial in der Binderei verwendet. Als Euphorbie scheidet sie einen Milchsaft aus, der Allergien verursachen kann. Deshalb sollte man bei der Arbeit Handschuhe tragen.

Gaillardia pulchella und *Gaillardia*-Cultivars Kokardenblume

▮ März – April unter Glas, 16 °C
▮ an Ort und Stelle ab Mitte Mai
▮ 14 – 18 Tage
▮ 30 cm

Die Kokardenblume ist eine weit verbreitete Sommerblume und eignet sich als Beetpflanze und Schnittblume. Die Blumen stehen einzeln und sind der Gesamthöhe entsprechend mehr oder weniger lang gestielt. Die Zungenblüten sind gelb und rotbraun, die Mittelscheibe der ungefüllten Sorten ist anfangs orange, später dunkelbraun. Im Handel meist nur gefüllte Mischungen, die etwa 50 cm hoch werden. Man pflanzt die Kokardenblume gern in farbige Sommerblumenrabatten, deren Buntheit sie noch wesentlich steigert. Ebenso farbenfreudig sind Sträuße.

Gazania-Cultivars Gazanie

▶ Gazanien sind richtige Sonnenanbeter. Nachts und bei wenig Licht sind sie geschlossen.

▮ Februar – April unter Glas, 20 °C
▮ 14 – 20 Tage
▮ 30 cm

Die Gazanien sind ausdauernde, 25 bis 45 cm hoch wachsende Pflanzen, die bei uns in der Regel einjährig angebaut werden. Aus einer grundständigen, bei den Sorten in der Regel silberweißen Blattrosette erheben sich die auf langen Stielen sitzenden, gelben, orangefarbenen oder weißen Blüten mit einem Kranz unfruchtbarer Zungenblütenkronen und der fruchtbaren Mittelscheibe. Unter den *Gazania*-Hybriden werden heute die aus einer Vielzahl von Kreuzungen verschiedener Arten entstandenen Sorten zusammengefasst. In den letzten Jahren sind Gazanien zu geschätzten Sommerblumen geworden. Bei trübem Wetter und abends bleiben die Blüten geschlossen. Die herrlichen Farben und die monatelange Blühdauer gleichen aber diese kleine „Schwäche" mehr als aus.
Man pflanzt sie sowohl auf Beete oder in Gruppen für sich als auch zusammen mit anderen Sommerblumen. Als Schnittblumen sind Gazanien bis zu einer Woche haltbar. Meist werden im Samenhandel Mischungen verschiedenen Farbtöne angeboten, jedoch gibt es auch Farbsorten, darunter F_1-Hybriden. Zu empfehlen sind die etwa 20 cm hoch werdenden Sortengruppen 'Mini-Star', 'Talent' und 'Daybreak'.

Gomphrena globosa Kugelamaranth

▮ März – Mai unter Glas, 18 °C
▮ 12 – 14 Tage
▮ 15 – 20 cm

Der Kugelamarant trägt kugelrunde bis eiförmige Blütenköpfchen auf end- oder achselständigen Blütenstielen. Während die niedrigen Formen als Beetpflanze hübsch und empfehlenswert sind, verwendet man die 30 cm hohen Sorten gern zum Schnitt, bevorzugt als Trockenblumen. Die Blüten müssen dabei zum Schnittzeitpunkt voll entwickelt sein. Getrocknet werden die aufgehängten Bündel an luftigen

Stellen, der Erhaltung der Farbe wegen sonnengeschützt. Die Sorten 'Buddy Weiß' und 'Buddy Purpur' bilden 15 cm hohe, kompakte, kugelige Büsche; 'Orange' ist großblumig und langstielig und die 30 cm hohe 'Leuchtfunk' ist besonders für den Schnitt geeignet.

Gypsophila elegans
Sommer-Schleierkraut

- März – Mai an Ort und Stelle
- später auf 20 – 25 cm
- 14 – 20 Tage
- 20 – 25 cm

Das Schleierkraut trägt seine unzähligen kleinen, bei der Art weißen Blüten in rispigen Blütenständen vereinigt, die wie ein Blütenschleier wirken und dieser Pflanze den deutschen Namen gaben. In bunte Pflanzungen eingestreut oder gruppenweise in Verbindung mit Steinen und Trockenmauern gepflanzt ergeben sie ein hübsches Bild. Geschnitten dient das Schleierkraut zur Auflockerung bunter Sträuße. Die meisten angebotenen Sorten blühen weiß, aber auch Rot und Rosa umfasst das Sortiment.

Helianthus annuus
Gewöhnliche Sonnenblume

- April – Mai an Ort und Stelle
- im Abstand von 40 – 70 cm je Saatstelle 2 – 4 Samen auslegen
- in Töpfe säen mit je 2 Korn nach dem Aufgehen nur den kräftigsten Sämling stehen lassen
- 10 – 14 Tage
- 30 – 50 cm

Die Sonnenblume ist die Sommerblume mit dem größten Blütendurchmesser von 20 bis 50 cm; so groß wird keine andere Sommerblume. In Einzelstellung, Gruppen und geschlossenen Pflanzungen ergeben sich vielseitige Gestaltungsmöglichkeiten. Heimisch ist die Sonnenblume im warmen Nordamerika. Schon Ende des 16. Jahrhunderts kam sie nach Europa. Die zahlreichen Sorten unterscheiden sich in der Höhe, die von 50 bis 300 cm reicht, der Größe und Farbe der Blumen. Neben unverzweigten Sorten gibt es in der Zwischenzeit auch verzweigte Formen im Handel.

Hohe Sorten über 150 cm

- 'Abendsonne', 175 cm, mehrtriebig, rotbraune Blütenblätter, sehr wüchsig, für Sichtschutz
- 'Eversun', 175 cm, starker Stiel, goldgelbe Blütenblätter, dunkelbraune Blütenmitte
- 'Golden Hedge', 160 cm, Hecken-Sonnenblume, mehrblütig, verzweigt, gelbe Blütenblätter, für Blütenhecken als auch für den Vasenschnitt
- 'Hohe Riesen', 200 cm, stark- und schnellwachsende, großblumige Riesensonnenblume
- 'Hohe Sonnengold', 150 cm, gefüllt, eintriebig, unter den Pflanzen teilweise auch einfache und halbgefüllte Blumen
- 'King Kong', Riesen-Sonnenblume, wird bei guter Wasser- und Düngeversorgung bis 450 cm hoch, Blütendurchmesser bis zu 40 cm
- 'Snack', 200 cm, bietet Sichtschutz, riesengroße, goldgelbe Blüten, die großen, zarten Kerne (Samen) mit dünner Schale können roh oder leicht geröstet genascht werden
- Sunrich-Serie, 170 cm, 'Sunrich Gold', goldgelb; 'Sunrich Orange', orange, 'Sunrich Lemon', zitronengelb

Halbhohe Sorten 80 bis 150 cm

- 'Claret', 130 cm, mehrstielig, ungewöhnlich samtig dunkelrot, Blütendurchmesser 15 - 20 cm
- 'Domino', 120 cm, unverzweigt mit tellergroßen, gelben Blüten mit schwarzer Scheibe
- 'Florenza', 120 cm, verzweigt, attraktive Sonnenblume mit klar gekennzeichnetem, rotbraunem Ring, Durchmesser 12 cm
- 'Piccolo', 140 cm, verzweigt, einfache, mittelgroße, goldgelbe Blüten mit dunkelbraunen Blütenscheiben, Durchmesser 10-12 cm
- 'Premiere Lemon', 90 cm, zitronengelb mit dunkler Mitte, wenig verzweigt
- 'Ring of Fire', 110 cm, verzweigt, interessante Farbkombination von feurig goldgelben und rotbraun gefärbte Blütenblättern, die einen lebhaften, nicht klar abgegrenzten Ring um die dunkle Mitte bilden
- 'Samtkönigin', 150 cm, vieltriebig, samtrote Blüten
- 'Sonja', 100 cm, goldorange Blumen von 10 cm Durchmesser auf 60-80 cm langen Seitentrieben
- 'Starburst Aura', 150 cm, verzweigt, attraktive strahlenförmige, goldgelbe Blütenblätter
- 'Velvet Queen', 150 cm, verzweigt, dunkelrote Blüten, lange Blütezeit
- 'Waooh', 90 cm, verzweigt, gelb, blüht über einen längeren Zeitraum, gut für Vasenschnitt

Prima Vogelfutter
Blätter und Stängel der Sonnenblume sind sehr eiweißreich. Die Grünmasse wird deshalb gerne in der Kleintierhaltung verfüttert. Die Samen sind ein hervorragendes Vogelfutter.

TIPP
Schon bei der Aussaat daran denken, dass Sonnenblumen starke Nährstoffzehrer sind. Mit ihrem kräftigen Wurzelwerk greifen sie nach allen Seiten und treten in Konkurrenz zu ihren Nachbarn.

▲ Sonnenblumen sehen im Garten und in der Vase sehr dekorativ aus.

Niedrige Sorten unter 80 cm

- 'Ballad', 75 cm, einstielig, goldgelb mit dunkler Mitte
- 'Big Smile', 40 cm, einstielig, gelb mit orange-brauner Mitte
- Gelber Knirps, 50 cm, goldgelb, dicht gefüllt, gut verzweigend
- 'Junior', 60 cm, verzweigend, gelb mit dunkler Mitte
- 'Merida Picolor', 40 cm, gelbe Blütenblätter mit rotem Ring, ideal für kleine Blumensträuße
- 'Musicbox', 80 cm, Mischung von hellgelb, goldgelb und braunen Farbtönen.
- 'Pacino', 40 cm, strahlend gelbe Petalen um kleine Mitte, lange Blütezeit durch verzweigten Wuchs
- 'Sunspot', 40 cm, goldgelbe Riesenblüten mit gelbem Herzen
- 'Teddybär', 40 cm, goldgelbe, dicht gefüllte Blütenbälle

Helichrysum bracteatum (Xerochrysum bracteatum) Strohblume, Garten-Strohblume

- März – April unter Glas, 18 °C
- Direktsaat mit 2 – 3 Samen je 8-cm-Topf
- 14 – 18 Tage
- 25 – 30 cm

Die Heimat dieser einjährig angebauten Staude mit verzweigtem Wuchs und klebrigen Blättern ist Australien. Die Blumen sitzen einzeln auf langen Stielen. Sie ist wohl die bekannteste Trockenblume. Zur Zeit der Vollblüte werden die zahlreichen Blütenkronen immer trockenhäutiger und strohiger. Neben 60 bis 80 cm hohen Sorten und Mischungen haben die niedrigen, dicht verzweigten Beetsorten an Bedeutung gewonnen. Die reiche Farbpalette des Sortiments umfasst weiße, gelbe, rosa- und lachsfarbene, rote und purpurviolette Töne von teilweise außerordentlich hoher Leuchtkraft. Als Trockenblume muss sie vor der Vollblüte rechtzeitig geschnitten und in Bündeln in schattigen, trockenen und luftigen Räumen mit den Köpfen nach unten aufgehängt werden. Zu weit aufgeblühte Blumen fallen beim Trocknen aus. Strohblumen können aber auch im frischen Zustand als Schnittblumen verwendet werden. Für den Schnitt bietet der Samenhandel 80 cm hohe Prachtmischungen an. Man kann aber auch Einzelfarben erhalten.

Iberis Schleifenblume

Iberis amara Bittere Schleifenblume

- März – April unter Glas, 18 °C
- oder an Ort und Stelle,
- im September für die Blüte im darauffolgenden Mai
- 10 – 14 Tage
- 20 – 25 cm

In gemischten Pflanzungen, auch zwischen Rosen und Stauden, aber auch für Einfassungen, Beetstreifen oder größere Flächen sind die Schleifenblumen bestens geeignet. Der Imker schätzt die einjährigen *Iberis* als gute Bienenweide.
Die Bittere Schleifenblume zeichnet sich durch duftende, weiße Blüten aus, die in einer sich während der Blüte verlängernden Traube sitzen. Die bekannteste Sorte ist 'Eisberg', 35 cm hoch, mit weißen, hyazinthenartigen Blütenständen, die auch zum Schnitt verwendet werden können.

Iberis umbellata Doldige Schleifenblume

Die Doldige Schleifenblume ähnelt der vorigen Art. Die Farbabstufungen der Blüten reichen von Weiß über Rosa bis Purpur. Die schirmförmigen Doldentrauben verlängern sich im Gegensatz zur vorigen Art nicht. Die 20 bis 30 cm hohen Sortengruppen enthalten Einzelfarben und Mischungen in weißen, rosa, roten, purpurfarbenen und violetten Tönen. Die Sorte 'Feen-Mischung' wird nur 25 cm hoch und eignet sich besonders gut für Einfassungen.

TIPP

Wenn man die *Iberis* nach der ersten Blüte zurückschneidet und kräftig düngt, treiben die Pflanzen erneut durch und blühen bis zum Spätsommer.

Impatiens Springkraut

Impatiens balsamina Garten-Springkraut

- März – April unter Glas, 18 – 20 °C
- 16 – 20 Tage
- 30 – 35 cm

Typisch für die Gattung *Impatiens* sind die meist saftigfleischigen und durchscheinenden Stängelteile der Pflanzen, die Umwandlung eines Kelchblattes zu einem Sporn und das Wegschleudern des Samens beim Aufspringen der Kapseln. *Impatiens balsamina* ist eine interessante Solitärpflanze, mit der man in Gruppen gepflanzt, aber auch einzeln stehend, eine gute Wirkung erzielt.
Sie wird bis 70 cm hoch und besitzt fleischige, knotig gegliederte Stängel, die verzweigt und oft rötlich überlaufen sind. Die kurzgestielten, großen Blüten erscheinen entlang der Stängel aus den Blattachseln.

▶ Das Garten-Springkraut ist eine alte Gartenpflanze, die bereits vor 400 Jahren durch die Portugiesen nach Europa eingeführt worden sein soll.

◀ Prunkwinden sind ein hervorragender, schnell wachsender Sichtschutz.

Dadurch wirken die Stiele wie mit Blättern durchsetzte, ährige Blütenstände.
Die Garten-Balsamine blüht weiß, gelb, purpurfarben, violett und blau. Die Einzelblüten können ein- oder mehrfarbig, einfach oder gefüllt sein. Für den Garten zu empfehlen sind Mischungen, z. B. 'Rosen-Mischung', gefüllt in vielen Farben.

Impatiens glandulifera
Drüsiges Springkraut

- Herbst oder März – April an Ort und Stelle
- weitläufig säen, bei zu dichtem Stand auf 50 – 80 cm vereinzeln
- 16 – 20 Tage

Eine schnellwüchsige Einjahresblume, die in einigen Wochen 100 bis 200 cm hoch wird. Sie trägt dicke, knotig gegliederte, verzweigte Stängel und 10 bis 15 cm lange Blätter. Die großen, purpur- oder weinroten, angenehm duftenden Einzelblüten sind in langgestielten, traubigen Ständen vereinigt. Im Samenhandel meist Auslesen der Art mit lachsrosafarbenen Blüten. *I. glandulifera* ist eine interessante Solitärpflanze, mit der man in Sommerblumenbeeten in Gruppen gepflanzt, aber auch einzeln stehend, eine gute Wirkung erzielt

Ipomoea
Prunkwinde

Vier Arten der Prunkwinde sind bei uns als einjährige Kletterpflanzen gebräuchlich: *Ipomoea hederacea*, *I. nil*, Blaue Prunkwinde; *I. purpurea*, Purpur-Prunkwinde und *I. tricolor*, Himmelblaue Prunkwinde. Diese Prunkwinden entfalten große Trichterblüten in leuchtenden Farbtönen. Sie winden bis 3 m hoch und gehören mit zu den schönsten Schlingpflanzen. Man verwendet sie zur schnellen Begrünung von Baulichkeiten, Pergolen, Zäunen oder Pyramidengerüsten. Allerdings brauchen sie sehr viel Wärme, sodass sie sich in kühleren Sommern nicht so gut entwickeln können. Es sind Gartenformen mit violetten, purpurfarbenen, rosa, blauen, weißen und gestreiften Blüten bekannt. Schnell ergeben die Pflanzungen einen lebenden Sichtschutz oder einfach eine Abgrenzung.

- März–April unter Glas, 18 °C
- Blaue Prunkwinde Ende April / Anfang Mai an Ort und Stelle
- jeweils 3 – 5 Samen direkt in Töpfe
- 14 – 16 Tage
- 10 – 50 cm

Ipomoea lobata (Syn. *Quamoclit lobata*)
Prunkwinde, Sternwinde

Typisch für das aus dem tropischen Amerika stammende Windengewächs sind die dreilappigen, am Grund herzförmigen Blätter. Die Attraktion sind die in gegabelten, bis 40 cm langen, einseitswendigen Wickeln erscheinenden Blüten. Die Knospen sind intensiv rot, vor dem Aufblühen orangefarben und nach dem Öffnen gelblich weiß. Die gelben, leicht gebogenen Staubblätter überragen die Blütenkrone in doppelter Länge. Es sind dekorative Schlinger für Pergolen, Spaliere oder Pyramidengerüste. Ein warmer, sonniger Standort ist Bedingung für gutes Wachstum.

- März – April unter Glas, 20 °C
- Direktsaat mit 3 – 5 Samen je 10 cm Topf
- 16 – 20 Tage
- 60 – 80 cm

Lagenaria siceraria
Flaschenkürbis, Kalebasse

- März unter Glas, 22–24 °C, direkt in 9-cm-Töpfe mit 2 Samen, nach dem Auflaufen nur die kräftigste Pflanze stehen lassen
- 8–12 Tage
- 60–100 cm

Die Kultur dieses interessanten, windenden Gewächses ist nicht ganz einfach. Im Freien braucht der Flaschenkürbis einen sehr warmen und völlig windgeschützten Platz. Dann nicht vor Anfang Juni auspflanzen. Die Früchte können ganz verschieden geformt sein: birnenförmig, zylindrisch oder flaschenförmig. Die Früchte sind anfangs meist behaart, zart und empfindlich. Später werden sie glatt und hart und nehmen eine gelbliche bis braune, oft marmorierte Färbung an. Gut ausgereift sind sie praktisch unbegrenzt haltbar. In den Ursprungsregionen werden die Früchte zu Flaschen (Kalebassen), Schnupftabakdosen oder anderen nützlichen Gefäßen verarbeitet und aufwändig verziert.

◀ Der Flaschenkürbis braucht sehr viel Wärme. Er wird deshalb hierzulande meistens im Gewächshaus kultiviert.

Lathyrus odoratus
Duft-Wicke

- April–Mai in Reihen an Ort und Stelle
- 14 Tage
- in der Reihe 8–15 cm

Duftwicken sind einjährige, bis 250 cm hoch kletternde Pflanzen, die reich verzweigten Triebe sind kantig und geflügelt. Die eigentliche Attraktion sind die relativ großen, stark duftenden Schmetterlingsblüten. Im Garten verwendet man die Wicke gern zur Bekleidung von Zäunen und sonstigen Baulichkeiten oder für Pyramidengerüste in bunten Sommerblumenbeeten. Darüber hinaus ist die Duftwicke eine hübsche Schnittblume. Es gibt eine Vielzahl von Sortengruppen im Handel. Dabei wird zwischen Freilandanbau und Unterglasanbau unterschieden. Die als Blütenstiele verwendeten Seitentriebe können bei einigen Typen bis 30 cm lang werden und 6 bis 8 Einzelblüten tragen. Die bis 7 cm großen Blüten sind manchmal gewellt und erscheinen in einem breiten Farbenbereich. Für den Garten ist die Sorte 'Cuthbertson Floribunda', eine Mischung vieler Farben, besonders zu empfehlen. 'Knee Hi Mischung' ist eine nur 60 cm hoch werdende Gartenform, die auch ohne Rankgerüst gezogen werden kann. Sie ist besonders für Balkonkästen zu empfehlen. 'Little Sweetheart' ('Kleiner Liebling') ist eine Mischung unterschiedlicher Farbtöne und wird nur 20 cm hoch.

TIPP

Da bei Wicken schon im Knospenzustand eine Selbstbestäubung erfolgt, setzen sie sehr schnell Früchte an. Bei stärkerem Fruchtansatz lässt die weitere Blüte rasch nach. Deshalb ist für einen anhaltenden Flor das Entfernen abgeblühter Stiele besonders wichtig.

Lavatera trimestris
Garten-Strauchpappel, Becher-Malve

- April–Juni an Ort und Stelle, später auf 50–60 cm vereinzeln
- 7–14 Tage

Die bis 60 cm hohe Art aus Kalifornien fällt besonders durch die etwa 4 cm breiten Blumen auf, deren Zungenblütenkronen bei der Art goldgelb sind und hellgefärbte Spitzen tragen. Charakteristisch sind darüber hinaus die weich- oder rauhaarigen Pflanzenteile. Empfehlenswerte Sorten sind 'Mont Blanc', reinweiß; 'Silver-cup', rosa mit zarter Aderung, besonders großblumig, 'Rubi Regis', rosa mit intensiv roter Aderung.

▼ Die Becher-Malve wirkt am besten, wenn sie in größeren Gruppen gesät wird.

Limonium
Strandflieder, Meerlavendel

März – April unter Glas, 18 °C

10 – 24 Tage

25 – 30 cm

Die nachfolgenden zwei *Limonium*-Arten sind wertvolle Trockenblumen, können aber auch im frischen Zustand als Schnittblumen verwendet werden. Auf Sommerblumenbeeten wirken diese Arten am besten in frei stehenden Gruppen.

Limonium bonduellei
Die Blütenstände sind aufsteigend verzweigt, in den oberen Teilen geflügelt. Der Kelchsaum ist zitronengelb, die Kronblätter gelblich.

Limonium sinuatum
Von diesem im Mittelmeergebiet heimischen Strandflieder gibt es eine Vielzahl von Züchtungen im Handel. Die 50 bis 90 cm Farbsorten blühen weiß, rosa, gelb, hell- und dunkelblau, außerdem gibt es einige Zwischentöne. Dazu kommt das Angebot entsprechender Mischungen, z. B. 'Pacific Mischung', die besonders für den Gartenliebhaber zu empfehlen sind. Die Sortengruppe 'Compindi' bleibt mit maximal 50 cm relativ niedrig; 'Petit Bouquet' wird nur 30 cm hoch.

TIPP

Als Trockenblumen werden die Blütenstände geschnitten sobald die letzten Kelche geöffnet sind. In luftigen, regen- und windgeschützten Räumen trocknen.

Linum
Lein

April – Mai an Ort und Stelle, später auf 15 cm vereinzeln

10 – 20 Tage

10 – 30 cm

Die nachfolgenden drei Lein-Arten sind auch als Sommerblumen von Interesse. Die Leuchtkraft der Blüten ist dabei besonders wertvoll. Man kann den Lein in gemischte Pflanzungen einstreuen. Auch größere Flächen lassen sich damit besetzen. Die Haltbarkeit der Einzelblüten ist relativ kurz, jedoch ergibt sich durch ständiges Nachblühen ein monatelanger Flor.

Linum flavum
Gelber Lein
Vom Gelbblühenden Lein ist für das Sommerblumenbeet die goldgelb blühende, 40 cm hohe Sorte 'Compactum' besonders zu empfehlen.

Linum grandiflorum
Der etwa 40 cm hohe Großblütige Lein besitzt 3 cm breite, blutrote, am Grunde dunkeläugige Blüten, die in feingliedrigen, lockeren Blütenrispen stehen.

◀ Der Rote Lein hat eine duftige Gestalt. Er passt gut in den Steingarten.

Linum usitatissimum
Saat-Lein
Der eigentlich Lein oder Flachs ist insbesondere zur Verwendung in naturnahen Pflanzungen geeignet, kann aber auch in der Binderei als Trockenblume verwendet werden.

Lobelia fulgens

Februar – März unter Glas, 18 °C

25 – 30 Tage

15 – 20 cm

Lobelia fulgens wird bis 80 cm hoch und eignet sich besonders gut für Gemeinschaftspflanzungen in Beeten. Die Gärtner pflanzen die Lobelie gerne in städtischen Anlagen. Auffallend sind die leuchtenden Blüten, die rote Laubfärbung und ihr schlanker Wuchs. Als Schnittblume wird sie gern in bunten Sträußen verarbeitet. Empfehlenswerte Sorten sind 'Illumination' mit scharlachroten Blüten auf starkem Schaft und dunklem Laub sowie die besonders dunkellaubige 'Königin Viktoria'.
Ebenso interessant ist der häufig mit *L. fulgens* verwechselte Artbastard *L. × speciosa*, der sowohl als Sommerschnittblume als auch als Beetpflanze für Gruppen zu verwenden ist. Von der Sortengruppe 'Kompliment' gibt es neben Farbsorten (blauviolett, leuchtend rot,

▲ Scharlachrote Blüten sind das Kennzeichen von *Lobelia fulgens*.

tiefrot, blauviolett) auch Mischungen im Handel. Neben den genannten Farbtönen enthält die Mischung noch verschiedene Rosa- und Violett-Töne. Die F_1-Sortengruppe 'Fan' wird nur 50 bis 60 cm hoch. Diese mehrjährige Lobelienart wird bei uns einjährig gezogen.

Lobularia maritima (Syn. *Alyssum maritimum*) Duftsteinrich, Silberkraut

- April – Mai unter Glas, 16 °C
- Direktsaat mit 4 – 5 Samen in 5- bis 6-cm-Töpfe
- oder Aussaat in Saatkisten und tuffweises Pikieren
- an Ort und Stelle im Mai, später vereinzeln

- 8 – 12 Tage

- 10 – 15 cm

Den polsterförmig wachsende Duftsteinrich kann man sehr gut für Einfassungen verwenden und mit seinen weißen und tiefvioletten, lila und rosa Sorten großflächige Blütenteppiche weben. Aber auch zur Füllung von Lücken im Steingarten oder als Untersaat auf Rosenbeeten kann der Duftsteinrich eingesetzt werden. Die Blüten verströmen einen aromatischen Honigduft. Überall dort, wo schnell und ohne größeren Aufwand eine Bepflanzung vorgenommen werden soll, ist diese Art zu empfehlen. Außerdem ist sie eine geschätzte Bienenweide. 'Schneehaube' blüht reinweiß, ist besonders gleichmäßig und sehr niedrig. 'Rosebud' blüht tiefrosa; 'Orientalische Nächte' dunkelviolett. Wer dieses „Narkotikum" lange erhalten will, sollte die Lobularien kurz vor dem Abblühen mit einer Schere auf die Hälfte zurückschneiden. Nach ausreichenden Wasser- und Nährstoffgaben treiben sie wieder durch und blühen bis zum Herbst.

Lunaria annua Einjähriges Silberblatt

Der Silberling ist eine vor allem der silbernen Samenstände (Schötchen) wegen schon seit dem Mittelalter gezogene Gartenpflanze. Die flachen Schötchen besitzen bei Reife papierartige Klappen und durchsichtige Scheidewände. Auch ihre schon Ende April erscheinenden, purpurvioletten, duftenden Blüten haben um diese Jahreszeit ihre Bedeutung für den Garten. Nach der Reife schneidet man die Samenstände ab und hängt sie zum Trocknen auf. Besonders schön sind Trockensträuße zusammen mit der Lampionblume. Wenn dem Silberling der Gartenplatz zusagt, sät sich die Pflanze jährlich selbst aus.

- März – Juli unter Glas, 18 °C
- Juni – Juli an Ort und Stelle

- 10 – 14 Tage

- 30 – 40 cm

Matthiola incana Garten-Levkoje

Levkojen werden ebenso gern für Beetbepflanzungen wie für Schnittzwecke angebaut. Auf Beeten und Rabatten pflanzt man Levkojen am besten geschlossen, anstatt sie in bunte Sommerblumenbeete einzustreuen. Für Beete wählt man aus der großen Zahl von Sorten jene mit buschigem Wuchs, während für den Schnitt besonders die eintriebigen „Stangenlevkojen" günstig sind. Das Sortiment umfasst sowohl einfach blühende als auch gefüllt blühende Typen. Während den gefüllten Levkojen eine unnatürliche Schwere an-

- März – April unter Glas, 15 – 18 °C

- 8 – 14 Tage

- 15 – 40 cm

◀ Schon wegen ihres erfrischenden Wohlgeruchs lohnt es sich, Levkojen zu pflanzen. Sie blühen über das Frühjahr hinaus bis zum Sommer.

TIPP

Die Schnittreife ist bei Levkojen erreicht, wenn acht bis zehn Blüten geöffnet sind. Beim Schnitt zieht man die Levkojen mit den Wurzeln aus der Erde und stellt sie einige Stunden in Wasser. Das eigentliche Schneiden nimmt man dann vor dem Einstellen in die Vase vor.

haftet, sind die einfach blühenden und halb gefüllten Sorten von einer eleganten Leichtigkeit. Neben weißen, gelben, rosafarbenen, roten, violetten und blauen Farbsorten werden Mischungen dieser Töne angeboten. Ob eine Levkoje gefüllt oder einfach blühend ist, kann man schon im Sämlingsstadium an der Färbung der Keimblätter erkennen. Bei gefüllt blühenden Pflanzen sind die Keimblätter gelblich grün, während einfach blühende normal grün sind. Für den Schnitt ist für den Garten die aus vielen Einzelfarben bestehende Mischung 'Mammut Excelsior Formelmischung', die etwa 60 bis 90 cm hohe Stiele ausbildet, zu empfehlen. Für Beetpflanzungen ist die 35 cm hohe 'Großblumige Erfurter Prachtmischung' oder die 60 cm hohe, verzweigte 'Dresdner Sommer Mischung' zu empfehlen.

Mesembryanthemum crystallinum Eiskraut

- März – April unter Glas, 18 °C
- Direktsaat mit 4 – 5 Samen je 8-cm-Topf
- 14 – 20 Tage
- 20 – 25 cm

Die dicht verzweigten, am Boden kriechenden Triebe dieser Sukkulente bilden einen geschlossenen lebenden Teppich von eigenartiger Schönheit. Die unzähligen Warzen der kleinen Blätter glitzern besonders bei Sonnenschein wie ein Meer von winzigen Kristallen. Die kleinen, rötlichen oder gelblichen Blüten sind dagegen unscheinbar. Die Eispflanze ist für Einfassungen, trockene Böschungen oder für sonstige trockene Stellen im Garten, wo die direkte Sonne hintrifft, besonders gut geeignet.

Mimulus Gauklerblume, Affenblume

- März – April unter Glas, 15 °C
- 8 – 12 Tage
- 20 – 25 cm

Mimulus guttatus Gewöhnliche Gauklerblume *Mimulus × hybridus*

Der deutsche Name Gauklerblume, der sich auf die farbenreiche, maskenartige Zeichnung der Blüten bezieht, beschreibt hervorragend das Aussehen dieser Pflanze. Die 2 bis 3 cm (bei Gartenformen 4 bis 6 cm) großen Einzelblüten sind in einer vielblütigen Traube angeordnet. Die heute bekannten Sorten sind Kreuzungsergebnisse aus zwei oder mehreren Arten. Farbsorten, u. a. in Cremeweiß, Goldgelb, Orange, Rot, sind als F_1-Hybriden (z. B. 'Magic') im Handel. Für den Garten ist die Formelmischung 'Tigrinus Grandiflorus' zu empfehlen. Sie enthält großblumige, gefleckte Spielarten in auffallend lebhaften Farben. Im Herbst können von besonders hübschen Exemplaren Stecklinge geschnitten werden.

Mirabilis jalapa Wunderblume

- März – April unter Glas, 12 – 14 °C
- 10 – 14 Tage
- 40 – 60 cm

Die Wunderblume wird 60 bis 100 cm hoch und bildet einen rundlichen Busch. Auffallend sind die langröhrigen, endständig in Büscheln angeordneten Blüten. Ihre Farbe variiert von Weiß über Gelb bis Rot. Auch mehrfarbig gestreifte Blüten treten auf.

▲ Die Wunderblume ist eine aus Mexiko stammende, ausdauernde Pflanze, die bei uns in der Regel einjährig angebaut wird.

Häufig trägt eine Pflanze Blüten in unterschiedlichen Farben, was zu dem Namen Wunderblume geführt hat. Die Blüten öffnen sich zum Abend hin und schließen sich am Morgen. Die Wunderblume ist, obwohl die Vermehrung einfach ist, noch immer eine Rarität. Man pflanzt sie einzeln oder in Gruppen. Im Laufe des Sommers bildet die Wunderblume einen knol-

TIPP

Die Gauklerblume hat sehr feine Samen. Man sollte sie mit feinem Sand strecken und nur an das Aussaatsubstrat andrücken, nicht abdecken.

ligen Wurzelstock aus. Diesen kann man wie Dahlienknollen im Haus überwintern und im darauf folgenden Jahr wieder in den Garten pflanzen. Die Wunderblume lässt sich sehr gut auch in Balkonkästen und Kübeln kultivieren.

Molucella laevis
Muschelblume

- März – April unter Glas, 15 °C
- Anfang Mai an Ort und Stelle
- 14 – 28 Tage
- 30 – 40 cm

In bunten Sommerblumenbeeten fällt die Muschelblume durch ihre grüne Farbe kaum auf. Wer genau hinschaut, entdeckt in ihr aber eine außergewöhnliche Schnitt- und Trockenblume. Die bis 100 cm hohe, krautige Pflanze besitzt auffallend groß entwickelte, grüne, glockenförmige Kelchblätter, die den Schmuck der Pflanze ausmachen. Die eigentlichen Blütenblätter sind unscheinbar. Im Samenhandel sind meist Auslesen der Art, die teilweise auch Sortennamen tragen (z. B. 'Irlandglocke').

Für Trockensträuße

Zum Schnitt als Trockenblume müssen die muschelartigen Kelchblätter voll entwickelt sein. Getrocknet wird mit den Stielenden nach oben. Langsames Trocknen bei niedrigen Temperaturen bewirkt eine gelbliche bis graubraune Färbung. Wird dagegen rasch und bei höheren Temperaturen getrocknet, bleibt die hellgrüne Farbe der Kelchblätter erhalten.

Myosotis sylvatica
Wald-Vergissmeinnicht

- Juli unter Glas
- oder auf Anzuchtbeeten im Freiland
- 14 – 20 Tage
- 15 – 20 cm

Das Vergissmeinnicht ist eine bei uns einjährig angebaute Staude. Es gibt eine Anzahl schöner Sorten, von denen besonders die niedrigen für den Garten wichtig sind. Sie eignen sich zum Einfassen von Beeten. Sehr hübsch sehen Vergissmeinnicht in Kombination mit allen möglichen anderen Frühlingsblumen aus, insbesondere mit Zwiebelblumen wie Narzissen und Tulpen. Auch als Schnittblume kann das Vergissmeinnicht verwendet werden. Die zahlreichen Sorten unterscheiden sich in Wuchshöhe, Blütezeit, Farbton und Farbe. Empfehlenswerte Sorten sind 'Blaue Kugel', leuchtend blau, 15 cm hoch, kugeliger Wuchs; 'Blauer Korb', 25 cm hoch, schmaler, aufrechter Wuchs; und 'Indigo', indigoblau, für den Schnitt geeignet.

Nicotiana
Tabak

Nicotiana alata
Flügel-Tabak
Nicotiana × *sanderae*
Zier-Tabak

- Februar – April unter Glas, 20 °C
- das feine Saatgut mit Sand strecken, nicht abdecken, nur andrücken
- 14 – 20 Tage
- 40 – 80 cm

Diese südbrasilianischen Stauden werden bei uns ausschließlich einjährig angebaut. Die Gartenformen beider Arten (*N.* × *sanderae* ist eine Kreuzung zwischen *N. alata* und *N. forgetiana*) gehören zu den am stärksten duftenden Sommerblumen. Ihre weißen, roten, rosa oder gelben Blüten verströmen einen süßen Wohlgeruch, der sich bei beetweiser Verwendung ins Unerträgliche steigern kann. Unzählige Nachtfalter besuchen sie, wenn sie am Abend zu duften beginnen. Die angebotenen Gartenformen werden zwischen 30 und 40 cm hoch. Sie lassen sich für Einfassungen, aber auch für großflächige Anpflanzungen verwenden.

Nicotiana sylvestris
Berg-Tabak

Der Berg-Tabak ist eine stattliche Pflanze, die bis 150 cm hoch werden kann. Die weißen, lang-röhrenartigen und duftenden Blüten sind nur tagsüber geöffnet. Sie sitzen am Ende der Stängel in doldentraubigen Blütenständen. Zwischen anderen Sommerblumen eingebaut, kann der Berg-Tabak zum gestalterischen Höhepunkt der Pflanzung werden. Aber auch zu mehreren zusammengesetzt ist dieser Tabak eine Attraktion.

▼ *Nicotiana alata* 'Lime green' hat frisch limonengrüne Blüten.

Nigella damascena
Jungfer im Grünen, Braut in Haaren, Gretel im Busch

Die bis 50 cm hohe, stark verzweigte Pflanze trägt eine nadelartige, zarte Belaubung. Die Blüten sind blau, teilweise auch weiß, groß und von nadelartigen, bizarren Hochblättern umgeben. Die Fruchtkapseln sind blasenartig, groß und von gutem Schmuckwert. Sie werden häufig für Trockenblumengestecke verwendet. Für das Trocknen werden die ganzen Pflanzen geschnitten, sobald eine ausreichende Anzahl Kapseln entwickelt, aber noch nicht geplatzt sind. Schon seit der Mitte des 16. Jahrhunderts ist diese Pflanze in unseren Gärten bekannt. Am bekanntesten ist die Gartenform 'Miss Jekyll', 45 cm hoch, himmelblau, gefüllt; 'Persische Juwelen' ist eine Mischung aus Weiß-, Blau- und Rosa-Tönen, 60 cm hoch, 'White Swan' blüht reinweiß.

► Eigenartig bizarr geformt sind die Samenstände der Jungfer im Grünen. Wenn man sie aussamen lässt, kommen überall verstreut im Garten Jungpflänzchen zum Vorschein.

Papaver
Mohn

▮ unter Glas im Januar (Blüte noch im selben Jahr) oder im Juli (Blüte im folgenden Jahr)

Papaver nudicaule
Island-Mohn

Der Island-Mohn ist eine bei uns ein- oder zweijährig angebaute Staude. Die 40 bis 60 cm hohe Art erscheint mit rauborstigen, grünblauen Blättern, die buchtig gefiedert sind. Die schalenartigen Blüten sitzen auf langen und beborsteten Stielen und sind prächtig pastellig gefärbt. Die Stammform blüht gelb. Im Handel sind ausschließlich Mischungen verschiedener Farben, z. B. die Sorte 'Gartenzwerg', nur 30 cm hoch; 'Illumination', 50 cm hoch, riesenblumig.
Der Island-Mohn blüht im Gegensatz zu den anderen Arten über einen relativ langen Zeitraum. Er fügt sich harmonisch in jede Sommerblumenpflanzung ein, kann aber auch für sich stehen. Auch als Schnittblume ist der Islandmohn geeignet.

▮ frühzeitig in Töpfe pikieren, Pfahlwurzel, äußerst verpflanzempfindlich auch Aussaat an Ort und Stelle im Juli – September möglich

▮ 14 – 18 Tage

▮ 15 – 20 cm

Papaver rhoeas
Klatsch-Mohn

Kaum zu glauben, dass dieser Mohn einmal ein weit verbreitetes Ackerunkraut war. Heute ist er auf unseren Feldern kaum noch zu sehen, allenfalls an den Rändern. Die Blüten sind langgestielt und zart, bei der Stammform scharlachrot mit dunklem Grundfleck. Für den Garten sind die gefüllt- oder einfach blühenden Mischungen in zarten Farben mit einer Wuchshöhe von 70 bis 75 cm zu empfehlen.

▮ Aussaat von März – Mai an Ort und Stelle, später auf 15 – 20 cm vereinzeln

▮ 14 – 20 Tage

◄ Weshalb trägt der Klatsch-Mohn seinen Namen? Kinder auf dem Land wissen es: Wenn man auf eine bestimmte Art die Blütenblätter zwischen den Fingern einer Hand hält und mit der anderen Hand darauf klatscht, macht es ein klatschendes Geräusch.

Penstemon-Cultivars
Bartfaden

Der Bartfaden wird bei uns einjährig kultiviert. Unter den Hybriden werden die zahlreichen, aus verschiedenen Kreuzungen entstandenen Gartenformen zusammengefasst. Die Pflanzen bilden zunächst eine Blattrosette, aus der sich dann ein 80 cm hoher Stiel erhebt. An ihm sitzen 30 bis 40 glocken- bis trichterförmige Einzelblüten. Das Sortiment umfasst rosa- und kar-

▮ März – April unter Glas, 18 °C

▮ 20 – 30 Tage

▮ 20 – 30 cm

minfarbene bis leuchtend rote Töne. Der Blütenschlund ist getigert. Zu empfehlen ist die großblumige Mischung 'Sensation', die 75 cm hoch wird und auch zum Schnitt verwendet werden kann. Ausschließlich mit Penstemon bepflanzte Beete sind ein besonderer Anziehungspunkt, man kann sie aber auch sehr gut in Gruppen in bunte Sommerblumenpflanzungen einbauen.

Perilla frutescens

- März – April unter Glas, 18 °C
- 14 – 20 Tage
- 30 – 50 cm

P. frutescens stammt aus China und Japan. Die grünblättrige Stammform ist uninteressant. Interessant ist die Sorte 'Nankiensis' mit tiefbraunem, dekorativem Laub, die etwa 60 cm hoch wird. 'Nankiensis Crispa Compacta' wird 30 bis 40 cm hoch und trägt stark geschlitzte und gekrauste, purpurfarbene, bronzeartig glänzende Blätter. Die Blattoberfläche ist blasig aufgetrieben. 'Purpurhecke' wird etwa 45 cm hoch und trägt tiefviolett-schwarze, geschlitzte Blätter. Die Schwarznessel eignet sich für Einfassungen aller Art oder zum Einstreuen in bunte Sommerblumenbeete. Als Nachbarn sind Pflanzen in leuchtenden, besonders gelben Farbtönen besonders gut geeignet.

Phlox drummondii
Einjähriger Phlox

- März – April unter Glas, 16 – 18 °C
- 14 – 20 Tage
- 40 – 50 cm

Ein Hauch von Sommer und Sonnenschein umgibt den einjährigen *Phlox*. Es sind 15 bis 40 cm hohe, locker verzweigte und behaarte Kräuter. Die bei der Stammform roten Blüten sitzen in dichten, trugdoldigen Büscheln. Den Blüten entströmt ein süßer Duft, wobei die Intensität sortenabhängig ist. Dieser Phlox passt ebenso gut in bunte Beete wie in geschlossene Pflanzungen und Einfassungen. Insbesondere die hohen Sorten eignen sich als Schnittblumen. Die Farbpalette der Sorten umfasst Rot, Blau, Weiß, Gelb und Lachs mit allen Übergängen. Im Samenfachhandel werden meist Mischungen angeboten. 'Beauty Mischung', 20 cm hoch, großblumige reine Farben; 'Sternenzauber', Mischung mit gesternten Blüten; 'Grandiflora Mischung', 30 cm hoch, mit vielen leuchtenden Farben. Wärme und möglichst volle Sonne garantieren eine reichhaltige Blüte.

Portulaca grandiflora
Portulakröschen

- März – April unter Glas, 18 °C
- später 3 Sämlinge je 11-cm-Topf pikieren
- den sehr feinen Samen nur andrücken, nicht mit Erde bedecken
- 7 – 14 Tage
- 15 – 20 cm

Als Sukkulente geht das Portulakröschen sehr sparsam mit dem Wasser um. Über kurzgestielten Stängeln spannen sie ihre weißen und roten, rosaroten und gelben Blütenschirme auf. Die vielfarbigen, 15 bis 20 cm hohen Portulakröschen malen ein buntes Bild in trockene Gartenpartien. Besonders gut wirken sie als Beeteinfassung, eignen sich aber auch zur Bepflanzung von Trockenmauern oder auch für Ampeln. Die Blüten öffnen sich nur in der Sonne. Die Farbskala der Sorten umfasst Weiß, Gelb, Rosa, Orange und Karmin- bis Purpurrot. Neben einfach blühenden gibt es auch mehr oder weniger gefüllt blühende Typen. In den Katalogen werden oft Formelmischungen angeboten. 'Cupido' ist eine F_1-Hybride, von der auch Farbsorten im Handel sind.

Psylliostachys suworowii (Syn. *Limonium suworowii*)

Bei der etwa 80 cm hohen Kandelaber-Statice ist der Blütenschaft verzweigt und furchig-kantig. Die leicht rosenroten Blütchen sitzen dicht gedrängt in langen, verzweigten Ähren, die an Formen mancher Korallen und Meeresalgen erinnern. Im Handel Auslesen der Art, z. B. 'Rosenrot'.

▼ Die Blüten des Sommer-Phlox muss man sich genau anschauen. Sehr hübsch sieht die abgebildete Sorte 'Grandi-Flora' in verschiedenen Farbtönen aus.

Reseda odorata
Garten-Resede

- März – April unter Glas, 18 °C
- oder an Ort und Stelle im April
- 20 – 30 Tage
- 15 – 25 cm

Der feine Duft der Reseden macht sich auf jeder Sommerblumenrabatte bemerkbar. Die Reseden sind keine auffallenden Sommerblumen. Jedes der Einzelblütchen, die sich in einer dichten Ähre versammeln, ist ein Meisterwerk der Kleinkunst. Die starkwüchsige Sorte 'Grandiflora' erreicht eine Höhe von 30 bis 40 cm. Wenn auf eine lange Blütezeit Wert gelegt wird, sollten die verblühten Rispen herausgeschnitten werden.

▶ Die Reseden sind eine liebenswürdige Erinnerung an die Gärten unserer Großeltern. Im Zeichen der Nostalgie dürfen sie als klassische Duftblumen nicht fehlen.

Rhodanthe manglesii (Syn. *Helipterum manglesii*)
Rosen-Immortelle

- März – April unter Glas, 18 °C
- Ende April / Anfang Mai an Ort und Stelle
- 16 – 20 Tage
- 20 – 25 cm

Die etwa 30 cm hoch werdende Rosen-Immortelle ist *Acroclinium roseum* ähnlich (siehe Seite 209). Die langgestielten Blumen sitzen einzeln auf den Stielen und bestehen aus einem halbkugelartigen Hüllkelch mit dünnen, trockenhäutigen, weißlichen Hüllblättern. Die inneren Blütenkronen sind rosenrot, die Scheibenblüten gelb oder purpurfarben. Neben der rosa gefärbten, eine dunkle Innenzone tragenden Gartenform gibt es auch eine weiße Sorte.

Ricinus communis
Wunderbaum, Palma Christi

- März – April unter Glas, 20 °C
- Direktsaat mit 3 – 5 Samen je 10-cm-Topf
- 16 – 20 Tage
- 100 – 200 cm

Die riesigen attraktiven Blätter sind die eigentliche Attraktion des Wunderbaums, der bei entsprechender Düngung und Bewässerung bis zu 3 m hoch werden kann. Im Handel sind verschiedene Sorten erhältlich: 'Zanzibarensis', die am häufigsten angebotene Sorte, besitzt große, glänzend grüne Blätter. 'Sanguineus' hat die auffälligste Färbung, sowohl Blätter als auch Fruchtstände werden dunkelrot. 'Carmencita Rot' mit intensiv dunkelbraunem Laub, wird etwa 150 cm hoch und bildet leuchtend rote Blütenknospen und Samenstände aus. Dieser Sorte ähnlich ist 'Apache'. 'Carmencita Rosa' hat dunkelgrünes, rötlich gestieltes Laub und lachsrosa Samenstände. Bei 'Laciniatus' sind die Blätter der 2 m hohen Sorte eingeschnitten und geschlitzt. Der Wunderbaum ermöglicht uns vielseitige und interessante Gestaltungen im Garten. Ob als Einzelpflanze oder in Gruppen sind sie schöne Anziehungspunkte für das Auge. Stets sollten Wuchshöhe und Laubfarbe der Sorte mit der Umgebung abgestimmt werden.

GIFT

Die Samen sind giftig, nicht essen oder verfüttern, vor Kindern verwahren!

Rudbeckia hirta
Rauer Sonnenhut

- März – April unter Glas, 18 °C
- 16 – 20 Tage
- 25 – 30 cm

Dieser einjährig gezogene Sonnenhut wird bis zu 60 cm hoch. Die Oberfläche aller Teile ist steif- und kurzhaarig. Die Zungenblüten sind bei der Art goldgelb, am Grunde bisweilen braun, die erhabene Blumenmittelscheibe ist anfangs fast schwarz, später dunkelbraun. Rudbeckien lassen sich vielseitig verwenden, so für besonders bunte Sommerblumenbeete, geschlossene Beetpflanzungen und Einfassungen oder auch als Schnittblume. Das Sortenspektrum ist umfangreich. Neben gelben und rotbraunen Sorten gibt es vielfältige Übergänge zwischen diesen Farben, neben einfachen werden auch gefüllt blühende Gartenformen angeboten. Die Pflanzenhöhen schwanken zwischen 25 und 80 cm. 'Toto', 25 cm hoch, goldgelb; 'Becky Mix', 40 cm, mit gelben bis braunen, ein- und zweifarbigen Blüten; 'Doppelte Freude', 80 cm, goldgelb, teils gefüllt, teils

► Der einjährige Sonnenhut könnte fast den Tagetes Konkurrenz machen. Die einzelnen Blüten halten auf dem Beet und in der Vase sehr lange.

◄ Der dichtbuschig wachsende Mehl-Salbei ist seit einiger Zeit auf Sommerblumenbeeten sehr beliebt geworden. Hier die Sorte 'Strata'.

einfach; 'Rustic', 60 cm, eine Mischung verschiedener gelber und roter Töne; 'Marmalade', 50 cm, orangegelb.

Salvia
Salvie, Salbei

- März – April (*S. splendens* auch schon im Februar) unter Glas, 20 °C
- Temperaturschwankungen vermeiden
- 8 – 20 Tage
- 25 – 40 cm

Die nachfolgenden vier Salbei-Arten sind hübsche Sommerblumen, die sich im Wuchs, in ihrem Aufbau, in Blatt- und Blüteneigenschaften unterscheiden. Alle vier Arten sind ausdauernde Pflanzen, die bei uns einjährig gezogen werden. Die höher werdenden Arten *S. coccinea*, *S. farinacea*, *S. patens* und *S. viridis* pflanzt man am besten in größere Gruppen zusammen. Sie sind aber auch als Schnittblumen verwendbar.

Salvia coccinea
Blut-Salbei

Die 30 bis 60 cm hohe Pflanze ist filzig behaart, wächst graziös und trägt blattlose, rutenförmig-schlanke Blütentrauben mit scharlachroten Einzelblüten. 'Lady in Red', 30 cm, hellscharlach blühend mit dichtem Blütenstand. Die Sorte 'Nymphe' gibt es in Zartlachs und Reinweiß.

Salvia farinacea
Mehliger Salbei

Diese grauweißfilzig-flaumig behaarte und dicht verzweigte Salvie wird bis 90 cm hoch. Die langstieligen, ährigen Blütenquirle tragen bei der Stammform dunkellilablaue Einzelblüten. 'Gruppenblau' wird 90 cm hoch; 'Reference', 60 cm, ist eine neuartige Farbkombination von blauer Blüte und weißem Kelch; 'Silber' blüht weiß; 'Victoria' tiefblau.

Salvia patens
Mexikanischer Salbei

Dieser Salbei wird bis 80 cm hoch und besitzt kleine Wurzelrhizome. Die langen Trauben tragen an entfernt stehenden Quirlen marineblaue Einzelblüten. Diese Art wurde früher, ähnlich den Dahlien, mittels der Wurzelrhizome frostfrei überwintert.

Salvia splendens
Pracht-Salbei

Diese Art mit ihren typisch vierkantigen Stängeln und gestielten, eirunden Blättern mit gekerbt-gesägtem Rand und den scharlachroten Blüten ist die wichtigste Salvie. Durch intensive züchterische Arbeit ist ein vielseitig verwendbares Sortiment entstanden. 'Scharlachzwerg', 25 cm, scharlach; 'Feuerzauber', 30 cm, scharlach; 'Phoenix Mischung' ist eine effektvolle Mischung aus für Salvien ungewöhnlichen Farbtönen: Weiß, Lachs, Rosa, Lila und Rot. Der Pracht-Salbei ist besonders gut für geschlossene Beetpflanzungen, Einfassungen und Teppichbeete geeignet.

▲ Fröhlich-bunte Farbtupfer setzt der Pracht-Salbei.

Salvia viridis
Schopf-Salbei
Eine durch ihre ungewöhnlich blauviolett gefärbten Hochblätter interessante Art ist der Schopf-Salbei. Sie eignet sich auch sehr gut zum Schnitt. 'Oxford Blue', 50 cm, trägt blauviolette Deckblätter; 'Pink Sunday' hellrosa Brakteen.

Tagetes
Sammetblume, Studentenblume

- ab Februar – Ende April unter Glas, 16 – 18 °C
- 10 – 14 Tage
- Erecta-Hybriden 50 cm
- die anderen Sorten bzw. Arten 20 – 25 cm

Tagetes erecta-Cultivars
Hohe Studentenblume
Tagetes patula-Cultivars
Studentenblume
Durch ihre Anspruchslosigkeit, Schönheit, Vielfalt und der bis zum Eintritt des Frostes währenden Blütezeit gehören *Tagetes* zu den beliebtesten Sommerblumen. Die halbhohen und niedrigen Sorten sind hervorragende Beet- und Einfassungspflanzen. Durch intensive Züchtungsarbeit wurde das Sortiment mit mehreren Sortengruppen, in der Mehrzahl F_1-Hybriden, wesentlich erweitert. Die Grundtöne Zitronengelb, Goldgelb, Orange und leichtes Rotbraun sind in vielen Sorten vorhanden. Neben Sorten mit reinen Blütenfarben gibt es solche mit schmalem gelbem Rand, breitem gelbem Rand oder breitem rotem Rand. Die Blütengröße schwankt zwischen 2 und 15 cm im Durchmesser. Es gibt bei den Züchtungen alle Höhenabstufungen, von nur 20 bis hin zu 75 cm hohen Sorten, die für den Schnitt geeignet sind. Nachfolgend eine kleine Auswahl von Sortengruppen mit Wuchshöhenangabe, von denen neben Mischungen auch Einzelfarben erhältlich sind. 'Cupido', 20 cm; 'Boy', 20 cm mit scabiosenartig gefüllter Mitte; 'Hero', 25 cm, großblumig; 'Lady', 35 cm; 'Goldmünzen', 90 cm für Blumenschnitt.

Tagetes tenuifolia
Gestreifte Mexikanische Studentenblume
Die bis 30 cm hohe, feinästige und dicht buschig wachsende Art trägt fiederschnittiges Laub. Die nur 2,5 cm großen Blumen erscheinen in großer Zahl. Ihr Zierwert liegt vor allem in dem gedrungenen Pflanzenaufbau, der außerordentlichen Fülle kleiner, hübscher Blüten und der langen Blütezeit. Es gibt Gartenformen, die gelb (z. B. 'Gnom'), orange (z. B. 'Tangerine Gem') oder rotbraun (z. B. 'Ornament') blühen. 'Starfire' ist eine Mischung leuchtender Farben von hellgelb bis rotbraun, ein- und zweifarbig.

TIPP
Damit die *Tagetes* bis zum Frost durchblühen, empfiehlt es sich, das Abgeblühte herauszuputzen, dann treiben sie immer wieder neue Blüten.

▼ Studentenblumen sind deshalb so beliebt, weil sie über eine sehr lange Zeit bis zum Frosteintritt blühen.

Thunbergia alata
Schwarzäugige Susanne

- März–April unter Glas, 18–20 °C
- später 3 Sämlinge in 10-cm-Töpfe pikieren

- 14–20 Tage

- 40–60 cm

Die Schwarzäugige Susanne ist eine ausdauernde, bei uns einjährig gezogene Schlingpflanze, die 100 bis 150 cm hoch wird. Die langgestielten Blüten erscheinen aus den Blattachseln. Von der gelben Krone hebt sich ein scharf umrissener purpurfarbener Schlund ab. Sie eignet sich zur Begrünung niedriger Zäune, Pyramidengerüsten aber auch von Bodenflächen. Steine und kleinere Mauern können durch die kriechenden oder überhängenden Triebe attraktiver werden. Neben Auslesen der Stammform gibt es auch reinorange und reinweiß blühende Sorten. Letztere sind etwas schwächer im Wuchs. Die Pflanzen lassen sich durch Stecklinge vermehren, die bei 18 °C und gespannter Luft leicht wurzeln.

Tropaeolum
Kapuzinerkresse

Tropaeolum majus
Große Kapuzinerkresse

- an Ort und Stelle Ende April–Anfang Mai
- horstweise 2–3 Samen alle 30–50 cm

- 14–20 Tage

Die bei uns einjährig angebaute Staude ist eine altbekannte, früher in unseren Gärten weitverbreitete Sommerblume. Die Schönheit der Formen und die Leuchtkraft der Blüten machten sie so beliebt. Die Sorten der hochwachsenden, kriechenden oder kletternden Gruppen bieten viele Anwendungsmöglichkeiten. So als „Bodendecker" für größere Beetflächen, zum Beranken von Zäunen, Pergolen, Mauern usw. Die niedrigen, kugelförmig-buschartig wachsenden Formen verwendet man für Beetpflanzungen, Einfassungen und für Gefäßpflanzungen. 'Rankende Mischung', 3 bis 4 m, hoch rankend; 'Niedrige Mischung', nichtrankend für Beete; 'Bunte Juwelen', kleinlaubig, nichtrankend, ebenso wie 'Whirlybird Mischung' über dem Laub blühend, letztere besonders zu empfehlen.

► Die Blüten der Kapuzinerkresse haben eine ungeheure Leuchtkraft. Man kann sie nicht nur anschauen und in die Vase stellen, sondern auch essen – eine angenehm scharfe Delikatesse.

TIPP

Die Kapuzinerkresse ist außerordentlich frostempfindlich. Bei Frühfrösten im Oktober fällt sie sofort zusammen. Wegen ihrer Frostempfindlichkeit darf man sie im Freiland nicht vor Ende April-Anfang Mai säen.

Tropaeolum peregrinum
Kanaren-Kapuzinerkresse

Eine hoch kletternde, reich blühende Schlingpflanze für Spaliere und Pyramidengerüste in bunten Sommerblumenbeeten. Attraktiv durch die kanariengelben, gefransten Blüten, die zahlreich erscheinen. Die Art ist allerdings besonders wärmebedürftig, weshalb sie in kühlen, regenreichen Sommern versagt.

- März–April unter Glas, 18–20 °C
- Direktsaat mit 2–3 Samen in 10-cm-Töpfe

- 14–20 Tage

Verbena
Verbene

Die nachfolgenden vier Verbenen-Arten zählen zu den wichtigsten Sommerblumen. Man schätzt an ihnen den lang anhaltenden Blütenflor, die reichliche und farbenfreudige Blütenpracht (bei den Hybriden) sowie die Widerstandsfähigkeit. Alle Arten wirken besonders in geschlossenen Pflanzungen, können aber auch zu größeren und kleineren Gruppen zusammengefasst bunte Sommerblumenbeete beleben (zu Verbenen siehe auch Seite 591).

- Februar–April unter Glas, 20 °C
- nur frisches Saatgut verwenden und die Saatkisten kurz dem Frost aussetzen

- in der Regel 20–30 Tage

- 25–50 cm

Verbena bonariensis

Diese Art trägt fiedernervige Blätter und kann bis zu 1 m hoch werden. Die steif aufrechten, 4-kantigen Stängel tragen lila Blüten, die in halbkugeligen Dolden vereinigt sind. In milden Lagen ist diese Verbene ausdauernd

Verbena canadensis
Rosen-Verbene

Das Laub dieser bis 40 cm hoch werdenden Art erinnert an das mancher Chrysanthemen. Die in doldig-kopfigen Ähren angeordneten Blüten sind purpurfarben. 'Perfecta' blüht dunkelrot-violett und wird nur 20 cm hoch.

Verbena-Cultivars
Garten-Verbene
Die intensive züchterische Arbeit führte zu einem großen Formenkreis buschig wachsender, reich blühender Hybriden in Wuchshöhen zwischen 15 und 35 cm. Das Farbenspiel umfasst neben Weiß, rosa, rote und blaue Farbabstufungen in Blüten mit und ohne Augen. Eine besonders reich blühende Sorte ist 'Tapien', mit rosa oder violetten Blüten.

Verbena rigida
Steife Verbene
Die Pflanzen werden 25 bis 45 cm hoch und sind durch die steif-sparrig abstehenden Äste mit schmalen Blättern charakterisiert. Die violetten Blüten sitzen in doldenförmigen Ähren. 'Polaris' blüht zart porzellanblau und eignet sich auch für den Schnitt.

Viola
Veilchen

Viola cornuta
Horn-Veilchen
In den letzten Jahren haben die kleinblumigen Hornveilchen auf dem Markt für Furore gesorgt. In der Zwischenzeit gibt es ein großes Angebot dieser Mini-*Viola* im Samenhandel. Die Art ist in allen Teilen kleiner als das bekanntere Gartenstiefmütterchen, reich verzweigt und bildet einen kriechenden Wurzelstock aus. Besonders zu empfehlen ist die Sortengruppe 'Sorbet', eine F_1-Hybride, von der eine Reihe von Farbsorten angeboten werden. Die Sorte 'YTT' (Yesterday-Today-Tomorrow) ist nicht nur vom Name her interessant, ihre Farbe spielt von Helllila über Hellblau nach Weiß. Hornveilchen werden häufig auf Gräber gepflanzt.

▼ Wie kleine Gesichter schauen die Stiefmütterchen dem Betrachter entgegen.

Viola × wittrockiana-Cultivars
Garten-Stiefmütterchen
Die Stiefmütterchen sind so bekannt, dass sie hier nicht beschrieben werden müssen. Ohne die charakteristische Form ihrer Blüten zu verändern, ist unter den Händen der Züchter eine fast nicht mehr zu übersehende Zahl von Rassen und Sorten entstanden, die sich durch Blütezeit, Blütengröße und -farbe, Reichblütigkeit, Zeichnung der Blüten usw. unterscheiden. Demjenigen Gartenbesitzer, der sich an Größe, Farbe und Zeichnung der Blüten erfreuen will, seien sogenannte Prachtmischungen der entsprechenden Rassen empfohlen. Wem es um die Schaffung von Farbflächen geht, wird sich die entsprechenden Farben anschaffen, die alle rein aus Samen fallen.

TIPP
Wer Stiefmütterchen selbst aussät, muss einige Dinge beachten: Zur Keimung sind Temperaturen von 15 °C am günstigsten. Da Stiefmütterchen zu den lichtgehemmten Keimern gehören, Aussaaten bis zur Keimung abdecken.

- Juni – Juli unter Glas (am besten im Frühbeet)
- oder auf Anzuchtbeete im Freiland
- Dunkelkeimer, Aussaaten bis Keimbeginn abdecken
- 15 – 20 Tage
- 20 – 25 cm

Xeranthemum annuum
Einjährige Papierblume

Die Papierblume wird etwa 60 cm hoch und trägt grauhaariges Laub, das sich schopfartig entwickelt. Die Blumen sitzen einzeln auf drahtigen Stielen. Die gelben Scheibenblüten sind mehrreihig und von trockenen, zungenförmigen Hüllblättern umgeben, die blütenblattartig wirken. Sie sind rosa, rot oder weiß gefärbt und erwecken bei kräftiger Ausbildung den Eindruck dicht gefüllter Blumen. 'Violetta' blüht violett; 'Blütenschnee' weiß und 'Lumina' rosa. Die Papierblume hat große Bedeutung zur Verwendung als Trockenblume. Aber auch als Beetpflanze können mit ihr hübsche Effekte erzielt werden. Als Trockenblume werden die Stiele geschnitten, wenn alle kleinen Blütchen aufgeblüht sind.

- April oder September an Ort und Stelle, später auf 25 – 30 cm
- 15 – 20 Tage
- 15 – 20 cm

▶ Getrockneter Zier-Mais eignet sich gut für schöne Herbst-dekorationen.

▲ Zinnien sind sehr gute Schnittblumen, die sich in der Vase lange halten, und sollten deshalb in keinem Hausgarten fehlen.

Zea mays
Zier-Mais

- April – Mai unter Glas, 15 – 18 °C
- zu empfehlen ist Direktsaat mit 2 Samen je 9-cm-Topf
- Direktsaat an Ort und Stelle möglich
- 7 – 14 Tage
- 50 – 70 cm

Mais ist ein bis 2 m hohes Gras, das mehrere Stängel treiben kann und breite, bandförmige, überhängende Blätter trägt. Die Blüten sind einhäusig, männliche und weibliche erscheinen aber an der gleichen Pflanze. In der Regel als Nutzpflanze angebaut, gibt es aber auch einige Formen, die Zierwert für den Garten haben. 'Amero' ist eine buntkörnige Spielart; 'Gelbe Beere' bildet kleine rundliche Kolben und bei der Sorte 'Rote Beere', dem Erdbeermais, färben sich die Körner sogar im schönsten Purpurrot ein.

Zinnia elegans
Zinnie

- März – April unter Glas, 20 °C
- 10 – 14 Tage
- 20 – 40 cm

Zinnien sind vielseitig verwendbar. Als reich blühende, dankbare Beetpflanzen von größter Farbenpracht oder auch als Schnittblume. Unter den Sorten ist das Gelb und Braun, Rosa und Rot in allen Farbstufungen vertreten. Eine Reihe von Sorten haben die konventionelle Form durchbrochen und ihre röhrigen Scheibenblüten in Zungenblüten umgewandelt. Für die Beetpflanzung sind die beiden Sortengruppen 'Liliput' und 'Peter Pan', F_1-Hybriden, besonders geeignet; als Schnittblume die Sortengruppe 'Oklahoma', 80 cm, mit pomponartigen Blüten; 'Capricio' und 'Dahliablütige Riesen'. 'Lancelot' ist eine kleinblumige Gruppe, die für Biedermeiersträuße besonders geeignet ist.
Neben *Z. elegans* ist auch die Schmalblättrige Zinnie *Z. angustifolia* für bunte Beete und Einfassungen zu empfehlen. Man kann auch einzelne Pflanzen in den Steingarten setzen. *Z. angustifolia* bildet 30 bis 40 cm hohe, in die Breite gehende, dichte Büsche. 'Perserteppich' ist eine bunte Mischung mit gefüllten und halb gefüllten Typen. Durch ihre Blütenfülle, den gleichmäßigen Wuchs und die gute Wetterfestigkeit überzeugen 'Profusion Cherry' und 'Profusion Orange'. Zinnien sind gute Nektarpflanzen für Schmetterlinge.

Stauden im Garten

Der Reiz der Stauden ist vielfältig. Zunächst hat die Staude gegenüber den ein- und zweijährigen Pflanzen den Vorteil, dass sie, einmal an den ihr zusagenden Platz gepflanzt, viele Jahre ausdauert und ihre Schönheit steigert. Das soll aber nicht heißen, dass der „ideale" Garten nur mit Stauden bepflanzt werden sollte. Erst das Wechselspiel zwischen Gehölzen, Stauden und Sommerblumen macht den Garten zum ganzjährigen Erlebnisraum.

Für Stauden im Garten sprechen nicht nur der Blütenreichtum, das unvergleichliche Farbenspiel der unüberschaubaren Anzahl von Arten und Gartenformen, sondern auch der Duft, den viele Stauden verströmen. Dass Veilchen und Maiglöckchen einen ganz spezifischen Duft verbreiten ist bekannt, doch sind unter den Stauden viele andere Duftträger, die wir erst bemerken, wenn wir ihnen direkt gegenüberstehen. So duften verschiedene Pfingstrosen herrlich wie Rosen und es ließen sich noch viele „Duftbeispiele" anführen. Nicht zuletzt sind viele Stauden hervorragende Schnittblumen und ein herrlicher Blumenschmuck für die Vase. Stauden sind, so man sie erst einmal in richtiger Kombination gepflanzt hat, die ganze Vegetationszeit hindurch eine blühende Freude für jeden Gartenbesitzer.

Stauden erfüllen ökologische Funktionen
Schmetterlinge, Käfer, Hummeln und viele andere Insekten holen von ihnen Blütenstaub und Nektar. Andererseits sind die Pflanzen bei ihrer Bestäubung und Verbreitung auf die wild lebenden Tiere angewiesen.

Der Vegetationsrhythmus von Stauden

Im Gegensatz zu den Einjahresblumen sind Stauden Kräuter, die mehrere oder viele Jahre hindurch ausdauern und nach einer unterschiedlich langen Jugendphase jährlich blühen und fruchten. Die oberirdischen Teile bleiben im Gegensatz zu den holzigen Stämmen und Zweigen der Gehölze weitgehend krautig. Sie überstehen die kalte und lichtarme Jahreszeit, indem sie in diesem Zeitraum einen Teil ihres Pflanzenkörpers aufgeben und mit Hilfe besonderer Dauerorgane (Wurzeln, Rhizome, Knollen, Zwiebeln) den Beginn der nächsten Wachstumszeit abwarten, um dann erneut auszutreiben.

Nicht alle Stauden ziehen ein

Die Überwinterungsorgane der Stauden sitzen entweder unter der Erde, unmittelbar über oder an der Erdoberfläche. Neben diesen „einziehenden" Stauden gibt es eine Reihe vor allem niedriger Stauden, die nicht „einziehen", sondern im Winter ihr Laub behalten. Sie sind für uns meist in der Gestalt von Horst- und Polsterbildnern oder von Kriechstauden als immergrüne Bodendecker wertvoll. Bei den Knollen- und Zwiebelblumen, die gesondert behandelt werden (siehe Seite 275), ist die Rückbildung der Pflanzen auf ihre Dauerorgane während der Zeit der Vegetationsruhe am weitesten vorangetrieben, da bei ihnen auch sämtliche Wurzeln einziehen.
Mit der Möglichkeit, große Teile ihrer Organe aufzugeben, sind die Stauden an extreme Klima- und Standortbedingungen angepasst. Nicht umsonst finden wir unter den Stauden viele Arten aus Gegenden mit besonders schwierigen Wachstumsbe-

▼ Der besondere Reiz von Staudenbeeten ist, dass sie im Jahresverlauf immer wieder anders aussehen. Im Frühjahr dominieren Lupinen und Sommermargeriten.

▲ Der Vegetationsrhythmus von Stauden: die ausdauernden Pflanzen treiben im Frühjahr aus, blühen und fruchten und „ziehen“ im Winter wieder ein.

dingungen. Denken wir nur an jene Pflanzengesellschaft unserer Laubwälder, deren Anpassung es erlaubt, die kurze Zeitspanne zum Wachstum zu nutzen, in der nach dem Frühlingserwachen noch vor dem Laubaustrieb der Gehölze genügend Licht auf den Waldboden fällt. Zu dieser Pflanzengesellschaft gehört beispielsweise das Buschwindröschen, das ja den größten Teil des Jahres wegen Lichtmangel oder winterlicher Kälte als Erdspross überdauert und im Frühling in einer kurzen Entwicklungsphase austreibt, blüht, fruchtet und gleichzeitig die Kräfte für das Überdauern sammelt.

Das Rhizom der Stauden

Der verdickte Wurzelstock (das Rhizom) ist für Stauden das typische Überdauerungsorgan. Er trägt an der Spitze Knospen, aus denen im Frühjahr neue Triebe entstehen, die sich mit der Zeit vermehren. Gehen diese Wurzeln senkrecht in die Erde, so wird daraus ein Busch oder Horst (z. B. bei Lupinen, Pfingstrosen, Mohn und Königskerzen), der sich wenig ausbreitet.

Liegt der Wurzelstock dagegen waagerecht im Boden, so streckt er sich und schiebt die Endknospe vorwärts. Auf diese Weise kriecht er immer weiter im Erdreich fort. Die ältesten Teile sterben ab und die ganze Pflanze verändert dadurch ihren Standort. Typische Beispiele sind das Buschwindröschen und das Maiglöckchen. Manchmal bilden sich auch zwei Endknospen. Dann gabelt sich der Wurzelstock. Nach dem Absterben des hinteren Teils geht die Verbindung verloren. Es werden zwei Pflanzen daraus, die getrennt und in verschiedene Richtungen weiter wachsen. Durch diese „Fortbewegung“ erreichen die Wurzeln und damit die Pflanze neue, unverbrauchte Erde.

▼ Viele Stauden wie die Federnelken, die schon unsere Großmütter an die Rabattenkanten gepflanzt haben, duften sehr gut.

◀ Die Iris oder Schwertlilie bildet dicke Rhizome aus.

◀ Die „Keime“ des Maiglöckchens sind von Oktober bis März in 10 bis 15 cm tiefe Rillen in Abständen von 5 bis 7 cm zu legen. Die ganze Pflanze ist giftig!

Die Herkunft der Stauden

Stauden genießen schon seit vielen Jahrhunderten Heimatrecht im Garten. Davon zeugen viele mittelalterliche Maler, die bereits Lilien und Pfingstrosen, Iris und Akeleien in ihren Bildern verewigten.
Waren es zunächst besonders hübsche heimische Staudenarten, die man sich in den Garten holte, kamen später auch Pflanzen aus fernen Ländern hinzu.

Wildstaude und gezüchtete Staude

Während viele Wildstauden nahezu unverändert in die Gärten kamen und sich dort seither kaum wandelten, wurden andere Arten erst durch lange züchterische Bearbeitung zu gartenwürdigen Stauden. Durch intensive Züchtungsarbeit entstanden aus zum Teil unscheinbaren Wildformen farbenprächtige Gebilde, die sich durch reichere Blüte, größere Einzelblüten, neue Blütenfarbe, längere Blütezeit, besseren Wuchs und viele andere wertvolle Eigenschaften auszeichnen.
Stauden lassen sich nach einer Vielzahl von Kriterien unterscheiden bzw. einteilen. So in die züchterisch nicht oder nur wenig bearbeiteten Wildstauden und züchterisch stark bearbeiteten Beetstauden. Der Begriff „Wildstaude" besagt nicht, dass diese Pflanzen etwa der Natur entnommen sind. Vielmehr besagt er, dass diese Arten im Gegensatz zu den Beetstauden gar nicht oder nur sehr wenig durch Züchtung oder Auslese beeinflusst sind. Man kann Stauden aber auch nach Herkunft – heimisch oder fremdländisch –, Blüte, Blatt, Frucht, Duft, Wuchshöhe und nach Standort oder jeweiligem Lebensbereich einteilen.

Herkunft aus der Ferne

Aus Nordamerika stammen Kissen Aster (*Aster dumosus*), die hohen Herbst-Astern (*Aster cordifolius, A. ericoides, A. novae-angliae* und *A. novi belgii*); Sonnenbraut (*Helenium autumnale*), Weidenblättrige Sonnenblume (*Helianthus salicifolius*) und andere Sonnenblumenarten, Sonnenauge (*Heliopsis helianthoides*), Vielblättrige Lupine (*Lupinus polyphyllus*), Stauden-Phlox (*Phlox paniculata*), Polster-Phlox (*Phlox subulata*), Scharlach-Indianernessel (*Monarda didyma*) und Sonnenhut (*Rudbeckia fulgida, R. laciniata* und *R. nitida*).
Den asiatischen Ländern, insbesondere China, Japan und Korea, verdanken wir die beliebten Winterastern oder Chrysanthemen (*Chrysanthemum x grandiflorum*), Tränendes Herz (*Dicentra spectabilis*), Japanische Astilben (*Astilbe japonica*) sowie die vielen verschiedenen Funkien (*Hosta*-Arten).

Beetstauden

Die ganze Vielfalt der Stauden zu beschreiben würde den Rahmen dieses Buches sprengen. Deshalb soll in den nachfolgenden Betrachtungen und den Staudenbeschreibungen der Lebensbereich Beet im Vordergrund der Betrachtungen stehen. Dies vor allem deshalb, weil der Lebensbereich Beet die in unseren Gärten am häufigsten anzutreffende Standortvoraussetzung ist. Wer sich näher mit den anderen Lebensbereichen, dies sind Gehölz, Gehölzrand, Freiflächen, Steinanlagen, Alpinum, Wasserrand, und Wasser, beschäftigen will, sei auf die einschlägige Literatur verwiesen (siehe Literaturverzeichnis im Anhang).
Zur Gruppe der Beetstauden gehören alle jene besonders reichblütigen und farbenkräftigen Stauden, die durch langjährige, oft jahrzehnte-, ja sogar jahrhundertelange gärtnerische Züchtung und Auslese entstanden sind. Sie werden ihrer Blütenpracht wegen auch als „Prachtstauden" oder nach den von ihnen bevorzugten Pflanzorten als „Rabattenstauden" bezeichnet.

▲ Die Bunte Wolfsmilch (*Euphorbia polychroma*) ist eine robuste Staude, die lange ihre halbkugelige Form behält. Im Frühjahr setzt sie mit ihren gelben Hochblättern an aufrechten, 40 cm hohen Stielen einen ersten Höhepunkt ins sonnige Staudenbeet. Dazu passen zur gleichen Zeit blühende Wildtulpen und Herbstsedum.

Der Lebensbereich Beet

Der Lebensbereich Beet führt oft Stauden mit ganz verschiedenen Ansprüchen zusammen. Sie wachsen unterschiedlich stark und stammen aus ganz verschiedenen Gegenden auf der Erde. Der Grund,

Stauden und ihre Lebensbereiche

Die Zuordnung der Staudenarten und ihrer Gartenformen zu Lebensbereichen leitet sich aus dem Vorkommen in ihren natürlichen Verbreitungsgebieten ab. Der Lebensbereich sagt etwas über Ansprüche der Stauden an Standort und Kleinklima aus. Unterschieden wird zwischen folgenden Lebensbereichen: Gehölz, Gehölzrand, Freiflächen, Steinanlagen, Alpinum, Beet, Wasserrand, Wasser.

▲ Die Gartenhybriden der Goldrute, z. B. die Sorte 'Goldstrahl' haben mit ihrer wilden Verwandten, der Kanadischen Goldrute, nicht mehr viel zu tun. Sie bleiben kompakt und verwildern nicht.

weshalb diese Stauden nebeneinander auf dem Beet oder der Rabatte trotzdem gleich gut gedeihen, liegt darin, dass es auf dem Beet in Bezug auf Düngung, Wasserversorgung, Bodenlockerung und Unkrautbekämpfung möglich ist, weitgehend optimale Wachstumsverhältnisse zu schaffen und keine Konkurrenz vorhanden ist. Außerdem hat die Züchtung ihr Übriges getan. Mit der gezielten Züchtung auf schönere Farben und Formen ging zugleich auch eine gewisse Änderung der Ansprüche der Stauden einher, die sich – von den oft sehr unterschiedlichen Wachstumsbedingungen der Wildarten an deren heimatlichen Standorten ausgehend – allmählich immer weiter annäherten. Insofern besteht also zwischen vielen an besondere Standortbedingungen gebundene Wildstauden und den Beetstauden ein bemerkenswerter Unterschied. Daneben wird es aber auch unter den Beetstauden immer Arten geben, die nur bei Beachtung bestimmter Standortverhältnisse optimal gedeihen.

Beetstauden geben dem Garten Charakter

Die Beetstauden bilden zusammen mit den Sträuchern und Bäumen das Rückgrat des Gartens oder des Gartenteils, der als Wohn- und Ziergarten dient. Um sich voll entwickeln zu können, benötigen die Stauden einige Jahre, und gerade deshalb müssen sie über diese Zeit an einer Stelle „ungestört" wachsen können. Dadurch geben sie, einmal gepflanzt, dem Garten einen bestimmten Charakter und legen seine Gestaltung auf Jahre hinaus fest.
Die Mehrzahl der Beetstauden braucht Sonne. Selbstverständlich muss man auch im Schatten nicht völlig auf den Blütenschmuck von Stauden verzichten, doch wird dieser hier weniger reich und farblich eher zurückhaltend blühen. Am besten werden Beete in Ost-West-Ausrichtung belichtet.

Mauer oder Hecke als Hintergrund

Ein schöner Hintergrund für eine Staudenpflanzung ist eine Hecke oder eine Mauer. Diese begrenzen die Bepflanzung, verschatten sie aber nicht. Gleichzeitig erhöhen sie den Farbeffekt einer Staudenpflanzung und geben ihr optischen Halt. Und ganz praktisch schützen sie die Stauden auch vor Wind. Wenn man Gehölze mit verschiedenen Blüten- und Laubfarben hinter die Stauden platziert, ergeben sich interessante jahreszeitlich wechselnde Kontraste.
Bandartige, meist Weg begleitende Staudenrabatten sind eine traditionelle Form, um Beetstauden im Garten zur Geltung zu bringen. Charakteristisches Merkmal dieser Rabatten ist die dichte Nachbarschaftspflanzung überwiegend höherer Stauden. Boden deckende und Kleinstauden werden in der Regel nur als Randabschluss verwendet.

Inselbeete

Weit verbreitet ist auch die Beetstaudenrabatte am Haus, an der Terrasse oder am Sitzplatz im Garten. Eine besondere Beetform, vor allem in größeren Gärten, ist das Inselbeet. Inselbeete – häufig innerhalb fester Belagsflächen, aber auch als Blickziel im Rasen oder als Maßstab setzendes

TIPP

Tiefe Staudenrabatten sind eindrucksvoll, verlangen aber eine sorgfältige Höhenstufung und sind schwierig zu pflegen. Deshalb sollte man gut überlegen, Staudenpflanzungen von großer Tiefe anzulegen. Unter 2 m Breite sind Rabatten vom Rand aus gut zu pflegen. 1 m breit sollten die Beete aber schon sein. Sehr breite Staudenflächen sollte man durch Pflegepfade erschließen, sodass man an jede Pflanze herantreten kann.

Gestaltungselement im Vordergrund – haben rundum Ansichtsseiten. Hier wird man die Mehrzahl der hochwachsenden Arten zur Mitte hin konzentrieren. Ihre Anzahl und Anordnung kann in Verbindung mit einem Sitzplatz oder Blickpunkt auch von erwünschten Durchsichten bestimmt sein. Diese lassen sich in Form abwechslungsreich gestufter Pflanzungen schaffen, deren lebendiges „Auf und Ab" gleichzeitig prägnante Wuchscharaktere durch Freistellung hervorhebt. Für die bildhafte Rahmung sind großblättrige (z. B. Funkien, Bergenien) oder dichthorstige Stauden (z. B. Taglilien) wichtig, die gleichzeitig ein wirksames „Bollwerk" gegen angrenzenden Rasen darstellen. Nicht zuletzt haben Beetstauden im Vorgarten eine besondere Bedeutung.

Obwohl für Beetstauden die strenge Beet- oder Rabattenform typisch ist, können sie ebenso wie Wildstauden in freier Fläche in Verbindung mit Baum und Strauch gepflanzt werden, soweit es Standort und Ansprüche der Sorten zulassen.

▼ Breite, von Hecken oder Mauern begrenzte Staudenrabatten sieht man häufig in englischen Gärten. Es sind die sogenannten „mixed borders", die aber sehr viel Pflege brauchen.

▲ Manche Stauden wie Funkien (*Hosta*) oder Bergenien wirken hauptsächlich durch ihre Blätter.

Staudenbeete planen

Die Anordnung der Stauden auf den Beeten ist eine Kunst, die durch gute Beispiele besser gelehrt werden kann als durch Worte. Gute Anregungen können anderen Gärten, Beispielpflanzungen in Parkanlagen der Städte oder Gartenschauen geben. Nachfolgend wird nur auf einige grundsätzliche Dinge eingegangen, die beim Zusammenfügen von Stauden in Pflanzungen zu beachten sind.

Pflanzengemeinschaften bilden

Bei der Planung des Staudenbeetes stellt sich die Frage nach der Anordnung und Zusammensetzung der Pflanzengemeinschaft. Natürlich hat der Gartenbesitzer alle Freiheit zu pflanzen, was er gern möchte. Das umfangreiche Staudensortiment, der Sammler- und Besitzerstolz, die Freude an den vielfältigen Farben und Formen, der Wunsch nach ununterbrochener Blüte, nach ständiger Abwechslung und Erneuerung lassen aber häufig Pflanzungen entstehen, in den die verschiedensten Arten und Sorten meist nur in einzelnen oder nur ganz wenigen Exemplaren vertreten sind. Solche Pflanzungen gleichen eher einem botanischen Garten, in dem eins ums andere systematisch nebeneinander aufgereiht ist. In diesen überladenen, oft zu dicht gepflanzten Staudenanlagen wird alles überfordert: Boden und Lebensraum durch zu starke Beanspruchung, die Pflanze infolge Einengung und vielseitiger Konkurrenz und der Mensch durch Übermaß an Pflege.

▲ Höhenstaffelung einer Staudenpflanzung zwischen Weg und Hecke. Es ist entgegen einer weit verbreiteten Regel nicht richtig, vorn nur niedrige und nach hinten zu immer höher werdende Staudenarten zu pflanzen. Einzelne hohe Stauden, vor allem aber halbhohe Arten und grazile Gräser sollte man stellenweise auch weit nach vorne ziehen.

Gelungene Staudenpflanzungen vermeiden chaotische Arten- und Sortenmischungen ebenso wie monotones Einerlei. Um Beetstaudenpflanzungen zu einer Einheit werden zu lassen, ist es meist sinnvoll, Stauden einer Art in größeren und kleineren Gruppen räumlich in Wiederholungen zu pflanzen. Formale Überlegungen sollten bei der Anordnung der Stauden auf dem Beet ausschlaggebend sein. Sie ergeben sich aus dem dreistufigen Aufbau von Pflanzungen, nämlich aus vielen niederen, zahlreichen mittelhohen und wenigen hohen Arten.

Leitstauden bilden das Gerüst

Den „hohen" Stauden, man bezeichnet sie auch als „Leitstauden", kommt die Gerüstbildnerfunktion zu, sie bilden den Ausgangspunkt der Staudenpflanzung und sollten als Ordnungsmittel innerhalb der Pflanzfläche in rhythmischer Folge mehrfach wiederkehren und dem Betrachter gleichsam einen „roten Faden" anbieten. Für diesen Zweck eignen sich Arten, die durch ihre Höhe, ihre Form, aber auch durch die Leuchtkraft ihrer Blütenfarben auffällige Blickziele darstellen. Von diesen Stauden wird Standfestigkeit auch bei Wind und Wetter erwartet.

▼ *Ligularia przewalskii* ist eine imposante Staude, die im Hochsommer blüht.

Einzeln oder in Gruppen pflanzen

Die rhythmische Wiederholung der Leitstauden darf aber nicht zum starren Schema werden. Gleichmäßige Abstände, gleichbleibende Stückzahlen innerhalb der einzelnen Gruppen und gleiche Sorten oder Farben sind zu vermeiden. So kann man beispielsweise von einer stark wachsenden Art in unregelmäßiger Folge erst drei, dann eine, einmal zwei und vielleicht wieder drei Stück pflanzen und so weiter. Weniger starke Arten lassen sich in unterschiedlichen Gruppen von etwa 3 bis 5 Stück einsetzen. Auch die Sorten und Farben können wechseln. So können z. B. bei Rittersporen hellblaue, dunkelblaue und violette Farbtöne abwechseln, bei den hohen Sommerphloxen wiederum rosa, rote oder weiße Sorten. Das Farbenspiel der großen Sortimente lässt hierzu einen ausreichenden Spielraum. Selbstverständlich kann man auch eine bestimmte Sorte vorherrschen lassen.

Was sind Leitstauden?
Leitstauden haben eine ausgeprägte Gestalt, sie blühen auffallend und reich. Deshalb unterscheiden sie sich deutlich von den meisten übrigen Beetstauden. Sie bestimmen somit den Charakter der Rabatte. Die Höhepunkte der Blüte einer Staudenpflanzung werden durch sie wesentlich bestimmt.

Höhenabstufung abwechslungsreich gestalten

Nicht selten sieht man Staudenbeete, bei denen den niederen Stauden der vordere Teil des Beetes, den mittelhohen die Mitte und den hohen Stauden die rückwärtige Fläche zugewiesen wird. Diese

drei Stufen in gleichmäßiger und gleichbleibender Breite über die Länge des Beetes durchlaufen zu lassen, wirkt langweilig und oft unschön. Ein derartiger Aufbau ist nur dann lebendig und abwechslungsreich, wenn die einzelnen Höhenstufen in ihrer Ausdehnung gegenseitig wechseln; wenn also die niederen Stauden von vorne einmal mehr und dann wieder weniger nach hinten ausgreifen, um die mittleren und hohen Stauden ebenfalls abwechselnd hervor- und zurücktreten zu lassen. Dadurch ergeben sich reizvolle optische Überschneidungen und zugleich überraschende Details.
Flächig bepflanzte Staudenbeete lassen sich auch mit höheren Stauden, die einzeln oder in kleinen Trupps gepflanzt sind, auflockern. Ein solches Beet wirkt vor allem durch den Kontrast zwischen hohen und niederen Pflanzen. Durch wirkungsvolle Abstufungen der Blütenfarbe oder der Blütezeit lässt sich dieser Effekt noch weiter steigern.

Wiederholungen einbauen
Um Beetstaudenpflanzungen zu einer Einheit werden zu lassen, ist es sinnvoll, Stauden einer Art in größeren und kleineren Gruppen räumlich in Wiederholungen zu pflanzen. Dabei wird sich manche Pflanzung vorteilhaft aus wenigen hohen, zahlreichen mittelhohen und vielen niedrigen Stauden zusammensetzen.

Akzente je nach Jahreszeit setzen

Im Jahresverlauf gibt es immer wieder Blüh-Höhepunkte. Im zeitigen Frühjahr dominieren Zwiebelblumen das Beet. Im Frühsommer und im Sommer treten die Farben Blau und Weiß in den Vordergrund mit Rittersporn, Margeriten und Glockenblumen. Im Sommer dominiert die Farbe Gelb bei Sonnenbraut, Mädchenauge, Sonnenhut und Goldrute. Rote Akzente setzen Phlox und Monarden.
Gegen Ende des Gartenjahres herrschen dann wieder die Blautöne der Astern und Weiß z. B. der Herbstanemonen vor. Durch ausgewählte Blütenfarben und Blütezeiten lassen sich diese Kontraste weiter steigern.

◄ Beim Anlegen eines Staudenbeets muss man auch die Blütezeit beachten. Das Beet sieht zu allen Jahreszeiten attraktiv aus. Vorne stehen die Herbstblüher, im mittleren Teil die Sommerblüher und hinten die Frühlingsblüher.

Farben gut aufeinander abstimmen

Damit große Staudenbeete harmonisch wirken, müssen die Farben gut aufeinander abgestimmt sein. Es können immer ein oder zwei Töne dominieren und zu den anderen Stauden Kontraste bilden. Normalerweise ist die Blütenfarbe das wichtigste ästhetische Kriterium. Manch-

▲ Niedrige und hohe Blütenstauden und Gräser wurden hier vor dem Hintergrund der höheren Gehölze spannungsreich kombiniert.

► Links: Eine regelmäßige Staffelung der Stauden sieht unnatürlich aus und wirkt wenig interessant. Rechts dagegen wurden die verschiedenen hohen Stauden unregelmäßig verteilt – so ergibt sich ein spannungsreiches Bild.

► Die Fackellilie (*Kniphofia*) mit ihren gelben oder feuerroten Blüten hat eine enorme Leuchtkraft. Sie passt gut in die Nähe von gelb blühenden Stauden wie Sonnenauge und Sonnenhut. In ungünstigen Lagen braucht sie Winterschutz.

mal geben aber auch die Blätter der Stauden Farbe.
Es empfiehlt sich, größere Flächen mit Farbtönen anzulegen, die in Beziehung zueinander stehen. So ist es nicht schwierig, Harmonie in ein Staudenbeet mit gelben und roten Stauden wie Sonnenbraut oder Monarden zu bringen, das durch blau- oder weißblühende Sorten aufgelockert wird. Ein Übermaß an Blau kann jedoch kalt und abweisend wirken.
Gelb und Rot bringen Leben in die Pflanzung. Gleiches gilt für ein harmonisches Zusammenspiel von Silbergrau mit reinem Blau und warmem Rot, von Rosa, Weiß und Dunkellila, von Orange und Hell- bis Mittelblau und von Blaugrün, Rotbraun und Gelb.
In Bezug auf die Farbzusammenstellung ist allerdings Folgendes zu beachten: Jede noch so gut durchdachte Farbzusammenstellung nutzt nichts und kann viel Kummer bereiten, wenn die Blühpartner nicht zur gleichen Zeit blühen. Es kann vorkommen, dass ein bestimmter Zusammenklang nicht in jedem Jahr wunschgemäß zusammentrifft, denn zuweilen verschieben sich die Blütezeiten ohne erkenntliche Ursache um mehrere Tage.

Der Staudenkauf – Qualität zahlt sich aus

Gute Pflanzenqualität können Käufer in Staudengärtnereien erwarten, die Mitglied des „Bundes deutscher Staudengärtner" im Zentralverband Gartenbau sind und zur Führung des Gütezeichens „Deutsche Qualitätsstauden" berechtigt sind. Dieser Begriff setzt einwandfreies, von Pilzen und tierischen Schädlingen nicht befallenes Pflanzgut voraus, frei von Samen- und Wurzelunkräutern.
Die Mitglieder des „Bundes deutscher Staudengärtner" kultivieren vor allem die Staudensorten, die in sogenannten Sichtungsgärten in langjähriger Beobachtung auf ihre Gartenwürdigkeit hin überprüft und ausgelesen worden sind.

Die Stauden kommen ins Haus

Werden die Stauden über den Versandhandel bezogen, dann sind sie möglichst bald nach dem Eintreffen auszupacken. Es ist darauf zu achten, dass hierbei die einzelnen Sorten nicht durcheinander geraten und die Etiketten mit den Art- und Sortenbezeichnungen nicht vertauscht werden. Jedes Trockenwerden der Wurzeln ist zu vermeiden, deshalb dürfen die Pflanzen nicht ungeschützt der Sonne und dem Wind, aber auch nicht längere Zeit dem Regen ausgesetzt werden. Kann man nicht sofort pflanzen, so müssen die Stauden mitsamt den Töpfen an einem schattigen und windgeschützten Platz eingeschlagen und feucht gehalten werden.
Treffen Stauden in gefrorenem Zustand ein, so taut man sie vor dem Pflanzen in

▼ Stauden kauft man am besten in speziellen Staudengärtnereien oder in Gartencentern, die ein umfangreiches Sortiment haben.

Günstige Pflanzzeiten für Stauden

- Polsterstauden werden von Anfang August bis Ende November sowie von Mitte März bis Anfang Juni am günstigsten verpflanzt. Bei großer Hitze im Sommer muss man notfalls für etwas Schatten sorgen.
- Im Frühjahr blühende Zwiebel- und Knollengewächse werden von Mitte August bis Mitte November eingesetzt, je frühzeitiger um so besser, keinesfalls aber in gefrorenen Boden.
- Die Herbstblüher unter den Zwiebel- und Knollengewächsen werden im Juli nach dem Einziehen der Blätter gepflanzt. Im Frühling, wenn sie ihre Blattschöpfe hervorbringen, darf man sie nur mit Topfballen pflanzen.
- Lilien werden je nach Art im Herbst oder im Frühling gepflanzt, wenn nicht Pflanzen mit Topfballen zur Verfügung stehen. Man stört sie sehr empfindlich, wenn sie mit jungen Würzelchen aus dem Boden genommen werden. Dies gilt insbesonders für die Madonnen-Lilie (*Lilium candidum*), die im August gepflanzt werden sollte.

Bezüglich des optimalen Pflanz- bzw. Umpflanzzeitpunktes siehe auch bei den einzelnen Arten.

einem kühlen, nicht zu dunklen Raum langsam auf. Hier können sie eventuell auch einige Tage aufbewahrt werden, bis draußen der Boden wieder offen ist. Um während dieser Zeit ein Austrocknen der Wurzeln zu vermeiden, werden sie gut mit Torf oder Erde bedeckt und gleichmäßig feucht (nicht nass) gehalten.

Wann pflanzen?

Da fast alle Stauden im Container kultiviert und geliefert werden, ist ihre Pflanzzeit kaum noch begrenzt, nur die Witterung kann beschränkend wirken. Bei Regen, nassem Boden und Frost sollte man nach Möglichkeit nicht pflanzen. Wird eine Pflanzung kurz vor Frosteintritt fertiggestellt, ist diese nach dem Wässern mit einem dünnen Vlies oder mit Fichtenzweigen abzudecken.
Für wurzelnackt bezogene Staudenpflanzen aus der Gärtnerei oder für das Umpflanzen von Stauden gilt dies natürlich nicht. Die Meinung, Stauden seien wie Gehölze am besten im Frühling oder im Herbst zu pflanzen, ist weit verbreitet. Sie wird aber den verschiedenartigen Ansprüchen der meisten Arten nicht gerecht. Treffender ist dagegen die Regel, dass Stauden nach ihrer Blütezeit ge- oder verpflanzt werden sollen. Demnach sind frühjahrsblühende Stauden möglichst nach der Blüte, noch im Frühjahr oder Vorsommer, sommer- und herbstblühende Arten im Herbst oder auch im zeitigen Frühjahr zu pflanzen.

Grundsätzlich gilt: Auf schweren, kalten und feuchten Lehmböden sollte eine Herbstpflanzung nicht zu spät, die Frühjahrspflanzung nicht allzu bald vorgenommen werden.

Bodenvorbereitung

Da Stauden viele Jahre an der gleichen Stelle wachsen und alljährlich reich blühen sollen, ist eine gute Vorbereitung des Pflanzbeetes unerlässlich. Der Boden sollte von feinkrümeliger Struktur, wasser- und luftdurchlässig, tiefgründig und leicht zu bearbeiten sein. Er sollte einen hohen Gehalt an Dauerhumus und Nährstoffen aufweisen und sich in einem guten „Garezustand" befinden. Diesen Forderungen entspricht ein sandiger Lehmboden mit einem Humusgehalt von 3 bis 4 %.
Schwere lehmige oder auch tonige Böden müssen durch mineralische Beigaben gelockert werden, um das Porenvolumen und die Durchlässigkeit der Böden zu erhöhen. Dazu können auch Kompost- und Rindenhumusgaben beitragen, die aber in erster Linie zur Erhöhung des Humusgehaltes eingebracht werden sollen (nähere Ausführungen hierzu siehe Seiten 40 und 62).
Ist der Garten bisher weder gärtnerisch noch landwirtschaftlich bearbeitet oder der Boden durch den Hausbau stark verfestigt worden, so ist die Lockerung des Untergrundes eine besonders wichtige Maßnahme, um optimale Standortbedingungen für die Stauden zu schaffen.
In Bezug auf die Bodenreaktion verhalten sich die meisten Beetstauden indifferent. Je höher der Lehm- oder Tonanteil eines Bodens ist, umso höher kann der pH-Wert liegen. Anzustrebende Werte sind dann pH 6,5 bis 7,5. Mit dem Anstieg des Sand- oder Humusanteiles kann der pH-Wert absinken; hier sind Werte von pH 5,5 bis 6,5 angezeigt.

Der Platzbedarf der Stauden

Eine wichtige Grundlage für die Planung einer Staudenpflanzung ist die Kenntnis des Platzbedarfs der einzelnen Stauden und zwar zu dem Zeitpunkt, an dem sie den meisten Raum einnehmen.
Typisch für Stauden ist es zu wandern und sich auszubreiten. Sie verändern sich ständig und mit ihnen auch ihr Abstand in den Pflanzungen, bis sie dicht zusammengewachsen sind. Für ausgewogene Pflan-

WICHTIG

Die meisten Gräser und Farne vertragen die Herbstpflanzung sehr schlecht und sind deshalb nur im Frühjahr zu pflanzen.

Steine und Unkräuter auslesen

Steine und alle Wurzeln ausdauernder Unkräuter müssen bei der Bodenbearbeitung sorgfältig ausgelesen werden; das geht am leichtesten, wenn der Boden nicht zu nass, aber auch noch nicht ganz trocken ist. Wenig sorgfältiges Arbeiten rächt sich schon im 1. Jahr nach der Pflanzung durch vermehrte Pflegearbeit, wenn die zwischen den Stauden gleichzeitig erscheinenden Quecken, Disteln und andere Unkräuter enfernt werden müssen.

Pflanzabstand einiger Beetstauden in cm*		
Name	untereinander (im Dreieck)	zu Nachbarn (kurz- zu langlebigen)
Glänzender Sonnenhut *Rudbeckia nitida*	90	50–90
Raublatt-Aster *Aster novae-angliae*	90	50–90
Sonnenbraut *Helenium*-Cultivars	60	60–70
Chinesische Pfingstrose *Paeonia lactiflora*	60	40–50
Rittersporn *Delphinium*-Cultivars	50–60	40–60
Stauden-Phlox *Phlox paniculata*	50	40–60
Feinstrahl *Erigeron*-Cultivars	30–40	30–40
Margerite *Leucanthemum*-Cultivars	40	30–40
Bunte Margerite *Tanacetum coccineum*	25	25–30
Magerwiesen-Margerite *Leucanthemum vulgare*	25	25–30

(* nach HANSEN / STAHL 1997)

WICHTIG

Trockene Wurzelballen vor dem Pflanzen gut wässern bzw. in ein Gefäß mit Wasser tauchen, bis sie gut durchfeuchtet sind. Die am Wurzelwerk haftende Erde darf sich dabei aber nicht ablösen.

◀ Der sehr dekorative bis 2,5 m hohe Federmohn braucht einen architektonischen Hintergrund. Die ganze Pflanze ist bläulich bereift. Da er stark wuchert, darf er nur an den Rand des Staudenbeets gepflanzt werden.

Wie viele Stauden pflanzen?
Für Leitstauden rechnet man bei Beetstaudenpflanzungen etwa 5–6 Pflanzen, bei sehr breitwüchsigen Arten nur 2–3 Stauden pro m², für niedrige Gruppenstauden sind pro m² 6–8 Pflanzen und für kriechende Stauden je nach Größe des Pflanzgutes 10–20 Pflanzen erforderlich.

zungen dürfen die Stauden nicht zu dicht gepflanzt werden. Um viele Jahre miteinander leben zu können, müssen sich die einzelnen Arten zu starken Pflanzen entwickeln können. Pflanzt man verschiedene größere Gräser zu dicht und in zu großer Anzahl zusammen, so verlieren diese schönen Gräser ihren Charakter und damit ihren besonderen Reiz.

Die Abgrenzung der Staudenpflanzung

Die Pflege einer Staudenrabatte kann durch eine geeignete Abgrenzung erleichtert werden. Schließt an das Staudenbeet eine Hecke an, so sollte man einen Abstand von etwa 0,5 m zur ausreichenden Belichtung zwischen beiden freilassen. Grenzt eine Rasenfläche an das Staudenbeet an, so wächst das Gras ohne einen trennenden Kantenstein immer wieder in die Rabatte hinein und muss laufend abgestochen werden. Besonders schwierig wird es, wenn Polsterstauden am Rande stehen. Man setzt in diesem Fall zweckmäßigerweise den Kantenstein nicht senkrecht, sondern verwendet ihn als liegende Platte, in gleicher Höhe mit Staudenbeet und Rasenfläche verlegt. Das hat den Vorteil, dass der Rasenmäher das Gras bis zum Rand abnehmen kann und ein Ineinanderwachsen von Stauden und Gras unterbunden wird. Begleiten Wege das Beet und sind sie nicht in Platten verlegt, setzt man den Kantenstein in der üblichen Weise senkrecht.

Das Pflanzen der Stauden

Staudenwurzeln sind sehr empfindlich. Werden die Wurzeln der Sonne, dem Wind oder der trockenen Luft ausgesetzt, so

▼ Bei dieser Staudenpflanzung wurde eine Teichfolie senkrecht zur benachbarten Hecke hin eingegraben. Zum Rasen hin grenzt eine Mähkante das Blumenbeet ab.

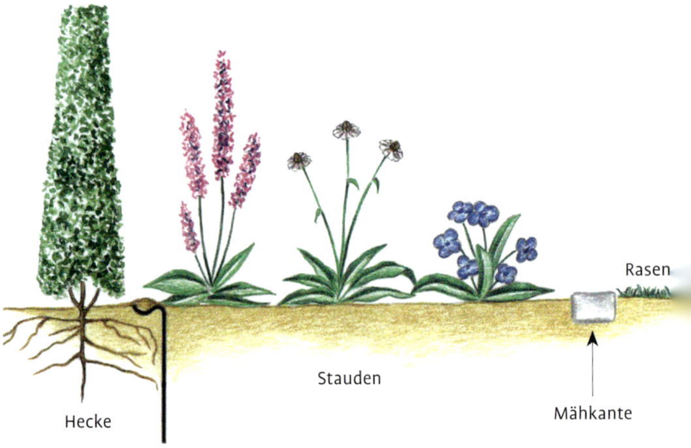

trocknen sie ein und sterben gegebenenfalls ab. Dadurch kann das zügige Anwachsen der Stauden in Frage gestellt sein. Glücklicherweise haben viele Stauden kräftige Speicherorgane im Wurzelbereich entwickelt, mit deren Hilfe rasch neue Saugwürzelchen gebildet werden können. Trotzdem sollten die Pflanzen nicht längere Zeit der Sonne ausgesetzt sein und die Pflanzung selbst nach Möglichkeit bei trübem Wetter vorgenommen werden. Wenn es sich nicht vermeiden lässt, dass die Stauden länger als eine halbe Stunde – bei Sonnenschein höchstens eine Viertelstunde – offen liegen, so muss man sie wiederholt leicht überbrausen, ohne dabei jedoch die Erde von den Wurzelballen abzuspülen und das Erdreich zu vernässen. Pflanzen mit guten Topfballen sind ein wenig unempfindlicher.
Die vorbereitete Pflanzfläche sollte nicht mehr als unbedingt notwendig betreten werden. Wenn man beim Auslegen und Pflanzen den Boden zu stark betritt, so entstehen insbesondere auf schweren Böden Bodenverdichtungen, die man nach dem Pflanzen oft nicht ohne weiteres beheben kann. Die Pflanzen sind möglichst vom Wege, vom Rasen oder von den Pflegepfaden her auszulegen und einzusetzen, eventuell mit Hilfe von ausgelegten Brettern.
Das Pflanzen von Stauden aus dem Container ist relativ einfach, hier kommt es darauf an, dass die Pflanzen weder zu hoch noch zu tief zu stehen kommen, sondern so, wie es ihrem vorherigen Stand und ihren arteigenen Wuchsformen entspricht.
Insbesondere beim Pflanzen wurzelnackter Stauden ohne festen, kompakten Erdballen ist zu beachten, dass die Wurzeln in ihrer natürlichen Lage und Ausbreitung in den Boden kommen. Dazu muss das Pflanzloch ausreichend groß sein, damit die Wurzeln sich nicht umbiegen. Zu lange Wurzelteile sind etwa auf Handbreite zurückzuschneiden. Stauden mit flach unter der Erdoberfläche verlaufenden Rhizomen (z. B. *Iris*-Hybriden, *Polygonatum*-Arten und auch Pfingstrosen) dürfen nicht zu tief gepflanzt werden. Schwertlilien (*Iris germanica*) nur ganz flach mit Erde bedecken.
Beim Einsetzen in die Pflanzgrube muss man die einzelnen Pflanzen etwas höher halten, damit sie nach dem Andrücken und Angießen auf die richtige Höhe zu stehen kommen. Die Erde wird seitlich und rings um den Wurzelballen eingefüllt, wobei sich durch leichtes Schütteln der Pflanze Hohlräume zwischen den Wurzeln beseitigen lassen.
Dann wird mit den Händen fest und gleichmäßig angedrückt. Der Druck darf aber nicht zu den Wurzeln hin erfolgen, sondern soll nach unten, besser noch seitlich nach außen wirken. Auf sandigen Böden kann man robuste Stauden auch vorsichtig mit dem Fuß antreten.
Wenn nach dem Angießen alles abgetrocknet ist, sind die offenen Flächen zwischen den einzelnen Stauden vorsichtig zu lockern, Trittspuren zu beseitigen und die Überreste des Pflanzgrubenaushubs sauber zu verteilen.

▼ Zum Pflanzen legt man die Stauden entsprechend der Planung an dem für sie jeweils vorgesehenen Platz aus. Es empfiehlt sich, die Pflanzen immer erst auszulegen und danach zu pflanzen. In der Regel wird man mit der Pflanzung der Leitstauden beginnen, dann kommen die großen und kleinen Gruppenstauden und schließlich die ganz niedrigen, bodendeckenden Stauden.

TIPP

Nach dem Pflanzen muss man die Stauden unbedingt angießen. In der Folge muss das Gießen mit Augenmaß geschehen, also nicht zu viel und nicht zu wenig gießen. Zu viel Wasser kann Fäulnisschäden verursachen. Wenn der Boden nicht ständig feucht gehalten wird, wachsen die Wurzeln besser in die Tiefe.

Die Pflege der Beetstaudenpflanzungen

Keine Staudenpflanzung kommt völlig ohne Pflege aus, auch „Wildstaudenpflanzungen" nicht. Eine angepasste, schonende Bodenpflege soll die Verdichtung und Verkrustung der Bodenoberfläche zwischen den Stauden durch wiederholtes Auflockern mit Hilfe geeigneter Geräte (Krümler, Kultivator, Hacke, siehe Seite 42–45) verhindern. Das Lockern des Bodens muss vorsichtig erfolgen, damit die Pflanzen in ihrem Wurzelbereich nicht beschädigt werden. Deshalb hat auch der Spaten im Rahmen der Bodenpflege im Staudenbeet nichts zu suchen. Besondere Vorsicht ist in Pflanzungen mit Zwiebel- und Knollenstauden geboten.

► Mit kleinen Handgrubbern kann man den Boden zwischen den Stauden schonend lockern. Mit solchen Geräten lassen sich unter Umständen auch Wurzelunkräuter herausgrubbern.

Mauer gegen Unkräuter
Eine Unterwanderung der Staudenpflanzung durch Ausläufer treibende Unkräuter aus der Nachbarschaft lässt sich abschirmen, und zwar durch eine „Mauer" aus Beton- oder Kunststoffplatten, aus Teichfolie oder Dachpappe, mit denen die Pflanzfläche unterirdisch abgetrennt wird. Diese Abtrennung muss mindestens 40 cm tief reichen.

Unkrautbekämpfung

Die Bekämpfung von Unkräutern kann in Staudenpflanzungen große Probleme bereiten. Wo der Boden offengehalten wird, siedeln sich eine Reihe von Samenunkräutern an. Soweit es sich dabei um „Einjährige" handelt, ist die Bekämpfung in der Regel kein großes Problem, sie werden so nebenbei bei der Bodenlockerung mit bekämpft. Dagegen können Wurzelunkräuter sehr lästig werden. Die meisten von ihnen sind Tiefwurzler (z. B. Löwenzahn, Disteln, Ampfer und Winden), sie müssen rechtzeitig mit dem gesamten Wurzelstock entfernt werden. Das flache Abhacken der oberirdischen Teile genügt nicht, da sie aus den im Boden verbliebenen Wurzelteilen ausschlagen und dann erneut und meist in noch größerer Zahl erscheinen. Besonders lästige Unkräuter sind Quecke, andere ausläufertreibende Gräser und Geißfuß (Giersch). Vom Rande her eindringend, zuweilen auch mit den Stauden selbst eingeschleppt, können sie mit ihren Wurzelausläufern in kurzer Zeit die Beete durchwandern. Sie machen vor den Wurzelstöcken der Stauden nicht Halt, sie durchdringen sie und setzen sich in ihnen fest. Hier sind sie besonders schlecht zu bekämpfen. Die ersten Anzeichen einer Verunkrautung mit diesen Wurzelunkräutern müssen ernst genommen werden. Wenn man diese heimtückischen Unkräuter bei Ihrem ersten Auftreten nicht sofort bekämpft, bildet sich ein dichter Unkrautfilz, in dem sich die meisten Stauden nicht behaupten können. Bei starker Verunkrautung hilft nur rücksichtsloses Durchgreifen: alle Stauden müssen herausgenommen und geteilt werden, um alle Unkrautwurzeln entfernen zu können.

Mulchen

Eine wirksame und bodenschonende Methode ist das Abdecken der offenen Pflanzflächen mit Mulchmaterialien. In ihrem Schutz wird das Unkraut zurückgehalten, der Boden vor Austrocknung bewahrt, Bodentemperatur, Wasser- und Lufthaushalt werden ausgeglichen und das Leben der Kleintiere und Mikroorganismen in den obersten Bodenschichten wesentlich gefördert. Dass die Pflanzflächen vor dem Aufbringen des Mulchmaterials unkrautfrei sein müssen, versteht sich von selbst. Mulcht man im Herbst nach dem Rückschnitt der Stauden, erreicht man dadurch gleichzeitig einen Winterschutz, da die Pflanzen unter der Abdeckung nicht so leicht hochfrieren.

Als Mulchmaterial wird für Staudenpflanzungen heute insbesondere grobstrukturierter Rindenmulch verwendet. Er ist besonders zu empfehlen, da er durch bei der Umsetzung der organischen Substanz freigesetzte Stoffe zusätzlich herbizide Wirkung gegen keimende Unkräuter besitzt. Auch Strohhäcksel und Grasschnitt eignet sich. Doch bei Grasschnitt ist Vorsicht geboten. Nicht selten ist das anfallende Mähgut von den Rasenflächen reich an Unkrautsamen (z. B. Jährige Rispe, Gänseblümchen). Auch bilden sich dabei leicht Schwarten.

Im Fachhandel wird ein Kokosfaser-Torf-Gemisch angeboten, das sich sehr gut für Staudenpflanzungen eignet. Die Mulchstärke sollte bei etwa 5 cm liegen und je nach Schwund bzw. Verrottung von Zeit zu Zeit wiederholt werden. Bei Verwendung von Rindenmulch ist dies in der Regel nach zwei Jahren der Fall.

WICHTIG
In der Regel wird Rindenmulch im Handel mit Stickstoff angereichert angeboten. Ist dies nicht der Fall, muss der Stickstoff, der bei dem Verrottungsvorgang von den Mikroorganismen dem Boden entzogen wird, bei der Düngung berücksichtigt werden. Der Verlust lässt sich mit etwa 15–20 g Stickstoff pro m² ausgleichen. Weitere Hinweise zum Mulchen siehe Seiten 46 / 47.

Düngung

Wird der Garten regelmäßig mit Kompost versorgt, ist kaum eine zusätzliche Düngung erforderlich. Fertigkompost auf Staudenflächen wirkt Wunder. Die Nährstoffe fließen langsam und es erfolgt keine zu schnelle Umsetzung im Boden. Auf armen Böden und wenn kein Kompost vorhanden

▶ Der Stauden-Phlox (*Phlox paniculatum*) zählt zu den Stauden, die viele Nährstoffe brauchen, um sich optimal entwickeln zu können.

Viel oder wenig düngen?

- wenig: Staudenlupinen, Gilbweiderich, Salbei
- mittel: Astern, Glockenblumen, *Tanacetum coccineum*, Feinstrahl, Sonnenbraut, Indianernessel, Gelenkblume, Trollblume, *Veronica*
- viel: Eisenhut, Herbstchrysanthemen, Großblütiges Mädchenauge, Rittersporn, Pfingstrosen, Sonnenhut, Skabiosen

TIPP

Wenn es im Sommer lange nicht regnet, muss man ausgiebig bewässern. Auch für Stauden gilt der Grundsatz: Lieber einmal kräftig und durchdringend gießen, als mehrmals in kleinen Wassergaben die Stauden nur zu überspritzen.

ist, ist eine zusätzliche Düngung notwendig. Zur Düngung der Stauden eignen sich sowohl organische als auch organisch-mineralische, aber auch Langzeitdünger oder rein mineralische Salzdünger.

Düngen in mehreren Gaben

Eine Unterteilung der Düngermengen auf mehrere Gaben ist sinnvoll. Auch haben Stauden, abhängig von der Jahreszeit, stark unterschiedliche Nährstoffansprüche. So ist im Frühjahr bis Frühsommer zur Zeit des Austriebes mit stickstoffbetonten, im Sommer mit einem Dünger mit ausgeglichenem Nährstoffverhältnis und im Herbst phosphor- und kalibetont zu düngen. Durch eine Phosphor- und Kalium-Düngung im Herbst werden die Stauden besser winterhart.

Stauden stützen

Stehen die Stauden relativ eng beisammen, zeigt sich ein gewisser Schulterschluss. Stehen die Stauden dagegen frei, fallen sie nach einem stärkeren Regen oft um. Man tut also gut daran, vor allem die hochwachsenden Stauden rechtzeitig zu stützen. Dafür eignen sich Stäbe aus Bambus, Holz oder Metall in möglichst unauffälliger Farbe. Die gewählte Blumenstütze sollte rechtzeitig und – auf die endgültige Höhe der zu stützenden Pflanze abgestimmt – in den Boden gestochen bzw. geschlagen werden. Die Stützen sollten so angebracht sein, dass sie möglichst unauffällig in der Pflanze stehen. Das Bindematerial sollte so fest sein, dass es bis zum Herbst aushält, dann aber verrottet. Gut geeignet ist hierzu Naturbast (Raffiabast) und Jutegarn. Nicht verwendet werden sollte Kunstbast, er verrottet nicht und wickelt sich so schnell um die Welle des Häckslers. Das Binden sollte mit Fingerspitzengefühl und Einfühlungsvermögen geschehen. Profis binden so, dass kein Bindematerial sichtbar ist, keine Blätter eingeklemmt und die Bewegungsfreiheit der Pflanze nicht allzu stark eingeschränkt wird, da die Triebe bei starkem Wind sonst genau an den Bindestellen abknicken. Neben den genannten Möglichkeiten gibt es noch eine Vielzahl „fertiger“ Staudenhalterungen auf dem Markt.

Stauden zurückschneiden

Wer gezielt schneidet, kann bewirken, dass die Stauden länger blühen. Andererseits sehen die herbstblühenden Stauden mit ihren meist bräunlich getönten Blütenständen vorzüglich aus. Besonders attraktiv sind die abgeblühten Stängel des Herbst-Sedum, der Goldsturm-Rudbeckie oder des Mädchenauges. Doch der Rückschnitt während der Wachstumszeit kann sinnvoll sein.

▼ Manche Stauden werden häufig vom Wind umgedrückt. Eine selbstgefertigte Metallstütze verhindert das.

► Manchmal wird der Garten durch wildes Aussamen bereichert. Wenn man z. B. verschiedene Sorten der Akelei im Garten stehen hat, werden die Sämlinge immer wieder überraschend anders ausfallen.

◄ Die Garten-Dreimasterblume ist eine robuste Staude für feuchte Lagen. Besonders hübsch macht sie sich in sonnigen oder halbschattigen Rabatten und an Rändern von Teichen und anderen Wasserbecken. Man sollte die Blütenstände nach dem ersten Hauptflor zurückschneiden, damit sie sich nicht versamen.

Rückschnitt der Stauden

- Bei Rückschnitt vor der Blüte verschiebt sich der Flor, z. B. bei Phlox,
- durch das Entfernen welker Blumen verlängert sich die Blühdauer,
- wird nach der ersten Blüte bis zum Boden zurückgeschnitten, blühen manche Stauden ein zweites Mal, z. B. Rittersporn.

Vorblüteschnitt zur Staffelung der Blütezeit

Werden Stauden (z. B. Herbstastern, Sonnenauge, Stauden-Phlox) zu Beginn der Vegetationszeit zurückgeschnitten, so lässt sich ihre Blütezeit verschieben. Das Kappen der Triebe auf etwa 10 bis 15 cm bewirkt, dass unterhalb der Schnittstelle vorhandene Seitenknospen austreiben und Blüten bilden. Diese erscheinen dann etwa 10 bis 20 Tage später als bei den ungeschnittenen Pflanzen. Ein solcher Vorblüteschnitt eignet sich nicht für Rittersporn. Durch Einkürzen der noch nicht blühenden oder knospenden Triebe wachsen die Stauden auffällig kompakt, ihre Standfestigkeit ist höher und sie verzweigen sich besser. Zwar sind die einzelnen Blütenstände kleiner als bei den ungeschnittenen Pflanzen, dies wird jedoch durch die große Zahl mehr als ausgeglichen.

In der Regel wird man die gesamte Pflanze zurückschneiden. Der Rückschnitt kann aber auch nur einzelne Triebe innerhalb eines Horstes umfassen. Werden lediglich einzelne Stängel gestutzt, verlängert sich die Blütezeit des Horstes, was aber zu Lasten einer einmaligen Blütenfülle geht.

Nachblüteschnitt

Der Nachblüteschnitt dient in erster Linie dazu, eine Samenbildung und damit verbunden eine Selbstaussaat zu vermeiden. Lässt man die Fruchtstände stehen, würden die Samen der ersten Blüten ausfallen, im Wurzelstock der Mutterpflanzen keimen und sich dort langsam aber sicher festsetzen. Bei sortenechten Gartenformen und Wildformen wäre dies an sich kein Problem. Aber die Nachkommen der meisten Gartenformen fallen aus Samen nicht echt. Das heißt, die Sämlinge weisen nicht die gleichen Eigenschaften wie ihre Eltern auf.

Da diese häufig eine stärkere Lebenskraft besitzen als die ursprüngliche Mutterpflanze, kommt es zur allmählichen Verdrängung derselben, während sich der robuste, aber weniger schöne Sämling weiter ausbreitet. Dies ist z. B. beim hohen Sommerphlox und Rittersporn der Fall.

Remontierschnitt

Beim Nachblüteschnitt wird hauptsächlich die Fruchtbildung verhindert. Daneben gibt es eine Reihe von Stauden, bei denen durch einen Rückschnitt der abgeblühten Triebe sogar im selben Jahr noch eine zweite Blüte erreicht wird, man bezeichnet diesen Schnitt auch als Remontierschnitt. Hier werden die Stauden, nachdem die Blüten unansehnlich geworden sind,

Abgeblühtes entfernen bei

- Knäuel-Glockenblume
- Kaiserkrone
- Prachtscharte
- Lilie
- Goldfelberich
- Indianernessel
- Narzisse
- Pfingstrose
- Stauden-Mohn
- Phlox
- Gelenkblume
- Sonnenhut
- Tulpe

► Nach dem Abblühen wird Rittersporn etwa 10 bis 15 cm über dem Boden abgeschnitten. Dies regt die unterirdisch bereits angelegten Knospen zum Austrieb an. Auch der Ziersalbei (*Salvia*-Arten) ist sofort nach dem Abblühen zurückzuschneiden. Die knapp über der Erdoberfläche angelegte Blattrosette treibt daraufhin durch.

Ausschneiden

Langblättriger Blauweiderich (*Pseudolysimachion longifolium*)

Skabiose (*Scabiosa caucasica*)

Prachtscharte (*Liatris spicata*)

Taglilie (*Hemerocallis*-Cultivars)

Sonnenauge (*Heliopsis*-Arten)

Stauden-Phlox (*Phlox*-Paniculata-Cultivars)

Pfingstrose (*Paeonia*-Cultivars)

Totalrückschnitt

Rittersporn (*Delphinium*-Arten)

Ziersalbei (*Salvia*-Arten)

Stauden, die nach einem Rückschnitt „remontieren“

- Weicher Frauenmantel (*Alchemilla mollis*)
- Sumpf-Schafgarbe (*Achillea ptarmica* 'Schneeball')
- Berg-Flockenblume (*Centaurea montana* 'Grandiflora')
- Bunte Margerite (*Tanacetum coccineum*)
- Rittersporn (*Delphinium*-Cultivars)
- Kugeldistel (*Echinops ritro*)
- Feinstrahl (*Erigeron*-Cultivars)
- Teppich-Schleierkraut (*Gypsophila repens* 'Rosenschleier')
- Brennende Liebe (*Silene chalcedonica*)
- Vielblättrige Lupine (*Lupinus polyphyllus*)
- Blaue Katzenminze (*Nepeta × faassenii*)
- Ziersalbei (*Salvia*-Arten)

etwa eine Handbreit über dem Boden mit der Gartenschere abgeschnitten. Gleichzeitig wird eventuell vorhandenes krankes Laub entfernt. In der Regel blühen die entsprechenden Pflanzen dann nach 2 bis 4 Wochen erneut und erfreuen den Gärtner.

Teilweiser Rückschnitt

Bei manchen Beetstauden ist es besser, wenn man nur das Abgeblühte ausschneidet. Durch das Ausschneiden einzelner Triebe werden die oberen Achselknospen der verbliebenen Stängelreste zum Austreiben und Blühen veranlasst. Einen Totalrückschnitt (bis zum Boden) hätte bei diesen Arten (und Sorten) eine (relativ)lange Blühpause zur Folge. Die Blütezeit lässt sich durch einen teilweisen Rückschnitt bei folgenden Staudenarten verlängern:

- Gold-Garbe (*Achillea filipendulina* 'Parker's Variety' und Hybriden)
- Italienische Ochsenzunge (*Anchusa azurea*)
- Frikarts Aster (*Aster × frikartii*)
- Berg-Flockenblume (*Centaurea montana*)
- Mädchenauge (*Coreopsis grandiflora* und *C. lanceolata*)
- Roter Schein-Sonnenhut (*Echinacea purpurea*)
- Kokardenblume (*Gaillardia*-Cultivars)
- Bigelows Sonnenbraut (*Helenium bigelovii*)
- Staudensonnenblume (*Helianthus microcephalus*, *H. atrorubens*, *H. decapetalus*)
- Sonnenauge (*Heliopsis*-Cultivars)
- Taglilie (*Hemerocallis*-Cultivars)
- Bart-Iris (*Iris*-Barbata-Elatior-Cultivars)
- Pyrenäen-Margerite (*Leucanthemum maximum*-Cultivars)
- Vielblättrige Lupine (*Lupinus polyphyllos*-Cultivars)
- Flammenblume (*Phlox paniculata*- und -*maculata*-Cultivars)
- Langblättriger Blutweiderich (*Pseudolysimachion longifolia* subsp. *longifolium*)
- Skabiose (*Scabiosa caucasica*)
- Woll-Ziest (*Stachys byzantina*).

Rückschnitt kurzlebiger Stauden

Bei einer Reihe kurzlebiger Stauden (zweijährige Pflanzenarten) kann ein rechtzeitiges Zurückschneiden zu einer Verlängerung ihres natürlichen Lebensalters führen. Mit der Samenbildung ist ihre Lebenskraft erschöpft; die Pflanzen sterben ab. Bei sofortigem Rückschnitt nach dem Verblühen werden die Pflanzen nochmals zur Neubildung von Triebknospen angeregt und bleiben ein weiteres Jahr lebens- und blühfähig. Zu dieser Gruppe gehören die folgenden Arten:

- Chinesische Stockrose (*Alcea rosea*)
- Italienische Ochsenzunge (*Anchusa azurea*)
- Färber-Hundskamille (*Anthemis tinctoria* 'Kelway')

▼ Bei manchen Stauden sollte man es im Herbst mit dem Abschneiden nicht so eilig haben. Im Raureif und beim ersten Schnee sehen die Stängel und Halme sehr dekorativ aus.

- Nachtviole (*Hesperis matronalis*)
- Island-Mohn (*Papaver nudicaule*)
- Kronen-Lichtnelke (*Silene coronaria*).

Im frühen Herbst zurückschneiden

Ähnlich verhält es sich bei Stauden, die sich durch eine übermäßige Blütenbildung derart erschöpfen, dass sie in Ermangelung neu ausgebildeter Triebknospen im darauffolgenden Frühjahr nicht mehr austreiben können. Rechtzeitiger Rückschnitt im frühen Herbst, nicht nur der Blüten, sondern auch der Triebe, schafft Abhilfe, regt die Bildung der Triebknospen bzw. von Blattrosetten an und erhält damit den Stauden die Lebenskraft. Zu diesen Stauden zählen:

- Rote Spornblume (*Centranthus ruber*) 'Badengold'
- Mädchenauge (*Coreopsis grandiflora*, *C. lanceolata*)
- Prärie-Kokardenblume (*Gaillardia aristata*)
- Pyrenäen-Margerite (*Leucanthemum maximum*-Cultivars).

Rückschnitt im Herbst

Die letzte Arbeit im Staudenjahr ist das Zurückschneiden. Das Abschneiden der abgestorbenen Pflanzenmasse im Herbst ist allerdings nicht unbedingt nötig. In erster Linie befriedigt es den Ordnungssinn des Gärtners. Von den stehen gebliebenen Fruchtständen geht im Winter ein gewisser Reiz aus; darüber hinaus dienen sie der Tierwelt, insbesondere den Vögeln, auch als Nahrung. Bei den Gräsern wirkt sich ein Rückschnitt im Herbst sogar eher schädlich aus und sollte grundsätzlich auf das zeitige Frühjahr verschoben werden. Einerseits wird so das Faulen im Grashorst verhindert, andererseits ist die Struktur dieser Gerüstbildner im Schnee und Raureif ein wichtiges Gestaltungselement. Aber auch die Samenstände von verschiedenen Blütenstauden wie z. B. von *Rudbeckia fulgida* var. *sullivantii* tragen zum winterlichen Gartenbild bei. Auch sie sollten erst im Frühjahr zurückgeschnitten werden.

Wer trotzdem im Herbst schneiden will, achte darauf, empfindliche Stauden nicht zu tief abzuschneiden, da sie sonst stärker auswintern. Dies gilt unter anderem für *Achillea*-Arten, *Aster* × *frikartii* und *Chrysanthemum* × *grandiflorum*-Cultivars.

TIPP

Stauden muss man nicht vor Frost schützen. Ein leichter Schutz durch Abdecken mit Fichtenzweigen, Schilf und anderen Hilfsmitteln im ersten Winter ist allerdings zweckmäßig, vor allen Dingen dann, wenn erst im Herbst gepflanzt wurde. Vorsicht ist beim Abdecken von solchen Stauden geboten, deren Laub auch im Winter grün bleibt und bei den alpinen Stauden, die unter einer Abdeckung häufig faulen.

Stauden verjüngen (Umpflanzen)

Im Staudenbeet, in welcher Form auch immer, sind die Stauden in Gruppen oder auch im Einzelstand vor allem locker und keinesfalls zu dicht zu pflanzen, damit sie sich nicht schon nach kurzer Zeit gegenseitig starke Konkurrenz machen. Aber nach einigen Jahren sind auch in optimal angelegten Pflanzungen Eingriffe notwendig. Vor allem dann, wenn die Pflanzen nicht mehr recht zur Blüte kommen, in-

◄ Stauden mit feinen Faserwurzeln sollte man nicht mit einem Spaten teilen. Nach dem Ausschütteln der Erde werden Teilstücke per Hand abgetrennt und lange Wurzeln gekürzt.

Stauden verjüngen (nach Rücker 1993)

Spätestens nach fünf Jahren:
- *Chrysanthemum × grandiflorum*, Garten-Chrysantheme
- *Echinacea purpurea*, Roter Schein-Sonnenhut
- *Leucanthemum maximum*-Cultivars, Pyrenäen-Margerite
- *Silene chalcedonica*, Brennende Liebe
- *Monarda*-Cultivars, Indianernessel
- *Oenothera fruticosa* subsp. *glauca*, Nachtkerze
- *Pennisetum alopecuroides*, Japanisches Federborstengras
- *Scabiosa caucasica*, Skabiose
- *Tanacetum coccineum*, Bunte Margerite
- *Trollius*-Cultivars, Trollblume

Spätestens nach sieben Jahren:
- *Aconitum*-Arten, Eisenhut
- *Aster dumosus*, Kissen-Aster
- *Aster novi-belgii*, Glattblatt-Aster
- *Campanula glomerata*, Knäuel-Glockenblume
- *Delphinium*-Belladonna-Gruppe, Rittersporn
- *Delphinium*-Elatum-Gruppe, Hoher Rittersporn
- *Erigeron*-Cultivars, Feinstrahl
- *Helenium hoopesii*, Hoopes Sonnenbraut
- *Liatris spicata*, Prachtscharte
- *Phlox paniculata*-Cultivars, Stauden-Phlox
- *Physostegia virginiana*, Gelenkblume
- *Rudbeckia fulgida* var. *sullivantii*, Sonnenhut
- *Salvia nemorosa*, Steppen-Salbei
- *Pseudolysimachion longifolium (Langblättriger Blauweiderich)*

Ab dem zehnten Standjahr:
- *Helianthus salicifolius*, Weidenblättrige Sonnenblume
- *Hemerocallis*-Cultivars, Taglilie
- *Iris sibirica*, Sibirische Schwertlilie
- *Lysimachia punctata*, Punktierter Gilbweiderich
- *Miscanthus sinensis*, Chinaschilf
- *Paeonia lactiflora*-Cultivars, Chinesische Pfingstrose

nen verkahlen oder weil Sorten ausgefallen sind oder andere sich zu stark ausgebreitet haben.
Eine Teilung ist bei allen Stauden unumgänglich, die zur Tonsurbildung neigen (im Laufe der Zeit in der Mitte verkahlen und absterben und sich zu den Rändern hin entwickeln). Das ist häufig bei hohen Rudbeckien und hohen Herbstastern der Fall.

Pflanzenschutz

Auch Stauden werden von Krankheiten und Schädlingen befallen. Neben einigen tierischen Schädlingen, hier insbesondere Blattläusen, Blattwanzen, Erdraupen, Nematoden, Milben und Schnecken, treten im Staudengarten eine Anzahl von Pilzkrankheiten auf, insbesondere Grauschimmel, Echter und Falscher Mehltau und Rost.

Gefürchtet sind verschiedene Bodenpilze. Bei der *Pythium*-Wurzelfäule stocken befallene Pflanzen zunächst im Wachstum. Die Blätter werden fahlgrün, welken und sterben ab. Die Wurzeln der befallenen Pflanzen sind verfault. Man kann die äußere Schicht abstreifen, sodass nur noch der Zentralzylinder der Wurzeln stehen bleibt.
Der Pilz *Rhizoctonia* verursacht eine Stängelgrundfäule. Er greift hauptsächlich in der Gegend der Bodenoberfläche am Stammgrund bzw. an den oberen Wurzelteilen der Pflanze an. Die Stängelbasis fault.

Nährstoffmangel verursacht Schäden

Auf kalkhaltigen Böden leiden bestimmte Stauden leicht unter akutem Mangel an löslichem Eisen. Sie werden dann gelbsüchtig (chlorotisch), ihre Blätter bekommen eine ungesunde, gelbgrüne bis weißlich gelbe Farbe. Die Pflanzen zeigen einen mehr oder weniger starken Kümmerwuchs. Durch eine Düngung mit einem Eisendünger (z. B. Fetrilon, Ferramin, Optifer oder Sequestren) ist dieser Mangel zu beheben. Das Mittel muss natürlich versagen, wenn die Gelbsucht nicht durch Eisenmangel, sondern durch Viruskrankheiten, stauende Bodennässe oder übermäßige Besonnung verursacht wurde.

◀ Der Echte Mehltau macht vielen Stauden wie dem Rittersporn zu schaffen. Ein mehlartiger Belag überzieht dann die Oberseite der Blätter. Schließlich sterben die Blätter ab. Bei Falschem Mehltau, der dem Erscheinungsbild des Echten Mehltaus ähnelt, befindet sich der Pilzbelag an der Blattunterseite.

Ein Auswahl hübscher Beetstauden

Bei der Auswahl der richtigen Arten und Sorten haben Gartenbesitzer die Qual der Wahl. Im Folgenden sollen aus der kaum noch übersehbaren Fülle der Beetstauden ein Sortiment erprobter Arten und Sorten kurz beschrieben werden.

Achillea
Garbe

Achillea-Cultivars
Schafgarbe

Bei diesen Hybriden handelt es sich um Gartenformen, die durch Kreuzung verschiedener Arten entstanden sind. Bezeichnend für sie sind die hübschen feingefiederten Blätter.

Sorte / Farbe / Blütezeit / Höhe

- 'Coronation Gold', goldgelb, VI – XI, 80 cm
- 'Moonshine', schwefelgelb, VI – IX, 60 cm.

Achillea filipendulina
Gold-Garbe

Anspruchslose, robuste Stauden, mit gefiederten graugrünen Blättern und doldigen Blütenständen. Hervorragende Schnitt- und Trockenblumen.

Sorte / Farbe / Blütezeit / Höhe

- 'Parker', goldgelb, VI – VIII, 80 – 120 cm

▼ Von der Schafgarbe gibt es zahlreiche Kulturformen.

Achillea millefolium
Gewöhnliche Schafgarbe

Heimische Schafgarbe mit fiederschnittigen Blättern und großen weißen Blütendolden. Für das Beet besonders interessant sind die folgenden Farbsorten.

Sorte / Farbe / Blütezeit / Höhe

- 'Fanal', rot, VI – VIII, 60 cm
- 'Lilac Beauty', lila, VI – VIII, 60 cm
- 'Sammetriese', tiefrot, VI – VII, 80 cm, stark wachsend.

Achillea ptarmica
Sumpf-Schafgarbe

In Europa heimische Art, Blätter ungeteilt, lanzettlich, scharf und fein gesägt. Blütenköpfe in sehr lockerer Dolde; Strahlenblüten weiß.

Sorte / Farbe / Blütezeit / Höhe

- 'Schneeball', weiß, VI – XI, 70 cm
- 'Perle', weiß, VI – XI, 60 cm.

Aconitum
Eisenhut

Eisenhut ist eine der giftigsten Pflanzen überhaupt. Nach dem Arbeiten mit dieser Pflanze sollte man unbedingt die Hände waschen.

Aconitum carmichaelii
Chinesischer Eisenhut

In Mittel-China heimische Art. Blätter dunkelgrün, lederig, handförmig-dreischnittig. Blütenstände an der Basis verzweigt. Auf schwarze Blattläuse achten. Bei Staunässe Welkekrankheiten.

Sorte / Farbe / Blütezeit / Höhe

- 'Arendsii', dunkelblau-violett, IX – X, 110 cm
- 'Spatlese', mittelblau, VIII – IX, 160 cm.

Aconitum napellus
Blauer Eisenhut

Heimischer Eisenhut, seit altersher in Kultur, außerordentlich vielgestaltig. Wurzelstock knollig bis rübenartig. Stängel steif aufrecht, 120 cm hoch, in einem dichten, stumpfblauen Blütenstand endend, oft am Grunde verzweigt. Blütezeit: VII – VIII. Im Handel auch einige Farbvarianten.

TIPP

„Schnittstauden" passen genau so wie die anderen Stauden in jede Pflanzung. Allerdings sollte derjenige, der sehr viel Schnittblumen braucht, sie eher auf ein gesondertes Beet pflanzen. Sonst entstehen im Staudenbeet Lücken.

Anemone
Anemone, Windröschen

Anemone hupehensis
Herbst-Anemone

Die Blätter der bis zu 90 cm hoch werdenden Art sind dreiteilig, die Abschnitte eirund, gelappt und grobgezähnt. Die 5–6 cm breiten Blüten stehen in lockeren, bis 15-blütigen Rispen. Die Herbstanemone benötigt einen geschützten, nicht zu nasskalten Boden. Winterschutz ist sinnvoll. An Plätzen, die ihr zusagen, breitet sich die Art schnell aus.

Sorte / Farbe / Blütezeit / Höhe

- 'Praecox', rosa, VIII–X, 80 cm
- 'September Charme', hellrosa, VIII–X, 90 cm
- 'Splendens', leuchtendrosa, VIII–X, 80 cm.

▼ Die Herbst-Anemone ist unverzichtbar für leicht beschattete Plätze vor dem Hintergrund von Hecken oder Gebäuden. Im Laufe der Zeit bildet die Staude dichte Horste.

Anemone hupehensis var. *japonica*
Japanische Herbst-Anemone

Diese Gartenformen sind die Herbst-Anemonen der Gärten. Sie gehören mit zu den schönsten Herbstblühern für das Beet. Im Frühjahr pflanzen. In den ersten Jahren wird Winterschutz benötigt.

Sorte / Farbe / Blütezeit / Höhe

- 'Honorine Jobert', reinweiß, einfach, VIII–X, 120 cm
- 'Königin Charlotte', silbrig rosa, halbgefüllt, VIII–X, 100 cm
- 'Rosenschale', dunkelrosa, VIII–X, 60–80 cm.

Stauden für die Vase schneiden

Voll erblühte Blumen halten in der Vase besser, wenn man sie morgens schneidet. Abends schneidet man dagegen die Blütenknospen, z. B. von Lilien, Päonien oder Türkenmohn. Die Stängel mit einem scharfen Messer schräg anschneiden. Vor dem Einstellen in die Vase die Blätter unten abstreifen. Blütenstiele, die Milchsaft enthalten, wie z. B. Mohn, kann man kurz in 30 bis 60 °C warmes Wasser halten.
Narzissen vertragen sich nicht mit anderen Blumen. Man stellt sie deshalb zunächst separat, bis ihre Stängel ausgelaufen sind.

Aster

Aster amellus
Berg-Aster

Diese in allen Teilen rauhaarige Hochsommer- und Herbst-Aster mit ihren Gartenformen liebt sonnige, warme Gartenplätze mit einem kalkhaltigen, durchlässigen Boden. Nicht-Containerpflanzen sind im Frühjahr zu pflanzen. Rückschnitt nach der Blüte. Nach 3 bis 4 Jahren neu vermehren.

Sorte / Farbe / Blütezeit / Höhe

- 'Hermann Löns', lavendelblau, VII–IX, 60 cm, besonders großblumig
- 'Kobold', violettblau, VII–IX, 60 cm
- 'Lady Hindlip', rosa, VII–IX, 60 cm, große Einzelblüten
- 'Rosa Erfüllung', reinrosa, VII–IX, 60 cm
- 'Veilchenkönigin', leuchtend veilchenblau, VII–IX, 50 cm, spät und lange blühend.

Aster cordifolius
Blaue Wald-Aster

Die in Nordamerika heimische Schleieraster trägt an verzweigten Stielen lockerrispige Blütenstände, die im Alter leicht überhängen.

Sorte / Farbe / Blütezeit / Höhe

- 'Ideal', lavendelblau, VIII–X, 120 cm.

Aster dumosus
Kissen-Aster

Kissen-Astern gibt es in vielen Sorten und in verschiedenen Höhen. Bevorzugte Verwendung finden sie an der Kante von Staudenbeeten, auf Terrassenbeeten, jedoch nicht in zu warmer, trockener Lage und in nicht zu kleinen Gruppen. Sie sind sehr dankbar für eine gute Nährstoffversorgung und vor allem für zusätzliche Bewässerung in Trockenperioden. Nachfolgend eine kleine Auswahl der angebotenen Gartenformen.

Sorte / Farbe / Blütezeit / Höhe
- 'Augenweide', dunkelblau, VIII – X, 25 cm, kompakt wachsend
- 'Blaue Lagune', hellblau VIII – X, 40 cm
- 'Heinz Richard', rosa, VIII – X, 30 cm, große Blüten
- 'Herbstpurzel', lavendelblau, VIII – X, 30 cm
- 'Jenny', purpurrot, VIII – X, 40 cm
- 'Kassel', rosa, halbgefüllt, VIII – X, 30 cm, kugelig wachsend
- 'Kristina' ,weiß, halbgefüllt, VIII – X, 35 cm, großblumig
- 'Nesthäkchen', karminrot, VIII – X, 20 cm
- 'Professor Kippenberg', leuchtend blau, VIII – X, 35 cm, stark wachsend
- 'Starlight', weinrot, VIII – X, 40 cm.

Aster novae-angliae
Raublatt-Aster

Raublatt-Astern sind standfeste, anspruchslose, nicht wuchernde, über 1 m hoch werdende Stauden. Die Stängel sind kräftig und straff und bis zur Spitze hin dicht beblättert. Sie blühen von August bis November. Bewährte Sorten sind die rosarote 'Alma Pötschke', die karminrote 'Andenken an Paul Gerber', die dunkelblaue, sehr spät blühende 'Barr's Blue', die reinweiße 'Herbstschnee' und die rubinrote 'Rubinschatz'.

▲ Kissen-Astern sind ideal als Eintassungspflanzen und als Vorpflanzung vor hohen Staudengräsern. Sie sehen das ganze Jahr über aufgeräumt aus und setzen im Herbst Farbtupfer ins Staudenbeet.

Aster novi-belgii
Glattblatt-Aster

Die bis 1,5 m hohe Glattblatt-Aster ist unter allen Herbstastern die bedeutsamste und formenreichste Art und für das herbstliche Staudenbeet wie für den Schnitt gleichermaßen wertvoll. Sie blüht von August bis Oktober. Die Stauden brauchen recht nahrhaften Gartenboden und sollten möglichst jedes zweite Frühjahr umgepflanzt werden, da sie zur Tonsurbildung neigen. Zu den bewährtesten Sorten zählen: 'Dauerblau', sehr lange blühend, 'Schöne von Dietlikon', blauviolett, 'Boningdale White', reinweiß, halbgefüllt, 'Royal Ruby', rubinrot.

Aster tongolensis
Szetschuan-Aster

Die 30 bis 50 cm hohen Gartenformen dieser im Mai bis Juni blühenden Aster sind außerordentlich reich blühend und werden für den Schnitt, aber auch in sonnigen Staudenbeeten gerne gepflanzt.

Sorte / Farbe / Blütezeit / Höhe
- 'Berggarten', lilablau, gelbe Mitte, besonders gute Schnittsorte
- 'Leuchtenburg', leuchtendviolett
- 'Wartburgstern', blauviolett.

Centaurea
Flockenblume

Centaurea dealbata

Diese 60 bis 80 cm hohe Flockenblume mit fiederlappigen, unterseits weißfilzigen Blättern ist gleichfalls für das bunte Staudenbeet als auch Schnittblume gut geeignet.

Sorte / Farbe / Blütezeit / Höhe
- 'Steenbergii', leuchtend purpurrot mit weißer Mitte, VI – VII, 70 cm.

Centaurea macrocephala

Eine unverzweigte Staude, die am Ende der Stängel gelbe duftende Blüten trägt, die aus großen braunen, fransig zerrissenen Hüllschuppen hervorbrechen. Sie blüht von Juni bis September und wird 150 cm hoch.

Chrysanthemum × *grandiflorum*
Garten-Chrysanthemen

Die Gartenchrysanthemen sind das Ergebnis jahrhundertelanger Züchtung. Sie wollen einen möglichst trockenen Standort (vor allem keine stehende Winternässe) und nahrhaften Gartenboden. Die überreiche Blütenfülle zum Ausklang des Gartenjahres ist immer wieder ein Ereignis. Auch hervorragend zum Schnitt geeignet. Pflanzung vorzugsweise im Frühjahr. Das Sortenspektrum umfasst über 5000 Sorten. Nachfolgend eine kleine Auswahl wichtiger und schöner Sorten.

Sorte / Farbe / Blütezeit / Höhe

- 'Anastasia', lilarosa, pomponblütig, VIII – IX, 50 cm
- 'Bronce Riese', bronce, voll gefüllt, VIII – IX, 100 cm
- 'Ceddie Masson', blutrot, einfach, IX – XI, 80 cm
- 'Citronella', leuchtend gelb, gefüllt, VIII – X, 80 cm
- 'Goldmarianne', bronze mit goldgelb, VIII – IX, 80 cm
- 'Mandarine', orangerot, halbgefüllt, IX – X, 70 cm
- 'Red Velvet', dunkelweinrot, gefüllt, IX – X, 70 cm
- 'Schweizerland', rosa, gefüllt, IX – X, 80 cm
- 'White Bouquet', weiß, pompon, mit beiger Mitte, IX – XI, 50 cm
- 'Weiße Nebelrose', weiß, gefüllt, X – XI, 80 cm.

TIPP

In kühlen Gegenden sollte man früh oder mittel-früh blühende Sorten pflanzen, z. B. 'Goldmarianne', 'Red Velvet', 'Schwabenstolz' oder 'Schweizerland'.

▲ Von der Garten-Chrysantheme pflanzt man am besten mehrere Sorten nebeneinander. Die Blüten leuchten in wunderschönen warmen Herbsttönen, in Bronze oder Karminrot, in Goldgelb oder Schneeweiß. Hier die Sorte 'Lynn'.

Coreopsis Mädchenauge

Coreopsis grandiflora Großblumiges Mädchenauge

Eine reich- und langblühende Beetstaude mit lang gestielten, meist gelben Körbchenblüten. Wertvoll auch für den Blumenschnitt. Entsprechend ihrem Heimatstandort lieben sie die Sonne. Im September sind die Pflanzen kräftig zurückzuschneiden, dies fördert die Bildung von Überwinterungsknospen. Es ist ratsam, die Pflanzen wenigstens alle 3 Jahre zu teilen und frisch aufzupflanzen.

Sorte / Farbe / Blütezeit / Höhe

- 'Badengold', goldgelb, VI – IX, 80 cm
- 'Early Sunrise', goldgelb, halbgefüllt, VI – IX, 40 cm
- 'Schnittgold', goldgelb, VI – IX, 60 cm
- 'Sunray', goldgelb, gefüllt und halbgefüllt, VI – X, 60 cm.

Coreopsis lanceolata Lanzenblättiges Mädchenauge

Ist *Coreopsis grandiflora* ähnlich, aber zierlicher im Wuchs. Als Schnittblumen nur bedingt geeignet.

Sorte / Farbe / Blütezeit / Höhe

- 'Rotkehlchen', gelb, braun geäugt, VI – X, 30 cm, reizend als Einfassung
- 'Sterntaler', gelb mit braunem Ring, VI – X, 30 cm.

Coreopsis verticillata Netzblattstern

Eine den ganzen Sommer über blühende Staude. Der Wurzelstock ist auffallend durch das dichte Geflecht dünner, gelber Rhizome. Die Blätter sind tief eingeschnitten, fast nadelförmig wirkend. Das Mädchenauge passt gut zu Rittersporn und Phlox.

Sorte / Farbe / Blütezeit / Höhe

- 'Grandiflora', goldgelb, V – IX, 60 cm, sehr wüchsig
- 'Moonbeam', hellgelb, V – IX, 40 cm
- 'Zagreb', goldgelb, V – IX, 30 cm.

◄ Das Mädchenauge *Coreopsis verticillata* 'Grandiflora' blüht sehr lange. Es ist eine der dankbarsten Hochsommerstauden.

▶ Die Rittersspornblüte setzt den ersten Höhepunkt ins Staudenbeet. Am schönsten sieht es aus, wenn mehrere Exemplare einer Sorte in Gruppen beieinanderstehen.

Delphinium
Rittersporn

Delphinium-Belladonna-Gruppe

Eine Gruppe niedriger, etwa 80 bis 140 cm hoher, reich verzweigter Sorten mit locker verteilten Blüten, von leichtem, graziösem Wuchs. Das anhaltende Blühen kann durch Ausschneiden verblühter Triebe gefördert werden. Sie mögen einen warmen, sonnigen Stand. Auch als Schnittblumen gut geeignet. Leider fallen in vielen Gärten die Schnecken über die jungen Rittersporntriebe her.

Sorte / Farbe / Blütezeit / Höhe

- 'Atlantis', dunkelblau, VI – VII(IX), 100 cm, wertvolle Schnittsorte
- 'Casa Blanca', weiß, VI – VII(IX), 100 cm
- 'Moerheimii', reinweiß, VI – VII(IX), 100 cm
- 'Piccolo', enzianblau, VI – VII(IX), 70 cm.

TIPP

Rittersporn gleich nach der Blüte bis auf den Boden zurückschneiden. Dann blüht er im Herbst noch einmal!

Delphinium-Elatum-Gruppe

Diese hohen Rittersporne sind durch ihre straffen, kerzenartigen Blütenstände auffallend. Aufgrund ihrer Größe und Schönheit besonders gut als Leitstaude geeignet. Manche Sorten sind leider anfällig für Mehltau.

Sorte / Farbe / Blütezeit / Höhe

- 'Abgesang' azurblau, gefüllt, VI – IX, 180 cm, spätblühend
- 'Ariel' hellblau, weißes Auge, VI – IX, 130 cm
- 'Berghimmel', himmelblau, weißes Auge, VI – IX, 180 cm, früh blühend
- 'Blauwal', mittelblau, VI – IX, 180 cm, früh blühend
- 'Elmfreude', tiefviolett, weißes Auge, VI – IX, 180 cm, sehr auffallend
- 'Finsteraarhorn', enzianblau, schwarzes Auge, VI – IX, 170 cm
- 'Morgentau', hellblau, leicht rosa getönt, VI – IX, 180 cm
- 'Ouvertüre', blau mit rosa Tönen, schwarzes Auge, VI – IX, 160 cm, sehr frühblühend
- 'Polarnacht', tief enzianblau, weißes Auge, VI – IX, 160 cm
- 'Sommernachtstraum' enzianblau, schwarzes Auge, VI – IX, 160 cm.

Delphinium-Pacific-Gruppe

Hier handelt es sich um besonders großblütige, teils halbgefüllt blühende Rittersporne mit dicht gedrängten, üppigen Blütentrauben, die trotz der Stärke ihrer Blütenschäfte bei Regen und Wind leider leicht knicken. Für den Schnitt gut geeignet. Die Sorten werden aus Samen gezogen, darum muss immer mit Farbabweichungen gerechnet werden.

Sorte / Farbe / Blütezeit / Höhe

- 'Astolat', lilarosa, VI – IX, 180 cm
- 'Black Knight', dunkelviolett, schwarzes Auge, VI – IX, 180 cm
- 'Blue Bird', mittelblau, weißes Auge, VI – IX, 180 cm
- 'Galahad', reinweiß, VI – IX, 180 cm
- 'King Arthur', dunkelviolett, weißes Auge, VI – IX, 180 cm.

Dicentra spectabilis
Tränendes Herz

Über blaugrünem Blattwerk hängen in langen Reihen die herzförmigen, rosa Blüten mit weißer, anhängender „Träne". Die Pflanzen ziehen schon bald nach der Blüte ein. Sie können über ein Jahrzehnt am selben Platz bleiben und sollten nicht durch unnötiges Verpflanzen gestört werden. Leider ist das Tränende Herz beim Austrieb im Frühjahr sehr kältempfindliche. In Frostnächten sollte man die Triebe deshalb schützen.

Sorte / Farbe / Blütezeit / Höhe

- *Dicentra spectabilis*, rosa, IV – VI, 80 cm
- 'Alba', reinweiß, V – VI, 80 cm.

Echinacea purpurea
Roter Scheinsonnenhut

Der Rote Scheinsonnenhut fügt sich sehr gut in Sommerblumenpflanzungen ein. Aus seinem Pflanzensaft bereiten die Pharmazeuten ein wichtiges immunstimulierendes Mittel.
Wertvolle bis 1 m hohe Schnitt- und Beetstaude, die lange blüht. Blütenköpfe einzeln mit hängenden, weinroten Strahlenblüten.

Sorte / Farbe / Blütezeit / Höhe
- 'Alba', weiß mit grünlichem Schimmer, VI – IX, 60 cm
- 'Magnus', karminrosa, großblumig, VI – IX, 80 cm.

► Der Rote Scheinsonnenhut ist nicht nur schön, sondern auch als Medizinpflanze von Bedeutung.

Echinops
Kugeldistel

Echinops bannaticus
Banater Kugeldistel

Interessante, ornamentale Leitstaude mit stahlblauen, leuchtenden Kugelköpfen auf dekorativem grauem Laub, Sonnen und Wärme liebend. Für Trockenblumen muss der Schnitt vor dem Öffnen der ersten Blüten erfolgen.

Sorte / Farbe / Blütezeit / Höhe
- 'Blue Globe', dunkelblau, VI – VIII, 120 cm
- 'Taplow Blue', intensiv – blau, VI – VIII, 100 cm, reich blühend.

Echinops ritro

Stahlblaue, leuchtende Kugelköpfe auf dekorativem grauem Laub. Wertvoll auch als Schnittblume. Zu beachten ist, dass sich die Art durch Selbstaussaat stark vermehren kann.

Sorte / Farbe / Blütezeit / Höhe
- 'Veitch's Blau', stahlblau, VII – VIII, 100 cm.

Erigeron-Cultivars
Feinstrahl

An Astern erinnernde, dankbare Stauden für Rabatten und Schnitt. Gedeihen in jedem guten, nicht zu nassen Boden in sonniger Lage. Blumen nur im offenen Zustand schneiden, Knospen blühen in der Vase nicht auf.

Gaillardia-Cultivars
Kokardenblume

Als Dauerblüher voll sommerlicher Farben sind sie im Garten von hohem Wert und als Schnittblumen in Sommersträußen begehrt. Die großen, schön geformten, meist zweifarbigen Blütenkörbchen mit gewölbtem bis halbkugeligem Blütenboden sitzen auf kräftigen Stielen. Gegen Ende des Sommers sind die Pflanzen noch während des Blühens zurückzuschneiden, damit sich neue Grundknospen und Grundtriebe bilden und gut durch den Winter kommen.

Sorte / Farbe / Blütezeit / Höhe
- 'Bremen', dunkelscharlach, gelbe Spitzen, VII – IX
- 'Burgunder', braunrot, VII – IX, 50 cm
- 'Fackelschein', dunkelrot, VII – IX, 60 cm
- 'Kobold', gelb, rot gerandet, VII – IX, 30 cm.

Helenium-Cultivars
Sonnenbraut

Die Sonnenbraut gehört zu den dankbarsten Sommerstauden. Sie passt gut in Pflanzungen mit Staudenphlox, Staudensonnenblumen und Indianernessel. Die Hybriden blühen in allen Schattierungen vom schönen Goldgelb bis zum dunkelsten Rotbraun, oft zweifarbig.

▶ Die Sonnenbraut bringt braune und kupferrote Farbtöne ins Staudenbeet.

▲ Das Sonnenauge ist ein richtiger Sonnenanbeter. Die Staude blüht sehr ausdauernd und eignet sich sehr gut für den Schnitt.

Sorte / Farbe / Blütezeit / Höhe

- 'Baudirektor Linne', samtigrot mit brauner Mitte, VIII – IX, 120 cm
- 'Blütentisch', goldgelb mit brauner Scheibe, VII – VIII, 80 cm, breit ausladend, fester Wuchs
- 'Flammenrad', goldgelb, kupferrot geflammt, VII – VIII, 150 cm
- 'Goldlackzwerg', rotbraun mit gelber Zeichnung, VII – IX, 80 cm, standfest
- 'Goldrausch', goldgelb mit brauner Mitte, VIII – IX, 150 cm
- 'Moerheim Beauty', samtig kupferrot mit dunkler Mitte, VI – VII, 80 cm, standfest
- 'Rubinzwerg', kupferrot, VII – VIII, 80 cm, standfest
- 'Waltraut', kupferfarben und gelb, VII – IX, 80 cm, standfest
- 'Zimbelstern', altgold, geflammt, VII – VIII, 130 cm.

WICHTIG

Beim Staudenkauf darauf achten, dass die Sorte standfest ist. Empfehlenswert sind in dieser Hinsicht 'Rubinzwerg', 'Waltraut' und 'Moerheim Beauty'.

Helianthus-Arten
Stauden-Sonnenblume

Es sind harte, anspruchslose, hohe Stauden mit kriechendem, teils knolligem Wurzelstock. Selbst in alten, halb verwilderten Gärten behaupten sie sich noch. Man kann mit ihnen Komposthaufen, Zäune oder Gartenwinkel eingrünen. Die Blütenköpfe sind deutlich kleiner als die der bekannten einjährigen Gartensonnenblumen. Auch zum Schnitt gut geeignet.

Sorte / Farbe / Blütezeit / Höhe

- – *atrorubens* 'Monarch', goldgelb, VIII – IX, 180 cm
- – *decapetalus* 'Capenoch Star', zitronengelb, einfach, VIII – IX, 130 cm, reich blühend
- 'Soleil d'Or', goldgelb, gefüllt, VIII – IX, 120 cm
- – *salicifolius* gelb, IX – X, 250 cm.

Heliopsis helianthoides var. *scabra*
Sonnenauge

Vorzügliche Beet- und Schnittstauden mit sehr haltbaren Blüten. Die meist gelb gefärbten Blütenköpfchen sitzen end- oder achselständig auf straffen Stielen. Vorübergehende Trockenheit wird gut vertragen. Nachfolgend eine kleine Auswahl bewährter Gartenformen.

Sorte / Farbe / Blütezeit / Höhe

- 'Goldgefieder', goldgelb gefüllt, VII – IX, 125 cm
- 'Goldgrünherz', gelb, dicht gefüllt mit grünem Herz, VII – IX, 100 cm
- 'Hohlspiegel', tiefgelb, halbgefüllt, VII – IX, 125 cm
- 'Mars', goldorange, einfach, VII – IX, 150 cm, besonders gute Schnittsorte.

Hemerocallis-Cultivars
Taglilien

Taglilien sind mittelhohe, dichtbüschelige Stauden mit fleischigen, manchmal verdickten Wurzeln, grundständigen, linealen, meist überhängenden Blättern und

▲ Es sieht ausgesprochen eindrucksvoll aus, wenn mehrere Sorten der Taglilie zusammengepflanzt sind.

trichterförmigen Blüten in großer Farbenvielfalt. Die Einzelblüte hält gewöhnlich nur einen Tag, jedoch öffnen sich in einer Folge von mehreren Wochen täglich neue Blüten. Taglilien sind sehr anspruchslose Stauden, die z. T. schon seit altersher in Gärten gezogen wurden. Es gibt tausende von Sorten, darunter sind nahezu alle Farben zu finden mit Ausnahme des reinen Blau. Für viele Zwischenfarben und Farbkombinationen, wie wir sie kaum bei einer andere Blume finden, fehlen uns allgemein bekannte Farbbezeichnungen. Neben reinfarbenen gibt es auch zahlreiche Sorten, die in verschiedener Weise zwei- bis dreifarbig sind. Auch die Blütenformen und -größen sind vielfältig.

Taglilien haben keine besonderen Bodenansprüche, doch benötigen sie ausreichend Nährstoffe, wenn man von ihnen „Höchstleistungen" erhalten will. Man kann sie viele Jahre am gleichen Platz stehen lassen. Sie sollten in einem Abstand von 60 bis 90 cm gepflanzt werden, da sie große Büsche bilden. Die Blüten wollen möglichst warmes Wetter, um die ganze Leuchtkraft der Farben zu entwickeln.

Taglilien lassen sich vielseitig verwenden: als Solitärstauden wie auch in Gruppen und „Bändern". Besonders schön wirken sie in Verbindung mit Wasser, obwohl sie nicht nass stehen wollen und Trockenheit gut vertragen.

Die Tagliliensorten kann man nach Blütengrößen gliedern und zwar in Miniatur-Sorten (Blütendurchmesser bis 7,5 cm), Kleinblumige Sorten (Blütendurchmesser 7,5 bis 11,5 cm) und Großblumige Sorten (Blütendurchmesser über 11,5 cm). Das Sortiment ist kaum zu überschauen. Wer einen besseren Überblick über das Angebot bekommen will, sei auf die einschlägigen Staudengärtnereien hingewiesen. Wer einen Eindruck von der Farbenvielfalt und der Pracht der Taglilien bekommen will, dem sei ein Besuch während der Hauptblütezeit in einer Gärtnerei empfohlen.

Horste teilen
Da die modernen Sorten im Gegensatz zu den Arten keine Ausläufer bilden und die Triebe eng zusammensitzen, ist eine Teilung starker Pflanzen mühsam, sofern man nicht zu viele Triebe beschädigen oder abbrechen will. Günstig ist es, die Horste vor der Teilung auszuwaschen. Idealer Termin für die Pflanzung bzw. Teilung ist das Frühjahr und der zeitige Herbst.

► Taglilie 'Green Flutter'.

◄ Taglilie 'Himmelfahrt'.

TIPP

Taglilien und Narzissen sind ideale Pflanzpartner. Die Taglilien treiben relativ spät aus. Vor dem Austrieb füllen Narzissen den Zwischenraum. Die Narzissenblätter werden ihrerseits beim Einziehen und Vergilben von den Taglilienblättern verdeckt.

Heuchera-Cultivars
Purpurglöckchen

Im Sommer würde dem Garten die leuchtende Farbe fehlen, wenn nicht die bizarren straff aufrechten Rispen der *Heuchera* ihre leuchtend rosa und knallroten Farbtöne hineinbringen würden. Sie schmücken Gärten wie auch Vasen. Schön ist auch das Blattwerk, das im jungen Zustand hell gezeichnet oder dunkler gefleckt ist. *Heuchera* vertragen Sonne wie Halbschatten gleich gut; längere Trockenperioden vertragen sie schlecht.
Eine bekannte, mehrfach ausgezeichnete Art und Sorte ist *Heuchera micrantha* 'Palace Purple' mit tief bronzebraunroten Blättern von seidigem Glanz. Sie wird mit 80 cm Wuchshöhe relativ groß.

▼ Die *Heuchera* eignen sich gut für Einfassungen.

Iris
Schwertlilien

Schwertlilien gehören mit zu den schönsten Stauden. Die Blätter, die bei einigen Arten bis in den Winter hinein grün bleiben, sind auch ohne Blüten zierend. Der Hauptwert der Pflanzen aber liegt in den schön geformten und farbenprächtigen Blüten. Die Verwendungsmöglichkeiten sind recht vielseitig. Sehr schön sind Anpflanzungen in Verbindung mit Wasser, jedoch müssen die Feuchtigkeitsansprüche genau beachtet werden. So lieben es *Iris sibirica* feucht, ohne jedoch im normalen Boden zu versagen.
Außer den mehr als 200 Arten der Gattung *Iris* gibt es viele tausende von Gartensorten. Die mannigfaltigen Formen und Farben sind bei diesen Züchtungen kaum noch überschaubar. Die neuen Züchtungen der Schwertlilie wetteifern in Schönheit der Form und Farbenpracht mit den Orchideen.

Iris-Barbata-Gruppe
Bart-Iris

Durch Kreuzungen von *Iris germanica* mit anderen Arten entstanden schon vor langer Zeit in freier Natur und später in Gärten die Ausgangsformen der Gartenschwertlilie, die heute in unübersehbarer Fülle unter dem Sammelbegriff *Iris*-Barbata-Gruppe gehandelt werden. In allen Erdteilen, besonders in den USA, aber auch bei uns, werden von Gärtnern und Liebhabern jährlich hunderte von neuen Sorten gezüchtet und in den Handel gebracht. Außer den einfarbig blühenden Sorten in Weiß, Gelb, Blau, Violett, Rosa und Braun-

Für den Garten wichtig
Aus der Vielzahl der *Iris*-Arten eignen sich fürs Beet und die Rabatte: *Iris*-Barbata-Hybriden, die von *Iris germanica* abstammen, sowie *Iris*-Sibirica-Hybriden, die von *Iris sibirica* abstammen.

▼ Wer einmal mit Funkien angefangen hat, wird leicht dazu verleitet, eine ganze Sammlung von Sorten mit den unterschiedlichsten Blattfärbungen aufzubauen.

Hosta
Funkie

Funkien sind robuste, langlebige Blattschmuckstauden. Sie gehören mit ihren schönen lanzettlichen bis breit-herzförmigen, einfarbig grünen, stahlblauen oder auch gelb- und weißbunt panaschierten Blättern zu unseren dekorativsten Blattschmuckstauden. Bei einigen Arten und Sorten sind die vielblütigen Blütenstände mit weißen bis dunkel lilafarbenen Blüten nicht minder attraktiv. Funkien gedeihen in jedem guten Gartenboden. Zartlaubige Formen werden gerne von Schnecken befallen. Auf eine Nennung von Arten und Sorten soll hier aufgrund der unsicheren Benennung verzichtet werden. Am besten wählt man sich die Pflanzen in der Staudengärtnerei selbst aus.

Hosta auch als Kübelpflanze
Funkien ziehen Schnecken geradezu magisch an. Es hat sich bewährt, die Pflanzen einzutopfen. Dann sind sie etwas sicherer vor den Raubzügen der Kriechtiere. Die Töpfe können über Winter draußen stehen bleiben.

TIPP

Iris gleich nach der Blüte teilen und verpflanzen.

◀ *Iris* pflanzen. Falsch: Rhizom zu tief eingegraben. Pflanzstelle sammelt Feuchtigkeit. Richtig: Rhizom nur halb eingegraben. Guter Wasserabzug.

◀ Richtige Pflanzung von einfachen und doppelten Rhizomen.

▼ Blütenbau einer Bart-*Iris*. *Iris* haben keinen Blumenkelch, sondern zwei Blütenblattkreise mit je drei Blütenblättern: einen inneren und einen äußeren. Der Äußere ist meist sehr imposant, seine Blätter ragen zur Seite oder hängen nach unten. Der innere Blütenblattkreis zeigt meist nach oben (Domblätter) . Alle Blütenblätter sind am Grunde zu einer Röhre verwachsen. Der Griffel hat vielfach blütenblattartige Äste. Bei einigen Gruppen sind die äußeren Perigonblätter an ihrer Basis gebärtet. Bei anderen wird der Eingang ins Innere der Blüten durch einen großen Signalfleck gekennzeichnet.

rot mit allen nur erdenklichen Zwischentönen gibt es auch mehrfarbig blühende. Die Bart-Iris wollen möglichst vollsonnige und trockene Gartenplätze. Sie scheinen gern am Wasser zu leben, doch hassen sie Feuchtigkeit und Nässe sehr. Bei ungünstigen Lagen sind die Beete zu erhöhen, damit sich keine stehende Nässe bildet. Bartiris mögen keinen sauren oder moorigen Boden, wenn nötig ist zu kalken. Pflanzung von August bis November oder im März, wobei die Herbstpflanzung vorzuziehen ist. Die Rhizome dürfen nicht zu tief gepflanzt werden. Sie sind nur leicht mit Erde zu bedecken, aber fest im Boden anzudrücken. *Iris* können viele Jahre ungeteilt stehen. In der Regel genügt es, sie alle vier bis fünf Jahre zu teilen und zu verpflanzen. Zeit wird es, wenn sie mit dem Blühen merklich nachlassen. Will man nicht die ganze Pflanze herausnehmen, können die Pflanzen auch durch vorsichtiges Herausschneiden einzelner Rhizome ausgelichtet werden. Bart-Iris mögen keine Winterdecke, auch in rauen Lagen ist ein Winterschutz nicht nur unnötig, sondern auch schädlich.

Wer Bart-Iris pflanzt, sollte sich nicht mit wenigen Exemplaren begnügen, sondern eine größere Anzahl in verschiedenen Farben und mit unterschiedlicher Blütezeit setzen. Bei geeigneter Auswahl lässt sich die Blütezeit auf 6 Wochen ausdehnen.

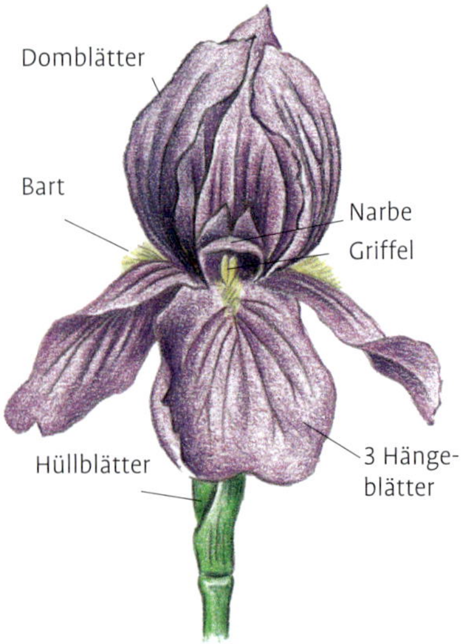

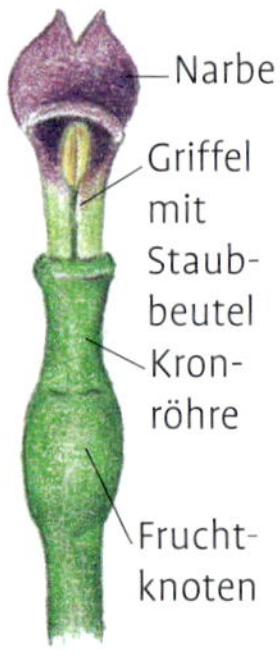

1

2

3

▲ **1** *Iris*-Barbata-Nana-Hybride ‘Double Coment’.
2 *Iris*-Barbata-Hybride ‘Ischina’.
3 *Iris*-Barbata-Eliator-Hybride ‘Rosy Wings’.

◀ Besonders eindrucksvoll wirken die Bart-*Iris*, wenn mehrere einer Sorte in einem Band stehen.

Iris-Sibirica-Gruppe
Wiesen-Schwertlilie
Die liebliche, schlanke, blaue *Iris*, deren schmales Laub sich im Herbst in ein warmes, tiefes Braun verfärbt, gehört bereits zum alten Gartengut. Die Art mit ihren dunkelgeäderten, blauen bis weißlichen, hängenden Blütenblättern wächst in Deutschland wild auf wechselnassen Moorwiesen und in Wassernähe in Verlandungszonen, vermag aber in Gärten auch auf trockeneren Standort gut zu gedeihen. Dies gilt insbesondere für die vielen Hybriden. Der Standort sollte möglichst sonnig sein, denn volle Sonne erhöht den Blütenreichtum. Verpflanzt oder geteilt werden sollten die Horste nur dann, wenn sie von innen kahl werden. Die *Iris*-Sibirica-Gruppe passen gut zu *Hosta* und *Ligularia*, die an einem ähnlichen Standort gut gedeihen.

Lupinus polyphyllus-Cultivars
Vielblättrige Lupine

Lupinen waren früher weit verbreitet. Es sind farbenprächtige Frühsommerstauden, die einzel stehend als auch in Massen Verwendung finden können. Am wirkungsvollsten sind sie in gemischten Farben. Bei Gartenformen handelt es sich um farbtreu fallende Samensorten der Firma Benary: 'Edelknabe', karminrot, 'Fräulein', weiß, 'Kastellan', blau, 'Kronleuchter', gelb, 'Mein Schloß', ziegelrot.

TIPP
Lupinen sät man am besten an Ort und Stelle an den gewünschten Platz. Sie lassen sich wegen ihrer langen Pfahlwurzeln nur schwer verpflanzen.

Monarda-Cultivars
Indianernessel

Große Busche bildende Staude, deren Blüten in mehreren Quirlen übereinander an straffen Stielen sitzen. Die lebhaften Farben der Gartenformen bringen willkommene Abwechslung in die Staudenrabatte. Zu beachten ist, dass sich die Pflanzen stark ausbreiten. Manche Sorten sind leider recht anfällig für Mehltau.

Sorte / Farbe / Blütezeit / Höhe
- 'Beauty of Cobham', scharlachrot, VI-VIII, 100 cm
- 'Blaustrumpf', dunkellila, VIII – IX, 140 cm
- 'Cambridge Scarlet', scharlachrot, VI – VIII, 100 cm

◄ Eine nordamerikanische Errungenschaft, die man in hiesigen Staudengärten nicht mehr missen möchte: die Indianernessel.

- 'Croftway Pink', lachsrosa, VI – VIII, 120 cm
- 'Kardinal', karminrot, VI – VIII, 100 cm
- 'Prärienacht', purpurlila, VI – VIII, 150 cm
- 'Schneewittchen', weiß, VI – VIII, 100 cm.

Paeonia
Päonie, Pfingstrose

Paeonia lactiflora-Cultivars
Chinesische Pfingstrosen
Chinesische Pfingstrosen gehören zu den ältesten Kulturpflanzen und langlebigsten Stauden. Viele Sorten sind über 100 Jahre alt. Die Edelpäonien sind Frühlings-Frühsommer-Blüher (Mai / Juni). Im Gegensatz zu anderen, höheren Stauden gleicher Blütezeit bleibt ihr Laub bis in den Herbst dekorativ. Sie wachsen langsam und benötigen einige Jahre, um sich zu ihrer vollen Schönheit und Leistungsfähigkeit zu entwickeln.
Chinesische Pfingstrosen können zwar mit vielen anderen Stauden kombiniert werden, im Grunde genommen sind sie aber üppige, raumgreifende, Individuelle Pflanzen, die am besten für sich allein wirken. Sie benötigen mittelschwere, humose, mäßig saure (pH 5 bis 6) Lehmböden, die auch in trockenen Zeiten eine gewisse Feuchtigkeit behalten. Der Untergrund muss durchlässig sein. Die Augen sind höchstens 3 cm hoch mit Erde zu bedecken. Werden Päoniengruppen in den Rasen gesetzt, sollte der Boden um die Pflanzen herum unbedingt offen bleiben.

Langlebige Pfingstrosen mit kurzlebigen Stauden kombinieren
Bei Stauden, die sich allmählich ausbreiten und viel Zeit zu ihrer vollen Entwicklung brauchen (z. B. Pfingstrosen und Rittersporn), ist es vorteilhaft, um sie herum kurzlebige Arten zu pflanzen. Diese überlassen nach einigen Jahren kampflos den Stauden mit hohem Lebensalter ihren Platz.

▲ Die Chinesischen Pfingstrosen öffnen ihre eleganten Blüten später als die Bauernpfingstrosen.

▲ Die Bauern-Pfingstrosen wurden schon in den mittelalterlichen Klostergärten kultiviert. Ihre Wurzeln galten als heilkräftig gegen allerlei Gebrechen.

Päonien sollte man möglichst im Frühherbst teilen oder verpflanzen, wenn die Pflanze neue Triebe an der Stielbasis entwickelt hat und anfängt, neue Wurzeln zu bilden. Beim Teilen muss man sehr vorsichtig zu Werke gehen, damit Wurzeln und Triebe nicht beschädigt werden. An jedem Teil sollten zumindest drei Triebknospen (Augen) verbleiben. Beschädigte oder zu kleine Teilstücke mit ein bis zwei Triebknospen bringen erst nach einigen Jahren Blüten hervor.

Insbesondere die gefüllten Sorten sind hervorragende Schnittblumen. Beim Blumenschnitt lasse man wenigstens das untere Blatt am Stängelende stehen und schneide die Blüten knospig bis halboffen.

▲ Die Chinesische Pfingstrose (*Paeonia lactiflora*) lässt sich mit dem Messer teilen (siehe Pfeil). Alte Pflanzen müssen mit dem Spaten zerlegt werden, am besten im September.

Paeonia officinalis subsp. *officinalis*, Officinalis-Gruppe
Bauern-Pfingstrose

Bauern-Pfingstrosen ist der deutsche Name für *Paeonia officinalis* und ihre Sorten. Sie haben seit Jahrhunderten in unseren Bauerngärten mit wenig Pflegeaufwand überdauert, ein Beweis ihrer beispielhaften Vitalität. Der Artname *officinalis* der Stammeltern der Gartenformen weist darauf hin, dass die Pflanze offizinell, also als Heilmittel verwendet wurde und wird. Kein Wunder also, wenn sie so häufig in den Bauergärten anzutreffen ist. In der Kultur unterscheiden sich die Bauern-Pfingstrosen nicht von den Chinesischen Pfingstrosen. Die Blütezeit ist dagegen etwas kürzer als bei den Edelpäonien. Wenn es im Frühjahr besonders warm ist, dauert die ganze Pracht gerade eine Woche.

Wichtige Sorten sind die reinweiße, gefüllte 'Alba Plena', die rosafarbenen, gefüllten 'Rosea Plena' und 'Rosea Superba Plena' sowie die rote, gefüllte 'Rubra Plena'. Teilweise sind die Sorten schon mehr als 100 Jahre bei uns in Kultur. Die schweren Blütenköpfe der Bauern-Pfingstrose beugen sich leicht zu Boden, besonders wenn sie nach einem stärkeren Regen schwer von Wasser sind. Deshalb die Stauden mit stabilen Staudenhaltern abstützen.

TIPP

Pfingstrosenblüten schneiden, wenn die Blüten halb geöffnet sind. Das untere Blatt stehen lassen.

Papaver orientale-Cultivars
Türkischer Mohn

Der Türkische Mohn ist ein hervorragender Farbspender für den Garten. Er benötigt einen sonnigen Standort und tiefgründigen, nährstoffreichen Boden. Dieser Staudenmohn zieht nach der Blüte ein und ist nur im Hochsommer bis Frühherbst störungsfrei zu teilen und zu verpflanzen. Er überwintert mit jungen Laubblättern. Der Türkische Mohn muss im knospigen Zustand geschnitten werden, wenn die Knospen eben Farbe zeigen.

Sorten / Farbe / Höhe

- 'Abu Hassan', lachsrosa mit gefransten Rändern, 75 cm
- 'Aglaja', lachsrosa mit roten Flecken, gewellte Blütenblätter, 70 cm

► Viele Türkische Mohne stammen aus der Zuchterwerkstatt der Gräfin von Zeppelin im südbadischen Sulzburg-Laufen.

- 'Aladin', leuchtendes Rot, gewellte Blüten mit schwarzem Fleck, 90 cm
- 'Arwide', außen weiß, durchzogen von orangefarbenen Adern, innen schwarze Flecken, 80 cm
- 'Aslahan', lachsrosa mit weiß, mit schwarzen Flecken, 80 cm
- 'Beauty of Livermere', scharlachrot, gewellte Ränder, 90 cm
- 'Degas', lachsrosa, 70 cm
- 'Fatima', zartrosa mit dunklem Rand, innen schwarzer Fleck, 60 cm
- 'Garden Glory', lachsrot, gefüllt, 90 cm
- 'Karine', hellrosa mit roten Flecken, 60 cm
- 'Perrys White', weiß mit dunklem Fleck, 80 cm
- 'Petticoat', lachsrot mit weißem Rand, Blütenblätter leicht gewellt, 70 cm
- 'Raspberry Queen', himbeerrosa, 70 cm
- 'Sindbad', signalrot, 110 cm
- 'Türkenlouis', leuchtendes Rot mit schwarzem Fleck, Ränder stark gefranst, 80 cm
- 'Tutu', reinorange, halbgefüllt, ohne Flecken, 70 cm.

▲ Stauden-Phlox gibt es in einer großen Sortenvielfalt.

▼Stauden-Phloxe sind sehr regenerationsfreudig. Viele Pflanzenteile lassen sich zur Vermehrung nutzen. Bei den Gärtnern am verbreitetsten ist die Vermehrung durch Wurzelstecklinge (A). Selbst die verholzte Stielbasis mit Wurzelansätzen lässt sich zur Vermehrung nutzen (B). Jungtriebe wachsen besonders leicht an (C). Eine größere Anzahl Stecklinge lässt sich aus dem Stängel schneiden (D). Für die Achseltriebe (E) gilt das gleiche wie für die Jungtriebe. Die gestrichelte Linie deutet jeweils an, wie tief die Stecklinge in das Substrat kommen.

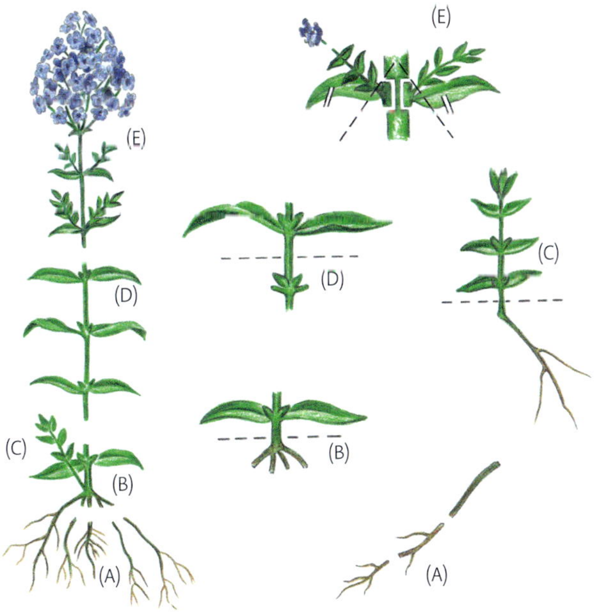

Phlox paniculata-Cultivars
Stauden-Phlox

Der Stauden-Phlox ist wegen seiner Blütenfülle und flammenden Farben eine der beliebtesten Gartenpflanzen. Der Blütenflor der Arten und Gartenformen erstreckt sich vom Frühjahr bis zum Herbst. Dadurch ist es praktisch möglich, Staudenrabatten ausschließlich aus *Phlox* mit wenigen Begleitpflanzen zu schaffen. Bei anhaltender Trockenheit muss ausgiebig gewässert werden. Auch der Nährstoffbedarf ist hoch. Die Blütezeit lässt sich verlängern, wenn ein Drittel der jungen Triebe im Juni gestutzt wird. Ein Rückschnitt unmittelbar nach der Blüte fördert eine Nachblüte. „Ein Garten ohne Phlox ist ein Irrtum", hat der berühmte Gärtner und Gartenarchitekt Karl Foerster einmal gesagt. Und mit dieser Behauptung hat er sicher Recht. Denn selbst kleinste Bauerngärten macht er schön bunt.

WICHTIG

Phlox unmittelbar nach der Blüte zurückschneiden. Das fördert die Nachblüte.

Sorte / Farbe / Blütezeit / Höhe

- 'Aida', rot, VII – VIII, 100 cm
- 'Dorffreude', rosalila mit rotem Auge, VIII – IX, 120 cm
- 'Düsterlohe', dunkelviolett, VI – VIII, 90 cm
- 'Füllhorn', leuchtend rosa, VI – VII, 80 cm
- 'Graf Zeppelin', schneeweiß mit kirschrotem Auge, VII – VIII, 80 cm
- 'Hochgesang', reinweiß, VIII – IX, 120 cm
- 'Kirmesländler', weiß mit rotem Auge, VIII – IX, 120 cm
- 'Landhochzeit', rosa mit rotem Auge, VII – VIII, 100 cm
- 'Orange', orangerot, VII – IX, 80 cm
- 'Pax', reinweiß, VIII – IX, 90 cm
- 'Starfire', leuchtendrot, VII – IX, 90 cm
- 'Wilhelm Kesselring', violett mit weißem Auge, VI – VII, 80 cm.

Rudbeckia
Sonnenhut

▲ Alle Rudbeckien sind ausgesprochen leuchtkräftig und unverzichtbar in der Spätsommerrabatte.

Die Rudbeckien sind wirkungsvolle Stauden der Spätsommerrabatte und äußerst dankbare Schnittblumen. Vorrangig Bedeutung hat die Goldsturm-Rudbeckie, die als strahlende schwarzäugige Schönheit alle ähnlichen Arten übertrumpft. Die Rudbeckien sind in Bezug auf den Boden äußerst bescheiden, sofern es zur Blütezeit nicht an der nötigen Feuchtigkeit mangelt. Die nachfolgend genannten Arten haben einen ganz unterschiedlichen Wuchs. Während die Sorte 'Goldsturm' niedrig wächst und kompakt bleibt, werden die anderen beiden sehr hoch und müssen angebunden werden.

Sorte / Farbe / Blütezeit / Höhe

- *Rudbeckia fulgida* var. *sullivantii* 'Goldsturm', goldgelb, VI – X, 60 – 100 cm
- *Rudbeckia laciniata* 'Goldball', goldgelb, gefüllt, VIII – X, 150 cm
- *Rudbeckia nitida* 'Juligold', goldgelb, VII – VIII, 170 cm.

Salvia nemorosa
Steppen-Salbei

Dieser Salbei mit seinen Gartenformen ist ein unermüdlicher Blüher, der von Sommer bis Herbst nicht nur das Auge erfreut, sondern auch für die Bienen eine sehr willkommene Futterpflanze darstellt. Wenn die Pflanzen im Juli bis August, noch ehe sie ganz abgeblüht sind, zurückgeschnitten werden, treiben sie wieder kräftig durch und bringen einen guten Nachflor, meist im September (durch „+" gekennzeichnet). Dieser Salbei hat keine heilende Wirkung.

Sorte / Farbe / Blütezeit / Höhe

- 'Blauhügel', reinblau, VI+IX, 40 cm
- 'Mainacht', nachtblau, reichverzweigt, VI+IX, 40 cm
- 'Ostfriesland', tief violettblau, VI – VII+IX, 50 cm
- 'Rosenwein', rosarot, V – VI+IX, 40 cm
- 'Tänzerin', tiefviolett, V – VI+IX, 80 cm
- 'Viola Klose', dunkelblau, V – VI+IX, 40 cm.

Scabiosa caucasica
Skabiose

Prächtige Beetstaude für warmen, sonnigen Stand auf mäßig feuchten Böden. Sie bringt den ganzen Sommer über immer wieder neue Blüten hervor; in milden Jahren bis in den November. Zur Unterstützung der Blühfreudigkeit ist regelmäßiges Entfernen der verblühten Blumen angebracht um Samenbildung zu verhindern. Schnittblumen schneidet man, sobald sich die Randblüten des Körbchens gerade entfaltet haben, möglichst vor dem Öffnen der Röhrenblüten.

Sorte / Farbe / Blütezeit / Höhe

- 'Clive Greaves', hellblau, VI – IX, 80 cm
- 'Miss Willmot', rahmweiß, VI – IX, 80 cm
- 'Nachtfalter', dunkelviolett, VI – IX, 80 cm
- 'Perfecta', lavendelblau, VI – X, 50 cm
- 'Perfecta Alba', weiß, VI – X, 50 cm.

Tradescantia × *andersonia*-Cultivar
Garten-Dreimasterblume

Die Garten-Dreimasterblume ist eine robuste Staude für feuchte Lagen. Besonders hübsch macht sie sich in sonnigen oder halbschattigen Rabatten und an Rändern von Teichen und anderen Wasserbecken. Sie blüht lange und das Kraut treibt bis in den Herbst hinein grün. Man sollte die Blütenstände nach dem ersten Hauptflor zurückschneiden, um unerwünschten Samenflug zu verhindern.

Winterharte Ziergräser für den Garten

Gräser gehören heute als modernes Gestaltungselement in die Gärten. Sie wirken auflockernd und verbindend. Gräser vermögen Mängel schwieriger Gartenplätze wohltuend zu verhüllen und bevorzugte Plätze durch ihre markanten Gestalten hervorzuheben.

Was gehört dazu?
Der Begriff Gräser ist die Sammelbezeichnung für Pflanzen, welche den drei Familien der Süßgräser (Gramineae), der Binsen (Juncaceae) und der Sauergräser (Cyperaceae) angehören.

Worin die Eigenart, der Zauber der Gräser liegt, lässt sich, obwohl man es fühlt, nicht sagen. Wenn der Wind über eine Wiese oder ein Getreidefeld dahinfegt, biegen sich die Halme, und die Blätter rascheln und erinnern uns an die Wellen von Meer und See. Gräser sind ein natürliches Mobile, sind Gespielinnen der Lüfte. In Gräsern findet man im Spiel des Windes den Reiz einer ungebärdeten Wildheit und dann wieder Sanftmut, wenn er nur gleichförmig und leicht ihre Halme bewegt.

▲ Gräser bringen mit ihrem aufstrebenden Wuchs etwas Duftiges und Leichtes in die Gärten.

Vielgestaltiges Äußeres

In ihrem äußeren Erscheinungsbild ähneln sich die Arten sehr, während die Blüten stärker voneinander abweichen, aber es fällt wenig auf, denn diese sind klein und einfach gebaut. Gräser haben stielrunde, in der Regel hohle Stängel (Halme), die durch Knoten gegliedert sind und durch diese zugleich fest und gefügig werden. Im unteren Teile bringen die Halme die Blätter hervor, und oben tragen sie endständig die Blütenstände. Form und Farbe, Länge und Breite, Biegung und Fall der Blätter sind sehr verschieden, desgleichen Größe und Gestalt, Tönung und Bau der Ähren und Rispen.

Der richtige Platz im Garten

Die Formenvielfalt der Gräser ist sehr groß. Sie reicht von Zwergen von wenigen Zentimetern Höhe bis zu mehreren Metern hohen Riesen. Die niedrigen eignen sich für Kanten, zur Bepflanzung größerer Flächen und vereinzelt als Einsprengsel in Staudenteppiche und Blütenstaudenbeete oder zwischen Steingartengewächse. Großgräser verwendet man in der Regel nur in kleinen Gruppen oder einzeln stehend. Verschieden sind auch die Ansprüche der Gräserarten. So lieben viele *Carex*-Arten einen feuchten Boden. Im Schatten und Halbschatten fühlen sich die Waldschmiele und verschiedene Seggen wohl und geben diesen Plätzen in Gesellschaft mit Farnen und geeigneten Schattenstauden eine besondere Note.
Verschiedene *Festuca*-Arten und andere wirken besonders durch das Blau ihrer Halme. Sie benötigen vollsonnige Plätze, da dann ihre Färbung am intensivsten ist. Auch dürfen diese Arten nicht zu feucht stehen.

▲ Winternässe ist der Feind vieler Gräser, soweit sie nicht von Natur aus an dieses Element gebunden sind. Es ist daher wichtig, die Halme nicht im Herbst, sondern erst im Frühjahr abzuschneiden. Außerdem bringt man sich um manche Winterfreude, denn viele Fruchtstände sehen auch im Winter sehr zierend aus.

Eher sparsam düngen

Mit der Düngung gehe man überlegt und sparsam um. Viele Arten sprechen zwar auf eine Düngung, besonders mit Stickstoff gut an wie z. B. Pampasgras und Chinaschilf. Sie bilden dann viel Blattmasse, aber die Blüte kommt dabei zu kurz oder bleibt ganz aus. *Festuca*-Arten (Schwingel) sollte man besonders sparsam düngen. Bekommen sie zuviel Stickstoff, verlieren sie leicht ihre schöne Färbung und leiden besonders in regenreichen Sommern unter Fäulnis. Man bedenke, dass Gräser nicht gleichbedeutend mit Rasen und deshalb nicht wie dieser zu behandeln sind. Wenn schon eine Düngung notwendig erscheint, dann mit einem kali- und phosphorbetonten Mehrnährstoffdünger.

Teilen und neu pflanzen

Besonders in schweren und nahrhaften Böden überaltern Gräser in kürzerer Zeit. Öfteres Teilen und neues Aufpflanzen im Frühjahr ist dann anzuraten. Eine Ausnahme bildet allerdings das Bärenfellgras, das man als ältere Pflanze nicht gut teilen kann. Hier sollten zur Neupflanzung immer junge Pflanzen mit Topfballen bezogen werden.

Sehr hübsch lassen sich Gräser auch in Gemeinschaft mit geeigneten Stauden und Gehölzen zur Bepflanzung von Kübeln, Pflanztrögen und anderen Pflanzgefäßen verwenden.

TIPP

Grashalme erst im Frühjahr zurückschneiden, damit keine Feuchtigkeit in die Halmstümpfe eindringen kann. Der Wurzelstock würde sonst leicht faulen.

Arrhenatherum elatius var. *bulbosum*
Knollen-Glatthafer

Lockerhorstig wachsende alte Bauernstaude. Die unterirdischen Stängelglieder sind merkwürdig knollig verdickt und rosenkranzartig aneinandergereiht. Die Sorte 'Variegatum', eine weißbunte Form, ist besonders zu empfehlen.

30 / 50 cm

Arundo donax
Pfahlrohr

Dieses 3 m hohe Riesengras, das bei uns nicht zur Blüte kommt, ziert durch seine stattlichen, reichbeblätterten Halme. Besonders schön wirkt dieses Gras in Einzelstellung in der Nähe von Wasser. Es benötigt viel Feuchtigkeit und der Boden sollte recht nahrhaft sein. Der Wurzelballen ist vor Frost zu schützen und im Herbst gut mit Laub oder ähnlichem Material einzudecken. Die weißbunte Form 'Versicolor' ist frostfrei im Kübel zu überwintern.

300 cm

Bouteloua gracilis
Moskitogras

Das Moskitogras bildet überhängende, schmale Blätter und braunbehaarte, waagerecht abstehende Ähren.

10 / 30 cm

Calamagrostis × acutiflora 'Karl Foerster'
Gartensandrohr

Nichtwuchernder, bis 1,5 m hoher, anspruchsloser Wildbastard mit vielen Schmuckwerten über das ganze Jahr. Im Juni erscheinen lockere, in der Blütezeit (VII – VIII) weitgefächerte Rispen, die sich

60 / 150 cm

nach der Blütezeit zusammenlegen und vergilben. Mit der gelben Herbstfärbung öffnen sich die reifen Rispen wieder und bleiben bis in den Winter erhalten.

Carex
Segge

Die Seggen-Arten sind sehr vielgestaltig. Die Stängel sind im Querschnitt meist dreikantig. Diese sind in Köpfchen, Trauben oder Rispen mit oft auffallenden Hochblättern angeordnet. In der Tabelle eine Auswahl besonders hübscher Arten und Gartenformen.

Cortaderia selloana
Pampasgras

90 / 200 cm

Nur wenige Pflanzen können mit der sehr auffallenden Schönheit und Eleganz dieser Art wetteifern. Die Heimat dieses Grases ist Südamerika und Neuseeland.
An den Blättern des Pampasgrases kann man sich leider leicht schneiden. Deshalb sollte das Gras nicht zu dicht an Wege oder Terrassen gepflanzt werden, wo man an dem Gras entlang streifen könnte. Dieses Gras ist zweihäusig, aber nur die weiblichen sind schön, denn ihre Ährchen sind mit langen, weißen Haaren bewimpert, sodass prächtige, große Federbüsche entstehen. Zur optimalen Entwicklung brauchen

▲ Die niedrige Japan-Segge *Carex morrowii* 'Variegata' kommt im Herbst und Winter zur Geltung. Sie wird am besten zu mehreren gepflanzt.

Carex-Arten und Gartenformen

Name	Höhe in cm	Blütezeit	Licht	Besonderheit
C. buchananii Fuchsrote Segge	40	VII	☀	Blätter und Halme dünn, überhängend, rotbraun.
C. comans Haar-Segge	30	VII	☀	Bronzefarbene oder blassgrüne Form, Blätter schmal überhängend.
C. digitata Finger-Segge	15 / 25	III – IV	☀ ◐	Ähren fingerartig zusammenstehend.
C. grayi Morgenstern-Segge	40 / 75	VI – VIII	☀ ◐	Auffallende Fruchtstände. Für sumpfige und trockene Standorte.
C. montana Berg-Segge	10 / 20	II – IV	☀	Sommergrün und dichtrasig, überhängende Blätter, Blüten schwefelgelb.
C. morrowii 'Variegata' Japan-Segge	30 / 40	IV – VI	◐ ●	Blätter glänzend dunkelgrün mit hellem Rand. Liebt Feuchtigkeit.
C. muskingumensis Palmwedel-Segge	50 / 70	VII – VIII	☀	Blätter schmallanzettlich an langem, bis an die Spitze beblättertem Stängel, der in der Gesamtheit an Palmwedel erinnert. Die braunen Blütenköpfchen fallen nur wenig auf.
C. ornithopoda 'Variegata' Vogelfuß-Segge	15 / 20	VII – VIII	☀ ◐	Blätter schmal, rinnig, überhängend, weißbunt, in einem dichten Horst.
C. pendula Riesen-Segge	60 / 100	VI – VII	☀ ◐	Horstig wachsende, immergrüne Art. Stängel dreikantig. Blätter breit, saftiggrün, überhängend. Walzige, senkrecht herabhängende Fruchtstände. Liebt Feuchtigkeit.

die Pampasgräser einen warmen, vollsonnigen Platz und nährstoffreichen, durchlässigen Boden, zur Triebzeit reichlich Wasser und Düngung. Das Pampasgras braucht einen guten Winterschutz, der auch gegen Winternässe schützen sollte. Dazu kann das eigene Laub dienen, der im Herbst schopfähnlich zusammengebunden wird. Auf der Wurzelscheibe breitet man dann noch Stroh oder Falllaub aus. Erst im Frühjahr wird das vergilbte Kraut zurückgeschnitten. Lediglich in Weinbaugebieten kann man auf einen Winterschutz verzichten. Vermehren lässt sich das Pampasgras durch Aussaat oder Teilung. Blütezeit: IX–X.

Festuca
Schwingel

Die Schwingel-Arten sind zwischen Zwerggehölzen, im Heidegarten und zur Auflockerung größerer Flächenpflanzungen besonders geeignet. Schön auch zu Rosen. Im Laufe der Zeit werden die Horste unansehnlich. Es empfiehlt sich, die Gräser rechtzeitig durch Teilung zu verjüngen.

▼ Schmalblättrige Schwingelarten sind im Heidegarten unverzichtbar.

Helictotrichon sempervirens (Syn. *Avena sempervirens*)
Blaustrahl-Wiesenhafer

Ein dichtes Horstgras mit starren, zusammengerollten, immergrünen, bereiften, bläulich graugrün gefärbten Blättern. Im Handel sind zumeist Auslesen der Art erhältlich, z. B. 'Saphirsprudel' und 'Pendula'. Blütezeit: VII–VIII.

50/120 cm

Leymus arenarius (Syn. *Elymus arenarius*)
Gewöhn. Strandroggen

Der Blaustrandhafer ist ein sehr dekoratives Gras und verträgt trockenste Standorte. Zu beachten ist, dass er durch starke Ausläuferbildung kräftig wuchert. Blütezeit: V–VII.

70/100 cm

Luzula
Hainsimse

Die Simsen sind grasartige Stauden mit flachen, bewimperten Blättern und Blüten in doldentraubigen Spirren, manchmal kopfähnlich zusammengezogen. Sie sind besonders schön für Gehölzunterpflanzungen, aber auch für Heidepflanzungen. Ihr großer Vorteil ist, dass sie auch noch im Halbschatten und im Schatten gut wachsen – so wie Wildarten im Wald.

***Festuca*-Arten und Gartenformen**

Name	Höhe in cm	Blütezeit	Licht	Besonderheit
F. amethystina Amethyst-Schwingel	20/30	V–VI	Sonne	Bildet prächtige Blattschöpfe mit bläulich grün schimmernden Tönungen.
F. cinerea Grauer Schwingel	15/25	VI–VII	Sonne	Blätter schmal von sehr schöner blauer Farbe.
F. gautieri Bärenfellgras	15/25	VI–VII	Halbschatten	Bildet dichte, grüne Igelpolster.
F. ovina Echter Schaf-Schwingel	40/50	V–VIII	Sonne	Bildet lockere, blaugraue Horste. 'Harz', bleibt im ganzen kleiner; 'Seeigel', hell meergrün, elegant breitfallend; 'Solling', bläulich grau.

Luzula-Arten und Gartenformen

Name	Höhe in cm	Blütezeit	Licht	Besonderheit
L. nivea Schneeweiße Hainsimse	20 / 30	V – VI	◐ ●	Blätter am Rande weiß behaart, Ähren weißlich.
L. sylvatica Wald-Hainsimse	30 / 40	V – VII	◐ ●	Lockerhorstig mit kurzen ansteigenden Ausläufern, mattenbildend und mit braunen Blütenständen. Mag Feuchtigkeit.
– – 'Marginata'	25 / 40	VI – VII	◐ ●	Schmale Blätter mit gelb-weißem Rand. Silbrige Ähren.
– – 'Tauernpaß'	20 / 40	VI – VII	◐ ●	Zeichnet sich durch breites Laub und niedrigen Wuchs aus.

Simsen sind deshalb ideal für schwierige Standorte rund ums Haus.

Melica
Perlgras

Hübsche Gräser, die zur Auflockerung großer Pflanzungen und als Zwischenpflanzung, z. B. bei hohen Bart-Iris, ausgezeichnet wirken.

Sorten / Höhe / Blütezeit / Farbe

- *Melica altissima* 'Atropurpurea', 130 cm, V – VI, bildet Blattschöpfe mit überhängenden, purpurbraunen, langen Blütenrispen
- *Melica ciliata*, Wimper-Perlgras, 30 / 60 cm, Blätter graugrün, weißlich gelbe Ähren.

Miscanthus sinensis
Chinaschilf

Das Chinaschilf ist ein hohes, horstig wachsendes, stattliches Gras. Es eignet sich gut zur Gehölzrandbepflanzung, zur Einzelstellung in Wassernähe, an Gebäuden, Treppen und Mauern.

Sorten / Höhe / Blütezeit / Farbe

- 'Graziella', 180 cm, VIII – IX, im Aufblühen seidig rosa, später silberweiß, schöne rot-braune Herbstfärbung
- 'Malepartus', 100 / 200 cm, VIII – IX, rötliche Blüten stehen über dem Laub, schöne Herbstfärbung
- 'Rotsilber', 100 / 175 cm, IX – X, rotsilbrige Blüten über silberstreifigen Blättern
- 'Silberfeder', 200 cm, IX – X, sicher blühende Sorte mit schönen, silbrigen Ähren. Gut winterhart.

Molinia
Pfeifengras

Durch den dichthorstigen Wuchs eignen sich die Pfeifengräser zur Einzelstellung, aber auch gut zur Kombination mit anderen Stauden. Typisch und sehr schmückend sind die langen, aufrechten Blütenhalme ohne sichtbaren Knoten über einem kurzen Laubschopf. Sie lieben humose Böden.

Sorten / Höhe / Blütezeit / Farbe

- *M. arundinacea* 'Karl Foerster', 50 / 180 cm, VII – X, lockerer Aufbau, goldbraune Herbstfarbe
- 'Windspiel', 50 / 150 cm, VII – X, verzweigte Ähren, die sich im Herbst goldgelb verfärben
- *M. caerulea* 'Moorhexe', 40 / 80 cm, VIII – IX, schwarze Ähren
- 'Variegata', 30 / 50 cm, VIII – X, Blätter weißbunt.

Panicum virgatum
Ruten-Hirse

Das staudige Hirsengras ist sehr dekorativ und entwickelt sich gut in warmen Lagen und nährstoffreichen Böden. Es lässt sich vielseitig zur Gliederung und Auflockerung von Staudenpflanzungen, als Einzelpflanzen in flächigen Pflanzungen und am Gehölzrand verwenden. Die lockeren Rispen sind darüber hinaus ein schöner Vasenschmuck.

Sorten / Höhe / Blütezeit / Farbe

- 'Hänse Herms', 60 / 80 cm, VIII – IX, Blätter verfärben sich im Herbst in leuchtendes Rot

▲ Flaumige Blütenähren des Federborstengrases.

▲ Die Federgräser haben sehr ausdrucksstarke Fruchtstände. Durch den Wind werden die Samenkörner weggeweht und breiten sich auf diese Weise aus.

- 'Strictum', 160 cm, VII – IX, straffer, aufrechter Wuchs, besonders standfest.

Pennisetum alopecuroides Japanisches Federborstengras

Die flaumigen Rispenähren werden, bei dieser Art bis 25 cm lang. Sie bilden bis zum Winter einen reizvollen Schmuck. Besonders schön sind die Blütenstände im Morgentau oder bei nebelfeuchter Luft. Nach einigen Jahren ist es notwendig, die Horste aufzunehmen und zu teilen.

Sorten / Höhe / Blütezeit / Farbe

- 'Compressum', 40 / 80 cm, VIII – X, rotbraune Blütenähren
- 'Hameln', 30 / 60 cm
- 'Japonicum', 40 / 90 cm, IX – X, aufrechte Blütenähren.

Spartina pectinata 'Aureomarginata' Kamm-Schlickgras

↕ ▮ 80 / 150 cm

Die starken und verzweigten Ausläufer tragen jeweils am Ende einen Schopf bogig überhängender, langer Blätter, die bei 'Aureomarginata' an den Rändern mit einem breiten gelben Saum versehen sind. Blüte: VIII – IX.

Stipa Federgras

Hauptschmuck dieser Gräser sind die fedrigen, langen Grannen, die sich bei jedem Luftzug bewegen. Am besten wirken mehrere oder bei großen Flächen viele Federgräser locker verteilt in der übrigen Pflanzung.

Sorten / Höhe / Blütezeit / Farbe

- *Stipa calamagrostis*, Silber-Ährengras, 50 / 80, VII – IX, Blätter blaugrün, Ährchen gelblich weiß; 'Allgäu' hat einen auffallend straffen, aufrechten Wuchs, mit locker überhängenden Rispen; 'Brilliant Splitter' ist kleinwüchsig, 40 cm
- *Stipa capillata*, 20 / 90, VII – VIII, Haar-Federgras, schmale aufrechte Haarrispe
- *Stipa gigantea*, 50 / 180 cm, VII – VIII, Riesen-Federgras mit riesigen Blütenrispen, besonders dekorativ
- *Stipa pulcherrima* f. *nudicostata*, 30 / 80 cm, VII – VIII, die Blütengrannen des Reiher-Federgrases sind besonders lang und malerisch.

Zwiebel- und Knollenblumen im Garten

Das Blumenzwiebel- und Knollensortiment ist riesig groß. Wie vielseitig sich diese Gewächse im Garten verwenden lassen, ist noch viel zu wenig bekannt. Sie begleiten uns durch das ganze Gartenjahr. Jedes Jahr ist man wieder von Neuem erfreut, wenn man die ersten dottergelben Winterlinge, die Schneeglöckchen und die Zwergiris im Schnee erblickt. Sie strecken oft schon im Februar ihre zarten Blüten in die Frühlingsluft.

In der gärtnerischen Praxis unterscheidet man in der Regel zwischen den Zwiebelblumen und den Knollengewächsen auf der einen und den Stauden auf der anderen Seite. Gleich dem Erdstamm oder Rhizom der Stauden sind Knollen und Zwiebeln Speicher- und Schutzeinrichtungen, also Überdauerungsorgane, welche die Pflanzen in die Lage versetzen, die ungünstigen Zeiten zu überstehen. Daher treten Zwiebel- und Knollengewächse von Natur aus nur in Gebieten auf, wo entweder der Sommer sehr heiß und trocken oder die Wachstumszeit sehr kurz ist. Dies trifft beispielsweise auf das Schneeglöckchen zu. Es wächst in der freien Natur unter Sträuchern, blüht, ehe diese ihre Blätter getrieben und entfaltet haben und zieht ein, wenn die Büsche voll belaubt sind. Schon bald nach dem Einziehen erinnert außer ein paar gelber Blätter nichts mehr an das Schneeglöckchen. Man kann es keinem Garten im August ansehen, ob im Frühling darin Tulpen und Narzissen geblüht haben.

Mit Zwiebel- und Knollenpflanzen durchs Gartenjahr

Diesem Frühlingserwachen schließen sich die Blütensterne der *Anemone blanda* und die verschiedenen Arten der Krokusse an.

▼ Nach einem langen Winter freut man sich im Frühjahr an der Farbenpracht der Zwiebelblumen.

Ihnen folgen die Frühjahrsalpenveilchen, der Schneeglanz, die Blausterne, die Märzenbecher und die Puschkinien, frühe Tulpen, Hyazinthen und die kleinen Wildnarzissen.

Höhepunkt mit Tulpen und Narzissen

Nach diesen ersten Frühlingsgrüßen erfreuen uns nacheinander Traubenhyazinthen, großblumige Tulpen und Narzissensorten, die Schachbrettblume und die stolzen Kaiserkronen, die exotischen Blüten des Hundszahns und der Gletscherlilie, die vielen Blütenglöckchen der *Hyacinthoides hispanica* und die stolzen Blütenkerzen der *Camassia*. Um Pfingsten erblühen die Mormonen- und die Prärietulpen, die vielen Gruppen der Zwiebeliris und der *Eremurus*.

▼ Das Frühlingserwachen wäre ohne Krokusse oder Schneeglöckchen gar nicht vorstellbar.

► Im Laufe der Jahre bildet der Blaustern (*Scilla*) dichte Bestände.

Frühsommer mit Zierlauch und Lilien

Zu Beginn des Sommers erreicht der Flor der Knollen- und Zwiebelpflanzen seinen Höhepunkt: Wildformen der Gladiolen, blaulila Kugeln des Riesenlauches. Unter den Sommerblühern sind die Lilien die Favoriten. Am Ende des Sommers wetteifern Monbretien mit den späten Dreifarbenblumen, den prächtigen Pfauenlilien. Ende August öffnen die ersten Alpenveilchen ihre schlanken Blütenknospen und verströmen einen süßen Duft. Die duftlosen *Cyclamen hederifolium* folgen ihnen dann.

◄ Neben der Strauchrose 'Westerland' bietet die Steppenkerze im Mai / Juni einen großartigen Anblick.

Dahlienblüte im Herbst

Über viele Wochen hindurch dominieren auf den Beeten die Dahlien. Mit den ersten Herbststürmen beginnt die Zeit der Herbstzeitlosen und der spätblühenden Krokusarten. Selbst Alpenveilchen blühen noch in dieser Zeit.

Wildformen für Randstreifen und Steingarten

Wie bei allen Stauden muss man auch bei Blumenzwiebeln und Knollengewächsen hochgezüchtete Kulturformen und ursprüngliche Wildarten unterscheiden, um bei Pflanzungen ihrem Charakter und zugleich ihren Ansprüchen gerecht werden zu können. So kann man zwischen Beetstauden keine Schneeglöckchen, Winterlinge,

Blausternchen, Wildkrokusse und ähnliche Pflanzen, weil sie das ständige Bearbeiten im Beet nicht vertragen. Die gleichen Zwiebelarten können sich dagegen im Schutz von Gehölzen oder im Steingarten, wo sie in Ruhe gelassen werden und wo der Boden nicht bearbeitet wird, so wohl fühlen, dass sie sich stark vermehren und ausbreiten. Andererseits finden hochgezüchtete Tulpen und Lilien unter einer geschlossenen Bodendecke aus Wildstauden und Gehölzen auf die Dauer kaum die Lebensbedingungen, die ihren hohen Kulturansprüchen entsprechen.

▼ Ein zartes, unkompliziertes Pflänzchen, das sich vorzüglich zur Unterpflanzung eignet, ist der Winterling. Er versamt sich rasch und reich und kann dann große Bestände bilden. Er bevorzugt Standorte im kühlen Schatten der Gehölze, die zur Blütezeit viel Licht durchlassen.

► Die Schachbrettblume wächst in der freien Natur manchmal noch auf feuchten Wiesen. In Deutschland ist die Art fast ausgestorben und steht unter strengem Naturschutz. Die Züchtungen wachsen auch gut im Garten auf frischen Böden.

Passendes fürs Staudenbeet

Als günstigste Pflanzplätze bieten sich die Zwischenräume einzelner Stauden geradezu an. Tulpen, Narzissen und Iris bringen im Frühling Leben und Farbe in das Grün der meist später blühenden Stauden. Außerdem decken die Stauden später die vergilbten und absterbenden Blätter der Zwiebelblumen zu.

An den vorderen Beeträndern bleibt meist noch Raum für kleinere Horste Traubenhyazinthen, Krokusse, Anemonen und Blausterne. In den hinteren Gartenteilen finden Lilien, *Eremurus*, Galtonien, Gladiolen und *Allium*-Arten viele geeignete Plätze.

Winterhärte und Überwinterung

Die Zwiebel- und Knollengewächse kommen aus verschiedenen Gebieten der Erde. Einige der Zwiebel- und Knollenblumen sind bei uns nicht völlig winterhart, und ein warmer, geschützter Platz im Garten genügt nicht in allen Gegenden, besonders dann, wenn der Winter strengen Barfrost und keine schützende Schneedecke bringt.

▲ Die hohen Zierlaucharten passen gut in den Hintergrund größerer Staudenbeete mit niedrigen Gehölzen.

Zu diesen empfindlichen Gattungen und Arten gehören z. B. *Bletilla*, *Crinum*, *Crocosmia*, *Eucomis* und *Sprekelia*. Sie alle benötigen in der Regel einen besonderen Winterschutz (z. B. aus Laub). Noch besser ist eine leichte Torfabdeckung, die man mit einer Lage Tannenreisig überdeckt. Diese Abdeckung lässt die damit geschützten Pflanzen noch gut atmen. Andere Zwiebel- und Knollenpflanzen, wie *Acidanthera*, Freesien, Knollenbegonien, Dahlien und Gladiolen, müssen in unserem Klima aus der Erde genommen werden, um sie frostfrei überwintern zu können. Im Frühjahr werden sie wieder eingepflanzt.
Die wichtigsten und am meisten angepflanzten Arten jedoch, wie Tulpen

Lilien in Töpfen
Lilien in Töpfen sind ideale Lückenfüller im Staudenbeet. Zwischen Sommerblumen lassen sie sich ebenfalls gut platzieren. Die Topfkultur hat bei den Lilien noch einen weiteren Vorteil: die empfindlichen Schönheiten werden dann nicht so leicht von den Schnecken aufgefressen.

Kleinblumenzwiebeln zum Verwildern

- *Chionodoxa luciliae* (lavendelblau) und *C. sardensis* (enzianblau), Schneestolz, Schneeglanz, 10 – 25 cm hoch, Blüte im März / April, Standort sonnig bis halbschattig in durchlässige Erde
- *Convallaria majalis*, Gewöhnliches Maiglöckchen, 20 cm hoch, Blüte im Mai, für schattige, feuchte Plätze unter Gehölzen
- *Eranthis hyemalis*, Kleiner Winterling, 5 cm hoch, Blüte im Februar / März
- *Erythronium dens-canis*, Europäischer Hundszahn, 10 cm hoch, Blüte im März / April, Standort im Schatten der Gehölze
- *Fritillaria meleagris*, Gewöhnliche Schachblume, 20 – 30 cm hoch, Blüte April / Mai, für Standorte im kühlen Schatten der Gehölze, feuchtigkeitsliebend, Sorten: 'Aphrodite', weiß, 'Charon', dunkelpurpur, 'Pomona', weißviolett gescheckt, 'Poseidon', purpurrosa
- *Galanthus elwesii*, Großblütiges Schneeglöckchen, 15 cm hoch, Blüte im Februar / März, für feuchte, sonnige und warme Plätze
- *Galanthus nivalis*, Kleines Schneeglöckchen, 10 cm hoch, Blüte im Februar / März, für kühlen Schatten der Gehölze, gefüllte Sorte 'Plenus'
- *Hyacinthoides hispanica* (Syn. *Scilla hispanica*), Spanisches Hasenglöckchen, 25 cm hoch, Blüte im Mai, Standort im Schatten von Gehölzen
- *Hyacinthoides non-scripta* (*Scilla non-scripta*), Atlantisches Hasenglöckchen, Für Standorte im kühlen Schatten der Gehölze, die zur Blütezeit viel Licht durchlassen.
- *Leucojum vernum*, Märzenbecher, Frühlings-Knotenblume, heimische Wildpflanze, 20 cm hoch, Blüte im Februar / März, für humose, feuchte, nasse Stellen unter Laubgehölzen. Wächst nicht an trockenen Stellen. Vermehrt sich ganz leicht selbst. Sämlinge blühen im 2. oder 3. Jahr.
- *Lilium martagon*, Türkenbund-Lilie, heimische Wildpflanze, 40 – 50 cm hoch, Blüte im Juni / Juli, zum Verwildern unter Bäumen
- *Muscari armeniacum*, Armenische Traubenhyazinthe, 15 cm hoch, Blüte im April / Mai, für feuchte, sonnige und warme Plätze
- *Muscari azureum*, 10 cm hoch, Blüte im Februar / März
- *Muscari botryoides*, Kleine Traubenhyazinthe, 15 cm hoch, Blüte im April / Mai
- *Narcissus pseudonarcissus*, *N. poeticus*, *N. cyclamineus*, *N. triandrus*, *N. bulbocodium*, *N. canaliculatus*
- *Ornithogalum nutans*, Nickender Milchstern, 30 cm hoch, für feuchte, sonnige und warme Plätze
- *Ornithogalum umbellatum*, Stern von Bethlehem, 20 cm hoch, Blüte im April / Mai, zum Verwildern im Rasen, unter Bäumen und Sträuchern
- *Puschkinia scilloides* var. *libanotica*, Libanon-Puschkinie, Blüte im März / April, für feuchte, sonnige und warme Plätze, versamt sich stark
- *Scilla bifolia*, Zweiblättriger Blaustern, 10 cm hoch, Blüte im März / April, unter Laubgehölzen
- *Scilla sibirica*, Sibirischer Blaustern, 15 cm, April, 'Spring Beauty', tiefblau, 'Alba', reinweiß, bildet reichlich Samen, verwildert leicht
- *Tulipa sylvestris*, Wilde Tulpe, in Süddeutschland in Weinbergen und Wäldern verwildert, 25 cm hoch, Blüte im Mai, für sonnige, warme Gehölzränder.

TIPP

Auf Beeten und Rabatten gepflanzt wirken die meisten Zwiebeln und Knollen in Gruppen oder kleinen Horsten am besten. Drei Zwiebeln von einer Sorte sind fast immer zu wenig. Tulpen sollte man möglichst in Gruppen nicht unter zwölf zusammenpflanzen. Bei Hyazinthen hingegen wirken schon drei bis fünf, vor allem dann, wenn sie vor einer Gruppe von Narzissen und Tulpen stehen.

und Narzissen, Hyazinthen und Krokus, Schneeglöckchen, Kaiserkronen und viele Lilien-Arten, Winterling, Traubenhyazinthen und die Freiland-Alpenveilchen, sind völlig winterhart – sofern sie an einem Platz stehen, der ihnen zusagt.

Klima- und Bodenansprüche

Krokusse, Hyazinthen, Iris, Tulpen und Narzissen wollen das volle Sonnenlicht, und wichtig ist für sie darüber hinaus, dass die Sommer warm und trocken sind, sodass ihre Zwiebeln gut ausreifen können. An Plätzen, wo der Boden auch im Sommer nass ist, gedeihen sie nicht besonders gut. Andere dagegen, wie Herbstzeitlose, Herbstkrokus, Hundszahn und Märzenbecher, lieben sommerkühle Standplätze.

Von der Blüte bis zum Vergilben der Blätter brauchen die meisten Zwiebelblumen ausreichend Feuchtigkeit, jedoch ohne stehende Nässe. Im Sommer dagegen brauchen sie Trockenheit, damit sie ihre Ruhezeit einhalten können. Jene Gattungen, die in freier Natur auf feuchten Wiesengründen (Narzissen, Knotenblume, Zeitlose) wachsen, wünschen auch im Garten einen entsprechenden Standort, mit ausreichender Feuchtigkeit.

Große Zwiebeln sind besser

Die stärkste und teuerste Sortierung bringt auch meist die größten Blüten hervor. Auch zum Treiben sind die größeren Zwiebeln geeigneter. Bei Narzissen sind es die „Doppelnasen" mit zwei Blütenanlagen und die „Dreifachnasen" mit drei Blütenanlagen.

◄ Zum Verwildern im Rasen und unter Gehölzen sind neben Krokussen auch Schneeglanz, Narzisse, Schneeglöckchen, Milchstern, Schachbrettblume, Träubelhyazinthe, *Scilla* und verschiedene Wildtulpen geeignet.

C. hederifolium

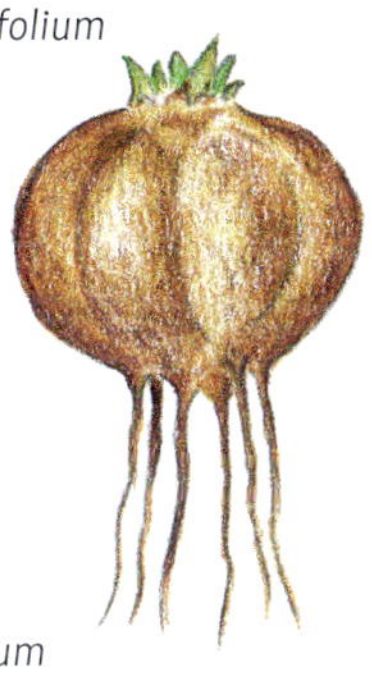

C. persicum

C. purpurascens

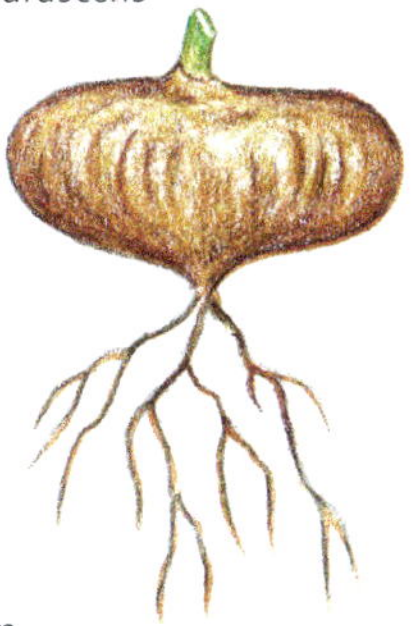

C. coum

► Die Arten des Alpenveilchens (*Cyclamen*) bewurzeln sich ganz unterschiedlich.

Für den Halbschatten

Die Kleinblumenzwiebeln sowie Alpenveilchen und einige Lilienarten benötigen einen halbschattigen Standort, z. B. unter Laubgehölzen. Denn wenn im zeitigen Frühjahr diese Bäume und Sträucher noch nicht belaubt sind, kann die volle Sonne die Pflanzplätze erreichen. Der Schatten, der später durch die Belaubung der Bäume entsteht, schadet den abgeblühten Zwiebelblumen nicht.

Pflanztiefe

Beim Pflanzen verschiedener Knollengewächse, die sich in der Vegetationsruhe befinden und bei denen meistens keine Wurzeln sichtbar sind, muss beim Setzen die richtige Lage genau beachtet werden, so besonders bei *Cyclamen hederifolium*, deren Wurzeln nach oben gerichtet sind. Außerdem sollte man beim Einsetzen immer sorgfältig vorgehen. Die gilt besonders für *Eremurus*, deren fleischige Wurzelbeine leicht verletzbar sind.
Während man kleinere Zwiebeln mit der Hand in den gut gelockerten Boden auf die richtige Pflanztiefe eindrücken kann, setzt man stärkere Zwiebeln und Knollen mit einem Hohlpflanzer oder einem kleinen Handspaten. Bei Dahlien benötigt man zum Pflanzen einen größeren Spaten, mit dem man ein entsprechendes Pflanzloch ausheben kann.

Blumenzwiebeln in Ruhe lassen
Blumenzwiebeln sind ideal für faule Gärtner. Dort wo sie in Ruhe gelassen werden, können sie sich ungestört vermehren. Häufiges Hacken macht ihnen auf Dauer sicher den Garaus.

Bodenpflege, Bewässerung und Düngung

Die meisten Zwiebel- und Knollenpflanzen sind entgegen landläufiger Meinung auf

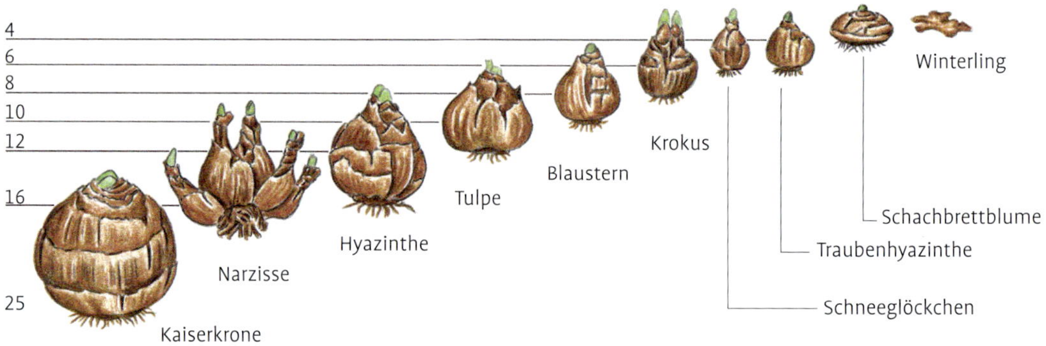

▲ Je nach Größe pflanzt man die Blumenzwiebeln unterschiedlich tief: Es gilt die Faustregel, dass die Zwiebeln doppelt so tief in den Boden kommen wie sie dick sind. In sehr schwerem Boden müssen die Zwiebeln etwas flacher, in sehr leichtem Sandboden etwas tiefer eingepflanzt werden.

Geduld ist nötig
Die Vermehrung der Zwiebel- und Knollengewächse durch Samen erfordert Geduld und viel Zeit. Für einen interessierten Pflanzenfreund jedoch kann gerade das Bemühen um schwierige und langsam werdende Dinge zur besonderen Freude und zum ideellen Gewinn werden.

eine ausreichende Nährstoffversorgung angewiesen. Insbesondere Lilien, Dahlien und Gladiolen schätzen eine gute, mit Kompost angereicherte Erde.
Für alle Arten, die das ganze Jahr über im Boden bleiben, ist eine Düngung im Herbst mit verrottetem Stalldung oder Kompost angebracht. Ergänzt werden kann diese Düngung durch Zufuhr organisch-mineralischer oder auch rein mineralischer Mehrnährstoffdünger. Die erste Düngung sollte erfolgen, wenn die Blätter ausgetrieben sind, eine weitere Nachdüngung, wenn die Pflanzen am Abblühen sind, damit die Nährstoffe aufgenommen werden und den Zwiebeln und Knollen zugute kommen. Bis zum Abblühen verlangen die Pflanzen eine gute Bewässerung, die auch die Wirkung der Dünger gut unterstützt. Nach dem Abblühen dagegen sollte man die Bewässerung einstellen, um den Pflanzen die Möglichkeit zum Ausreifen der Zwiebeln und Knollen zu geben.

Zwiebeln und Knollen einziehen lassen

Die winterharten Zwiebel- und Knollengewächse nach dem Abblühen möglichst lange auf dem Beet stehen lassen, damit die Reservestoffe aus den Blättern in die sich neu entwickelte Zwiebel verlagert werden können. Muss das Beet vorzeitig abgeräumt werden, so nehme man die Zwiebel heraus, ohne das Laub abzuschneiden und schlage sie ganz flach liegend in Sand ein, oder lege sie an einen schattigen Ort bis zum vollkommenen Abwelken der Blätter. Nach dem endgültigen Abwelken der Blätter werden Zwiebeln oder Knollen geputzt, nach Arten und Sorten sortiert und bis zum Wiedereinlegen in der Regel trocken aufbewahrt.
Lilien, Fritillarien und Erythronien haben keine feste Schale, die sie vor dem Austrocknen schützt. Wenn sie nicht sogleich gepflanzt werden können, vorübergehend feucht einbetten.

► Vorteilhaft bei der Pflanzung von Blumenzwiebeln ist die Verwendung von „Pflanzkörben", welche meist aus Kunststoff bestehen. Diese Körbe bilden einen gewissen Schutz gegen Wühlmäuse und ermöglichen außerdem das rasche Wiederauffinden der Zwiebeln in der Ruhephase.

Eine Auswahl schöner Zwiebel- und Knollenblumen

Allium
Lauch

■ Herbst

■ 10 cm

■ in Gruppen setzen

Lauch, Küchenzwiebel, Schnittlauch und Knoblauch sind bekannte Nutzarten der Gattung *Allium*, die etwa 300 Arten umfasst. Die niedrigen Arten wie der Gold-Lauch oder der Blauzungen-Lauch eignen sich besonders für Steingärten, die größeren wie der Iranlauch oder der Himalaja-Riesenlauch als Vorpflanzung von Gehölzen, für Heidegärten, aber auch für Blumenrabatten. Große Ansprüche stellen die in der Tabelle auf Seite 282 aufgeführten Arten nicht. Der Standort sollte warm und sonnig sein, der Boden gut durchlässig. Gepflanzt wird bevorzugt im Herbst. Zu dieser Pflanzengruppe gehört auch der Bär-Lauch, *Allium ursinum*, den Feinschmecker als Delikatesse schätzen.

TIPP

Zierlauche nie einzeln pflanzen. Die hohen Zierlauche wirken am besten, wenn viele Blütenstiele nebeneinander stehen. Die getrockneten Blütenstände sehen in der Vase dekorativ aus.

► Die riesigen Kugeln des Sternkugel-Lauches eignen sich sehr gut für die Trockenfloristik.

► Garten-Anemonen gibt es in vielen verschiedenen Sorten.

Anemone coronaria
Garten-Anemone

■ Sept. – Anf. Okt.

■ 5 – 10 cm tief

■ 10 – 20 cm

Die aus dem Orient stammende herrliche Garten-Anemone oder Kronen-Anemone ist seit Jahrhunderten in unseren Gärten eingebürgert. Aus dem schwärzlichen, klauenartig-knolligen Wurzelstock (die Knolle wird im Handel auch als Klaue bezeichnet) entwickeln sich 20 bis 30 cm hohe, kräftige Stiele mit handförmigen oder vielfach gespaltenen Blättern und schalenförmigen Blüten.
Die Kronen-Anemonen verlangen einen feuchten, dabei durchlässigen und nahrhaften Boden. Wegen ihrer Wärmebedürftigkeit im Winter mit Tannenreisig oder Laub schützen.

Sorten / Farbe

- Einfach blühende Kronenanemonen 'De Caen'-Mischung : 'Hollandia', rot, 'Sylphide', violett, 'Mr. Fokker', blau, 'The Bride', weiß.
- Gefüllt blühende Formen: 'St. Brigid'-Mischung: 'The Admiral', violett, 'The Gouverneur', rot, 'Lord Lieutnant', blau, 'Mount Everest', weiß.

Canna indica-Cultivars
Westindisches Blumenrohr

■ Mitte Mai

■ Wurzelansätze etwa 10 cm hoch mit Erde bedecken

■ 40 – 60 cm

Das Westindische Blumenrohr ist eine äußerst dekorative Blatt- und Blütenpflanze von tropischer Üppigkeit. Die knollig-verdickten, kriechenden Wurzelstöcke sind nicht winterhart und müssen deshalb im Herbst aus dem Boden genommen und frostfrei überwintert werden. Die grünen, purpur- oder bronzefarbenen, breitlanzettlichen Blättern sitzen an hohen Stie-

***Allium*-Arten und Gartenformen**

Name	Höhe in cm	Blütezeit	Besonderheit
A. aflatunense Iran-Lauch	70–80	V–VI	lilapurpur mit dichter kugelförmiger Dolde; 'Purple Sensation', tief purpurviolett
A. atropurpureum, Schwarzpurpurner Lauch	80	VI–VII	dunkelweinrote, halbkugelige Blüten, vorzüglich für Schnitt, auch zum Trocknen geeignet
A. carinatum, Gekielter Lauch	40	VII–VIII	violett-rosafarben, im Handel auch Auslesen mit schneeweißen Blüten
A. caeruleum, Sibirischer Enzian-Lauch	60	VII	bildet kleine, kompakte Dolden mit azurblauen Blüten, gute Schnittblume
A. cernuum Nickender Lauch	40	VI–VII	nickende rosa Blütendolden mit wintergrünen Blättern
A. christophii Sternkugel-Lauch	50–70	IV	silberlila, sternförmige Blütendolden von 25–30 cm Durchmesser
A. flavum, Gelber Lauch	30	VII–VIII	schwefelgelbe Blüten, für Steingärten
A. giganteum, Riesen-Lauch	80–150	VII	majestätischer Lauch mit dichten, violettrosa Blütendolden
A. karataviense, Blauzungen-Lauch	20–30	V–VI	breite Blätter, rosa Blüten, gut für Steingärten; 'Lucy Ball', violettblau, dunkler als die Art; 'Mount Everest', reinweiß
A. moly, Gold-Lauch	30–40	V–VI	goldgelbe Blütendolden, leichter Winterschutz notwendig, verwildert rasch
A. neapolitanum, Neapel-Lauch	35–40	V–VI	weiße, kugelförmige Blütendolden, völlig geruchlos, als Schnittblume geeignet
A. nigrum, Schwarzer Lauch	35–40	V–VI	grünlich weiß mit rötlich-schwarzer Mitte
A. oreophilum Rosen-Zwerg-Lauch	10–15	VI	karminrosa, kleine Dolden, für Steingärten
A. rosenbachianum, Paukenschläger-Lauch	100–150	V–VI	große, violettpurpurfarbene Blütenbälle, wirkungsvoll in hohen Staudengruppen, gut für Schnitt
A. roseum Rosen Lauch	30	VI	zartrosa, kräftige Blüte
A. sphaerocephalon	90–100	VII	purpurroter Gartenlauch, gut für Schnitt
A. stipitatum	100	VI	lilapurpur, große Dolden, duftend
A. triquetrum	40	V–VI	weiße, hängende Glockenblüten, zum Verwildern geeignet
A. ursinum, Bär-Lauch	30	V	weiße, sternförmige Blüten in lockeren Trauben, zum Verwildern geeignet, etwas nach Knoblauch riechend
Nectaroscordum siculum (Syn. *Allium siculum*, *A. bulgaricum*), Bulgarischer Honiglauch	50–100	V	kräftiger Stiel mit lockerer Dolde aus 10–20 hängenden, breitglockigen, mattgrünen Blüten, nach Blütenöffnung braunrot, grün und rosa schattiert

Vorsicht Schnecken
Wenn das Blumenrohr im Freiland ausgepflanzt wird, fallen oft die Schnecken darüber her. Einen gewissen Schutz bietet eine dicke Mulchschicht aus Häckselmaterial. In Kübeln sind die Pflanzen relativ sicher vor Schneckenfraß.

len, denen die Pflanze ihren Namen verdankt. In der Heimat der *Canna*-Arten werden aus den harten Samen Halsketten, Rosenkränze und andere Gegenstände hergestellt. Das Blumenrohr wirkt besonders gut vor einer kontrastierenden Hauswand oder dem Hintergrund immergrüner Gewächse. Für kleinere Gärten sind die Zwerg-*Canna* vorteilhaft, die nicht höher als 50 cm werden.

Das Blumenrohr benötigt einen warmen, windgeschützten Platz in der Sonne. Zur optimalen Entwicklung benötigen sie darüber hinaus einen humusreichen, sehr nahrhaften Boden und reichliche Bewässerung.
Wenn die Stängel vom Frost braun geworden sind, schneidet man die Pflanzen 10 bis 20 cm über dem Erdboden ab, gräbt sie aus und lässt sie einige Tage trock-

▶ Das Westindische Blumenrohr kann sehr gut im Kübel kultiviert werden. Es wird so ähnlich behandelt wie Dahlien.

nen. Überwintert werden die Rhizome in einem trockenen, frostfreien Raum, nicht über 10 °C. Vermehrt wird das Blumenrohr durch Teilung der Rhizome. Man bekommt so sortenreine Pflanzen.

Colchicum
Zeitlose

im Sommer

5–10 cm

in Gruppen setzen

Alle in der Tabelle aufgeführten Arten blühen im Spätsommer und Herbst im blattlosen Zustand; erst im Frühjahr brechen die Blätter aus der Erde hervor, um sich zu großen, glänzenden Schöpfen zu entfalten, in deren Mitte die Samenkapseln sitzen. Mit der Reife der Samen stirbt das Laub im Frühsommer ab. Die Blätter sollten bis zum Einziehen erhalten bleiben und dürfen vorher nicht abgeschnitten werden.

Die anspruchslosen, leider giftigen Pflanzen lieben möglichst offene, lehmhaltige Böden, die im Sommer recht trocken sein können. Deshalb fühlen sie sich – mit Ausnahme der feuchtigkeitsliebenden heimischen Zeitlosen *C. autumnale* und ihren Formen – auch im Wurzelfilz am sonnigen Rand von Gehölzen wohl.

Crocosmia × *crocosmiiflora*
Montbretie

Anf. Mai

8–10 cm tief

in Gruppen setzen

Die Monbretie ist eine ausdauernde Knollenpflanze, die auch hübsche Schnittblumen liefert. Den ganzen Sommer über bis in den Herbst hinein bringen ihre langen Blütenrispen goldorange und feuerrote Farbtöne in die Staudenrabatten. Montbretien benötigen den Winter über eine Schutzdecke aus Laub, Stroh oder Rindenmulch, da sie etwas frostempfind-

▼ Mit ihren langen Blütenrispen, die leicht überhängen, wirkt die Montbretie sehr duftig.

***Colchicum*-Arten und Gartenformen**

Name	Höhe in cm	Blütezeit	Besonderheit
C. autumnale, Herbst-Zeitlose	15	IX	gedeiht nur an ausreichend feuchten Standorte. Im Handel meist Gartenformen: ‘Album’, reinweiß; ‘Major’, rosalila, gefüllt; ‘Plenum’, rosa, gefüllt
C. x byzantinum	15	IX	lilarosa; kleine aber reich blühende Art, die bis zu 20 Blüten aus einem Horst bringt
C. speciosum var. *bornmuelleri*	15	VIII	malvenfarben; wertvolle, wunderschöne Art, die früheste der großblütigen Zeitlosen
Colchicum-Cultivars	15–20	IX–X	‘Autumn Queen’, dunkelviolett auf weißem Grund, mosaikartig gesprenkelt; ‘Lilac Wonder’, fliederfarbig mit weißen Linien in der Mitte; ‘The Giant’, dunkel malvenfarbig mit einer sehr schönen weißen Basis; ‘Water Lily’ (‘Seerose’), gefüllt, mit zahlreichen schmalen, tief lilarosa Segmenten

lich sind. Man kann die Knollen allerdings auch wie Gladiolen herauszunehmen und trocken überwintern. Da die Knollen keine vollkommene Ruhepause einlegen, füttert man sie, ohne die anhängende Erde zu entfernen, in ein mäßig feuchtes Torf-Sand-Gemisch ein.
Vermehrt werden Montbretien durch Brut- oder Tochterzwiebeln, die sich an den Ausläufern bilden. Die Jungknollen blühen schon im zweiten Jahr. Neben den Wildformen werden kleinblumige Mischungen und von den großblumigen Typen auch Namenssorten, z. B. die feuerrote 'Lucifer', die orange rote 'Constance' oder die gelbe 'Norwich Canary' angeboten.

Crocus Krokus

Die in der Tabelle genannten Arten, insbesondere die von *Crocus vernus* abstammenden großblumigen Gartenkrokusse, pflanzt man an sonnige Gehölzränder, in die Randbereiche des Rasens oder auch unter Baumkronen, wo der Rasen sich nicht besonders üppig entwickeln kann. Bis Anfang Juni nicht mähen.

► *Crocus tommasinianus* muss sich, wie alle anderen Krokusse, in Ruhe ausbreiten können.

Cyclamen Alpenveilchen

Die zierlichen Alpenveilchen stammen bis auf *Cyclamen purpurascens* aus recht sommerwarmen Gebieten. Meist stehen sie im Schutz von Gesträuch oder unter lichten Bäumen auf mehr oder weniger trockenen Böden. Auf schweren, feuchten Böden blühen und wachsen die Knollen gern im trockenen Wurzelfilz von Gehölzen. Alpenveilchen mögen keine saure Böden. Die Triebhälse dürfen keinesfalls aus dem Boden ragen. Im Winter ist eine leichte Abdeckung vorteilhaft. Die folgenden Arten versamen sich reich (bis zur Blüte vergehen 3 bis 5 Jahre). Zur Blütezeit sind sie auf größeren Flächen sehr wirksam.

▲ Alpenveilchen sind meistens etwas heikel. Im Winter müssen sie leicht mit Reisig abgedeckt werden.

Art / Blütezeit / Höhe / Besonderes

- *C. coum*, Vorfrühlings-Alpenveilchen, II – III, 5 cm, rot, flachkugelige Knolle mit Wurzelbüschel auf der Unterseite, rundliche dunkelgrüne Blätter; im Handel auch weiße und rosablühende Formen.
- *C. purpurascens*, Sommer-Alpenveilchen, VII – IX, 8 cm, rosarot, oberwärts und seitlich bewurzelte Knolle, silbergrau gezeichnete, immergrüne Blätter mit buchtig gekerbtem Rand; Erde darf auch im Sommer nicht austrocknen.
- *C. hederifolium*, Herbst-Alpenveilchen, IX – X, 10 cm, rosa, im Alter sehr große Knollen, trägt schön gezeichnete, efeuähnliche Blätter, dunkelrosa und weiße Formen.

? ▮ vor Beginn des Blattaustriebs, Jungpflanzen von Mai bis Sept.

▮ 3 – 5 cm tief

▮ in kleinen Gruppen setzen

Dahlia-Cultivars Dahlie, Georgine

Wenig andere Blumen sind im ländlichen Raum so verbreitet und beliebt wie Dahlien, die von unseren Großeltern noch mit ihrem zweiten Taufnamen Georginen benannt wurden. Dahlien lieben die volle

Crocus-Arten und Gartenformen			
Name	Höhe in cm	Blütezeit	Besonderheit
C. ancyrensis	10	I – III	orangegelb, wächst nur im offenen Boden zufriedenstellend; 'Golden Brunch', tief orangegelb
C. angustifolius	8	II – III	tief goldgelbe Blüten, außen bronzefarben getönt; wächst nur im offenen Boden zufriedenstellend
C. banaticus	10	X – XII	für halbschattige Standorte, mit etwa 7 cm breiten Blüten und langer Röhre; meist lila, auch rosa, die Blüten erscheinen vor den Blättern
C. biflorus	7 – 10	II – III	weißlich, mattlila; 'Miss Vain', weiß, purpur gestreift; var. *parkinsonii*, äußere Blütenblätter cremeweiß mit purpurfarbenen Streifen, innere Blütenblätter reinweiß, orangegelber Schlund; liebt sonnige, sommertrockene Plätze
C. chrysanthus-Cultivars, Kleiner Krokus	10	II – III	ein variabler Krokus, der nur im offen Boden zufriedenstellend gedeiht weiß: 'Blue Bird', reinweiß, außen gräulich blau; 'Snowbunting', reinweiß mit goldgelbem Schlund, außen purpurrötliche Fiedernerven; gelb: 'Advance', innen gelb, außen hellpurpur; 'Cream Beauty', cremegelb; 'E. P. Bowles', dunkelbuttergelb, außen leicht purpurfarbig gestreift; 'Saturnus', hellgelb, bräunlich gestreift; 'Zwanenburg Bronce', goldgelb außen dunkelbronze, besonders schön; lilablau: 'Blue Pearl', zartes Blau, innen silbrig blau; 'Ladykiller', purpurviolett mit weißem Rand; 'Prinzess Beatrix', lobelienblau, goldgelbe Basis
C. etruscus 'Zwanenburg'	10	II – III	violettblau; gedeiht nur im offenen Boden zufriedenstellend
C. imperati	10	I – III	lila, außen braungelb; gedeiht nur im offenen Boden zufriedenstellend
C. sativus Echter Safran	10	IX – X	purpurfarben, dunkel geadert, reich blühend; die langen roten Staubbeutel ergeben das bekannte gelbfärbende Kuchengewürz
C. sieberi	10	II – III	'Violet Queen', lilablau, 'Firefly', rosalila; gedeiht nur im offenen Boden zufriedenstellend
C. speciosus	12 – 15	IX – X	vermehrt sich schnell durch Selbstaussaat; 'Aitchinsonii', zartblau, außen dunkelblau
C. tommasinianus, Dalmatiner Krokus	10	II – III	helllila, zarte, große Blüten, feine grasartige Blätter, versamt sich reich; benötigt feuchte, sonnige und warme Plätze; 'Ruby Giant', purpurlila, lila Schlund; 'Whitewell Purple', rötlich purpurfarbene Blüten
C. vernus-Cultivars, Frühlings-Krokus	15	III – IV	Stammart weiß blühend; weiß: 'Jean d'Arc', 'Schneesturm' lilablau: 'Queen of the Blues' violett gestreift: 'Pickwick', 'King of the Striped' dunkelpurpurblau: 'Purpurea Grandiflora', 'Remembrance' dunkelviolett: 'Early Perfection' gelb: 'Große Gelbe'

- ab Anfang Mai
- wie Kartoffeln, Knollen 5 cm hoch mit Erde bedecken
- große Sorten 1 m, kleinere Sorten 75 cm

Sonne und wachsen in jedem nährstoffreichen, über mehrere Jahre kultivierten Gartenboden mit gutem Wasserabzug. Schwere, nasse und kalte Böden sind wenig geeignet und müssen entsprechend verbessert werden.

Um eine frühere Blüte zu erzielen, kann man die Dahlienknollen in einem hellen, nicht zu warmen Raum etwas antreiben, sodass die jungen Triebe sich schon deutlich entwickelt haben.

Allerdings dürfen solche vorgetriebenen Dahlien nicht vor Mitte Mai ausgepflanzt werden, da sie besonders empfindlich gegen Spätfröste sind. Bei Frostgefahr die jungen Triebe durch übergestülpte Blumentöpfe oder Plastikeimer schützen.

Kaktusdahlien

Diese Dahlien sind die wichtigsten. Ihre Zungenblüten stehen in größeren Mengen zusammen, sind röhrenföhrmig einge-

▲ Im Spätsommer und Herbst haben die Dahlien oder Georginen ihren großen Auftritt.

◄ Pompondahlien (hier die Sorte 'Franz Kafka') eignen sich wegen ihrer drahtigen Stiele gut zum Schnitt.

TIPP

Nach dem ersten Nachtfrost die Dahlien ausgraben, nachdem man das Kraut bis kurz über dem Erdboden abgeschnitten hat. Der Überwinterungsort muss kühl (ideal 5–8 °C), dabei frostsicher, luftig und trocken sein.

rollt und an den Enden federkielartig zugespitzt. Sind die Petalen besonders stark eingerollt, werden diese Dahlien auch als feinstrahlige oder als asterblütige Dahlien bezeichnet.

Dahlien für die Vase
Blumen für die Vase schneidet man am besten am frühen Morgen, taucht die Stielenden für eine Sekunde in kochendes Wassser oder sengt sie über einer Flamme kurz an.

► Semikaktus-Dahlie 'Jessica'.

Japan-Dahlien

Diese Gruppe ist eine neue Rasse reich blühender Dahlien aus Japan. Gekreuzt wurden Schmuck- mit Seerosenblütigen Dahlien. Die Blüten sind kleiner als bei den Seerosenblütigen Dahlien.

Seerosenblütige Dahlien

Ihr porzellanhafter Glanz und der Aufbau der Blüten (flache, schalenförmige Blütenblätter) lassen die Sorten dieser Gruppe wie eine Seerose erscheinen.

Schmuckdahlien

Die Schmuckdahlien tragen Blüten mit einer Vielzahl breiter, flacher oder nur wenig an den Blütenrändern aufgebogener Zungenblüten. Zum Zentrum hin werden

◄ Schmuckdahlie 'Goldener Oktober'.

TIPP

Knollenklumpen vor dem endgültigen Einräumen in den Keller eine kleine Weile auf den Kopf stellen, damit das in den hohlen Stängelstümpfen angesammelte Wasser auslaufen kann.

die Zungenblüten kürzer und dichter und verleihen dadurch dem Blütenkopf eine Wölbung, die je nach Sorte stark variieren kann. Diese Gruppe enthält auch die riesenblumigen Dahlien, deren Blüten einen Durchmesser von 30 cm erreichen.

Beetdahlien (Dahliettas, Zwergdahlien)

Eine Gruppe reich blühender, nur etwa 30 cm hoher Sorten mit meist gefüllten Blüten. Zum Bepflanzen schmaler Beete und Rabatten, für Gräber, Töpfe, Schalen und Balkonkästen.

Pompondahlien

Pompondahlien unterscheiden sich von den Ball- oder Kugeldahlien durch ihre nicht ganz so kugeligen Blütenköpfe und die wesentlich kleineren Blüten (sie erreichen etwa 5 cm im Durchmesser).

Ball-Dahlien

Ball-Dahlien sind die besten Schnittdahlien. Sie sind ungemein reichblütig, haben große, gewölbte Blütenköpfe mit einem Durchmesser von 10 cm und mehr. Sie bestehen aus kurzen tütenförmigen, dicht beieinander stehenden Zungenblüten. Auf Beeten und Rabatten bilden Ball-Dahlien schlanke, mittelhohe Büsche.

◀ Die Steppenkerze braucht viel Freiraum um sich, um wirken zu können.

Eremurus
Steppenkerze, Lilienschweif, Kleopatranadel

- Sept.
- 15 – 20 cm tief
- einzeln bzw. in Klein-Gruppen setzen

Bei schwerem Boden eine 5 bis 10 cm hohe Dränageschicht aus Kies und Sand ins Pflanzloch einbringen. Das Pflanzloch sollte sehr breit sein, damit die sternförmig gespreizten und spröden Speicherwurzeln nicht anstoßen oder beschädigt werden, sondern flach aufliegen können. In lehmhaltigem, feuchtem Boden wächst der Wurzelstock dicht unter der Erdoberfläche. In trockenem Erdreich zieht er sich tief in den Boden zurück.

Eremurus-Gewächse sind keine Zwiebel- oder Knollenpflanzen im eigentlichen Sinne. Sie wachsen aus einem kurzen Erdstamm, der aus einem stark gestauchten Spross (Rhizom) und dickfleischigen, sternförmig angeordneten Speicherwurzeln besteht, die sich jedes Jahr neu bilden. Sie verlangen einen vollsonnigen Standort und einen gut wasserdurchlässigen Boden.
Mit dem Austrieb im Frühjahr muss man kräftig wässern und ausreichend düngen. Im Sommer wollen die Pflanzen gerne trocken stehen.

Fritillaria imperialis
Kaiserkrone

- Spätsommer
- 20 cm
- in kleinen Gruppen setzen

Die Zwiebeln der Kaiserkrone sind faustgroß, gelblichweiß und nackt, das heißt ohne eine Zwiebelschale. Der obere Teil des Blütenstieles ist kahl. Auf ihm erscheint im März bis Mai ein Kranz von 5 bis 10 nickenden Blütenglocken. Je nach Sorte sind sie gelb, orange oder rot getönt. Über dem Blütenstand erhebt sich eine büschelartige Krone (daher der Name) von spitzen, grünen Blättern.
Die Kaiserkrone benötigt einen tiefgründigen, aber wasserdurchlässigen, nicht zu trockenen, nährstoffreichen Gartenboden. Der Standort kann sonnig sein, sollte aber während der heißen Mittagsstunden etwas im Schatten liegen. Ein guter

◀ Die Kaiserkrone ist eine der ältesten kultivierten Gartenpflanzen; sie wurde schon 1576 bei uns eingeführt. Jahrhundertelang zierte sie mit ihrer prächtigen Erscheinung nicht nur die alten Bauerngärten, sondern auch die Bilder der alten holländischen Blumenmaler.

► Die Kaiserkronen-Zwiebel am besten leicht schräg auf eine Sandschicht legen. Auf diese Weise verhindert man, dass sich Wasser im verbliebenen Loch des Vorjahrestriebes ansammelt und die Zwiebel fault.

Contra Wühlmaus?
Die jungen Triebe und die Zwiebel strömen einen durchdringenden Geruch aus. Man sagt der Kaiserkrone deshalb nach, dass sie Wühlmäuse vertreiben soll. Die Erfahrung zeigt jedoch, dass die Nagetiere sich nicht von ihr beeindrucken lassen und ihre Gänge ganz in der Nähe schieben. Lediglich die Zwiebel selber verschmähen sie.

Platz für die Kaiserkrone ist am Rand eines Gemüsegartens.
Die Pflanzen treiben sehr früh aus, blühen im April und ziehen um Pfingsten bereits ein. Gepflanzt bzw. umgepflanzt werden die großen Zwiebeln im Spätsommer.
An optimalen Standorten und bei entsprechender Düngung können Kaiserkronen zehn, ja 20 Jahre stehen, ohne dass sie im Blühen nachlassen. Lässt der Blühreichtum allerdings nach, ist es notwendig, die Zwiebelhorste aufzunehmen, zu teilen und neu zu pflanzen. Verpflanzt man die Kaiserkrone nicht, so sollte man das welke Laub abschneiden und nicht aus dem Boden ziehen.

Gladiolus
Gladiole, Siegwurz

- ab Anf. Mai in Sätzen
- ca. 10 – 15 cm
- auf Schmuckbeeten in kleinen Trupps setzen, als Schnittblume in 10 cm Abstand

Da sie etwas steif wirken, gehören Gladiolen nicht in den Vordergrund. Man setzt sortenweise in Trupps zwischen hohe Ziergräser oder zu Rittersporn, Fackellilien und hohen Beetstauden.
Gladiolen sind bei uns nicht winterhart. Ihre Zwiebelknollen müssen im Herbst ausgegraben, über Winter eingelagert und im nächsten Frühjahr wieder neu gepflanzt werden.

▲ Die im Handel erhältlichen Sorten (mehrere tausend) sind das Ergebnis einer intensiven Züchtung.

Gladiolen benötigen freie, sonnige Lage, nur dann blühen sie schön. Dazu muss man wissen, dass die Gladiolen ihre Blüten erst nach dem Pflanzen anlegen und nicht, wie Tulpen, Narzissen oder Hyazinthen, schon beim Austrieb in der Zwiebel. Gladiolen wünschen einen tiefgründigen, nicht zu trockenen, durchlässigen, neutralen bis schwach sauren Boden.
Bei Trockenheit nach dem Pflanzen kräftig angießen. Leichte Bodenfröste schaden den Knollen nicht. Während des Wachstums ist der Boden locker zu halten und genügend zu wässern. Hohe Sorten müssen gegebenfalls durch Anhäufeln oder durch entsprechende Halterungen auf-

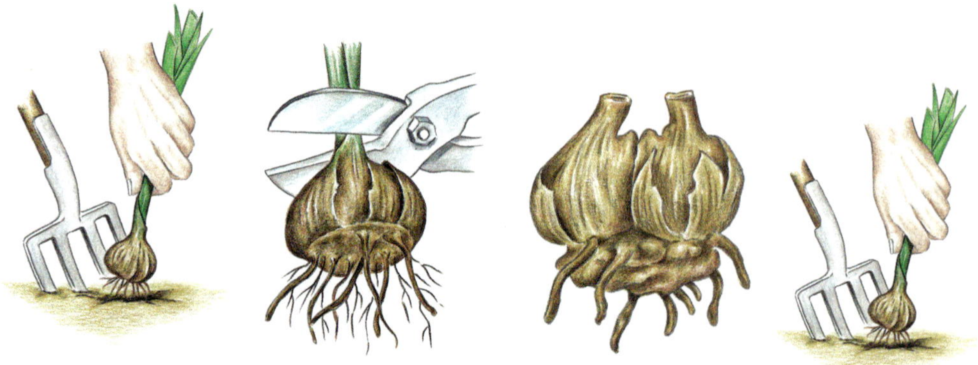

◄ Anfang Oktober, vor Eintritt des Frostes, wenn das Laub langsam vergilbt, werden die Knollen aus dem Boden genommen und die Stiele auf 10 cm Länge über der Zwiebelknolle abgeschnitten. Dann lässt man die Zwiebelknollen gut abtrocknen und entfernt später die eingetrockneten Wurzeln und alle anhaftende Erde. Gelagert werden die Knollen bei Temperaturen um 5 °C in gut belüfteten Räumen.

recht gehalten werden. Bei den im Beet verblühten Gladiolen schneidet man den Blütenstand dicht unter der ersten Blüte ab, um eine Samenbildung zu verhindern.

Großblütige oder Edelgladiolen

Die großblütigen Kultursorten, auch Edelgladiolen genannt, haben einen dichten, ährenförmigen Blütenstand und werden etwa 100 bis120 cm hoch. Die Blüten können einen Durchmesser von 10 bis 15 cm erreichen. Die Gesamtblütezeit ist von Juni bis September. Bei einer guten Sorte sollen die Blüten den Betrachter „ansehen", also nicht nach unten zeigen, der Stiel wird lang und gerade gewünscht. Die Farbskala der Sorten reicht von Weiß über Grün, Creme und Gelb, Orange, Lachs, Scharlach, Rosa und Rot, Lavendel und Purpur, Violett bis Rauchgrau und Braun.

Butterfly-Gladiolen

Die Schmetterlingsgladiolen zeichnen sich durch besonderen Farbenreichtum ihrer Blüten aus. Die Pflanzenhöhe beträgt 60 bis 80 (100) cm, daher ist diese Gruppe für Beetbepflanzungen besonders wichtig, da sie sich mit ihrem niedrigen Wuchs viel besser einfügen. Die Blüten sind etwas kleiner aber breiter als die der großblumigen Sorten, und sie besitzen gewellte Blütenränder. Die Blütezeit ist Juli / August.

Baby-Gladiolen

Die Baby-Gladiolen (auch unter den Namen Nanus-Gruppe, Colvillii-Gruppe und Primulinus-Gruppe im Handel) sind eine Miniaturausgabe der Edelgladiole; 45 bis 60 cm hoch, mit früherer Blüte als die großblütigen Edelsorten. Die relativ kleinen Blüten erscheinen bereits im Juni / Juli in lockerer Ähre. Durch die eleganten Blütenrispen ist diese Gruppe besonders gut als Schnittblume für gemischte Blumensträuße geeignet. In wärmeren Gebieten können sie bei gutem Frostschutz (z. B. Strohbedeckung) im Freiland überwintern. In den übrigen Gegenden verlangen sie die gleiche Kultur wie die großblütigen Edelgladiolen.

Wie die Gladiole zu ihrem Namen kam

Der Name *gladiolus* ist die Verkleinerungsform des lateinischen Worts gladus = Schwert und nimmt auf die schwertförmigen Blätter Bezug. Der deutsche Name Siegwurz geht zurück auf die Verwendung der Knolle im Mittelalter als Talismann für Soldaten. Sie diente auch als Heilmittel bei Verwundungen. Kindern legte man die Knollen in die Wiege, um den „Alp" von ihnen fernzuhalten, wie sie auch an die Stalltür genagelt oder unter ihr vergraben wurden, um das Vieh vor Verhexung zu schützen.

► Wachstumszyklus einer Gladiolenknolle.

◀ Hyazinthen sind wegen ihres Duftes beliebte Zwiebelgewächse.

Hyacinthus
Hyazinthen

- Sept. – Okt.
- 10 – 15 cm
- 15 cm, am besten in Trupps zu 5 – 7 Stück setzen

Durch ihre gedrungenen Blütenstände lassen sich Hyazinthen nur schwer mit anderen Staudengestalten vereinen. Auf Beeten in Hausnähe oder im Vorgarten zwischen Beetstauden, die in weitem Abstand gepflanzt sind (z. B. Pfingstrosen) oder an der Sonnenseite langsam wachsender Ziersträucher machen sich Hyazinthen gut. Hyazinthenzwiebeln können sich am gleichen Standort jahrelang halten, wenn der Boden nicht zu nass und zu arm ist. Nach dem Abblühen werden die Blütenstiele zwar abgeschnitten, die Blätter aber müssen unversehrt bleiben. Sollen die Hyazinthen nach der Blüte schnell anderen Blumen Platz machen, kann man sie mit Wurzelballen herausnehmen und an einer anderen Stelle im Garten einschlagen und langsam einziehen und reifen lassen. Herausnehmen kann man die Zwiebeln, wenn die Blätter gelb geworden sind. Sie werden geputzt und bis zur Pflanzung trocken und dunkel aufbewahrt. Die Hyazinthen werden in Nestern zu 5 bis 7 Stück in einer Farbe gepflanzt.

▶ Im Gegensatz zu den Tulpen werden die Zwiebeln der Hyazinthen nicht alljährlich neu gebildet, sondern bleiben bestehen. Sie erneuern sich von innen. Neben dem alten Blütenschaft bilden sich eine neue Zentralknospe, Schalen, Scheidenschalen und neue Anlagen der Blätter. Auch setzten die Zwiebeln von einem gewissen Alter Brut an. Durch das Anschneiden des Wurzelbodens lässt sich der Ansatz von Brutzwiebeln steigern.

Lilium
Lilie

- Frühherbst, Orient-Hybriden und Trompeten-Lilien im Frühling
- doppelt so tief, wie die Zwiebel hoch ist
- 30 – 40 cm

Als besondere Kostbarkeiten steht den Lilien ein bevorzugter Platz zu, sie wollen ihrem Charakter nach überall dort stehen, wo ihre auffallende Schönheit im Blickfeld liegt. In kleinen Gruppen auf Beeten, zwischen niedrigen Sträuchern, vor einer Hecke oder immergrünem Gehölz. Vor allem sind es die Königs- und Madonnen-Lilien und die Feuer- und Tiger-Lilien, die für Beetstaudenpflanzungen in Frage kommen. Lilien können für viele Jahre an dem einmal gewählten Standort bleiben. Alle Sorgfalt und Mühe bei der Vorbereitung der Pflanzflächen zahlen sich später doppelt aus. Düngen, Wässern und sonstige Pflegemaßnahmen können das nicht wiedergutmachen, was einmal bei der Bodenvorbereitung versäumt wurde.

Bodenvorbereitung

Wichtig für das Gedeihen der Lilien ist die Bodenbeschaffenheit. Lilien wollen wie an ihren natürlichen Standorten einen porösen, durchlässigen Mineralboden, denn Lilien haben besonders „sauerstoffhungrige“ (lufthungrige) Wurzeln. Die Saugwur-

Aufbau der Lilienzwiebel

Lilien haben locker gebaute Zwiebeln, die aus mehreren fleischigen Schuppen von weiß bis gelblicher oder rosa bis purpurner Färbung bestehen und keine äußere Hülle haben, die sie besonders schützt. Sie trocknen deshalb leicht aus. Die meisten Lilien erneuern ihre Zwiebeln in jedem Jahr, wobei die Neubildung verschiedenartig sein kann. Die Zwiebel teilt sich während einer Wachstumsperiode in zwei bis drei Einzelzwiebeln. Der wachsende Stiel drückt sie so auseinander, dass die neu nachwachsenden Schuppen zwei Lilienzwiebeln bilden. Die Erneuerung kann aber auch von Nebenzwiebeln ausgehen. Bei vielen Arten bildet sich am Stängel oberhalb der Zwiebel kleine Stängelbrut. Einige andere Arten (z. B. *Lilium bulbiferum* und ihre Abkömmlinge) entwickeln in den Blattachseln der Schäfte kleine Zwiebeln, Bulbillen genannt, die zur vegetativen Vermehrung dienen. Dann gibt es Arten (z. B. *Lilium superbum*), die neue Zwiebeln am Ende von unterirdischen Ausläufern (Stolonen) produzieren.

▲ Die zahlreichen Lilien-Hybridsorten gehen auf Wildformen wie die Madonnen-Lilie zurück.

TIPP

Lilien mögen die Sonne, allzu pralle Mittagssonne beeinträchtigt allerdings ihre Farbintensität und ihre Blühdauer.

zeln am Zwiebelboden müssen in einen mineralreichen Boden hineinwachsen können. Humusreicher Boden, wie etwa Kompost, wäre hier völlig fehl am Platz. Der Boden ist tief zu lockern und insbesondere im Untergrund reichlich mit Sand oder besser noch mit Bimskies, Lavamaterial oder gebrochenem Blähton zu versetzen. Die meisten Arten und Hybriden fühlen sich in neutraler oder schwach saurer Erde am wohlsten. Bei zuviel Kalk im Boden leiden viele Arten, ihre Blätter werden gelb, sie kränkeln und gehen schließlich ein. Lilienzwiebeln sind sehr empfindlich, niemals dürfen sie längere Zeit frei an der Luft oder auf dem Lager liegen, sondern sie gehören jederzeit und überall in mäßig feuchten Sand oder Torfmull, wenn sie nicht im Boden stecken. Sie haben nämlich keine feste, undurchlässige Zwiebelschale wie beispielsweise Krokus, Tulpen und Narzissen.

Pflanzen nach Faustregel

Haben die Zwiebeln bereits Wurzeln getrieben, diese keinesfalls entfernen. Die Faustregel beim Pflanzen ist, dass sich die Zwiebelspitze doppelt so tief unter der Erdoberfläche befinden muss, wie die Zwiebel hoch ist. Eine etwa 4 cm große Zwiebel braucht also ein 12 cm tiefes Pflanzloch. Auf leichtem, sandigem Boden kann tiefer gepflanzt werden, auf schwerem etwas höher. Die Wurzeln ziehen die Zwiebel, so seltsam es auch klingen mag, bei ihrer Schrumpfung im Herbst allmählich in die richtige Tiefe.

Zum Pflanzen wird zuerst das Pflanzloch in der vorgesehenen Tiefe ausgehoben. Auch in der Breite soll dabei nicht gespart werden. Für Gruppen mit drei oder mehr Lilien wird am besten gleich ein größeres Loch ausgehoben und die Zwiebeln im Abstand von 30 bis 40 cm, je nach Größe, eingepflanzt. Die Erde wird nach dem Einsetzen der Zwiebeln rings um die Wurzeln gut angedrückt, damit keine Luftlöcher entstehen. Erst danach wird die Erde nach und nach aufgeschüttet. Gleich nach dem Pflanzen ist gründlich anzugießen.

Der Nährstoffbedarf der Lilien ist vergleichsweise hoch. Da Lilien in der Regel viele Jahre am gleichen Platz verbleiben, ist eine Düngung in den Jahren, in denen nicht verpflanzt wird, unerlässlich. Verwendet werden sollten kalireiche Mehrnährstoffdünger, die in zwei Gaben vor und während des Austriebes gestreut werden sollten.

Lilienzüchtung

Seit vielen Jahrzehnten beschäftigen sich Züchter in allen Teilen der Welt mit der Kreuzung von Wildlilien und haben einen unüberschaubare Zahl von Hybridsorten gezüchtet. Diese Gartenformen sind im Gegensatz zu den Wildformen nicht mehr so sehr an ganz bestimmte Bodenverhältnisse gebunden, sind gegen klimatische Einflüsse unempfindlicher. In Form und Größe sind sie wahre Wundergebilde, ihr Blütenreichtum und ihre Wüchsigkeit versetzen oft in Erstaunen. Aber neben diesen Hybridsorten sind auch heute noch viele der Wildarten wie die Madonnenlilie (*Lilium candidum*) oder der Türkenbund (*Lilium martagon*) von Bedeutung.

Asiatische Hybridlilien

An der Züchtung dieser Hybriden waren eine Vielzahl von im asiatischen Raum heimischen Lilien-Arten sowie die bei uns heimische *L. bulbiferum* und die in Amerika heimische *L. philadelphicum* beteiligt.

Frühe Pflanzzeit
Anders als andere Lilien pflanzt man Madonnen-Lilien schon im August. Denn Madonnen-Lilien treiben im Anschluss an ihre Blüte im Juni / Juli nach einer kurzen Ruhepause im September wieder aus und überwintern mit einem kräftigen, grünen Blattschopf. Nicht tiefer als 3 cm unter den Erdboden pflanzen. Auch die amerikanischen Wildlilien schon im August pflanzen.

▲ Das gefräßige Lilienhähnchen, ein 5 bis 8 mm großer, siegellackroter Käfer, kann leicht die ganze Pflanze kahl fressen. Beim Absammeln muss man flink sein, denn der wendige Käfer lässt sich beim Berühren der Pflanze sofort fallen und ist dann nicht mehr zu finden. Beim Absammeln auch auf die Larven auf der Blattunterseite achten. Sie sehen wie kleine Dreckhäufchen aus.

▲ Die Asiatischen Hybridlilien eignen sich auch sehr gut als Schnittblumen. Hier die Sorten 'Connecticut King' und 'Pirate'.

▲ Die Türkenbund-Lilie wächst teilweise noch wild in großen Beständen in den Laubwäldern. Insgesamt ist sie aber selten geworden und steht deshalb unter Naturschutz.

Türkenbund-Lilien, *Lilium martagon* und deren Hybriden

Die auffallend schöne heimische Waldpflanze ist anspruchslos und hat sich seit langer Zeit im Garten bewährt. Sie versamt sich gern unter lichten Bäumen und am Gehölzrand in humosen, lehmigen Oberböden. Ihre lang gestielten, nickenden, großen, trübrosa gefärbten, einem Turban ähnlichen Blüten (daher Türkenbund) stehen auf starken, charakteristisch quirlständig beblätterten Schäften. Auffallend sind auch die schönen Fruchtstände.

Madonnen-Lilie *Lilium candidum*

Die symbolträchtige Madonnen-Lilie mit großen, reinweißen, trichterförmigen, duftenden Blüten in dichter Rispe, Symbol der Reinheit und Keuschheit, bildet eine Ausnahme unter den Garten-Lilien. Sie treibt nach einer Ruhepause (nach ihrer Blüte), in der sich die kräftigen, welken Stiele leicht entfernen lassen, im September wieder aus und überwintert mit einem kräftigen, grünen Blattschopf. Unbedingt im August während der Ruhezeit pflanzen (wenn sie sich nicht im Container befindet) oder umpflanzen. Die Madonnen-Lilie liebt einen warmen, sommertrockenen Standort in kalkhaltigen, durchlässigen Lehmböden.

► Die Königs-Lilie war an der Züchtung vieler Gartenlilien wesentlich beteiligt.

Trompeten-Hybriden

Unter den Trompeten-Lilien befinden sich besonders kräftige, reich blühende Garten-Lilien mit prachtvollen, großen, stark duftenden Blüten. Wesentlich zur Züchtung dieser Hybriden haben die Königs-Lilie (*L. regale*) und weitere chinesische, weiß und gelb blühende Trichter-Lilien, aber auch der orangegelb blühende chinesische Türkenbund, *L. henryi*, beigetragen.

Narcissus Narzisse, Osterglocke

Im strahlendsten Gelb, mit anmutiger Beschwingtheit und Grazie verkünden Narzissen, im Volksmund als Symbol immer wiederkehrenden Lebens auch „Osterglocke" genannt, alljährlich den Frühling. Die Standortansprüche entsprechen weitestgehend denen der Tulpen. Sommerliche

- Sept. – Okt.
- 10 – 15 (20) cm
- zu mehreren in Trupps mit 3 – 5 Zwiebeln

▲ Mit den Jahren werden die Narzissen immer schöner. Sie bilden dann dichte Horste. Von allen Zwiebelblumen sind sie am leichtesten zu halten.

WICHTIG

Die Blätter der Narzissen vergilben erst Anfang bis Mitte Juni. Ein frühes Abschneiden (oder auch Zusammenbinden) schwächt die Zwiebeln und beeinflusst dadurch die Blüte des kommenden Jahres erheblich. Auf keinen Fall sollten die Blätter vor dem Welken abgeschnitten werden.

Trockenheit ist günstig, wenn auch nicht so wichtig wie etwa bei Tulpen. Was die Narzissen auch interessant macht ist, dass die Zwiebeln nicht von Mäusen gefressen werden.

Trompeten-Narzissen (Osterglocken)

Die Trompeten-Narzissen sind besser bekannt unter der Bezeichnung Osterglocken. Sie bringen pro Stiel nur eine Blüte hervor, deren Nebenkrone lang, zylindrisch, am Rande etwas aufgeweitet und gewellt ist und wegen ihrer Form Trompete genannt wird. Diese Trompete ist ebenso lang oder länger als die Blütenblätter der Hauptkrone (des Kranzes). Botanisch heißen diese und die nachfolgenden großkronigen Narzissen *Narcissus pseudonarcissus* = „Unechte Narzissen" (pseudo = falsch) deshalb, weil die Alten nur die Dichternarzissen kannten und diese Art für eine falsche gehalten wurde.
Die Blüten der Trompeten-Narzissen können gelb oder weiß gefärbt sein oder auch zwei verschiedene Farbtöne aufzeigen. Die zweifarbige Blüte trägt die Bezeichnung „Bicolor". Blütezeit sind die Monate März bis April.

Gelbe Trompeten-Narzissen (Osterglocken), Hauptkrone und Trompete gelb:

Sorten / Höhe / Farbe

- 'Ballade', 40 cm, goldgelb, reich blühend
- 'Dutch Master', 40 cm, goldgelb, besonders große Blüten
- 'Gold Medal', 30 cm, gelb, niedrig bleibend
- 'King Alfred', 40 cm, tief goldgelb;
- 'Unsurpassable', 45 cm, tiefgelb, große Blüten.

Weiße Trompeten-Narzissen, Hauptkrone und Trompete weiß:

Sorten / Höhe / Farbe

- 'Empress of Ireland', 40 cm, Blüte groß, bis zu 12 cm im Durchmesser
- 'Mount Hood', 40 cm, rahmweiß.

Zweifarbige Trompeten-Narzissen (Bicolor Trompeten-Narzissen)

Sorten / Höhe / Farbe

- 'Bravoure', 45 cm, weißer Kranz, gelbe Trompete
- 'Goblet', 35 cm, weißer Kranz, gelbe Trompete
- 'Las Vegas', 40 cm, weißer Kranz, sehr große lange gelbe Trompete
- 'Magnet', 35 cm, weißer Kranz, tiefgelbe Trompete
- 'Spellbinder' 40 cm, schwefelgelbe Trompete, gelblich / weißer Kranz.

Großkronige Narzissen (Kurzkronige, Schalen- oder Becher-Narzissen)

Diese Gruppe umfasst Narzissen, die gleichfalls wie die Trompeten-Narzissen pro Stängel eine Blüte hervorbringen. Sie haben eine weit geöffnete, becher- oder schalenförmige Nebenkrone (Trompete), die länger als ein Drittel der Blütenhülle (Hauptkrone oder Kranz), aber stets kürzer als diese ist. Die Nebenkrone ist man-

TIPP

Narzissen können viele Jahre an gleicher Stelle stehen bleiben. Alle 4 – 5 Jahre empfiehlt es sich allerdings, die Horste herauszunehmen, zu teilen und neu zu setzen.

▼Osterglocken zeigen sich unbeeindruckt von Kälte und Schnee.

Trompetennarzisse

Großkronige Narzisse

Kleinkronige Narzisse

Gefüllte Narzisse

▲Die große Schar von Narzissen – es gibt über 1000 verschiedene Sorten – werden wie die Tulpen in Klassen eingeteilt.

nigfaltig geformt und als Farbe tritt neben Weiß und Gelb, Orange bis Orangerot hinzu. Bei den Sorten dieser Gruppe kann die Farbe der Hauptkrone Gelb oder Weiß sein.

Kleinkronige Narzissen (Kleinschalige- oder Teller-Narzissen)

Diese ebenfalls einblütigen Narzissen unterscheiden sich von der vorhergehenden Gruppe durch kleinere Blüten. Die Nebenkrone ist kürzer als ein Drittel der Hauptkrone (Kranz).

Gefüllt blühende Narzissen

Zu dieser Gruppe zählen alle Narzissen, deren einzelne Blüten pro Schaft mehr oder weniger stark gefüllt sind. Das gefüllte Aussehen erhält die Blüte durch die aufgeteilten Segmente der Nebenkrone, die sich mit Blütenblättern der Hauptkrone vermischen. Einen Nachteil haben die Sorten dieser Gruppe: Wenn es zur Blütezeit stark regnet, neigen sich die dichten und schweren Blüten tief zum Boden hinab.

▼ Die Cyclamineus-Narzissen sind kleiner als die üblichen Narzissen. Sie passen deshalb gut in kleinere Gärten oder in Steingärten.

Triandrus-Narzissen (Engelstränen-Narzissen)

Die mehrblütigen Gartenformen von *N. triandrus* eignen sich besonders gut für den Steingarten. 'Petrell' blüht rahmweiß mit drei bis fünf Blüten je Stiel.

Cyclamineus- oder Alpenveilchen-Narzissen

Die Sorten dieser Gruppe sind sehr beliebt und in der Zwischenzeit weit verbreitet. Sie sind durch Züchtung aus *N. cyclamineus* entstanden und haben von dieser Art ihre charakteristischen Merkmale erhalten. Diese sind: eine nickende Blüte je Stiel; eine lange, schlanke Nebenkrone, die am Rande leicht gewellt ist. Die Abschnitte der Hauptkrone sind wie die Blüten der Alpenveilchen stark zurückgeschlagen. Blütezeit von März bis April. Bekannte Sorten sind 'February Gold' sowie 'Tete á Tete'.

Jonquillen-Narzissen (Duft-Narzissen)

Die Gruppe umfasst intensiv duftende, überwiegend mehrblütige Sorten mit kleinen bis mittelgroßen Blüten, die von *N. jonquilla* abstammen. Duft-Narzissen sind etwas frostempfindlich und lieben daher einen geschützten Standort. Die Sorten dieser Gruppe blühen später von Mai bis Juni.

Poetaz-Narzissen (Tazetten-Narzissen)

Die Sorten dieser Gruppe stammen von *N. tazetta* ab und wurden überwiegend mit *N. poeticus* gekreuzt. Sie eignen sich aufgrund der hohen Wärmeansprüche selbst bei gutem Winterschutz nicht für unsere

▲ Die Dichter-Narzisse sieht zwar unscheinbarer als die üblichen Narzissen aus, dafür duftet sie aber sehr intensiv.

Gärten, da sie früh zu blühen beginnen und dadurch spätfrostgefährdet sind.

Poeticus-Narzissen (Dichter-Narzissen)

Die Stammart *N. poeticus* ist die von den Dichtern der Antike gepriesene Art und wurde deshalb Narzisse der Poeten genannt. Die Zwiebeln bringen je Stängel eine große, duftende, reinweiße Blüte mit einer kleinen, rotgeränderten Nebenkrone. Blütezeit Mai. Die Sorte 'Actaea' hat ein gelbes Auge mit rotem Rand. *N. poeticus* var. *recurvus*, die Fasanen- oder Pfauenaugen-Narzisse mit reinweißer Blütenhülle mit rötlichem Auge blüht erst nach einigen Jahren regelmäßig, eignet sich gut zum Verwildern.

Tulipa
Tulpen

- Sept. – Nov.
- 8 – 12 cm
- am besten in Trupps zu 3 – 7 Zwiebeln setzen, zur flächigen Bepflanzung im Abstand von 10 – 15 cm

Fast alle Gartentulpen sind Nachfahren jener Urtypen, die aus Transkaukasien, Turkestan, Persien und Afghanistan stammen. Innerhalb von vier Jahrhunderten sind daraus Tausende von Züchtungen hervorgegangen. Bei der Fülle von Farben und Formen der Gartentulpen sollte der Gartenbesitzer aber auch nicht die große Anzahl von Wildtulpen vergessen. Die botanischen Arten und ihre direkten Abkömmlinge bringen eine ganz neue Note in das gewohnte Tulpenbild.

Nicht zu viele Farben verwenden
Auf kleinem Raum ist mit zu vielen Farben und Formen Vorsicht geboten, sie könnten sich leicht gegenseitig in ihrer Wirkung behindern und einen unruhigen Eindruck hervorrufen.

Mit Tulpen gelingt es, mehrere Wochen lang einen andauernden Blütenflor in vielen Farben in den Garten zu zaubern. Ihr Blütenreigen beginnt mit den niederen, meist einfachen Wild- und Frühtulpen, geht in den Flor der Triumph- und Darwin Hybrid-Tulpen über, um in der hohen Zeit der Rembrandt- und Darwin-Tulpen ihren Höhepunkt und mit den Cottage-Tulpen ihren Abschluss zu finden. Dazwischen bringen die seltsam geschlitzten Blumen der Papagei-Tulpen und die der edel geformten Lilienblütigen Tulpen neue und interessante Blütengestalten hervor.

◄ Tulpensorten aus dem berühmten Kupferstichwerk „Hortus Eystettensis“ aus dem Jahr 1613.

► Für viele Gartenbesitzer ist ein Frühjahrsgarten ohne Tulpen kaum vorstellbar.

Trockener Sommer tut Tulpen gut

Die Gartentulpen sind auf lockere, nährstoffreiche Böden angewiesen, mit einem pH-Wert von 6,5 bis 7,0. Tulpen wünschen volle Sonne, vertragen aber auch für wenige Stunden des Tages lichten Halb- oder Streuschatten. Von Natur aus treten die Stammeltern der Gartentulpen in Gebieten auf, die viel Regen bringen, der aber plötzlich endet. Tulpen wünschen im Frühling Feuchtigkeit, im Sommer müssen sie tro-

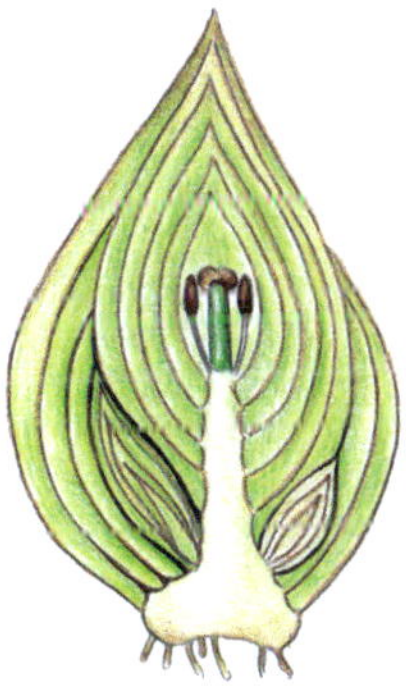

▲ Die Tulpe hat im Herbst ihre Blüte schon voll entwickelt.

► Mit den Darwin-Hybriden reicht die Tulpenblüte bis in den Mai hinein.

◄ Wegen ihrer schlanken Blütenform und ihrer Eleganz ziehen die Lilienblütigen Tulpen immer wieder die Blicke auf sich – im Bild die Sorte 'Aladdin' vor der Gämswurz (*Doronicum*).

TIPP

Sind die Tulpen abgeblüht, den Blütenstiel über dem letzten Laubblatt entfernen, bevor es zur Samenbildung kommt. Die Ausbildung von Samen würde die Zwiebel zu stark beanspruchen, und es entstünden nur kleine Ersatzzwiebeln für das nächste Jahr. Erst wenn das Laub völlig vergilbt ist (die Blätter ernähren die Ersatz- und Brutzwiebeln), darf es entfernt werden, indem man es aus dem Boden zieht. Ein Abschneiden ist nicht erforderlich.

cken stehen, damit die Zwiebeln ausreifen. Unser Klima erfüllt diese Forderungen nicht immer.

Stehen die Tulpen auf Beeten, die geräumt werden müssen, weil neue Blumen gepflanzt werden, sollte man die Tulpenzwiebeln samt Laub und Brut vorsichtig ausheben und im Garten an einem sonnigen, trockenen Platz zum Nachreifen einschlagen. Nach dem Absterben des Laubes putzt man und bewahrt die Zwiebeln an einem luftigen, kühlen und trockenen Platz locker liegend auf, bis es wieder Zeit ist, sie zu legen.

Eine Auswahl für den Garten

Der Gärtner und der Handel unterteilt die Tulpensorten in 15 Klassen, die sich zum Teil nach den Blütezeiten unterscheiden. Entsprechend dieser Klassifizierung soll nachfolgend eine kleine Auswahl (es soll etwa 5000 benannte Sorten geben) besonders schöner Tulpensorten näher beschrieben werden. Zu den Blütezeiten insgesamt ist folgendes zu bemerken. Im atlantisch bestimmten Klima Westeuropas, besonders in Holland und England, treten die Blütezeitunterschiede klarer als in Süddeutschland hervor, wo der Frühling meist sprunghaft einsetzt und frühe und später blühende Tulpen oft fast zur gleichen Zeit blühen.

Klasse 1: Einfache Frühe Tulpen

Oft schon in der zweiten Märzhälfte, den ganzen April bis in die erste Maihälfte blühen die straffwüchsigen, etwa 25 bis 35 (bis 40) cm hohen Tulpen, die vom Gärtner auch zur Bepflanzung von Schalen und für die Treiberei benutzt werden. Sie besitzen hübsche, oft angenehm duftende Blüten mit einer breiten Farbpalette.

Sorte / Höhe / Farbe

- 'Apricot Beauty', 40 cm, lachsrosa, rot schattiert
- 'Belladonna', 40 cm, gelb, süßer Duft
- 'Charles', 40 cm, scharlach mit gelber Basis
- 'Christmas Marvel', 35 cm, purpurrosa
- 'Coleur Cardinal', 30 cm scharlach, violett schattiert, elegante Blüte
- 'Diana', 30 cm, reinweiß
- 'Fire Queen', 30 cm, rotorange, purpur geflammt, Laub weiß gerändert
- 'General de Wet', 35 cm, orange, golden überhaucht
- 'Kaiserkrone', 30 cm, rot mit gelbem Rand; schon seit 1750 bekannt
- 'Prinz Carneval', 35 cm, gelb, rot geflammt, sehr auffallend
- 'Yokohama', 35 cm, butterblumengelb, große spitzzipflige Blüte.

Tulpen für die Vase

Tulpen werden auch gerne als Schnittblumen verwendet. Schneidet man, so sollte dies, wenn möglich – früh am Morgen geschehen, da sich am Morgen geschnittene Blumen länger halten als tagsüber geerntete. Man schneide mit einem scharfen Messer und lasse möglichst zwei gut entwickelte Blätter stehen, damit die Zwiebeln weiter ernährt werden.

◄ Die Crispa-Tulpe 'Hamilton' wird sehr hoch, steht auf ihren kräftigen Stielen aber gut. Leider riecht sie nicht sehr angenehm.

▲ Die Viridiflora-Tulpen sind alte Züchtungen. Schön sieht es aus, wenn mehrere Sorten wie 'Greenland', 'Pimpernel' und 'Spring Green' zusammengepflanzt sind.

Klasse 2: Gefüllte Frühe Tulpen

Diese Tulpen zeichnen sich durch große, gefüllte Blumen und niedrigen (30 bis 35 cm) Wuchs aus. Sie sind daher für die Beetbepflanzung besonders gut geeignet und beliebt. Die Blütezeit reicht von März bis Anfang Mai.

Klasse 3: Triumph- (und Mendel-) Tulpen

Diese Tulpenklasse besitzt wetterfeste, große Blumen, stabile, feste Stiele und frischgrüne, aufrechtstehende Blätter. Sie werden etwa 40 bis 60 cm hoch, fast alle Sorten blühen im April. Bei den Tulpen, die von Gärtnereien als Schnittblumen angeboten werden, handelt es sich überwiegend um Sorten dieser Klasse.

Klasse 4: Darwin-Hybrid-Tulpen

Sehr großblumige, auf hohen (bis 70 cm), kräftigen Stielen sitzende Gartentulpen von auffallender Schönheit. Wegen ihrer hohen Stiele werden sie als Schnittblumen verwendet. Die Blütezeit ist spät, Ende April / Mai.

Sorte / Höhe / Farbe

- 'Apeldoorn', 50 cm, orangescharlach
- 'Apeldoorn's Elite', 55 cm, scharlachrot mit gelbem Rand
- 'Beauty of Apeldoorn', 50 cm, gelber Grund mit roter Glut
- 'Blushing Apeldoorn', 50 cm, orangegelb
- 'Elizabeth Arden', 50 cm, tief lachsrosa mit violettem Hauch, Basis gelb mit weiß
- 'Golden Apeldoorn', 50 cm, gelb, schwarzer Grund
- 'Ivory Floradale', 60 cm, cremeweiß, etwas rot gesprenkelt
- 'Königin Wilhelmina', 60 cm, scharlach, orange gerändert
- 'Ollioules', 60 cm, rosa, weißer Rand
- 'Olympic Flame', 60 cm, mimosengelb, signalrot geflammt
- 'Oranjezon', 50 cm, rein-hellorange
- 'Pink Impression', 55 cm, rosa
- 'Spring Song', 55 cm, hellrot, lachsfarbiger Glanz.

Klasse 5: Einfache Späte Tulpen (Cottage-Tulpen)

Viele Sorten dieser Klasse beschließen den Reigen der Tulpenblüte. In ihre Blütezeit (Ende April / Mai) fällt fast jedes Jahr der Muttertag. Sie werden bis 70 cm hoch und haben hübsche, eiförmig geformte Riesenblüten in vielen Farben. Ihre Vorfahren standen insbesondere in englischen Landhausgärten. Die Züchtungen aus diesen Bauerngärten gaben den Tulpen den Namen Cottage = Bauernhaus-Tulpen

Klasse 6: Lilienblütige Tulpen

Charakteristisch für diese Tulpenform sind die zugespitzten Blütenblätter, deren obere Teile nach außen zurückgeschlagen sind. Die Sorten gehören in der Regel zu den spätblühenden Tulpen, deren Blütezeit Ende April beginnt und sich bis Ende Mai erstreckt. Die Sorten werden 50 bis 65 cm hoch.

Klasse 7: Gefranste Tulpen (Crispa-Tulpen)

Ende April bis Anfang Mai blühen die bis 60 cm hohen Tulpen, die besonders durch die feingefransten Blütenränder auffallen. Einen guten Eindruck machen auch die weinrote 'Burgundy Lace' oder die kardinalrote 'Red Wing'. Die elfenbeinweiße, rosa-weiß gefranste 'Fancy Frills' ist mit 35 cm Wuchshöhe wesentlich niedriger.

Klasse 8: Viridiflora-Tulpen

Die Viridiflora-Tulpen blühen sehr spät, erst Ende Mai. Ihre Blütenblätter sind außen grünlich gefärbt. Sie werden 30 bis 50 cm hoch.

Klasse 9: Rembrandt-Tulpen (Gestreifte Tulpen)

Durch Virusbefall sind bei dieser Tulpen-Klasse die Blüten entstanden, die in kontrastierenden Farben gestreift, geflammt, geadert oder überhaucht sind. Da diese

▲ Einfache Frühe Tulpen wie 'Heart's Delight' öffnen schon sehr früh im März ihre Blüten.

Sorten alle virusinfiziert sind, sollte man sie streng getrennt von anderen Sorten pflanzen. Sie blühen etwa Mitte Mai.

Klasse 10: Papagei-Tulpen

Die Sorten dieser barocken Tulpen-Klasse (schon im 17. Jahrhundert tauchten die ersten Sorten auf) haben große Blumen mit eingeschnittenen, gefransten und gekerbten Rändern und vielfach mehrfarbigen Blüten. Die abweichenden Töne treten als Punkte, Zonen und Flammen auf. Die Sorten werden 40 bis 60 cm hoch und blühen Anfang bis Mitte Mai.

Klasse 11: Gefüllte Späte Tulpen (Päonienblütige Tulpen)

Die Sorten dieser Klasse bekommen sehr große, vielblättrige Blüten, die in ihrer Form große Ähnlichkeit mit Pfingstrosen haben. Sie werden 40 bis 60 cm hoch und liefern hübsche Schnittblumen, die vor allem in rustikalen Arrangements sehr wirkungsvoll sind. Die Sorten sollte man nicht an sehr windigen Stellen pflanzen, weil es vorkommt, dass trotz kräftiger Stiele die großen Blüten bei stürmischem Wetter abknicken. Die Blütezeit liegt Ende April bis Ende Mai. Eine bekannte Sorte ist die spät blühende rosafarbene 'Angeliqué'.

Klasse 12: Kaufmanniana – Varietäten und Hybriden

Die oft bereits im März blühenden, niedrigen, bis 25 cm hohen Tulpen sind farbenprächtige Abkömmlinge der Wildart *T. kaufmanniana*. Ihre 5 bis 7 cm großen Blüten sind schmal und elegant geformt und haben spitze Kronblätter, die sich in der Sonne vollständig öffnen und auseinanderspreizen. Die Blätter der Sorten tragen bräunliche Streifen oder Flecken.

Klasse 13: Fosteriana-Varietäten und Hybriden

Diese Klasse gehört mit ihren großen Blumen wohl zu den edelsten Wildtulpenformen. Zur Zeit der Blüte, Ende April bis Mitte Mai, bieten die leuchtenden Farbtöne einen unvergesslichen Anblick. Die Tulpen werden 20 bis 40 cm hoch, die Blüten selbst bis 15 cm lang.

Klasse 14: Greigii-Varietäten und Hybriden

Es sind spät blühende Sorten (Ende April bis Anfang Mai) mit meist scharlachroten oder goldfarbenen, breitglockigen Blüten, die bis 30 cm hoch werden. Auffallend sind die graugrünen, mit breiten Streifen und Flecken geschmückten Blätter, die schon vor der Blüte sehr wirkungsvoll sind.

◀ *Tulipa linifolia* hat leuchtend gefärbte Blüten und schmale gewellte Blätter.

◀ *Tulipa urumiensis* eignet sich gut zum Verwildern.

◀ *Tulipa sylvestris*, die wildwachsende „Weinbergtulpe".

Klasse 15: Wildtulpen (*Tulipa* species)

In dieser Gruppe sind die Wildarten enthalten (sie werden auch als botanische Tulpen bezeichnet), einschließlich ihrer natürlich vorkommenden Varietäten und gelegentlich vorkommenden Hybriden.

Auf warmen, sommertrockenen Plätzen erweisen sie sich als besonders dauerhaft. Die zwergigen Vertreter der Wildtulpen, die kaum höher als 20 cm werden, sind ausgesprochene Steingartenpflanzen. Die größer werdenden Arten sind auch für größere Beete geeignet.

Wildtulpen-Arten und Gartenformen

Name	Höhe in cm	Blütezeit	Besonderheit
Tulipa acuminata	40	IV–V	Blüten gelb mit roten Streifen, schmale, gedrehte, hornähnliche Blütenblätter, sehr interessant
Tulipa albertii	20	IV	'Tangerine Beauty', feuerrot, auffallend groß, schmales, gedrehtes Laub
Tulipa biflora	15	III–IV	an jedem Stiel blühen 2–3 sternförmige, weiße Blumen mit gelber Mitte
Tulipa clusiana	15–30	IV	„Lady-Tulpe", weiße, rotgestreifte, spitzblütige Tulpe
Tulipa clusiana var. *chrysantha*	15	IV	orangegelbe, außen rötliche, schmalblättrige Blüten
Tulipa dasystemon	20	IV–V	Blüten einzeln, gelb mit weißen Spitzen, Durchmesser 3-6 cm, reich blühend
Tulipa humilis	10	III	'Pulchella', violettrosafarbene, trichterförmige Blüte; 'Lilliput', dunkelrot mit 3 und mehr Blumen pro Stiel; 'Rosea', rosa mit gelbem Herz; 'Violacea', purpurviolett mit schwarzer Mitte; 'Zephir', reinorange
Tulipa lanata	50	IV–V	leuchtend orange-rot mit schwarzer und gelber Mitte
Tulipa linifolia	20	IV–V	leuchtend scharlachrote Blüten mit schwarzem Herz, die sich weit öffnen
Tulipa linifola 'Batalini'	15	III–IV	Jede Zwiebel bringt 3–5 kurzstielige, licht ockergelbe Blüten; 'Bright Gem' blüht schwefelgelb und 'Red Jewel' hellrot
Tulipa marjolettii	40	V	elegante, primelgelbe Blüte, an der unteren Außenseite rosarot schattiert; eine besondere Zierde
Tulipa montana	20	V	vermilonrot, am Grunde blau, gelbe Staubgefäße, sehr haltbare Blüten, für Steingärten
Tulipa orphanidae 'Whittallii'	25	IV–V	leuchtend, bronzeorangefarbige Blüten mit dunkler, gelb markierter Mitte
Tulipa praecox	40	IV–V	zinnoberrote Blüten; dreieckige Knospen; vermehrt sich durch Ausläufer
Tulipa praestans	25	IV	zinnober-scharlachrote oder orangerote Blüten, zu mehreren am Stiel; verbreitete Sorten sind: 'Füselier', 'Tubergen' und 'Zwanenburg'
Tulipa saxatilis	15	III–IV	Kretische Tulpe bringt bis 3 lavendel-lilafarbige Blüten mit gelber Mitte an einem Stiel; gut zur Verwilderung
Tulipa sprengeri	40	V–VI	aparte Form, scharlachrote Blüten mit gelben Staubbeuteln; späteste Tulpe
Tulipa sylvestris	25	IV–V	sogenannte „Wild-Tulpe"; duftende, innen buttergelbe, außen grünlich-gelbbraun getönte, glockenähnliche Blüten, an dünnen Stielen
Tulipa tarda	15	III–IV	an einem Stiel 3–8 weiße, sternförmige Blumen mit kanariengelber Mitte
Tulipa turkestanica	15	III–IV	weiße, außen grünlichgelbe Blüten, zu mehreren auf einem Stiel; besonders blattreich
Tulipa undulatifolia	25	IV	wirkungsvolle Tulpe für Beete und Gruppen; große, leuchtend scharlachrote Blüten mit schwarzer, gelbgerandeter Mitte, Blätter gewellt
Tulipa urumiensis	15	IV–V	goldgelb, Rückseite bronzefarbig
Tulipa montana	20	V	vermilonrot, am Grunde blau, gelbe Staubgefäße, sehr haltbare Blüten, für Steingärten

5 Der Gartenteich

Ein naturnaher Teich im Garten

In der freien Natur empfinden wir Teiche als eine außerordentliche Bereicherung der Landschaft. Was liegt daher näher, als in seinem Garten Wasser als lebendiges Gestaltungselement zu integrieren? Eingebettet zwischen Blumen, Rasen, Sträuchern und Bäumen, kann ein Teich zu einem lebendigen, attraktiven Mittelpunkt des Gartens und zum beliebten Treffpunkt für die ganze Familie werden. Teiche bieten für viele Kleintiere ideale Lebensbedingungen und oftmals finden sogar selten gewordene Amphibienarten den Weg in die natürliche Umgebung des Kleinbiotops Teich, wo sie sich schnell heimisch fühlen.

Wenn hier nachfolgend vom Teich die Rede ist, ist der naturnahe Gartenteich gemeint, bei dem der Schwerpunkt im Wachstum der unterschiedlichsten Pflanzenarten liegt. Naturnahe Teiche haben in der Regel keinen oder nur einen sehr begrenzten Fischbesatz. Fische sind keine natürlichen Bewohner von solchen Kleingewässern, weil Pflanzen und Kleinlebewesen durch sie zurückgedrängt, Amphibien oft ausgerottet werden. Besprochen werden auch nicht Schwimm- oder Badeteiche, für dessen Ausführung und Installierung unbedingt ein Fachbetrieb herangezogen werden sollte.

Am Anfang steht die Planung

Verschiedene Gesichtspunkte müssen bei der Planung eines Teiches berücksichtigt werden. Wenn es um die Wahl des Standortes geht, die eng verbunden ist mit der Frage nach Größe und Form des Wassergartens sowie der gestalterischen Einordnung in den Garten, stehen zunächst solche Aspekte im Vordergrund, die Einfluss auf das biologische Gleichgewicht eines Teiches haben.

Ausreichend Licht

Die überwiegende Zahl der Sumpf- und Wasserpflanzen ist sonnenhungrig. Deshalb sollten Standorte gewählt werden, die mindestens fünf bis sechs Stunden Sonneneinstrahlung am Tag erhalten; besser mehr Sonne als zu wenig. Ein völliger Freistand eines Teiches, also ständige Besonnung ist nur dann problematisch, wenn man zusätzlich zu den Pflanzen Fische halten will.

Die Vorteile eines ständig von der Sonne bestrahlten Teiches liegen darin, dass sich lichtbedürftige Wasserpflanzen wie Seerosen, aber auch sauerstoffspendende Unterwasserpflanzen besser entwickeln. Die Nachteile können in einem verstärkten Wachstum der lichthungrigen Algen bestehen, das allerdings durch eine große Zahl von Unterwasserpflanzen stark begrenzt werden kann. Bei der Frage: „Viel oder wenig Sonne?", spielt allerdings auch die Größe des Teiches eine Rolle; je kleiner und flacher ein Teich ist, umso schneller erwärmt er sich und desto gefährdeter ist sein biologisches Gleichgewicht bei Überhitzung. Dies gilt insbesondere für das Wachstum der Algen.

Nicht unter Bäumen

Teiche sollten nicht direkt unter Bäumen angelegt werden – einmal wegen eines möglichen Schattenwurfs, zum anderen vor allem wegen der „Verschmutzung" des Wassers durch herabfallendes Laub, welches das biologische Gleichgewicht des Teiches durch übermäßige Nährstoffanreicherung schnell durcheinander bringen kann, nicht zuletzt aber auch deshalb, weil der Aushub des Hohlkörpers in unmittelbare Nähe von Sträuchern und insbesondere Bäumen durch starkes Wurzelwerk schwierig, wenn nicht unmöglich werden kann.

Größe und Tiefe

Schon in einer Pfütze kann sich Tier- und Pflanzenleben entwickeln. Doch gilt generell: Je größer der Teich, desto günstiger sind die Lebensbedingungen für Pflanzen und Tiere und umso artenreicher wird die dort entstehende Lebensgemeinschaft. Ein Teich mit großem Wasservolumen hat nicht nur eine ausgeglichenere Was-

WICHTIG

In manchen Ländern oder Kommunen bestehen Vorschriften für Wasseranlagen. Obwohl sich im Allgemeinen keine Behörde für die Anlage kleiner privater Teiche interessiert, sollte man sich aus Gründen der Rechtssicherheit und des Rechtsschutzes nach den einschlägigen Bestimmungen erkundigen.

sertemperatur, sondern ermöglicht auch eine bessere biologische Selbstklärung als flache und kleine Teiche. Die Wassertiefe sollte möglichst nicht weniger als 100 cm betragen. Eine ausreichende Wassertiefe ist gleichbedeutend mit besserer Wasserqualität und damit weniger Problemen im Teich selbst.
Unter diesem Aspekt ergibt sich im Zusammenhang damit, dass eine einfache trichterförmige Vertiefung auf 100 cm (dafür reichte eine Fläche von 1 m^2) nicht den Anforderungen einer annähernd natürlichen Teichlandschaft mit Tiefwasser-, Flachwasser- und Sumpfzone entspricht, eine gewisse Mindestgröße (Näheres zu den einzelnen Zonen siehe weiter unten). Geht man davon aus, dass etwa ein Drittel der Teichfläche der Sumpf- und Flachwasserzone vorbehalten sein sollte, ergibt sich bei einer Teichtiefe von 100 cm und unter Berücksichtigung eines Neigungsverhältnisses von 1 : 2 (das heißt auf 100 cm Strecke 50 cm Gefälle) eine Teichmindestgröße von etwa 16 m^2. Noch besser ist allerdings ein Neigungswinkel von 1 : 3. Besonders im Uferbereich sollte jedoch eher ein schwächerer Neigungswinkel gewählt werden, denn flache Böschungen sind für Kinder ungefährlicher beim Aufenthalt am Wasserrand. Dies gilt auch für Tiere. Hier sind flache Böschungen Ausstiegswege für Amphibien und Rettungswege für ins Wasser gefallene Landtiere.
Hinsichtlich der Größe ist auch zu berücksichtigen, dass die Fläche eines Teiches im Lauf der Zeit mit zunehmendem Bewuchs optisch schrumpft. Dies ist aus gestalterischer Sicht insbesondere bei größeren Gärten zu berücksichtigen, denn in größeren Gärten könnte ein kleiner Teich bzw. eine kleine Wasserfläche verloren wirken.

Flachtümpel

Nicht in jedem Garten (z. B. Reihenhausgarten) lässt sich ein größerer Teich anlegen. Will man dennoch nicht auf ein „Gewässer" verzichten, besteht die Möglichkeit, einen Flachtümpel oder einen Sumpfgarten mit kleinster oder völlig ohne Wasserfläche anzulegen. Wenn der Untergrund lehmig und weitgehend undurchlässig ist, braucht man nur eine entsprechend große und entsprechend tiefe Mulde zu graben, gegebenenfalls mit Pflanzsubstrat zu verbessern, die Pflanzen zu setzen und schließlich mit Wasser aufzufüllen. Meist muss man aber die Mulde, damit das Substrat auch ständig nass bleibt, wegen der Durchlässigkeit des Untergrunds mit Folie auslegen, um nicht ständig Wasser nachfüllen zu müssen. Bei reiner Sumpfpflanzung wirkt sich die fehlende Verbindung zu einer offenen Wasserfläche nachteilig aus, weil infolge hoher Verdunstung und mangelnden Wassernachzuges regelmäßig gegossen werden muss bzw. in längeren Trockenperioden die Gefahr der Austrocknung besteht.
Ideal für reine Sumpfpflanzungen ist die Verwendung vorgefertigter „Teichbecken" (Fertigbecken, siehe Seite 306), die in unterschiedlichen Formen und Tiefen erhältlich sind.

Bei der Wahl der Teichgröße sollte man aber auch nicht außer Acht lassen, dass das Teichwasser gelegentlich ergänzt werden muss; denn in der Regel reichen die natürlichen Niederschläge nicht aus, um die Verluste durch Verdunstung auszugleichen.

TIPP

Der Gartenteich sollte eher eine Nummer zu groß, als zu klein sein. Mit jedem Quadratmeter Fläche und zunehmender Tiefe gewinnt ein Teich an biologischer Stabilität.

Form

Hinsichtlich der Form des Teiches sind der Phantasie praktisch keine Grenzen gesetzt. Sie sollte sich den Gegebenheiten des Gartens anpassen, möglichst natürlich wirken und mit der umgebenden Pflanzung im Einklang stehen. Zwar sind geometrische Formen (Kreis, Quadrat, Rechteck) vom Platzanspruch her günstiger als „malerische" Ausformungen, doch wirken geometrische Formen selbst nach Bewuchs mit Pflanzen wenig natürlich. Geschwungene Teichformen mit „Buchten", „Landzungen" und „vorgelagerten Inseln"

▼ Verschiedene Neigungsverhältnisse beim Bau von Teichen.

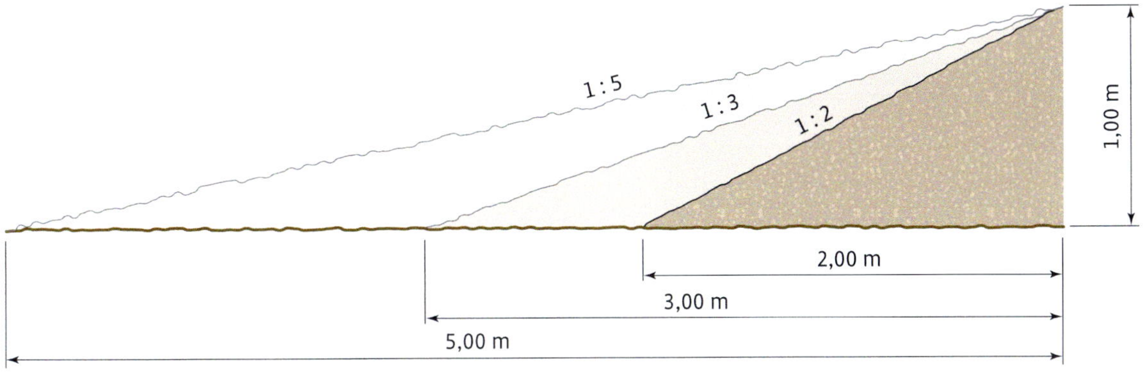

machen einen Teich nicht nur optisch lebendig, sondern verlängern die Uferlinien und schaffen Nischen. In kleineren Gärten oder in Atriumgärten, wo man sich mit der Teichform dem Gartenbild oder den Gebäudelinien anpasst, können aber auch geometrische Formen angebracht sein.

Einordnung in den Garten

Bei der Einordnung eines Teiches in den Garten ist das Lichtangebot, wie bereits angesprochen, von ausschlaggebender Bedeutung. Eine möglichst sonnige Lage ist die wichtigste Voraussetzung für das Gedeihen der meisten Sumpf- und Wasserpflanzen. Nur wenige Sumpfpflanzen, z. B. die Sumpfkalla, die Wasserfeder oder der Sumpffarn, bevorzugen halb- bis vollschattige Standorte.
Teiche laden mit ihrer Erlebniswelt zum Verweilen ein, deshalb sollte man sie in Verbindung zu einem Sitzplatz oder zu einer Terrasse am Haus bringen. Das heißt aber nicht, dass der Gartenteich direkt an der Terrasse angrenzen sollte. Die meisten Tiere, insbesondere Vögel, haben eine gewisse Fluchtdistanz und trauen sich nicht ans Wasser, so lange direkt daneben die Familie beim Frühstück sitzt.
Um Wasser, Pflanzen und Tiere gut erleben zu können, sollten die Wasserflächen eine Draufsicht gewähren. Man sollte sie deshalb möglichst ebenerdig oder etwas vertieft anlegen. In einem Gelände mit natürlichen Höhenunterschieden sollte die niedrigste Stelle ausgewählt werden. Hier hat der Betrachter das Gefühl, dass sich das Wasser natürlicherweise gesammelt hat. Allerdings muss durch entsprechende bauliche Maßnahmen vermieden werden, dass der Regen Dünger oder Humus aus dem Garten in den Teich einschwemmt. An das Wasser sollte man, zumindest von einer Seite aus, über Trittsteine, Plattenbeläge, Holzplanken oder eine Rasenfläche herantreten können.

▼ Teiche sollte man in Verbindung zu einem Sitzplatz oder einer Terrasse bringen.

Abdichtungsmöglichkeiten für Teiche

Im Idealfall gibt es im Garten eine feuchte Stelle mit wasserstauendem Untergrund. Der Besitzer eines solchen Areals muss nur seinen Teich ausheben und seinen Wassergarten wunschgemäß gestalten. Diese Situation ist aber in Wirklichkeit äußerst selten, was auch gut ist, denn andere Pflanzen eines Gartens könnten bei einem solchen Untergrund auf Dauer nicht existieren. Deshalb benötigt man in der Regel für einen Gartenteich eine künstliche Abdichtung. Bei diesen Abdichtungen unterscheidet man zwischen starrer und unstarrer Bauweise. Zur starren Bauweise gehören Betonabdichtungen, Abdichtungen aus Glasfaserverstärktem Kunststoff (die vor Ort gebaut werden) und die Verwendung von Fertigbecken aus unterschiedlichen Kunststoffen. Zur unstarren Bauweise gehören Tondichtungen und die Verwendung von Dichtungsbahnen (Folien).
Der Bau von Betonabdichtungen erfordert nicht nur besondere handwerkliche Fertigkeiten, sondern auch sehr gute Kenntnisse, um eine geeignete Beton- und Stahlbetonqualität herzustellen. Da die meisten Gartenbesitzer über die hierfür notwendigen Qualifikationen nicht verfügen, sollte man den Bau von Betonbecken oder -abdichtungen Spezialfirmen überlassen. Deshalb wird auf diese Formen der Teichabdichtung im Buch auch nicht näher eingegangen. Dies gilt auch für Dichtungen aus Glasfaserverstärktem Kunst-

▲ Abdichtungen mit Ton sind besonders naturnah, dabei gibt es verschiedene Möglichkeiten.

stoff, die an Ort und Stelle Schicht für Schicht aufgebaut werden.

Tonabdichtung

In der freien Natur bilden sich größere und kleinere Wasserflächen dort, wo eine natürliche, wasserundurchlässige Schicht das Versickern von Wasser weitgehend verhindert. In der Regel besteht diese Schicht aus Ton. Daher ist es nicht verwunderlich, das Ton zu den ältesten Methoden gehört um auch künstliche Teiche abzudichten. Ton ist besonders naturnah und damit besonders umweltverträglich. Für Tonabdichtungen gibt es verschiedene Möglichkeiten.

Eine Möglichkeit ist die Verwendung von gekörntem Ton, der als Bentonit im Handel erhältlich ist. Bentonit ist eine Mischung aus verschiedenen Tonmineralien und enthält zu wenigstens 60 % das Mineral Montmorillonit, welches unter Wasseraufnahme besonders stark aufquillt. Der Einsatz von solchen Tonmineralmischungen zur Abdichtung von Teichen, die in den Baugrund eingearbeitet und dann verdichtet oder als eigenständige Dichtungsschicht aufgebracht werden, stellt hohe Anforderungen nicht nur an den Bodengrund sondern auch an den Anwender, da die Bodenfeuchtigkeit optimal eingestellt sein muss um die richtige Dichte zu erreichen. Wer diese Bauweise einsetzen will sollte deshalb besser auf Fachfirmen zurückgreifen.

Einfacher ist die Verwendung von Tonfertigelementen. Es handelt sich dabei um vorgefertigte, ziegelartige Elemente aus reinem Naturton in den Maßen 32 x 27 x 10 cm, für Großanlagen in den Maßen 87 x 42 x 10 cm. Die Tonelemente werden dicht an dicht auf dem entsprechend vorbereiteten Untergrund verlegt und verdichtet.

Bei der Verwendung von Tonelementen sind zwei Punkte von besonderer Wichtigkeit: die Teichgröße und die Untergrundbeschaffenheit.

Das Steigungsverhältnis der Böschungen darf maximal 1:3 betragen. Nur so kann die Lagestabilität gesichert werden. Sind die Böschungen steiler führt dies im Laufe der Zeit zum Abrutschen der aufzubringenden Auflast und damit zu möglichen Undichtigkeiten des Teiches. Bei einem Neigungswinkel von 1:3 und einer Wassertiefe von etwa 1 m (= frostfrei) wäre die Böschung mindestens 3 m lang, der Teich hätte einen Durchmesser von 6 m. Das heißt, die kleinste machbare Größe eines Teiches aus Ton – frostfreie Tiefe vorausgesetzt – liegt bei etwa 35 bis 40 m².

Bei einem trockenen, fest „gewachsenen" und standfest verdichteten Boden können die Tonelemente unter Zwischenschaltung eines Geotextilvlieses als Trennlage, direkt auf den Baugrund verlegt werden. Bei einem nassen, schmierigen, nicht trag- oder verdichtungsfähigen Boden oder bei eindringendem Schichtwasser wird auf den Baugrund zunächst ein Geotextilvlies und anschließend eine Tragschicht aus kalkfreiem Schotter oder Mineralgemisch (Körnung 2 bis 32) eingebaut und verdichtet.

Die plastischen, erdfeucht angelieferten Tonelemente dürfen einerseits nicht austrocken, andererseits dürfen sie auch nicht nass werden. Deshalb sind sie während der Lagerung und während des Einbaus, vor stärkeren Witterungseinflüssen (Sonne, Regen) durch Abdecken (z.B. mit Folie, Planen, Jute) zu schützen. Die Verlegung der Teichbauelemente erfolgt Reihe für Reihe, Schräge auf Schräge, Verzahnung auf Verzahnung. Soweit erforderlich können die Tonelemte problemlos mit dem Spaten bearbeitet werden. Bei der Verlegung dürfen keine Hohlräume, Fugen oder Spalten entstehen, die größer als 2 cm sind. Auch muss unbedingt darauf geachtet werden das keine Fremdkörper, wie Boden, Laub,

Holz Steine usw. zwischen die einzelnen Elemente gelangen.
Sind die Teichbauelemente verlegt müssen sie mit einem Vibrationsstampfer oder einer Schaffußwalze zu einer homogenen wasserundurchlässigen Tonschicht verknetet werden. Dies sollte immer gleich dann geschehen wenn ein Teilbereich fertig verlegt ist. Grundsätzlich darf nur so viel verlegt werden, wie am gleichen Tage auch fertiggestellt, d.h. verstampft und mit Vlies und Schotterauflast abgedeckt werden kann. Nach dem Verkneten ist ein Geotextilvlies aufzubringen und darauf eine 25 cm hohe Auflastschicht aus Schotter (Körnung 8/32 mm). Das Vlies gewährleistet die Stabilität und Langlebigkeit der Tonabdichtung. Die Auflast schützt vor Austrocknung und Ausspülung und verhindert ein übermäßiges Aufquellen des Tones und fördert die Belastbarkeit der Dichtung.
Die Pflanzung ist in Pflanzbehältern vorzunehmen, die in der Auflastschicht versenkt werden. Dabei sollten stark wuchernde Pflanzen (z.B. Schilf, Rohrkolben), in geschlossene Behältnisse gepflanzt werden.

Fertigbecken

Der Einsatz von Fertigbecken, die in großer Zahl und in unterschiedlichsten Formen und Größen angeboten werden, ist eine vergleichsweise kostengünstige Form der Teichabdichtung. Allerdings werden die meisten der einteiligen Fertigbecken den Anforderungen, die an einen Teich in Größe und Tiefe zu stellen sind (siehe zuvor), nicht gerecht. Dies liegt an der Bauart der Becken, die insbesondere keine ausreichende Wassertiefe zulassen. Verwenden kann man diese Becken allenfalls für die Anlage von flachen Tümpeln, die überwiegend mit Sumpfpflanzen zu bepflanzen wären.

▲ Solche Fertigbecken sind für flache Tümpel geeignet.

Tiefere Wasserstände ermöglichen Fertigbecken aus Glasfaserverstärktem Kunststoff (GfK) in mehrteiliger Form. Sie werden an Ort und Stelle mit Hilfe von Flanschverbindungen, Verschraubungen und Dichtungsbändern zusammengefügt. Angeboten werden diese Becken in ein- oder zweischaliger Ausführung. Stabiler sind die zweischalige Becken. Es sind Verbundkonstruktionen mit einem Kern aus Polyurethanschaum, in den Punktstegverbinder als Abstandshalter bzw. Verstärkungsrippen eingebaut sind.
Bei der Montage der Becken müssen die Einbauvorschriften der Hersteller genau eingehalten werden. Fertigbecken sind nicht selbsttragend, sondern mehr oder weniger elastische Konstruktionen, die in Waage und ohne Hohlräume liegen müs-

► Fertigbecken werden vorsichtig mit Wasser und Aushub eingeschlämmt. Damit das Becken nicht verrutscht, sollte es teilweise mit Wasser gefüllt werden.

▲ Folienteiche können in Form und Tiefe sehr variabel gestaltet werden. So wirken sie besonders naturnah.

sen. Sackungen führen zu Gewichtsverlagerungen und unweigerlich zum Reißen der Becken. In der Regel empfehlen die Hersteller größerer Fertigbecken den Einbau einer Fundamentplatte und eine Betonhinterfüllung. Bei kleineren Becken reicht es, wenn man feinkörniges Aushubmaterial oder Sand mit Wasser hinter die Beckenwände einschwemmt.

Dichtungsbahnen als Abdichtungen (Folienteiche)

Eine weniger komplizierte und sehr zuverlässige Teichbaumethode, die auch im Do-it-yourself-Verfahren angewendet werden kann, ist die mit Folien. Dass Gartenteiche heute so populär geworden sind, ist im Wesentlichen auf die Verwendung von speziellen Teichfolien zurückzuführen, welche die Anlage von Teichen wesentlich vereinfacht hat. Teichfolien können zur Abdichtung von Teichen aller Größen und Formen verwendet werden und verursachen weniger Kostenaufwand als andere Verfahren. Ein großer Vorteil ist, dass diese Dichtungsbahnen flexibel sind und so temperaturbedingte Materialbewegungen ohne Rissbildung aufnehmen können. Gleiches gilt für die Gefährdung durch Frost im Untergrund.

Als Nachteile aller Foliendichtungen wären zu nennen, dass sie leicht verletzbar sind und dort, wo sie möglicherweise dem Einfluss der Atmosphäre ausgesetzt sind (z. B. an den Teichrändern), schnell altern und brüchig werden. Allerdings kann den genannten Nachteilen durch entsprechende konstruktive Lösungen begegnet werden.

Für Foliendichtungen werden verschiedene Materialien verwendet. Größere Bedeutung haben PVC, Polyethylen und Dichtungen aus synthetischem Kautschuk. Die Qualität einer Teichfolie oder ihre Eigenschaft lässt sich nicht auf Grund der bloßen Zugehörigkeit zu einer der Gruppen erkennen. Die Rezepturen können vielfältig sein, und unter der gleichen Bezeichnung verbergen sich recht unterschiedliche Qualitäten. Auch werden neben beidseitig glatten Planen auch einseitig gerippte oder mit Fäden durchwebte (armierte) Materialien angeboten.

- Homogene Bahnen bestehen nur aus Dichtschichten.
- Bahnen mit Verstärkung sind Abdichtungen, bei denen in die Dichtschicht synthetische Fäden eingearbeitet sind, um die Reißfestigkeit der Bahn zu erhöhen.

Arbeitsschritte beim Einbau kleiner Fertigbecken

So wird 's gemacht:

1. Teichbecken auf den geplanten Standort des Teiches stellen.
2. Umriss markieren.
3. Grube entsprechend der Teichform ausheben (seitlich und am Boden ca. 10 cm zugeben).
4. Boden der ausgehobenen Grube mit etwa 10 cm Sand bedecken.
5. Teichbecken einsetzen.
6. Mit der Wasserwaage prüfen, ob das Teichbecken waagerecht positioniert ist.
7. Becken zu einem Drittel mit Wasser befüllen.
8. Seitliche Freiräume mit feinem Aushub oder Sand einschlämmen.
9. Pflanzgrund einbringen.
10. Pflanzen einsetzen.
11. Mit Wasser befüllen.

Beim Einbau muss darauf geachtet werden, dass die Becken an allen Bodenflächen entsprechend der Form gut aufsitzen und keine Hohlstellen verbleiben.

- Bahnen mit Einlage sind Foliendichtungen, bei denen flächige Glasvliese eingearbeitet sind, um das Schrumpfverhalten der Bahnen zu verringern.
- Bahnen mit Kaschierung sind unterseits mit flächigen Glas- oder Kunststoffvliesen verbunden, um das Schrumpfverhalten zu verringern und die Möglichkeiten der Verklebung deutlich zu verbessern.

Dichtungsbahnen aus PVC

Die am meisten verwendeten Teichfolien bestehen aus PVC. Sie sind besonders flexibel, weich und vergleichsweise einfach zu verbinden, spätere Reparaturen sind leicht zu bewältigen. Stabilisatoren und Weichmacher schützen die PVC-Folien weitgehend vor Witterungseinflüssen und verhindern ein Verspröden. Die heute als Weichmacher verwendeten Stoffe sind pflanzen- und tierverträglich. Auf die Haltbarkeit geben die Hersteller langfristige Garantien, in der Regel mindestens zehn Jahre, meist mehr.

Neben homogenen einschichtigen PVC-Folien bieten diverse Hersteller spezielle, auch mehrschichtige Folien an („Sandwich-Verfahren"). Ob diese mehrschichtigen Folien stabiler sind als einschichtige Folien, ist umstritten. Das Sandwich-Verfahren bietet allerdings für den Hersteller den Vorteil, dass Materialfehler bei einschichtigen Folien, die bei der Endkontrolle nicht bemerkt werden, durch das Aufbringen einer zweiten oder gar dritten Folienschicht nicht zwangsläufig zu einer Undichtigkeit führen. Folien, die auf jeder Seite eine andere Farbe aufweisen, sind auf jeden Fall im Sandwich-Verfahren hergestellt.

WICHTIG

PVC-Folien sind chlorhaltig und sowohl in der Herstellung als auch in der Entsorgung ökologisch nicht unbedenklich. Müssen sie einmal entsorgt werden, sind sie als Sondermüll zu betrachten.

Dichtungsbahnen aus PE

Die PE-Teichfolie steht noch immer im Schatten der PVC-Folie, obwohl Kenner ihr einige Vorteile zuschreiben. Nicht nur, dass sie wesentlich umweltverträglicher sind als Folien aus PVC (sie lassen sich problemlos entsorgen), sind sie mit meist höherer Zugfestigkeit auch stabiler, deutlich elastischer als PVC-Folien und haben eine bessere Witterungs- und Kältebeständigkeit. Nachteilig ist, dass sich die Bahnen etwas schwieriger verbinden lassen. Allerdings haben sich die Techniken in der Zwischenzeit deutlich verbessert.

Verwendet werden PE-Folien in zwei Formen, als Polyethylen niederer Dichte (LDPE) und Polyethylen höherer Dichte (HDPE). Darüber hinaus bieten verschiedene Hersteller PE-Folien mit besonderer Reißfestigkeit an. Sie verwenden dazu ein spezielles Gewebe, das beidseitig mehrmals mit Polyethylen (PE) homogen beschichtet wird.

Dichtungsbahnen aus synthetischem Kautschuk

In den letzten Jahren haben synthetische Kautschuk-Folien als Dichtungsbahnen für Teichabdichtungen an Bedeutung gewonnen. Für Teiche ist sicherzustellen, dass es sich um vulkanisierte EPDM (Ethylen-Propylen-Dien-Terpolymer)-Kautschuk-Folien handelt (u. a. als Geomembran im Handel) und nicht um den chemisch weniger stabilen einfachen Butyl-Kautschuk.

EPDM-Dichtungsbahnen haben Vorteile, die von keinem anderen Material für Dichtungsbahnen erreicht werden:

- **Außergewöhnliche Flexibilität**: EPDM-Dichtungsbahnen bleiben selbst bei sehr niedrigen Temperaturen (bis zu −45 °C) noch flexibel. Sie lassen sich auch noch zu Jahreszeiten verlegen, wo das mit PE oder PVC nicht mehr möglich wäre.
- **Hohe Ausdehnungsfähigkeit:** EPDM-Dichtungsbahnen sind außerordentlich dehnbar und sie passen sich selbst schwierigsten Bodenverhältnissen an.
- **Überlegene Witterungsbeständigkeit:** EPDM besitzt eine einzigartige UV-Licht- und Ozonbeständigkeit.
- **Schnelle und leichte Verlegung:** EPDM-Dichtungsbahnen sind in großflächigen Bahnen bis zu einer Breite von 15 m und einer Länge von bis zu 61 m erhältlich, was sich in weniger Fugennähten und einer schnelleren Verlegung auszahlt.
- **Umweltfreundlichkeit:** EPDM ist ein umweltschonendes Material.

WICHTIG

Erdölprodukte, Schmierstoffe oder Öle (mineralische und pflanzliche) und tierische Fette müssen von Dichtungsbahnen aus EPDM ferngehalten werden, da diese Materialien die Dichtungsbahnen verletzen könnten.

Folien fertig konfektioniert oder als Rollenware kaufen?

Dichtungsbahnen aus PVC, PE oder EPDM erhält man in fast jeder gewünschter Größe. Dabei wird unterschieden zwischen:

- **Teichfolie als Rollenware**, je nach Hersteller z. B. mit 10, 20 oder 25 m Länge und mit Breiten von 2, 4, 6 und 8 m, teilweise bis über 14 m. EPDM-

TIPP für Teichbauer

Da das Zusammenfügen von einzelnen Dichtungsbahnen zu einem Ganzen nicht nur sehr arbeitintensiv ist, sondern gelernt sein will, sollten Gartenbesitzer nach Möglichkeit auf fertig konfektionierte Ware zurückgreifen. Dies gilt insbesondere für Dichtungsbahnen aus PE und EPDM, die etwas schwieriger zu verbinden sind. Allerdings darf man bei der Frage fertig konfektioniert oder an Ort und Stelle zusammenfügen das Gewicht fertig konfektionierter Dichtungsbahnen nicht außer Acht lassen, das je nach Teichgröße mehrere Zentner betragen kann. So wiegt 1 m^2 Dichtungsbahn in 1,5 mm Stärke etwa 2 kg, in 1,0 mm Stärke etwa 1,3 kg und bei einer Stärke von 0,8 mm 1,0 kg.

Dichtungsbahnen gibt es bis 25 m Breite und 61 m Länge.

- **Zuschnitte von der Rolle**. Hier gibt es jede Länge bis etwa 35 m, in Breiten von 3 bis über 14 m.
- **Zuschnitte in Sondergrößen**, z. B. jede Länge bis 35 m in Breiten von 9 bis 20 oder auch 35 m.
- Die meisten Anbieter stellen auch **Sonderanfertigungen** her, fertig auf die gewünschte Teichgröße konfektioniert. Es gibt Firmen, die nach Bekanntgabe der Maße innerhalb von 48 Stunden die gewünschte Teichplane liefern.

Die richtige Folienstärke

Teichfolien werden in Stärken von 0,5 bis 1,5 mm angeboten. Aufgrund praktischer Erfahrungen ist zu empfehlen, auch für kleinere Teiche Folien mit einer Stärke von mindestens 1,0 mm zu verwenden. Bei Teichen ab 50 m^2 Größe sollte eine noch stärkere Folie eingesetzt werden: 1,2, 1,3 oder 1,5 mm. Bei steinigen Untergründen ist mehrschichtigen Folien, am besten mit Gewebeeinlage (sogenannten armierten Folien), der Vorzug zu geben. Allenfalls bei kleineren Teichen mit geringer Wassertiefe (Sumpfbecken, flache Tümpel) reichen auch Folien von 0,5 mm Stärke.

Farbe der Folie

Teichfolien sind in der Regel beidseitig dunkel eingefärbt, wobei Schwarz (bzw. Anthrazit) dominiert. Es gibt aber auch Folien die grün oder oliv eingefärbt sind. Sie werden von Gartenbesitzer verwendet, denen schwarze Folie zu düster wirken. Eine dunkel eingefärbte Folie hat allerdings den Vorteil, dass der Teich optisch tiefer wirkt und die Spiegelung intensiver zu sehen ist, auch erwärmen sich Teiche mit dunkler Folie schneller und stärker. Andererseits kommt bei grün gefärbten Folien die Farbe des Wassers besser zur Geltung.

Wie viel Folie wird benötigt?

Dies ist abhängig von der Länge, Breite und Tiefe des Teiches, von der vorgesehenen Böschungsneigung und gegebenenfalls von besonderen Ausmuldungen die vorgesehen sind. Am besten wäre es, zunächst die Teichgrube auszuheben und von der fertig ausgehobenen Grube mit einem flexiblen Bandmaß oder einer Schnur die größte Länge und die größte Breite von der Oberkante über die Böschungswand, den Boden und die Gegenböschung zur Oberkante zu messen, immer unter Berücksichtigung der tiefsten Stelle im Bodengrund. Zu beiden ermittelten Werten ist ein Sicherheitszuschlag von 40 bis 60 cm hinzuzurechnen. Es ist besser, ein Stück Folie abzuschneiden oder umzuschlagen, als später feststellen zu müssen, dass die Folie zu knapp bemessen wurde.

In den meisten Fällen wird man schon vor dem Ausheben der Grube die Menge an benötigtem Material berechnen müssen. In einfachster Berechnung ermittelt man das nötige Format, indem man die Teichlänge und die Teichbreite zu der zweifachen Wassertiefe addiert und 60 cm Sicherheitszuschlag hinzurechnet.

Berechnungsbeispiel

Geplant ist, einen Teich mit den Maßen 550 × 450 cm bei einer Tiefe von 100 cm anzulegen.
Materialberechnung:
550 cm (Länge) + 2 × 100 cm (Tiefe) + 2 × 30 cm (Rand) = 810 cm
450 cm (Länge) + 2 × 100 cm (Tiefe) + 2 × 30 cm (Rand) = 710 cm
Zu bestellen ist eine Folie in der Größe 810 × 710 cm.

TIPP

Einen Folienteich sollte man nicht bei kühlem Wetter, vor allem nicht im Winter und nicht in der Übergangszeit, bauen. Man merkt sehr schnell, dass die Folie bei höheren Temperaturen weicher und elastischer ist und sich besser verarbeiten lässt als bei niedrigen, wo sie sich als störrisch erweist.

Die Teichzonen

Bevor man mit dem Ausheben des Hohlkörpers beginnt, ist es wichtig, sich etwas näher mit den verschiedenen Teich- bzw. Vegetationszonen zu beschäftigen, die ein Teich haben kann bzw. haben sollte. Natürliche Teiche haben in der Regel eine charakteristische Vegetationszonierung, die durch unterschiedlich hohe Wasser-

Wasserspiegel
Als Wasserstand bzw. Wasserspiegel bezeichnet man den Abstand vom Boden zur Wasseroberfläche (bei Pflanzgefäßen der Abstand vom Erdsubstrat im Behälter zur Wasseroberfläche).

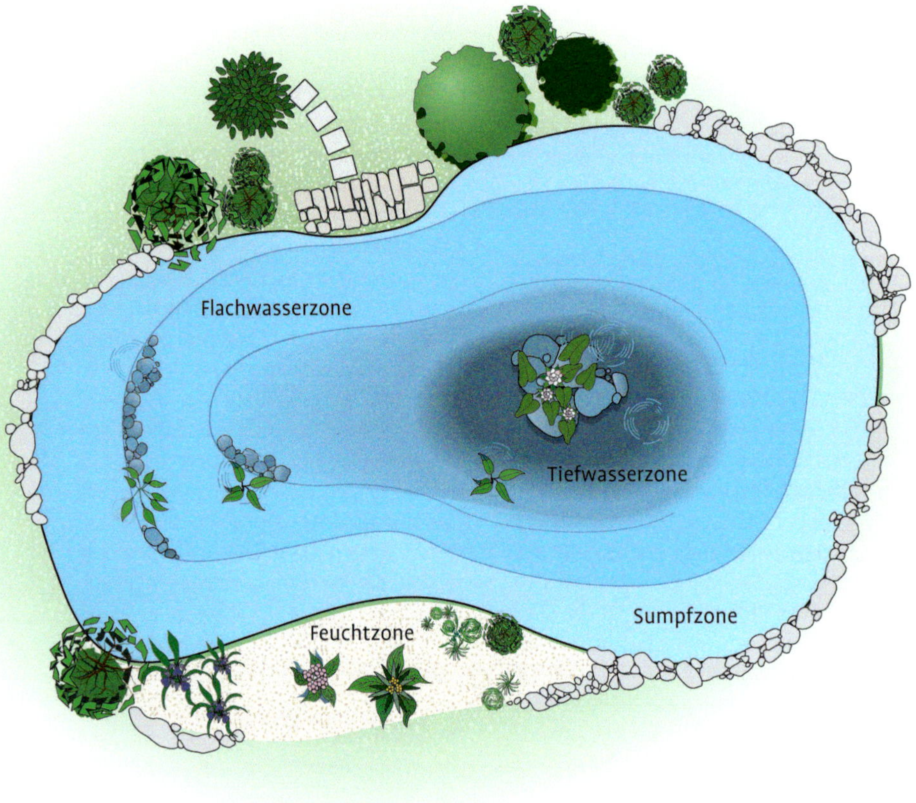

▲ Teich aus der Vogelperspektive. Beispiel für die Anordnung der verschiedenen Teichzonen.

stände bzw. Wasserspiegel gekennzeichnet ist. Unterschieden werden dabei in der Regel drei bzw. vier Zonen. Vom tiefen zum flachen Bereich sind dies:

1. Tiefwasser- oder Seerosenzone
Sie beginnt bei 50 cm unter dem Wasserspiegel und sollte mindestens bis in eine Tiefe von 1 m gehen (siehe auch Seite 302). Sie wird als Seerosenzone bezeichnet, weil die Seerosen hier die dominierenden Pflanzen sind. Außerdem wachsen in diesem Bereich auch die wurzelnden und frei schwimmenden Schwimmpflanzen und die Unterwasserpflanzen. Für die Funktionsfähigkeit eines Teiches ist die Tiefwasserzone von großer Bedeutung. Nur durch eine ausreichend große Tiefwasserzone ist gewährleistet, dass sich die Wassertemperatur im Sommer nicht unnötig schnell erhöht. Etwa 30 % der Teichfläche sollte der Tiefwasserzone vorbehalten sein.

2. Flachwasserzone
Die Flachwasserzone ist durch ständig stehendes Wasser gekennzeichnet und sollte

▼ Schematischer Querschnitt durch einen Teich (Teichtiefe 1,50 m). Links mit stetiger Böschungsneigung (Neigungsverhältnis 1 : 3). Rechts terrassenförmige Ausbildung der einzelnen Vegetationen mit abgestuften Wassertiefen.

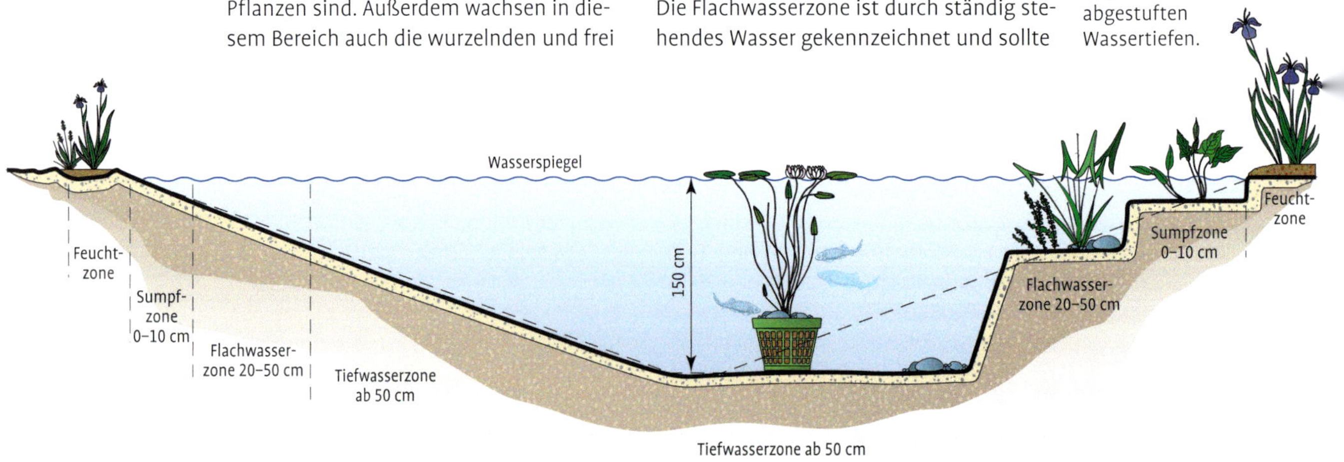

▲ Naturnaher Teich mit der für natürliche Teiche typischen Vegetationszonierung in vier Zonen.

20 bis 40 % der Teichfläche ausmachen. Die Wassertiefe liegt zwischen 20 und 50 cm. Gelegentlich wird die Zone mit einem Wasserstand zwischen 30 bis 50 cm Wassertiefe auch als Seicht- oder Mittelwasserzone bezeichnet.

70 % aller Wasserpflanzen wachsen im Bereich der Flachwasserzone. Es sind überwiegend Überwasserpflanzen, insbesondere Röhrichtpflanzen, die auch größere Wasserschwankungen, wie sie auch in der Natur häufig sind, ohne Probleme vertragen. Aber auch verschiedene Unterwasserpflanzen und Schwimmpflanzen kommen schon in dieser Zone vor bzw. wachsen in sie hinein.

WICHTIG zu wissen

Wenn Kleinkinder zum Haushalt gehören, sollte die Flachwasserzone besonders breit angelegt und grundsätzlich auf senkrechte oder stark geneigte Teichwände verzichtet werden, damit ein Kind, das in den Teich tritt, festen Fuß fassen und selbst wieder an das Ufer gelangen kann. Schutznetze und -gitter im Wasser sind zwar eine gewisse Hilfe, aber aus gestalterischer Sicht wenig befriedigend. Grundsätzlich sollten Eltern von Kleinkindern sich vor dem Anlegen eines Teichs gut überlegen, ob sie die Nervenstärke und vor allem die Zeit aufbringen können, spielende Kinder in Teichnähe laufend zu beaufsichtigen, denn auch Teiche mit flachem Ufer befreien nicht von der Aufsichtspflicht!

3. Sumpfzone

Die Sumpfzone hat einen ständig nassen Boden. Der Wasserstand liegt zwischen 0 und 10 cm. 30 bis 40 % der Teichoberfläche sollten Sumpfzone sein. Für diese Zone steht eine große Anzahl von Pflanzen (Überwasserpflanzen) zur Verfügung. Auch verschiedene Arten, die normalerweise in tieferem Wasser wachsen, fühlen sich hier durchaus wohl.

4. Feucht- oder Uferzone

Die Feucht- oder Uferzone mit ständig feuchtem Boden bildet den Übergangsbereich vom Land (vom eigentlichen Gartenbereich) zum Wasser. Hier wachsen Pflanzen, die gern „feuchte Füße" haben, aber nicht im Wasser stehen möchten. Diese Zone muss so beschaffen sein, dass sie sich deutlich über den Wasserspiegel erhebt. Die notwendige Feuchtigkeit soll sie über die Kapillarität des Pflanzgrundes der Sumpfzone erhalten. Leider wird beim Bau von Gartenteichen häufig auf die Feuchtzone verzichtet, obwohl eine Vielzahl äußerst dekorativer (Blüten-)Pflanzen für diesen feuchten Lebensraum zur Verfügung steht.

An die Feucht- oder Uferzone schließt sich der eigentliche Garten (die Gartenzone) mit normal feuchtem Boden an.

Aus gestalterischer Sicht sollte die Ufer- bzw. Sumpf- oder Flachwasserzone nicht ganz gleichmäßig um den Teich gehen, denn die Wirkung eines Gartenteiches leidet sehr, wenn er von allen Seiten zugewachsen ist. Ein Wechsel von breiteren und schmaleren Zonen, von bewachsenen und unbewachsenen Bereichen vermittelt Einblicke und lockert das Vegetationsbild auf. An einer Stelle sollte man direkt bis an das offene oder durch Schwimmblattpflanzen bedeckte Wasser herantreten können. Auf der Gegenseite ist dann gegebenenfalls eine etwas breitere Feucht- oder / und Sumpfzone auszubilden.

Der Bau eines Teiches mit Folienabdichtung

Nachdem Standort, Teichgröße und -form feststehen, kann unter Berücksichtigung der Anzahl der gewünschten Vegetationszonen mit dem Ausheben der Teichgrube begonnen werden.

Ausbildung der Vegetationszonen

Die Ausbildung der einzelnen Pflanzzonen kann in Terrassen bzw. Stufen oder in Form einer Böschung, d. h. in stetiger Neigung erfolgen. Das Neigungsverhältnis sollte dabei, wie bereits erwähnt, mindestens 1 : 2 betragen, besser ist ein Verhältnis von 1 : 3 bis 1 : 5. Bei einem Verhältnis von 1 : 2 ist bei einer gewünschten Wassertiefe von 1 m die Böschung 2 m, bei einem Verhältnis 1 : 3 3 m breit bzw. lang. Durch leichtes, wulstartiges Ausformen der Pflanzbereiche kann bei Böschungen ein Abrutschen des nach der Abdichtung einzubringenden Pflanzsubstrates und der zu pflanzenden Pflanzen verhindert werden. Eine andere Möglichkeit besteht darin, vor dem Einbringen der Dichtungsbahnen ein Hindernis unter der Folie anzulegen, welches die Möglichkeit bietet, gleich an der Kante mit einer gewissen Substrathöhe zu beginnen. Diese Sperre kann beispielsweise ein flexibles Dränagerohr sein, das sich dem Kantenverlauf anpasst. Gegebenenfalls kann diese Funktion nach dem Auslegen der Dichtungsbahnen auch ein „Wall" aus größeren, lose verlegten Steinen übernehmen.

▼ Möglichkeiten der Abgrenzung zwischen den einzelnen Vegetationszonen bei stetiger Böschungsneigung.

Eine stufenförmige Ausbildung der einzelnen Zonen hat den Vorteil, dass man die einzelnen Zonen beliebig breit ausführen kann. Dadurch wird nicht nur das Setzen der Pflanzen erleichtert, auch die gestalterischen Möglichkeiten sind vielfältiger. Nicht zuletzt kann durch eine mehr oder weniger waagerechte Ausbildung einer möglichst breiten Flachwasserstufe das sofortige Abgleiten von Mensch und Tier in die Tiefwasserzone verhindert werden – wichtig, wenn Kleinkinder zum Haushalt gehören! Natürlicher ist allerdings die Ausbildung von Böschungen.

Teichbau Schritt für Schritt

Vom Arbeitsablauf her lässt sich der Bau eines Teiches mit Folienabdichtung in vier Schritte gliedern, die nachfolgend näher beschrieben werden.

1. Schritt: Teichform markieren
Mit einem Gartenschlauch, einem Seil, Sand, Sägemehl oder Kalk wird zunächst die geplante Teichform markiert. Ausmaße und Form des Teiches können so bestens in Augenschein und gegebenenfalls Korrekturen vorgenommen werden. Steht die endgültige Form fest, sind alle 1 bis 2 m kleine Pflöcke einzuschlagen, die anschließend mit Hilfe einer geraden Latte (Richtlatte) und einer normalen Wasserwaage waagerecht eingewogen werden. Einfacher

▲ Mit Pflöcken und einer Wasserwaage wird der Teich eingewogen.

geht es mit einer Schlauchwaage oder einem Nivelliergerät. Nach dem „Einwiegen" ist zu erkennen, ob das Gelände für den Teich eben ist oder ob an einer Stelle aufgeschuttet oder gegebenenfalls auch Erde abgetragen werden muss. Die Pflöcke dienen auch dazu, die Höhe des Wasserspiegels festzulegen. Das Einwiegen des Teiches vor Beginn des Ausschachtens ist wichtig, denn nichts ist schlimmer, als später festzustellen, dass das Wasserniveau nicht erreicht wird, das man sich vorgestellt hat, oder man möglicherweise an einer Seite eine unnatürlich große Böschung anlegen muss.

2. Schritt: Teichzonen ausheben

Schon bei der Planung muss bedacht werden, wie der Aushub später eingesetzt werden soll: für eine Erhöhung im umgebenden Bereich oder vielleicht auch als Aufschüttung im übrigen Gartenbereich (z. B. für einen Steingarten). In der Regel wird der Aushub aber abgefahren werden müssen. Teile des Bodens könnten aber auch als Pflanzsubstrat genutzt werden. Den Oberboden wird man auf Grund des Humusreichtums für den Teich selbst nicht verwenden können, allenfalls zum Auffüllen der Sumpfzone.

Bei einer stufenförmigen Ausbildung der einzelnen Pflanzzonen muss unter Berücksichtigung der einzelnen Wasserstände die Erde etwa 10 bis 20 cm tiefer als der Wasserstand später sein wird ausgehoben werden, weil noch Pflanzsubstrat und in der Regel auch noch Auflastschichten aus Kies aufgebracht werden. Demnach ist die Sumpfzone auf 20 bis 30 cm und die Flachwasserzone, je nach gewünschter Höhe des Wasserstandes, auf 60 bis 70 cm Höhe auszuheben. Sind Ufer-, Sumpf- und Flachwasserzone ausgehoben, geht es mit dem Ausschachten der Tiefwasserzone bis auf die gewünschte Teichtiefe weiter.

3. Schritt: Teichgrund planieren

Nach dem Aushub ist der Untergrund zu glätten, denn Dichtungsbahnen sind gegen punktuelle Belastungen extrem empfindlich. Lockerer Untergrund muss verdichtet werden. Bei feinkörnigen Böden ist ein Abziehen des Erdplanums zur Herstellung der Ebenheit in der Regel ausreichend. Grobkörnige Böden oder bindige, mit Steinen durchsetzte Böden müssen eine Ausgleichsschicht aus Sand erhalten, oder man baut alternativ ein Schutzvlies ein. Steile Teichwände, an denen Sand nicht hält, werden immer mit einem Schutzvlies abgedeckt. Diese Schutzvliese werden nach Gewicht/m² gehandelt. Für Teiche sollte das Vlies mindestens ein Gewicht von 200 g/m² haben. Bei sehr steinigen, von Geröll und Wurzeln durchsäten Teichwänden kann es sinnvoll sein, zunächst Sand und dann ein Vlies aufzubringen.

Wenn das Setzen des Teichbodens nicht ausgeschlossen werden kann, ist eine Bodenvermörtelung sinnvoll, denn wenn die Teichsohle nachgibt, kommt es unweiger-

◀ Zum Schluss muss der Teichgrund geglättet werden. Bei grobkörnigen Böden hilft eine Schicht Sand zur Glättung der Oberfläche.

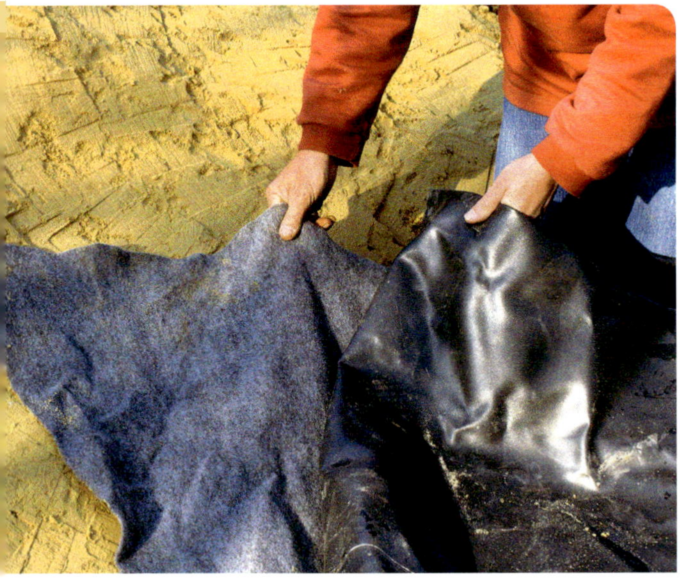

▲ Zum Schutz der Folie dient einVlies.

lich zum Lösen verschweißter Foliennähte oder gar zum Zerreißen der Folie. Zur Vermörtelung werden, je nach Tragfähigkeit des Untergrundes, 10 bis 20 kg Zement pro m^2 etwa 10 cm tief in die Teichsohle eingearbeitet und anschließend sofort sogfältig verdichtet.

4. Schritt: Verlegen der Teichfolie

Unterscheiden muss man dabei zwischen dem Verlegen vorgefertigter, das heißt fertig konfektionierter Teichfolien und der Verwendung von Rollenware, die vor Ort erst noch wasserdicht zusammengefügt werden muss. Bereits bei der Vorstellung der Abdichtungsmaterialien für Teiche wurde darauf hingewiesen, dass Gartenbesitzer möglichst fertig konfektionierte Folien verwenden sollten, weil das Zusammenfügen der Folienbahnen nicht ganz einfach ist. Wer trotzdem Rollenware nutzen möchte, bekommt von den Herstellern der Folien eine genaue Anleitung mitgeliefert, die, um Enttäuschungen zu vermeiden, genau zu beachten ist. Deshalb wird hier nicht näher auf das Zusammenfügen und die verschiedenen Verfahren eingegangen, zumal die Vorgehensweise von Material zu Material sehr unterschiedlich sein kann.

Das Gewicht der Folie kann, wie schon erwähnt, erheblich sein. Bei kleineren Teichen benötigt man mindestens zwei Personen für das Verlegen der Dichtungsplane, bei größeren entsprechend mehr. Nach Möglichkeit sollte die Folie zunächst neben der Teichgrube ausgebreitet werden, um sie dann von dort hineinzuziehen. Sofern zum Schutz der Folie Sand oder ein Schutzvlies eingebracht wurde, ist darauf zu achten, dass beim Hineinziehen der Folie das Vlies bzw. der Sand nicht verschoben wird. Eine Folie gleitet auf einem Luftpolster leichter in die gewünschte Richtung. Ein solches Luftpolster erreicht man, indem man die Folie mehrmals auf und ab schwenkt und dann gemeinsam auf Kommando zieht. Eine andere Methode bei vorgefertigten Teichfolie besteht darin, das Folienpaket im Teich auseinanderzuklappen und die Folie dann in die gewünschte Position zu bringen. Die meisten Folienhersteller legen bei fertig konfektionierter Ware dem Folienpaket eine Skizze bei, aus der zu entnehmen ist, wie die Folie aufzufalten ist.

Nachdem die Folie eingebracht und gleichmäßig ausgelegt wurde, wird sie auf den Boden gedrückt, bis sie überall aufliegt und keine Hohlräume bleiben. Dass es dabei in der Regel nicht ganz ohne Falten geht, ist verständlich. Das ist aber kein Problem, denn durch den Wasserdruck oder die aufgelegten Materialen (Erde, Steine, Pflanzen) werden die Falten später an die Wandungen gedrückt.

Überlauf

Ein Überlauf für einen normalen Gartenteich ist kein absolutes Muss, aber sinnvoll. Stärkere Regenfälle können den Wasserspiegel innerhalb kurzer Zeit stark

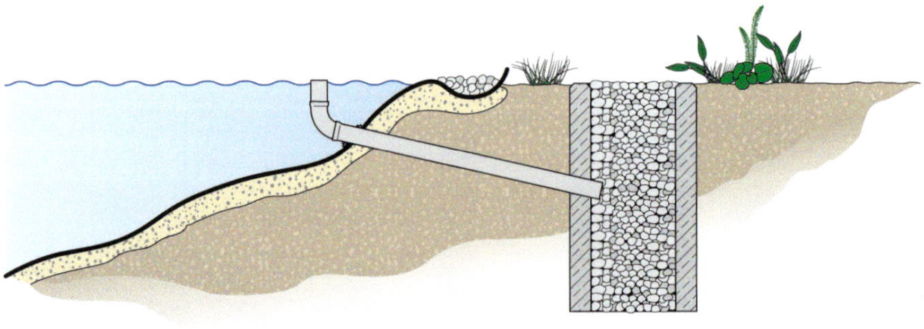

◀ Ein Überlauf, an eine Sickergrube angeschlossen, verhindert das Überlaufen des Teiches.

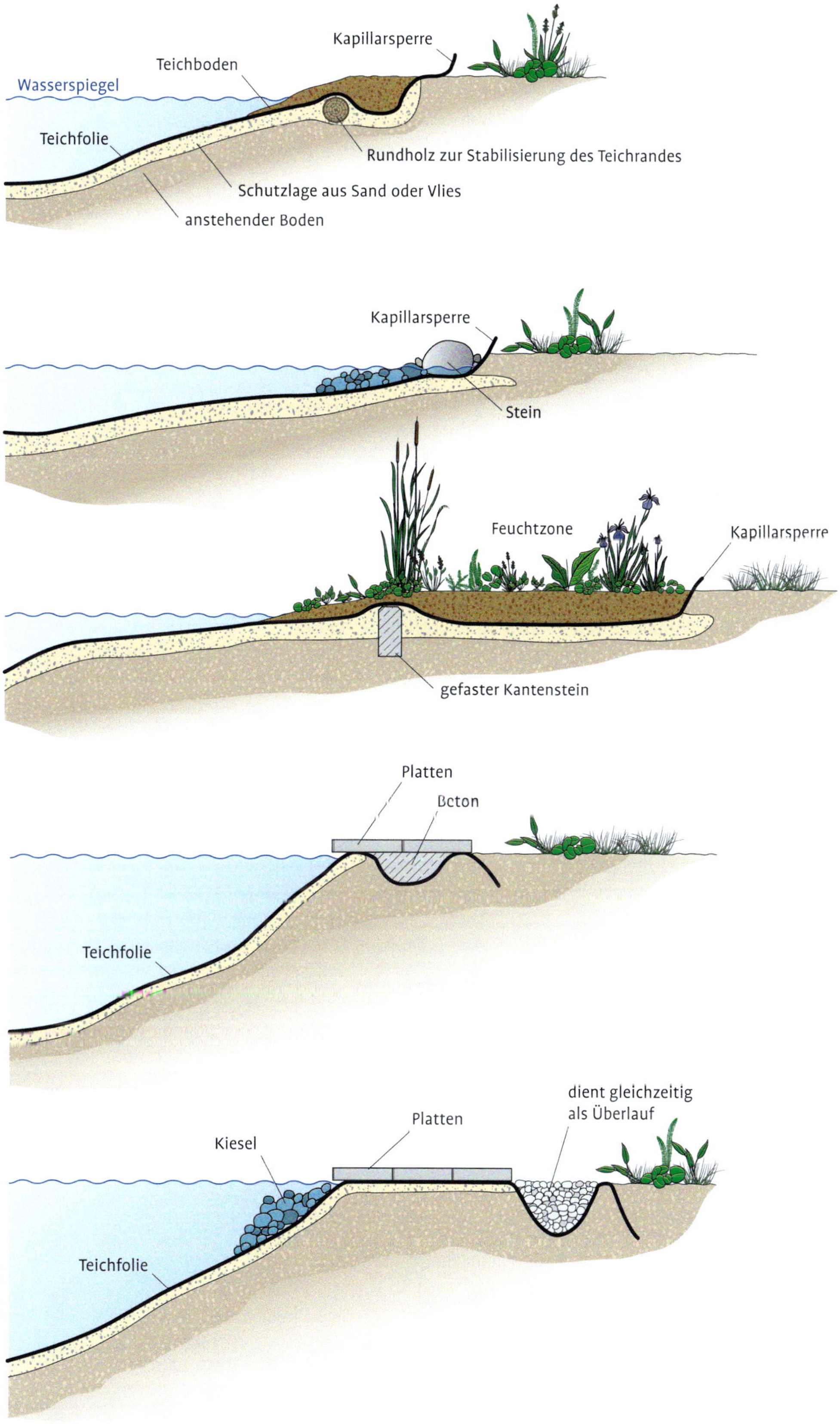

▶ Beispiele für verschiedene Möglichkeiten der Randausbildung mit Kapillarsperre.

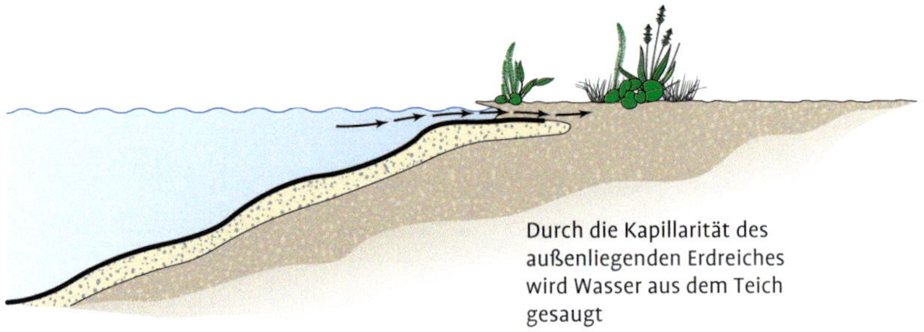

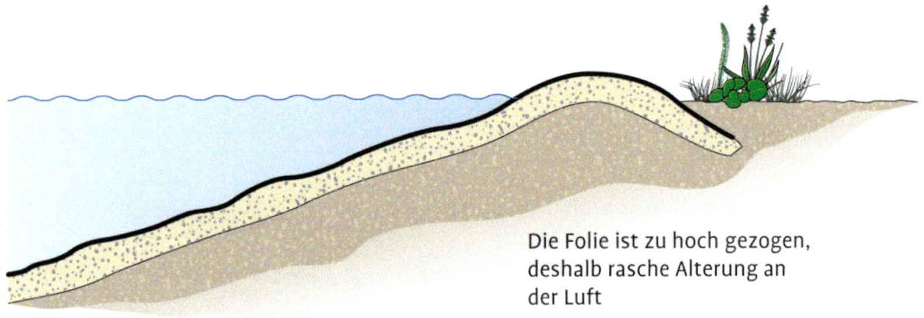

▶ Fehlerhafte Randausbildungen.

ansteigen lassen. Fehlt ein Überlauf, dann läuft das Wasser über den Folienrand ab. Dabei kann es passieren, dass Teichwasser hinter die Folie gelangt, diese unterspült, und es zu Schäden am Randprofil kommen kann. Durch einen Überlauf kann dies verhindert werden. Bei großer Hitze gestattet ein Überlauf darüber hinaus durch Zulauf von Frischwasser über einen Schlauch, die Wasserqualität rasch zu verbessern. Am einfachsten ist es, das überschüssige Wasser über ein Abwasserrohr aus Kunststoff in eine mit Grobkies gefüllte, etwa 1 × 1 × 1 m große Sickergrube zu leiten (siehe Zeichnung). Ein Anschluss an die Hauskanalisation ist natürlich auch möglich, aber in der Regel wesentlich aufwendiger. Das Ablaufrohr wird in der Höhe angebracht, bis zu der der Wasserspiegel reichen soll. Eine andere Möglichkeit einen Überlauf zu schaffen besteht darin, an geeigneter Stelle den Teichrand auf etwa 20 cm Länge um etwa 1 bis 2 cm abzusenken und das überlaufende Wasser durch eine Rinne mit 2 bis 3 % Gefälle zu einer Sickergrube zu leiten. Durch eine entsprechende Bepflanzung kann die Rinne sogar zu einem interessanten Bächlein werden.

Ein besonderer Abfluss an der tiefsten Stelle des Teiches für eine Grundentleerung ist nicht notwendig. Es ist preiswerter, den Teich mit einer Pumpe zu entleeren, abgesehen davon, ist bei einer flexiblen Abdichtung ein eingebauter Ablauf immer ein Risikofaktor.

Randausbildung

Für die Randausbildung eines Teiches gibt es viele Möglichkeiten. Dort, wo man an den Teich herantreten will, kann man die Dichtungsbahnen unter einem Platten- oder Holzbelag laufen lassen. In den anderen Bereichen sind größere Flusskiesel als Abdeckung beliebt. In der Regel wird man eine Kombination verschiedener Möglichkeiten nutzen. Gestalterisch wenig attraktiv ist es, obwohl häufig anzutreffen, den Teichrand rundherum mit Platten abzudecken.

Die Kapillarsperre

Zwischen dem Teichwasser bzw. der letzten Teichzone und dem sich anschließenden Boden des eigentlichen Gartenbereichs muss eine Trennung erfolgen. Fehlt diese, wird durch die Kapillarität des außenliegenden Erdreiches das Wasser aus dem Teich gesaugt. Die Folge ist ein deutlicher Wasserverlust im Teich und der angrenzende Gartenbereich verwandelt sich in ein feuchtes Beet oder eine feuchte Wiese. Um eine wirksame Trennung zu errichten (man bezeichnet diese Trennung in der Fachsprache als Kapillarsperre), muss die Dichtungsbahn an den Teichrändern stets über den höchsten Wasserstand gezogen werden. Wichtig dabei ist, dass die Kapillarsperre durchgehend über den Wasserspiegel reicht. Die Zeichnungen auf Seite 315 zeigen, wie man durch eine bestimmte Verlegung der Dichtungsbahn eine Kapillarsperre erreichen kann.
Die Kapillarsperre wird endgültig errichtet bzw. der Teichrand wird erst befes-

tigt, wenn der Teich bis in den Bereich der Flachwasserzone mit Wasser gefüllt ist.
Im Laufe der Jahre ist die Kapillarsperre regelmäßig zu kontrollieren, denn schon oft ist es passiert, dass die Sperre durch sich ansammelnden Humus überbrückt wurde.

Die Einrichtung des Teiches für die Bepflanzung

Nachdem der Hohlkörper abgedichtet ist, geht es daran, den Teich für die Bepflanzung vorzubereiten. Zunächst ist zu klären, ob wie in ein „Blumenbeet" frei ausgepflanzt werden soll oder ob die Pflanzen ganz oder auch nur zum Teil in Pflanzbehälter gesetzt werden sollen.

Freie Auspflanzung oder Pflanzbehälter?

Frei ausgepflanzt finden die Pflanzen ideale Lebensbedingungen. Diesem Vorteil steht gegenüber, dass man eventuell bereits in der zweiten Vegetationsperiode bei wuchernden Arten eingreifen muss, damit nicht eine einzige Art die Oberhand gewinnt. Wer Freude am üppigen, auch einmal etwas ungeordneten, vielleicht zufälligen Wachstum hat, sollte diese Pflanzweise anwenden. Problematisch ist das freie Auspflanzen hinsichtlich des Austauschs von Pflanzen. Soll einmal eine Pflanze gegen eine andere ausgetauscht werden, dann bereitet es einige Mühe, sie aus dem Wurzelfilz herauszunehmen. Außerdem muss bei einer Foliendichtung noch darauf geachtet werden, die Dichtungshaut nicht zu verletzen. Das Auspflanzen in den freien Grund ist bei größeren Anlagen angebracht, wo auf ausgedehnten Flächen ein starkes Wachsen der Pflanzen meist erwünscht ist.
Das Einsetzen der Pflanzen in Behältnisse verhindert ein räumlich unbegrenztes Wachstum. Vorteilhaft ist auch, dass die Pflanzen leichter ausgewechselt werden können. Für empfindliche Pflanzen, die frostfrei überwintert werden müssen, und deshalb im Winter aus dem Teiche herausgenommen werden müssen, ist die Pflanzung in Behälter obligatorisch. Berücksichtigen muss man allerdings, dass die Pflanzung in Behälter aufwendiger ist als die freie Auspflanzung.

Der Handel bietet für Wasserpflanzen spezielle Pflanzgefäße in verschiedenen Größen an. Sie haben breite, flache Böden, damit sie gut im Wasser stehen, was u. a. bei hohen Überwasserpflanzen in der Flachwasserzone auf schmalen Sockeln wichtig ist. Durch die Gitterwände können Wasser und Gase im Boden zirkulieren. Wenn die Körbe weitmaschig sind, sollten sie mit Vlies oder sonstigem feinmaschigem Gewebe ausgelegt werden, damit keine Erde austritt.

Pflanzgrund

Stark humose Erde oder Komposterden, die meist sehr nährstoffreich sind und häufig noch viele unverrottete Bestandteile besitzen, sind als Pflanzgrund oder Substrate für Sumpf- und Wasserpflanzen nicht geeignet. Dies gilt auch für abgepackte Erdmischungen, die überwiegend aus Torf bestehen, selbst wenn auf den Säcken „Teicherde" stehen sollte. Optimal für die meisten Wasserpflanzen ist eine Mischung von Lehm (häufig ist der untere Bodenaushub als Pflanzsubstrat geeignet) und Sand im Verhältnis 1 : 3. Dort, wo Seerosen gepflanzt werden, kommt etwas Humus (am besten in Form gut verrotteter Komposterde) hinzu. Eine Grunddüngung des Substrates ist im Allgemeinen nicht erforderlich. Dass die Ausgangserden keine Unkräuter, vor allem keine Wurzelbestandteile enthalten sollten, wie Rhizome oder auch nur Rhizomteile, die innerhalb einer Vegetationsperiode eine gesamte Pflanzung überwuchern und zunichte machen können, ist selbstverständlich.
Verschiedene Teichpflanzen, insbesondere der Ufer- und Sumpfzone, haben besondere Ansprüche an das Substrat. So benötigen z. B. Wollgras und *Iris ensata*, die Japanische Sumpf-Schwertlilie, einen sauren Boden. Für solche Arten muss der Pflanzgrund entsprechend aufbereitet werden.
Unabhängig davon, ob in Behälter oder in den freien Grund ausgepflanzt wird, sollte die Bodenschicht 15 bis 20 cm betragen, für Tiefwurzler und stark wachsende Seerosen mindestens 30 cm.
Bei freier Auspflanzung ist es nicht notwendig und auch nicht sinnvoll, über die gesamte Fläche Bodengrund einzubringen, da man die Flächen in den verschiedenen Zonen nie komplett bepflanzen sollte. Deshalb sollte Erde nur an den vorgese-

TIPP

Eine Reihe von Teichpflanzen breiten sich durch Ausläuferbildung schnell und stark aus. Diese Pflanzen lassen sich nur bändigen, wenn man sie in Behälter setzt. Zu diesen Pflanzen gehören insbesondere: *Hippuris vulgaris* (Tannenwedel), *Ranunculus lingua* (Zungen-Hahnenfuß), *Schoenoplectus lacustris* (Teich-Binse), *Scirpus sylvaticus* (Wald-Binse), *Sparganium* (Igelkolben), *Typha* (Rohrkolben) und *Phragmites australis* (Schilf).

Abdecken
Im Bereich der Flachwasserzone sollte aus optischen Gründen die gesamte Fläche mit Kies bzw. Steinen abgedeckt werden, denn bis zu einer Tiefe von etwa 40 cm ist im Normalfall eine Einsicht in das Wasser möglich und selbst grün eingefärbte Dichtungsbahnen sehen nicht besonders attraktiv aus.

Wasser marsch!
Beim Einlassen des Wassers ist darauf zu achten, dass Bodenteilchen nicht unnötig aufgewirbelt werden. Auch besteht bei zu starkem Wasserdruck die Gefahr, dass die Pflanzen aufschwimmen. Um den Wasserdruck zu mildern lässt man das Wasser nur mäßig schnell über einen Eimer in den Teich laufen.

henen Pflanzstellen eingebracht werden und dort, wo Pflanzkörbe eingestellt werden sollen, ist Platz für diese zu lassen.

Pflanzzeit

Da in der Regel in Töpfen herangezogene Pflanzen verwendet werden, ist eine Bepflanzung während der gesamten Vegetationszeit möglich. Soweit es sich um wurzelnackte Pflanzen handelt, ist für Wasser- und Sumpfpflanzen das Frühjahr, wenn sich das Wasser bereits etwas erwärmt hat, Nachfröste nur noch selten oder gar nicht mehr auftreten und der Neuaustrieb beginnt, die günstigste Pflanzzeit.

Pflanzvorgang

Die Pflanzung erfolgt entweder vor dem Einfüllen des Wassers in die zuvor angefeuchtete Pflanzerde oder, besser, Zone für Zone in den mit Wasser gefüllten Teich. Beginnend mit der Tiefwasserzone lässt man hierbei das Wasser etwa 20 cm hoch über den Bodengrund einlaufen. Man vermeidet dadurch bis zum endgültigen Auffüllen des Teiches ein Austrocknen der Pflanzen. Bei einer Bepflanzung im „Trockenen", müssen die Pflanzen bis zum Auffüllen des Teiches regelmäßig benetzt bzw. durch Abdecken mit feuchtem Papier oder feuchtem Stoff vor dem Austrocknen geschützt werden.
Das Einsetzen der Pflanzen darf nicht zu tief und wegen ausreichender Standfestigkeit auch nicht zu hoch erfolgen. Bei Containerpflanzen sollte die Oberkante des Topfballens mit der umgebenden Erde abschließen. Pflanzen mit losem Wurzelwerk werden entsprechend ihrer natürlichen Lage so eingesetzt, dass der Wurzelhals mit der Erdoberfläche abschließt. Rhizome dagegen werden waagerecht eingelegt und fest angedrückt. Wurzeln, Triebe oder Rhizome dürfen dabei nicht umgebogen werden.
Die Flächen um die frisch gesetzten Pflanzen sollten mit Kies oder Steinen bedeckt werden. So wird verhindert, dass die frisch gepflanzten Pflanzen aufschwimmen. Gefährdet, durch „Wellenschlag" ausgespült zu werden, sind besonders die Pflanzen, die auf Höhe des Wasserspiegels gepflanzt wurden.
Bei Behälterpflanzung sollte man die Körbe, mit Erde gefüllt, am späteren Standort aufstellen und die Pflanzen, wie bei der freien Auspflanzung, an Ort und Stelle einsetzen.
Am einfachsten ist das Einsetzen von nicht oder nur wenig wurzelnden Pflanzenarten, wie Krebsschere, Hornkraut, Froschbiss und Wasserhyazinthe. Diese Pflanzen werden nur ins Wasser geworfen und dann sich selbst überlassen.

Teichmatten

Steile Teichwände bieten kaum Möglichkeiten zum Etablieren von Pflanzen, weil weder Pflanzgrund noch die Wurzeln der Pflanzen Halt finden. Und im Flachwasserbereich fallen am Teichrand jene Dichtungsbahnen unschön auf, die durch Verdunstung des Wassers plötzlich sichtbar werden. Dies muss nicht sein. Mit Hilfe sogenannter Teich- oder Böschungsmatten aus schwarzen gekräuselten Kunststoffen, Jute oder Kokosfasern (letztere sind zu bevorzugen) können die angesprochenen Probleme auch nachträglich noch beseitigt werden. Die Matten sind flexibel, dehnfähig und faltbar und passen sich allen Unebenheiten des Teichufers an. Geliefert werden die Matten als Rollenware mit einer Länge von 25 m und einer Breite von 1 oder auch 2 m.

▼ Mit Teichmatten, in die Pflanztaschen eingearbeitet sind, lassen sich selbst steilste Ufer begrünen.

▲ Steine sind als Teichrand besonders attraktiv.

In das Gewebe der Teichmatten lassen sich Pflanzen einsetzen, die so vor dem Abrutschen sicher geschützt sind. Mit der Zeit durchwurzeln sie das Gewebe und bilden zusammen mit den Fasern ein dichtes Wurzelgeflecht.
Neben einfachen Mattengeweben gibt es auch Teichmatten, in die Pflanztaschen eingearbeitet sind. Diese Pflanztaschen-Matten werden in Breiten von 0,70 m mit zwei Taschenreihen oder in 1,20 m Breite mit vier Taschenreihen angeboten. Mit dem Taschengewebe gelingt es besonders mühelos, auch die steilsten Ufer problemlos zu begrünen.
Die Befestigung dieser Böschungsmatten erfolgt jenseits des Teichfolienrandes mit Befestigungshaken, die in den Boden gerammt werden. Im Übergang zwischen Matte und Teichfolie bedeckt man den Teichrand am besten mit Steinen.

Pflanzen für den Gartenteich

Wasserpflanzen sind entsprechend ihrer Lebensweise recht verschieden gebaut. Es gibt ganz untergetaucht (submers) lebende Wasserpflanzen, solche mit Schwimmblättern, die dem Wasserspiegel aufliegen, und amphibische Wasserpflanzen, die als „Wasserform" im Wasser und mit einem Teil ihrer Sprosse als „Landform" darüber und daneben leben können. Sie leiten über zu den Überwasserpflanzen, die nur mit ihren Wurzeln und untersten Sprossteilen im Wasser stehen.

Überwasserpflanzen

Bezeichnung für Pflanzen, die mit ihren Wurzeln und untersten Sprossteilen im Wasser stehen, deren Blätter und Blüten aber aus dem Wasser herausragen. Sie nehmen die Nährstoffe mit den Wurzeln aus dem Erdreich auf, verarbeiten das Kohlendioxid der Luft und geben den Sauerstoff an die Atmosphäre ab, leben somit nach Art der Landpflanzen. Überwasserpflanzen sind in allen vier hier beschriebenen Vegetationszonen zu finden vom Uferbereich bis in die Tiefwasserzone.

Schwimm(blatt)pflanzen

Bei den Schwimm(blatt)pflanzen (man unterscheidet dabei zwischen frei im Wasser treibenden Wasserschwimmern und wurzelnden Schwimmblattpflanzen) liegen die Blätter ganz oder zum größten Teil an der Wasseroberfläche, wo sie auch blühen. Sie überwintern am oder im Gewässergrund. Zu den Wasserschwimmern zählen u. a. Schwimmlebermoos, Algenfarn, Schwimmfarn, Wasserlinse, Froschbiss und Krebsschere. Zu den wurzelnden Schwimmblattpflanzen gehören u. a. Froschkraut, verschiedene Laichkraut-Arten, See- und Teichrosen, Seekanne, einige Wasserhahnenfuß-Arten, Zwerg-Igelkolben und Wassernuss. Die Schwimmblätter sind allgemein von ledriger Beschaffenheit, ganzrandig und die Oberfläche erscheint wie von Wachs überzogen, sodass Wassertropfen sogleich abrollen

TIPP

Will man das Leben im Wasser beobachten, sich an der Klarheit des Wassers erfreuen, die Spiegelung erleben, dann muss man sich davor hüten, zu viele Schwimmblattpflanzen zu verwenden. Ein Drittel Schwimmblattpflanzenfläche und zwei Drittel offenes Wasser im Bereich der Tiefwasserzone bilden ein gutes Verhältnis.

▼ Schwimmblattpflanzen sind ein Muss für Teiche.

können. Kohlendioxid wird durch auf die Blattoberseite verlagerte Spaltöffnungen aufgenommen und Sauerstoff an die Luft abgegeben. Schwimmblattpflanzen entwickeln sich natürlicherweise nur in den stillen Teilen der Gewässer. Soweit die Pflanzen im Boden wurzeln, wird ihre Lebensfähigkeit durch die Tiefe des Teiches bedingt. Die Hauptzone für Schwimmblattpflanzen ist natürlicherweise die Tiefwasserzone, teilweise dringen sie aber auch in die Flachwasserzone vor. Dies gilt insbesondere für die Wasserschwimmer. Auch einige Seerosen-Sorten gedeihen nur im flachen Wasser.

TIPP

Nicht im Teichgrund wurzelnde Schwimm(blatt)-pflanzen, wie Algenfarn, Schwimmfarn, Wasserlinse und Froschbiss, können schon bei niedrigen Wasserständen ab etwa 20 cm eingesetzt werden.

Unterwasser- oder Tauchpflanzen

Die Unterwasserpflanzen erscheinen uns weniger attraktiv (sie schicken höchstens ihre Blüten über den Wasserspiegel) weil sie völlig untergetaucht leben. Sie sind aber für einen Teich ungemein wichtig, da sie äußerst produktiv sind, denn sie sind die Sauerstofflieferanten der Gewässer. Soweit Wurzeln überhaupt noch vorhanden sind, dienen sie in den meisten Fällen lediglich der Verankerung, während die im Wasser gelösten Nährsalze sowie die Kohlensäure (in Wasser gelöstes CO_2) durch die gesamte, sehr dünne Oberfläche der Pflanzen aufgenommen werden. Der bei der Assimilation frei werdende Sauerstoff wird an das Wasser abgegeben und kommt somit der Verbesserung des Wassers, der Atmung der Tiere sowie der Zersetzung organischer Substanz mit Hilfe sauerstoffbedürftiger Bakterien zugute.

Bei den Unterwasserpflanzen ist die ungeschlechtliche (vegetative) Vermehrung von ausschlaggebender Bedeutung. So können oft Bruchstücke von Pflanzen (Wasserpest, Hornkraut) neue Bestände bilden. Eine weitere Art der vegetativen Vermehrung ist bei den Unterwasserpflanzen in Form von Winterknospen (Hibernakeln) zu beobachten. Einige Pflanzen, z. B. das Tausendblatt, einige Laichkräuter, Hornkraut oder Wasseraloe, bilden nämlich am Ende der Vegetationsperiode reservestoffhaltige, knospenartige Gebilde aus, die sich von der Pflanze lösen, auf den Boden sinken, dort überwintern und im Frühjahr zu neuen Pflanzen austreiben. Unterwasserpflanzen sind Bewohner der Tiefwasserzone und können ab 50 cm Wassertiefe eingesetzt werden.

TIPP

Alle Wasserpflanzen vertragen den kalten Strahl und das Besprühen aus Springbrunnen und Wasserspielen schlecht. Im Bereich derartiger Einrichtungen muss die Pflanzung unterbleiben oder so weit entfernt eingesetzt werden, dass sie nicht gestört wird.

Amphibische Wasserpflanzen

Als Bindeglied zwischen den Überwasser- und den eigentlichen Wasserpflanzen stehen die amphibischen Wasserpflanzen, die im Wasser eine „Wasserform“ und auf dem Land eine „Landform“ bilden, z. B. *Persicaria amphibia* (Wasser-Knöterich). Sie können aber auch jeweils nur einen Teil ihrer Sprosse als „Wasserform“ und den anderen als „Landform“ ausbilden, sodass sie ein echtes Bindeglied darstellen. Pflanzort der amphibischen Wasserpflanzen ist die Flachwasserzone, von dort aus dringen sie, ihrer Lebensweise gemäß, aber auch in die Sumpf- oder Tiefwasserzone vor.

ZUSATZWISSEN

Als **Sumpfpflanzen** werden Pflanzen bezeichnet, die in einem Untergrund wurzeln, der ständig oder zeitweise flach unter Wasser steht oder stärker vernässt ist, deren Blätter und Blüten sich jedoch immer im Luftraum befinden.
Als **Wasserpflanzen** bezeichnet man jene Pflanzenarten, die dauernd oder doch meistens im Wasser leben, entweder völlig oder größtenteils untergetaucht, oder während der Vegetationsperiode ganz bzw. mit ihren Blättern an der Wasseroberfläche schwimmen und dort auch blühen und fruchten.

Auswahl und Gruppierung der Pflanzen

In der Natur stehen Pflanzen entsprechend der Naturgesetze (Wettbewerb der Arten u. a.) nebeneinander, ohne die Absicht, unbedingt einen schönen Anblick bieten zu wollen. Wenn dieser trotzdem entsteht, dann durch das zufällige Zusammenwirken von Farben, Formen und Körpern entsprechend unserem ästhetischen Empfinden. In einem Garten, auch in einem Wasserpflanzengarten, sollten die Pflanzen, ausgehend von ihren Standortansprüchen, bewusst nach gestalterischen Grundsätzen zu einem Bild kombiniert werden.

Allzu oft entsteht aus der Begeisterung für Pflanzen ein Sammelsurium von Arten und Sorten, das dann gestalterisch nicht mehr zu bewältigen ist. Besonders am und im Wasser kann sich ein anfängliches Zuviel oder ein zu dichtes Pflanzen verheerend auf den Bestand und den Anblick der ganzen Anlage auswirken. Trotz vielseitiger Artenwahl ist deshalb eine gewisse Beschränkung nur von Vorteil. In jedem Fall aber muss das Wasser als bestimmendes Lebenselement klar in Erscheinung treten.

Gestaltungsmöglichkeiten
Unter den Sumpf- und Wasserpflanzen gibt es eine Fülle von Gestalt- und Formmerkmalen. Besonders wirksam ist die Vielfalt der Blattformen. Bei den Blattfarben überwiegen die Grüntöne. Fernwirksame Massenblüher gibt es nur wenige, z. B. die Sumpf-Dotterblume, das Pfennigkraut und der Purpur-Wasserdost. Die meisten Blüten wollen aus der Nähe betrachtet werden. Eine besondere Farbigkeit ist im Herbst erlebbar, wenn das Laub der Sumpfkalla golden leuchtet und ihre Fruchtkeulen sich rot färben und die Blätter der Sumpf-Wolfsmilch ein gelbrotes Farbspiel bieten.

Um die Anlage nicht unruhig erscheinen zu lassen, ist nicht nur ein Zuviel an Arten, sondern auch ein Zuviel an Formen zu vermeiden. Es ist besser, wenige Pflanzen in guter gegenseitiger Ergänzung unter Berücksichtigung der Größe der Wasserfläche zu setzen, als alle möglichen Formen auf kleinster Fläche zusammenzubringen.

Rahmenpflanzung

Die meisten unserer Sumpf- und Wasserpflanzen sind Stauden, das heißt, ihre oberirdischen Teile sterben im Herbst ab. Sie überwintern mit einigen Knospen am Wurzelhals oder an den Rhizomen am Grund des Gewässers bzw. in der sumpfigen Erde oder als untergetauchte Blattrosette, z. B. die Krebsschere. Abgesehen von Fruchtständen und den trockenen Halmen der Binsen, Simsen und des Schilfes werden sie in der kalten Jahreszeit gestalterisch nicht wirksam. Umso wichtiger sind hier wie in jeder anderen Staudenpflanzung die Gehölze als rahmendes, raumbildendes und gliederndes Element. Es muss jedoch davor gewarnt werden, im unmittelbaren Ufer- und Sumpfpflanzenbereich Gehölze nasser Standorte, wie Weiden, Erlen und Faulbaum, zu verwenden. Diese würden in kurzer Zeit den Wassergarten überwuchern, verschatten und sämtliche Proportionen sprengen. In kleinen Gärten sollten am Wasser nur wenige nicht wuchernde Arten gesetzt werden, z. B. *Corylopsis spicata* (Scheinhasel), *Clethra alnifolia* (Scheineller), *Viburnum opulus* (Schneeball) und, wenn der Platz es erlaubt, auch einen schlanken *Taxodium distichum* (Sumpfzypresse) oder eine *Metasequoia glyptostroboides* (Chinesisches Rotholz). Beide laubabwerfenden Nadelgehölze eignen sich hervorragend als Raumbildner für Wasseranlagen, auch wenn sie in einem gewissen Abstand vom Wasserbecke stehen, beispielsweise zusammen mit *Acer palmatum* (Japanischer Fächer-Ahorn) und *Amelanchier lamarckii* (Felsenbirne) oder anderen Blütensträuchern. Bei der Anordnung dieser Raum- und Rahmenbildner darf nicht vergessen werden, dass diese ihren Schatten nicht oder nur kurzzeitig auf die Wasserfläche werfen dürfen. Deshalb sollte man an der Südseite des Teiches eine möglichst niedrige Bepflanzung mit nur wenigen höheren Solitären vorsehen.

Eine Auswahl hübscher Wasserpflanzen

Nachfolgend werden die wichtigsten Wasserpflanzen für die verschiedenen Vegetationszonen in alphabetischer Reihenfolge kurz beschrieben. Die Tabelle zeigt, dass die Übergänge zwischen den einzelnen Vegetationszonen fließend sind. So dringen manche Überwasserpflanzen bis in eine Wassertiefe von 2 m vor, dieselbe Art kann aber durchaus auch im Sumpfbereich gedeihen. Neben einheimischen Pflanzenarten sind auch ausländische, aus ähnlichen Klimaten stammende Arten, wie auch einige Exoten aus tropischen Ländern, die für den sommerlichen Wassergarten Verwendung finden können, aufgeführt. Bei den sogenannten Überwasserpflanzen wird die ungefähre Höhe, welche die Pflanzen erreichen können, und, soweit es sich um hübsch blühende Arten handelt, die Blütezeit angegeben. In der kurzen Beschreibung der Pflanzen werden auch Hinweise auf das Wuchsverhalten gegeben, die unbedingt zu beachten sind. So ist für kleinere Teiche eine Vielzahl von Wasserpflanzen aufgrund ihres starken Wachstums nicht geeignet. Die für Wassergärten so wichtige Gruppe der Seerosen wird im Anschluss an die Tabelle gesondert behandelt.

▼ Der Rohrkolben ist nur für größere Teichanlagen geeignet.

Auswahl wichtiger Wasserpflanzen für verschiedene Vegetationszonen
(U = Feucht- oder Uferzone, S = Sumpfzone, F = Flachwasserzone, T = Tiefwasser- oder Seerosenzone)

Botanischer Name	Deutscher Name	U	S	F	T	Höhe in cm	Blütezeit	Hinweise
Achillea ptarmica	Sumpf-Schafgarbe	x				30–100	VI–VII	Attraktive, weiß blühende Uferpflanze, von der es einige Kulturformen gibt.
Acorus calamus	Kalmus		x	x		60–80	VI–VIII	Schwertförmige, zweireihig gestellte Blätter mit betonter Mittelrippe. 'Variegatus' mit weißbuntem, längs gestreiftem Laub.
Alisma	Froschlöffel		x			60	VI–IX	Besonders geeignet sind *A. lanceolatum* mit lanzettlichen und *A. subcordatum* mit fast runden Blättern.
Arum	Aronstab	x				20–35	IV–V	*A. italicum* und *A. maculatum* sind attraktive Uferpflanzen. Giftig!
Asclepias	Seidenpflanze	x				80–100	VI–VII	*A. incarnata* hat hübsche rosafarbene, nach Vanille duftenden Blüten. *A. speciosa* ist in allen Teilen dicht weiß- oder graufilzig behaart.
Astrantia major	Große Sterndolde	x				50–60	VI–VII	Sät sich leicht selbst aus. Wächst auch im Schatten.
Azolla mexicana	Kleiner Algenfarn			x	x			Schwimmpflanze. Farn mit sehr kleinen, dicht stehenden, lebermoosähnlichen Blättern. Muss im Haus frostfrei, am besten in flachen Wasserschalen überwintert werden.
Bergenia cordifolia	Altai-Bergenie	x				50	IV–V	Bekannte Staude mit großen, einfachen, ledrigen Blättern, die von rosafarbenen, reich blühenden Trugdolden überragt werden.
Bistorta officinalis subsp. *officinalis*	Schlangen-Wiesen-knöterich	x				30 30–70	V–VIII	Die Art blüht Rosa; daneben gibt es Sorten mit kräftigeren Rot und größeren Blüten.
Butomus umbellatus	Blumenbinse, Schwanenblume		x	x		80–150	VI–VII	Bildet ansehnliche Blütendolden, mit rötlich weißen, dunkelgrün geaderten Blüten.
Calla palustris	Schlangenwurz, Sumpfkalla	x	x			15–30	V–VII	Hübsches Aronstabgewächs mit weißer, außen grüner Spatha. Im Herbst leuchtend rote Beeren. Giftig!
Callitriche palustris	Sumpf-Wasserstern				x		VI–IX	Unterwasserpflanze mit nadelartigen Blättern, an der Wasseroberfläche sternförmige Blattrosetten bildend.
Caltha palustris	Sumpf-Dotterblume	x	x			15–50	III–V	Bekannte Ufer- und Sumpfpflanze mit dotter- oder goldgelben Blüten.
Cardamine pratensis	Wiesen-Schaumkraut	x				30–50	III–V	Blüten weiß, hell- bis dunkelviolett getuscht. 'Multiplex' ist eine gefüllt blühende Form.
Carex-Arten	Segge	x	x				VI–VII	Gräser mit scharfen, kantigen Halmen und ährenförmigen oder rispigen Blütenständen. Der Arten sind sehr wüchsig und deshalb nur für größere Teiche zu empfehlen.
Ceratophyllum demersum	Raues Hornblatt				x		VI–IV	Wurzellose Pflanze, die sich mit ihren Sprossteilen im Schlamm verankert. Wichtiger Sauerstoffspender.
Crassula recurva	Nadelkraut			x	x		VI–VII	Rasenförmig wachsend, mit nadelförmigen, ausdauernden Blättern.
Cyperus longus	Hohes Zypergras		x	x		80–100	VI–VII	Völlig winterhartes Zypergras. Sollte solitär, das heißt einzeln, gestellt werden.
Dianthus superbus	Pracht-Nelke	x	x			30–60	VII–IX	Blütenpflanze mit großen, duftenden, rosa, dunkelvioletten oder weißen Kronblättern.
Eichhornia crassipes	Wasser-hyazinthe			x	x		VIII–IX	Im Schlamm wurzelnde oder freischwimmende, ausläufertreibende Blütenpflanze. Nicht winterhart. Muss im Zimmer oder Gewächshaus bei niedrigem Wasserstand frostfrei überwintert werden.
Eleocharis acicularis	Nadel-Sumpfsimse			x	x	25	VI–X	Blätter nadelförmig, 2 bis 20 cm lang. Durch Ausläuferbildung ein guter Bodendecker im flachen Wasser.
Elodea canadensis	Kanadische Wasserpest			x	x			Guter Sauerstoffspender. Kann lästig werden.

Auswahl wichtiger Wasserpflanzen für verschiedene Vegetationszonen (U = Feucht- oder Uferzone, S = Sumpfzone, F = Flachwasserzone, T = Tiefwasser- oder Seerosenzone)								
Botanischer Name	**Deutscher Name**	**U**	**S**	**F**	**T**	**Höhe in cm**	**Blütezeit**	**Hinweise**
Equisetum	Schachtelhalm	x	x			80	V – VII	Für Teiche von Bedeutung sind *E. fluviatile, E. hyemale* und *E. variegatum* (wird nur 20 – 30 cm hoch). Können auf Dauer lästig werden.
Eriophorum	Wollgras	x	x			30 – 60	IV – V	Geeignet sind *E. angustifolium, E. latifolium* und *E. vaginatum*. Sie wirken durch ihre silbrig weißen, wolligen Fruchtstände. Benötigen sauren, moorigen Boden.
Eupatorium cannabinum	Gewöhnlicher Wasserdost	x				50 – 150	VII – IX	Uferpflanze mit rosafarbenen Blütenständen; 'Plenum' gefüllt blühend.
Euphorbia palustris	Sumpf-Wolfsmilch	x	x			100	V – VI	Kräftige Staude mit gelblichen Blütenständen. Im Herbst durch hellpurpurrote Stängel und rot überlaufene Blattränder auffallend.
Filipendula rubra	Mädesüß	x				150	VII – VIII	Bildet fiederteilige Blätter und zartrosa bis fleischfarbene Blütenstände.
Geranium palustre	Sumpf-Storchschnabel	x	x			60	VI – IX	Wächst niederliegend, aufrecht; Blüten magentarot mit dunklen Adern.
Geum rivale	Bach-Nelkenwurz	x	x			30 – 60	IV – VII	Hübsche Sumpfpflanze mit glockigen, zarten, rotvioletten Blüten. Auch weißblühend im Handel.
Gladiolus palustris	Sumpf-Siegwurz	x	x			30 – 60	V – VI	Knollenpflanze mit schwertförmigen Blättern und dunkelrosa bis roten Blüten.
Gunnera manicata	Mammutblatt	x				200	VII – IX	Blattschmuckstaude mit rötlichen Blüten. Nur für große Teichanlagen geeignet.
Hippuris vulgaris	Tannenwedel		x	x	x	30 – 60	VII – VIII	Bekannte Wasserpflanze mit tannenwedelartigen Trieben. Im Laufe der Zeit stark wuchernd.
Hosta-Cultivars	Funkie	x				30 – 60	VI – VIII	Im Handel zahlreiche Kulturformen unterschiedlicher Größe mit bunt gezeichneten Blättern.
Hottonia palustris	Europäische Wasserfeder			x		15 – 40	V – VI	Im Bodengrund wurzelnde Unterwasserpflanze mit kammförmig gefiederten Blättern.
Houttuynia cordata	Houttuynie		x	x		20 – 50	VI – VIII	Staude mit herzförmigen, unterseits roten Blättern. Besonders hübsch die panaschierte Sorte 'Chameleon' mit rötlichen Flecken im Herbst.
Hydrocharis morsus-ranae	Europäischer Froschbiss			x	x		VI – VIII	Schwimmpflanze mit rundlichen, herzförmigen Blättern, die in Blattrosetten zusammenstehen und durch Ausläufer miteinander verbunden sind.
Hydrocotyle vulgaris	Gewöhnlicher Wassernabel	x	x			10 – 15	VI – VIII	Ausläufer bildende Pflanze mit tafelförmigen Blättern. Neigt zum Wuchern.
Iris	Schwertlilie	x	x			60 – 100	V – VII	Für Teiche geeignet sind *Iris ensata, I. pseudacorus, I. sibirica* und *I. versicolor*.
Juncus	Binse	x				30 – 70	V – VII	Geeignet sind *J. conglomeratus*, *J. ensifolius* und *J. inflexus*. Letztere für kleinere Teiche zu empfehlen, da schwach wachsend.
Lemna minor	Kleine Wasserlinse			x	x		V – VI	Wegen der starken Vermehrung nur mit Vorsicht zu genießen. Bei Enten als Grünfutter beliebt, deshalb auch die Bezeichnung „Entengrütze". Weniger lästig ist *L. trisulca*.
Ligularia	Ligularie, Japanischer Goldkolben	x				100	VIII – IX	*L. dentata* und *L. przewalskii* sind hübsche Blütenstauden, die solitär stehen sollten.
Lobelia cardinalis	Kardinals-Lobelia	x	x			60 – 120	VII – IX	Attraktive Sumpfpflanze mit kräftig roten Blüten. Es gibt grün- und rotblättrige Formen. Kräftig blau blüht *L. syphilitica*.
Luzula multiflora	Vielblütige Hainsimse	x				20 – 40	IV – V	Simse mit hellbraunen bis dunkelbraunen Blütenständen.
Lysichiton americanus	Gelbe Scheinkalla	x	x			40 – 100	IV – VI	Wunderschöne Blütenpflanze, deren Blütenkolben von großer, gelber Scheide umgeben sind. In kalten Wintern Winterschutz.

Auswahl wichtiger Wasserpflanzen für verschiedene Vegetationszonen
(U = Feucht- oder Uferzone, S = Sumpfzone, F = Flachwasserzone, T = Tiefwasser- oder Seerosenzone)

Botanischer Name	Deutscher Name	U	S	F	T	Höhe in cm	Blütezeit	Hinweise
Lysimachia	Gilbweiderich	x	x			30–70	VI–VII	*L. punctata* und *L. thyrsiflora* sind aufrechtwachsende Blütenstauden mit gelben Blüten. Wuchern stark.
Lysimachia nummularia	Pfennigkraut, Pfennig-Gilbweiderich	x				5–10	V–IX	Dicht wachsender Bodendecker mit goldgelben Blüten.
Lythrum salicaria	Blut-Weiderich	x	x			50–100	VI–VIII	Horstig wachsende Staude mit kräftig dunkelrosa bis purpurroten Blüten.
Marsilea quadrifolia	Vierblättriger Kleefarn		x	x		30		Farn, dessen Wedel einem vierblättrigen Kleeblatt ähnlich sind.
Mentha aquatica	Wasser-Minze	x	x			30–60	VII–X	Minze, deren Blätter auch zur Teezubereitung verwendet werden können. Kann stark wuchern
Menyanthes trifoliata	Fieberklee, Bitterklee	x	x			20–30	V–VI	Wasserpflanze mit langkriechenden Rhizomen und attraktiven weißen, auf der Rückseite rosa gefärbten, in Trauben stehenden Blüten.
Mimulus luteus	Gelbe Gauklerblume	x	x			30–60	VI–IX	Zur Teichbepflanzung geeignet sind *M. luteus* und *M. ringens*. Sie säen sich reichlich selbst aus.
Molinia caerulea	Blaues Pfeifengras	x				40–70	VIII–IX	Hübsches blaugrünes Gras mit attraktiver herbstlicher Laubfärbung.
Myosotis palustris	Sumpf-Vergissmeinnicht	x	x			20–40	VI–VIII	Ähnlich dem bekannten Garten-Vergissmeinnicht. Kann in kleineren Anlagen lästig werden
Myriophyllum	Tausendblatt			x	x			*M. aquaticum* und *M. verticillatum* sind Unterwasserpflanze mit zarten, einfach gefiederten Blättern, die in Quirlen stehen.
Nasturtium officinalis	Brunnenkresse		x			40	V–IX	Heimische Heil- und Gemüsepflanze. Verlangt kühles, sauberes Wasser.
Nuphar lutea	Teichrose, Mummel				x		VI–VIII	Bekannte Schwimmblattpflanze. Sie werden wie Seerosen gepflanzt (siehe Seite 326).
Nymphoides peltata	Gewöhnliche Seekanne				x		VI–IX	Schwimmblattpflanze mit kleinen, seerosenähnlichen, kreisrunden Blättern. Sehr wuchskräftig, nur für große Teiche zu empfehlen.
Onoclea sensibilis	Perlfarn	x				40		Grob fiederteiliger, sommergrüner Farn mit fahlrotem Austrieb, der zeitweise auch eine Überflutung erträgt. Stark wachsend.
Orontium aquaticum	Goldkeule			x	x	50	V–VII	Wunderschöne Wasserpflanze mit samtgrünen, unterseits silbrig grünen Blättern und goldgelben, dünn zylindrischen Blütenkolben.
Persicaria amphibia	Wasser-Knöterich				x	10–15	VI–VIII	Heimische Schwimmblattpflanze.
Phalaris arundinacea	Rohr-Glanzgras	x				100–200	VI–VII	Nur schwächer wachsende Kulturformen verwenden, da stark wuchernd.
Phragmites australis	Gewöhnliches Schilfrohr		x	x		200	VII–IX	Wegen des starken Ausbreitungsdrangs nur für größere Teichanlagen geeignet.
Physostegia virginiana	Gelenkblume	x				120	VII–IX	Hübsche Blütenstaude die Farbe in den Wassergarten bringt. Sorten in weißen, rosa und roten Farben.
Pistia stratiotes	Wassersalat			x	x		VII–VIII	Nicht winterharte Schwimmpflanze. Überwinterung in flachen Schalen mit lehmiger Erde im Haus.
Pontederia cordata	Herzförmiges Hechtkraut		x	x		50–100	VII–IX	Wegen ihrer schönen blauen Blüte eine wichtige Pflanze für Teichanlagen. Neuaustrieb im Frühjahr gegen Spätfröste empfindlich.
Potamogeton natans	Schwimmendes Laichkraut				x		VI–VIII	Wuchert sehr stark und sollte deshalb in Behälter gepflanzt werden.
Potentilla erecta	Aufrechtes Fingerkraut	x				20	V–VIII	Goldgelb blühendes Fingerkraut, das mit vielen niederliegenden oder aufsteigenden Trieben wächst.

Auswahl wichtiger Wasserpflanzen für verschiedene Vegetationszonen
(U = Feucht- oder Uferzone, S = Sumpfzone, F = Flachwasserzone, T = Tiefwasser- oder Seerosenzone)

Botanischer Name	Deutscher Name	U	S	F	T	Höhe in cm	Blüte-zeit	Hinweise
Primula rosea	Rosen-Primel	x				10–20	III–IV	Früh blühende Uferpflanze mit leuchtend karminroten Blüten.
Pseudolysimachion longifolium subsp. *longifolium*	Langblättriger Blauweiderich	x	x			50–60	VI–VIII	Hübsch blühende Staude mit ährenförmigem Blütenstand und blau-lila Blüten.
Ranunculus flammula	Brennender Hahnenfuß		x			30–50	VII–X	Gelb blühende Wasserpflanze, die als Landform wie auch als Schwimmblattform vorkommt. Giftig!
Ranunculus lingua	Zungen-Hahnenfuß		x	x		120–150	VI–VIII	Die Stängel erheben sich mit ihren zungenartigen Blättern bis über einen Meter über die Wasseroberfläche. Stark wuchernd. Nur für wirklich große Anlagen geeignet. Giftig!
Sagittaria sagittifolia	Gewöhnliches Pfeilkraut			x		60–80	VII–VIII	Knollenpflanze mit pfeilförmigen Blättern und weißen Blütenblätter, die am Grund einen braunroten Fleck tragen.
Saururus cernuus	Amerikanischer Molchschwanz		x			50–100	VI–VII	Überwasserpflanze mit lang zugespitzten, handflächengroßen Blättern. Bildet meterlange Ausläufer.
Schoenoplectus lacustris subsp. *tabernaemontani*	Gewöhnliche Teichbinse, Seebinse		x	x	x	200	VIII	Eine zwar dekorative aber stark wuchernde Pflanze, die in Behälter gepflanzt werden sollte. Im ganzen Wuchs kleiner als die Art und schwächer wachsend ist 'Zebrinus'.
Scutellaria galericulata	Sumpf-Helmkraut	x				15–60	VI–IX	Wunderschöne Blütenpflanze mit breit lanzettlichen, kurz gestielten Blättern und violettblauen Lippenblüten.
Silene flos-cuculi	Kuckucks-Lichtnelke	x				50–80	V–VII	Schöner Frühjahrsblüher mit rosaroten Blüten. Sät sich selbst aus.
Sparganium emersum	Einfacher Igelkolben		x	x		30–50	VI–VIII	*S. emersum* und *S. erectum* sind zur Blüte und Fruchtzeit besonders dekorativ. *S. erectum* ist nur für größere Teiche geeignet. Kann lästig werden.
Stratiodes aloides	Krebsschere, Wasseraloe			x	x		V–VI	Frei schwimmende Rosettenpflanze, die mit den Blattspitzen aus dem Wasser herausragt. Dort wo sie Grund erreicht verankert sie sich mit ihren Wurzelspitzen.
Thelypteris palustris	Gewöhnlicher Sumpffarn	x	x			60		Farn mit doppelt gefiederten Wedeln, die keinen Trichter bilden sondern einem langgestreckten Rhizom in Abständen nacheinander entspringen.
Tradescantia x *andersoniana*	Garten-Dreimasterblume	x				30–50	VI–IX	Anspruchlose und lange blühende Uferpflanze, von der es im Handel zahlreiche Kulturformen mit enzianblauen, weißen, violetten und kaminroten Blüten gibt.
Trapa natans	Wassernuss				x		VI–VIII	Schwimmpflanze mit rautenförmigen Blättern, die sich im Herbst hübsch rot verfärben. Ist einjährig, vermehrt sich aber selbst sehr gut. Die Steinfrucht ist essbar.
Trollius europaeus	Europäische Trollblume	x				40–50	V–VI	Attraktiver Frühjahrs- und Frühsommerblüher mit goldgelben Blüten. Im Handel meist Kulturformen in verschiedenen Gelbtönen bis Tieforange.
Typha	Rohrkolben				x	60–250	VI–VIII	*T. angustifolia* und *T. latifolia* ist nur für größere Teichanlagen geeignet. *T. laxmannii* kann dagegen auch in kleineren Teichen gepflanzt werden. *T. minima* ist für kleinste Teiche und Wasserbecken geeignet.
Utricularia vulgaris	Gewöhnlicher Wasserschlauch			x	x	10–30	VI–VIII	Wurzellose, völlig untergetaucht lebende Wasserpflanze (Insektivore) mit kleinen Fangbläschen um kleine Wassertiere zu fangen
Veronica beccabunga	Bachbungen-Ehrenpreis	x	x	x		20–30	VI–VII	Hübsche, himmelblaublühende Überwasserpflanze. Nach sommerlichem Rückschnitt erfolgt eine zweite Blüte.
Zizania aquatica	Kanadischer Wildreis		x	x		80–100		Einjährige Überwasserpflanze mit grazilen, leicht gebogenen und überhängenden Blättern und rispigen Blütenständen. Vermehrt sich durch Selbstaussaat.

Seerosen

Zu den schönsten und eindrucksvollsten Pflanzen eines Teiches gehören zweifellos die Seerosen. Es ist die Wasserpflanze schlechthin. Seerosen brauchen die Sonne, zumindest fünf bis sechs Stunden am Tag sollte der Teich besonnt sein, damit die Pflanzen ausreichend Licht erhalten und sich das Wasser ausreichend erwärmen kann, nur dann ist Blühfreudigkeit garantiert.

Die Anzahl der Seerosen muss auf die Größe des Teiches abgestimmt werden. Eine Seerosenpflanze deckt je nach Sorte etwa 1 bis 2 m^2 der Wasseroberfläche ab. Insbesondere bei kleinen Teichen ist die Sortenwahl und die Anzahl der Pflanzen eine wichtige Frage, die vorher geklärt werden sollte. Seerosen wachsen relativ schnell und es wäre schade, wenn man nach zwei bis drei Jahren nur noch Seerosenblätter, aber kaum noch Wasserfläche sehen würde.

Angeboten werden die Seerosen als sogenannte Rohware, das sind abgetrennte Seitentriebe mit einem mehr oder weniger langen bewurzelten Rhizomstück und einer Anzahl Blätter bzw. Blattansätze oder als Container-Ware. Rohware pflanzt man am besten im Frühjahr. In Containern eingewurzelte Pflanzen können das ganze Jahr über gepflanzt werden. Besonders günstig ist die Herbstpflanzung, da sich die Pflanzen im Winter den neuen Lebensbedingungen anpassen und im Frühjahr schon bald kräftig austreiben können. Zu beachten ist, dass mit einer Blüte in der Regel erst im zweiten Jahr nach der Pflanzung zu rechnen ist, wenn sich die Pflanzen richtig etabliert haben.

Seerosen sollten bevorzugt in Körbe gepflanzt werden. Körbe sind auch deshalb praktisch, weil in ihnen Seerosen auch noch nachträglich in den schon mit Wasser gefüllten Teich eingesetzt werden können. Die Körbe sollten mindestens 25 × 25 × 15 cm groß sein und durchbrochene Wände haben, damit die Wurzeln herauswachsen können. Geschlossene Gefäße eignen sich für Seerosen nicht.

Bei Rohware drückt man das Rhizom entsprechend seiner natürlichen Lage bis zum Ansatz der Blattstiele in die Erde. Um ein Aufschwimmen zu vermeiden, ist das Rhizom mit einem stärkeren Draht oder einer dünntriebigen Astgabel im Bodengrund zu verankern. Pflanzen aus Containern werden so eingepflanzt, dass die Oberfläche des Ballens mit der oberen Kante des Erdsubstrates abschließt.

Wird im Frühjahr oder während der Vegetationsperiode gepflanzt, muss der Wasserstand dem Wachstumsfortschritt der Seerosen angepasst werden. Anfangs sollte der Wasserspiegel nicht mehr als 10 cm über dem längsten Blatt liegen. Später, wenn die Blätter nachgewachsen sind, kann man das Becken entsprechend auffüllen. Bei Korbpflanzung kann man die bepflanzten Gefäße durch Unterstellen von Ziegelsteinen oder Kisten

Wassertiefe
Seerosensorten stellen unterschiedliche Ansprüche an die Wassertiefe. So gibt es Sorten, die nur etwa 20 bis 30 cm Wasserstand über den Wurzeln vertragen, und andere, die sich erst bei einem Wasserstand von 1,00 m und tiefer wohlfühlen. Die meisten Sorten wachsen im Bereich zwischen 0,50 und 0,80 m am besten. Beim Kauf sollte dies beachtet werden. Beim Pflanzen in Körbe kann man durch Unterstellen von Steinen die Wassertiefe variieren. So kann eine für das Flachwasser vorgesehene Sorte auch im Tiefwasserbereich gepflanzt werden.

►Die Königin der Teichpflanzen ist die Seerose.

anfangs höher stellen oder platziert die Körbe zunächst an eine flache Stelle im Teich.

Eine Auswahl schöner Seerosen

Bei der Auswahl der Seerosen sollte man den Kulturformen den Vorzug geben. Von den heimischen Arten eignen sich zwar *Nymphaea candida* und von *N. alba* deren Varietät *minor*, doch für die Bepflanzung im normalen Gartenteich ist *N. alba* zu starkwüchsig. Die individuellen Eigenschaften der Kulturformen machen es möglich, je nach Teichgröße und Wassertiefe die richtige Sorte auszuwählen.
Die nachfolgende Auswahl bewährter Sorten orientiert sich an der Wassertiefe, die für die jeweilige Sorte optimal ist. Kleinere Schwankungen vom jeweils flacheren zum tieferen Bereich und auch umgekehrt werden von allen Sorten ohne Beeinträchtigung vertragen.

TIPP

In der Regel muss man Seerosen nicht extra düngen. Das Wasser enthält im Normalfall ausreichend Nährstoffe, zumal zusätzlicher Dünger nur die Algenbildung fördert. Zeigen sich allerdings kleine, gelbliche Blätter oder lässt die Blühfreude nach, muss entweder in neue Erde umgepflanzt oder die Pflanzen nachgedüngt werden. Als Dünger geeignet sind rein organische Dünger oder mineralische Langzeitdünger (z. B. Osmocote). Der Dünger wird in Lehmkugeln geknetet und in die Pflanzerde im Korb eingedrückt.

Auswahl von Seerosensorten für unterschiedliche Wassertiefen	
Seerosen für den Flachwasserbereich von 25 bis 50 cm	
Sorte	**Farbe**
Nymphaea alba var. *minor*	Reinweiß
'Berthold'	Zartrosa
'Caroliniana Perfecta'	Salmrosa
'Chrysantha'	Aprikosenfarben
'Ellisiana'	Leuchtendrot
'Froebelii'	Karminrot
'Maurice Laydeker'	Pfirsichrosa
'Moore'	Kanariengelb
'William Falconer'	Rubinrot
Seerosen für einen Wasserstand von 50 bis 80 cm	
Sorte	**Farbe**
'Amabilis'	Zartrosa
'Anna Epple'	Pfirsichrosa
Barbara Dobbins'	Hell-pfirsichfarben
'Candidissima'	Weiß
'Candidissima Rosea'	Zartrosa
'Gonnere'	Reinweiß gefüllt
'James Brydon'	Kirschrot
'Marliaceae Chromatella'	Hellgelb
'Newton'	Zinnoberrot
'Rose Arey'	Lachsrosa
Seerosen für tiefen Wasserstand ab 80 cm	
Sorte	**Farbe**
'Black Princess'	Tiefdunkelrot
'Charles de Meurville'	Dunkelrot
'Colonel A. J. Welch'	Kanariengelb
'Escarboucle'	Rubinrot
'Gladstonia'	Reinweiß
'Hollandia'	Rosa gefüllt
'Rembrandt'	Leuchtend rot

Seerosenblüte
Die Lebensdauer einer Seerosenblüte beträgt durchschnittlich fünf Tage bis eine Woche.

TIPP

Die sicherste Überwinterung für Seerosen bleibt immer im Wasser. Alle anderen Methoden sind nur Notlösungen.

Seerosenpflege

Seerosen ziehen sich im Herbst auf kurzes Unterwasserlaub zurück. Dieses Laub und die Rhizome dürfen nicht einfrieren. Hat man nur ein flaches Becken (bis etwa 40 cm Wasserstand) oder bevorzugt Sorten für niedriges Wasser, so muss man entweder das Durchfrieren des Teiches im Winter verhindern (z. B. durch Abdecken mit Luftpolsterfolie, Strohmatten, Styropor®-Platten) oder man muss die Seerosen mit dem Korb herausnehmen und im Haus überwintern. Da geringe Nachtfröste den Seerosen nicht schaden, können sie in der Regel erst Ende November/Anfang Dezember aus dem Teich genommen werden. Seerosen auf Standorten mit einer Wassertiefe ab 50 cm können unbedenklich im Wasser bleiben, da ab solchen Wassertiefen nicht mit einem vollständigen Einfrieren zu rechnen ist. Wird das Teichwasser aus irgendeinem Grund im Winter abgelassen, lassen sich im Teichgrund ausgepflanzte Seerosen mit einer Laubschüttung frostfrei halten.
Herausgenommene Seerosen überwintert man in einer Wanne voll Wasser im kühlen (wichtig über 10 °C sollten die Temperaturen auf Dauer nicht ansteigen) Kleingewächshaus, Keller oder frostfreien Schuppen. Gelegentlich sollte man nachschauen und eventuell verdunstetes Wasser auffüllen.

Die Teichpflege

Gewässer in freier Natur stellen in sich geschlossene Ökosysteme dar. Der enge Kreislauf biologischer, chemischer und physikalischer Vorgänge beeinflusst die Existenz der Organismen untereinander und stellt so das Gleichgewicht der natürlichen Gemeinschaft her. Wird diese Kette durch äußere Einflüsse unterbrochen, z. B. durch zusätzlichen Nährstoffeintrag von Laub, ist das Ökosystem gestört und das Gewässer kann die unkontrollierten Belastungen nicht mehr von selbst regulieren. Gartenteiche sind künstlich angelegte Biotope und es muss alles dafür getan werden, dass sich nach der Neuanlage und darüber hinaus fortlaufend ein biologisches Gleichgewicht einstellt. Die größten Probleme im Teich bereiten im Allgemeinen Algen.

Algen im Gartenteich

Mit Algen leben, ohne dass sie zur Plage werden, das wünscht sich wohl jeder Teichbesitzer, wenn es um die Pflege und den Unterhalt seines Gewässers geht. Algen sind ein natürlicher Bestandteil eines jeden Gewässers. Deshalb sind sie grundsätzlich nichts Schlechtes für einen Teich, denn sie betreiben Photosynthese und produzieren dabei Sauerstoff, wie andere Pflanzen auch. Auch sind sie ein wichtiges Glied gleich am Anfang der Nahrungskette. Schädlich werden Algen dann, wenn sie durch massenhaftes Auftreten andere Pflanzen in der Entwicklung behindern oder unterdrücken. Massenhaft treten Algen auf, wenn ein Gewässer aus dem biologischen Gleichgewicht geraten ist. Drei Algengruppen sind es, die uns die Freude am Teich im wahrsten Sinne des Wortes „trüben" können.
Die **Blau- oder Schmieralge** ist die unangenehmste Alge, weil sie am schwierigsten zu bekämpfen ist. Blaualgen bilden schleimige, dunkelgrüne und unangenehm riechende Beläge auf Pflanzen und Steinen. Auf der Wasseroberfläche bilden sie einen schimmernden Film, der an Öl auf dem Wasser erinnert. Ihr Auftreten ist an einen besonders hohen Grad der Eutrophierung mit Stickstoff (Nitrat) und Phosphor (Phosphat) gebunden. Wenn Blaualgen im Teich absterben, werden mit den Abbauprodukten giftige Verbindungen frei.
Weniger schädlich, aber weit verbreitet sind die im Wasser frei schwebenden einzelligen **Schwebealgen** aus der Gruppe der Grünalgen, die das Wasser grünlich färben. Im Extremfall entwickeln sie sich so stark, dass man nicht bis zum Grund sehen kann. Dieses, meist plötzlich auftretende Phänomen wird auch als „Algenblüte" bezeichnet. Mit den ersten Sonnenstrahlen des Frühjahrs und den dadurch langsam ansteigenden Wassertemperaturen werden die Schwebealgen mobilisiert. Im Allgemeinen verschwindet in den meisten Fällen die Algenblüte ebenso so schnell, wie sie gekommen ist. Denn sobald die Schwebealgen die im Wasser gelösten Nährstoffe aufgebraucht haben, sterben sie ab und sinken zu Boden.
Lästig sind insbesondere die **Faden- oder Wattealgen**, von denen auf und unter der Wasseroberfläche bräunlich grüne wattebauschähnliche Algeninseln schwimmen.

Massiv auftretend, können Fadenalgen das Wachstum der Teichpflanzen stark behindern. Besonders die feinblättrigen Unterwasserpflanzen, wie Hornblatt und Tausendblatt sind gefährdet.
Hohe Wassertemperaturen und ein hohes Nährstoffangebot sind die wichtigsten Ursachen für ein massenhaftes Auftreten von Algen im Teich. Auch die Qualität des Wassers ist von Bedeutung. So wachsen Algen besonders gut ab einen pH-Wert von 7 und bei Härtegraden ab 12 °dH.

Geduld mit Grünalgen
Algen treten besonders in den ersten Monaten nach der Befüllung eines Teichs auf. Das eingebrachte, vorwiegend sterile Wasser wird mit Nährstoffen angereichert, aber eine nützliche Mikrofauna hat sich noch nicht gebildet. Von einem biologischen Gleichgewicht kann noch keine Rede sein. Falsch wäre es, das Wasser zu wechseln. Da wieder Wasser ohne Leben eingebracht wird, dauert es nicht lange und der Vorgang wiederholt sich. Geduld ist hier angesagt. Stimmt sonst alles, verschwinden die Grünalgen nach geraumer Zeit von selbst.

Vorbeugende Maßnahmen gegen Algen

Eigentlich stellen Algen im Teich kein Problem dar, solange sie in normalen Umfang auftreten. Ihre Bekämpfung macht – unabhängig von der angewendeten Methode – auf Dauer aber nur Sinn, wenn gleichzeitig die Ursachen für ihr vermehrtes Auftreten abgestellt werden.
Das beste Mittel gegen Algen ist die Vorbeugung, die mit der Planung und der Einrichtung des Teiches beginnt.

- Der Teich sollte entsprechend der räumlichen Verhältnisse des Gartens möglichst groß angelegt werden. Ein großer Teich bietet die Grundlage für ein dauerhaftes biologisches Gleichgewicht ohne dass zu einer Massenvermehrung von Algen kommt.
- Der Teich sollte mindestens 1,00 m tief sein, damit sich das Wasser im Sommer nicht zu stark erwärmt.
- Eine ausgewogene Bepflanzung mit Überwasser-, Schwimmblatt- und Unterwasserpflanzen trägt zum Nährstoffentzug bei und löst fast immer das Problem Algen. Insbesondere Unterwasserpflanzen als Nährstoffverwerter und Sauerstoffspender sollten nie fehlen. Gut geeignet sind besonders Hornkraut (*Ceratophyllum demersum*), Laichkraut (*Potamogeton*) und Wasser-Hahnenfuß (*Ranunculus aquatilis*).
- Algen benötigen Licht zum Wachsen. Schwimmblattpflanzen, wie Seerosen (*Nymphaea*), Seekanne (*Nymphoides peltata*) oder andere Arten, spenden Schatten und unterdrücken so das Algenwachstum.
- Als Bodengrund bzw. Pflanzsubstrat nährstoffarme Erden, am besten Lehm-Sand-Gemische, verwenden. Nährstoffreiche Komposte und Oberböden sind ungeeignet, weil dadurch nur unnötig viele Nährstoffe eingetragen werden.
- Das Wasser zur Befüllung des Teiches sollte möglichst nährstoffarm sein und neutral bis leicht sauer reagieren.
- Darauf achten, dass von außen kein Laub in den Teich eingetragen wird, das zur Erhöhung des Nährstoffgehalts des Wassers beiträgt. Bei Bedarf sollte man im Spätherbst den Teich von organischen Pflanzenresten säubern. Bei kleineren Teichen kann man im Herbst den Laubeinfall durch ein aufgespanntes Netz verhindern.

Bekämpfung von Algen

Auf dem Markt tummelt sich eine Vielzahl von Anbietern, die dem Teichbesitzer ein algenfreies Teichwasser versprechen. Die Beseitigung (man spricht besser von Verminderung) von Algen kann auf verschiedene Art und Weise erfolgen.

Abfischen

Freischwimmende Algen lassen sich mit einem Kescher gut Abfischen. Für Faden- und Wattealgen benutzt man in der Regel Rechen. Bei größeren freien Wasserflächen lassen sich Fadenalgen sehr gut mit einem

▼ Mit einem Kescher lassen sich Algen abfischen.

Gerüstschutznetz abfischen. Das 1 bis 2 m breite Netz in beliebiger Länge kann von zwei Personen durch den Teich gezogen werden. Mit ein bis zwei Zügen werden so die meisten Algen entfernt.
Führt das Abfischen nicht zu einem befriedigenden Ergebnis, sollte eine Wasseranalyse durchgeführt werden, die den Nährstoffgehalt von Phospat und Nitrat, den pH-Wert und den Härtegrad des Wassers bestimmt. Aufgrund der Ergebnisse lassen sich entsprechende Gegenmaßnahmen ergreifen.

TIPP

Der Einsatz von Fischen, z. B. Graskarpfen, oder algenverzehrenden Schnecken zur Algenbekämpfung ist eher kritisch zu beurteilen, weil diese Tiere nicht nur Algen, sondern auch Wasserpflanzen fressen. Fische wühlen außerdem das Sediment am Teichgrund auf, was zu einer zusätzlichen Nährstoffzufuhr ins Wasser führt und außerdem das Wasser stark trübt.

Senkung des pH-Wertes

Algen entwickeln sich weniger stark im Wasser des sauren Bereichs (pH-Werte unter 7). Zur Senkung des pH-Wertes bietet der Markt biologische und chemische Algenstopper an. Die biologischen Präparate bestehen aus Torf und weiteren Naturstoffen, wie Eichenrinde, Erlenzapfen, aufbereitetem Gerstenstroh oder auch Weintraubentrester. In den Teich eingebracht, setzen diese Naturstoffe unter anderem Huminsäuren frei, was zur Senkung des pH-Wertes führt, wodurch Algen in ihrem Wachstum gehemmt werden. Neben natürlichen Stoffen werden zur pH-Wert-Absenkung auch chemische Enthärtungsmittel angeboten. Die Gebrauchsanweisung ist bei diesen Mitteln genauestens zu beachten, damit keine Schäden an den Pflanzen auftreten.

Chemische Mittel

Ein radikales Mittel ist der Einsatz von chemischen Produkten zur Algenbekämpfung. Zwar sollte kein Schaden auftreten, wenn man genau nach Gebrauchsanweisung verfährt, doch eine häufige Anwendung ist nicht anzuraten. Algen sind auch Pflanzen und was Algen schadet, kann auch andere Wasserpflanzen nicht unbeeinflusst lassen. Auch dem tierischen Leben sind diese Mittel nicht unbedingt zuträglich. Vor allem aber wirken sie meist nur kurzfristig, denn mit den Mitteln werden zwar die Algen abgetötet, die Ursache für das starke Wachstum der Algen aber nicht beseitigt.

Einsatz von Farbstoffen

Eine Möglichkeit der übermäßigen Vermehrung von Algen vorzubeugen, ist der Einsatz von Farbstoffen. Diese Farbstoffe ins Teichwasser gegeben, filtern Teile des Sonnenlichts heraus, die für das Wachstum der Algen von Bedeutung sind. Nachteilig ist die blaugrüne Färbung des Wassers, die den optischen Gesamteindruck erheblich stört.

Technische Möglichkeiten der Algenreduzierung

Eine technische Möglichkeit seinen Teich von Algen zu befreien, ist der Einsatz von Filterpumpen, die das Wasser filtern und Schwebstoffe, also auch Algen auffangen. Auch der Einsatz von Sauerstoffpumpen hilft, günstigere Bedingungen im Wasser zu schaffen. Ein hoher Sauerstoffgehalt fördert die Vermehrung von Kleinstlebewesen, die sich von Algen ernähren und damit den Besatz vermindern.

Algenreduzierung durch Schallwellen

Neueren Datums ist der Einsatz von Geräten, die über einen Signalwandler Ultraschallwellen erzeugen, welche die Vakuolen (Zellsafträume) der Pflanzenzelle zerstören, wodurch die Alge abstirbt. Für Mensch und Tier sind die Schallwellen ungefährlich. Gewisse Erfolge werden bei Schwebealgen erzielt, die Bekämpfung von Wattealgen ist meist weniger befriedigend. Die abgestorbenen Algen sollten möglichst abgefischt werden, damit sie nicht auf den Teichboden sinken und so zu einer neuen Nährstoffquelle werden. Die Schallwellengeräte setzen einen Stromanschluss in der Nähe des Teiches voraus, was bei der Planung zu bedenken ist.

Erhaltungspflege

Die Pflege eines Teiches ist weniger zeitintensiv als beispielsweise die Pflege einer Staudenrabatte oder einer Rasenfläche. Aber ganz ohne Pflege kommt auch ein Teich nicht aus.
Zu den regelmäßig anfallenden Pflegearbeiten in den Wasserzonen gehört das Herausfischen von in den Teich gefallenen Laubes mit einem Kescher. Verschiedene Typen sind dazu im Handel erhältlich. Zum Abfischen von schwimmendem Laub eignet sich ein möglichst breiter Kescher mit schmaler, länglicher Öffnung. Je nach Teichgröße und Wassertiefe sollte die Stange des Keschers zu verlängern sein. Im Handel werden Teleskopstangen angeboten, die bis auf 4,80 m zu verlängern sind. Bei stärkerem Laubfall im Herbst

TIPP

Die meisten Pflanzen der Ufer- und Sumpfzone sowie die Wasserpflanzen sind bei uns winterhart. Die wenigen Pflanzen, die einen Frostschutz benötigen, werden mit Laub und Reisig abgedeckt. Zu früh sollte die Abdeckung aber nicht vorgenommen werden, da sonst Fäulnisgefahr droht. Wer *Gunnera* gepflanzt hat, muss darauf achten, dass das Laub der Pflanze weitgehend trocken bleibt. Hier ist es ratsam, über die abgedeckte Pflanze eine Kiste zu stülpen.

Sauerstoffzufuhr im Winter

Bei strengen Wintern ist die Teichoberfläche für einen längeren Zeitraum durch eine Eisdecke versiegelt, ein Gasaustausch zwischen Wasser und Atmosphäre ist dann nicht mehr möglich. Dies kann sich nachteilig auf die Tier- und Pflanzenwelt im Wasser auswirken, weil aufsteigende, giftige Faulgase nur unzureichend entweichen können. Das „Stehenlassen" von Röhrichtpflanzen ist eine Maßnahme, um den Gasaustausch weiterhin sicherzustellen. Das allein reicht aber häufig nicht aus. Hilfsweise können Deckel oder Kisten aus Styropor®, mit Löchern versehen und beschwert, Verwendung finden. Besser sind spezielle Eisfreihalter.

empfiehlt es sich, im September ein Netz über den Teich zu spannen. Das Netz sollte feinmaschig sein (Maschenweite 5 bis 10 mm), damit auch kleine Blätter, Nadeln und Samen aufgefangen werden. An den Rändern ist das Netz mit Steinen oder entsprechenden Haken so zu befestigen, dass keine Vögel unter das Netz gelangen können.

Im Bereich der Ufer- und Sumpfbepflanzung muss auf Unkräuter geachtet werden. Besonders Wurzelunkräuter können hier lästig werden.

Im Laufe der Zeit werden sich die eingesetzten Wasserpflanzen ausbreiten und vermehren. Schwächer wachsende Pflanzen werden überwuchert, die Wasserfläche völlig überdeckt. Spätestens dann ist es Zeit, Luft zu machen und die Pflanzen auszulichten. Ein völliges Zuwachsen kann man vermeiden, wenn man bei besonders stark wachsenden Pflanzen in jedem Frühjahr, gegebenenfalls auch mehrmals im Jahr, unerwünschte Triebe abschneidet. Auf diese Weise wird dem Umherwuchern wirksam Einhalt geboten.

In Behältnissen stehende Pflanzen müssen in größeren Abständen regelmäßig geteilt und neu gepflanzt werden. Spätestens dann, wenn sie ihren Standort vollkommen zugewachsen haben und ihr Aussehen leidet, ist es Zeit, diese Arbeit durchzuführen. Die Reduzierung des Pflanzenbestandes bzw. das Teilen und Umpflanzen wird im Frühjahr vorgenommen, wenn die Pflanzen auszutreiben beginnen.

Zu den Pflegearbeiten bei Stauden gehört im Herbst normalerweise das Abschneiden abgestorbener Pflanzenteile. Dies gilt aber für Sumpf- und Wasserpflanzen nicht im gleichen Maße. Zurückgeschnitten werden sollten im Herbst nur solche Überwasserpflanzen, deren abgestorbenen Halme, Blüten- und Fruchtstände keinen Schmuckwert mehr haben. Denn bei vielen Arten schmücken Halme, Blätter und Fruchtstände bis lange in den Winter hinein. Raureif oder Schnee lässt sie zu skurrilen und bizarren Gebilden werden. Deshalb sollte man bei solchen Pflanzen mit den Rückschnitt bis zum Ausgang des Winters warten. Nicht zuletzt auch deshalb, weil im Eis stehende Triebe (insbesondere die von Röhrichtpflanzen) zum Gasaustausch zwischen Wasser und Atmosphäre beitragen. Der Rückschnitt im Frühjahr muss allerdings rechtzeitig geschehen, damit bei dieser Arbeit frische Triebe nicht mit abgeschnitten werden.

Bei Pflanzen, die sich durch Selbstaussaat stark vermehren, ist es sinnvoll, die Fruchtstände rechtzeitig vor der Samenreife zu entfernen, sonst kann es zu einer ungewollten Ausbreitung kommen.

Eine regelmäßige Düngung von frei ausgepflanzten Wasserpflanzen der Flach- und Tiefwasserzone ist im Allgemeinen nicht notwendig. Treten allerdings Mangelerscheinungen oder Kümmerwuchs auf, muss gedüngt werden. Anders ist es bei Wasserpflanzen in Behältnissen, sie müssen in der Regel regelmäßig nachgedüngt werden, denn ihnen steht nur eine begrenzte Menge Erde zur Verfügung.

Zur Düngung verwendet man organische Dünger oder einen mineralischen Langzeitdünger (z. B. Osmocote). Den Dünger knetet man in Lehm ein, der dann in die Erde in Nähe des Wurzelbereichs gedrückt wird. Kommt man nicht an den Wurzelbereich heran, muss der Wasserstand vorübergehend abgesenkt werden.

Im Uferbereich, weniger im Sumpfbereich, ist es meist erforderlich, regelmäßig, das heißt Jahr für Jahr nachzudüngen.

In Abständen von mehreren Jahren muss ein Teich gründlich gesäubert werden. Der Zeitpunkt richtet sich nach der Masse an organischen Materialien, die in den Teich hineingefallen sind, und von der Stärke der „Mulchschicht" am Teichgrund. Wenn Bäume in der Nähe stehen, wird der Zeitpunkt früher sein. Die günstigste Zeit für das Säubern des Teiches ist, wenn die Pflanzen im Ruhestadium sind, also in den Wintermonaten bis zum Frühlingsbeginn.

▲ Stark wuchernde Wasserpflanzen hält man durch Herausschneiden im Zaum.

WICHTIG

Die Frage, ob im Winter das Wasser abgelassen werden soll, muss mit einem klaren „Nein" beantwortet werden. Alle Wasserpflanzen überwintern sicherer in ihrem Element. Ohne Wasser würden alle auf dem Bodengrund abgesunkenen Überwinterungsformen vernichtet. Auch die Mikrofauna, die für das biologische Gleichgewicht verantwortlich ist, würde beeinträchtigt.

6 Der Obstgarten

Obst anbauen

Wer Obst im Hausgarten pflanzt, muss bedenken, dass er sich bei der Bodennutzung damit für lange Zeit festlegt. Obstbäume sollen zwar in erster Linie Früchte bringen, sie können aber auch als Baum dem Garten durch ihre mannigfachen Formen einen eigenen Reiz verleihen. Denn Obstbäume sind nicht nur „Nutzpflanzen" im Sinne des Wortes, sondern können durch ihren Blütenreichtum und ihre Gestalt auch als „Ziergehölze" angesehen werden.

Die Standortansprüche der Obstarten

Die Wahl der Obstarten, Sorten und Unterlagen muss sich wegen der Langlebigkeit der Obstgehölze unbedingt nach den natürlichen Standortverhältnissen richten. Wenn man z. B. Birnbäume, die einen tiefgründigen, warmen Boden lieben, an einen Standort bringt, wo nur eine flache Bodenschicht mit hohem Grundwasserstand und dadurch kaltem Erdreich vorhanden ist, kann der Birnbaum nicht gedeihen, auch wenn er noch so gut gedüngt wird oder noch so liebevolle Pflege ihn umgibt. Niedrig wachsende Obstarten und Obstgehölzformen sind stärker frostgefährdet als Halb- und Hochstämme. In ausgesprochenen Frostlagen kann man sich gelegentlich mit höheren Baumformen (Viertel-, Halb-, Hochstamm), gegebenenfalls mit frostharten Stammbildnern behelfen.

Obst für Weinbauklima

Aprikosen, Nektarinen und Pfirsiche gedeihen nur in warmen Gebieten mit Weinbauklima oder an ähnlichen kleinklimatischen Standorten wirklich befriedigend. Die edleren Pflaumensorten und auch Süß- und Sauerkirschen sind für warme Lagen dankbar; dies gilt auch für die meisten Birnensorten. Beim Apfelbaum erlaubt das große Sortiment eigentlich überall den Anbau, sofern man in raueren Lagen auf die empfindlicheren Sorten verzichtet. Hauszwetschen können ebenfalls fast überall angebaut werden. Das gilt auch für Himbeeren, Brombeeren und Johannisbeeren, zumal es hier ebenfalls robuste, spätblühende Sorten für raue Lagen gibt.

Die Bodenansprüche der Obstarten sind unterschiedlich, jedoch kann man sich bei den Baumobstarten, insbesondere beim Apfel, durch entsprechende Wahl der Unterlagen weitgehend auf die gegebenen Verhältnissen einstellen. Allen Obstbaumarten ist aber gemeinsam, dass sie einen möglichst tiefgründigen Boden benötigen. Natürliche und durch den Hausbau verursachte Bodenverdichtungen sind unbedingt zu beseitigen.

Fachkundigen Rat einholen

Einen guten Anhaltspunkt für die Sortenwahl bieten auch die von den Landwirtschaftskammern und anderen staatlichen Institutionen herausgegebenen Empfehlungen für den Anbau von Obstsorten. Sie nennen all jene Sorten, die aufgrund langjähriger Erfahrung seitens der Fachleute für die einzelnen Gebiete der Landes oder einer bestimmten Region zum Anbau empfohlen werden. Wer die Gelegenheit dazu hat, kann sich auch mit erfahrenen

Apfel, Nuss und Mandelkern

1. Kernobst
Beim Kernobst sind die Samen als Kerne in einem fünfkammerigen Kernhaus in der Mitte der Frucht untergebracht. Der essbare Teil der Frucht ist der vergrößerte Blütenboden, der das Kernhaus umschließt.
Apfel , Birne , Quitte, essbare Eberesche, Mispel.

2. Steinobst
Früchte, deren Same ein Stein ist, zählen zum Steinobst.
Kirsche, Pflaume, Zwetsche, Mirabelle, Reneklode, Pfirsich, Nektarine, Aprikose.

3. Nüsse
Bei Nüssen, von denen nur der Samen gegessen wird, umschließt eine harte Schale den von einer zarten Haut umhüllten Samenkern. Wir sprechen dann vom Schalenobst.
Haselnuss, Walnuss, Esskastanie (Marone).

4. Beeren
Mehrsamige Früchte mit fleischiger oder saftiger Fruchtwand werden als Beeren bezeichnet.
Brombeeren, Himbeeren, Johannisbeeren, Stachelbeeren, Erdbeeren, Kiwi, Heidelbeeren, Tafeltrauben.

▲ Auf ausgewachsene Obstbäume kann man Edelreiser aufpfropfen.

Obstbauern der näheren Umgebung, die den Obstbau erwerbsmäßig betreiben, in Verbindung setzen, um dadurch über die in der Gegend bereits eingebürgerten und bewährten Sorten Auskunft zu erhalten.

Genügend Standraum

Entscheidend für den späteren Erfolg ist auch, dass die Obstgehölze ausreichend Standraum bekommen. In der Regel werden heute die kleineren Baumformen angestrebt. Man erreicht dies insbesondere durch die Wahl schwachwüchsiger Unterlagen. Durch den Schnitt lassen sich Baumhöhen erzielen, die eine Ernte weitgehend vom Boden aus möglich machen. Wer allerdings genügend Platz im Garten hat, sollte überlegen, ob nicht ein prachtvoller, stark wachsender Apfelbaum zum beherrschenden Baum des Gartens werden kann.

Obstauswahl nach Reifezeit

Soll der Obstgarten den Haushalt beständig mit frischem Obst versorgen, muss man die Sorten mit Bedacht auswählen. Die Freude am Obst wird oft dadurch vergällt, dass zu viel Obst zur gleichen Zeit reift und nicht so schnell verwertet werden kann. Andererseits fehlt im Winter das Obst, weil man bei der Wahl der Sorten die Reifezeit und die Haltbarkeit nicht beachtet hat. Frühreifende Apfel- und Birnensorten halten sich oft nur wenige Tage, während das Herbstobst sich etwas länger aufbewahren lässt.

Unterlagen für Baumobst

Die meisten Baumobstarten wachsen auf eigener Wurzel nicht oder nur schlecht und müssen daher veredelt werden. Einige Steinobstsorten wie die 'Hauszwetsche' und die 'Mirabelle von Nancy' lassen sich durch Selbstbewurzelung vermehren. Kultivierte Obstbäume bestehen also meistens aus zwei verschiedenen Pflanzen, der Unterlage und der Edelsorte. Unterlage und Edelsorte werden zu einer künstlichen Lebensgemeinschaft (Symbiose) gezwungen. Als Unterlagen werden Sämlinge oder vegetativ vermehrte Auslesen der Art oder auch andere Pflanzenarten verwendet, die allerdings mit der betreffenden Obstart nah verwandt sein muss.

Formen der Veredlung
Veredelt wird in der Baumschule als Okulation (Augenveredlung) oder durch Veredlung von Reisern (z. B. Kopulation). Bekommt eine bereits vorhandene Kombination (Unterlage + Edelsorte) eine neue Sorte, so spricht man von Umpfropfung oder Umveredlung.

Unterlage beeinflusst Edelsorte

Die Unterlage beeinflusst das Wachstum der Edelsorte sehr stark. So gibt es stark-, mittelstark- und schwachwüchsige Unterlagen für ein und dieselbe Sorte. Auch hat die Unterlage Einfluss auf die Baumform der Edelsorte. Will man kleine Baumformen in seinem Garten haben, so muss man beim Kauf der Pflanzen darauf achten, dass die Sorte und/oder Unterlage für die Erziehung kleiner Baumformen überhaupt geeignet ist. Die Unterlage hat aber auch auf den Reifeverlauf und die Qualität der Früchte einen großen Einfluss. Unterlagen gibt es auch für bestimmte Bodenarten: für lehmigen Boden oder für sandigen Boden.

▼ Handelssortierungen für Obstbäume
1 Buschbäume bzw. Spindeln: Stammlängen 40 bis 60 cm
2 Niederstämme: Stammhöhe 80 bis 100 cm
3 Buschbäume bzw. Halbstämme oder Meterstämme: Stammhöhe 100 bis 120 cm
4 Hochstämme: Mindeststammlänge 160 bis 180 cm.

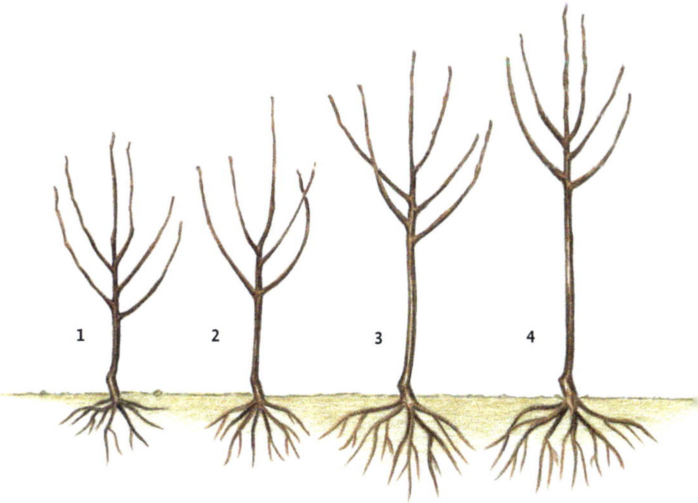

▲Baum- und Kronenformen.

Baum- und Kronenformen

Pyramidenkrone und Hohlkrone

Die Pyramidenkrone stellt eine Kronenform mit Naturgerüst dar und ist in unseren Gärten weit verbreitet. Sie wird für Halb- und Hochstämme, aber auch Niederstämme verwendet und ist im Gegensatz zu manch anderer Kronenform für alle Obstarten anwendbar. Für Kern- und Steinobst ist sie in den Hausgärten die verbreiteste Kronenform. Die Hohlkrone ist praktisch eine Pyramidenkrone ohne Mittelstamm. Man verzichtet bei dieser Erziehungsform auf den Mitteltrieb, damit von oben möglichst viel Licht in das Kroneninnere fallen kann. Insbesondere bei Sauerkirschen und Pfirsichen sind Hohlkronen üblich, die meist auf Halb- und Niederstämme entwickelt werden.

Spindelkrone

Die Spindelkrone ist eine Rundkrone auf schwachwüchsiger Unterlage und kurzem Stamm (40 bis 60 cm hoch). Bei der Spindelkrone ist die senkrecht stehende Stammverlängerung stark ausgeprägt. Die Baumhöhe variiert zwischen 2 und 3 m. Für die Spindelerziehung eignen sich Birnen- und Apfelsorten mit senkrechtem und schlankem Wuchs, die nicht zu starktriebig sind und auf schwach wachsenden Unterlagen stehen (z. B. M 9, M 27 bei Äpfeln und Quitte A bei Birnen).

Was ist das „Pillar-System“?
In England, aber auch bei uns in Deutschland, wird für die Schlanke Spindel auch der Begriff „Pillar-System“ verwendet. Diese Bezeichnung weist auf die pfeilerartige Erziehung der Bäume hin (engl. pillar = Säule, Pfeiler, Träger).

▼ Palmette mit schrägen Ästen (links). Verrier-Palmette (rechts) mit waagerechtem Fruchtholz.

Schnitttechniken

Bei allen Schnittarbeiten sind die zu entfernenden Triebe und Äste glatt „auf Astring" wegzuschneiden. Verbleibende Aststummel sind nicht nur hässlich, auch treiben sie entweder stark aus oder trocknen zurück und bilden dann Eintrittspforten für Holzpilze, die den Stamm angreifen und das Kronengerüst zum Absterben bringen können.
Stärkere Äste schneidet man zuerst auf einen längeren Stummel, später werden diese auf Astring entfernt. Sonst kann es beim Absägen leicht zum Ausschlitzen von Ästen kommen; tiefe und lange Risswunden am Stamm sind dann die Folge. Leichtere Äste stützt man beim Schnitt mit der freien Hand ab und vermeidet so ein Ausbrechen.

Spindelbusch und Schlanke Spindel

Bei Bäumen mit Spindelkronen wird zwischen dem Spindelbusch und der Schlanken Spindel unterschieden. Der Spindelbusch hat im unteren Bereich der senkrechten Stammverlängerung noch Leitäste, während bei der Schlanken Spindel die gesamte Bezweigung aus stärkeren Fruchtästen besteht, ein Kronengerüst als solches, wie es für die anderen Kronenformen typisch ist, praktisch nicht mehr vorhanden ist.
Die Erziehung einer Schlanken Spindel ist nicht ganz einfach. Nicht selten entstehen „normale" Spindeln, ein Mittelding zwischen Schlanker Spindel und Spindelbusch, weil mancher einen derart starken Schnitt nicht übers Herz bringt und die Bäume nicht immer so austreiben wie geplant. Aber das macht nichts, denn wichtig ist der lockere Aufbau der Krone und die Beschränkung der Ausdehnung.

Obstspaliere

Obstbaumspaliere waren früher weit verbreitet. Im Laufe der Zeit gerieten sie etwas in Vergessenheit. Heute jedoch sind sie wieder aktuell. Am einfachsten sind Spaliere aus Holzlatten konstruierbar. Sie lassen sich beliebig gestalten. Andererseits geben die Spalierformen die Erziehung und den Wuchs der Pflanzen vor. Bei waagerechten Holzlatten ist die waagerechte Entwicklung der Zweige praktisch schon vorgegeben. An ein fächerförmiges Spalier werden die Zweige selbstverständlich fächerförmig geheftet. Wichtig ist eine luftige Konstruktion mit ausreichenden Abständen zur Wand. Dazu werden zunächst Abstandshölzchen oder Latten festgedübelt. Sie dienen als Lager für das Lattengerüst. Wichtig sind auch ausreichende Abstände zwischen den Latten, damit die Zweige – je nach Art – genügend Raum zur Entwicklung und Bildung von Fruchtholz haben.
Spaliere brauchen nicht unbedingt einen Halt an einer Wand. Sie können auch frei stehen und beispielsweise als Raumteiler dienen. Sicheren Stand gewährleisten Punktfundamente aus Beton oder Einschlaghülsen aus Metall, die in den Boden gerammt werden.

Gebäudeschäden ausgeschlossen
Spaliere kommen auch für solche Wände infrage, die sich nicht mit selbst klimmenden Kletterpflanzen begrünen lassen. Spalierbäume kommen mit dem Mauerwerk nicht in Berührung, verursachen also keinen Schaden.

▼Mit Apfelbäumen lassen sich Frucht tragende Hecken anlegen. Hier wurde ein frei stehendes Spalier in abgewandelter Form eines waagerechten Schnurbaumes erzogen.

Pflanzung und Pflege

Nach der Montage des Gerüstes werden die Gehölze wie gewöhnlich eingepflanzt; die Veredlungsstelle muss allerdings anders als bei Rosen über dem Boden sitzen. Gebäudeschäden durch das Wurzelwerk sind normalerweise ausgeschlossen, zumal das Fundament wurzelsicher beschaffen sein muss. Immerhin dringen auch die Wurzeln entfernter Bäume an die Gebäude vor. Außer dem regelmäßigen Schnitt und der Anordnung neuer Zweige brauchen Obstspaliere keine besondere Pflege. Sie blühen und fruchten dennoch reich und regelmäßig.

Obstbäume pflanzen

Pflanzabstände für Obstbäume

Der optisch scheinbar „richtige" Pflanzabstand erweist sich später als zu eng. Man muss beim Pflanzen davon ausgehen, wie groß die Bäume einmal werden. Beim Pflanzen der Obstbäume sollte man sich nicht dazu verleiten lassen, den Abstand zu gering zu wählen; denn nur in den ersten Jahren nach der Pflanzung wird der Garten noch leer aussehen, in wenigen Jahren danach ist dieser Zustand ganz anders. So benötigt beispielsweise ein Hochstamm im Alter mindestens 100 bis 150 m^2.

Pflanzschnitt

Wurzeln, die übermäßig lang sind und in ihrer natürlichen Haltung in das Pflanzloch nicht hineingebracht werden können, werden eingestutzt. Beim Ausgraben verletzte Wurzeln werden abgeschnitten. Dabei sollten die Schnittflächen nach unten zeigen. Je mehr gesunde Wurzeln der Baum behält, umso schneller wird er wachsen, deshalb sollte nicht mehr als nötig an den Wurzeln herumgeschnitten werden.

Am besten zu zweit pflanzen

Zur Pflanzung der Obstgehölze sollte der Boden großflächig gelockert werden. In einem so vorbereiteten Boden braucht das Pflanzloch nur wenig größer ausgehoben werden als der Wurzelballen groß ist. Der Baum darf nicht tiefer in die Erde kommen, als er vorher in der Baumschule gestanden hat. Das bedeutet bei Containerpflanzen Oberkante Wurzelballen = Oberkante Erdreich. Die Veredlungsstelle, die man an der Verdickung am unteren Stammende gut erkennt, muss auf jeden Fall 5 bis 10 cm aus der Erde herausschauen.

Obstbäume brauchen zum sicheren Anwachsen einen Pfahl, da durch Windbewegung die zarten Faserwurzeln gleich nach ihrer Bildung abreißen. Der Pfahl wird eingeschlagen, sobald das Pflanzloch gegraben ist. Der Pfahl muss so lang sein, dass das obere Ende bei Kronenbeginn am Stammende des Baumes aufhört.

Zur Befestigung des Baumes an dem Pfahl werden im Handel erhältliche Kokosfaserstricke oder spezielle Baumbänder verwendet. Das Baumband soll etwa 10 bis 15 cm unter dem oberen Ende des Pfahles so angelegt werden, dass sich die Form einer liegenden Acht ergibt. Stamm und Pfahl sollen sich nämlich nicht berühren und scheuern, um Verwundungen an der Rinde vorzubeugen.

Hat das an den Baum gegossene Wasser sich verzogen, so wird die Erde vollends aufgefüllt und ein Gießrand angelegt, das heißt ein Teil der letzten Erde wird ringwallartig angehäufelt. Die Baumscheibe gut handhoch mit Stallmist, Kompost oder Rindenhumus mulchen.

Düngung und Bodenpflege

Die meisten Obstbäume können zwar noch auf kargem Boden wachsen, aber regelmäßige Erträge mit Früchten von sortentypischem Geschmack erreicht man nur, wenn genügend Nährstoffe zur Verfügung stehen.

Fehlt beispielsweise Stickstoff, so treiben die Bäume nur schwach. Die Früchte bleiben klein, unansehnlich und die Bäumen neigen zu vorzeitigem Vergreisen. Die Phosphorsäure fördert Blüte und Fruchtansatz. Der Nährstoff Kali fördert vor allem den Geschmack, indem er das Zucker-Säure-Verhältnis günstig beeinflusst. Das Kalium sorgt außerdem dafür, dass die Bäume widerstandsfähiger gegen Witterungseinflüsse und Krankheiten werden.

▼ Zuerst kann die Pflanze ruhig tiefer gehalten werden, als sie später steht. Sobald die Erde angefüllt ist, wird die Pflanze fest angefasst und möglichst senkrecht hochgerüttelt. Dabei fällt die lockere Erde gut zwischen die Wurzeln und sie erhalten optimalen Bodenschluss. Nun tritt man die angefüllte Erde vorsichtig an und füllt bei Bedarf noch Erde nach. Danach kräftig angießen.

Pflanzabstände bei bestimmten Baumformen

Hochstamm = 10 m
Spindelbusch = 4 m
Schlanke Spindel = 2,5 m

TIPP

Wärmeliebendes Obst wie Pfirsiche und Aprikosen besser im März bis Mitte April pflanzen. Ebenso alle übrigen Obstarten, wenn es sich um sehr raue Höhenlagen oder extrem nasse, schwer verdichtete Böden handelt.

Drahthose anlegen

In ländlichen Gegenden ist es nötig, den Stamm mit einem Gitter aus Drahtgeflecht gegen Hasen zu schützen. Ein einziger Hase kann in jungen Obstbaumpflanzungen in einer Nacht großen Schaden anrichten.

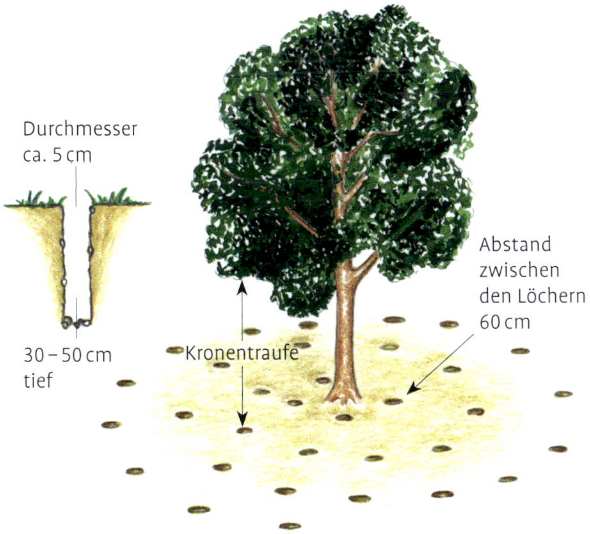

▲Da die Wurzeln der Obstbäume über die Kronentraufe hinausgehen, sollte im ganzen Wurzelbereich gedüngt werden. Damit der Dünger direkt an die Wurzeln gelangt, können Löcher zur Aufnahme des Düngers gebohrt werden.

Ein ständiges Offenhalten des Bodens durch Hacken oder Graben kann nicht empfohlen werden. Wesentlich besser als Hacken ist das Bedecken des Bodens mit organischem Material wie Rindenmulch, Holzhäcksel oder auch Stroh, Gras, Kartoffelkraut und strohigem Stallmist. Ersatzweise kann man die Baumscheibe auch mit Graseinsaaten oder mit Kapuzinerkresse begrünen. Zu beachten ist allerdings, dass Gräser und Kräuter mit den Obstbäumen um Wasser und Nährstoffe konkurrieren.

Befruchtungsverhältnisse

Wer Obstsorten auswählt, sollte sich genau informieren, welche Sorten befruchtungsbiologisch zusammenpassen. Gegebenenfalls muss zu der gewünschten eine zweite Sorte gepflanzt werden. Natürlich kann der geeignete Pollenspender auch in Nachbars Garten stehen.
Allerdings ist bei der Auswahl einer zweiten Sorte nicht nur auf die Befruchtungsfähigkeit, sondern auch auf die Blütezeit der jeweiligen Sorten zu achten. Denn die Befruchtung kann nur dann erfolgreich sein, wenn sich die Blühzeiten der Sorten überschneiden. Frühblühende und spätblühende Sorten können sich deshalb meistens nicht erfolgreich gegenseitig bestäuben.

Wo ist eine Bestäubersorte nötig?

- Apfel und Birne sind selbstunfruchtbar, sie brauchen eine Bestäubersorte.
- Bei Steinobst finden wir selbstfruchtbare und selbstunfruchtbare Formen innerhalb einer Art nebeneinander, so bei Sauerkirsche, Pflaume und neuerdings auch bei Süßkirsche.
- Auch bei Erdbeeren gibt es neben selbstfruchtbaren Sorten noch ältere Sorten, die auf Bestäubersorten angewiesen sind.
- Strauchbeerenobstsorten sind in der Regel selbstfruchtbar, ebenso wie Pfirsich, Aprikose und Quitte.

Sorten

Bei der Auswahl der Sorte sollte man nicht nur auf den Geschmack der Früchte und auf die mögliche Verwertung achten, sondern auch auf die Widerstandsfähigkeit gegenüber Krankheiten und Schädlingen. Die Züchtung hat diesbezüglich gute Fortschritte gemacht. Allerdings sind oft gerade die bekannteren Sorten besonders anfällig: So neigen beispielsweise die Apfelsorten 'Cox Orange', 'Jonagold', 'Elstar', 'Gloster' oder 'Golden Delicious' in regenreichen Regionen zu starkem Schorfbefall. Weitere Überlegungen zur Sortenwahl:

- Sorten pflanzen, die nicht als Früchte im Handel erhältlich sind.

▼ 'Geheimrat Oldenburg' ist eine alte, robuste Züchtung.

- Beim Apfel Sorten mit gestaffelter Reifezeit pflanzen: Mit einer Sommersorte beginnen und dann in der Reifezeit gestaffelt weitere Sorten bis hin zum Winterapfel anpflanzen. Lagersorten nur pflanzen, wenn ein entsprechender Lagerraum zur Verfügung steht. Ist dies nicht der Fall, sollte das Sortiment mit einer Herbstsorte enden.
- Nicht zu viele Birnbäume pflanzen. Sommer- und Herbstbirnen lassen sich nicht lange lagern. Die Ernte fällt dann oft zu reichlich aus, sodass die Familie sie nicht mehr verwerten kann. Wintersorten nur pflanzen, wenn es eine Lagermöglichkeit gibt.

Kernobst

Der Apfel ist zweifellos die wichtigste Kernobstart unserer Gärten. Bei entsprechendem Platz im Garten und richtiger Sortenwahl ist es möglich, während des ganzen Jahres Äpfel zur Verfügung zu haben. Zum Standardinventar unserer Gärten gehören auch Birne und Quitte, ebenfalls Kernobstarten.

▲ Mindestens ein Apfelbaum gehört als Naschbaum in jeden Hausgarten.

Apfel

Apfelbäume lieben geschlossene Lagen mit hoher Luftfeuchtigkeit, reiche und regelmäßige Niederschläge. Dies ist ein Grund dafür, dass sich der erwerbsmäßige Anbau besonders am Bodensee, im Alten Land bei Hamburg und im Havelgebiet konzentriert. Aber der Apfel wächst auch in höheren und offenen Lagen noch durchaus gut. Wesentlich ist, dass allzu zugige Lagen gemieden werden sollten, weil die Wind- und Wetterschäden an den Trieben oft recht erheblich werden können und das Obst vielfach vor seiner endgültigen Reife vom Baum geschlagen wird. An die Temperatur stellt der Apfelbaum keine besonderen Anforderungen. Allerdings begrenzen häufige strenge Winter mit längeren Frostperioden von mehr als −20 °C den Anbau. Der Standort muss nicht südseitig liegen, genauso gut sind Ost- oder Westlagen.

Düngung

Kalium und Kalzium müssen beim Apfel im richtigen Verhältnis verfügbar sein, Magnesium und Mangan stellen von der Pflanze gut aufgenommen werden können und der Stickstoff nicht zu reichlich bemessen sein, da überversorgte Bäume frostgefährdet sind. Bei Kaliummangel zeigen sich Blattrandnekrosen.

Krankheiten und Schädlinge

Pilze sind wohl die wichtigsten Krankheitserreger beim Apfel. Da die Bekämpfung meist sehr aufwändig ist, sollte über die Sortenwahl vorgebeugt werden. Beim Befall durch den Apfelmehltau sind Blätter, Blütenstände oder auch ganze Triebe von pudrigweißem Belag überzogen. Im fortgeschrittenen Stadium sind die Triebe ganz oder bis auf einen kleinen Blattschopf entblättert, mit verkümmertem, gestauchtem Wuchs und einem hellgrauen, filzig anmutenden Überzug.
Beim **Obstbaumkrebs** zeigen sich im Anfangsstadium ziemlich unauffällige, etwas dunkelbraun verfärbte Flecke (Rindenfäule), die meist von Blattnarben, Knospen, Kurztrieben, Astwinkelrissen oder Schnittwunden ausgehen. Die abgestorbene Rinde vertrocknet bald und reißt auf.
Unter den Schädlingen können folgende Insekten zum Problem werden:
Bei einem Befall mit der **Obstbaumspinnmilbe** sind die Blätter mit nadelstichfeinen

Ausdünnen
Bei zu dichtem Fruchtbehang sollte man ausdünnen und dabei pro Fruchtstand nur eine Frucht stehen lassen. Dadurch beugt man der Alternanz vor.

▼ Biogärtner pflanzen gerne Kapuzinerkresse an den Fuß der Obstbäume um Blutläuse abzuwehren.

▶ Die wichtigste pilzliche Krankheit am Apfel ist der Apfelschorf. An Blättern, Früchten, Blütenblättern und zum Teil auch an den grünen Trieben entstehen bis etwa 1 cm große, samtartige Flecken von olivgrüner, grauer Farbe. Mit der Zeit trocknet das Zentrum der Befallstelle aus (bei Blättern) oder es vernarbt (bei Früchten). Die Apfelsorten 'Cox Orange', 'Jonagold', 'Elstar', 'Gloster' oder 'Golden Delicious' neigen in regenreicheren Regionen zu starkem Schorfbefall.

▶ Der „Wurm im Apfel" ist die Made des Apfelwicklers, eines unscheinbaren Schmetterlings.

◀ Die durch den Apfelblütenstecher hervorgerufenen Schäden zeigen sich gegen Ende oder nach der Blütezeit in Form von ungeöffneten, unter Braunverfärbung vertrockneten Apfelblüten. Diese sind ausgehöhlt, und man findet dort oft die gelbliche und etwas gekrümmte Larve oder bereits die Puppe des Blütenstechers. Der erwachsene Schädling ist ein kleiner, graubrauner Rüsselkäfer.

Aufhellungen gesprenkelt, später werden sie graugrün und schließlich bronzefarben. Der Schädling überwintert im Eistadium an der Wirtspflanze. In Massen abgelegt erkennt man die Eier des Schädlings oft als Anflug von roter Farbe an Zweigen und Ästen.
Die verbreitetste Blattlaus am Apfel ist die **Grüne Apfelblattlaus.** Man findet die glänzenden schwarzen Wintereier oft in Massen an den im Vorjahr gebildeten Trieben. Die zunächst fahlgelbe, später dunkelgrau gefärbte, aber hellbepuderte Mehlige Apfelblattlaus kommt sehr unregelmäßig, oft nur an einzelnen Bäumen oder Baumteilen vor.
Blutläuse treten vor allem in trockenen Jahren stärker in Erscheinung. Die Schäden bestehen aus krebsartigen Wucherungen an Trieben und an sonstigen Stellen, unter anderem an verheilenden Schnittwunden.
Gefürchtet ist die **San-José-Schildlaus**. Bei Befallsverdacht ist sofort die zuständige Behörde zu informieren. Erste Zeichen des Befalls findet man an Früchten, vor allem in der Kelch- oder der Stielgrube. Es entstehen dort, ebenso wie auf Blattstielen und Zweigen, rote, linsengroße Flecken, in deren Zentrum der Schädling als graue, etwa stecknadelkopfgroße „Schuppe" sitzt.
Die **Apfelblattsauger** schädigen durch die Saugtätigkeit ihrer gelblichen bzw. grünlichen, blattlausartigen Larven. Bezeichnend ist die starke Honigtauproduktion.
Der **Apfelwickler** zählt in Gebieten mit warmem, trockenem Klima zu den bekanntesten Schädlingen. An schon etwas älteren Früchten (ab etwa Juli) findet man zum Kernhaus führende, mit krümeligem Kot gefüllte Gänge, darin häufig eine weiß- bis hellrosafarbene, 16-füßige Larve (Obstmade) von bis zu 1,5 cm Länge. Die betroffenen Früchte fallen oft vorzeitig ab. Der Schädling ist ein unscheinbarer, mottenartiger Schmetterling. Der Apfelwickler überwintert als ausgewachsene Larve (eingesponnen in einem Kokon) unter Rindenschuppen oder geschützten Stellen.
Die **Apfelschalenwickler** sind eine Gruppe von Kleinschmetterlingen, deren grünlich gefärbte, sehr lebhafte, etwa 20 mm große Raupen Schaden an den Früchten verursachen: unregelmäßig geformte, muldenartige, nur unvollkommen vernarbte Fraßstellen.
Die Larve der **Obstbaumminiermotte** frisst sich in den Blättern Gänge. Die Apfelbaumgespinstmotte miniert in den Blättern der Knospenbuschel. Ab Mitte Mai fallen die bis faustgroßen Gespinste auf, in deren Schutz die in Kolonien zusammenlebenden, graugelben, schwarz gefleckten Raupen die befallenen Triebteile kahl fressen.
Die Larven der **Apfelsägewespe** fressen im Frühjahr an den jungen Früchten. Sie enthalten im Inneren eine mit meist feuchtem Kot gefüllte Fraßhöhle.
Die **Apfelblattgallmücke** legt ab Blühbeginn ihre Eier an den Rand ganz junger,

Resistenz, Toleranz und Robustheit

Im Zusammenhang mit der Anfälligkeit der Sorten gegenüber Krankheiten und Schädlingen werden die Begriffe Resistenz, Toleranz und Robustheit verwendet.
Resistenz ist die Widerstandsfähigkeit gegen eine oder mehrere Kankheiten, Schadtiere oder sonstige schädigende Einflüsse, wobei es bei vielen Sorten fließende Übergänge von schwacher bis zu hoher Resistenz gibt. Bei Resistenz kommt es also erst gar nicht zur Ausbreitung einer Krankheit oder zu einem Befall durch Schaderreger.
Toleranz dagegen ist die Fähigkeit einer Pflanze, den Schaderregerbefall unter geringer Einbuße der Lebens- und Leistungsfähigkeit zu überstehen.
Im Zusammenhang mit alten Obstsorten wird auch der Begriff Robustheit verwendet. Dieser Begriff beinhaltet gleichfalls die Kriterien Resistenz und Toleranz. Es sind zumeist Sorten, die sich seit Jahrzehnten sowohl in ihrer geringen Krankheits- und Schädlingsanfälligkeit als auch in ihrer standörtlichen Eignung bewährt haben.

sich gerade entfaltender Apfelblätter. Die nach fünf bis sechs Tagen ausgeschlüpften, zunächst weißen, dann lachsroten Maden sorgen für ihren eigenen Schutz, indem sie durch ihre Saugtätigkeit veranlassen, dass sich die Blattränder seitlich einrollen und zu Gallen verdicken.

Lagerung

Wie keine andere Frucht ist der Apfel mit einfachen Mitteln lange haltbar. Äpfel die zum Einlagern bestimmt sind, sollte man nur bei trockenem Wetter abnehmen.
Wer keinen ausreichend kühlen Keller hat, kann Äpfel auch in Folienbeuteln, die dicht verschlossen werden, lagern. Nach etwa 10 Tagen muss mit einer dünnen Stricknadel ein Loch in den Sack gestochen werden, damit das durch die Fruchtatmung angereicherte CO_2 die Äpfel nicht schädigt.

Sorten

Sommersorten

'Klarapfel': Pflückreife Mitte Juli bis Anfang August, sehr robust, sehr winterfrosthart, gedeiht auch noch in höheren Lagen, wenig anfällig für Schorf und Kragenfäule.

Herbstsorten

'Gerlinde': Reifezeit Ende August,/Anfang September, kleiner bis mittelgroßer Apfel mit roten Backen bzw. roten Streifen, guter Geschmack, knackig, süß mit feiner Säure (ausgeprägtes 'Elstar'-Aroma), schorftolerant.

'Gravensteiner': Pflückreife Ende August bis Mitte September, genussreif August bis Oktober, anfällig für Schorf, Mehltau und Krebs, braucht unbedingt nährstoffreiche, tiefgründige, gut durchlüftete Böden.

'Oldenburg' ('Geheimrat Oldenburg'): Pflückreife September, genussreif September bis November, hoher regelmäßiger Ertrag, unempfindlich für Mehltau und Schorf, Neigung zu Fruchtfall.

'Rubinola': Pflückreife Mitte August bis Mitte September, mittelgroße Frucht, kugelförmig, geschmacklich die beste schorfresistente Sorte, stark wachsend.

‚Santana': Reifezeit Anfang/Mitte September, grünlichgelbe Schale, karminrot punktiert, Geschmack würzig, süß-säuerlich, saftig. Wird für Allergiker empfohlen.

Wintersorten

‚Ariwa': Pflückreife Mitte bis Ende September, genussreif Dezember bis März, mittelgroß, grüngelb mit hellroter Deckfarbe, festes, knackiges, saftiges Fleisch, süßsäuerlicher, guter Geschmack, Schorf- und Mehltauresistent.

'Berlepsch': Pflückreife Anfang bis Mitte Oktober, genussreif November bis Februar / März, wenig anfällig für Schorf und Mehltau, hoher Vitamin-C-Gehalt, benötigt beste, nährstoffreiche Böden und ausreichende Feuchtigkeit, Spätfrostlagen sind zu meiden.

'Bittenfelder': Pflückreife Ende Oktober bis Mitte November, genussreif November

▼ Äpfel, die gelagert werden, sollen möglichst lange knackig und saftig bleiben. Sie sind kühl und bei hoher Luftfeuchtigkeit aufzubewahren. Optimal sind Lagertemperaturen von 2 bis 4 °C bei 90 % relativer Luftfeuchte.

bis März, eine der besten Sorten für Apfelsaft, robust, wenig anfällig für Schorf und Krebs, für fruchtbare Böden mit guter Durchlässigkeit.
'Boskoop': Pflückreife Mitte Oktober, genussreif Ende Dezember bis April, rote Mutation 'Roter Boskoop', anfällig für Schorf und Blutlaus, praktisch für alle Lagen, auch in Hochlagen.
'Cox Orange': Pflückreife Ende September bis Anfang Oktober, genussreif Oktober bis März, gilt als geschmacklich beste Tafelapfelsorte. Bereitet allerdings im Anbau Probleme. Der Ertrag ist eher mäßig, selbst an optimalen Standorten. Leider ist diese beliebte Sorte stark anfällig für Schorf, Mehltau, Krebs, Kragenfäule, Blutlaus und andere Krankheiten.

► 'Elstar' schmeckt wegen des angenehmen Zucker-Säure-Verhältnisses zwar hervorragend, ist aber nur für wärmere, nicht frostgefährdete Lagen und gute Böden zu empfehlen.

◄ Die gelbe, wohlschmeckende 'Goldparmäne' stellt hohe Ansprüche an den Standort.

'Florina': Neuheit, Pflückreife Oktober, genussreif November bis März, schorfresistent, Ertrag setzt früh ein, anfällig für Mehltau, Schalenbräune und Feuerbrand, für wärmere Standorte und gute Böden.
'Gloster': Pflückreife Anfang bis Mitte Oktober, genussreif November bis April. Ertrag setzt früh ein, ist sehr hoch und regelmäßig. Empfindlich für Schorf und Krebs, aber kaum für Mehltau. Die Früchte sind empfindlich für Kernhausschimmel, vereinzelt auch für Stippe.
'Golden Delicious': Pflückreife Anfang bis Mitte Oktober, genussreif Oktober bis Mai, im Erwerbsanbau die „Nummer 1", anfällig für Schorf, wenig anfällig für Mehltau, mittel anfällig für Feuerbrand, hoher Vitamin-C-Gehalt, eignet sich nur für warme, nährstoffreiche, durchlässige und mäßig feuchte Böden, nicht für Lagen über 300 m geeignet.

▲ 'Kaiser Wilhelm' oder 'Wilhelmapfel'. Diese sehr starkwüchsige Sorte wurde 1864 in Witzhelden im Kreis Solingen gefunden.

'Havelgold': Pflückreife Ende September, genussreif Oktober bis Februar / März, seit 1992 im Handel, Früchte mit intensivem Aroma, besser als 'Braeburn', für nährstoffreiche, humose, tiefgründige Böden.
'Kaiser Wilhelm': Pflückreife Ende September bis Anfang Oktober, genussreif November bis März, sehr robuste Winterapfelsorte, passt sich allen Standortbedingungen an, Früchte mit hohem Vitamin-C-Gehalt, anfällig für Stippe.
'Ontario': Pflückreife Ende Oktober, genussreif Februar bis Mai / Juni, alte robuste Sorte, sehr empfindlich für Winterfrost, anfällig für Mehltau und Krebs, wenig empfindlich für Schorf, resistent gegen Blutlaus, Früchte stark druckempfindlich.
'Resista': Pflückreife Mitte Oktober, genussreif Dezember bis März, Frucht mittelgroß, hoch gebaut, Schale gelbgrün, auf der Sonnenseite leicht orange gefärbt, Fruchtfleisch gelblich, knackig, saftig, geschmacklich sehr gut, süß mit ausgewogener Säure und gutem Aroma.

▼ 'Gloster' ist eine reich tragende Sorte, die im erwerbsmäßig betriebenen Obstbau weitestgehend die Sorten aus der Gruppe 'Delicious' und 'Red Delicious' ersetzt hat.

'Topaz': Pflückreife Mitte bis Ende September, genussreif November bis Januar (März), mittelgroße Früchte mit gelber Grund- plus orangenroter Deckfarbe, saftig, aromatisch, süß-säuerlich, sehr guter Vitamin C-Träger; etwas anfällig für Blütenfrost (Spätfrostlagen meiden). Im Bioanbau weit verbreitet.

Apfelsorten aus Dresden-Pillnitz

Das Institut für Obstzüchtung in Dresden-Pillnitz hat in den letzten Jahren eine Reihe von neuen Apfelsorten auf den Markt gebracht, bei denen neben der Fruchtqualität, die Resistenz (Widerstandsfähigkeit) gegenüber biotischen und abiotischen Schadfaktoren einen sehr wichtigen Platz unter den Züchtungszielen einnahm.

Diese Sorten erhielten je nach Züchtungsrichtung die Vorsilbe Re für „Resistent" oder die Vorsilbe Pi für „Pillnitz". Bei den resistenten Sorten liegt das primäre Zuchtziel bei der Widerstandsfähigkeit gegenüber Schaderregern, während das primäre Zuchtziel bei den Pi-Sorten die Qualität des Apfels ist.

'Pia': Pflückreife Ende August, genussreif August bis Ende September, Tafelapfel, Grundfarbe gelb, Deckfarbe leuchtend scharlachrot, kräftig säuerlichsüßer Geschmack mit mildem Aroma, gering anfällig für Schorf und gering bis mäßig anfällig für Mehltau.

'Pilot': Pflückreife Oktober, genussreife Februar bis Mai, Deckfarbe leuchtendrot auf orangefarbenem Grund, festes Fruchtfleisch, in der vollen Genussreife ab Februar saftig abknackend, kräftiges Aroma, säuerlich-süßer Geschmack, für die Erziehung als schlanke Spindel oder als Spalier gut geeignet, Schnittaufwand gering.

'Pingo': Pflückreife Mitte Oktober, genussreif Ende November bis Mai, überwiegend kräftige karminrote Deckfarbe, bei Vollreife gelbe Grundfarbe, kräftig süßsäuerlich mit intensiv fruchtigem Aroma, wenig empfindlich für Mehltau.

'Rebella': Pflückreife Mitte September, genussreif bis Ende Dezember, gelbe Grundfarbe mit leuchtend hellroter Deckfarbe, angenehm süßsäuerlicher Geschmack mit fruchtigem Aroma, resistent gegen Schorf, unempfindlich für Spinnmilbe, Blattläuse, Bakterienbrand, Winter- und Spätfrost, gering anfällig für Mehltau.

'Regia': Pflückreife Anfang August, genussreif von November bis Januar, hell grünlich gelbe Grundfarbe mit hellroter, gemasterter Deckfarbe, süß mit leichter Säure, Aroma angenehm fruchtig, resistent gegen Schorf, kaum anfällig gegen Feuerbrand und Winterfrost, gering anfällig für Mehltau, empfindlich für starke Sonneneinstrahlung und Spätfrost.

'Resi': Pflückreife Ende September, genussreif von Oktober bis Januar, gelbe Grundfarbe mit intensiv leuchtend roter Deckfarbe, Geschmack süßlich mit etwas Säure und intensiv fruchtigem Aroma, resistent gegen Schorf, unempfindlich für Bakterienbrand, kaum anfällig für Feuerbrand, mittel empfindlich für Mehltau.

Säulenapfelbäume

Unter der Bezeichnung Säulen- oder auch Ballerina-Apfelbäume ist seit einigen Jahren ein Baumtyp mit säulenförmigem Wuchs und stark gestauchten Seitentrieben im Handel.

Die Pflanzen erreichen innerhalb von 5 Jahre eine Höhe von 2 bis 2,5 m, abhängig von der Sorte, Bodenbeschaffenheit und Wahl des Standortes. Die maximale Größe liegt bei 4 Metern, bei einem „Kronendurchmesser" von nur 30 bis 50 cm. Ballerinas eignen sich als Abgrenzung und Sichtschutz, als „Solitär" im Blumenbeet oder auch als ein sehr dekorativer Terrassenschmuck.

Einfach ist der Schnitt der Bäume. Lange Seitentriebe schneidet man auf drei Augen zurück.

▲ Sehr reicher Fruchtbehang an einem Ballerina-Bäumchen. Bei diesen Kompakttypen bilden sich keine Seitenäste, die Früchte scheinen direkt am Stamm zu wachsen.

Sorten

Die erste Generation der Säulenapfel-Sorten, wie ‚Waltz', ‚Polka' und ‚Bolero', waren stark schorfanfällig, sie wurden in der Zwischenzeit von gesünderen Sorten abgelöst, die in Tschechien, Russland, Frankreich aber auch Deutschland gezüchtet wurden. Die sogenannte CATS-Serie stammt aus dem Institut für Obstbau der Forschungsanstalt Geisenheim, die Campanilo-Serie aus dem Julius Kühn-Institut (JKI) Bundesforschungsinstitut für Kulturpflanzen, Dresden Pillnitz. Empfehlenswert sind:

'Arbat': Pflückreife Anfang September, klein bis mittelgroß, festes, saftiges Fruchtfleisch.

'Campanilo Primo': Pflückreife Mitte August, Geschmack aromatisch, würzig.

'Campanilo Quattro': Pflückreife Ende September, Geschmack würzig, angenehm säuerlich.
'Fire Dance': Pflückreife Ende September, Frucht leuchtend gelborange, festes Fruchtfleisch mit feiner milder Säure.
'Moonlight': Pflückreife Ende September, Frucht hell- bis grüngelb, saftig, ausgewogen, eher süßlicher Geschmack.
'Red River': Pflückreife Mitte bis Ende September, feinzellig, süß, rotschalig.
'Rhapsodie': Pflückreife Ende September, Geschmack ausgewogen bis feinsäuerlich.
'Rondo': Eine der besten Sorten. Pflückreife Anfang Oktober, süß-säuerlicher, guter Geschmack.
'Sonate': Pflückreife Ende September, Geschmack feinsäuerlich, süß.
'Starcats': Pflückreife Anfang bis Mitte September, in Form, Farbe und Geschmack Ähnlichkeiten zu ‚Elstar'.
'Suncats': Pflückreife Mitte September bis Anfang Oktober, guter Geschmack, milde Säure, saftig, rotgelb.

Birne

Birnbäume brauchen mehr Wärme als Apfelbäume und stellen auch höhere Ansprüche an die Bodenverhältnisse. Die Früchte enthalten weniger Säure, aber mehr Zucker als Äpfel; sie sind deshalb begehrtes und gesundes Naschobst für den Frischverzehr. Der Birnbaum stellt an den Boden höhere Ansprüche als der Apfelbaum. Birnenhochstamme kann man auf Dauer nur auf tiefgründigen Böden anbauen, da die Wurzeln steil nach unten in den Boden gehen. Leichte, lehmig-sandige Böden sind besser als schwerer Lehm. Verdichtete, kalte Tonböden vertragen Birnen schlecht; hier beginnen sie schon als Jungpflanzen zu vergreisen. Das heißt, sie entwickeln nur schwache Jahrestriebe und kümmerliches Fruchtholz. Reine Sandböden müssen verbessert werden, um die wasserhaltende Kraft zu verbessern. Da Birnen humose Böden lieben, sind sie für Zufuhr von Kompost dankbar. Zu beachten ist, dass für Birnen auf Quittenunterlagen nur leicht saure bis neutrale Böden geeignet sind. Bei zu viel Kalk im Boden kommt es zu Chloroseerscheinungen und in der Folge zu Kümmerwuchs. Böden mit von Natur aus hohem pH-Wert können nur mit Sämlingsunterlagen für den Birnenanbau genutzt werden.

Unangenehme Steinzellen
Wenn Birnen auf flachgründigen, kalten und feuchten Böden angebaut werden, dann bilden sich im Fruchtfleisch häufig Steinzellen. Beim Hineinbeißen ist das unangenehm.

▲ Birnenblüten sehen ausgesprochen hübsch aus.

Unterlagen

Birnenbäume werden entweder auf Sämlingen der Birne oder auf Quittenunterlagen veredelt. Während sich auf Sämlingsunterlagen große, kräftige Bäume entwickeln, bleiben die Birnenbäume auf Quittenunterlagen kleiner. Bei Birnen spielen doppelte Veredlungen eine wichtige Rolle. Dazu ist man bei Sorten gezwungen, die wenig Neigung haben, gerade, aufrechte Stämme zu bilden. Bei diesen Sorten veredelt man auf die Unterlage zunächst einen sogenannten Stammbildner, also eine Sorte, die straff aufrecht wachst und ein gerades Stämmchen entwickelt. Erst auf diese Zwischenveredlung erfolgt die gewünschte Sorte. Auf jeden Fall sollte man sich beim Pflanzenkauf nach der Unterlage erkundigen und je nachdem, ob man kleine oder große Bäume erzielen will, den entsprechenden Typ auswählen.

Kronenformen und Schnitt

Stärker als der Apfel neigen die meisten Birnensorten zu ausgeprägtem Höhenzuwachs und einer Betonung der Mittelachse. Es gibt aber auch Sortenunterschiede. So entwickelt beispielsweise 'Gellerts Butterbirne' stark aufrecht wachsende Triebe, während 'Clapps Liebling', insbesondere aber 'Alexander Lucas' stark bogenförmig überhängende Triebe hervorbringt.

Bei der Erziehung von Wandspalieren (sowohl mit durchgehendem Mittelstamm wie auch als Fächer mit unregelmäßig verteilten, schrägen Leitästen) und Hecken, müssen natürlich alle starken, senkrechten Austriebe („Wasserschosse") entfernt oder herabgebunden werden. Da das Fruchtholz der Birne sehr bald vergreist, ist die laufende Fruchtholzverjüngung sehr wichtig.

Krankheiten und Schädlinge

Der **Bakterienbrand** kann in manchen Jahren erhebliche Schäden verursachen. Er tritt bei der Birne besonders als Blütenwelke in Erscheinung: Die Blütenstände bleiben – meist in noch geschlossenem Zustand – in der Entwicklung stecken, sterben ab und sind dann als vertrocknete, braune Blütenbüschel oft noch bis in den Winter hinein an den Bäumen zu finden. Von den Blüten aus dringt die Krankheit in die Fruchttriebe ein, die sie ganz oder teilweise zerstört.

Gefährlich werden kann der **Feuerbrand**, da eine Bekämpfung kaum möglich ist. Deshalb sollten nur wenig anfällige oder resistente Sorten gepflanzt werden. Die ersten Zeichen des Befalls findet man im Frühjahr an Fruchttrieben: Blüten oder junge Früchte sowie die benachbarten Blätter sind vertrocknet und braun bis schwarz verfärbt. Im Sommer geht der Befall auch von grünen Triebspitzen aus, die sich dann oft hakenförmig herunterbiegen. Die Krankheit greift sehr rasch auf größere Abschnitte der Baumkrone über. Anfällige Birnensorten können bereits im Verlaufe einer einzigen Vegetationsperiode, ja schon innerhalb weniger Wochen, vollständig absterben.

Der **Birnenschorf** ist eine dem Apfelschorf nahe verwandte Pilzkrankheit. Das Schadbild ist gleich (siehe Seite 341). Der **Obstbaumkrebs** (Schadbildbeschreibung siehe beim Apfel Seite 340) kann auch Birnen befallen.

Die auffälligste Krankheit an Birnen ist wohl der **Birnengitterrost**. Auf den Blattunterseiten reifen dann die Sporen, die nach dem Aufplatzen der Kammern auf benachbarte Bäume verbreitet werden. Als Zwischenwirte dienen heimische Wacholderbüsche (Sadebaum *Juniperus sabina*); hier richtet der Gitterrost sein Winterlager ein. Im Frühjahr siedelt der Pilz wieder auf Birnbäume über. In gefährdeten Regionen sollten Birnen deshalb nicht in die Nähe von Wacholder gepflanzt werden. Das befallene Birnenlaub darf keinesfalls liegen bleiben oder kompostiert werden: Es sollte unbedingt mit dem Müll entsorgt werden.

Bei den Schädlingen ist neben **Spinnmilben** und **Blattläusen** auf den Befall durch die **Rote Austernschildlaus** zu achten. Sie tritt vor allem in warmen Lagen auf und zeigt sich durch rissige knorpelige Zweige.

Gefürchtet ist der **Birnenblattsauger**. Je nach Region treten verschiedene Arten auf. Typisches Schadbild sind grau verfärbte, eingerollte, gekräuselte Blätter und verkrümmte Triebspitzen. Bei starkem Befall stellen die Triebe das Wachstum ein und vertrocknen, die Blätter fallen ab. Besonders auffällig sind die klebrigen, honiggelben Ausscheidungen (Honigtau) der Birnenblattsauger, durch die auch die Früchte verschmutzt werden. Nachträgliche Besiedlung durch **Rußtaupilze** erhöht den Schaden. Bei den Schädlingen handelt es sich um blattlausähnliche, in erwachsenem Zustand geflügelte, zuletzt dunkelbraun gefärbte, sehr bewegliche Insekten („Blattflöhe"). Die Larven sind orangegelb und besitzen auffällig rote Augen.

► Der Birnengitterrost erscheint in Gestalt orangeroter Flecken auf der Oberseite bzw. als knorpelige Pusteln auf der Unterseite von Birnenblättern.

► Der Birnenblattsauger kann erhebliche Schäden anrichten.

Flaschenbirnen ziehen

Zur Produktion von „Flaschenbirnen“ wird die Sorte 'Williams Christ' verwendet. Dazu werden im Frühjahr junge Früchte am Baum in Flaschen gesteckt, sodass sie im Sommer hineinwachsen. Dies muss rechtzeitig und vorsichtig geschehen. Die Flaschen müssen zudem gut befestigt werden, damit sie auch Stürmen standhalten. Nach der „Ernte“ werden die Birnen in den Flaschen mit gutem Birnenbrannt aufgegossen und gelagert.

Der **Birnenknospenstecher** zerstört im Gegensatz zum Apfelblütenstecher nicht die Einzelblüten, sondern die Blütenknospen als Ganzes.

Sorten

Trotz der großen Zahl an Birnensorten, die fast alle schon im 18. und 19. Jahrhundert meist in Baumschulen als Zufallssämlinge entstanden sind, werden in Europa nur wenige Sorten angebaut. Viele Birnensorten sind selbst bei tiefen Temperaturen nur begrenzt lagerungsfähig und müssen daher rasch verzehrt oder verwertet werden. Bleiben sie zu lange am Baum, werden sie im Kernhausbereich sofort mehlig oder matschig-braun. Die lagerfähigen Winterbirnen sind erntereif, wenn sich die Samenkerne braun verfärben. Genussreif sind Spätsorten vielfach erst nach Weihnachten. Zahlreiche Birnensorten sind etwas weniger krankheitsanfällig als viele Apfelsorten. Es empfiehlt sich aber, im Hausgarten nur solche Sorten zu pflanzen, die wenig anfällig für Schorf und für Feuerbrand sind.

Sommerbirnen

'Clapps Liebling': Pflückreife Anfang bis Ende August, bis 20 Tage haltbar, rasch teigig und mehlig werdend, starkwüchsig mit breitpyamidaler Krone.
'Dessertnaja': Pflückreife Mitte bis Ende August, genussreif bis Mitte September, Frucht mittelgroß, Schale leuchtend gelb mit rötlich überhauchter Backe, eine der wenigen Frühsorten, die nicht teigig werden.
'Harrow Delight': Pflückreife Mitte August, genussreif bis Ende August, mittelgroße Frucht, Schale grüngelb mit braunroter, verwaschener Deckfarbe, Fruchtfleisch sehr saftig, süß, feuerbrandresistent. Bestens für die Herstellung von hochwertigen Destillaten geeignet, sowohl was die Alkoholausbeute als auch die Aromen und den Geschmack des Destillates anbelangt.
'Trevoux': Pflückreife Anfang September, genussreif 14 Tage nach der Ernte, wenig empfindlich für Feuerbrand, zeichnet sich durch hohen und regelmäßigen Ertrag aus.
'Williams Christ': Pflückreife Anfang September (hartreif ernten), 14 Tage haltbar, früher und regelmäßig hoher Ertrag, anfällig für Schorf und Steinzellenbildung, für Holzfrost und Feuerbrand, Spitzenqualität nur in geschützten Lagen und auf besten Böden.

Herbstbirnen

'Conference': Pflückreife Mitte September bis Anfang Oktober, genussreif Oktober bis November, wird vollreif rasch teigig, wenig Wärme, nicht für kalkreiche Böden.
'Gellert' ('Gellerts Butterbirne'): Pflückreife Anfang September, genussreif bis Ok-

▼ Bei der weitgehend schorffesten 'Conference' setzen die Erträge sehr früh ein und sind sehr hoch. Einziger Nachteil ist, dass die Frucht vollreif rasch teigig wird.

◄ 'Clapps Liebling' ist eine schöne Tafelbirne mit gelbgrüner Grundfarbe, sonnenseits orange- bis ziegelrot geflammt. Die Frucht ist sehr saftig und schmeckt mildsäuerlich-aromatisch.

tober, widerstandsfähig gegen Feuerbrand und viröse Steinfrüchtigkeit, Frucht stark grünlich braun berostet, harte Schale.
'Gute Luise': Pflückreife September bis Anfang Oktober, genussreif bis November, gut zum Dörren und Eindünsten, hoch anfällig für Schorf, auf kalkreichen Böden Chlorosegefahr.
'Hortensia': Diese Sorte entstammt dem Naumburger / Pillnitzer Züchtungsprogramm und besticht durch eine äußerst attraktive zweifarbige Optik, zinnoberrot auf gelbgrüner Grundfarbe, süßsäuerlicher Geschmack. Pflückreife Ende September, genussreif bis Ende Oktober.

Winterbirnen

'Alexander Lucas': Pflückreife Anfang bis Mitte Oktober, haltbar bis November bis Dezember, kaum anfällig für Schorf und wenig für Feuerbrand, frühe Blüte etwas frostempfindlich.
'Uta': Pflückreife Anfang Oktober, genussreife November-Januar, Frucht mittelgroß, vollständig goldbronze berostet, saftig mit kräftigem Aroma, süßsäuerlich. Für biologischen Anbau geeignet.

Quitte

Die Quitte vereint wie kaum ein anderes Gehölz Nutz- und Zierwert in sich. Die großen, einzeln aufrecht sitzenden, zartrosa gefärbten Blüten erscheinen nach den dunkelgrünen, schöngeformten Blättern. Die gelben Quittenfrüchte besitzen ein ausgeprägtes Aroma, man kann sie jedoch nicht frisch essen, sondern muss sie kochen. Aus dem Saft lässt sich ein vorzüglich schmeckendes Gelee zubereiten.
Die Quitte ist in Bezug auf das Klima anspruchsvoll. Wichtig ist eine möglichst lange Vegetationszeit im Herbst ohne Frühfröste. Da die Quittenfrüchte erst Ende Oktober geerntet werden, können sie sich bei frühem Frosteinfall braun färben. Da die Quitte auch stark wurzelfrost- und holzfrostanfällig ist, kommen nur Lagen mit milden Wintern (die Temperaturen sollten nicht unter −15 °C absinken) für einen Anbau in Frage. Eine kontinuierliche oder über die Winterzeit dauernde Bodenabdeckung zum Frostschutz der Wurzel ist unbedingt zu empfehlen. Da junge Bäume besonders frostgefährdet sind, sollten Quitten nicht im Herbst, sondern im Frühjahr gepflanzt werden.
Die Bodenansprüche sind weniger hoch. Auch auf weniger fruchtbaren, trockenen Böden bringt sie guten Ertrag, sofern die Bodenreaktion um oder unter pH 7 liegt. Warme, nährstoffreiche, humose Böden werden bevorzugt. Auf kalten und zu feuchten Böden versagt die Quitte.
Bei hohem Gehalt an aktivem Kalk im Boden besteht bei allen Sorten eine mehr oder minder große Chlorosegefahr.

Quitte in der Medizin

Bereits im 4. Jahrhundert v. Chr. hat Hippokrates die Quitte als die für Heilzwecke nützlichste Frucht bezeichnet. Sie wirkt durch ihre hohen Gehalte an Gerb- und Schleimstoffen entzündungshemmend und reizmildernd. Der Gehalt an Vitamin C entspricht mit 30 mg pro 100 g Frischgewicht in etwa dem des Apfels. Besonders hoch ist der Pektin-Anteil und der Gerbstoffgehalt. Die Schleimstoffe wirken sich wohltuend auf die Schleimhäute aus. Früher wurden die getrockneten Samen als Mittel gegen Halsschmerzen und Husten gelutscht. In früheren Zeiten wurden die Früchte als Duftspender in Wäscheschränke gehängt.

Unterlagen

Früher verwendete man zur Verminderung der Frostempfindlichkeit Weißdorn (*Crataegus monogyna*) oder Rotdorn (*C. oxyacantha*) als Unterlage. Diese Formen dürfen aber nicht mehr eingesetzt werden, weil sie hoch anfällig für die gefürchtete Bakterienkrankheit Feuerbrand sind. Heute wird

▼ Quittenfrüchte kann man bis in den Winter hinein lagern und nach und nach verarbeiten.

ausschließlich die Unterlage Quitte MA verwendet. In Zusammenhang mit den Edelsorten sind die Bäume mittelstark im Wuchs und bilden kugelige, relativ dichte Kronen. Da die Bäume nicht besonders standfest sind, benötigen sie in den ersten Jahren unbedingt eine regelmäßige Pfahlunterstützung.

Kronenformen und Schnitt

Als geeignete Kronenform gilt die Pyramiden- oder Hohlkrone mit Stammhöhen von 60 bis 100 cm. Quitten bilden aber auch ohne jeglichen Schnitt eine lockere, strauchförmige Krone. Um die Verzweigung zu fördern, können stärkere Triebe eingekürzt werden. Bei älteren Bäumen ist in der Regel ein Rückschnitt der Leitastverlängerungen nicht mehr erforderlich. Auslichtung und Fruchtholzverjüngung erfolgen wie beim Apfel. Wegen der Frostempfindlichkeit des Holzes, insbesondere der jungen Triebe, ist es wichtig, erst im Frühjahr zu schneiden.

Krankheiten und Schädlinge

Quitten werden kaum von Krankheiten und Schädlingen befallen. In feuchten Jahren kann es zu Blattschäden durch Pilzkrankheiten kommen. Die **Quittenblattbräune** zeigt sich in Form von rötlich braunen Flecken, die dazu führen können, dass die Blätter vorzeitig abfallen.

Ernte und Lagerung

Wenn die grüne Grundfarbe in kräftiges Gelb (etwa Ende Oktober) umschlägt, sind die Früchte pflückreif. Obwohl das Fruchtfleisch hart ist, haben Quitten eine empfindliche Schale. In kühlen Räumen kann man sie bis zu zehn Wochen lagern. Je nach Sorte sind die Früchte unterschiedlich stark mit einem filzigen Belag überzogen. Man sollte ihn vor dem Verarbeiten abbürsten oder abreiben.

Sorten

Die in unseren Breiten angebauten Sorten gelten als selbstfruchtbar.

Birnenförmige Quitten

Zu den bekanntesten Birnenquitten zählen ‘Bereczki’, ‘Champion’, ‘Favre’, ‘Portugiesische Birnenquitte’ (in den Baumschulkatalogen am weitesten verbreitet), ‘Reas Mammoth’, ‘Ronda’, ‘Smyrna’ und ‘Vranja’.

◀ Das Fruchtfleisch der Birnenquitten gilt allgemein als saftiger, weicher und hat weniger Steinzellen als das der Apfelquitten. Sie fruchten auch etwas früher.

Apfelförmige Quitten

Im Vergleich zu Birnenquitten haben apfelförmige Quitten etwas trockeneres und härteres Fruchtfleisch, das Aroma ist aber ausgeprägter. In den Baumschulen sind meist nur die Sorten ‘Konstantinopeler Apfelquitte’ und ‘Riesenquitte von Leskovac’ erhältlich. Letztere ist aber nicht ausreichend selbstfruchtbar und anfällig für Verticillium-Fruchtfäule. ‘Konstantinopeler’ ist äußerst robust, sehr holzfrosthart und anspruchslos. Die hocharomatischen Früchte reifen Mitte Oktober. Sie sind gold gelb, mittelgroß, deutlich gerippt und mäßig stark befilzt.

▼ Quittenbäume wirken zur Blutezeit außerordentlich dekorativ.

Steinobst

Wenigstens eine Steinobstart sollte in jedem noch so kleinen Garten Platz finden. Es muss ja nicht gleich ein mächtiger Süßkirschenbaum sein, vielleicht genügt eine kleine Sauerkirsche oder ein Pfirsich als Spalier an einer Südwand.

Süßkirsche

Süßkirschen tragen neben den Beerensträuchern das erste Obst im Gartenjahr. Schon deshalb sollten Kirschen zum Bestand eines Hausgartens gehören. Die Vogel-Kirsche *Prunus avium* ist vermutlich der Vorfahr der Süßkirsche, sie ist auch in Europa zu Hause und überall zu finden. Die Kultursorten mit besseren Eigenschaften kamen wohl aus Vorderasien, sie waren schon den Griechen und Römern bekannt.

TIPP

Kirschen gedeihen auch auf leichten, sandigen Böden mit niedrigerem pH-Wert (5,3–7,5). Die frühere Meinung, dass Süßkirschen nur auf kalkhaltigen Böden optimale Erträge erbringen, ist widerlegt.

Standortansprüche

Überall dort, wo Apfelbäume gut wachsen, können auch Süßkirschen angebaut werden. Sie gedeihen jedoch besser in eher lufttrockenem und luftbewegtem Klima. Die Süßkirschenblüte ist jedoch gegenüber Spätfrösten sehr empfindlich. Länger andauernde Wintertemperaturen unter –20 °C, vor allem nach vorausgegangener milder Witterung, führen zu Frostschäden am Holz. Auch die Gefahr von Stammrissen bei starker Einstrahlung im Winter ist bei Süßkirschen groß; deshalb ist das Weißen der Stämme und nach Schäden eine sorgfältige Wundpflege anzuraten.
Der Boden soll gut durchlüftet, tiefgründig, humos und nährstoffreich sein und eine gute Wasserkapazität besitzen. Leichte, sandige Böden sind geeignet, wenn die Wasserhaltefähigkeit verbessert werden kann. Feuchte, zur Staunässe neigende und kalte Böden sind ungeeignet. Die Süßkirschen sind auf solchen Standorten verstärkt anfällig für Gummifluss, Winterfrost und *Monilia*. Obwohl Süßkirschen verständlicherweise gerade während der Fruchtreife auf ausreichend Wasser angewiesen sind, verursacht kühlfeuchte Witterung während der Fruchtreifungswochen verstärkten Fruchtfall, was der Fachmann als Röteln bezeichnet.
Starke Niederschläge während der Fruchtreife können in kurzer Zeit zu erheblichen Ertragseinbußen durch geplatzte Früchte führen. Leider platzen gerade die edlen, großfrüchtigen Knorpelkirschen besonders häufig.

▲ Kirschbäume benötigen reichlich Raum zur Entwicklung ihrer prächtigen Kronen – die kleinen Neuzüchtungen, die gelegentlich angeboten werden, ausgenommen.

Was ist Röteln?

Nicht bei allen Süßkirschensorten ist reicher Fruchtansatz gleich bedeutend mit hohem Ertrag, da durch das sogenannte Röteln 60–70 Tage nach der Blüte bzw. kurz vor der Fruchtreifeperiode beträchtliche Fruchtverluste entstehen können. Dieser natürliche Fruchtfall (er kann durch Pflege nicht verhindert werden) ist meistens erwünscht, weil dabei Früchte abgestoßen werden, die der Baum nicht zu ernähren vermag. Allerdings tritt das Röteln verstärkt nach nasskalter Witterung oder sehr warmen Nächten in der kritischen Entwicklungsphase auf.

Unterlagen

Während bei den Apfel- und Birnbäumen schwachwüchsige Bäume zum eingeführten Sortiment gehören, sind klein bleibende Süßkirschenbäume noch selten zu bekommen. Das liegt an den Unterlagen. Die Unterlagen, die für Süßkirschen zur Verfügung stehen – es wird dabei zwischen aus Samen gezogenen Sämlingsunterlagen und durch vegetative Vermehrung gezogenen Klonen unterschieden – sind mehr oder weniger starkwüchsig.

Kronenformen und Schnitt

Für Süßkirschen sind, egal welche Stammlänge man wählt, Pyramidenkronen oder andere Rundkronen typisch. Alle Versuche, diese Kombinationen in kleinere Formen zu pressen, erfordern hohe Aufwendungen für Formierung und Schnitt. Die Süßkirsche wächst in der Jugend sehr kräftig. Sobald die Krone aufgebaut ist, schneidet man Süßkirschen so wenig wie möglich. Bei den meisten Süßkirschen-Sorten genügt es, den Baum auszulichten und gelegentlich junges Fruchtholz heranzuziehen. Der beste Zeitpunkt Süßkirschenbäume zu schneiden ist während oder kurz nach der Ernte. Keinesfalls darf bei Frost geschnitten werden. Größere Wunden sollte man stets mit einem Wundverschlussmittel behandeln.

Krankheiten und Schädlinge

(siehe auch nachfolgend bei Sauerkirsche)
Die sogenannten **Ringfleckenkrankheiten** werden von verschiedenen Virusarten verursacht. Ring- oder bandförmige Blattflecken, schrotschussartige Löcher, Auswüchse an der Blattunterseite, Blattmissbildungen, Steckenbleiben der Blüten, verkümmertes Triebwachstum, Rosettenbildung, Verkahlung und Ertragsrückgang sind alarmierende Zeichen, die auf Virusbefall hinweisen, insbesondere, wenn am gleichen Baum mehrere der genannten Symptome auftreten. Der **Bakterienbrand** (siehe Beschreibung des Schadbildes bei der Sauerkirsche) kann auch bei der Süßkirsche Schäden hervorrufen.

Die **Sprühfleckenkrankheit** kann in feuchten Jahren an Süßkirschen erhebliche Schäden verursachen. Die Blätter erhalten durch rotviolette, unscharf begrenzte, bis etwa 1 mm große Flecken ein gesprenkeltes Aussehen. Bisweilen findet man auch schrotschussartige kleine Löcher. Auf der Blattunterseite entstehen auffällige Sporenlager in Gestalt hellweißer, wachsartiger Beläge. Im fortgeschrittenen Stadium verfärben sich die Blätter leuchtend gelb und fallen ab.

Die Schwarze **Süßkirschenblattlaus** ruft Blattrollungen und Triebstauchungen hervor. Ein Befall mit dem **Rindenwickler** kann an Jungbäumen zu Absterbeerscheinungen oder sogar zum Ausfall ganzer Bäume führen und ist meist von Gummifluss begleitet. Ein typisches Zeichen für einen Befall sind die auf der Rinde haftenden, hellgelb bis bräunlich gefärbten Kotsäckchen der Raupen. Die fleischroten Raupen, die in der Rinde leben, werden etwa 2 cm groß.

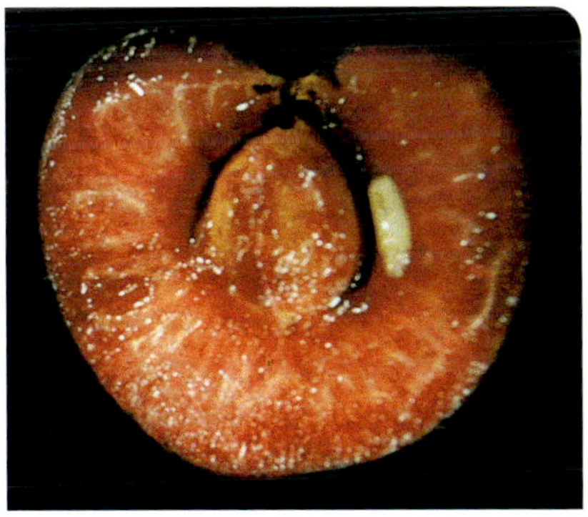

◀ Madige Kirschen können die Freude an der Ernte verderben. Ursache ist die Made der Kirschfruchtfliege. Die Weibchen dieses zarten Insekts fliegen die unreifen Kirschen an und legen dort ihre Eier ab. Die Kirschfruchtfliege kann in warmen Regionen je nach Witterungsverlauf die gesamte Ernte vernichten. In starken Befallsgebieten sollten nur frühreifende Kirschensorten (bis maximal 3./4. Kirschenwoche) gepflanzt werden, da diese durch die Kirschfruchtfliege nicht gefährdet sind.

Mit Gelbtafeln gegen Kirschfruchtfliege

Mit Gelbtafeln, die nach der Blüte in die Krone gehängt werden, kann man die Kirschfruchtfliege abfangen. Bei der Ernte nimmt man sie dann wieder ab, damit nicht unnötig andere, nützliche Tiere kleben bleiben.

▼ Die Schrotschusskrankheit verursacht auf den Blättern scharf umgrenzte, dunkle Flecken, die später herausfallen und sogenannte „Schrotschusslöcher" hinterlassen. Auf den Früchten und Zweigen entstehen eingesunkene Stellen. Der Pilz überwintert in den Zweigwunden und wird im Frühjahr durch Regentropfen verbreitet. Schäden entstehen meist nur in niederschlagsreichen Gebieten.

▼ Auf schweren, nassen, stickstoffreichen Böden neigen Kirschbäume zu Gummifluss. Dabei tritt in Astwinkeln und aus Verletzungen eine harzartige zähe Masse aus. Gummifluss lässt sich nur vorbeugend bekämpfen: robuste Sorten wählen, nasskalte und schwere Böden meiden, keine großen Wunden schaffen, Wunden stets sorgfältig mit Verschlussmittel behandeln.

Befruchtungsverhältnisse

Die Mehrzahl der Süßkirschensorten sind ausgeprägt selbstunfruchtbar (selbststeril) und auf Fremdbefruchtung angewiesen. Ein besonderes Problem für die Befruchtung besteht bei Süßkirschen in der verbreiteten Gruppenunfruchtbarkeit (der sogenannten Intersterilität). Die dazugehörigen Sorten sind unter sich selbstunfruchtbar und können nur von Pollen anderer Sorten befruchtet werden, die nicht dieser Gruppe angehören. So ist die 'Prinzeßkirsche' mit 'Büttners Rote Knorpelkirsche' und 'Schneiders Späte Knorpelkirsche' unfruchtbar. Wie beim Apfel sind bei der Bestäubung darüber hinaus die Blühzeiten der Sorten zu beachten.
Um Befruchtungsschwierigkeiten zu entgehen, sollte man eine zweite Süßkirschensorte pflanzen. Als Pollenspender können natürlich auch Kirschbäume in Nachbargärten dienen. Je näher die Bäume beieinander stehen, um so besser die Erträge: Denn je kürzer die Flugstrecken, um so mehr Blüten können die Bienen bestäuben. Nur wenn diese Bedingung erfüllt ist und wenn auch die Bienen fliegen, kann mit der erforderlichen Befruchtung und einem Fruchtansatz von 25 bis 50 % der Blüten gerechnet werden.
In der Zwischenzeit bietet der Handel eine Reihe selbstfruchtbarer Sorten an.

Sorten

Die Einteilung der Süßkirschen-Sorten erfolgt nach Farbe (man findet Farbabstufungen von gelbrot bis schwarzrot) und Fruchtfleischigkeit. Dabei wird zwischen Herzkirschen mit weichem und Knorpelkirschen mit festem Fruchtfleisch unterschieden. Aufgrund der Weichfleischigkeit sind Herzkischen weniger gut für längere Transporte geeignet als die bissfesten Knorpelkirschen. Die Saftfarbe kann hellsaftig, färbend und stark färbend sein. Zwischen Herz- und Knorpelkirschen gibt es naturgemäß Übergänge, sodass die Einordnung der Sorten nicht immer eindeutig ist.

'Büttners Rote Knorpel': Weitverbreitete, rotbunte Knorpelkirsche, robust, hoher Ertrag, Früchte relativ platzfest, gut zum Konservieren geeignet, Reifezeit 5. Kirschenwoche.

'Burlat': Dunkelrote Herzkirsche, des Standardsortiments, in der 2. Kirschenwoche reifend; Früchte relativ groß, weitgehend platzfest.

'Celeste': Selbstfruchtbare Sorte, mit großen, kräftig roten Früchten, süß und von gutem Geschmack, Reifezeit 3. Kirschenwoche.

'Hedelfinger': Bewährte braunrote Knorpelkirsche, ausgezeichnete Fruchtqualität und regelmäßiger Ertrag, gut zum Konservieren, neigt zum Platzen. Reifezeit 6. Kirschenwoche.

'Katalin': Herzkirsche, dunkelrot, groß, Geschmack harmonisch, saftig, süß, süßsäuerlich, für Frischverzehr und Verarbeitung, Platzfestigkeit hoch, Reifezeit 8. Kirschenwoche

'Kordia': Braunviolette Knorpelkirsche, hoher Ertrag und ausgezeichneter Geschmack, Früchte platzen und faulen nicht, gleichgut zum Frischverzehr als auch zur Konservierung geeignet. Reifezeit 6. Kirschenwoche.

'Lapins': Rote Knorpelkirsche mit großen, festen Früchten, besonders gut als Tafelfrucht geeignet, Reifezeit 6. Kirschenwoche.

Einteilung der Reifezeit in Kirschenwochen

Eine weitere wichtige Unterscheidung bei Kirschensorten ist die Reifezeit, die in Kirschenwochen ausgedrückt wird. Die Reifetermine der Sorten umfassen einen Zeitraum von etwa 6 Wochen (1. bis 6. Kirschenwoche). Die Reihenfolge der sortenspezifischen Fruchtreife ist dabei ziemlich konstant und unabhängig von der Witterung. Im Rheingau fällt die 1. Kirschenwoche etwa in die Zeit vom 24. Mai bis 6. Juni. In warmen Regionen, in denen die Kirschfruchtfliege auftritt, nur Sorten der ersten vier Kirschenwochen anpflanzen.

▼ Die Knorpelkirsche 'Van' ist eine Züchtung aus Kanada, die in den 60er Jahren nach Europa kam. Bei der Ernte ist der kurze Fruchtstiel etwas nachteilig.

'Merchant': Mittelgroße, dunkelrote (schwarze) Herzkirsche, mit ausgesprochen gutem Geschmack, gute Platzfestigkeit. Reifezeit 3.Kirschenwoche.
'Nadino': Rotbraune Knorpelkirschen, sehr gute Fruchtqualität, relativ platzfest, liebt warme Lagen, Reifezeit 5. Kirschenwoche.
'Namare': Großfrüchtige, leuchtend dunkelrote Knorpelkirsche, mit intensivem Aroma, für Frischverzehr und Konservierung, Reifezeit 5. Kirschenwoche.
'Regina': Dunkelbraunrote Knorpelkirsche, sie ist mit die späteste Sorte im Süßkirschensortiment, sie reift gegen Ende der 6. Kirschenwoche; hervorragende Geschmacksqualität und sichere Ertragsleistungen, hohe Resistenz gegen Platzen und Faulen bei Nässe.
'Schneiders Späte Knorpel': Weitverbreitete schwarzbraune Knorpelkirsche für den Frischverzehr, ihr Aussehen und der Geschmack trugen zu der weiten Verbreitung bei, anfällig für Platzen und Faulen bei Nässe.
'Summit': Dunkelrot glänzende, große Herzkirsche, Fruchtfleisch weiß, Geschmack aromatisch süß, Reifezeit 4. Kirschenwoche.
'Sunburst': Rotorange, ziemlich weichfleischige Knorpelkirsche, Fruchtgewicht von 10 bis 12 g, Platzempfindlichkeit hoch, Erträge setzen zeitig ein, sind hoch und regelmäßig, Reifezeit 4. Kirschenwoche.
'Sylvia': Knorpelkirsche, purpurrot, bringt regelmäßige Erträge, für den Frischverzehr, nicht platzempfindlich. Reifezeit 4. Kirschenwoche.

Sauerkirsche

Sauerkirschen sind weniger beliebt als Süßkirschen, weil die frischen Früchte zu sauer schmecken. Zum Eindünsten, Entsaften und Einfrieren, für Kuchen und Gelees eignen sie sich jedoch vorzüglich. Sauerkirschbäume stammen von der kleinkronigen Weichselkirsche (*Prunus mahaleb*) ab. Im Ertrag stehen die Sauerkirschen den Süßkirschenbäumen nicht nach – sie blühen und fruchten jedes Jahr reich und regelmäßig.

Standortansprüche

Die Sauerkirsche ist im Vergleich zu anderen Obstarten relativ genügsam. Sie stellt weder an die Temperatur noch an den Wasserhaushalt besondere Ansprüche und bringt es auch auf weniger fruchtbaren Böden zu befriedigendem Triebwachstum und Fruchtertrag. Allerdings mag die Sauerkirsche wie die Süßkirsche keine schlecht durchlüftete Böden, hohe Grundwasserstände oder zeitweilige Vernässung, sie wird dann anfällig für Schädlinge und Krankheiten. Geradezu sprichwörtlich ist die hervorragende Winterfrosthärte der Sauerkirsche. Gegen Blütenfröste sind Sauerkirschen weniger empfindlich als Süßkirschen, was hauptsächlich auf den späten Blühbeginn, teilweise aber auch auf die bessere Widerstandsfähigkeit der Blütenorgane gegenüber tiefen Temperaturen zurückzuführen ist.

Kronenformen und Schnitt

Im Gegensatz zu den Süßkirschen bilden viele Sorten an einjährigen Langtrieben die Hauptmenge der Früchte aus. Die abgetragenen Triebe verkahlen und treiben nur am Triebende aus. Durch das Überhängen des nächstjährigen, Frucht tragenden Triebes kommt es zu hängendem, fast trauerwei-

▲ Sauerkirschbäume blühen am einjährigen Holz.

denartigem Wuchs. Diese nahezu blattlosen Trieben bezeichnet man auch als „Peitschentriebe“, sie verwandeln den Baum ohne Schnitt in eine dichte „Trauerweide“. Dieser Sortengruppe gehören die am weitesten verbreiteten ‘Schattenmorellen’ und ihre Abkömmlinge an. Sie erfordern einen intensiven Fruchtholzschnitt und alle 3 bis 4 Jahre einen Verjüngungsschnitt. Die mehr aufrecht wachsenden Sorten neigen nicht zur Verkahlung, bilden meist größere Kronen.
Bei den Sorten vom Typ ‘Schattenmorelle’ hat es sich mehr oder weniger durchgesetzt, alle Fruchttriebe nach der Ernte zurückzuschneiden.
Bei aufrecht wachsenden Sorten nimmt man am besten im August alles bis auf den günstigsten, nach außen stehenden Trieb zurück. So erzielt man einen Austrieb vieler Langtriebe entlang der vorjährigen Ruten, die noch im gleichen Jahr Blüten tragen.

Krankheiten und Schädlinge

Die **Nekrotische Ringflecken-** oder **Stecklenberger Krankheit** wird von einem Virus verursacht. Ring- oder bandförmige Blattflecken, schrotschussartige Löcher, Auswüchse an der Blattunterseite, Blattmissbildungen, Steckenbleiben der Blüten, verkümmertes Triebwachstum, Rosettenbildung, Verkahlung und Ertragsrückgang sind alarmierende Zeichen, die auf Virusbefall hinweisen, insbesondere, wenn am gleichen Baum mehrere der genannten Symptome auftreten.
Der **Bakterienbrand** äußert sich in Form von abgestorbenen Zweigen und Kronenpartien. Zunächst entstehen in Knospennähe eingesunkene rötliche Flecken und verstärkter Gummifluss. An den grünen Früchten bilden sich schwarze Flecken.
In feuchten Jahren kann die **Sprühfleckenkrankheit** verstärkt an Süß- und Sauerkirschen auftreten. An der Unterseite der oberseits gesprenkelten Blätter entstehen Sporenlager in Form von weißlichen Belägen. Die Blätter fallen vorzeitig ab, der Baum kann nicht genügend Reservestoffe bilden und wird geschwächt. Da der Pilz auch am Falllaub überwintert, müssen die Blätter spätestens zum Winterende entfernt werden. Bei Befall durch die **Verticillium-Welke** reagieren die befallenen Bäume durch Vergilben des Laubes, langsames Dahinkümmern, oder auch durch plötzliches, oft mit völligem Absterben verbundenes Welken. In dem erkrankten Holz zeigen sich im Querschnitt dunkelviolette bis braunschwarze Verfärbungen, die tintenfleckenartig verteilt sind. Der Erreger ist ein bodenbewohnender Pilz, der über Wurzeln oder auch Stammverletzungen in die Pflanzen eindringt.
Neben den bekannten **Spinnmilben** tritt die **Schwarze Sauerkirschenblattlaus** auf, die Blattrollungen und Triebstauchungen hervorruft. Die **Kirschblütenmotte** vernichtet den Ertrag durch Zerstörung des Fruchtknotens während der Blüte. Die **Kirschblattwespe** schädigt als schleimige, schwarze, an Nacktschnecken erinnernde Larve die Blätter von Kirschen und anderen Obstarten. Die **Kirschfruchtfliege** (siehe bei Süßkirsche) kann auch Sauerkirschen befallen.

Sorten

Die meisten Sorten sind hochgradig selbstfruchtbar. Man unterscheidet bei den Sauerkirschen Bastard- oder Hybridkirschen, helle Amarellen und dunkle Weichseln. Hybridkirschen sind edelsäuerliche, mäßig süße, helle Kirschen mit roter Schale und nichtfärbenden Saft (Glaskirschen). Diese Sorten haben heute im Sauerkirschanbau keine Bedeutung. Die hellen Amarellen haben ebenfalls rote Schalen und nichtfärbenden Saft. Die Weichseln sind mehr oder weniger saure Kirschen mit schwarzroter Schale und färbendem, dunklem Saft.
Der Reifezeit nach werden Sauerkirschen wie Süßkirschen in Kirschenwochen eingeteilt (siehe Seite 352).

▼ Die *Monilia*-Spitzendürre ist eine gefürchtete Pilzkrankheit der Sauerkirsche, die bei feuchter Witterung zur Blütezeit die Bäume extrem stark schädigen kann. Der Schadpilz dringt auf dem Weg über die Blütenorgane in das Fruchtholz ein und bringt dieses mit den Blüten zum Absterben. Da der Pilz im Garten kaum bekämpfbar ist, sollten nur gegen *Monilia* weitgehend resistente Sauerkirschsorten gepflanzt werden.

'Achat': Mittelgroße, flachrunde, dunkelrote Früchte. Sauerkirsche, die mit ihrem ausgeglichenem Zucker- und Säuregehalt, die optimale Kirsche für den Frischverzehr ist, Fruchtansatz am mehrjährigen Holz (Bukett-Triebe), Reifezeit 4. Kirschenwoche.
'Jade': Frucht flachrund, braunrot, Fruchtfleisch dunkelrot, charakteristisch ist der ausgezeichnete Geschmack, welcher sich in einem überdurchschnittlich hohen Zucker- und Säuregehalt mit einem fruchtigen Aroma widerspiegelt. Reifezeit eine Woche vor ‚Schattenmorelle', sehr langes Erntefenster.

► 'Morellenfeuer' mit ihrem süßkirschenähnlichen Geschmack gehört zu den ertragreichsten Sauerkirschsorten in Europa.

'Karneol': Dunkle Weichsel, weitgehend selbstfruchtbar, tolerant gegen das Nekrotische Ringfleckenvirus, liebt warme und geschützte Standorte, stark wachsend; Reifezeit 5. Kirschenwoche.
'Kobold': Zwerg-Schattenmorelle, Baumhöhe maximal 2 m, das Fleisch ist weich, intensiv rot und sauer, ideal zum einmachen, Reifezeit 6. Kirschenwoche.
'Ludwigs Frühe' ('Königliche Amarelle'): Hellfleischig, selbstfruchtbar, Stein und Stiel fest miteinander verbunden, hochresistent gegen Monilia und Bakterienbrand, stark wachsend, Reifezeit in der 4. Kirschenwoche.
'Morellenfeuer': Bekannte dunkle Weichsel, gut zum Frischverzehr, allerdings anfällig für Monilia und Rindenkrankheiten, Reifezeit 5. bis 6. Kirschenwoche.
'Morina': Feste, große, braunrote Frucht, säuerlich, würzig, Steinablösbarkeit gut, sehr gut für die Verarbeitung als auch für den Frischverzehr geeignet, wenig anfällig für Monilia, Reifezeit 6. Kirschenwoche
'Safir': Robuste, sehr reichtragende Sorte, die sich wegen des dunklen und färbenden Saftes und der guten Steinlöslichkeit bestens zur Verarbeitung eignet. Reifezeit 5–10 Tage vor ‚Schattenmorelle'.
'Schattenmorelle': Weitverbreitete, alte Sorte, eignet sich gut zum Entsaften, allerdings sehr anfällig gegenüber Krankheiten, Reifezeit 6. Kirschenwoche.
'Vowi': Gilt als verbesserte 'Schattenmorelle', weniger anfällig für Krankheiten, Reifezeit 6. Kirschenwoche.

Begriffsverwirrung
Der Name „Schattenmorelle" wird fälschlicherweise so gedeutet, dass die Sorte gut im Schatten wächst. Das stimmt jedoch nicht. Der Name 'Schattenmorelle' ist abgewandelt aus dem französischen Morelle de Chateau = Schlossmorelle oder Chateau Morel = Schloss Morel.

Pflaumen, Zwetschen, Renekloden, Mirabellen

Bei den Abkömmlingen der Hauspflaume *Prunus domestica* sehen die Früchte ganz verschieden aus, man bezeichnet sie deshalb auch als Sammelart. Neben runden kommen längliche, neben kleinfrüchtigen relativ großfruchtige Formen vor. Die Fruchtfarben reichen von Grün über Gelb und Rot bis zu Dunkelblau; die Reifezeiten erstrecken sich über mehrere Monate hinweg, nämlich von Mitte Juli bis Mitte Oktober. Diese Mannigfaltigkeit, die erwartungsgemäß auch für die inneren Fruchtqualitäten (Saftigkeit und Festigkeit des Fruchtfleisches, Aroma, Zucker-Säure-Verhältnis) zutrifft, ist das Ergebnis der Hybridisierung mischerbiger Pflaumensorten.

Standortansprüche

Die weit verbreitete Ansicht, dass die Pflaumen und Zwetschen nur wenig Standraum brauchen, ist nicht ganz richtig. Sie wachsen zwar fast überall und noch unter ungünstigen Bodenverhältnissen; aber das volle Aroma, die gewünschte

Gesunde Pflaumen

Frische und getrocknete Pflaumen dienen als altbewährtes Abführmittel. Die Wirkung beruht auf dem hohen Sorbitanteil in der Zuckerfraktion. Außerdem schützen Karotinoide vor Herz-Kreislauf- und Augenerkrankungen.

▲ Eine Pflaume oder Zwetsche sollte in keinem Hausgarten fehlen.

Süße, sortentypische Fruchtfärbung und eine regelmäßige, ausreichende Fruchtbarkeit werden nur in warmen oder milden Lagen und auf nicht allzu schweren, nährstoffreichen Böden erreicht. Das gilt für Pflaumen und frühe Zwetschen, insbesondere jedoch für alle Renekloden- und Mirabellensorten. Die Spätzwetschen, namentlich die Hauszwetschen-Typen, haben eine größere Anbaubreite. Aber auch diese bringen an feuchten, kühlen Standorten und in ungeschützten Höhenlagen nur fad schmeckende Früchte.
Gegen strenge Winterfröste sind alle Arten und Sorten mehr oder weniger empfindlich, desgleichen auch gegen Blütenfröste (Spätfröste). Darum müssen bei Standortwahl Frostmulden sowie Rau- und Spätfrostlagen von vornherein ausgeschieden werden. In der Regel findet sich jedoch für Einzelbäume ein geschützter Platz im Garten. Die Bodenverhältnisse können den Anforderungen der Bäume entsprechend weitgehend verändert und angepasst werden.

Unterlagen

Wie bei fast allen Obstgehölzen lassen sich auch bei der formenreichen *Prunus domestica*-Gruppe die für die Vermehrung der Sorten notwendigen Unterlagen in die generativ (Sämlinge) und vegetativ (Klon- bzw. Typenunterlagen) vermehrbaren gliedern. Sämlingsunterlagen werden kaum noch verwendet, weil die Veredlungskombinationen meist einen uneinheitlichen Wuchs zeigen.
Hauszwetschen, Mirabellen und die Große Grüne Reneklode können auch wurzelecht durch Wurzelausläufer vermehrt werden. Von Nachteil ist die lange Anzuchtdauer, die fünf Jahre und mehr betragen kann.

Kronenformen und Schnitt

Anders als die Süßkirsche ist diese Steinobstart relativ schnittverträglich und kann auch verjüngt werden, wenn die Bäume stark verwildert sind. Ältere Bäume mit geringem Triebwachstum verjüngt man durch einen kräftigen Rückschnitt in das mehrjährige Holz. Dabei werden dicke Äste nach Möglichkeiten nicht auf Stummel zurückgenommen, sondern auf schwächere Seitenäste abgesetzt.

Krankheiten und Schädlinge

An Pflaumen tritt als gefährlichste Virose die **Scharka-Krankheit** auf. Die Früchte befallener Pflaumenbäume erhalten ein marmoriertes Aussehen und sind im Extremfall kreuz und quer von breiten Furchen durchzogen. Das Fruchtfleisch ist stellenweise bis zum Kern rötlich verfärbt. Auf den Blättern entstehen hellgrüne, verwaschene, gelegentlich auch von einem braunroten Rand umgebene Flecke. Durch vorzeitigen Fruchtfall treten nicht selten Totalverluste auf. Das Scharkavirus wird unter anderem von Blattläusen übertragen. Deshalb ist eine Bekämpfung von Läusen gleichzeitig eine vorbeugende Maßnahme gegen dieses Virus. Das Virus lebt aber nicht nur in *Prunus*-Arten, sondern auch in krautigen Pflanzen wie

TIPP

Viele Pflaumen-Sorten haben einen mehr oder weniger starken Drang zur Ausläuferbildung, das heißt, es springen aus dem Wurzelstock viele Wildtriebe hervor. Diese müssen regelmäßig entfernt werden.

Viel Zucker auf Sand

Man mag es kaum glauben. Aber auf reinen Sandböden gedeihen bei ausreichender Bewässerung die geschmackvollsten und süßesten Früchte. Der Volksmund bezeichnet die auf solchen Böden geernteten Früchte als Zucker- oder Sandzwetschen.

▲ Scharka-Krankheit an Zwetsche.

▲ Die missgebildeten „Narren“ fallen besonders auf.

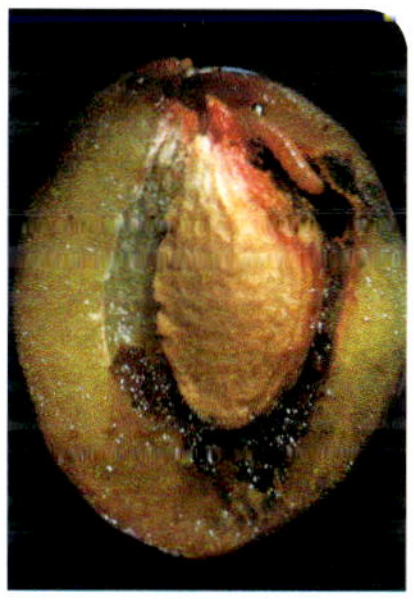

▲ Der Pflaumenwickler verursacht vor allem an späten Sorten Schäden. Man findet dann in den Früchten eine rötlich gefärbte Raupe, die in der Nähe des Steines eine (mit Kot ausgefüllte) Höhle ausgefressen hat. In extremen Befallsgebieten ist es ratsam, nur frühreife Pflaumensorten anzupflanzen.

Weißklee, Saatwicke, Kreuzkraut, Hahnenfuß, Steinklee und Taubnessel. Der einzige wirksame Schutz vor dem Befall mit der Scharka-Krankheit besteht darin, eine tolerante oder resistente Sorte anzupflanzen. **Bakterienbrand** kann auch bei Pflaumen auftreten, dies gilt auch für die **Sprühfleckenkrankheit** und die **Schrotschusskrankheit** (Näheres siehe bei den Süßkirschen Seite 351). Der **Pflaumenrost** erscheint zunächst auf der Blattunterseite in Form eines rostbraunen, stäubenden Pilzrasens.

Die **Narren-** oder **Taschenkrankheit** erscheint an Pflaumen in Form missgebildeter, kernloser Früchte, die sich nach und nach bananenförmig verkrümmen. Sie tritt bevorzugt bei feuchtkühler Witterung auf. Diese Pilzkrankheit befällt nur wenige Sorten, z. B. die ‘Hauszwetsche’; frühreife Sorten sind kaum betroffen. Kranke Früchte sollten entfernt und vernichtet werden. Tritt die Krankheit wiederholt auf, empfiehlt es sich, auf eine nicht anfällige Sorte auszuweichen.

Von den Blattläusen tritt bei Pflaumen die **Kleine Pflaumenblattlaus** und die **Mehlige Pflaumenblattlaus** auf, die auch als Überträger der Scharka-Krankheit gefürchtet sind. Die **Gemeine Napfschildlaus** bildet auffällige halbkugelige (napfförmige), bis zu 5 mm lange, braune Schilde aus. Die **Pflaumensägewespen** zerstören durch ihre weißlichen Larven die jungen Früchte. Extrem starker Befall ist aber selten.

Befruchtungsverhältnisse

Den Pflaumenbäumen, die jedes Jahr reichlich blühen, aber nur spärlich fruchten, fehlt meist ein passender Pollenspender. Bei älteren Bäumen, die früher gut getragen haben und plötzlich keine Früchte mehr ansetzen, kann die Ursache darin zu finden sein, dass eine gute Befruchtersorte in der Nachbarschaft gefällt wurde. Die einzelnen Sorten sind hochgradig selbstfruchtbar, selbstunfruchtbar oder sie gehören Übergangsformen an. Um einen ausreichenden Fruchtansatz zu gewährleisten, sind für alle Übergangsformen geeignete Pollenspender in gleicher Art wie für die selbstunfruchtbaren Sorten notwendig. Wichtig ist auch ein ausreichender Bienenflug. In Wohnsiedlungen kann die Mischpflanzung in Absprache mit den Nachbarn geschehen; davon würden alle Gartenbesitzer profitieren. Bemerkenswert in diesem Zusammenhang ist auch, dass die Prunus-Arten Schlehe (*P. spinosa*) und Kirschpflaume (*P. cerasifera*) fähig sind, Sorten der Hauspflaumen-Gruppe zu befruchten.

Züchtung auf Scharka-Resistenz

Seit sich die Scharka-Viruskrankheit besonders in warmen Regionen ausgebreitet hat, werden verstärkt wenig anfällige Sorten gezüchtet. In Befallsgebieten ist heute nur noch der Anbau von toleranten bzw. resistenten Sorten möglich. Tolerante bzw. resistente Sorten sind: ‘Katinka’, ‘Hanita’, ‘Elena’ und ‘Presenta’.

Ausreifen lassen
Pflaumen- und Zwetschenfrüchte möglichst am Baum ausreifen lassen. Die Vollreife ist erreicht, wenn die Bäume stärkeren Fruchtfall zeigen, bei Zwetschen, wenn sich kleine Fältchen am Stielansatz zeigen.

Sorten

Weltweit sind über zweitausend verschiedene Pflaumensorten bekannt. Von den vielen „Pflaumen“-Sorten am stärksten verbreitet ist die zuckerreiche, sowohl durch Typengemische als auch durch Sämlingspopulationen in vielen Formen repräsentierte ‘Hauszwetsche’, deren Früchte vielseitig verwendbar sind. Die Früchte müssen am Baum gut ausreifen, damit sich viel Zucker einlagert und sich das Aroma voll ausbildet.

Die früher weit verbreiteten Renekloden und Eierpflaumen sind heute leider kaum noch in unseren Gärten zu finden. Dies hängt nicht zuletzt damit zusammen, dass sich die kugelrunden, weichen Früchte schlecht vom Stein lösen.

Pflaumen und Zwetschen

‘Bühler Frühzwetsche’: Reife Ende Juli bis Mitte August, je nach Typ und Lage, Fruchtgewicht 25 bis 32 g, weit verbreitete, mittelfrühe und scharkatolerante Sorte, gesund und ertragreich, selbstfruchtbar.

‘Cacaks Schöne’: Reife Mitte August, Fruchtgewicht 32 bis 48 g, neuere, sehr attraktive Sorte, scharkatolerant, reift gleichmäßig, hoher Ertrag, vollreif ernten, für warme Lagen, mittelstark wachsend, selbstfruchtbar. Selbst bei schlechten Blühbedingungen setzt die Sorte gut an.

‘Hanita’: Reife Ende August bis Anfang September, Fruchtgewicht 33 bis 42 g, seit 1992 im Handel, scharkatolerant, gedeiht in kühleren Lagen, Ertrag setzt früh ein, ist hoch und regelmäßig, löst gut vom Stein, selbstfruchtbar.

‘Hauszwetsche’: Reife Anfang bis Ende September, Fruchtgewicht 18 bis 30 g, sehr alte Sorte bereits, seit dem 17. Jahrhun-

Begriffswirrwarr um Zwetsche und Pflaume

Während im norddeutschen Raum für den Formenkreis von *Prunus domestica* allgemein der Oberbegriff Pflaumen eingebürgert ist, werden in Süddeutschland Pflaumen und Zwetschen (in Süddeutschland Zwetschgen genannt) streng voneinander unterschieden. Die Trennung erfolgt in erster Linie nach den äußeren Merkmalen der Früchte, wobei es zwischen den nachfolgend beschriebenen Formen auch Übergänge gibt.

Die Zwetschenfrucht ist länglich gebaut (rundoval), blau oder rot gefärbt. Ihr Fruchtfleisch ist gelb und fest, der Stein sehr flach und löst sich insbesondere bei den Spätsorten leicht vom Fleisch. Die Zwetsche lässt sich neben dem Frischverzehr zum Einmachen und Dörren, für Marmeladen, zur Saftgewinnung, als Kuchenbelag und zum Tiefgefrieren vorteilhaft verwenden.

Pflaumenfrüchte (Rund- und Eierpflaumen) sind meist großfrüchtig und an beiden Enden dicker und rundlicher als die Zwetschen und besitzen eine ausgeprägte Fruchtnaht. Mit ihrem weichen, wässrigen und in der Vollreife sehr aromatischen Fruchtfleisch eignen sie sich vor allem zum Rohverzehr. Zum Einmachen finden sie kaum Verwendung, weil das Fleisch leicht zerkocht, die Schale fest wird und Bitterstoffe freigegeben werden. Die Fruchtfarbe ist je nach Sorte Blau, Rot, Gelb oder Grün.

Die Reneklode, eine nach der französischen Königin Claudia benannte Edelpflaume, ist wahrhaft eine königliche Frucht. Sie ist kugelig rund gebaut, die Fruchthaut grün-gelb und an der Sonnenseite leicht gerötet. Das Fruchtfleisch ist äußerst süß, aromatisch und zum Rohverzehr und zum Eindünsten sehr beliebt. Die Renekloden werden mit Stein eingemacht, weil sich dadurch der pikante Geschmack noch steigern lässt.

Mirabellen nennt man gebietsweise wegen ihrer kirschenähnlichen Fruchtform und -größe auch Kirschpflaumen. Ihre goldgelbe Fruchthaut ist bei reichlicher Sonneneinstrahlung mit kleinen roten Tupfen versehen. Das Fruchtfleisch ist fest und steinlösend, süß und von vorzüglichem Geschmack. Mirabellen eignen sich ausgezeichnet zum Konservieren.

dert in Deutschland angebaut, spät reifend, sehr anpassungsfähig an Boden und Klima, anfällig gegenüber Scharkakrankheit, löst sich gut vom Stein, stark wachsend, selbstfruchtbar.

'Herman': Reife Juli, Fruchtgewicht 25 bis 35 g, scharkatolerant, hoher Ertrag setzt früh ein, neigt zu vorzeitigem Fruchtfall, Stein löst sich gut vom Fleisch, für warme Lagen, mittelstark wachsend, mehr oder weniger selbstfruchtbar.

'Jojo': Erste schakaresistente Sorte, Reifezeit Ende August, selbstfruchtbar, Fruchtgewicht 35-40 mm, Fruchtfarbe dunkelblau, Fruchtfleisch hellgelb, Geschmack süß-säuerlich, Steinablösbarkeit gut.

'Katinka': Frühsorte (Reifezeit Ende Juli), selbstfruchtbar, mit qualitativ guten, sehr schmackhaften Früchten, weißgelbes Fruchtfleisch, für den Frischverzehr und auch als Kuchenbelag geeignet, gute Steinablösbarkeit.

▲ 'Bühler Frühzwetsche' ist neben der 'Hauszwetsche' die in Deutschland am meisten angebaute Sorte.

'Tegera': Reifezeit Ende Juli-Anfang August, Fruchtgewicht 35-40 g, angenehm süß-säuerliches Aroma, Fruchtfleisch fest und saftig, backfähig, sehr gut steinlösend, selbstfruchtbar, geringe Anfälligkeit für Fäulnis.

'Top-Geisenheimer Spätzwetsche': Reife Mitte September bis Mitte Oktober, Fruchtgewicht 36 g, seit 1993 im Handel, sehr früh einsetzender und hoher Ertrag, unempfindlich gegen Pilzkrankheiten und Scharka, anspruchslos, auch für raue Lagen, mittelstark wachsend, selbstfruchtbar, Blüten regenunempfindlich.

'Valjevka': Reife Mitte September, Fruchtgewicht 28 bis 40 g. Ertrag tritt früh ein, ist regelmäßig und hoch, Fruchtfleisch löst sich gut vom Stein, mittelstark wachsend, selbstfruchtbar.

◀ Die spät reifende und scharkatolerante 'Valjevka' wird als Ersatz für 'Hauszwetsche' empfohlen.

▲ Die 'Mirabelle von Nancy' ist die wertvollste aller Mirabellen, da sie sichere Erträge bringt. Der Name dieser Mirabelle lässt darauf schließen, dass sie in der Gegend von Nancy in Lothringen angebaut wird. Ihren Ursprung hat sie allerdings in Asien. Sie soll im 15. Jahrhundert durch König René von Anjou in Frankreich eingeführt worden sein. Mitte des 18. Jahrhunderts kam sie nach Deutschland und ist seit 1900 in ganz Mitteleuropa verbreitet.

► Die hellviolette 'Graf Althanns Reneklode' ist eine der besten Renekloden zum frisch essen und für Kompott.

'Wangenheimer Frühzwetsche': Reife Ende August bis Anfang September, Ertrag hoch und früh einsetzend, altbewährte robuste Sorte, auch für raue Lagen, Fruchtfleisch löst sich vom Stein, stark und breit wachsend, selbstfruchtbar.

Renekloden

'Graf Althanns Reneklode': Reife Mitte August bis Anfang September, Fruchtgewicht 40 bis 50 g, tolerant gegenüber Scharkakrankheit, Fruchtfleisch löst sich gut vom Stein, wenig anspruchsvoll.
'Große Grüne Reneklode': Reife Ende August bis Anfang September, Fruchtgewicht 22 bis 30 g, sehr alte Sorte mit hervorragender Fruchtqualität, Ertrag setzt spät ein, ist nicht besonders hoch und nicht regelmäßig, nicht scharkatolerant, Fruchtfleisch löst oft schlecht vom Stein, bevorzugt windgeschützte warme Lagen, mittelstark wachsend.

'Oullins Reneklode': Reife Mitte August, Fruchtgewicht 40 bis 55 g, hohe, aber unregelmäßige Ernten, scharkaresistent, Früchte neigen bei Regen zum Platzen, anfällig für Monilia, werden gerne von Wespen gefressen, löst nicht so gut vom Stein.

Mirabellen

'Bellamira': Große, platzfeste und sehr aromatische, goldgelbe, sonnenseits rötlich punktierte Mirabellen-Hybride, gut steinlösend, Reifezeit Mitte August bis Mitte September, robust gegen Monilia, Rost und Blattläuse.
'Mirabelle von Nancy': Reife Mitte bis Ende August, Fruchtgewicht 7 bis 11 g, scharkaresistent, Stein löst sich vom Fleisch, selbstfruchtbar.
'Miragrande': sehr große Früchte mit vollem Geschmack, Selbstfruchtbar.

Pfirsiche

Die Pfirsichkultur zählt zu den ältesten Obstkulturen und war schon in China 2200 vor Christus bekannt. In Europa ist sie in den südlichen Ländern stark vertreten und hat heute in den Mittelmeerländern Italien, Griechenland, Frankreich und Spanien einen hohen Stellenwert. In unseren Breiten können Pfirsiche nur für Gebiete mit Weinbauklima oder ähnliche kleinklimatische Standorte empfohlen werden. Ideal sind sonnige Innenhöfe oder südseitige Wandspaliere. An anderen Orten sollte man auf den Anbau von Pfirsichen verzichten.

Standortansprüche

Pfirsiche stellen hohe Ansprüche an Klima und Standort. Sie reifen regelmäßig nur im Weinbauklima gut aus. Windarme Standorte mit eher trockener Luft tragen zur optimalen Fruchtausbildung bei. In kühlen Jahren haben die Früchte nur eine schlechte Qualität, sie sind saftarm und wenig aromatisch. Strenge Winterfröste verursachen Frostschäden an Holz und Blütenknospen und verkürzen das Lebensalter der Bäume. Außerdem wird der Ertrag unsicher.

Wahre und falsche Fruchttriebe

Da der Pfirsich, mit Ausnahme der Bukett-Triebe, nur am einjährigen Holz fruchtet, ist der Entwicklung einjähriger, kräftiger Triebe besondere Beachtung zu schenken. Dabei ist zu beachten, dass der Pfirsich sogenannte „wahre" und „falsche" Fruchttriebe bildet. Wahre Fruchttriebe besitzen Blüten- und Blattknospen, aus ihnen entwickeln sich Früchte und Blätter. Diese Triebe sind wichtig und müssen erhalten bleiben. Falsche Fruchttriebe haben nur Blütenknospen. Sie sind zu entfernen, weil die Früchte, die sich daran entwickeln, nicht ausreichend versorgt werden.

◀ Die größten Schäden entstehen bei Pfirsichen durch die Kräuselkrankheit. Die Blätter werden bald nach dem Austrieb rot oder gelb und infolge starker Kräuselung, beuliger Anschwellung oder Verdickung mehr oder weniger verunstaltet. Auf den Schadstellen erscheint ein weiße samtartiger Flaum. Bei starkem Befall verkahlt der Baum frühzeitig, die Früchte fallen ab und der Baum wird geschwächt. Der später im Jahr neu erscheinende Austrieb bleibt von der Krankheit meist verschont.

Was ist Pfirsich, was ist Nektarine?
Unterschieden werden die Sorten nach der Schalenbeschaffenheit (wollig = Pfirsich, glatt = Nektarinen), Steinlösbarkeit und Farbe des Fruchtfleisches (weiß, gelb, rot). Die rotfleischigen Sorten werden auch als Blutpfirsiche bezeichnet.

Auf schweren und schlecht durchlüfteten Böden leidet die Qualitätsausbildung der Früchte. Sie sind wegen schlechter Holzreife frostanfälliger und Gummifluss tritt auf. Die Bodenreaktion sollte schwach sauer sein. Bei hohen pH-Werten in Verbindung mit hohem Anteil an freiem Kalk treten verstärkt Chlorosen auf.

Da Pfirsiche und Nektarinen besonders als jüngere Pflanzen stark winterfrostgefährdet sind, sollten sie erst im Frühjahr gepflanzt werden.

Pfirsiche brauchen viel Wasser. Deshalb bei Trockenheit wässern, besonders während der Fruchtentwicklung und bei beginnender Reifezeit. Wassermangel führt zu Kümmerwuchs, Kleinfrüchtigkeit und starker Fruchtbehaarung.

Unterlagen

Als Unterlage werden in der Regel arteigene Sämlinge verwendet. Daneben spielen die vegetativ vermehrbaren Pflaumen-Klonunterlagen eine Rolle. Gelegentlich werden auch kernechte, das heißt wurzelechte Pfirsichbäume angeboten.

Schnitt

Früh- bis mittelfrühe Sorten werden nach der Ernte so ausgelichtet, dass im Frühjahr, außer dem Einkürzen der Triebe, keine weitere Schnittarbeit mehr anfällt. Bei spät reifenden Sorten sollte das Herausnehmen des abgetragenen Holzes im Frühjahr erfolgen. Triebe, die man nicht zum Fruchten sowie zur Holzerneuerung benötigt, sollten schon im Sommer entfernt werden.

Bei Frostschäden müssen die erfrorenen Triebe bis ins gesunde Holz zurückgeschnitten werden. Pfirsich vertragen den Rückschnitt ins alte Holz recht gut und verjüngen sich wieder.

Pfirsiche sind im Allgemeinen sehr fruchtbar. Bei übermäßigem Behang bleiben die Früchte klein, werden pelzig und auch das Aroma leidet. Daher sollten überzählige Früchte entfernt werden, wenn sie etwa kirschengroß sind, sodass nur alle 10 cm eine Frucht stehen bleibt. Trotz Ausdünnung ist es häufig notwendig, reich tragende Äste zu stützen, weil sie sonst leicht unter der Last der Früchte brechen.

Krankheiten und Schädlinge

Gelegentlich tritt auch an Pfirsichen die durch einen Virus verursachte **Scharka-Krankheit** auf (siehe bei Pflaumen Seite 356). Auch die **Monilia-Spitzendürre** und die **Verticillium-Welke** tritt bei Pfirsichen auf (Näheres siehe bei den Sauerkirschen Seite 354). Die **Valsa-Krankheit** führt zu Rindenbrand oder Krebs und schließlich zum Absterben von Zweigen, Ästen oder sogar ganzen Bäumen. Die Pilze dringen durch Wunden verschiedener Art, einschließlich der Blattnarben, in die Bäume ein. An den Schadstellen findet man kleine schwarze Pusteln, die Fruchtkörper der Nebenfruchtform, aus denen oft rötliche Sporenmassen in langen Schnüren heraustreten. Die Bekämpfung erfolgt durch Ausschneiden der erkrankten Baumteile.

Der **Pfirsichschorf** verursacht ähnliche Schäden wie Apfelschorf, doch bleiben

► 'Red Haven' ist wohl die weltweit wichtigste gelbfleischige Pfirsichsorte. Sie ist gut anpassungsfähig und bringt regelmäßig sehr hohe Erträge.

Fast alle Pfirsiche selbstfruchtbar
Fast alle Pfirsichsorten sind hochgradig selbstfruchtbar und benötigen keine Pollenspender und Befruchtungshilfen. Allerdings zeigen Erfahrungen, dass mangelhafte Ernährung der Bäume zu funktionsschwachen Pollen und in deren Folge zu einem schlechten Fruchtansatz führen kann.

beim Pfirsich die Blätter meist verschont. Bei warmem Sommerwetter ist verstärkt mit dem Auftreten des **Pfirsichmehltaus** zu rechnen. Auf Zweigen, Blättern und Früchten zeigt sich ein weißlicher Pilzbelag.

Spinnmilben können Pfirsichbäume stark schädigen. An **Blattläusen** tritt neben der Mehligen Pflaumenblattlaus insbesondere die Schwarzgefleckte und die Grüne Pfirsichblattlaus auf.

Sorten

Baumschulen und Gartencenter bieten in der Regel Sorten an, die sich in der Region bewährt haben.

'Red Haven': Reife Anfang bis Mitte August, Fruchtgewicht 110 bis 130 g, nur für wärmere Lagen, selbstfruchtbar.

▼ 'Ungarische Beste' ist eine alte bewährte Sorte mit schönen Früchten.

'Revita': Mittelgroße bis große, sehr saftige, rotbackige Früchte mit pikanten süßen Aroma, Fruchtfleisch weißfleischig, wenig faserig, der Stein lässt sich problemlos herauslösen, weitgehend widerstandsfähig gegen die Kräuselkrankheit, wächst kräftig und breitbuschig, Pflückreife beginnt Mitte August. Da die Sorte im Frühjahr schöne dunkelrosa Blüten trägt, hat sie zudem einen besonders hohen Zierwert.

'Roter Ellerstädter' ('Kernechter vom Vorgebirge'): Reife Anfang bis Mitte September, Fruchtgewicht 90 bis 100 g, robust, relativ frosthart, auch an ungünstigen Standorten anbauwürdig, Fruchtfleisch löst sich gut vom Stein, selbstfruchtbar.

Aprikose, Marille

Die Aprikose sollte wegen ihres köstlichen Aromas häufiger kultiviert werden. Da sie aber sehr viel Wärme braucht und die Erträge unsicher und nicht regelmäßig sind, kann der Anbau in Deutschland nur für Weinbauklima empfohlen werden. Holz- und Rindenfrostschäden sind bei Aprikosen häufig. Die Bäume werden deshalb nicht sehr alt. Mit einem Kalkanstrich der Stämme und Gerüstäste kann man das Obst sehr wirksam vor Frostschäden schützen.

Nicht oder zu wenig geschnittene Bäume bringen zu kleine Früchte, verkahlen im Kroneninneren und leiden oft unter Astbruch. Geschnitten wird am besten im Sommer nach der Ernte. Bei starkem Fruchtbehang ist wie beim Pfirsich eine Fruchtausdünnung unerlässlich.

Die meisten Marillensorten sind selbstfruchtbar. Die ausreichende Befruchtung durch Wind und Regen sowie durch Bienen ist jedoch nicht immer gewährleistet. Nur die Hummeln befruchten die Blüten auch bei kühlerem Wetter. Für unseren Klimaraum kommen nur wenige Sorten in Frage.

'Orangered': Reife ab Anfang Juli, Fruchtgewicht um 60 g, festes Fruchtfleisch, trotzdem sehr saftig, Stein gut lösend, widerstandsfähig gegen Kälte und Krankheiten.

'Ungarische Beste': Reife ab Mitte Juli / Anfang August, Fruchtgewicht um 50 g, eine alte bewährte Sorte, der Ertrag setzt früh ein und ist relativ hoch.

WICHTIG

Bei keiner Obstart ist die Wundbehandlung so wichtig wie bei der Aprikose. Nach glattem Ausschnitt die Wunde mit einem Wundbehandlungsmittel verschmieren.

Schalenobst

Eine harte Schale um einen von einer zarten Haut umhüllten Samenkern ist das Merkmal des Schalenobstes. Dazu zählen neben der Walnuss und der Haselnuss auch die Esskastanie.

Walnuss

Die Walnuss ist ein attraktiver Hausbaum, guter Schattenspender im Sommer und außerdem hält der aromatische, arteigene Geruch der Blätter Fliegen und Stechmücken fern. Für die meist kleinen Hausgärten kommen jedoch allenfalls auf Unterlagen veredelte Bäume in Frage, da Walnusssämlinge zu 20, gelegentlich auch bis 30 m hohen Bäumen mit breiter Krone heranwachsen.

▲ Die Früchte können je nach Sorte unterschiedlich groß werden. Grundsätzlich sind die Nüsse von veredelten Bäumen größer als die von Sämlingspflanzen.

Standortansprüche

Die Walnuss ist ein wärmeliebendes Obstgehölz und nur für wärmere Klimagebiete zu empfehlen. Dies ist auch ein Grund dafür, dass man die schönsten Walnussbäume in den Weinbaugebieten findet.
Die Frostempfindlichkeit im Winter und besonders im Frühjahr ist hoch. Spätfröste können nicht nur den Fruchtansatz, sondern auch den Austrieb schädigen. Auch vertragen Walnussbäume höhere Luftfeuchtigkeit sehr schlecht. Dies äußert sich durch vermehrtes Auftreten von Pilzkrankheiten.
Die Bodenansprüche sind hoch, ganz entgegen der vielfach verbreiteten Meinung über die Anspruchslosigkeit der Walnuss. Erwünscht ist ein tiefgründiger, nährstoffreicher, ausreichend feuchter und gut durchlüfteter Boden. Veredelte Jungbäume wachsen bei nicht zusagenden Bodenverhältnissen schlecht an und neigen zu Kümmerwuchs. Die Höhe des Kalkgehaltes im Boden spielt dagegen keine Rolle; die Bäume gedeihen sowohl auf alkalischen als auch auf sauren Böden gleich gut.
In warmen Gebieten mit langer Vegetationszeit pflanzt man die Jungbäume am besten im Herbst. Solange eine Bodentemperatur um 10 °C herrscht, können die Bäume gut einwurzeln. Eine Bodenabdeckung der Baumscheibe (z. B. mit Rindenmulch) ist notwendig. Bei zu rasch abkühlenden Böden ist eine Frühjahrspflanzung unbedingt vorzuziehen.

Fettreiche Nüsse
Die getrockneten Nüsse enthalten nur 5 % Wasser und haben einen hohen Energiewert von 3000 kJ (715 kcal) pro 100 g Frischgewicht. Ursache hierfür ist der hohe Fettanteil von 60 %. Der Mineralstoff- und Vitamingehalt ist hoch, insbesondere sind Walnüsse wertvolle Vitamin-B-Spender. Frische Walnüsse enthalten viel Vitamin C – 30 mg je 100 g, getrocknete Früchte dagegen nur etwa 4 mg je 100 g.

Unterlagen

Lange Zeit wurden Walnüsse durch Aussäen vermehrt, aufgrund der Aufspaltung ist es allerdings ungewiss, ob die so gewonnenen neuen Pflanzen gute oder schlechte Eigenschaften aufweisen. Daher sollten nur veredelte Walnussbäume angepflanzt werden. Sie sind sortenecht und setzen früh mit dem Ertrag ein.
Für die Veredlung und Anzucht der Walnussbäume werden die beiden Sämlingsunterlagen *Juglans regia* (Walnusssämling) und *Juglans nigra* (Schwarznusssämling) verwendet. Die Kombinationen mit *Juglans regia* ergeben großkronige, mächtige Bäume. Der Fruchtertrag setzt bereits im dritten und vierten Standjahr ein und erreicht mit dem 15. Jahr die Vollertragsphase. Die Unterlage *Juglans nigra* ergibt in der Kombination mit den Edelsorten mittel- bis kleinkronige Bäume.

Kronenformen und Schnitt

Walnussbäume werden für den Hausgarten als Halb- oder Hochstämme angeboten, als Kronenform sind naturgemäße Rundkronen üblich. Über die Frage, ob Walnussbäume überhaupt geschnitten werden müssen, bestehen unterschiedliche Ansichten. Die Walnuss entwickelt zwar von selbst eine naturnahe Krone, allerdings kann die Meinung, dass Walnussbäume nur wenig oder überhaupt keinen Schnitt benötigen, aus eigener Erfahrung nicht bestätigt werden.

TIPP

Um Frostschäden am jüngeren Holz zu vermeiden, nicht im tiefen Winter schneiden. Größere Eingriffe im belaubten Zustand (im Juli / August, spätestens gleich nach der Ernte) durchführen, damit die Wunden nicht zu stark „bluten“ und die Wunde schnell heilt. Die Wunde sorgfältig behandeln.

Die in den Baumschulen für den Hausgarten angebotenen Jungbäume bestehen aus dem Stamm und einer einjährigen Krone. Beim Pflanzschnitt werden die kräftigsten Triebe als Leittriebe ausgewählt und eingekürzt. Seitentriebe bis 30 cm bleiben unbeschnitten.

Der eigentliche Erziehungsschnitt sollte erst nach einigen Jahren einsetzen, da frisch gepflanzte Jungbäume nach einem schwachen Austrieb im ersten Jahr erst im dritten Jahr kräftig durchtreiben. Auf einen gleichmäßigen und lichten Kronenaufbau ist zu achten. Vereinzelt ist ein Zurücknehmen oder Entfernen zu dichter Triebe notwendig, damit später größere Eingriffe entfallen. Mit fortschreitendem Alter wird die Krone regelmäßig ausgelichtet, trockene oder gebrochene Äste entfernt. Gabelbildungen sind von Anfang an zu unterbinden, weil die Belastbarkeit durch starken Fruchtbehang und Windeinwirkung größer wird.

Krankheiten und Schädlinge

▲ Bakterienbrand an Walnuss.

Die Walnuss wird zwar nicht durch sehr viele, aber doch durch einige sehr ernst zu nehmende Schaderreger geschädigt. Beim **Bakterienbrand** entstehen auf Blattadern und -stielen anfangs kleine dunkle Flecke, die sich später braunschwarz verfärben. Auf der Blattfläche selbst bilden sich dunkle, zunächst eckige, wasserdurchzogene, sich später schnell vergrößernde Felder. Auch an Zweigen können ähnliche Krankheitssymptome, beginnend an den Triebspitzen, beobachtet werden. Junge Nüsse werden vom Bakterium stark geschädigt, sich schnell vergrößernde Flecke überziehen die Nussschale. Der Kern schrumpft unter Schwarzfärbung zusammen.

Bei der **Marssonia-Krankheit** entstehen auf den Blättern Flecken, die sich kaum von denen des Bakterienbrandes unterscheiden. Vorzeitiger Laubfall sowie schwarzfleckige, innen trockenfaule, häufig verpilzte Nüsse sind die Folge der Krankheit.

Gallmilben verursachen an den Blättern als „**Pockenkrankheit**" bezeichnete blasige Aufwölbungen. Großer Schaden entsteht meist nicht. Die **Kleine Walnusslaus** hält sich in der Regel in Gruppen unterseits der Blätter auf. Bei starkem Befall kommt es zu intensiver Honigtauabsonderung.

Ernte

Bei Walnüssen spricht man von der Fallernte. Denn sobald die Walnüsse reif sind, springt die grüne Hülle auf, die Früchte fallen zu Boden. Da die Reife folgeartig ist, dauert sie zwei bis drei Wochen. Die Nüsse sollten alle zwei bis drei Tage eingesammelt und von Schalenresten befreit werden. Das Ernten durch Abschlagen der Nüsse mit Stangen ist für das Fruchtholz schädlich, da ein Teil dieses Holzes mit heruntergeschlagen wird und damit die nächstjährige Ernte geringer ausfällt. Unreife Nüsse sind wertlos, weil sie fast vollkommen einschrumpfen und unansehnlich werden. Die reifen Nüsse werden aufgelesen, mit kaltem Wasser abgewaschen und an der Sonne getrocknet.

Sorten

Lange Zeit wurde die Walnuss nur durch das Aussäen von Nüssen vermehrt. Dabei stellte im Prinzip jeder Sämling eine neue Sorte dar. Es war deshalb äußerst ungewiss, ob die so gewonnene neue Pflanze gute oder schlechte Eigenschaften aufwies. Aus solchen Sämlingen hat man spätaustreibende Sorten mit hoher Frostresistenz und geringer Anfälligkeit für Krankheiten selektiert, die man heute durch Veredlung vermehrt. Der relativ hohe Preis der veredelten Walnüsse gegenüber den Walnusssämlingen entsteht durch das schwierige Veredlungsverfahren und die langwierige Anzucht. Veredelte Walnüsse bleiben aber nicht nur kleinkroniger, die Bäume tragen auch wesentlich früher (ab 5. Standjahr) und die Nüsse sind größer.

'Klon Nr. 26': Wegen des späten Austriebs, des sicheren Ertrages, des guten Geschmacks und der Kleinkronigkeit sehr wertvoll, weitgehend tolerant gegen Blattfleckenkrankheit und Bakterienbrand, relativ kleinkronig. Nuss mittelgroß.

'Klon Nr. 139': In warmen Lagen ohne regelmäßige Spätfrostgefahr die beste Sorte hinsichtlich Geschmack und Ertrag, mittelstarker Wuchs, früh einsetzende, hohe und regelmäßige Erträge. Nuss mittelgroß, extrem breit-eiförmig, Schale auffallend glatt, hellbraun gefärbt.

'Weinsberg 1': Für warme Standorte die beste Sorte, hohe, sehr früh einsetzende Erträge, benötigt allerdings einen Bestäubungspartner, mittelstarker Wuchs. Nuss groß bis sehr groß, Schale dünn.

Walnüsse trocknen

Bei zu raschem Trocknen bei hohen Temperaturen schrumpfen die Kerne rasch und schmecken dann oft bitter oder ranzig. Außer mit dem hohen Fettgehalt der Nüsse (63 %) hängt diese vermutlich auch mit den in den Nüssen vorhandenen Gerbstoffen und dem Bitterstoff Juglon zusammen. Empfehlenswert ist deshalb, die Nüsse nur bei Temperaturen bis 25 °C zu trocknen. Schon bei Temperaturen um 35 °C können die Früchte ranzig oder bitter werden.

Befruchtung

Die Walnuss ist selbstfruchtbar. Trotzdem bereitet die Befruchtung bei Sämlingen oft Schwierigkeiten. Bei den meisten Sorten entwickeln sich jedoch ohne Bestäubung und Befruchtung vollkernige Nüsse.

Ziersträucher mit essbaren Früchten

Gartenbesitzer wählen die Gehölze für den Garten normalerweise nach ihrer Gestalt, nach dem Blüten- und Fruchtschmuck oder wegen des farbigen Laubs aus. Viel zu wenig beachtet wird, dass die Früchte einer Reihe von Ziergehölzen essbar sind und manche sogar köstlich schmecken. Die saftigen, süßen Früchte kann man frisch essen oder zu Marmelade oder Saft verarbeiten.

Felsenbirne und Apfelbeere

Die Kupfer-Felsenbirne (*Amelanchier lamarckii*) hat mit ihren weißen Blüten, die in reizvollen Kontrast zu den kupferrot austreibenden Blättern stehen, einen hohen Gartenwert. Die etwas mehr als erbsengroßen, süßen und saftigen Früchte (beerenartige Apfelfrüchte) werden getrocknet und als Ersatz für Korinthen verwendet. Sie sind aber auch als Frischobst gut zu essen. Die Sorte 'Ballerina' zeichnet sich nicht nur durch sehr große Blüten, sondern auch durch große Früchte aus. Die Früchte anderer Felsenbirnen sind zwar auch essbar, aber doch weniger schmackhaft; einige schmecken ausgesprochen unangenehm.

Die Apfelbeere (*Aronia melanocarpa*), wird in einigen Gegenden gezielt als „Obstgehölz" angebaut. Sie gehört wie die Felsenbirne zu den Rosengewächsen und entwickelt sich zu einem etwa 1 m hohen, ausläufertreibenden Strauch. Zierend sind, neben den Blüten und Früchten, die 2 bis 8 cm langen Blätter, die sich im Herbst leuchtend rot färben. Die bis 1 cm dicken, zur Reife glänzend schwarzen Apfelfrüchte werden u. a. zur Herstellung von Obstjoghurt sowie von Wein und Spirituosen (z. B. „Stonsdorfer") verwendet.

Die Früchte der Japanischen Zierquitte, *Chaenomeles japonica*, können zu Gelee verarbeitet oder auch mit Alkohol aufgesetzt werden.

Die Kornelkirsche, *Cornus mas*, ist eine sehr alte Kulturpflanze. Die etwa 2 cm langen, kirschroten Früchte werden zu Kompott, Marmelade und Fruchtsäften verarbeitet. Zu Marmelade verarbeitete zerkleinerte Früchte erinnern im Geschmack an Preiselbeerkompott.

▼ Felsenbirnen schmecken frisch und getrocknet.

Sanddorn ist wertvoller als Zitronen

Die Beeren des Sanddorns, *Hippophae rhamnoides*, gehören zu den Vitamin-C-reichsten Früchten. Sie enthalten auch beachtliche Mengen Karotin, Vitamin B_1, Vitamin B_2, Vitamin B_6 und Vitamin E. Im Vitamin-Gehalt übertreffen sie die Zitronen, im Karotingehalt erreichen sie etwa die Möhre. Verarbeitet werden die Beeren insbesondere zu Sanddornsaft.

Liebhaber von Wildfrüchten wissen längst, dass sich die Früchte zahlreicher Zierapfelsorten (*Malus*) hervorragend zu Kompott oder Gelee verarbeiten lassen.

▲ Die Beeren des Sanddorns zählen zu den Vitamin C reichsten Früchten.

Die mehr oder weniger kugeligen, bis 2,5 cm langen, einseitig gefurchten, oft gelbbroten Früchte der Kirschpflaume, *Prunus cerasifera*, schmecken nur zum richtigen Reifezeitpunkt gut. Vor der Reife sind sie säuerlich-adstringierend, kurze Zeit später schon mehlig und fad.

Schlehe und Holunder für Saft und Likör

Nicht besonders erwähnt werden muss sicherlich die Schlehe, *Prunus spinosa*, deren Früchte relativ häufig gesammelt werden. Sie sind roh nur nach mehrmaligem Durchfrieren einigermaßen zu genießen, werden oft aber eingemacht oder mit Alkohol zu Schlehenlikör aufgesetzt. Andere Teile der Schlehe, vor allem Blätter und Blüten, sind als Blutreinigungs-, Abführ- und Magenmittel alte Volksheilmittel.
Die Hagebutten der Kartoffelrose (*Rosa rugosa*) gehören zu den Früchten mit einem besonders hohen Vitamin-C-Gehalt. Sie werden zu Marmelade, Gelee und Süßmost, zu Essig, Wein und Likör verarbeitet.
Wie Kornelkirsche und Schlehe gehört der Schwarze Holunder (*Sambucus nigra*) zu den klassischen Wildfrüchten, die schon jahrhundertelang gesammelt werden.
Die Früchte eignen sich zur Herstellung von Säften, Sirup, Marmelade, Gelee und Fruchtsuppe. Sie sind gute Farbstoffträger und werden deshalb für Mischungen mit anderen, farblich weniger attraktiven Fruchtsäften eingesetzt. Die Früchte haben einen hohen Gehalt an Vitaminen und Mineralstoffen.
Tee aus den Blüten des Holunders ist ein bewährtes, schweißtreibendes Hausmittel bei fieberhaften Erkrankungen der Atmungsorgane. Sie werden aber auch mit Mehlteig gebacken, mit Milch als Holundersuppe gekocht oder mit Zitrone, Weingeist und Wasser zu einem Erfrischungsgetränk verarbeitet.

Eberesche mit viel Vitamin C

Aus den zahlreichen Formen der in Europa weit verbreiteten Eberesche oder Vogelbeere (*Sorbus aucuparia*) wurden schon im 19. Jahrhundert Formen ausgelesen, die sich durch einen vergleichsweise geringen Gehalt an Gerbstoff und Gesamtsäure und einen hohen Zuckergehalt auszeichnen. Diese süßfrüchtige Formen sind als *Sorbus aucuparia* var. *moravica* oder als *S. aucuparia* 'Edulis' im Handel. Ebereschenfrüchte sind vor allem durch ihren hohen Vitamin-C-Gehalt wertvoll. Sie lassen sich zu Marmelade, Gelee und Kompott verarbeiten. Besonders köstlich schmeckt eine Ebereschen-Apfel-Konfitüre. Alle weisen eine pikante, preiselbeerähnliche Note auf. Auch die gelbfrüchtigen Sorten 'Apricot-Queen' und 'Golden Wonder' aus der Gruppe der Lombart's-Hybriden lassen sich in gleicher Weise verarbeiten.

▼ Die Schlehe lässt sich sehr vielseitig verwenden.

Beerenobst

Das Beerenobst spielt im Kleingarten eine besondere Rolle. Denn überall dort, wo für Baumobstarten nicht genügend Platz vorhanden ist, finden Beerenobststräucher immer noch ein Plätzchen. Zum Beerenobst zählen Johannisbeeren, Stachelbeeren, Himbeeren, Brombeeren, Erdbeeren und Heidelbeeren sowie Tafeltrauben.

Erdbeere

Die Erdbeere konkurriert mit der Himbeere um den Titel der „Königin der Beeren". Schon ein kleines Beet bietet jährlich eine Fülle köstlicher Früchte. Wer Erdbeeren anbaut, sieht schnell einen Erfolg. Schon im Jahr nach dem Planzen kann man mit einer vollen Ernte rechnen.

◄ Wurzelfäulen bei Erdbeeren sind eine typische Fruchtfolgekrankheit.

Standortansprüche

Erdbeeren wachsen am besten auf humosen Lehmböden, die gut durchlüftet sind, sich schnell erwärmen und nach Regenfällen rasch abtrocknen. Als Pflanze des Waldes liebt die Erdbeere schwach saure Böden, der günstigste pH-Wert liegt zwischen 5,5 und 6,5. Wo die Bodenverhältnisse ungünstig sind, können Edbeeren auch auf Hügel- oder Hochbeete gepflanzt werden, wo sie beste Bedingungen finden. Die Lage sollte offen (damit die Pflanzen rasch abtrocknen), aber nicht windig sein. Ein guter Windschutz ist im Haus- und Kleingarten durch benachbarte Bepflanzungen in der Regel aber gegeben. Erdbeeren benötigen viel Licht und gedeihen besonders gut an sonnigen Plätzen, kommen aber auch mit leichtem Halbschatten noch zurecht, so unter Neuanpflanzungen von Obstbäumen.

Fruchtfolge

Erdbeeren sind mit sich selbst unverträglich. Das heißt Erdbeeren dürfen nicht nach sich selber angebaut werden (siehe zu den nachfolgenden Ausführungen auch Seite 393). Nachbauschäden werden vor allem durch Wurzelnematoden verursacht. Blattnematoden und pilzliche Erreger von Wurzel- und Welkekrankheiten sind meist ebenfalls vorhanden und mindern im Komplex mit anderen Schaderre-

Beerenfrüchte
Die Frucht ist botanisch gesehen keine Beere, sondern eine Sammelnussfrucht. Das Fruchtfleisch entwickelt sich aus dem Blütenboden, die eigentlichen Erdbeerfrüchte sind im Grunde genommen die kleinen Nüsschen.

► Wer nur ein kleines Stückchen Land sein Eigen nennt, in dem sich weder Obstbäume noch Beerensträucher unterbringen lassen, kann als Obst fast immer noch Erdbeeren pflanzen.

gern die Erträge. Es sind Anbaupausen von mindestens drei, besser fünf Jahren nötig. Geeignete Vorfrüchte sind Frühkartoffeln, frühe Gemüsearten oder auch eine Gründüngung mit *Phacelia*, Lupinen oder Serradella. Nicht geeignet als Vorfrüchte sind Gemüsearten mit schwer verrottbaren Pflanzenrückständen. Auch sollten in den Anbaupausen keine kalkbedürftigen Kulturen auf den Flächen stehen, damit der pH-Wert nicht angehoben wird.

Die Eltern unserer Erdbeeren

Während die Monats-Erdbeeren von der bei uns heimischen Wald-Erdbeeren (*Fragaria vesca* var. *hortensis*) abstammen, sind die Gartenerdbeeren durch Kreuzung der in Südamerika heimischen *Fragaria chiloensis* und der in Nordamerika heimischen *F. virginiana* entstanden. Diese Arthybride trägt den schönen botanischen Namen *F. × ananassa*, Ananas-Erdbeere.

Pflanzgut

Die wichtigste Voraussetzung für reiche und gute Ernten ist einwandfreies, virusgetestetes Pflanzgut. Man erhält Pflanzen im speziellen Fachhandel, im Versandhandel, in Gartencentern und bei Gärtnern vor Ort. Am weitesten verbreitet sind Grünpflanzen. Grünpflanzen sind im Juni geerntete Pflanzen, die nach guter Wurzel- bzw. Ballenbildung Ende Juli bis Anfang August angeboten werden.

Vermehrung

Erdbeeren lassen sich im Hausgarten sehr leicht vermehren. Man kennzeichnet die Mutterpflanze schon während der Blüte bzw. während der Ernte. Zur Vermehrung nimmt man Ableger, die der Mutterpflanze am nächsten sind. Diese kann man auf einem Extrabeet weiterkultivieren.

Eine andere Möglichkeit Jungpflanzen zu gewinnen ist es, mit Blumenerde (z. B. TKS oder Einheitserde) gefüllte Töpfe um die Mutterpflanzen zu stellen und die Ausläufer hineinzupflanzen. Erst wenn die Töpfe durchwurzelt sind, werden die Pflänzchen von der Mutterpflanze getrennt. Bei dieser Methode muss dem Wässern besondere Aufmerksamkeit geschenkt werden, da die Bodenfeuchte im Allgemeinen nicht ausreicht, um die Pflanzen im Topf genügend mit Feuchtigkeit zu versorgen. Kann der Pflanztermin Ende Juli / Anfang August nicht eingehalten werden, weil die vorgesehenen Beete noch nicht abgeerntet sind, ist zu empfehlen, die Jungpflanzen zunächst in größere Töpfe (11- bis 12-cm-Töpfe) in eine nährstoffreiche Erde zu pflanzen. Dadurch ist es möglich, die Pflanzen ohne Wachstumsunterbrechung zu jedem späteren Zeitpunkt zu pflanzen. Wer in Frühbeetkästen pflanzt, kann die jungen Pflänzchen schon von der Mutterpflanze abnehmen, wenn die ersten Wurzelansätze sichtbar sind. So von der Mutterpflanze schneiden, dass an den jungen Pflänzchen noch 3 bis 5 cm lange Ausläuferstummel bleiben. Durch die günstigen Bedingungen im Frühbeetkasten sind die Pflanzen schon nach 3 bis 5 Wochen fertig zum Auspflanzen.

Eine andere Möglichkeit besteht darin, die Ausläuferpflänzchen mit beginnender Bewurzelung abzutrennen und in Torftöpfe oder Multitopfplatten zu setzen, die mit nährstoffhaltiger Blumenerde gefüllt wurden. Unter einem Folientunnel oder im gut gelüfteten Kleingewächshaus erfolgt innerhalb von zwei bis drei Wochen eine intensive Durchwurzelung.

TIPP für reiche Ernte

Erdbeeren bereits im Juli pflanzen. Dann tragen die Pflanzen im darauf folgenden Jahr bereits voll. Die Setzlinge wachsen besonders gut an, wenn sie in schwarze Mulchfolie gepflanzt werden. Neuanlagen bringen im nächsten Jahr um 30 höhere Erträge, je früher sie gepflanzt werden. In der Regel ist der August der Hauptpflanzmonat für die gebräuchlichen Grünpflanzen. Pflanzen, die im Juli oder Anfang August gesetzt werden, entwickeln sich noch kräftig und sammeln Reserven für hohe Erträge für das kommende erste Erntejahr.

Die rankenlosen Monatserdbeeren lassen sich leicht durch Aussaat von Januar bis März vermehren. Ausgepflanzt wird im Mai. Noch im selben Jahr können die ersten Erdbeeren geerntet werden.

Pflanzung

Bewährt hat sich die Pflanzung in Reihen, während die Doppelpflanzung (Beetpflanzung = 2 Reihen nebeneinander) nur wenig

Erdbeeren richtig pflanzen

- Erdbeeren sollten möglichst am Abend oder am Morgen, nicht aber in voller Sonne gepflanzt werden.
- Die Wurzeln sollen beim Pflanzen senkrecht und frei nach unten stehen und weder in ein zu enges Loch hineingezwängt noch umgeknickt werden. Wichtig ist, dass die Herzknospe knapp über der Erde steht. Steht sie zu tief, so kommt es zu Wachstumsstörungen und die Pflanzen können von innen heraus abfaulen. Werden sie zu hoch gesetzt, dann ist der Ausfall durch Vertrocknen meist sehr hoch.

- Nach dem Pflanzen reichlich angießen. Nie sollen Erdbeerpflanzen auch nur die geringste Spur des Welkens zeigen.

Bedeutung hat. Bei der Reihenpflanzung werden Reihen in Abständen von 40 bis 60 cm angelegt und in der Reihe wird auf 25 bis 35 cm Entfernung gepflanzt. Enger sollte man nicht pflanzen (obwohl solche Empfehlungen immer gegeben werden), da in dichten Beständen die Krankheits- und Fäulnisgefahr steigt.

Verfrühen der Erdbeerernte

Die Erdbeerernte lässt sich durch eine frühe Pflanzung, durch Pflanzen in schwarze Mulchfolie, durch Bedeckung mit Folien und Vliesen oder durch das Überbauen mit Folientunneln verfrühen. Um die Beete von Unkraut freizuhalten und zur Förderung der Bodengare kann man Erdbeeren in schwarze, den Boden bedeckende Kunststofffolie pflanzen. Dadurch trocknet der Boden gleichzeitig weniger aus und die Temperatur im Bestand wird erhöht. Die Früchte reifen einige Tage früher als ohne Folie. Für diesen Zweck wird schwarz eingefärbte Polyethylenfolie von 0,03 bis 0,05 mm Stärke und 0,7 bis 1,1 m Breite verwendet. Man rollt sie vor der Pflanzung auf den eingeebneten Flächen aus und verankert die Folie mit Drahthaken im Boden. Im angestrebten Pflanzenabstand werden mit einem scharfen Messer etwa 8 cm lange Kreuzschnitte gemacht. In diese Öffnungen werden dann die Pflanzen gesetzt. Eine Reifeverfrühung um etwa 10 Tage bringen klare Lochfolien oder Vliese (siehe Seite 399), die im Frühjahr ganzflächig ausgelegt und zum Pflegen und Ernten leicht abgenommen werden können. Wer eine besonders frühe Ernte anstrebt, leistet sich den Aufwand eines Folientunnels (siehe Seite 399), wodurch etwa 20 Tage gegenüber dem Freiland gewonnen werden können. Der Überbau der Erdbeerbeete mit Folientunneln erfolgt Anfang März. Zuvor wird das alte, vertrocknete Laub entfernt und die Pflanzen gedüngt. Bis zur Blüte ist lediglich die Temperatur durch Lüftung über die „Giebel“ oder durch Abnehmen einzelner Teile zu regulieren, damit die Temperatur nicht auf über 30 °C ansteigt.

Düngung

Die Düngung der Erdbeerbestände beginnt schon, während man die Pflanzung vorbereitet. Sehr wesentlich für den Erfolg ist, den Boden gut mit Humus zu versorgen. Hat man Stalldung zur Verfügung, gibt man etwa 5 kg / m². Ansonsten nimmt man Kompost oder Rindenhumus in einer Aufwandmenge von 10 bis 15 l / m². Diese organische Düngung sollte nach Möglichkeit bereits zur Vorkultur, spätestens zur Bodenvorbereitung erfolgen. Die Düngung mit Humus erfolgt in der Regel für die gesamte Standzeit der Erdbeeren. Auf leichten Böden in dem folgenden Jahr weiterhin Kompost auf die Erdoberfläche geben und leicht in die Bodenoberfläche einarbeiten. Beachten muss man, dass die Erdbeere empfindlich gegenüber alkalischer Bodenreaktion und zu hoher Salzkonzentration überhaupt ist.

Wann düngen?
Der beste Termin zum Düngen ist Ende Juli / Anfang August. Dadurch fördert man das Wurzelwachstum und beeinflusst gleichzeitig die Blütenknospendifferenzierung im September für das folgende Jahr günstig. Zur Düngung sind Spezialdünger aus dem Handel zu empfehlen.

Bewässerung

An den Wasserhaushalt des Bodens stellt die Erdbeere hohe Ansprüche. In Trockenzeiten ist deshalb zusätzlich zu wässern. Im Hausgarten hat sich bei größeren Beständen die Tropfbewässerung bewährt. Die Tropfbewässerung hat gegenüber der Beregnung den Vorteil, dass dadurch die Botrytisfäule nicht gefördert wird, weil die Pflanzen und die Früchte selbst trocken bleiben.

Bodenpflege

Erdbeeren bilden zahlreiche oberflächlich verlaufende Wurzeln, der Boden darf daher, wenn überhaupt, nur flach bearbeitet werden. Besser ist es, den Boden zu mulchen. Als Mulchmaterial eignet sich angerottetes Laub, Rindenmulch oder Holz-

häcksel. Auch eine Torfschicht, die früher gern verwendet wurde, hält den Boden feucht und sauer, kann aber heute aus ökologischen Gründen nicht mehr uneingeschränkt empfohlen werden.
In jedem Fall sollte nach Blühbeginn, am besten unmittelbar nach den Eisheiligen Mitte Mai, der Boden um die Pflanzen mit besonders sauberem Material abgedeckt werden. Am besten eignet sich Stroh, aber auch grobes Nadelstreu oder Heu kann verwendet werden. Ohne eine solche Unterlage kommen die reifenden Früchte direkt mit dem Boden in Kontakt, verschmutzen und faulen schneller. Die Mulchschicht dient darüber hinaus dazu, dass der kahle Stamm, den die Erdbeeren im Weiterwachsen bilden, zugedeckt wird.

Weitere Pflegemaßnahmen

Die Erdbeerpflanzen beginnen, besonders nach einem feuchten Frühjahr, schon vor der Ernte Ausläufer und Jungpflanzen zu entwickeln. Diese Ausläuferbildung setzt sich während der Ernte und verstärkt danach fort. Werden die Ausläufer im ersten und vor allem in den folgenden Standjahren nicht entfernt, schwächen sie die Mutterpflanze und zwar umso stärker, je länger sie an ihr verbleiben. Deshalb sind in Beständen, von denen kein Vermehrungsmaterial gewonnen werden soll, die Ausläufer mehrmals zu entfernten. Erdbeerbestände, bei denen diese Maßnahme nicht rechtzeitig erfolgt, reagieren mit geringeren Erträgen, einer verminderten Fruchtgröße und in einer erhöhten Anfälligkeit für *Botrytis*.

TIPP

Selbst bei guter Pflanzengesundheit sollte spätestens nach der dritten Ernte an einer anderen Stelle ein neues Beet angelegt werden. Während im einjährigen Anbau das mittlere Fruchtgewicht nahe bei 30 g liegt, sinkt es bei zwei- und dreijährigem Anbau auf weniger als 15 g.

Krankheiten und Schädlinge

In Bezug auf Virosen sind bei Erdbeeren die **Blattrandvergilbung** und die **Kräuselkrankheit** von besonderer Bedeutung. Außer den typischen Symptomen, die aus dem Namen hervorgehen, verursachen sie Kleinblättrigkeit, vorzeitige Herbstfärbung und allgemeinen Kümmerwuchs.
Fruchtfäulen treten vor allem bei feuchter Witterung in dichten Beständen auf. Haupterreger ist der **Grauschimmel**, der Pilz *Botrytis cinerea*. Gegenmaßnahmen sind nicht in erster Linie Pflanzenschutzmittel, sondern vorbeugend ausreichende Pflanzabstände, Stroheinlagen, Unkrautbekämpfung, Entfernen des alten Laubes im Frühjahr und aller befallenen Früchte bei der Ernte, optimale Stickstoffdüngung und vor allem richtige Sortenwahl. So ist die bekannte und allseits beliebte Sorte 'Senga Sengana' extrem empfindlich.
Bei der **Lederfäule** entstehen wie bei Grauschimmel auf den noch grünen Früchten zunächst fleckige Verbräunungen. Das Fruchtfleisch wird in der Regel jedoch nicht weichfaul, sondern lederartig hart, und es fehlt der (graue) Sporenrasen.
Der **Erdbeermehltau** breitet sich bevorzugt in mehrjährigen, dichten Beständen aus. Diese zeigen den Befall am auffälligsten durch Aufrollung des Blattrandes und rötliche Verfärbung. Die Früchte vertrocknen und sind von einem gipsartig weißen Belag überzogen.
Wurzelfäulen, die von verschiedenen Erregern verursacht werden, treten vor allem auf nassen, verdichteten Böden auf. Die Krankheit zeigt sich in Kümmerwuchs oder plötzlichem Welken der Pflanzen.

Richtig pflücken

Für den Frischverbrauch bestimmte Erdbeeren mit Kelch pflücken, zum Verarbeiten kann jedoch auch ohne Kelch gepflückt werden. Beim Pflücken mit Kelch erfasst man den Stiel mit Daumen und Zeigefinger und trennt den Stiel mit dem Daumennagel etwa 1–2 cm unterhalb des Kelches durch. Die Früchte halten sich am besten, wenn man morgens pflückt.

◀ Grauschimmel an Erdbeeren.

Gefährlich kann in extrem trockenen Jahren die **Verticillium-Welke** werden. Die Außenblätter vergilben und sterben ab, die Pflanze wirkt gestaucht. Bei ausreichender Wasserversorgung tritt diese Krankheit selten auf; es gibt zahlreiche resistente Sorten.
Bei den Schädlingen gibt es an Erdbeeren neben **Blattläusen** und **Spinnmilben** spezielle Schadtiere. Besonders gefährlich sind die **Erdbeermilben**. Das Vorhandensein der Milben ist zunächst mit gewisser Sicherheit daran zu erkennen, dass vom Frühsommer an die neu hinzuwachsenden Herzblätter klein bleiben und verkümmern oder unter bräunlicher Verfärbung ganz absterben. Auch die Blüten werden in Mitleidenschaft gezogen. Mit Hilfe einer Lupe kann man die schmutzig weißen, etwas durchscheinenden Tiere, ebenso wie ihre Eier (ab März / April), leicht an den jungen Herzblättern finden. Verbreitet wird dieser Schädling meist durch befallene Jung-

pflanzen. Das Abschneiden des Laubes nach der Ernte und möglichst kurze Umtriebszeiten wirken den Schädigungen durch die Erdbeermilbe entgegen.
Der **Erdbeerblütenstecher**, ein etwa 3 mm großer Rüsselkäfer, legt die Eier in die Blütenknospen, zerbeißt danach die Stiele, sodass die Knospen umknicken, vertrocknen und später abfallen. Die vertrockneten Knospen mit den darin lebenden Larven sind zu vernichten.
Fraßschäden an Blättern, Knospen und Blüten entstehen durch die Raupen verschiedener **Wicklerarten**, insbesondere dem Erdbeerwickler und dem Schattenwickler. Von der Blütezeit ab befinden sich die Raupen meist in eingerollten, versponnenen Blättern oder in Blütengespinsten.
Langsames Verwelken einzelner Erdbeerpflanzen ist häufig die Folge von Wurzelfraß durch die fußlosen, bogig gekrümmten Larven verschiedener, zu den Rüsselkäfern gehörende **Dickmaulrüssler** oder durch die Engerlinge des Maikäfers.
Schnecken können bei feuchter Witterung größere Schäden hervorrufen. Sie hinterlassen an den reifenden Früchten große Fraßlöcher und glänzende Schleimspuren. Zur Bekämpfung gut bewährt haben sich die im Handel erhältlichen Schneckenzäune rings um den Erdbeerbestand. Wenig Dauerwirkung haben „Schutzwälle" aus Asche, Fichtennadeln oder Ätzkalk, weil sie nach Regen sofort wieder erneuert werden müssen.

Befruchtungsverhältnisse

Die im letzten Jahrzehnt herausgebrachten Sorten sind durchwegs zwittrig und selbstfruchtbar. Die Übertragung des Pollens erfolgt überwiegend durch Bienen und andere Insekten, aber auch durch den Wind. Ist es zur Blütezeit kühl und regnerisch, kommt es infolge ungenügender Befruchtung zu missgebildeten Beeren. Bei Kultur unter Vliesen oder im Folientunnel ist während der Blütezeit öfter und länger zu lüften, damit die Bienen die Befruchtung durchführen können.

Welche Erdbeersorte wählen?
Das Erdbeersortiment sollte möglichst viele Sorten enthalten, angefangen mit ganz früh reifenden bis hin zu spät reifenden Sorten, um die Familie möglichst lange mit frischen Erdbeeren zu versorgen.

Sorten

Mit Ausnahme einiger weniger sind die nachfolgenden Sorten selbstfruchtbar. Für einen ausreichenden Ertrag ist guter Insektenbeflug der Blüten notwendig. Nicht selbstfruchtbare Sorten benötigen daher eine Befruchtersorte mit der gleichen Blütezeit.
Den Züchtern ist es durch gezielte Kreuzungen und Zuchtziele gelungen, vor allem die Fruchtgröße und die Ertragsleistung sowie die Ansehnlichkeit und Resistenz gegen Frucht- und Wurzelfäulen zu verbessern.

Einmaltragende Sorten

'Avanta': Sehr früh bis früh, treibt viele Ausläufer. Mäßig anffällig für Fruchtfäulen, anspruchslos.
'Darselect': Blüten in Laubhöhe, Früchte breit kegelförmig, mittelrot, Geschmack gut bis sehr gut, ausgewogen gutes Aroma, auch bei sehr warmer Witterung, Reife früh bis mittelfrüh.
'Elsanta': Mittelfrüh, ertragreich, mit Kelch gut pflückbar, ohne weniger gut.
'Elvira': Mittelfrüh, Standardsorte, säuerlich süße, große Früchte.

▼ 'Elvira' ist nur mäßig anfällig für Fruchtfäule und Mehltau. Die säuerlich süßen Früchte werden sehr groß.

'Florika' (Erdbeerwiese): Mittelspät, wenig anfällig für Fruchtfäulen und Welkekrankheiten.
'Fraroma': Aroma-Erdbeere aus Dresden-Pillnitz, mittelgroße, saftig-süße, aromatische, rot bis dunkelrote Früchte, resistent gegen Wurzelpilze (Verticillium), robustes Blattwerk, stammt von der Sorte 'Senga-Sengana' ab.
'Fratina': Früh bis mittelfrüh, sehr widerstandsfähig gegenüber *Botrytis* und Blattkrankheiten, wegen der frühen Blüte etwas blütenfrostgefährdet. Stark wachsend, Hochbüsche bildend, mit vielen Ausläufern. Die Pflanzen tolerieren den Totalschnitt zur Ernte ohne Ertragseinbußen im Folgejahr.

► 'Elsanta' ist eine sehr ertragreiche Sorte.

'Honeoye': Früh, große, leuchtend dunkelrote, relativ festen Früchte, mit ausgezeichnetem Aroma, hoch anfällig für Welkekrankheiten.
'Korona': Mittelfrüh, große bis sehr große, aromatische Früchte, gut für Marmelade, wächst sehr stark.
'Lambada': Früh, große, stark glänzende Früchte, stark wachsend, lässt sich unter Folie gut verfrühen,
'Mieze Schindler': Mittelspät bis spät, alte Liebhabersorte mit kleinen Früchten mit Walderdbeeraroma, braucht Befruchtersorte, relativ anfällig für Fruchtfäulen, treibt viele Ausläufer.
'Nerina': Schwarze Erdbeere, bei Vollreife dunkelrotschwarz, sehr aromatisch, Reifezeit Ende Juni bis Ende Juli, gut geeignet zum Tiefkühlen und für Konfitüren, sehr widerstandsfähig gegen Wurzel- und Blattkrankheiten.
'Polka': Mittelspät, robust, sehr ertragreich, erst seit 1987 auf dem Markt, wenig anfällig für Fruchtfäulen, Mehltau, Blattfleckenkrankheit und *Verticillium*-Welke, aber anfällig für Rote und Schwarze Wurzelfäule, ausgezeichneter Geschmack, pro Fruchtstand reifen gleichzeitig mehrere Früchte.
'Salsa': Große bis sehr große, hellrote, saftige, sehr aromatische und gut haltbare Früchte, gute widerstandsfähig gegen Krankheiten, trägt spät im Juni.
'Tenira': Mittelfrüh, einmaltragend, ertragreich, süßsäuerlich, stellt geringe Bodenansprüche, relativ robust und widerstandsfähig, auf Befall mit Roter Spinne muss geachtet werden.

Remontierende Sorten

Mehrmals tragende (remontierende) Sorten bringen eine Ernte im Juni / Juli und nach einer kurzen Ruhepause erneut bis weit in den Herbst hinein. Ein zweites Erntejahr lohnt sich bei remontierenden Sorten nach allgemeiner Ansicht nicht, da Ertrag und Qualität nicht befriedigen.
Sollen die Bestände trotzdem eine weitere Ernte bringen, sind ab Ende September, spätestens Anfang Oktober, alle neuen Fruchtstände auszukneifen.
Remontierende Erdbeeren haben einen höheren Nährstoff- und Wasserbedarf als einmaltragende Sorten. Sie sind deutlich aufwändiger in der Pflege, lohnen dies aber mit Früchten bis zum Frosteinbruch.
'Evita': Große Früchte und hoher Ertrag.
'Mara des Bois': Mittel- bis purpurrot gefärbte, eiförmige Früchte, intensiver Geschmack nach Walderdbeeren, wird im Einzelhandel und Restaurants als Delikatess- oder Gourmet-Erdbeere angeboten, Reife je nach Standort ab Ende Mai bis Mitte Juni, danach trägt die Sorte mit Unterbrechungen bis Ende Oktober.
'Ostara': Früchte mittelgroß, gut haltbar mit leckerem Aroma, reicher Fruchtertrag, Ernte von Juni bis zum Forstbeginn, je nach Witterung, Pflanzen haben ein robustes Wachstum,
'Rapella': 1. Ernte früh, 2. Ernte mittelfrüh, auch zum Bepflanzen von Ampeln und Balkonkästen, anfällig für *Verticillium*.
'Selva': Rotglänzende, mittelgroße, kegelförmiger Frucht, Geschmack süßfruchtig, aromatisch, Ernte von Juli bis Frostbeginn.

'Thuriga': Mittelspät, robust, seit 1992 im Handel, außergewöhnlich gutes Aroma, gering anfällig für Blatt- und Wurzelkrankheiten, bestockt sich wenig, deshalb besonders für mehrjährigen Anbau geeignet.
'Tribute': Weitgehend resistent gegen Rote Wurzelfäule und *Verticillium*-Welke, kaum von Fruchtfäulen und Mehltau befallen.

Monats-Erdbeere

Die Monats-Erdbeere, *Fragaria vesca* var. *hortensis,* ist eine Varietät der Wald-Erdbeere. Sie bildet im Gegensatz zur Wald-Erdbeere jedoch keine Ranken oder Ausläufer, kann also nur durch Samen vermehrt werden. Die kleinen Früchte schmecken ausgezeichnet und sind für Bowlen, Fruchtspeisen und zur Dekoration bestens geeignet. Die äußerst robusten Pflanzen reifen von Juni bis September. Monats-Erdbeeren wirken besonders schön als Weg- oder Beeteinfassung.
Weit verbreitet ist die Sorte 'Rügen'. Die Sorte 'Alexandria' trägt mehr und größere Früchte bei ausgezeichnetem Aroma. Sie gilt als beste Monats-Erdbeere. Daneben sind noch die Sorten 'Falstaff', die von Juni bis Oktober fruchtet, und 'Baron von Solem' mit jeweils einer roten und einer gelbfrüchtigen Variante auf dem Markt.

Wald-Erdbeere

Die echte Wald-Erdbeere, *Fragaria vesca*, bildet viele Ausläufer, sodass im Laufe der Zeit ein dichter Bestand entsteht. Sie ist ein ausgezeichneter Bodendecker für den Halbschatten. Die zarten Blätter gelten als beliebter Bestandteil von Kräutertee-Mischungen. Im Juni und Juli reifen die kleinen, länglichen Früchte von intensivem Aroma.
Die früher verbreitete französische Sorte 'Königin von Vallées' wurde weitgehend von der Sorte 'Forstina' abgelöst. Eine besondere Spielart ist 'Bianca', eine gelbfrüchtige Form, die kleine, süße, hocharomatische Früchte liefert. Die Pflanze ist äußerst robust und bildet viele Ausläufer.

Himbeere

Neben der Erdbeere gibt es wohl keine Obstart, die sich so sicher und leicht kultivieren lässt wie die Himbeere. Himbeeren sind nicht zuletzt deshalb bei Gartenbesitzern beliebt, weil sie bereits vom zweiten Standjahr an Ertrag bringen und diesen regelmäßig liefern.

Ein- und zweijährige Ruten

Die Himbeere gehört zu den Halbsträuchern, das heißt, sie bilden zwar holzige Zweige, diese sind aber nicht von Dauer, sondern leben nur zwei Jahre. In dem einen Jahr treiben sie aus dem Boden hervor und erreichen, ohne sich zu verzweigen, eine Höhe von 1 bis 2 m, die im folgenden Jahr an Kurztrieben die Himbeerfrüchte tragen und dann absterben. Die inzwischen wieder aus dem Wurzelstock und durch Wurzelschösslinge herangewachsenen jungen Ruten überdauern den Winter und stellen im folgenden Jahr wieder die Tragruten dar. An einer Himbeerpflanze ist demnach immer nur zweierlei Holz zu finden: diesjähriges und vorjähriges.
Gut gepflegte, gesunde Himbeeranlagen können am selben Standort sieben bis zehn Jahre stehen bleiben.

Standortansprüche

Der Boden sollte durchlässig, humos, nährstoffreich und genügend feucht sein, jedoch ohne stauende Nässe. Auch sandige Böden sind bei ausreichender Wasser- und Nährstoffversorgung noch für den Himbeeranbau geeignet. Standorte, die Bodenverdichtungen aufweisen, sind dagegen ungeeignet.
Himbeeren bevorzugen eine leicht saure Bodenreaktion (pH 5,5 bis 6,5); bei höheren pH-Werten kommt es zu Eisen- und Manganmangelerscheinungen.
Wichtig ist ein sonniger Standort. Selbst an nur zeitweise beschatteten Standorten lässt nicht nur das Wachstum nach, sondern auch der Ertrag. Außerdem leidet die Fruchtqualität und die Holzausreife im

▼ Himbeeren sollten gemulcht werden, damit die Feuchtigkeit im Boden erhalten bleibt.

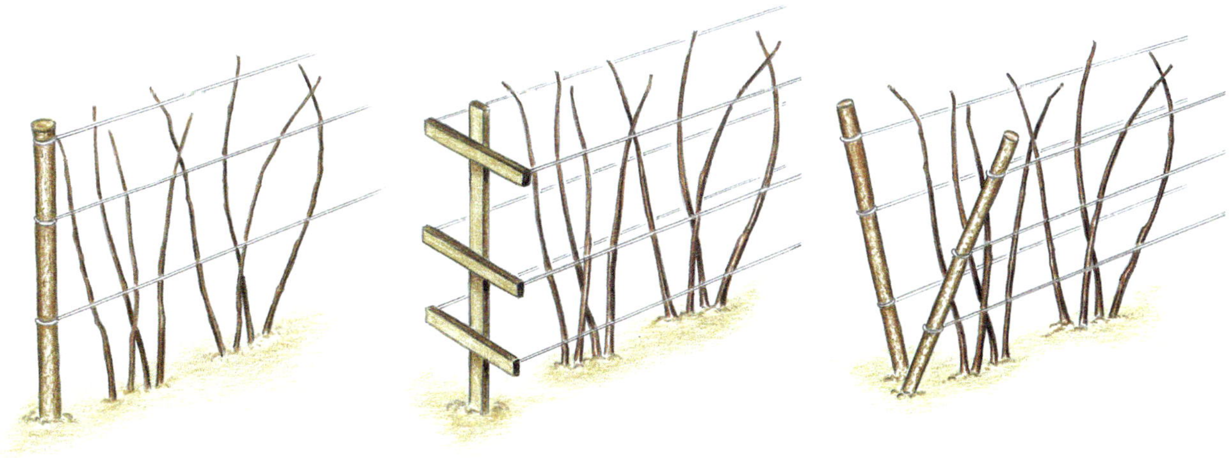

▲ Anbausysteme bei Himbeeren:
Links: Einzelreihenpflanzung mit einem Draht.
Mitte: Einzelreihenpflanzung mit Doppeldrähten.
Rechts: V-Anordnung des Erziehungsgerüstes.

Herbst. Mit Rücksicht auf die Windanfälligkeit der Früchte sollte ein Windschutz vorhanden sein.

Anbau- und Pflanzsysteme

Bei Himbeeren unterscheidet man Pflanzungen mit und ohne Erziehungsgerüst. Zu bevorzugen ist der Anbau mit Gerüst. Es gewährleistet das gute Ausreifen tiefhängender Früchte, verhindert das Abbrechen von reichtragenden Fruchtruten und erleichtert wesentlich die Erntearbeit.
Es gibt verschiedene Anbausysteme. Im Allgemeinen ist die senkrechte Erziehungsart in Einzelreihen üblich. Längs der Reihe wird in etwa 40, 80 und 160 cm Höhe ein Draht gespannt, an ihm werden die Ruten angebunden, oder sie werden hindurchgesteckt. Besser als Einzeldrähte sind jedoch Doppeldrähte; denn sie ersparen das Anbinden der Einzelruten. Beide Systeme haben den Nachteil, dass unmittelbar neben den vorjährigen die jungen diesjährigen Ruten wachsen. Sie behindern beim Pflücken, und außerdem besteht die Gefahr, dass der junge Neuwuchs beschädigt wird. Diesen Nachteil hat eine V-Anordnung des Erziehungsgerüstes nicht. Die heranwachsenden jungen Ruten stehen aufrecht in der Mitte des V-Systems und können sich ungestört entwickeln. Sie belästigen weder bei der Ernte, noch können sie beim Pflücken beschädigt werden. Da die Ruten nicht in das Gerüst hineingezogen werden müssen, ist ein schnelles und einfaches Anbinden möglich. Durch bessere Übersicht ist das Entfernen der abgetragenen Ruten nach der Ernte einfacher. Die Reihenabstände hängen von der Wuchsstärke der Sorten ab.

Pflanzung

Himbeeren werden so gepflanzt, dass die kräftigen Basisknospen 5 cm hoch mit Erde bedeckt sind. Die Ruten auf 40 bis 50 cm einkürzen. In der Regel entwickeln sich aus den Basisknospen ein bis drei Ruten, die im zweiten Standjahr den ersten Ertrag bringen.
Vor dem Pflanzen den Boden tiefgründig lockern. Dabei kann gleichzeitig Kompost oder andere im Handel erhältliche Humussubstanz wie Rindenhumus in den Boden eingearbeitet werden.
Erfahrungsgemäß ist der frühe Herbst (Oktober) die beste Pflanzzeit. Es kann aber auch im zeitigen Frühjahr gepflanzt werden, sobald der Boden frostfrei ist.

Schnitt

Im ersten Jahr der Pflanzung sollten nicht mehr als drei neu ausgetriebene Ruten je Pflanze verbleiben. Diese tragen im Folgejahr Früchte und werden unmittelbar nach der Ernte dicht über dem Boden abgeschnitten. Ab dem 3. Jahr wählt man pro Pflanze bis zu sieben gesunde Ruten aus (wenn sie etwa 30 cm hoch sind) und schneidet alle weiteren Neutriebe möglichst tief ab. Von diesen sieben Ruten werden die fünf besten nach dem Abschneiden der Tragruten im Sommer am Gerüst befestigt.
In den folgenden Standjahren sofort nach Abschluss der Ernte, bzw. erst nach dem Ende einer Hitzeperiode, die abgetragenen Ruten unmittelbar über dem Boden abschneiden; dadurch wird der Verbreitung von Krankheiten (besonders der Rutenkrankheit) und der von Schädlingen vorgebeugt. Beim Ausschneiden dürfen keine

TIPP

Bei der Anordnung der Pflanzreihen ist zu beachten, dass die Früchte zum Ausreifen ausreichend Sonne benötigen. Deshalb ist die Pflanzung nach Möglichkeit in Nord-Süd-Richtung anzulegen.

Triebreste über der Erde stehen bleiben, da sie Schädlingen Unterschlupf bieten und gleichfalls die Rutenkrankheit verbreiten können. Die neuen, im laufenden Jahr herangewachsenen Triebe bleiben unbeschnitten; sie werden im nächsten Jahr blühen und die Ernte bringen. Allerdings werden alle zu schwachen diesjährigen Triebe in unmittelbarer Nähe der Mutterpflanzen entfernt. Wurzelschösslinge, die sich zwischen den Pflanzreihen entwickeln, werden entweder bis zum Herbst zur Jungpflanzengewinnung belassen oder durch Herausreißen beseitigt.

Über die Anzahl der Tragruten, die man je laufenden Meter belässt, bestehen unterschiedliche Ansichten. Bei der Reihenkultur geht man von 8 bis 10 Ruten je laufendem Meter und 16 bis 18 Ruten je laufendem Meter bei der V-Erziehung aus. Nach eigener Erfahrung ist es für den Ertrag vorteilhaft, wenn man ohne Rücksicht auf das Wuchsverhalten der Sorten alle vorhandenen kräftigen Tragruten belässt. Im erwerbsmäßig betriebenen Himbeeranbau werden Ruten über 2 m Länge gegen Winterende auf eine Länge von etwa 20 cm über dem obersten Gerüstdraht eingekürzt. Für den Kleingärtner ist diese Maßnahme nicht unbedingt zu empfehlen, da sich die besten und zeitigsten Früchte an den Triebspitzen entwickeln. Daher nur zurückgetrocknete oder frostgeschädigte Triebspitzen zurückschneiden. Statt dessen ist ein bogenförmiges Heften des oberen Triebdrittels an den oberen Draht zu empfehlen.

VORSICHT

Die während der Vegetation absterbenden Ruten sind sofort zu entfernen und zu vernichten, da sie in der Regel von der Rutenkrankheit befallen sind.

Bodenpflege

Die flachwurzelnde Himbeere verträgt weder tiefe Bodenbearbeitung noch Dauergraseinsaat, weder chemische Unkrautbekämpfungsmittel noch Bodenverdichtung. Aus diesen Gründen ist eine dauernde Bodenbedeckung mit Mulchmaterialien zu empfehlen. Je nach Verrottung des Bedeckungsmaterials ist ein Nachdecken erforderlich. Im Winter unbedingt auf Wühlmaus- und Feldmausbefall unter der Mulchschicht achten.

Himbeeren brauchen viel Wasser, vor allem während der Blüte und während der Fruchtreife. Da die Himbeere ein ausgesprochener Flachwurzler mit relativ viel jungem Blattwerk ist, muss sie bei Trockenheit gewässert werden.

◀ Eine gefürchtete Krankheit an Himbeeren ist die durch einen Pilz verursachte Rutenkrankheit. Die ersten Symptome zeigen sich im Frühjahr, wenn die jungen Triebe 20 bis 40 cm lang sind. Bevorzugt an den Blattansatzstellen und Knospen, aber auch an anderen Stellen der Triebe entstehen bräunlich bis violett gefärbte Flecke. Diese können eng begrenzt bleiben, dehnen sich aber häufig rasch aus. In diesen Fällen sind die basalen Rutenteile oft vollständig verfärbt. Die befallenen Rindenpartien sterben ab, sind silbergrau verfärbt und reißen oft auf. Die als Infektionsquelle wirkenden, befallenen oder schon abgestorbenen Ruten sind sofort direkt am Boden abzuschneiden und zu vernichten.

Krankheiten

Ein großes Problem bei Himbeeren sind Viruskrankheiten. Innerhalb weniger Jahre kann völlig gesundes Pflanzenmaterial verseucht sein, wenn in der näheren Umgebung Alt- oder Wildbestände stehen. Unter dem Sammelbegriff „**Himbeermosaik-Komplex**“ werden verschiedene Viren zusammengefasst, die sich je nach dem Schadbild auf den Blättern in drei Typen unterscheiden lassen: **Fleckenmosaik**, **Adernbänderung** und **Adernchlorose**. Befallene Bestände sind verloren, es gibt keinerlei Bekämpfungsmöglichkeiten. Deshalb ist es wichtig, virusfreies Pflanzenmaterial zu verwenden und möglichst virustolerante Sorten zu wählen. Da diese Virosen durch Blattläuse übertragen werden, kommt der Bekämpfung der Blattläuse in Himbeeren eine besondere Bedeutung zu.

Der **Grauschimmel** (*Botrytis*) verursacht an Blütenständen und insbesondere den Früchten Schäden. Letztere verfärben sich nach der Infektion rötlichbraun und werden von einem grauen, stäubenden Pilzrasen bedeckt.

Insbesondere auf nassen, verdichteten Böden besteht die Gefahr, dass die **Wurzelfäule** den gesamten Bestand in kurzer Zeit absterben lässt. Verursacht wird dieses Absterben von dem Pilz *Phytophthora*.

Schädlinge

Der **Himbeerkäfer** höhlt geschlossene Blütenknospen aus, an offenen Blüten zerstört er Stempel und Staubgefäße. Größere Schäden können durch die Himbeerblattmilbe entstehen. Durch die Saugtätigkeit der sehr kleinen Milbe (unter 0,2 mm) verfärben sich die Blätter mosaikartig und sind teilweise eingekräuselt. Die Ruten bleiben im Wachstum zurück. Auf den ersten Blick gleicht das Schadbild dem bei Virusbefall. Im Gegensatz dazu haben aber milbengeschädigte Blätter an der Unter-

▼ Die Larve des Himbeerkäfers – als Himbeermade bekannt – sitzt im Innern der reifen Früchte.

Fremdbefruchtung ist besser
Alle Himbeersorten sind selbstfruchtbar, sie benötigen daher nicht unbedingt Befruchtersorten. Allerdings gilt für alle Himbeersorten auch, dass trotz ihrer Selbstfertilität Fremdbefruchtung vor allem bei ungünstigem Blühwetter besseren Ansatz bewirken.

▶ Die Früchte von 'Tulameen' sind sehr groß; sie schmecken noch besser als die der Standardsorte 'Schönemann'.

seite grau verfärbte Stellen. Darüber hinaus können **Blattläuse** und **Spinnmilben** auftreten.

Ernte und Lagerung

Die Reife der Himbeersorten beginnt je nach Standort Ende Juni bis Mitte Juli. Die Erntedauer beträgt im Allgemeinen 3 bis 4 Wochen. Es muss regelmäßig, zwei- bis dreimal wöchentlich gepflückt werden, da reife und vollreife Früchte sehr empfindlich sind. Der richtige Erntezeitpunkt ist gekommen, wenn sich die Beere leicht vom Fruchtboden löst. Bei warmem Wetter möglichst frühmorgens pflücken. Bei Regenwetter nicht ernten. Die Früchte nach der Ernte auf schnellstem Wege verbrauchen. Zum Einfrieren die Früchte auf einem Blech flach ausbreiten, vorgefrieren und dann verpacken.

Sorten

Außer den rotfrüchtigen gibt es auch gelbfrüchtige Liebhabersorten, die für den erwerbsmäßigen Anbau keine Bedeutung haben.

Rotfrüchtige Sorten

'Autumn Bliss': Herbsttragend (August bis Frosteintritt), widerstandsfähig gegen Wurzelfäule und virusübertragende Blattläuse, kaum vom Himbeerkäfer befallen.
‚Elida': Im Erwerbsanbau wichtige Sorte, Ernte ab Ende Juni, ausgeprägt robust gegen Krankheiten, Früchte groß, fest, glänzend leuchtendrot, bestens geeignet zum Tiefgefrieren sowie auch für Konfitüre und Frischkonsum.

'Glen Ample': Ab Ende Juli, widerstandsfähig gegen Wurzelfäule, sehr große Früchte.
'Himbo-Top': Herbsthimbeere mit bestem Ertrag und Geschmack, süß mit einer erfrischenden Säure, typisches, gehaltvolles Himbeeraroma, robust und widerstandsfähig gegen die bekannten Himbeerkrankheiten, große Früchte, leuchtend rote Farbe, sehr gut zapfenlöslich.
'Meeker': Erntezeit Juli bis August, Früchte glänzend dunkelrot, sehr fest und äußerst wohlschmeckend, leicht pflückbar, hohe und regelmäßige Erträge, widerstandsfähig gegen Grauschimmel und resistent gegen die Rutenkrankheit und Viruserkrankungen.
'Polka': Polnische Züchtung, trägt ab Mitte August sehr große, kegelförmige Früchte mit einer dunkelroten Farbe und ausgeprägtem Himbeeraroma, Fruchtfleisch feinzellig, aber fest, gut geeignet als Kuchenbelag, für Marmelade oder einfach zum Naschen.
'Rubaca': Ab Anfang Juli, hoch resistent gegen Wurzelsterben (*Phytophthora fragariae* var. *rubi*).
'Rumiloba': Spät, widerstandsfähig gegen virusübertragende Himbeerblattlaus, wenig anfällig für Rutensterben, gut zum Einfrieren.
'Schönemann': Spät, eine der ertragreichsten Sorten, anfällig für Mehltau und Phytophthora-Wurzelfäulen.
'Tulameen': Anfang Juli, Züchtung aus Kanada, sehr große Früchte, besser als Standardsorte 'Schönemann', neigt zu Grauschimmelbefall.
'TulaMagic': Sommertragende Sorte, robust gegenüber Krankheiten, Früchte hellrot, rundlich-kegelförmig, mittlere bis gute Zapfenlöslichkeit, intensiver angenehm-süßlicher Geschmack.

Gelbfrüchtige Sorten

'Fallgold': Juli bis September, zweimaltragend, im Juli an den zweijährigen Ruten und im September an einjährigen Neutrieben, aromatische, süße Früchte.
'Golden Bliss' (Tochter von 'Autumn Bliss'): Anfang August bis Ende September, im Dezember alle Ruten bodeneben abschneiden.

Brombeere

Standortansprüche

Die Brombeere verlangt warme, sonnige und windgeschützte Standorte. Temperaturen unter −15 °C schaden den meisten Sorten. Besonders gefährlich sind Windfröste, die aber in geschlossenen Gartenanlagen keine Rolle spielen dürften. Frostgeschädigte Brombeeren treiben in der Regel aus den Wurzelstöcken wieder aus, sodass nur eine Ernte verloren ist.

An den Boden stellt die Brombeere keine besonderen Ansprüche, gehören doch die Wildformen zu den Pionierpflanzen, die selbst magere Geröllhalden besiedeln, doch sind hohe Erträge und vor allem große Früchte nur auf Böden mit ausreichender Feuchtigkeit zu erzielen. Optimal sind humose, durchlässige Lehmböden mit schwach saurer bis neutraler Reaktion. Die Brombeeren blühen nach den „Eisheiligen" ab Ende Mai. Da sich die Blüte über einen längeren Zeitraum erstreckt, hat eine ungünstige Witterung keinen Einfluss auf den Blühverlauf. Selbst Spätfröste bis zu −4 °C wirken gewöhnlich nicht nachteilig auf Blüte und Ertrag.

Blätter für Tee
Brombeerblätter zählen zu den ältesten Naturheilmitteln, sie sind wichtiger Bestandteil von vielen Haustee-Mischungen.

▼ Brombeerbestand an frei stehendem Spalier.

Dornen oder Stacheln?

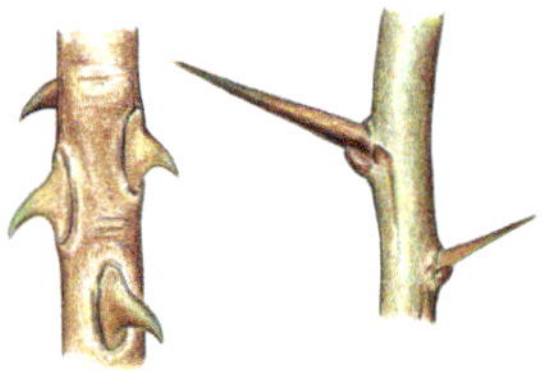

Der Name Brombeere stammt vom althochdeutschen Begriff für „Dornenstrauch" (brama). Nach der botanischen Systematik sind die „Dornen" der Brombeeren – wie die der Rosen – als „Stacheln" anzusehen, denn sie sind Auswüchse der Oberhaut. Bei echten Dornen handelt es sich um umgewandelte Zweige.

Pflanzung

Der Pflanzabstand für aufrecht wachsende Sorten beträgt 60 bis 80 cm, rankende Sorten benötigen 2 bis 4 m. Die Pflanzen müssen neben einem mindestens bleistiftstarken Trieb 1 bis 2 kräftige, am Wurzelhals sitzende Basisknospen aufweisen, die einen kräftigen Durchtrieb der Pflanzen gewährleisten. Gepflanzt wird so tief, dass die Basisknospen etwa 5 cm hoch mit Erde überdeckt sind. Bei gründlicher Bodenvorbereitung und -lockerung braucht das Pflanzloch nur so groß zu sein, dass die Wurzeln der Pflanzen hineinpassen. Beschädigte Wurzeln sind zu entfernen. Rankende Sorten werden auch gern als Schutzhecken angepflanzt. Bei diesen meist sehr dichten, in der Pflege vernachlässigten Hecken sind Erträge und Fruchtqualität natürlicherweise geringer als bei einer Spalierziehung. Wer Brombeerhecken an Grundstücksgrenzen pflanzt, sollte einen Abstand von etwa 2 m einhalten.

Anbausysteme und Schnitt

Die Brombeere ist wie die Himbeere ein Halbstrauch, der die Früchte am zweijährigen Holz trägt. Die diesjährigen Jungruten liefern also den Ertrag des Folgejahres und müssen dann nach der Ernte weggeschnitten werden. Auf dieser Grundlage erfolgt die Erziehung der Pflanzen. Zu berücksichtigen ist bei der Erziehung das Wuchsverhalten der einzelnen Sorten, dabei wird zwischen aufrecht wachsenden und rankenden Sorten unterschieden.

Im ersten Jahr zieht man drei bis vier Triebe (später bis zu sechs Triebe) in einer Richtung auf die Gerüstdrähte. Diese tragen im Folgejahr die Früchte. Gleichzeitig treiben aus dem Stockgrund junge Ranken, die nach rechts auf die Drähte gezogen und befestigt werden.

Mehrmals im Jahr schneiden

Während der Ertragszeit wird an den rankenden Brombeerpflanzen ein Herbst-/Winter- und ein Sommerschnitt durchgeführt. Beim Herbstschnitt schneidet man nur die abgetragenen Ruten unmittelbar nach der Ernte ebenerdig ab. Es ist vorteilhaft, diese abgeschnittenen Ruten als Frostschutz für die neuen Ruten mit den Blättern noch im Drahtgerüst zu belassen und erst im folgenden Jahr aus dem Gerüst zu entfernen.

Besonders wichtig ist bei Brombeeren der Sommerschnitt. Die rankenden Sorten neigen in starkem Maße dazu, noch im gleichen Jahr, etwa ab Mitte Juni, vorzeitige Seitentriebe an den heranwachsenden Jungtrieben zu bilden. Diese Seitentriebe sind im August auf ein bis drei kräftige Knospen (vier bis fünf Blätter) zurückzuschneiden. Treiben die Knospen im gleichen Sommer nochmals aus, werden diese Triebe im darauf folgenden Frühjahr auf 1 bis 3 Augen (Knospen) nachgeschnitten. Im Rahmen des Sommerschnitts werden auch alle überzähligen Ranken bodennah weggeschnitten. Insgesamt sollen nicht mehr als 4 bis 6 starke Ruten je Pflanze verbleiben.

Bei aufrecht wachsenden Sorten eignen sich dieselben Gerüste und Erziehungsformen wie für Himbeeren. Allerdings ist es vorteilhaft, im Frühjahr bei den Jungruten die Spitze zu entfernen, wenn sie 1,5 bis 2 m lang sind, um die Seitentriebbildung zu fördern. Die Behandlung der Seitentriebe erfolgt wie bei den rankenden Brombeeren beschrieben.

Ernte und Verarbeitung

Die Brombeeren haben von allen Beerenobstarten die längste Erntezeit. Sie dauert je nach Sorte 12 bis 15 Wochen, etwa von Ende Juli / Anfang August bis Oktober. Die Haupternte liegt im August. Bei der Brombeere wird zwischen der Hart-, Voll- und Überreife unterschieden. In der Hartreife ist die Frucht schon sortentypisch gefärbt, besitzt aber noch einen verhältnismäßig hohen Säuregehalt, der den vorhandenen Zucker überdeckt, und das Aroma ist noch nicht voll ausgeprägt. Die Früchte sind in diesem Zustand zum Eindünsten am besten geeignet. Im vollreifen Stadium (etwa eine Woche nach der Hartreife) haben Brombeeren die richtige Aroma- und Saftfülle. Zum Frischverzehr und zur sofortigen Verarbeitung sollten nur vollreife Früchte geerntet werden. Bei Überreife ist der Fruchtboden violett, blau oder rötlich gefärbt. Die Früchte sind dann besonders zuckerreich.

Wie ernten?
Nur trockene Früchte ernten. Bei der Ernte sollten niemals Gefäße aus Metall verwendet werden, da die Säure des Fruchtsaftes die Metalle angreift, Früchte und Saft können dadurch verderben.

Krankheiten und Schädlinge

Einige Brombeersorten sind extrem anfällig für die **Grauschimmel-Fruchtfäule**. Besonders in feuchten Regionen und regenreichen Sommern verursacht der Pilz große Schäden. Neben Spinnmilben und Blattläusen können besonders durch die **Brombeergallmilbe** größere Schäden entstehen.

◀ Die nur 0,2 mm großen Brombeergallmilben wandern zum Zeitpunkt des Austriebes in die sich entfaltenden Knospen. Durch ihre Saugtätigkeit bleiben Teilfrüchte oder ganze Beeren rot, hart und sauer, sie sind praktisch ungenießbar. Um den Befallsdruck im Folgejahr zu mindern, sollten die abgetragenen Ruten sehr zeitig abgeschnitten und vernichtet werden.

Befruchtungsverhältnis

Brombeeren sind selbstfruchtbar und können daher auch im einsortigen Bestand angebaut werden. Einige Brombeersorten bilden Früchte auch ohne Befruchtung. Hierzu gehören neben anderen 'Theodor Reimers' und 'Thornless Evergreen'. In solchen Früchten findet man daher keine keimfähigen Samen.

Sorten

Die Kulturformen der Brombeeren lassen sich in aufrechtwachsende und rankende Sorten unterscheiden; die rankenden werden nochmals in mehr oder weniger stark bestachelte (bewehrte) und stachellose Sorten untergliedert. Viele neuere Züchtungen ('Loganbeere', 'Youngbeere' und 'Boysenbeere') stammen aus den USA. Sie schmecken hervorragend, bei uns kann man sie aber nicht anbauen, weil sie entweder zu spät reifen oder zu frostempfindlich sind.

Stachellose Sorten

'Chester Thornless': Reifezeit Anfang August bis Ende September, sehr große, kegelförmige, feste Früchte, bei guter Aus-

► 'Tayberry' ist eine Mischform zwischen einer Himbeersorte und einer Brombeersorte mit halb aufrechtem Wuchs, vielen kleinen Stacheln und purpurroten Früchten. Sie ist relativ holzfrostempfindlich und benötigt einen geschützten Standort im Garten.

reife mit kräftigem, süßem Geschmack, gute Haltbarkeit, auch beim Tiefkühlen.
'Loch Ness': Ende Juli bis Mitte September, robust mit wohlschmeckenden, festen Früchten, gut für Marmelade, wenig anfällig für Fruchtfäule, Frostschutz, neigt wenig zur Seitentriebbildung.
‚Navaho': Aufrechtwachsende Sorte, weniger starkwachsend als konventionelle Sorten, äußerst robust und gesund, Früchte groß, glänzend schwarz, sehr fest, äußerst aromatisch schmeckend, Ernte ab Anfang August bis Oktober, hoher Zierwert durch große, rosafarbene Blüten.

Bestachelte Sorte

'Theodor Reimers': Ende Juli bis Mitte September, geschmacklich unübertroffen, anfällig für Fruchtfäulen und die Brombeergallmilbe, starke Seitentriebbildung, regelmäßig schneiden, Früchte nicht lange haltbar.

► Die Früchte der stachellosen 'Black Satin' schmecken etwas säuerlich.

Johannisbeere, Ribisel

Nach der Fruchtfarbe unterscheidet man zwischen Roten, Weißen und Schwarzen Johannisbeeren, die von verschiedenen, bei uns heimischen Arten abstammen. Frisch gegessen werden fast ausschließlich die Roten Johannisbeeren, die auch für die Verarbeitung zu Saft, Konfitüren, Gefrierkonserven, Kompott und Dessertwein von Bedeutung sind. Aus Weißen Johannisbeeren lässt sich ein ausgezeichneter Beerenwein herstellen. Die Schwarzen Johannisbeeren werden zur Zubereitung hochwertiger Säfte, Gelee, Konfitüren und Dessertweine verwendet.

Johannisbeerhochstämmchen

Neben auf eigener Wurzel stehenden Büschen verwendet man im Hausgarten gerne auf stammbildende Unterlagen veredelte Johannisbeeren. Als Unterlage wird in der Regel die Goldjohannisbeere (*Ribes aureum*) verwendet. Johannisbeerstämmchen – es gibt sie mit kurzem Stamm von etwa 15 bis 40 cm Höhe und Halb- und Hochstämmchen mit Stammhöhen von 60 bis 100 cm – haben den Vorteil, dass man den Boden unter den Büschen leichter pflegen kann.

Gesunde Johannisbeeren

Johannisbeeren enthalten viele Vitamine, Fruchtsäuren, Pektine, Mineral- und Gerbstoffe, Zucker, Zellulose, Farb-, Aroma- und Duftstoffe bei geringem Kaloriengehalt. Besonders hervorzuheben ist der hohe Vitamin-C-Gehalt. Während die Roten und Weißen Johannisbeeren je nach Sorte einen Vitamin-C-Gehalt von 30–50 mg je 100 g Frischgewicht enthalten, sind die Schwarzen Johannisbeeren mit einem Anteil von 150–300 mg bedeutend hochwertiger und liegen drei- bis fünfach über dem der Zitrone.

Standortansprüche

Am besten gedeihen Johannisbeeren auf humosen, nährstoffreichen, vor allem gut feuchten, sandigen Lehm- bis lehmigen Sandböden. Als Flachwurzler benötigen Johannisbeeren zwar keine tiefgründigen Böden, dafür aber regelmäßige Niederschläge. Trockenperioden oder Staunässe hemmen Wachstum und Ertragsleistung.
Die Lage soll windgeschützt und sonnig sein. In spätfrostgefährdeten Lagen können Blütenschäden besonders bei frühen Johannisbeersorten auftreten.

Mit Johannisbeeren gestalten
Will man mehrere Johannisbeeren pflanzen, bietet sich die Pflanzung einer Reihe von Sträuchern entlang von Wegen oder Zäunen an. Interessant ist eine Wechselbepflanzung mit Sträuchern und Hochstämmchen. Der Platz im Garten wird so gut ausgenutzt.

Pflanzung

Beim Pflanzen werden die Triebe (es sollten höchstens 5 sein) auf 3 bis 5 Knospen zurückgeschnitten. Stets über einer nach außen gerichteten Knospe zurückschneiden. Bei Containerware nur überzählige Triebe entfernen. Der günstigste Pflanztermin für Johannisbeeren ist nach dem Laubfall im Herbst. Meistens bilden sich dann bis zum Einsetzen stärkerer Fröste noch Faserwurzeln. Heute werden Johannisbeeren oft in Containern angeboten und können praktisch das ganze Jahr über gepflanzt werden.

▲ Johannisbeerstämmchen benötigen unbedingt einen dauerhaften Pfahl, der durch die Krone hindurch geht und an dem der Stamm, die Veredlungsstelle und später der Mitteltrieb angebunden werden kann. Anstelle des Pfahls kann auch eine Stützvorrichtung, bestehend aus drei Pfählen mit Querhölzern, verwendet werden.

Je nach Wüchsigkeit der Sorte empfehlen sich für Sträucher Pflanzabstände von 1 bis 2 m. Um die basalen Austriebe zu begünstigen, werden die Sträucher etwa 10 cm tiefer gepflanzt, als sie in der Baumschule gestanden haben.

In den folgenden Jahren werden weitere Bodentriebe aus dem Wurzelstock zum Vervollständigen des Strauchaufbaus benötigt. Die Erziehung der Sträucher wird mit 6 bis 8 Gerüsttrieben abgeschlossen und dauert etwa drei Jahre. Beim weiteren Strauchaufbau ist zwischen Roten, Weißen und Schwarzen Johannisbeeren zu unterscheiden.

Schnitt von Roten und Weißen Johannisbeeren

Johannisbeeren treiben jedes Jahr aus dem Wurzelstock nach. Die Jungtriebe fruchten im darauf folgenden Jahr. Ab dem 4. oder 5. Standjahr beginnt man 2 bis 3 der älteren Gerüsttriebe am Boden oder oberhalb der Stammaustriebe zu entfernen. Die älteren Stämme lassen im Trieb nach und bringen kleine Beeren an kurzen Trauben. Alle dünnen und schwachen Bodentriebe laufend entfernen, ebenso alle überzähligen (anzustreben sind 8 bis 10 Gerüsttriebe).

Schnitt von Schwarzen Johannisbeeren

Schwarze Johannisbeeren wachsen steifer als die Roten, die Blüten bilden sich an einjährigen Langtrieben sowie an kurzen Fruchtsprossen am älteren Holz.

Nach dem Pflanzschnitt werden die Triebverlängerungen daher nicht mehr geschnitten. Sie fruchten oft an allen Knospen und bilden auch ohne Rückschnitt genug Kurztriebe. Wichtig ist das laufende Auslichten der Bodentriebe und der schwachen, hängenden Seitentriebe. Da sich die Schwarzen Johannisbeeren weniger dicht verzweigen, kann der fertige Strauch 7 bis 10 Stämme aufweisen.

Wie bei den Roten und Weißen Johannisbeeren werden auch hier 4- bis 6-jährige Stämme laufend auf tiefer stehende, kräftige Seitentriebe oder, wenn diese fehlen, bis zum Boden zurückgeschnitten. Sie werden ersetzt, indem man jährlich ein bis zwei kräftige Bodentriebe neu aufzieht. Diese kürzt man nach dem 1. Jahr bis zur Hälfte ein. Alle Gerüsttriebe, die im Trieb nachlassen, werden sofort nach der Ernte bis auf kräftige, tiefere Austriebe zurückgenommen. Ebenso alle zu hoch gewordenen Stämme.

Schnitt von Stämmchen

Johannisbeerstämmchen werden wie kleine Pyramiden erzogen, mit Mitteltrieb und vier bis fünf Leittrieben. Dementsprechend werden beim Pflanzschnitt überzählige und schwache, nicht für den Kronenaufbau benötigte Triebe bis zur Entstehungsstelle weggeschnitten. Die Kronentriebe werden auf 3 bis 4 Knospen eingekürzt. Falls wenige oder nur schwache Kronentriebe vorhanden sind, dann

Faustregel für den Schnitt

Als Faustregel für im Ertrag stehende Johannisbeersträucher gilt: Möglichst nach der Ernte, spätestens aber im Februar, alle Basistriebe entfernen, die älter als vier Jahre sind. Diese abgetragenen Triebe werden zugunsten von Jungwuchs entfernt, der aus dem Wurzelstock nachwächst.

Verjüngung von Johannisbeersträuchern

Überalterte, ungepflegte Sträucher können radikal verjüngt werden. Sie sind zu dicht, die kurzen Trauben haben nur kleine Beeren, das Holz ist dunkel und dick. Das alte Holz wird auf wenige junge Äste über dem Boden abgeschnitten. Humusgaben aus Stallmist oder Kompost unterstützt die Bildung neuer Achsen. Treibt der verjüngte Strauch ungenügend aus, ist es besser, die Pflanzen zu roden und neue Sträucher zu pflanzen.

werden diese sehr kurz auf nur zwei Knospen zurückgenommen, damit ein starker Durchtrieb für den Aufbau der Krone im kommenden Jahr erfolgt. Bei sämtlichen Schnittmaßnahmen gilt auch hier: auf eine nach außen gerichtete Knospe zurückschneiden.
Bei im Ertrag stehenden Stämmchen werden die jungen Seitentriebe an den Leitästen auf drei oder fünf Knospen einkürzt. Die unteren Seitentriebe am Leitast lässt man etwas länger als die oberen, um eine pyramidale Form der Krone zu erhalten. Ein Rückschnitt der Spitzen der Leittriebe ist nur bei stark wachsenden Sorten erforderlich. Dieser Fruchtholzschnitt ist im zeitigen Frühjahr durchzuführen. Wird er im Sommer durchgeführt, könnte noch ein unerwünschter Austrieb an den zurückgeschnittenen Trieben erfolgen.
Zur laufenden Instandhaltung der Krone gehört das jährliche Auslichten zu dicht stehender oder sich kreuzender, überflüssiger Triebe, auch besonders solcher, die in das Kroneninnere wachsen.

Bodenpflege

Die Wurzeln der Johannisbeeren befinden sich in den obersten Bodenschichten. Deshalb darf der Boden zwischen den Sträuchern nur flach gelockert werden. Ein Umgraben unter den Sträuchern ist grundsätzlich zu unterlassen, denn durch den Verlust eines Teils ihrer Faserwurzeln würden die Sträucher Schaden erleiden. Besser als eine Bodenbearbeitung ist auch bei Johannisbeeren eine Mulchschicht unter den Sträuchern.

Düngung

Für laufende Humusgaben sind Johannisbeeren äußerst dankbar. Wird regelmäßig gemulcht, kann in der Regel auf eine zusätzliche Humusgabe verzichtet werden. Wird der Boden dagegen offen gehalten, empfiehlt es sich, jährlich etwas Kompost aufzubringen.
Johannisbeeren haben einen erhöhten Bedarf an Kalium. Auf eine mangelhafte Kaliumversorgung des Bodens reagieren die Pflanzen im Sommer mit braunen Blatträndern, die sich bei Johannisbeeren nach oben einrollen. Johannisbeeren sind chlorempfindlich, daher dürfen nur chlorfreie Mineraldünger verwendet werden.

◀ Verrieseln an Johannisbeeren. Darunter versteht man das Abfallen der jungen Früchte innerhalb von etwa vier Wochen nach der Blüte. Die Neigung der Sorten dafür ist unterschiedlich. Die Ursachen für das Verrieseln sind vielfältig. Es hat zum Teil seine Ursache in ungenügender Befruchtung, durch zu wenig Bienenflug und durch nasskaltes Wetter in der Blütezeit. Als weitere auslösende Faktoren sind ungenügender Auslichtungsschnitt, Frostschäden vor, während und kurz nach der Blüte, Trockenheit, starke Wurzelverletzungen durch zu tiefe Bodenbearbeitung im Frühjahr und Ernährungsstörungen zu nennen.

Krankheiten und Schädlinge

Bei Schwarzen Johannisbeeren verursacht die durch einen Virus (oder Mykoplasmen) verursachte **Brennnesselblättrigkeit** große Schäden. Sie ruft Blattmissbildungen wie Rückbildung einzelner Blattlappen, weniger Seitenadern, gröbere Zahnung des Blattrandes und Sterilität der Blüten hervor. Als Überträger dient die Johannisbeergallmilbe.
Die **Blattfallkrankheit** wird von einem Pilz verursacht und führt bei anfälligen Sor-

◀ Bei Schwarzen Johannisbeeren kann Säulenrost größere Schäden hervorrufen. An der Blattunterseite befinden sich hellgelbe und braune Pusteln, die befallenen Blätter fallen vorzeitig ab. Da verschiedene Kiefernarten als Zwischenwirt für den Pilz dienen, tritt der Befall verstärkt in deren Umgebung auf.

◀ Die Johannisbeergallmilbe ruft kugelig aufgeschwollene Knospen hervor, die im Frühjahr nicht austreiben, allmählich vertrocknen und abfallen. Die Sträucher verkahlen. Stark befallene Sträucher sollten verbrannt und durch robuste Sorten ersetzt werden.

ten besonders in feuchten Jahren und Regionen zu vorzeitigem Abwurf der Blätter. Auf den Blättern (Unter- und Oberseite) erscheinen kleine braune Tupfen, die, bei gehäuftem Auftreten größere, unregelmäßige Flecken bilden. Stärker erkrankte Blätter vergilben rasch und fallen vorzeitig ab. Das abgefallene Laub muss spätestens im Spätwinter entfernt werden.
Der Erreger der **Rotpustelkrankheit** kann viele Obstarten befallen, bevorzugt aber Johannisbeeren. Der Pilz dringt durch Wunden ein, die befallenen Zweige sterben ab. Auf dem toten Holz zeigen sich orangerote Pusteln. Durch kräftigen Rückschnitt bis ins gesunde Holz ist die Krankheit bekämpfbar. Die abgestorbenen Zweige dürfen nicht im Garten verbleiben. Neben Schädlingen wie Spinnmilben, Schildläusen und Blattläusen sind Gallmilben und Glasflügler spezifische Schädlinge an Johannisbeeren.
Der **Johannisbeerglasflügler** befällt vor allem die Schwarzen Johannisbeeren. Man erkennt den Befall an verwelkenden, von schwarz gefärbten Fraßgängen ausgehöhlten Trieben. In ihnen finden sich weibliche Raupen, die sich im Frühjahr an ihrem Standort verpuppen.

Zwei Sorten Schwarze Johannisbeeren pflanzen

Die Roten und Weißen Johannisbeeren sind fast durchwegs Selbstbefruchter (die Bestäubung erfolgt oft schon in der noch nicht geöffneten Blüte), bringen aber bei Fremdbefruchtung bessere Erträge. Schwarze Johannisbeeren sind in unterschiedlichem Grade Selbstbefruchter. Fremdbestäubung ist in jedem Falle günstiger, da nicht ausreichend befruchtete Blüten kleine Früchte mit wenig Samen hervorbringen, die zum Rieseln neigen. Man sollte mindestens zwei Sorten pflanzen.

Ernte

Die Ernte beginnt bei Johannisbeeren Ende Juni und dauert bis Mitte Juli an. Die Reifezeiten aller Schwarzen Johannisbeersorten liegen mit sieben bis acht Tagen viel enger beisammen als die der roten Sorten.
Die Pflückreife ist bei Johannisbeeren weitgehend an der sortentypischen Verfärbung und dem Weichwerden der Beeren zu erkennen. Zu früh oder zu spät geerntete Beeren schmecken nicht so gut und lassen sich nicht so gut verarbeiten.
Johannisbeeren sollten nur an trockenen Tagen geerntet werden, da nasse Früchte leicht zu Fäulnis neigen. Allgemein pflückt man mit einer Hand, die andere hält den Zweig in entsprechender Stellung.

Sorten

Johannisbeer-Sorten unterscheiden sich in Größe, Form, Farbe und Geschmack der Früchte, in der Länge der Traube, Strauchform und Wuchsstärke.
Es ist zu empfehlen, Sorten unterschiedlicher Reife zu pflanzen, um die Ernte möglichst zu strecken.

Rote Sorten

'Jonkheer van Teets': Früh, anfällig für Blattfallkrankheit, Rotpustelkrankheit und Fruchtfäulnis und für Spätfröste. Neigt zum Verrieseln. Bei Regen neigen die Früchte zum Platzen und faulen stark.
'Rolan': Mittelfrüh, mäßig platzempfindlich und wenig anfällig für die Blattfallkrankheit.
'Rotet': Mittelspät bis spät (Juli), resistent gegenüber der Blattfallkrankheit, rieselt nicht, auch für etwas rauere Lagen.
'Rovada' ('Robella'): Spätreifende Sorte, mit langgestieltem Fruchtstand, locker sitzenden, großen Beeren, fest und lange am Strauch haltbar, Geschmack säuerlich, mit kräftigem Aroma.

▲ 'Rolan' hat ein säuerlich kräftiges Aroma.

Weiße Sorten

'Weiße Versailler': Anfang bis Mitte Juli, süß schmeckend, robust, verrieselt leicht, frostempfindlich.
'Witte von Huismann': Die süßeste der „Weißen", wenig anfällig für Blattfallkrankheit.

Schwarze Sorten

'Bona': Sehr große schwarze Beeren, glänzend, in kurzen, dichten Trauben. Geschmack süß, mild und sehr aromatisch, Reife sehr früh - Anfang Juni, wenig krankheitsanfällig.
'Ometa': Früh bis mittelfrüh, Mitte bis Ende Juli, widerstandsfähig gegen Mehltau, kaum anfällig für Gallmilben.
'Titania': Mittelfrüh, Mitte Juli, resistent gegenüber Johannisbeergallmilbe, Mehltau und Rost, anfällig für Spinnmilben.
'Veloy': Resistente, selbstfruchtbare Sorte, große, dicht sitzende Beeren mit feinem aromatischem Cassis-Geschmack, bestens für den Frischverzehr als auch für die Verarbeitung geeignet.

▲ 'Titania' ist eine neuere Sorte mit guter Selbstfruchtbarkeit und hohem Ertrag. Sie wächst sehr stark. Ältere Bestände sollte man deshalb stark auslichten.

Stachelbeere

Die mit den Johannisbeeren nahe verwandten Stachelbeeren lassen sich nicht so leicht pflücken. Denn die Zweige der meisten Stachelbeersorten sind mehr oder weniger stark bewehrt (stachelig), wodurch die Ernte erschwert ist. Doch kann man die Ernte wesentlich erleichtern, wenn man die Sträucher regelmäßig auslichtet.

► Ein Stachelbeerhochstämmchen kann in jedem Garten Platz finden.

Standortansprüche

Optimal für Stachelbeeren sind nährstoffreiche, humose, gut durchlüftete Böden. Wegen des hohen Wasserbedarfs sind leichte und trockene Böden ungeeignet. In Bezug auf das Klima ist zu beachten, dass das Holz der Stachelbeeren zwar gut frosthart ist, die Blüten aber sehr empfindlich sind und durch Spätfröste stark geschädigt werden können. Hohe Luftfeuchtigkeit fördert einen Befall durch Mehltau. Stachelbeeren bevorzugen das volle Sonnenlicht, gedeihen jedoch auch noch im Halbschatten zufriedenstellend.

Anbausysteme und Pflanzung

Ebenso wie Johannisbeeren können Stachelbeeren als Strauch oder Hochstämmchen angebaut werden. Hochstämmchen sind zwar leichter zu pflegen und zu ernten, haben allerdings keine so lange Lebensdauer wie die Sträucher. Die Stachelbeere lässt sich auch am Spalier ziehen. Pflanzabstand in der Reihe: 1,2 bis 2 m, je nach Wuchsstärke der Sorte; Hochstämmchen: in der Reihe 0,8 bis 1 m.

Krankheiten und Schädlinge

Der **Amerikanische Stachelbeermehltau** ist die wichtigste Krankheit bei Stachelbeeren. Bereits im Winter sind deutliche Merkmale des Mehltaubefalls zu finden. Die Triebe sind gestaucht und die Triebspitzen oft verkümmert. Im Frühjahr überziehen sich die bereits erkrankten Triebe mit einem schmutzig weißlichen Belag, später werden auch junge Triebe und die

◄ Vom Stachelbeermehltau befallene Beere.

◄ Die gelbe Stachelbeerblattwespe kann die Blätter bis auf die Blattrippen kahl fressen.

Resistente Sorten

Die meisten der bislang im Handel angebotenen Stachelbeersorten sind hochanfällig für den Amerikanischen Stachelbeermehltau, eine Pilzkrankheit, die um 1900 nach Deutschland eingeschleppt wurde. Es gibt aber in der Zwischenzeit weitgehend resistente Neuzüchtungen, die den empfindlichen Sorten bezüglich Geschmack, Fruchtgröße und Ertrag nicht nachstehen.
Gering anfällig sind: 'Invicta' weiß (siehe Bild), 'Remarka' früh, rot, 'Rixanta' mittelspät bis spät, gelb, 'Rolonda' spät, rot, 'Reflamba', grün.

heranwachsenden Früchte befallen. Die Blätter zeigen Verdrehungen und sind meist verkümmert. Noch vor Beginn der Fruchtreife geht die Farbe des Mehltaues von Weiß in Dunkelbraun über. Der Pilz überwintert in den Triebspitzen. Zur Bekämpfung des Mehltaues sind alle Triebspitzen der Sträucher zu entfernen und zu vernichten. Diese Maßnahme zu Unterdrückung des Mehltaues ist sehr wichtig und meist auch ausreichend.

▶ 'Rolonda' ist die beste „rote" Sorte.

Sorten

Bei den Stachelbeersorten unterscheidet man zwischen grünen (weißen), roten und gelben Sorten. Weitere Unterscheidungsmerkmale sind die Fruchtbehaarung und die Beerenform. Rote Sorten sind zwar sonst vorzüglich im Geschmack, zum Einmachen im grünen Zustand aber weniger geeignet, weil sie sich beim Kochen braun färben.

Jostabeere und Jochelbeere

Jostabeere – eine Kreuzung aus Schwarzer Johannisbeere x Stachelbeere – und Jochelbeere – eine Kreuzung aus Johannisbeere x Stachelbeere – tragen Früchte, die größer als die der Johannisbeere, jedoch kleiner als die der meisten Stachelbeersorten sind. Im vollreifen Zustand sind sie tief braun bis schwarzrot. Geschmacklich sind ebenfalls die Komponenten beider Eltern vertreten: das feinsäuerliche Aroma der Stachelbeere und in abgemildeter Form der typische Geschmack der Schwarzen Johannisbeere. Die Beeren hängen fest am Stock. Die einzelnen Früchte reifen nicht alle gleichzeitig, sodass sich die Ernte ab Juli über 2 bis 3 Wochen hinzieht.
Josta- und Jochelbeeren benötigen mehr Standraum als Johannisbeeren. Die Pflanzabstand sollte mindestens 2 m betragen. Ab dem 3. Standjahr sind bodennahe und waagerechte Basistriebe jährlich zu entfernen, um die aufrechte Form des Strauches zu erhalten. Die Gerüstäste sind langlebig und viele Jahre reichtragend. Haben ausgewachsene Sträucher eine bestimmte Dichte erreicht, so sind überflüssige Triebe, die sich aus der Buschbasis entwickeln, regelmäßig zu entfernen. Bei älteren Sträuchern sind regelmäßig ältere Gerüstäste zu entfernen. Josta- und Jochelbeeren lassen sich durch Steckholz vermehren.

Hoher Vitamin-C-Gehalt
Der Vitamin-C-Gehalt der Jostabeere liegt mit 100 mg pro 100 g Frischgewicht zwischen Stachelbeere (35 mg) und Schwarzer Johannisbeere (150 mg).

▲ Jostabeere und Jochelbeere sind aus Kreuzungen zwischen Schwarzer Johannisbeere (Bildmitte) und Stachelbeere (Bild oben rechts) entstanden.

Sorten

Jostabeere

'Jostine' und 'Jogranda' reifen beide Anfang Juli. Sie sind resistent gegen den Amerikanischen Stachelbeermehltau und die Blattfallkrankheit. Die Johannisbeer-Gallmilbe meidet Jostabeeren, ruft also weder Rundknospigkeit hervor, noch überträgt sie Virosen.

Jochelbeere

'Jocheline' reift Mitte Juli, allerdings sehr ungleichmäßig, das Aroma ist etwas ausgeprägter als bei der Sorte **'Jochina'**, dafür bringt letztere etwa 15 % höhere Erträge. Zum Frischverzehr ist die Jochelbeere weniger geeignet, besser für Saft und Marmelade. Die Sorten der Jochelbeere sind resistent gegen Säulenrost, Stachelbeerrost und Johannisbeer-Gallmilbe, leiden aber unter Blattfleckenkrankeit.

Mehrere Sorten pflanzen

Von Kulturheidelbeeren möglichst mehrere Sorten pflanzen. So kann man ab Mitte Juli bis in den September hinein ernten. Das Pflanzen mehrerer Sorten ist auch deshalb empfehlenswert, weil Heidelbeeren zwar als selbstfruchtbar gelten, mit fremdem Pollen aber sicherer ansetzen.

Kulturheidelbeere

Mulchdecke schützt Heidelbeeren
Als wichtige Bodenpflegemaßnahme hat sich auch bei Kulturheidelbeeren das Mulchen mit organischen Materialien (Rindenmulch, Kurzstroh oder auch Säge- oder Hobelspäne) bewährt. Je nach Verrottungsgrad ist die Mulchmasse alle zwei Jahre zu erneuern.

Die Kulturheidelbeer-Sorten sind im Laufe des 20. Jahrhunderts vor allem in Nordamerika gezüchtet worden. Unsere Waldheidelbeere war an der Züchtung übrigens nicht beteiligt. Neuere Sorten stammen aus Neuseeland und den USA. Kulturheidelbeeren wachsen wesentlich höher als Waldheidelbeeren und tragen größere Früchte.
Kulturheidelbeeren sind vielseitig verwendbar, schmecken roh und frisch am besten und machen keine blauen Zähne. Beim Essen stören weder Stängel noch Kerne (die winzigen Samen im Innern werden mitgegessen). Heidelbeersaft und getrocknete Beeren gelten als bewährte Heilmittel bei Magen- und Darm-Erkrankungen und dienen zur Behandlung von Zuckerkrankheit und auch von Harnweginfektionen.

Standortansprüche

Wer Kulturheidelbeeren auf Böden mit einem pH-Wert von über 5 anbauen will, muss den anstehenden Boden austauschen. Dazu hebt man 80 bis 100 cm breite und 40 cm tiefe Gruben aus und füllt sie mit saurem Material auf. Dabei ist es günstig, die Seiten (nicht den Boden) der Grube mit Folie auszulegen, um das Eindringen von weniger saurem Bodenwasser aus dem benachbarten kalkreichen Boden weitgehend zu verhindern. Ist zum Austausch Torf sicherlich das ideale Substrat, sollte man aus Gründen des Umweltschutzes darauf verzichten und als Ersatz Walderde, Rindenhumus oder Laubkompost verwenden.
Um das Problem mit dem sauren Boden zu umgehen, kann man Heidelbeersträucher auch in Behältern kultivieren. Hierzu eignen sich Brunnenringe, große Lebensmittelfässer aus Kunststoff oder andere große Kunststoffbehälter sowie große Tontöpfe oder auch Holzfässer. Dabei genügend Abzugslöcher vorsehen, damit sich die Nässe nicht staut. Die Behälter werden an einem sonnigen Platz im Garten bis wenige Zentimeter unter den Rand in die Erde eingegraben und mit einem sauren Erdsubstrat aufgefüllt.
Anders als die einheimischen Waldheidelbeeren benötigen Kulturheidelbeeren einen möglichst sonnigen Platz, der windgeschützt sein sollte. Der Hauptschädling ist der Frostspanner. Seine Raupen spinnen die Knospen ein, um sie dann von innen her leer zu fressen.

▼ Heidelbeeren sollten möglichst lange am Strauch bleiben. Dann werden sie immer süßer. Trocken geerntete Beeren kann man bis zu einer Woche kühl aufbewahren.

Erziehung und Schnitt

Bei Heidelbeeren wird altes, unfruchtbares Holz bis zum Boden herausgeschnitten, um den Neutrieb anzuregen. Schwache Triebe schneidet man zurück, um die Bildung neuer Seitentriebe anzuregen. Tief stehende, nach unten wachsende Triebe werden entfernt.
In den ersten drei Standjahren benötigen die Sträucher im Allgemeinen keinen Schnitt. Ab dem vierten Standjahr ist ein Auslichtungsschnitt erforderlich. Dabei werden Triebe entfernt, die sich kreuzen und aneinander scheuern oder nach innen

Heidelbeeren sind durstig
Die Kulturheidelbeere reagiert auf Trockenheit mit Kümmerwuchs und mangelhafter Blütenknospenbildung. Am meisten Wasser braucht sie 3–5 Wochen vor der Ernte. Übermäßige Nässe ist allerdings ebenso ungünstig und führt zu Blattfall und ebenso wie extreme Trockenheit zum Absterben der Pflanzen.

▲ Ein Rebspalier schmückt jedes Haus.

wachsen. Bodennahe Triebe und trockenes Holz aus dem Inneren des Busches werden ebenfalls herausgeschnitten. Überalterte und zu hoch gewachsene Sträucher können radikal verjüngt und neu aufgebaut werden. Im dritten Jahr nach der Verjüngung gibt es wieder einen Vollertrag.

Sorten

Die Früchte der Kulturheidelbeeren sind rund bis plattrund mit höckeriger Kelchpartie, bei den meisten Sorten dunkelblau bis schwarzblau gefärbt, und sie besitzen helles Fruchtfleisch wie die Schwarzen Johannisbeeren. Dies ist ein wesentlicher Unterschied zu den Wildheidelbeeren, bei denen auch das Fruchtfleisch gefärbt ist. Durch einen wachsartigen Belag sehen die Beeren hellblau aus. Besonders zu empfehlen sind 'Berkeley', Anfang bis Ende August, frostempfindlich; 'Bluecrop', Ende Juli bis Mitte August, frosthart; 'Goldtraube', Ende Juli bis Ende August; 'Patriot', ab Ende Juli und 'Reka', Mitte Juli.

Tafeltrauben

Während Keltertrauben der Weinherstellung dienen, sind Tafeltrauben Reben, deren Früchte frisch verzehrt werden.

Standortansprüche

Mit Ausnahme der norddeutschen Küstengebiete können Tafeltrauben fast überall in Deutschland reifen. Der Rebstock gedeiht überall dort, wo die Jahresmitteltemperatur mindestens 8 °C beträgt. Bei guter Holzreife werden auch Wintertemperaturen bis zu −20 °C noch vertragen. Am besten entwickeln sich Reben an windgeschützten Südost- bis Südwestwänden. Dort wird die Wärme durch die Mauern tagsüber gespeichert und die nächtliche Abkühlung stark gemildert.
Tafeltrauben können an der Hauswand als Spalier, an der Pergola, im Garten als Hecke oder Einzelstock am Pfahl erzogen werden. Sollen die Reben an Wänden oder Mauern stehen, ist beim Pflanzen mindes-

tens 25 cm Abstand von der Mauer einzuhalten.

Pflanzmaterial

In Weinbaugebieten müssen Pfropfreben (man bezeichnet damit auf reblausresistente Unterlagen veredelte Sorten) angepflanzt werden. Außerhalb von Weinbauregionen ist auch wurzelechtes Pflanzmaterial denkbar. Allerdings gilt auch für Tafeltrauben, dass es mit entsprechenden Unterlagen besser möglich ist, den jeweiligen Bodenverhältnissen gerecht zu werden. In der Regel werden hierzu reblausresistente Kreuzungen amerikanischer Reben als Unterlagen verwendet. Für alle Bodenarten gibt es geeignete Unterlagen. Bei Hausreben sind stark wachsende Unterlagen zu bevorzugen.

Pflanzung

Ein einziger Rebstock vermag 100 m^2 und mehr Wand zu überwachsen, sofern für den Stockaufbau genügend Zeit (Jahrzehnte) eingeplant wird. Da man aber in der Regel in kürzerer Zeit zum Erfolg kommen will, hat es sich als zweckmäßig erwiesen, an Spalieren pro Rebstock 2,5 bis 4 m^2 Mauerfläche vorzusehen.

Die beste Pflanzzeit für wurzelnackte Reben liegt im April. Herbstpflanzung ist möglich, doch brauchen die Reben dann einen Winterschutz. Containerpflanzen kann man den ganzen Sommer über pflanzen.

Die Wurzeln wurzelnackter Reben sind auf etwa 15 cm Länge zurückzuschneiden. Der Trieb wird bis zum zweiten sichtbaren Auge oberhalb der Veredlungsstelle zurückgeschnitten, um einen kräftigen Neutrieb zu erreichen. Bei Reben mit kompakten Wurzelballen (Container-Reben) werden die stark verfilzten Wurzeln mit den Fingern vor dem Pflanzen leicht aufgelockert. Ist bereits ein stärkerer Trieb vorhanden, braucht nicht mehr zurückgeschnitten werden. Vielmehr wird der Trieb auf die Höhe der später gewünschten Verzweigung geschnitten.

Erziehung des Rebspaliers

Obwohl auch frei wachsende Reben Trauben tragen, muss man, um einen guten Ertrag zu erzielen, Reben richtig erziehen und regelmäßig beschneiden. Für Weinreben sind zahlreiche Spalierformen bekannt. Am verbreitetsten ist der Kordon mit senkrechter oder waagerechter (ein- oder zweiarmiger) Formierung, gegebenenfalls mit mehreren Ast-Etagen. Wer weniger Wert auf eine exakte Anordnung der Triebe legt, kann die Rebe auch in Form eines Fächerspaliers ziehen.

Sommer- oder Laubbehandlung

Bei der Sommer- oder Laubbehandlung werden grüne, überzählige, unerwünschte und unfruchtbare Reiser schon beim Austrieb ausgebrochen, Nutztriebe formiert, eingekürzt oder gekappt. Sowie die Gescheine (Blütenstände) zu sehen und die Maifröste vorüber sind, bricht man die unfruchtbaren Triebe aus. Austrieb am alten Holz wird ausgebrochen, sofern er nicht zur Füllung des Spaliers auf Zapfen geschnitten werden muss. Bodentriebe entfernt man bis zur Basis.

Schwache Geiztriebe bleiben unbehandelt, kräftigere werden – etwa bei 10 cm Länge – entfernt, lang gewachsene auf ein bis zwei Blätter eingekürzt. Die Triebe sind locker und mehr aufrecht zu formieren, damit die Blätter voll assimilieren. Waagerechtbinden fördert Geiztriebe („Reiter"). Sommertriebe kappt man, damit die Aufbaustoffe den Trauben zugute kommen oder die Augen gut ausgebildet werden. Diese Regel gilt aber nicht in jedem

▼ Reben pflanzt man nicht senkrecht, sondern legt sie etwa 50 cm von der Hauswand entfernt schräg in den Boden. Den Boden 60 bis 70 cm tief lockern. Diese Pflanzweise hat den Vorteil, dass sich die Wurzeln im Boden besser ausbreiten können und mehr Feuchtigkeit erhalten. Gepflanzt wird so, dass die Veredlungsstelle etwa 2 bis 3 cm über der Bodenoberfläche liegt.

▲ Die sehr widerstandsfähige Sorte 'Boskoops Glorie' reift sehr früh.

Fall. Bei schwachem Wachstum – bedingt durch Sorte, Lage und Wetterverlauf – wird weniger oder gar nicht eingekürzt, um die Blattmasse für die Fruchtentwicklung zu schonen.
Ab Mitte August sollen Geize und Triebspitzen nicht mehr gekappt werden, da die jüngsten Blätter für die Zuckerbildung der Traube wichtig sind. Dagegen ist das alte Laub unmittelbar an der Traube für diese ohne Bedeutung und kann, wenn es die Traube beschattet, entfernt werden.

Krankheiten

Die gefürchtetsten Rebkrankheiten sind **Echter** und **Falscher Mehltau**. Zu den empfindlichen Sorten zählen unter anderem 'Gutedel', 'Müller-Thurgau', 'Dornfelder', 'Portugieser' und 'Trollinger'. Auch die bislang empfohlenen Tafeltraubensorten 'Perle von Czaba', 'Königin der Weingarten' oder 'Magdalenentraube' sind nicht ausreichend robust. Da für den Hausgartenbereich nur noch weitgehend pilzresistente Hybridsorten empfohlen werden, spielen diese Pilzkrankheiten keine große Rolle mehr.
Die **Graufäule** (*Botrytis*) befällt Wunden oder schwache Gewebe, vorwiegend bei anhaltender Feuchte. Besonders gefährdet sind Sorten mit kompakten Trauben, also dicht sitzenden Beeren.

Schädlinge

An Schädlingen treten gelegentlich **Blattgallmilben** und **Pockenmilben** auf, die durch ihre Saugtätigkeit pockenartige Blattaufwölbungen hervorrufen. Die **Kräuselmilben** schädigen nur den jungen Austrieb im Frühjahr, vor allem bei kühler Witterung, wenn die jungen Blätter der Milbe nicht „davonwachsen" können.
Spinnmilbenarten (**Rote Spinne** und **Bohnenspinnmilbe**) werden normalerweise durch natürliche Nützlinge im Gleichgewicht gehalten. Häufiger Schädling ist der **Traubenwickler**. Die erste Generation der Raupen schlüpft zur Heuzeit (Heuwurm), die zweite Generation vor der Fruchtreife, wenn die Beeren noch sauer sind (Sauerwurm). Während die Heuwürmer nur einige Blütenknospen zerstören, verursachen die Sauerwürmer durch die Fraßstellen an den Beeren Fäulnis, die vor allem bei kompakt gebauten Fruchtständen auch auf gesunde Beeren übergehen kann.
Ein Problem für die reifenden Beeren sind die **Wespen**. Diese „fressen" in manchen Jahren schon die Trauben an, ehe diese voll ausgereift sind. Die beschädigten Beeren werden dann weiter von Fliegen und Bienen heimgesucht.

Sorten

Bisher wurden als Hausreben vorwiegend Weinrebensorten verwendet. Keine dieser Sorten wie 'Dornfelder', 'Roter Gutedel', 'Weißer Gutedel' oder 'Königin der Weingärten' ist resistent gegen Echten und Falschen Mehltau. Werden solche Reben nicht regelmäßig mit Fungiziden behandelt, überziehen sich Holz, Blätter und Früchte mit Pilzbelägen, die Pflanzen werden geschwächt und verlieren ihren Nutz- und Zierwert. Es ist für Hausgartenbesitzer auch nicht wünschenswert, alle 14 Tage spritzen zu müssen.
Seit Jahren bemüht sich die Rebzüchtung um pilzresistente Sorten. Die ersten mehr oder weniger pilzresistenten Sorten befriedigten geschmacklich nicht. Inzwischen stehen aber qualitativ ausgezeichnete Sorten zur Verfügung.
Blaue Trauben: 'Boskoops Glorie', 'Boscoso', 'Muskat Bleu', 'Nero', 'Ontario', 'Phillip'.
Weiße Trauben: 'Birstaler Muskat', 'Garant', 'Himrod', 'Palatina', 'Sulima'.

7 Der Gemüse- und Kräutergarten

Grundsätzliche Überlegungen

Wie viele Gemüse und Gewürzkräuter angebaut werden können, hängt von der Größe des Gartens ab und natürlich auch davon, wie viel Zeit für die Gartenarbeit aufgewendet werden kann. Zu bedenken ist, dass Gemüsebeete viel intensiver bearbeitet werden müssen als andere Gartenteile. Für viele ist die Gartenarbeit ein wichtiger körperlicher und seelischer Ausgleich, dann spielen solche Bedenken keine Rolle. Man sollte sich aber davor hüten, des Guten zu viel tun zu wollen, sonst macht der Gemüsebau keine Freude mehr und der Nutzgarten wird zur Last.

Der Übergang zwischen Gemüse, Gewürzkräutern und den Heilpflanzen ist fließend, eine strikte Trennung ist deshalb nicht in jedem Fall möglich. So verzehren wir einige der Gewürzkräuter auch als Gemüse, z. B. Lauch, Sellerie und Zwiebeln. Welche von den vielen Küchenkräutern man anbauen will, hängt von den persönlichen Vorlieben ab. Einige wie Schnitt-Lauch und Petersilie braucht man wohl in jeder Küche. Für den Anbau von Gemüse und Heilkräutern ist wichtig zu wissen, welche Arten ausdauernd und welche einjährig sind.

▲ Unter Gemüse fasst man krautartige Pflanzen zusammen, deren Teile, wie Blätter, Knospen, Stängel, Wurzeln, Knollen, Zwiebeln, Blüten, Früchte und Samen, im rohen, frisch zubereiteten oder konservierten Zustande der menschlichen Ernährung dienen.

Lage und Einteilung der Gemüseflächen

Nur selten kann man sich die Größe und Lage seines Gartens aussuchen. Doch mit dem Wissen um die Bedürfnisse der Pflanzen kann man aus fast jedem Stück Land einen fruchtbaren Gemüsegarten machen. Eine generelle Regel aufzustellen, wie groß ein Gemüsegarten sein sollte und welche Gemüseart in welcher Menge angebaut werden sollte, ist nicht möglich. Denn was im Gemüsegarten gezogen wird, richtet sich ganz nach den Vorlieben der Familie und hängt von den Essgewohnheiten ab. Eine Familie, die vegetarisch leben will, braucht mehr Fläche. Als grober Anhaltspunkt mag gelten, dass eine vierköpfige Familie mit durchschnittlichen Verzehrgewohnheiten mit einer Anbaufläche von 120 bis 160 m^2 sich annähernd selbst mit Gemüse versorgen kann. Viele Gartenbesitzer verzichten heute auf den Anbau „herkömmlicher" Gemüsearten, die es in guter Qualität und zu günstigen Preisen zu kaufen gibt, und beschränken sich auf den Anbau von „feinem" Gemüse wie Brokkoli, Zucker-Erbsen, Grün-Spargel, Küchenkräuter usw. Wer nur einen kleinen Garten besitzt oder wenig Zeit hat, wird vorwiegend Arten anbauen, die gartenfrisch verzehrt werden können, also Küchenkräuter, Salate, Radieschen, Rettiche und Tomaten.

Gemüsebeete in der Sonne anlegen

Die Gemüseflächen sollten möglichst gut besonnt, aber windgeschützt sein. Zwar kann auch noch im Halbschatten manches gedeihen, aber bei der Kurzlebigkeit der meisten Gemüsearten muss man doch sehr darauf achten, dass sie besonders viel des lebensnotwendigen Lichtes bekommen. Das heißt: Grundstücke oder Flächen, die den ganzen Tag über völlig im Schatten liegen, sind für den Anbau von

► Vielfältig ist das Angebot an Gemüsearten, die in unseren Breiten angebaut werden können

Gemüse nicht geeignet. Auch gehören Obstbäume mit starkem Schattenwurf nicht in den Gemüsegarten. Um die Pflanzen vor kalten Winden zu schützen, kann man den Gemüsegarten mit einer dichten Hecke (dazu sind auch Beerensträucher geeignet) oder einem dichten Zaun umgeben. Doch dürfen die Gemüseflächen auch nicht völlig eingeschlossen sein, denn in eingeschlossenen, heißen Lage mit „stehender" Luft sind die Pflanzen stark anfällig für Krankheiten und Schädlinge.

Gemüsepflanzen, die besonders viel Wärme benötigen, setzt man ins Frühbeet, wo sie es wärmer haben als auf dem Beet. Auch Vliese, Hauben und Folientunnel schaffen ein geschütztes Kleinklima (siehe hierzu Seite 399 – 405).

Trittwege oder Plattenwege gliedern den Gemüsegarten

Der Gemüsegarten sollte bequem vom Haus aus erreichbar sein und nahe beim Kompostplatz liegen. Es ist ratsam, den Hauptweg zu befestigen. Ob die Beete dauerhaft eingeteilt werden, hängt von dem ab, was angebaut werden soll. In der Regel ist eine feste Einteilung empfehlenswert. Die feste Beeteinteilung ist auch eine wichtige Hilfe für die Planung der Kulturfolgen.

Normalbeete sind 1,20 m breit und können beliebig lang sein, jedoch ist es ratsam, nach 6 bis 8 m Länge einen Querweg anzulegen. Die Pfade (Trittwege) zwischen den Beeten sollten mindestens 30 cm breit sein (entspricht etwa der Schuhlänge) und können dauerhaft mit Gehwegplatten befestigt oder mit Rinde oder Holzhäcksel gemulcht oder auch mit Gras bewachsen sein. Die festen Plattenwege verlegt man ohne Schotter- und Sandbett. Dann kann man den Wegeverlauf ohne großen Aufwand später verändern. Außerdem kann darunter das Bodenleben ungestört weitergehen.

Wo es Lage und Zuschnitt des Grundstücks erlauben, sollten die Beete möglichst in Nord-Süd-Richtung verlaufen, weil sie dann gleichmäßig belichtet werden. Bei stärkerer Geländeneigung ist es besser, die Beete quer zum Hang anzulegen. Dann kann man bequemer arbeiten und außerdem wird das Erdreich nicht abgeschwemmt.

Ein Anbauplan hilft den Platz optimal nutzen

Bei der Vielzahl der möglichen Gemüsekulturen und deren unterschiedlich langen Kulturzeiten darf man nicht planlos drauflos säen und pflanzen. Was auf den Beeten angepflanzt wird, muss mit Umsicht geplant werden. Nur dann kann man den Platz optimal nutzen.

Wenn ein Anbauplan existiert, kann man auch die Fruchtfolge besser einhalten, auf die nachfolgend noch näher einzugehen

▼ Gemüsegärten mit einem klaren Grundriss und einer Einteilung in Beete lassen sich am besten bewirtschaften.

▶ Im Winter muss der Anbauplan für die Gemüsebeete erstellt werden. In den Anbauplan fließt die Fruchtfolge ein und die Einteilung in Vor-, Haupt- und Nachkulturen.

ist. Im Anbauplan kann man ganz persönliche Anliegen berücksichtigen.
Welchen Platz räumt man seinem Lieblingsgemüse ein; wie sorgt man dafür, dass nicht gerade in der Urlaubszeit ein Hauptsatz von Einmachbohnen oder Gurken reif wird?
Auch die Auswahl der richtigen Sorten bedarf einiger Vorüberlegungen. So gibt es viel zu bedenken und man kann unmöglich alles im Kopf behalten. Deshalb sollte man die stillere Zeit des Gartenjahres nutzen, um an langen Winterabenden den Anbauplan für die kommende Wachstumszeit aufzustellen.

Eine einfache Zeichnung genügt

Wenn man es richtig anfängt, macht die Planung des nächsten Gartenjahres sogar Spaß. Wenn alle Familienmitglieder mitarbeiten, kommen viele gute Ideen zusammen. Wichtigste Hilfe beim Planen ist eine einfache Zeichnung, in der alle Gemüsebeete ersichtlich sind. Man sollte diese Zeichnung mehrfach kopieren, damit sie für jedes Jahr wieder verwendet werden kann. Selbstverständlich hebt man alle Jahrespläne gut auf und schaut bei der neuen Planung nach, was auf den verschiedenen Beeten in den Jahren zuvor angebaut wurde.
Nur so werden zu eng gestellte Fruchtfolgen vermieden. Auch die Samenbestellzettel oder die Kataloge aus früheren Jahren sind zur Planung wieder zur Hand zu nehmen, um nachzusehen, welche Sorten man angebaut hatte. Wer es ganz genau machen will, wird dann im Laufe des Gartenjahres die wichtigsten Beobachtungen – Wuchsverhalten, Anfälligkeit, Erntemenge, Geschmacksqualität – schriftlich festhalten und schafft sich so ein wichtiges Nachschlagewerk für die künftige Anbauplanung. Besitzer eines Computers können diesen hervorragend zum Planen einsetzen, mittlerweile sind hierzu auch schon Programme im Handel erhältlich.

Nebeneinander oder nacheinander

Gemüsegärtner haben die Wahl zwischen zwei Anbauverfahren: zwischen der Mischkultur und Anbauverfahren mit Folgekulturen. Bei der Mischkultur, die insbesondere im biologischen Garten eine wichtige Rolle spielt, werden zwei oder mehr Gemüsearten gemeinsam (gemischt) auf ein Beet gepflanzt. Bei Anbauverfahren mit Folgekulturen werden die Beete vom Frühjahr bis zum Winter mit aufeinander folgenden Kulturen ständig bepflanzt. Ist die eine Kultur abgeerntet, folgt eine andere, darauf die nächste Kultur usw.
In der gärtnerischen Praxis lassen sich diese Anbauverfahren nicht genau voneinander trennen; es gibt fließende Übergänge und Vermischungen. Wichtig ist in jedem Fall, dass sich alle Pflanzen, die gleichzeitig oder nacheinander auf einem Beet stehen, miteinander vertragen und ein gewisser Fruchtwechsel eingehalten wird. Nur so können die Gemüse auf Dauer gesund heranwachsen.
Wird eine Gemüseart mehrere Jahre hintereinander auf der gleichen Fläche angebaut, gehen die Erträge bei fast allen Gemüsearten immer weiter zurück. Bodenkundler erklären dieses Phänomen mit biologischen, physikalischen und chemischen Veränderungen im Boden, die das Pflanzenwachstum stark beeinflussen.

Anbaupause hungert Schaderreger aus

Viele Schädlinge und Krankheitsserreger sind auf eine bestimmte Pflanzenart oder auch die gesamte Pflanzenfamilie spezialisiert. So befällt die Kohlhernie alle Kohlgewächse, egal ob Rot- oder Weiß-Kraut,

Fruchtwechsel
Der aufeinanderfolgende Anbau verschiedenener oder auch der gleichen Gemüsearten auf derselben Fläche über die Zeit wird mit dem Begriff Fruchtfolge bezeichnet. Unter Fruchtwechsel wird der Wechsel einer bestimmten Gemüseart mit einer anderen Gemüseart auf der gleichen Fläche verstanden. Denn in der Regel sollte nacheinander nie dieselbe Art auf dieselbe Fläche gepflanzt werden, sondern die „Früchte" sollen wechseln. Häufig werden die Begriffe Fruchtwechsel und Fruchtfolge synonym verwendet.

Kohlrabi oder Blumen-Kohl. Oder die Rübennematode, sie befällt nicht nur die Zuckerrübe, sondern auch die Rote Rübe, Mangold, Kohlarten, Rettich, Spinat, Raps und Senf. Keine dieser Gemüsearten sollte auf der gleichen Fläche aufeinander folgen. Baut man die Arten wiederholt an, kann sich ein spezieller Schädling oder eine Krankheit stark ausbreiten. Baut man dagegen als Folgekultur eine ganz andere Art an, dann finden die Schaderreger keine Nahrung mehr und verschwinden aus dem Beet.

Die Dauer der Anbaupause richtet sich nach der möglichen Überlebensdauer des Schaderregers. Sie beträgt bei Kohlhernie etwa sechs, bei Nematoden drei bis fünf Jahre. Die Anbaupausen lassen sich bei einigen Schaderregern mit Hilfe von anderen Pflanzen verkürzen oder umgehen. So setzt man als Schadpflanze gegen Wurzelnematoden die Studentenblume (*Tagetes*) ein. Spinat dient als Fangpflanze für Rübennematoden, ihre Larven sterben infolge der kurzen Kulturdauer der Wirtspflanze vor der Zystenbildung ab. Manche Gemüsearten sind auch gegen bestimmte Schaderreger resistent. Dann braucht die Anbaupause nicht so lang zu sein.

Anbaupausen haben jedoch nur dann einen Wert, wenn die Schaderreger nicht auf anfällige Unkräuter ausweichen oder zufliegen oder herangeweht werden können. Hochspezialisierte Schaderreger sind somit leichter zu bekämpfen als Schaderreger wie Kohlhernie und die Rübennematode, die eine Vielzahl von Pflanzenarten befallen.

Manche Pflanzenarten sind sich selber feind

Bei Gemüse und anderen Kulturen unterscheidet man zwischen „selbstverträglichen" und „selbstunverträglichen" Pflanzen. Unter Unverträglichkeit versteht man einen Zustand, bei dem eine Pflanzenart, die nach sich selbst angebaut wird, deutlich schlechter wächst und auch weniger Ertrag bringt. Eine „Unverträglichkeit" kann verschiedene Ursachen haben. Häufig sind es Krankheiten oder Schädlinge, die diese scheinbare Unverträglichkeit verursachen. Es kommen aber auch giftig wirkende Stoffwechselprodukte in Form von Wurzelausscheidungen oder Rückständen der Vorkultur in Frage, die dazu führen, dass sich die Wurzeln der arteigenen Pflanzen im folgenden Jahr nur kümmerlich entwickeln. Nachgewiesen wurden organische Säuren, Basen, Alkaloide, Glykoside, Saponine und Gerbstoffe. Nach dem Einarbeiten der Rückstände von Kohlgewächsen haben Senfölglukoside oder deren Abbauprodukte das Wachstum von Spinat, Kopfsalat und Bohnen gehemmt. Diese Stoffe wirken jedoch in der Regel nur kurze Zeit.

Als relativ „selbstverträglich" gelten Mais, Dicke Bohne, Lauch und Sellerie. Aber aufgepasst, die Kulturen sind nicht mehr mit sich selbst verträglich, wenn ein Schaderreger verstärkt auftritt. Als besonders „selbstunverträglich" gelten dagegen Gänsefußgewächse, Kürbisgewächse, Kohlgewächse, Petersilie, Erbse und Möhre.

Erste oder zweite Tracht

Ein Fruchtwechsel ist noch aus einem weiteren Grund nötig. Die Gemüsekulturen stellen an die Humusversorgung unterschiedliche Ansprüche. Nicht alle vertragen frische organische Düngung in Form von Stallmist oder Kompost. Deshalb teilt man je nach Verträglichkeit die Gemüsearten in zwei Gruppen ein. Die erste Gruppe umfasst alle Arten, die frische organische Düngung benötigen oder gut verwerten. Dazu gehören Blumen-Kohl, Brokkoli, Kopf-Kohl, Rosen-Kohl, Lauch, Sellerie, Gurken, Kürbis, Melonen, Mangold, Rhabarber, Spargel und Zucker-Mais. Zur zweiten Gruppe gehören alle übrigen Gemüse-

▼ Alle Kohlgewächse, wie hier das Spitzkraut, vertragen eine organische Düngung mit Mist oder Kompost sehr gut.

arten, die frische organische Düngung nicht unbedingt benötigen oder teilweise sogar recht empfindlich darauf reagieren. Die erste Gruppe wird als in 1. Tracht stehend bezeichnet, die zweite Gruppe steht in 2. Tracht.

Guter oder schlechter Vorfruchtwert

Eng mit den Ansprüchen an die Humusversorgung ist der Vorfruchtwert verknüpft. Viele Gemüsearten bringen eine gute Ernte, wenn von der vorherigen Kultur viel Wurzel- und Blattmasse zurückgeblieben ist. Das liegt vermutlich daran, dass sich durch die Pflanzenreste die Struktur des Bodens verbessert und sich mehr Bodenleben entwickeln kann.
Je nachdem wie gut eine Kulturpflanze die Bodenfruchtbarkeit beeinflusst, besitzt sie einen guten oder einen schlechten Vorfruchtwert.
Ob die jeweilige Gemüseart besser in 1. oder 2. Tracht stehen sollte, ob sie einen guten oder schlechten Vorfruchtwert hat, ob es Unverträglichkeiten gibt oder Schaderreger einen Fruchtwechsel erforderlich machen, ist bei der Beschreibung der Kulturansprüche der einzelnen Gemüsearten angegeben. Der Gartenbesitzer sollte sich bewusst sein, dass es sich lohnt, den Fruchtwechsel einzuhalten, weil dadurch auf einfache Weise die Gemüsekulturen vor Schädlings- und Krankheitsbefall geschützt werden können.

Von Vor-, Haupt- und Nachkulturen

Jeder Gartenbesitzer sollte Wert darauf legen, seine für den Gemüseanbau zur Verfügung stehenden Fläche möglichst dauerhaft (intensiv) zu nutzen. Wenn die Beete dauernd genutzt sind, bleibt der Boden beschattet. Er kann dann nicht austrocknen und durch Regen verschlämmen. Auch das Unkraut kann sich nicht so stark ausbreiten. Bei einer intensiven Nutzung der Gemüsebeete ist unbedingt ein wohldurchdachter Anbauplan erforderlich. Er muss die Fruchtfolge berücksichtigen und die Anbauzeiten der Gemüsearten und -sorten.
Die Gärtner unterscheiden in Bezug auf die Anbauplanung zwischen Haupt-, Vor- und Nachfrüchten (Haupt-, Vor- und Nachkultur). Unter Hauptfrucht versteht man die maßgebende Frucht des Jahres, es ist die Frucht, die das Beet die längste Zeit beansprucht. Typische Hauptfrüchte sind Gurken, Tomaten und Rosen-Kohl. Gemüsearten mit kurzer Kulturdauer wie Radies, Rettich, Kopf-Salat, Kohlrabi oder Spinat, die vor oder nach den Hauptfrüchten stehen, werden als Vor- oder Nachfrüchte bezeichnet.

Vorfrüchte

Vorfrüchte werden im Frühjahr vor einer Hauptkultur angebaut, Nachkulturen erst

► Je nachdem wie lange die Kulturen den Platz auf dem Beet beanspruchen, werden sie bei den Vorfrüchten, den Hauptfrüchten, den Nachfrüchten oder den Zwischenfrüchten eingeordnet.

Mögliche Fruchtfolgen im Gemüsegarten

Vorfrüchte	Hauptfrüchte	Nachfrüchte	Zwischenfrüchte
Rettich	Schwarzwurzeln	Rettich	Radies
Radies	Möhren	Radies	Schnitt-Salat
Kopf-Salat	Sellerie	Kopf-Salat	Rettich
Spinat	Bohnen	Spinat	Kopf-Salat
Kohlrabi	Gurken	Kohlrabi	Feldsalat
Erbsen	Tomaten	Rote Rüben	Spinat
	Zwiebeln	Endivie	Lauch
	Lauch (Porree)	Feldsalat	
	Kohlarten	China-Kohl	
	Paprika	Zuckerhut	
	Rote Rübe	Busch-Bohnen	
	Kürbis	Rosen-Kohl	
	Zucchini	Grün-Kohl	

im Spätsommer oder Herbst ausgesät oder gepflanzt, wenn die Hauptkultur abgeräumt ist. Dazu ein Beispiel: Ende März bis Mitte Mai Kopf-Salat als Vorfrucht, Ende Mai bis September Gurken als Hauptfrucht und ab September Feldsalat oder Spinat als Nachfrucht.

Zwischenfrüchte

Zwischenfrüchte sind Gemüsepflanzen, die zusammen mit einer Hauptkultur angebaut werden, solange diese noch nicht den vollen Platz beansprucht. Es können ebenso Gemüse sein, die wegen ihrer kurzen Entwicklungszeit den Platz rasch räumen (also nicht so lange bis zur Erntereife brauchen wie die Hauptkultur) und diesen dann der Hauptkultur ganz überlassen. Da Zwischenkulturen zwischen eine Hauptkultur oder an deren Rand gesetzt werden, stellen sie eine Form der Mischkultur dar.
Es wird also deutlich, dass die Einteilung der Gemüsearten in Vor-, Haupt-, Zwischen- und Nachfrüchte etwas mit der Standdauer der jeweiligen Gemüseart auf einer Fläche zu tun hat, nicht aber mit der Wertigkeit einer Gemüseart. So ist es durchaus denkbar, dass man eine bestimmte Fläche über das Jahr nur mit Vor- und Nachfrüchten belegen kann, auf der Hauptfrüchte wiederum nun völlig fehlen.

Mischkultur

Bei der Mischkultur werden unterschiedliche Gemüsearten neben- bzw. miteinander in einer Reihe angebaut. Die Mischkultur ist ein fester Bestandteil des biologischen Gemüseanbaus. Das Prinzip der Mischkultur ist der Natur abgeschaut, denn dort gibt es keine Monokulturen einer einzigen Pflanzenart. Das Bestreben der Mischkultur ist es, eine vielseitige, harmonische Pflanzengemeinschaft zu schaffen. Man geht dabei von einer gegenseitigen Förderung der Gemüsearten untereinander aus und erwartet von der Mischkultur eine natürliche Hilfe beim Pflanzenschutz und höhere Erträge.

Jahrzehntelange Erfahrungen mit Mischpflanzungen

Was heute in Biogärten praktiziert wird, ist durchaus keine Erfindung der neuesten Zeit, sondern reicht viele Jahrzehnte zurück. Die Gartenbauliteratur der 20er, 30er und 40er Jahre ist voll von Hinweisen auf Mischpflanzungen. Das Wissen um die Wechselbeziehungen der Gemüse untereinander und in Kombination mit Kräutern war damals bereits recht verfeinert. Salat pflanzte man gerne neben Kohlrabi und Kraut, weil sein Blattgeruch den Erdfloh fernhalten soll. Ebenso gelten Tomaten und Lauch oder Tomaten und Blumen-Kohl als schädlingsvertreibende Mischkulturpaare, weil der herbe Duft der Tomatenblätter vor der Lauchmotte und dem Kohlweißling schützen soll.

▲ In der Mischkultur werden die Gemüse so nebeneinander angebaut, dass sie sich gegenseitig fördern.

Abwechslung bei den Wuchsformen

Auf einem Mischkulturbeet gedeihen gleichzeitig Pflanzen mit verschiedener Reife- und Erntezeit. Sie haben unterschiedliche Nährstoffansprüche, denn Starkzehrer, Mittelzehrer und Schwachzehrer werden nicht nach Beeten getrennt. Buschige und breitblättrige Gemüsearten wachsen neben schmalen Gestalten, die entweder gerade in die Höhe oder senkrecht in die Tiefe drängen. Gemüse mit flach ausgedehntem Wurzelwerk wechseln sich mit tief wurzelndem ab. Wo eine Pflanzenart geerntet wurde, da sät oder pflanzt man eine andere nach oder schließt die Lücke mit Gründüngung.

Geschickte Raumausnutzung

Bei der Mischkultur geht es neben dem einseitigen oder wechselseitigen Schutz vor Schädlingen auch um eine geschickte Raumausnutzung. Der Lauch beispielsweise kommt mit wenig Licht aus und

	Artischocken	Bohnen	Cardy	Chicorée	Eierfrucht	Endivien	Erbsen	Feldsalat	Gurken	Knollen-Fenchel	Kohl-Arten	Kohl-Rüben	Kürbis	Mangold	Melonen	Möhren	Paprika	Pastinaken	Petersilie	Porree	Puff-Bohnen	Radies, Rettiche	Rote Rüben	Salat	Schwarzwurzeln	Sellerie	Spinat	Tomaten	Zucker-Mais	Zwiebeln
Artischocken	●		●																											
Bohnen		●					●														●									
Cardy	●		●																											
Chicorée				●		●																		●						
Eierfrucht					●												●											●		
Endivien				●		●																		●						
Erbsen		●					●														●									
Feldsalat								●																			●			
Gurken									●		●	●	●		●													●		
Knollen-Fenchel										●						●		●								●				
Kohl-Arten									●		●	●	●									●								
Kohl-Rüben									●		●	●																		
Kürbis									●		●		●		●		●													
Mangold														●									●				●			
Melonen									●				●		●															
Möhren										●						●		●	●						●	●				
Paprika					●								●				●											●		
Pastinaken										●						●		●	●							●				
Petersilie																●		●	●							●				
Porree																				●										●
Puff-Bohnen		●					●														●									
Radies, Rettiche											●											●							●	
Rote Rüben														●									●				●			
Salat				●		●																		●						
Schwarzwurzeln																●									●	●	●	●		
Sellerie										●						●		●	●						●	●				
Spinat								●						●									●		●		●			
Tomaten					●				●								●								●			●		
Zucker-Mais																						●							●	●
Zwiebeln																				●									●	●

☐ Nachbau ist möglich ● Nachbau ist zu vermeiden

◄ Verträglichkeit der Gemüsearten.

Gegenseitiges Fördern
Wichtig bei der Mischkultur ist es – ganz gleich, welche Kombination man wählt –, dass sich die Pflanzen nicht gegenseitig bedrängen. Sie sollen sich zwar fördern, sich jedoch gegenseitig keine Konkurrenz machen.

kann ohne Ertragsverluste in den Schatten zwischen zwei Tomatenreihen gepflanzt werden. Man wechselt dabei nicht nur von Reihe zu Reihe, sondern pflanzt auch in den Reihen mal dieses, mal jenes Gemüse. Früher Blumen-Kohl und Sellerie gehen dabei eine ideale Partnerschaft ein. Blumen-Kohl hat eine relativ kurze Vegetationszeit, räumt früh und lässt dem Sellerie Platz, sich im Spätsommer und Herbst auszubreiten. In ähnlicher Weise ergänzen sich Möhren und Radieschen, wenn sie zusammen in eine Reihe gesät werden. Die Radieschen sind schon längst geerntet, wenn die Möhren den Platz für sich beanspruchen. Außerdem „markieren" die Radieschen die Reihen der spät auflaufenden Möhren, sodass hier frühzeitig gehackt werden kann.

Feinstoffliche Wechselbeziehungen

Neben dem Miteinander, das sich aus früher und später Keimung, Schattenverträglichkeit und verschiedenen morphologischen Eigenschaften ergibt, werden die mannigfaltigen Wechselbeziehungen der Gemüsearten untereinander immer besonders hervorgehoben. So soll sich beispielsweise bei Mischsaaten von Möhren mit Mohn, Dill und Kohlrabi herausgestellt haben, dass alle genannten Mischkulturpartner und am stärksten der Mohn die Möhren unterdrückten und den Ertrag teilweise erheblich schmälerten. Ganz anders sah es bei der Kombination mit Radieschen aus. Bei allen Versuchen fiel der Ertrag höher aus. Diese positive Wirkung wird mit den feinstofflichen Wechselbeziehungen zwischen den Pflanzen erklärt.

Saponine für die Bodengesundheit

Spinat z. B. scheidet sogenannte Saponine aus, die die Aufnahme von Nährstoffen für die benachbarten und nachfolgenden Gewächse erleichtern sollen. Dies ist wahrscheinlich auch ein Grund dafür, dass Spinat bei den verschiedenen Mischkultursystemen als „Gründüngungspflanze" eingesetzt wird. Die Saponine sind nur ein Beispiel für Stoffe, die von Pflanzen ausgeschieden werden und direkt oder indirekt auf andere Pflanzen wirken. Darüber hinaus sind es so unterschiedliche Substanzen wie ätherische Öle, Senfölglykoside und Bitterstoffe, die Einfluss auf das Pflanzenwachstum nehmen sollen.

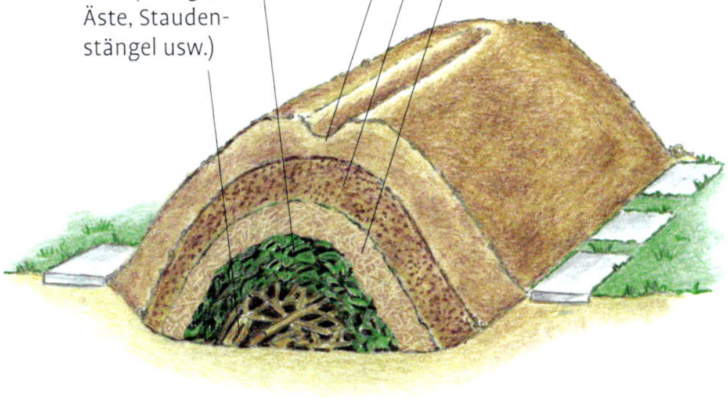

▲ Hügelbeete sind etwa 1,50 m breit, beliebig lang und etwa 1,00 m hoch.

Mischkultursystem

In der Praxis sind eine Vielzahl unterschiedlicher Mischkultursysteme und Pflanzenkombinationen vorzufinden. Die meisten Mischkultursystem schließen die Bodenpflege per Mulchwirtschaft mit ein. Beim Franckschen Mischkultursystem wird ein gleichbleibender Reihenabstand von 50 cm empfohlen, um das Mulchen im Gemüseland möglich zu machen. Der Raum zwischen den Kulturreihen wird zunächst von Gründüngungspflanzen (z. B. Spinat oder Ackerbohnen) eingenommen, die später abgehackt werden und als Mulch liegenbleiben. Darauf wird im Laufe des Sommers ständig neues Mulchmaterial ausgebracht, mit dem Ziel, kein Fleckchen Erde unbedeckt zu lassen.

Der Bau eines Hügelbeetes

Hügelbeete werden an vollsonnigen Standorten am besten in Nord-Süd-Richtung angelegt, da sie die gleichmäßigste Sonneneinstrahlung auf beiden Seiten des „Hügels" bringt. In der angestrebten Länge und Breite wird zunächst eine 25 bis 30 cm tiefe Mulde ausgehoben. Dabei wird der ausgehobene Mutterboden an den Seitenrändern zur späteren Weiterverwendung aufgesetzt. Den Innenkern des Hügelbeetes bilden schwer verrottbare Gartenabfälle, wie zerkleinerte Äste von Bäumen und Sträuchern. Auf diese Schicht kommen entweder ein oder zwei Lagen Grassoden (mit dem Grasteil nach unten), eine kräftige Laubschicht oder Rohkompost. Auf den gewünschten Regenwurmbesatz wirkt sich eine Zwischenschicht von verrottetem Stallmist oder Mistkompost besonders gut aus. Danach folgt der Mutterboden des Aushubes und schließlich eine Schicht reifen Kompostes oder guter Gartenerde. Zweckmäßig wird auf der Kammmitte des bis 1 m hohen Hügels eine Wassermulde vorgesehen. Sie dient zur besseren Nutzung der natürlichen Niederschläge oder der Zusatzbewässerung. Hochbeete bewirken durch den biologischen Abbau der organischen Masse eine deutlich bessere Bodenerwärmung, einen höhere CO_2-Gehalt in unmittelbarer Nähe der Gemüsepflanzen und dadurch güns-

◄ Ein Hügelbeet kann relativ dicht bepflanzt werden, weil durch die Höhenstaffelung das Licht überall gut hinfällt.

tigere Wachstumsbedingungen. Durch die Umsetzungswärme im Inneren und den Neigungswinkel zur Sonne erwärmt sich der Hügel sehr zeitig im Frühjahr. Man kann praktisch zwei bis drei Wochen früher mit der Einsaat beginnen.

Das Hügelbeet hat auch Nachteile

Den Vorteilen des Hügelbeetes stehen einige Nachteile gegenüber. Dazu gehört nicht nur der Arbeitsaufwand bei der Anlage. Die natürliche Bodenschichtung wird verschoben und der Wasserbedarf zwangsläufig höher, da nur die Pflanzen am Rande ihren Wasserbedarf aus dem gewachsenen Boden und damit dem Grundwasser decken können. Grundwasser steigt nur bis zum Sockel des Hügels, aber nicht oder nur wenig in diesen hinein. Mäuse, Ratten und Wühlmäuse können sich ansiedeln und müssen gegebenenfalls bekämpft oder verjagt werden.
Rings um das Hügelbeet, auf gleichem Niveau mit dem gewachsenen Boden, ist es vorteilhaft, Platten zu legen. Hügelbeete können maximal sechs Jahre erhalten werden. Oft ist der Hügel allerdings bereits nach dem dritten Kulturjahr (je nach den Ausgangsmaterial im Kern) weitgehend in sich zusammengesunken.

Bepflanzen in Mischkultur

In der Regel wird man verschiedene Gemüsepflanzen auf das Hügelbeet bringen. Dabei sollten Gemüsearten mit größerem Platzbedarf, z. B. Busch-Bohnen und Kohlarten, am besten für die unteren Reihen am Hügelfuß vorgesehen werden. Als Mittelreihe auf dem Hügelkamm haben sich Tomaten oder Paprika mit der Vorkultur Kopf-Salat bewährt. Im übrigen können alle bekannten und erprobten Mischkulturkombinationen, z. B. Zwiebel / Möhren, Möhren / Lauch, Salat / Kohlrabi, Radies / Kopf-Salat uneingeschränkt auf Hügelbeete übertragen werden.
Ab dem dritten Kulturjahr nach Aufbau des Hügelbeetes empfehlen sich auf Grund der Umsetzungsvorgänge im Hügel besonders Kulturen mit hohen Ansprüchen an Bodenwärme und Humusgehalt. Ausgezeichnete Ergebnisse bringen Gurken, Melonen, Zucchini und andere Kürbisarten. Auch Dauerkulturen mit Grün-Spargel oder Rhabarber zeigen sich dankbar.

Wasser sparen auf dem Hügel

Gewässert wird nach Bedarf am besten mit dem Gartenschlauch, der in die Wassermulde auf der Kammmitte gelegt wird. Durch eine Mulchschicht zwischen den Pflanzen kann wie auf normalen Beeten Wasser gespart und bei stärkeren Regenfällen das seitliche Abschlämmen des Bodens vermindert werden.
Im Frühjahr ist vor der Einsaat oder dem Pflanzen ein leichtes Lockern der obersten Bodenschicht notwendig. Niemals sollte ein Hügelbeet „umgegraben“ werden. Eine Düngung ist in der Regel nicht erforderlich. Durch die Umsetzungsvorgänge im Hügel werden genügend Nährstoffe freigesetzt. Allerdings muss bei niedrigem pH-Wert gegebenenfalls gekalkt werden.

Das Hochbeet

Das Hochbeet kann als eine Weiterentwicklung des Hügelbeetes verstanden werden. Hochbeete lassen sich in bequemer Körperhaltung pflegen, beschwerliches Bücken ist kaum nötig. Im Gegensatz zum Hügel ist die Lage zur Himmelsrichtung unbedeutend, da es keine abfallenden Seiten gibt. Ein weitere Vorteil ist, dass der Boden auf dem Hochbeet nicht so stark austrocknet und der Wasserbedarf auf der Kulturfläche gleichmäßig ist. Die Bodenverbesserung und Bearbeitung kann wie beim normalen Beet tief und ganzflächig erfolgen. Durch Kombination mit Folientunnel, Flachfolien, Vlies oder Mulchfolien kann man auf Hochbeeten die Ernte bestmöglich verfrühen.

◄ Hochbeete sind wieder sehr modern geworden, weil man dort, ohne sich zu bücken, alle Arbeiten erledigen kann.

Gemüse unter Folie, Vlies und Netzen anbauen

Kunststofffolien, Vliese und Netze in verschiedenen Ausführungen, Stärken und Größen sind im Garten vielseitig verwendbar. Im Gemüsegarten dienen sie der Ernteverfrühung, dem Schutz der Pflanzen gegen Kälte, Regen und Wind. Außerdem unterdrücken sie das Unkraut. Auf diese Weise lässt sich das Gemüse zwei bis vier Wochen früher ernten. Im Herbst können Tomaten, Paprika und Aubergine unter Folie noch wesentlich länger geerntet werden. Ein Nebeneffekt ist, dass Folien und Vliese die Verdunstung mindern und damit Wasser einsparen. Spezielle Vliese und Netze werden zum Schutz gegen tierische Schädlinge angeboten. Schwarz gefärbte Folien und Vliese als eine Art künstliches Mulchmaterial unterdrücken Unkraut.

Niedrigtunnel zur Ernteverfrühung

Niedrigtunnel haben den Vorteil, dass der zwischen den Pflanzen und der Folienabdeckung vorhandene Luftraum Temperaturschwankungen ausgleicht. Schwitzwasser kann wenigstens teilweise seitlich an den Tunnelwänden ablaufen. Schließlich erlauben die Tunnel ein zeitweises Lüften und anschließendes Wiederverschließen, was sich bei Verwendung von Flachfolie nicht so leicht bewerkstelligen lässt. Selbst Kopf-Salat und Blumen-Kohl lassen sich bis zur Ernte unter einem solchem Folienschutz halten, sofern dies die Witterung ermöglicht.
Als Tragkonstruktion für Folientunnel dienen halbkreisförmig gebogene Eisen- oder Stahlstäbe, deren Enden zur Verankerung in den Boden gedrückt werden. Darüber wird die Folie gelegt. Die Folienränder, die auf dem Boden aufliegen, muss man eingraben und mit Erde, Sandsäcken oder Steinen beschweren. Bei einigen Anbietern ist die Folie mit Hohlsäumen versehen, durch die die Bügel gesteckt werden können.

UV-stabilisierte PE-Folie verwenden

Das Standardmaterial für Niedrigtunnel ist Polyethylen (PE). PVC-Folien haben den Nachteil, dass sie infolge ihrer elektrostatischen Aufladung schneller als PE-Folien verschmutzen. Folien verhärten durch den Einfluss der ultravioletten Strahlung der Sonne im Laufe der Zeit und werden brüchig. Einfache Folien aus Polyethylen halten gerade einmal eine Vegetati-

Folien und Vliese für frühere Ernte
Der Einsatz von Folien und Vliesen lohnt sich in rauen Gegenden, in Höhenlagen und bei nasskaltem Frühjahrs- oder Herbstwetter. Unter Vlies und Folie erhöht sich die Bodentemperatur und es entsteht ein günstiges Kleinklima mit hoher Luftfeuchtigkeit. In einer solchen Umgebung entwickeln sich keimende Samen viel schneller und sicherer, Setzlinge wachsen besser an. Je nach Lage und Standort ist es schon ab Ende Februar möglich, Salat, Radieschen, Spinat und Kohlrabi auszusäen oder zu pflanzen.

Vlies-Typen und deren Einsatzgebiete

Vlies-Typ (g / m²)	Einsatzgebiete
Transparent 12 und 17 g / m²	Leichtes, transparentes Standardvlies mit hoher Licht-, Luft- und Wasserdurchlässigkeit zur Ernteverfrühung im Frühjahr, zur Kulturverlängerung im Herbst und als Winterschutz
Transparent 30 g / m²	Weniger lichtdurchlässig als voriges, gleiche Einsatzgebiete. Dieses Vlies eignet sich sowohl zur Flachabdeckung als auch für die Bespannung von Tunneln. Darüber hinaus auch als Schattiermaterial in Gewächshäusern
Weiß 40 und 70 g / m²	Schwereres Vlies als Schutz gegen Kahlfröste, z. B. bei Grün-Kohl, Wirsing, Lauch und Rosen-Kohl
Blau 80 g / m²	Sogenanntes „Photoselectvlies". Es wird eingesetzt, um Gemüse, wie beispielsweise Endivien, zu bleichen. Das Licht wird selektiert. Die Pflanzen stehen so nicht im Dunkeln und können bis zur Ernte ständig neue Herzblätter bilden. Zum Bleichen wird das Vlies bei hoher Einstrahlung und Temperatur maximal sechs Tage, im Frühjahr und Spätherbst maximal zwölf Tage vor der Ernte über die Pflanzen gelegt
Schwarz 25 und 50 g / m²	Schwarzes, luft- und wasserdurchlässiges Mulch-Vlies zur Bodenabdeckung. Verhindert Unkrautdurchwuchs, fördert die Schattengare und damit das Bodenleben

Flach oder als Tunnel
Folien und Vliese werden entweder mit Tragelementen als Niedrigtunnel (Höhe bis 1 m) oder als Flachabdeckung, das heißt dem Boden oder den Pflanzen aufliegend, eingesetzt.

◄ Vliese gibt es in unterschiedlichen Stärken und Qualitäten auf dem Markt. Sie werden in der Regel nach dem Flächengewicht (g / m²) unterschieden, welches eng mit dem Einsatzzweck verbunden ist.

▲ Folientunnel sind in Hausgärten sehr beliebt, weil sie sich schnell versetzen lassen.

onsperiode. Es gibt aber auch UV-stabilisierte Folien im Handel, die mindestens zwei Jahre halten. Die Haltbarkeit kann dadurch erhöht werden, dass man die Folien nach Gebrauch bis zum Weiterverwenden in einem dunklen Raum unterbringt und so vor der zerstörerischen UV-Strahlung schützt.
Folien für gärtnerische Zwecke werden in Stärken von 0,02 bis 0,2 mm hergestellt. Für Niedrigtunnel sind Stärken von 0,05 (0,02) bis 0,1 mm zweckmäßig. Neben der Normalfolie gibt es besondere UV-stabilisierte Folien im Handel, darüber hinaus noch weitere Sonderformen, unter anderem eine sogenannte Antitaufolie. Es handelt sich dabei um PE-Folien mit einem Zusatz, der die Oberflächenspannung vermindert und damit das Kondenswasser als dünnen Film ablaufen lässt.

Weitere Spezialfolien

So genannte EVA-Folien sind besonders zerreißfest und bieten einen besseren Schutz gegen die nächtliche Wärmeabstrahlung. Da die Nachttemperaturen unter EVA-Folien höher sind, wachsen auch die Pflanzen darunter besser als unter einfachen PE-Folien.
Diese Eigenschaft haben auch Doppelfolien. Die dazwischen liegende Luftschicht verbessert die Wärmeansammlung und damit den Kälteschutz, sodass die Kultur im Frühjahr noch zeitiger beginnen und im Herbst noch länger dauern kann. Allerdings ist von Nachteil, dass die Doppelfolie weniger Licht durchlässt als die EVA-Folie. In den Fällen, bei denen man die Einstrahlung und damit die Erwärmung bewusst mindern will, setzt man sogenannte Milchfolie ein.

Lüften ist wichtig

Folientunnel braucht man im Allgemeinen nicht zu schattieren. Wichtig ist aber rechtzeitig zu lüften, damit die Temperaturen nicht zu hoch ansteigen. Hierzu schlägt man die Folie an der Stirnseite zurück oder rollt sie an den Seiten anfangs mäßig, später ganz auf und klammert sie fest. Bei kleineren, tragbaren Tunneln wird anfangs an einer Seite ein Holz unter die Konstruktion gelegt, später die gesamte Konstruktion zeitweise abgenommen, bis sie weggenommen werden kann.
Das Lüften der Tunnel ist nicht nur wegen möglichem Krankheitsbefall aufgrund der hohen Luftfeuchtigkeit wichtig, sondern auch entscheidend für die innere Qualität des erzeugten Gemüses.

Kunststoffhüte für Einzelpflanzen

Zur Abdeckung einzelner Pflanzen werden im Gartenbedarfshandel sogenannte Kunststoffhüte angeboten. Es gibt sie in verschiedenen Ausführungen. So gibt es Fabrikate, die oben offen sind, damit erwärmte Luft entweichen kann. Andere sind streifenförmig bedruckt, sodass die Sonne nicht zu stark einstrahlen kann.

Flachfolien zur Ernteverfrühung

Flachfolien werden flach und locker über frisch eingesäte oder bepflanzte Gemüsebeete ausgebreitet. Wichtig ist, dass sie ringsum so in die Erde eingegraben werden, dass der Wind von den Rändern her nicht unter die Folie geraten und diese auffliegen lassen kann.
Berufsgärtner und Hobbygärtner setzen Flachfolien ein, um Kultur und Ernte im Frühjahr vorzuverlegen und die Saison im Spätherbst zu verlängern. Der Zeitgewinn beträgt ein bis drei Wochen. Viele Gemüsearten eignen sich für diese Kulturmethode. So ist durch den Einsatz von Flach-

folie in klimatisch günstigen Gegenden eine Bestellung der Flächen schon im Februar / März möglich. Besonders gute Erfahrungen hat man mit Radies, Rettich, Kopf-Salat, Schnitt-Salat und Kohlrabi gemacht.

Folien gelocht und geschlitzt

Als Flachfolien werden dünne, nicht über 0,05 mm starke, besonders leichte Folien verwendet. In dieser Materialstärke beschweren sie die Pflanzen nicht. Während früher auch ungelochte Folien eingesetzt wurden, nehmen die Gärtner heute ausschließlich gelochte (Lochfolie) oder mit Schlitzen (Schlitzfolie) versehene Folien. Gelochte und geschlitzte Folien verfrühen die Ernte zwar etwas weniger als ungelochte Folien, weil sich der Boden darunter nicht so stark erwärmt, dafür verbrennen die Pflanzen darunter nicht so leicht. Ein weiterer Vorteil ist, dass sich darunter nicht zu viele Tropfen bilden. Regenwasser kann ungehindert ablaufen und in den Boden eindringen. Nach dem Auflaufen der Samen können diese Folien länger auf der wachsenden Kultur bleiben. Durch die Löcher oder Schlitze dringt das wachstumsfördernde CO_2-Gas besser ein.

Handelsware

Lochfolien gibt es mit 250 bis 1000 Löchern / m². Bewährt haben sich Folien mit etwa 500 Löcher pro m² Folienfläche, bei einem Lochdurchmesser von 1 cm. Lochfolien gibt es fertig im Handel zu kaufen.

▼ Unter einer Schlitzfolie wachsen die ersten Frühjahrskulturen schnell heran.

Wer große Mengen Folie bezieht, kann sie auch selbst mit einem starken Bohrer (10 mm) lochen. Da Lochfolie nicht dehnbar ist, legt man sie an den Rändern in Falten und beschwert sie mit Erde oder Sand. Man lässt sie aus, wenn es der Wuchs der Pflanzen erfordert.

Schlitzfolie ist eine Weiterentwicklung der Lochfolie. Anstelle der Löcher weist die Schlitzfolie je m² etwa 30 000 Schlitze auf. Diese öffnen sich mit dem Wachstum, sodass sich die Folie zu einem tunnelartigen Dach dehnt. Mit Recht spricht man deshalb von einer „mitwachsenden“ Folie. Je größer die Pflanzen werden, desto mehr öffnen sich die Schlitze, was dem zunehmenden Bedürfnis der Pflanzen nach Luftaustausch entspricht.

Mitwachsende Folie
Die „mitwachsende“ Folie ist ideal für Kleingärten, die nicht ständig betreut werden können.

TIPP für gesunde Pflanzen

Folie und Vlies an einem trüben Tag oder gegen Abend abnehmen. Wird es nach dem Entfernen der Folie sonnig, so muss beregnet werden, damit die Blätter infolge der starken Verdunstung nicht vertrocknen.

Wann wird die Folie abgenommen

Die Lochfolie wird bei jeder Kultur zu einer anderen Zeit abgenommen:

- Radies unmittelbar vor der Ernte
- Särettich bei Bleistiftstärke der Rüben
- Möhren bei Bleistiftstärke
- Kohlrabi unmittelbar vor der Ernte
- Blumen-Kohl bei beginnender Blumenbildung
- Kopf-Salat zwei bis drei Wochen vor der Ernte
- Weiß-Kohl bei beginnender Kopfbildung
- Fruchtgemüse und Hülsenfrüchte zu Beginn der Blüte, um die Betruchtung zu gewährleisten.

Vlies verlängert die Erntezeit

Vliesstoffe bestehen aus sehr feinen Polypropylen-Endlosfäden, die in gleichmäßiger Anordnung kreuz und quer neben- und übereinander liegen. Durch die feinen Öffnungen zwischen den sich kreuzenden Fäden kann Luft und Feuchtigkeit hindurchtreten. Vliese haben eine hohe Reiß-

▲ Bei den meisten Pflanzen kann das Vlies im Gegensatz zur Flachfolie bis kurz vor der Ernte auf den Pflanzen bleiben. Das Vlies unbedingt bei trübem, feuchtem Wetter abnehmen.

festigkeit. Die damit verbundenen Elastizität und Geschmeidigkeit machen den Einsatz unproblematischer als den von Folien. Dem Grundstoff werden UV-Stabilisatoren beigegeben, die gegen die ultravioletten Strahlen der Sonne schützen und dadurch die Lebensdauer beträchtlich verlängert.

Die Pflanzen entwickeln sich am Anfang unter Vlies langsamer als unter Flachfolien, weil sich der Boden darunter nicht so stark erwärmt. Weil das Vlies länger liegen bleibt, ist das Gemüse darunter in gleicher Zeit erntereif wie unter Folie.

Vliese nimmt man zur Ernteverfrühung von Gemüse, Erdbeeren und Kartoffeln und ebenso zur Ernteverlängerung. So können z. B. Bohnen in zweiter Kultur vor Beginn der ersten Nachtfröste noch sicher geerntet werden. Darüber hinaus schützen Vliese in vielfältiger Weise vor Kälte und vor Schadinsekten.

Am besten ist es, wenn man das Vlies unmittelbar nach dem Säen oder Pflanzen auflegt. Es muss locker verlegt werden, damit bei Wind die typische Wellenbewegung sichtbar ist. Es muss so locker aufliegen, dass die ausgewachsenen Pflanzen darunter noch Platz haben. Damit der Wind das Vlies nicht verweht, wird es am Rand etwa handbreit umgelegt und dann beschwert. So lässt sich die Erde beim Abnehmen leichter entfernen.

Vlies bleibt unterschiedlich lange liegen

- Bei Salat, Radieschen, Möhren, Zwiebeln und Kohlrabi vier bis sechs Tage vor der Ernte.
- Bei Frühkartoffeln sobald keine Nachtfrostgefahr mehr besteht.
- Bei Blumen-Kohl, Lauch und Sellerie fünf Wochen vor der Ernte.
- Bei Gurken und Melonen vier bis sechs Wochen nach dem Säen oder Pflanzen.
- Erdbeeren vor der Blüte zur Bestäubung aufdecken, nach einer Woche wieder bedecken.
- Rasen nach der Keimung der Saat.

TIPP zur Lagerung

Es lohnt sich, das Vlies sauber einzurollen und in einem dunklen Raum aufzubewahren. Dann ist es mehrere Jahre verwendbar.

Doppelt abdecken lohnt sich

Manchmal ist es von Vorteil, wenn die Kulturen doppelt abgedeckt werden. Zunächst wird das Vlies ausgerollt und an den Rändern mit Erde befestigt. Darüber wird eine Lochfolie gezogen und ebenfalls mit Erde bedeckt. Unter einer solchen Doppelabdeckung erhöht sich die Luft- und Bodentemperatur um 40 % gegenüber der Einfachabdeckung. Die Pflanzen wachsen dann besonders zügig.

Gemüsejungpflanzen, die zum Schossen neigen, wenn sie der Kälte ausgesetzt waren (z. B. Knollen-Sellerie, Fenchel, Kohlrabi und China-Kohl), können durch eine Doppelabdeckung vor der vorzeitigen Blütenbildung wirksam geschützt werden. Allerdings darf die Doppelabdeckung nur kurze Zeit über den Pflanzen bleiben. Wie lange, hängt von der Gemüseart und vom Wetter ab. So sollte bei Radies und Kopf-Salat 14 Tage nach der Aussaat bzw. Pflanzung, bei Eis-Salat, Sellerie und Knollen-Fenchel 21 Tage nach der Pflanzung und bei Kohlrabi und China-Kohl 28 Tage nach der Pflanzung die Abdeckung abgenommen werden. Eventuelle Hitzeschäden bei Sonnenschein können durch vorzeitiges Abnehmem der Folie vermieden werden.

Folien und Vliese zum Mulchen

Schwarz eingefärbte Folien und Vliese dienen der Mulchbedeckung in Gemüsekulturen, aber auch bei Obst (insbesondere bei Erdbeeren) und Stauden. Sie bewirken viel, sie

- verhindern Unkrautwuchs,
- wärmen den Boden und sorgen somit für eine ausgeglichene Bodentemperatur,
- halten den Boden feucht und krümelig (vermindern die Verdunstung),
- verhindern Bodenverkrustung,
- fördern die Krümelstruktur und damit die Bodengare. Bodenlebewesen finden ähnlich wie bei einer organischen Mulchschicht ideale Verhältnisse.

Solche Mulchfolien und -vliese gibt es zur Bepflanzung ungelocht oder auch gelocht zur Direktbepflanzung mit verschiedenen Lochabständen.

Netze und Vliese als Insektenschutz

Schädlinge, insbesondere die Gemüsefliegen, lassen sich gut durch Kulturschutznetze und Vliese abhalten. Beim Abdecken geht man so wie bei der Ernteverfrühung vor. Doch während beim Verfrühen die Abdeckung meist während des Wachstums abgenommen wird, muss der Insektenschutz in der Regel bis kurz vor der Ernte auf dem Beet bleiben. Als Abdeckmaterialien sind derzeit zwei Gruppen im Handel:

- Vliese aus Polypropylen (wie zur Ernteverfrühung oder zum Frostschutz) und
- Spezialnetze zur Gemüsefliegenabwehr aus UV-stabilisiertem Polyethylen (als sogenannte „Kulturschutznetze" im Handel).

Die Maschenweite der Kulturschutznetze ist der Körpergröße der jeweils abzuwehrenden Gemüsefliege angepasst. Für Kohlfliege beträgt sie 1,8 × 1,8 mm und für die kleinere Möhrenfliege 1,6 × 1,2 mm. Beide Materialien halten die Gemüsefliegen vom Zuflug und damit von der Eiablage ab. Das gelingt aber nur, wenn das Abdeckmaterial an allen Seiten dicht aufliegt. In der Regel wird man es an den Rändern mit Erde beschweren und so umschlagen, dass es bei Kulturende leicht wieder aus dem Boden genommen werden kann. Auf eine lockere Verlegung in der Querrichtung ist zu achten.

Bei Gemüsearten mit längerer Kulturdauer muss das Vlies eventuell zum Hacken abgenommen werden. Wenn es ganz entfernt wird, geschieht das abends oder bei trübem Wetter.

Wohin mit gebrauchten Vliesen?

Nach einigen Jahren wird auch das stärkste Vlies brüchig und unbrauchbar. Allerdings sind alte Vliese zu schade für die Mülltonne, sie können direkt im Garten noch sinnvoll wiederverwendet werden:

▲ Schutzabdeckung zur Gemüsefliegenbekämpfung, links mit einfachem Rand, rechts mit umgeschlagenem Rand. Beim umgeschlagenen Rand lässt sich die Bedeckung leichter abnehmen, außerdem lässt sie sich so an die Wuchshöhe der Gemüse anpassen.

- Beim Wegebau als Zwischenlage der verschiedenen Materialschichten. Das durchlässige Material eignet sich hierfür hervorragend.
- Für das Abdecken von Komposthaufen. Vliese sind wasser- und luftdurchlässig und sorgen somit für eine gleichmäßige Bodenfeuchtigkeit und Bodenwärme und damit für schnelleres Verrotten des Kompostmaterials.
- Für die Anlage von Rindenmulchwegen im Garten. Das alte Vlies wird ausgebreitet und darüber der Rindenmulch geschüttet. Das Vlies verhindert das Durchwachsen der Unkräuter und festigt gleichzeitig den Weg.
- Zum Markieren und Kennzeichnen empfindlicher Wasserrohr- und Kabelleitungen.

Know-how rund ums Säen und Pflanzen von Gemüse

Die meisten Gemüsearten und Küchenkräuter werden aus Samen gezogen. Nur ganz wenige Arten, wie beispielsweise Rhabarber, Spargel und Meerrettich, werden vegetativ vermehrt. Je nach Pflanzenart werden die Pflanzen entweder nach einer Vorkultur gepflanzt (Jungpflanzenanzucht) oder direkt an Ort und Stelle ausgesät. In den nachfolgenden Abschnitten sollen grundsätzliche Dinge zum Säen und Pflanzen angesprochen werden, auf Besonderheiten wird bei der Vorstellung der einzelnen Gemüsearten eingegangen.

Samen kaufen

Das alte Sprichwort „Wie die Saat, so die Ernte" gilt auch heute noch. Aus voll entwickeltem Saatgut bilden sich kräftigere und schönere Pflanzen. Die Saatzüchter beurteilen die Qualität des Saatguts im Wesentlichen anhand von drei Merkmalen:

- **Reinheit.** Sie bezeichnet den Grad der Verunreinigung des Saatgutes durch Samen von Unkräutern, fremden Kulturpflanzen und durch sonstige Fremdkörper (Sand, Steine, Samenschalen und anderes).
- **Keimfähigkeit.** Darunter versteht man die Zahl der entwicklungsfähigen Samen einer Saatgutpartie.
- **Triebkraft.** Das ist die Fähigkeit des Keimlings, sich durch eine Abdeckung aus Sand und Ziegelgrus zu drücken. Je schneller das der Fall ist, desto besser ist die Triebkraft bzw. die Saatqualität.

Der Samenkauf ist in mehrfacher Hinsicht Vertrauenssache, daher sollte man nur solchen Samen kaufen, der die Gewähr für Keimfähigkeit und einwandfreie Sortenreinheit erwarten lässt.
Das Saatgut ist ein witterungsabhängiges Naturprodukt, und nicht zuletzt entscheidet auch die Lagerung über seine Qualität. Wenn die Samen bei zu hoher Luftfeuchtigkeit, bei wechselnden Temperaturen und bei einem hohen Sauerstoffangebot lagern, beschleunigen sich die Lebensvorgänge im Samenkorn. Bei verstärkter Atmung baut sich die Substanz rasch ab und schließlich geht die Keimfähigkeit des Samens verloren.

Keimschutzpackungen

Heute hat jeder Supermarkt und jedes Kaufhaus Samentüten im Angebot. Ob die Tüten dort jedoch immer optimal gelagert werden, darf bezweifelt werden. Im Samenfachgeschäft, in Gartencentern oder beim Gärtner bekommt man bestimmt einwandfreie Ware, und außerdem stehen bei Unklarheiten Fachleute mit Ratschlägen bereit. Kaufen Sie bevorzugt Samen in Keimschutzpackungen. Bei Samen in einfachen Samentüten, die schon längere Zeit in einem Verkaufsständer stehen, ist Vorsicht geboten. Auch Samen aus angebrochenen Keimschutzpackungen verlieren sehr rasch ihren Wert, da sie dann nicht mehr vor Luft und Feuchtigkeit geschützt sind.

Einkaufs-TIPP

Samen nicht auf Vorrat kaufen, sondern nur so viel, dass es für den jeweiligen Aussaattermin reicht.

Auf eins muss noch hingewiesen werden: Die im Handel für den Hobbygärtner erhältlichen Sämereien werden in der Regel nicht nach Stückzahl oder Gramm, sondern in Portionen angeboten. Dies hat den großen Nachteil, dass ein Preisvergleich zwischen den verschiedenen Anbietern praktisch nicht möglich ist. Eine Portion der einen Firma kann unter Umständen doppelt so viel Samen enthalten wie die einer anderen Firma.

Was sind F_1-Hybriden?

In den vergangenen Jahren wurden mehr und mehr Samensorten sowohl bei Zierpflanzen als auch bei Gemüse durch Neuzüchtungen ersetzt, die die Bezeichnung F_1-Hybridsorten oder Heterosissorten tragen.

Was sind F_1-Hybridsorten, wie werden F_1-Hybriden gewonnen und welchen Wert hat der aus F_1-Hybriden gewonnene Samen?
F_1-Hybriden haben gegenüber den normalen Samensorten eine wesentlich bessere Qualität. Das können sein: schnellerer Wuchs, Ausgeglichenheit des Pflanzenbestandes, besondere Widerstandsfähigkeit gegen Krankheiten, bessere Wetterfestigkeit, höhere Erträge, bei Zierpflanzen größere Blüten und besondere Reinheit der Blütenfarbe.
Der Erfolg der F_1-Hybriden beruht auf der Ausnutzung des Heterosiseffektes. Dieser entsteht, wenn ingezüchtete, weitgehend gleicherbige (homozygote) Eltern mit entsprechender Kombinationseignung gekreuzt werden. Die Pflanzen in der F_1-Generation (erste Filialgeneration) sind dann genetisch alle gemischterbig (heterozygot), aber in dieser Generation im äußeren Erscheinungsbild sehr gleichmäßig und zeichnen sich durch besondere Vitalität, Gesundheit und hohe Erträge aus.
Beim Nachbau spaltet sich eine Heterosissorte auf, da sie heterozygot ist. Die Nachkommen sind sehr uneinheitlich und der Leistungsabfall ist beträchtlich, meist sind sie völlig wertlos, da häufig Wuchsdepressionen und auch sonst ungünstige Eigenschaften zutage treten. Es ist deshalb erforderlich, F_1-Saatgut immer wieder durch eine erneute Kreuzung der ausgewählten Elternpaare zu erzeugen. Dies ist auch ein Grund dafür, dass dieses Saatgut immer wesentlich teurer als normales Saatgut ist. Der Vorteil für den Züchter liegt auf der Hand, denn er hat damit ein Mittel in der Hand, seine Sorten auf natürliche Weise vor Nachbau zu schützen. Sie unterliegen damit einem genetischen Züchterschutz.

Veredeltes Gemüsesaatgut

Gemüsesaatgut wird immer häufiger in veredelter bzw. besonders aufbereiteter Form angeboten. Saatgutveredlung hat zum Ziel, die erreichbaren Erträge deutlich anzuheben, die Qualität des Erntegutes nachhaltig zu steigern und die Aussaat zu vereinfachen. Die einfachste und gängigste Form der Saatgutveredlung ist das Reinigen des Saatguts. Keimfähigkeit und Triebkraft von solchem „Normalsaatgut" müssen Mindestanforderungen genügen. So darf der Anteil an Verunreinigungen je nach Pflanzenart 2 bis 5 Gewichtsprozente nicht überschreiten. Die wichtigsten Veredlungsformen sind nachfolgend kurz beschrieben.

Kalibriertes Saatgut
Beim Kalibrieren des Saatgutes trennt man unterschiedlich große Körner mittels Siebe. Die von den Saatgutfirmen gelieferten Samen sind gleich groß. Der Vorteil von kalibriertem Saatgut ist gleichmäßigeres und einheitlicheres Keimen. Darüber hinaus lassen sich einheitlich große Körner mit Einzelkornsämaschinen oder Handgeräten leichter ablegen bzw. aussäen.

Graduiertes Saatgut
Bei graduiertem Saatgut scheidet der Samenanbauer Saatgut mit geringerem spezifischem Gewicht aus.

Monogermsaatgut
Bei manchen Pflanzenarten sind die Samen in einem Knäuel angeordnet. Das ist z. B. bei der Roten Rübe und anderen *Beta*-Arten der Fall. Beim Säen und beim späteren Aufgang der Saat gibt es dabei Probleme. Deshalb werden bei der Aufbereitung des Saatguts die Samenknäuel zertrümmert. Dabei entstehen Bruchstücke mit einem Samen. Das so gewonnene Saatgut wird als Monogermsaatgut bezeichnet.

Inkrustiertes Saatgut
Hier handelt es sich um Saatgut, das mit Fungiziden (Pilzbekämpfungsmitteln), Insektiziden (Schädlingsbekämpfungsmitteln), Naturextrakten, Spurenelementen und sonstigen Wirkstoffen sowie einer farbigen Deckschicht hauchdünn und abriebfest überzogen wird. Diese Schicht soll den Keimling vor Krankheiten schützen.

Pilliertes Saatgut
Pilliertes Saatgut ist von einer Hüllmasse umgeben. Unregelmäßig geformtes oder kleines Saatgut von hoher Qualität wird durch die Hüllmasse auf eine einheitliche Größe und eine passende Form gebracht. Die Aussaat lässt sich dadurch wesentlich vereinfachen. Die Pillenmasse besteht überwiegend aus einer mit Wasser angerührten Mischung von pulveri-

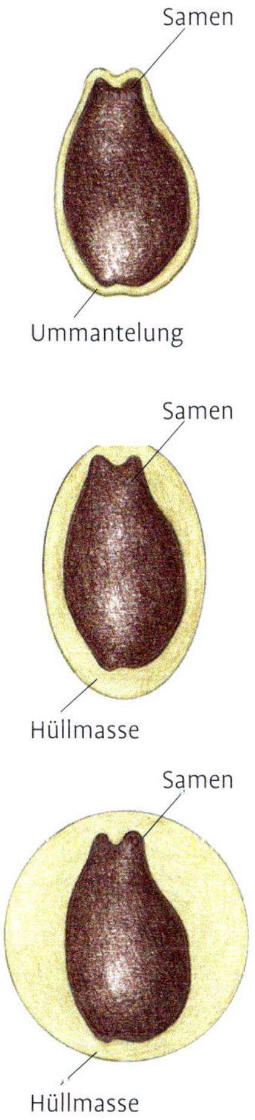

▲ Formen der Samenveredlung (von oben nach unten): Inkrusaat, Minipille, Pillensaat.

siertem Torf und Holz- bzw. Steinmehl. Sie zerfließt bei Zutritt von Feuchtigkeit und gibt das pillierte Samenkorn frei. Die Hersteller mischen in der Regel auch wachstumsfördernde und schädlingsabweisende Materialien bei. Pillensaat gibt es z. B. von Radies und Rettich, Möhren, Salat und Kohl. Aber auch von Sommerblumen findet man Pillensaatgut im Handel. Dieses Pillensaatgut muss zum Keimen von Erde allseitig umschlossen sein, damit die Hüllmasse aufweicht und das Samenkorn keimen kann.

Erdtopfpille

Anders ist das bei der Erdtopfpille (Potbill), die für die Jungpflanzenanzucht von Gemüse verwendet wird. Diese Erdtopfpillen bestehen überwiegend aus anorganischen Materialien, die eine aufwendige Erdabdeckung der einzelnen eingehüllten Samen überflüssig machen. Feuchtigkeit dringt durch den porösen Pillierungsmantel an die Samen und lässt sie quellen. Da die Hüllmasse aus zwei verschiedenen Schichten besteht, von denen die innere quellfähiger ist, platzt bei Wasseraufnahme die äußere Hülle und die Keimung kann unverzüglich einsetzen.

Saatfolien und Samenbänder

Weiter lässt sich die Aussaat mit Hilfe von Saatfolien, Saatplatten oder Samenteppichen vereinfachen. Diese enthalten zwischen wasserlöslichem Zellulosepapier oder Kunststoff in zweckmäßigen Abständen Samenkörner. Es gibt sie für Gemüse, Blumen und Rasen. Man legt sie auf den vorbereiteten Boden oder in Kisten und überdeckt sie dünn mit Erde. Die Samen keimen ohne Behinderung und das Trägermaterial verrottet. Saatbänder aus schmalen doppelten Papier- oder Folienbändern, zwischen denen Körner eingelegt sind, eignen sich besonders zur Reihensaat, so z. B. von Möhren im Freiland. Auch verschiedene Blumensamen sind als Saatbänder im Handel erhältlich. Der Boden wird wie üblich für die Aussaat vorbereitet: flach lockern, gegebenenfalls etwas Kompost zugeben und feinkrümelig einebnen. Wichtig ist gründliches Wässern.

Wie lange bleiben Samen keimfähig?

Wenn das Saatgut ein Dauerorgan der Pflanze ist, in dem die Lebensprozesse auf Grund des verminderten Wassergehaltes sehr stark abgebremst, jedoch nicht völlig unterbunden sind. Es stellt sich deshalb die Frage, wie lange die Lebensfähigkeit, das heißt die Keimfähigkeit, erhalten bleibt. Darauf lässt sich keine allgemeine Antwort geben. Samen der Weide (*Salix*) oder Pappel (*Populus*) bleiben beispielsweise nur für wenige Tage keimfähig, da ihr Wassergehalt nicht vermindert ist, und somit kein biochemisch begründeter Ruhezustand eingeleitet wird. Das entgegengesetzte Extrem finden wir bei der indischen Lotosblume (*Nelumbo nucifera*). Aus einem trockengelegten See der Mandschurei wurden Samen geborgen, die nachweislich 2000 Jahre alt und noch voll keimfähig waren. Den Rekord halten zur Zeit jedoch Samen der arktischen Lupine (*Lupinus arcticus*), die in den 70er-Jahren in Nordwest-Kanada in einer Erdhöhle unter dem ewigen Eis gefunden wurden. Das Alter dieser Samen konnte auf 1000 bis 14 000 Jahre bestimmt werden. Trotzdem keimten die Samen innerhalb von 48 Stunden.

Lang erhaltene Keimfähigkeit
Beim Umbruch von sehr altem Dauergrünland, beim Straßenbau und bei Brunnenbohrungen, aber auch beim Einebnen von alten Erdwällen werden oft Unkrautsamen an die Oberfläche gebracht, die 70, 150 bis 250, vielleicht auch einmal 1000 Jahre in den tieferen Erdschichten ihre Keimfähigkeit behalten haben.

Gemüsesaatgut ist nur kurz lebensfähig

Aber auch bei diesen Zahlen handelt es sich um Extremwerte. Bei den Nutzpflanzen bleibt die Keimfähigkeit im Allgemeinen nur kurz erhalten. Viele Samen haben eine Lebensfähigkeit von höchstens einem Jahr. Die längste Lebensfähigkeit haben Samen der Pflanzenarten aus der Familie der Schmetterlingsblütler, wie z. B. Bohne und Erbse. Für derartige Samen ist es typisch, dass sie eine für Wasser und Gase undurchlässige Samenschale aufweisen und als Reservestoffe viel Fett und Öl einlagern. Bei ihnen kann die Lebensfähigkeit der Samen bis zu 30 Jahren betragen. Ist dies nicht der Fall, geht aber auch hier die Keimfähigkeit nach einem Jahr verloren, ähnliches gilt für die Kohlsaaten. Zwiebelsamen bleiben auch unter optimalen Bedingungen nur ein bis drei Jahre, Kopf-Salat, Kresse und Möhre drei bis vier Jahre und Tomate vier bis sechs Jahre keimfähig,

Lagerfähigkeit von Gemüsesaatgut (in Jahren)
- Bohne, Erbse: 30
- Gurke: 6–9
- Kohlgewächse: 6–9
- Zwiebeln: 3
- Kopf-Salat, Kresse: 3–4
- Möhre: 3–4
- Tomate: 4–6
- Schwarzwurzeln: 0

Gemüsejungpflanzen anziehen

Aussaat an Ort und Stelle

Die Aussaat an Ort und Stelle ist auch für Gemüse die einfachste Art der Anzucht. Man braucht außer den üblichen Gartengeräten nichts weiter als das Land und den Samen. Arbeitsaufwendiges Pikieren und Verpflanzen entfällt hier. Theoretisch ist das Aussäen an Ort und Stelle bei allen Gemüsen möglich. Oft ist es aber sinnvoller, die Pflanzen vorher anzuziehen oder Jungpflanzen zuzukaufen und zu pflanzen. Kopf-Salat, Kohlrabi und andere Gemüse müssen dann nicht mehr vereinzelt werden und sind früher erntereif. Auf den Beeten können die einzelnen Exemplare gleichmäßig heranwachsen. Außerdem gibt es weniger Probleme mit dem Unkraut. Ein weiterer Vorteil ist, dass die Abfolge der Gemüsearten auf dem Beet besser geplant werden kann.

Anzuchtbeete vorbereiten

Bei Anzuchtbeeten im Freien oder in Frühbeeten ist eine gute Humusversorgung für die Bildung guter Wurzelballen sehr wichtig. Gegebenenfalls ist der Boden mit Kompost, Rindenhumus oder Torf zu verbessern. Neben Breitsaat kann auch in Reihen ausgesät werden. Dabei sind Reihenabstände von 6 bis 8 cm üblich. Da in der Regel direkt aus dem Saatbeet an den endgültigen Standort gepflanzt wird, sind geringe Saatstärken zu empfehlen.
Feine Sämereien sind mit Sand zu strecken. Ein Schattieren und eine hohe Luftfeuchte verbessern das Auflaufen der Samen. Damit sich die Wurzeln besser verzweigen, wenden Berufsgärtner einen Trick an: sie unterschneiden die pikierfähigen Sämlinge. Zum Aufnehmen der fertigen Jungpflanzen wird das Substrat gelockert und die Pflanzen mit möglichst vielen Wurzeln herausgehoben, um das Anwachsen der Jungpflanzen zu beschleunigen. Anwachsrisiko und Pflanzschock sind dennoch größer als bei getopften Jungpflanzen.

Aussaat am Fensterbrett

Die Aussaat am Fensterbrett ist eigentlich ein Notbehelf, obwohl bei etwas Geschick und Erfahrung der Erfolg sehr gut sein kann. Ein helles und sonniges Südfenster ist dafür am geeignetsten. Damit die Sämlinge genügend Licht erhalten, müssen sie so nah wie möglich am Fenster stehen, denn an einem zu dunklen Platz werden die Keimlinge zu lang, sie werden „geil“ und sind dann nicht mehr so viel wert. Damit die Samen gut keimen, schaffen die Gärtner ein günstiges Kleinklima. Hilfsmittel sind dabei Zeitungen oder Glasscheiben zum Abdecken der Aussaatgefäße. Mit Hilfe von Folien zum „Überbauen“ lässt sich die keimungsfördernde „gespannte Luft“ schaffen. Etwas komfortabler sind spezielle Anzucht- und Zimmergewächshäuser. Als Anzuchtgefäße können Ton- oder Kunststofftöpfe, Jiffy-Töpfe, Multitopfplatten oder andere Pflanzeinheiten verwendet werden.

TIPP für junge Pflänzchen

Die Jungpflanzenanzucht auf dem Fensterbrett oder im Gewächshaus ist sinnvoll bei Frühkulturen, bei langsam wachsenden Kulturen in kurzen Sommern, bei wärmebedürftigen Arten (z. B. Paprika, Eierfrüchten, Melonen, Tomaten, Zucchini) und bei Arten, die schlecht auflaufen.

Aussaat im Frühbeet

Für viele Sommerblumen, zweijährige Pflanzenarten, Stauden, Gehölze und Gemüsearten sind Frühbeete ideale Vermehrungs- und Anzuchteinrichtungen. Entweder stehen die Aussaattöpfe und -schalen im Frühbeetkasten oder das Frühbeet wird selbst als Saatfläche genutzt. Damit die Sämlinge gedrungen wachsen, sollten sie möglichst nahe am Glas stehen. Der Ab-

▼ Gemüse und Blumen lassen sich gut auf dem warmen Fensterbrett anziehen. Es muss dort nur sehr hell sein.

stand zwischen dem Erdreich und dem Fensterglas sollte daher nicht mehr als 30 bis 40 cm betragen. Hochwachsende Arten werden deshalb im oberen Teil des Frühbeetes und die niedrigwachsenden Vertreter im unteren Teil platziert.
Für zeitige Aussaaten im März wird ein warmer Kasten benötigt, der mit Pferdemist „gepackt" ist, während für spätere Aussaaten, etwa ab April, auch ein kaltes, ungepacktes Frühbeet geeignet ist.

Der Trick mit dem Kalk
Da man dunkelfarbiges Saatgut auf dunkelfarbigem Substrat nur schlecht erkennt, kann man zu einem hilfreichen Trick greifen. Mit Kalkpuder oder Schlämmkreide wird der Samen bepudert; so ist er auf der Aussaatfläche besser erkennbar.

Der früher für warme Kästen verwendete Pferdedung steht nur noch selten zur Verfügung. Als Ersatz kann Laub dienen, welches mit 15 bis 20 Gewichtsprozent Anteilen von Strohhäcksel oder Langstroh gemischt werden sollte. Das Packen des Frühbeetes erfolgt gleichmäßig, das Material wird festgetreten. Nach reichlichem Bewässern wird pro 1,5 m^2 Fensterfläche 3,5 kg Kalkstickstoff ausgebracht. Auf dieses weitgehend unverrottete Material kommt anschließend eine ungefähr 15 cm hohe Schicht Aussaaterde. Die untere Schicht beginnt dann bald zu verrotten und erwärmt sich dabei. Auf diese Weise bleiben die Aussaaten im Frühbeet vor Frost geschützt.
Beim kalten Frühbeet legt man Anfang bis Mitte März Fenster auf, damit die Erde abtrocknet und sich durch das Sonnenlicht erwärmt. Dann kann man es in der Regel ab Ende März benutzen.

TIPP zur leichten Aussaat

Feinkörniges Saatgut mit gleicher oder doppelter Menge trockenen Sandes mischen. Dadurch lässt sich eine geringere Aussaatdichte besser einhalten. Gibt man diese Mischung in einen Salz- oder Pfefferstreuer, vereinfacht das die Aussaat noch zusätzlich.

Aussaat im Kleingewächshaus

Kleingewächshäuser sind für Aussaaten ideal. Auf Seitentischen und auf Hängebrettern lassen sich die verschiedensten Pflanzenarten in Saat- und Pikiergefäßen ausgezeichnet heranziehen. Die frühen Aussaaten brauchen darin allerdings zusätzlich Wärme.

Aussaatverfahren

Das Aussäen von Hand verlangt einige Fingerfertigkeit, die man sich aber durch etwas Übung schnell aneignen kann. Mit einigen Hilfsmitteln gelingt es, die Samen gleichmäßig im Saatgefäß abzulegen.

Verschiedene Möglichkeiten, Jungpflanzen anzuziehen

- Aussaat in Schalen → Pikieren → Topfen → Auspflanzen
- Aussaat in Schalen → Topfen → Auspflanzen
- Direktsaat in Töpfe → Auspflanzen
- Aussaat auf Anzuchtbeete im Frühbeet → Auspflanzen
- Aussaat auf Anzuchtbeete im Freiland → Auspflanzen

Breitsaat

Bei der Breitsaat (auch Flächensaat genannt) streut man die Samen breitwürfig aus. Dabei besteht die Kunst des Säens darin, die Saatfläche gut auszunutzen und den Samen gleichmäßig zu verteilen, damit jeder Sämling genügend Raum zur Entwicklung hat. Dies ist besonders wichtig bei Kulturen, die vom Saatbeet direkt ins Freie verpflanzt werden.
Üblich ist die Aussaat aus der Hand oder der Samentüte. So wird bei der Aussaat aus der Hand die mit Samen gefüllte Hand in schüttelnder Bewegung über die Erdoberfläche geführt. Die Samen gleiten durch die locker gehaltenen Finger zur Erde. Durch die gleichzeitige Fortbewegung der Hand verteilt sich die Saat.
Eine andere Möglichkeit ist die Aussaat direkt aus der Samentüte oder mit Hilfe einer gefalteten Postkarte. Samentüte oder Postkarte werden mit Daumen und Zeigefinger gehalten und leicht zusammengedrückt, sodass eine kleine Rinne entsteht. Durch ein wenig Schräghalten und gleichzeitiges Hin- und Herschütteln oder durch leichtes Klopfen mit den Fingern an die Tüte oder Karte fangen die Samen an zu rutschen oder zu rollen und können genau dort platziert werden, wo es gewünscht wird.
Für die dünne Aussaat von feinen Samen kann man sich auch ein anderes Hilfsmittel konstruieren: Man füllt die Samen in ein Babynahrungsglas und spannt über die Öffnung Baumwollgaze. Durch Schüttelbewegungen fällt der Samen dann in geringen Mengen durch die Webmaschen hindurch.

Reihensaat

Bei der Reihensaat können die Samen entweder durch Schüttelbewegungen aus der Samentüte oder gefalteten Postkarte in die Rillen befördert oder mit einem entspre-

► Hilfsmittel für gleichmäßiges Säen mit der Hand oder mit einfachen Handgeräten.

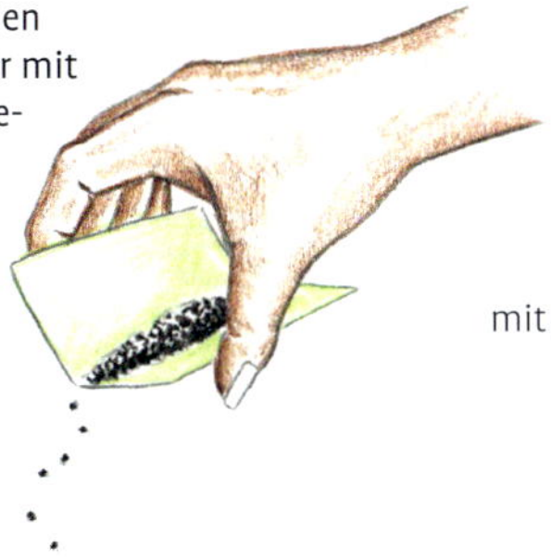

mit gefalteter Postkarte

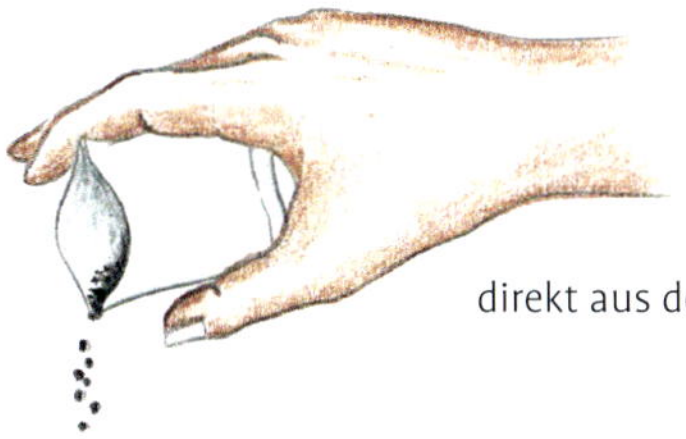

direkt aus der Samentüte

mit Pinzette

mit Holzstäbchen und gefalteter Postkarte

mit einer kleinen Sähilfe

chenden Hölzchen hineingeschoben werden. Das Markieren erfolgt am einfachsten durch Eindrücken eines linealähnlichen Holzes in die gefüllten Aussaatgefäße. Zum Einzellegen (Punktsaat) ist eine entsprechende Pinzette das geeignetste Gerät. Zum Markieren der Saatstellen kann man sich selbst ein Nagelbrett herstellen, mit dem sich die Saatstellen für die Einzelkornsaat vormarkieren lassen. Die Nagelköpfe drücken dann die Markierungen ins Substrat.
Für runde Samenkörner gibt es verschiedene Sägeräte mit Einzelkornablage auf dem Markt. Für den Hobbygärtner kommen dabei nur wenige Geräte in Betracht. Vielseitig verwendbar ist das R+S-Einzelkornsägerät, mit dem pilliertes, kalibriertes und gewöhnliches rundes Saatgut ausgebracht werden kann.

Direktsaat in Pflanzeinheiten

Bei der Direktsaat in Pflanzeinheiten (z. B. Multitopfplatten) lässt sich ein Arbeitsgang beim Pikieren oder Topfen einsparen. Größere Samenkörner von Gemüse oder Sommerblumen legt man mittels Pinzette, kleinem Löffel oder dem R+S-Sägerät direkt aus. Für Zierpflanzenarten, die man in der Regel büschelweise (in Tuffs) im Topf zieht, wie Lobelien, Lobularien, Nemesien und *Phlox*, bietet sich die Nassfinger-Methode an. Die Samen werden hierzu auf einer festen Unterlage ausgebreitet und mit dem angefeuchteten Zeigefinger zu durchschnittlich 5 bis 10 Korn aufgenommen. Es ist verständlich, dass für Direktsaaten nur hochkeimfähiges Saatgut geeignet ist.

So wird richtig gesät

Gebrauchte Töpfe oder Kästen müssen vor dem Säen innen und außen gründlich gereinigt werden. So verschwinden Stoffe, auf denen sich Krankheitserreger bilden könnten.

Aussaaterde

Wie fein die Aussaaterde sein soll, richtet sich nach der Korngröße des Saatguts. Die Erde soll sich gut um das keimende Samenkorn legen und die Keimung soll gleichmäßig verlaufen. Dies gilt zumindest für die oberste Bodenschicht. Sehr grobe Erde muss gesiebt werden. Was da-

▲ Gesät wird in spezielle Aussaaterde. Den Samen mit stempelartigen Geräten sanft andrücken und dabei eine glatte Oberfläche herstellen. Die Saatgefäße mit Etiketten versehen, auf denen das Datum, die Pflanzenart und Sorte stehen.

bei übrig bleibt, kann bis zur halben Höhe die Aussaatgefäße füllen. Darauf kommt die gesiebte Aussaaterde, die nach dem Füllen an den Ecken und Rändern angedrückt wird, ehe sie nochmals bis zum Rand nachgefüllt und sauber mit einer Latte abgestrichen wird. Das Andrücken der Erde an den Rändern und Ecken sollte nicht vergessen werden, weil sie sonst ungleichmäßig dicht liegt und beim Angießen zusammensackt. Gefäße, die mit einer Scheibe abgedeckt werden, sind nur bis 1,5 cm unter den Gefäßrand zu füllen.

TIPP zur Aussaaterde

Wenn es draußen kalt ist, die Erde frühzeitig hereinholen oder die Saatgefäße einige Tage vor der Aussaat füllen und an den vorgesehenen Standort stellen. Die Erde nimmt dann Raumtemperatur an.

Saattiefe

Auf die Frage nach der Saattiefe gibt es keine allgemeingültige Antwort. Sie richtet sich im Allgemeinen nach der Größe der Samen. Eine Faustregel besagt, dass man den Samen so hoch mit Erde bedecken soll, wie er dick ist. Feinere Sämereien werden nicht abgedeckt, hier genügt das Andrücken. Liegt der Samen zu tief, weil zuviel Erde aufgebracht wurde, so stirbt der Keimling ab, bevor er an die Erdoberfläche gelangt. Bei zu flachem Säen trocknet der Samen leicht aus, und der Keimling stirbt ebenfalls ab.

Angießen

Das Angießen muss gründlich, aber vorsichtig erfolgen. Grobe Sämereien kann man mit einer feinen Brause oder einem Sprüher angießen. Bei besonders feinen Sämereien empfiehlt es sich, die Aussaatgefäße in eine Schale mit Wasser zu stellen. So kann sich die Erde selbst mit Wasser vollsaugen, und ein Abschwemmen oder Zusammenschwemmen der Samen wird vermieden.

Bis zum Durchbrechen der Keimpflanze durch die Erde geht der gesamte Aufbau des Sämlings auf Kosten der im Samenkorn gelagerten Reservestoffe. Bevor sich die Keimblätter entwickelt haben, ist die Wurzel schon in die Erde eingedrungen, sodass sich die Pflanze dann selbst die Aufbaustoffe mit Hilfe der Blätter bereiten kann.

Etikettieren ist wichtig
Jedes Aussaatgefäß wird umgehend mit dem Namen der Pflanzenart oder -sorte und auch mit dem Datum der Aussaat beschriftet, damit die verschiedenen Sorten später nicht verwechselt werden können.

Aussaaten schattieren

Die Keimtemperatur ist je nach Pflanzenart unterschiedlich. Die Richtwerte sollten nicht wesentlich über- oder unterschritten werden, um kräftige, gedrungene und gegen Krankheiten widerstandsfähige Jungpflanzen zu erzielen. Gegen starke Sonneneinstrahlung werden frische Aussaaten und junge Sämlinge mittags zusätzlich mit Papier beschattet. In Frühbeeten werden hierfür Schattierleinen benutzt.

Feucht halten

In der ersten Zeit nach der Aussaat kommt es sehr auf die richtige Art der Bewässerung an. Die Aussaaterde muss ausreichend feucht sein, damit die Samen ohne Unterbrechung quellen können. Sobald sich der Keimling bildet, darf die Erde zwar niemals trocken werden, sie darf aber auch nicht zu nass sein.

Je älter die Keimlinge werden, desto mehr atmen sie und brauchen dann auch mehr Sauerstoff. Der Sauerstoffbedarf richtet

WICHTIG zu wissen

Das Bewässern darf niemals nach Terminen, also schematisch erfolgen. Nur durch ständiges Beobachten erkennt man den Wasserbedarf. Wichtig ist, dass die Erde immer erst leicht abtrocknet, ehe wieder gegossen wird. Nur so wird eine ausreichende Durchlüftung garantiert. Außerdem immer durchdringend wässern. Bei trübem Wetter und Feuchtigkeit auf der Erdoberfläche treten sehr schnell Vermehrungspilze auf, was sich auf die Sämlinge verheerend auswirken kann.

sich nicht nur nach der Temperatur, sondern auch nach dem Feuchtigkeitsgehalt der Luft.

Angewärmtes Wasser verwenden

Das Gießwasser sollte abgestanden und auf etwa 18 °C angewärmt sein. Wenn die Sämereien mit Scheiben abgedeckt sind, müssen diese anfangs täglich gewendet werden, damit das Wasser nicht von den Scheiben tropft. Der Tropfenfall würde das Ausbreiten von Krankheiten begünstigen. Nach dem Keimen werden die Scheiben nach einigen Tagen mit Hilfe kleiner Hölzchen zum Lüften angehoben, ehe sie ganz abgenommen werden, um den erstarkenden Sämlingen eine freie Entwicklung zu gewährleisten.
Gefäße mit lichtgehemmten Keimern, die anfangs dunkel stehen dürfen, müssen beim Durchbruch der ersten Sämlinge unbedingt an den hellsten Platz kommen. Nur so bleiben die Jungpflanzen kurz und gedrungen.

Düngen

Ein Düngen der Sämlinge in den Aussaatgefäßen ist in der Regel nicht nötig, denn das erste Pikieren in neue Erde erfolgt im Allgemeinen sofort nach der Ausbildung der Keimblätter. Bei Einzel- oder Reihensaat wird in der Regel nicht pikiert. In dem Fall ist eine Nachdüngung etwa 14 Tage nach dem Auflaufen und dann wöchentlich angebracht. Geeignet sind dazu alle vollwasserlöslichen Mehrnährstoffdünger, die in einer Konzentration von 0,2 % angewendet werden sollten.

Das Pikieren

Junge Sämlinge, die breitwürfig ausgesät worden sind, müssen in der Regel pikiert (vereinzelt) werden, bevor man sie topft oder auspflanzt. Sie erhalten dadurch mehr Platz, Licht, Luft und Nährstoffe. Außerdem können dabei gesunde, kräftige Pflanzen gleicher Größe ausgewählt werden. Je nach Pflanzenart und eigener Anschauung wird in Pikierkisten (Handkisten), Pflanzeinheiten oder auch gleich in Einzeltöpfe pikiert.
Der richtige Zeitpunkt zum Pikieren ist gekommen, sobald sich die Sämlinge mit den Blättern berühren, sodass sie sich im Wachstum behindern. Wenn in den Aussaatgefäßen Krankheiten auftreten, muss natürlich schon vorher pikiert werden.
Als Pikiererde nimmt man schon etwas kräftigere Erde als beim Aussäen. Die Pikierkisten füllt man wie die Aussaatgefäße.

Das Pikieren vorbereiten

Die Aussaatgefäße sollten am Tage vor dem Pikieren noch einmal gründlich gewässert werden, auch wenn es normalerweise noch nicht nötig wäre. Dadurch saugen sich die Pflanzen voll Wasser, was vorteilhaft ist, da in den ersten Tagen nach dem Pikieren die Jungpflanzen weniger Wasser aufnehmen können. Denn beim Herausnehmen werden bewusst oder unbewusst Wurzelspitzen abgerissen, die dann natürlich für die Wasseraufnahme fehlen. Noch wichtiger aber ist, dass nach gründlichem Wässern die Erde viel besser beim Herausnehmen an den Wurzeln haf-

▶ Durch das Pikieren bekommen die Sämlinge mehr Platz, Licht, Luft und Nährstoffe. Wichtig ist, dass die Sämlinge bis zu den Keimblättern eingepflanzt werden.

Kunststoff-Pikierstab (rund)

Flaches Pikierholz (Holzetikett)

Holzgäbelchen für feine, mit den Fingern nicht greifbare Sämlinge

► Damit die Sämlinge nicht verletzt werden, sollte man Pikierhilfen benutzen.

tet und so das Weiterwachsen schneller möglich ist. Außerdem soll das letztmalige Gießen am Tage vor dem Pikieren bewirken, dass die Erde beim Pikieren nicht mehr klebt.
Um das Wurzelwerk zu schonen, fasst man die Pflanzen mit einem runden oder flachen Pikierholz unter die Wurzel und hebt sie an. Man legt sie in eine extra Kiste oder lose griffbereit auf die vorbereitete Pikierfläche. Reißen dabei feine Wurzeln ab, bildet sich ein dichter Wurzelballen, denn an den Verletzungsstellen verzweigen sich jeweils die Wurzeln. Bei großen Sämlingen mit schon langen Wurzeln fördert man die Wurzelverzweigung durch Abknipsen der Wurzelspitzen.
Stets nur so viele Pflanzen herausnehmen, wie in einer halben Stunde pikiert werden können. Die Wurzeln dürfen auf keinen Fall zu lange der Luft ausgesetzt sein und darunter auch leiden.
Pikiert wird in der Regel einzeln im Dreiecks- oder Vierecksverband. Der Abstand richtet sich nach der Pflanzenart und nach der Stärke der Pflanzen. Die Pflanzen wachsen immer besser, wenn sie fast auf Tuchfühlung stehen.

Hilfsmittel zum Pikieren

Zum Pikieren nimmt man ein Pikierholz. Das sind Hölzer, die einem dicken Bleistift ähneln und ein trichterförmiges Loch erzeugen. Gut geeignet ist auch ein spachtelähnlich zugeschnittener Blumenstab oder ein sonstiges Holz. Das Ende, welches zum Pikieren genommen wird, sollte so flach wie möglich sein. Dieses Holz drückt

▲ Im Gartenbedarfshandel und im Haushalt gibt es allerhand Behältnisse, in die die Sämlinge pikiert werden können. Bewährt haben sich z. B. Multitopfplatten.

man an der entsprechenden Stelle senkrecht in die Erde, um es dann, immer senkrecht haltend, nach einer Seite zu bewegen. Das dadurch entstehende Loch ist viereckig und vor allem unten auch so groß wie oben. Es macht dann keine Schwierigkeiten, die jungen Sämlinge mit den Wurzeln bis zur gewünschten Tiefe hineinzuhalten. Darauf wird mit dem Holz die Erde an die Wurzeln herangebracht.
Es dürfen keine Hohlräume im Wurzelbereich bleiben. Starkes Andrücken ist dabei zu vermeiden. Besonderes Augenmerk ist darauf zu richten, dass sie in der richtigen Höhe stehen. Richtig pikiert ist, wenn die Keimblätter der Erdoberfläche aufliegen.
Winzige Sämlinge werden mit einer Pinzette angefasst, und das Pflanzloch wird mit einem angespitzten Stäbchen vorgebohrt. Bei größeren Pflanzen geschieht das Anfassen, Lochbohren, Einsetzen und Andrücken mit den Fingern.
Nach dem Pikieren wird mit einer feinen Brause angegossen, damit die Erde mit den Wurzeln oder mit dem Wurzelballen innigen Kontakt bekommt. Zum Angießen sollte Wasser mit Raumtemperatur verwendet werden. Wasser direkt aus der Lei-

tung ist zu kalt und bringt das Wachstum zum Stocken.

Für gespannte Luft sorgen

Während der ersten Tage schützt man empfindliche Pflanzen vor Verdunstung, spannt Folie über die Kästen oder stellt sie im Vermehrungsbeet auf. Hier bildet sich eine hohe Luftfeuchtigkeit, sodass die Pflanzen keine Feuchtigkeit mehr an die Luft abgeben können. Haben sich neue Wurzeln gebildet, werden Fenster oder Folie wieder entfernt.

Auspflanzen der Gemüsejungpflanzen

Wichtig ist, dass die Jungpflanzen gut abgehärtet werden, bevor sie ins Freiland kommen. Durch verstärktes Lüften gewöhnt man sie immer mehr an die Freilandbedingungen und bringt sie einige Tage vor dem Auspflanzen ganz nach draußen.

Einen Tag vor dem Auspflanzen sind die Jungpflanzen tüchtig anzugießen und am besten an einem bedeckten Tag oder in den kühleren Abendstunden zu pflanzen.

Ein gleichmäßiger Abstand beim Pflanzen ermöglicht hohe Erträge. Am gebräuchlichsten ist die Pflanzung im Verband (Dreieckspflanzung). Das Land sollte so locker und feucht sein, dass ohne Schwierigkeiten mit der Hand gepflanzt werden kann.

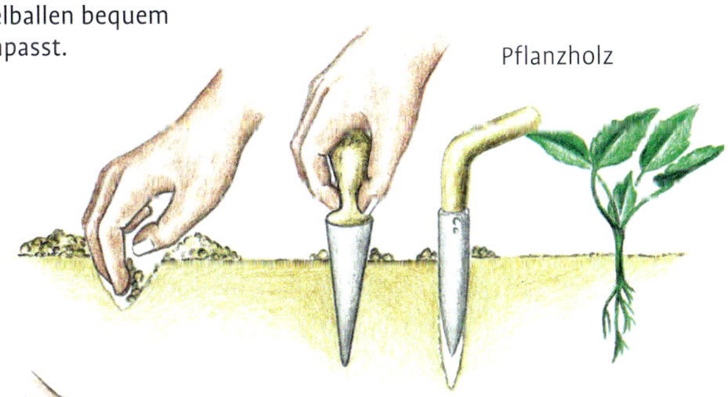

▼ Das Pflanzholz wird eingesetzt, wenn es sich um Pflanzen aus dem Saatbeet handelt, die keinen größeren Wurzelballen besitzen. Wichtig ist dabei, dass sich in dem schmalen Pflanzloch die Wurzeln nicht nach oben biegen. Dadurch würde das Wachstum erheblich ins Stocken geraten. Die Pflanzkelle verwendet man vor allem zum Pflanzen pikierter und getopfter Gemüsepflanzen mit größerem Wurzelballen. Das Pflanzloch sollte so groß sein, dass der Wurzelballen bequem hineinpasst.

Die Aussaat an Ort und Stelle

In der Regel werden im Gemüsegarten 1,20 m breite Beete angelegt. Mit dieser Beetbreite erreicht man beim Hacken leicht die Mitte des Beetes. Breitere Beete erschweren diese Arbeiten und schmalere bedeuten Landverschwendung, weil dann das Verhältnis Weg zu Nutzfläche ungünstiger wird.

◄ Eine Aussaat an Ort und Stelle verlangt besondere Sorgfalt bei der Bodenvorbereitung.

Sobald im Frühjahr das Land soweit abgetrocknet ist, dass die Erde nicht mehr an den Schuhen und Geräten kleben bleibt und sich der Boden genügend erwärmt hat, ist der richtige Zeitpunkt für die ersten Freilandaussaaten.

Die untere Temperaturgrenze, bei der die Samen gerade noch keimen, liegt bei kälteverträglichen Gemüsearten zwischen 0 und 5 °C, bei wärmebedürftigen Arten zwischen 8 und 12 °C. In der Praxis sät man erst bei höheren Temperaturen: kälteverträglicheren Arten bei über 5 °C, wärmebedürftige Arten erst ab 13 °C.

▲ Man pflanzt so fest, dass sich die Jungpflanzen nicht mehr aus dem Boden ziehen lassen.

Saatbeetbereitung

Die Saatbeetbearbeitung hat eine gut strukturierte, homogene, aber festere untere Bodenschicht mit guter Wasserführung für die Quellung der Samen zu schaffen. Darüber ist eine feinkrümelige, lockere, gut durchlüftete Bodenschicht anzustreben, die dem Pflanzenwachstum nur geringen Widerstand entgegengesetzt und

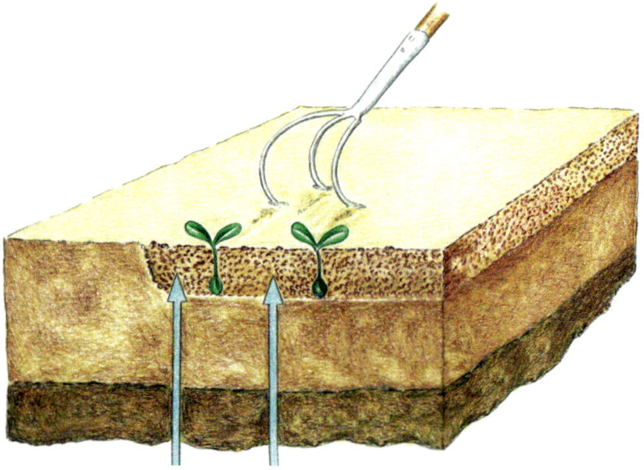

▲ Damit die Samen gut keimen können, muss das Saatbeet optimal hergerichtet sein: die Samenkörner liegen auf dem rückverdichteten Boden unter einer lockeren Deckschicht.

den Wasserverlust des Bodens mindert. Die Tiefe der lockeren Schicht sollte der Saattiefe entsprechen.

Die grobschollige Winterfurche wird mit Kultivator, Handgrubber oder Krail zerkleinert und eingeebnet. Mit der Harke (Rechen) ist das feinkrümelige Saatbeet herzustellen. Dabei gilt der Grundsatz: Je feiner der Samen, desto feiner die Erdoberfläche. Die Bodenvorbereitung für die Aussaat von Nachkulturen im Laufe der Sommermonate erfolgt durch flaches Graben oder besser nur mit Kultivator und Harke.

Saattiefe

Für die Saattiefe bei Gemüsesamen gilt als Grundregel: Die Samen flach, aber so tief einsäen, dass ein Anschluss an die feuchte Bodenschicht und damit die Quellung gewährleistet ist. Dementsprechend ist auf einem feuchten Boden flacher, auf einem relativ trockenen Boden tiefer zu säen. Bei flacher Saat sinkt das Risiko des Sauerstoffmangels, der Schädigung durch Bodenpilze und einer Schwächung beim Durchbrechen der Bodenoberfläche. Es steigt das Risiko des Austrocknens, und es besteht die Gefahr, dass die Keimwurzeln mangels Gegendruck nicht in den Boden eindringen und die Samenschale nicht abgestreift werden kann. Eine etwas tiefere Saat ist bei leichten Böden, großkörnigen und robusten Samen zu empfehlen. Mittlere Saattiefen sind für feinkörnige Samen 1 bis 3 cm, für grobkörnige 2 bis 5 cm.

Markiersaat

Bei Gemüsearten, die längere Zeit zur Keimung benötigen (z. B. Möhren, Zwiebeln), ist das Markieren der Saatreihe zu empfehlen. Dazu eignen sich am besten Radies, von denen man vor dem Abdecken der Reihen alle 8 bis 10 cm ein Korn auslegt. Die relativ schnell aufgehenden Radies zeigen die Reihen an, sodass bereits vor dem Aufgang der Möhren oder Zwiebeln gehackt und damit dem Boden Sauerstoff zugeführt und der Wasserhaushalt des Bodens günstig beeinflusst werden kann.

Die alte Methode des Vorquellens von Saatgut in Wasser beschleunigt das Auflaufen deutlich. Das Saatgut wird hierzu am besten in Beuteln wiederholt für einige Stunden in Wasser getaucht. Größere Mengen überbraust man mit Wasser, mischt durch und deckt schließlich mit einer Folie oder mit feuchten Säcken ab. Dabei ist jedoch Vorsicht geboten, da bei längerer Tauchdauer (über 8 Stunden) die Gefahr einer Schädigung durch Sauerstoffmangel besteht. Ausgesät wird, wenn die Samenschale platzt oder kurz bevor die Keimwurzel austritt.

Das Vorquellen beschleunigt besonders bei schwer quellenden Samen, wie Zwiebeln, Sellerie, Lauch oder Möhren, das Wachstum deutlich. Es schadet auch nicht, wenn das vorgequollene Saatgut vorübergehend austrocknet. Erst wenn die Keimwurzel ausgetreten ist reagieren besonders große, vorgequollene Samen wie Erbsen und Bohnen empfindlich auf Trockenperioden. Wichtig ist, dass die Aussaaterde feucht ist, damit der durch das Vorquellen eingeleitete Keimvorgang nicht unterbrochen wird. Gegebenenfalls müssen die Reihen oder das Beet vorher angefeuchtet werden.

Samenbänder
Für besonders hochwertige Kulturen sind Samenbänder erhältlich. Hier werden die Samen in gleichen Abständen zwischen zwei Spezialpapieren oder Kunststoffbändern geheftet und zu Rollen aufgewickelt. Für das Auflaufen ist eine gute Bodenfeuchte oder ein gründliches Bewässern erforderlich.

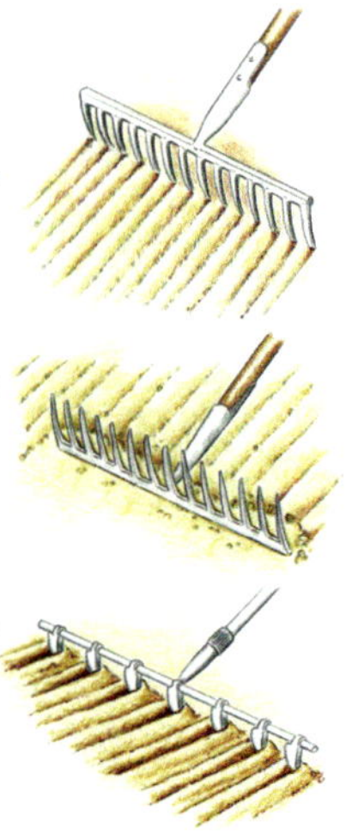

1 2 3

▲ Mit dem Rechen (**1**, **2**) werden die Unebenheiten ausgeglichen. Mit dem Rillenzieher (**3**) zieht man die Saatreihen.

Aussaatverfahren
Eine Gleichstandsaat mit Ablage jeweils mehrerer Samen ist die Horstsaat. Buschbohnen werden auf diese Weise ausgesät, wobei 4 bis 5 Samen auf eine Saatstelle kommen. Vorteile sind die stärkere vereinte Kraft der Keimlinge beim Durchbrechen verkrusteter Böden und ein leichteres Hacken in den Reihen.

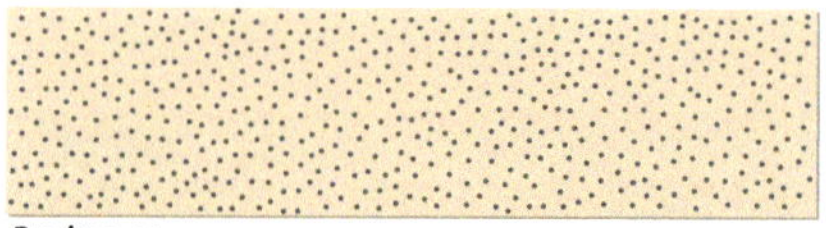

Breitsaat

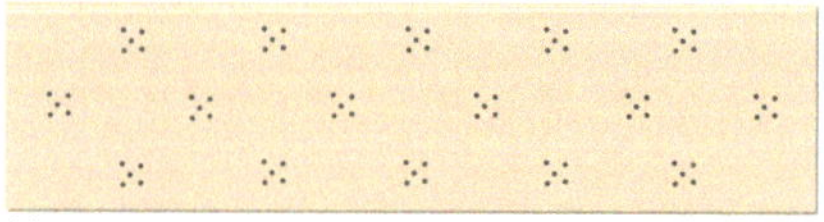

Horstsaat

Gleichstands- oder Einzelkornaussaat

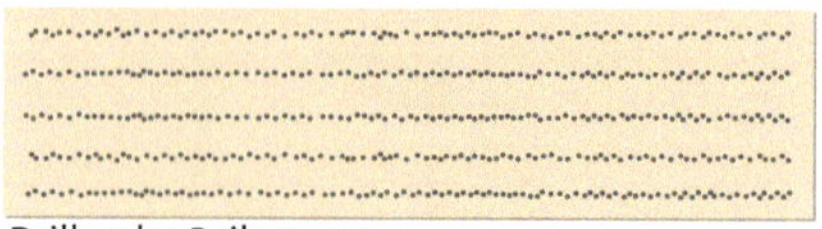

Drill- oder Reihensaat

◀ Je nach Gemüseart wählt man das passende Aussaatverfahren aus.

Gemüse und Kräuter von A bis Z

Dieser spezielle Teil beschreibt den Anbau von über 65 Gemüsearten, Küchen- und Gewürzkräutern. Neben Arten, die schon lange in unseren Breiten kultiviert werden, sind auch unbekanntere Arten aufgeführt, darunter auch alte, „wiederentdeckte" Gemüseschätze.

Es ist wichtig zu wissen, zu welcher Pflanzenfamilie ein Gemüse gehört. Nur so kann die Fruchtfolge und der Fruchtwechsel richtig geplant werden. Bei der Kulturdauer sind nur Durchschnittswerte angegeben, die tatsächliche Kulturzeit kann sich je nach Klimaraum erheblich verschieben. Auch hier gilt, sich nicht starr an Buchweisheiten zu halten. Diese können immer nur Anregung für die eigene Arbeit sein. Selbst gemachte Erfahrungen sind durch nichts zu ersetzen. Jährlich kommt eine Vielzahl neuer Sorten auf den Markt. Wir weisen besonders auf Sorten hin, die gegen Krankheiten und Schädlinge resistent sind. Resistenz ist die Widerstandsfähigkeit gegen eine oder mehrere Krankheiten, Schadtiere oder sonstige schädigende Einflüsse, wobei es bei vielen Sorten fließende Übergänge von schwacher bis zu hoher Resistenz gibt. Bei Resistenz kommt es also erst gar nicht zur Ausbreitung einer Krankheit oder zu einem Befall durch Schaderreger. Toleranz dagegen ist die Fähigkeit einer Pflanze, den Schaderregerbefall unter geringer Einbuße der Lebens- und Leistungsfähigkeit zu überstehen.

Bei den einzelnen Gemüsearten wurde auf die Angabe von Düngermengen bewusst verzichtet. Denn um bedarfsgerecht düngen zu können, muss man die Nährstoffgehalte seines Bodens kennen. Es ist ein weitverbreiteter Irrtum, dass unsere Haus- und Kleingärten nicht überdüngt werden können, dies gilt auch für biologisch bewirtschaftete Gärten. Insbesondere wenn man nach sogenannten Faustzahlen düngt, kann es sehr schnell zur Überdüngung kommen.

Die Folgen der Überdüngung sind Nitrataustrag ins Grundwasser, hoher Nitratgehalt in den Pflanzen, zu triebige Pflanzen, die dann von Schädlingen befallen werden, Wachstums- und Reifestörungen sowie Geschmacksverlust. Weil man dem Boden nicht ansieht, ob er zuviel oder zuwenig an Nährstoffen enthält, und ob sie auch im richtigen Verhältnis zueinander stehen, sollte wenigstens alle drei Jahre eine Bodenanalyse erfolgen. Diese Analysen werden von speziellen Bodenuntersuchungsstellen in allen Bundesländern durchgeführt. Beim Einschicken der Probe ist anzugeben, was angebaut werden soll, damit man auch die entsprechende Düngeempfehlung bekommt. Nähere Ausführungen zur Düngung im Hausgarten, die gerade im Zusammenhang mit dem Anbau von Gemüse von besonderer Bedeutung sind, findet man auf Seite 51 bis 56.

Der richtige Erntetermin

Den richtigen Erntezeitpunkt für die einzelnen Gemüsearten zu finden, ist nicht immer ganz leicht. Denn der günstigste Erntezeitpunkt hat in der Regel nichts mit der eigentlichen biologischen Reife der zu erntenden Pflanzenteile zu tun.

Im biologischen Sinne sind Pflanzen nämlich erst nach der Ausbildung ihrer Samen wirklich reif. Die Mehrzahl der Gemüsearten wird lange vor diesem Zeitpunkt geerntet. Geerntet wird im Grunde genommen, mit Ausnahme von Fruchtgemüse, im biologischen Sinne „unreifes" Gemüse.

Bei vielen Gemüsearten ist es notwendig, öfter und in kurzen Abständen zu ernten, wie z. B. bei Bohnen, Gurken und Grün-Kohl. Bei anderen Gemüsearten muss sozusagen „auf den Punkt" geerntet werden, z. B. bei Blumen-Kohl, Brokkoli, Spargel. Wieder andere, wie Salat, Radieschen und Möhren kommen laufend direkt vom Garten auf den Tisch.

Gemüse, welches man noch am selben Tag in der Küche verwenden will, erntet man am besten kurz vorher. Gemüse, das man einfrieren oder einwecken möchte, wird früh am Tag geerntet. Lagergemüse dagegen sollte bei trockenem Wetter mittags oder nachmittags geerntet werden. Dann ist das Gemüse oberflächlich trocken und lässt sich besonders gut einlagern ohne zu faulen.

Artischocke

Cynara-Scolymus-Gruppe
Korbblütler, Asteraceae

- in der Regel werden Artischocken 3 bis 4 Jahre genutzt
- Starkzehrer
- häufig Blattläuse

Die Artischocke ähnelt einer hohen Distel. Bei uns ist die Staude nicht völlig winterhart und braucht deshalb im Winter etwas Schutz. Aus einer Blattrosette am Boden entwickeln sich die 1 bis 2 m langen Stängel mit den Blütenköpfen. Die fleischigen Blütenböden und die verdickten Teile der Blütenhüllblätter sind eine Delikatesse. Wegen ihrer schönen, fiederteiligen Blätter, die eine imposante Rosette bilden, sowie wegen ihrer auffälligen Blüten gilt die Artischocke auch als dekorative Zierstaude.

Standortansprüche

Artischocken benötigen sonnig-warme Standorte und als Tiefwurzler tiefgründige (Lockerung bis 60 cm Tiefe), lockere und nährstoffreiche Gartenböden mit hohem Humusgehalt; pH-Wert 6 bis 7,2.

Sorten

Man unterscheidet grüne (z. B. 'Große von Laon') und violette (z. B. 'Romagno') Sorten. Letztere weisen meist längere und spitzere Deckblätter auf.

Anbau

Direktsaat oder Pflanzung mit Vorkultur. Wenn man noch im gleichen Jahr ernten will, Aussaat im Februar unter Glas. Am besten Direktsaat mit drei Samen je Topf. Nach dem Auflaufen lässt man nur die kräftigste Pflanze stehen. Optimale Keimtemperatur 20 bis 25 °C. Ab Ende Mai im Abstand von 100 × 100 cm auspflanzen. Aussaat an Ort und Stelle im April möglich, Ernte dann in der Regel erst im nächsten Jahr. Wer bereits über Pflanzen verfügt, kann auch durch Stecklinge vermehren. Man verwendet Nebensprosse, die mit einem scharfen Messer am Hauptstamm abgeschnitten werden.

▼ Bei der Artischocke sind die Blütenhüllblätter dachziegelartig übereinander angeordnet.

Düngung

Reichliche Kompost- oder Stallmistgaben sind für die Entwicklung gut. Die Pflanzstelle ist in jedem folgenden Standjahr erneut mit Humus (z. B. Kompost) anzureichern. Die Düngermenge ist beginnend mit einer ersten Gabe im zeitigen Frühjahr auf mehrere Gaben zu verteilen.

Ernte und Lagerung

Im Pflanzjahr im September, in den Folgejahren bereits im Juni oder Juli. Die 8 bis 16 cm großen Blütenköpfe werden geerntet, solange die Schuppenblätter noch eng anliegen, die Knospen fest geschlossen erscheinen und deren Blütenhüllblätter keine braunen Spitzen aufweisen. Sie werden dicht unter dem Blütenboden mit einem kurzen Stielansatz abgeschnitten. Geöffnete Blüten eignen sich als Vasenschmuck.

Besondere Hinweise

Artischocken sind sehr wasserbedürftig, deshalb muss während der Wachstumszeit reichlich gewässert werden, wenn es nicht regnet. Man rechnet mit höchstens 6 bis 8 Blütenständen je Pflanze.

Blütenknospe ernten
Man erntet im Knospenstadium noch vor der Blüte. Für große Blütenköpfe die Seitenknospen ausbrechen.

Artischocken einwintern
Bei ausreichendem Winterschutz können Artischocken auch bei uns im Freien überwintern. Dazu ab Oktober die Blätter und Blütentriebe einige Zentimeter über dem Boden abschneiden und die Pflanzen mit sandig-lockerer Erde, Stallmist, Stroh, Laub oder anderen organischen Stoffen 20 bis 30 cm hoch bedecken. Ende März bis Mitte April die Pflanzen wieder freilegen und alle Triebe bis auf die kräftigsten entfernen. Man kann die Pflanzen aber auch im Herbst ausgraben, im Keller einschlagen und im Frühjahr wieder pflanzen.

Aubergine, Eierfrucht

Solanum melongena
Nachtschattengewächs, Solanaceae

- 60 – 80 Tage
- Starkzehrer
- Weiße Fliege, Spinnmilben, Grüne Gurkenblattlaus

Die im deutschen und englischen Sprachgebrauch eingeführte Bezeichnung Eierfrucht bezeichnet das ursprüngliche Aussehen der Früchte dieser Pflanze. Die Früchte der vor Jahrhunderten in Kultur genommenen Pflanze waren elfenbeinweiß und ähnelten Eiern. Die mehrjährige, jedoch meist einjährig gezogene Pflanze wächst strauchartig. Die Frucht ist eine Beere, die je nach Sorte ganz unterschiedlich groß und verschieden geformt sein kann.

► Auberginen sind recht anspruchsvoll und sollten im Gewächshaus kultiviert werden.

Standortansprüche

Ein Anbau ist in unseren Breiten praktisch nur im Gewächshaus möglich. Die Kultur im Freiland ist selbst in warmer, sonniger Lage immer mit einem Risiko verbunden. Bei Temperaturen unter 15 °C wächst die Aubergine nicht mehr richtig. Eierfrüchte bilden zunächst eine Pfahlwurzel, die sich nach dem Umpflanzen verliert. Sie entwickeln dann ähnlich wie Tomaten und Paprika ein ausgedehntes Wurzelsystem. Deshalb sollte der Boden tiefgründig und mit Humus gut versorgt sein; pH-Wert 6 bis 7.

WICHTIG zu wissen

Wenn an den Nebentrieben die Früchte angesetzt werden, stutzt man den Haupttrieb. Die fruchtenden Triebe schneidet man ebenfalls zwei Blätter über dem Fruchtansatz, während unfruchtbare Triebe ganz entfernt werden. Wichtig ist, dass die Pflanzen genügend Luft bekommen. Deshalb entfernt man die Blätter in Bodennähe und im Inneren der Pflanzen. Auberginen sollten nicht von oben bewässert werden. Sonst breiten sich Pilzkrankheiten aus.

Sorten

Halbreit ernten
Die Samenkörner sollen noch weich und weiß sein. Auberginen mit Blütenkelch und 2 cm langem Stiel ernten. Auberginen lassen sich nur kurze Zeit aufbewahren.

Die Sorten unterscheiden sich in Wuchs- und Fruchtgröße, Fruchtform und Fruchtfarbe, Frühzeitigkeit der Ernte sowie in ihren Resistenzeigenschaften gegenüber Krankheiten. Beliebt sind insbesondere dunkelviolett glänzende Früchte, wie z. B. 'Adria' oder 'Ophelia'. Früh tragend, mit kleinen oval-länglichen Früchten ist die F_1-Hybride 'Orlando'. Zugleich Zierwert hat die Sorte 'Golden Eggs' mit weißen, hühnereigroßen, herabhängenden Früchten.

Anbau

Pflanzung mit Vorkultur. Für Anbau unter Glas Aussaat Februar, Pflanzung Ende April, Ernte: Juni bis September. Aussaat in Saatkisten bei 25 °C. Nach 14 Tagen in 10- bis 12-cm-Töpfe pikieren oder topfen. Wenn die Jungpflanzen etwa 10 Laubblätter entwickelt haben, kann ausgepflanzt werden. Zum Wachstum sind 20 °C optimal, sobald Früchte angesetzt sind reichen 16 °C. Pflanzabstand 40 × 40 bis 50 × 50 cm. Pflanzung im Freiland nicht vor Ende Mai. Je nach Sorte wachsen die Auberginen bis zu 1 m hoch, sie müssen mit Stäben gestützt werden.

Düngung

Neben einer Düngung mit reifem Kompost und Stallmist sind mehrere zusätzliche Düngergaben in flüssiger Form zu empfehlen. Hinsichtlich des Düngemittels ist zu beachten, dass die Aubergine chlorempfindlich ist.

Krankheiten und Schädlinge

Die wichtigste und gefährlichste Krankheit ist die *Verticillium*-Welke. Meist beginnt die Welke am Blattrand mit hellgrüner bis gelblicher Aufhellung und schreitet später nach innen bis zur Mittelrippe fort. Lästig können Weiße Fliege, Spinnmilben und die Gurkenblattlaus werden.

Basilikum

Ocimum basilicum
Lippenblütler, Lamiaceae

- 65 – 75 Tage
- Schwachzehrer, mit Reifekompost düngen
- Luzernemosaikvirus, Blattfleckenkrankheit, Ampfereule, Schnecken

Basilikum gehört weltweit zu den wirtschaftlich bedeutsamen Gewürzkräutern. In Mitteleuropa wird es derzeit wieder entdeckt. Das Würzkraut aus dem Orient ist in Deutschland mindestens seit dem 12. Jahrhundert in Kultur. In den Heimatgebieten mehrjährig, ist die kälte- und frostempfindliche Pflanze unter mitteleuropäischen Klimabedingungen einjährig. Sie wird 25 bis 60 cm hoch, mit Blütenstand 50 bis 80 cm. An den kantigen, verzweigten Stängeln bilden sich gegenständige, eiförmig-elliptische, gestielte Blätter, die je nach Sorte grün, gelblich grün oder rot gefärbt sein können. Die Blattränder sind unregelmäßig gezähnt, die Blattfläche mitunter etwas wellig und blasig. Abhängig vom Aussaattermin beginnt die Blüte im Juni oder Juli. Die frischen oder getrockneten Blätter dienen als universelles Küchengewürz. In der südeuropäischen, vor

▶ Frisch geschnittenes Basilikum gibt südländischen Gerichten ein süßlich pfeffriges Aroma.

allem in der italienischen Küche gehört dieses Kraut zu den Lieblingsgewürzen. In der Likörherstellung wird Basilikum für Kräuterliköre gebraucht. Die Kosmetikindustrie nutzt das im Basilikum enthaltene ätherische Öl in der Parfümindustrie für Duftmischungen. Die frischen Blätter haben einen Gehalt an ätherischen Ölen von etwa 0,02 bis 0,5 %. Zu den weiteren Inhaltsstoffen gehören Kohlenhydrate, Mineralstoffe, Gerbstoffe und Säuren. Bis zu 100 Inhaltsstoffe lassen sich nachweisen, wobei die Zusammensetzung vom Herkunftsgebiet abhängig ist. Die Wirkstoffe lindern chronische Magenkatarrhe und Schmerzen in der Magengegend und helfen gegen Blähungen und Verstopfungen. Basilikum wirkt außerdem harntreibend und appetitanregend und ist infolge seiner Würzkraft nur in kleinen Mengen zu verwenden.

TIPP

Köche geben Basilikum erst kurz vor dem Auftragen zu. Beim Trocknen geht Aroma verloren.

Standortansprüche

Basilikum entwickelt dünne, verzweigte Wurzeln, die nicht tief in den Boden eindringen. Es beansprucht lockere, wasserdurchlässige Böden mit guter Struktur, die sich gut erwärmen, mit einem pH-Wert von 6,5 bis 7,2. Die Pflanze aus den Subtropen braucht viel Wärme. Deshalb gedeiht sie in kühlen Jahren nicht, bei Temperaturen unter 12 °C findet kaum noch Wachstum statt.

WICHTIG

Basilikum braucht viel Wasser, ist jedoch empfindlich gegen Staunässe. Bei Trockenheit blüht das Kraut vorzeitig.

Sorten

Die Sorten haben unterschiedliche Blatt- und Wuchsformen und unterschiedliche Duftnoten (Basilikum, Zimt, Zitrone). Rotblättrige Sorten, wie z. B. 'Opal', wirken sehr dekorativ und sind deshalb besonders interessant. Gängige grüne Sorten sind 'Großes Grünes' und 'Genoveser'. Neuere Sorten wie 'Cinnamon' duften nach Zimt, es heißt deshalb auch Zimtbasilikum. Die Sorte 'Lemon' riecht nach Zitronen-Thymian. Mit einem Lakritz-Aroma in Richtung Estragon-Aroma hat die Sorte 'Liquoric' ('Licorice') eine einzigartige, bisher nicht gekannte Duftnote.

Anbau

Am besten Aussaat im März mit Vorkultur unter Glas. Man legt vier bis sechs Korn in kleine Töpfe. Günstige Keimtemperaturen liegen zwischen 18 und 22 °C. Nach dem Keimen kühler stellen. Auspflanzen im Mai im Abstand von 25 bis 30 cm. Basilikum ist kälteempfindlich, deshalb Aussaat an Ort und Stelle möglich, aber nicht vor Mai. Es empfiehlt sich, das Saatbeet mit Vlies abzudecken. Man sät etwa 50 Korn je laufendem Meter aus. Die Erde sollte feinkrümelig sein und der Samen nicht zu tief abgelegt werden.

TIPP

Basilikum gedeiht auch gut in Töpfen. Hier sind die zarten Pflänzchen vor Schnecken sicher.

Krankheiten und Schädlinge

Das Luzernenmosaikvirus verursacht Vergilbungen, gelbe Flecken und Nekrosen an den Blättern. Übertragen wird das Virus durch Blattläuse. Wichtigste Pilzkrankheit ist die Blattfleckenkrankheit. Auf den Blättern bilden sich braune oder graue Flecke. Die *Fusarium*-Welke dringt über die Leitungsbahnen in die Pflanze ein. Dabei kann das Absterben an der Spitze, in der Mitte oder auch an der Basis beginnen. Tritt diese Krankheit auf, ist unbedingt ein ausreichender Fruchtwechsel einzuhalten. Die Raupen der Ampfereule, Blindwanzen und Schnecken fressen Basilikum. Auch Blattläuse treten häufig auf.

Ernte und Lagerung

Ernte Ende Juni bis Anfang Juli, bis sich die ersten Blütenknospen im Ansatz zeigen. Das Kraut etwa 8 bis 12 cm über dem Boden abschneiden. Dann kann die Pflanze neu austreiben und im September / Oktober nochmals geerntet werden.

Blumen-Kohl

Brassica oleracea* var. *botrytis
Kreuzblütler, Brassicaceae

Blumen-Kohl, auch Karfiol, Käsekohl oder Blütenkohl genannt, gehört zu den wenigen Gemüsearten (wie auch Brokkoli und

- 65 – 75 Tage
- sehr starker Zehrer
- Blumenkohlmosaikvirus, Kohlhernie, Mehlige Kohlblattlaus, Kohlfliege, Weiße Fliege, Kohlweißling

Artischocke), von denen man entweder Blüten oder Blütenstände verzehrt. Blumen-Kohl ist sehr schmackhaft, leicht verdaulich und ohne großen Aufwand leicht zuzubereiten. Blumen-Kohl eignet sich hervorragend als Kranken-, Schon- und Diätkost. Auch Kinder und Kleinkinder essen ihn gern. Blumen-Kohl enthält verhältnismäßig viel Vitamin C. Was beim Blumen-Kohl geerntet wird, ist eigentlich die fleischige Blütenanlage, die Blume oder Rose heißt. Die Erntezeit dauert von Ende Mai bis etwa Mitte November, vorausgesetzt man kultiviert den Blumen-Kohl auch im Gewächshaus oder unter Folie bzw. Vlies.

Standortansprüche

Böden mit guter Struktur, hohem Wasserhaltevermögen und Humusgehalt sind Voraussetzungen für einen erfolgreichen Anbau. Ungeeignet sind Böden mit Staunässe und Verdichtungen. Als Tiefwurzler ist eine tiefgehende Bodenbearbeitung

▶ Blumen-Kohl muss schnell geerntet werden, denn schon nach wenigen Tagen beginnt er durchzutreiben und bildet Blüten aus.

notwendig. Der pH-Wert des Bodens sollte 6,5 bis 8,0 betragen, bei darunter liegenden Werten ist zu kalken. Voraussetzung für gutes Wachstum ist außerdem eine freie Lage in voller Sonne. Schattig stehender Blumen-Kohl entwickelt wohl reichlich Umblatt, jedoch meist nur kleine Blumen von ungenügender Qualität. Ideale Wachstumsbedingungen findet Blumen-Kohl in kühleren Gebieten mit hoher Luftfeuchtigkeit. Temperaturen zwischen 15 und 20 °C sind ideal. Bei Sommertemperaturen kommt es zu Wachstumsproblemen und schlechten Qualitäten.

Fruchtfolge

Eine geregelte Fruchtfolge ist unbedingt einzuhalten. Damit sich die Kohlhernie nicht ausbreiten kann, sollte Blumen-Kohl frühestens im vierten Jahr wieder an dieselbe Stelle kommen. Um Nematodenschäden zu verhindern, sind alle Kohlarten und Spinat als Vorfrucht zu meiden. Geeignete Vorfrüchte sind Leguminosen und Gründüngungspflanzen (*Phacelia*, Leguminosengemische), die schon im Herbst einzuarbeiten sind. Als gute Gemüsevorfrüchte erweisen sich Lauch, Zwiebeln, Tomaten, Kartoffeln und Blatt-Salate.

Sorten

Beim Blumen-Kohl kommt es besonders auf die richtige Sortenwahl an. Für den Anbau im Frühjahr, Sommer oder Herbst gibt es geeignete Sorten. Die verschiedenen Sorten entwickeln sich unterschiedlich schnell. Neben Blumen-Kohlsorten mit der typischen weißen Farbe gibt es solche mit cremefarbenen, grünen und violetten Blumen. Darüber hinaus gibt es heute Sorten auf dem Markt, bei denen sich die kleinen Herzblätter nach innen drehen und den Kopf fast vollständig bedecken.
'Candid Charm', starkwüchsig, große, schwere Blumen für Sommer und Herbst; 'Clapton', für Früh-, Sommer-, Herbstanbau, kohlhernieresistent; 'Erfurter Zwerg', altbekannte Sorte für den Frühanbau; 'Multi-Head', neben einer zentralen Blume, die etwa 12 bis 15 cm groß wird, bilden sich weitere, kleinere an Seitentrieben, erntet man die Hauptblume früh, fördert das die Entwicklung der anderen; 'Optimist' und 'Walcheren Winter', Sorten für den Spätanbau; 'Veronica' ein Romanesco Typ mit spitzförmigen, grünfarbigen Röschen, für Sommeranbau; 'Vitaverde' grüngelber Mini-Blumen-Kohl, für Früh- und Spätanbau.

Anbau

Pflanzung mit Vorkultur ist die Regel. Aussaat breitwürfig in Saatkisten, nach der Keimung in 5- bis 6-cm-Töpfe oder entsprechende Pflanzeinheiten pikieren. Direktsaat in Pflanzeinheiten bzw. Einzeltöpfe zu allen Aussaatterminen möglich. Während der ganzen Anzucht dürfen keine Wachstumsstörungen auftreten. Überständige Pflanzen schließen während der Jugendphase ihre vegetative Entwicklung ab und beginnen unmittelbar danach mit

TIPP

Radieschen zwischen Blumen-Kohl säen. So wird der Platz auf dem Beet gut ausgenutzt.

der Bildung kleiner, unvollständiger Blumen, sogenannter Vorblüher.

Für den Anbau im Kleingewächshaus für früheste Ernte unter Glas Aussaat im Februar mit Pflanzung Anfang bis Mitte März. Für den Frühanbau im Freiland Jungpflanzenanzucht unter Glas mit Aussaat Ende Februar / Anfang März und Pflanzung im April. Für den Sommeranbau Aussaat März / April, Pflanzung Anfang Mai bis Mitte Juni. Für eine Ernte im Frühherbst Aussaat Anfang Mai bis Anfang Juni, Pflanzung Anfang Juni bis Anfang Juli. Für einen Anbau im Spätherbst Aussaat Mitte Juni (auch im Freiland auf Saatbeete), Pflanzung Mitte bis Ende Juli. Die Pflanzabstände hängen von der jeweiligen Sorte ab, üblich sind Abstände von 40 × 40 bis 50 × 50 cm. Bei der Sortenwahl sind die Anbauzeiten unbedingt zu beachten.

So bleibt die Blume weiß
Kurz vor der Ernte einige Laubblätter einknicken, um die Köpfe abzudecken, dann verfärben sie sich nicht. Zwar gibt es auch sogenannte selbstdeckende Sorten, doch sollte man auch hier zusätzlich abdecken, um sicher zu sein, dass die ganze Blume weiß bleibt.

Düngung

Blumen-Kohl zählt zu den Gemüsearten, die einen hohen Bedarf an organischem Dünger haben, er gehört deshalb in die 1. Tracht. Auf Stickstoffmangel reagiert Blumen-Kohl mit schwächerem Blattwachstum und lockeren Köpfen. Ebenso empfindlich reagiert er auf Mangel an Molybdän, Bor und Kalzium. Molybdänmangel äußert sich in peitschenförmigem Pflanzenwuchs, stark verschmälerten jüngeren Blätter, die wie Schwänze aussehen. Molybdänmangel entsteht insbesondere auf sauren Böden, weshalb ein hoher pH-Wert wichtig ist. Bormangel verursacht braune und hohle Stängel. Auf der Blume kann er Flecken hervorrufen, die zunächst trocken und hart sind, dann faulen.

Braucht viel Wasser
Blumen-Kohl benötigt ausreichend und gleichmäßig Wasser. Schon auf kurze Trockenperioden reagiert er sehr empfindlich mit der Bildung von Frühblühern und kleinen Köpfen. Günstig ist eine Mulchschicht.

Krankheiten und Schädlinge

Möglich ist der Befall mit dem Blumen-Kohlmosaikvirus. Bei den Boden- und Pilzkrankheiten ist die Adernschwärze zu erwähnen, die Kohlhernie (Näheres siehe Seite 456) und der Falsche Mehltau. Hauptschädlinge sind die Mehlige Kohlblattlaus, die Kleine Kohlfliege, die Kohlmottenschildlaus (Weiße Fliege) sowie die Larven vom Großen und Kleinen Kohlweißling.

Ernte und Lagerung

Blumen-Kohl reift, abhängig von der gewählten Sorte, recht ungleichmäßig, was für den Hausgarten nicht negativ ist, sodass sich die Erntezeit eines Satzes über 2 bis 4 Wochen erstreckt. Blumen-Kohl ernten, noch bevor sich die Köpfe aufzulockern und zu verfärben beginnen. Schonend ernten, sonst entstehen sehr schnell Flecken und Druckstellen. Ungekühlt aufbewahrt hält sich Blumen-Kohl nur wenige Tage, da er durch hohe Atmungsverluste bald Feuchtigkeit verliert und welkt. Im Kühlschrank bleibt Blumen-Kohl etwa eine Woche lang frisch. Allerdings darf man Blumen-Kohl nicht zusammen mit Äpfeln lagern, da er gegenüber Äthylen sehr empfindlich ist.

Bohne

Busch-Bohnen, Stangen-Bohnen, Gemüse-Bohnen, Grüne Bohnen, Trockenspeise-Bohnen

Phaseolus vulgaris
Schmetterlingsblütler, Fabaceae

- 65 – 80 Tage
- mittlerer Zehrer
- Schwarze Bohnenlaus, Bohnenfliege

Die Garten-Bohne hat ihren Ursprung in Südamerika. Sie gelangte mit der Entdeckung Amerikas im 16. Jahrhundert nach Spanien und von dort aus nach ganz Europa. Für den Anbau im Garten wird zwischen der Busch-Bohne (*Phaseolus vulgaris* var. *nanus*) und der Stangen-Bohne (*Phaseolus vulgaris* var. *vulgaris*) unterschieden. Stangen-Bohnen wachsen 2 bis 4 m hoch, wenn man sie nicht stutzt oder entspitzt. Sie sind linkswindend und drehen sich somit entgegen dem Uhrzeigersinn. Busch-Bohnen sind nur 30 bis 60 cm hoch. Nach meist vier bis acht kurzen Internodien (Abstände zwischen den Blattansätzen) beenden sie das Längenwachstum mit endständigen Blütenständen.

◀ Bei manchen Busch-Bohnen hängen die Hülsen über dem Laub. Sie können so schnell geerntet werden.

TIPP

Busch-Bohnen brauchen nach der Blüte und zur Fruchtausbildung viel Wasser.

Im Gegensatz zu Feuer- und Puff-Bohnen und Erbsen keimen Garten-Bohnen epigäisch. Die als Reservestoffspeicher dienenden dickfleischigen Keimblätter schieben sich beim Keimen aus dem Boden und entfalten sich über dem Boden. Die Keimblätter sterben sehr bald ab. An den Seitenwurzeln bilden sich Wurzelknöllchen mit den stickstoffbindenden Knöllchenbakterien, die mit der Wirtspflanze in Symbiose leben.

Bohnen sind günstig bei einer Herz-Kreislauf-Diät, weil sie relativ viel Kalium, aber wenig Natrium enthalten und deshalb wassertreibend wirken. Als konzentrierte Träger von Proteasehemmstoffen sollen die Enzyme der Gemüse-Bohnen der Aktivierung krebsverursachender Stoffe im Körper entgegenwirken können. Bohnen sind außerdem reich an sogenannten Lignanen, das heißt Stoffen, die von sich aus krebsbekämpfende Wirkung haben sollen.

Giftiges Glykosid
Garten-Bohnen enthalten das giftige Glykosid Phasein und dürfen nicht roh gegessen werden. Mit rohen Bohnen sind hochgradige Vergiftungen möglich. Durch Erhitzen (Kochen) oder Milchsäuregärung wird das Toxin zerstört.

Standortansprüche

Für Garten-Bohnen ungeeignet sind extreme Sand- und Tonböden. Auf Böden mit hohem Humusgehalt bringen sie die höchsten Erträge. Der pH-Wert kann im Bereich von 6 bis 7,5 liegen, bei Werten unter 6 ist zu kalken. Da aber Bohnen gegen frisches Kalken empfindlich sind, ist der Kalk bei der Grundbodenbearbeitung im Herbst oder im zeitigen Frühjahr auszubringen. Busch- und Stangen-Bohnen sind frostempfindlich. Zum Keimen muss sich der Boden mindestens auf 8 bis 10 °C erwärmt haben, und die Lufttemperatur sollte nach dem Auflaufen bei mindestens 12 °C liegen. Bei niedrigeren Temperaturen verzögert sich die Keimung, die Bohnenpflanzen laufen ungleichmäßig und lückenhaft auf und sind krankheitsanfällig.

Fruchtfolge

Garten-Bohnen dürfen nicht nach sich selbst oder anderen Schmetterlingsblütlern (Leguminosen) folgen (Vorsicht bei Gründüngung mit Leguminosen). Mindestens dreijährige Anbaupausen sind einzuhalten. Auch die Nachbarschaft zu Gladiolen ist zu meiden, um Virusinfektionen vorzubeugen. Die Garten-Bohne selbst ist eine gute Vorfrucht, weil sie einen garen, weitgehend unkrautfreien und mit Stickstoff angereicherten Boden hinterlässt.

Garten-Bohnen, die grün geerntet werden sollen, stehen am besten in 2. Tracht nach mit Stallmist gedüngten Vorfruchten.

Kulturdauer

Garten-Bohnen sind tagneutral. Bei warmem Wetter fangen die Busch-Bohnen schnell an zu blühen. Bei Busch-Bohnen dauert es von der Aussaat bis zur Ernte etwa 65 bis 70 Tage, bei Stangen-Bohnen etwa 80 Tage. Wer ständig frische Bohnen ernten möchte, muss alle 14 Tage säen.

Sorten

Die Gärtner unterscheiden bei den Garten-Bohnen Wachs-, Flageolet-, Prinzess-, Schwert- und Brech-Bohnen. Die Hülsen können grün, gelb, blau, violett-gestreift bis schwarz marmoriert sein. Je nach Sorte sind die Hülsen 5 bis 25 cm lang. Auch die Samen können unterschiedlich groß und verschiedenartig gefärbt (weiß, hellbraun, dunkelbraun oder weiß-rot gesprenkelt) sein.

Bei den Stangen-Bohnen gibt es neben grün- und gelbhülsigen auch blauhülsige Sorten mit flachen, ovalen und runden Hülsen. Die flachhülsigen Sorten sind meist früher als die ovalen und runden Sorten, neigen jedoch schneller zum Bastigwerden.

Auch für Halbschatten
Garten-Bohnen gedeihen auch noch an halbschattigen Stellen recht gut, z. B. unter hohen Bäumen oder zwischen weit stehenden Beerensträuchern. Man darf jedoch an solchen Orten nicht mit hohen Erträgen rechnen.

Busch-Bohnen-Sorten. Grünhülsig: 'Negra', schwarze Bohnen; 'Maxi' sogenannter Gluckentyp, bei dem die Hülsen über dem Laub stehen; 'Molly', zarte Prinzessbohne; 'Montano', lange Hülsen; 'Scuba' runde Hülse, frühreifend; 'Saxa', frühreifend, alte

◄ Stangen-Bohnen können recht dekorativ aussehen. Es gibt auch gelbhülsige Sorten.

bewährte Sorte. Gelbhülsig: 'Berggold', lange zart bleibend; 'Golden Teepee', Gluckentyp; 'Hidora' runde Hülse, mittelfrüh; 'Valdor', resistent gegen Brennflecken. Blauhülsig: 'Amethyst' zarte Schale; 'Purple Teepee', Gluckentyp.

Früher ernten
Um die Ernte zu verfrühen, kann man Folientunnel verwenden oder die Bohnen unter Glas vorkultivieren. Dazu sät man Mitte bis Ende April in Töpfe.

Stangen-Bohnen-Sorten. Grünhülsig: 'Berner Landfrauen', 'Cobra', schwarze Körner; Hülse grün-violett gesprenkelt; 'Hilda', früh; 'Mathilda', zartbleibend; 'Neckarkönigin', dickfleischig. Gelbhülsig: 'Goldmarie'; 'Neckargold'. Blauhülsig: 'Blauhilde' mit violetten Hülsen, die beim Kochen grün werden.

Trockenkoch-Bohnen-Sorten. Sorten mit buschigem Wuchs: 'Borlotto Lingua de Fuoco nano', 'Facta', 'Feuerzunge', rot-weiß geflammte Hülsen und weiß-rot gesprenkelte Samen; 'Flaro', grünlich; 'Lingot', weiß; 'Red Kidney', braunrotes Korn. Sorten mit kletterndem Wuchs: 'Borlotto di Vigevano rampicante', Korn rot-weiß gesprenkelt; 'Bingo', Korn blauschwarz-weiß; 'Spagna bianco', großes weißes Korn; 'Zuckerwachtelbohne', braungestreiftes Korn.

Vertragen keinen Wind
Blüten und Hülsen können bei starkem Wind abbrechen oder stark geschädigt werden. Stangen-Bohnen sind stärker windanfällig als Busch-Bohnen.

Anbau von Busch-Bohnen

Aussaat an Ort und Stelle, erst nach dem 10. Mai. Letzte Aussaaten sind zwischen dem 5. und 15. Juli möglich. Busch-Bohnen werden reihen- oder horstweise ausgelegt. Bei Reihensaat (Reihenabstand 30 bis 50 cm) legt man die Samen einzeln im Abstand von 4 bis 6 cm aus, bei Horstsaat im Abstand von 30 bis 35 cm jeweils 5 bis 6 Samen. Als Saattiefe sind 3 bis 5 cm optimal.

Nicht lange lagern
Bei 5 bis 7 °C können Gemüse-Bohnen sechs bis zehn Tage gelagert werden, wenn sie locker liegen und nicht zu hoch geschichtet werden. Tiefere Temperaturen schaden den kälteempfindlichen Bohnen. Zu lange gelagerte Bohnen verlieren ihre Farbe und kochen langsamer weich. Bei Hitze verlieren die Hülsen schnell ihre Frische und welken.

Anbau von Stangen-Bohnen

Aussaat an Ort und Stelle von Mitte Mai bis Ende Juni. Nicht vor den Eisheiligen, weil Stangen-Bohnen gegen Nachtfröste sehr empfindlich sind. Um jede Stange nach den Beeträndern hin fünf bis sieben Samen im Halbkreis 3 cm tief auslegen.

Düngung

Bohnen verlangen eine gute Humusversorgung, doch stellt man sie am besten in 2. Tracht. Die Stickstoffdüngung soll in zwei Gaben geschehen und zwar zur Saat und zu Beginn der Blüte. Dabei sind nur chloridarme Dünger zu verwenden, da Garten-Bohnen chloridempfindlich sind.

▲ Trockenkoch-Bohnen sind immer interessant gezeichnet.

Unter den Mikronährstoffen kommt Molybdän besondere Bedeutung zu. Bei hohen pH-Werten im Boden oder nach Kalken kann auch Manganmangel auftreten. Dieser Mangel äußert sich in Chlorosen mit breitem, grünem Saum um die Blattadern.

Krankheiten und Schädlinge

Das Bohnenmosaikvirus verursacht mosaikartige Veränderungen auf den Blättern und anschließendes Absterben von Pflanzenteilen. Hauptüberträger sind Blattläuse. Einige Sorten besitzen gewisse Toleranz gegenüber diesem Virus. Die Fettfleckenkrankheit wird durch Bakterien verursacht. Feuchtwarme Witterung begünstigt den Befall. An den Blättern bilden sich zunächst kleine, unregelmäßig geformte gelbe Flecke an den Blattspreiten. Sie breiten sich oft über das gesamte Blatt aus. Bei starkem Befall vertrocknen oft die

1

2

3

▼ **1, 2** Zum Aufleiten der Triebe finden meist Holzstangen Verwendung, die entweder einzeln, pyramidenförmig zu dritt oder viert oder kreuzweise gegeneinander stehen und durch waagerecht gelegte Stangen verbunden sind. Die Bohnenstangen sollten etwa 2,50 m aus der Erde herausragen und 50 cm tief im Boden stecken, woraus sich eine Gesamtlänge von 3,00 m ergibt. Zwei Reihen Stangen werden so in die Erde gesteckt, dass sie sich in einer Höhe von ungefähr 1,80 m kreuzen. Dort verbindet man sie mit Längsstangen so, wie es die Zeichnung zeigt.
3 Es lassen sich auch Stahlrohre als Pfosten verwenden und Spanndrähte in 2,00 bis 2,20 m Höhe ziehen.

gesamten Blätter der Pflanzen. Die Krankheit geht meist von infizierten Samen aus. In Resten befallener Pflanzen können die Bakterien im Boden überdauern und von dort aus die Bohnenpflanzen befallen.
Die Brennfleckenkrankheit wird von Pilzen verusacht. Der Erreger überwintert an abgestorbenen Pflanzenteilen. Er kann aber auch durch die Hülsen bis in die Samen vordringen. Bei infiziertem Saatgut sind meist schon die Keimlinge befallen. Kühles und feuchtes Wetter beschleunigt die Pilzvermehrung. An solchen meist normal keimenden Samen befinden sich ovale Flecken mit dunklem, fast schwarzem Rand. Bei kühler und feuchter Witterung breiten sich die Erreger auch an den Keimblättern aus und die Keimlinge können absterben. Bei größeren Pflanzen entstehen schwarze Flecken und Einbuchtungen, später runde bis ovale Herde sowohl an den Blättern nahe der Blattnerven als auch an Stängeln und Hülsen. Stark pilzbefallene Pflanzen bleiben schwach und bringen wenig Ertrag.
Bei den Schädlingen sind insbesondere die Schwarze Bohnenblattlaus und die Bohnenfliege zu nennen. Die Bohnenfliege ist etwas kleiner als die Stubenfliege. Sie legt ihre Eier ab Mai bevorzugt an Bohnensamen. Die kleinen weißen Larven (Maden) dringen in die keimenden Samen ein und ernähren sich vom Keimling. Als weitere Parasiten verursachen Stängelälchen, Bohnenspinnmilbe und Thripse Schäden.

WICHTIG zu wissen

Abgeerntete Bohnenpflanzen sollte man nicht mit den Wurzeln herausreißen, sondern dicht über dem Erdboden abschneiden. Auf diese Weise bleiben die Wurzeln und mit ihnen die Knöllchenbakterien im Boden und stehen der Folgekultur zur Verfügung.
Busch-Bohnen bei 15 cm Höhe leicht anhäufeln. Die Pflanzen werden dann standfester.

Nicht herausreißen
Es ist gut, wenn man beim Ernten die Pflanzen mit einer Hand festhält, damit sie nicht gelockert oder gar aus dem Boden gerissen werden.

Ernte und Lagerung von Trocken-Bohnen

Bei der Ernte von Trocken-Bohnen müssen die Hülsen trocken und eingeschrumpft und die Samen richtig ausgereift sein. Alle Bohnen, die nicht richtig ausgereift sind, vertrocknen beim Lagern. Man kann die Bohnenpflanzen unter Dach auch nachtrocknen lassen, wenn zur Zeit der Ernte Regenwetter zu erwarten ist. Dort bleiben sie so lange hängen, bis die Samenkörner in den Hülsen richtig trocken sind und daraus entfernt werden können. Grüne Bohnen sind reif, wenn die Hülsen glatt brechen, die Bruchstellen grün und saftig und die Samen nicht über 8 bis 10 mm lang sind.

Besonderheit

Garten-Bohnen befruchten sich fast ausschließlich selbst. Das geschieht bereits bevor sich die Blüten öffnen. Die für die Befruchtung günstigen Temperaturen liegen bei 18 bis 22 °C. Temperaturen über 25 bis 30 °C können besonders bei niedriger Luftfeuchte die Befruchtung und somit den Fruchtansatz vermindern oder sogar verhindern.

Bohnenkraut

Satureja hortensis und *S. montana*
Lippenblütler, Laminaceae

Beim Bohnenkraut unterscheidet man zwischen dem einjährigen Sommer-Bohnenkraut *Satureja hortensis* und dem Winter-Bohnenkraut *Satureja montana*. Das Sommer-Bohnenkraut wird 30 bis 50 cm hoch. Es blüht den ganzen Sommer über bis zum ersten Frost. Das Winter-Bohnenkraut ist ein 25 bis 40 cm hoher Halbstrauch, der mehr in die Breite wächst. Sein Geschmack ist etwas herber als das der einjährigen Art.
Frisches, getrocknetes oder tiefgefrorenes Bohnenkraut hat hohe Würzkraft und ist daher sparsam zu dosieren. Der Gehalt an

- erste Ernte nach etwa 60 Tagen, *S. montana* ist mehrjährig
- Starkzehrer
- Falscher Mehltau, Rost, Grüner Schildkäfer, Raupen des Braunen Bärs, Zikaden, Schwarze Bohnenblattlaus

► Das pfeffrig-würzige Aroma des Bohnenkrauts passt nicht nur zu Bohnen, sondern auch zu Suppen und Hammel- und Fleischragouts.

▲ Das ausdauernde Winter-Bohnenkraut sieht dekorativ aus und passt gut in eine Blumen-/Kräuterrabatte.

ätherischen Ölen schwankt zwischen 0,3 und 3 % im Gewürz. Bohnenkraut mildert Blähungen und Durchfall, fördert Verdauungsprozesse und wirkt nervenberuhigend sowie magenstärkend.

Standortansprüche

Leichte, lockere Böden, die sich gut erwärmen, sind zum Anbau besonders gut geeignet. Der pH-Wert soll zwischen 5,7 und 7,2 liegen. Beide Bohnenkrautarten gedeihen am besten in geschützten, vollsonnigen Lagen.

Sorten

Vom Winter-Bohnenkraut wird Saatgut in der Regel ohne Sortenbezeichnung angeboten. Gute Sorten des Sommer-Bohnenkrauts sind: 'Aromata', 20 – 25 cm hoch mit besonders hohem Aromagehalt und 'Einjähriges', 30 – 40 cm hoch, wenig verzweigt.

Anbau

In der Regel Aussaat an Ort und Stelle. Sommer-Bohnenkraut von Ende März bis Juni 1 cm tief säen, das Winter-Bohnenkraut im August. Reihenabstand von Sommer-Bohnenkraut 25 bis 30 cm; Pflanzabstand bei Winter-Bohnenkraut 40 bis 50 cm. Nach der Keimung gegebenenfalls ausdünnen. Jungpflanzenvorkultur mit 5 bis 7 Samen je 8-cm-Topf ist möglich. Beim Winter-Bohnenkraut gelingt die Vermehrung aus Absenkern sehr gut.

Düngung

Bohnenkraut sollte keine organische Düngung bekommen und steht am besten in zweiter oder dritter Tracht. Im Frühjahr ist das Bohnenkraut für eine stickstoffbetonte Düngung dankbar. Das Winter-Bohnenkraut nach jedem Schnitt düngen, um den Wiederaustrieb zu fördern und das Verholzen der Stängelteile zu verhindern.

Winterschutz
Das Winter-Bohnenkraut in rauen Lagen mit Reisig vor Frost schützen. Im Frühjahr die Pflanzen etwa 5 cm über dem Boden zurückschneiden.

TIPP

Vom Winter-Bohnenkraut reicht eine Pflanze, die man am besten kauft, nicht selbst anzieht. Es passt gut in ein sonniges Kräuterbeet und lässt sich auch gut in Töpfen kultivieren.

TIPP für bestes Aroma

Beste Würzkraft und bestes Aroma hat Bohnenkraut zu Beginn der Blüte. Die Pflanzen etwa 8 bis 10 cm über dem Boden abschneiden. Bohnenkraut kommt im Allgemeinen mit wenig Wasser aus. Bei anhaltender Trockenheit gießen, sonst verholzen die Stängel.

Borretsch, Gurkenkraut

Borago officinalis
Raublattgewächs, Boraginaceae

Da die jungen Blätter angenehm nach Gurke schmecken und das Kraut für Gurkenkonserven und frischen Gurkensalat Verwendung findet, nennt man Borretsch auch Gurkenkraut. Es ist eine 40 bis 90 cm hohe Pflanze, die zunächst eine Blattrosette und dann verzweigte, mit wechselständigen Blättern besetzte Stängel ausbildet. Die Blätter werden mit zunehmendem Alter hart und rau. Die gesamte Pflanze ist mit starren, abstehenden Borstenhaaren besetzt. Vorsicht! Die borstigen Drüsenhaare können allergische Hautreizungen und -entzündungen hervorrufen.

- erste Ernte nach 50 – 60 Tagen
- mittlerer Zehrer
- Falscher Mehltau, Blattläuse, Minierfliegen, Raupen der Ampfereule

◄ Borretsch mit seinen azurblauen Sternblüten ist für den Garten eine Zierde. Er blüht von Mai bis zum Frost. Bienen und Schwebfliegen lieben die Blüten.

Manche Köche bereiten die Blätter wie Spinatgemüse zu. Die essbaren Blüten eignen sich vorzüglich zum Dekorieren und Garnieren von Speisen. Borretsch enthält zahlreiche Mineralstoffe, Vitamin C, organische Säuren, Saponine, Gerb- und Schleimstoffe. In der Volksheilkunde gilt Borretsch als Mittel zur Heilung von Erkrankungen der Atemwege, bei Husten, Heiserkeit und Bronchialkatarrhen.

◄ Die Hybridsorten wachsen sehr gleichmäßig. Die gepflanzten Sätze sind meist zur gleichen Zeit erntereif. Deshalb satzweise anbauen.

WICHTIG zu wissen

Borretsch besser nicht als Medizin verwenden. Die Wirksamkeit bei den genannten Anwendungsgebieten ist nicht belegt. Vorsicht ist angebracht, weil das Kraut toxische Pyrrolizidinalkaloide enthält. Zum Würzen nur die jungen Triebspitzen verwenden. Geschnittenes Kraut welkt rasch. Wiederholtes Besprühen mit Wasser hält es für kurze Zeit frisch. Borretsch nur frisch verwenden.

Standortansprüche

Günstig für Borretsch sind kalkhaltige, sandige Lehmböden mit pH-Werten zwischen 6,5 und 7,5. Schwere, nasse Böden sind nicht geeignet. Der Standort sollte vollsonnig sein. Borretsch ist frostempfindlich.

Anbau

Üblich ist Direktsaat von April bis Ende Juli. Reihenabstand 30 cm. Da die Samen relativ groß sind, kann gleich mit Abstand ausgelegt werden. Man legt 20 bis 35 Korn je lfm. Die Aussaattiefe sollte etwa 2 cm betragen. Bei zu dichtem Stand ist nach dem Aufgehen der Samen auf 15 bis 25 cm zu vereinzeln. Am besten alle 14 Tage neu säen. Dann schmecken die Blätter besser und sind zarter als wenn von der selben Pflanze mehrere Monate lang geerntet wird. Bedingt auch für Kultur in Töpfen geeignet.

Brokkoli, Spargel-Kohl

Brassica oleracea var. *italica*
Kreuzblütler, Brassicaceae

- 80 – 90 Tage
- mittlerer Zehrer
- wie Blumen-Kohl und Kopf-Kohl

Wegen seines milden, würzigen Geschmacks und seines hohen Mineralstoff- und Vitamingehalts (insbesondere Vitamin-A- und -B-Komplex) wurde Brokkoli auch in Mittel- und Nordeuropa zu einem sehr beliebten Gemüse. In Brokkoli hat man Inhaltsstoffe gefunden, die stark krebshemmende Wirkung besonders im Verdauungstrakt haben sollen.

Brokkoli leitet sich aus dem lateinischen broca = scharfer, spitzer Spieß ab. Er bedeutet sprossender Kohl. Wegen der spargelähnlich aussehenden Schosser und der wie Spargel zubereiteten Blütenstandäste heißt Brokkoli im deutschen Sprachraum auch Spargel-Kohl. Das wesentlichste Unterscheidungsmerkmal zwischen Blumen-Kohl und Brokkoli besteht im Deformierungsgrad der Blütenanlage. Die Achse vom Blütenstand ist beim Brokkoli weniger gestaucht und die sich bildende Hauptblume nicht so fest wie beim Blumen-Kohl. Bei schnittreifem Brokkoli sind die Blütenknospen bereits voll entwickelt, während sie sich beim Blumen-Kohl zum festen, zusammenhängenden, fleischigen Kopf vereinigen und erst später zu blühen beginnen. Dadurch hält sich Brokkoli nach der Ernte kürzere Zeit frisch als Blumen-Kohl. Im Unterschied zum Blumen-Kohl bilden sich Seitensprosse mit kleinen Köpfen, wenn man den Haupttrieb oder -kopf von Brokkoli abschneidet.

Ausreichend Wasser
Wie Blumen-Kohl braucht Brokkoli gleichmäßig viel Wasser. Wenn Brokkoli zu wenig Wasser bekommt, bildet er nur kleine Blätter und Köpfe aus. Bei hohen Temperaturen und Trockenheit wachsen die Köpfe ungleichmäßig.

Standortansprüche

Ideal sind tiefgründige und humose Böden mit guter Wasserführung. Die Bodenreaktion sollte im Bereich pH 6 und 8 liegen. Die klimatischen Anforderungen entsprechen weitgehend denen von Blumen-Kohl. Brokkoli ist nicht so anfällig gegen Hitzestress wie Blumen-Kohl. Daher lassen sich auch im Sommer gute Ernten erzielen. Im Herbst ist Brokkoli mit 5 bis −7 °C kältetoleranter als Blumen-Kohl.

▲ Die Sorten 'Minaret' und 'Romanesco' sehen mit ihren türmchenartigen Knospenhöckern sehr interessant aus.

TIPP

Brokkoli kann bis in den Winter hinein auf den Beeten stehen bleiben. Er hält bis −7 °C aus. Oft bildet er nach dem ersten Frost noch einmal Blumen aus.

Fruchtfolge

Sie entspricht der für Kopf-Kohl und Blumen-Kohl. Insbesondere zum Eindämmen bodenbürtiger Schaderreger sind Kreuzblütler nicht häufiger als im Abstand von drei bis vier Jahren auf den gleichen Flächen anzubauen. Brokkoli sollte in erster Tracht stehen, abhängig vom Pflanztermin als Vor-, Haupt- oder Nachfrucht.

Kulturdauer

Der beste Pflanztermin für Brokkoli ist von Mitte Mai bis Mitte Juni. Dann entwickelt er sich am schnellsten. Von der Aussaat bis zur Pflanzung dauert es etwa 30 Tage.

Sorten

Der EG-Gemüsearten-Sortenkatalog enthält mehr als 75 Brokkoli-Sorten, vorwiegend Hybridsorten. Diese zeichnen sich vor allem durch einheitliche Reife aus. Wichtige Merkmale der Sorten sind: Farbe und Größe der Blumen, Entwicklungsdauer und Erntereife, Eignung für den vorgesehenen Zeitraum und Neigung zur Seitentriebbildung. Unter den Sorten gibt es auch solche mit violett oder purpurfarben gefärbter Blume. Gute Sorten sind: 'Agassi', gut hitzetolerant; 'Belstar', für Sommeranbau; 'Green Valiant', kompakter, hochrunder Kopf; 'Marathon', sehr große Blumen, mittelspät, tolerant gegen Falschen Mehltau; 'Milady', für Frühanbau; 'Pena', bildet besonders viel Seitentriebe; 'Minaret' und 'Romanesco', zartgrün mit türmchenartigen Knospenhöckern; 'Santee', lila Sprossen.

Anbau

Pflanzung mit Vorkultur. Durch Folie oder Vlies lassen sich die Ernten bis zu zwei Wochen verfrühen. So kann Brokkoli von Mitte Mai bis Oktober, in günstigen Lagen bis weit in den November hinein laufend geerntet werden. Brokkoli kann von März bis Anfang Juli gesät und bis Anfang August gepflanzt werden. Für eine Ernte Ende Juni Jungpflanzenanzucht unter Glas mit Aussaat Ende Februar bis Anfang März. Pflanzung Ende April ins Freiland. Für eine Ernte im Sommer Jungpflanzenanzucht auf Anzuchtbeeten im Freiland mit Aussaat Anfang April. Pflanzung Ende Mai. Pflanzabstand 40 × 40 bis 50 × 50 cm.

Düngung

Reichlich Humus in Form von Kompost oder Stallmist sind für die Entwicklung optimal. Möglichst mehrmals nachdüngen.

Ernte und Lagerung

Brokkoli ist zu ernten, bevor sich die Blütenknospen öffnen. Zu weit entwickelte Einzelknospen können sich bei Wärme auch noch nach der Ernte öffnen. Da das Aufblühen besonders bei Hitze sehr schnell geschehen kann, muss man in den kühleren Morgenstunden ernten. Will man noch Seitensprosse gewinnen, wird der Kopf (die Hauptblume) tief ausgeschnitten, damit sich möglichst nur drei bis fünf kräftige Seitensprosse bilden. Die Schnittreife der Seitentriebe beginnt etwa 16 bis 20 Tage nach der ersten Ernte. Bei kühler Witterung und bereits ausgebildeten Blumen und wenn sich Regen- oder Tauwasser längere Zeit auf dem Kopf ansammelt, kann sich die Kopfmitte schwarz färben, was auf physiologischen Kalzium-Mangel zurückzuführen ist.
Damit die Köpfe nicht austrocknen, wickelt man sie in Haushaltsfolie ein. So verpackt lässt sich Brokkoli im Kühlschrank noch zwei bis drei Tage frisch halten.

China-Kohl

Brassica rapa subsp. *chinensis*
Kreuzblütler, Brassicaceae

Der Begriff China-Kohl geht wahrscheinlich auf den Ursprung dieser Gemüseart zurück. Die chinesischen Bezeichnungen Pe-tsai und Ta pai tsai heißen übersetzt „großes weißes Gemüse". Bis Ende der fünfziger Jahre war China-Kohl in Europa kaum bekannt. Heute gehört China-Kohl mit zu den beliebtesten Gemüsearten.

- 60 – 80 Tage
- Starkzehrer
- Kohlschwarzringvirus, Kohlfliege, Blattläuse, Kohleule, Kohlrübenblattwespe

Warum China-Kohl schosst
China-Kohl nimmt bereits während des Keimens Kältereize auf. Niedrige Temperaturen in der Keimphase führen mit Sicherheit zum Schossen, bevor sich Köpfe gebildet haben.

Der bei uns einjährige China-Kohl bildet 30 bis 60 cm lange, meist länglich-ovale Blätter. Die Außenblätter sind hell-, mittel- oder dunkelgrün, die inneren Blätter goldgelb, cremefarbig oder weiß, die Blattmittelrippen fleischig, weiß und bandartig verbreitert. Sortenabhängig bilden die Pflanzen entweder ovale oder lange Köpfe. China-Kohl ist eine Langtagpflanze. Doch sind heute fast ausschließlich tagneutrale Sorten im Anbau, deren Schossneigung von der Temperatur und Tageslänge beeinflusst wird. Für eine gute Kopfqualität sind mindestens 40, besser jedoch 60 Laubblätter notwendig. Ein vorzeitiges Schossen vor der Ausbildung dieser Blattzahl tritt ein, wenn Temperaturen zwischen 0 und 16 °C für längere Zeit einwirken. Langtagbedingungen fördern zusätzlich das Schossen noch. Bei Temperaturen über 16 °C schossen die Pflanzen in der Regel erst, wenn sich der Kopf normal gebildet hat.

▼ China-Kohl ist ein recht anspruchsvolles Gemüse für den Spätsommer und Herbst.

China-Kohl wird meistens als Salat zubereitet. Apfel-, Apfelsinen-, Mandarinen- oder Kiwistückchen, Nüsse und Rosinen verfeinern seinen Geschmack. Der Geschmack kommt dabei am besten zur Geltung, wenn man wenig würzt. In Asien wird China-Kohl auch gekocht. China Kohl gilt als leicht verdaulich und energiearm und ist deshalb als Schonkost geeignet. Er enthält viel Eiweiß und Vitamin C.

Verträgt leichten Frost
China-Kohl verträgt kurzzeitige Fröste bis etwa −6 °C. Bei günstiger Witterung kann bis in den Dezember hinein laufend geerntet werden. Sind stärkere Fröste zu erwarten, nimmt man die Pflanze mit Wurzelballen aus dem Boden und schlägt sie in einem luftigen Keller in feuchtem Sand ein. Auch der Einschlag im Frühbeetkasten oder in Erdgruben ist möglich, wenn man mit Matten, Laub oder ähnlichem Material frostsicher abdeckt.

Standortansprüche

Böden, auf denen man Blumen-Kohl erfolgreich anbaut, eignen sich auch für China-Kohl. Empfindlich reagiert China-Kohl auf Bodenverdichtungen, Staunässe und niedrigen pH-Wert (nicht unter 6,5). Nicht nur wegen der Neigung zum Schossen braucht China-Kohl während der Kultur hohe Temperaturen. Andererseits reagiert China-Kohl auf große Hitze bei gleichzeitig niedriger Luftfeuchtigkeit ebenfalls mit Schossen.

Fruchtfolge

Auch für China-Kohl gilt wie bei anderen Kohlarten der Grundsatz, in drei Jahren höchstens einmal Kreuzblütler vorzusehen. Sehr gute Vorfrüchte sind Frühkartoffeln. China-Kohl selbst ist aber auch eine gute Vorfrucht, da er gut deckt, eine gute Schattengare bewirkt und wenig Unkraut hinterlässt.

Sorten

Bei der Sortenwahl sollte man insbesondere auf Resistenz oder Toleranz gegen die Kohlhernie achten. Gute Sorten sind: 'Chorus', kurzzylindrische Form, mittelfrüh; 'Hongkong', bildet einen kurzen, gedrungenen, ovalrunden Kopf, der gut schließt; 'Kilakin', schossfest, für Sommer- und Herbstanbau; 'Orient Surprise', schlanke, ovale Form, für den Frühanbau, Pflanzung ab Mai; 'Parkin', gut lagerfähig; 'Preduro', schnellwachsend, schossfest, für Frühanbau.

Anbau

Direktsaat an Ort und Stelle oder Pflanzung mit Vorkultur. Die Direktsaat ist wegen der Gefahr der Schosserbildung nicht vor Anfang Juli zu empfehlen. Bei Pflanzung mit Vorkultur kann ab Anfang April gesät werden. Wenn früh geerntet werden soll, muss also vorkultiviert werden. Letzter Aussaatermin Ende Juli / Anfang August. Bei späterer Aussaat reicht die Zeit für eine normale Kopfentwicklung nicht aus. Aussaat an Ort und Stelle in Reihen horstweise mit 3 bis 4 Samen (Abstand 30 bis 40 cm). Die optimale Saattiefe beträgt 2 bis 3 cm. Nach dem Auflaufen auf die kräftigste Pflanze vereinzeln. Vereinzeln rechtzeitig im 3- bis 5-Blatt-Stadium. Vorkultur unter Glas in Saatkisten oder auf Anzuchtbeete im Freiland. Pflanzabstände wie bei der Aussaat.

Düngung

Die Düngermenge sollte man auf mehrere Gaben zu verteilen. Die erste Gabe gibt man zur Bodenvorbereitung, nach etwa 3 bis 4 Wochen erfolgt eine Kopfdüngung,

TIPP
Geerntet wird, wenn der Kopf groß genug ist. Der Erntetermin ist auch abhängig davon, wie stark sich der Blütentrieb entwickelt hat, er darf im Innern des Kopfes nicht länger als 5 bis 10 cm sein.

Braucht viel Wasser
China-Kohl bildet in kurzer Zeit viel Blattmasse. Da durch die großen Blätter viel Wasser verdunstet, muss das Gemüse ausreichend gewässert werden. Bei zu trockenem Boden entstehen leicht Innenblattnekrosen. Die inneren Blätter verbräunen dann, von außen ist dies nicht erkennbar.

die man bei beginnender Kopfbildung wiederholt. Häufig treten bei China-Kohl Kalkmangelerscheinungen auf.

Krankheiten und Schädlinge

Die häufigste und zugleich gefährlichste Krankheit bei China-Kohl bewirkt das Kohlschwarzringvirus. Bei jungen Pflanzen, die noch keine Köpfe bilden, verfärben sich die Blätter zunächst grünlich gelb, die Blattsegmente wölben sich auf und die Blattränder biegen sich nach unten. Die gesamte Pflanze kräuselt sich, bleibt insgesamt kleiner und ohne Kopf. Infizieren sich die Pflanzen später, erkennt man diese Verfärbung nur noch schwach oder gar nicht mehr. Dafür bilden sich auf den inneren Blättern Nekrosen aus. An weiteren Viren können vorkommen: Rettichmosaikvirus, Gurkenmosaikvirus, Wasserrübenmosaikvirus. Der Verbreitung von Viren durch Blattläuse wird am besten durch Netzbedeckung (siehe unten) Einhalt geboten.
Unter den Pilzkrankheiten sind die Kohlhernie und die Blattfleckenkrankheit die wichtigsten.
China-Kohl wird von den gleichen Schädlingen befallen wie Kopf- und Blumen-Kohl. Die größten Gefahren gehen von der Kohlfliege, verschiedenen Blattlausarten, Kohleule und Kohlrübenblattwespe aus. Guten Schutz gegen den Befall durch diese Schädlinge bieten Kulturschutznetze. Sie lassen sich damit meist besser bekämpfen als mit chemischen Mitteln. Eine Auflagedauer der Kulturschutznetze von mindestens sechs Wochen ab Pflanzung, bei Direktsaat nach dem Vereinzeln, ist notwendig. Früheres Abnehmen der Netze kann zu massivem Befall führen.

Dicke Bohne, Sau-Bohne, Puff-Bohne

Vicia faba
Schmetterlingsblütler, Fabaceae

- 80 – 110 Tage
- mittlerer Zehrer
- Schwarze Bohnenblattlaus

Die Puff-Bohne bildet einen kräftigen, vierkantigen, 0,5 bis 1,2 m hohen Stängel aus. Stark bestockte Formen bleiben meist niedrig, ein- oder zweitriebige Formen wachsen hoch. Die Puff-Bohne gilt als Fremdbefruchter, wobei auch Selbstbestäubung durch das frühe Platzen der Staubgefäße in der Blütenknospe vorkommt. Bei früher Aussaat beginnt die Blüte Mitte Mai. Bei Hitze und gleichzeitig niedriger Luftfeuchte fallen die Blüten vorzeitig ab und es setzen weniger Früchte an. Die innen samtartig behaarten Hülsen sind 10 bis 20 cm lang und 1,5 bis 2,5 cm breit. Meistens sitzen darin drei bis vier Samen, bei kleinsamigen Sorten auch vier bis sechs.
Mit Schweinefleisch, Speck oder Bratwurst ergeben Dicke Bohnen ein wohlschmeckendes und nahrhaftes Gericht. Die Bohnen enthalten viel Eiweiß und viel Lysin. Beachtlich ist auch der Vitamin-C-Gehalt mit 80 mg je 100 g Frischsubstanz. Vollreife Samen sind noch energiereicher als die jungen Bohnen.

Standortansprüche

Die Puff-Bohne bildet eine Pfahlwurzel, die 60 bis 120 cm lang werden kann. Optimal sind mittelschwere, nährstoffreiche und tiefgründige Böden mit gutem Wasserhaltevermögen. Verdichtete Böden und solche, bei denen die Krume weniger als 20 cm mächtig ist, sind nicht geeignet. Ungeeignet sind auch staunasse Böden. Leichte, sandige Böden eignen sich nur, wenn sie gut mit Humus versorgt werden können. Puff-Bohnen haben einen relativ hohen Kalkanspruch. Liegt der pH-Wert unter 6,5 bis 7, muss man kalken. Dicke Bohnen wachsen am besten in einem feuchten, kühlen Klima. Die Samen keimen bereits bei 3 bis 4 °C. Die jungen Pflanzen vertragen ohne Schaden Temperaturen von 4 bis 5 °C. Sichtbare Schäden treten erst bei Frösten unter −6 bis −7 °C auf.

▲ In manchen Gegenden in Deutschland schätzt man Dicke Bohnen als wohlschmeckendes und nahrhaftes Gericht. Vor der Einführung von Kartoffeln und Garten-Bohnen war die Dicke Bohne eines der wichtigsten Nahrungsmittel für den Menschen.

TIPP

Die Hülsen sollte man etwa 24 Stunden lang anwelken lassen. Dann lässt sich das grüne Korn besser aus der Hülse herauslösen.

Dicke Bohnen als Gemüse
Von Dicken Bohnen isst man nicht die Hülsen, sondern nur die jungen, noch nicht ausgereiften Samen als Gemüse oder die reifen Samen in Suppen und Eintöpfen.

TIPP
Anhäufeln erhöht die Standfestigkeit der Pflanzen. Gleichzeitig wird dadurch Unkraut bekämpft. Wichtig ist auch ausreichend zu wässern. Sobald sich die Hülsen entwickeln, kann man die Triebspitzen entfernen.

Fruchtfolge
Dicke Bohnen dürfen in der Fruchtfolge nicht nach sich selbst und anderen Leguminosen stehen, um Fuß- und Welkekrankheiten zu vermeiden. In drei Jahren sollten auf dieselbe Fläche maximal einmal Schmetterlingsblütler kommen. Die Pflanzen haben einen hohen Vorfruchtwert, weil sie unkrautarmen und mit Stickstoff angereicherten Boden hinterlassen. Selbst stellen sie geringe Ansprüche an die Vorfrucht, stehen aber vorteilhaft in 1. Tracht.

Sorten
Man unterscheidet zwischen zwei Sortengruppen:

- Sorten mit schwarz gefleckter Blüte, deren Bohnen sich nach dem Kochen oder Sterilisieren braun verfärben. Diese Sorten haben meist den typischen Geschmack der Dicken Bohne und werden für den Frischmarktanbau und zum Tiefkühlen bevorzugt. Bekannteste Sorte ist 'Con Amore'; 'Wietkim' ist besonders Früh.
- Sorten mit rein weißer Blüte, deren Bohnen sich nach dem Kochen oder Sterilisieren nicht verfärben, sondern weiß oder grün bleiben: 'Dreifach Weiße', weißkernig, 'Hang Down' grünkernig; 'Listra' und 'Piccola', feinkörnig.

Anbau
Vermehrung durch Aussaat an Ort und Stelle. Aussaat Anfang bis Mitte März direkt an Ort und Stelle. Puff-Bohnen vertragen Spätfröste bis −5 °C. Spätere Aussaaten bis Anfang Juni sind möglich, bringen jedoch geringere Erträge. Aussaat in Reihen (Reihenabstand 50 bis 60 cm) mit einem Samen alle 10 cm. Saattiefe 5 bis 10 cm. Tiefe Saat bringt ausgeglicheneren Wuchs und bessere Standfestigkeit. Vorkultur mit 2 Samen je 9-cm-Topf mit Aussaat im Februar und Auspflanzen Mitte März möglich. Die Puff-Bohne keimt ebenso wie die Erbse und Feuerbohne hypogäisch, d. h. die Keimblätter liegen der Erdoberfläche auf.

Düngung
Gut verrotteter Stalldung, ausgebracht im Herbst, fördert Wachstum und Ertrag. Da die Pflanzen den von den Bakterien gebundenen Stickstoff erst später nutzen können, ist eine Startdüngung mit einem stickstoffbetonten Mehrnährstoffdünger günstig. Dicke Bohnen haben einen erhöhten Bedarf an Kalium. Bei Kaliummangel sind die Pflanzen gestaucht, ihre Blattränder sterben ab.

Krankheiten und Schädlinge
Hauptschädling ist die Schwarze Bohnenblattlaus. Durch ihr Saugen verkümmern Blüten und Hülsen. Das Wachstum ist dann gehemmt und der Ertrag fällt niedriger aus, gleichzeitig ist sie Virusüberträger. Bei Trockenheit kommen Läuse vor. Treten Stängelälchen auf, bleibt der Wuchs gestaucht, der Stängelgrund verfärbt sich und zeigt Längsrisse. Geregelte Fruchtfolgen sind die wichtigste Bekämpfungsmaßnahme. Das Ackerbohnenmosaik ist eine Viruskrankheit, die den Ertrag deutlich mindert. Die Blattadern hellen dann auf und die Blätter sind mosaikartig gemustert. An Pilzkrankheiten können Falscher Mehltau, Brennfleckenkrankheit und *Sclerotinia*-Krankheit auftreten.

Ernte und Lagerung
Für die Gemüsezubereitung wird geerntet, wenn die Körner ihre sortentypische Form erreicht haben und Nabel- und Kornfarbe noch weitgehend übereinstimmen. Da die Hülsen nicht alle zur gleichen Zeit reif sind, muss mehrmals durchgepflückt werden. Die Hülsen sind bei 0 bis 1 °C und einer relativer Luftfeuchte von 95 % etwa 10 bis 14 Tage lagerfähig.

Dill

Anethum graveolens
Doldenblütler, Apiaceae

- Blatt-Dill 45 – 60 Tage, Körner-Dill 100 – 150 Tage
- mittlerer Zehrer
- Viruskrankheiten, Fusarium-Welke

Heute wächst Dill in ganz Europa wild. Die Herkunft des Namens Dill liegt im Dunkeln. Möglicherweise ist er vom mittelhochdeutschen tolde = Dolde abgeleitet, vielleicht auch vom englischen Ammenausdruck dilla, was Einlullen bedeutet. Abgekochter Dillsud diente früher als Schlafmittel für Säuglinge.

Als einjährige Pflanze wird Garten-Dill 15 bis 45 cm, mit Blütenstand 0,80 bis 1,30 m hoch. Typisch sind seine mehrfach gefiederten Blätter. Die oberen dünnen Blätter der Pflanze enden in fädigen Blattzipfeln, den sogenannten Dillspitzen. Als typische

Langtagpflanze blüht Dill von Juni bis September. Sommeraussaaten gehen relativ schnell in Blüte.
Durch seinen typischen, von ätherischen Ölen geprägten Geschmack gehört Dill zu den sehr vielseitig verwendbaren Gewürzpflanzen für Salate, Soßen, Konserven und Kräuteressenzen. Dillblätter und -dolden sind ferner als Gewürz für Einlegegurken unverzichtbar. Dillspitzen kann man frisch, getrocknet oder tiefgefroren verwenden. Zum Würzen eignen sich aber auch das junge Kraut und die oberirdische Pflanze.

▶ Dill gehört zum alten Heil- und Würzkräuterschatz der Gärten. Schon im alten Ägypten kannte man ihn als Kulturpflanze.

Der wichtigste Inhaltsstoff von Garten-Dill ist das ätherische Öl. In Dillpflanzen hat man über 90 verschiedene Inhaltsstoffe gefunden. Dill regt die Magenfunktionen an und unterstützt den Verdauungsprozess. Dill wirkt gegen Blähungen.

Standortansprüche

Dill mag keine verdichteten, staunassen Böden. Besonders gut wächst er auf humusreichen, gut strukturierten Böden. An das Klima stellt Dill keine besonderen Ansprüche und lässt sich überall anbauen. Dill verträgt allerdings keinen Frost.

TIPP

Dill braucht viel Wasser. Dill, der im Sommer gesät wird, geht bei Trockenheit schneller in Blüte.

Fruchtfolge

Dill darf nicht nach sich selbst und anderen Doldenblütlern folgen. Möglichst Anbaupausen von vier Jahren auf der gleichen Fläche einhalten. Diese Fruchtfolge ist vor allem wichtig, um dem *Fusarium*-Pilz vorzubeugen, der schon kurz nach dem Keimen erheblich schaden kann. Dill sollte in 2. Tracht angebaut werden.

Sorten

Zu empfehlen sind 'Goldkrone', 'Diana', 'Hera', 'Elefant' und 'Mammuth'; 'Fernleaf' ist besonders feinblättrig, 'Sari' besonders aromatisch und 'Tetra' besonders blattreich.

Anbau

Im Hausgarten wird Dill vor allem frisch geerntet, es geht weniger um die Körner oder die Krautdroge. Für frischen Dill wird Anfang April bis Ende Juli ausgesät. Frühe Aussaaten bringen mehr Kraut als spätere im Mai bis Juli, da die Pflanzen später zu blühen beginnen.
Für den Anbau von Einlege- und Körner-Dill kommen nur frühe Aussaaten von Anfang April bis Anfang Mai in Betracht. Reihenabstände für Frischdill 15 bis 25 cm, für Dillkraut 30 bis 40 cm. Die Aussaattiefe sollte bei 2 bis 3 cm liegen. Folgesaaten im Abstand von 4 Wochen sind sinnvoll. Anzucht mit Vorkultur ist möglich. Für Topfkultur geeignet.

Krankheiten und Schädlinge

Dill kann von verschiedenen Virus-Arten befallen werden. Infektionen rufen Scheckungen und Nekrosen an den Blättern hervor. Die gefürchtetste Dillkrankheit ist die *Fusarium*-Welke, die die Bestände vollständig vernichtet. Tritt sie auf, ist unbedingt der Standort zu wechseln.
Der Doldenbrand ist eine Bakterienkrankheit, der insbesondere in feuchten Jahren auftritt. Bei Befall vergilben und welken die Pflanzen und die Dolden verkümmern. Hauptschädlinge sind Wurzelgallenälchen, verschiedene Blattlausarten, vor allem die Gierschblattlaus und verschiedene Wanzenarten.

Kraut und Körner ernten

Bei der Ernte entweder die ganze Pflanze aus dem Boden ziehen oder dicht über dem Boden abschneiden. Als Gurkengewürz das Dillkraut bei Blühbeginn 40 bis 60 cm lang ernten. Die Körner vor der Vollreife Ende August / Anfang September ernten, sobald sich die Körner braun zu verfärben beginnen.

TIPP

Dill kann zusammen mit Möhren in eine Reihe gesät werden. Er keimt früher und markiert dadurch die Reihe mit den spät keimenden Möhren.

Endivie

Cichorium endivia
Korbblütler, Asteraceae

Die Endivie ist schon seit dem 17. Jahrhundert bei uns bekannt. Man unterscheidet nach der Art der Blattausbildung zwischen der Breitblättrige Endivie bzw. Escariol (var. *latifolium*), der Frisée-Endivie oder Krause Endivie (var. *crispum*) und der Schnitt-Endivie, die von geringerer Bedeutung ist. Darüber hinaus gibt es noch die sogenannte Sommer-Endivie, die auch als Römischer

- 70 – 80 Tage
- mittlerer Zehrer
- Blattrandbrand, Falscher Mehltau

Gut gießen
Endiviensalat braucht viel Wasser zu Beginn der Kopfbildung, bei Trockenheit gießen.

oder Binde-Salat bezeichnet wird (siehe Seite 487).
Die Breitblättrige Endivie bildet eine platte Rosette aus breiten, ungeteilten, ganzrandigen Blättern mit dicker Rippe. Die grünen Blätter besitzen einen halbgeschlossenen Kopf mit gelbem oder grünem Herz. Die Krause Endivie oder Frisée-Endivie mit gezackten, stark geschlitzten bis korallenartig gekrausten Blättern bildet eine kompakte, halbkugelförmige Blattrosette aus. Je nach Sorte sind die Blätter in der Kopfmitte gelb oder grün gefärbt. Sie ist weniger gut haltbar als die Winter-Endivie. Die Schnitt-Endivie ist eine aufrecht stehende Pflanze mit schmalen, länglichen, etwas gekrausten Blättern, die im Unterschied zu den anderen Formen mehrfach geschnitten wird. Die Blätter der Endivien sind gelb über grün bis rötlich gefärbt, wobei Sorten mit hohem Gelbanteil bevorzugt werden. Früher musste man die Pflanzen vor der Ernte bleichen. Heute gibt es ein größeres Sortiment selbstbleichender Sorten mit mehr oder weniger großem, gelbem Herz. Die Endivie ist hauptsächlich ein Salatgemüse, die Winter-Endivie wird aber auch gekocht verzehrt. Ebenso wie andere Blattsalatarten hat die Endivie einen geringen Energiewert. Die Urform wächst zweijährig. Die Kulturformen sind dagegen unter natürlichen Bedingungen temperatur- und langtagabhängig mehr oder weniger ausgeprägt einjährig.
Bei Anbau im ersten Halbjahr muss das Schossen gezielt verhindert werden. Denn niedrige Temperaturen während der Keimung, in der Jungpflanzenanzucht und nach dem Pflanzen lösen mit zunehmendem Langtag das Schossen aus, ohne dass es zur Kopfbildung kommt. Winter-Endivien lassen sich auch sehr gut im Herbst in Kleingewächshäusern, Folientunnels und Frühbeeten anbauen.

► Endivie steht als Nach- oder Folgekultur auf den Beeten und kann bis zum Frost geerntet werden.

▲ Bei den Frisée-Endivien sind die Blätter geschlitzt oder gefiedert und gekraust.

Standortansprüche

Für die Endivie muss der Boden tief gelockert sein, denn sie besitzt eine ausgeprägte Pfahlwurzel, die bis zu 1,5 m tief in den Boden reichen kann. Extrem leichte, sandige, wie auch schwere und zur Vernässung neigende Böden sind nicht geeignet. Dabei ist die Frisée-Endivie empfindlicher gegen Nässe als die Winter-Endivie. Letztere gedeiht im trockenen Klima am besten. Der pH-Wert des Bodens sollte zwischen 6,5 und 7,5 liegen.
Wegen der Kälteempfindlichkeit sind spät- und frühfrostgefährdete Lagen zu meiden. In Gebieten mit warmem Herbst lassen sich Endivien besonders erfolgreich kultivieren.

Sorten

Beim Endiviensortiment werden nach der Blattform zwei Gruppen unterschieden: die ganzblättrigen, dickrippigen Endivien, der sogenannten Escariol-Typ, und die geschlitztblättrigen, krausen, sogenannten Frisée-Endivien. Bei den Escariol-Typen unterscheidet man außerdem noch zwischen Sorten für den Frühjahrs- und solchen für den Herbstanbau.
Gute Sorten des Escariol-Typs für Ernte Sommer / Herbst sind: 'Allure', 'Bubikopf' und 'Eminence'; für Ernte Herbst / Winter: 'Escariol Grüner', frostunempfindlich, gut lagerfähig; 'Diva', gut selbstbleichend.

Schmeckt bitter
Typisch für Endivien ist der bittere Geschmack. Er ist in den dunkelgrünen Blättern stärker ausgeprägt als in den hellgrünen bis gelben. Der Bitterstoff Intybin regt die Speichel- und Magensaftsekretion an und wirkt so appetitanregend.

Gute Sorten des Frisée-Typs sind 'Elodie' und 'Jolie', besonders fein gekraust, dicht gefüllte Köpfe; 'Große grüne Krause', besonders widerstandsfähig gegen Herbstnässe; 'Goldherz' und 'Kalinka' sind gut für alle Anbauzeiten.

Anbau

Obwohl auch Direktsaat möglich ist, ist es besser, Jungpflanzen unter Glas vorzukultivieren und dann auszupflanzen. Insbesondere auch deshalb, weil Endivien bei Temperaturen unter 16 °C zum Schossen neigen. Man unterscheidet zwischen Früh- (Aussaat Anfang bis Ende März, Auspflanzen Anfang bis Ende April, Ernte Anfang bis Ende Juni) und Herbstanbau (Aussaat Anfang Juni bis Ende Juli, Auspflanzen Mitte Juli bis Mitte August, Ernte Ende September bis Ende November). Nach Ausbildung des zweiten Laubblattpaares kann ausgepflanzt werden. Pflanzabstände 30 × 30 bis 40 × 40 cm. Die Frisée-Endivie ist eher etwas enger zu pflanzen.
Bei frühem Anbau mit Auspflanzen im April / Mai mit Lochfolie oder Vlies abdecken. Bei Pflanzterminen ab Mitte bis Ende Juli im Freiland ist kein Schutz nötig. Eine Aussaat an Ort und Stelle in Reihen ist möglich. Nach der Keimung werden die Sämlinge auf 30 cm vereinzelt.
Endiviensalat verträgt keinen frischen organischen Dünger. Die Düngergaben sind auf mindestens zwei Gaben zu verteilen. Endivien brauchen viel Magnesium.

TIPP

Endivien wie Kopf-Salat flach pflanzen. Die Herzblätter müssen unbedingt von Erde frei bleiben.

Krankheiten und Schädlinge

Die wichtigste Schädigung, eine Krankheit, ist der Blattrandbrand, auch Innenbrand, Kranzfäule oder Randnekrose genannt. Die Blattränder werden schwarz und sterben ab. Wahrscheinlich ist diese Schädigung auf Ernährungsstörungen zurückzuführen, insbesondere auf eine mangelhafte Kalziumversorgung. Gelbe Blattränder, zunehmend an den älteren Blättern und weniger an den jüngeren, sind die Folge von Magnesiummangel. Auf Magnesiummangel reagiert Endivien empfindlich. Daneben treten Falscher Mehltau, Endivienrost und Blattfäulen auf. Diesen Krankheiten kann man durch eine sachgemäße Fruchtfolge und eine ausgewogene Düngung vorbeugen. Bei den Schädlingen geht die größte Gefahr von Blattläusen aus, die Virosen übertragen können.

Erbse, Gemüse-Erbse

Pisum sativum
Schmetterlingsblütler, Fabaceae

- einjährig, bei Aussaat Mitte März – Erntebeginn Mitte Juni
- Aussaat Anfang April – Erntebeginn Ende Juni
- Aussaat Ende April – Erntebeginn Anfang Juli

- Schwachzehrer

- Erbsenwickler, Gewöhnliches Erbsenmosaikvirus, Blattfleckenkrankheit

Erbsen sind einjährige, krautartige Pflanzen, die je nach Sorte 0,25 bis 2 m hoch werden. Die Stängel legen sich leicht um, können aber mit Hilfe ihrer Ranken in die Höhe wachsen. Aus den Blattachseln der oberen Stängelhälfte bilden sich die Blüten, die von unten nach oben aufblühen. Die Frucht ist keine Schote, sondern eine Hülse. Die Hülsen unterscheiden sich in Größe, Form und Farbe. Sie können klein (3 bis 4,5 cm), mittelgroß (4,5 bis 6 cm), groß (6 bis 10 cm) oder sehr groß (10 bis 15 cm) sein sowie gerade, konkav bis konvex, spitz oder stumpf geformt sein.
Die Erbse reagiert photoperiodisch als Langtagpflanze, das heißt, die Blütenanlage wird durch lange Tage gefördert und durch kürzere Tage gehemmt. Die kritische Tageslänge liegt zwischen 12 und 16 Stunden. Die einzelnen Sorten reagieren allerdings unterschiedlich auf die Tageslänge. Späte Sorten sind diesbezüglich empfindlicher als frühe Sorten.

Gruppen von Erbsen

Erbse ist nicht gleich Erbse. Nach der Nutzung sowie der Beschaffenheit von Hülsen und Samenkörnern werden die Gemüse-Erbsen in drei Gruppen gegliedert:

- Pal- oder Schal-Erbsen, bei denen sich die unreifen Samen als Gemüse, die reifen als Trockenspeiseerbsen für Suppen und Pürees eignen.
- Mark-Erbsen werden unreif als Gemüse geerntet. Das Trockenkorn bleibt beim

▼ Pal-Erbsen haben einen hohen Stärkegehalt.

Uralte Kulturpflanze
Erbsen gehören zu den ältesten von Menschen kultivierten Pflanzenarten. Trocken-Erbsen waren ebenso wie Linsen schon in ältester Zeit ein Grundnahrungsmittel. Junge, zarte, grüne Gemüse-Erbsen schätzt man erst seit dem späten Mittelalter.

Kochen hart. Sie schmecken süßer als Pal-Erbsen und haben eine zartere Konsistenz.

- Bei Zucker-Erbsen fehlt die Pergamentschicht im Hülseninneren oder sie ist zurückgebildet, weshalb die jungen, dickfleischigen und süßen Hülsen mit den kleinen Samen verzehrt werden können.

Junge, unreif geerntete und ausgepalte Mark- und Pal-Erbsen sowie Zucker-Erbsen mit Hülsen sind allein oder als Mischgemüse, z. B. mit jungen Möhren, zubereitet, ein weltweit sehr begeehrtes Gemüse. Erbsen sind eiweißreich (wobei das Eiweiß besonders hochwertig ist) und schmecken vorzüglich pikant und süßlich. Sie enthalten viel Vitamin B. Die trockenen Samen enhalten in 100 g essbarem Anteil 11 g Wasser, 22,9 g Eiweiß, 41,9 g Kohlenhydrate sowie 16,6 g Ballaststoffe und sind damit wesentlich energiereicher als frische Erbsen.

TIPP

Pflück-Erbsen nicht lange ungekühlt liegen lassen, weil sie schnell nachreifen und dann Zucker in Stärke umgewandelt wird. Gepflückte Erbsenhülsen lassen sich bei Temperaturen von −1 bis 0 °C und relativer Luftfeuchte von 90 bis 95 % maximal 10 Tage aufbewahren.

Standortansprüche

Für Erbsen sind leichte Sandböden, die nicht viel Wasser halten, und solche mit Staunnässe nicht geeignet. Der pH-Wert sollte zwischen 6,5 und 7,5 liegen. Die Erbse bildet eine Pfahlwurzel, die bis über 1 m tief in den Boden eindringen kann, sowie Seitenwurzeln, die sich überwiegend in der bearbeiteten Bodenschicht befinden. Warme Frühjahre und nicht zu heiße Sommer sind für das Wachstum von Erbsen günstig. Nur geringen Ertrag bringen die Erbsen, wenn nach der Befruchtung mehrere Tage lang hohe Temperaturen über 30 °C herrschen, weil dann ein Teil der Embryonen abstirbt und sich die Anzahl der Körner verringert. Erbsen sind Selbstbefruchter. Die Befruchtung findet schon statt, ehe sich die Knospe öffnet.

Stickstoffsammler
An den Wurzeln bilden sich Knoten, die stickstoffbindende Bakterien enthalten. Die Knöllchenbakterien besitzen die Fähigkeit, Stickstoff aus der Luft zu binden.

Fruchtfolge

Erbsen sind mit sich selbst und anderen Leguminosen unverträglich. Um Fruchtfolgeschäden (Wurzelerkrankungen, Nematoden) zu verhindern, ist eine Anbaupause von mindestens drei Jahren, besser vier bis fünf zu empfehlen. Die Erbse selbst ist eine gute Vorfrucht, weil sie tief wurzelt, Schattengare erzeugt, wenig Unkraut, dafür aber 5 bis 15 g Stickstoff je m^2 hinterlässt. Sie mag keine frische organische Düngung und sollte in 2. Tracht stehen.

◀ Die Kapuziner-Erbse ist eine Rarität für deftige, rustikale Gerichte mit Speck. Bekannteste Sorte ist 'Blauwschokker' mit lilafarbener Hülse und grünem Korn.

Erbsen sind gute Partner in der Mischkultur. In den Reihen daneben können Salat, Radieschen, Rettiche oder Spinat gedeihen. Gute Nachbarn sind Dill, Gurke, Fenchel, Kohlrabi, Kohl und Zucchini.

Sorten

Pal- oder Schal-Erbsen sind äußerlich an ihren runden Samenkörnern erkennbar. Ins Wasser gelegt quellen die trockenen Samen dank einer besonderen Struktur der enthaltenen Stärke auf. Gekocht ergeben sie eine sämige Erbsensuppe oder Industriell frisch verarbeitet die bekannten Qualitäten aus den Konservendosen. Zum Einfrieren sind sie weniger geeignet und verlieren auch schnell ihre Süße. Gute Sorten sind: 'Allerfrüheste Mai' (früh, 80 cm hoch), 'Kleine Rheinländerin' (mittelfrüh, 50 cm hoch), 'Germana' (mittelfrüh, 70 cm hoch), 'Überreich' (mittelfrüh, 80 cm hoch), 'Proval', (nur 50 cm hoch).
Mark-Erbsen besitzen unregelmäßig geschrumpfte Körner und eine Stärke, die das Quellen weitgehend verhindert. Mark-Erbsen sind daher besonders gut zum Einfrieren und zum frisch essen geeignet. Zu empfehlen sind 'Evita' (früh), 'Vitara' (Anbau ohne Stütze möglich), 'Progreß Nr.9' (großkörnig), 'Vada' (besonders ertragreich), 'Lancet' (mittelfrüh) und 'Markana' (spät).
Zucker-Erbsen sehen im Korn den Schal-Erbsen ähnlich. Ganz anders sind jedoch die Hülsen, die flach sind, süß und fleischig und die Körner stark markieren. Sie

Vor Vögeln schützen
Gegen Vogel- und Taubenfraß schützt man die Beete durch Überspannen mit speziellen Vogelschutznetzen oder alten Gardinen.

Zeitig säen
Die Erbse muss zeitig im März bis Anfang April gesät werden, damit sie sich möglichst lang vegetativ entwickeln, also Stängel und Blattmasse ausbilden kann. Ist der Zeitraum zwischen Aussaat und Erreichen der kritischen Tageslänge zu kurz, kann die Pflanze nur wenig Pflanzenmasse bilden und die Erträge bleiben niedrig.

Gießen
Bis zur Blüte brauchen Erbsen nur bei extremer Trockenheit zusätzlich Wasser, denn durch ihr verzweigtes Wurzelsystem sind sie relativ widerstandsfähig gegen Trockenheit. Außerdem gibt die Pflanze nur wenig Wasser über die Blätter ab, weil diese von Wachs überzogen sind. Nach dem Blühen allerdings, wenn die Erbse zur Fruchtbildung viel Wasser braucht, muss bei Trockenheit gegossen werden.

Mit Reisig stützen
Wenn die Erbsen eine Höhe von etwa 15 cm erreicht haben, kann man sie anhäufeln, um die Standfestigkeit zu erhöhen. Bei hochwachsenden, sich nicht selbst tragenden Sorten, ist ein „Reisern", das heißt ein Beistecken von Reisern als Stütze, erforderlich. Bei den meisten neueren Sorten ist eine Stütze im Allgemeinen nicht mehr erforderlich.

enthalten kein Pergamin und können deshalb im ganzen oder in Stücke geschnitten mitverzehrt werden. Man isst sie ohne auszupalen mit der Hülse. Gute Sorten sind: 'Hendriks' große Hülse; 'Nofila', kleine Hülse; 'Rheinische Zucker', mittelfrüh; 'Norli', früh, nur 50 cm hoch. Mark-Zucker-Erbsen bzw. Knack-Erbsen sind Kreuzungen zwischen Mark-Erbsen und Zucker-Erbsen mit den Vorteilen beider: zarte Hülse, ganz oder in Stücken zu genießen, die Erbsenkörner können wie üblich ausgepalt und verwendet werden. Zu empfehlen sind: 'Carmini' sehr früh; 'Zuccola' und 'Crispi', mittelfrüh, dickfleischig, süß; 'Delikata', mehltautolerant, sehr gut für den Sommeranbau.

Anbau
Direkt an Ort und Stelle aussäen. Sobald der Boden im Frühjahr frostfrei ist, kann die Aussaat von Pal- und Zucker-Erbsen beginnen. Unter günstigen Bedingungen ist dies etwa ab Anfang bis Mitte März möglich. Mark-Erbsen haben höhere Temperaturansprüche und sollten nicht vor Anfang bis Mitte April gesät werden (Bodentemperaturen 5 bis 8 °C). Letzter Aussaattermin ist Ende April. Spätere Aussaaten bis Ende Mai sind zwar möglich, bringen jedoch nur wenig Ertrag. Die Aussaat erfolgt in Reihen (Reihenabstände 25 bis 40 cm) mit einem Samenabstand von 3 bis 5 cm. Saattiefe 4 bis 5 cm. Mit unterschiedlichen Sorten (frühe, mittelfrühe, mittelspäte und späte) und gestaffelten Aussaatterminen lässt sich die Ernte auseinanderziehen. Die Erbse keimt hypogäisch. Die Keimblätter verbleiben im Gegensatz zur Garten-Bohne, die über der Erde keimt, in der Erde.

Düngung
Erbsen sollten keine organische Düngung erhalten. Es empfiehlt sich, sie im zweiten Jahr nach organischer Düngung anzubauen. Erbsen reagieren auf frisches Kalken empfindlich und sind besonders magnesiumbedürftig. Bei unterschrittenem optimalem pH-Wert ist schon im Herbst zu kalken. Die erste Düngergabe sollte nach dem Aufgehen der Samen erfolgen.

Krankheiten und Schädlinge
Eine Reihe von Viruskrankheiten können Gemüse-Erbsen erheblich schädigen. Das Gewöhnliche Erbsenmosaikvirus verursacht mosaikartige Scheckung der Blätter, das Scharfe Adernmosaikvirus äußert sich in pergamentartig durchscheinenden Aufhellungen im Adernbereich und bei der Blattrollkrankheit sind die Blätter röhrenförmig eingerollt. Die Blattfleckenkrankheit, hellbraune bis braunschwarze Flecke auf den Blättern und Hülsen, wird durch Pilze verursacht. Wichtig zu wissen ist, dass die Erreger auch mit dem Samen übertragbar sind. Bei Befall sind die oben empfohlenen Anbaupausen unbedingt einzuhalten. Weitere Pilzkrankheiten sind Echter und Falscher Mehltau, Grauschimmel, Erbsenrost, *Fusarium*-Welke und Wurzelfäulen.
Die Larven der Erbsengallmücke saugen die Blütenknospen an, die Knospenteile schwellen zunächst an, bis schließlich die Knospen vertrocknen und abfallen.
An weiteren Schädlingen kommen vor: Grüne Erbsenblattlaus, Erbsenzystenälchen, Stängelälchen und Thripse.

Ernte und Lagerung
Die Erntezeit erstreckt sich bei Pal- oder Schal-Erbsen je nach Sorte, Witterungsverlauf und Standort von Mitte Juni bis Anfang August. Enthülste Erbsen sind nicht lange lagerfähig und sollten ein bis spätestens zwei Stunden nach der Ernte verarbeitet werden. Liegen sie länger, fangen sie an zu gären, sofern man sie nicht in Eiswasser aufbewahrt. Erbsen lassen sich sehr gut einfrieren.

▲ Der häufigste Schädling an den Erbsen ist der Erbsenwickler. Die Larven fressen die Samen ab Ende Juni bis zur Ernte an und können sie völlig zerstören.

Estragon

▼ Erbsen brauchen eine Stütze. An Maschendraht können sie gut klettern, aber Reisig tut es auch.

- erste Ernte nach 60 – 80 Tagen, mehrjährig, ausdauernd
- mittlerer Zehrer
- bei feuchtkaltem Wetter Rost, robust

Artemisia dracunculus
Korbblütler, Asteraceae
Die aufrecht wachsenden Stängel werden 0,6 bis 1,5 m hoch. Sie sind mit wechselständigen, linealischen und matt glänzenden Blätter besetzt. Der Blütenstand ist eine Rispe aus gelben bis weißlich-grünen, kugelförmigen Korbblüten. Die Früchte reifen im mitteleuropäischen Klima nur selten aus.

Estragon verwendet man zum Einlegen von Gurken, Tomaten und Paprika, zum Würzen von Fisch, Fleisch und Tunken aller Art sowie für Rohkostsalate. Unentbehrlich ist er für die Herstellung von Gewürzessig und auch für Senf. Für Heilzwecke verwendet man das getrocknete Kraut als Tee oder das verdünnte ätherische Öl. Es regt den Appetit an, unterstützt die Magensaftbildung und Verdauung und regt den Stoffwechsel an. Estragon gilt als harntreibendes Mittel und findet in kleinen Mengen in kosmetischen Artikeln Verwendung.

Frischer Estragon enthält 0,1 bis 0,4 % ätherisches Öl. Wertbestimmende Inhaltsstoffe sind ferner Kumarinverbindungen, Bitter- und Gerbstoffe sowie Wachse.

Laufend ernten
Für den Frischverbrauch laufend die Triebspitzen ernten. Estragon wächst nur gut, wenn er ausreichend Wasser bekommt und nach jedem Schnitt mit Stickstoff gedüngt wird.

Standortansprüche

Estragon bevorzugt Böden, die gut Wasser speichern, mag aber keine zu schweren Böden. Der pH-Wert sollte zwischen 6 und 7 liegen. Vom Klima her bevorzugt Estragon warme, sonnige Standorte, wächst aber auch im Halbschatten noch recht gut. Doch sind hier die Anteile an ätherischen Ölen geringer.

▼ Estragon ist mit Wermut und Beifuß verwandt, sieht jedoch ganz anders aus.

Sorten

Bei Estragon gibt es zwei Sortentypen: 'Russischer Estragon' und 'Deutscher Estragon' oder 'Französischer Aromatischer Estragon'. Ersterer wächst kräftiger, wird bis 1,5 m hoch und ist aus Samen vermehrbar. Er hat einen etwas bitteren und weniger aromatischen Geschmack. Pflanzen der zweiten Sortengruppe sind schwachwüchsiger, aromatischer und lassen sich nur vegetativ vermehren.

Anbau

Im Hausgarten ist der mehrjährige Anbau die Regel. Gärtner säen den russischen Sortentyp direkt. Der deutsche und der französische Sortentyp wird aus Stecklingen vermehrt oder der Wurzelstock wird geteilt. Aussaat mit Vorkultur unter Glas im Februar / März. Direktsaat im April / Mai. Pflanzabstände 40 × 40 cm. Später vermehrt man am besten durch Teilung eines älteren Wurzelstocks im Frühjahr. Estragon gedeiht auch in großen Töpfen.

Hohe Staude
In windigen Lagen empfiehlt es sich, die Pflanzen zu stützen. Leichtes Anhäufeln im Spätherbst oder eine Mulchdecke schützt vor dem Auswintern. Kräftig wachsende Estragonstauden bilden reichlich Ausläufer und bedrängen unter Umständen Nachbarpflanzen.

Feldsalat, Rapunzel

Valerianella locusta
Baldrlangewachs, Valerianaceae
In den gemäßigten Zonen von Europa, Nordafrika und Asien wächst Feldsalat auf Wiesen, Getreidefeldern und an Wegrändern wild. Im Gegensatz zu andere Gemüsearten wird Feldsalat noch nicht sehr lange als Gemüse genutzt. Erst im späten Mittelalter begannen Menschen damit, Feldsalat im Herbst und Winter als Gemüse zu sammeln und erst im 20. Jahrhundert begann man Feldsalat gezielt anzubauen. Heute ist Feldsalat als frisches Blattgemüse sehr beliebt. Er kann den ganzen Winter über frisch aus dem Garten geerntet werden. Der vorwiegend roh als Salat, zum Teil aber auch gedünstet als Gemüse verzehrte Feldsalat wird auch zu Fertigsalaten beigemischt. Beliebt ist er auch zum Garnieren von Fleisch-, Wurst- und Käseplatten. Feldsalat enthält ätherische Öle. Daher weist er einen angenehmen, leicht nussartigen Geschmack auf.

Der Vitamin- und Mineralstoffgehalt liegt etwa so hoch wie der anderer Blattsalatarten, höher sind jedoch sein Eisen- und Vitamin-C-Gehalt.

- im Frühjahr und Sommer 50 Tage, bei Augustaussaat 65 – 80 Tage, im September 170 Tage
- Schwachzehrer
- Falscher Mehltau, Echter Mehltau

► Feldsalat wächst wild auf Wiesen. Erst seit wenigen Jahrzehnten nehmen sich die Züchter dieser Gemüseart an und bringen großblättrige Sorten in den Handel.

Typisches Wintergemüse
Jahrhundertelang war Feldsalat ein typisches Wintergemüse. Dies lag daran, dass die Wildart und die damaligen Sorten Kälte brauchten und nur im Kurztag gut wuchsen; unter sommerlichen Langtagbedingungen neigten sie dagegen schnell zum Schossen. In der Zwischenzeit gibt es aber auch Sorten, die im Sommer angebaut werden können.

Standortansprüche

Feldsalat bevorzugt nicht zu leichte, humose und kalkhaltige Böden. Der günstige pH-Wert liegt zwischen 6 und 7,5. Feldsalat gilt als Flachwurzler, doch kann er den Boden oft tiefer als 60 cm durchwurzeln. Die Temperaturansprüche sind relativ gering. Wachstum ist noch bei 4 bis 8 °C möglich. Temperaturen unter −15 °C kann Feldsalat überstehen, sofern die Blattrosetten nicht zu stark der Sonne ausgesetzt sind und austrocknen.
Feldsalat wintert manchmal bei länger anhaltenden Barfrösten in Verbindung mit starken Winden aus, wenn die Pflanzen nicht mit Schnee bzw. mit Vlies oder Reisig bedeckt sind.
Bei Temperaturen über 14 °C lässt sich Feldsalat das ganze Jahr über aussäen, ohne ein Schossen befürchten zu müssen. Ist es im Sommer lange warm, ist der Anbau nicht optimal. Hohe Temperaturen und direkte Strahlung über längere Zeit mindern die Qualität, weil sich die Blätter einrollen. Außerdem wächst er dann nicht so gut und bringt weniger Ertrag.

Fruchtfolge

Feldsalat ist sehr gut mit sich selbst verträglich. Trotzdem empfiehlt es sich, ihn in zwei Jahren auf derselben Fläche nur einmal anzubauen. Denn bei dichteren Anbaufolgen können verschiedene Pilzkrankheiten größere Ausfälle verursachen. Die Vorfrucht sollte nicht zuviel Nährstoffe im Boden hinterlassen. Deshalb steht Feldsalat am besten in 2. oder 3. Tracht. Feldsalat ist eine gute Vorfrucht, weil er unkrautfreien Boden mit guter Struktur hinterlässt.

Sorten

Für die Sortenwahl sind Blattform, Blattgröße und -farbe, Winterhärte, Wuchstyp und Anfälligkeit gegenüber Falschem und Echtem Mehltau von Bedeutung. Bei Feldsalat gibt es zwei Sortentypen; der eine besitzt kleine Blattrosetten mit dunkleren Blättern, der andere Sortentyp bildet größere Rosetten mit langen, breiten, hell- bis mittelgrünen Blättern.
'Gala' ist eine schnellwüchsige Sorte für den ganzjährigen Anbau. Dunkelgrüne, aufrechtstehende Blattrosetten und mattglänzende, große Blätter kennzeichnen diese Sorte. 'Verte de Cambrai / Cavallo', schnellwachsend, winterhart, vollherzig. 'Vit' und 'Favor' eignen sich für den ganzjährigen Anbau und sind weitgehend resistent gegen den Falschen Mehltau. Die mittelgroßen Pflanzen wachsen aufrecht mit ovalen, glatten, glänzenden Blättern. Für den Herbst- und Winteranbau sind die mehltautoleranten Sorten 'Medaillon', 'Palace' und 'Dominik' zu empfehlen.

TIPP
Bei den großblättrigen Sorten nur die äußeren Blätter pflücken, damit die kleinen Blätter noch nachwachsen können.

Wenig konkurrenzkräftig
Feldsalat wächst relativ langsam und ist gegenüber Unkräutern nicht sehr konkurrenzkräftig. Insbesondere für Feldsalat, der im zeitigen Frühjahr geerntet wird, ist es wichtig, dass er unkrautfrei in den Winter geht.

Anbau

Im Hausgarten wird Feldsalat weiterhin direkt gesät, während im erwerbsmäßig betriebenen Gartenbau Feldsalat heute häufig gepflanzt wird. Direktsaat ist im Freiland von Anfang April bis Ende August (Hauptaussaatzeit im Hausgarten ist Ende Juli / Anfang August), für die Überwinterung bis Ende September / Anfang Oktober möglich. Ausgesät werden sollte möglichst flach (1 bis 2 cm tief), damit Feldsalat schnell und gleichmäßig aufgeht. Die Aussaat erfolgt in Reihen (Reihenabstand 15 cm) oder auch breitwürfig. Breitwürfige Saat ist wegen der Gefahr des Verunkrautens allerdings nicht zu empfehlen.

▲ Echter Mehltau an Feldsalat.

Krankheiten und Schädlinge

Im Gegensatz zum Falschen Mehltau hinterlässt der Echte Mehltau auf der Oberseite der Blätter einen mehlartigen Belag. Bei der *Phoma*-Fäule sterben an älteren Pflanzen die unteren Blätter frühzeitig ab. Schädlinge sind seltener. Gelegentlich treten Minierfliegen, Gallmilben, Schwarze Bohnenblattlaus, verschiedene Schmetterlingsraupen und Blattflöhe auf.

Ernte und Lagerung

Man erntet die ganze Pflanze mit noch kurzen Blattstielen und noch nicht gestreckten Rosetten. Dabei die Pflanzen über oder dicht unter der Bodenoberfläche am Wurzelhals so abschneiden, dass die Rosette bleibt, der Wurzelansatz aber nicht länger als 5 mm ist. Feldsalat welkt rasch und verliert schnell an Gewicht und Qualität. Lagern empfiehlt sich daher nicht. Bei 95%iger Luftfeuchtigkeit und Temperaturen um 0 °C lässt sich frisch eingelagerter, unbeschädigter und locker liegender Feldsalat bis 14 Tage aufbewahren.

Vor Frost schützen
Feldsalat, der den Winter über oder im Frühjahr geerntet werden soll, deckt man mit Reisig oder Vlies ab, um ihn vor strengen Frösten zu schützen.

▲ Die Feuer-Bohne ist nicht nur Gemüse, sondern auch dekorative Kletterpflanze.

Feuer-Bohne

Phaseolus coccineus
Schmetterlingsblütler, Fabaceae

- erste Hülsen nach 30 – 45 Tagen
- wie Stangenbohnen
- weniger anfällig als Stangen- und Busch-Bohnen

Die linkswindenden Feuer-Bohnen sind wegen ihrer attraktiven Blütenstände vor allem als robuste Kletterpflanzen anzusehen. Sie dienen zum Beranken von Lauben und Spalieren und werden nur selten als Gemüse genutzt. Zu Unrecht, denn die zarten, jungen und wohlschmeckenden Hülsen lassen sich als Schnitt- und Schnippelbohnen ebenso wie Busch- und Stangen-Bohnen für Gemüsebeilagen zubereiten und verwenden. Die Hülsen mit rauer Oberfläche können je nach Sorte 15 bis 30 cm lang werden. In England wird die Feuer-Bohne meist als ganze Hülse zubereitet und gegessen. Die ausgereiften Samen sind auch gute Speisebohnen. Feuer-Bohnen besitzen durch ihren Reichtum an Eiweiß, Mineralstoffen und Vitaminen einen ausgesprochen hohen Nährwert.
Die Standortansprüche entsprechen in der Regeln denen der Garten-Bohne. Sie reagieren gegenüber niedrigen Temperaturen weniger empfindlich.

Sorten

Die meisten Sorten haben rote Blüten. Es gibt aber auch Sorten mit weißen und weiß-roten Blüten. Interessant ist, dass rotblütige Sorten rot-violett marmorierte, weißblütige dagegen weiß-graue und weiß-rote, rotbraun geflammte Samen besitzen. 'Butler', fadenlos, rot; 'Désirée' und 'Emergo', weiß blühend; 'Lady Di', fadenlos, rot blühend, bringt hohe Erträge; 'Preisgewinner', rotblühend, hoher Wuchs, sehr lange, fleischige Hülsen; 'Weiße Riesen', weiß blühend, wohlschmeckende Schnitt-Bohne; 'Sankt George', rot-weiß blühend.

Wasser während der Blütezeit
Feuer-Bohnen sind sehr wasserbedürftig und brauchen nach dem Beginn der Blüte ab Ende Juni / Anfang Juli sehr viel Wasser.

Anbau

Feuer-Bohnen lassen sich ebenso wie Stangen-Bohnen an Holzstangen, Schnüren oder Zäunen kultivieren. Sie begrünen Mauer- oder Dachflächen. Die Aussaat erfolgt Ende April / Anfang Mai direkt an Ort und Stelle, am besten durch Horstsaat im Abstand von 50 cm mit jeweils sechs bis acht Samen.

Ernte und Lagerung

Die Hülsen bleiben nur eine relativ kurze Zeit zart, danach wird ihre Innenschicht pergamentartig hart. Rechtzeitiges, selektives Ernten ist daher erforderlich. Die Ernte beginnt in der Regel Anfang Juli und dauert bis Ende September.

Essbare Wurzelknolle
In den Heimatländern der Feuer-Bohne essen die Menschen auch die fleischigen Wurzelknollen wegen ihres Stärkegehaltes. Dazu muss man wissen, dass die Feuer-Bohne mehrjährig ist und in milden Klimaten ohne Frost mit ihren Wurzelknollen den Winter überdauern.

Grün-Kohl, Feder-Kohl, Braun-Kohl

Brassica oleracea var. *sabellica*
Kreuzblütler, Brassicaceae

- 80 – 100 Tage
- mittlerer Zehrer
- nicht so anfällig wie andere Kohlarten, Kohlweißlingsraupen
- hoher Wasserbedarf

Von allen heute kultivierten Kohlarten ähnelt der Grün-Kohl dem Wildkohl am meisten. Die Kultur des Grün-Kohl reicht bis in das griechische Altertum zurück. In Deutschland ist Grün-Kohl schon in den Kräuterbüchern des 16. und 17. Jahrhunderts abgebildet. Grün-Kohl als zweijährige krautige Pflanze bildet im ersten Jahr einen dicht beblätterten Stängel von un-

terschiedlicher Länge. Seine hell- bis dunkelgrünen, violetten oder bräunlich rot gefärbten Blätter sind leierförmig geteilt und weisen eine mehr oder weniger breite Randzone mit wellig-krausem, oft gezähntem Saum auf. Blätter von Ziergrün-kohl können auch mehrfarbig sein. Die moosartig gekrausten Blätter stehen zu Beginn ihrer Entwicklung steil aufrecht, später richten sie sich nach der Seite und teilweise nach unten.
Grün-Kohl ist ernährungsphysiologisch wertvoll. Wegen seinem etwas strengen, herben Kohlgeschmack mögen ihn jedoch nicht alle Menschen. In manchen Regionen schätzt man ihn als Beilage vor allem für fette Gerichte (Hammel-, Schweine-, Gänsebraten, geräucherte und stark gewürzte Wurst). Grün-Kohl enthält viele lebenswichtige Stoffe, wie Eiweiß, Vitamin C und Provitamin A (Karotin), Kalium, Kalzium, Phosphor und Eisen, darüber hinaus auch Fruchtsäuren, insbesondere Äpfel-, Zitronen- und Chinasäure. Im Proteingehalt sind Grün- und Rosen-Kohl allen anderen Kohlarten weit überlegen.

▶ Grün-Kohl ist ein typisches Wintergemüse, das durch Frost erst richtig schmackhaft wird.

◀ 'Red Bor' wird bis 100 cm hoch und besitzt ein weinrotes, locker gekraustes Blatt.

Standortansprüche
Humusreiche Lehmböden sind für Grün-Kohl optimal, bei einem pH-Wert zwischen 6 und 7,5. Kalken ist notwendig, wenn der pH-Wert unter 6, auf leichten Böden unter 5,5 sinkt. An die Temperatur stellt Grün-Kohl keine besonderen Ansprüche. Da er bis −15 °C frosthart ist, kann er auch in kühlen Gebieten lange geerntet werden.

Fruchtfolge
Grün-Kohl ist wie die anderen Kohlarten kohlherniegefährdet, deshalb darf er nicht auf sich selbst und andere Kreuzblütler folgen. Anbaupausen von drei bis vier Jahren sind deshalb einzuhalten. Grün-Kohl empfiehlt sich in 2. Tracht als Nachkultur von nicht zu spät räumenden Vorfrüchten wie Spinat, Frühmöhre, Kohlrabi und Kopf-Salat.

Sorten
'Arsis' und 'Halbhoher Grüner Krauser' sind dunkelgrün, frosthart, bringen hohe Erträge und eignen sich besonders gut zum Tiefkühlen. 'Lerchenzungen', halbhoch mit langen, schmalen, feingekrausten Blättern. 'Kobolt', Frühkohl, Ernte ab Frühsommer; 'Altmärker Braunkohl', Traditionssorte, grau-violette Blätter.

Treibt im Frühjahr aus
Schneidet man bei der Ernte jeweils nur den Blattschopf ab und lässt die Strünke stehen, treib im zeitigen Frühjahr aus den Blattachseln neues Grün aus. Das ergibt dann noch einmal ein schmackhaftes Gemüse.

Anbau
Grün-Kohl sät man entweder direkt oder pflanzt vorkultivierte Jungpflanzen. Bei der Direktsaat kann man Grün-Kohl wie Spinat ernten. Beim Anbau mit Vorkultur erntet man ganze Pflanzen. Die Jungpflanzenanzucht erfolgt am besten auf Anzuchtbeeten im Freiland von Mitte Mai bis Ende Juli. Aussaat am besten in Reihen etwa 5 Wochen vor dem Pflanztermin. Pflanzzeitraum von Ende Juni bis Anfang August. Pflanzabstand 50 × 50 cm. Um gleichmäßige Bestände zu erhalten, ist bei Direktsaat auf eine gleichmäßige Saattiefe von etwa 2 cm zu achten.

TIPP

Grün-Kohl nicht zu lange kochen, dann bleibt viel Vitamin C erhalten. Eine Garzeit von 40 bis 45 Minuten, die in vielen Kochbüchern angegeben ist, ist zu lang.

Krankheiten und Schädlinge

Für Krankheiten und Schädlinge ist der Grün-Kohl nicht so anfällig wie die anderen Kohlarten. Großen Schaden können die Raupen des Kohlweißlings verursachen. Sie fressen die Blätter in kürzester Zeit so ab, dass nur noch die Blattrippen stehen bleiben.

Ernte und Lagerung

Grün-Kohl ist zu ernten, wenn die Blätter noch relativ jung, frisch und nicht vergilbt sind und niedrige Temperaturen eine längere Zeit eingewirkt haben. Ernten beginnen frühestens im Oktober, spätestens im Februar, nur ganz selten im März. Haupterntemonat ist der Dezember. Grün-Kohl ist schnell zu verarbeiten. Die Lagerung von Grün-Kohl erübrigt sich meist, da er sich aufgrund seiner Frosthärte stets frisch ernten lässt.

Gurke

Cucumis sativus
Kürbisgewächs, Cucurbitaceae

- erste Früchte nach 70 – 90 Tagen
- mittlerer Zehrer
- Wachstumsstörungen, Blattfleckenkrankheit, Falscher Mehltau, Echter Mehltau
- Gurken brauchen viel Wasser, besonders ab Beginn der Fruchtbildung von Ende Juni bis Mitte August

Die aus Indien stammende Gurke war schon vor 5000 Jahren in Kultur, gelangte aber erst gegen Ende des Mittelalters nach Deutschland. Die Gurke ist wegen ihres typischen, frischen Geschmacks sehr beliebt. Sie ist reich an Vitaminen, Mineralstoffen und Fruchtsäuren. Gurken sind mit 97 % Wassergehalt und 52 kJ / 100 g Frischmassesubstanz sehr energiearm. In der Küche verwendet man Gurken frisch als Salat oder dünstet sie in Form von Gewürz-, Delikatess- und Schälgurken ein. Gurkensaft ist ein wichtiges Hautpflegemittel.

Die Gurke ist eine einjährige Pflanze, deren Seitentriebe sich niederliegend kriechend oder mit Hilfe von Ranken kletternd verzweigen. In den Blattachseln bilden sich neben den Seitentriebe auch die unverzweigten Ranken sowie die Blüten. Je nach Sorte bilden sich mehr oder weniger Seitentriebe; Licht, Temperatur und Ernährung beeinflussen die Seitentriebbildung ebenfalls. Seitentriebe bilden sich verstärkt nach dem Stutzen des Sprossendes am Haupttrieb. Wenig Seitentriebe entstehen, wenn die Pflanze mehrere Früchte ernähren muss. Die meisten Gurkensorten sind einhäusig (monözisch) und besitzen getrenntgeschlechtliche Blüten. Das Verhältnis von männlichen zu weiblichen Blüten kann bis zu 24 : 1 betragen.

Interessant ist, dass Tageslänge und Temperatur die Geschlechtsausprägung der Gurke steuern. Die männliche Ausprägung kann durch Langtag, hohe Temperatur und Bestrahlungsstärke gefördert werden, während umgekehrt Kurztag, niedrige Temperatur und Bestrahlungsstärke die weibliche Ausprägung stimulieren.

Die Frucht ist eine fleischige Beere und variiert in Größe und Gewicht je nach Sorte und Verwendungszweck beträchtlich. Salatgurken können zwischen 15 und 70 cm lang und zwischen 150 und 400 g schwer werden. Für die Konservenindustrie erntet man Einlegegurken für die beste Qualitätsstufe (Cornichons), wenn sie 3 bis 6 cm lang sind und 7 bis 10 g je Stück wiegen.

Weshalb Gurken bitter schmecken
In Gurkengewächsen sind die sogenannten Cucurbitacine, die zu den am bittersten schmeckenden Naturstoffen zählen, für den bitteren Geschmack verantwortlich. Die Mehrzahl der heutigen Sorten sind jedoch genetisch bitterstofffrei.

◀ Für Einlegegurken muss der Boden immer ausreichend feucht sein, dann bilden sie gute Bestände aus.

Standortansprüche

Gurkenpflanzen sind wärmebedürftig und sehr frostempfindlich. Es schadet bereits, wenn die Lufttemperatur nur kurzzeitig auf 3 bis 5 °C fällt. Dies ist auch der Fall, wenn die Nachttemperaturen mehrere Tage lang bei 6 bis 12 °C liegen, vor allem dann, wenn noch starker Wind hinzu kommt. Optimal sind Bodentemperaturen zwischen 21 und 24 °C und Lufttemperaturen zwischen 22 und 30 °C. Da die Gurke Kälteperioden schlecht verträgt, erst bei Bodentemperaturen von 15 bis 18 °C sicher keimt und erst bei Lufttemperaturen von mehr als 12 °C wächst, sollte sie erst

▲ Salatgurken leitet man im Gewächshaus an Schnüren in die Höhe.

ins Freiland kommen, wenn die Tagesmitteltemperaturen in Bodenhöhe mindestens 10 bis 12 °C erreichen.

Die Gurke hat ein flaches, dafür aber ein weit ausgedehntes und verzweigtes Wurzelsystem. Die Wurzeln, die hauptsächlich in der obersten Bodenschicht bis zu 30 cm Tiefe verteilt sind, dehnen sich nach den Seiten bis zu 1,5 m lang aus. In lockeren und gut durchlüfteten Böden können einzelne Wurzeln bis zu einer Tiefe von 0,8 m vordringen. Die Gurke bevorzugt humusreiche, leicht erwärmbare Böden mit lockerer Struktur und gutem Wasserhaltevermögen. Günstige pH-Werte liegen im Bereich von 6,5 bis 7,5. Nicht geeignet sind extrem schwere, kalte und nasse Böden, die zu starker Verkrustung neigen, und extrem leichte Sandböden mit geringem Humusgehalt und Wasserhaltevermögen. Zwar sind grundwassernahe Standorte vorteilhaft, weil die Gurke auf gleichmäßige Bodenfeuchte positiv reagiert, doch dürfen diese Böden in feuchten Jahren nicht unter stauender Nässe leiden.

Fruchtfolge

Gurken sind selbstunverträglich und sollten frühestens im vierjährigen Wechsel nach sich selbst stehen. Sie nutzen eine organische Düngung besser als viele andere Gemüsearten und sind deshalb in die 1. Tracht zu stellen. Günstige Vorfrüchte sind Lauch, Sellerie, Erbse und Bohne. Weniger gut geeignet sind alle Kohlarten. Die Gurke selbst hat guten Vorfruchtwert und hinterlässt den Boden in einem guten Zustand.

▼ Ein Gurkenspross mit männlichen und weiblichen Ranken. Bei rankenden Sorten liegen die männlichen Blüten nahe dem Zentrum der Ranke und besitzen schwache Stiele, während die weiblichen Blüten an kurzen, festen Stielen sitzen. Einige Sorten besitzen auch zwittrige Blüten, die sich aber nicht selbst bestäuben können, da die Gurke Fremdbefruchter ist.

Sorten

Das Gurkensortiment ist sehr umfangreich und hält für jeden Anbau- und Verwendungszweck spezielle Sorten bereit. In Bezug auf den Anbauort kann zwischen Freiland-, Haus- und Kastengurken unterschieden werden. Nach dem Verwendungszweck lässt sich das Sortiment in Einlege-, Salat- und Schälgurken unterteilen.

Salatgurken

Beim Kauf der Samen ist zu beachten, dass es spezielle Sorten für den Anbau unter Glas und für den Anbau im Freiland gibt. Gute Salatgurken für das Freiland sind: 'Belcanto', 'Nelly', 'Jazzer', 'Sprint', 'Tanja', 'Burpless Tasty Green', 'Moneta', 'Marketmore' und 'Klaro'. 'Slice King', 'Klaro', 'Heike', 'Luisa' und 'Bellando' sind absolut bitterstofffrei. Gute Sorten für das Gewächshaus sind: 'Aramon', 'Dominica', 'Sudica' und 'Solverde'.

Was ist parthenokarp?
Salatgurken für den Frischverzehr sind jungfernfrüchtig (parthenokarp), das heißt, sie setzen Früchte ohne Bestäubung an.

Einlegegurken

Das große Sortiment von Freilandeinlegegurken umfasst neben vorwiegend weiblich blühenden gemischt blühende sowie rein weiblich blühende Sorten. Darüber hinaus gibt es sogenannte Hybridsorten, die parthenokarp sind und ohne befruchtet worden zu sein Früchte ansetzen. Hat man

▶ Zum Schutz vor der Welkekrankheit veredeln Gärtner die Gurken auf Feigenblattkürbis. Geschickte Hobbygärtner veredeln selbst. Besonders für Gewächshausgurken ist das Veredeln sinnvoll.

sich für parthenokarpe Sorten entschieden, sollte man ausschließlich diese anbauen, denn wenn parthenokarpe Sorten durch andere Sorten befruchtet werden, haben die Früchte keine so gute Qualität. Im erwerbsmäßig betriebenen Anbau wird bei parthenokarpen Sorten empfohlen, einen Mindestabstand von 500 m zu den gemischt blühenden oder vorwiegend weiblich blühenden Sorten zu halten.
Die meisten angebotenen Sorten besitzen Resistenz gegenüber der sogenannten Gurkenkrätze, einige auch gegen Echten Mehltau und Gurkenmosaikvirus. Gute bitterfreie und gesunde Sorten sind: 'Charlotte', 'Excelsior', 'Libelle', 'Schubert' und 'Zircon'. 'Printo', Piccolino', 'Itznik' und 'Lothar' sind Minigurken, die sich auch für die Kübelkultur eignen.

Schälgurken

Die als Schälgurken bezeichneten Sorten entwickeln sehr große, walzenförmige Früchte mit besonders dickem Fruchtfleisch. Zur Verwendung als Senfgurke erntet man sie erst im Stadium der Gelbreife. Im frischgrünen Zustand schmecken sie auch gut als Salat. Bei den Schälgurken gibt es nur relativ wenige Sorten. 'Roly' ist eine gemischt blühende Sorte mit mittelstarkem Wuchs und durchschnittlich 35 cm langen Früchten; 'Dickfleischige Gelbe' ist ebenfalls gemischt blühend, sie wächst stark und bildet durchschnittlich 50 cm lange Früchte. 'Wulsena' ist eine genetisch bitterfreie Hybridsorte mit durchschnittlich 30 cm langen Früchten. Weitere Sorten sind: 'Carnito', 'Fatum' und 'Riesenschäl'.

Anbau von Salatgurken unter Glas

Aussaat für Hobbygärtner Mitte März / Anfang April in Saatkisten im Abstand von 3 × 3 cm, Saattiefe 1 cm. Zur Keimung sind Temperaturen von 20 bis 25 °C optimal. Das Temperaturminimum für die Keimung liegt bei 10 bis 12 °C. Wenn sich die Keimblätter nach 7 bis 10 Tagen voll entwickelt haben und das erste Laubblatt 1 cm lang ist, wird in 10- bis 12-cm-Töpfe gepflanzt. Wenn die Jungpflanzen vier bis sechs Laubblätter ausgebildet haben, kann ausgepflanzt werden. Eine Direktsaat in 10-cm-Töpfe mit drei Samen ist ebenfalls möglich. Hier lässt man nach dem Aufgehen nur die kräftigste Pflanze stehen.

Anbau von Freilandgurken

Einlege-, Senf-, Schäl- und kurzfrüchtige Salatgurken im Freiland entweder direkt an Ort und Stelle säen oder die Jungpflanzen unter Glas vorkultivieren und danach ins Freiland setzen.

Direktsaat

Aussaat in der Regel Ende Mai / Anfang Juni, wenn die Bodentemperatur mindestens 10 °C erreicht hat. Man legt die Samen in der Reihe im Abstand von 5 bis 6 cm aus und vereinzelt später auf sechs bis acht Pflanzen je laufenden Meter. Saat-

Zum richtigen Zeitpunkt pflanzen
Gurkenpflanzen werden schnell überständig. Gepflanzt wird, nachdem sich das zweite Laubblatt entwickelt hat, aber nicht vor dem 20. Mai. Damit sich viele Seitenwurzeln bilden, sind die Pflanzen bis zu den Keimblättern in die Erde zu setzen.

tiefe 2 bis 3 cm. Auch Horstsaat mit fünf bis sechs Samen im Abstand von 25 bis 30 cm mit späterem Vereinzeln auf zwei Pflanzen je Saatstelle ist möglich.

Jungpflanzenanzucht mit anschließender Pflanzung

Bewährt hat sich die Direktsaat mit zwei bis drei Samen je 10-cm-Topf, damit beim Pflanzen in jedem Topf zwei Pflanzen vorhanden sind. Der Aussaattermin sollte sich unbedingt nach dem vorgesehenen Pflanztermin richten, weil Gurkenjungpflanzen sehr schnell überständig werden. Die Anzucht dauert etwa 12 bis 16 Tage.

Düngung

Gurkenpflanzen wachsen sehr schnell, andererseits ist ihr Wurzelsystem nur flach entwickelt. Deshalb muss die Struktur und der Humusgehalt des Bodens sehr hoch sein und der Boden muss gleichmäßig Nährstoffe nachliefern. Für die Gurke ist deshalb eine Stallmistgabe im Herbst in Höhe von 4 kg / m² oder eine Gründüngung in vielerlei Hinsicht sehr nützlich.

Krankheiten und Schädlinge

Wachstumsstörungen, durch starke Temperatur- und Bodenfeuchteschwankungen oder hohe Salzkonzentrationen verursacht, können zum Abstoßen der Früchte, zu Fruchtmissbildungen, zum Weichwerden der Gurkenhälse und zum Einrollen oder Gelbfärben der Blätter führen. Gefürchtet ist das Gurkenmosaikvirus, das von vielen Blattlausarten übertragen wird. Das Krankheitsbild bei Befall zeigt sich zunächst durch die Bildung hellgrüner bis schwach gelblichgrüner Kreise und Flecke. An den jungen Blättern kommt es zu Verformungen, und es werden nur wenige Seitentriebe gebildet. Die Früchte sind gefleckt. Kommen niedrige und stark wechselnde Temperaturen hinzu, beginnt die Pflanze zu welken und stirbt ab.
Die Eckige Blattfleckenkrankheit wird durch Bakterien verursacht. Das typische Symptom sind eckige, etwa 0,5 bis 1 cm große Blattflecke, die zunächst durch die Blattnerven begrenzt sind. Verbreitet ist auch der Falsche- und der Echte Mehltau. Bei den Schädlingen stehen die Gemeine Spinnmilbe, Stängelälchen und Blattlausarten im Vordergrund.

Ernte und Lagerung

Salatgurken sind durchschnittlich zwei Wochen ab Blüte erntereif. Eine „ausgereifte" Frucht ist daran zu erkennen, dass die Schale glatt wird, die Frucht gleichmäßig gefärbt und am Ende stumpf ist. Überreife Früchte beginnen leichte Farbauffhellungen zu zeigen.
Die Ernte von Einlegegurken beginnt Ende Juni und dauert bis Ende September. Zum Einkochen als Gewürz- oder Dillgurken erntet man sie vorwiegend in der Größe von 6 bis 9 cm. Zur Herstellung saurer Gurken eignen sich dagegen Früchte von 9 bis maximal 15 cm Länge am besten. Einlegegurken sind, je nach Wetter, zwei- bis dreimal pro Woche zu ernten.
Bei Schälgurken dauert die Ernte nicht so lang. Sie beginnt erst ab Mitte August, wenn die Früchte völlig ausgereift und ausgefärbt sind.

Früchte nicht abreißen
Da die Gurkenranken sehr brüchig und empfindlich sind, dürfen die Gurkenfrüchte beim Ernten nicht von der Pflanze abgerissen werden. Man schneidet den Stiel in der Mitte mit dem Messer durch. Auch ist darauf zu achten, dass die Triebe und Blätter nach der Ernte ihre ursprüngliche Lage wieder einnehmen.

Kapuzinerkresse

Tropaeolum majus, Kapuzinerkressengewächs, Tropaeolaceae

Die Kapuzinerkresse ist in unseren Gärten eher als Zierpflanze verbreitet. Die niederliegende oder kletternde Pflanze bildet langgestielte, schildförmige bis runde Blätter mit fleischigen Stängeln. Die niederliegenden Sorten mit kriechendem Wuchs werden 25 bis 40 cm hoch, diejenigen mit kletternden Trieben bis zu 2,5 m. Aus den Blattachseln wachsen langgestielte, orangefarbene, hellrote, leuchtend rote oder goldgelbe Blüten. Der Blütenkelch besteht aus fünf Kelchblättern, von denen einer, oder drei verwachsene, einen langen, sogenannten Nektarsporn bilden. Die Pflanzen blühen von Ende Juni bis zum Frost ununterbrochen.
Die jungen, vor der Blüte geernteten Blätter lassen sich fein zerhackt ähnlich wie Garten- oder Brunnenkresse als Rohkostsalat und Brotbelag verwenden. Sie schmecken durch den Senfölgehalt etwas scharf, kresseähnlich. Auch die Blüten eignen sich zum Verzehr, als Salat oder auch nur zum Würzen von Salaten. Geschlossene Knospen und unreife Samen lassen sich in Kräuteressig einlegen und als Kapernersatz verwenden. Die Pharmaindustrie stellt aus Kapuzinerkresse eine Art natürliches Antibiotikum her.

- erste Blatternte nach etwa 60 Tagen
- mittlerer Zehrer
- Raupe des Großen Kohlweißlings

▲ Nicht nur etwas für Mutige – von der Kapuzinerkresse kann man Blüten, Blätter und Früchte essen. Und gesund ist sie noch dazu.

Standortansprüche

Kapuzinerkresse wächst am besten auf warmen, kalkhaltigen und sandigen Lehmböden. Je magerer der Boden ist, umso mehr Blüten bilden sich aus. Vollsonnige Standorte sind am günstigsten, doch wachsen und blühen sie auch im Halbschatten recht gut.

Sorten

Spezielle Sorten für den Anbau als Gemüse gibt es nicht. Am besten, man verwendet eine 'Rankende Prachtmischung' oder eine 'Niedrige oder niedere Prachtmischung'. Im Handel sind auch Sorten mit grün-weiß panaschierten Blättern.

Anbau

Die Kapuzinerkresse ist zwar mehrjährig, sie kann aber in unseren Breiten wegen der großen Frostempfindlichkeit nur einjährig gezogen werden. Aussaat an Ort und Stelle ab Mitte Mai. Man steckt je Pflanzloch zwei bis drei Samen etwa 3 cm tief oder man zieht ab April die Pflanzen unter Glas vor, indem man zwei Samen in einem 8-cm-Topf zum Keimen bringt.

TIPP

Blätter und Blüten frisch verwenden. In perforierten Folienbeuteln bei hoher Luftfeuchte und Temperaturen von 2 bis 5 °C kurzfristig zu lagern.

Kardy

Cynara cardunculus
Korbblütler, Asteraceae

Der mit der Artischocke eng verwandte Kardy ist mehrjährig, wird aber als Gemüse in der Regel nur einjährig kultiviert. Die Pflanze war bereits den Römern im Altertum bekannt. Die Kardypflanzen bilden eine Rosette von langgestielten, geschlitzten, graugrünen bis silberweißen, oft stacheligen, wollig behaarten Blättern und fleischigen Blattstielen. Mit ihren blauen und violetten, selten weißen Blüten sind Kardy sehr attraktiv. Die Blütenköpfen von Kardy sind kleiner als die der Artischocke und haben keine fleischigen Blütenböden. Anders als bei den Artischocken verzehrt man bei Kardy die fleischigen Blattstiele. Diese besitzen einen leicht bitteren, nussartig-würzigen Geschmack. Auch die Wurzeln von Kardy sind essbar. Kardy wird ähnlich wie Gemüsefenchel oder Bleichsellerie zubereitet. Vorgegart schmeckt er auch als Salat vorzüglich. Von den Inhaltsstoffen und dem gesundheitlichen Wert her ähnelt er den Artischocken.

- erste Ernte nach 80 – 90 Tagen, wird meist 3 bis 4 Jahre genutzt
- Starkzehrer
- Blattläuse

Standortansprüche

Kardy bevorzugt mittelschwere, tiefgründige, humose und nährstoffreiche Böden. Der pH-Wert sollte bei 6 bis 7,2 liegen. Kardy ist ebenso wärmebedürftig wie die Artischocke. Wegen der Frostempfindlichkeit nicht vor Mitte Mai pflanzen.

WICHTIG zu wissen

Das Bleichen der Blattstiele nimmt Kardy den etwas strengen, bitteren Geschmack. Dazu die Blätter ab September an mehreren Stellen locker zusammenbinden und mit schwarzer Mulchfolie, Lochfolie, Wellpappe oder Stroh umhüllen. Beim Einbinden und Umhüllen dürfen die Blattstiele nicht verletzt werden. Das Bleichen dauert je nach Temperatur zwei bis vier Wochen.

Sorten

Die Sorten unterscheiden sich in der Blattform, in der Farbe und Bestachelung von Blättern und Blattstielen mit grünen, rötlichen, breit- und vollrippigen, stacheligen und stachellosen Formen. Die Gärtner bevorzugen stachellose Sorten mit weitgehend selbstbleichenden Blattstielen, wie z. B. 'Plein blanc inerme' und 'Vert inerme'. Der Samenhandel bietet Kardy oft ohne Sortenbezeichnung an.

▲ Die fleischigen Blattstiele des Kardy galten im 19. Jahrhundert als Delikatesse. Seit kurzem wird das Gemüse wieder mehr angebaut.

Anbau

Aussaat direkt an Ort und Stelle oder mit Vorkultur unter Glas. Aussaat mit Vorkultur Ende Februar / Anfang März am besten mit zwei Samen je 8 cm Topf. Auspflanzen Anfang Mai im Abstand von 100 × 100 cm. Aussaat an Ort und Stelle mit drei bis vier Samen Ende April / Anfang Mai im Abstand von 100 × 100 cm. Aussaattiefe etwa 6 cm. Nach dem Keimen vereinzeln.

Mulch spart Wasser
Kardy ist besonders wasserbedürftig. Bei mehrjähriger Kultur ist es ratsam, die Pflanzen nach Ende der Vegetationsperiode mit organischen Materialien (Stroh, Laub) über Winter zu bedecken. Möglich ist auch, die Pflanzen im Herbst mit Ballen auszugraben und diese frostfrei und relativ trocken in Sand zu überwintern.

Düngung

Reichliche Kompost- oder Stallmistgaben sind für die Entwicklung gut. Die Pflanzstelle ist in jedem folgenden Standjahr erneut mit Humus (z. B. Kompost) anzureichern. Die Düngermenge ab dem zeitigen Frühjahr auf mehrere Gaben verteilen.

Ernte und Lagerung

Die Ernte ist meist bis Mitte / Ende November möglich. Leichte Fröste schaden den umhüllten Blattstielen nicht. Die fleischigen Blattstiele am Boden abschneiden und am besten frisch verzehren. Bei 2 bis 4 °C und hoher Luftfeuchtigkeit lassen sie sich einige Tage lagern. Nicht genießbar sind die äußeren, meist faserigen Blattstiele.

Kartoffel

Solanum tuberosum
Nachtschattengewächs, Solanaceae

Die einjährige, krautige Kartoffelpflanze bildet zusammengesetzte Fiederblätter und einen endständigen Blütenstand mit weißen, blauen oder violetten Blüten. Manche Sorten blühen gar nicht oder bilden nur sterile Blüten aus. Selbstbefruchtung ist vorherrschend. Die Botaniker bezeichnen die Frucht als Beere, bei der Kartoffelknolle ist der stark entwickelte Spross verdickt. Die Knolle dient als Reservestoffspeicher. Die an jeder Kartoffelknolle sichtbaren Vertiefungen, die sogenannten Augen, stellen Seitenknospen dar, aus denen die Keime und damit die Triebe der neuen Pflanze heranwachsen. Am unterirdischen Teil der Triebe befinden sich die Wurzeln und im Laufe der Entwicklung auch die Stolonen der neuen Knollen. Die Knollen können unterschiedlich groß und schwer, in der Form rund, oval oder nierenförmig sowie in der Farbe hellgelb, ockergelb, hellrot oder violett sein. Die Fleischfarbe variiert zwischen weiß, hellgelb bis tiefgelb. Kartoffeln zählen zu den wichtigsten Grundnahrungsmitteln mit einer großen Fülle von Zubereitungsmöglichkeiten. Kartoffeln enthalten viel Eiweiß mit hoher biologischer Wertigkeit. Beachtlich ist auch der Gehalt an Mineralstoffen und Vitaminen. Der Energiewert liegt bei 297 kJ (= 70 kcal) je 100 g Frischsubstanz.

- Frühsorten 80 – 105 Tage, Spätsorten bis zu 160 Tage
- Starkzehrer
- Kraut- und Knollenfäule, Blattläuse, Kartoffelkäfer

Standortansprüche

Für den Kartoffelanbau eignen sich sandig-lehmige, tiefgründige, lockere und humusreiche Böden, die im Frühjahr zeitig abtrocknen und sich schnell erwärmen, am besten. Schwere Böden sind wegen ihrer ungünstigen Luft- und Wärmeverhältnisse weniger geeignet.
Am besten wachsen Kartoffeln im kühlgemäßigten Klima mit nicht zu trockener

Gute Vorfrüchte
Kartoffeln selbst sind hervorragende Vorfrüchte. Sie hinterlassen den Boden in einem lockeren, unkrautfreien oder -armen Zustand. Die gute Garebildung des Bodens wird durch das dichte Blattwerk noch verstärkt (Schattengare).

Giftiges Solanin

In der gesamten Kartoffelpflanze und damit auch in den Knollen ist das giftige Alkaloid Solanin enthalten, das sich vorwiegend in der Schale anreichert. Da Kartoffeln geschält werden, können sie ohne Bedenken verzehrt werden. Knollen, die durch Licht grün geworden sind, können so viel Solanin enthalten, dass dies der Gesundheit schadet. Deshalb darf man grün gewordene Knollen nicht mehr verzehren.

Sorten	Reifetyp	Knollenform	Fleischfarbe	Kochtyp
'Adretta'	mittelfrüh	rund	gelb	mehlig kochend
'Andra'	sehr früh	rund	hellgelb	vorwiegend festkochend
'Annabelle'	sehr früh	langoval	gelb	festkochend
'Anuschka'	sehr früh	oval	gelb	festkochend
'Baccara'	sehr früh	langoval	gelb	festkochend
'Bamberger Hörnchen'	spät	länglich krumm	hellgelb	vorwiegend festkochend
'Belana'	früh	oval	gelb	festkochend
'Bintje'	mittelfrüh	rundoval	gelb	vorwiegend festkochend
'Blauer Schwede'	mittelfrüh	rundoval	dunkelblau	vorwiegend festkochend
'Finka'	sehr früh	oval	gelb	vorwiegend festkochend
'Gala'	früh	rundoval	gelb	vorwiegend festkochend
'Inova'	früh	langoval	hellgelb	festkochend
'Melody'	mittelfrüh	oval	gelb	vorwiegend festkochend
'Ora'	spät	rundoval	hellgelb	mehlig kochend
'Rosara'	sehr früh	langoval	rot	vorwiegend festkochend

Frühe und späte Sorten
Sehr frühe Sorten haben eine Vegetationdauer von 80 bis 105, frühe Sorten eine solche von 105 bis 120 Tagen und Spätsorten bis zu 160 Tagen.

Luft. Die optimale Temperatur für das Wachstum liegt zwischen 16 und 21 °C. Temperaturen über 30 °C sind ungünstig, oberhalb dieses Temperaturbereichs werden vielfach keine Knollen mehr angelegt. In der Zeit vom Knollenansatz bis zur Blüte brauchen Kartoffeln das meiste Wasser. Bleiben natürliche Niederschläge aus, muss gewässert werden.

Fruchtfolgen

Es empfehlen sich drei- bis vierjährige Anbaupausen. Engere Folgen, auch mit anderen Nachtschattengewächsen (z. B. Tomaten), können wegen der Verseuchung des Bodens mit bodenbürtigen Krankheiten und Schädlingen, insbesondere Nematoden, zu erheblichen Ertragseinbußen führen.
Nach Frühkartoffeln können beispielsweise noch Kopfsalat, Endivien, Kohlrabi und auch Busch-Bohnen (letzter Aussaattermin 15. Juli) oder Grün-Kohl, Rosen-Kohl und China-Kohl angebaut werden.

Sorten

Weltweit gibt es eine kaum überschaubare Anzahl von Kartoffelsorten. Eine Auswahl guter Kartoffelsorten enthält die Tabelle.

Anbau

Unterschieden wird zwischen Früh- und Spätkartoffelanbau. Das Pflanzen vorgekeimter Knollen kann in wärmebegünstigten Gebieten (Weinbauklima) schon Anfang / Mitte März, im norddeutschen Raum Ende März / Anfang April erfolgen. Unter Vlies- oder Flachfolien wachsen die Kartoffeln im März und April schneller. Frühkartoffeln können bereits Anfang Juni geerntet werden. Spätkartoffeln werden im April / Mai gelegt und ab Ende September geerntet.
Zum Vorkeimen legt man die Kartoffeln in flache Kisten. Dabei ist zu beachten, dass jede Kiste nur eine Lage Kartoffeln enthält und dass der Teil jeder Kartoffel nach oben gerichtet ist, der die meisten Augen zeigt. Vorgekeimte Kartoffeln müssen kurze, kräftige Keime aufweisen. Darum stellt

▼ Kartoffeln lassen sich sehr gut im Hausgarten anbauen. Neben dem Standardsortiment gibt es unzählige Liebhabersorten.

Anhäufeln

Sobald die Triebe der Kartoffeln das Erdreich durchbrechen, muss man durch Hacken den Boden lockern. Zum erstenmal häufelt man an, sobald die Triebe 8 bis 10 cm über der Erde stehen und zum zweitenmal bei 15 bis 20 cm Höhe. Beim ersten Anhäufeln wird die Erde von beiden Seiten an die Reihen so herangezogen, dass nur einige Zentimeter der Triebe sichtbar bleiben. Das zweite erfolgt so, dass ein etwa 20 cm hoher Wall entsteht. Auf diese Weise kann die Luft (Sauerstoff) und vor allem auch die Wärme sehr gut in den Boden und damit in den Bereich der unterirdischen Teile der Kartoffeln eindringen.

man die Kisten in einem nicht zu kalten Raum (10 bis 15 °C) auf, der hell und luftig ist. Auf genügend Licht ist größter Wert zu legen. Zum Vorkeimen benötigen die Kartoffeln etwa sechs Wochen. Will man Ende März pflanzen, muss man schon Mitte Januar mit dem Vorkeimen beginnen. Einige Tage vor dem Auspflanzen die Knollen abhärten, indem man sie etwas kühler aufstellt. Kann noch nicht gleich ausgepflanzt werden, lässt sich der Keimvorgang durch Abkühlung auf 5 bis 6 °C vorübergehend stoppen. Abhängig von der Sorte haben sich Reihenentfernungen von 50 bis 75 cm und Pflanzabstände in der Reihe von 30 bis 40 cm bewährt. Flaches Legen ist die Voraussetzung für den Erfolg. Die Bodenschicht über der Pflanzknolle sollte nicht dicker als 5 cm sein, damit sich Pflanzknolle und Boden schnell erwärmen. Dankbar reagieren die Kartoffeln, wenn man die Furchen bzw. die Pflanzstellen mit Kompost „ausfüttert".
Beim Anbau mit zeitweiliger Vlies- oder Folienbedeckung werden die endgültigen Dämme schon nach dem Pflanzen gezogen. Der Abnahmetermin für das Vlies oder die Folie richtet sich nach dem Witterungsverlauf und geschieht abhängig vom Pflanztermin zwischen Mitte April und Anfang Mai. Eine zu lange Abdeckung kann nachteilig sein, da sich an Sonnentagen im Mai unter Folie und Vlies die Lufttemperaturen auf über 30 °C erwärmt; dadurch wird das Wachstum gehemmt.
Das oben beschriebene Anhäufeln ist kein absolutes „Muss". Kartoffeln gedeihen auch gut auf flachen Beeten, vor allem, wenn Mischkulturen dazwischen die Erde schattig, feucht und unkrautfrei halten. Soweit Kartoffeln in Monokulture angebaut werden, ist es ist wichtig, den Boden zu lockern und das Unkraut zu bekämpfen bis sich die Bestände geschlossen haben.

Düngung

Kartoffeln verlangen eine ausgeglichene organische und mineralische Düngung. Als organischer Dünger ist für Kartoffeln insbesondere Stallmist ideal, aber auch Kompost und Rindenhumus sind geeignet. Der Stallmist ist bereits im Herbst zu geben. Nicht ausreichend verrotteter Stallmist im Frühjahr behindert das gleichmäßige Pflanzen. Wichtig ist die ausreichende Magnesiumdüngung. Mangel an diesem Nährstoff ist eine der häufigsten Ernährungsstörungen bei Kartoffeln. Ursachen für diese Mangelerscheinungen sind meist überhöhte Kaliumgehalte im Boden. Für diese Erscheinung ist ein zunächst normales Wachstum typisch. Später vergilben die Blätter zwischen den Blattadern, wobei letztere vorerst noch grün bleiben. In späteren Stadien des Mangels vergilbt das gesamte Blatt. Die Düngermenge ist auf zwei Gaben zu verteilen, die eine Hälfte wird vor der Pflanzung in den Boden leicht eingearbeitet, die andere Hälfte etwa 14 Tage nach dem Auflaufen verabreicht.

Krankheiten und Schädlinge

Bei sehr feuchtwarmer Witterung kann es zur Infektion mit Kraut- und Knollenfäule kommen. Sie verursacht braune Blattflecken, die sich vom Blattrand her ausbreiten und zum Vertrocknen des Laubes führen können. Die Stauden sterben ab, die Knollen weisen leicht eingesunkene, graue Flecken auf und werden im Inneren braunfaul, wobei der Befallsdruck bei den Spätkartoffeln größer als bei den Frühkartoffeln ist.
Mehrere Blattlausarten (so die Grüne Pfirsichblattlaus, die Kreuzdorn- und Faulbaumlaus sowie die Grünfleckige und Grünstreifige Kartoffelblattlaus) sind in der Lage, Kartoffelpflanzen zu besiedeln, sich auf ihnen zu vermehren und sie mit Viren zu infizieren. Auch hier gilt, dass die Frühkartoffeln wegen der frühen Ernte weniger betroffen sind.
Dies gilt auch für den Kartoffelkäfer, der bei Spätkartoffeln große Schäden verursachen kann. Der gelbliche, schwarzgestreifte Käfer und seine rote, an den Seiten mit schwarzen Punkten gezeichneten Larven können die Stauden völlig kahl fressen, wobei die Schadensschwelle bei etwa 15 Larven je Kartoffelpflanze liegt. Bei geringem Befall die Larven ablesen.

Guter Lagerkeller
Im Keller lassen sich Spätkartoffeln sehr gut lagern, wenn er kühl und luftig ist und durch vieles Lüften, auch bei kaltem Wetter, mit guter, reiner Luft versorgt werden kann. Ist er hingegen dumpf und warm (Zentralheizung), so faulen Kartoffeln leicht. Sie benötigen als günstige Lagertemperatur im Winter zwischen 3 und 5 °C. Liegt die Temperatur niedriger, werden die Kartoffeln süß. Die relative Luftfeuchtigkeit sollte zwischen 70 und 85 % liegen.

Nematoden richten auf nematodenverseuchten Standorten und Flächen verheerende Schäden an. Bei starkem Nematodenbefall sterben die sich kümmerlich entwickelnden Pflanzen vollständig ab.

Ernte und Lagerung
Mit der Ernte der Kartoffeln beginnt man, wenn das Kraut abstirbt und die Knollenschale fest bleibt. Geerntet wird am besten mit der Spatengabel. Grundsätzlich sind Verletzungen an den Knollen zu vermeiden, da sie zu verstärkter Atmung und oft auch Fäulnis führen. Verletzte Knollen müssen schon vor dem Lagern aussortiert werden. Frühkartoffeln sind für den Frischverzehr bestimmt und für längeres Lagern nicht geeignet. Sie welken leicht und verlieren an Qualität. Sie können nicht länger als 14 Tage gelagert werden. Mittelfrühe und mittelspäte Kartoffelsorten lassen sich längere Zeit einlagern, späte sogar bis zu zehn Monaten.

Kerbel, Garten-Kerbel

- 40 bis 50 Tage
- mittlerer Zehrer
- Falscher Mehltau, Rostpilze, Blattläuse, Kerbelmotte

Folgesaaten
Kerbel im Abstand von etwa 3 Wochen immer wieder neu aussäen, weil ältere Pflanzen an Würzkraft und Zartheit schnell verlieren.

Anthriscus cerefolium
Doldenblütler, Apiaceae

Schon die alten Römer schätzten Garten-Kerbel als Gewürzpflanze. In Deutschland kultiviert man ihn seit dem 16. Jahrhundert. Garten-Kerbel ist eng mit der Petersilie verwandt und sieht ihr äußerlich auch ähnlich.
Mit seinem würzigen, anisähnlichen Geschmack eignet sich Kerbel zum Würzen von Fischgerichten, Eierspeisen, Salaten, Suppen, Soßen und Quark. Als bekannteste Kerbelspeise galt früher lange Zeit die Kerbelsuppe. Zusammen mit Estragon, Petersilie und Schnitt-Lauch ist Kerbel eine Komponente der französischen Kräutermischung „Fine herbes". Kerbel ist hitzeempfindlich, deshalb die Blätter erst beim Anrichten zugeben, um das empfindliche Kerbelaroma möglichst gut zu erhalten. Wichtige Inhaltsstoffe sind ätherische Öle, Mineralstoffe und Vitamine (Vitamin C und Provitamin A). In der Volksheilkunde gilt Kerbel als blutreinigend und wassertreibend.

Standortansprüche
Garten-Kerbel bildet dünne, spindelförmige, weißliche Wurzeln, die im Boden bis zu 30 cm tief gehen. Tiefgründige humusreiche Böden sind optimal. Stauende Nässe verträgt Kerbel nicht. Kerbel ist nicht kälteempfindlich und lässt sich schon ab Mitte März aussäen.

Sorten
Man unterscheidet zwischen glatt- und krausblättrigen Sorten. Heute werden in der Regel krausblättrige Sorten bevorzugt, z. B. 'Mooskrauser Kerbel' und 'Benarys Krauskopf'.

▲ Kerbel riecht und schmeckt süßlich aromatisch mit einem Beigeschmack von Anis.

Anbau
Aussaat am besten direkt an Ort und Stelle. Reihensaat ab Ende März. Abstand von Reihe zu Reihe 15 cm. Pro laufendem Meter sät man 150 Samenkörner aus. Flach aussäen bzw. nur dünn mit Erde bedecken. Als Langtagpflanze blüht Kerbel bei Aussaaten ab April relativ schnell. Trockenheit begünstigt ebenfalls die Blüte. Kerbel lässt sich auch im Topf kultivieren.

Ernte und Lagerung
Etwa 40 bis 50 Tage nach der Aussaat kann man die 20 bis 30 cm hohen Pflanzen handbreit über dem Boden ernten, noch bevor die Blätter an der Basis vergilben und die Blütenknospen erscheinen. Blühende Pflanzen sind nicht mehr so würzig. Ein zweiter Schnitt ist möglich. Kerbel welkt relativ schnell. In Wasser eingestellt oder in Folie verpackt bleibt er länger frisch.

Knoblauch

Allium sativum* var. *sativum
Liliengewächs, Alliaceae

- von Legen der Zehen bis zur Ernte 120–150 Tage
- mittlerer Zehrer
- zahlreiche Pilzkrankheiten und Schädlinge
- viel Wasser von Mitte Mai bis Anfang Juni

Schon im Altertum war Knoblauch bekannt und wurde bereits von den alten Kulturvölkern Vorderasiens und Ägyptens angebaut. Knoblauch ist eine ausdauernde, frostharte Pflanze, wird allerdings nur einjährig oder einjährig überwinternd kultiviert. Er hat ähnlich wie Lauch flache Blattflächen, die sich an einem relativ langen Scheinspross bilden. Knoblauch bildet nicht wie die Speise- oder Küchenzwiebel eine Schalenzwiebel. Vielmehr entwickeln sich nach Einwirkung niedriger Temperaturen zahlreiche Beiknospen, die man als Zehen oder Klauen bezeichnet. Eine Zwiebel umfasst sechs bis zwanzig solcher Zehen, die leicht gekrümmt sind. Die die Gesamtzwiebel umhüllenden Häute sind meist weiß, teils rosa, lila oder grünlich

▲ Knoblauch ist ein idealer Mischkulturpartner für Möhren.

gefärbt. Der röhrenförmige, 30 bis 80 cm hohe Stängel trägt zahlreiche, in einer kugeligen Scheindolde zusammensitzende, rötlich weiße Blüten. Die langgestielten Blüten verharren meist im Knospenstadium oder sind steril und setzen keine Samen an. Dafür treten im Blütenstand bei einer Reihe von Sorten Brutzwiebeln auf. Knoblauch ist in den Küchen der gesamten Welt meist sehr geschätzt. Seine hohe Würzkraft verlangt maßvolles, vorsichtiges Dosieren. Von alters her betrachtete man den Knoblauch weltweit nicht nur als Nahrungs- und Würz-, sondern auch als vielseitig wirksames Heilmittel. Schon zu sehr früher Zeit hatte man die antibakteriellen und sekretionsfördernden Wirkungen von Knoblauch erkannt. Es existieren schon jahrtausendealte Rezepte aus dem antiken Griechenland und Rom, wie verschiedene Erkrankungen und Gesundheitsstörungen mit Hilfe von Knoblauch erfolgreich zu behandeln sind. Knoblauch hat einen vergleichsweise hohen Gehalt an Kohlenhydraten, Proteinen, Mineralstoffen und Vitaminen. Wertbestimmende Inhaltsstoffe sind vor allem die ätherischen, schwefelhaltigen Öle. Das ätherische Öl (0,1 bis 0,4 %) besteht zu 60 % aus Diallylsulfid. Bereits 0,1 g Knoblauchpulver in einem Kilogramm Lebensmittel sind deutlich im Geschmack wahrnehmbar.

Warum Knoblauch riecht
Frischer Knoblauch ist fast geruchlos. Der typische Knoblauchgeruch entwickelt sich erst beim Zerkleinern, wenn das geruchlose Alliin durch das Enzym Allinase über Allicin zu weiteren Schwefelverbindungen abgebaut wird. Durch den Atem und die Poren der Haut werden die Duftstoffe wieder ausgeschieden. Die als unangenehm empfundenen Ausdünstungen lassen sich durch Pfeffer-Minze, durch Kauen von in Essig eingelegten Ingwerscheiben oder durch Rotweintrinken etwas mildern.

Standortansprüche

Optimal sind lockere, humusreiche Lehmböden mit pH-Werten von 6,5 bis 7,4. Auf leichten Sandböden bleiben die Knoblauchzehen meist kleiner. Gegen stauende Nässe ist Knoblauch sehr empfindlich und fault dann. Schwere tonige Böden mit ausreichend Sand verbessern.
Knoblauch ist frosthart. Er stellt bestimmte Anforderungen an das Klima, damit sich die Zwiebeln gut entwickeln. Damit die Zwiebeln gut ausreifen, muss die Temperatur dauernd unter 18 °C liegen. Bei Temperaturen über 30 °C bilden sich gar keine Zwiebeln aus. Auch die Niederschläge spielen eine Rolle. Mit einer guten Ernte ist zu rechnen, wenn es im Juli wenig regnet.

Fruchtfolge

Für Knoblauch sollte eine strenge Fruchtfolge eingehalten werden: eine vier- bis fünfjährige Anbaupause nach sich selbst und anderen *Allium*-Arten. Damit wird weitgehend vermieden, dass sich auf Zwiebelgemüsearten spezialisierte Schaderreger anreichern, z. B. Zwiebelnematoden und Pilzkrankheiten. Knoblauch steht in 2. Tracht am besten. Auch ist Knoblauch eine gute Vorfrucht für alle Gemüsearten, außer für solche, die zur gleichen Familie gehören.

Anbau

Beim Knoblauchanbau unterscheidet man zwei genetisch unterschiedliche Hauptformen, den Winter-Knoblauch und den Frühjahrs-Knoblauch. Wintersorten mit Pflanzterminen im Oktober bilden größere Zwiebeln als Sorten, die man zur Frühjahrspflanzung bevorzugt. Die kälteempfindlicheren Frühjahrssorten bringen bei Pflanzungen im März weniger Ertrag, sind jedoch für die Lagerung besser geeignet. Die Zehen der Wintersorten pflanzt man im Spätherbst, die der Frühsorten ab März. Sie werden 5 bis 7 cm tief im Abstand von 25 bis 30 × 5 bis 10 cm gesteckt. Besonderer wichtig ist gesundes Pflanzgut. Deshalb die Zehen durch Brechen der Zwiebeln erst unmittelbar vor dem Pflanzen gewinnen. Zehen mit Schadstellen (Einsenkungen, Verfärbungen) sollten unbedingt aussortiert werden. Fäulnisgefahr!

WICHTIG zu wissen

Nicht den im Laden gekauften Knoblauch pflanzen. Dieser kommt meist aus südlichen Ländern und ist in der Regel für den Anbau hier nicht geeignet, weil er ein wärmeres Klima braucht und nicht genügend winterhart ist.

Düngung

Die erste Stickstoffgabe sollte im zeitigen Frühjahr unmittelbar vor dem Pflanzen, die zweite bei intensivem Blattwachstum bis spätestens Anfang/Mitte Mai erfolgen. Es hat sich bewährt, Phosphor und Kalium schon im Herbst auszubringen. Da Knoblauch schwefelbedürftig ist, sind sulfathaltige Dünger zu bevorzugen.

Krankheiten und Schädlinge

Man mag es kaum glauben, auch Knoblauch kann von einer Vielzahl von Krankheiten und Schädlingen befallen werden. So durch Viruskrankheiten, insbesondere durch das Zwiebel-Gelbstreifen-Virus und das Latente Knoblauchvirus ist die Pflanze stark gefährdet. Knoblauchzwiebeln sind außerordentlich stoß- und druckempfindlich. Bereits kleinste Wunden an den Zehen ermöglichen bakteriellen Fäulniserregern das Eindringen. Bei Feuchtigkeit faulen die Zehen dann schnell. Auch Falscher Mehltau, Grauschimmel und Blattfleckenkrankheiten können auftreten. Bei den Schädlingen sind Stängelälchen am meisten gefürchtet. Die befallenen Knoblauchzwiebeln werden schwammig und können faulen. Die oberirdischen Pflanzenteile vergilben vorzeitig und sterben ab. Des Weiteren können Wurzelmilben, Thrips, Minierfliege, Zwiebelfliege und Erdraupen auftreten.

Ernte und Lagerung

Die Ernte erfolgt Mitte bis Ende Juli (Anfang August). Sorten ohne Schaft sind erntefähig, wenn das untere Drittel der Pflanzen vergilbt ist und die Pflanzen beginnen, sich seitlich zu neigen oder umzulegen. Zum Erntezeitpunkt sollten die Zehen nach außen abgesetzt erkennbar und das Laub noch fest mit der Zwiebel verbunden sein. Die Pflanzen zunächst mit der Grabegabel lockern und durch leichtes Ziehen am Schlottenschaft vorsichtig herausnehmen.

Trockene Knoblauchzwiebeln sind gut lagerfähig. Bei 0 bis −1 °C und 65 bis 75 % relativer Luftfeuchte lässt sich Knoblauch sechs bis sieben Monate lagern. Bei 4 bis 8 °C treibt die Zwiebel bald aus, verbunden mit hoher Luftfeuchtigkeit besteht Fäulnisgefahr. Wurzelaustrieb bei Knoblauch ist immer ein Zeichen für zu feuchte Lagerbedingungen.

Abtrocknen lassen
Die abgelegten Knoblauchpflanzen bleiben bei gutem Wetter drei bis sechs Tage zum Abtrocknen auf dem Beet. Das Laub wird später auf 1 bis 2 cm eingekürzt. Gut getrocknete Zwiebeln rascheln beim Bewegen. Beim Nachtrocknen verlieren die Zwiebeln noch 20 bis 30 % an Gewicht.

Ausreifen lassen
Wenn die Blätter ab Mitte Juni vergilben und sich umzulegen beginnen, darf nicht mehr gewässert werden. Wenn es zur Erntezeit lange feucht ist, treten leicht Pilzkrankheiten auf.

Gemüse-Fenchel

Foeniculum vulgare* var. *azoricum
Doldenblütler, Apiaceae

Gemüse-Fenchel wird 50 bis 80 cm hoch und bildet oberirdisch eine Zwiebel, die man in der Umgangssprache als „Knolle“ bezeichnet. Daher auch der Name Knollen-Fenchel. An den glatten Stielen sitzen feingegliederte Blätter, die dem Dill ähneln. Als Gemüse verwendet man die saftig-fleischigen, weißen bis hellgrünen Scheiden der Grundblätter. Je nach Sorte können

- 90 – 100 Tage
- mittlerer Zehrer
- Wildkaninchen und Feldhasen

◀ Gemüse-Fenchel gilt roh oder gekocht als schmackhaftes, energiearmes und vitaminreiches Gemüse.

diese Blattscheiden kurz und breit oder schmal und länglich sein.

Man kann Gemüse-Fenchel roh essen, ihn aber auch dünsten und garen oder gegrillt zubereiten. Der leicht anisartige Fenchelgeruch und -geschmack rührt von ätherischen Ölen her. Gemüse-Fenchel ist reich an Vitamin C und Provitamin A sowie an Mineralstoffen, insbesondere Kalium, Magnesium und Eisen. Gemüse-Fenchel ist leicht verdaulich und wirkt gut auf die Schleimhäute, die Atmungsorgane, das Nervensystem und die Verdauung.

Standortansprüche

Gemüse-Fenchel gedeiht nicht auf extrem leichten Böden, die nur wenig Wasser speichern. Er mag aber auch keine schweren, zu nassen und verdichteten Böden. Er bildet eine deutlich ausgeprägte Pfahlwurzel, die sich stark verzweigt. Die Hauptwurzelmasse befindet sich in bis zu 50 cm Bodentiefe. Aus diesem Grund ist eine tiefgründige Bodenbearbeitung anzustreben. Die Bodenreaktion kann im Bereich von pH 5 bis 7 schwanken.

Fruchtfolge

Gemüse-Fenchel ist selbstunverträglich, in drei Jahren allenfalls einmal Doldenblütler auf die gleiche Fläche pflanzen. Gute Zwischenfrüchte sind Spinat, Zwiebeln und Lauch, nicht empfehlenswert sind Einlegegurken, Gemüse-Bohnen, Kopf-Salat, Eis-Salat und Endivien. Gemüse-Fenchel steht am besten in 2. Tracht nach Vorfrüchten, die organische Düngung erhalten haben.

Schossen verhindern
Temperaturen unter 7 und über 25 °C hemmen das Wachstum. Darüber hinaus bilden sich in langen Tagen (über 14 Stunden) leicht lange und platte Knollen als sogenannte Schosser. Hohe Temperaturen in dieser Zeit und ungenügende Bodenfeuchtigkeit verstärken das Schossen noch.

Sorten

Als wichtige Sorteneigenschaften gelten gute Schossfestigkeit sowie möglichst runde und weiße Zwiebeln. Gute Sorten sind: 'Sirio', 'Rondo' und 'Rudy', mit sehr guter Schosstoleranz, bevorzugt für einen Anbau von April bis Juli; 'Finale' und 'Selma' eignen sich für eine Ganzjahreskultur. Das in früheren Jahren empfohlene Anhäufeln der Fenchelknollen zum Bleichen erübrigt sich bei den heutigen Sorten.

Anbau

Direktsaat oder Pflanzung mit Vorkultur. Aussaat Mitte Mai bis Anfang Juli direkt an Ort und Stelle. Die Saattiefe sollte 1,5 bis 2 cm betragen. Frühere Aussaaten sind möglich, jedoch nicht zu empfehlen, weil die Gefahr des Schossens besteht. Reihenabstand 30 bis 40 cm. In der Reihe nach der Keimung auf 15 bis 20 cm vereinzeln. Die Jungpflanzenanzucht erfolgt auf Anzuchtbeeten im Freiland oder unter Glas in Saatkisten. In der Keimphase sollte die Lufttemperatur bei 22 °C liegen; nach dem Keimen möglichst nicht über 16 °C, damit sich die Wurzelhälse nicht zu stark verlängern, sondern die Pflanzen gedrungen und standfest bleiben. Auspflanzen, wenn die Pflanzen drei bis vier Laubblätter entwickelt haben.

Krankheiten und Schädlinge

Unter ungünstigen Witterungsbedingungen kann Falscher Mehltau und Fenchelrost auftreten. Gefürchtet sind insbesondere Ackerschnecken und Erdraupen. Auch Blattläuse befallen Fenchel. Fenchel muss in ländlichen Gebieten möglicherweise vor Wildkaninchen und Feldhasen geschützt werden. Diese werden durch den leicht anisartigen Geruch angezogen.

Ernte und Lagerung

Gemüse-Fenchel muss rechtzeitig geerntet werden. Steht erntereifer Gemüse-Fenchel zu lange, verliert er im Sommer bei hoher Sonneneinstrahlung und hohen Temperaturen an Qualität. Die Knollen wachsen sehr schnell, verholzen und platzen. Man schneidet die Knollen mit einem langen, scharfen Messer über der Erde ab oder zieht sie mit den Wurzeln aus dem Boden und schneidet diese an der Knolle glatt ab. Die Blattstiele kürzt man auf 5 bis 8 cm Länge fächerförmig ein. Gemüse-Fenchel lässt sich bei 0 bis 1 °C und 95 % relativer Luftfeuchtigkeit (am besten im Folienbeutel) vier bis sechs Wochen verlustarm lagern.

Kohlrabi

Brassica oleracea var. *gongylodes*
Kreuzblütler, Brassicaceae

Die Kohlrabiknolle ist der gestauchte, verdickte Hauptspross der Pflanze. Sie entsteht oberhalb vom zweiten oder dritten Laubblatt. Die Knolle kann kugelförmig, plattrund oder oval, die Knollenschale weißlich, weißgrün bis kräftig intensiv grün, rötlich oder violett gefärbt sein. Sie kann je nach Sorte und Verwendungs-

- 70 – 80 Tage
- Starkzehrer
- wie Kopf-Kohl und Blumen-Kohl, Schwarzbeinigkeit

▲ Kohlrabi kann sehr dekorativ aussehen.

zweck im Durchmesser zwischen 5 und 20 cm und noch darüber messen.

Kohlrabi ist ein vitamin- und mineralstoffreiches, schmackhaftes, vielfältig verwendbares Gemüse. Der angenehme, leicht süßliche, etwas nussartige Geschmack ist insbesondere auf die Kohlenhydrate (Zucker), Fruchtsäuren und Senfglykoside zurückzuführen. Beachtenswert ist der Vitamin-C-Gehalt mit 65 mg / 100 g Frischsubstanz. Der Mineralstoffgehalt ist ähnlich wie bei Kopf-Kohl und Blumen-Kohl. Im Fruchtsäuregehalt dominieren Apfel- und Zitronensäure, wobei blaue Sorten den wesentlich höheren Zitronensäure-, Bernstein-, Fumar- und Chinasäuregehalt aufweisen. Bei wasserarmem Garen geht am wenigsten Ascorbinsäure verloren, im Dampfkochtopf dagegen am meisten.

Kohlrabi reagiert empfindlich auf die Temperatur. Nach Kältereizen kann er frühzeitig schossen. In der relativ kurzen Jugendphase bleibt Kohlrabi für den Kältereiz noch unempfindlich, aber bereits im Zweiblattstadium können niedrige Temperaturen (unter 14 °C) über längere Zeit das Schossen von Kohlrabi auslösen. Das gilt es bei der Jungpflanzenanzucht unter Glas zu beachten. Allerdings können wenige Stunden hoher Temperatur täglich oder für einen Tag in der Woche den Effekt der niedrigen Temperatur aufheben. Um das Schossen zu vermeiden, sollte der Temperaturunterschied zwischen Tag und Nacht besonders groß sein.

Standortansprüche

An den Boden stellt Kohlrabi die gleichen Anforderungen wie die meisten Kohl-Arten. Böden mit guter Wasserhaltekraft sind vorteilhaft. In ihnen schwankt die Bodenfeuchte kaum, wodurch die Knollen seltener platzen als auf leichteren Böden mit größeren Schwankungen. Die Bodenreaktion sollte bei pH-Werten zwischen 6 und 7,5 liegen.

Im Sommer und Herbst nimmt Kohlrabi mit niedrigen Temperaturen vorlieb, im Jugendstadium benötigt er jedoch Wärme.

Fruchtfolge

Wie bei allen anderen Kohl-Arten sind auch bei Kohlrabi längere Anbaupausen mit Kreuzblütlern anzustreben. Zu dichte Folgen erhöhen das Risiko vor allem mit bodenübertragbaren Krankheiten, insbesondere Kohlhernie. Daher ist Kohlrabi möglichst nur einmal in drei Jahren anzubauen. Weitgestellte Fruchtfolgen bei Kreuzblütlern einzuhalten, ist im Haus- und Kleingarten nicht so leicht möglich, weil die Kohl-Arten nicht selten 50 % der Gemüsefläche einnehmen. Organische Düngung erhöht den Ertrag kaum, deshalb stehen Kohlrabi am besten in 2. Tracht. Als Nachfrucht eignen sich alle Gemüsearten. Wenn Kohlrabi viel Stickstoffdünger bekommt, erhöht sich auch der Nitratgehalt in der Knolle.

Sorten

Wer die Wahl hat, hat die Qual; dieses Sprichwort gilt auch bei den Kohlrabisorten. Diese unterscheiden sich nach der Knollenfarbe – weiß (eigentlich hellgrün) oder blau (eigentlich blauviolett) – sowie nach ihrer Erntereife und Anbaueignung für Früh-, Sommer- und Herbstanbau. Als wichtige Sorteneigenschaften gelten: gute Innenqualität der Knollen mit geringer Neigung zum Holzigwerden, hohe Platzfestigkeit der Knollen, Schnellwüchsigkeit und geringe Schossneigung. Auch für den Haus- und Kleingarten empfehlen sich die in den letzten Jahren gezüchteten Hybriden, die einheitlicher und schneller wachsen.

Gute blaue Sorten sind: 'Azur Star', schossfest, für den ganzjährigen Anbau; 'Delikatess Blauer', für den Frühanbau '; 'Blauer Speck' und 'Blusta' für den Sommeranbau.

Wertvolle Blätter
Interessant ist, dass die Kohlrabiblätter, die in einigen Regionen als Gemüse zubereitet werden, ernährungsphysiologisch besonders wertvoll sind. Ihr Vitamin-C-Gehalt ist gegenüber den Knollen doppelt so hoch, der Karotin-Gehalt 100fach sowie der Kalzium- und Eisengehalt etwa 10fach höher.

TIPP

Kohlrabi ist ideal fürs Kleingewächshaus. Bei Aussaat im Januar und Pflanzung Ende Februar/Anfang März kann bereits Ende April/Anfang Mai geerntet werden.

Gute weiße Sorten sind: 'Lanro' und 'Eltville' für den ganzjährigen Anbau; 'Adriana', 'Kohyro' und 'Delikatess Weißer' für Früh-und Sommeranbau; 'Kossak' und 'Superschmelz' sind Riesenkohlrabi für den ganzjährigen Anbau.

Anbau

Eine Direktsaat ist möglich, aber wegen des Anbaurisikos nicht verbreitet. Bei Direktsaat sind Einzelkornablage auf 8 cm in der Reihe bei Reihenabständen von 30 cm üblich. Die Jungpflanzenanzucht erfolgt durch breitwürfige Aussaat in Saatschalen und anschließendem Pikieren in 5- bis 7-cm-Töpfe oder entsprechende Topfeinheiten oder auch auf Saatbeete im Freiland mit direktem Pflanzen. Für den Frühanbau im Freiland Anfang Februar unter Glas aussäen und ab Mitte März im Abstand von 25 × 25 cm auspflanzen. Gut abgehärtete Jungpflanzen vertragen Frost bis −4 °C. Zur Sicherheit sollten die frischen Pflanzungen mit Lochfolie oder Vlies abgedeckt werden, bis keine stärkeren Fröste mehr zu erwarten sind. Gut geeignet für diesen Frühanbau sind auch Frühbeetkästen.

Für den Sommeranbau die Jungpflanzen auf Anzuchtbeeten im Freiland (Aussaat Ende März/Anfang April) aussäen, wenn die Witterungsbedingungen dies zulassen. Pflanzung ab Mitte Mai im Abstand von 30 × 30 cm.

Für den Herbstanbau wird Ende Mai bis Mitte Juni auf Anzuchtbeete im Freiland ausgesät. Pflanzung Anfang bis Ende Juli im Abstand von 30 × 30 cm.

▼ Damit sich die Knollen ungestört bilden können, dürfen die Jungpflanzen nicht tief in den Boden kommen. Man darf nur so tief pflanzen, dass die oberen Wurzeln gerade mit Erde bedeckt sind, wobei festes Einpflanzen das Umfallen verhindert. Bei Jungpflanzen mit Topfballen sollten sich nur etwa zwei Drittel vom Ballen im Boden befinden.

zu hoch richtig zu tief

Krankheiten und Schädlinge

Die für Kohlrabi bedeutsamen Bakterien- und Pilzkrankheiten (insbesondere Kohlhernie und Falscher Mehltau) sind schon bei Kopf-Kohl und Blumen-Kohl beschrieben. Dies gilt auch für die tierischen Schädlinge. Vor allem muss auf den Großen Kohltriebrüssler geachtet werden. Dieser Käfer überwintert im Kokon und schlüpft im Frühjahr, wenn der Boden sich auf über 6 °C erwärmt. Nach etwa zweiwöchigem Fressen legt der große Kohltriebrüssler seine Eier unterhalb des Vegetationskegels ab. Die Schwarzbeinigkeit der Kohlrabipflanzen im Saatbeet wird durch mehrere Pilze verursacht und durch zu dichte Aussaat und unsachgemäßes Gießen begünstigt. Bei dieser Krankheit wird der Wurzelhals der Jungpflanzen schwarz, während er bei gesunden weiß bleibt. Später fallen die Pflanzen um.

Ernte und Lagerung

Wird zu spät geerntet, können die Knollen verholzt sein. Dabei bilden sich im Fleisch starke, ungenießbare Fasern. Bei der Ernte schneidet man Kohlrabi entweder unter der Knolle mit einem scharfen Messer ab oder zieht ihn an den Blattstielen aus dem Boden und schneidet am Wurzelstrunk ab. Bei 0 bis 1 °C und 97 % relativer Luftfeuchte lassen sich Frühsorten mit Laub 2 bis 3 Wochen, ohne Laub sogar mehrere Monate lagern. Kohlrabi lässt sich – kurz blanchiert – auch gut einfrieren.

Warum Kohlrabiknollen platzen

Die Knollen platzen immer dann, wenn nach Trockenperioden reichlich Regen fällt. Dem kann entgegengesteuert werden, indem man auch bei Trockenheit regelmäßig gießt. Mulchfolien oder Mulchpapiere eignen sich gut für den Kohlrabianbau. Dann trocknet der Boden nicht so stark aus und verkrustet auch nicht. Als angenehmer Nebeneffekt unterdrückt das Mulchen Unkraut.

Kohl-Rübe, Steck-Rübe

Brassica napus* subsp. *rapifera
Kreuzblütler, Brassicaceae

Die Kohl-Rübe spielte in Deutschland für die menschlichen Ernährung vor allem in Notzeiten eine große Rolle. Die Kohl-Rübe ist eine zweijährige Pflanze, die im ersten Jahr eine Blattrosette und die Sprossrübe und im zweiten Jahr den Blütenstand bildet. Sie ist ein ausgesprochenes Wintergemüse und lässt sich als Gemüsebeilage zu Fleischgerichten, für Suppen und Eintöpfe, aber auch als Salat sehr vielseitig verwenden.

Die Kohl-Rübe enthält Glukose und Fruktose, Mineralstoffe und Vitamine. Schwefelhaltige ätherische Öle verleihen der Kohl-Rübe den typischen Geschmack.

- etwa 120 Tage
- mittlerer Zehrer
- Kohlhernie, Mehltau, Erdflöhe, Kohldrehherzmücke, Kohlrübenblattwespe, Kohlfliege, Blattläuse

Standortansprüche

An den Boden stellt die Kohl-Rübe keine besonderen Ansprüche. Besonders günstig sind sandige Lehmböden mit guter Wasserhaltekraft, ohne dabei zur Vernässung zu neigen.
Die Bodenreaktion sollte über pH 6 liegen. Kohl-Rüben brauchen viel Kalium und Bor. Bormangel ruft Glasigkeit und Braunfleckigkeit der Rübe hervor.

Sorten

Je nach Sorte ist das Fleisch der Kohl-Rübe gelb, cremefarben oder weiß, die Außenrinde gelb bis bronzefarben, violett, rötlich oder grünlich. Empfehlenswerte Sorten sind: 'Marian', gelb, rotköpfig, kohlhernieresistent; 'Merrick', weiß, fleischig mit bronzefarbenem Kopf, mehltautolerant; 'Gelbe Schmalz', feine kurzlaubige Speisesorte; 'Grünköpfige gelbe Wilhelmsburger', bekannteste Sorte.

Anbau

Direktsaat an Ort und Stelle mit Verziehen auf 30 cm in der Reihe ist möglich, doch ist es besser, die Jungpflanzen vorzuziehen und dann zu pflanzen. Für die Gewinnung von Saatbeetpflanzen für das Pflanzen von Mitte Juli bis Anfang August sät man Ende März bis spätestens Anfang Juni auf Anzuchtbeete im Freiland. Pflanzung nach 5 bis 6 Wochen im Abstand von 40 × 30 cm.

▼ Nicht wenige Menschen schätzen die Kohl-Rübe als Delikatesse.

Ernte und Lagerung

Die Ernte erfolgt von September bis November. Die Rüben vertragen leichte und mittlere Fröste gut, wenn sie mit Erde bedeckt sind. Deshalb kann man sie auch noch im Dezember ernten. Im Keller oder in der Erdmiete sind die Rüben mehrere Monate lagerfähig.

Kopf-Kohl, Weiß-Kohl, Rot-Kohl, Wirsing

Brassica oleracea var. *capitata*
Kreuzblütler, Brassicaceae

100 – 130 Tage

starker bis sehr starker Zehrer

In Europa werden Typen des Kopf-Kohls schon seit mindestens 2500 Jahren angebaut. Die drei Kopfkohlarten Weiß-Kohl, Rot-Kohl und Wirsing (var. *sabauda*), sind zweijährige Pflanzen, die zum Verzehr einjährig kultiviert werden. Kopf-Kohl bildet im ersten Jahr eine eng geschlossene, kopfförmige Blattrosette, im zweiten den Blütenstand mit gelben Blüten und dann Schoten mit Samen. Die Anzahl der Laubblätter, die sich nicht zum Kopf zusammenschließen, kann erblich verschieden sein, hängt aber auch von der Temperatur ab. So bildet Kopf-Kohl bei hohen Temperaturen weniger schützende Umblätter aus.
Die Form des Kopf-Kohls zeigt große Mannigfaltigkeit, sie kann plattrund, flachrund, rund, hochrund, ballonförmig, breiteiförmig oder spitzeiförmig sein. Die Blätter sind von Wachs überzogen. Bei Weiß-Kohl sind sie grüngelb bis blaugrau und bei Rot-Kohl rotviolett bis purpurrot gefärbt.

Kohl als Medizin

Kohlsaft soll einen günstigen Einfluss auf Geschwure des Magen-Darm-Traktes haben. Auch gibt es Hinweise darauf, dass reichlicher Verzehr von Kohlgemüse das Risiko für Darmkrebs verhindern könnte.
Kopf-Kohl enthält sehr viel Vitamin C, ist reich an Ballaststoffen (etwa 2,5 g je 100 Frischgewicht) und dazu energiearm (etwa 100 kJ (23 kcal) je 100 g Frischgewicht). Ätherische Öle und Fruchtsäuren geben ihm den typischen Geschmack. Sauerkraut eignet sich auch als Diätkost und Heilmittel. Die von Milchsäurebakterien und Hefepilzen bewirkte Gärung verwandelt einen großen Teil der Kohlenhydrate in Milchsäure, die den Darm desinfiziert und Fäulnisvorgängen entgegenwirkt.
Da Kopf-Kohl Blähungen verursachen kann, eignet er sich für Magen- und Darmkranke weniger gut.

Kopf-Kohl lässt sich als Frisch- und Lagerprodukt, verarbeitet als Sauerkraut, für Koch- und Salatgemüse vielseitig verwenden und ist von großer ernährungsphysiologischer Bedeutung. Sauerkraut war früher im gesamten Winterhalbjahr die einzige Vitamin-C-Quelle bei Gemüse.

Kühles Klima erwünscht
Kopf-Kohl ist an kühleres Klima angepasst und lässt sich daher im gesamten Bundesgebiet erfolgreich anbauen. Ausgewachsen im Herbst verträgt Kopf-Kohl Nachtfröste bis etwa −5 °C.

Standortansprüche

Für den Kohlanbau eignet sich jeder gute Gartenboden. Für den Anbau von Herbst- und Spätkohl, der längere Zeit gelagert werden soll, sind schwere Lehmböden mit hohem Humusanteil besonders günstig. Die Bodenreaktion sollte zwischen pH 6,5 und 7,5 liegen. Bei pH-Werten unter 6,0 ist ein Aufkalken zu empfehlen. Bodenkalkung vermindert gleichzeitig die Gefahr von Kohlhernie.

Fruchtfolge

Für sämtliche Kohlarten, dies gilt selbstverständlich auch für Kopf-Kohl, ist die Fruchtfolge besonders wichtig. Missachtung des Fruchtwechsels kann sich sehr nachteilig auswirken. Durch falsche Fruchtfolge beeinflusste Krankheiten beim Kopf-Kohl sind vor allem: Kohlhernie, Schwarzadrigkeit, bei tierischen Schädlingen die Wurzelnematoden. Um ihnen entgegenzuwirken, sind Kreuzblütler maximal jedes dritte Jahr anzubauen.
Herbst- und Spätkohl steht am besten in 1. Tracht. Stallmist gräbt man am besten bereits im Herbst ein, während Kompost im Frühjahr gegeben und nur oberflächig eingearbeitet wird. Frühkohl kann auf humosen Böden auch in 2. Tracht stehen. Als günstige Vorfrüchte gelten Leguminosen und Kartoffeln. Weniger gut geeignet sind Korb- und Doldenblütler, weil sie möglicherweise Nematoden übertragen. Alle Kopfkohl-Arten sind gute Vorfrüchte.

▼ Damit Weiß-Kohl solch große Köpfe ausbilden kann, braucht er viel Wasser und Nährstoffe.

Sorten

Das Sortiment von Weiß-Kohl, Rot-Kohl und Wirsing ist groß. Beim Weiß-Kohl gibt es Sorten, die sich besonders gut für Kohlsalate, Kohlrouladen oder Sauerkraut eignen. Auch gibt es Unterschiede hinsichtlich der Kopfgröße (Kopfgewichte). Dies ist für die Sortenwahl nicht unwichtig, kann man doch durch entsprechende Wahl dem Bedarf der jeweiligen Familie besser gerecht werden. Kopfkohlsorten für Salate sollten weniger Strunkanteil und eine helle Färbung haben. Die meisten der heute angebotenen Sorten sind Hybriden.

Bei Kohlhernie konsequent handeln
Wenn der Kohlherniepilz sich einmal stark und flächendeckend im Garten ausgebreitet hat, hilft nur konsequentes Handeln. Dann darf man mindestens sieben bis acht Jahre lang keinen Kohl anbauen.

Weißkohlsorten

Gute frühe Sorten sind: 'Castello', weites Erntefenster, kann mit einem Gewicht von 0,3-3 kg geerntet werden; 'Dithmarscher', eine alte, bewährte Sorte; 'Express', schnellwachsend, lockere Köpfe bildend; 'Premiere', raschwüchsig, feste Köpfe bildend; 'Tiara', gute Platzfestigkeit, ansprechend dunkelgrüne Farbe.
Gute mittelfrühe Sorten sind: 'Ancoma', süßer, aromatischer Geschmack, ideal als Rohkost, gut lagerfähig; 'Gunma', schnell wachsend, flachrund, lockerer Kopf, süßes, würziges Aroma.
Gute späte Sorten sind: 'Brunswick' (auch 'Brunswijker' oder 'Braunschweiger'), großer, platter Kopf, beliebte ältere Sorte; 'Kilaton', resistent gegen Kohlhernie, besonders gut für Sauerkraut geeignet; 'Kilaxy', kohlhernieresistent, besonders gut lagerfähig; 'Kilazol', kohlhernieresistent, sehr gut für lange Lagerung; 'Marner Lagerweiß', bewährte Dauersorte, die auch bei längerer Lagerung grün bleibt.

TIPP
Wer Sauerkraut selbst zubereiten will, nimmt am besten das in Süddeutschland bekannte spitzkegelige sogenannte „Filderkraut".

Spitzkohlsorten

Form des Weiß-Kohls mit runden, tütenförmig zulaufenden Köpfen. 'Cape Horn', früh, gut geeignet für Rohkost; 'Caramba', früher Mini-Spitzkohl; 'Filderkraut', spät, historisch gewachsene Spezialität von der Filderebene bei Stuttgart, große, sehr feste, feinblättrige Köpfe mit angenehm süßem Geschmack, beste Sorte für die Sauerkrautherstellung und für Kohlrouladen, lange lagerfähig; 'Tourima', ein Mini-Spitzkohl für Sommer und Herbst.

▲ Rot-Kohl bekommt durch den Farbstoff Anthocyan seine rote Farbe.

◀ Wirsing will mit seinen gekräuselten, gelbgrünen bis dunkelgrünen oder blaugrünen Blättern gefallen.

Rotkohlsorten

Gute frühe Sorten sind: 'Cabeza Negra 2', schwarzroter Kohl von ausgezeichneter Qualität und gutem Geschmack; 'Marner Frührot', alte bewährte Sorte, sehr früh abreifend, trotzdem feste Köpfe bildend; 'Primero', runde, sehr gut durchgefärbte Köpfe.
Gute späte Sorten sind: 'Autoro', mittelgroßer Kopf, beste Lagereigenschaften; 'Kalibos', „knusprige" Innenstruktur, ausgezeichneter Geschmack, spitzförmig; 'Marner Lagerrot', bewährte Standardsorte für den späten Herbst und zur Lagerung; 'Rodon', hochrund, intensive blaurote Innenfarbe; 'Roxy', wüchsig, hervorragender Geschmack, widerstandsfähig gegen Krankheiten, lange Lagerfähigkeit.

Wirsingsorten

Gute frühe Sorten sind: 'Samantha', spitzförmige Köpfe mit relativ lockerer Füllung, kann schon nach kurzer Kulturzeit (3 - 4 Monate) frisch vom Beet geerntet werden; 'Vorbote 3', allerfrüheste Selektion mit festen, etwas spitz zulaufenden, frischgrünen Köpfen; 'Goldvital', Butterkohlwirsing, bildet gelbgrüne lockere Köpfe mit blasigen, feingehämmerten, zarten Blättern.
Gute mittelfrühe Sorten sind: 'Vertus', wüchsige Sorte, zart und angenehm im Geschmack; 'Grünkopf', stark gekrauster, dunkelgrüner Sommerwirsing; 'Hamsa', mittelgroße, blasige Köpfe, kurzer Strunk; 'Novusa', bewährter, platzfester Sommerwirsing, schnelle Entwicklung.
Gute späte Sorten sind: 'Marner Grüfewi', flachrunde, dunkelgrüne, schön gekrauste Köpfe, allerbeste Frosttoleranz; 'Wirosa', dunkelgrüne, feingekrauste, einheitliche Köpfe mit bester Haltbarkeit auch bei schlechter Witterung.

Anbau

In der Regel wird Kopf-Kohl vorkultiviert und dann gepflanzt. Direktsaat ist möglich. Die Aussaatzeiten richten sich nach den Sorten, man unterscheidet Frühkohl (Aussaat Ende Februar unter Glas, Auspflanzen Ende März / Anfang April); Sommerkohl (Aussaat im März unter Glas, Auspflanzen Ende April); Herbstkohl (Aussaat Mitte April auf Anzuchtbeete im Freiland, Auspflanzen Mitte Mai / Anfang Juni) und Dauer- oder Lagerkohl (Aussaat Ende April auf Anzuchtbeete im Freiland, Auspflanzen Ende Mai bis Mitte Juni). Bei Jungpflanzenanzucht unter Glas sät man breitwürfig in Saatschalen, später pikieren in 6- bis 7-cm-Töpfe oder entsprechende Pflanzeinheiten. Bei Jungpflanzenanzucht auf Anzuchtbeeten im Freiland am besten Aussaat in Reihen. Pflanzabstände je nach Sorte zwischen 50 × 50 bis 60 × 60 cm.

Durstiger Kopf-Kohl
Kopf-Kohl benötigt viel Wasser, er reagiert auf Wassermangel und Trockenperioden sehr empfindlich. Frühkohl braucht Anfang Mai sehr viel Wasser, Spätkohl in der Zeit von Mitte Juli bis September.

Düngung

Weiß-Kohl ist ein sehr starker Zehrer, Rot-Kohl und Wirsing begnügen sich mit etwas weniger Nährstoffen – sie sind starke Zehrer. Kopf-Kohl reagiert auf organische Düngung mit deutlich höheren Erträgen. Wird Kompost oder anderes organisches Material gegeben, ist dies bei der mineralischen Düngung zu berücksichtigen. Dies gilt selbstverständlich auch, wenn Ernte-

rückstände einer Vorfrucht oder Gründüngung eingearbeitet werden. Kopf-Kohl reagiert auf Mangel an Spurennährelementen weniger deutlich als Blumen-Kohl. Trotzdem tritt auf gefährdeten Böden Bor- oder Molybdänmangel auf. Bei Bormangel sind an den Pflanzen äußerlich keine Symptome erkennbar. Erst bei der Ernte zeigen sich hohle Strünke und geschädigte Wurzeln, während im Kopfinneren beginnende Braunfärbung erkennbar ist.
Bei Molybdänmangel haben die jüngeren Blätter erheblich schmalere Blattspreiten. Der Nährstoffbedarf von Rot- und Weiß-Kohl sowie Wirsing ist insbesondere in Bezug auf den Stickstoff unterschiedlich. Beim Weiß-Kohl liegt er doppelt so hoch als bei Rot-Kohl und Wirsing. Die Düngermenge ist auf drei bis vier Gaben aufzuteilen. Die erste Düngung sollte man etwa 3 Wochen nach dem Pflanzen geben.

Abdecken
Den sichersten Schutz bildet die Bedeckung mit Kulturschutznetzen, mit denen die Eiablage der Kohlfliege verhindert werden kann. Das Material dieser Netze ist reißfest und mehrmals wiederverwendbar. Es macht sich deshalb schon bald bezahlt, zumal die Netze gleichzeitig ein Schutz gegen Kohlweißling, Kohleule und auch die Mehlige Kohlblattlaus sind.

Krankheiten und Schädlinge

Das Blumenkohlmosaikvirus kann auch Weiß- und Rotkohl befallen, es zeigt sich in braunen nekrotischen Flecken auf den Blättern. Bei der Bakterienkrankheit Adernschwärze beginnt der Befall in der Regel vom Blattrand her. Die Blattadern verfärben sich schwarz. Auch die Blattstiele und der Strunk weisen im Inneren schwarze Leitungsbahnen auf. Ein bedeutender Infektionsherd sind im Boden verbliebene Kohlstrünke, in denen das Bakterium häufig mehrere Jahre überleben kann.
Die Kleine Kohlfliege ist der bedeutendste tierische Schädling an Kopf-Kohl. Sie tritt in drei nicht scharf voneinander getrennten Generationen auf.
Die ersten Fliegen erscheinen bei ansteigenden Temperaturen von Mitte April bis Anfang Mai. Die Eiablage beginnt eine Woche nach dem Schlüpfen der Larven. Die Fliege legt ihre Eier an den Wurzelhals der Pflanze oder in benachbarte Erdspalten ab. Die weißen Maden zerfressen Stängelgrund und Wurzeln. Stark befallene Pflanzen verfärben sich blaugrau, welken und sterben ab. Sie lassen sich leicht aus dem Boden ziehen.
Die Mehlige Kohlblattlaus verursacht insbesondere bei trockenem Wetter größere Schäden. Diese entstehen durch Besaugen der Blätter. Die Blattläuse besiedeln bevorzugt Herzblätter. Bei frühem Befall bildet sich dann manchmal gar kein Kopf. Blattläuse richten nicht nur durch Saugen Schaden an, sondern übertragen auch Viren. Die zwischen 2,2 bis 2,5 mm großen, hellgrün gefärbten, mit zwei Längsreihen kleiner schwarzer Querstreifen versehenen Blattläuse erscheinen durch ihre Wachsbepuderung hellgrau. Die Mehlige Kohlblattlaus überwintert als Ei an Ernterückständen. Sie fliegt meist im Juni bis Anfang Juli zu, und vermehrt sich im Juli und August massenhaft. Im Laufe eines Jahres entstehen sieben bis acht Generationen. Eine eventuelle Bekämpfung mit chemischen

◀ Die Mehlige Kohlblattlaus sitzt in großen Kolonien an den Blättern.

▶ Die Raupe des Großen Kohlweißlings lässt bei starkem Befall nur noch die Adern der Blätter stehen.

Gefährliche Kohlhernie

Die Kohlhernie ist die gefährlichste und am schwierigsten zu bekämpfende Krankheit. Ihr Erreger ist ein Schleimpilz, der sich im Inneren von Kohl- und anderen Wirtspflanzen der Familie vermehrt.
An den Wurzeln kommt es zu dem typischen Krankheitsbild, den knollen- bis walzenförmigen Verdickungen. Die Oberfläche der Wucherungen ist schorfig und teilweise zerklüftet. Befallene Pflanzen neigen zu Kümmerwuchs und welken schnell, vor allem bei Trockenheit. Die sich später entwickelnden Dauersporen des Pilzes gelangen durch faulende Wurzeln in den Boden und können dort bis acht, unter günstigen Bedingungen auch mehr als zehn Jahre überdauern.

Pflanzenschutzmitteln muss rechtzeitig stattfinden, da die Läuse später von der Spritzbrühe nicht mehr erreicht werden, da sie durch Wachsausscheidungen und eingerollte Blattspreiten geschützt sind. **Der Kleine Kohlweißling** frisst zunächst Löcher in die äußeren Blätter. Später sind mit Kot verschmutzte Fraßgänge in den Köpfen zu finden. Ähnlich schädigt auch die Kohleule, deren ältere Raupen tief in die Kohlköpfe eindringen und die Fraßgänge mit Kot verschmutzen. Alle drei Schmetterlingsarten überwintern als Puppen und bilden zwei Generationen im Jahr. Weitere tierischen Schädlinge an Kopf-Kohl sind: Kohlmotte, Kohlmottenschildlaus, Thripse, Kohlzysten- und Stängelälchen.

Ernte und Lagerung

Bei Weiß-, Rot- und Wirsingkohl gibt es keine leicht erkennbaren äußeren Veränderungen, die die Reife und damit den Beginn der Ernte anzeigen. In der Regel gilt die Kopffestigkeit, die man durch Daumendruck ermittelt, als Entscheidungshilfe für die Ernte. Zur Ernte trennt man den Kohlkopf mit dem Messer vom Strunk ab und beseitigt die Unterblätter.
Frühkohl ist nur wenige Wochen zu lagern, während man später reifende Sorten mehrere Monaten lagern kann. Im Kühllager bei Temperaturen von 0 bis 1 °C und einer relativen Luftfeuchte von 95 % ist Kopf-Kohl bis 4 Monate lagerfähig. Im Garten kann man Kohlköpfe in Erdmieten und im Erdeinschlag lagern. Der Kopf muss dabei nach unten, der Strunk nach oben weisen.

Kresse, Garten-Kresse

Lepidium sativum
Kreuzblütler, Brassicaceae

- 12 bis 15 Tage
- starker bis sehr starker Zehrer

Garten-Kresse ist vorwiegend eine Salatpflanze, die jungen Triebe nimmt man auch zum Würzen. Kresse schmeckt pikant-würzig und regt den Appetit an. Soßen, Kräuterquark, Suppen und andere Gerichte lassen sich damit verfeinern. Besonders geschätzt ist Kresse als Brotbelag. Sie enthält viel Vitamin C und Karotin sowie Kalzium und Eisen. Für Geschmack sorgen vor allem Senföle und Bitterstoffe. Die Kresse ist aufgrund der kurzen Kulturzeit anspruchslos an den Boden und wächst auf allen Gartenböden. Sie keimt ab 5 bis 6 °C und wächst am besten zwischen 15 und 25 °C.
Man unterscheidet zwischen klein- und großblättriger Garten-Kresse mit einfachen oder krausen Blättern. Bekannte Sorten sind: 'Einfache', 'Großblättrige', 'Krause', 'Mega' und 'Polycress'.
Im Freiland lassen sich von März bis September Folgesätze aussäen. Man sät breitwürfig aus oder in Reihen im Abstand von 8 bis 15 cm. Wichtig ist, dass flach gesät wird.

▲ Im Winter sät man Kresse in flache Schalen auf Erde oder auf Vliespapier.

Kürbis, Speise-Kürbis, Riesen-Kürbis

Cucurbita maxima
Kürbisgewächs Cucurbitaceae

- 120 – 150 Tage
- sehr starker Zehrer
- Virosen, Echter und Falscher Mehltau im Spätsommer

Der Riesen-Kürbis hat seinen Ursprung im südlichen Teil des amerikanischen Kontinents. Nach der Entdeckung Amerikas kamen die Kürbisse nach Europa. In seinem Kräuterbuch hat Fuchs den amerikanischen Kürbis im Jahre 1543 erstmals erwähnt. Als einjährige Pflanze bildet der Riesenkürbis vier bis zwölf lange Triebe, die im Gegensatz zu *Cucurbita pepo* (siehe Seite 509) nicht stachelig behaart sind. Auch hat er im Gegensatz zu den anderen Kürbisarten im Querschnitt runde Stiele. Er ist einhäusig, wobei die männlichen Blüten in blattwinkelständigen Büscheln, die weiblichen einzeln sitzen. Die festschaligen Früchte sind Beeren und in Form,

Kürbis als Medizin

Kürbiskerne sind auch Medizin. Sie können Prostataleiden und damit verbundene Beschwerden beim Harnlassen lindern. Man verwendet dazu die Samen vom Ölkürbis.

◄ Speise-Kürbis mit männlichen und weiblichen Blüten.

Farbe und Größe sehr vielgestaltig; die Oberfläche ist glatt, warzig oder gerippt, gelb, orangerot, orangefarben, hellbraun oder dunkelgrün.
Kürbis ist etwas für kreative Köche. Ausgesprochen schmackhafte Gerichte lassen sich daraus zubereiten: Kürbiseintopf, Kürbissuppe, Kürbisauflauf, Kürbiskuchen und sogar Marmelade. Als Gemüse bevorzugt man heute die Buttercup-Typen (z. B. die amerikanischen Hybridsorten 'Butter-Nut' oder 'Early Butter Nut'), deren 25 bis 30 cm langen, birnenförmigen, hellbraunen oder hellgelben Früchte ein orangefarbenes oder orangerotes Fleisch besitzen. Die Farbe deutet schon auf den hohen Gehalt an Karotin hin. Diese Kürbisform lässt sich sowohl unreif frisch verzehren als auch bis in den Winter hinein lagern. Manche Sorten halten bei nicht allzu kühler, trockener Lagerung bis zum Frühjahr. Kürbis ist gut bekömmlich und als Diätkost gut geeignet.

Kürbis im Wettbewerb
Cucurbita maxima gehört mit zu den größten Früchten im Pflanzenreich. In den USA findet jährlich ein Kürbis-Wettbewerb mit der Suche nach dem größten und schwersten Kürbis statt. Die Sieger bringen meist Einzelfrüchte von mehr als 50 kg auf die Waage.

Standortansprüche

Der Riesen-Kürbis hat ein ausgedehntes, jedoch relativ flaches Wurzelsystem. Die meisten Wurzeln durchziehen den Boden 20 bis 60 cm tief. Auf Böden mit hohem Humusgehalt und guter Struktur, die sich rasch erwärmen und ein hohes Wasserhaltevermögen besitzen, gedeihen Kürbisse besonders gut. Deshalb sind Komposthaufen oder Hoch- und Hügelbeete ideale Plätze für sie. Der pH-Wert sollte zwischen 6,0 und 7,5 liegen.

Der Riesen-Kürbis braucht wie alle *Cucurbita*-Arten viel Wärme und ist frostempfindlich. Daher darf er erst nach den letzten Spätfrösten ab Mitte Mai ins Freiland. Optimale Bodentemperaturen für das Keimen liegen im Bereich von 21 bis 35 °C. Bei Temperaturen unter 15 °C wird die Keimung unterdrückt, bei weniger als 10 °C unterbrochen. Bei Mitteltemperaturen von 18 bis 24 °C wächst Kürbis gut.

Fruchtfolge

Kürbis ist mit sich selbst und anderen Kürbisgewächsen im Nachbau unverträglich. Ein drei- bis vierjähriger Fruchtwechsel ist anzustreben. Kürbis steht am besten in 1. Tracht. Gute Vorfrüchte sind Kartoffeln und Leguminosen (z. B. Erbsen oder Bohnen). Wichtig zu wissen ist, dass Kürbis sehr viel Trockenmasse und damit reichlich Nährstoffe auf der Anbaufläche hinterlässt.

Sorten

Empfehlenswerte Sorten sind: 'Atlantic Giant' und 'Big Max', es sind Riesenkürbisse mit orange gefärbter Schale und orangefarbenem Fleisch, geeignet zum Verzehr, zur Dekoration oder zur Herstellung von „Halloween-Laternen"; 'Gelber Zentner', bewährte Sorte, flachrunde Früchte mit glatter bis fein genetzter Oberfläche sowie gelborangefarbenem Fruchtfleisch, bis zu 50 kg schwer ; 'Red Kuri', bildet kleine, 1,5-3 kg schwere, auffallend leuchtend orange, tropfenförmige Früchte mit hohen

Gut lagerfähig
Kürbisse können über einen längeren Zeitraum (bis zu sechs Monate) bei Temperaturen von 10 bis 12 °C (höchstens 14 °C) und relativer Luftfeuchte zwischen 60 und 70 % gelagert werden.

▲ Kürbisfrüchte schmecken nicht nur hervorragend, sondern sehen auch ausgesprochen attraktiv aus. Die amerikanische Kürbisbegeisterung ist mittlerweile auch nach Deutschland herübergeschwappt.

Carotingehalt (wesentlich höher als bei Möhren); 'Rouge vif d'Etampes' ('Roter von Etampes', 'Roter Zentner'), große, orangerot gefärbte, flachrunde, leicht gerippte Früchte, orangefarbenes Fruchtfleisch; 'Kürbis SC415 F1' und 'Sweet Lightning' sind kleine Kürbisse, die sich besonders gut zur Zubereitung in der Mikrowelle eignen (Kürbis aufschneiden, Samen entnehmen und etwa 5 Minuten in der Mikrowelle garen).

Von den sogenannten Buttercup-Typen, die sowohl zum Frischverzehr als auch für die Lagerung geeignet sind, sind unter anderem die Sorten 'Early Butter-Nut', 'Butter Nut', 'Hunter' und 'Tiana' zu empfehlen. Als Halloweenkürbisse sind die Sorten 'Sankt Martin' und 'Jack O´Lantern' zu empfehlen, sie erreichen ein Gewicht von 4-8 kg. Kleiner bleiben, die etwa 2 kg schweren 'Sweet Jack' und 'Orange Smoothie'.

SPERLING´s Gourmet Mischung enthält eine bunte Zusammenstellung aus verschiedenen Kürbis-Arten mit ganz unterschiedlichen Farben und Formen.

Hoher Wasserbedarf
Kürbispflanzen verbrauchen wegen ihrer großen Blattfläche viel Wasser. Zwar überstehen sie kürzere Trockenperioden besser als die Gurke, doch liegt der Gesamtwasserbedarf von Kürbis höher als der von Gurken.

Anbau

Kürbis lässt sich sowohl direkt säen als auch pflanzen. Der Kürbis ist sehr frostempfindlich und kann in der Regel nicht vor dem 15. Mai ausgesät bzw. gepflanzt werden, da die Keimung erst ab 12 °C beginnt. Optimal sind Temperaturen über 20 °C. Je Saatstelle legt man zwei bis drei Samen aus und vereinzelt nach dem Aufgehen auf eine kräftige Pflanze. Pflanzenabstand 1 × 1 m bis 1,5 × 1,5 m. Bei der Jungpflanzenanzucht unter Glas legt man zwei bis drei Samen je 10-cm-Topf. Beim Auspflanzen sollten die Pflanzen zwei bis drei Blätter haben und abgehartet sein.

Düngung

Stallmist ist ein guter Dünger für Kürbis. Er wird am besten schon bei der herbstlichen Bodenbearbeitung ausgebracht (etwa 4 kg/m^2). Stickstoffdünger beim Aufgehen der Samen oder beim Pflanzen und 4 bis 6 Wochen nach dem Pflanzen geben.

TIPP für Riesen-Kürbisse

Wenn vom Speise-Kürbis besonders große Früchte gewünscht sind, muss man ausdünnen, denn die wachsenden Früchte und Triebe konkurrieren miteinander um die Nährstoffe. Je Pflanze belässt man deshalb meist nur zwei bis drei Früchte. Bei den Gemüse-Kürbis-Typen rechnet man pro Pflanze mit etwa zehn bis zwölf Früchten.

Ernte und Lagerung

Riesen-Kürbisse bei Vollreife im Spätherbst ernten, wenn sich der Stiel verfärbt und verkorkt. Der Reifegrad lässt sich über die Härte der Schale bestimmen. Beim Druck mit dem Fingernagel sollte kein Loch entstehen. Die Ernte erfolgt vor dem ersten Frost. Früchte der Buttercup-Typen sind unreif mit Längen von 25 bis 30 cm zu ernten.

Liebstöckel, Maggikraut

Levisticum officinale
Doldenblütler, Apiaceae

- mehrjährig, erste Ernte nach 60 – 90 Tagen
- Starkzehrer
- wenig krankheitsanfällig

Liebstöckel kannten schon die alten Griechen und Römer. Die ausdauernde, frostharte Pflanze besitzt eine vielköpfige Rübe. Die ästigen, bis 40 cm tief wurzelnden Rübenwurzeln enthalten im frischen Zustand einen hellgelben, harzigen Milchsaft. Die runden hohlen Stängel verzweigen sich erst im oberen Bereich und werden bis zu 2 m hoch. Die Blätter ähneln denen von Sellerie. Ab dem zweiten Jahr bildet Liebstöckel Blütenstände mit großen Doppeldolden und kleinen, blassgelben Blüten.

Liebstöckel eignet sich als Gewürz für Suppen, Gemüseeintöpfe, Braten und Fleischfüllungen. Die sellerieartig schmeckenden Blätter lassen sich zum Würzen frisch und getrocknet verwenden. Die sehr würzkräftigen, frischen oder getrockneten Blätter und Rübenwurzeln äußerst sparsam verwenden, damit sie den Eigengeschmack

Liebstöckel als Medizin

Liebstöckel enthält im Kraut und in der Wurzel ätherische Öle. Die Inhaltsstoffe regen den Appetit an und fördern die Bildung von Magensäften.
Die Droge wird bei Blähungen, bei Erkrankungen der Harnwege und der Blase, bei nervösen Erschöpfungszuständen, Nervenlabilität, Rheumatismus und Schweißbildung eingesetzt. Allergische Menschen können jedoch mit Unwohlsein und Schwindelgefühl reagieren, wenn sie zu viel Liebstöckel verwenden.

der jeweiligen Speise nicht überdecken. Bei der Diät für Nierenkranke ist Liebstöckel wichtig, weil es Salz zum Würzen ersetzen kann.

Standortansprüche

Tiefgründige, humose Böden sind optimal. Der pH-Wert sollte im neutralen Bereich von 6 bis 7 liegen. Liebstöckel gedeiht auch im Halbschatten noch gut.

Fruchtfolge

Wie alle anderen Doldenblütler ist auch Liebstöckel stark selbstunverträglich. Es empfehlen sich Anbaupausen von vier bis fünf Jahren. Gute Vorfrüchte sind Kartoffeln und Leguminosen (z. B. Bohnen und Erbsen).

Sorten

Sorten im eigentlichen Sinne gibt es bei Liebstöckel nicht. Angeboten werden sogenannte Formengemische (z. B. 'Mittelgrobblättriger'), die sich zur Blatt- und Wurzelgewinnung gleich gut eignen.

▶ Liebstöckel braucht im Garten viel Platz. Es sollte deshalb im Hintergrund des Kräuterbeets stehen.

Anbau

Liebstöckel kann direkt ausgesät werden, man kann aber auch vorkultivierte Jungpflanzen setzen oder auch die Wurzelstöcke teilen. Im Frühherbst oder im Mai an Ort und Stelle 1 bis 2 cm tief aussäen. Nur frisches Saatgut verwenden, da die Samen schnell ihre Keimfähigkeit verlieren. Nach dem Auflaufen auf 50 × 50 cm vereinzeln oder auseinanderpflanzen. Vorkultur ab März unter Glas möglich. Für Topfkultur geeignet. Für einen normalen Haushalt reicht eine Pflanze.

Durch Teilen vermehren
Für den Haushalt genügt eine Pflanze. Die Pflanze besorgt man sich bei Nachbarn oder Freunden und sticht einfach bei größeren Exemplaren vom Wurzelstock ab.

Majoran

Origanum majorana
Lippenblütler, Lamiaceae

Majoran wird unter unseren Klimabedingungen einjährig kultiviert. An dem niedrigen Kraut erscheinen von Ende Juni bis September unauffällige, kleine, weiß oder rosa gefärbte Blüten, die dichte Trauben bilden und hinter graugrünen Hochblättern größtenteils verdeckt sind. Gute Nektarpflanze.
Majoran ist auch als Küchengewürz beliebt; er passt vor allem zu fetten Speisen, aber auch zu Salaten, Pilzen, Saucen und Suppen. Majoran ist ein typisches Pizzagewürz. Das sehr aromatische Kraut schmeckt würzig, etwas süßlich-bitter, ähnlich wie Thymian. Beim Kochen büßt es sein Aroma nicht ein. Majoran wirkt verdauungsfördernd und appetitanregend. Aus dem Kraut kann man auch heilkräftigen Tee zubereiten.

- erste Ernte nach 90 Tagen
- mittlerer Zehrer
- Ausfälle durch Bodenpilze, Erdraupen, Springwanzen, Blattläuse

Standortansprüche

Majoran bevorzugt leicht erwärmbaren, lockeren und humusreichen Boden. Staunende Bodennässe verträgt er nicht. An vollsonnigen Standorten erreicht Majoran seine beste Würzkraft. Frosthart ist Majoran bis etwa −7 °C.

Sorten

Sorten im eigentlichen Sinne sind nicht im Handel, angeboten wird Saatgut aus verschiedenen Herkünften, z. B. 'Deutscher Majoran' und 'Französischer Majoran', 'Ägyptischer' oder 'Marcelka'.

Vor der Vollblüte ernten
Die Ernte beginnt, sobald die Blütenknospen sich zu öffnen beginnen, aber noch vor der Vollblüte. Die Pflanzen etwa 5 cm über dem Boden abschneiden. Nicht tiefer schneiden, da die Pflanzen sonst nicht mehr neu austreiben.

Anbau

Entweder Aussaat an Ort und Stelle oder mit Vorkultur unter Glas. Direkt im Garten kann man Majoran ab Mitte Mai säen. Die feinen Samen dürfen nur dünn mit feiner Erde oder Sand abgedeckt werden. Bis zur Keimung gut feucht halten. Vorkultur mit Aussaat im März / April. Ende Mai im Abstand von 20 bis 30 cm auspflanzen. Es ist üblich, je Pflanzstelle zwei Pflanzen zu setzen. Topfkultur ist möglich.

Mangold

Beta vulgaris subsp. *cicla* var. *cicla* und var. *flavescens*
Gänsefußgewächs, Chenopodiaceae

- 50 – 70 Tage
- mittlerer Zehrer
- Falscher Mehltau, Älchen (Nematoden)

Mangold ist eine zweijährige Pflanze, die im ersten Jahr eine Rosette mit aufrecht stehenden, 30 bis 60 cm hohen Blättern und eine lange, verdickte Wurzel als Rübe bildet.

Man unterscheidet zwischen Blatt- oder Schnitt-Mangold (var. *cicla*) und Stiel- oder Rippen-Mangold (var. *flavescens*). Beim Blatt-Mangold sind im Vergleich zu Stiel-Mangold die Stiele schmaler und die Blätter kleiner. Beim Stiel-Mangold sind die Blätter größer, die roten, weißen, gelbgrünen oder cremefarbenen Blattstiele sind mit bis zu 8 cm sehr breit und mit etwa 3 mm Dicke auch sehr kräftig. Eine Mittelstellung zwischen den beiden genannten Gruppen nehmen die Blatt-Stiel-Mangoldsorten ein.

Die Blattstiele schmecken leicht nussartig, während die Mangoldblätter im Geschmack etwas kräftiger sind als diejenigen vom Spinat. Rotblättrige und rotstielige Mangoldpflanzen haben ein attraktives Aussehen und Zierwert im Garten. Beim Kochen verlieren die Blattstiele allerdings ihre rote Farbe.

Mangold enthält nicht ganz so viele Mineralstoffe, Vitamin C und A (Karotin) wie Spinat. Der Oxalsäuregehalt ist ebenso hoch. Mangold reichert ebenso wie Spinat und Rote Rübe Nitrat an. Die Gefahr, dass zu viel Nitrat eingelagert wird, ist allerdings gering, weil Mangold hauptsächlich von Mai bis September geerntet wird. In dieser Zeit wird das Nitrat mit Hilfe des Sonnenlichts in ungefährliches Eiweiß umgewandelt.

Standortansprüche

Mangold wächst am besten auf tiefgründigen, humosen, nährstoffreichen Böden mit guter Struktur. Der pH-Wert sollte um 7 liegen. Mangold verträgt leichte bis mittlere Fröste. Das Überwintern von Mangold kann nur in geschützten Lagen und klimatisch begünstigten Gebieten empfohlen werden. Kälte im Jungpflanzenstadium können Schosser bewirken. Insbesondere bei sehr frühen Aussaaten im März ist dies zu beachten.

TIPP

Die Mangoldblätter lassen sich wie Spinat verwenden, die Stiele werden wie Spargel oder Schwarzwurzeln zubereitet und z. B. mit Sauce Hollandaise serviert. Die dünne Haut der Stiele muss man vor dem Zubereiten entfernen.

Im Winter ernten

In geschützten Lagen überwintert Mangold im Freien. Er kann dann schon sehr bald im Frühjahr geerntet werden.

▼ Der Rippen-Mangold wird wie Spargel zubereitet.

▼ Die neueren Sorten vom Mangold wie 'Bright Lights' mit Stielen in Regenbogenfarben sehen ausgesprochen dekorativ aus. Vielleicht ein Grund, das robuste Gemüse wieder mehr anzubauen.

Sorten

Blatt- oder Schnitt-Mangoldsorten: 'Breitblättriger Großer Grüner'; 'Grüner Schnitt', aufrechtwachsend, Blatt breitoval, dunkelgrün, mittelfeine Rippen, glatt; 'Silber', dunkelgrün mit weißen Rippen.

Stiel- oder Rippen-Mangoldsorten: 'Glatter Silber', breite, silberweiße Rippen; 'White Silver', dunkelgrün mit weißen, breiten Rippen.

Blatt-Stiel-Mangoldsorten: 'Lukullus', gelb, krausblättrig; 'Rhubarb Chard', rotstielig; 'Vulkan', kräftig rote Stiele und Blattrippen, Stiele bleiben nach dem Kochen rot, erst ab Ende Mai aussäen, bei zu früher Aussaat oder kalter Witterung bilden sich leicht Schosser.

Anbau

Mangold wird direkt gesät, kann aber auch gepflanzt werden. Wenn mit Vlies oder Folie abgedeckt wird, ist eine frühere Ernte möglich. Die Aussaat erfolgt von Ende März bis Juli. Zum Überwintern für zeitige Frühjahrsernten in geschützten Lagen lässt sich Mangold schon im September aussäen. Reihenabstand bei Blatt-Mangold (Schnitt-Mangold) 20 bis 30 cm, in der Reihe legt man alle 15 bis 20 cm ein Samenknäuel (jedes dieser Samenknäuel enthält drei bis fünf Samen) aus. Bei Rippen-Mangold (Stiel-Mangold) wählt man einen Reihenabstand von 30 bis 50 cm und legt in der Reihe alle 40 cm ein Samenknäuel aus. Saattiefe 2 bis 3 cm.

Düngung

Mangold hat einen besonders hohen Bedarf an Bor. Bormangel kann Herz- und Trockenfäule bewirken. Bei zu hohen Kalkgaben steht das Bor den Pflanzen nicht mehr zur Verfügung. Auch kann bei zu hohem pH-Wert im Boden Manganmangel entstehen. Zwischen den Blattadern zeigen sich dann helle, weiße Flecken.

Zarte Blattstiele ernten

Mangold ist ein blattreiches Gemüse. Er braucht deshalb viel Wasser und Nährstoffe. Am besten nach jeder Ernte düngen und den Boden gleichmäßig feucht halten. Bei gleichmäßiger Bodenfeuchte bleiben die Blattstiele zart.

Ernte und Lagerung

Geerntet wird Blatt-Mangold wie Spinat. Nicht zu tief schneiden, um die Herzen zu schonen und den Neuaustrieb zu fördern. Beim Stiel-Mangold wartet man mit der Ernte, bis die Blätter vollständig entwickelt sind.

Wie Spinat lässt sich auch Mangold nach dem Ernten nur begrenzt halten, denn bei Wärme welken die Blätter schnell.

Meerrettich

Armoracia rusticana
Kreuzblütler, Brassicaceae

- Dauerkultur
- Starkzehrer
- Meerrettichschwärze, Meerrettich-Blattkäfer, Erdfloh

Meerrettich war bereits im Altertum bekannt. In Mitteleuropa ist seine Verbreitung seit dem 12. Jahrhundert belegt. Meerrettich als ausdauernde, völlig winterfeste Pflanze wird im erwebsmäßigen Anbau nur einjährig kultiviert. Als Gemüse werden die Wurzeln, die man als Stangen bezeichnet, verwendet.

Die Stangen sind 4 bis 8 cm dick, außen gelb- oder hellbraun, innen weiß bis weißgelb und sehr fest. Als Gemüse schätzt man die Würzkraft und den typischen scharfen Geschmack, z. B. als Beilage zu Fleischgerichten, zum Würzen und für pikante Saucen.

Standortansprüche

Meerrettich verlangt für die Ausbildung kräftiger Stangen tiefgründige Böden mit gutem Wasserangebot. Leichte Sandböden mit geringer Wasserhaltekraft sind ebenso ungeeignet wie extrem schwere und nasse Standorte.

Der pH-Wert sollte sich im Bereich von 6 bis 7 bewegen. Schwarzadrige Stangen deuten auf saure Böden hin.

Meerrettich als Medizin

Meerrettich regt die Magen- und Darmtätigkeit an, er wirkt schleimlösend und erleichtert das Abhusten.

Wertvoll ist er vor allem wegen seines hohen Vitamin-C-, Kalium- und Kalzium-Gehalts sowie wegen seiner Geruchs- und Geschmacksstoffe. Sowohl Schärfe als auch Süße gelten als Qualitätsmerkmale. Hoher Saccharosegehalt ist wünschenswert, Bittergeschmack dagegen verpönt. Die Ursachen für das Entstehen von Bitterstoffen ist derzeit noch nicht ausreichend geklärt.

▼ Meerrettich fällt durch seine langen, dunkelgrünen Blätter auf. Im Garten verwildert er leicht.

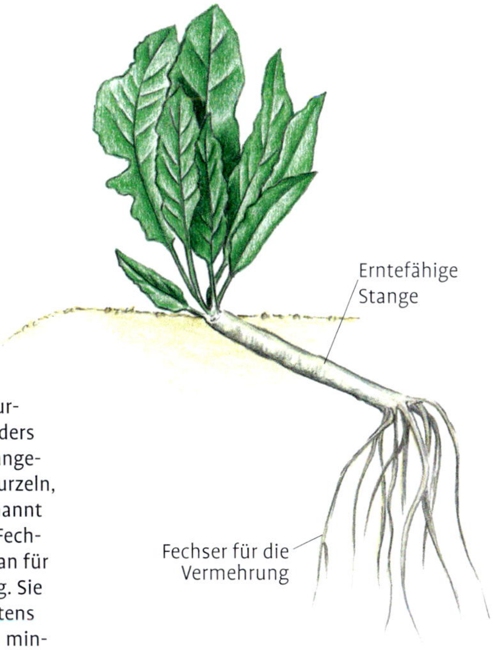

► Die Hauptwurzel trägt besonders am unteren Stangenende Seitenwurzeln, die Fechser genannt werden. Diese Fechser benötigt man für die Vermehrung. Sie sollten mindestens 25 cm lang und mindestens bleistiftstark sein. An ihnen bilden sich die Knospen für neue Blattrosetten.

An das Klima stellt Meerrettich keine besonderen Ansprüche.

Fruchtfolge

Meerrettich ist mit sich selbst und anderen Kreuzblütlern unverträglich und sollte auf der gleichen Fläche nur alle drei bis vier Jahre angebaut werden. Gute Vorfrüchte sind Kartoffeln, Erbsen, Bohnen, Gurken und Gründüngungspflanzen. Meerrettich steht am besten nach einer organisch gedüngten Vorfrucht, gehört also in die 2. Tracht.

Sorten

Unterscheidbare Sorten wie bei anderen Gemüsearten gibt es bei Meerrettich nicht.

Düngung

Wenn der Boden viel Humus enthält, ist der Ertrag höher. Soweit Stallmist zur Verfügung steht, sollten die Flächen schon im Spätherbst vor der Pflanzung gegeben werden. Es ist günstig, wenn der Dünger auf zwei Gaben (Mai / Juni und Juli / August) verteilt wird.

Krankheiten und Schädlinge

Verschiedene Viruskrankheiten können auftreten. Gefürchtet ist die Meerrettichschwärze, die von einem Pilz verursacht wird. Die Krankheit erkennt man an dunkelbraun bis schwarz verfärbten Leitungsbahnen, die im Querschnitt als ringförmig angeordnete Punkte, im Längsschnitt als Striche erscheinen. Anfangs welken die äußeren Blätter, später die der gesamten Blattrosette. Durch Fruchtwechsel und Aussondern kranker Pflanzen kann man der Krankheit vorbeugen.

Beim Weißen Rost entstehen sowohl an den Blattunterseiten als auch am Stängel milchige, pustelförmige Flecke, die aufreißen und Sporen verstäuben. Bei starkem Befall sterben die Blätter ab. Am oberen Teil der Stangen kann sich Kopffäule bilden.

Der Meerrettich-Blattkäfer, eine 4 mm große, grün, blau oder schwarz gefärbte Art, frisst vorzugsweise an den Herzblättern. Der gelbschwarz gestreifte Erdfloh-

Anbau von Meerrettich

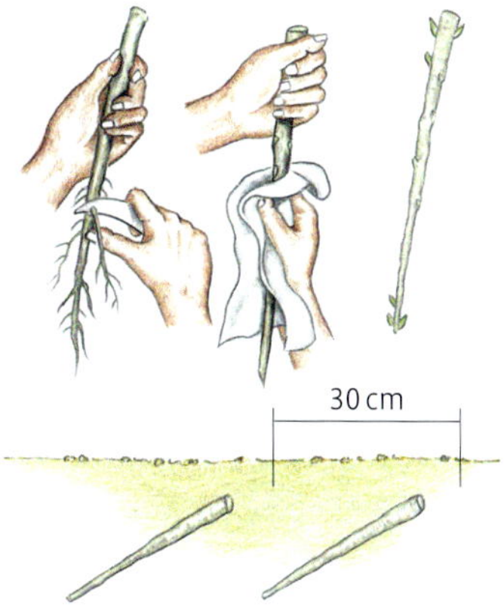

Meerrettich wird vegetativ durch 30 bis 40 cm lange Wurzelstücke, die sogenannten Fechser, vermehrt. Die Fechser sorgfältig abreiben und schräg in die Erde pflanzen.

Bei der Ernte des Meerrettichs im Herbst trennt man von der Hauptwurzel (Stange) die 1 bis 2 cm starken Seitenwurzeln ab und schneidet sie auf 30 bis 40 cm Länge zu. Pro Pflanze lassen sich zwei bis drei Fechser gewinnen. Damit Ober- und Unterseite beim Pflanzen nicht verwechselt werden, ist das Kopfende gerade, das untere Ende schräg abzuschneiden. Die so aufbereiteten Fechser werden über den Winter im Keller in feuchten Sand eingeschlagen. Vor dem Pflanzen Mitte März bis Mitte April werden mit Ausnahme der oberen und unteren 3 cm alle Knospen und Wurzeln am Fechser mit einem Tuch abgerieben, damit sich dort keine Austriebe bilden, nur so entstehen kräftige Stangen.

Beim Pflanzen sind die Fechser nicht senkrecht, sondern schräg in die Erde zu bringen. Dabei soll das Wurzelende etwa 15 cm, das Kopfende 4 bis 5 cm tief im Boden liegen. Als Reihenabstand sind 80 cm, in der Reihe 30 cm üblich.

Nach dem Pflanzen beginnen die Fechser am oberen Ende auszutreiben. Ende Mai bis Mitte Juni – bei etwa 8 bis 10 cm langen Austrieben – sind die Köpfe aller Fechser freizulegen und die Seitentriebe bis auf den stärksten auszubrechen, damit keine die Qualität beeinträchtigenden mehrköpfigen Stangen entstehen. Danach sind die Fechser wieder mit Erde zu bedecken.

Das Freilegen und Abreiben der Austriebe wird später (Juli / August) noch ein- bis zweimal wiederholt, um glatte und gleichmäßige Stangen zu erhalten. Diese lassen sich in der Küche gut verarbeiten. Regnet es zur Hauptwachstumszeit von Juli bis September nicht, muss bewässert werden.

käfer frisst Löcher in die Blätter, während sich die Larven in die Blattstiele einbohren. Bei starkem Fraß in den Blattstielen sterben die Blätter ab. Darüber hinaus können Schädlinge, die bei den Kohlarten auftreten, auch Meerrettich befallen, wie z. B. Nematoden, Mehlige Kohlblattlaus, Kohlfliegen, Kohlmotten, Kohlweißling und Blattläuse.

Ernte und Lagerung

Meerrettich erntet man bevorzugt von September bis November / Dezember. Nicht früher ernten, denn erfahrungsgemäß erweisen sich zu früh geerntete Stangen nach längerer Lagerzeit häufig als bitter. Ernten des frostharten Meerrettich sind bei offenem Boden den Winter über bis Ende Mai möglich. Möglichst wenig Wurzelreste sollten im Boden bleiben, damit im Frühjahr nicht zu viele Meerrettichpflanzen neu austreiben. Nach der Ernte die Blattreste und Fechser entfernen, die Stangen putzen. Die Blätter sind vom Kopf abzuschneiden. Meerrettich lässt sich bei Temperaturen von 0 bis − 1 °C und bei hoher relativer Luftfeuchte (95 %) ohne wesentlichen Qualitätsverlust mindestens sechs Monate lagern.

REGEL

Meerrettich erntet man in den Monaten mit „r“, also von September bis April.

Melisse, Zitronen-Melisse

Melissa officinalis
Lippenblütler, Lamiaceae

- erste Ernte nach 70 – 90 Tagen
- Starkzehrer

Der Name Zitronen-Melisse gründet sich auf den zitronenartigen Duft und Geschmack der Blätter dieser Pflanze. Schon im Altertum nutzten Griechen und Römer das Kraut für Würz- und Heilzwecke. Im Jahre 1611 erfanden die Karmeliter den heute noch bekannten Melissengeist. Dieser wird allerdings nicht nur aus dem Öl der Zitronenmelisse, sondern aus mehren Kräuterölen, wie Ingwer, Koriander, Basilikum und Angelika, hergestellt.
Zitronen-Melisse ist eine ausdauernde, buschartig wachsende, 50 bis 100 cm hoch werdende Pflanze. Der aufrecht wachsende, vierkantige Stängel der Pflanze ist leicht holzig und verzweigt sich im oberen Teil relativ stark; er ist dicht belaubt und drüsig behaart. In den Blattachseln der Triebspitzen erscheinen ab dem zweiten Standjahr von Juni bis August die Blütenstände.
Zitronen-Melisse ist ein vielseitig in der Küche verwendbares Gewürzkraut. Mit seinem zitronenartigen Geschmack passt es zu vielen Rohkostsalaten, Eier-, Fisch-, Fleisch- und Pilzspeisen sowie zu Wild- und Grillgerichten. Dabei verträgt sich das Aroma der Melisse gut mit dem anderer Gewürzkräuter und lässt sich mit ihnen kombinieren. Das Kraut wird auch bei der Herstellung von Kräuterbutter, Kräuteressig, Kräuterlikören und Bowle gern eingesetzt.

Zitronen-Melisse als Medizin

Melissenblätter verwendet man frisch als Teeaufguss. Als Heil- und Arzneipflanze hat Zitronen-Melisse Bedeutung gegen nervös bedingte Einschlafstörungen sowie gegen funktionelle Magen-Darm-Beschwerden. Sie gilt ferner als verdauungsfördernd, schweißtreibend und hilfreich gegen Blähungen. Zitronen-Melisse soll den Cholesterinspiegel des Blutes senken. In der frischen Pflanze kommen etwa 0,05 bis 0,15 % ätherische Öle vor. Weitere Inhaltsstoffe sind Gerbstoffe, Bitterstoffe, Mineralstoffe sowie organische Säuren.

Standortansprüche

Zitronen-Melisse hat ein faserreiches Wurzelsystem mit bis zu 30 cm langen Wurzeln. Optimal sind humose, tiefgründige Böden mit guter Wasserhaltekraft. Der pH-Wert sollte möglichst im Bereich von 6,2 bis 7,2 liegen. Der Standort sollte sonnig, warm und geschützt sein. Bei starken Frösten wintert Zitronen-Melisse leicht aus, weshalb sich ein Bedecken mit organischen Materialien (Stallmist, Strohhäcksel), Vliesen (siehe Seite 401) oder das Anhäufeln mit Erde empfiehlt.

Wenige Pflanzen genügen

Für die Selbstversorgung mit frischem Kraut reichen wenige Pflanzen. Lässt man Zitronen-Melisse zur Blüte kommen, versamt sie sich leicht selbst. Es steht dann immer frischer Pflanzennachwuchs bereit. Wer nur wenige Pflanzen braucht, kauft sie beim Gärtner.

◀ Die Zitronen-Melisse ist im Garten und in der Küche sehr vielseitig: im Garten lockt sie zur Blütezeit Insekten und Schmetterlinge an, in der Küche nimmt man sie zum Würzen und für heilkräftigen Tee.

Fruchtfolge

Wie bei anderen Vertretern der Lippenblütler ist auch bei der Zitronen-Melisse eine vierjährige Anbaupause einzuhalten, damit sich spezifische Pflanzenkrankheiten nicht anreichern und Wurzelausscheidungen nicht zur Bodenmüdigkeit führen.

Sorten

Bei Zitronen-Melisse gibt es Typen mit niederliegenden oder aufrechten Stängeln. Die aufrechten Formen gelten als wüchsiger, sind aber auch frostempfindlicher. Darunter sind auch gelbbunte Zierformen, z. B. 'Aurea', 'All Gold' und 'Goldfleck', die auch zum Würzen nutzbar sind.

TIPP für feinen Tee

Um das sehr flüchtige Aroma zu erhalten, müssen die Blätter schnell getrocknet werden, eventuell in einem Dörrapparat bei niedriger Temperatur. Meistens schmeckt Tee aus getrockneten Zitronenmelisseblättern nur noch nach Stroh, deshalb besser nur frisch verwenden.

Anbau

Für den Hausgarten empfiehlt sich die Pflanzung mit Jungpflanzenanzucht. Aussaat unter Glas im Februar / März. Auspflanzen im Mai im Abstand von 35 × 35 cm. Direktssaat ist möglich, aber nicht zu empfehlen, weil das Saatgut sehr langsam, meist erst nach sechs bis acht Wochen und dann auch sehr ungleichmäßige keimt. Für Topfkultur geeignet.

Krankheiten und Schädlinge

An Pilzkrankheiten kann eine Blattfleckenkrankheit, Echter Mehltau und Rost auftreten. Die Raupen der Ampfereule und andere Kleinschmetterlinge richten durch Fressen an den Blättern Schäden an; Saugschäden Läuse, Wanzen und Zikaden. Lochfraß an den Blättern ist in der Regel auf den Grünen Schildkäfer zurückzuführen.

Ernte und Lagerung

Frische Blätter und Triebspitzen regelmäßig ernten, am besten in den frühen Nachmittagsstunden. Für den Wintervorrat die Sprosse vor Beginn der Blüte auf halber Höhe abschneiden und die Blätter abpflücken. Das Kraut nach Mitte September besser nicht mehr schneiden, weil die Pflanze sonst leicht auswintert.

Möhre, Karotte

Daucus carota subsp. *sativus*
Doldenblütler, Apiaceae

Als zweijährige Pflanze bildet die Möhre im ersten Jahr eine Blattrosette aus doppelt bis dreifach gefiederten Blättern sowie eine Pfahlwurzel, die sich verdickt. Von der Pflanze her betrachtet ist die Wurzel ein Reserveorgan, uns Menschen dient sie als Gemüse. Im zweiten Jahr bildet die Möhre einen mehrfach verzweigten Stängel, blüht und bildet Samen aus.
Möhren sind eine der wichtigsten Gemüsearten. Von allen Gemüsearten enthalten Möhren am meisten Karotin. Je nach Sorte, Anbauform und Erntezeitpunkt beträgt der Karotinanteil 5 bis 30 mg je 100 g Frischsubstanz. Durch den hohen Zuckergehalt von etwa 4 bis 6 % schmecken die Möhren sehr gut und fast süß. Bei frühen Sorten liegt der Zuckergehalt höher als bei späten und gelagerten Möhren. Beachtenswert ist auch der Gehalt an Vitamin C, Kalium und Eisen sowie Geschmack bildenden ätherischen Ölen und Fruchtsäuren. Möhren lassen sich vielfältig verwenden: roh, gekocht, als Saft, milchsauer eingelegt, eingefroren oder eingedünstet.
Besondere Bedeutung haben Möhren für die gesunde Ernährung von Kleinst- und

- Frühmöhren 70 – 90 Tage, Sommermöhren 110 – 135 Tage, Spätmöhren 170 – 200 Tage
- Frühmöhren mittelstarke Zehrer, Spätmöhren Starkzehrer
- Möhrenfliege, Älchen

▼ Möhren stehen gut in Mischkultur mit Zwiebeln oder Porree bzw. Lauch.

▲ Je nach Sorte können die Möhrenwurzeln ganz unterschiedlich groß und unterschiedlich geformt sein.

Kleinkindern sowie für die Diätküche. Möhrensaft und feingeriebene Möhren fördern die Blut- sowie Zahnbildung und erhöhen die natürliche Widerstandskraft gegen Krankheiten. Dem hohen Karotingehalt der Möhre wird Verbesserung der Sehkraft zugesprochen.

Verwirrspiel um den Namen
Neben dem Namen Möhre verwendet man für diese Gemüseart auch die Bezeichnungen Karotte, Mohrrübe, Wurzel und Gelbe Rübe. Die Bezeichnung Karotte wird in der Regel für junge Möhren und für Möhrensorten mit kleinen kugelförmigen oder plattrunden Möhrenkörpern verwendet.

Standortansprüche

Die besten Wachstumsbedingungen finden Möhren auf tiefgründigen Sand- bis sandigen Lehmböden mit durchlässigem Untergrund und hohem Humusgehalt. Für den Anbau ungeeignet sind verdichtete Böden. Die Bodenreaktion sollte zwischen pH 6,5 und 7,5 liegen. Möhren wachsen am besten bei Tagesdurchschnittstemperaturen von 16 bis 18 °C.

Fruchtfolge

Bei Möhren empfehlen sich mindestens dreijährige Anbaupausen auch mit anderen Doldenblütlern. Die Gefahr eines Befalles mit Älchen lassen sich durch mindestens vier-, besser fünfjährige Anbaupausen mindern. In der Fruchtfolge lassen sich Möhren besonders gut mit Leguminosen und Kohl-Arten kombinieren. Möhren hinterlassen, wenn das Laub auf der Fläche verbleibt, erhebliche Mengen an Nährstoffen.

Sorten

Möhren sind in den letzten 10 Jahren züchterisch sehr intensiv bearbeitet worden. In Europa gibt es weit über 300 Sorten. Abhängig von der Sorte kann der Rübenkörper lang, halblang, kurz, zylindrisch, rund, kreisel- oder kegelförmig mit jeweils spitzem oder abgestumpftem Ende sowie hell- oder dunkelrot, orangefarben, weiß oder violett gefärbt sein.
Abhängig von der Entwicklungsdauer und den Ernteterminen unterscheiden sich Frühmöhren- (70 bis 90 Tage), Sommermöhren- (110 bis 135 Tage) und Spätmöhrenanbau (170 bis 200 Tage). Spätmöhren (Lagermöhren) sät man insbesondere für die Lagerung und Konservierung, Früh- und Sommermöhren in der Regel für den sofortigen Verbrauch.

Frühe Sorten (Frühmöhren): 'Almaro', zarte, glatte, zylindrische Rüben, tiefrot gefärbt mit sehr kleinem Herzen; 'Laguna', gute Wasch- und Bundmöhre, sehr glatte, zylindrische Rübe; 'Sugarsnax 54' sehr glatte Rübe, süßer Geschmack; 'Nantaise', bewährte Sorte, besonders für Frischverzehr geeignet; 'Pariser Markt', runde Rüben, wird gern zur Konservierung verwendet; 'Harlekin', Mischung weißer, gelber, oranger, roter, rotvioletter und dunkelvioletter Möhren, verwendbar als Snack- und Fingermöhre, aber auch für Salat und Gemüse.

Mittelfrühe Sorten (Sommermöhren): 'Flyaway', zuckersüßer Geschmack, widerstandsfähig gegen die Möhrenfliege; 'Narbonne', lange glatte Rüben, intensiv durchgefärbt, süß-aromatischer Geschmack; 'Purple Haze', interessante violette Sorte, mit ausgezeichnetem Geschmack; 'Rotin', bewährte glattschalige Sorte, beste Lagerfähigkeit; 'Nutri-Red', interessante Sorte, hat neben Carotin einen hohen Lycopin-Gehalt, einen Farbstoff, den man normalerweise nur in Tomaten findet.

Späte Sorten (Spät- oder Lagermöhren): 'Lange rote Stumpfe ohne Herz', bewährte, walzenförmige Sorte; 'Rothild', groß, lange, leicht konische Rübe mit stumpfer Spitze; 'Rote Riesen' besonders gute Haltbarkeit und süßer Geschmack; 'Berlanda', intensiv rote Rüben, mit besonders hohem Carotingehalt.

F_1-Hybriden: 'Bantry'; 'Cesaro'; 'Nadine'; 'Nairobi'; 'Parano'.

Anbau

Möhren werden direkt an Ort und Stelle ausgesät und zwar von Anfang bis Mitte März, sobald der Boden frostfrei und ober-

Möhrensamen mischen
Damit der Möhrensamen nicht zu dicht fällt, sollte er mit der doppelten Menge trockenem, feinkörnigem Sand gemischt werden.

► Möhren reagieren empfindlich auf Bodenverdichtung und auf Steine. Zu dicht stehende Möhren müssen unbedingt vereinzelt werden.

TIPP

In der Regel wird es erforderlich sein, schon vor dem Aufgang der Samen zwischen den Reihen keimendes Unkraut durch Hacken zu bekämpfen. Um die Reihen schon vor dem Auflaufen der Möhrensamen erkennen zu können, ist eine Markiersaat mit Radies angebracht.

Weshalb Möhren platzen
Regnet es nach einer Trockenperiode reichlich, sodass der Boden gut durchfeuchtet ist, steigt der Zelldruck in den Pflanzen in kürzester Zeit so stark, dass die Möhren platzen.

flächlich abgetrocknet ist, mit Folgesaaten bis Mitte Juli. Für den Anbau später Sorten, die Kulturzeiten von 170 bis 200 Tagen erfordern, liegen die günstigsten Aussaattermine zwischen Mitte März und Mitte April. Die kältetoleranten Möhren vertragen Aussaat in kalte Böden, brauchen dann allerdings lange zum Keimen und Auflaufen. Ausgesät wird in Reihen mit einem Reihenabstand von 20 bis 25 cm. Saattiefe 1 bis 2 cm. Bis zur Keimung dauert es je nach Bodentemperatur 12 bis 25 (30) Tage. Stehen die Sämlinge nach dem Auflaufen zu dicht, ist bei den kleineren Bundmöhren auf 1,5 bis 2,5 cm, bei den etwas größeren Waschmöhren auf 2,5 bis 3,5 cm und bei den größe auf 5 bis 7 cm Abstand zu vereinzeln. In Gärten mit hohem Grundwasserstand ist ein Anbau auf Dämmen zu empfehlen.

Düngung

Späte Möhren, sogenannte Lagermöhren, gehören zu den starken Zehrern, Frühmöhren, sogenannte Bundmöhren zu den mittelstarken Zehrern. Mit zunehmendem Gehalt an organischer Substanz im Boden erhöht sich nicht nur der Ertrag, sondern auch der Gehalt an wertvollen Inhaltsstoffen. Die Möhre steht deshalb am besten auf gut mit Humus versorgten Böden oder nach Vorfrüchten, die Stallmist erhalten haben. Möhren sind kaliumbedürftig. Gegen frisches Kalken sind Möhren empfindlich. Wichtig ist eine ausreichende Ernährung mit Magnesium, Bor, Kupfer und Molybdän. Magnesiummangel verursacht zunächst gelbe, später braune Blattspitzen. Bormangel hemmt nicht nur das Blattwachstum; bei starkem Mangel entstehen im Rübenkörper Risse und Hohlräume. Unregelmäßig verdickte Wurzeln oder zwergige, missgestaltete und verzweigte Möhrenkörper sind ein Hinweis auf schlechte Bodenstruktur und verdichteten Boden.

Krankheiten und Schädlinge

Zu den bedeutendsten tierischen Schädlingen gehört die Möhrenfliege. Von der Made der Möhrenfliege befallene Pflanzen sind von rostfarbenen Fraßgängen besonders an der Spitze durchzogen. Befallene Jungpflanzen sterben ab. Zwischen Mitte Juni und Mitte Juli gesäte Möhren erscheinen besonders gefährdet. Ein Befall lässt sich durch den Einsatz von Kulturschutznetzen weitgehend verhindern. Wurzelgallenälchen treten bevorzugt in warmen Sommern auf. Bei einem Befall bleiben die Möhren kurz und verzweigen sich teilweise. Typisch für einen Befall sind die nur wenige Millimeter großen Gallen an den Seitenwurzeln. Eine Bekämpfung ist nur durch mehrjährige Anbaupausen möglich.

Ernte und Lagerung

Optimal lagern lassen sich Möhren bei 0 °C und einer relativen Luftfeuchte von 95 %. Unter diesen Bedingungen lassen sich Möhren sechs bis sieben Monate lagern, wenn sie bei der Ernte nicht beschädigt wurden und keine Schürfwunden, Risse und andere Mängel haben. Hohe Temperaturen fördern die Fäulnis. Ist die Luftfeuchtigkeit zu niedrig, trocknen die Möhren schnell aus und welken. Möhren lassen sich auch in Erdmieten lagern.

Neuseeländer Spinat, Sommer-Spinat

Tetragonia tetragonioides
Eiskrautgewächs, Aizoaceae

- einjährig, ab spätem Frühjahr
- mittlerer Zehrer
- nicht anfällig

Der Sommer-Spinat ist in Neuseeland heimisch und gehört zur Pflanzenfamilie der Eiskrautgewächse. Entgegen seines deutschen Namens ist er mit dem zur Familie der Gänsefußgewächse gehörenden Spinat botanisch nicht verwandt. In Deutschland wurde diese Pflanze schon im vorherigen Jahrhundert angebaut und mit Begeisterung aufgenommen. Seitdem es das ganze Jahr über küchenfertigen Spinat aus der Tiefkühltruhe gibt, ging sein Anbau in den Gärten stark zurück.

► Neuseeländer Spinat wird genauso wie normaler Spinat verwendet, schmeckt aber etwas kräftiger. Er enthält ebenfalls Oxalsäure.

Paprika

Capsicum annuum
Nachtschattengewächs Solanaceae

- 100–120 Tage
- mittlerer Zehrer, organische Düngung günstig
- Blütenendfäule

Der Paprika ist eine krautige Pflanze, die zu einem mehr oder weniger großen Busch heranwächst. Jeder Trieb endet nach neun bis elf Blättern in einer sogenannten Terminalknospe (Blütenknospe), die das fortwachsende Sprossende abschließt. Aus der Achsel des obersten Blattes entstehen Verzweigungen, die ebenfalls in einer terminalen Blütenknospe enden.

Die zwittrigen Blüten entwickeln sich meist einzeln (selten zwei bis drei) und sitzen mit dem Blütenboden auf dem Spross. Paprika ist vorwiegend Selbstbefruchter, doch tritt auch Fremdbefruchtung auf. Die Frucht ist botanisch eine Beere, umgangssprachlich wird sie als Paprikaschote bezeichnet. Die, je nach Sorte, hängenden oder aufrecht stehenden Früchte sind in Form, Farbe und Größe sehr variabel. Sie können flachrund, rund, blockig, schmal dreieckig, dreieckig, herzförmig, trapezförmig, stumpf oder spitz, klein, mittelgroß

◄ Paprika braucht sehr viel Wärme und kann in den meisten Gegenden Deutschlands nur im Gewächshaus kultiviert werden.

und groß sowie grün, rot, gelb, orangefarben, weiß, schwarz oder violett gefärbt sein.

Wegen seines Wohlgeschmacks, dem schönen und frischen Aussehen und seinem gesundheitlichen Wert ist Paprika in den letzten Jahrzehnten sehr begehrt geworden. Er regt den Appetit sowie die Verdauung an und lässt sich mit wenig Aufwand in vielen Variationen zu Salaten und Gemüsebeilagen zubereiten. Ernährungsphysiologisch hervorzuheben ist der hohe Vitamin-C-Gehalt, neben Petersilie der höchste unter allen Gemüsearten. Grüne und rote Früchte von Gemüse-Paprika enthalten gleich viel Vitamin C. Bei den farbigen, insbesondere den roten Früchten liegt der Karotingehalt etwas höher als bei den grünen, der Eisengehalt ist dafür etwas niedriger.

Der lange Weg des Paprika

Paprika ist eine Pflanze der neuen Welt und nur als Kulturpflanze bekannt.
Mit Kolumbus gelangte sie nach Spanien. Von Spanien und Portugal aus verbreitete sich Paprika über Italien und Bulgarien in den Orient und schließlich nach Asien. Die Europäer sahen in gemahlenem Paprika einen willkommenen Ersatz für den damals sehr wertvollen und teuren, aus dem ostasiatischen Raum stammenden Pfeffer. Daher auch der Name Spanischer Pfeffer.

Standortansprüche

Paprika liebt Sonne und Wärme. Deshalb wird er in der Regel nicht im Freiland, sondern im Gewächshaus, im Frühbeetkasten oder unter Folie angebaut. Optimal wächst das Nachtschattengewächs bei Durchschnittstemperaturen von 21 bis 30 °C, mit der Untergrenze von 18 °C. Bei Temperaturen unter 15 °C wächst Paprika kaum noch und die Qualität der Schoten ist nicht mehr so gut.
Auch an den Boden stellt Paprika hohe Anforderungen. Dieser muss tiefgründig sein und eine gute Struktur besitzen. Auf hohe Stallmistgaben (4 kg / m^2) reagiert Paprika positiv. Günstige pH-Werte liegen zwischen 5,5 und 6,5. Auf darüber im alkalischen Bereich liegende Werte reagiert Paprika empfindlich. Ungeeignet sind schwere Tonböden, weil sie sich nur langsam erwärmen.

Rechtzeitig entspitzen
Um die Verzweigung zu fördern, sollte die Endknospe rechtzeitig entfernt werden. Paprika braucht viel Wasser. Als mittlerer täglicher Bedarf gelten 2,5 bis 3 l / m^2, an sonnigen Tagen kann er sich auf 5 bis 6 l / m^2 erhöhen.

Fruchtfolge

Damit sich bodenbürtige Pilzkrankheiten nicht ausbreiten können, sind drei- bis vierjährige Anbaupausen für Nachtschattengewächse einzuhalten. Also darf nach Tomaten kein Paprika und umgekehrt angebaut werden.

Sorten

Gemüse-Paprika: 'Agio' ungarischer Paprika, konische, gelbgrüne Früchte; 'Atris', lange, blockige Früchte, von Grün nach Rot reifend, 'Bontempi', blockige, rot abreifende Frucht, besonders kältetolerant; 'California Wonder', rot abreifend; 'Daisy', Snack-Paprika, orangerot, kornarm; 'Demetra', wenig krankheitsanfällig, reift von dunkelgrün bis rot ab; 'Goldflame', blockige, orange abreifende Frucht; 'Gourmet', blockig, orange abreifend; 'Ice Age', blockig, elfenbeinfarbig, in der Abreife orangerot; 'Kobold', Mini-Paprika, glänzend rot abreifend; 'Mavras', glanzendviolett, blockige Früchte; 'Monte', blockige, weiß-rot abreifende Frucht; 'Multi', blockig, gelb abreifend; 'Partner', spitzer Paprika, von Grün nach Gelb abreifend; 'Pinokkio', längliche, rot abreifende Frucht; 'Planet' spitzer Paprika, rot abreifend; 'Pritavit', blockig platt, rot abreifend; 'Szuszanna', Tomatenpaprika, süß mit unverfälschtem Paprikageschmack; 'Topgirl', Tomatenpaprika, mild, rot abreifend; 'Toscana', länglich, gelb-rot abreifend, süß.

Peperoni: 'De Cayenne', länglich, rot abreifend; 'Fireflame', länglich, rot abreifend, feuerscharf; 'Homera', lange Früchte, gelb abreifend, von mild scharf bis sehr scharf; 'Jalastar', rot abreifend, klein, länglich; 'Kekova', türkische Spezialität, lang, rot abreifend, mildscharf; 'Lombardo', lang, hellgrün, rot abreifend, aromatischer, milder Geschmack; 'Pepino', rundlich blockig, Samen scharf, mildes Fruchtfleisch; 'Starflame', gelb abreifend, feurig-scharf, reich tragend.

TIPP
Es ist günstig, wenn die Pflanzen etwas tiefer gesetzt werden, als sie vorher im Topf gestanden haben. Sie werden dadurch standfester und bilden zusätzliche Wurzeln aus dem unteren, mit Erde bedeckten Stängelteil.

Anbau

Vermehrt wird durch Aussaat, Stecklingsvermehrung ist möglich. Üblich ist das Setzen von in Töpfen vorkultivierten Jungpflanzen. Man sät im März in Kisten aus

▲ Bei den Peperoni gibt es nicht nur extrem scharfe, sondern auch milde Typen.

mit späterem Pikieren in 9 oder 10 cm große Töpfe. Aussaat breitwürfig in Saatkisten bei 22 bis 24 °C. Etwa 14 Tage nach der Aussaat, wenn die Keimblätter voll entfaltet sind, wird in die Töpfe pikiert. Wenn die ersten Blütenknospen sichtbar sind bzw. aufblühen, haben die Pflanzen ihre optimale Pflanzgröße erreicht. Gepflanzt wird ab Mitte Mai. Der Pflanzabstand beträgt je nach Sorte 40 × 40 bis 60 × 60 cm.

Krankheiten und Schädlinge

Die Blütenendfäule zeigt sich als gelbbraunes, abgestorbenes Gewebe an den Fruchtspitzen. Ursache ist wahrscheinlich Kalziummangel. Fruchtrisse können bei starkem Wechsel von Trockenheit und Feuchtigkeit, aber auch bei relativer Luftfeuchte über 80% auftreten. An den Früch-

ten entstehen feine verkorkende Risse. Symptome bei einem Befall durch das Tomatenbronzefleckenvirus sind eingedellte oder aufgebeulte Blattflecken, Bildung von Nekrosen auf den Blattadern und unterschiedliche Deformierung der Früchte mit zum Teil ringförmigen Nekrosen. Die durch den Pilz *Fusarium solani* verursachte Wurzelfäule führt zum Welken der oberirdischen Pflanzenteile.
Bei den tierischen Schädlingen ist auf die Grüne Pfirsichblattlaus und die Grüne Gurkenblattlaus, Spinnmilben und Weiße Fliege zu achten.

Ernte und Lagerung

Paprika vorsichtig ernten
Die Ernte muss sehr vorsichtig und sorgfältig geschehen, weil die Paprikatriebe leicht brechen. Am besten schneidet man die Früchte mit der Schere ab.

Die Ernte von Paprika kann bei Grün- oder Vollreife geschehen. Der Zeitpunkt für die Ernte im Grünreife-Stadium ist erreicht, wenn die volle Fruchtgröße und Fruchtfestigkeit gegeben ist. Erntereif ist die Schote dann, wenn die Fruchtschale glänzt und gegebenfalls wenn die Farbe umschlägt. Der Erntezeitpunkt für die Vollreife ist bei voller Ausfärbung der Frucht erreicht. Wenn das Fruchtgewebe zu schrumpfen beginnt, ist der günstige Erntezeitpunkt überschritten.
Bei Temperaturen von 8 bis 9 °C und relativer Luftfeuchte von 90 bis 95 % lassen sich grüne Paprikafrüchte etwa 2 Wochen lagern. Darunter darf die Temperatur nicht absinken, denn unter 8 °C verfärben sich die Früchte braun und verlieren an Festigkeit.

Pastinake

- 180 – 200 Tage
- mittlerer Zehrer
- Feldmäuse, Möhrenfliege

Ideales Wintergemüse
Pastinaken gehören zu den Gemüsearten, die im Freien überwintern können. Sie sind frosthart und lassen sich den ganzen Winter über ernten.

Pastinaca sativa
Doldenblütler, Apiaceae

Als zweijährige Pflanzen bilden Pastinaken im ersten Jahr eine Rosette aus einfach gefiederten, eiförmigen bis länglichen Blättern und eine weißfleischige Rübe; im zweiten Jahr erhebt sich der verzweigte, 1,2 m hohe doldige Blütenstand. In Süddeutschland wächst die Pastinake wild an Straßenrändern und auf trockenen Wiesen. Wurzeln werden bis zu 40 cm lang und 100 bis 150 g schwer.
Pastinaken haben einen süßlichen, würzigen, mitunter etwas herben Geschmack, der sich durch Milch etwas abschwächen lässt. Erst nach den ersten Nachtfrösten oder nach mehrwöchiger Lagerung schmecken die Pastinakenwurzeln richtig gut. Das süß-würzige Aroma wird durch den Gehalt an ätherischen Ölen bestimmt. Diesen ätherischen Ölen verdankt die Pastinake ihre stark anregende Wirkung auf den gesamten Verdauungsapparat, die Nierentätigkeit, die Luftwege und das Nervensystem. Die Pastinake ist besonders reich an Kohlenhydraten und verfügt über ein sehr günstiges Mineralstoffverhältnis mit hohem Kalium- und sehr geringem Natriumanteil.
Pastinaken lassen sich als Koch- und Suppengemüse sowie als Salat zubereiten oder – ebenso wie Petersilie – zum Würzen von Speisen verwenden. Pastinakenstücke sind vielfach Bestandteil von im Handel erhältlichem gebündeltem Suppengrün, zusammen mit Lauch-, Möhren- und Knollenselleriestücken. Küchentechnisch wird die Pastinake so wie die Möhre oder der Knollensellerie zubereitet.

Standortansprüche

Für Pastinaken sind tiefgründige, lehmighumose Böden optimal. Ungeeignet sind staunasse und verdichtete Böden. Der pH-Wert kann zwischen 5,5 und 7 liegen. Pastinaken können praktisch überall angebaut werden. Die Optimum-Temperaturen liegen bei 16 bis 18 °C.

Fruchtfolge

Pastinaken sind mit sich selbst und anderen Vertretern aus der Familie der Doldenblütler unverträglich. Damit sich Stängel- und Wurzelgallenälchen nicht ausbreiten, sollten vierjährige Anbaupausen eingehalten werden. Wegen ihrer langen Entwicklungszeit sind Pastinaken als Hauptfrucht

▼ Die gelb-weißen Pastinakenwurzeln ähneln Petersilienwurzeln und schmecken auch so ähnlich, sind aber größer und bilden leicht Seitenwurzeln.

einzustufen. Gute Vorfrüchte sind Leguminosen, Zwiebelgewächse und Gründüngung. Als Wurzelgemüse gehört die Pastinake in die 2. Tracht.

Sorten

Gute Sorten sind: 'Halblange weiße', etwa 15 cm lang und 10 cm dick; 'Gladiator', bestes Fruchtfleisch, seidig glatte Haut, gut lagerfähig; 'Javelin', lange, glatte Wurzeln, bestens zum Lagern; 'White Gem', platzfest, besonders gut lagerfähig;

Anbau

Pastinaken an Ort und Stelle im März aussäen, spätestens im April, da die Rüben sechs bis sieben Monate zur Entwicklung benötigen. Für die Überwinterung kann auch Ende Mai bis Mitte Juni gesät werden. Aussaat in Reihen mit Reihenabständen von 30 bis 50 cm. Saattiefen von 2 bis 3 cm sind optimal. Nach der Keimung die Pflänzchen auf 10 bis 15 cm in der Reihe vereinzeln.

TIPP

Pastinaken entwickeln sich anfangs sehr langsam und werden schnell von Unkraut überwachsen. Daher frühzeitig mit der Unkrautbekämpfung beginnen.

Düngung

Pastinaken sind für eine gute Humusversorgung dankbar. Da sie erst im Juli und August die meisten Nährstoffe brauchen, wirken sich zwei Kopfdüngergaben zu diesem Zeitpunkt wachstumsfördernd aus.

Krankheiten und Schädlinge

In ländlichen Gegenden, wo der Garten an die freie Landschaft angrenzt, können Feldmäuse erheblich schaden. Pastinaken sind für die Nager eine Delikatesse. Wie bei Möhren können auch bei Pastinaken Möhrenfliegen lästig werden. Dies gilt auch für den Befall mit Stängel- und Wurzelgallenälchen. Sie treten vor allem auf, wenn die Anbaupausen nicht eingehalten wurden.

Ernte und Lagerung

Geerntet wird mit der Grabegabel. Da beschädigte Wurzeln leicht faulen, muss man sehr vorsichtig vorgehen. Den Wurzeln anhaftende Erde wird nur abgeklopft. Das Kraut wird wie bei Möhren abgedreht. Zur Überwinterung vorgesehene Pastinaken lassen sich mit Stroh, Laub oder Erde abdecken, um sie unter Umständen auch bei Frost ernten zu können. Wie Möhren eingeschlagen, lassen sich ungewaschene Pastinaken in Mieten und Kellern bei 0 °C und 95 % relativer Luftfeuchte mehrere Monate lagern.

Petersilie, Blatt-Petersilie

Petroselinum crispum
Doldenblütler, Apiaceae

- 70 – 80 Tage
- mittlerer Zehrer
- Nematoden, Nährstoffmangel, Blattfleckenkrankheit

Die Petersilie, die man im Mittelmeergebiet seit mehr als 2000 Jahren kennt, kam mit den Römern nach Germanien. Sie gehörte zu den Gewürzpflanze, die Karl der Große zum Anbau auf seinen Hofgütern vorschrieb. Sie kommt in zwei Formen vor: als Blatt-Petersilie (*Petroselinum crispum* var. *crispum*), die hier behandelt wird, und als Wurzel-Petersilie (*Petroselinum crispum* var. *tuberosum*, siehe Seite 507).

Als Zweijährige bildet die Petersilie im ersten Jahr eine 25 bis 35 cm hohe Halbrosette mit doppelt bis dreifach fiederteiligen, krausen oder glatten Blättern und eine Rübe. Sie ist bei der Wurzel-Petersilie kegelförmig und fleischig ausgebildet, bei der Blatt-Petersilie relativ lang, hart und nicht verdickt. Im zweiten Jahr entwickeln die Pflanzen nach einem Kältereiz Doppeldolden mit weißen Blüten. Nach der Fruchtbildung sterben die Pflanzen ab. Die Blätter können sortenabhängig glatt oder gekraust sein.

Blatt-Petersilie gehört zu den beliebtesten und gefragtesten Küchenkräutern und wird als Beigabe zu Suppen, Salaten und Gemüsegerichten, zum Garnieren von Fleisch-, Fisch- und Eierspeisen häufig benötigt. Sie sollte vor der Verwendung sorgfältig gewaschen werden.

Petersilie ist aus ernährungsphysiologischer Sicht sehr wertvoll. Von allen in Europa kultivierten Gemüsearten besitzt sie den höchsten Gehalt an Vitamin C und

TIPP

Petersilie nicht mitkochen, sondern erst am Schluss den Speisen zugeben, da sonst viel an Würzkraft verloren geht.

▼ Glattblättrige Petersilie gilt als würzkräftiger als die krausblättrigen Sorten.

eine sehr hohe Menge Karotin. Bemerkenswert ist der hohe Gehalt an Mineralstoffen, insbesondere Kalzium und Eisen. Obwohl wir Petersilie nur in geringen Mengen verzehren, ist sie für unsere Vitamin- und Mineralstoffversorgung bedeutsam. Die würzige und aromatische Blatt-Petersilie enthält ferner ätherische Öle. Petersilie findet auch in der Diätküche Verwendung. Sie wirkt harntreibend, appetitanregend und verdauungsfördernd und vermindert Blähungen.

Standortansprüche

Mittelschwere, tiefgründige und humusreiche Böden sind für den Anbau von Blatt-Petersilie optimal. Empfindlich ist sie gegen Trockenheit, deshalb ist eine gute Wasserhaltekraft des Bodens wichtig. Die Bodenreaktion sollte zwischen pH 6 und 7 liegen. Auf Lichtmangel reagiert Petersilie empfindlich, deshalb in voller Sonne anbauen. Petersilie nimmt mit relativ niedrigen Temperaturen von 18 bis 22 °C vorlieb, höhere Temperaturen hemmen das Wachstum.

Fruchtfolge

Petersilie ist für eine Reihe von Krankheiten und tierischen Schädlingen, insbesondere Nematoden, sehr anfällig. Zudem ist sie in hohem Grad selbstunverträglich. Anbaupausen von mindestens drei Jahren sollten eingehalten werden. Dies gilt auch für den Anbau anderer Doldenblütler. Als Vorfrüchte sind Leguminosen wie Erbsen und Bohnen ideal.
Petersilie reagiert auf frischen Stalldung und andere noch nicht ausreichend verrottete organische Substanzen negativ.

▼ Die krausblättrige Petersilie sieht dekorativ aus. In milden Wintern treibt sie immer wieder nach.

Sorten

Es sind Sorten mit gekrausten und glatten Blättern zu unterscheiden. Gute krausblättrige Sorten sind: 'Afrodite', tiefgrün, starkes Aroma, hervorragend zum trocknen und einfrieren; 'Darki', besonders aromatisch, gut haltbar; 'Darklett', grob gekrauste Blattpolster; 'Grüne Perle', schwere, dichtgefüllte, sattgrüne Blattpolster; 'Mooskrause', bewährte Sorte mit dunkelgrünen, feingekrausten Blättern. Glattblättrig sind 'Einfache Glatte' ('Einfache Schnitt') und 'Gigante D´Italia', großblättrig, mit sehr starkem Wuchs, beste Eignung für Gefrierkonservierung.

Anbau

Petersilie kann man direkt aussäen oder auch vorkultivierte Setzlinge pflanzen, Topfkultur ist möglich. Aussaat an Ort und Stelle ab März bis Ende Juli. Reihenabstand 25 bis 40 cm. Günstige Saattiefen liegen bei 2 bis 3 cm. Keimung nach drei bis vier Wochen, danach auf 8 cm in der Reihe vereinzeln. Jungpflanzenanzucht ab Februar unter Glas mit drei bis vier Samen je 5- bis 6-cm-Topf oder entsprechende Pflanzeinheiten.

Krankheiten und Schädlinge

Gelegentlich auftretende Blattverfärbungen in Form von gelben Blättern oder Blatträndern lassen sich auf Molybdän- oder Magnesiummangel zurückführen. Bei andauernd hoher Bodenfeuchtigkeit färbt sich das Laub rot, ebenfalls durch Nematoden- und Möhrenfliegenbefall. Die häufig auftretende *Septoria*-Blattfleckenkrankheit verursacht braune Flecken auf Blättern und Stängeln. Bei Befall ist eine ausreichende Fruchtfolge unbedingt einzuhalten.
Bei den tierischen Schädlingen können vor allem Wurzelgallenälchen großen Schaden anrichten. Blattvergilbungen, Rotfärbungen der Blattränder, gestauchte Blattstiele und verminderte Blatterträge sind typische Symptome. An den Wurzeln findet man Wurzelgallen und bärtige Wurzeln. Auch Stock- und Stängelälchen können auftreten. Weitere tierische Schädlinge sind Blattläuse, der Möhrenblattfloh, die Selleriefliege, Drahtwürmer und Engerlinge.

Austrieb fördern
Kalte Witterung bei sehr früher Freilandsaat kann das Schossen schon im ersten Vegetationsjahr bewirken. Zum zügigen Wiederaustrieb nach jedem Schnitt und zur optimalen Blattentwicklung benötigt Petersilie ausreichende Bodenfeuchte und Dünger.

TIPP

Blatt-Petersilie laufend von Hand pflücken oder mit dem Messer ernten, sodass die wieder durchtreibenden Herzblätter stehen bleiben. Wie ein Blumenstrauß in Wasser gestellt, bleibt Petersilie einige Tage frisch.

Pfeffer-Minze

Mentha × piperita
Lippenblütler, Lamiaceae

- mehrjährig, erste Ernte nach 120 – 150 Tagen
- Starkzehrer
- Pfefferminzrost

Die Echte Pfeffer-Minze ist durch Kreuzung zweier wild wachsender Minzearten (*M. aquatica × M. spicata*) entstanden. Sie kann sortenecht nicht durch Samen vermehrt werden, sondern nur vegetativ durch Ableger oder Stecklinge. Im Handel sind auch Samen der Pfeffer-Minze erhältlich, dabei handelt es sich in der Regel um Samen der Stammeltern der Echten Pfeffer-Minze.

▶ Die Echte Pfeffer-Minze sieht mit ihrem rötlich überzogenen Laub nicht nur schön aus, sondern ist auch sehr aromatisch.

Die Pfeffer-Minze ist eine starke, erfrischend riechende Heilpflanze. Pfefferminztee wirkt beruhigend, erwärmend, lindernd bei Magenverstimmung, regt den Gallenfluss an und gehört in jede Hausapotheke. Das ätherische Öl der Pfeffer-Minze hilft äußerlich angewandt bei Kopfschmerzen und Neuralgien.

Standortansprüche

Jeder normale Gartenboden ist für den Anbau der Pfeffer-Minze geeignet. Der Standort sollte sonnig bis halbschattig sein. Pfeffer-Minze gedeiht als eines der wenigen Heilkräuter noch im Halbschatten.

Sorten

'Mitcham' ist eine alte englische Sorte, die nur vegetativ vermehrbar ist. Es ist die Minze, die für die Produktion von Spearmint-Kaugummi verwendet wird. Sie wird 60 bis 80 cm hoch und hat vierkantige, rötlich überlaufene Stängel. 'Multimentha' ist eine in Ostdeutschland gezüchtete Sorte mit intensivem Pfefferminzaroma und hohem Mentholgehalt. Sehr verbreitet in den Gärten ist die mild schmeckende Apfelminze (*Mentha × rotundifolia*). *Mentha spicata* hat das typische Spearmint-Aroma, diese Sorte riecht wie Kaugummi. Eine hübsche Zierform ist die Ananas-Minze *Mentha suaveolens* 'Variegata' mit weiß panaschierten Blättern. Neuerdings sind auch fruchtig-mild schmeckende Minzen wie die Orangen- oder die Limonen-Minze (*Mentha × piperita* var. *citrata*) bekannt geworden. Diese Sorten enthalten wenig Menthol.

Starker Ausbreitungsdrang
Alle Minzen neigen zum „Wuchern". Sie stehen am besten nicht zusammen mit anderen Würz- und Heilkräutern, sondern auf Beeten für sich oder unter Beerensträuchern.

Anbau

Vermehrung der Echten Pfeffer-Minze nur aus Ablegern (Teilung) oder Stecklingen echter Pflanzen, am besten im Frühjahr, wenn der Boden offen ist. Im Abstand von 30 × 30 cm auspflanzen.

Ernte und Lagerung

Bei beginnender Blüte sind die ätherischen Öle am stärksten ausgeprägt. Triebe dann handbreit über dem Boden abschneiden. Die Droge schnell trocknen. Für die frische Verwendung jederzeit zu ernten.

▲ Die Pfeffer-Minze lässt sich leicht trocknen. Die rascheltrockenen Blätter bewahrt man trocken, kühl und dunkel auf.

Pimpinelle, Kleiner Wiesenknopf

Sanguisorba minor
Rosengewächs, Rosaceae

- mehrjährig, erste Ernte nach 120 – 150 Tagen
- Schwachzehrer
- kaum, gelegentlich Falscher Mehltau

Der Wiesenknopf wächst in Süddeutschland wild auf trockenen Wiesen und an Wegrändern und Böschungen. Je nach Standort wird der Kleine Wiesenknopf 20 bis 40 cm hoch. Man erkennt ihn leicht an den gefiederten Blättern mit blaugrünen, gekerbten Teilblättchen. Die Wildstaude bleibt auch im Winter grün, sodass man fast das ganze Jahr frisch ernten kann. Die grünlich gelben oder rötlichen Blüten stehen in kugeligen Köpfchen vom Mai bis zum Herbst.
Die jungen Blätter mit einem leichten Gurkengeschmack werden frisch zum Würzen von Salaten, Soßen, Suppen, Fischgerichten und Eierspeisen verwendet. Am besten mit einem Wiegemesser fein zerkleinern.

▶ Den Kleinen Wiesenknopf erkennt man leicht an seinen gefiederten Blättern und dem knopfartigen Blüten- und Fruchtstand. Im Volksmund heißt dieses Würzkraut Pimpinelle. Im Handel gibt es keine Sorten, sondern nur Formengemische.

TIPP

Der Kleine Wiesenknopf gehört zu den klassischen sieben Kräutern für die Frankfurter „Grüne Soße".

Schmeckt auch gut als würziger Bestandteil in Kräuterbutter. Das frische Kraut lässt sich auch gut eingefrieren.
Der Kleine Wiesenknopf enthält ätherische Öle, Zucker, Gerb- und Bitterstoffe. Bemerkenswert hoch ist der Vitamin-C-Gehalt, mit 480 mg/100 g Frischsubstanz.

Standortansprüche

Bevorzugt wächst der Kleine Wiesenknopf auf mittelschweren, lockeren, durchlässigen und vor allem kalkhaltigen Böden (pH 6,5 bis 8,0). Die Lage soll sonnig und warm sein.

Anbau

Junge Blätter und Triebe laufend von Hand ernten. Geschieht dies nicht, wächst die Pflanze nur noch kümmerlich. Zu spät geerntete Blätter werden hart und unbrauchbar.

In der Regel wird der Kleine Wiesenknopf mehrjährig angebaut, im erwerbsmäßigen Anbau meist nur einjährig. Üblich ist Direktsaat, da der Kleine Wiesenknopf eine Pfahlwurzel bildet und sich schlecht verpflanzen lässt. Aussaat Ende April/Anfang Mai, Reihenabstand 20 bis 30 cm, in der Reihe später auf 20 bis 25 cm vereinzeln. Die günstige Saattiefe liegt bei 2 cm. Für Topfkultur geeignet. Für den Hausgarten genügt eine Pflanze.

Porree, Lauch

Allium porrum var. *porrum*
Liliengewächs, Alliaceae

- 150 – 180 Tage
- Starkzehrer
- Gelbstreifenvirus, Thripse, Lauchmotte, Lauchminierfliege

Frischer Porree steht bei richtiger Anbaugestaltung von September bis Mai zur Verfügung und ist vor allem ein wertvolles Winter- und Frühjahrsgemüse. Die Ausgangsform des Porrees hat wahrscheinlich im östlichen Mittelmeergebiet ihren Ursprung. Schon die alten Griechen und Römer kannten Lauch. Im Mittelalter kultivierte man ihn bereits in ganz Europa. Im mitteleuropäischen Klima wächst Porree als zweijährige Pflanze. Im ersten Jahr entsteht aus einer zwiebelähnlichen Verdickung am Grunde eine Laubblattrosette. Anders als bei den Speisezwiebeln bildet der Lauch keine eigentliche Zwiebel, sondern einen dicken langen Scheinspross, den sogenannten Schaft, mit oben auseinanderstrebenden Blättern. Diese Schäfte werden je nach Sorte 30 bis 60 cm lang. Die Porreeblätter sind mit einer Wachsschicht bedeckt. Diese schützt die Blätter auch gegen stechende und saugende Insekten wie Blattläuse und Thripse, die Viren übertragen. Lässt man Porree nach dem Winter stehen, entwickelt sich im zweiten Jahr ein Blütenstand. Das heißt, der Lauch beginnt ab Ende April/Anfang Mai zu schossen. Bei zeitigen Saat- (März) und Pflanzterminen (April bis Anfang Mai) bildet ein Teil der Pflanzen bei deutschen Sorten bereits im ersten Jahr Blütenanlagen. Südeuropäische Sorten schossen vielfach schon im ersten Jahr vollständig. Bei rechtzeitigem Abschneiden des Blütenschaftes bilden sich Nebenzwiebeln, die den Perlzwiebeln stark ähneln.
Porree ist eine wohlschmeckende und vielseitig verwendbare Pflanze. Man schätzt ihn gekocht und geschmort als Gemüse oder in Suppen und Eintöpfen sehr. Kenner verzehren ihn auch roh als Salat. Porree lässt sich auch gut trocknen und einfrieren. Lauch ist wegen seiner zahlreichen Inhaltsstoffe, vor allem Würz- und Aromastoffen, Mineralstoffen und Vitaminen, sehr gesund. Die ätherischen Öle, Aroma-

▼ Porree oder Lauch ist ein idealer Mischkulturpartner. Er steht gut neben Möhren oder Sellerie.

stoffe und Fruchtsäuren (Apfel- und Zitronensäure) bestimmen den angenehm milden, typischen Lauchgeschmack. Ähnlich wie Speisezwiebeln und Knoblauch regt Porree den Kreislauf an und fördert die Verdauung. Die ätherischen Öle schützen vor Infektionen und regen die Drüsen an. Bei Bronchialerkrankungen wirkt Porree schleimlösend.

Standortansprüche

Für den Porreeanbau eignen sich alle Böden, sofern sie nicht verdichtet sind oder unter Staunässe leiden. Besonders günstig sind tiefgründige und gut mit Humus versorgte Böden. Organische Düngung im Herbst regt den Wuchs an und wirkt sich günstig auf den Ertrag aus. pH-Werte von 6 bis 6,5 sind optimal.
An das Klima stellt Porree keine besonderen Ansprüche und kann praktisch überall angebaut werden. Bei Temperaturen über 25 °C ist das Wachstum von Porree doch etwas gehemmt.

Fruchtfolge

Es ist ein dreijähriger Fruchtwechsel anzustreben. Andere *Allium*-Arten (Zwiebeln, Schnitt-Lauch) sind in der Fruchtfolge zu vermeiden. Lauch entwickelt ein starkes, buschiges Wurzelsystem aus zahlreichen gleichrangigen Wurzelfäden. Er gilt als Gemüseart mit den höchsten Wurzelrückständen. Diese Rückstände hinterlassen ausgezeichnete Bodenstruktur, weshalb man Porree als Vorfrucht sehr schätzt. Das Gemüse ist für eine organische Düngung äußerst dankbar und gehört daher in die 1. Tracht.

Sorten

Die heutigen Porreesorten ermöglichen Ernten im Freiland von Juni bis April des Folgejahres. 'Bavaria', früher Porree, schnellwachsend, mit langen, weißen Schäften; 'Blaugrüner Winter', bekannte späte Sorte, fällt durch seine schöne, dunkelgrüne Blattfarbe auf; 'Carentan', Porree mit mittellangem, starkem und geradem Schaft, frosthart; 'Easton', wächst schnell, speziell für die frühe Ernte im Sommer und Spätsommer, bildet gerade Schäfte von blütenweißer Farbe; 'Elefant', gute Tiefkühlsorte für die Herbsternte, geringer Putzabfall; 'Eskimo', Winterporree der bis in den März hinein geerntet werden kann; 'Farinto', eine Selektion aus 'Blaugrüner Winter', besonders frostbeständig, ideal für die Ernte von Spätherbst bis über den Winter; 'Forrest' für die Ernte im Spätherbst und Winter, besonders frostbeständig, bildet feste, dicke Schäfte; 'Hannibal' ('Herbstriesen 2'), bekannter und bewährter Herbst- und Winterporree; 'Ideal', insbesondere für die Ernte im Herbst geeignet, sehr schnelle Entwicklung; 'Pandora', für die Ernte im Herbst und Winter, hat lange weiße Schäfte mit optimalem Grün-Weiß-Anteil; 'Rami' ('Herbstriesen 3') besonders früher, raschwüchsiger Sommerporree, mittellange Schäfte.

Anbau

Die Vermehrung des Porrees erfolgt in der Regel durch Aussaat, ist aber auch durch Nebenbulben möglich. Üblich ist im Hausgarten das Pflanzen mit Vorkultur; Direktsaat an Ort und Stelle (Ende März / Anfang April) ist aber möglich. Dann nach dem

▼ Gepflanzt wird Porree mit Reihenabständen zwischen 30 und 40 cm, in der Reihe 15 cm. Tief pflanzen, damit sich möglichst lange, gut gebleichte Stangen entwickeln. Dazu kann man etwa 15 cm tiefe Furchen ziehen, in die man die Jungpflanzen setzt. Wichtig ist auch kräftiges Angießen. Ab Mitte bis Ende Juli mehrmals anhäufeln.

TIPP

Beim Verpflanzen die Blattspitzen und Wurzeln nicht einkürzen. Fälschlicherweise wurde das früher empfohlen, dadurch verzögert sich aber das Anwachsen.

Auflaufen in der Reihe auf 10 bis 15 cm vereinzeln.
Je nach Sorte (man unterscheidet Sommer-, Herbst- und Wintersorten) Aussaat von Anfang März bis Ende April. Jungpflanzenanzucht für Frühanbau mit Pflanzung ab Mitte März (mit Folienschutz) oder Anfang Mai (ohne Folienschutz) in Saatkisten unter Glas. Pikieren einzeln oder mit zwei bis drei Pflanzen in 6- oder 7-cm-Töpfe oder entsprechende Pflanzeinheiten. Direktaussaat in Töpfe mit zwei bis vier Samen möglich. Bei späteren Pflanzterminen kann die Jungpflanzenanzucht auch auf Anzuchtbeeten im Freiland oder im Frühbeetkasten erfolgen. Für die Jungpflanzenanzucht rechnet man etwa 8 bis 12 Wochen. Die Temperaturen sollten während der Anzucht 15 °C nicht unterschreiten, weil sonst die Gefahr des Schossens besteht. Letzter Pflanztermin für eine Ernte im selben Jahr Mitte Juni.

Krankheiten und Schädlinge

Der Befall mit Gelbstreifenvirus kann zu größeren Ausfällen führen. Die teilweise schlaff herabhängenden Blätter tragen gelbliche Streifen. Am wirksamsten lässt sich dem Befall durch den Anbau weitgehend resistenter Sorten vorbeugen. Die Bakterienfleckenkrankheit, die samenübertragbar ist, verursacht sichelförmige Blätter, gedrehte Pflanzen und Gelbstreifigkeit. Größte Bedeutung hat hier die Fruchtfolge, zumal der Erreger direkt nicht bekämpfbar ist. Befallssymptome für die Papierfleckenkrankheit sind wässrige Blattspitzen, die sich später weiß färben und absterben. Der Pilz überdauert im Boden auf Pflanzenresten und befällt die Pflanzen über aufspritzende Bodenteilchen. Mulchen vermag die Infektion zu

WICHTIG zu wissen

Porree braucht im Sommer viel Wasser. Eine Mulchdecke hält die Feuchtigkeit im Boden und unterdrückt außerdem Unkraut weitgehend.
Besonders gut lagern lässt sich Porree im einfachen Erdeinschlag, wo er mit Wurzeln bis zur Verwendung aufbewahrt wird.

reduzieren. Ausreichender Fruchtwechsel ist hier besonders wichtig. Im Spätsommer kann es zu einem Befall durch Porreerost kommen. Stark befallene Pflanzen färben sich blassgrün und bleiben im Wuchs zurück.
Die wichtigsten tierischen Schädlinge sind Thripse und Lauchmotten. Thripse verursachen Schäden durch Saugen. Sie sind sehr klein (etwa 1 mm lang) und sitzen meist versteckt im Herz der Pflanze. Aus diesem Grund werden sie meist erst sehr spät erkannt. Das typische Schadbild sind weißgrau gesprenkelte Flecken mit kleinen schwarzen Kottröpfchen. Mit Schutznetzen lassen sich Thripse und Lauchfliege erfolgreich abhalten.

Ernte und Lagerung

Zum Ernten hebt man die Pflanzen mit der Grabegabel oder dem Spaten aus der Erde und schneidet die Wurzeln dicht unter dem Wurzelboden ab. Wird der Porree sofort weiterverwendet, kürzt man auch die Blätter ein. Länger als einen Tag sollte man frisch geernteten Lauch nicht ungekühlt lagern. Im Kühlschrank hält sich das Gemüse etwa eine Woche. Bei 0 bis 1 °C und hoher Luftfeuchtigkeit lassen sich die Stangen etwa acht bis zehn Wochen lagern. Wenn die ersten Blätter vergilben, sollte der Porree schleunigst verbraucht werden.

▼ Die Lauchminierfliege richtet an Porree, Knoblauch und Schnitt-Lauch große Schäden an. Die Larven fressen sich in den Miniergängen in den Blättern nach unten.

Portulak, Gemüse-Portulak

Portulaca oleracea subsp. *sativa*
Portulakgewächs, Portulacaceae

- 25 – 30 Tage
- Schwachzehrer
- keine artspezifischen

Der Gemüse-Portulak bildet eiförmige, fleischige, bis zu 3 cm lange und 2 cm breite, glänzende Blätter, die als Gewürz und Gemüse genutzt werden. Die Pflanzen wachsen zunächst aufrecht, später verzweigen sie sich und bleiben auf dem Boden liegen. Zwischen den stiellosen

▶ Man schneidet die fleischigen Stängel mit einem Messer oder einer Schere ab.

Blättern erscheinen von Mai/Juni bis September/Oktober blassgelbe oder orangefarbene Blüten.

Liebhaber schätzen die jungen, leicht salzig schmeckenden Blätter des Portulak, ähnlich wie Garten- und Brunnen-Kresse, als Rohkost; ältere Blätter werden jedoch wie Spinat zubereitet. Frisch gehackte Blätter mit ihrem nussartig-säuerlichen Geschmack verfeinern Mischsalate, Soßen und Suppen. Die Blütenknospen lassen sich als Kapernersatz verwenden.

TIPP

Portulak enthält viel Vitamin C und Vitamin A sowie von den Mineralstoffen viel Eisen und Kalzium.

Standortansprüche

Für Portulak sind lockere, mehr sandige Böden mit einem pH-Wert zwischen 5,5 und 7,2, in warmen, vollsonnigen Lagen am besten geeignet.

Fruchtfolge

Drei- bis vierjährige Anbaupausen sind möglichst einzuhalten. Die kurze Vegetationszeit erlaubt den Anbau als Vor-, Zwischen- und Nachfrucht.

Sorten

Sorten im eigentlichen Sinn gibt es nicht, man unterscheidet mehrere Herkünfte, so 'Gelber Breitblättriger' und 'Grüner', die sich in der Blattfärbung voneinander unterscheiden.

Schnelle Ernte

Von der Aussaat bis zur (ersten) Ernte dauert es nur 25 bis 30 Tage. In der Regel kann man Portulak zwei- bis dreimal ernten. Allerdings sind die Blätter nach Blühbeginn hart und schmecken bitter.

Anbau

Gemüse-Portulak lässt sich von April bis Oktober in mehreren Sätzen anbauen. Am besten ist Direktaussaat. Sie kann breitwürfig (8 bis 10 g/m²) oder auch in Reihen mit 80 bis 100 Korn je laufenden Meter bei Reihenabständen von 20 bis 30 cm erfolgen. Die Mindestkeimtemperatur beträgt 16 °C. Die feinen Samen nur wenig abdecken. Die Keimung erfolgt schon nach etwa 5 Tagen. Der Nährstoffbedarf ist aufgrund der kurzen Vegetationszeit nicht hoch. Eine Stallmistdüngung ist nicht zu empfehlen.

Radicchio, Fleischkraut

Cichorium intybus var. *foliosum*
Korbblütler, Asteraceae

- 90 – 110 Tage
- Schwachzehrer
- bei zu viel Stickstoff lockere Umblätter und Blattrandbrand, Blattläuse

Radicchio galt schon bei den Römern als Gemüse. In Deutschland war dieses Salatgemüse bis vor wenigen Jahren nur wenig bekannt. Vielleicht liegt das an seinem pikant-bitteren Geschmack. Dabei handelt es sich um den Bitterstoff Intybin, der appetitanregend und verdauungsfördernd wirkt. Im unteren Bereich der Sprossachse findet man auch Inulin. Auch der Gehalt an Mineralstoffen ist bedeutungsvoll.

Standortansprüche

Radicchio benötigt einen guten Gartenboden mit ausgeglichener Wasserversorgung. Staunässe ist unbedingt zu vermeiden, weil sie die Fäulnis fördert. Die optimale Bodenreaktion liegt zwischen pH 6 und 7. Bei niedrigen Anzuchttemperaturen im ersten Halbjahr beginnt Radicchio sofort zu schossen. In der zweiten Jahreshälfte sind bei abnehmenden Tageslängen und bei hohen Lufttemperaturen Schosser seltener.

Sorten

'Granato', ein granatroter, länglicher Radicchio, ideal zum Dippen, für Herbstanbau; 'Indigo' für Sommer- und Herbsternte, bil-

▼ Durch seine rote Farbe und den leicht bitteren Geschmack wertet der Radicchio jeden Mischsalat auf.

Gar nicht so bitter
Radicchio schmeckt nicht so bitter, wenn er gleichmäßig mit Wasser versorgt wird. Außerdem nimmt der Gehalt an dem Bitterstoff Intybin im Laufe des Herbstes ab.

TIPP
Zum Überwintern mit leichtem Winterschutz eignet sich die Sorte 'Roter von Verona'. Die langen grünen Blätter dieser Sorte sterben im Herbst ab, im folgenden Frühjahr bilden sich dunkelrote Blattrosetten.

det große, gut geschichtete Köpfe; 'Palla Rossa' ('Roter Ballon') für Herbsternte, bildet geschlossene runde Köpfe mit außen rötlichen und innen weinroten Blättern mit weißen Rippen, verträgt leichte Fröste; 'Rubello', für Sommer- und Herbstanbau, unempfindlich gegen Blattbrand und Blattnekrose; 'Variegata di Castellfranco' und 'Galileo' haben gesprenkelte Blätter, für Herbstanbau.

Anbau
Eine Direktsaat ist möglich, jedoch wegen der Gefahr größerer Ausfälle nicht zu empfehlen. Besser ist Aussaat mit Vorkultur unter Glas und anschließendem Auspflanzen. Zum Keimen braucht Radicchio mindestens 20 °C, sonst besteht die Gefahr des Schossens. Auspflanzen Anfang Juli bis Ende Juli im Abstand von 30 × 30 cm. Der letzte Pflanztermin liegt für Radicchio Anfang August.

Krankheiten und Schädlinge
Bedeutungsvoll ist der Blattrandbrand. Dabei verfärben sich zunächst die Blätter und faulen dann. Zu viel Stickstoff und damit verbunden zu wenig Kalk im Boden fördern diese Krankheit. Blattflecken, eine Pilzkrankheit, können ebenfalls vorkommen. Auch verschiedene Bodenpilze können die Pflanzen befallen und zum Absterben bringen.

Ernte und Lagerung
Etwa acht bis zehn Wochen nach dem Pflanzen beginnt die Ernte. Da Radicchio besonders leicht welkt, am besten abends oder morgens ernten. Beim Abschneiden sollte ein kleiner Strunk am Kopf bleiben, damit die Kopfblätter zusammenhalten. Zum aufbewahren im Kühlschrank packt man die Radicchioköpfe in Plastiktüten. So bleiben sie einige Tage frisch.

Radieschen

- 25 – 35 Tage
- Schwachzehrer
- Kohlhernie, Erdflöhe, Kohlfliege

Raphanus sativus var. *sativus*
Kreuzblütler, Brassicaceae

Radieschen sind wegen ihres leicht scharfen, würzigen Geschmacks und wegen ihres attraktiven, appetitanregenden Aussehens beliebt. Radies isst man bei uns fast ausschließlich roh. In einigen asiatischen Ländern kocht man die Knollen auch gemeinsam mit ihren jungen frischen Blättern. Gesundheitsbewusste essen Radieschen wie Garten-Kresse auch als Keimsprossen.
Fruchtsäuren und Senföle geben Radies den würzig-scharfen Geschmack. Je mehr Senföl, desto schärfer schmecken sie. Die Senfölkonzentration ist zum einen genetisch bedingt. Aber auch der Boden und die Düngung spielen eine Rolle, darüber hinaus auch Licht, Wasser und Temperatur. Die Zellen setzen das Senföl erst frei, wenn man sie beim Kauen zerstört.

Standortansprüche
Radies lassen sich auf allen guten Gartenböden anbauen. Gut ausgefärbte Knollen mit würzigem Geschmack wachsen auf lockeren, humosen Böden heran. Der optimale pH-Wert beträgt 5,5 bis 7,0. Bei hohen pH-Werten färben sich die Knollen nicht so gut aus. Radieschen wachsen auch bei niedrigen Temperaturen schon ab 5 °C und gehören deshalb zu den ersten Kulturen im Frühjahr und zu den letzten im Herbst.

Fruchtfolge
Radieschen sind sehr nachbauempfindlich. Wenn möglich, sollte man in drei Jahren auf derselben Fläche höchstens einmal Radieschen oder andere Kreuzblütler anbauen. Bei wiederholtem Anbau tritt Kohlhernie stark auf, ebenso Fäulen, Erdflöhe und Kohlfliegen. Radies vertragen keine frische organische Düngung und gehören in die 2. Tracht.

Warum Radieschen pelzig werden
Die innen stets weiße Radieschenknolle besteht zunächst aus einem krautigen Gewebe. Mit zunehmendem Alter und dem Übergang zur Blütenbildung bilden sich Holzzellen und Hohlräume im Knolleninneren, die sich mit Luft füllen. Die Knolle wird pelzig. Hitze und Trockenheit beschleunigen das Pelzigwerden.

◀ Radieschen brauchen nicht immer einfarbig rot sein, rot-weiße Sorten bringen Abwechslung auf den Esstisch.

▲ Radieschen nicht tiefer als 1 cm aussäen. Bei größerer Saattiefe streckt sich das Hypokotyl und die Knolle verformt sich länglich.

Kaum eine andere Gemüseart lässt sich im Garten so vielseitig in die Fruchtfolge eingliedern wie das Radies. Als Monokultur wird man es kaum anbauen.

Sorten

Gute Sorten sind: 'Albena' weißes, rundes Radies, auf dem Teller eine optische Bereicherung, mildwürziger Geschmack; 'Celesta', große, runde Knollen, kurzes Laub, mild aber würziger Geschmack, mehltautolerant, für Sommeranbau; 'Eiszapfen', weiß, länglich spitz (Mini-Rettich) für Frühjahr und Sommer; 'Gina', leuchtend hellrotes, rundes Sommerradies, mehltautolerant; 'Lucia', leuchtend rote Knollen, widerstandfähig gegen pelzigwerden und Falschen Mehltau, für Früh- und Herbstanbau; 'Parat', rund, rot, im Geschmack mild, für Sommeranbau; 'Poloneza', ein originelles zweifarbiges, rundes Radies, für den Anbau im Frühjahr und Herbst; 'Raxe', rund, rot, kann früh als mittelgroßes und später als großes, festes Radies geerntet werden; 'Riesenbutter', großes Sommerradieschen, butterzartes Fleisch, nicht pelzig werdend; 'Rudi', rund, rot, weitgehend platz- und pelzfest, für ganzjährigen Anbau; 'Saxa,' altbekannte Sorte für Frühjahr und Herbst; 'Sora', rund, besonders groß, rot, für ganzjährigen Anbau; 'Stoplite', großes (1-5 cm) Frühjahrs- und Sommerradies, zart und mild im Geschmack; 'Topsi', rotes, rundes Radies, die Knollen können sehr groß werden, mild im Geschmack, für Frühjahrs- und Sommeraussaat; 'Violetta', runde, leuchtend violette Knollen, ein echter Blickfang, weißes Fleisch, für ganzjährigen Anbau; 'Zlata', gelbfarbiges Radies mit gutem Geschmack, für Frühjahr und Herbstanbau.

Anbau

Aussaat direkt an Ort und Stelle in der Regel ab März (unter günstigen Bedingungen oder bei Anbau unter Folie bereits ab Ende Februar). Folgesaaten im Abstand von zwei bis drei Wochen sind zu empfehlen. Letzter Aussaattermin ist Anfang September. Die Aussaat erfolgt in Reihen (Reihenabstand von 10 bis 15 cm) mit einem Samen alle 3 bis 4 cm. Bei sehr dichter Saat nach dem Auflaufen auf 3 bis 4 cm vereinzeln. Da Radieschen schnell keimen, sind sie ideal als Markiersaat bei Möhren und Zwiebeln.

Düngung

Radieschen brauchen nicht viele Nährstoffe. In der Regel sind von der Vorkultur her noch genügend Reserven vorhanden. Bei zu hoher Stickstoffversorgung besteht die Gefahr der Schwarzfärbung. Auch das Laub-Knollen-Verhältnis wird ungünstig beeinflusst. Radieschen sollten keinen Stallmist erhalten. Frischer Stalldung wirkt nachteilig auf die Knollenbildung und fördert den Schädlingsbefall.

Krankheiten und Schädlinge

Radieschen reagieren sehr empfindlich, wenn die Fruchtfolge nicht eingehalten wird. Dann kann die Kohlhernie zu größeren Ausfällen führen. Von den tierischen Schädlingen sind neben der Großen und Kleinen Kohlfliege insbesondere verschiedene Erdfloharten lästig. Die etwa 2 mm großen Erdflöhe fressen zahlreiche kleine Löcher bereits in die Keimblätter. Später können die Blätter siebartig durchlöchert sein. Bei starkem Befall stirbt die Keimpflanze ab. Die Kleine und Große Kohlfliege kann durch Kulturschutznetze weitgehend abgewehrt werden.

TIPP

Radieschen brauchen immer ausreichend viel Wasser, bei stärkeren Schwankungen werden sie pelzig und die Knollen platzen. Außerdem schützt gleichmäßige Wasserversorgung vor dem Befall mit Erdflöhen.

TIPP

Ohne Laub kann man Radieschen im Folienbeutel einige Tage lang im Kühlschrank aufbewahren, ohne dass sie hohl und pelzig werden.

Radies in Mischkultur

In der Mischkultur lässt sich mit Radieschen die Fläche zwischen Gemüsearten mit längerer Entwicklungsdauer gut nutzen, z. B. bei Kopf-Salat, Kohlrabi, Blumen Kohl, Lauch-Zwiebeln und Gurken.

Rettich

Raphanus sativus var. *niger*
Kreuzblütler, Brassicaceae

- 45 – 60 Tage
- Starkzehrer
- Rettichschwärze, Kohlfliege

Rettich ist eine sehr alte Kulturpflanze. Bei uns wurde er schon in den Klostergärten des Mittelalters kultiviert. Im 16. Jahrhundert erscheint der Rettich in nahezu allen Kräuterbüchern.

Rettich isst man bei uns ausschließlich roh. Rettich unterstützt den Stoffwechsel und gilt als Mittel beim Heilen von Gallen-

▲ Schwarze Rettiche sind ideal für den Anbau im Herbst. Sie lassen sich in einem guten Keller monatelang lagern.

Etwas Botanik

Was wir vom Radieschen essen, ist das Speicherorgan. Die Botaniker bezeichnen es als eine Hypokotylknolle.
Das Hypokotyl ist Teil der Keimachse, die mit dem Wurzelhals und der Ansatzstelle der Keimblätter endet. Neben Sorten mit reinen Hypokotylknollen gibt es auch solche, bei denen die Hauptwurzel teilweise erstarkt und in das Speicherorgan einbezogen wird (z. B. 'Eiszapfen').
Beim Rettich essen wir die Rübe oder Knolle. Bei den pfahlförmigen Typen werden die Hauptwurzel und das Hypokotyl zu einer Rübe verdickt. Die runden Rettichformen sind wie beim Radieschen reine Hypokotylknollen.

krankheiten, aber nicht bei Gallenblasenentzündungen und Gallensteinen. Die im Rettich enthaltenen Senföle wirken ähnlich wie beim Meerrettich krampf- und schleimlösend und sind deswegen gut bei Erkältung und Husten. Sowohl die Keimsprosse als auch das grüne Kraut enthalten viel Vitamin C.

Standortansprüche

Rettiche benötigen tiefgründige Böden mit hohem Humusanteil und pH-Werten zwischen 5,5 und 7,0. Auf schweren, steinhaltigen und verdichteten Böden bilden sie nur deformierte Rüben aus. Temperaturen zwischen 2 und 11 °C für etwa zwei Wochen fördern beim Rettich die Blütenanlage und das Schossen. Um das Schossen zu vermeiden, darf die Temperatur nicht unter 12 °C liegen.

Fruchtfolge

In der Fruchtfolge ist Rettich nicht nach sich selbst oder anderen Arten aus der Familie der Kreuzblütler zu stellen. Man sollte in drei Jahren nur einmal Kreuzblütler anstreben. Rettich steht als Vor-, Zwischen- und Nachfrucht am besten in 2. Tracht.

Sorten

Vom Rettich gibt es ganz unterschiedlich große, unterschiedlich geformte und gefärbte Sorten. Auch in ihrem Entwicklungsrhythmus unterscheiden sich die Rettichsorten. Die Form der Rübe bzw. der Knolle kann bauchig-oval, zylindrisch, kegelförmig, schmal-kegelförmig oder eiszapfenförmig; die Rübenfarbe weiß, gelblich, braun, rosa, rot, karmin, purpurfarben, schwarz sowie rot mit weißen Spitzen; die Rübenlänge kurz, mittel, lang oder sehr lang sein. Das Rettichfleisch ist jedoch bei allen Sorten weiß.
Die Sorten unterscheiden sich auch in der Entwicklungsdauer, der Schossfestigkeit, dem Beginn der Pelzigkeit, der Erntereife und der Lagerfähigkeit. Sommer-Rettiche entwickeln sich langsamer, sind aber widerstandsfähiger gegen ungünstige Witterungsverhältnisse. Herbst-Rettiche entwickeln sich nur langsam, besitzen sehr festes Fleisch und lassen sich gut lagern.
Nachfolgend eine Auswahl guter Sorten für den Hausgarten.
'Blauer Herbst und Winter', schöne blaue Farbe, gut lagerfähig; 'Lancelot', sehr glatte, weiße Rübe, halblang, schossfest; 'Münchner Bier', beliebter, halblang-ovaler, weißer Herbstrettich mit scharfem Geschmack; 'Neptun', mittellange, weiße, glatte Rübe von würzig scharfem Geschmack, hohe Toleranz gegen die Rettichschwärze; 'Ostergruß', halblanger Rettich mit dunkelrosa Ausfärbung, für ganzjährigen Anbau, das Fleisch ist zart und von würzigem Geschmack; 'Red Meat', asia-

Keimsprossen
Rettichsamen keimen sehr schnell und sind deshalb ideal für Keimsprossen. Man isst sie roh als Brotbelag oder beigemischt zu Salaten. Keimsprossen lassen sich ebenfalls aus Kresse, Bohnen, Erbsen, Linsen, Weizen, Roggen und Maissamen ziehen.

Hybrid-Rettiche
Eine besondere Form bilden die sogenannten „Daikon-Rettiche“, die aus Japan zu uns gekommen sind. Zu ihnen gehören unter anderem die ‘Minowase’-Sorten mit 40 bis 60 cm langen, schlanken Rüben. Sie schmecken milder als die europäischen Formen.

Vor Kohlfliege schützen
Die Beete gleich nach der Aussaat mit Kulturschutznetzen abdecken. Die Netze müssen dann bis zum Erntebeginn liegen bleiben. Das ist notwendig, da die Kohlfliege sich in nur sechs Tagen vom Ei bis zur Made entwickelt. Zum Hacken das Netz nur möglichst kurz und in den kühlen Morgenstunden abnehmen, wenn die Schädlinge noch nicht richtig fliegen können.

▲ Die Rettichschwärze kann bei Rettichen großen Schaden anrichten. Durch eine weite Fruchtfolge kann man der Pilzkrankheit vorbeugen.

tische Delikatesse, runde, weißschalige Rübe, mit attraktiver, roter Innenfarbe, für den zeitigen Anbau im Frühjahr; ‘Rex’, weiß, schossfest, pelzresistent, mildwürzig, für ganzjährigen Anbau; ‘Roter Neckarruhm’, schöne, leuchtendrote Farbe, feiner Geschmack, für Frühanbau; ‘Runder Schwarzer Winter’, kugelrund, tiefschwarz und festfleischig, gut lagerfähig; ‘Sepp’; sehr glatte, weiße Rübe, schossfest, halblang, für Sommer- und Herbstanbau.

Anbau

Wegen der Gefahr des Schossens erst ab April aussäen, wenn die Tagestemperatur über 12 °C liegt. Aussaat direkt an Ort und Stelle in Reihen. Reihenabstand je nach Sorte zwischen 20 und 35 cm. In der Reihe in Abständen von 10 bis 15 cm (Japanhybriden und Herbstsorten 30 cm) zwei Samen auslegen und nach dem Aufgehen auf eine Pflanze verziehen. Eine Saattiefe von 2 bis 3 cm ist günstig. Die Anbaueignung der Sorten für bestimmte Jahreszeiten ist zu beachten.

Düngung

Nur sehr vorsichtig mit Stickstoff düngen. Im Schatten oder wenn die Sonne wenig scheint, neigt Rettich dazu, Nitrat zu speichern. Den Dünger nicht auf einmal geben, sondern auf zweimal verteilen: drei bis vier Wochen nach der Aussaat und nach weiteren vier bis fünf Wochen. Rettiche brauchen viel Bor, deshalb borhaltige Mineraldünger verwenden. Bei Bormangel entstehen bei Rettich glasige Flecken im Rübenfleisch und Risse in der Außenhaut.

Krankheiten und Schädlinge

Die Rettichschwärze ist eine gefürchtete Krankheit. Der Pilz breitet sich im Boden aus und dringt über die Seitenwurzeln oder feine Risse in den Rettich ein. Auf dem Rettich entsteht eine grau-blau verfärbte Zone, die sich ausweiten und die ganze Wurzel umschließen kann. Der Befall reicht bis tief in das Rübenfleisch. Eine direkte Bekämpfung ist nicht möglich. Auftreten kann auch Kohlhernie, Falscher Mehltau und Weißer Rost.
Unter den tierischen Schädlingen ist die Kohlfliege der Hauptschädling. Große Schäden und Ausfälle kann die Kleine Kohlfliege verursachen, die in zwei bis drei Generationen von Ende April bis Mitte September fliegt. Probleme können auch Erdraupen oder Erdflohlarven aus der Vorkultur bereiten. In solchen Fällen empfiehlt sich das Bedecken mit Netzen schon bei der Vorkultur. An sonstigen Schädlingen sind Erdflöhe, Gallmücken und Blattläuse zu beachten.

Ernte und Lagerung

Mit Laub kann man Rettich kühl und bei hoher relativer Luftfeuchte kurzzeitig, maximal bis zu 14 Tage, lagern. Auch angeschnittene Stücke halten sich im Kühlschrank, wenn der Anschnitt mit Folie umhüllt wird. Lagersorten aus dem Herbstanbau lassen sich bei 0 bis 1 °C und hoher Luftfeuchte vier bis sechs Monate in Kellern und Scheunen, ohne Kühlung zwei bis vier Monate lagern.

Das Platzen verhindern
Bei Trockenheit und Hitze werden Rettiche leicht pelzig und scharf, und die Rüben sind dann oft unregelmäßig geformt. Durch schroffen Wechsel zwischen niedriger und hoher Bodenfeuchtigkeit platzen Rettiche leicht. Es lohnt sich deshalb, stets für eine ausgeglichene Bodenfeuchtigkeit zu sorgen.

Rhabarber

Rheum rhabarbarum
Knöterichgewächs, Polygonaceae

Den ausdauernden Krausen Rhabarber kennt man in Europa erst seit dem 18. Jahrhundert. Gegessen werden die Blattstiele; aus den Rhizomen stellt man Medizin her. Die geschälten, in Stücke geschnittenen Stiele werden zu Kompott, Marmelade, Saft und Most verarbeitet. Man schätzt am Rhabarber den erfrischenden, pikant-säuerlichen, ungewöhnlichen Geschmack. Die kompakten

- Dauerkultur
- Starkzehrer
- Rhabarbermosaikkrankheit, Blattrandnekrosen, Älchen

◄ Bei der Ernte umfasst man den Blattstiel von unten mit der Hand, dreht ihn leicht hin und her und dann mit kurzem Ruck ab. Nie die Stiele abschneiden.

Rhabarber in der Medizin

Den Fruchtsäuren schreibt man blutreinigende Wirkung zu. Rhabarber gilt außerdem als darmregulierend und abführend. Aber er enthält viel Oxalsäure. Nieren- und gallenkranke Menschen sollten vorsichtig damit sein, damit sich keine Oxalsäuresteine bilden. Auch Kinder dürfen nicht zu viel Rhabarber essen.

Blütenknospen lassen sich auch als Gemüse zubereiten. Mit 54 kJ (= 13 kcal) je 100 g gehört er zu den energieärmsten Gemüsearten. Der typische Rhabarbergeschmack entsteht durch Fruchtsäuren, insbesondere Apfel- und Zitronensäure in Verbindung mit Zucker. Rotfleischige Sorten enthalten weniger Fruchtsäuren als die grünfleischigen.

Standortansprüche

Leicht erwärmbare, tiefgründige und gut wasserhaltende Gartenböden sind für Rhabarber am besten. Die Dauerkultur verträgt keine stauende Nässe, da die Rhizome leicht faulen. Der pH-Wert sollte zwischen 5,5 und 7 liegen. Zwar verträgt Rhabarber im Vergleich zu anderen Gemüsearten Schatten recht gut, optimale Erträge erhält man aber nur bei sonnigem Stand.

TIPP

Rhabarber lässt sich wesentlich früher ernten, wenn man ihn mit einem Folientunnel überbaut.

Sorten

Rhabarbersorten unterscheiden sich vor allem in der Stielfarbe, der Stieldicke, der Wuchslänge und der Frühzeitigkeit des Austriebs. Gute Sorten sind: 'Frambozen Rood', auch Himbeer-, Erdbeer- oder Rosen-Rhabarber genannt, rotstielig mit fruchtigem Aroma; 'Holsteiner Blut', bewährte Sorte, mittelfrüh, rotstielig; 'Red Valentin', Züchtung aus Kanada, rotstielig und rotfleischig; 'Rosara', ältere Sorte, außen rötlich, innen grünfleischig; 'The Sutton', mittelspät, rotstielig, grünfleischig.

Anbau

Rhabarber vermehrt man in der Regel vegetativ durch Teilung. Er lässt sich vom Frühjahr bis zum Herbst pflanzen. Die beste Pflanzzeit ist der Herbst, nachdem die Rhabarberblätter gelb geworden sind. Geteilt wird mit dem Messer oder dem Spaten. Beim Teilen darauf achten, dass den Rhizomstücken mehreren Knospen verbleiben. Pflanzabstand 100 × 100 cm. Nach dem Pflanzen sollten die Knospen 3 bis 4 cm mit Erde bedeckt sein. Aussaat ist zwar möglich, aber nicht gebräuchlich, weil die Sämlinge stark aufspalten und zum Teil auch minderwertige Pflanzen ergeben.

Düngung

Wo Stallmist zur Verfügung steht, vor dem Pflanzen viel geben. Anstelle von Stallmist sind auch gut ausgereifter Kompost oder andere Humusstoffe vorteilhaft. Rhabarber braucht vergleichsweise viel Kalium. Die Düngermenge in mehrere Gaben aufteilen: die erste Gabe beim Austreiben im März, die zweite Anfang Juni, die letzte Anfang Juli.

Krankheiten und Schädlinge

Gefürchtet ist die Rhabarbermosaikkrankheit, die durch verschiedene Viren verursacht werden kann. Auf den jungen Blättern bildet sich im April / Mai zunächst ein helles Mosaik oder es zeigen sich leichte Vergilbungen entlang der Adern mit einzelnen gelbgefärbten Bezirken. Häufig findet man auch rundliche braune Nekrosen gehäuft in der Nähe des Blattrandes. Viren lassen sich nicht bekämpfen. Die Pflanzen dann vernichten und auf neuer Fläche neu pflanzen. Darüber hinaus können Falscher Mehltau, Wurzelfäule und Stängelgrundfäule auftreten. Von den tierischen Schädlingen können insbesondere verschiedene Älchen-Arten den Rhabarber erheblich schädigen. Um dem Befall mit Nematoden vorzubeugen, sind die Flächen mindestens alle 5 bis 7 Jahre zu wechseln. Auftreten können auch verschiedene Blattkäfer und Larven sowie Blattläuse.

Ernte und Lagerung

Die erste Ernte beginnt ab April des zweiten Jahres. Im Jahr der Pflanzung besser noch nicht ernten, da die Blattstiele noch zu dünn sind und die Pflanzen sich zunächst noch kräftigen müssen. Bei den einzelnen Erntegängen sollte man nur die jeweils drei bis vier dicksten Blattstiele abnehmen. Damit sich die Rhabarberpflanzen nicht erschöpfen, muss man bei jeder Ernte etwa zwei Drittel der Blätter an der Pflanze lassen. Bei älteren Beständen kann man bis Anfang / Mitte Juli ernten. Rhabarber sollte man im Kühlschrank nicht länger als drei Tage aufbewahren, weil sonst die Stiele weich werden. Rhabarber ist das erste Gemüse im Jahr.

Blütenstiele ausbrechen

Um kräftige Blattstiele zu erzielen, muss man die ab Mai erscheinenden Blütentriebe ausbrechen. Bitte so ausbrechen, dass keine Stummel stehen bleiben, die das Austreiben weiterer Blattstiele verhindern.

Rosen-Kohl

Brassica oleracea var. *gemmifera*
Kreuzblütler, Brassicaceae

- 150 – 200 Tage
- sehr starker Zehrer
- Kohlhernie, Kohlfliege, Mehlige Kohlblattlaus, Kohltriebrüssler
- braucht viel Wasser

Außerordentlich gesund
Rosen-Kohl enthält von allen Kohlarten am meisten Vitamin C (durchschnittlich 115 mg / 100 g Frischsubstanz).

Das Charakteristische am Rosen-Kohl ist der bis anderthalb Meter hohe beblätterte Strunk mit den Röschen. An einem Strunk können etwa 30 bis 70 solcher Röschen enstehen. Die Röschen sind eigentlich kugelige, dicht geschlossene Knospen. Sie entstehen in den Blattachseln. Je nach Sorte und Standort vertragen sie kurzzeitige Fröste von –10 bis –12 °C. Rosen-Kohl leidet unter Wechselfrösten, auch wenn die Temperatur stark schwankt oder länger anhaltend unter –12 °C liegt.

► Rosen-Kohl ist ein richtiger Räuber. Er braucht wie Weiß-Kohl und Blumen-Kohl reichlich Nährstoffe aus organischer und mineralischer Düngung.

Rosen-Kohl schmeckt gut und besitzt hohen gesundheitlichen Wert. Bemerkenswert ist auch sein hoher Mineralstoffgehalt, insbesondere an Kalium und Eisen. Auch enthält Rosen-Kohl sehr viel Zitronensäure. Frost verbessert den Geschmack, allerdings auf Kosten des Vitamin-C-Gehaltes.

Standortansprüche

Am besten wächst Rosen-Kohl auf humusreichen Gartenböden. Leichte Sandböden mit Kompostgaben verbessern. Böden mit sehr hohem Humusgehalt sind jedoch zu meiden. Denn auf solchen Böden beginnt die Mineralisierung von Stickstoff oft so früh, dass Rosen-Kohl übermäßig lang wächst. Er ist dann nicht richtig standfest. Der pH-Wert soll zwischen 6,5 und 7,5 liegen.

Fruchtfolge

Auch für Rosen-Kohl gilt wie für alle Kreuzblütler, in drei Jahren höchstens einmal Vetreter dieser Familie auf der gleichen Fläche anzubauen. Stark kohlhernieverseuchte Böden erfordern längere Anbaupausen. Rosen-Kohl sollte in 1. Tracht stehen. Als Vorfrüchte eignen sich Leguminosen und andere Gemüsearten, die nicht zu den Kohlgemüsearten gehören und zeitig genug den Boden räumen.

Sorten

Entscheidende Kriterien für die Sortenwahl sind die Erntereife (sehr früh, früh, mittel, spät, sehr spät) und damit die Entwicklungsdauer, ferner die Qualität der Rosen. Wichtig sind vor allem Festigkeit und gute Deckung. Heute sind in der Mehrzahl Hybridsorten im Handel. Bei ihnen wachsen die Röschen einheitlicher, ihre Wuchskraft und Krankheitsresistenz sind gut. Gute Sorten für den Hausgarten sind: 'Brigitte', ertragreiche Sorte mit hoher Widerstandskraft gegen Krankheiten, für die Ernte im Oktober/November; 'Cronus', mittelspät, für die Ernte im Herbst und Winter, kohlhernieresistent; 'Fallstaff', violett-rote Röschen, Zierde im Garten und Genuss auf dem Teller, die Farbe entwickelt sich erst nach Frost richtig und bleibt beim Kochen erhalten; 'Hilds Ideal', Standardsorte für den Herbst- Winterverbrauch, lange erntbar, gute Frosthärte; 'Igor' für Herbstanbau, kräftiger Wuchs, etwa 80 cm hoch.

Anbau

Der Anbau erfolgt bei Rosen-Kohl durch Pflanzung mit Vorkultur. Die Aussaattermine für frühe Sätze liegen zwischen Mitte Februar und Anfang März, für die späteren Sätze zwischen Ende März und Mitte April. Die mögliche Pflanzzeit erstreckt sich von Ende April bis Ende Juni. Ab April kann die Jungpflanzenanzucht auch auf Anzuchtbeete im Freiland erfolgen. Der Pflanzabstand liegt abhängig von der Sorte zwischen 50 × 50 und 60 × 60 cm.

TIPP
Jungpflanzen aus dem Saatbeet mit längerem Hypokotyl (Zwischenstück zwischen Wurzel und Keimblättern) tief pflanzen. Dann sind sie standfester.

Krankheiten und Schädlinge

Es kommt häufig vor, dass im Innern der Röschen die Blattanlagen verbräunen. Die Ursache für solche Schäden sind nicht ganz geklärt. Wahrscheinlich sind sie auf Unregelmäßigkeiten im Wasserhaushalt und in der Kalk- und Magnesiumversor-

gung zurückzuführen. Schäden und Ausfälle kann wie beim Kopf-Kohl (siehe Seite 456) die Kohlhernie verursachen.
Von den tierischen Schädlingen sind die Kohlfliege, die Mehlige Kohlblattlaus und der Kohltriebrüssler von Bedeutung. Im Gegensatz zu Blumen-Kohl wächst Rosen-Kohl auch weiter, wenn die Larven der ersten Kohlfliegengeneration an ihm fressen. Die zweite Generation des Schädlings befällt jedoch sofort die zu dieser Zeit schon halbfertigen Röschen, die dann faulen oder sich nicht schließen können.

TIPP für große Röschen

Bei frühem Anbau für Ernten von Anfang September bis Mitte November hat sich bei Rosen-Kohl das „Köpfen“ (Abschneiden) der Gipfelknospe (des Kopfes) bewährt. Im oberen Strunkteil bilden sich dann größere und festere Röschen. Für spätere Ernte hat das Köpfen keine Wirkung mehr.

Ernte

Früheste Ernten beginnen Ende August bis Anfang September. Die Haupternte erfolgt von Oktober bis Dezember, in günstigen Lagen bis in den März. Abgepflückte Röschen halten sich in einem kalten Keller bei 0 bis 1 °C und hoher Luftfeuchtigkeit bis sechs Wochen. Röschen am Strunk können bis zu acht Wochen lagern.

Rosmarin

Rosmarinus officinalis
Lippenblütler, Lamiaceae

- mehrjährig, erste Ernte nach 150 Tagen
- Schwachzehrer
- Spinnmilben

Rosmarin ist ein kleiner Halbstrauch mit schmalen, an den Seiten nach rückwärts eingerollten, graugrünen Blättchen. Die hübschen, hellvioletten Lippenblüten erscheinen im Juni / Juli, manchmal auch im Winter.
Rosmarin hat ein kräftig würziges Aroma und wird nur in kleinen Mengen verwendet. Es eignet sich für Wild, fettes Fleisch und Geflügel, Fisch und Teiggerichte. Das ätherische Rosmarinöl wird viel als durchblutungsfördernder Badezusatz verwendet. Rosmarin ist eine ideale Bienenweide. Schon Columnella rühmt ihn als Honigspender.

► Rosmarin wird normalerweise in Töpfen gezogen, die man im Winter ins Haus holt. In geschützten Lagen überwintert er auch draußen. Es sind jedoch nicht alle Sorten winterhart.

Standortansprüche

Humose, gut strukturierte, leicht erwärmbare Böden und sonnige, windgeschützte Standorte sind zum Wachstum optimal. Im Herbst sollten die Pflanzen ausgegraben, in Töpfe gesetzt und im Haus hell und kühl überwintert werden. Meistens wird Rosmarin auch den Sommer über im Topf kultiviert.

WICHTIG

Damit Rosmarin buschig wird, muss man die Jungpflanzen stutzen.

Sorten

'Arp', 'Salem' und 'Veitshöchheim' haben gute Winterhärte; 'Rex' ist besonders stark wachsend; 'Hängender' ist eine Sorte mit kriechendem Wuchs, die sich als Zierpflanze gut zum Bepflanzen von Ampeln eignet.

Rosmarin ernten
Rosmarinblätter können jederzeit gepflückt werden, auch im Winter. Dabei nicht einzelne Triebe vollständig entblättern. Für den Winterbedarf vor der Blüte etwa ein Viertel von den Triebspitzen abschneiden und trocknen. Getrockneten Rosmarin bewahrt man trocken und dunkel auf.

Anbau

Rosmarin lässt sich durch Aussaat oder vegetativ durch Stecklinge vermehren. Aussaat ab Februar unter Glas bei Temperaturen von 20 bis 25 °C. Keimung sehr unregelmäßig. Ab Mitte Mai im Abstand von 40 × 30 cm auspflanzen. Leichter ist die Vermehrung durch Stecklinge im Frühjahr und Sommer. Bis zu fünf Pflanzen je Topf pikieren. Rosmarin braucht nur wenig Nährstoffe. Gelegentliches flüssiges Nachdüngen im Laufe der Wachstumszeit reicht völlig aus.

Rote Bete, Rote Rüben

Beta vulgaris var. *vulgaris*
Gänsefußgewächse, Chenopodiaceae

- 120 – 180 Tage
- Starkzehrer
- Rübenmosaikvirus

Rote Bete sind der Inbegriff für ein gesundes Gemüse. Man verwendet sie meist gekocht für Salate, Suppen und als Beilage zu Fleischgerichten. Junge Rüben schmecken auch roh sehr gut. Der Saft von Roten

▶ Von Rote Bete gibt es lange und runde Formen.

Rüben soll nicht nur blutbildende und blutreinigende, sondern auch darm- und magenanregende Wirkung besitzen. Nennenswert sind auch der Vitamin-C-Gehalt, Mineralstoffe, insbesondere Kalium und organische Säuren. Rote Bete enthält mit 2,5 g je 100 g Frischsubstanz überdurchschnittlich viele Ballaststoffe.

WICHTIG zu wissen

Bei zeitiger Aussaat im März bis Anfang April und bei Temperaturen unter 12 °C können die Pflanzen schon im ersten Jahr blühen. Die heutigen Frühsorten schossen jedoch nicht mehr so leicht.

Standortansprüche

Rote Bete lassen sich auf allen nicht zu schweren, tiefgründigen Böden erfolgreich anbauen. Rote Bete sind Tiefwurzler. Das Wurzelsystem einer ausgewachsenen Pflanze kann bis in 1,5 m Tiefe reichen und sich in einem Radius von bis zu 50 cm ausbreiten. Je humoser der Boden ist, umso bessere Erträge sind zu erwarten. Der pH-Wert sollte zwischen 6 und 7 liegen. Empfindlich reagieren Rote Bete auf sehr hohe pH-Werte (über 7,4). Hier kann es zu Manganmangel und zu Herz- und Trockenfäule durch Bormangel kommen.
An das Klima stellen Rote Bete keine besonderen Anforderungen. Allerdings keimen sie erst bei einer Bodentemperatur von 7 bis 9 °C.

Was sind Babybeets?
In den letzten Jahren hat sich für kleine verarbeitete Rote Bete die Bezeichnung „Babybeets" eingebürgert. Spezielle Sorten wie 'Monalisa' oder 'Little Ball' eignen sich besonders dafür.

Samen in Knäueln

Das Saatgut der Roten Rübe besteht aus ein bis fünf (meist drei) miteinander verwachsenen, einsamigen Früchten, den sogenannten Knäueln. Aus einem solchen Knäuel wachsen meist zwei bis vier Pflanzen, die vereinzelt werden müssen, will man große Rüben erzielen. In der Regel werden aber heute die Knäuel von den Saatgutfirmen aufgebrochen und sogenanntes monogermes (einsamiges) Saatgut angeboten.

Sorten

Je nach Sortentyp können die Rüben plattrund, kugelförmig, länglich, zylindrisch, rot, orangerot, weiß oder gelb sein. Die hellfleischigen Sorten enthalten insgesamt mehr Zucker und Trockensubstanz sowie deutlich weniger Nitrat. Empfehlenswerte Sorten für den Hausgarten sind: 'Ägyptische Plattrunde', dunkelrotes Fleisch, plattrunde Form, für Sommerernte; 'Burpees Golden', kleine runde, raschwüchsige und ertragreiche Gelbe Bete mit leuchtend gelb-oranger Schale und gelb geringeltem, sehr süßem Fleisch, das nicht blutet; 'Crapaudine', konische Rübenform, tiefrote Farbe; 'Forono', zylindrische Form, ergibt gleichmäßige Scheiben, besonders gut für die Verarbeitung in der Küche; 'Hula Hoop Mischung', weiße, gelbe, hellrote und rote Bete; 'Monalisa', runde Rüben, speziell für „Babybeets" geeignet; 'Monika' rund, glatt perfekt für den Anbau von kleinfrüchtigen, zarten „Babyrüben"; 'Moulin Rouge', kugelrunde, glatte Rübe, kräftige Innen- und Außenfarbe, relativ schoßfest; 'Pablo', kugelrund, besonders saftreich, Fleisch ist gleichmäßig tief dunkelrot, gute Lagereigenschaften; 'Rocket', walzenförmige Knollen von 15-20 cm Länge, tief dunkelrotes Fleisch ohne Ringe, lässt sich gut lagern; 'Rote Kugel', blutrot, glatte Haut, beliebte Tiefgefriersorte, gute Schoßresistenz, für Frühjahrs- und Herbstaussaat; 'Tondo di Chioggia', gleichmäßig rund, raschwüchsig, mit leuchtend hellroter Schale und rot-weiß geringeltem, sehr süßem Fleisch, gut lagerfähig.

Ernte und Lagerung
Rote Bete lassen sich bis zum Frühjahr problemlos lagern. Vorausgesetzt, sie sind bei der Ernte nicht verletzt worden. Möglich ist die Lagerung in Erdmieten, in trockenen Kellern oder Schuppen (feuchter Sand oder Erdeinschlag). Sie halten sich auch gut in Tongefäßen. Günstig sind Lagertemperaturen von 3 bis 4 °C. Bei Temperaturen darüber treiben die Rüben aus und schrumpfen.

Salat, Garten-Salat, Kopf-Salat

Lactuca sativa var. *capitata*
Korbblütler, Asteraceae

Der Garten-Salat kommt wild nicht vor. Viele Botaniker sehen den Wilden Lattich, Zaun- oder Kompasslattich, *Lactuca serriola*, als Vorfahren unserer heutigen Garten-Salat-Varietäten an. In der langen Entwicklungsgeschichte fanden viele Mutationen und Bastardierungen statt, aus denen die verschiedenen Varietäten hervorgegangen sind. Deren Charakteristika sollen nachfolgend kurz beschrieben werden.

- 70 – 80 Tage
- mittlerer Zehrer
- Blattrandbrand, Grauschimmel, Falscher Mehltau, Wurzelläuse

Kopf-Salat

Der Kopf-Salat *Lactuca sativa* var. *capitata* ist heute mit seinen vielen Sorten die wichtigste Varietät der Gartensalate. Bei dieser Varietät bilden die als Halbrosette auf dem gestauchten Spross angeordneten Laubblätter den sogenannten Kopf. Der Kopf bildet sich deshalb, weil das Wachstum des jungen Sprosses gehemmt ist und er zunächst nicht in die Länge wächst, sondern zahlreiche Blätter entwickelt, die den mehr oder weniger festen Kopf bilden.

Die Blätter können von gelblichgrün über hell- und dunkelgrün bis zu intensiv rot gefärbt sein. Bei Trockenheit und niedrigen Temperaturen können sich auch die grünen Außenblätter durch Anthocyanbildung rötlich verfärben.

Kraus- Krul- oder Eichblatt-Salat ist ein Sammelbegriff für Sorten mit gekrausten, geschlitzten oder eichenblattähnlichen Außenblättern und meist lockeren Köpfen. Die Konsistenz der Blätter ist in der Regel ähnlich knackig wie der der Eissalate. Der Übergang zu den Pflücksalaten ist fließend.

Pflücksalat

Die Sorten dieser Varietät des Gartensalates (*Lactuca sativa* var. *crispa*) bilden anstelle eines Kopfes rosettenartige, aufrechtstehende Blätter. Während man bei bestimmten Sorten mehrmals ernten kann, schneidet man von den neuen Typen ausnahmslos die ganze Pflanze. Die Samenhändler bieten sehr viele Sorten an. Neue Züchtungen des Pflücksalats sind unter den Typen-Bezeichnungen „Salanova“ und

► Kopf-Salat wächst sehr schnell und eignet sich deshalb für die erste und letzte Nutzung im Kleingewächshaus oder Frühbeet. Abgebildet ist die blattlausresistente Sorte ‘Dynamite’.

◄ Die Blattbatavia-Sorten haben ein weiches, aber trotzdem noch knackiges Blatt.

„Multi-Leaf“ im Handel (Multiblatt-Kopfsalat). Die Salanova-Typen bilden kompakte und volle Köpfe aus, die im Handel mit Wurzel verkauft werden, weil sie so länger frisch bleiben. Multi Leaf-Salatsorten besitzen nahezu gleich große Salatblätter mit sehr feinem Stielansatz dicht an dicht an einem flachen, scheibenförmigen Strunk. Diese Sorten-Typen sind zumeist schossfest und widerstandsfähig gegen Krankheiten und Schädlinge. Zudem ist ihre Kulturzeit kürzer und damit risikoärmer als beim normalen Kopf-Salat.

Der Butter-Salat (der eigentliche Kopf-Salat) besitzt im Vergleich zum Eis-Salat dünnere und weichere Blätter, die nach der Ernte im Vergleich zu Eis-Salat schneller welken und ihre Festigkeit unterschiedlich schnell verlieren.

Der Eis- oder Krach-Salat hat dicke, knackige Blätter, die nach der Ernte länger fest bleiben und ihre Konsistenz behalten. Die Bezeichnung Eis-Salat trägt er, weil seine Blätter eine glasigglänzende Oberfläche besitzen und wie gefroren aussehen. Der Name Krach-Salat bezieht sich auf die zerbrechlichen, mürben Blätter.

Die Batavia-Sortentypen nehmen eine Mittelstellung zwischen Butter- und Eis-Salat ein (der Name Batavia geht auf die französische Bezeichnung für Eis-Salat zurück). Die Sorten sind etwas weicher im Blatt, aber trotzdem noch knackig.

Salat mulchen

Durch Verwendung von Mulchfolie, -vlies oder -papier lässt sich das Auflaufen von Unkräutern weitgehend verhindern. Darüber hinaus begünstigt es sowohl die Temperatur und Feuchtigkeit im Boden als auch dessen Struktur. Auch Salatfäulen lassen sich dadurch einschränken.

Römischer Salat

Diese Art (*Lactuca sativa* var. *longifolia*), die auch als Romana- oder Binde-Salat bezeichnet wird, ist wahrscheinlich die älteste kultivierte Form des Garten-Salats. In der vegetativen Phase bildet er eine dichte

Rosette. Sein länglicher Kopf ist oben mehr oder weniger fest geschlossen. Die heutigen Typen bilden lockere, hochgeschlossene Köpfe mit gelben Innenblättern. Die Struktur der Blätter ist etwas kräftiger, als die der Kopf-Salate. Im Vergleich zu anderen Gartensalaten verträgt der Römische Salat höhere Temperaturen und schosst nicht so schnell.

Spargel-Salat

Spargel-Salat (*Lactuca sativa* var. *angustana*) bildet keinen Kopf, sondern anfangs eine Rosette aus ungeteilten, ganzrandigen oder leicht gezähnten Blättern. Aus der Rosette geht ein kräftiger, dickfleischiger, 0,8 bis 1,2 m hoher Stängel hervor. Die jungen, stärker verdickten Achsen erntet man noch vor dem ausgebildeten Blütenstand und bereitet sie wie Spargel zu. Bei uns ist Spargel-Salat allerdings kaum bekannt.

▲ Frisee-Salat-Sorten haben stark geschlitzte Blätter.

◀ Der Römische Salat, hier eine rote Sorte, heißt auch Binde-Salat, weil man früher die Köpfe zusammengebunden hat, um zarte Herzblätter und gelbe Deckblätter zu bekommen.

Standortansprüche

Die Sämlinge der Garten-Salate bilden eine Pfahlwurzel, die sich später verzweigt. Sie durchwurzeln die Erdkrume verhältnismäßig flach. Die Hauptwurzelmasse reicht bis 25 cm tief. Garten-Salate benötigen zur optimalen Entwicklung humusreiche, sandige Lehmböden mit guter Struktur und Wasserführung. Ungeeignet sind extrem schwere tonige, zum Verschlämmen neigende Böden.

Die optimale Bodenreaktion liegt im Bereich von pH 5,8 bis 6,5.

Gutes Wachstum zeigt Salat bei Temperaturen zwischen 15 bis 25 °C. Im zeitigen Frühjahr sind daher warme, windgeschützte Standorte für den Salatanbau vorteilhaft, während für den Sommeranbau kühlere Klimate besser geeignet sind, weil sie sowohl längere Ernten als auch bessere Qualitäten ermöglichen. Bei Temperaturen unter 4 °C wächst der Salat nicht mehr. Wenn es länger regnet, fangen fast schnittreife Pflanzen leicht zu faulen an, wogegen Trockenperioden das Schossen fördern.

Fruchtfolge

Garten-Salate sind relativ gut mit sich selbst verträglich. Jedoch sollte man in drei Jahren nicht mehr als dreimal Korbblütler auf dem gleichen Feld anbauen, um Krankheiten, wie z. B. Salatfäule, zu verhüten. Salat sollte in 2. Tracht stehen. Besonders frischer Stalldung ist eher von Nachteil. Er begünstigt den Befall mit Salatfäulen und käme bei der kurzen Entwicklungszeit ohnehin kaum zur Wirkung. Kopf-Salat ergibt für alle Freilandgemüsearten, die ab Mitte Mai bestellt werden, eine gute Vorfrucht. Mindestens ebenso fügt er sich als Nachfrucht ein, da er noch bis in die letzte Augustwoche gepflanzt werden kann. Außerdem bietet sich der Mischanbau mit anderen, langlebigen Gemüsearten, wie z. B. Gurken, Tomaten und Stangenbohnen an.

Sorten

Kopf-Salat (Butter-Salat): 'Adrienne', braunrote Blattfarbe, bildet gut geschlossene Köpfe, Anbau ganzjährig; 'Attraktion', bewährte Sorte, große, feste, gelbgrüne Köpfe, butterweiche Blätter, weitgehend schossfest, für den Frühjahrsanbau; 'Cosima', mittelgrün, glänzende, kompakte, gut gefüllte Köpfe, gute Resistenz gegen Falschen Mehltau, Anbau ganzjährig;

Den Anbau planen
Kopf-Salat hält sich nur kurze Zeit im erntereifen Zustand, sodass eine genaue Anbauplanung erforderlich ist. Man sollte jeweils nur so viel Salat pflanzen, wie innerhalb von 10 bis 12 Tagen verbraucht werden kann. Für die frühesten Pflanzungen im Freiland muss der Salat schon im Februar ausgesät werden. Der letzte Aussaattermin für Freilandernten von Ende September bis Anfang Oktober liegt zwischen dem 10. und 15. Juli.

Gesund
Garten-Salate enthalten Mineralstoffe und Vitamine. Da man Salat frisch isst, bleiben diese Stoffe erhalten.

Bekömmliche Garten-Salate

Garten-Salate regen den Appetit an und sind leicht verdaulich. Diese Eigenschaft beruht auf ihrem Gehalt an organischen Säuren, einschließlich Weinsäure, sowie an Bitterstoffen. Die Bitterstoffe enthalten Lactucin und Lactucopicrin, die beruhigend wirken. Dies war schon im klassischen Altertum bekannt, als man Gartensalate als schlaffördernd schätzte.

Kopf-Salat geschosst

im Rosettenstadium

▲ Die Salatsorten reagieren ganz unterschiedlich auf die Tageslänge. Frühsorten schossen im Langtag, Sommer- und Herbstsorten reagieren tagneutral. Sie bleiben im Rosettenstadium. Und Wintersorten werden im Kurztag kultiviert. Hohe Temperatur in Verbindung mit Langtagbedingungen (mehr als 13 Stunden Licht) fördern grundsätzlich das Schossen.

'Dynamite', große, kompakte Köpfe, gut schossfest, resistent gegen die grüne Blattlaus sowie falschen Mehltau, tolerant gegen Salatmosaikvirus, Anbau ganzjährig; 'Estelle', großer, grüner Kopfsalat, schossfest, salatblattlaus- und mehltauresistent, für den Anbau vom Frühjahr bis Herbst; 'Maikönig', bekannte frühe Sorte mit gelblich-grünen, zarten Köpfen, deren Blattränder etwas rötlich gefärbt sind; 'Ovation', wohlschmeckender Buttersalat, sehr schossfest, bildet geschlossene feste Köpfe; 'Winter Butterkopf', bewährte Sorte mit gelblich-grüner Blattmasse.
Batavia-Sortentypen: 'Doree de printemps', französische Züchtung mit knackigen, hellgrünen Blättern, schossfest, für ganzjährigen Anbau; 'Grazer Krauthäuptel', alte Sorte, bildet gleichmäßig lockere, hellgrüne Köpfe mit rötlichem Blattrand; 'Leny', bildet schwere hellgrüne Köpfe mit offener Kopfbildung, wird von der Grünen Salatblattlaus nicht befallen, weitgehend resistent gegen den Falschen Mehltau; 'Teide', ein roter Frühjahrs-, Sommer und Herbstsalat, schossfest, robust, weitgehend resistent gegen Falschen Mehltau.
Kraussalat-Typen (Krul- oder Eichblattsalat): 'Flamenco', rot, gelapptes Blatt, intensiv gefärbt, große, dichte Köpfe, schossfest, für die gesamte Freilandsaison; 'Navara', intensiv rot gefärbt, Köpfe gut gefüllt, für den Anbau von Frühjahr bis Herbst, resistent gegen den Falschen Mehltau und die Grüne Salatblattlaus; 'Smile', große, gut gefüllte Köpfe mit würzigem Geschmack, für den Ganzjahresanbau, blattlausfest und mehltauresistent.
Eis- oder Krachsalat: 'Barcelona', knackige, besonders große Köpfe, resistent gegen Grüne Salatblattlaus und Falschen Mehltau; 'Fortunas', große, schossfeste Köpfe, Anbau ganzjährig, läuseresistent, Resistenzen gegen Falschen Mehltau; 'Frillice', ein offen wachsender Eissalat mit krausen Rändern; 'Grandes Lago Ithaca', Köpfe mittelgroß, hellgrün, hitzebeständig und fest, für Sommer- und Herbstanbau; 'Great Lakes 118', ein idealer Sommer-Eissalat, knackig, schmackhaft, schossfest; 'Stylist', fast runde Kopfform mit schöner Schichtung, Blattrippen flach, milder Geschmack, umfassende Resistenzen gegen die Grüne Salatblattlaus und Falschen Mehltau; 'Sioux', Sorte mit roten knackigen Blättern und zartem Geschmack, bildet mittelgroße, etwas lockere Köpfe, absolut schossfest, für den Anbau von Frühjahr bis Spätsommer.

Pflücksalatsorten (einschließlich Lollo-, Salanova- und Multi-Leaf-Typen)
'Amerikanischer Brauner', bekannte Sorte mit gekrausten und gewellten, hellgrünen, braun getuschten Blättern, sehr zart; 'Aquino', Salanova-Salat, glattrandig, grün, blattlaus- und mehltaufest; 'Babyleaf Salat Mischung', eine vielfältige Mischung unterschiedlicher Blattfarben (von hellgrün bis rot) und –formen (glattrandig bis eichenblättrig), für einen bunten Salatteller; 'Grit' hat stark glänzende, tief-dunkelrote Blätter, für den Anbau von Frühjahr bis Herbst; 'Hussarde', auffällig geformte und gefärbte Sorte, aus den aufrecht stehenden umfangreichen Köpfen ragen spitze Blätter hervor, die grün-rote Streifen tragen; 'Jenny', Typ Lollo Rossa, auffallend die schöne, tief dunkelrote glänzende Färbung, resistent gegen Falschen Mehltau, für den ganzjährigen Anbau; 'Leonora', Typ Lollo Bionda, sehr geringe Schoßneigung und hohe Resistenz gegenüber Falschen Mehltau; 'Lollo Bionda', dickfleischiger, kompakt wachsender gelbgrüner Pflücksalat; 'Lollo Rossa', braunroter, dickfleischiger, dekorativer, kompakt wachsender Pflücksalat; ‚Multigreen 3', Muli-Leaf-Typ, bildet dicht gefüllte, maigrüne, sehr ergiebige „Köpfe"; 'Multired 5', Multi-Leaf-Typ, ein offener Schnittsalat mit dunkelrotem, geschlitzten Blatt; 'Oaker', grüner Salat für den Frühjahrs- und Sommeranbau, sehr

WICHTIG zu wissen

Garten-Salate brauchen ausgeglichene Bodenfeuchtigkeit. Ihr verhältnismäßig flaches Wurzelsystem kann die feuchten tieferern Schichten nicht ausnutzen. Daher wirkt sich Trockenheit ungünstig aus. Wenn es nicht genügend regnet, muss daher unbedingt bewässert werden. Dabei ist möglichst von unten und nicht in die Köpfe zu gießen, weil sich sonst Salatfäulen schnell ausbreiten können.

Feste Köpfe ernten
Kopf-, Eis- und Römischer Salat sind erntefähig, sobald sie einen festen Kopf haben, der Kopf aber noch nicht anfängt, spitz auszulaufen.

schoßfest, resistent gegen den Falschen Mehltau; 'Redcurl', Typ Lollo Rossa, intensiv dunkelrote und gleichmäßige Ausfärbung des Blattes nahezu bis ins Herz, geeignet für den ganzjährigen Anbau; 'Seurat', Salanova-Salat, glattrandig, grün, blattlaus- und mehltaufest.

Römischer- oder Romana-Salat (Binde-Salat): 'Attico', grüne Salatherzen, nussiger Geschmack, für den Ganzjahresanbau; 'Corbana', schmale Köpfe aus knackigen, aufrecht stehenden Blättern, gelbes Herz, nussiger Geschmack, resistent gegen grüne Salatblattlaus; 'Gohar', schlanke Köpfe mit gut gefülltem, knackigem, gelben Herz, schoßfest, widerstandsfähig gegen Innenbrand sowie resistent gegen falschen Mehltau; 'Kasseler', alte Sorte, auch bekannt unter der Bezeichnung „Kasseler Strünkchen", entspricht dem Trend zu alten und vergessenen Gemüsesorten; 'Mordore', außen appetitlich rot, zur Blattmitte leuchtend frischgrün, schmale Köpfe, knackige, aufrecht stehende Blätter, 'Ovired', rote, feldsalatartige Blätter, würziger, nussartiger Geschmack, für ganzjährigen Anbau, hochresistent gegen den Falschen Mehltau.

Spargelsalat: 'Celtuce' und 'Chinesische Keule' bilden fleischige, saftige Sprosse, die roh und auch gekocht zubereitet werden, die Blätter können wie herkömmlicher Salat zubereitet werden.

Nitratarm ernten
Garten-Salat sollte im Gegensatz zur landlautigen Meinung nicht in den frühen Morgenstunden, sondern besser am Mittag oder Nachmittag geerntet werden. Denn in den frühen Morgenstunden enthalten die Köpfe das meiste Nitrat, weil es sich in der nächtlichen Dunkelphase in den Blättern anreichert. Andererseits welkt Salat sehr schnell, wenn er bei Sonnenschein und hohen Temperaturen geerntet wird, weil er dann übermäßig viel verdunstet.

Anbau

Salat entwickelt sich sehr schnell. Je nach Anbauzeitraum und Sorte dauert es nur etwa 5 bis 7 Wochen von der Pflanzung bis zur Ernte. Kopf-Salat eignet sich ganz hervorragend für die erste Pflanzung im Kleingewächshaus, im Frühbeet und im Folientunnel. Ebenso empfehlenswert ist die Herbstnutzung für den Erntezeitraum Oktober bis Ende November. Sehr bewährt hat sich auch die Ernteverfrühung im Freiland mit einer kurzzeitigen Abdeckung mit Folie oder Vlies. Man erzielt dadurch etwa 8 bis 12 Tage frühere Ernten.

Eine Direktsaat der Garten-Salate an Ort und Stelle ist zwar möglich, doch nicht zu empfehlen. In der Regel erfolgt die Jungpflanzenanzucht unter Glas. Für den Sommer- und Herbstanbau ist die Jungpflanzenanzucht auch auf Anzuchtbeeten im Freiland möglich. Bei der Jungpflanzenanzucht unter Glas wird breitwürfig in Saatkisten ausgesät und nach der Keimung in 5- bis 7-cm-Töpfe oder entsprechende Pflanzeinheiten pikiert. Zur Keimung sind 12 bis 16 °C optimal. Mit vier Laubblättern haben die Jungpflanzen eine optimale Pflanzgröße erreicht. Bei der Jungpflanzenanzucht auf Anzuchtbeete im Freiland wird breitwürfig ausgesät und direkt von dort ausgepflanzt. Die Pflanzabstände sind abhängig von der Jahreszeit und der Sorte, sie liegen zwischen 25 × 25 cm bis 40 × 40 cm. Gut abgehärtete Jungpflanzen vertragen Fröste bis −5 °C. Optimal zum Wachstum sind Temperaturen über 10 °C.

▲ Salat muss hoch gepflanzt werden. Die Keimblätter müssen unbedingt noch über der Erde stehen. Dadurch soll der Wurzelhals trocken gehalten werden, um einem Auftreten von Salatfäule vorzubeugen. Bei getopften Jungpflanzen gilt als Anhaltspunkt, dass nur etwa zwei Drittel des Topfballens in den Boden kommen. Grundsätzlich schadet es nichts, wenn sich der Salat nach dem Pflanzen umlegt.

Düngung

Garten-Salate sind äußerst salzempfindlich, daher ist gerade hier zu empfehlen, vor dem Einpflanzen bzw. der Düngung den Nährstoffversorgungsgrad des Bodens zu bestimmen. Das gilt insbesondere für Stickstoff, um Garten-Salate mit möglichst wenig Nitrat zu erzeugen. Weitere Informationen geben die Bodenuntersuchungsanstalten. Bei übermäßiger Stickstoffdüngung wird Salat sehr anfällig für Krankheiten und Schädlinge. Günstig ist es, die Nährstoffe zu zwei Drittel als Grunddüngung und ein Drittel als Kopf-

Die Frische erkennen

Die Frische von Kopf-Salat lässt sich an der Färbung der Schnittstelle des Strunkes erkennen. Bei längerem Lagern verfärbt er sich braun bis schwarz. Salat mit dem Messer am Wurzelhals abschneiden und gleich putzen. Dabei die schlechten, oft schon angefaulten oder beschädigten Außenblätter entfernen. Kopf-Salat ist nicht lange haltbar. Im Kühlschrank lässt er sich drei bis fünf Tage relativ gut aufbewahren, wenn man ihn in Papier und Plastikfolie einhüllt.

düngung zu geben (etwa drei Wochen nach dem Pflanzen).

Krankheiten und Schädlinge

Eine nichtparasitäre Krankheit ist der Blattrandbrand. Als Ursache wird eine ungenügende Feuchtigkeitsaufnahme bei plötzlicher starker Verdunstungszunahme angenommen. Daneben soll der Kalziumgehalt der jungen Blätter eine Rolle spielen. Das Salatmosaikvirus schädigt Bestände besonders im Sommer bei starkem Blattlausflug. Das Krankheitsbild äußert sich in mosaikartig, hell- bis dunkelgrün gescheckten Blättern. Die Pflanzen wachsen kümmerlich und bilden meist nur lockere, schwach ausgebildete Köpfe. Vorbeugend geht es darum, Blattlausbefall zu verhüten, und zwar durch Bedecken mit Kulturschutznetzen.

Bei den pilzbedingten Salatfäulen ist insbesondere der Befall mit Grauschimmel zu nennen. Er verursacht auf den Blättern junger Pflanzen meist braune Flecken. Die untersten Blätter sind zuerst befallen. Auf ihnen bildet der Grauschimmel typische mausgraue Pilzrasen. Bei höheren Temperaturen tritt Trockenfäule ohne Pilzbelag auf. Zu hohe Luftfeuchtigkeit und Lichtmangel begünstigen den Befall. Vorbeugend ist eine weitgestellte Fruchtfolge zu empfehlen, da die Infektion vom Boden aus stattfindet. Falscher Mehltau kann Garten-Salat in jedem Stadium schädigen. Besonders anfällig ist Eis-Salat.

Von den Schädlingen sind insbesondere Blattläuse zu nennen. Hier kann man mit Kulturschutznetzen einem Blattlausbefall vorbeugend begegnen. Der Salatwurzellaus kann durch eine ausreichende Wasserversorgung wirksam begegnet werden. Darüber hinaus sind Drahtwürmer, Erdraupen, Lattichfliegen, Adernminierfliegen und Schnecken zu nennen.

▲ Drahtwürmer fressen sich am liebsten in den unterirdischen, verdickten Wurzelstock der Pflanzen ein und befallen sowohl den jungen als auch den fast völlig entwickelten Salat. Wenn der Salat plötzlich welkt, können Drahtwürmer die Ursache sein. Befallene Pflanzen sofort mit den Wurzeln und der daran haftenden Erde aus dem Boden nehmen. Die gelblichen Larven findet man dann leicht und kann sie vernichten.

Salbei

- Dauerkultur
- Starkzehrer
- kaum

Salvia officinalis
Lippenblütler, Laminaceae

Der Name Salbei stammt vom lateinischen *salvia* ab und bedeutet gesund, heilen. Der Name zeigt, dass man die Pflanze bereits im Altertum als Heilkraut genutzt hat. Salbei ist ein ausdauernder, 20 bis 70 cm hoher Halbstrauch. Die Oberseite der Blätter ist olivgrau bis grünlich gefärbt und dicht behaart. Die Blattnerven sind stark eingesenkt und netzförmig. Salbei blüht von Juni bis Juli oder August.

Salbei hat ein pikant-würziges Aroma und ist, sparsam dosiert, ein häufig verwendetes Küchengewürz für Fischgerichte. Die würzig duftenden Blätter passen zu fetten Speisen, besonders zu Hackfleisch, Steaks, Schaschlik aus Hammelfleisch, Lammbraten, Füllung für Gänsebraten und Eintöpfe. Als Gewürz dienen die frischen oder getrockneten Blätter, ganz, geschnitten oder gemahlen.

Salbei als Medizin

Als Heilpflanze wirkt Salbei antibakteriell, sekretionsfördernd und schweißhemmend, insbesondere bei Entzündungen der Mund- und Rachenschleimhaut. Salbeitee regt den Organismus an, wirkt gegen Blähungen, ist appetitanregend und verhindert unerwünschte Schweißbildung.

Standortansprüche

Wild kommt Salbei auf trockenen, kalkhaltigen Berg- und Felshängen vor. Deshalb sind durchlässige Böden mit guter Kalkversorgung (pH-Wert 6,5 bis 8,0) und nicht zu hohem Humusgehalt besonders geeignet. Die Lage sollte warm, sonnig und windgeschützt sein. Ein guter Platz ist direkt an der Terrasse.

Frosthärte fördern
Salbei braucht relativ viel Stickstoff und Kalium. Durch Kalium wird Salbei frosthärter.

Sorten

Im Samenhandel werden meist Formengemische ohne Sortenbezeichnung angeboten. Besonders hübsch und beliebt sind Salbei-Zierformen mit verschieden gefärbten Blättern (z. B. ‘Aurea’ mit gelben und ‘Purpurascens’ mit violettfarbenen

◄ Der Echte Salbei wird oft als die „Königin der Heilpflanzen“ bezeichnet. Er passt mit seinen schönen Blättern und Blüten auch gut in den Ziergarten.

Blättern). Gärtner bieten diese Sorten insbesondere zur Bepflanzung von Balkonkästen und Sommerblumenbeeten an. Sie eignen sich genauso zum Würzen wie die übliche Form.

TIPP

Für den Frischverbrauch werden ständig Triebe oder Blätter nach und nach geerntet. Pflanzen, die getrocknet werden sollen, 10 bis 15 cm über dem Boden abschneiden und rasch bei höchstens 35 °C trocknen, damit das Aroma nicht verloren geht.

Anbau

Direktsaat ist möglich, doch ist wegen möglicher Ausfälle die Vorkultur von Jungpflanzen mit anschließender Pflanzung zu empfehlen. Die Aussaat erfolgt im Februar / März unter Glas breitwürfig in Saatkistchen. Auspflanzen Ende Mai bei mehrjährigem Anbau mit 40 bis 60 cm Abstand, bei kürzeren Anbauzeiten auch enger. Salbei kann für den Hausgebrauch gut aus Stecklingen oder Absenkern vermehrt werden. Wird Salbei nur zum Würzen verwendet, reicht eine Pflanze.

Krankheiten und Schädlinge

Krankheiten und Schädlinge sind an Salbei selten. Auftreten kann Rost und Echter Mehltau, an tierischen Schädlingen Zikaden und Spinnmilben.

Sauerampfer

Rumex rugosus
Knöterichgewächs, Polygonaceae

- Dauerkultur, Nutzung 4 bis 5 Jahre
- mittlerer Zehrer, saure Dünger (z. B. schwefelsaures Ammoniak) verwenden
- Ampfermosaikvirus, Ampferblattkäfer

Garten-Sauerampfer ist Gemüse, Küchen- und Gewürzkraut zugleich. Er wird oft in Mischung mit Mangold oder Spinat gegessen, ist aber auch Bestandteil von Rohkostspeisen und lässt sich zu vielen Fleisch- und Fischgerichten sowie zu Soßen und Salaten zur Geschmacksverbesserung verwenden. Der säuerliche, etwas bittere Geschmack beruht auf dem relativ hohen Gehalt an Apfel-, Zitronen- und Oxalsäure sowie Bitterstoffen. Durch Kochen geht der saure Geschmack jedoch weitgehend verloren. Bedeutsam sind vor allem die Vitamine C und A.

Standortansprüche

Sauerampfer wächst am besten auf mittelschweren, tiefgründigen, feuchten Böden. Er verträgt Halbschatten; dort bleiben die Blätter im Vergleich zu vollsonnigen Standorten meist länger zart. Günstig sind saure Böden mit pH-Werten unter 6. Trockene Standorte sind nicht geeignet, dort wächst Sauerampfer nicht richtig und bekommt schnell harte Blätter.

TIPP

Blütentriebe entfernen, um die Blattbildung wieder anzuregen und das Wachstum zu fördern.

▲ Sauerampfer ist eine begehrte säuerliche Würze für Salat oder Suppe.

Sorten

Bekannte Sauerampfersorten sind ‘Großblättriger von Belleville’, breitblättrig mit hell- bis mittelgrüner Blattfarbe; ‘Goldgelber von Lyon’, ebenfalls mit breitem, mehr hell- als mittelgrünem Blatt und ‘Großblättriger Sauerampfer’ mit großen, mittelgrünen Blättern; ‘Bloody Dock’, Blut-Ampfer, grün-rot geadert, mit frischmilden Geschmack.

Schnitt-Lauch

Allium schoenoprasum
Liliengewächs, Alliaceae

- Dauerkultur, auch Topfkultur, erste Ernte nach 100 – 120 Tagen
- mittlerer Zehrer, 2. Tracht, Kopfdüngung mit Stickstoff nach jeder Ernte
- wie bei Küchen-Zwiebeln, Mehlkrankheit, Zwiebelfliege, Lauchmotte, Stock-, Stängelälchen

Schnitt-Lauch ist eine ausdauernde, frostbeständige Pflanze mit röhrenförmigen Blättern, die 20 bis 30 cm lang werden. Er bildet wie Lauch nur kleine Zwiebeln, bestockt sich aber reichlich. Nach jedem Schnitt entwickeln sich aus dem Wurzelballen (den man als Schnitt-Lauchklumpen bezeichnet) wieder neue Blätter, sodass mehrmals im Jahr geschnitten werden kann.
Schnitt-Lauch ist in der Küche ähnlich wichtig wie Petersilie. Er wird nie mitgekocht, sondern frisch auf Suppen und Gemüsegerichte gestreut. Besonders gut schmeckt er fein geschnitten im Frühjahr als Brotbelag. Den typisch würzigen Schnitt-Lauchgeschmack verdankt er seinem Gehalt an Lauch- und Senföl. Schnitt-Lauch ist durch seinen hohen Vitamin-C- und Mineralstoffgehalt gesund. Ebenso wie Knoblauch und Küchen-Zwiebeln enthält er keimhemmende Pflanzenstoffe, die

► Schnitt-Lauch ist auch als Blütenpflanze sehr attraktiv.

pilz- und bakterientötend wirken. Er regt den Appetit an und fördert die Verdauung.

Standortansprüche

Schnitt-Lauch wächst fast überall. Nicht geeignet sind extrem leichte und schwere Böden. Auf gut mit Humus versorgten Böden und pH-Werten von 6 bis 7,5 wächst Schnitt-Lauch besonders gut.

Fruchtfolge

Schnitt-Lauch darf nicht nach sich selbst und anderen *Allium*-Arten stehen. Anzustreben sind Anbaupausen von fünf Jahren. Zu enge Fruchtfolge hat fast immer Nematodenbefall zur Folge.

Schnitt-Lauch im Winter treiben

Um den Winterbedarf an Schnitt-Lauch zu decken, topft man entsprechend vorbereitete Wurzelballen ein und stellt sie in der Küche oder in einem anderen geeigneten Raum bei 15 bis 20 °C auf.
Für die Wintertreiberei eignen sich zweijährige Pflanzen am besten. Sie dürfen jedoch im Freiland ab Mitte Juni nicht mehr geerntet werden, damit sie kräftige Ballen entwickeln können. Die Pflanzen müssen vor der Treiberei eine mehrwöchige Ruhepause durchmachen. Wenn man bereits im Dezember Schnitt-Lauch ernten will, nimmt man die Pflanzen Ende August aus der Erde und lässt die Wurzelballen an einem regensicheren Ort durchtrocknen. Es ist günstig, wenn sie dabei leichten Frost erhalten, das begünstigt die Treibfähigkeit. Im November topft man die Wurzelballen in gute Erde und bringt sie in den dafür vorgesehenen Raum. Selbstverständlich müssen sie gut gewässert werden. Nach zwei bis drei Wochen kann bereits geerntet werden.
Für die spätere Treiberei ab Januar werden die Wurzelballen erst Ende Oktober aus dem Boden genommen und ebenfalls in einem trockenen Raum untergebracht. Stärkeren Frösten dürfen sie dabei aber nicht ausgesetzt sein. Je nach Bedarf werden dann jeweils drei Wochen vor der geplanten Ernte einige Pflanzen eingetopft. Nach der Ernte gibt man die Wurzelballen auf dem Kompost, denn es lohnt sich nicht, sie nochmals in den Garten zu pflanzen.

Winterruhe bei Schnitt-Lauch

Im Spätsommer lagern sich Nährstoffe aus den Blättern in die Zwiebeln und Wurzeln um. Die Blätter vergilben und sterben ab. Von Ende September bis Mitte Oktober verharren die Pflanzen in einer Knospenruhe, aus der sie auch unter günstigen Wachstumsbedingungen (Wärme und Licht) nicht austreiben können. Erst nach dieser genetisch bedingten Ruhezeit können sie wieder austreiben, dies geschieht im Freiland ab Ende Februar/Anfang März.

Sorten

Gute Sorten für den Hausgarten sind: 'Miro', mittelgrob, lässt sich gut treiben, wächst auch im Winter stabil; 'Polyvert, grobröhrig, starkwandig, dunkelgrün; 'Polyvit'; mittelgrobröhrig; 'Staro', besonders grobröhrig, mildes Zwiebelaroma; Twiggy, feinröhrig, wächst nach jedem Schnitt rasch wieder nach.

TIPP für reiche Ernte

Schnitt-Lauch besser fortlaufend abschneiden als nur einzelne Blätter herauspflücken. Er treibt dann besser wieder aus. Häufiger Schnitt unterdrückt außerdem die Knospen- bzw. Blütenbildung. Deshalb sollte man auch dann zurückschneiden, wenn man den Schnitt-Lauch gar nicht in der Küche braucht. Die Blätter dann auf den Kompost geben oder zum Mulchen verwenden.

Anbau

Im Hausgarten wird Schnitt-Lauch meistens durch Teilen vorhandener Stöcke vermehrt. Am besten geschieht dies im

◄ Schnitt-Lauch lässt sich den Winter über leicht treiben. Die Wurzelballen sollten vor dem Eintopfen einige Zeit trocken stehen.

Herbst oder im Frühjahr, wenn sich die ersten grünen Spitzen zeigen. Schnitt-Lauch kann aber auch gesät werden, entweder an Ort und Stelle oder mit Vorkultur unter Glas. Schnitt-Lauch-Saatgut besitzt nur im ersten Jahr hohe Keimfähigkeit, weshalb es stets frisch sein muss. Je Meter Reihenlänge (Reihenabstand 30 bis 40 cm) sind bei Direktsaat (ab Mai bis Ende August) 200 bis 300 Samen auszubringen. Die optimale Aussaattiefe beträgt 2 bis 2,5 cm. Aussaat unter Glas im Februar / März, breitwürfig in Saatkisten mit anschließendem Pikieren oder Direktsaat in 5- bis 6-cm-Töpfe oder entsprechende Pflanzeinheiten. Auspflanzen im Abstand von 25 cm.

Ernte und Lagerung

Schnitt-Lauch kann im Freiland von April bis November laufend geerntet werden. Im ersten Jahr muss man mit der ersten Ernte warten, bis sich die jungen Pflanzen kräftig genug entwickelt haben. Schnitt-Lauch wird mit dem Messer etwa 2 cm über dem Erdboden abgeschnitten. Schnitt-Lauch lässt sich kurzzeitig kühl aufbewahren. Bei hoher relativer Luftfeuchtigkeit (95 %) und Temperaturen von 0 bis 1 °C lässt er sich bis zwei Tage lagern.

Schwarzwurzel

Scorzonera hispanica
Korbblütler, Asteraceae

- Aussaat März / April, Ernte ab Oktober
- mittlerer Zehrer, Düngen in drei Gaben: nach dem Aufgang, Mitte Juli, Mitte bis Ende August
- Echter Mehltau, Wurzelgallenälchen, Mäuse

Im alten Rom verwendete die Bevölkerung die Viperia genannte Schwarzwurzel als Mittel gegen Schlangenbisse und gegen die Pest. Bei uns ist die Schwarzwurzel als Kulturpflanze seit dem 16. Jahrhundert bekannt. Sie gilt als Delikatesse und kann wie Spargel zubereitet werden.
Eigentlich ist die Schwarzwurzel eine ausdauernde Pflanze. Wenn man sie als Gemüse nutzt, wird sie jedoch nur einjährig kultiviert. Sie bildet im ersten Jahr eine Rosette relativ langer, schwach gezähnter Blätter sowie eine etwa 20 bis 35 cm lange, 1,5 bis 4 cm dicke Hauptwurzel (Pfahlwurzel / Rübe) aus. Der braunschwarze Korkmantel um die Wurzel hat der Pflanze den Namen verliehen. Im darauffolgenden Jahr blühen Schwarzwurzeln. Bei früher Aussaat im März sowie niedrigen Temperaturen im Juni und Juli können Schwarzwurzeln zum Teil auch schon im ersten Jahr blühen.

◀ Die Schwarzwurzel ist eng verwandt mit dem Wiesenbocksbart und blüht ganz ähnlich.

Schwarzwurzeln sind in der Ernährung sehr wertvoll. Die lange Hauptwurzel ist fein strukturiert und schmeckt ähnlich wie Spargel, aber kräftiger und leicht nussartig. Hervorzuheben ist der hohe Trockensubstanzgehalt und der reiche Ballaststoffanteil.

Schwarzwurzel als Delikatesse und Diät

Schwarzwurzeln sind für Diabetiker ein wichtiges Gemüse. Die Kohlenhydrate bestehen nämlich hauptsächlich aus Inulin, nur in geringen Mengen aus Stärke und Zucker. Wegen der Schleimstoffe, der leichten Verdaulichkeit und guten Bekömmlichkeit eignet sich Schwarzwurzelgemüse auch als Magen-Darm-Diät. Allerdings kann es gelegentlich Blähungen verursachen. Schwarzwurzeln gehören zu den wenigen Gemüsearten, bei denen nicht die Apfelsäure, sondern die Zitronensäure als Hauptsäure überwiegt.

Standortansprüche

Schwarzwurzeln entwickeln sich nur langsam. Deshalb ist der Anbau von Schwarzwurzeln in Gebieten mit spätem Frühjahr und zeitigem Herbst nicht zu empfehlen. Am besten gedeihen Schwarzwurzeln in Gegenden mit warmem Frühjahr, kühlem Sommer und spätem Winterbeginn. Voraussetzung für die Ausbildung langer, gerader, glatter, unverzweigter Wurzeln sind tiefgründige, lockere Böden. Die bis zu 35 cm langen Wurzeln müssen ungehindert in diese Tiefe eindringen können. Bei ungleichmäßig zusammengesetztem, verdichtetem Boden werden Schwarzwurzeln beinig, das heißt sie verzweigen sich. Standorte mit humosem, tiefgründigem Lehm eignen sich besonders. Günstig sind pH-Werte zwischen 6,5 und 7,5.

Fruchtfolge

Es sind Anbaupausen von drei bis vier Jahren vorzusehen. Unmittelbar vor Schwarzwurzeln sollte man keine Gemüsearten anbauen, die Wirtspflanzen für Nematoden sind, wie Möhren, Sellerie, Lauch, Chicorée, Zwiebeln und Erbsen. Schwarzwurzeln vertragen keinen frischen Stalldung und gehören deshalb in die 2. Tracht. Trotzdem benötigen sie viel Humus im Boden und gedeihen am besten nach einer mit Stallmist gedüngten Vorfrucht.

TIPP

Schwarzwurzeln geben einen sehr klebrigen Milchsaft ab. Man muss sie deshalb unter fließendem Wasser schälen und sofort in Essigwasser oder Mehlwasser einlegen, damit sie sich nicht verfärben.

Sorten

'Hoffmann's Schwarze Pfahl', bewährte Sorte; 'Meres', neue, ertragreiche Sorte, zylindrische, gut abgestumpfter Form, schossfest, tolerant gegen Mehltau; 'Verbeterde Reuzen' ('Verbesserte Riesen'), lange, glatte Wurzeln.

Anbau

Der günstigste Aussaatermin liegt je nach Wetter zwischen Mitte März und Mitte April. Die Aussaat erfolgt in Reihen (Reihenabstand 25 bis 30 cm) mit einem Samen alle 2 bis 3 cm. Saattiefe zwischen 2 und 3 cm. Später vereinzelt man so, dass 15 bis 18 Pflanzen auf dem lfm stehen. Die Keimfähigkeit der Samen nimmt schnell ab, deshalb nur frisches Saatgut verwenden. Markiersaat mit Radies ist günstig, denn bis zur Keimung vergehen zwei bis drei Wochen.

Wenn es während des Wachstums nicht regnet, muss gewässert werden. Bei starken Schwankungen der Bodenfeuchtigkeit besteht die Gefahr, dass die Schwarzwurzeln eine raue, borkige, braungefärbte äußere Rindenschicht bilden. Man nennt diese Anomalie auch Borkige Rinde.

Gutes Lagergemüse

Man kann Schwarzwurzeln an geschützten Stellen im Garten einschlagen und gegen Frost mit Stroh, Laub, Reisig und anderem Material bedecken. Sie halten sich auch in Erdmieten und kühlen Kellern in feuchtem Sand gut.

Krankheiten und Schädlinge

Echter Mehltau verursacht bei Schwarzwurzeln die größten Schäden. Beim Weißen Rost zeigen die Blätter unregelmäßig gelblich verfärbte Blattflecken, auf denen sich weiße Pusteln mit anfänglich glänzender Oberfläche bilden. Bei dieser Krankheit, die durch den Pilz *Phoma* verursacht wird, bilden sich kurze, stumpfe Wurzeln mit dicker Rinde oder mehrere verdickte, gerissene Ringe auf den Wurzeln. Auf den Befall mit Wurzelgallenälchen reagiert die Schwarzwurzel stärker als andere Pflanzen mit Anomalien an den Wurzeln, verbunden mit Wachstumshemmungen und Ertragsminderungen. Im Winter sind die Schwarzwurzeln durch Mäuse, Wühlmäuse und auch Wild gefährdet.

Ernte und Lagerung

Die Ernte ist ab Oktober möglich. Zur Ernte gräbt man längs der Reihen einen Graben bis kurz unter die Wurzelspitze. Die Wurzeln kann man dann auflesen. Gegebenenfalls muss man die Wurzeln mit der Grabegabel vorher nochmals lockern, ohne sie zu beschädigen.

Sellerie

Apium graveolens
Doldenblütler, Apiaceae

- 120 – 150 Tage
- sehr starker Zehrer
- Septoria-Blattfleckenkrankheit

Bei Sellerie unterscheidet man zwischen Knollen-, Bleich- und Schnitt-Sellerie.
Die Verwendung des Selleries ist vielfältig. Aus Sellerieknollen lassen sich schmackhafte Salate zubereiten. Gebratene Selleriescheiben, wie Schnitzel zubereitet, sind eine Delikatesse. Selleriestücke sind ein wichtiges Suppengrün. Als gekochtes, gedünstetes, geschmortes oder gebackenes Gemüse findet auch Bleich-Sellerie vielseitige Verwendung. Gern wird er wie Spargel zubereitet. Beliebt ist auch das aromatisch-würzige Sellerielaub, mit dem sich viele Salate, Suppen und Soßen würzen lassen.

◀ Beim Knollen-Sellerie kommt es auf die Knolle an.

Alte Kulturpflanze
Nach schriftlichen Überlieferungen nutzten die alten Ägypter Wildsellerie bereits 1200 bis 600 v. Chr. als Heilpflanze. Bei uns ist Sellerie seit dem 9. Jahrhundert bekannt, allerdings zunächst nur als Arzneipflanze. Man unterscheidet heute zwischen Knollen-Sellerie, Stangen-Sellerie und Schnitt-Sellerie.

Sorten

Knollen-Sellerie

Beim Knollen-Sellerie werden Sorten mit möglichst runden Knollen sowie glatter und heller Außenhaut bevorzugt. Die Bewurzelung sollte tief ansetzen und die Sorten sollen auch nicht zum Schwarzkochen und Hohlwerden sowie zur Napfbildung neigen. Unterschiede gibt es bei den Sorten auch hinsichtlich der Schossfestigkeit, der Lagerfähigkeit und der Anfälligkeit für Schorf und der gefürchteten Septoria-Blattfleckenkrankheit.
Gute Sorten für den Hausgarten sind: 'Bergers weiße Kugel', gute Schoßfestigkeit, widerstandsfähig gegen Septoria, bildet große, schwere Knollen; 'Mars', hochrund, glatt, mit weißem Fleisch; 'Mentor', bewährte Sorte, weißkochend, wenig Hohlraum- und Napfbildung; 'Monarch', sehr große und sehr schwere, trapezförmig-runde, hellfarbige Knolle, bestens zum Einlagern, bleibt auch beim Kochen weiß; 'President', Profisorte, groß, festfleischig, gesundes Laub; 'Prinz', hellhäutig, schossfest, mild-aromatischer Geschmack..

Stangen-Sellerie

Die Sorten von Stangen- oder Stauden-Sellerie unterscheiden sich vor allem in der Stiellänge und -farbe und der Schossfestigkeit. Beliebt sind derzeit besonders die hellen Sorten, wobei die Grünen jedoch zarter sind. 'Darklet', grünbleibend, gute Schossfestigkeit, bei Aussaat Februar kann bereits Mitte Juli geerntet werden; 'Golden Spartan', gelbgrüne, fleischige Stiele, gute Schoßtoleranz; 'Tango', delikates Aroma, für leckere Snacks, Salate und zum Dünsten; 'Tall Utah', mittelspät, tiefdunkelgrüne Laubfarbe, glatte, grüne, fleischige Rippen von ganz ausgezeichnetem, aromatischen Geschmack; 'Victoria', extrem schossfest, für frühe und späte Pflanztermine.

▶ Vom Stangen-Sellerie isst man die aromatisch schmeckenden verdickten Blattstiele.

So wurde Sellerie früher bleich

Die heutigen Stangen-Selleriesorten sind alle selbstbleichend. Früher war das nicht so. Die Blattstiele mussten zum Bleichen mit Packpapier, Wellpappe oder Stroh fest eingewickelt werden. Das geschah in der ersten Septemberhälfte. Zwischen dem unteren Rand der Umhüllung und der Bodenoberfläche durfte kein Zwischenraum sein. Oben blieben nur die Blattspreiten frei. Die Blattstiele bleichen auch, wenn die Pflanzen mit Erde angehäufelt werden, was aber sehr umständlich ist. Etwa drei Wochen nach dem Einhüllen gab es dann den ersten Bleichsellerie.

Schnitt-Sellerie

Gute Sorten sind: 'Amsterdamse Donkergroene/Safir', kann früh und laufend für den Frischverbrauch geerntet werden; 'Gewone Snij.einjährig' ('Gewöhnlicher Schnitt'), sehr wüchsig, mit feinem, krausen Laub.

Anbau

Knollen- und Stangen-Sellerie wird vorkultiviert und gepflanzt, während man Schnitt-Sellerie in der Regel direkt an Ort und Stelle aussät. Die Anzucht von Stangen- und Knollen-Sellerie ist identisch. Temperatur während der Anzucht nicht unter 18 °C.

Düngung

Sellerie braucht viel Kalium. Als Pflanze des Meeresstrandes verträgt Sellerie chloridhaltigen Kaliumdünger gut. Knollen-Sellerie braucht besonders viel Bor. Zu Bormangel kann es kommen, wenn Trockenheit und zu starkes Aufkalken des Bodens zusammenkommen. Mangelsymptome zeigen sich in braunverfärbten Flecken im Knollengewebe. An den jungen Blättern treten gelbe Flecken auf, später sterben die Herzblätter ab, und in den Blattstielen entstehen Querrisse. Bei akutem Bormangel spezielle Bordünger (z. B. Borax) verwenden. Die Dünger-

Spät pflanzen
Knollen-Sellerie-Jungpflanzen sind gegen niedrige Temperaturen empfindlich und reagieren auf Temperaturen unter 10 °C mit Schossen. Dies ist auch ein Grund dafür, dass Sellerie nicht vor dem 15. Mai gepflanzt werden sollte.

Pflanztiefe beeinflusst Knollenform
Bei zu tiefem Pflanzen bilden sich länglich geformte Knollen. Zu flaches Pflanzen kann zu verstärktem Ansatz von Nebenwurzeln führen, was die Qualität beeinträchtigt. Richtig pflanzt man, wenn man die Jungpflanzen so tief setzt, wie sie vorher im Anzuchtbeet oder in den Töpfen gestanden haben.

menge sollte in drei Gaben aufgeteilt werden, die erste Gabe nach dem Anwachsen der Jungpflanzen, die zweite Ende Juni und die dritte Ende Juli.

Ernte und Lagerung

Lagern kann man die Sellerieknollen im Keller, einem Frühbeet oder auch im Freien. Im Keller werden die Knollen dicht an dicht in Sand eingeschlagen, und zwar so tief, dass die Herzblätter und auch der Knollenkopf freibleiben. Im Frühbeet oder Freiland geht man genauso vor, nur dass dort in die vorhandene Erde eingeschlagen wird. Die Sellerieknollen dürfen aber dem Frost nicht ausgesetzt werden. Darum ist der Einschlag sehr stark mit Laub oder anderem organischem Material zu bedecken. Bei Stangen-Sellerie wird die ganze Pflanze ausgegraben. Die Wurzeln werden am Wurzelhals so vorsichtig abgeschnitten, dass die zarten, empfindlichen Blattstiele nicht durch Druck und Verletzung beschädigt werden. Sie wären dann weniger haltbar. Alle groben, harten Stiele und angefaulten Pflanzenteile entfernt man.
Die Ernte von Schnitt-Sellerie beginnt in der Regel ab Anfang Juni, der zweite und dritte Schnitt erfolgt im August und Ende September. Die Blätter kann man auch roh essen.

Speise-Rübe, Mai-Rübe, Herbst-Rübe

Brassica rapa var. *rapa*
Kreuzblütler, Brassicaceae

- 75–90 Tage
- mittlerer Zehrer
- Falscher Mehltau, Erdflöhe, Kohleule

Die Speise-Rübe ist eine alte Kulturpflanze, die schon in der Antike genutzt wurde. Der Name Speise-Rübe bezeichnet alle Formen dieser Art; meistens sind es Rüben, im Falle von Stielmus auch die Blätter und Blattstiele. Mai-Rüben erhielten ihren Namen, weil sie bei Aussaat im zeitigen Frühjahr im Mai zu ernten sind. Die Namen Herbst- und Stoppel-Rübe weisen darauf hin, dass dieses Gemüse im erwerbsmäßigen Anbau in das ungepflügte Stoppelfeld gesät wird. Der Name Wasser-Rübe bezieht sich auf den hohen Wassergehalt der Pflanze. Stielmus oder Rübstiel stammt von Rübsen ab, daher der Wortabkömmling Rübstiel.

Rübenform und -größe unterscheiden sich bei den Formen der Speiserübe wie folgt:

- Mai-Rüben bilden kleine, kugelige Rüben mit weißer, roter oder gelbe Rinde und weißem oder gelbem Fleisch und sind für den Frühjahrs- und Herbstanbau geeignet.
- Herbst-Rüben sind größer, grün- oder rotköpfig, weiß- oder gelbfleischig und für den Sommer- und Herbstanbau geeignet. Bis April lagerfähig.
- Kleine Speiserübe oder Teltower Rübchen bilden plattrunde, bauchig verdickte Rübchen mit kleinblättrigem Laub und festem Rübenfleisch.
- Stielmus wird als Blattstiel-Kohlgemüse geerntet.

TIPP für gesunde Rübchen

Aussaaten von April bis August lassen sich zur Ernteverfrühung und zur Abwehr von Schädlingen zeitweilig mit Vlies, Folie oder Kulturschutznetzen bedecken. Trockenheit in der Keim- und Jugendphase erhöht die Schossgefahr. Daher gießen, wenn es nicht regnet.

Die verschiedenen Formen der Speise-Rübe schmecken alle ganz anders. Die Herbst- oder Stoppel-Rübe wird wegen ihres etwas strengen und aufdringlichen Geschmacks als Gemüse weniger geschätzt. Die vielgerühmten Teltower Rübchen gelten in manchen Gegenden als Delikatesse. Neue Sorten der Mai-Rübe besitzen ein zartes, schneeweißes Fleisch,

▼ Mai-Rüben soll man möglichst nicht größer als mit 6 bis 8 cm Durchmesser ernten. Teltower Rübchen schmecken am besten bis zu einem Durchmesser von 5 cm.

das süß schmeckt, sie können sogar roh als Salat gegessen werden. Die früheren europäischen Sorten der Mai-Rübe haben einen etwas strengeren, eigenartigen Geschmack, den nicht alle schätzen.

Standortansprüche

Speise-Rüben stellen keine besonderen Ansprüche an den Boden. Je schwerer die Böden sind, desto mehr verlieren die Speise-Rüben jedoch ihren arteigenen Geschmack. Ungeeignet sind saure (der pH-Bereich sollte über 6,5 liegen) und staunasse Böden.

Fruchtfolge

Um keine Probleme mit Kohlhernie zu bekommen, sollten Speise-Rüben nicht öfter als im drei- bis vierjährigen Wechsel aufeinander oder auf andere Kreuzblütler folgen. Die Speise-Rübe steht am besten in 2. Tracht. Die kurze Vegetationsperiode ermöglicht ihren Anbau auch als Vor- und Nachfrucht.

Namenspate
Teltower Rübchen heißen deswegen so, weil diese Rübenform erst mal in der märkischen Stadt Teltow südlich von Berlin angebaut worden ist. Teltower Rübchen sind nicht frosthart. Sie lassen sich aber mehrere Monate lang in Kellern mit mäßig feuchtem Sand lagern.

Sorten

Gute Sorten für den Hausgarten sind:
Mai-Rüben: 'Golden Ball' ('Goldball'); ‚Market Express' und 'Snowball' ('Schneeball'), reinweiß; 'Plessis', oben violett bis rosa, unten weiß; 'Primera', rotköpfig mit weißem Fleisch 'White Ball'.
Herbst-Rüben: 'Weseler', 'Runde weiße, rotköpfige' und 'Long Du Palatitat' ('Lange weiße, rotköpfige').
Teltower Rübchen: 'Teltower Kleine Märkische' und 'Petrowski'.
Stielmus: 'Namenia' und 'Rübstiel'.

Anbau

Speise-Rüben lassen sich in mehreren Sätzen anbauen und von Mitte März bis Ende Juli / Anfang August aussäen, um sie von Anfang Juni bis Mitte November ernten zu können. Üblich ist Direksaat an Ort und Stelle. Für die Herbst-Rüben sind Reihenabstände von 25 bis 50 cm, für Mai-Rüben von etwa 20 cm, für Teltower Rübchen und Stielmus von 12 bis 15 cm üblich. Günstige Pflanzenabstände in der Reihe sind bei Herbstrüben 20 bis 30 cm, bei Mai-Rüben 10 bis 15 cm, bei Teltower Rübchen 8 bis 12 cm und bei Rübstiel 12 bis 15 cm. Nach dem Auflaufen der Samen auf die angegebenen Pflanzenabstände vereinzeln. Mit kalibriertem oder pilliertem Saatgut lassen sich die Körner einzeln ablegen, auf das Vereinzeln kann dann verzichtet werden. Das Pflanzen von vorkultivierten Pflanzen ist möglich. Wer Besitzer eines Gewächshauses ist, kann im Zeitraum Ende August bis Ende September Pflanzungen durchführen.

Spinat

Spinacia oleracea
Gänsefußgewächs, Chenopodiaceae

Spinat ist eine einjährige Pflanze, die eine Rosette aus sattgrünen Blättern bildet. Typisch ist auch die Pfahlwurzel, die den Boden 60 bis 90 cm, mitunter bis zu 1,2 m tief durchdringen kann. In der Blüte verschwindet die Rosette und die Pflanze bildet einen 60 bis 90 cm hohen Stängel mit verzweigtem Blütenstand.
Spinat ist in der deutschen und europäischen Küche ein geschätztes und oft verwendetes Gemüse. Frischer wie tiefgefrorener Spinat eignet sich erhitzt als Beilage zu Eier- und Fleischgerichten, für Suppen und Aufläufe. Er lässt sich aber auch roh als Salat verzehren. Spinat gilt wegen seiner Inhaltsstoffe als eine der wertvollsten Gemüsearten. Von besonderem Interesse ist sein hoher Gehalt an Vitaminen (insbesondere an Vitamin C und Provitamin A) und Mineralstoffen (vor allem an Eisen

- Frühjahr 70 – 80 Tage, im Spätsommer 45 – 60 Tage
- mittlerer Zehrer, 2. Tracht, kein organischer Dünger
- Gurkenmosaikvirus, Falscher Mehltau

▼ Spinat ist auch für den Garten sehr wichtig. In der Mischkultur wird er im Frühjahr als Gründungung im Reihenabstand von 50 cm ausgesät.

und Kalium). Spinat ist neben der Petersilie (die einen noch höheren Eisengehalt hat) ein wichtiger Eisenlieferant für die menschliche Ernährung. Spinat wirkt wassertreibend.

Standortansprüche

Für Spinat als Tiefwurzler eignen sich tiefgründige, humose Lehmböden besonders gut. Sandböden sind bei guter Wasserversorgung geeignet, während man auf schweren Böden sowie bei stauender Nässe vom Spinatanbau Abstand nehmen sollte. Spinat bevorzugt Böden mit neutralem pH-Wert. Liegt er unter 6,5, wirkt sich ein Kalken positiv auf Wachstum und Ertrag aus. Spinat verträgt leichte Fröste und kann überwintern. Für den Überwinterungsanbau eignen sich aber nur geschützte Flächen. Bei Schneearmut kommt es auf offenen Flächen nicht selten zu einem Totalausfall. Deswegen in schneearmen Wintern mit Reisig abdecken.

Spinat als Langtagpflanze

Spinat ist von Hause aus eine Langtagpflanze, die mit länger werdenden Tagen zum Schossen neigt. Diese Eigenschaft bestimmt den möglichen Anbauzeitraum. Die heutigen Sorten unterscheiden sich aber in ihrer photoperiodischen Empfindlichkeit teilweise sehr stark von der Art. Ihre „kritischen Tageslängen" schwanken zwischen 10 und 14 Stunden. Durch den Züchtungsfortschritt gibt es heute sogar Spinatsorten, die auch im Sommer unter Langtagbedingungen angebaut werden können.

Lange genutzt
Erstmals erwähnt wird der Spinatanbau in Europa im 12. Jahrhundert bei den Mauren in Spanien. Im 16. Jahrhundert war Spinat als Gemüse bei uns in den Gärten schon verbreitet und verdrängte durch seine Vorzüge andere ähnlich genutzte Gemüse wie Mangold, Gartenmelde und den Guten Heinrich.

Fruchtfolge

Spinat ist mit sich selbst und anderen zur Familie der Gänsefußgewächse (*Chenopodiaceae*) gehörenden Arten (z. B. Rote Bete und Mangold) unverträglich. Innerhalb von drei Jahren sollte maximal zweimal Spinat und keine anderen Gänsefußgewächse auf der gleichen Fläche stehen. Spinat kann als Vor-, Zwischen- und Nachfrucht in die Fruchtfolge eingeordnet werden; Aussaaten sind vom zeitigen Frühjahr bis zum Herbst möglich. Geeignete Vorfrüchte für den Herbstanbau sind vor allem Frühkartoffeln und mittelfrüher Kohl.

Sorten

Die Blätter des Spinats sehen je nach Sorte sehr verschieden aus. Die Blattfarbe kann hell- bis dunkelgrün sein, die Blattstiele können kurz oder lang sein, die Blätter können langdreieckige bis breitoval geformt sowie dick oder fleischig beschaffen sein. Verschieden ist auch die Geschlechtsverteilung. Unterschieden wird zwischen männlichen, weiblichen und zwittrigen Sorten. Auch sind die Sorten unterschiedlich resistent gegenüber dem Falschen Mehltau. In erster Linie muss aber bei der Sortenwahl der Anbauzeitraum beachtet werden.
'Andromeda', für Frühjahrs- und Herbstanbau, dickblättrig; 'Celesta', schoßfest, für Frühjahr-, Sommer- und Herbstanbau; 'Emilia', schoßfester Sommerspinat, mehltauresistent, dickfleischige Blätter; 'Lazio', mehltauresistent, für Aussaat von Frühjahr bis zum Herbst; 'Matador', bekannte Sorte, allerdings nicht mehltauresistent; 'Monnopa', oxalsäurearm, mehltauresistent, für den Anbau über Winter geeignet; 'Napoli', spät schossend, für den Früh- und Herbstanbau und Überwinterung mit Ernte im Frühjahr, mehltauresistent; 'Palco', für die Frühjahrs- und Herbstaussaat, mehltauresistent; 'Red Cardinal', Blätter haben kardinalsrote Stiele, junge Blätter können als „Pflücksalat" geerntet werden; 'Sparrow', für Frühjahr und Spätsommeranbau, mehltauresistent, kräftig grünes Blatt; 'Tarpy', Profisorte, schnell wachsend, mehltauresistent, für Frühjahr- und Herbstanbau.

Anbau

Man unterscheidet Frühjahrsspinat (Aussaat Ende Februar bis Anfang April, Ernte von Mai bis Juni); Sommerspinat (Aussaat April bis Ende Juni, Ernte Juni bis August); Herbstspinat (Aussaat Juli bis September, Ernte von September bis Dezember) und Winterspinat (Aussaat Ende September / Anfang Oktober, Ernte April). Die Aus-

Im Frühjahr hacken
Winter-Spinat muss besonders im zeitigen Frühjahr sehr gründlich gehackt werden, um das Wachstum besser in Gang zu bringen.

Der Spinat und das Nitrat

Wegen der Gefahr der Nitratanreicherung darf man mit Stickstoff nur vorsichtig düngen.
Bei Trockenheit steigt der Nitratgehalt in den Pflanzen stark an. Daher unbedingt gießen, wenn es nicht regnet. Spinat hat die Eigenschaft, größere Mengen Nitrat aufzunehmen, was nicht unbedenklich ist. Denn hohe Nitratgehalte im Gemüse können die Gesundheit der Menschen, insbesondere der Kleinstkinder, gefährden. Dazu muss man aber wissen, dass der Nitratgehalt im Spinat (wie bei Gemüse insgesamt) umso niedriger ist, je mehr die Sonne scheint. Bei Gemüse, das im Sommer angebaut wird, ist die Gefahr der Nitratanreicherung deshalb nicht so groß.

saat erfolgt in Reihen mit einem Reihenabstand von 15 bis 20 cm. Die optimale Saattiefe liegt bei 3 bis 4 cm. Unkraut rechtzeitig weghacken, damit die Entwicklung der Spinatpflanzen nicht gehemmt wird.

Krankheiten und Schädlinge

Das von Blattläusen übertragene Gurkenmosaikvirus bewirkt die Gelbfleckigkeit von Spinat. Besonders im Spätsommer und Herbst kann es große Schäden verursachen. Von den Pilzkrankheiten ist der Falsche Mehltau besonders gefürchtet. Er zeigt sich auf der Blattoberseite mit hellen, leicht aufgewölbten Flecken. An der Unterseite bildet sich das grauviolette Pilzgeflecht mit ei- oder kugelförmigen Sporen. Neuere Hybridsorten sind gegen diese Pilzkrankheit weitgehend resistent. An weiteren Pilzkrankheiten können auftreten: Wurzelbräune, Umfallkrankheit und Wurzelfäulen. Die Rübenfliege, deren Larven Gänge in die Spinatblätter fressen, kann späte Spinatsätze befallen.

Ernte und Lagerung

Die Ernte beginnt, wenn sich ausreichend Blattmasse gebildet hat, aber noch vor Schossbeginn und dem Sichtbarwerden erster Blütenknospen. Geschosster Spinat schmeckt bitter und hat keinen Wert. Nach der Ernteform unterscheidet man zwischen Blatt- und Wurzelspinat. Bei Blattspinat gewinnt man die Blätter mit Stiel, bei Wurzelspinat die ganze Pflanze mit dem Wurzelhals. Blattspinat wird mit dem Messer geerntet, Wurzelspinat mit dem Messer gestochen. Spinat ist frisch zu verzehren oder zu verarbeiten.

Thymian

Thymus vulgaris
Lippenblütler, Lamiaceae

- Dauerkultur
- mittlerer Zehrer, nicht mit Stallmist düngen
- bei Nässe anfällig für Grauschimmel

Der Name der Pflanze ist vom griechischen *thymos* = Mut, Kraft abgeleitet und weist auf die kräftigende, stimulierende Wirkung des Gewürzes hin. Heimisch ist die Thymianpflanze im westlichen europäischen Mittelmeergebiet. Benediktinermönche brachten ihn über die Alpen auch zu uns.

Frisch und getrocknet ist Thymian eine vorzügliche Würze für Braten aller Fleischarten, für Gulasch, Wild- und Geflügelragout, für Fische und Muscheln sowie für Soßen und Suppen, Gemüse, Salate und Marinaden. Er ist in vielen Gegenden ein unverzichtbares Gewürz für Blut- und Leberwurst, ferner für Kräuterbutter und Kräuterliköre. Das Würzkraut riecht und schmeckt stark aromatisch und etwas bitter. Weil es stark würzt, muss man vorsichtig dosieren.

▲ Thymian ist ein niedriger Halbstrauch mit kleinen, drüsigen Blättern. Thymian blüht von Juni bis September dunkelviolett bis rosafarben.

Thymian als Medizin

Thymian gilt als hervorragendes Hustenkraut. Als Tee oder durch Inhalieren hilft es bei Bronchitis und Keuchhusten sowie bei Katarrhen der oberen Luftwege. Es gilt als allgemein stärkend und den Organismus belebend. Ätherisches Thymianöl soll durch Einreiben Glieder- und Gelenkschmerzen lindern.

Standortansprüche

Thymian bildet eine kräftige Pfahlwurzel aus. Der Boden soll locker und möglichst kalkhaltig sein (pH 7 bis 8). Nicht geeignet sind schwere, verdichtete, zur Vernässung neigende Böden. Der Standort soll sonnig, trocken und windgeschützt sein. Thymian verträgt Trockenheit sehr gut, stellt aber das Wachstum völlig ein, wenn es längere Zeit nicht regnet.

Im Winter abdecken
Da Thymian nicht völlig winterhart ist, ist in frostgefährdeten Lagen im Winter ein Anhäufeln und Bedecken der Pflanzen mit Vlies, Reisig oder organischen Materialien (z. B. Stroh) zu empfehlen. Ab Juli nicht mehr düngen, sonst reifen die Triebe nicht mehr aus und sind dann besonders frostgefährdet.

Sorten

Sorten als solche gibt es nur wenige. Im Angebot sind u.a. ‚Tim' und 'Di Roma'. Meist werden die Samen ohne Sortenbezeichnung angeboten. Bei 'SPERLING's

Wild Magic' handelt es sich um eine Auslese des Feldthymian *Thymus serpyllum*. Darüber hinaus gibt es in den Staudengärtnereien eine Reihe von Zierformen mit weißbunten oder silbrigen Blättern. Auch diese Formen lassen sich zum Würzen verwenden. Beliebt ist auch der zitrusartig schmeckende Zitronen-Thymian, der als erfrischender Sommertee zubereitet wird.

Anbau

Die Vermehrung kann durch Aussaat oder Stecklinge erfolgen. Für den Hausgarten ist die Stecklingsvermehrung vorzuziehen, soweit Pflanzen vorhanden oder in der Nachbarschaft beschaffbar sind. Stecklinge nimmt man bevorzugt im Frühjahr, aber auch im Sommer oder Herbst. Thymiansamen ist sehr fein. Deshalb ist eine Aussaat an Ort und Stelle nicht zu empfehlen. Die Aussaat unter Glas erfolgt von März bis Mai. Den Samen nur dünn mit Erde abdecken. Nach dem Auflaufen wird in Töpfe oder entsprechende Pflanzeinheiten pikiert. Ab Mai im Abstand von 25 × 25 cm auspflanzen. Für Topfkultur geeignet.

Ernte und Lagerung

Für den Frischverbrauch werden die jungen Triebe laufend geerntet. Zum Trocknen schneidet man die Triebe vor der Blüte in 5 bis 10 cm Höhe ab. Getrocknet wird bei Temperaturen von 30 bis 40 °C.

Tomate

Lycopersicon esculentum *var. esculentum*
Nachtschattengewächs, Solanaceae

- 100 – 120 Tage
- Starkzehrer

Die Bezeichnung Tomate geht auf den aztekischen Namen der Art zurück (von tomana = anschwellen). Da die Tomate in weiten Teilen Europas lange Zeit als Zier- und Heilpflanze galt, hat sie zunächst die lyrische Bezeichnung Liebesapfel und Paradiesapfel erhalten. In Österreich heißt die Tomate deswegen immer noch Paradeiser. Nach Deutschland kam die Tomate 1890, erst zu Beginn dieses Jahrhunderts wurde sie als Gemüse genutzt.
Tomaten sind krautartige, unter günstigen Klimabedingungen mehrjährige Pflanzen, die jedoch nur einjährig kultiviert werden. Der Stängel der Tomate ist sympodial aufgebaut, das heißt der Hauptspross stellt sein Wachstum mit der Bildung eines endständigen Blütenstandes ein. Die Hauptachse wird dann von Seitentrieben fortgesetzt, die jeweils aus der obersten Achselknospe entspringen. Sie schließen ihrerseits nach der Ausbildung einiger Laubblätter wieder mit der Anlage eines Blütenstandes das Wachstum ab. Sich selbst überlassen verzweigen sich die Pflanzen sehr stark.
Von diesem Verzweigungsgrundsatz abgeleitet unterscheidet man bei den Sorten zwischen zwei Formen: Einmal Sorten mit unbegrenztem und zum anderen mit begrenztem Wachstum. Unbegrenzt wachsen sie, wenn fortlaufend neue Sympodialglieder gebildet werden – zu diesem Typ gehören die Stab- oder Schnurtomaten. Bei den begrenzt wachsenden Tomaten schließen die Pflanzen mit einem endständigen Blütenstand ihr Längenwachstum ab. Zu diesem Typ gehören die Buschtomaten.
Der Blütenstand der Tomate wird als Traube (Wickel) bezeichnet. Die Anzahl der Einzelblüten im Blütenstand schwankt bei den Kultursorten abhängig vom Sortentyp und weiteren Faktoren zwischen 3 und 25. Die einzelnen Blüten eines Wickels blühen in der Regel nacheinander auf, weshalb an einem Blütenstand nebeneinander Blüten und Früchte in verschiedenen Entwicklungsstadien vorkommen können. Bei Tomaten überwiegt Selbstbefruchtung. Die Pollenübertragung geschieht durch Luft-

◀ Tomaten passen als Naschfrüchte auch noch in den kleinsten Garten und sogar auf den Balkon. Nur sonnig und warm muss es dort sein.

Die Sache mit dem Solanin
Grüne Tomaten enthalten das giftige Alkaloid Solanin. Der Stoff wird aber in der reifen Frucht abgebaut und ist dann kaum noch enthalten.

bewegung und Insekten (z. B. Hummeln). Tomaten gehören zu den wertvollsten Gemüsearten. Sie schmecken vorzüglich, sind vielseitig verwendbar und schnell zuzubereiten. Die guten Gechmackseigenschaften verbinden sich mit ihrer erfrischenden Wirkung und anziehenden Farbe sowie ihrem Reichtum an Vitaminen und Mineralstoffen. Der Geschmack der Tomaten hängt wesentlich vom Zucker- und Säuregehalt ab. Für das Aroma sind eine größere Anzahl von flüchtigen Verbindungen von Bedeutung. Je nach Sorte, Umwelteinflüssen und der Kultur bildet sich das Aroma mehr oder weniger stark aus. Der Zeitpunkt der Ernte, Nachreife und Lagerung beeinflussen ebenfalls das Aroma.

▲ Buschtomaten wachsen verzweigt buschig und werden je nach Sorte zwischen 20 und 60 cm hoch. Ein Ausbrechen der Geiztriebe ist nicht erforderlich, auch brauchen sie keine Stütze.

Standortansprüche

Tomatenpflanzen bilden ein reich verzweigtes Wurzelsystem, das auf Böden mit guter Struktur bis zu 1,5 m Tiefe vordringen und sich seitlich über 1 m ausbreiten kann. Etwa 70 % der Wurzelmasse befinden sich jedoch im Krumenbereich des Bodens bis 40 cm Tiefe. Tomaten mögen allzu leichte, sandige Böden nicht, da es hier schwierig ist, den hohen Wasserbedarf zu decken. Nicht geeignet sind schwere, nasse Böden, die nicht gut durchlüftet sind. Hier wachsen die Pflanzen nicht richtig und sind sehr krankheitsanfällig. Am besten eignen sich humusreiche, lehmige Sand- und sandige Lehmböden. Der günstigste pH-Wert liegt zwischen 5,5 und 7,0. Obwohl die Tomaten sehr anpassungsfähig sind, stellen sie doch bestimmte Ansprüche an den Standort und das Klima. Sie entwickeln sich nur bei warmer, zeitweilig auch trockener Witterung optimal. Kühles und feuchtes Wetter hemmen das Wachstum, verzögern die Reife und fördern den Krankheitsbefall. Man gibt ihnen deshalb einen vollsonnigen Standort, wenn möglich vor Mauern, Hecken oder Zäunen. Als Temperaturminimum gelten 8 bis 10 °C nach dem Auspflanzen. Auf die Temperatur reagieren sie während des Blühens am empfindlichsten. Bei den meisten Sorten entwickelt sich die Blüte bei Temperaturen unter 15 °C und über 35 °C nicht normal, optimal sind 21 bis 24 °C. Für gute Fruchtausfärbung, guten Geschmack und hohen Gehalt an Inhaltsstoffen muss es mindestens 18 °C warm sein.

► 'Yello Pearshaped' ist eine gelbschalige Tomate mit birnenförmigen Früchten.

Fruchtfolge

Tomaten dürfen nicht nach sich selbst und anderen Nachtschattengewächsen stehen. Werden Tomaten an der selben Stelle angebaut, kann die Ernte um 10 bis 25 % geringer ausfallen. Am besten erst im vierten Jahr wieder auf das selbe Beet pflanzen. Bei engeren Folgen besteht die Gefahr der Bodenverseuchung mit bodenbürtigen Krankheiten und Schädlingen, insbesondere mit Kartoffelnematoden. Als Vorfrucht eignen sich besonders gut Gurken, Lauch, Kohlarten, Sellerie und Spinat. Frische organische Düngung führt bei Tomaten zu einer starken Laubentwicklung und Ernteverzögerung. Sie gehören deshalb in die 2. Tracht.

▲ Die Hybridsorte 'Tigerella' sieht ausgesprochen originell aus. Anfangs sind die Früchte noch grün, später bekommen sie rote Streifen. Dabei schmecken sie ausgezeichnet.

Sorten

Es gibt eine Vielzahl von Sorten auf dem Markt, die nach unterschiedlichen Gesichtspunkten unterschieden werden können. So nach Form und Größe, der Fruchtfarbe, der Konsistenz und dem Wuchsverhalten. Die Fruchtform kann sehr verschieden sein, von hochrund über zylindrisch bis birnenförmig. Der Farbton der reifen Früchte kann sortenabhängig hell- bis dunkelrot, blassrosa, fleischfarben, orange, goldgelb bis hellgelb sein. Die Fruchtgröße wird vor allem durch die Zahl der Fruchtkammern bestimmt, sie kann von zwei bis über zehn betragen. „Normale" Sorten haben zwei bis drei, Übergangstypen haben drei bis vier und die sogenannten „Fleischtomaten" mindesten fünf Fruchtkammern. Hinsichtlich der Fruchtform beziehungsweise der Fruchtausbildung gibt es auch eine große Vielfalt. Neben den „normalen" Sorten, den Stabtomaten, unterscheidet man noch zwischen der Gruppe der Buschtomaten, den Fleisch- und Long-Life-Tomaten, Eier-, Romana-, Ketchup- oder Flaschentomaten und Strauch-, Baum-, Trauben-, Rispen- oder Trosstomaten sowie den Cocktail- oder Kirschtomaten.
Bei den Cocktailtomaten handelt es sich um kleinfrüchtige Tomaten mit etwa 8 % Zuckergehalt (Tomaten vom „normalen" Typen liegen im Zuckergehalt zwischen 4 und 5 %), durch den der süßliche Geschmack hervorgerufen wird. Die Gruppe der Eier-, Romana-, Ketchup- oder Flaschentomaten beinhaltet in der Regel längliche Tomaten mit einem hohen Trockensubstanzgehalt. Man verwendet sie beispielsweise zum Grillen, in erster Linie aber zur Verarbeitung zu Ketchup.
In diese Gruppe gehören auch die sogenannten San Marzano-Tomaten, die italienischen Ursprungs sind. Long-Life-Tomaten zeichnen sich durch besonders lange Haltbarkeit aus. Dieser Tomatentyp wird auch als „Anti-Matsch-Tomate" bezeichnet. Die Haltbarkeit beträgt bis zu sieben Wochen. Allerdings fehlt diesen Sorten häufig das typische Tomatenaroma.
Für den Anbau im eigenen Garten, wo die Früchte reif gepflückt und schnell verzehrt werden, ist zu überlegen, ob es überhaupt Sinn macht, eine relativ hartschalige und lange haltbare Tomate anzubauen.
Bei den Strauch-, Baum-, Trauben- oder Trosstomaten handelt es sich um Sorten, welche mit dem ganzen Wickel geerntet werden.
Buschtomaten zeigen einen verzweigten buschigen Wuchs und erreichen sortenabhängig Wuchshöhen zwischen 20 und 60 cm. Ein Ausbrechen der Geiztriebe ist nicht erforderlich, auch können Stützmaßnahmen weitestgehend entfallen. Die Gruppe der Buschtomaten werden in den Samenkatalogen häufig auch als Balkontomaten geführt.
Zwischen den einzelnen Sorten-Gruppen gibt es natürlicherweise Übergänge. So ist zum Beispiel nicht auszuschließen, dass hier eine Sorte bei den Cocktailtomaten genannt wird, in einem Samenkatalog aber bei den Buschtomaten zu finden ist.
Bei der Sortenwahl sollte großer Wert auf die Widerstandsfähigkeit gegen Krankheiten gelegt werden. Nachfolgend eine Auswahl guter Sorten der unterschiedlichen Gruppen für den Hausgarten. Wird die Farbe nicht genannt, handelt es sich um rotfrüchtige Sorten.
Stabtomaten: 'Bolzano', gelb-orange, mittelfrühe Sorte, mit kräftigem Tomatenaroma, gute Resistenzen; 'Diplom', bewährte, aromatische Sorte, ihre mittelgroßen Früchte reifen auch grün geerntet gut nach; 'Goldene Königin', bewährte Sorte, leuchtend goldgelbe, mittelgroße Früchte, ausgezeichneter Geschmack; 'Green Zebra', mittelgroße, ungewöhnlich grün gestreifte Früchte; 'Harzglut', bewährte Sorte, platzfest, frühreifend, Gewicht etwa 80 g; 'Intakt' und 'Valdeza' sind Hellfruchttypen mit gutem vollen Ge-

Zuckersüß
Die Kirsch- bzw. Cocktailtomaten benötigen Halt an Stäben oder Gittern. Die kleinen, süßen Früchte haben etwa einen Zuckergehalt von 8 %. Tomaten vom „normalen Typ" enthalten dagegen nur zwischen 4 und 5 % Zucker.

schmack, früh reifend, mehrfach resistent, die Früchte können einzeln oder in Trauben geerntet werden; 'Maestria', robuste Sorte, mit kräftigem Laub und reichem Fruchtansatz; 'Moneymaker', bekannte Sorte mit 60 bis 70 g schweren, runden, gleichmäßig ausgefärbten Früchten; 'Phantasia', bestes Aroma, hochtolerant gegen Kraut- und Braunfäule, Fruchtgewicht 100-110 g; 'Philona', etwa 110 g schwere, runde, rote Früchte, mit sehr gutem Geschmack, breites Resistenzspektrum; 'Sparta', feste Tomate, Fruchtgewicht 100 bis 120 g, robust, starkwachsend, Resistenzen gegen verschiedene Krankheiten; 'Sportivo', sogenannte Gourmet-Tomate mit besonders fruchtigem Aroma und schnittfestem Fleisch, hohe Resistenzen; 'Tigerella', originelle, anfangs grün, später kräftig rotgestreifte Tomate mit ausgezeichnetem Geschmack; 'Vitella', beliebte Sorte, ertragreich und aromatisch, mit hoher Resistenz gegen Krankheiten.
Fleischtomaten: 'Corazon', sehr guter Geschmack, saftarm, süß, mit wenig Kernen; 'Country Taste', saftig mit sehr großen, dunkelroten Früchten, resistente Sorte; 'Delizia', orangerote Früchte mit grünem Kragen, resistent gegen Tomatenmosaikvirus und die Fusarium-Welke; 'Fleurette', Ochsenherz-Tomate, herzförmig, starkwüchsig und sehr aromatisch, wird als Jungpflanze veredelt, angeboten; 'Ikarus', Spezialität aus Sachsen Anhalt, hervorragende Fruchtqualität; 'Marmande', kräftiges, ursprüngliches Tomaten-Aroma, bis zu 500 g schwer; 'Pyros', glatte, runde, platzfeste Früchte, Geschmack aromatisch, tolerant gegen Krankheiten.
Trauben- oder Rispentomaten: 'Bocati', eine Sorte für die Einzel- und Rispenernte, Fruchtgewicht 100 – 120 g, gute Resistenzen; 'Serrat', mittelfrüh, Früchte etwa 110 g schwer, gute Resistenz gegen Krankheiten; 'Triatlon', platzfest, auch für die Einzelernte geeignet, intensiv rote Farbe; 'Saxon', frühreifend mit etwa 6 gleich großen, gleichzeitig abreifenden Früchten.
Longlife-Tomaten: 'Cindel', frühreifend, gutes Aroma; 'Sparta', leuchtendrote Früchte mit besten Ertrag und Geschmack, weitgehend resistent gegen Krankheiten; 'Vanessa', hellfrüchtig, Fruchtgewicht 130 bis 140 g, hohe Resistenz gegen Krankheiten.
Flaschentomaten, San-Marzano-Tomaten: 'Agro', länglichen Früchte mit festem Fleisch, hervorragend für Soßen und Pizza; 'Caprese', schnittfest mit viel Substanz; Früchte länglich-pflaumenförmig, angenehmes Aroma; 'Conquer', leuchtend rote, ovalrunde Früchte mit süßem, angenehm fruchtigen Geschmack, widerstandsfähig gegen Viruskrankheiten, Kälte und Nässe; 'Incas', eiförmige, intensiv aromatische Früchte, frühreifend; 'Olivade', Resistenzen gegen Tomatenmosaikvirus, Fusarium und Nematoden, dickes Fleisch, wenig Saft, platzfest; 'Organza', intensiv orange, feste Früchte mit gutem Geschmack; 'Ravello', mittelfrühe, Mini-San Marzano-Tomate mit etwa 25 g schweren, pflaumenförmigen Früchten, hohe Resistenzen; 'Roma', mittelspätreifend, festfleischige Früchte, besonders gut für Tomatensaft, Tomatenmark und zum Kochen und Grillen.
Busch- bzw. Balkontomaten: 'Balkonstar', kompakt wachsend, kartoffelblättrig, mit sehr hohem und besonders frühem Ertrag; 'Donna' rote Früchte, pro Traube bis zu 10 Früchte, sehr widerstandsfähig; 'Totem', frühe, sehr süße und aromatische Tomate, mit etwa 4 cm großen Früchten; 'Pendulina Red', ertragreiche Sorte mit leuchtendroten Früchten; 'Shady Lady', Gourmet-Tomate aus den USA, mit bis zu 200 g schweren Früchten, hohe Standardresistenz gegen Krankheiten; 'Siderno', Typ Cocktail-Tomate, trägt süße und platzfeste Früchte; 'Vilma', 15 - 20 g schwere Früchte, schnittfest, angenehm aromatisch, sehr widerstandsfähig.
Cocktailtomaten: 'Black Cherry', tief violett-rote Früchte, süß und aromatisch, früh tragend, ertragreich, sehr lange Rispen; 'Chocolate Cherry', dunkelviolette Liebhabersorte mit sehr aromatischem Geschmack; 'Cupido', dattelfrüchtige Sorte, zuckersüßer Geschmack; 'Ildi', Massenträger mit kleinen, gelben, birnenförmigen Früchten, zuckersüßer Geschmack; 'Gardenberry', feste, aromatische Früchte in der Form von Erdbeeren; 'Red Pear', rot, birnenförmig, Früchte etwa 20 g schwer; 'Philovita', frühreifend, hohe Resistenz gegen die Kraut- und Braunfäule; 'Sweet Million', 15 bis 20 g schwere, intensivrot ausgefärbte Früchte; 'Santorange', dattel-pflaumenförmige, orange Früchte, hocharomatisch; 'Tombolino' ,leuchtend rote Früchte, gut haltbar; 'Yellow Pearshaped', gelb, birnenförmig.

▲ Die Sorte 'Andenhorn' fällt durch ihre besondere Form und die großen Früchte auf.

TIPP

Damit sich viele Seitenwurzeln bilden und so das weitere Wachstum gefördert wird, setzt man die Pflanzen tiefer als sie bisher gestanden haben. Zu lang gewordene Tomatenpflanzen kann man auch schräg in die Pflanzgrube legen.

Anbau

Wie oben schon beschrieben unterscheidet man zwischen Stab- und Buschtomaten. Erstere verursachen zwar einen höheren Aufwand an Material und Pflegearbeit, zeichnen sich aber gegenüber den Buschtomaten durch einen in der Regel höheren Ertrag und eine insgesamt bessere Fruchtqualität aus. Durch die aufrechte Wuchsform lassen sie sich auch besser ernten. Die Vorteile der Buschtomate sind der geringere Arbeitsaufwand und die schnellere Abreife der Früchte. Jedoch verschmutzen die Früchte bei Regenwetter sehr schnell und neigen auch stärker zur Fäulnis.

Angebaut werden Tomaten entweder unter Glas im Kleingewächshaus bzw. im Folienhaus oder im Freiland. Für einen Anbau unter Glas erfolgt die Aussaat Ende Februar / Anfang März, das Auspflanzen Ende April. Für den Freilandanbau erfolgt die Aussaat Mitte März, Auspflanzen ab Mitte Mai nach den Eisheiligen, wenn keine Fröste mehr zu erwarten sind, und sich eine Mindestbodentemperatur von 14 °C eingestellt hat.

Anzucht

Gesät wird breitwürfig in Saatschalen. Die Samen keimen bei 22 bis 24 °C schon nach wenigen Tagen. Etwa 10 Tage nach der Aussaat (Keimblätter spreizen sich) pikiert man die Keimlinge in 9- bis 11-cm-Töpfe.

Pflanzen

Stabtomaten erfordern einen Reihenabstand von 0,7 bis 1 m, in der Reihe genügen 40 bis 60 cm. Für Buschtomaten reichen Standweiten von 50 × 50 cm. Vor dem Pflanzen werden bei Stabtomaten die Pfähle gesetzt. Sie müssen etwa 1,5 m lang sein und 40 bis 50 cm tief in die Erde kommen. Weil alte Holzpfähle Krankheiten übertragen können und eher kaputtgehen, sind Stäbe aus Kunststoff oder Stahl günstiger. Besonders gute Standfestigkeit erreicht man, wenn man drei oder vier Stäbe pro Pflanze verwendet, die man an den Enden zu einer Pyramide zusammenbindet.

► Eine der wichtigsten Pflegemaßnahmen ist das rechtzeitige Ausgeizen und Anbinden der Stängel. Die Geiztriebe mit den Fingern ausbrechen, nicht abschneiden. Den Haupttrieb nie fest anbinden, damit er später nicht eingeschnürt wird.

Weiterkultur der Stabtomaten

Obwohl Stabtomaten auch mehrtriebig gezogen werden können, sollten sie nur eintriebig gezogen werden. Eintriebige Pflanzen sind früher zu beernten und bringen größere sowie einen höheren Anteil ausgereifter Früchte. Außerdem werden die Pflanzen besser „durchlüftet“ und trocknen nach Regenfällen schneller ab, wodurch Krankheiten sich weniger stark ausbreiten können. Im Erwerbsgartenbau werden Stabtomaten an Schnüren, die sich an einen Spanndraht befestigen lassen, hochgeleitet.

Die Seitentriebe (sogenannte Geiztriebe), die sich in den Blattachseln bilden, sind regelmäßig zu entfernen. Sie dürfen beim Ausbrechen möglichst nicht länger als 5 bis 10 cm sein. Spätes Ausbrechen geht zu Lasten des Längenwachstums und verursacht größere Wundstellen sowie Beschädigungen an den Pflanzen, wodurch Krankheiten leichter übertragen werden. Deshalb sind die Geiztriebe auch auszubrechen und nicht etwa mit dem Messer oder der Schere abzuschneiden. Der Haupttrieb sollte nach Ausbildung des siebten bis zehnten Blütenstandes Ende Juli / Anfang August gestutzt werden. Dabei belässt man über dem obersten Blütenstand zwei oder drei Laubblätter. Auch nach dem Entspitzen des Haupttriebes ist weiter darauf zu achten, dass sich keine Seitentriebe entwickeln.

Wenn die Früchte der unteren Trauben ausgewachsen sind, kann man die sie verdeckenden Blätter ganz oder teilweise entfernen. Entfernt werden dabei auch die unteren, dem Boden aufliegenden sowie vergilbte und abgestorbene Blätter. Diese Pflegemaßnahme vermag Infektionen zu reduzieren und zu verzögern.

Zur Verbesserung des Fruchtansatzes der im Kleingewächshaus oder Folienhaus stehenden Tomaten hat sich das Rütteln der Blütenstände, bei dem der Pollen aus den Staubbeuteln gelöst wird und zerstäubt, als vorteilhaft erwiesen. Dazu sollte wäh-

► Die Kraut- und Braunfäule hat sich in den vergangenen Jahren sehr stark ausgebreitet, sodass Tomaten im Freiland kaum noch angebaut werden konnten.

rend der Blütezeit wöchentlich zwei- bis dreimal die Pflanze bzw. jeder einzelne Blütenstand gerüttelt werden.

Düngung

Die Tomate braucht viel Nährstoffe. Stallmistgaben oder die Zufuhr von Kompost wirken sich ertragsfördernd aus. Tomaten reagieren empfindlich auf den Mangel an Mikronährstoffen. Auch Kalziummangel kommt vor und verursacht die Blütenendfäule. Eisenmangel tritt bei hohen pH-Werten auf. Bei zu niedrigem pH-Wert kann Magnesiummangel auftreten. Die Düngermenge ist in zwei Gaben aufzuteilen. Die erste Gabe kurz nach der Pflanzung, die zweite Mitte bis Ende Juli geben.

TIPP für schöne Tomaten

Die Tomatenwurzeln fühlen sich unter einer Mulchdecke besonders wohl. Unter einer solchen Decke behält der Boden seine lockere Struktur und trocknet nicht aus. Tomaten brauchen viel Wasser. Der Hauptwasserbedarf setzt mit dem Übergang von der vegetativen in die generative Phase ein. Fehlen die natürlichen Niederschläge, ist zu wässern.

Krankheiten und Schädlinge

Warum Tomaten platzen? Tomatenfrüchte platzen, wenn nach längerer Trockenheit starke Niederschläge fallen oder wenn nach längeren Wärme- oder Hitzeperioden kühle Witterung folgt.
Das Blattrollen, wie es bei beginnender Fruchtbildung und im Ertragsstadium auftritt, deutet auf Störungen im Stoffwechsel der Pflanzen hin, hat aber auf den Ertrag in der Regel keinen Einfluss. Sogenannte Grünkragen, die am Stielende hartes, grünes, mitunter auch gelbes Gewebe bilden, haben ihre Ursache vor allem im zu niedrigen Kaligehalt des Bodens. Viel Kalzium in der Tomatenfrucht fördert das Auftreten von sogenannten Goldpünktchen oder Goldtüpfeln. Diese vielen kleinen gelben Flecken auf den Tomaten entstehen durch starke Kristalle von Kalziumoxalat.

Bei einem Befall durch das Tomatenmosaik-Virus und das Gurkenmosaikvirus treten vor allem Missbildungen an den Tomatenblättern auf. Befallene Pflanzen bleiben im Wuchs zurück. An den Früchten entstehen je nach Infektionszeitpunkt bräunliche oder bronzefarbene Partien sowie braune Nekrosen. Bei einem Befall durch die Bakterienwelke welken zunächst nur Teile einzelner oberer Fiederblättchen, danach sterben sie ab. Wenn man Blattstiele und Stängel durchschneidet, erkennt man, dass die Gefäßbündel verbräunt sind und – als spezifisches Kennzeichen – an diesen Stellen gelblicher Schleim austritt. Bei der Bakteriellen Blatt- und Fruchtfleckenkrankheit zeigen sich auf den Blättern anfänglich kleine dunkelbraune, runde, ovale oder längliche Flecke, die oft von einem gelben Hof umgeben sind. Die typischen 1 bis 2 mm großen, runden Fruchtflecke werden nur im Schalenbereich gebildet und erfassen das Fruchtfleisch kaum. Sowohl bei den Viruskrankheiten als auch bei der Bakterienwelke sind stark erkrankte Pflanzen möglichst rückstandslos zu entfernen und nicht zu kompostieren. Anbaupausen von mindestens vier Jahren einhalten. Von den Pilzkrankheiten ist die Kraut- und Braunfäule von großer Bedeutung. In niederschlagsreichen Jahren und bei längeren Perioden hoher Luftfeuchtigkeit verursacht sie größere Schäden. Die Bestände im Freiland sind gefährdet, sobald Kartoffeln mit Kraut- und Braunfäule befallen sind. Der Krautfäuleerreger befällt Blätter und Früchte. Auf den Blätter bilden sich an der Oberseite grüne Flecke, an der Unterseite weißgraue Pilzrasen. Von den kranken Blättern gelangen die Pilzsporen auf Früchte und wachsen in sie hinein. Das Krankheitsbild zeigt sich häufig bereits an den grünen Früchten in Form von anfangs graugrünen, später hellbraunen, unscharf begrenzten Flecken. Im Bereich dieser sich rasch vergrößernden Stellen verbräunt und verhärtet sich das Fruchtfleisch. Befallene Früchte färben sich nicht rot, sondern bleiben braun und hart. Da der Erreger an Wasser gebunden ist, müssen die Blätter nach dem Bewässern vor Eintritt in die Nacht noch abtrocknen können.
Bei den tierischen Schädlingen sind neben Blattläusen und Weißer Fliege Wurzelgallenälchen und Kartoffelzystenälchen von Bedeutung. In Bezug auf die Älchen sollte

Der Kraut- und Braunfäule vorbeugen
Tomaten im Gewächshaus oder unter einem Schutzdach anbauen. Resistente oder widerstandsfähige Sorten wählen. Die Blätter beim Gießen nicht benetzen. Bei ersten Befallszeichen die unteren Blätter entfernen.

über einen langen Zeitraum (zehn Jahre) kein Tomatenanbau an der gleichen Stelle erfolgen.

Ernte und Lagerung

Die Ernte beginnt sorten- und witterungsabhängig Ende Juni oder Anfang Juli und setzt sich bis zu den ersten Frösten zwischen Ende September und Mitte Oktober fort. Wer die Möglichkeit hat, täglich zu ernten, sollte die Früchte an der Pflanze voll ausreifen lassen, so sind sie am wertvollsten. Überreif werden dürfen sie aber auch nicht, denn überreife Früchte werden weich und verlieren ihren erfrischenden Geschmack. Ausgefärbte, feste Tomatenfrüchte lassen sich bei 8 bis 10 °C und 80 bis 85 % relativer Luftfeuchtigkeit ein bis zwei Wochen lang lagern. Grüne Tomaten reifen bei Temperaturen von 18 bis 20 °C und 85 bis 90 % relativer Luftfeuchte am besten nach. Tomaten sollte man nicht im Kühlschrank lagern.

Winter-Portulak, Tellerkraut

Montia perfoliata
Portulakgewächs, Portulacaceae

- 30 – 40 Tage
- mittlerer Zehrer, nach jedem Schnitt düngen
- wenig anfällig für Schädlinge und Krankheiten

Winter-Portulak heißt deswegen so, weil er bevorzugt während der kälteren Jahreszeit kultiviert wird. Als Heimat gelten die küstennahen Gebiete Nordamerikas.
Als einjährige Pflanze bildet Winter-Portulak bis zu 20 cm hohe Stiele mit in Rosetten stehenden Blättern. Während die ersten Blätter dunkelgrün und oval zugespitzt ausgebildet sind, färben sich die älteren, tellerartig geformten Blätter mittel- bis hellgrün. Wenn die Pflanzen bei der Ernte nicht zu tief geschnitten werden, treiben die einjährigen Pflanzen nochmals durch und es können je nach Aussaattermin noch weitere Schnitte (bis zu fünf) erfolgen. Winter-Portulak schmeckt angenehm mild, nicht so aromatisch-pikant wie Garten-Kresse oder Gemüse-Portulak. Winter-Portulak lässt sich wie Spinat oder als Salat zubereiten und auch in Mischsalaten verwenden. Liebhaber verwenden die Blätter auch direkt als Brotbelag.

► Die Blätter des Winter-Portulaks sind eigenartig tellerartig geformt. Ab März / April erscheinen die weißen Blüten.

Standortansprüche

Winter-Portulak braucht einen Boden mit guter Struktur, weil für die Aussaat ein sehr fein hergerichtetes Saatbeet zu schaffen ist. Der pH-Wert kann zwischen 5,8 und 7,4 liegen. Im Gegensatz zu Gemüse-Portulak, der hohe Keimtemperaturen benötigt, keimt Winterportulak nur bei Temperaturen unter 12 °C optimal. Deshalb ist der Anbau auch auf die kältere Jahreszeit zu beschränken. Sommeranbau ist auch wegen der raschen Blütenbildung nicht zu empfehlen. Eine Winterernte ist in milden Gegenden möglich.

Anbau

Es ist Direktsaat an Ort und Stelle zu empfehlen. Vorkultur von Jungpflanzen mit anschließender Pflanzung ist möglich. Für die Herbst- und Winterernte im August und September säen, für die Frühjahrskultur von Anfang März bis Anfang April. Die Direktsaat kann breitwürfig (0,8 bis 1,2 g / m^2) oder in Reihen (10 bis 20 cm, 0,6 bis 1 g / m^2 Saatgut) erfolgen. Winter-Portulak lässt sich auch gut im Kleingewächshaus anbauen. Eine gleichmäßige Wasserversorgung sorgt für zügiges Wachstum und zarte Blätter.

Ernte und Lagerung

Die erste Ernte kann bei einem Anbau im Frühjahr nach etwa fünf Wochen, bei Winteranbau nach sechs bis acht Wochen erfolgen. Der zweite oder dritte Schnitt ist im Frühjahr bereits nach ein bis zwei Wochen, im Winter erst nach drei bis fünf Wochen möglich. Wichtig ist, dass man nicht zu tief schneidet, weil sonst nur ein geringer oder auch gar kein Wiederaustrieb erfolgt.

Kurze Stiele
Beim Ernten sollte der Stiel nicht länger als 3 bis 5 cm sein. Wird zu spät geschnitten, erntet man unerwünscht lange Stiele, die sich schlecht essen lassen. Ältere Blätter haben auch einen höheren Nitratgehalt. Bei 0 bis 1 °C hält sich Winter-Portulak fünf bis sieben Tage lang.

Winter-Zwiebel, Schlotte

Allium fistulosum
Liliengewächs, Alliaceae

- 95 – 140 Tage, gelegentlich Dauerkultur
- mittlerer Zehrer, Stickstoff nach jeder Ernte
- wie Küchen-Zwiebeln (siehe Seite 514), in feuchten Jahren Falscher Mehltau

Die Winter-Zwiebel oder Schlotte wird auch noch als Lauchzwiebel, Winterheckezwiebel, Schnitt-, Röhren- und Schlottenzwiebel sowie Grober Schnitt-Lauch bezeichnet. Es sind ausdauernde, winterfeste Pflanzen, sie bilden aber keine ausgeprägten Zwiebeln aus. Die weiß-grünen, doldigen Blüten erscheinen im Juni und Juli. Die Winterzwiebeln bilden nach und nach wachsende, röhrenartige Blätter, während die untersten Blätter absterben. Bis in den Winter hinein bleiben die Blätter grün (daher „Winterhecke"), sterben aber bei Frost langsam ab, um im zeitigen Frühjahr wieder auszutreiben. Schlotten sind genauso wertvoll wie Speise-Zwiebeln.

Rechtzeitig ernten
Im Sommer werden die Winter-Zwiebeln sehr schnell überständig, sie bekommen dann harte Schäfte. Deshalb ist es gut, für eine kontinuierliche Ernte alle zwei Wochen zu säen. Nicht zu spät ernten, weil die Pflanzen schnell in die generative Phase übergehen und schossen.

Standortansprüche

Besonders geeignet sind humose Gartenboden, die gut abtrocknen und sich schnell erwärmen. Bei Staunässe wachsen Schlotten nicht gut und sind anfällig für Krankheiten. Sonnige, warme Standorte eignen sich gut. Stallmist fördert den Befall mit der Zwiebelfliege.

Fruchtfolge

Auch für Winter-Zwiebeln empfiehlt sich eine mindestens vier- bis fünfjährige Anbaupause. Doldenblütler wie Möhren sind in der Fruchtfolge möglichst zu meiden, weil sie Wirtspflanzen der Stängelälchen sind. Als günstige Vorfrüchte gelten Gartensalate.

Ernten wie Schnitt-Lauch
Winter-Zwiebeln verwendet man in Europa meistens wie Schnitt-Lauch. Ihre Blätter lassen sich schon ab März (noch vor dem Schnitt-Lauch) bis in den Herbst ernten. Es gibt aber auch Sorten, bei denen der Zwiebelschaft als lauchähnliches Gemüse geerntet wird. Solche Sorten werden in Ostasien angebaut.

Sorten

Gute Sorten sind: 'Freddy', bauchig gerundete Blätter, völlig winterhart, kann öfters geschnitten werden; 'Long White Ishikura', diese Sorte besticht durch ihre weißen, langen und dicken Schäfte, Zwiebeln werden keine gebildet, sehr frosthart; 'Matrix', winterhart, mit leicht zwiebeliger Verdickung, dunkles, robustes Laub; 'Damast', dunkelgrünes, straff aufrechtes Laub, nicht winterhart, für die ganzjährige Freilandsaison; 'Kaigaro', langer, weißer Schaft, keine Zwiebelbildung, nur längliche Verdickung des im Boden sitzenden Schaftanteils, bedingt winterhart; 'Red Toga', langschäftige, schnellwüchsige, rote Sorte (einer Farbe, die jeden Salat attraktiver erscheinen lässt) ohne Zwiebelbildung.

Anbau

Die Vermehrung kann durch Aussaat (Direktsaat) oder vegetativ durch Teilung der Pflanzen erfolgen. Soll Zwiebellauch sehr früh, noch vor der ersten Schnitt-Laucherntc, gewonnen werden, sät man von März bis April aus. Als Reihenabstände sind 30 cm zu empfehlen. Die günstige Saattiefe beträgt 3 cm. Die nicht winterharten Sorten können satzweise ab Anfang März gesät werden. Das Setzen von in Töpfen vorkultivierten Jungpflanzen sowie von geteilten Pflanzen aus vorhandenen Beständen ist möglich. Denn im Lauf der Jahre bilden die Pflanzen wie Schnitt-Lauch dichte Horste.

▲ Die ausdauernde Winter-Zwiebel treibt im Frühjahr sehr bald aus, so dass man die Blätter noch vor dem Schnitt-Lauch ernten kann.

Ernte und Lagerung

Bei mehrjährigem Anbau wird im ersten Jahr geerntet, wenn das Laub 18 bis 20 cm hoch geworden ist und sich aus einem Haupttrieb jeweils drei Schlotten gebildet haben. Das ist drei bis vier Monate nach der Aussaat der Fall. Bei den nachfolgenden Ernten sollte das Laub 30 bis 45 cm lang geworden sein, bevor es geschnitten wird.
Im zweiten und den folgenden Jahren beginnt der erste Schnitt schon im März. Jährlich sind durchschnittlich drei Ernten möglich. Die kühl aufzubewahrenden Schlotten bleiben nur wenige Tage frisch.

Wurzel-Petersilie

Petroselinum crispum
var. *tuberosum*
Doldenblütler, Apiaceae

- Aussaat März / April, Ernte Oktober / November
- mittlerer Zehrer
- wie Petersilie

Die zwei- und mehrjährige Wurzel-Petersilie bildet im ersten Jahr eine Rosette langgestielter, glänzender, fiederteiliger Blätter (im Gegensatz zu Blatt-Petersilie gibt es bei Wurzel-Petersilie bisher nur glattblättrige Formen) und eine Rübe. Die weitgehend frostharte, einköpfige, fleischige, spindelförmige, gelblich-weiße Pfahlwurzel (Rübe) wird 10 bis 20 cm lang und 2 bis 5 cm dick. Im zweiten Jahr blüht die Wurzel-Petersilie.
Die jungen Rüben von Wurzel-Petersilie lassen sich als Gemüsebeilage zu gebratenem und gegrilltem Fleisch verzehren.

► Das Laub der Wurzel-Petersilie ist besonders würzig und aromatisch und wie das der Blatt-Petersilie als Küchengewürz geschätzt.

In einigen Gegenden sind die Wurzeln zusammen mit Lauch, Knollen-Sellerie und Möhren Bestandteil des sogenannten Suppengrüns. Die Rübe der Wurzel-Petersilie hat einen hohen Vitamin-C-Gehalt, der von den Blättern jedoch weit übertroffen wird.

Standortansprüche

Wurzel-Petersilie braucht tiefgründige Böden mit guter Struktur. Verdichtete, steinige oder staunasse Böden sind nicht geeignet, da sie Wurzeldeformationen verursachen.

▼ Rübenformen der Wurzel-Petersilie

Sorten

'Berliner', weiße, lange, glatte und dicke Wurzeln mit kräftigem Geschmack; 'Halblange', bewährte Sorte, glatte, kegelförmige Wurzeln; 'Konika', festes Fruchtfleisch, glatte, konisch zulaufende, spitz endende Wurzel.

Anbau

Bei Wurzel-Petersilie ist Direktsaat üblich. Aussaat in der Regel im März/April, Reihenabstand 30 cm. Mai- und Juni-Aussaaten bringen kleinere Wurzeln. Wichtig ist eine tiefe Bodenlockerung. Saattiefe 2 bis 3 cm. Bei zu dichtem Stand ist nach dem Auflaufen zu vereinzeln. Während des Dickenwachstums der Wurzeln ab Anfang/Mitte Juni brauchen die Pflanzen viel Wasser.

Ernte und Lagerung

Wurzeln erntet man im Oktober und November. Ist der Boden offen, kann auch den ganzen Winter über geerntet werden. Ein Abdecken der Pflanzen mit Laub oder Reisig ist zu empfehlen. In Erdmieten lässt sich Wurzel-Petersilie längere Zeit lagern.

Wurzel-Petersilie treiben

Im Winter die Wurzeln in Töpfe oder Kisten pflanzen und bei 8 bis 15 °C aufstellen. Ausreichend wässern. Die Wurzeln treiben dann Blätter, die wie Blatt-Petersilie in der Küche verwendet werden.

Ysop

Hyssopus officinalis
Lippenblütler, Lamiaceae

Ysop ist ein ausdauernder Halbstrauch mit vierkantigen, verholzenden Stängeln, die sich stark verästeln und 30 bis 40 cm hoch werden. Seine schmallanzettlichen Blätter sind mit tiefliegenden Öldrüsen besetzt. Ysop ist eine gute Bienenweide.
Verwendung findet das feingehackte Ysop-Blatt frisch oder getrocknet als Würze für Soßen, Suppen, Fleischspeise, Fisch- und Eiergerichte, aber auch als Rohkost, besonders zu Quark und Tomaten. Das Kraut duftet würzig und besitzt ein kräftiges Aroma mit schwach bitterem Geschmack. Ysop findet in vielen Gewürzmischungen Verwendung.

- Dauerkultur
- Schwachzehrer, nach jedem Schnitt mäßig düngen
- Echter Mehltau, Rostpilze, Minzenblattkäfer, Nematoden, Zikaden

◄ Ysop blüht in einem unvergleichlichen Violettblau. Bienen, Wildbienen und Schmetterlinge umschwirren während der Blütezeit von Juni bis September die Pflanzen.

Ysop in der Medizin

In der Heilkunde wird einem Tee aus Ysopblättern Wirkung bei Leiden der Atmungsorgane zugesprochen, z. B. Krankheiten der oberen Luftwege, Husten, Keuchhusten, Asthma und Entzündungen der Bronchien.

Standortansprüche

Ysop stammt aus dem Mittelmeerraum und aus Vorderasien. Überall dort wächst dieses Gewürzkraut an sonnigen Standorten und auf steinigen, kalkhaltigen Böden. Er bildet eine Pfahlwurzel aus und hat ein stark ausgeprägtes Wurzelsystem. Der Boden muss tiefgründig sein und eine gute Struktur aufweisen. Hohen Grundwasserstand verträgt Ysop nicht. Der pH-Wert sollte zwischen 6,5 uns 7,5 liegen. Auf Fruchtfolge achten. Es sind Anbaupausen von drei bis vier Jahren einzuhalten.

Sorten

Sorten sind im Allgemeinen nicht im Handel, der Samenhandel unterscheidet nach Herkünften. Normalerweise blüht Ysop violettblau. Es gibt auch weiß und rosa blühende Formen.

Im Winter abdecken
In ungünstigen, stark frostgefährdeten Lagen kann ein Anhäufeln oder Bedecken der Pflanzen mit Stroh oder Reisig nützlich sein.

Anbau

Für den Hausgebrauch kauft man Ysop-Jungpflanzen beim Gärtner. Es genügt problemlos eine Pflanze. Oder teilt bei vorhandenen Pflanzen den Wurzelstock. Da Ysop sich bei der Aussaat nur langsam entwickelt, ist Vorkultur zu empfehlen, obwohl auch Direktsaat (im April und Mai) möglich ist. Die Aussaat unter Glas zur Gewinnung von Jungpflanzen kann ab Februar erfolgen. Die feinen Samen sind nur schwach mit feiner Erde zu bedecken. Ausgepflanzt wird ab Mitte Mai im Abstand von 30 bis 60 cm, je nachdem, ob eine einjährige oder mehrjährige Kultur angestrebt wird. Auch Topfkultur ist möglich.

Ernte und Lagerung

Für den Frischverbrauch werden die jungen Blätter und Triebspitzen während der gesamten Vegetationszeit geerntet, zum Trocknen kurz vor oder zu Beginn der Blüte. Dazu wird das Kraut etwa 10 cm über dem Boden abgeschnitten und bei Temperaturen zwischen 30 und 40 °C getrocknet.

Zucchini

Cucurbita pepo
Kürbisgewächse, Cucurbitaceae

Das Kürbisgewächs Zucchini ist in Deutschland erst in den sechziger Jahren bekannt geworden. Zucchini wächst buschförmig und besitzt keine Ranken. An dem sechskantigen Spross sitzen große, meist fünflappige, mittel- bis dunkelgrün gefärbte Blätter, die je nach Sorte mehr oder weniger silbrig marmoriert sind.
Die jungen, unreif geernteten Früchte finden in zahlreichen Varianten sowohl als Kochgemüse für Hauptgerichte als auch für Salate oder Mischsalate und Suppen Verwendung. In vielen Ländern bereitet man die kleinen, bis zu 12 cm langen Früchte wie Gewürzgurken zu. Ausgewachsene Früchte in reifem Zustand eignen sich auch für Eintopfgerichte, Suppen und Kompott, ebenso für Brot und Kuchen. Zucchini schmecken neutral und leicht nussartig. Sie enthalten wenig Kalorien (78 kJ = 18 kcal je 100 g Frischsubstanz) und sind leicht verdaulich. Die Früchte sind mineralstoff- und vitaminreich. Wegen ihres niedrigen Rohfaseranteils und der guten Bekömmlichkeit sind Zucchini in der Diätküche sowie in der Kinder- und Krankenkost wichtig.

- 50 – 60 Tage
- Starkzehrer
- Gurkenmosaikvirus, Echter Mehltau, Blattläuse

TIPP
Auch die Blüten, die noch an den jungen Früchten sitzen, lassen sich verzehren. Verblühte männliche Zucchiniblüten, die sich wieder schließen, erntet man mit dem langen dünnen Stiel und kann sie mit Fleisch, Gemüse oder Süßspeisen füllen.

Standortansprüche

Zucchini bevorzugen wie Gurken humusreiche, leicht erwärmbare Böden mit lockerer Struktur und gutem Wasserhaltevermögen. Die Bodenreaktion soll zwischen pH 6 und 7,5 liegen. Gegen hohe Salzgehalte im Boden sind die Pflanzen empfindlich. Zucchinipflanzen sind frostempfind-

▼ Bei den Zucchinipflanzen sitzen männliche und weibliche Blüten getrennt an der selben Pflanze.

lich und wärmebedürftig, kommen aber mit weniger Wärme aus als Gurken. Optimal wachsen sie bei Temperaturen zwischen 18 und 24 °C. Besonders gut gedeihen sie auf Mulchfolie. Kurzzeitige Folien- oder Vliesbedeckung im Freiland begünstigen Wachstum und Entwicklung.

WICHTIG zu wissen

Die Ballen sollen gut durchwurzelt und die Keimblätter voll entwickelt oder die Jungpflanzen ein bis maximal zwei Laubblätter entwickelt haben. Größere Jungpflanzen mit drei oder vier Laubblättern wachsen nicht so schnell an und sind im Jugendwachstum erheblich gestört.

Sorten

Die Schale kann je nach Sorte ganz unterschiedlich gefärbt sein (hell-, mittel-, dunkelgrün, cremefarben, gelb, dunkelbraun, schwarz) und mit hellen oder dunklen Punkten, aber auch mit Streifen durchsetzt sein. Die Farben gehen auch ineinander über. Meistens werden heute Hybridsorten verwendet, weniger samenechte Sorten. Im Trend liegen dabei mittel- bis dunkelgrüne Sorten mit und ohne Punktierung oder Streifung. Darüber hinaus wird zwischen buschig wachsenden und mehr oder weniger kletternd wachsenden Sorten unterschieden.
'Black Forest', mehr oder weniger kletternd wachsende Sorte, zylindrische, grüne Früchte; 'Defender', grüne Früchte, sehr ertragreich, lange Erntezeit, gute Resistenz; 'Diamant' ('Frühbusch'), bewährte Sorte, früher Erntebeginn, Früchte mittelgrün, glänzend, leicht gesprenkelt; 'Eight Ball', kugelrunde, dunkelgrüne, leicht gesprenkelte Früchte, ideal zum Füllen, bspw. mit Hackfleisch; 'Leila', dunkelgrüne, glänzende Früchte, ertragssicher bis zum Frost; 'Mastil', grüne Früchte, früh reifend mit langer Ernteperiode, von Natur aus tolerant gegen Echten Mehltau und resistent gegen Virus; 'One Ball', runde, ballförmige, gelbe Früchte von 8 cm Durchmesser, robust; 'Soleil', leuchtend gelbe, zylindrische Früchte, weitgehend mehltauresistent; 'Terminator', robuste Sorte, mittelgrüne, glänzende, zylindrische Früchte.

▼ Zucchinifrüchte sollte man nicht zu groß werden lassen.

Anbau

In der Regel werden vorgezogene Jungpflanzen gesetzt, doch ist auch Direksaat möglich. Aussaat Anfang bis Mitte Mai (frühere Saattermine sind bei Kultur mit Folien- oder Vliesbedeckung möglich) mit zwei Samen je 10-cm-Topf bei 20 °C (nicht unter 15 °C). Saattiefe 2 bis 3 cm. Nach dem Aufgehen lässt man nur die kräftigste Pflanze stehen. Ende Mai / Anfang Juni wird im Abstand von 100 × 100 cm ausgepflanzt. Bei Folgesätzen (letzter Aussaatermin Ende Juni) kann an Ort und Stelle ausgesät werden, wenn der Platz warm und geschützt ist.
Ende Juni bis Mitte August brauchen Zucchini die meisten Nährstoffe. Günstig für Ertrag und Qualität der Früchte ist das Düngen in zwei Gaben, um hohe Salzkonzentrationen und Auswaschung zu vermeiden.

Regelmäßig gießen
Zucchini verlangen möglichst gleichbleibende Bodenfeuchtigkeit. Bei unregelmäßiger und nicht ausreichender Wasserversorgung verformen sich die Früchte, oft werden sie auch bitter. Möglichst nur von unten gießen, bzw. so, dass die Bestände bis zum Abend gut abgetrocknet sind.

Krankheiten und Schädlinge

Das Gurkenmosaikvirus kann größere Ausfälle verursachen. Auf den jungen Blättern zeigen sich hellgrüne Kreise und Flecke. Das Blatt wird schnell gelb. Die Früchte sind gefleckt und mitunter deformiert. Dieses Virus hat viele Wirtspflanzen. Es wird durch Blattläuse übertragen und vor allem im Sommer und Herbst wirksam, wenn viele geflügelte Blattläuse auftreten. Eine direkte Bekämpfung dieser Viruskrankheit ist nicht möglich. Das Bedecken der Zucchinipflanzen mit Vlies ist derzeit die einzige wirksame Möglichkeit, den Blattlausbefall deutlich zu reduzieren. Die Abdeckung muss dabei bis kurz vor der Ernte liegen bleiben. Neben der Blattlausabwehr ist es wichtig, einzeln befallene Pflanzen sofort nach dem Erscheinen der ersten Symptome zu entfernen, damit sie nicht als Ansteckungsquelle dienen können.

Früchte klein ernten
Bei laufender Ernte kleiner Früchte remontiert die Pflanze sehr gut. Ohne laufende Ernte entwickeln sich nur drei bis fünf extrem große Früchte. In der Regel rechnet man pro Pflanze bei regelmäßiger Ernte mit 25 bis 35 Früchten. Wobei man dabei von einem Fruchtgewicht von 80 bis 350 g und einer Länge der Früchte von 10 bis 20 cm ausgeht.

Unter den pilzlichen Schaderregern hat der Echte Mehltau die größte Bedeutung. Er befällt vor allem ältere Bestände, wenn die Lufttemperaturen ab Mitte/Ende August zurückgehen, sich Tau bildet und die Pflanzen nur schwer abtrocknen.

Ernte und Lagerung

Die Ernte der ersten Früchte beginnt etwa fünf bis sechs Wochen nach dem Pflanzen. Sie lässt sich, wenn die Pflanzen gesund bleiben, bis Ende September/Anfang Oktober fortführen. Die Früchte schneidet man ab, wenn die Schalen noch weich und die Samenanlagen noch wenig ausgebildet sind. Besonders zartes Fleisch besitzen die Früchte bis zu Längen von 20 cm. Bis zu dieser Größe geerntete Früchte braucht man nicht zu schälen.
Zucchini sind kurzfristig, maximal eine Woche, lagerfähig, wenn dies in kühlen Laggerräumen mit 7 bis 10 °C Lufttemperatur bei relativer Luftfeuchtigkeit zwischen 90 und 95 % geschieht. Die Früchte vertragen Temperaturen unter 5 °C nicht.

Zucker-Mais

Zea mays-Saccharata-Gruppe
Gräser, Poaceae

- 85 – 100 Tage
- mittlerer Zehrer, Stalldung oder Kompost zur Saat, nach 4 bis 6 Wochen und bei Erscheinen der Narbenfäden
- Beulenbrand, Stängelfäule, Fritfliege, Maiszünsler

Aus der artenreichen Familie der Süßgräser spielen zwei Arten als Gemüse eine größere Rolle. Dazu gehört neben Bambussprossen der Zucker-Mais. Die Begriffe Zucker- und Süßmais sowie Süßkorn besagen, dass milchreifer Mais einen hohen Gehalt an Zuckern aufweist und daher ausgesprochen süß schmeckt.
Zucker-Mais besitzt als krautartiges, einjähriges, nicht bestockendes Gras sehr feste Knoten. An den bodennahen Knoten entstehen oftmals Wurzeln, die außer der Nährstoffaufnahme vor allem der Standfestigkeit der Pflanze dienen.
Am deutlichsten unterscheidet sich Mais von anderem Getreide durch seine auffälligen Blütenstände. Die Pflanzen sind getrenntgeschlechtlich und einhäusig, das heißt auf einer Pflanze befinden sich männliche und weibliche Blüten. Bei den männlichen Blüten sind die Rispen an der Halmspitze zusammengefasst, die weiblichen bilden in den Blattachseln Kolben, welche von den sogenannten „Lieschblättern" umgeben sind. Aus der Knospenspitze der weiblichen Blüte ragen die fadenförmigen, sehr langen Griffel hervor. Abhängig vom Sortentyp sind die Zuckermaiskolben 10 bis 35 cm lang. Meist bilden sich ein bis zwei, seltener drei Kolben je Zucker-Maispflanze voll aus.
Zucker-Mais gilt als ein sehr wohlschmeckendes Gemüse. Besonders geschätzt sind die frischen Zucker-Maiskörner, die man roh, gekocht, gedünstet oder gegrillt essen kann. Auch als Mischgemüse zusammen mit Erbsen und Möhren, teils auch mit Bohnen, Paprika oder Pfifferlingen verarbeitet, findet Zucker-Mais immer mehr Liebhaber. Die als „Minimais" süßsauer eingelegten und ungekochten jungen Kolben erfreuen sich in den letzten Jahren ebenfalls größeren Zuspruchs.
Zucker-Mais ist ähnlich wie Erbsen zusammengesetzt; der Eiweißgehalt liegt etwas niedriger, der Kohlenhydratgehalt etwas höher. Der Energiewert je 100 g Frischsubstanz beträgt 370 kJ (= 87 kcal). Zucker-Mais schmeckt deshalb so gut, weil er viel Zucker enthält und das Zucker-Säure-Verhältnis der unreifen Maiskörner günstig ist. Bedeutsam ist auch der Gehalt an Eiweiß, Vitamin B und Mineralstoffen.

Standortansprüche

Die Wurzeln des Mais breiten sich im Boden hauptsächlich bis 30 cm Tiefe aus. Einzelne Wurzeln können jedoch bis zu 1,5 m tief eindringen. Die Böden für Zucker-Mais sollten eine gute Struktur aufweisen. Auf leichteren Böden muss bei Trockenheit häufiger gegossen werden. Besonders gut geeignet sind humusreiche, sandige

▲ Die Zucker-Maiskolben erntet man, wenn sie milchreif sind.

► Zucker-Mais mit weiblichen Blütenständen in den Blattachseln und männlichen Blütenständen, die an der Spitze des Sprosses stehen.

Lehmböden. Nicht geeignet sind verdichtete, zu Staunässe neigende Böden. Günstig ist ein pH-Wert zwischen 6 und 7.

Fruchtfolge

Mais ist verhältnismäßig gut selbstverträglich. Aber auch bei ihm ist ein Fruchtwechsel anzustreben und zwar ein einmaliger Anbau in drei Jahren. In Fruchtfolgen lässt sich Mais gut einordnen. Nach Mais lassen sich praktisch alle Gemüsearten im Folgejahr erfolgreich anbauen. Frische organische Düngung ist Voraussetzung für eine gute Entwicklung, deshalb gehört Zucker-Mais in die 1. Tracht. Den Platz zwischen den Reihen kann man während der Jugendentwicklung des Maises mit Kurzkulturen wie Radies, Spinat oder Ähnlichem nutzen.

Wärme und Kälte

Zucker-Mais ist eine Pflanze der Tropen und Subtropen und verlangt geschützte, warme und sonnige Lagen. Die ersten jungen Sprosse können kurzzeitige Fröste bis zu −2,5 °C überstehen. Selbst wenn die Blätter erfrieren, ist der geschützte Vegetationskegel noch wuchsfähig.

Sorten

'Damaun', samenfeste Sorten (eigener Samen kann gewonnen werden), extra süß, reift in 85 bis 95 Tagen; 'Golda', sehr süße Sorte, gleichmäßig mit goldgelben Körnern besetzte Kolben; 'Golden Bantam', alte, bewährte Sorte (bekannt seit 1902), normalsüßer Typ; 'Picabo', mittelfrüh reifend, extra süß, Kolbenlänge 20 cm; 'Sweet Nugget', mittelspäte, hoch wachsende Sorte (bis 2 m), Kölbchen schlank, zylindrisch, 22 bis 24 cm lang; 'Tasty Sweet', mittelfrüh, extrasüß, Kolbenlänge 21 cm, zylindrisch, regelmäßiger Kornbesatz; 'Tanonca', extrasüße, lange, dichtgefüllte Kolben, mittelfrüh; 'Vanillla Sweet', früh reifende, extrasüße Sorte.

Anbau

Die Aussaat erfolgt in der Regel direkt an Ort und Stelle. In klimatisch günstigen Gebieten kann schon Anfang Mai ausgesät werden. Wegen der Mindestkeimtemperatur von 10 °C ist es besser, erst Ende Mai / Anfang Juni auszusäen. Letzter Aussaattermin Ende Juni. Reihenabstand 60 bis 100 cm, in der Reihe alle 20 bis 40 cm jeweils vier Samen auslegen. Saattiefe 4 bis 6 cm. Nach dem Auflaufen auf zwei Pflanzen je Saatstelle vereinzeln. Vorkultur unter Glas möglich. Aussaat Anfang April mit zwei Samen je 9-cm-Topf und Pflanzung Mitte Mai.

Mini-Mais zeitiger ernten

Er ist bereits erntefähig, wenn die Kolben etwa 10 cm lang sind und die Narben etwa 2 cm aus den Hüllblättern hervorragen. Bei der Ernte werden die Kolben ruckartig seitwärts aus den Blattachseln gebrochen. Die Kolben sind ohne Hüllblätter bei 0 bis 5 °C und hoher Luftfeuchte (90 bis 95 %) eine Woche haltbar.

Krankheiten und Schädlinge

Der Beulenbrand ist eine Bakterienkrankheit. Er verursacht auf den Pflanzen große, blasige Beulen, in denen sich die schwarzen Brandsporen entwickeln. Bei Befall werden die Pflanzen missgestaltet und die Blüten unterdrückt. Wirtschaftlich von Bedeutung sind Stängelfäulen, die von *Fusarium*-Pilzen verursacht werden. Zunächst beginnen die Blätter etwa vier Wochen nach der Blüte zu welken und sich braun zu verfärben, später hängen die Kolben herab und knicken bei windigem Wetter um. Ausreichender Fruchtwechsel ist auch hier die beste vorbeugende Maßnahme. An den jungen Maispflanzen können verschiedene Fliegenarten, vornehmlich die Fritfliege, Gelbherzigkeit verursachen. Durch den Madenfraß

Daumennagelprobe
Die einfachste Methode, die Erntereife zu prüfen, besteht in der Daumennagelprobe, bei der man ein bis zwei Kornreihen über die gesamte Kolbenlänge einritzt. Dabei soll aus allen Körnern, auch aus den ältesten, eine cremig-milchige Flüssigkeit austreten.

wird das Herz der Pflanze zerstört. Dort wo viel Mais angebaut wird, kommt es zu Schädigungen durch den Maiszünsler. Die Weibchen des Falters legen im Juni und Juli ihr weißgelbes Eigelege (bis 50 Eier) an der Blattunterseite ab. Die nach einer Woche schlüpfenden Raupen fressen zunächst äußerlich an Blättern und männlichen Blütenorganen, später bohren sie sich in die Kolben oder in die Stängel und zerfressen diese. Die Fraßschäden führen schließlich zu Stängelbruch. Eine biologische Bekämpfung ist durch Schlupfwespen (*Trichogramma evanescens*) möglich. Andere vorkommende tierische Schädlinge sind Wurzelnematoden, Milben und verschiedene Käfer.

TIPP für gesunden Mais

Da durch den relativ weiten Pflanzenabstand viel Bodenoberfläche offen, das heißt unbedeckt bleibt, ist Mulchen zu empfehlen. Zucker-Mais braucht am meisten Wasser zur Zeit der Blüte und der Kolbenentwicklung.

Ernte und Lagerung

Die Ernte beginnt je nach Saattermin im Juli und setzt sich bis September fort. Die Kolben sind im Stadium der sogenannten Milchreife zu ernten. Zu diesem Zeitpunkt sind die Körner bereits gelb (ausgenommen Sorten mit weißem Korn), dürfen aber an der Spitze des Kolbens noch 2 bis 3 cm unreif und weiß sein.

Zucker-Melone

- 120 Tage
- Starkzehrer
- Falscher Mehltau, Fusariumwelke, Blattbrand, Gemeine Spinnmilbe, Weiße Fliege

Cucumis melo subsp. *melo*
Kürbisgewächse, Cucurbitaceae

Die Zucker-Melone ist eine einjährige krautige und rankende Pflanze. Es gibt unter den Zucker-Melonen einhäusige, seltener zwittrige Formen, häufig aber solche, bei denen rein männliche neben Pflanzen mit zwittrigen und männlichen Blüten auftreten. Die männlichen Blüten erscheinen immer vor den weiblichen oder zwittrigen und stehen in Büscheln in den Blattachseln, weibliche und zwittrige Blüten erscheinen erst an Seitentrieben zweiter Ordnung am ersten oder zweiten Blattknoten. Als Fremdbefruchter sind Zucker-Melonen auf Insektenbestäubung angewiesen. Die Blüte öffnet sich nur für einen Tag. An einer Pflanze mit 30 bis 60 weiblichen Blüten entwickeln sich meist nur vier bis sechs Früchte. Je nach Sorte werden die Früchte zwischen 0,3 und 2,5 kg schwer.

Die Zucker-Melone ist eine äußerst erfrischende Frucht mit unverwechselbarem, aromatisch sehr angenehmem Eigengeschmack. Sie wird wie Obst frisch verzehrt und findet als Vorspeise mit Schinken und in gemischten Obstsalaten als Dessert Verwendung. Die Früchte enthalten relativ viel Kohlenhydrate (226 kJ / 100 g Frischsubstanz). Sie enthalten keine Oxalsäure sowie wenig Apfel- und Zitronensäure.

Standortansprüche

Melonen stellen an Boden und Klima hohe Anforderungen. Sie benötigen vor allem viel Wärme bzw. starke Sonneneinstrahlung. Die optimalen Tagesdurchschnittstemperaturen liegen für das Wachstum zwischen 18 und 24 °C. Bei Temperaturen unter 12 °C wachsen Zucker-Melonen nicht. Je höher die Luft- und Bodentemperatur kurz vor der Reife ist, desto besser ist auch die Qualität.

Wie die Mehrzahl der Kürbisgewächse besitzen auch Zucker-Melonen ein stark verzweigtes, sich oberflächlich (30 bis 40 cm Bodentiefe) ausbreitendes Wurzelsystem. Optimal sind tiefgründige, lockere, gut durchlüftete Böden. Nasse Böden sind ungeeignet. Der optimale pH-Wert liegt zwischen 6 und 7.

Viel Wärme
Zucker-Melonen lassen sich nur in Gegenden mit günstigem Klima erfolgreich im Freiland anbauen. In kühleren Lagen brauchen sie als Schutz Folientunnel, Folien- oder Vliesbedeckung.

▼ Die Sorten der Zucker-Melone unterscheiden sich in Form, Größe, Schalen- und Fruchtfleischfarbe. Die Fruchtschale kann glatt, gerippt oder korkartig genetzt, das Fruchtfleisch gelb, orangerot oder weißlich grün sein.

Fruchtfolge

Die Zucker-Melone ist mit sich selbst unverträglich und sollte möglichst nur alle fünf Jahre nach sich stehen, damit spezifische Krankheiten und Schädlinge nicht so leicht übertragen werden. Zucker-Melonen reagieren auf Stallmistgaben oder Gründüngung sehr positiv und stehen am besten in 1. Tracht.

Sorten

Gute Sorten für unsere Breiten sind: 'Agora', kugelrunde, mittelgroße, orange Zucker-Melone, resistent gegen die Fusariumwelke; 'Caribbean' Gold', runde, genetzte Zucker-Melone, oranges Fruchtfleisch, mehltautolerant; 'Masada', runde, cremefarbene Zucker-Melone, natürliche Resistenz gegen die gefürchtete Fusariumwelke; 'Orange Beauty', Charentais-Melone mit ungewöhnlich dunkel-orangerotem Fruchtfleisch, Früchte 800-1000 g schwer, widerstandsfähig; 'Red Star', Wasser-Melone, grüne Frucht, rotes Fruchtfleisch; 'Sugar Baby', grüne Wasser-Melone, rotes Fruchtfleisch.

Anbau

Da Zucker-Melonen viel Wärme brauchen, ist eine Kultur unter Folientunnel oder mit zeitweiliger Folien- oder Vliesbedeckung zu empfehlen, um damit das Kleinklima für das Wachstum der Pflanzen günstiger zu gestalten. Direktsaat im Freiland ist möglich, aber nicht zu empfehlen. Üblich ist Pflanzen mit Vorkultur unter Glas. Die Keimung erfolgt ab 12 °C, optimal sind 25 bis 30 °C. Aussaat Mitte bis Ende Mai in 10- bis 12-cm-Töpfe. Nach Ausbildung des 4. bis 5. Laubblattes wird im Abstand von 1 × 1 m ausgepflanzt.

Zum Zeitpunkt der Pflanzung soll die Bodentemperatur mindestens 14 bis 15 °C betragen. Das ist in Lagen mit günstigem Klima meist Anfang Mai der Fall. Da die Blüten durch Insekten (Hummeln, Bienen) fremdbefruchtet werden, muss man Folie oder Vlies abnehmen, sobald die weiblichen Blüten erscheinen.

Bei Vollreife ernten

Die Ernte beginnt im Freiland 90 bis 100 Tage nach der Saat. Das volle typische Melonenaroma wird nur bei Vollreife erreicht. Die Vollreife ist am Duft zu erkennen und daran, dass am Stielansatz feine Risse entstehen und die Früchte beginnen, sich vom Stängel zu lösen. Die Früchte mit dem Messer abschneiden, nicht abreißen.

Düngung

Da hohe Salzkonzentrationen im Boden Blütenendfäule verursachen können, ist es ratsam, Stickstoff und Kalium in mehreren Gaben zu verabreichen. Zum Zeitpunkt der Fruchtausbildung haben Melonen den höchsten Nährstoffbedarf.

Besondere Hinweise

Zucker-Melonen benötigen viel Wasser. Während des Fruchtansatzes und der Fruchtreife sind Wassergaben aber kritisch und erfordern größte Genauigkeit. Das Platzen und Glasigwerden der Melonenfrüchte hängt mit der Wasseraufnahme zusammen. Diese Zustände werden durch starken Regen gefördert und verstärken sich, wenn das Wetter von sonnigen zu regnerischen Tagen umschlägt. Die Wurzeln nehmen bei sonnigem Wetter mehr Wasser auf als die Pflanzen an regnerischen und stark bewölkten Tagen verdunsten können. Das Glasigwerden ist der Frucht von außen nicht anzusehen, es wird erst nach dem Aufschneiden bemerkt.

Zwiebel, Speise-Zwiebel, Küchen-Zwiebel

Allium cepa-Cepa-Gruppe
Liliengewächs, Alliaceae

- einjährig oder überwinternd
- mittlerer Zehrer
- Mehlkrankheit, *Botrytis*, Zwiebelfliege, Zwiebelthrips, Stock- und Stängelälchen

Unsere Küchen-Zwiebel ist ein zwei- oder dreijähriges (in Abhängigkeit von der Sorte) Zwiebelgewächs. Die eigentliche Zwiebel besteht aus der fleischig verdickten Basis der röhrenförmigen Laubblätter (Schlotten) und dient als Speicherorgan für die Entwicklung des Blüten- und Samenstandes im zweiten bzw. dritten Jahr.

Die verschiedenen Formen der Speise-Zwiebel sind wohl das weltweit wichtigste Würzgemüse. Sie sind für die Küche unentbehrlich und lassen sich kaum durch andere Gemüsearten ersetzen. Speise-Zwiebeln schmecken süß, aromatisch und scharf. Der Geschmack von Lauch-Zwiebeln (sie entwickeln keine richtige Zwiebel, sondern einen 20 bis 40 cm langen lauchähnlichen Schaft) ist milder und die Kon-

Zwiebeln als Medizin

Zwiebeln sollen ebenso wie Knoblauch das Thrombose-Risiko sowie die Blutfettwerte und den Serumcholesteringehalt senken. Sie sollen auch den Blutdruck und den Blutzucker senken und der Arteriosklerose entgegenwirken.

Scharfer Geruch
Den typischen Zwiebelgeschmack bewirken vor allem ätherische Öle (Senföle). Den scharfen Zwiebelgeruch erzeugen enzymatische Reaktionen beim mechanischen Zerkleinern von Zwiebelgewebe. Je geringer der Wasseranteil und je höher der Gehalt an Schwefelverbindungen, umso schärfer sind die Speisezwiebeln.

sistenz des Laubes zarter. Die asiatische Küche verwendet sie roh und gegart auf vielerlei Art. Gemüse-Zwiebeln werden für Zwiebelsuppen, Zwiebelsteaks oder auch als Zwiebelsalat verwendet.
Zwiebeln sind gesundheitlich sehr wertvoll. Sie enthalten viel Apfel- und Zitronensäure. Die milderen Gemüse-Zwiebeln weisen einen wesentlich geringeren Gehalt an Fruchtsäuren und ätherischen Ölen auf.

Standortansprüche

Am besten wachsen Küchen-Zwiebeln auf humosen Lehmböden. Leichte, sandige Böden und Tonböden sind nicht so gut geeignet. Der pH-Wert soll zwischen 6 und 7,5 liegen. Warme Sommer mit viel Sonne sind günstig. Kühle und feuchte Witterung fördert das Schossen und verzögert die Ausreife der Zwiebeln.
Zwiebeln bilden sich nur, wenn eine bestimmte Tageslänge auf die Pflanzen einwirkt. Auslöser ist das Über- oder Unterschreiten einer kritischen Tageslänge. Die kritische Schwelle für die Zwiebelbildung hängt von der Sorte ab und liegt für Kurztagsorten bei 12 Stunden, bei Langtagsorten bei 14 Stunden. Andere Sorten liegen dazwischen. Das weitere Wachstum hängt vor allem von der Lichtintensität ab. Bei Lichtmangel bleiben die Zwiebeln im Stadium der sogenannten Lang- oder Dickhälse.

Fruchtfolge

Zwiebeln sollten in fünf Jahren nur einmal in der Fruchtfolge stehen, um vor allem den gefürchteten Zwiebelkrankheiten und den Zwiebelnematoden entgegenzuwirken. Als günstige Vorfrüchte hinterlassen Salat, Erbsen, Ackerbohnen und Kartoffeln gut strukturierten Boden. Zwiebeln sind wie Lauch und Knoblauch gute Mischkulturpartner.

Sorten

Für den Anbau von Trockenzwiebeln steht ein sehr großes Sortiment an Sorten zur Verfügung. Dabei wird zwischen Sorten für den Anbau im Sommer mit Saatterminen im Frühjahr und Sorten für den Winteranbau mit Saatterminen im Sommer unterschieden. Im allgemeinen werden Sorten mit gelber und gelbbrauner Schalenfarbe bevorzugt, es gibt aber auch weiß- und rotschalige Sorten, die sich immer größerer Beliebtheit erfreuen.

Gute Saatzwiebel-Sorten für Saattermine im März/Anfang April (Sommerzwiebeln): 'Braunschweiger', alte rotschalige Sorte mit guter Lagerfähigkeit; 'Campillo', früh reifende, rote, runde Zwiebel; 'De Vaugirard', schnellwachsende weiße, flachrunde, frühe Zwiebel, zum Sofortverbrauch; 'Hylander', mittelgroße, feste Zwiebel, resistent gegen Falschen Mehltau; 'Red Baron', dunkelrote, runde bis flachrunde Zwiebel, gute Lagerfähigkeit; 'Robelja', biologisch-dynamische Erhaltungszüchtung, mittelfrühe, dunkelrote, gut durchgefärbte Zwiebel, rund bis flachrund, robust und gesund;. 'Rijnsburger', gelbschalig, für sehr lange Lagerung geeignet; 'Tamara', bronzefarbene, feste, runde Zwiebel, gute Lagerfähigkeit; 'Stuttgarter Riesen', bekannte, altbewährte Sorte; 'Zittauer Gelbe', bekannte, gelbschalige Sorte mit reinweißem, festem Fleisch, spät.
Gute Saatzwiebel-Sorten für Saattermine im August (Winterzwiebeln): 'Elody', weißschalig, schossfeste Sorte, kann im kommenden Jahr bereits ab April als Schlottenzwiebel geerntet werden; 'Fire King', runde bis flachrunde Form, rotschalig; 'Keep Well', gelbschalig, herausragende Sorte, sehr gute Lagerfähigkeit; 'Yellow Stone', gelbschalig, Lagerfähigkeit zwei bis drei Monate.
Gute Steckzwiebelsorten für den Anbau im Frühjahr: 'Stuttgarter Riesen', bekannte, altbewährte Sorte; 'Piroska', dunkelblutrote, mittelspät abreifende Sorte mit guter Lagerfähigkeit, auffallend ist nicht nur die dunkelrote Schale, sondern auch die dunkelrote Farbe des Fleisches.
Gute Steckzwiebelsorten für den Anbau im Winter: 'Electric', frühe, glänzend dunkelrote, runde Zwiebel; 'Presto', früh reifend, flachrund mit gelber Schale; 'Silvermoon', weißschalig, intensiver Geschmack; 'Senshyu Yellow', gelbschalig, gute Winterfestigkeit; 'Sturon', aus dem biologisch-dynamischen Anbau, runde, gelbbraunschalige Sorte, gut lagerfähig.
Gute Gemüsezwiebel-Sorten: 'Ailsa Craig', sehr große Zwiebel, bei früher Aussaat unter Glas und Pflanzen Ende April/Anfang Mai werden Zwiebelgewichte zwischen 800-1500 g erreicht; 'Exhibition'; milde, fleischige Gemüsezwiebel mit ausgezeichnetem Geschmack; 'The Kelsae', Riesengemüsezwiebel, Voranzucht ist ratsam.

Gute Lauchzwiebel-Sorten: 'Ishikura Long-White', lange, weiße Schäfte, für Ernte Juli-November; 'Kaigaro', weiße, lange Schäfte, aufrechtes Laub; 'Negaro', langer, weißer Schaft, mild im Geschmack; 'Rossa Lunga di Firenze' ('Rote von Florenz'), interessante Lauchzwiebel, mit roten Schaft; 'Tonda Musa', lange, hochrunde Zwiebel.
Gute Perl- beziehungsweise Silberzwiebel-Sorten sind: 'Barletta', sehr, früh, silberweiß, flachrund; 'La Reine' ('Weiße Königin'), frühreifende, flachrunde, silberweiße Perlzwiebel, Aussaat März, Ernte ab Juni; 'Pompeji', altbekannte, bewährte Sorte.

Anbau

Zwiebel ist nicht Zwiebel. Unterschieden wird zwischen den folgenden Anbauformen und Kulturmethoden:

Säzwiebelanbau zur Gewinnung von Dauer- bzw. Trockenzwiebeln

Sommeranbau: Aussaat Anfang bis Ende März direkt an Ort und Stelle in Reihen. Reihenabstand 20 bis 30 cm. In der Reihe möglichst dünn aussäen. Die Reihen sind flach zu ziehen, damit die Samen nicht tiefer als 2 cm zu liegen kommen. Da Zwiebeln bis zur Keimung in der Regel drei Wochen benötigen, ist eine Markiersaat mit Radies angebracht. Nach dem Aufgehen sind zu dicht stehende Zwiebeln zu vereinzeln (3,5 bis 4 cm).
Überwinterungsanbau: Beim Überwinterungsanbau, der nur in wintermilden Klimaten zu empfehlen ist, erfolgt die Aussaat zwischen dem 15. und 25. August. Aussaaten vor dem 15. August haben häufig eine große Zahl von Schossern zur Folge.
Lauchzwiebelanbau: Die Aussaat zur Gewinnung von Lauchzwiebeln erfolgt von Anfang März bis Mitte Mai. Die Aussaat erfolgt etwas dichter als beim Anbau von Trockenzwiebeln.
Anbau von Gemüsezwiebeln: Beim Anbau von Gemüsezwiebeln ist, um möglichst große Zwiebeln zu erzielen, eine Vorkultur unter Glas zu empfehlen. Dazu sät man im März bei 14 bis 16 °C und pikiert dann in kleine Töpfe oder entsprechende Pflanzeinheiten. Die Pflanzung erfolgt Ende April / Anfang Mai im Abstand von 30 × 30 cm. Bei Auspflanzen ist auf flaches Setzen zu achten. Zu tiefes Pflanzen führt leicht zu hochovalen Zwiebeln.
Aussaat zur Erzeugung von Steckzwiebeln: Aussaat Ende April bis Anfang Mai. Durchführung wie beim Säzwiebelanbau. Reihenabstände sind 15 cm. In der Reihe ist dichter auszusäen, damit die Zwiebeln klein bleiben. Saattiefe 3 cm. Für die Gewinnung von Steckzwiebeln eignen sich nur spezielle Steckzwiebelsorten (Sorten siehe oben) mit dreijährigem Entwicklungsrhythmus.

Steckzwiebelanbau zur Gewinnung von Trocken- bzw. Dauerzwiebeln

Stecken der Zwiebeln ab Mitte März bis Ende April. Reihenabstand 20 cm, in der Reihe mit einer Zwiebel alle 4 bis 5 cm, dies entspricht etwa 20 bis 25 Steckzwiebeln je lfm. Die Zwiebeln sind so zu stecken, dass das obere Drittel noch zu sehen ist. Um die Schossgefahr des Pflanzgutes zu mindern, sind die Zwiebeln bis zum Stecken bei Temperaturen um 20 °C lagern.

TIPP

Obwohl die Speise-Zwiebeln Steppenpflanzen sind, ist in der Zeit bis Ende Juli bei sehr trockenem Wetter zusätzlich zu wässern.

▶ Auf dem Land bindet man die geernteten Zwiebeln oft noch kunstvoll zu Zöpfen.

Düngung

Organische Düngung kommt nicht in Betracht, da sie die Reife verzögert und den Befall mit Zwiebelfliegen fördern kann. Daher stehen Speise- und Lauchzwiebeln stets in 2. Tracht. Gute Kaliumversorgung begünstigt die Haltbarkeit der Zwiebeln im Lager. Bei Manganmangel bilden sich verstärkt Dickhälse aus.

Krankheiten und Schädlinge

Die Mehlkrankheit tritt vor allem in feuchten und kühlen Sommern auf. Die Pflanzen beginnen nesterweise zu welken und abzusterben. Der Pilz dringt über die Wur-

▶ Steckzwiebeln: Im Hausgarten werden Zwiebeln meistens gesteckt und nicht gesät.

zeln in die Pflanze ein, die Sporen werden mit Wasser und Wind verbreitet. Eine direkte Bekämpfung ist praktisch nicht möglich. Falscher Mehltau kann in feuchten Jahren beträchtliche Schäden verursachen.

WICHTIG zu wissen

Im Hausgarten werden die Zwiebelschlotten manchmal niedergetreten in der Hoffnung, dass die Zwiebeln dadurch schneller reifen. Das Niedertreten schadet jedoch den Zwiebeln. Das Laub stirbt dadurch auch nicht eher ab, und die Zwiebeln sind dadurch weniger gut lagerfähig. Für die Ernte wird am besten trockenes Wetter abgewartet. Man zieht die Zwiebeln aus dem Boden und lässt sie entweder auf dem Beet oder an einem anderen, möglichst sonnigen Ort etwa acht Tage zur Nachreife liegen.

Die Zwiebelfäule wird durch verschiedene *Botrytis*-Arten verursacht. Die Zwiebel welkt meist im oberen Teil und färbt sich innen braun. Der Befall bleibt über lange Zeit unsichtbar. Bei einem Befall mit der Zwiebelfliege färbt sich das Laub gelblich grau, stirbt ab, und die Pflanzen lassen sich leicht aus der Erde ziehen. In der übelriechenden Zwiebel findet man etwa 8 mm lange, weiß-gelbe Larven. In einer Wachstumsperiode können zwei bis drei Generationen auftreten.
Ein in den letzten Jahren häufiger auftretender Schädling ist der Zwiebelthrips. Auf den Blättern entstehen silberweiße, streifenförmig in Längsrichtung des Blattes angeordnete, blattgrünfreie Fleckchen. Stock- und Stängelälchen verursachen das Aufreißen und Aufplatzen von erntereifen Zwiebeln. Bei Zwiebel-Jungpflanzen sind die Pflanzen im Wuchs gestaucht. Die Sprossachsen sind verdickt und verdreht.

Bei starkem Befall sind die Anbauflächen lange verseucht.

Ernte und Lagerung

Die Ernte von Trockenzwiebeln aus dem Sommeranbau beginnt je nach Sorte im August und endet im September. Trockenzwiebeln aus dem Überwinterungsanbau lassen sich von Anfang/Mitte Juni bis August ernten. Zum Zeitpunkt der Ernte sollten über 50 % vom Laub abgestorben sein.
Droht Regenwetter, dann bringt man sie an einen luftigen, vor Regen geschützten Ort und breitet sie dort flach aus. Notfalls muss man durch mehrfaches Wenden das Abtrocknen beschleunigen. Bleiben ausgereifte Zwiebeln zu lange am Boden, bilden sie erneut Wurzeln und treiben durch.
Die trockenen Zwiebeln lagert man an einem luftigen, möglichst frostfreien Ort. Dachböden sind hierfür besonders gut geeignet. Die gut abgetrockneten und ausgereiften Zwiebeln von losen Schalen, Wurzeln und trockenen Schlotten befreien. Dabei beschädigte Zwiebeln und Dickhälse aussortieren. Danach breitet man die Zwiebeln in flacher Schicht entweder direkt auf dem Boden aus oder legt sie in flache Obststeigen. Auch ein Aufhängen in Netzbeuteln ist zu empfehlen.
Steckzwiebeln sterben wesentlich eher ab als die normalen Trockenzwiebeln und müssen schon ab Ende Juli geerntet werden. Bevor man sie einlagert, lässt man sie mindestens zwei bis drei Wochen an luftiger Stelle nachreifen.

Gemüse-Zwiebeln spät ernten
Gemüse-Zwiebeln wachsen im August und September noch beträchtlich. Deshalb erst spät ernten, am besten erst ab Anfang Oktober. Erst dann sind sie gut ausgereift. Gemüse-Zwiebeln sind nicht so gut lagerfähig.

▼ Von Lauch-Zwiebeln kann man in der Küche alles verwenden.

8 Mobiles Grün in Kübeln und Kästen

Kübelpflanzen pflegen

Ob Balkon, Terrasse, Dachgarten oder Eingang – jeder Platz rund ums Haus wirkt durch Kübelpflanzen freundlicher und belebter. Wenn hier von Kübelpflanzen die Rede ist, sind jene Pflanzenarten gemeint, die zwischen den in unseren Gärten absolut winterharten und den besonders wärmebedürftigen tropischen Pflanzenarten stehen. Es sind Pflanzen aus wärmeren Klimazonen der Erde (insbesondere der Subtropen aber auch der Tropen), die in unseren Breiten den Winter im Freien nicht unbeschadet überstehen würden, den Sommer über aber im Freien gehalten werden können und sich dort besonders gut entwickeln. Für diese Pflanzenarten, die aus historischer Sicht betrachtet die „echten" Kübelpflanzen sind, stellt die Kultur im Kübel eine Notwendigkeit dar, die es ihnen erlaubt, den Winter an geschützten Orten, einem Keller, dem Treppenhaus, einem Schuppen, der Garage, in einem Gewächshaus, dem Wintergarten oder als Dienstleistung bei seinem Gärtner bei niedrigen Temperaturen zu überdauern. Das Sortiment der Kübelpflanzen umfasst holzige Pflanzenarten, darunter Sträucher wie auch Bäume, Lianen (Kletter- und Schlingpflanzen), mehrjährige Kräuter (Stauden, Zwiebel- und Knollengewächse), Palmen, einige mehrjährige Gräser (Bambus) aber auch Farne und Sukkulenten.

Der Sommerstandort

Die Kübelpflanzen brauchen unterschiedlich viel Licht, je nachdem wie die heimatlichen Standortverhältnisse der Arten sind. Die Mehrzahl der Pflanzenarten gehören zu dem Sonnenpflanzentyp und können bei ausreichender Versorgung mit Wasser und Nährstoffen und nach guter Gewöhnung an die hohen Lichtintensitäten im Frühjahr den Sommer über in voller Sonne stehen.

An vielen Plätzen am Haus scheint die Sonne nur zeitweise. Beispielsweise auf Terrassen oder Balkonen an der Ost- oder Westseite des Hauses sowie auf Plätze im Garten, auf die von benachbarten Gebäuden oder Bäumen Schatten fällt. An diesen Orten können fast alle Pflanzen wachsen, sowohl die Sonnenanbeter als auch die Schattenverträglichen. Am halbschattigen Platz entgehen die Pflanzen der prallen Sonne, die tagsüber zeitweise unbarmherzig niederbrennt. Andererseits wirkt ein

◄ Eine Tradition aus der Barockzeit wird in den Herrenhäuser Gärten aufrecht erhalten: Kübelpflanzen inmitten eines Buchsbaumparterres.

solcher Ort aber auch nicht bedrückend oder düster wie oft der tiefe Schatten.

Problematische Schattenplätze

An Plätzen ohne direktes Sonnenlicht ist die Kübelpflanzenkultur am schwierigsten. Zwar gibt es Arten, die Schatten mögen, doch ist ihre Zahl begrenzt. Am problematischsten ist wirklich tiefer Schatten, der von dicht belaubten Bäumen oder einem Gebäude geworfen wird. Der Schatten von Gebäuden wird gemildert, wenn beispielsweise von hellen Hauswänden genug Licht reflektiert wird.

Standortansprüche an Blattstruktur ablesen

Blattform, Blattstruktur und die Beschaffenheit der Blätter sind Zeichen für die Anpassung an ihren heimatlichen Standort und verraten uns einiges über die Bedürfnisse der Pflanzen. Pflanzen mit silbrigen, blauen oder graugrünen Blättern (z. B. die von *Eucalyptus*) sind an hohe Lichtintensitäten angepasst. Ebenso solche mit ledrigen Blättern, die eine starke Außenhaut besitzen, welche vor übermäßiger Verdunstung schützt. Beispiele hierfür sind der Erdbeerbaum (*Arbutus*) und der Lorbeer. Pflanzen mit kleinen, behaarten und nadelförmigen Blättern weisen auf hohe Lichtverträglichkeit und Trockenresistenz hin. Beispiele hierfür sind Rosmarin, Lavendel und Ölbaum. Groß-, weich- und dünnblättrige Arten (z. B. die Zimmerlinde) haben große Verdunstungsflächen, sie brauchen viel Wasser und weisen auf gute Schattenverträglichkeit hin.

An windigen Ecken muss man hohe Kübel stabil im Boden verankern.

Vor starkem Wind schützen

Starker Wind, wie er in Küstengebieten und in höheren Lagen an der Tagesordnung ist, kann die Pflanzen schädigen. Aber auch Straßen in Städten und Dörfern können zu Windschluchten werden. Grundsätzlich sind windoffene Standorte für wärmeliebende Pflanzen oder Pflanzen mit großen, weichen Blättern wie Engelstrompete und Bananen ungeeignet. Auch an Pflanzen mit langen, brüchigen Trieben kann bereits eine Windböe ganze Äste abbrechen, besonders dann, wenn Regen die Blattmassen zusätzlich beschwert.
Zu beachten ist auch, dass dem Wind ausgesetzte Pflanzen wesentlich mehr Wasser benötigen, da die vorbeistreifende Luft die Pflanze, die Gefäßoberfläche und somit auch den Wurzelballen austrocknet.
Bei hohen Kübelpflanzen, die eine große Angriffsfläche bieten und leicht umfallen, ist eine Windsicherung unumgänglich. Im allgemeinen fallen schwere, breite Gefäße nicht so leicht um. Bei mächtigen Solitärpflanzen und eventuell zu leichten Kübelpflanzen wird eine zusätzliche Bodenverankerung notwendig. Ein im Boden und im Substrat verankerter Haken macht sie auf gewachsenem Boden windfest. Auf Terrassenbelägen ermöglichen durch vorgebohrte Löcher im Gefäß gezogene Rund- oder Flacheisen, die mit großen Schrauben im Belag gesichert werden, einen guten Schutz. Etwas höhere Standfestigkeit gibt auch eine Kiesdränage.

Regen schadet der Blüte

In den Heimatgebieten der meisten Kübelpflanzen fallen während der Hauptwachstums- und Blütezeit kaum Niederschläge, sodass sich die Blüten voll entfalten können. Bei uns regnet es während des ganzen Jahres, viele Blüten verkleben bei Regenfällen, werden braun und verkümmern. Pflanzen mit zarten, nicht von alleine abfallenden Blüten wie *Heliotropium*, *Lagerstroemia*, *Plumbago* und alle gefüllt blühenden Arten des Oleanders leiden bei Regen besonders. Die verklebten Blütenblätter faulen und werden anschließend häufig von Pilzkrankheiten befallen. Schäden können auch entstehen, wenn regenschwere Triebe abbrechen.

Die Überwinterung

Das größte Problem bei der Kultur von Kübelpflanzen ist die Überwinterung. Kübelpflanzen, die ihr Laub abwerfen, können auch weniger günstige Lichtverhältnisse im Winterquartier ertragen, sofern sie kühl stehen. Immergrüne Arten bei wenig Licht zu überwintern, ist nicht zu empfehlen. Denn nach mehreren Wochen sind die Reserven der vergangenen Vegetationsperiode aufgebraucht, und die Pflanzen beginnen sichtbar zu leiden. Dies zeigt sich am Vergilben jungen Laubes und dem Blattfall. Wenn es nicht genügend Licht bekommt, verliert jedes Blatt seine Funktion und ist dann über kurz oder lang zum Absterben verurteilt. Häufig beginnen die Pflanzen schon bald nach dem Blattabwurf auszutreiben, denn sie wollen Verlorenes ersetzen. Dieser Austrieb ist ohne Wert, wenn es wenig Licht gibt. In der Regel müssen die schwachen, vergeilten Triebe beim Ausräumen zurückgeschnitten werden. Dies geht aber an die Substanz der Pflanzen. Wenn sie überhaupt noch einmal austreiben, geschieht dies relativ spät und die Pflanzen sind deutlich geschwächt. Es ist nicht zu erwarten, dass sich solche Pflanzen optimal entwickeln und die Verluste innerhalb der Vegetationsperiode ausgleichen können.

Wo überwintern?

Der ideale Überwinterungsort ist ein Wintergarten oder ein Gewächshaus. Bei entsprechender Kulturführung befinden sich die Pflanzen schon beim Ausräumen im Frühjahr in „Höchstform", bei den Sommer- und Herbstblühern lässt sich in der Regel die Blüte oft um Wochen verfrühen. Folienhäuser mit entsprechenden Voraussetzungen wie Heizung und Lüftung eignen sich ebenfalls für die Überwinterung der Kübelpflanzen. Sie sind aber auch nicht unproblematisch, weil die Folieneindeckung dichter abschließt und so die relative Luftfeuchtigkeit höher liegt als in vergleichbaren, einfachen Gewächshäusern. Bei niedrigen Außentemperaturen bildet sich deshalb verstärkt Kondenswasser an den Innenseiten und in der Folge kommt es zu Tropfenfall. Auch die Lichtdurchlässigkeit wird beeinträchtigt, Energie geht verloren und Pflanzenschutzprobleme treten auf.

▲ In den Gewächshäusern der Gärtner bekommen die Kübelpflanzen im Winter ausreichend Licht und sie werden auch optimal mit Wasser versorgt. Immer mehr Gärtner bieten einen Überwinterungsservice für Kübelpflanzen an. Um Streitigkeiten zwischen Gärtner und Kunden auszuschließen, empfiehlt es sich, einen Überwinterungsvertrag abzuschließen.

Ungeheizte Wohnräume

In ungeheizten Wohnräumen lassen sich praktisch alle Kübelpflanzen problemlos überwintern, soweit genügend große Fenster ausreichend Licht in die Räume hineinlassen. Laubabwerfende Arten sollte man möglichst spät einräumen, das heißt nach dem Blattfall, wenn sie keinen Schmutz mehr machen. In ständig warmen Zimmern lassen sich nur wenige Arten überwintern. Bedingt geeignet sind Sukkulenten, *Yucca*, *Dracaena*, *Cordyline*

Überwinterung

- Der ideale Winterstandort für Kübelpflanzen ist hell, kühl (5 bis 10 °C) und luftig.
- Ein helles Winterquartier kann wärmer, ein dunkles muss kühl sein.
- Je kürzer die Überwinterungszeit, umso weniger wird die Pflanze geschwächt.
- Die Kälteverträglichkeit der Kübelpflanzen auszunutzen heißt, so spät wie möglich ins Haus räumen und so früh wie möglich wieder hinaus.
- Um Krankheits- und Schädlingsbefall vorzubeugen an frostfreien Tagen gründlich lüften, abgefallene Blätter und Blüten entfernen.
- Kübelpflanzen nach den Möglichkeiten der Überwinterung auswählen.

und wärmeliebende Exoten wie *Hibiscus*, *Musa* und *Strelitzia*. Die wärmeliebenden Arten sollten schon zeitig im Herbst eingeräumt werden, damit sich der Temperaturübergang von außen nach innen gleitend vollzieht.

Helle Treppenhäuser

Für immergrüne Kübelpflanzen oder noch weit in den Winter hinein oder im zeitigen Frühjahr blühende Arten sind helle und kühle Treppenhäuser eine gute Möglichkeit der Überwinterung. Bei genügend Licht und entsprechenden Temperaturen lassen sich auch tropische Pflanzenarten hier sehr gut überwintern. Allerdings sollte die Lichtintensität auf Dauer nicht unter 500 Lux absinken.

Notquartier im Kellerlichtschacht

Für robuste, auch lichthungrige immergrüne Arten wie Lorbeer und Ölbaum sind Kellerlichtschächte oder Kellerabgänge, die mit Folie oder einem Frühbeetfenster abgedeckt werden, eine Überwinterungsmöglichkeit. Sind die Pflanzen höher als der Lichtschacht, entfernt man den Rost und baut aus Latten und Folie oder Stegdoppelplatten ein provisorisches Anlehngewächshaus darüber. Über das Kellerfenster oder die Kellertür kann aus dem Innenraum heraus die Temperatur frostfrei gehalten werden.

Garage und Keller

Für einige laubabwerfende Kübelpflanzen wie Granatapfel (*Punica granatum*), Echte Feige (*Ficus carica*) und *Canna* sind auch Garagen und Kellerräume mit wenig Licht als Überwinterungsquartier geeignet. Allerdings auch nur dann, solange sie nur kühl und hell sind. Räumlichkeiten, in denen es auf Dauer wärmer als 8 bis 10 °C ist, sind nicht zu empfehlen. In Garagen wird man darauf achten müssen, dass es nicht friert. Gegebenenfalls muss man einen elektrischen Frostwächter aufstellen. Bei dieser Art der Überwinterung mit wenig Licht müssen die Pflanzen, wenn sie im zeitigen Frühjahr zu treiben beginnen, unbedingt ans Licht kommen.

Das Einräumen ins Winterquartier

Je kürzer der Aufenthalt im Überwinterungsquartier ist, desto weniger werden die Pflanzen geschwächt. Das zu frühe Ein- und zu späte Ausräumen gehört neben falschem Gießen zu den sichersten Methoden, Kübelpflanzen „umzubringen". Dabei sollte man nicht pauschal bei den ersten Frostgraden (die oft schon Ende September nachts auftreten) alle Pflanzen einräumen, sondern die individuelle Kältetoleranz der Art berücksichtigen.

Die Pflanzen sind platzsparend so eng wie möglich aufzustellen, wobei aber ein direkter Zugang zu jedem einzelnen Kübel gewährleistet sein sollte. Große Pflanzen bzw. schwere Kübel sollten mit Steinen oder Hölzern unterlegt werden, um das einfachere Untergreifen beim Ausräumen zu ermöglichen.

Nachdem die Pflanzen im Herbst eingeräumt sind, beschränkt sich die Hauptarbeit auf das Kontrollieren der Pflanzen und das Regulieren der Klima- und Wachstumsbedingungen. Nach der Formel „hell und kühl" bleiben die Kübelpflanzen an ihrem Platz bei gleichbleibender Temperatur von 5 bis 10 °C. Durch reichliches Lüften wird eine Überwärmung des Raumes insbesondere bei Sonneneinstrahlung vermieden, und gleichzeitig wird die Luftfeuchtigkeit gesenkt.

Auf Schädlingsbefall kontrollieren

Auch sind die Pflanzen regelmäßig auf Schädlingsbefall zu kontrollieren. In sehr warmen Räumen ist bei einer zu geringen Luftfeuchtigkeit mit der Ausbreitung tierischer Schädlinge wie Spinnmilben und Weiße Fliege, Schild- und Blattläusen zu rechnen. Bei hoher Luftfeuchtigkeit ist auf Rußtau – als Folge des Blattlausbefalls – und Grauschimmel zu achten. Ein gelegentlicher Kontrollgang, Entfernen befallener Pflanzenteile und ein zeitweiliges Lüften der Überwinterungsräume mindern den Befallsdruck.

Anfang März, wenn die Tage länger und heller werden, beginnt bei einer Überwinterung in Gewächshäusern oder Wintergärten, also in Räumen mit optimalen Lichtbedingungen, die Phase der Reaktivierung. Alle dem Wachstum förderlichen Maßnahmen müssen nun ergriffen werden. Dazu gehören verstärktes Wässern, das Versorgen der Pflanzen mit den erforderlichen Nährstoffen und gegebenenfalls das Auffüllen der Gefäße mit aufgedüngter Erde bei den Pflanzen, die nicht umgepflanzt werden.

Lieber wenig gießen

Während der Vegetationsruhe ist nur so viel Wasser nötig, dass der Wurzelballen nicht austrocknet. Mehr Wärme und beste Lichtverhältnisse erfordern regelmäßiges Wässern. Im Zweifelsfall ist lieber weniger als zuviel zu gießen. Das gilt vor allem für Kübelpflanzen, die im Winter ihr Laub verlieren. Staunässe ist unbedingt zu vermeiden. Gegossen wird am besten morgens.

▲ Kübelpflanzen beim Ausräumen nie gleich in die volle Sonne stellen. Selbst Pflanzen, die an ihrem Heimatstandort an hohe Lichtintensitäten gewöhnt sind, bekommen dann einen schweren Sonnenbrand. Dabei gilt: Je dunkler die Wintermonate oder der Aufenthaltsraum der Pflanzen war, desto vorsichtiger sind sie beim Aufstellen im Freien an das Sonnenlicht zu gewöhnen.

▼ Zwei Personen können selbst schwere Kübelpflanzen mit Hilfe eines einfachen Tragegurtes transportieren.

Kübelpflanzen ausräumen

Das Ausräumen hängt wie das Einräumen von der Kälteresistenz der Pflanzen und den örtlichen Klimaverhältnissen, aber auch der Art der Überwinterung ab. Hat man unter schlechten Lichtverhältnissen überwintern müssen, sollte man möglichst früh ausräumen, selbst auf die Gefahr hin, die Pflanzen bei Frostgefahr vorübergehend wieder ins Haus holen zu müssen.

Im günstigsten Fall können verschiedene Kübelpflanzen schon Anfang März an die frische Luft gebracht werden, vorausgesetzt, es ist nicht mehr mit stärkeren Frösten oder Dauerfrösten zu rechnen. Ein frühes Ausräumen hat auch den Vorteil, dass Schädlinge, die bei steigenden Temperaturen im Überwinterungsquartier an Kübelpflanzen fast immer auftreten, die kühleren Außentemperaturen nicht vertragen und meistens abgetötet werden.

In klimatisch bevorzugten Gebieten Deutschlands, wie z. B. der oberrheinischen Tiefebene und am Bodensee, kann man manche Kübelpflanzen schon Ende März / Anfang April ins Freie stellen: Aukube (*Aucuba japonica*), Erdbeerbaum (*Arbutus*), Zwergpalme (*Chamaerops humilis*), Wollmispel (*Eriobotrya japonica*), Japanischer Spindelstrauch (*Euonymus japonica*), Echte Feige (*Ficus carica*), Lorbeer (*Laurus nobilis*), Liguster (*Ligustrum*), Oleander (*Nerium oleander*), Ölbaum (*Olea europaea*), Dattelpalme (*Phoenix canariensis*), Chinesische Hanfpalme (*Trachycarpus fortunei*), Rosmarin (*Rosmarinus officinalis*), Schneeball (*Viburnum tinus*) und *Yucca*.

Drastische klimatische Veränderungen, wie starke Sonneneinstrahlung oder auch starke Temperaturveränderungen, können an den Pflanzen Schäden hervorrufen, die zum Abwurf der Blätter, Blüten, Knospen und Früchte führen. Diese Pflanzen sehen dann monatelang nicht attraktiv aus.

Das Umtopfen

Eine immer wiederkehrende Pflegemaßnahme bei Kübelpflanzen ist das Umpflanzen oder Umtopfen. Viele Pflanzenliebhaber meinen, ihre Pflanzen jedes Frühjahr umtopfen zu müssen. Diese Ansicht ist aber grundsätzlich falsch. Natürlich muss man Jungpflanzen, die sich noch in der Entwicklung befinden, jedes Jahr in einen neuen größeren Kübel setzen, bis sie ihre endgültige Größe erreicht haben. Auch Pflanzen, bei denen der Kübel zu klein geworden ist, brauchen ein neues Pflanzgefäß. Jedes Jahr in neue Erde setzen muss man auch besonders nährstoffhungrige Pflanzen, die man stark zurückgeschnitten hat und die schnell wieder zu ihrer vollen Größe heranwachsen müssen. Zu dieser Gruppe gehören unter anderem Engelstrompete, Wandelröschen und Strauchmargerite. Die meisten älteren Pflanzen aber mögen es nicht, jedes Jahr umgepflanzt zu werden. Viele Arten reagieren darauf sogar mit schlechter oder ausbleibender Blüte. Sie wollen möglichst lange ungestört bleiben. Man topft sie deshalb alle zwei bis drei Jahre um.

Erden für Kübelpflanzen

Substrate müssen der Pflanze, die sich mit ihren Wurzeln darin verankert, einen sicheren Halt geben, außerdem müssen sie die Wasserversorgung sicherstellen und genügend Nährstoffe festhalten sowie bei Bedarf abgeben können. Dass das Substrat für Kübelpflanzen eine besonders wichtige Rolle spielt, ist nicht verwunderlich, wenn man an den geringen Wurzelraum denkt, der den Pflanzen letztendlich zur Verfügung steht, und die großen Intervalle beim Umpflanzen älterer Pflanzen berücksichtigt.

Sicher, man kann seine Kübelpflanzenerde auch selbst herstellen, besser aber ist es sicherlich, auf Fertigerden, sogenannte Industriesubstrate, zurückzugreifen. Die seit

Gießregeln für Kübelpflanzen

- Wie man Pflanzen richtig wässert, muss man durch Erfahrung lernen. Ziel des Gießens muss es sein, die Wasserversorgung den Bedürfnissen der Pflanze anzupassen.
- Pflanzen täglich kontrollieren.
- Wenn die Erde gelegentlich kurzzeitig abtrocknet, schadet das nicht, sondern regt eher die Bildung neuer Wurzeln an.
- Die Erde nie völlig austrocknen lassen. Schrumpft das Erdvolumen vom Gefäßrand, ist es höchste Zeit zu wässern.
- Pflanzen mit hohem Wasserbedarf, wie z. B. die Engelstrompete, sollten bei sonnigem Wetter auch dann gewässert werden, wenn die Erde noch merklich feucht ist.
- Sukkulenten erst gießen, wenn sich die Erde trocken anfühlt.
- Die Pflanzen auch bei Regenwetter kontrollieren, weil der Regen unter einem dichten, ausladenden Blätterdach kaum bis zur Erdoberfläche gelangt. Sehr dicht belaubte Pflanzen deshalb auch bei Regen gießen.
- Kein hartes Wasser verwenden. Im Gießwasser enthaltene Salze steigern den Salzgehalt der Erde. Durch den Kalkgehalt des Wassers kann sich die Bodenreaktion ändern; Nährstoffe können dann festgelegt werden.
- Bei sonnigem Wetter die Blätter nicht benetzen. Die Wassertropfen fokussieren wie ein Brennglas die Sonnenstrahlen.
- Im Überwinterungsquartier möglichst wenig gießen.

▲ Terrakottagefäße verbreiten südländischen Charme auch in mitteleuropäischen Gärten. Solche Tongefäße wirken schon für sich allein.

Jahrzehnten mit Erfolg verwendeten Industriesubstrate erhält man in Gartenbaubetrieben oder im gut sortierten Fachhandel als „Einheitserde". Einheitserden werden von den Erdewerken in gleichbleibender Qualität geliefert. Die Einheitserden werden mit unterschiedlich hohen Nährstoffanteilen angeboten. Für Kübelpflanzen ist Topferde mit sofort wirkendem mineralischen Dünger oder mit ballastarmem, schnellwirkendem mineralischem Dünger und langsamwirkendem Depotdünger zu empfehlen. Um die Luftkapazität zu verbessern beziehunsweise langfristig zu erhalten, sollte diesen Einheitserden 20 bis 30 % Blähton oder ein ähnliches Material zugemischt werden.

Verwendet werden können selbstverständlich auch Erden, die der Gärtner für seine Kübelpflanzen verwendet.

Reine Torferden, sogenannte Torfkultursubstrate (z. B. TKS), sind für größere, ältere Kübelpflanzen nicht zu empfehlen. Dieses Substrat ist zu leicht, die Kübel sind dann zu wenig standfest, außerdem wird darin die Luftkapazität immer schlechter, wenn längere Zeit nicht umgetopft wird.

Tongefäße

Tongefäße, insbesondere Terrakotten, gab es schon in den Gärten der italienischen Renaissance. Sie sind nach wie vor zweckmäßig und beliebt. Die Gefäße aus rotem oder gelbem, gebranntem und unglasiertem Ton stammen vorwiegend aus der Toskana. Auch in weiter südlich gelegenen Regionen Italiens sowie in Frankreich und Spanien werden Terrakotten hergestellt. Die Gefäße unterscheiden sich je nach Herkunft in Farbe, Form, Qualität und Gewicht. Ihr Wert wird durch die Tongüte und die Art der Herstellung bestimmt. Qualitativ hochwertige Tonvorräte werden in Impruneta und Montelupo bei Florenz vorgefunden.

Terrakotta-Gefäße sind in Rund- und Rechteckformen und in unterschiedlichen Größen erhältlich. Sie können handgetöpfert oder nach klassischen Vorbildern maschinell gegossen sein. Handgefertigte Terrakotten zeichnen sich durch ihre besonderen Formen, Verzierung und Qualität, aber auch durch hohe Preise aus. Sie kosten nicht selten zwei- bis dreimal so viel wie maschinell gefertigte Gefäße. Maschinell gefertigte Terrakotten lassen sich am unscharfen und häufig verschmierten Muster und an deutlich hervorstehenden Presskanten erkennen. Sie werden vor dem Brennen nur kurz getrocknet, weshalb zahlreiche Wasser- und Lufteinschlüsse im Rohling enthalten sind. Diese Einschlüsse entweichen während des Brennvorgangs, und das Gefäß wird

TIPP

Blumenerden für Zimmerpflanzen eignen sich nicht für Kübelpflanzen. Sie sehen zwar durch ihre dunkle Farbe sehr gut aus, erfüllen aber die Anforderungen an eine gute Erde nicht.

porös. Die mit Wasser gesättigten Poren führen dazu, dass die Gefäße, wenn sie dem Frost ausgesetzt werden, zerspringen. Auch in Schwund- oder Haarrisse eindringendes und gefrierendes Wasser kann die Gefäße sprengen. Schwundrisse finden sich überwiegend im Gefäßboden und sind erkennbar. Schwieriger ist das Aufspüren der Haarrisse. Nur der Klang des Gefäßes verrät, ob Haarrisse vorhanden sind. Terrakotten von Qualität weisen solche Mängel nicht auf. Das unschöne Ausblühen maschinell gefertigter Gefäße geht ebenfalls auf eine zu kurze Trocknung der Gefäße vor dem Brennen zurück. Der im Ton enthaltene Gips bleibt ohne langfristige Trocknung vollständig im Material enthalten und blüht später aus.
Für Gefäße aus Ton bzw. Terrakotta sprechen das traditionsgemäße Aussehen, sowie die wegen ihres Gewichts gute Standfestigkeit. Nachteilig ist die Bruchgefahr beim Hantieren und Transportieren.

Gärtnertrick
Billige Terrakottatöpfe, die nicht frosthart sind, kann man auch als Übertöpfe für Pflanzen im Kunststoffcontainer verwenden.

Steinzeug

Steinzeugkübel, insbesondere aus asiatischer Produktion, werden in großer Zahl überall im Handel angeboten. Neben weißbrennendem Steingut, das mit weißbrennenden Kaolinen erhalten wird, gibt es auch gelbes, braunes oder graues Steinzeug. Im Handel befinden sich Steinzeugkübel bis zu einer Größe von 100 cm Durchmesser mit unterschiedlicher farbiger Glasur. Als nachteilig bei größeren Steinzeugkübeln muss das Gewicht angesehen werden, was allerdings eine gute Standfestigkeit garantiert.

Pflanzgefäße für Kübelpflanzen

Obwohl Pflanzgefäße zunächst nur als Behälter für das Substrat anzusehen sind, so kommt ihnen doch auch eine hohe ästhetische Bedeutung zu. Gestalterisches Ziel ist die Einheit von Pflanze, Gefäß und dem jeweiligen Standort. Das Gefäß kann die Harmonie zwischen Raum und Begrünung fördern oder sie erheblich stören. Ein schwarzer Plastikkübel auf einem Terrassenbelag aus Keramik-Fliesen wäre solch ein Negativbeispiel.
Bauchige Gefäße sind ungünstig. Die Form des Gefäßes spielt besonders beim Verpflanzen eine wichtige Rolle. Bei bauchigen Gefäßen, die sich zum oberen Rand hin verjüngen, kann man die Pflanzen nur mit Mühe herausnehmen, weil der Wurzelballen nicht durch die schmale Öffnung passt. Auf jeden Fall gehen dabei viele Wurzeln verloren. Häufig muss man sogar das wertvolle Gefäß zerstören, damit die Pflanze im Wurzelbereich nicht beschädigt wird.

Holzkübel

Runde Holzkübel haben als Pflanzgefäße für Kübelpflanzen eine lange Tradition. Sie sind formschön und zeitlos, zudem pflanzenfreundlich. Je nach Größe werden diese Kübel durch zwei oder drei verzinkte Eisenreifen verstärkt und zusammengehalten. Unter dem Boden der Gefäße sind in der Regel zwei Holzriegel angebracht, die

▼ Pflanzgefäße gibt es in den unterschiedlichsten Formen und Qualitäten.

▶ Lorbeer und Holzkübel sind eine geradezu klassische Kombination in Schlossgärten.

als Verstärkung des Bodens dienen. Da die Gefäße durch die Riegel nicht mit dem gesamten Gefäßboden aufstehen, ist für den Wasserabzug und für eine gute Belüftung der Unterseite gesorgt.
Holzgefäße sind je nach Holzart – neben Harthölzern wie Eiche, werden gelegentlich auch minderwertige Weichhölzer verwendet – unterschiedlich anfällig für Feuchte und Verwitterung. Sie werden entweder imprägniert oder naturlasiert angeboten, können aber auch mit einem Farbanstrich nach eigener Wahl versehen oder

WICHTIG zu wissen

Leere Holzkübel müssen vor dem Austrocknen bewahrt werden. Sie sollen daher nicht in trockenen Räumen, sondern im Freien unter Dachvorsprüngen oder in überdachten Schuppen ohne geschlossene Außenwände stehen. Bei starker Austrocknung können sich die Dauben verziehen, sodass mit Holzschwund und letztlich mit dem völligen Verlust der Gefäße zu rechnen ist.

Schwarze Farbe schadet
Dunkelfarbene, insbesonders schwarz gefärbte Kübel erhitzen sich so sehr, dass die Wurzeln der Pflanzen geschädigt werden können.

mit Folie ausgekleidet werden. Die Imprägnierung der Hölzer mit pflanzenverträglichen Mitteln garantiert eine wesentlich längere Lebensdauer der Kübel.
Rundkübel aus Holz sind in den gebräuchlichsten Abmessungen von 60, 80, 110 und 160 cm Durchmesser und einer Gefäßhöhe von 40 bis 60 cm im Handel. Bodenbefestigungen und Pflanzenstützen lassen sich ohne Mühe anbringen.

Zur Zeit des Barock wurde der viereckige, würfelförmige Stollenkübel entwickelt, der neben den schlichten hölzernen Rundkübeln und den italienischen Terrakotten breite Verwendung fand. Ausgehend von der alten Grundform des quadratischen Stollenkübels, der „Caisse de Versailles“, werden Stollenkübel heute aus unterschiedlichen Materialien hergestellt und angeboten.

Faserzementgefäße

Faserzementgefäße sind asbestfreie Pflanzgefäße, die aus Glasfasern, Zement und rein mineralischen Stoffen hergestellt werden. Es gibt sie in unterschiedlichen Formen und Farbanstrichen auf dem Markt. Neben runden, quadratischen und rechteckigen Formen gibt es Fabrikate im Handel, die in Form und Dekor den Terrakotten nachempfunden sind. Faserzementgefäße sind frostbeständig, atmungsaktiv und pflanzenneutral, allerdings empfindlich gegen Stoß und Schlag.

Vor Gebrauch wässern
Neue Ton- und Terrakottagefäße sollten vor dem Bepflanzen ein bis zwei Tage in Wasser gelegt werden, damit die Gefäße sich vollsaugen können. So entziehen sie später dem Substrat nicht zuviel Feuchte.

Kunststoff

Kübel aus Kunststoff sind leicht, im Vergleich zu anderen Materialien preiswert und verhältnismäßig dauerhaft. Die Wände sind für Wasser und Luft undurchlässig, sie nehmen kaum Schmutz an und lassen sich leicht reinigen. Ein Nachteil ist, dass Kunststoffgefäße sehr leicht sind; die Standfestigkeit der Kübel ist deshalb nicht gut. Das gilt vor allem für größere, höhere oder ältere Pflanzen. Je nach Kunststoff brechen manche Kübel auch leicht. Und Kunststoff altert! Besonders direkte Sonnenbestrahlung lässt Kunststoff schneller altern. Der Kunststoff wird spröde und es bilden sich Längsrisse oder es brechen Stücke aus dem Rand heraus.
Bei Gefäßen aus Kunststoff kann das Wasser durch die Wand weder aufgenommen noch abgegeben werden. Somit verdunstet es auch nicht ungenutzt durch die Topfwand. So lässt sich auch erklären, dass Pflanzen in Kunststoffkübeln zwar nicht weniger Wasser benötigen als solche aus Ton, jedoch nicht so oft gegossen werden müssen. Im Gegenteil, würde man sie genauso gießen, so käme es hier zu stagnierender Nässe und Wurzelfäule. Wer luft- und wasserdurchlässige Tonkübel gewohnt ist, muss sich auf Kunststoffgefäße erst einstellen. Wird das beachtet, dann ist

TIPP

Unschöne Kunststoffgefäße kann man verkleiden, indem man an den Rand herabhängende Ampelpflanzen pflanzt. Man kann die Kübel auch mit passend zugeschnittenen Stroh- oder Bambusmatten kaschieren, mit Holzlatten umbauen oder als „Übertopf“ einen runden Holzkübel verwenden.

der Erfolg im Kunststoffkübel genauso gut wie in Ton.
Kunststoffkübel sind in unterschiedlichsten Formen, Farben und ansprechenden Designs erhältlich, so auch als Terrakotta-Imitat. Maurerkübel aus Kunststoff sind wohl preiswert und erfüllen ihren Zweck, jedoch sind sie nicht sehr geschmackvoll.

Die Größe des Pflanzgefäßes

Kübelpflanzen, die den Kinderschuhen entwachsen sind, wird man bis zu ihrer „Endgröße“ in ein größeres Gefäß umpflanzen. Dabei sollte man nicht den Fehler begehen, den neuen Topf allzu knapp zu bemessen, im Durchmesser sollten es schon gut 5 bis 10 cm mehr sein. Auf der anderen Seite darf das neue Gefäß aber auch nicht zu groß gewählt werden. Denn dort, wo ein Wurzelballen zu reichlich von Erde umgeben ist, wird die Erde leicht zu naß und sauer, ehe die Pflanze eingewurzelt ist und ein neues, dichtes Wurzelwerk ausgebildet hat. Später muss man vor allem darauf achten, dass die Pflanzen transportabel bleiben. Daher ist es üblich, ältere Pflanzen, die ihre gewünschte Endgröße erreicht haben, wieder in den alten Kübel zurückzupflanzen, soweit es der Zustand des Gefäßes zulässt, oder man sollte ein gleich großes Gefäß verwenden.

Den Ballen lösen

Bei fest durchwurzelten Ballen löst sich der Ballen nicht so einfach von den Topfwandungen. Eventuell muss durch Klopfen mit dem Handballen auf den Gefäßrand (bei Kunststoff- und Holzkübeln leistet ein Gummihammer gute Dienste) nachgeholfen werden. Löst sich der Wurzelballen trotzdem nicht, hilft ein Messer, welches man senkrecht an der Gefäßwand entlangführt, um den Wurzelballen zu lösen. Tontöpfe lassen sich in der Regel leicht lösen, wenn der Ballen tropfnass ist. Umgekehrt ist es bei Kunststofftöpfen und glasierten Gefäßen. Hier sollten die Pflanzen vorher abtrocknen. Die Erde zieht sich zusammen und löst sich so vom Topfrand.

Den Ballen reduzieren

Setzt man ältere Pflanzen wieder in den alten Kübel zurück, ist man gezwungen, den Ballen zu reduzieren, um frische Erde an die Wurzeln bringen zu können. Dies muss in der Regel sehr vorsichtig geschehen, da nicht jede Pflanze einen stärkeren Wurzelrückschnitt verträgt. Bei robusteren Pflanzen kann man ohne Schaden für die Pflanzen den alten Ballen unten und an den Seiten mit einem scharfen Messer oder dem Beil verkleinern.

Den Wurzelballen lockern

Unter größtmöglicher Schonung der Wurzeln ist der Wurzelballen mit einem spitzen Holz oder ähnlichem Gegenstand (auch längere Schraubenzieher sind gut geeignet) so aufzulockern, dass genügend frische Erde eingefüllt werden kann. Stark verzweigtes, am Gefäßrand entlang gewachsenes Wurzelwerk wird mit der Gartenschere entfernt. Alte und abgestorbene Wurzeln sind sauber abzuschneiden.

TIPP zum Umtopfen

Auf keinen Fall, oder nur in wenigen Ausnahmen, wie z. B. bei der Dattelpalme, darf die Pflanze tiefer im neuen Gefäß stehen, als vorher. Es würde unweigerlich zu Fäulnis im Wurzelhalsbereich kommen, die zu nicht wieder gutzumachenden Schäden führt. Beim Umtopfen auch darauf achten, dass ein etwa 3 cm hoher Gießrand bleibt.

Bei jungen Pflanzen, die noch jährlich umgetopft werden, ist eine Reduzierung des Wurzelballens nicht erforderlich und auch nicht zu empfehlen. Allerdings ist die Oberfläche des Wurzelballens aufzulockern und von Moosen und Unkräutern zu befreien.
Vor dem Einsetzen in das neue Gefäß sollte auf den Boden größerer Töpfe eine etwa 5 cm hohe Dränageschicht aus Tonscherben, Kies oder Blähton aufgebracht werden. Über die Dränageschicht wird dann etwas Erde ausgebreitet.
Nun kann die Pflanze in den neuen Kübel gehoben und abgesetzt werden. Danach füllt man nach und nach rings um den Ballen frische Erde ein. Mitunter kann es schwierig werden, an alle Wurzelteile Erde zu bringen. Durch vorsichtiges Stochern mit einem Holzstab und leichtes Klopfen gegen die Wandungen des Gefäßes lassen sich die Hohlräume zwischen den Wurzeln aber auffüllen. So lassen sich Lufttaschen vermeiden, die später unerwünschte Abzugsrinnen für das Gießwasser bilden.
Beim Einpflanzen darauf achten, dass jede frei wachsende Pflanze ein „Gesicht“ hat. So sollte die Pflanze, wenn sich am Kübel

▶ Damit der Wurzelballen erhalten bleibt und im Herbst beim Ausgraben nicht unbeabsichtigt verkleinert wird, hat sich bei verschiedenen Arten (z.B. Banane und Engelstrompete), die Pflanzung in einen mit großen Schlitzen versehenen Plastikkorb (Kartoffelkorb) bewährt. Verwendet werden auch kunststoffummantelte Drahtkörbe oder ähnliche Behältnisse.

Tragegriffe befinden, mit ihrer schönsten Seite zum Betrachter stehen, während die Griffe nach den Seiten gerichtet sind.
Die einzelnen Arbeitsgänge sollten gut vorbereitet sein und schnell ausgeführt werden. Dies gilt insbesondere für das Herausnehmen der Pflanzen, das Beschneiden der Wurzeln und das Eintopfen. Schon oft sind Pflanzen nur deshalb nicht weitergewachsen, weil sie zu lange nach dem Herausnehmen und dem Wurzelschnitt herumgelegen haben und die Wurzeln eingetrocknet sind.

WICHTIG zu wissen

Immer wieder wird empfohlen, die oberste Bodenschicht abzukratzen, um das Umtopfen einzusparen. Viele Kübelpflanzenbesitzer praktizieren das so, wenn z. B. das Gefäß zu schwer ist oder man die Pflanzen nicht mehr aus dem Gefäß bekommt. Man kratzt vorsichtig soviel Erde wie möglich von der Oberfläche ab, und ersetzt sie durch neues Substrat, dem man einen Langzeitdünger beimischt.

Kübelpflanzen im Sommer frei auspflanzen

Kübelpflanzen, die während des Sommers im Gartenboden stehen, wachsen und blühen besser, wenn ihre Wurzeln aus dem engen Gefängnis des Kübels befreit, sich im Gartenboden ausbreiten. Man sieht es deutlich bei Engelstrompete, Fuchsien, Wandelröschen, Bleiwurz, Korallenstrauch und Passionsblume. Das Auspflanzen hat den Vorteil, dass die Pflanzen mehr Nährstoffe und Wasser aufnehmen können als im engen Kübel, weil sich die Wurzeln besser ausbreiten können. Ein weiterer Vorteil ist, dass der Wurzelballen nicht so stark austrocknet.
Der Korb wird mitsamt der Pflanze in den Gartenboden eingesenkt, und zwar so tief, dass seine Oberfläche noch mit einigen Zentimetern Erde bedeckt werden kann. Zum Einwintern sticht man rings um den Korb die Erde ab und damit natürlich auch einen Teil der durch die Schlitze hindurch gewachsenen Wurzeln, hebt den Behälter an den Griffen aus dem Boden und bringt ihn in das Winterquartier. Seitlich herausragende Wurzeln werden weggeschnitten, sie würden ohnehin absterben. Um ein Austrocknen des Erdballens im Winterquartier zu verhindern, setzt man den Wurzelkorb in einen größeren Plastiktopf oder zieht einen Plastiksack darüber.

◀ Die Engelstrompete entwickelt sich im Sommer frei ausgepflanzt besonders gut.

Eine Auswahl schöner Kübelpflanzen

Abutilon-Cultivars
Schönmalve, Samtpappel, Zimmerahorn

- *Abutilon*-Cultivars durch Aussaat oder Stecklinge, andere Arten durch Stecklinge, *A. megapotamicum* auch durch Veredlung, am besten durch Pfropfen in den Spalt
- Sommer: viel Licht, keine grelle Mittagssonne
- Winter: hell, nicht unter 10 °C
- im Sommer sehr viel
- März – Sept. wöchentlich 0,3 %ig
- Weiße Fliege, Blattläuse, im Winter Grauschimmel

Wer eine besonders reich blühende Kübelpflanze sucht, trifft mit der Schönmalve eine gute Wahl. Am richtigen Standort blüht sie von April bis zum Oktober. Dazu ist sie anspruchslos und macht deshalb den Einstieg ins Reich der Blütenpflanzen leicht. Die gelben, roten oder weißen Blüten stehen einzeln und achselständig oder zu wenigen in Rispen. Die Sorten unterscheiden sich im Wuchs, in der Blütenform (hängend oder mehr oder weniger aufrecht stehend, groß- oder kleinblütig), insbesondere aber in der Blütenfarbe. Die Blütenfarben reichen von Weiß über Gelb bis zum kräftigen Rot. Bekannte Sorten sind 'Schneeball' mit weißen, 'Goldglocke' mit gelben und 'Feuerglocke' mit roten Blüten. Auch Sorten mit mischfarbigen Blüten sind im Handel. Bei entsprechenden Bedingungen blühen sie das ganze Jahr über. Hauptblütezeit sind jedoch die Sommermonate. Auch einige buntblättrige Sorten sind auf dem Markt, beispielsweise 'Goldprinz', 'Savitzer' und 'Andenken an Bonn'. Die Panaschierung ist bei diesen Formen nicht auf Virusbefall zurückzuführen (siehe bei *A. pictum*), sondern es handelt sich um Chimären.

Abutilon megapotamicum
Kriechende Samtpappel

Dieser immergrüne, aus Brasilien (Rio Grande) stammende Strauch, bildet zahlreiche dünne, lang überhängende Zweige aus. Die einzeln achselständig erscheinenden Blüten sitzen an langen, hängenden, dünnen Stielen. Die mimosengelben Kronblätter sind an der Basis von dem aufgeblasenen, blutroten, fünfkantigen Kelch umgeben. In gutem Kontrast dazu stehen die dunkelrotvioletten Staubfädenbündel, die aus dem Kelch hervorragen. Die Farbzusammenstellung der Blüten ist so einmalig, dass man diese schon als ein Farbwunder bezeichnen kann. In der Regel werden die Pflanzen ohne Sortenbezeichnung angeboten. 'Kentish Belle' ist eine besonders großblütige Form. Die Kulturform 'Aureum' hat gelbfleckige Laubblätter. Dieser wunderschöne Blütenstrauch mit den schlanken, herabhängenden Zweigen wirkt als Hochstämmchen, aber auch besonders als Ampelpflanze.

▲ *Abutilon pictum* 'Thompsonii' ist eine attraktive Blattschmuckpflanze mit grüngold panaschierten Blättern.

Abutilon pictum
Bunte Samtpappel

Wird in der Regel nur in der goldgelb gescheckten Form 'Thompsonii' angeboten, die schon 1868 von Veitch & Sons, London, aus Guatemala eingeführt wurde. Die Buntblättrigkeit ist eine durch Virusbefall hervorgerufene infektiöse Panaschierung. Bei den zierlichen, glockigen Blüten, die achselständig am Ende der wachsenden Zweige erscheinen, sind die blassroten Kronblätter von verästelten Adern durchzogen.

TIPP zum Schnitt

Ältere, zu groß gewordene Pflanzen können im Herbst, besser noch im zeitigen Frühjahr, kräftig zurückgeschnitten werden. Die Blüten erscheinen bei *Abutilon* an den wachsenden Trieben in den oberen Blattachseln. Verblühtes und gelbe Blätter müssen regelmäßig entfernt werden.

Acacia
Akazie, Mimose der Gärtner

- Aussaat oder Stecklinge
- Sommer: viel Wärme, volle Sonne
- Winter: hell, luftig bei 5 °C, im Gewächshaus bis 15 °C
- kontinuierlich, verträgt keine Ballentrockenheit
- März – Sept. 0,3 %ig wöchentlich
- Spinnmilben, an fiederblättrigen Arten

Wenn Pflanzenfreunde über Akazien und Mimosen reden, müssen sie nicht zwangsläufig dieselbe Pflanze meinen. Zunächst einmal gibt es die echte Akazie (Gattung *Acacia*), von der hier die Rede sein soll, und die „Echte Mimose" mit dem botanischen Namen *Mimosa pudica*, die bei Berührung die Blätter zusammenfaltet. Was der Volksmund dagegen als Akazie bezeichnet, ist tatsächlich die Robinie, die den botanischen Namen *Robinia pseudoacacia* trägt. Es handelt sich dabei um einen bei uns häufig angepflanzten Baum mit weißen, duftenden Blüten. Bei den Akazien sind die Blätter sehr verschieden ausgebildet.
Zu den beliebtesten und schönsten „Mimosen" gehören die folgenden Arten.

Acacia dealbata
Silber-Akazie, trägt doppelt gefiederte Blätter, die fein silbern behaart sind. Die gelben, duftenden Blüten sind in Kugelköpfchen zu großen Rispen vereint. Sie wird im Mittelmeeraum in großem Umfang angebaut und liefert von Dezember bis März die bekannten „Mimosen"-Schnittblumen.
Die Art selbst wird nur selten angeboten, als Kübelpflanzen und für den Export der „Mimosen"-Blüten benutzt man Selektionen mit noch besserer Blütenform, -farbe und Reichblütigkeit, vor allem die Sorten 'Mirandole', 'Tournaire', 'Gaulois' und 'Bon Accueil'.

▼ Bei der „Mimose der vier Jahreszeiten" kann sich die Blüte über das ganze Jahr erstrecken, vorausgesetzt die Pflanze wird hell im Gewächshaus oder Wintergarten überwintert.

Acacia retinodes
Ihr deutscher Namen, „Mimose der vier Jahreszeiten" nimmt Bezug auf ihre ganzjährige Blütezeit. Schwerpunktmäßig blüht sie zu Ende des Sommers. Die lanzettlichen, ziemlich dünnen, zur Basis hin schmaleren Phyllodien werden bis 15 cm lang und bis 6 mm breit. Die duftenden, hellgelben Blüten sitzen in kugeligen Köpfchen zu sechs bis zwölf in kurzen, achselständigen Trauben beisammen. Ihre Dauerblüte und das relativ schnelle Wachstum macht sie als Kübelpflanze besonders attraktiv. Innerhalb einer Vegetationsperiode lassen sich 1 m hohe Exemplare heranziehen.

Schwierige Winterzeit
Wenn die Pflanzen im Winter absterben, ist meistens zu viel gegossen worden. Zu hohe Temperaturen in Verbindung mit Lichtmangel führen dazu, dass die Fiederblättchen rieseln und vertrocknen.

WICHTIG zu wissen

Zwar lebt in den Wurzelknöllchen der Akazien das symbiotische Leguminosenbakterium *Rhizobium leguminosarum*, welches in der Lage ist, den Stickstoff in der Luft zu binden, doch die Annahme, eine Stickstoffdüngung sei überflüssig (wie oft behauptet wird), ist grundlegend falsch.

Acacia verticillata
Die „Stachelige Akazie" ist im Mittelmeerraum weit verbreitet. Die linealisch und nadelartig spitzen, doch nicht stechenden, weichen Phyllodien sitzen meist zu sechs in Quirlen, wodurch die Zweige denen von *Juniperus* ähneln und die Pflanze einem Nadelgehölz nicht unähnlich sieht. Die Blüten sitzen in 1,5 bis 2,5 cm langen, flaschenbürstenartigen Trauben in den oberen Achseln der Triebe.

Gießen
Akazien sind zwar Bewohner von sogenannten Trockengebieten, auf eine kontinuierliche Wasserversorgung aber dennoch angewiesen. Kurze Trockenheit wird zwar vertragen, doch führt Ballentrockenheit zum Absterben der Pflanzen. Der Wasserbedarf ist auch abhängig von der Art. Eine fiederblättrige Akazie (z. B. *A. dealbata*) benötigt in der Regel mehr Wasser als etwa eine Pflanze mit nadelartigen Phyllodien (z. B. *A. verticillata*).
Akazien lieben im Allgemeinen, mit Ausnahme von *A. retinodes* und *A. longifolia*, nicht zu kalkhaltige Substrate. Verpflanzarbeiten sind bei Akazien nicht besonders beliebt, weil die Wurzeln unangenehm riechen, wenn sie beschnitten bzw. verletzt werden.

TIPP

Der beste Zeitpunkt zum Rückschnitt ist nach der Blüte. Zu groß gewordene Pflanzen können zur Verjüngung auch kräftig zurückgeschnitten werden.

Acca sellowiana Feijoa

- Stecklinge, auch Aussaat
- Sommer: sonnig, warm
- Winter: sehr hell
- gleichmäßig, Erde im Winter leicht feucht
- April bis Ende Sept. 0,2 % wöchentlich
- kaum, selten Blattläuse am Neuaustrieb

Im Frühjahr robust
Feijoa gehören schon im zeitigen Frühjahr an einen sonnigen, warmen Platz im Freien. Temperaturen um den Gefrierpunkt schaden der Pflanze in der Übergangszeit im Frühjahr bzw. im Herbst nicht.

Mit ihren Blüten und Früchten sowie den attraktiven Blättern sieht die Feijoa ausgesprochen schön aus. Triebe, Knospen und Blattunterseiten sind kurz weißfilzig behaart. Die 3 bis 4 cm breiten Blüten stehen einzeln in den untersten zwei oder vier Blattachseln des neuen Jahrestriebes. Sie bestehen aus vier breit elliptisch-löffelförmig, zuletzt zurückgeschlagenen weißlichen, in der Mitte rot gefärbten Petalen. Besonders auffallend sind die zahlreichen, bis 2,5 cm langen, karminroten Staubfäden mit gelben Staubblättern. Die Blüte beginnt im Mai und kann bis in den Winter anhalten. Als Früchte entwickeln sich essbare Beeren von der Größe eine Pflaume, mit einem aromatischen, farblosen, süßsauren, weichen Fruchtfleisch und einem hohen Gehalt an Vitaminen. Die Beeren sind reif, wenn sie sich leicht von der Pflanze lösen und wenn die Schale auf leichten Druck nachgibt. Meistens werden die Früchte roh verzehrt, man kann daraus auch eine sehr gute Konfitüre herstellen. Als Kübelpflanzen sind insbesondere die Sorten 'Mammouth' und 'Triumph' zu empfehlen, da sie sicher blühen und Früchte ansetzen.

Überwinterung

Bei Lichtmangel im Winterquartier werfen sie einen Großteil ihrer Blätter ab. Zwar treiben die Pflanzen im Frühjahr wieder aus, doch leidet darunter das Erscheinungsbild der Pflanze und auch die Blütenbildung ist nur mäßig.

► Die Feijoa trägt nicht nur attraktive Blüten, sondern auch beerenartige Früchte mit säuerlichem, wohlschmeckendem Fruchtfleisch.

Gießen

Die Feijoa sind im Sommer auf gleichmäßige Feuchtigkeit angewiesen. Zwar ist der Wasserbedarf aufgrund der ledrigen Struktur der Blätter nicht so hoch wie bei anderen Myrtengewächse, doch Ballentrockenheit überstehen die Pflanzen in der Regel nicht.

Rückschnitt

Ältere Pflanzen hält man durch einen mäßigen Rückschnitt und gelegentliches Auslichten in Form. Zu groß gewordene Pflanzen können auch kräftig zurückgeschnitten werden.

WICHTIG

Die Feijoa gehört zwar zu den Selbstbestäubern, doch ist der Fruchtansatz eher gewährleistet, wenn man mit einem Pinsel bei der Bestäubung nachhilft. Noch bessere Ergebnisse werden mit einer zweiten Pflanze als Bestäubungspartner erzielt.

Agapanthus Schmucklilie, Liebesblume, Kaplilie

- Teilung März / April
- Sommer: volle Sonne, Halbschatten
- Winter: nicht zu dunkel, luftig, 5 – 10 °C
- im Sommer reichlich, ab August weniger
- April bis August 0,3 % wöchentlich
- Blattläuse an Blüten

Ein Kübel mit blühenden *Agapanthus* (griech. agape = Liebe und anthos = Blüte) ist immer ein Glanzpunkt an einem sonnigen Platz am Haus oder im Garten. Sie verzaubern die Betrachter bei geringem Pflegeaufwand durch ihre herrlichen Blüten. Aus einem kurzen Erdstamm wachsen relativ lange, riemenförmige oder breitlanzettliche, dreizeilige Blätter. Auf blattlosen hohen Stielen (Schäften) tragen sie eine große Anzahl trichter- oder trompetenförmiger Blüten, die zu einer endständigen Dolde vereint sind. Diese Dolde kann je nach Art aus 30 bis 200 Einzelblüten bestehen. Drei Arten sind als Zierpflanzen von Bedeutung.

Agapanthus africanus

wird etwa 40 bis 65 cm hoch. Die Blüten sind tief blauviolett, stehen bis zu 30 in einer Dolde und entfalten sich ab Juli / August. Diese immergrüne Art, die im Winter nicht einzieht, braucht im Winter mäßig viel Wasser.

Agapanthus campanulatus

ist nicht immergrün, sondern zieht im Winter völlig ein. Sie wird nur etwa 50 cm hoch. Die Dolde setzt sich aus 12 bis 30 locker angeordneten, himmelblauen (im Handel auch eine weiß blühende Form) Blüten zusammen. Blütezeit bei uns ist

▲ Die auf meterhohen Stielen stehenden, blauen, blauvioletten oder weißen Blütendolden machen die Schmucklilie zu einer der auffälligsten Kübelpflanzen.

Juli/August. Diese Art kann im Winter völlig trocken stehen.
Eine Anzucht aus Samen ist möglich, doch benötigt man viel Geduld, denn erst nach vier bis fünf Jahren erreichen die Pflanzen ihre Blühfähigkeit.

Agapanthus praecox
hat stattliche immergrüne Blätter, die etwa 75 cm lang und 5 cm breit werden können. Die Blütenschäfte werden 100 bis 120 cm hoch und tragen dichte Dolden, die sich oft aus über 150 Blüten zusammensetzen. Die Blütenfarbe variiert von Hellblau bis Dunkelblau. Die Blütezeit liegt im Juli und August.
Bei der uns bekannten, aus der Zeit der Orangerien und Prunkgärten stammenden Kübelpflanze, handelt es sich um subsp. *orientalis* (Syn. *A. orientalis*), von der es heute eine Reihe von Hybriden gibt. 'Blue Giant' hat dunkelblaue Blütendolden; 'Albus' ist eine weiß blühende Form, deren einzelne Blütenglocken jedoch nicht sehr dicht stehen. Die ebenfalls weiß blühende Sorte 'Maximus Albus' und die blau blühende Sorte 'Giganteus' haben riesige Dolden, die bis zu 200 Blüten enthalten können. Die Dolde der Sorte 'Blue Ribbon', die sich aus mehr als 200 Einzelblüten zusammensetzt, wird von einem Blütenstängel getragen, der die beachtliche Höhe von 120 bis 150 cm erreichen kann.

Im Winter nicht zu warm
Werden die Schmucklilien zu warm überwintert, kommt ihr Trieb nicht zur Ruhe, und der Blütenansatz wird erheblich geschwächt.

TIPP für reiche Blüte

Da stark durchwurzelte Pflanzen besser blühen, sollte nur verpflanzt werden, wenn es unbedingt nötig erscheint, sei es, dass die Wurzeln den Kübel zu sprengen drohen oder dass die Erde völlig ausgelaugt ist. Die Wurzeln der *Agapanthus*-Arten lieben keine großen Störungen, deshalb ist beim Umpflanzen sehr vorsichtig vorzugehen.

Agave
Agave

- Ausläufer
- Sommer: sehr sonnig, geschützt
- Winter: hell, frostfrei
- selten
- März – Sept. 0,1 % wöchentlich
- Wurzelläuse

Agaven sind ausgesprochen anspruchslose Kübelpflanzen. Für ihre Pflege ist deshalb auch nicht der grüne Daumen entscheidend, sondern reichlich Platz, der vor allem zum Überwintern der sperrigen Gewächse Voraussetzung ist. Agaven sind an die harten Lebensbedingungen wüstenähnlicher Regionen angepasst und entsprechend trockenresistent. Man kann sie bedenkenlos einige Wochen sich selbst überlassen, ohne dass sie Schaden nehmen. Nach dem Gießen muss der Wurzelbereich immer wieder abtrocknen können, dauernde Feuchtigkeit verursacht Wurzelfäulnis.
Viele Agaven, vor allem *A. americana*, findet man als recht ornamentale Zierpflanze in allen tropischen und subtropischen Gebieten akklimatisiert. Im gesamten Mittelmeerraum bildet *A. americana* auch eine Charakterpflanze, und viele nehmen irrtümlicherweise an, dass diese Art, wie auch der Feigenkaktus (*Opuntia*) dort heimisch sei. Die mehr oder weniger schwertförmigen, fleischigen oder derben, meist

▲ Mit ihren oft ausladenden Blattrosetten passen die Agaven sehr gut auf Mauervorsprünge, Torpfeiler, Freitreppen, Terrassen oder größere Freiflächen im Garten und am Haus. Die Töpfe sollten so stehen, dass wegen der Verletzungsgefahr niemand direkt an den Pflanzen vorbeikommt.

Verletzungsgefahr
Vorsicht ist vor den scharf bedornten und messerspitz auslaufenden Blättern geboten, da sie erfahrungsgemäß leicht zu Augenverletzungen führen. Um Verletzungen zu verhindern, spießt man einen Korken oder ein Stück Styropor® auf die Blattspitzen. Andere lösen dieses Problem, indem sie ein altes Elektrokabel etwa 5 bis 7 cm ablitzen und die so erhaltenen „Hütchen" über die Dornen stülpen.

in eine scharfe Spitze auslaufenden Blätter tragen am Rand meist hakenförmige Stacheln. Agaven sind monokarpe Pflanzen, das sind Pflanzen, deren Lebensdauer mit der Blütenbildung endet. Dieser Zeitpunkt tritt je nach Pflanzenart, der Ernährung und Wuchskraft nach wenigen oder erst nach vielen Jahren ein. Bei den Agaven dauert es zwar keine hundert Jahre bis ein Blütenstand erscheint, wie man früher meinte, aber in unserem Klima immerhin 30 bis 40 und mehr, während es in den Tropen nur 10 bis 20 Jahre sind.
Ein Verpflanzen ist in der Regel nur alle paar Jahre nötig, wenn die Wurzeln den Kübel zu sprengen drohen. Der Endkübel sollte nicht zu groß gewählt werden. Zur Kübelpflanzenkultur geeignet sind insbesondere die folgenden Arten:

Agave americana
Amerikanische Agave, „Hundertjährige Agave". Spricht man von Agaven, meint man meist diese Art. Sie bildet sehr große Rosetten aus derben, lederartigen, graugrünen bis hellgrauen, 1 bis 1,5 m langen, bis 20 cm breiten Blättern, die in einem kurzen, scharfen Endstachel auslaufen. Neben der Art sind besonders die buntlaubige Formen bei Kübelpflanzenliebhabern beliebt: 'Marginata' hat Blätter mit gelblichweißen bis tiefgelben Rändern; 'Marginata alba', Blätter mit weißen, an jungen Blättern oft rosafarbenen Rändern; 'Marginata aurea', Blattränder hellgelb bis grünlichgelb; 'Mediopicta', Blätter mit breit gelbem Mittelstreifen; 'Stricta', Blätter gelb oder weiß gestreift. Die buntlaubigen Kulturformen von *A. americana* lassen sich sortenecht nur vegetativ vermehren.

Agave attenuata
Drachenbaum-Agave. Eine stammbildende (etwa 1,5 m hoch), am Grunde reichlich sprossende Art. Die 6- bis 15-blättrige Rosette besteht aus elliptischen, bis 70 cm langen und bis 20 cm breiten, über der Basis plötzlich stark verschmälerten, in einer weichen Spitze endenden Blättern. Sie sind glatt, grün, hellgrau oder fast weißlich überzogen.

Agave sisalana
Sisal-Agave. Bei dieser Art trägt der bis zu 100 cm hohe Stamm eine Rosette aus bis zu 2 m langen und 15 cm breiten Blättern, die in einem kegelförmigen, schwarzbraun gefärbten Endstachel enden.

Aloysia citrodora Zitronenstrauch, Zitronen-Verbene

Von besonderer Schönheit ist dieser in Südamerika heimische Strauch nicht, geschätzt wird aber der erfrischende Zitronenduft der Blätter, der besonders stark beim Zerreiben der Blätter wahrzunehmen ist. Die kleinen lila Blüten stehen in endständigen, 10 bis 15 cm langen, behaarten, zu größeren Rispen vereinten Ähren. Sie erscheinen in der Regel im August. Die Blätter werden heute noch als Herba Verbenae odoratae angeboten. Die Droge

- Stecklinge, im Frühjahr bei 20 °C
- Sommer: Halbschatten
- Winter: hell, luftig, bei 2 – 5 °C
- im Sommer viel, im Winter sehr wenig
- Frühjahr bis Ende August 0,2 – 0,4 % wöchentlich
- Blattläuse

◄ Die Blätter der unscheinbaren Zitronen-Verbene duften und schmecken angenehm aromatisch.

TIPP

Ältere Pflanzen sind im Frühjahr vor dem Ausräumen kräftig zurückzuschneiden oder auch nur auszulichten.

wird, vor allem in Frankreich und Südamerika, als Tee getrunken und auch in der Parfüm-, Kosmetik- und Seifenindustrie verwendet. In Frankreich und in der französischen Schweiz gibt es in jedem Supermarkt die Zitronen-Verbene im Aufgussbeutel als „The du verveine“ zu kaufen. Früher war es üblich, das Zitronenblatt im Garten oder auf Beeten an der Terrasse auszupflanzen und im September zur Überwinterung wieder einzutopfen, da die Pflanzen ausgepflanzt besonders wüchsig sind. Nach England wurde es 1784 eingeführt, später auch nach Deutschland, wo es als Topfpflanze Verwendung findet.

Alyogyne huegelii
Blauer Hibiscus

- Stecklinge, drei zusammenpflanzen
- Sommer: windgeschützt, sonnig, warm
- Winter: hell, luftig, 5–10 °C
- im Sommer sehr viel
- Apr. – Sept. 0,2 % wöchentlich
- Weiße Fliege, Spinnmilben, Blütenthrips

Zu den etwas ausgefallenen Kübelpflanzen gehört der Blaue Hibiscus. Die 7 bis 12 cm großen, violettblauen Blüten erinnern in ihrer Form stark an Hibiscusblüten. Die Blätter sind tief in drei bis fünf Segmente gelappt und wie die Triebe behaart. *A. huegelii* blüht von April bis November mit hellblauen Blüten. Zwar hält die Einzelblüte nur zwei bis vier Tage und fällt dann ab, doch es werden ständig neue Blüten gebildet.

Im Handel wird der Blaue Hibiscus in der Regel als Hochstämmchen angeboten, seltener strauchförmig gezogen. Zu beachten ist in diesem Zusammenhang, dass die Hochstämmchen besonders windanfällig sind.

Ältere Pflanzen sind zum Ausgang des Winters zurückzuschneiden. Wenn erforderlich kann auch kräftig zurückgeschnitten werden. Die im Handel erhältlichen Pflanzen sind vom Gärtner in der Regel mit Hemmstoffen behandelt. Die Wirkung hält aber nicht lange an und die Pflanzen wachsen schon bald munter weiter.

Anisodontea capensis
Scheinmalve

- Kopf- oder Teilstecklinge im Frühjahr
- Sommer: halbsonnig
- Winter: hell, bei 10 °C, nicht unter 5 °C
- im Sommer sehr viel, im Winter selten
- Apr. – Sept. 0,3 % wöchentlich, im Winter alle 3–4 Wochen
- häufig Blattläuse, Weiße Fliege

Die in Südafrika heimische Art wurde schon um 1800 nach Europa eingeführt und erlangte als Zimmerpflanze eine gewisse Bedeutung. Dann aber in Vergessenheit geraten, kam sie in den achtziger Jahren als Kübelpflanze (meist als Hochstämmchen) wieder in den Handel. Die Scheinmalve bildet das ganze Jahr über rosarote, innen dunkler gefärbte Blüten von 2,5 bis 3 cm Durchmesser. Sie stehen einzeln oder gepaart an Kurzzweigen zierlicher, verholzender Triebe. Die Blütezeit reicht vom April bis zum Frosteinbruch. Die Einzelblüte hält 10 bis 14 Tage. Leider wird die Pflanze oft von Weißen Fliegen und Blattläusen heimgesucht. Wenn die Erde zu nass wird oder der Ballen austrocknet, wird das Laub sofort gelb und Blätter und Blütenknospen fallen ab. Meist sind die Pflanzen dann nicht mehr zu retten.

Rückschnitt auch im Sommer

Bei älteren Pflanzen werden vor dem Ausräumen die langen Triebe sehr stark auf drei bis vier Blattansätze zurückgeschnitten. Die Augen treiben dadurch kräftig aus, und die Pflanze beginnt sich zu verzweigen. Wenn die Pflanze außer Form gerät, kann den Sommer über ein weiteres Mal geschnitten werden, denn die Blüten

► Der Blaue Hibiskus braucht im Sommer sehr viel Wasser. An heißen und sonnigen Tagen wird man vor allem gut durchwurzelte Pflanzen morgens und abends gießen müssen.

◄ Die Scheinmalve steht am besten an der West- oder Ostseite des Hauses. Man sollte die Pflanzen vor praller Mittagssonne schützen.

bilden sich an den wachsenden Trieben, sodass der Blütenflor nur vorübergehend eingeschränkt wird. Zu groß gewordene Pflanzen lassen sich durch einen kräftigen Rückschnitt verjüngen.

Arbutus unedo Westlicher Erdbeerbaum

- Stecklinge, Samen
- Sommer: sonnig, keine Prallsonne, vor austrocknendem Wind schützen
- Winter: hell, in Gewächshaus oder Wintergarten, 5–15 °C
- mäßig feucht, kein hartes Wasser
- Apr.–Sept. 0,2 % wöchentlich
- Schild- und Wollläuse, Blattläuse, Rußtaupilze

Der Erdbeerbaum gehört zu den wenigen Bäumen innerhalb der Familie der Erikagewächse. Der besondere Reiz der Erdbeerbäume liegt in dem Gegensatz zwischen ihren hübschen Blüten, ihren roten, gelben oder orangefarbenen Früchten, ihrer attraktiven Rinde und ihren immergrünen Blättern. Die ledrigen, gezähnten, auf der Oberseite glänzend dunkelgrünen Blätter besitzen rötliche oder grünliche Stiele. Die grünlichweißen oder elfenbeinfarbenen, oft rosa überlaufenen Blüten sitzen in einer reichblütigen (bis 40 und mehr Blüten) vielfach zusammengesetzten, hängenden Traube beisammen. *A. unedo* blüht am heimatlichen Standort von Oktober bis Dezember, bei uns beginnt die Blüte schon früher, häufig schon im Juli.
Die Frucht ist eine fleischigmehlige, kugelrunde, 1 bis 2 cm dicke, höckerige, zuerst grüne, dann zitronen- bis orangegelbe, zuletzt rote, erdbeerähnliche Beere, die einen hübschen Kontrast zu den hellen Blüten und dunkelgrünen Blättern bildet. Bis zur Reife der Früchte vergehen zwei Jahre. Sie schmecken ausgereift süß (der Geschmack wird allerdings sehr unterschiedlich beurteilt) und werden in Südeuropa gegessen, hier und dort auch zu Konfitüre eingekocht. Lokal wird aus den Beeren durch Gärung Alkohol, Wein, Branntwein und Likör gewonnen. 'Compacta' wächst besonders dicht, blüht allerdings viel weniger als die Art. Bei 'Integerrima' sind die Blätter stets ganzrandig, in der Form jedoch sehr wechselnd von elliptisch bis länglich oder lanzettlich. 'Quercifolia' trägt Blätter mit unregelmäßigen, großen Zähnen, vor allem an der Spitze. Bei 'Rubra' sind die Blüten tiefrosa und die Früchte etwas kleiner als bei der Art.
Wer Jungpflanzen selbst anziehen möchte, sollte die jungen Pflanzen stets in saurer Erde kultivieren (bei einem pH-Wert von 4,5 bis 5,5). Ältere Pflanzen sind gegenüber höheren pH-Werten toleranter. Bei den Jungpflanzen ist auf den Befall mit Bodenpilzen zu achten.

► Erdbeerbäume sind etwas empfindlich. Sie mögen keine trockene Luft, die Erde darf bei ihnen nie austrocknen, aber auch nicht zu nass sein. Wenn die Bäume einmal welk geworden sind, erholen sie sich nicht mehr.

TIPP

Erdbeerbäume brauchen das ganze Jahr über viel Licht. Stehen sie zu dunkel, werden die Blüten abgestoßen oder vertrocknen und damit unterbleibt die Fruchtbildung.

Rückschnitt

Alle paar Jahre ist bei außer Form geratenen Pflanzen ein etwas kräftigerer Rückschnitt zu empfehlen, damit sich die Pflanzen von innen heraus verjüngen können. Doch sollte man nicht alle Äste auf einmal zurückschneiden, sondern über einen längeren Zeitraum verteilt. Ein radikaler Rückschnitt bis tief ins alte Holz kann nicht empfohlen werden, da die Pflanzen danach häufig absterben.

Säureliebend
Wie Azaleen oder Kamelien mögen die Pflanzen kein hartes Gießwasser.

Argyranthemum frutescens (Syn. *Chrysanthemum frutescens*) Strauchmargerite

- Aussaat (fürs Beet), Stecklinge (für Kübel)
- Sommer: vollsonnig
- Winter: hell, luftig, 5–15 °C
- sehr viel, im Winter sparsam
- Apr.–Ende Sept. 0,3 % wöchentlich
- Blattläuse, Spinnmilben, Weiße Fliegen, Minierfliegen

Seit vielen Jahren gehört die Strauchmargerite zu den beliebtesten Kübelpflanzen. Mehrere Jahre alte Pflanzen erreichen einen Kronendurchmesser von mehr als einem Meter und eine Höhe von bis zu 1,5 m. Besonders beliebt sind die Strauchmargeriten als Hochstämmchen. Die Blüten – in Wirklichkeit handelt es sich um einen großen Blütenstand – setzen sich aus winzigen, in der Mitte befindlichen, röhrenförmigen, gelb gefärbten Blüten und größeren, zungenförmigen, weißen, den Strahlenkranz bildenden Blüten zusammen. Sie erscheinen in Schüben das ganze Jahr über.
Neben Sorten mit weißen Zungenblüten gibt es auch solche mit rosafarbenen und hellgelben Blüten. Zur Kübelpflanzen-

▲ Strauchmargeriten sind richtige Räuber, sie brauchen sehr viel Wasser und Nährstoffe. An heißen Tagen muss man zwei mal gießen.

kultur eignen sich unter anderem die folgenden mittel- bis hochwachsenden Sorten: 'Florida', 'Maja Bofinger', 'Stor Svensk', alle weiß mit gelber Mitte; 'Schöne von Nizza', tiefgelb, orange Mitte; 'Sonnenstrahl', schwefelgelb und 'Mars', rosa gefüllt. Goldgelb blühende Strauchmargeriten sind meistens *Euryops*-Arten.

Ideal für den Wintergarten
Wem ein Gewächshaus oder Wintergarten zur Überwinterung zur Verfügung steht, wird über die Fülle von Blüten erstaunt sein, die den ganzen Winter über ununterbrochen an den Pflanzen erscheinen. Wichtig ist viel frische Luft, um einem Befall durch Grauschimmelpilze vorzubeugen.

Rückschnitt nach Belieben

Zu groß gewordene Pflanzen können kräftig zurückgeschnitten werden. Grundsätzlich ist es besser, den Rückschnitt auf den Ausgang des Winters vor dem Ausräumen zu legen. Bei Platzmangel im Winterquartier kann auch schon im Herbst ausgelichtet und zurückgeschnitten werden. Auch während der Wachstumsperiode und der Blütezeit können die Pflanzen beschnitten werden. Allerdings ist dabei zu berücksichtigen, dass dadurch die Blütenbildung unterbrochen oder verzögert wird. Die verwelkten Blütenstände haften lange an der Pflanze und bieten keinen besonders schönen Anblick. Nicht nur deshalb sollte man sie regelmäßig entfernen, sondern auch, um die Pflanze ständig neu zur Blütenbildung anzuregen. Hinsichtlich Schädlingsbefall ist besonders auf Minierfliegen zu achten (punktförmige, durchscheinende Flecken auf den Blättern).

Aucuba japonica
Japanische Aukube, Goldorange, „Fleischerpalme“

Die aus ihrer Robustheit resultierende Pflegeleichtigkeit, verbunden mit dem malerischen Wuchs, macht die Aukube als Blattkübelpflanze seit Generationen so beliebt. Wer eine Kübelpflanze für schattige Standorte sucht, ist mit der Aukube bestens bedient, da sie zu den wenigen schattenverträglichen Arten gehört. Gerade die buntblättrigen Sorten setzen leuchtende Akzente an sonst relativ dunklen Standorten. Stehen die Pflanzen allerdings ständig im Schatten, verblasst die Farbe der Blätter merklich. Die Färbung fällt umso kräftiger aus, je heller die Pflanzen stehen.
Während die Blüten der Aukuben nicht sehr attraktiv sind, sind die rot gefärbten Früchte besonders zierend. Allerdings ist in diesem Zusammenhang zu beachten, dass die Pflanzen zweihäusig sind (männliche und weibliche Blüten sitzen auf verschiedenen Pflanzen) und eine Bestäubung und damit Befruchtung nur dort stattfinden kann, wo beide Geschlechter zusammenstehen. Die 1 bis 1,5 cm langen, elliptischen, rot gefärbten Früchte stehen meist zu vielen in Büscheln. Sie schmücken für viele Wochen im Spätwinter und Frühling die Sträucher. Einen sicheren Fruchtansatz erzielt man durch künstliche Bestäubung – eine Mühe, die sich lohnt. Größere Exemplare der Aukube lassen sich auf Terrassen oder im Garten auch als Sichtschutz verwenden.

- Stecklinge
- Sommer: schattig
- Winter: hell, um 5 °C, nicht über 10 °C, nicht zu trockene Luft
- wenig, gleichmäßig feucht
- Apr. – Okt. 0,2 % wöchentlich
- Schildläuse, Spinnmilben

◄ Die Aukube ist eine ausgesprochen genügsame Kübelpflanze für den Schatten. Ihre ledrigen Blätter verdunsten wenig Wasser, sodass sie selten gegossen werden muss.

Vorsicht Gift!
Die Beeren der Aukube sind giftig und üben auf Kinder eine magische Anziehungskraft aus. Daher ist es besser, die Blüten und Früchte rechtzeitig auszubrechen, wenn Kleinkinder im Haushalt sind.

Es gibt von der Art verschiedene Kulturformen mit geflecktem und gepunktetem Laub, die zum Teil nur in einem Geschlecht vorhanden sind: 'Bicolor', Blätter grün mit großem Fleck in der Mitte, Rand grob gezähnt; 'Crotonifolia', Blätter sehr dicht und fein gelb punktiert, weibliche Form; 'Dentata', Blätter grün, nur 4 bis 8 cm lang, an jeder Seite mit sehr großen Zähnen; 'Grandis', grünlaubig, Blätter sehr groß, breit, stark glänzend; 'Hillieri', Blätter sehr groß, tiefgrün, stark glänzend, Früchte dunkel karmin; 'Limbata', Blätter sehr groß, grob gezähnt, grün mit gelbem Saum; 'Picturata', Blätter eilänglich, in der Mitte mit einem großen gelben Fleck, umgeben von kleineren gelben Punkten; 'Rozannie', Wuchs sehr kompakt, Blätter dunkelgrün, rosa schattiert, reichfruchtend, mit großen Beeren; 'Variegata', Blätter dicht gelb punktiert, Flecken ungleich groß.

▲ Die *Bougainvillea* ist ein Sonnenkind. Im Halbschatten oder Schatten blüht sie nicht.

Bougainvillea Bougainvillee, Drillingsblume

- krautartige Kopfstecklinge, Teilstecklinge mit 2–3 kräftigen Blättern
- Sommer: warm, pralle Sonne
- Winter: *B. glabra* dunkel, 5–10 °C, *B. spectabilis* heller, 10–15 °C
- gleichmäßig feucht
- Frühjahr – Ende Sept. 0,2 % wöchentlich
- oft Pflegefehler (Hochblätter und Blütenknospen werden abgestoßen), gelegentlich Spinnmilben, Weiße Fliege, Blattläuse

Aus allen südlichen Ländern, so auch aus dem Mittelmeerraum, ist die Farbenpracht der in Südamerika heimischen *Bougainvillea* nicht mehr wegzudenken. Das Farbenspiel reicht von violett über rot, rostrot, orange, rosa, bis zu gelben und fast weißen Farbtönen. Es wird jedoch nicht, wie man meinen sollte, durch die eigentlichen Blüten, sondern durch die prächtig gefärbten Hochblätter verursacht. Sie sind oval, spitz zulaufend, leicht gekräuselt und umringen zu dritt die unscheinbare Blüte. Die zu dritt beisammenstehenden Blüten brachten der Pflanze im Volksmund den Namen Drillingsblume ein. Die Blüte erfolgt in der Regel von März bis Juni, ist jedoch ganzjährig möglich. Nach dem Abblühen werden die ehemals so leuchtend gefärbten Hochblätter grün, trocknen allmählich aus und werden pergamentartig. Als Kübelpflanzen sind die folgenden zwei Arten von Bedeutung.

Bougainvillea glabra

ist im Mittelmeergebiet als Freilandpflanze weit verbreitet. Von ihr gibt es eine Reihe von Kulturformen mit unterschiedlich gefärbten Brakteen im Handel. Am weitesten verbreitet ist die Sorte 'Sanderiana'. 'Alexandra' ist intensiv, leuchtend purpurviolett. Bei 'Variegata' sind die Ränder unregelmäßig von einem gelben Streifen eingefasst, der gegen die Blattmitte gelbgrün abgestuft ist. Weitere Sorten sind: 'Gruß aus Badenweiler', zartrosa; 'Miggi Ruser', zimt- bis orangefarbig; 'Crimson Lake' ('Mrs. Butt'), scharlachrot; 'James Walker', purpurrosa und 'Isobel Greensmith', zart rosenrot. Hinzu kommt die gefüllt blühende 'Diana', karminrosa und blutrot. *B. glabra* und ihre Sorten werfen im Winter zur Ruhezeit alles Laub ab und können daher relativ dunkel bei 5 bis 10 °C überwintert werden.

Bougainvillea spectabilis

ist besonders starkwüchsig. Die Brakteen färben sich purpurfarben. Die Sorte 'Killie Campbell' blüht kupfer- bis magentarot und 'Brilliant' orange-kupferfarben.

Erziehungsformen

Bougainvilleen lassen sich vielfältig verwenden. Als Kletterpflanze bindet man sie in der Regel an Spaliere oder an selbst hergestellte Pyramiden aus Bambus- oder Stahlstäben. Auch Stämmchen oder Kugeln lassen sich sehr leicht ziehen. In welcher Erziehungsform man Bougainvilleen auch heranzieht, im Sommer sind alle Langtriebe zurückzuschneiden, damit sich kurze Seitentriebe bilden, die später besonders reich blühen.
Die fast gleichmäßig elliptischen Blätter werden bis zu 13 cm lang und 6 cm breit. Sie sind beiderseits kahl oder spärlich be-

haart, oberseits bei manchen Kulturformen glänzend, bei anderen matt, auf der Unterseite viel heller und mit erhabenen, leicht behaarten Nerven. Die Brakteen verblassen im Verblühen häufig.

Brugmansia (Syn. *Datura*) Engelstrompete

- Stecklinge
- Sommer: hell, sonnig, windgeschützt
- Winter: 5–8 °C, gut belüftet, notfalls dunkel
- sehr viel, morgens und abends
- sehr viel, Frühj.–Herbst 0,5 % wöchentlich
- Blattwanzen, Blattläuse, Spinnmilben, Weiße Fliege, Schnecken, Virusbefall

Ihr überaus reicher Blütenflor, der den ganzen Sommer über anhält, und ihr intensiver Duft haben sie zu einer beliebten Kübelpflanze werden lassen. Die Mühe für ihre Pflege lohnt sich. Die ersten Engelstrompeten kamen um 1800 nach Deutschland, wo sie zunächst in Schlossgärtnereien, botanischen Gärten und öffentlichen Anlagen gezogen wurden.

Brugmansia suaveolens

Mit ihren Hybriden ist sie die bekannteste und bei uns am weitesten verbreitete Engelstrompete. Das ist nicht verwunderlich, denn sie wächst sehr stark, verzweigt sich früh und ist oft bis unten geschlossen belaubt. Auch wegen ihrer relativ wetterunabhängigen, sicheren Blüte ist sie sehr beliebt. Die Blüten sind 24 bis 32 cm lang, vorwiegend weiß, seltener gelb oder rosa gefärbt. In der Dämmerung strömen sie einen intensiven Duft (*suaveolens* = wohlriechend) aus.

Überwinterung

Die Pflanzen sollten im Herbst so lange wie möglich im Freien bleiben. Je nach vorhandener Luftfeuchte benötigen die Engelstrompeten kaum Wasser während des Winters. Der Wurzelballen darf jedoch nicht total austrocknen. Wenn die schlimmste Frostgefahr im Frühjahr vorüber ist, sollten die Pflanzen wieder ins Freie gebracht werden. In den ersten Tagen müssen sie vor der Sonne geschützt werden, damit sie keinen Sonnenbrand bekommen.

▶ Mit ihren außergewöhnlich schön geformten, großen Blüten gehören die Engelstrompeten zu den eindrucksvollsten Pflanzen sommerlicher Gärten und Parks.

Sehr hoher Wasserbedarf

Der Wasserbedarf ist in den Sommermonaten außerordentlich hoch. In der Regel wird man morgens und abends gießen müssen. Dabei ist darauf zu achten, dass der Wurzelballen auch bis auf den Grund des Kübels durchnässt wird. Trockenheit zeigen Engelstrompeten sehr schnell durch hängende Blätter an. Bei sofortigem Gießen erholen sich die Pflanzen erstaunlich schnell wieder. Bei Ballentrockenheit reagieren die Pflanzen zunächst mit dem Abwerfen von Blütenknospen, aber es können auch einzelne Triebe absterben. Im Herbst werden die Wassergaben allmählich reduziert, ohne das Gießen ganz einzustellen.

Kräftig zurückschneiden

In der Regel werden Engelstrompeten strauchförmig gezogen, zumal ihr buschiges Aussehen meist durch zahlreiche Bodentriebe verstärkt wird. Interessant sind aber auch baumförmig gezogene Pflanzen. Besonders Arten und Kulturformen mit hängenden Blüten kommen in dieser Erziehungsform besonders gut zur Geltung. Dank ihrer hohen Regenerationsfähigkeit vertragen Engelstrompeten selbst einen radikalen Rückschnitt. Das geht aber auf Kosten der ersten Blüte im folgenden Jahr. Wenn das Überwinterungsquartier groß genug ist, sollte deshalb nur vorsichtig zurückgeschnitten oder besser nur ausgelichtet werden. Auch empfiehlt es sich, erst im Frühjahr zurückzuschneiden, weil im Winter – besonders bei großen älteren Pflanzen – ein Teil der Äste und Zweige eintrocknet und dann sowieso entfernt werden muss.

Jährlich umtopfen

Die Pflanzgefäße für Engelstrompeten sollten genügend groß sein, dabei eher breit als hoch. Einerseits lassen sich so zu große Schwankungen in der Wasser- und

Nährstoffversorgung vermeiden, andererseits verbessert sich durch das größere Volumen die Standfestigkeit des Kübels. Engelstrompeten sollten im Gegensatz zu den meisten anderen Kübelpflanzen jedes Jahr umgetopft werden. Diese enorm nährstoffverbrauchenden Pflanzen laugen ihre Erde innerhalb einer Vegetationsperiode völlig aus. Umgetopft wird jeweils zu Beginn der neuen Vegetationsperiode.

Auspflanzen im Sommer

Engelstrompeten können während der Sommermonate auch im Garten ausgepflanzt werden. In der Regel entwickeln sie sich dadurch besonders schnell zu imposanten, überreich blühenden Pflanzen. Der Vorteil des Auspflanzens liegt in der immer gleichbleibenden und ausreichenden Nährstoff- und Wasserversorgung der Pflanzen.

Caesalpinia
Caesalpinie

- Aussaat, halbreife Stecklinge im Sommer, Steckholz im zeitigen Frühjahr
- Sommer: sonnig, warm, geschützt
- Winter: hell, 5 – 10 °C, nach Laubabwurf auch dunkel
- viel, regelmäßig, im Winter wenig
- viel, Frühjahr – Ende Sept. 0,3 % wöchentlich
- Spinnmilben, Blattläuse am Neuaustrieb

Verschiedene Arten der Gattung *Caesalpinia* gehören zu den schönsten Ziersträuchern tropischer Gärten. Ursprünglich in den Tropen und Subtropen Amerikas und Asiens heimisch, werden sie heute in vielen tropischen und subtropischen Gebieten, so auch im Mittelmeerraum, angepflanzt. Die hübsch gefärbten, auffälligen Blüten stehen in endständigen, oft rispigen Trauben. Die weit aus dem Kelch herausragenden Staubblätter charakterisieren die Blüten der Gattung. Als Kübelpflanzen angeboten werden die folgenden Arten:

Caesalpinia gilliesii

Paradiesvogelstrauch, zeichnet sich durch wundervoll zartes, doppelt gefiedertes Blattwerk aus. Über den ornamentalen Blättern erheben sich die in traubigen Blütenständen angeordneten, gelb gefärbten Blüten. Sie fallen durch ihre lang vorspringenden, leuchtendroten Staubblätter aus.

Caesalpinia pulcherrima

(Syn. *Poinciana pulcherrima*), Pfauenstrauch, Stolz von Barbados. Ursprünglich im tropischen Amerika (Westindien) heimisch, ist *C. pulcherrima* heute in allen tropischen Ländern einer der dekorativsten und blühwilligsten Ziersträucher. Die gestielten, bis 10 cm langen Blüten sind in 30 bis 40 cm langen, vielblumigen, traubigen Blütenständen vereint, die über dem Laub stehen. Die meist roten Blüten, es gibt aber auch orange bis gelbe Varietäten, fallen durch die zehn weit hervorragenden Staubblätter besonders auf.

Nicht austrocknen lassen
Vorübergehende Trockenheit führt leicht zu Blattfall, Ballentrockenheit zum Absterben der Pflanzen. Ebenso empfindlich sind Caesalpinien allerdings gegen ständig nassen Fuß.

Callistemon
Zylinderputzer, Lampenputzerstrauch, Schönfaden

- Stecklinge
- Sommer: warm, sonnig
- Winter: hell, kühl 5 – 10 °C
- viel, aber keine stauende Nässe
- Apr. – Ende Sept. 0,2 % wöchentlich
- Bodenpilze, vor allem an jungen Pflanzen

Callistemon sind immergrüne Sträucher, in ihrer Heimat auch kleine Bäume, mit steifen, lederartigen, oft stechenden, wechselständig oder zerstreut stehenden, lanzettlichen, linealischen oder drehrunden Blättern. Bei einigen Arten ist der Austrieb kupferrot oder bronzegrün. Die Blüten stehen in dichten, walzenförmigen Ähren. Sie stehen zuerst endständig, jedoch wächst die Achse später zu einem beblätterten Trieb weiter (eine Eigenart, die man selten im Pflanzenreich findet). Die unscheinbaren Kelch- und Blütenblätter sind klein und fallen bald ab. Die sehr zahlreichen Staubblätter geben den Blüten den eigentlichen Reiz. Die wichtigsten Arten sind:

Callistemon citrinus

Die lanzettlichen, spitzen Blätter dieser Art sind in der Jugend hübsch rot gefärbt. Die Blüten sitzen in 5 bis 10 cm langen, lockeren Ähren. Die 2,5 cm langen Staubfäden färben sich dunkelscharlach, die

◄ Der deutsche Name „Zylinderputzer“ stammt noch aus einer Zeit, in der es kein elektrisches Licht gab und die Zimmer durch Petroleum- oder Gaslampen erhellt wurden. Beiden gemeinsam waren die Glaszylinder, die vor allem bei den Petroleumlampen leicht verrußten und deshalb des öfteren mit runden Bürsten (Zylinderputzern) gereinigt werden mussten. Diesen Bürsten ähneln die Blütenstände der *Callistemon*.

▶ Kamelien sehen am schönsten aus, wenn sie sich frei entwickeln können. Allenfalls ein leichter Formschnitt ist erforderlich.

Staubgefäße noch dunkler. Die Hauptblütezeit fällt in das Frühjahr und in den Sommer. Aber auch zu anderen Jahreszeiten erscheinen hin und wieder Blüten. Die Kulturform 'Splendens' hat doppelt so lange, glänzend karminrote Staubfäden.

Callistemon salignus

Sie wirkt besonders schön durch die papierartige Rinde und den zartrosa, seidig behaarten Austrieb. Die bis 7 cm langen und etwa 3 cm breiten Blütenstände färben sich bei ihrer Entfaltung im Juni hellgelb bis hellrosa. Im Handel sind auch Kulturformen mit roten oder weißen Blütenständen erhältlich.

Callistemon speciosus

Die Blütenähren dieser Art sind bis 12 cm lang und bis 6 cm breit. Die etwa 2,5 cm langen, leuchtend karminroten Staubfäden tragen goldgelbe Staubgefäße.
Ältere Pflanzen nach Bedarf zurückschneiden oder auslichten, wenn die Pflanzen zu groß geworden sind. Ein notwendiger Rückschnitt sollte direkt nach der Blüte erfolgen, da an dem noch im gleichen Jahr erfolgenden Austrieb bereits die Blütenanlagen für das nächste Jahr gebildet werden. Werden die Pflanzen zu groß oder erscheint eine Verjüngung angebracht, ist auch ein Rückschnitt ins alte Holz möglich. Gelegentlich werden *Callistemon* auch als Hochstämmchen kultiviert. Wie die meisten Myrtengewächse mögen auch Zylinderputzer keinen Kalk und sollten deshalb in kalkarmer, humoser Erde, pH 5 bis 6, mit hohem Porenvolumen gezogen werden.

TIPP

Wenn die Pflanzen zu groß geworden sind, nach der Blüte auslichten und zurückschneiden.

Camellia
Kamelie

Es gibt nicht viele zwischen Spätherbst und dem späten Frühjahr blühende Pflanzen, die sich mit den Kamelien messen können. Aber auch ihr immergrünes, glänzendes Laub hat einen besonderen Reiz, sodass Kamelien auch während des Sommers durchaus attraktive Blattpflanzen sind. Die Blüten sitzen achselständig meist einzeln, seltener zu zwei bis drei beisammen. Sie sind weiß, rosa, rot oder mehrfarbig. In der Züchtung und Auslese gilt nach wie vor *C. japonica* das größte Interesse. Nicht minder wertvoll, aber seltener im Handel, sind die herbstblühenden, wesentlich härteren *C. sasanqua* und *C. reticulata*. Andere Arten spielen in der Kübelpflanzenkultur keine Rolle. *C. japonica* wird regelmäßig im örtlichen Blumenhandel als kleinere Topfpflanze angeboten. Die Pflanzen sind nicht ganz billig. Der Preis richtet sich nach den Knospentrieben. Größere Pflanzen erhält man in der Regel nur in Kübelpflanzengärtnereien. Dies gilt auch für *C. reticulata* und *C. sasanqua*.
Noch vor hundert Jahren kam der *C. japonica* in der vornehmen Gesellschaft eine große Bedeutung zu. Ihre Beliebtheit als auserwählte Modeblume äußerte sich in einer ungeheuren Sortenfülle, die tausend weit überschritt. Hier auf die immer noch große Zahl der heute kultivierten Kulturformen einzugehen würde den Rahmen dieses Buches sprengen. Deshalb nachfolgend nur eine kleine Auswahl. Die bei uns am meisten angebaute Sorte ist nach wie vor die mittel- bis großblütige, anemonenförmige 'Elegans', die sich durch einen willigen Knospenansatz auszeichnet. Aus dieser Sorte gingen als Sports 'Elegans weiß' und 'C.M. Wilson' mit päonienförmigen, hellrosa Blüten hervor. 'Lady Campbell' mit mittelgroßen, päonienförmigen, roten Blüten weist eine gute Verzweigung auf. 'Mathotiana' ist mit ihren verschiedenen Sports in den Farben Blutrot, Rosa, Weiß und großen, vollständig gefüllten Blüten mit vielen gleichmäßig dachziegelförmig angeordneten Petalenreihen besonders beliebt. 'Cecile Brunazzi' ist langsamwachsend, die Blüten hellrosa mit karminroten Streifen. Bei 'Clarise Car-

- Stecklinge, Veredlung auf die Sorte 'Lady Campbell'
- Sommer: lichter Schatten, Morgensonne
- Winter: sehr hell, kühl 5 – 10 °C
- gleichmäßig feucht, salzarm
- März – Ende Aug. 0,2 % wöchentlich
- physiologische Störungen, schwacher Austrieb bei Kupfermangel, Schildläuse, Thripse

Ballen darf nicht austrocknen

Einmaliges, starkes Austrocknen der Wurzelballen kann zu empfindlichen Schäden oder gar zum Absterben der Pflanzen führen. Ebenso ist stauende Nässe unbedingt zu vermeiden.

Nicht gleich in die Sonne stellen

Aufpassen muss man beim Ausräumen der Kamelien. Sie dürfen nicht gleich in die Sonne kommen, denn sonst verbrennen die Blätter leicht.

Kühle Schönheit
Die Kamelie bezeichnet man auch als „Kühle Schönheit", denn zum Ausreifen der Blütenknospen sind niedrige Temperaturen notwendig. Je wärmer Kamelien nach Ausbildung der Knospen gehalten werden, desto größer ist die Gefahr, dass die Knospen und Blüten abfallen. Auch Lichtmangel im Winter führt unweigerlich zu Knospen- und Blattfall.

Nicht zu nass stellen
Die Hauptschwierigkeit bei der Kultur der Kamelien ist das Einhalten einer über das ganze Jahr gleichmäßigen Feuchtigkeit im Wurzelbereich. Kamelien dürfen weder im Sommer noch im Winter im Wurzelbereich übernässt werden. Der Tod der Pflanze wäre vorprogrammiert. Das Gießwasser muss stets salzarm oder enthärtet sein, da es sonst in Verbindung mit der Düngung leicht zu Übersalzung des Bodens und somit zur Schädigung der Pflanzen kommen kann.

leton' färben sich die päonienähnlichen Blüten karmesinrot. 'Donckelaeri' zeichnet sich durch einen streng aufrechten Wuchs und große, halbgefüllte rote Blüten, die oft weiß marmoriert sind, aus.

Standort im Sommer

Die Japonica-Kamelien sind Pflanzen des Unterholzes und lieben daher keine Prallsonne. Diesem Bedürfnis ist in den Frühjahrs- und Sommermonaten Rechnung zu tragen. Günstig sind Standorte mit Morgensonne oder im lichten Schatten größerer Bäume. Auch Nordseiten sind geeignet, wenn nicht zusätzlich Schatten durch angrenzende Gebäude oder Bäume auf die Pflanzen fällt. Deutlich mehr Sonne als *C. japonica* vertragen *C. reticulata* und *C. sasanqua*. Für die Sasanqua-Kamelie sind hohe Lichtintensitäten im Sommer sogar Voraussetzung für ihre außergewöhnliche Blütenfülle.

Krankheiten und Schädlinge

Dem natürlichen Wachstumsverlauf der Kamelien können unsere Klimaverhältnisse nur bis zu einem gewissen Grad angepasst werden. Je mehr diese davon abweichen, um so eher stellen sich physiologische Störungen bei den Pflanzen ein, die zu verschiedenen Krankheiten führen können. Zu den häufigsten Einflüssen, die solche Störungen hervorrufen, gehören ungeeignete Temperaturen, zu geringe Luft- und zu hohe Bodenfeuchtigkeit, falsche Ernährung, Substratbeschaffenheit und Lichtarmut im Winter. Werden die Pflanzen durch ungünstige Wachstumsfaktoren – von denen häufig mehrere gleichzeitig vorliegen – geschwächt, so werden sie anfälliger gegenüber pathogenen Pilzen und Schädlingen. Helle Flecken auf den Blättern, die mit feinen Sprenkeln übersät sind, deuten auf Befall mit Blasenfüßen hin. Bei starkem Befall vergilben die Blätter und fallen schließlich ab.

Rückschnitt und Verpflanzen

Ältere, größere Pflanzen lassen sich gut zurückschneiden. Dabei empfiehlt es sich, auf einen Seitentrieb oder auf eine sichtbare Knospe zurückzuschneiden. Gelegentlich bilden sich nach der Ausbildung der Blütenknospen an deren Basis neue Austriebe, die man entfernen muss, weil sonst die Knospen abgedrückt werden. Verpflanzen sollte man ältere Pflanzen nur in größeren Abständen, etwa alle drei bis vier Jahre. Die beste Zeit dazu sind die Sommermonate, nach der Anlage der Blütenknospen.

Canna indica-Cultivars Blumenrohr

Das Blumenrohr bildet mit seinen leuchtenden Blütenschäften ein dominierendes Gestaltungselement auf Sommerblumenbeeten, Rabatten und in Pflanzkübeln, wo es von Ende Juni bis zu den ersten Frösten im Herbst ununterbrochen blüht. Die Pflanzen besitzen ein verdicktes unterirdisches Rhizom in Form einer Knolle. Ihm entspringen die oberirdischen Stängel, welche große, breite, fiedernervige Blätter mit einer deutlichen Mittelrippe tragen. Alle heute in den Gärten und Gärtnereien kultivierten *Canna* sind Hybriden, nur sie haben als Kübelpflanzen Bedeutung. Die Hybriden werden alle vegetativ vermehrt. Wenn man ihre Samen aussät, sind die Nachkommen nicht sortenrein.
Die Kulturformen werden 40 bis 120 cm und sogar 150 cm hoch. Ihre Blätter sind stattlich und ansehnlich, grün oder dun-

- Hybriden Rhizom-Teilung Jan. – März, bei Arten Aussaat
- Sommer: warm, sonnig, windgeschützt
- Winter: trocken (wie Dahlien), um 15 °C
- viel
- 0,3 % wöchentlich
- Spinnmilben, Blattläuse, Schnecken, im Winterquartier Fäulnispilze

▸ Die prächtigen *Canna* sind in Parks und in ländlichen Gärten sehr beliebt und wirken im Kübel vor Hauswänden oder ausgepflanzt vor einem immergrünen Hintergrund.

kel rötlichbraun. Die relativ großen Blüten stehen dicht beieinander und bilden so einen geschlossenen Farbfleck. Interessant ist die Tatsache, dass bei den Blüten Kelch und Krone nur unscheinbare Hüllen darstellen, während die eigentliche Blume von ein bis vier unfruchtbaren Staubblättern gebildet wird. Die Farbpalette der Blüten reicht von Weiß über verschiedene Schattierungen von Gelb und Rosa bis zu Scharlachrot. Oft sind auch die Blütenblätter noch andersfarbig gefleckt oder gezeichnet. Es ist natürlich unmöglich, sämtlich heute existenten Sorten zu erwähnen. Neben hochwachsenden Sorten, die sich besonders gut zur Kübelkultur eignen, gibt es noch Zwergformen, die für Beetbepflanzungen zu empfehlen sind.
Höher wachsende grünlaubige Sorten sind unter anderem: 'Dondoblutrot', blutrot; 'Fanal', lachsscharlach; 'Felix Ragout', gelb; 'Goldkrone', gold mit roten Flecken; 'Präsident', scharlach; 'Pink Präsident', dunkelrosa; 'R. Wallace', kanariengelb; 'Kupferriese', orangekupfer. Höher wachsende rotlaubige Sorten sind unter anderem: 'Garteninspektor Nessler', orange; 'Tirol', lachs; 'Aphrodite', dunkelrosa; 'Feuerzauber', scharlach; 'Mauritius', dunkelrot; 'Professor Lorenz', gelb, hellorange geflammt; 'Liebesglut', scharlach.

TIPP

Bei *Canna* Verblühtes regelmäßig entfernen, damit sie reich blüht.

Überwintern der Knollen

Im Spätherbst, wenn die Stangel vom Frost braun geworden sind, werden die Rhizome, nachdem man die Stiele 10 bis 20 cm über der Erde abgeschnitten hat, aus den Kübeln herausgenommen. Über Winter werden sie in einem trockenem Raum (Keller, Gewächshaus oder Schuppen) mit einem Teil der anhaftenden Erde bei Temperaturen um 15 °C aufbewahrt. Bei zu feuchter und dichter Lagerung treten im Winterquartier Fäulnispilze (*Botrytis*) auf. Um beim Auspflanzen im Mai oder beim Ausräumen der Kübel bereits große Pflanzen zu erreichen, empfiehlt es sich, die Rhizome bereits im März einzupflanzen und im Gewächshaus oder Wintergarten anzutreiben. Die Pflanzen können dann ab Mitte Mai bis Anfang Juni, wenn keine Fröste mehr drohen, an den endgültigen Platz gepflanzt oder gestellt werden. Eine besonders reiche Blüte wird erzielt, wenn man die ersten Blütentriebe nach dem Austrieb auf 20 cm Höhe stutzt.

Ceratonia siliqua Johannisbrotbaum

- Aussaat, auch Veredlung
- Sommer: volle Sonne bis Schatten
- Winter: hell (Gewächshaus, Wintergarten), 5 – 10 °C
- zurückhaltend
- März – Sept. 0,2 % wöchentlich
- sehr selten, eventuell eingeschleppte Wollläuse

Der Johannisbrotbaum ist eine noch wenig bekannte attraktive Blattschmuckpflanze. Die verkehrt eiförmigen, 4 bis 5 cm langen, an der Spitze oft ausgerandeten, oberseits glänzend dunkelgrünen, unterseits rotbraunen Blättchen haben eine derb lederartige Struktur. Im Austrieb sind die Blätter hübsch rötlich gefärbt. Die wenig zierenden, eingeschlechtigen Blüten (die Krone fehlt) sitzen in seitenständigen, aufrechten, trauben- oder kätzchenförmigen, etwa 15 cm langen Blütenständen, oft dem Stamm oder alten Zweigen entspringend. Der Johannisbrotbaum blüht von Mai bis in den Spätherbst hinein.
Die Frucht ist eine 10 bis 20 cm lange, etwa 3 cm breite, derb lederige, braunviolette, oft hornartig gekrümmte Hülse mit weichem, später verhärtendem, süßlichem Fruchtfleisch. Die zahlreichen flachen, glänzendbraunen Samen liegen in von Häuten ausgekleideten Hohlräumen. Der Name Johannisbrotbaum geht auf Johannes den Täufer zurück, der sich von den Früchten ernährt haben soll.
Während in den Anbaugebieten die Karobenbäume aus Samen gezogen und dann veredelt werden (Sämlinge liefern in der Regel minderwertige Früchte), kann der Pflanzenliebhaber durchaus aus Samen gezogene Pflanzen verwenden, weil die Früchte bei der Kübelpflanzenkultur keine Rolle spielen. Frische Früchte mit keimfähigem Samen werden ganzjährig in den Früchteabteilungen gut sortierter Lebensmittelhändler angeboten.
Die Pflanzen überleben zwar auch bei niedrigen Lichtintensitäten, doch leidet darunter ihr attraktives Äußeres, und es dauert sehr lange, bis sich die Pflanzen im Frühjahr erholt haben. Bei niedrigen Lichtintensitäten ist ein Temperaturbereich zwischen 5 und 10 °C ideal.

WICHTIG

Die Pflanze sollte sich ohne Schnitt frei entwickeln. Erst bei größeren Pflanzen wird man den einen oder anderen, die Krone überragenden Zweig einkürzen müssen. Zu groß gewordene Pflanzen können beliebig zurückgeschnitten werden.

Zurückhaltend gießen

Erfahrungsgemäß sterben die trockenresistenten Pflanzen eher infolge von Übernässung ab, als dass sie vertrocknen. Im Sommer lässt man die Erde zwischen den Wassergaben oberflächlich abtrocknen. Im Winter nur sporadisch in größeren Abständen gießen.

Cestrum
Hammerstrauch

- Aussaat, besser Stecklinge, da bei Aussaat oft blühfaule Exemplare
- Sommer: volle Sonne, in warmen Sommern Halbschatten
- Winter: hell, 10–15 °C, dann immergrün, Blattabwurf unter 10 °C
- sehr viel
- März–Sept. 0,3 % wöchentlich, bei warmer Überwinterung alle 2–3 Wochen
- Krautfäule, Grauschimmel

Die Hammersträucher gehören mit zu den wichtigsten blühenden Kübelpflanzen. Zusammen mit anderen Nachtschattengewächsen verwandeln sie Terrassen, Balkone und andere Sitzplätze in tropische Oasen. Genug Wasser und Nährstoffe vorausgesetzt, wachsen sie kräftig und blühen den ganzen Sommer über und über. Von den über 200 Arten sind die beiden folgenden als Kübelpflanzen von besonderer Bedeutung.

Cestrum aurantiacum
Orangefarbener Hammerstrauch. Bei dem in Guatemala heimischen immergrünen Strauch erscheinen den ganzen Sommer über kräftig orangefarbene Blüten. Sie sitzen in end- und achselständigen Trauben zu einer kegelförmigen, bis 10 cm breiten Rispe vereinigt.

Cestrum elegans
(Syn. *C. purpureum*) Roter Hammerstrauch. Er ist schon seit Ende des 19. Jahrhunderts als Kübelpflanze bei uns bekannt. Die zunächst straff aufrecht wachsenden, meist purpurfarben angelaufenen Zweige hängen später elegant über. Die etwa 2,5 cm langen, purpurroten Blüten sitzen in dichten, hängenden, etwa 10 cm langen Rispen an den Triebenden. Sie erscheinen den ganzen Sommer über, bei heller Überwinterung bis weit in den Herbst hinein. Ein wahrer Dauerblüher.

Krankheiten und Schädlinge
Wie viele andere Solanaceen werden auch *Cestrum* häufig von Schädlingen (z. B. Weiße Fliege) und Krankheiten befallen. Bei den Pilzkrankheiten ist auf eine Art Krautfäule, die sich im Sommer durch eintrocknende, schwarz werdende Blattränder und baldigen Blattverlust bemerkbar macht, zu achten. In schlecht belüfteten Überwinterungsräumen, insbesondere bei wenig Licht, muss man auf Grauschimmelpilze achten. Bei Schlechtwetterperioden im Sommer können die Grauschimmelpilze auch schon früher auftreten. Befallene Triebe umgehend herausschneiden und abgefallene Blätter sofort entfernen. Da sich Hammersträucher außerordentlich gut regenerieren, wirken sich kleinere Schäden nur wenig aus. Gelbe Blätter und Blattfall treten auf, wenn nicht genügend gedüngt wird oder der Wurzelballen austrocknet.

Besondere Hinweise
Alle Arten lassen sich als Strauch oder Hochstämmchen ziehen. Ältere Pflanzen bilden von unten immer neue, zunächst krautige, im zweiten Jahr verholzende und blühfähige Triebe und Äste aus. Da die Triebe mit der Zeit durch ihre Länge überhängen und darüber hinaus der Neuaustrieb blühwilliger ist, sollte fortlaufend für eine Verjüngung gesorgt werden. Dazu werden jährlich oder jedes zweite Jahr einige der ältesten „Stämme" dicht über dem Boden herausgeschnitten.

▲ Der üppig belaubte Hammerstrauch lässt sich als Strauch oder Hochstämmchen ziehen.

Chamaerops humilis
Europäische Zwergpalme

Die niedrige Zwergpalme ist sehr vielgestaltig. Als Mehrfachstamm wird sie selten größer als 1 bis 2 m, einstämmig erreicht sie dagegen eine Größe von bis zu 2 m. Die endständigen, steifen Blätter mit fast kreisrunder, grau- oder bläulichgrüner Spreite (50 bis 60 cm lang) ohne Mittelrippe sind bis zur Basis in zahlreiche Segmente geteilt. Der dornige Stiel ist 75 bis 100 cm lang. Zwischen den Blattstielen

- Samen, Abtrennen der Kindel
- Sommer: sehr kältetolerant, Anfang März ins Freie, sonnig, vor Dauerregen geschützt
- Winter: um 0 °C, verträgt leichten Frost, aber auch wärmer
- sehr wenig
- März–Okt. 0,2 % wöchentlich
- selten Woll- und Schildläuse, Spinnmilben bei niedriger Luftfeuchtigkeit

◄ Tropische Atmosphäre verbreiten Zwergpalmen im Kübel. Am besten gleich Pflanzen in der gewünschten Größe kaufen, weil sie sehr langsam wachsen.

▲ Die immergrüne Orangenblume ist mit ihrem dunkelgrünen Laub und den duftenden Blüten eine außerordentlich attraktive Kübelpflanze.

erscheinen die büschelartig verzweigten, leuchtend gelben Blütenstände.
Von der Zwergpalme sind eine große Anzahl von Varietäten und Formen bekannt, die sich durch die Blattgröße, Stärke und Form der Dornen sowie die Färbung der Blätter unterscheiden. Sie variiert von graugrün über grün bis blaugrün, oft mit silbrigem Schimmer.
Die Zwergpalme braucht wenig Wasser. Die Strahlen der halbkreisbildenden Fächer falten sich bei Wassermangel und reduzieren somit die Verdunstung.

Choisya ternata Mexikanische Orangenblume

- Stecklinge
- Sommer: halbsonnig, Ost- oder Westseite
- Winter: hell, um 5 °C, bei dunkler Überwinterung verliert sie Laub
- im Sommer viel, im Winter vorsichtig
- Apr. – Ende Sept. 0,3 % wöchentlich
- kaum, im Sommer Spinnmilben, im Winter Blattläuse

Vom unwiderstehlichen Duft der Orangenblume, die mit Zitruspflanzen nahe verwandt ist, ist wohl jeder begeistert. Die weißen, etwa 3 cm breiten, stark nach Orangen duftend Blüten stehen in Trugdolden. Sie erscheinen, je nach Überwinterungstemperatur, zwischen Februar und Juni. Aber auch schon im Herbst öffnen sich vereinzelt Blüten. In England wird die Kulturform 'Sundance' angeboten, deren Blätter golden glänzen.
Als immergrüne Pflanze sollte die Orangenblume möglichst hell überwintert werden. Überwintert man sie dunkel, verliert sie einen Großteil ihres Laubes und das Aussehen leidet sehr. Im Winter darf sie dem Standort und der Temperatur entsprechend nur sehr vorsichtig gegossen werden. Zu beachten ist, dass die Orangenblume wie viele andere Rautengewächse (z. B. Zitrusgewächse) auf zuviel Kalk im Wasser und in der Erde empfindlich reagiert.

Rückschnitt

Gelegentlich sollte man die ältesten und längsten Zweige entfernen, indem man sie kurz über der Erde abschneidet. Es bilden sich dann neue Triebe, die besonders blühwillig sind. Durch Trockenhalten nach dem Durchtrieb setzen Orangenblumen erneut Blüten an und blühen im Herbst ein zweites Mal.

Citrus madurensis (Syn. × *Citrofortunella mitis*) Calamondinorange

Die Calamondinorange ist ein Gattungsbastard, der wahrscheinlich aus einer Kreuzung von *Citrus reticulata* × *Fortunella margarita* entstanden ist.
Ihre stark duftenden, weißen Blüten erscheinen in den Blattachseln der jungen Zweige, während sich die 5 cm großen „Apfelsinen" am alten Holz befinden. Die Früchte können durchaus gegessen werden. Eine besondere Delikatesse sind die herbsüß schmeckenden Früchte allerdings nicht.
Häufig sind bei der Calamondinorange die Blattränder und -spitzen dürr. Die Ursache dafür ist meistens zu geringe Luftfeuchtigkeit, gelegentlich aber auch Ballentrocken-

- Aussaat, Stecklinge
- Sommer: hell, sonnig, aber keine pralle Sonne
- Winter: hell, 5 – 15 °C
- mäßig feucht, im Winter wenig
- Apr. – Ende Sept. 0,2 % wöchentlich
- Spitzen- und Blattdürre, Spinnmilben, Schildläuse, Chlorosen

◄ Das besondere der Calamondinorange ist, dass sie das ganze Jahr über blüht und ständig Früchte trägt.

heit oder Übernässung. Ursache von Blattfall sind tiefe Temperaturen.

Rückschnitt

Calamondinorangen sollten als ältere Pflanzen möglichst nicht beschnitten werden. Gelegentliches Formieren hat mit äußerster Vorsicht zu erfolgen. Pflanzen, die zu stark eingekürzt werden, kommen nicht zum Blühen. Erforderlichenfalls können ältere Pflanzen zur Verjüngung kräftig zurückgeschnitten werden. Ein künstliches Bestäuben der Blüten ist nicht erforderlich.

Citrus
Agrume, Zitrone, Apfelsine

- Veredlung auf Bitterorange, Aussaat, Stecklinge
- Sommer: volle Sonne, warm
- Winter: sehr hell, frostfrei, 10 – 15 °C, luftig
- nicht zu viel
- Apr. – Ende Sept. 0,2 % wöchentlich
- häufig Blattläuse, Wollläuse, Schildläuse, Spinnmilben

Es gibt wenig Pflanzen, die so vollkommen das Bild des Südens in uns wecken wie die Zitruspflanzen. Es ist, als ob der köstliche Duft ihrer Blüten den klaren Himmel und die Milde des mittelmeerländischen Klimas spiegelte. In Kübeln gepflanzt bringen sie etwas von dem südlichen Flair auf unsere Terrassen oder in unsere Gärten. Zitrusfrüchte selbst zu kultivieren, ist nicht ganz einfach. Hat man aber erst einige Erfahrungen mit Zitronen, Apfelsinen und Mandarinen gesammelt, wird man sie als Kübelpflanzen nicht mehr missen wollen. Die Gattung *Citrus*, deren Kulturformen als Agrumen bezeichnet werden, umfasst etwa 20 Arten. Die Blüten stehen selten einzeln, meist in mehrblütigen, blattachselständigen, seltener in endständigen Doldentrauben. Sie sind weiß oder rosa und erreichen bei Apfelsinen 2 bis 3 cm Durchmesser, während die Blüten der Mandarinen klein sind. Als Kübelpflanzen werden insbesondere folgende Arten angeboten:

Citrus aurantium
Pomeranze

Bitterorange. Der Stiel der elliptischen, zugespitzten, an der Basis mehr oder weniger keilförmigen, 7 bis 10 cm langen Blättern ist breit geflügelt. Die sehr wohlriechenden, weißen, auch in der Knospe weißen Blüten stehen einzeln oder in Büscheln achselständig. Die Früchte sind apfelgroß, dunkelorange gefärbt und besitzen eine raue, grubige Schale. Für den Frischverzehr sind Pomeranzen nicht geeignet. Aus ihnen und nicht etwa aus Orangen wird die bekannte, besonders in Großbritannien hergestellte Orangenmarmelade gewonnen.

Citrus limon
Zitrone

Sie ist wohl die bekannteste als Kübelpflanze gezogene *Citrus*-Art. Die einzeln oder in kleinen Büscheln in den Blattachseln sitzenden Blüten erscheinen das ganze Jahr über. Sie duften besonders intensiv. Kennzeichnend für die Frucht ist das zugespitzte apikale Ende, das die „typische Zitronenform" ausmacht. Als Kübelpflanze häufig angeboten wird die Kulturform 'Oscar'. Von einem Baum kann

▼ *Citrus myrtifolia* ist eine robuste, als Kübelpflanze besonders zu empfehlende Art.

Zitrusgewächse mögen keinen Kalk

Zitrusgewächse mögen keinen Kalk im Boden. Durch kalkreiches Wasser kommt es zu einer Kalkanreicherung im Boden und damit zur Erhöhung des pH-Wertes. Zitruspflanzen bevorzugen aber ein schwach saures Substrat mit einem pH-Wert von 5,5 bis 6. Als Folge eines zu hohen pH-Werts treten Chlorosen auf, da wichtige Spurenelemente, insbesondere Eisen, nicht mehr aufgenommen werden können. Die Blätter hellen sich auf. Die Symptome kann man durch Gießen oder Spritzen mit einem Eisendünger (z. B. Fetrilon oder Sequestren) kurieren, die Ursache beseitigt man dadurch aber nicht.

man bei dieser Sorte eigentlich gar nicht sprechen, da die Pflanzen klein bleiben und in der Baumschule um mehrere Stäbe im Kreis gezogen werden. Der Blüten- und Fruchtreichtum ist gut.

Citrus myrtifolia
Eine robuste Art, die sehr langsam wächst. Die myrtenähnlichen Blätter liegen dachziegelartig dicht aufeinander. Die tischtennisballgroßen Früchte mit rauer Schale (ähnlich wie bei der Pomeranze) hängen in großer Zahl an der Pflanze und bleiben sehr lange haften.

Citrus reticulata
Tangerine, Clementine, Mandarine
Die Pflanzen werden bei Kübelkultur kaum über 2 m hoch, wachsen aber stark in die Breite. Der Kübel braucht nicht allzu groß zu sein. Früchte, die von der Pflanze nicht ernährt werden können, werden abgeworfen. Es muss also kein Krankheitszeichen sein, wenn erbsengroße Früchte abfallen. Die Arten sind recht widerstandsfähig gegenüber Kälte.
Neben diesen vier Arten sind gelegentlich *C. medica*, Zitronatzitrone, Zedrat-Zitrone, *C. sinensis*, Apfelsine, Orange, und *C. maxima*, Pampelmuse, als Kübelpflanze in Kultur.

Standort an der Sonne
Die *Citrus*-Arten zeigen optimales Wachstum bei starker Sonneneinstrahlung und Wärme. Auch die Früchte werden in der Sonne süßer und aromatischer. Pflanzen, die im Schatten oder Halbschatten stehen, wachsen zwar auch, aber sie bilden wenig Blüten und Früchte aus.

Vermehrung
Bei den angebotenen Pflanzen handelt es sich in der Regel um Kulturformen. Sie lassen sich sortenecht nur vegetativ vermehren. In der Regel wird man durch Veredlung vermehren. Als Unterlage wird bevorzugt *Poncirus trifoliata* verwendet. Aber auch Sämlinge anderer *Citrus*-Arten, bevorzugt von *C. medica*, sind geeignet. Veredelt wird im August durch Okulation. Eine Vermehrung durch Stecklinge ist möglich, doch sind die Pflanzen auf eigener Wurzel in der Regel nicht so wüchsig. Zwar kann man auch durch Aussaat vermehren, doch fallen die Ergebnisse recht unterschiedlich aus, da leicht Kreuzungen entstehen oder die Pflanzen aufspalten. Außerdem kommen Sämlinge häufig erst nach 10 bis 15 Jahren zur Blüte.

Gießen
Das richtige Gießen verlangt viel Sorgfalt und Erfahrung. Vor allem zu reichliches Wässern vertragen die Pflanzen nicht. Dadurch tritt insbesondere am Stammgrund leicht Fäulnis auf. Aus diesem Grund sollte man *Citrus* beim Pflanzen etwas erhöht stellen, sodass der Stammgrund immer schnell abtrocknen kann. In der dunklen Jahreszeit sollte man mit Wasser besonders sparsam umgehen, eine leichte Ballenfeuchtigkeit genügt vollkommen. Stehen *Citrus* jedoch zu trocken, rollen sich ihre Blätter ohne weitere Schadsymptome nach innen ein und fallen schließlich ab. Allerdings treiben die Pflanzen wieder aus, soweit die Wurzeln nicht geschädigt sind. Durch angepasstes Gießen können die Pflanzen ein zweites Mal zur Blüte gebracht werden. Nach der Blüte und anschließendem Durchtrieb hält man die Pflanzen solange trocken, bis sie welken. In diesem Welkezustand sollten sie etwa eine Woche bleiben. Dann wird wieder normal gegossen. Kurze Zeit später beginnen die Pflanzen, ein zweites Mal zu blühen.

▲ Typisch für Eisenmangel, gelbe Blätter mit grünen Blattadern.

Zitrusgewächse in Form halten
Bevor man *Citrus* zurückschneidet, sollte man sich darüber im Klaren sein, dass die Pflanzen zwar nach dem Schnitt stärker austreiben, die Blüte jedoch stark reduziert wird. Jungpflanzen wird man in den ersten Jahren beschneiden müssen, um die Verzweigung anzuregen und sie in „Form" zu bringen. Bei außer Form geratenen Pflanzen nimmt man abgeblühte

Viele Mitesser
Als Kulturpflanze werden Zitrusgewächse von zahlreichen Schädlingen bedroht. An erster Stelle stehen die saugenden Schädlinge wie Blattläuse, Wollläuse und besonders Schildläuse, die sich an den Unterseiten der Blätter einnisten und durch ihre zuckerhaltigen Ausscheidungen den Nährboden für Rußtaupilze mit ihren schmierigen, schwarzen Belägen abgeben. Auch auf Spinnmilben muss man achten.

Äste heraus. Allerdings sollte man immer einen ganzen Ast entfernen oder zu lange Neutriebe entspitzen, um Verzweigungen anzuregen. Nimmt man zu wenig Zweige heraus oder schneidet man nicht bis zum Ansatz der Seitenzweige zurück, bilden sich in der Regel auf der Oberseite der Reststücke senkrecht wachsende Triebe, die wertlos sind. Blattlose Zweige an der Pflanze muss man nicht entfernen. Solange sie grün sind, können sie viele Blüten treiben und stark fruchten. Zu groß gewordene Pflanzen können auch kräftig zurückgeschnitten werden, bedürfen dann aber einer Nachbehandlung.
Da man *Citrus* so wenig wie möglich verpflanzen sollte, wählt man die Gefäße so aus, dass die Pflanzen längere Zeit im Kübel verbleiben können. Muss man sie doch umtopfen, so sollte unbedingt der „Kernballen" unbeschädigt bleiben.

Cordyline
Keulenlilie, Kolbenlilie

- Aussaat, Stammstücke
- Sommer: hell, sonnig
- Winter: hell, 5 – 10 °C
- gleichmäßig feucht, bei Ballentrockenheit braune Blattspitzen
- Apr. – Ende Sept. 0,2 % wöchentlich
- kaum, im Sommer Spinnmilben

Mit ihrem ausladenden, dichten Blattschopf wirken die Keulenlilien sehr imposant, vor allem, wenn sich bereits ein Stamm gebildet hat. Auch im Kübel wachsen die robusten Pflanzen zu wahren Prachtexemplaren heran. Optimal überwintern sie in Gewächshäusern oder Wintergärten. Doch auch helle, frostfreie Garagen und Keller sind geeignet.
Wie ihre nahen Verwandten *Yucca* und *Dracaena* verbreiten sie subtropische Atmosphäre. Aufgrund ihrer Anspruchslosigkeit werden sie auch häufig und gerne für Dekorationen verwendet. Wegen ihres palmähnlichen Aussehens werden sie häufig mit Palmen verwechselt und sind auch als solche im Angebot des Handels. Drei Arten kommen als Kübelpflanzen in Frage: *C. australis*, *C. indivisa* und *C. stricta*.

Rückschnitt

Werden die Pflanzen zu groß, kann man sie beliebig zurückschneiden. Je tiefer man allerdings zurückschneidet, umso länger dauert es, bis ein Neuaustrieb erfolgt. In der Regel treiben mehrere Knospen aus. Man kann aber auch die Kopfstücke bewurzeln lassen und gegen die zurückgeschnittenen Pflanzen austauschen.

Cycas revoluta
Japanischer Sagopalmfarn

- Aussaat, Stammknollen
- Sommer: halbschattig, keine pralle Sonne
- Winter: hell, im Gewächshaus oder Wintergarten, 5 – 15 °C
- mäßig feucht, verträgt Trockenheit
- Apr. – Ende Sept. 0,1 % wöchentlich
- selten Schildläuse

In den Gärten und Parks der Mittelmeerländer gehören Palmfarngewächse zum festen Repertoire, und vor etwa 100 Jahren waren sie als Dekorationspflanzen auch bei uns sehr in Mode. Zwischenzeitlich etwas in Vergessenheit geraten, werden diese Pflanzen, die entfernt an einen Trichterfarn erinnern, aber steifere, palmenähnliche Wedel mit spitz endenden Fiedern tragen, in den letzten Jahren wieder verstärkt angeboten.
Die in Japan und im südostasiatischen Raum heimische, im Mittelmeerraum häufig angepflanzte *C. revoluta* bildet einen kurzen, dicken, walzenförmigen, am natürlichen Standort bis 3 m hohen Stamm aus. Die tiefgrünen, 0,5 bis 2 m langen Blätter setzen sich aus schmal linealischen, am Rande zurückgerollten, sehr dicht gestellten Blättchen zusammen. Diese werden zur Basis der Wedel hin allmählich kleiner, zuletzt dornig.
Die Samen sollten aufgrund des schnellen Verlustes ihrer Keimfähigkeit bald nach der Reife ausgesät werden. Die Sagopalme kann auch durch sogenannte Stammknollen vermehrt werden, die an alten Stämmen häufig reichlich gebildet werden. Man trennt sie ab, bestreut die Schnittfläche mit pulverisierter Holzkohle und lässt sie bei 20 °C in Erde bewurzeln.

▼ Während des Austriebs sollten die Wedel nicht von anderen Pflanzen behindert werden, weil sie während des Wachstums leicht deformierbar sind.

Die Wedel wachsen schubweise

Das Wedelwachstum erfolgt schubweise. Der Wedelkranz entspringt dem Zentrum einer mehr oder weniger stark ausgeprägten „Zwiebel" von Nebenblättern, die mit den Wedeln abwechselnd erscheinen. Der Austrieb erfolgt das ganze Jahr über, im Winter aber seltener als im Sommer, mit einem deutlichen Maximum im Juli. In der Regel treibt die Pflanze nur einmal im Jahr, manchmal auch nur jedes zweite bis dritte Jahr aus. Bis zur Ausreifung neuer Wedel können Monate vergehen. Ihr Gewebe ist während dieser Zeit weich und leicht verletzlich, vor allem leicht deformierbar. Sie sollten daher auf keinen Fall von einer anderen Pflanze oder Hauswand behindert sein. Im Wachstum deformierte Wedel können nicht mehr korrigiert werden.

◄ Mit Drachenbäumen und anderen Sukkulenten lassen sich subtropische Szenerien schaffen.

Dracaena draco
Echter Drachenbaum

- Samen, Anzucht sehr langwierig
- Sommer: vollsonnig, warm
- Winter: hell, nicht unter 10 °C, keine „Fußkälte"
- gleichmäßig feucht, nicht austrocknen lassen, keine Staunässe
- März – Sept. 0,2 % wöchentlich
- bei Vernässung faulen die Wurzeln, Spinnmilben

Je älter Drachenbäume werden, um so bizarrer und reizvoller wirken sie. Im Kübel vergehen einige Jahre, bis die Drachenbäume ihre sehr attraktiven dicken Stämme ausbilden, doch auch junge Pflanzen beeindrucken schon mit ihren Schöpfen aus steifen, schwertförmigen Blättern und geben als Solitär oder kleine Gruppen dekorative Schmuckstücke ab. Als Zimmerpflanzen haben viele *Dracaena*-Arten große Bedeutung. Sie fanden durch ihre verschiedenen Formen und Farben sowie ihre Anspruchslosigkeit viele Freunde. Als Kübelpflanze hat nur *D. draco* Bedeutung. Bei dem auf den Kanarischen Inseln, Kapverdischen Inseln und auf Madagaskar verbreiteten Drachenbaum stehen die schwertförmigen, rund 40 bis 60 cm langen und 3 bis 4 cm breiten, blaugrünen Blätter aufrecht, die äußeren zurückgeschlagen, dicht gedrängt und rosettenförmig an den Enden der Zweige.

Die grünlich weißen Blüten stehen in großen Rispen. Sie erscheinen im Mai bis August. Die kugelige, 1 cm breite Frucht färbt sich orange.

Krankheiten und Schädlinge

Bei Vernässung der Erde oder bei niedrigen Bodentemperaturen im Winter können die dickfleischigen Wurzeln innerhalb kürzester Zeit faulen. Dabei werden die Blätter von unten her braun und sterben ab. Um die Pflanze zu retten, müssen die faulenden Wurzeln entfernt werden. Bei den Schädlingen ist insbesondere auf Spinnmilben zu achten.

Natürlich heranwachsen lassen

Dracaena draco lässt man natürlich heranwachsen. Nur wenn sie wirklich so groß geworden sind und nicht mehr ins Überwinterungsquartier passen, sollten sie zurückgeschnitten werden. An jedem Stammabschnitt befinden sich eine Menge Blattansätze mit schlafenden Augen. Damit besteht die Möglichkeit des Austreibens vieler Augen. Meist entwickeln sich nur ein bis drei Triebe im oberen Teil des Stammes, der Rest bleibt schlafend.

Humboldtscher Drachenbaum

Berühmt war ein alter großer Drachenbaum in Orotava auf Teneriffa, den Alexander von Humboldt 1799 bewundert und beschrieben hat. Er gab als Höhe über 21 m an, als Durchmesser in Brusthöhe 4,65 m und schätzte sein Alter auf 5000 bis 6000 Jahre, was sicherlich zu hoch gegriffen war. Dieser ihn so beeindruckende Baum war damals aber bereits hohl, wurde 1819 durch einen Sturm beschädigt und 1868 völlig zerstört. Es gibt aber auch heute große Drachenbäume auf Teneriffa, die dem von Humboldt geschilderten nicht nachstehen. Ihr Alter wird jedoch auf höchstens 150 bis 200 Jahre geschätzt.

Ensete ventricosum
Zierbanane

- Aussaat
- Sommer: sonnig
- Winter: 5 °C
- reichlich
- Apr. – Sept. 0,3 % wöchentlich
- Weiße Fliege

Die Gattung *Ensete* ist nahe mit der Gattung *Musa*, der eigentlichen Banane, verwandt, zu der sie früher auch gerechnet wurde. Sie unterscheiden sich voneinander dadurch, dass bei *Ensete* der einzelne Scheinstamm keine Schößlinge hervorbringt. Für Ensete bedeutet das nach der Frucht- und Samenbildung den Tod der gesamten Pflanze. Nicht nur hinsichtlich der Fortpflanzung, sondern auch in ihrem Erscheinungsbild unterscheiden sich die *Musa*-Arten von *Ensete*. Die Arten der

Gattung *Musa* bilden einen dünnen und schlanken Scheinstamm, während der Stamm von Ensete am Grund stark verdickt ist. Als Kübelpflanze besonders zu empfehlen ist ein rotblättriger Typ, der unter dem Namen 'Maurelii' im Handel ist. Diese Sorte ist besonders robust und ausgesprochen kälteunempfindlich.
Die Zierbanane kann leicht selbst herangezogen werden. Innerhalb nur eines Jahres wächst die Pflanze bei guter Ernährung bis zu 1 m Höhe heran und kann in den Folgejahren bei guter Pflege 2,5 bis maximal 3 m hoch werden. Sie setzt mitunter Früchte an, dies jedoch nur bei sehr reichlicher Ernährung.
E. ventricosum kann wie die Engelstrompete in Drahtkörbe gepflanzt werden, mit denen man sie im Frühling auspflanzt und im Herbst mit Ballen wieder herausnimmt.

Eriobotrya japonica Japanische Wollmispel, Loquate

- Aussaat, Stecklinge, Kultursorten durch Veredlung
- Sommer: windgeschützt, sonnig
- Winter: sehr hell, um 10 °C, auch bis 0 °C
- reichlich, verträgt kurzfristig Trockenheit, kein hartes Wasser
- Apr. – Sept. 0,3 % wöchentlich
- wenig anfällig

Ihren deutschen Namen Japanische Wollmispel trägt die Art nicht ganz zu Recht, denn ihre eigentliche Heimat liegt in den wärmeren Gebieten des östlichen Mittel chinas. Schon in sehr früher Zeit kamen aber Pflanzen nach Japan und wurden überall dort angepflanzt, wo auch Zitrus-Früchte reifen. Das schönste an der Japanischen Mispel sind die 20 bis 25 cm langen, lederartigen, oberseits glänzend dunkelgrünen, unterseits weiß- oder gelbwollig behaarten Blätter, die eine kräftige Nervatur aufweisen und an relativ dicken, in der Jugend weißwolligen Zweigen sitzen. Wenn die Pflanzen sehr sonnig stehen, ist nicht nur die Unterseite, sondern auch die Oberseite der Blätter von einem weißen Filz überzogen. Den duftenden, bis 1 cm breiten, in kurzen Trauben am Ende der Zweige sitzenden, weißen Blüten (sie erscheinen im Herbst) folgen die etwa pflaumengroßen, je nach Sorte rundlichen oder eiförmigen, gelben bis orangeroten Früchte. Ihr Fleisch ist fest und fleischig, dabei aber saftig, weiß bis tieforange und von säuerlichem, aber köstlichem Geschmack.
Sie ist anspruchslos, wächst kräftig und hat eine weitere, nicht zu unterschätzende Eigenschaft: Sie wird praktisch nicht von Schädlingen befallen wird. Ein Rückschnitt der längsten Triebe ist möglich. Die Krone bleibt dadurch aber kaum kleiner, nur besser in Form.

◄ Wollmispeln sollte man von Anfang an in ausreichend große Gefäße pflanzen, weil ihre Wurzelballen im Alter sehr groß werden. Große Gefäße schützen auch vor dem Umkippen. Die Pflanzen fangen mit ihrem schweren und massiven Laub den Wind gut ein und müssen daher gegen Kippen gesichert sein.

Erythrina crista-galli Korallenstrauch

- Aussaat (Blüte nach 3 – 5 Jahren), Stecklinge (Blüte im darauffolgenden Jahr)
- Sommer: sehr sonnig und warm
- Winter: nach Laubabwurf trocken halten, um 5 °C, nicht über 10 °C, dunkel
- in Ruhezeit Okt. – Anf. Apr. völlig trocken, ab dem Austrieb gießen
- Juni – Aug. 0,3 % wöchentlich
- Spinnmilben bei Trockenheit und Hitze

Es ist schwer zu sagen, was diese Kübelpflanze begehrenswerter macht: die Trauben korallenroter Blüten oder die unkomplizierte Überwinterung. Der Korallenstrauch gehört zu den wenigen Kübelpflanzen, für die man keinen besonderen Platz braucht, denn er kann trocken und dunkel überwintert werden. Auch sonst hat er wenig Allüren. Korallensträucher können ein hohes Alter erreichen. Sie lassen sich von Vater auf Sohn und Enkel vererben und gehören gewiss zu den schönsten blühenden Kübelpflanzen für sonnige Plätze im Garten, auf der Terrasse oder größeren, nach Süden gerichteten Balkonen. Die prächtigen Blüten besitzen einen ungeteilten oder kurz gezähnten, grünen Kelch. Die leuchtend rote Krone setzt sich, wie für die Schmetterlingsblütler charakteristisch, aus einer aufgerichteten, bis 5 cm langen „Fahne“, zwei seitlichen „Flügeln“ (0,5 cm) und dem bootförmigen „Schiffchen“ (3,5 cm) zusammen. Die Spanier nennen diesen Strauch „Crista di Gallo“ (Roter Hahnenkamm). Die ganze Pflanze enthält giftige Alkaloide. Die Alkaloide der Samen haben eine ähnliche Wirkung wie das Pfeilgift Curare. Die Blätter sind immer in drei Teilblätter aufgeteilt.

▶ Der Korallenstrauch ist einfach zu halten und blüht mit zunehmendem Alter immer reicher.

Tipp zum Rückschnitt

Die Jahrestriebe sterben nach Blüten- und Fruchtbildung im Herbst von oben her teilweise ab. In der Regel wird empfohlen, diese Blühtriebe im Herbst beim Einräumen (sie sind dann noch grün) dicht am Stamm abzuschneiden. Erfahrungsgemäß ist es aber besser, die Pflanzen erst im Winter zu beschneiden, wenn die Sprosse weitgehend zurückgetrocknet sind.

WICHTIG

Der Korallenstrauch muss im Winter völlig trocken stehen.

Eucalyptus
Eukalyptus

- Aussaat, Stecklingsvermehrung gelingt nur selten
- Sommer: warm, sonnig
- Winter: hell in Wintergarten oder Gewächshaus, um 10 °C, nicht unter 5 °C und über 15 °C
- viel, kalkfreies Wasser, keine Ballentrockenheit
- vorsichtig, Apr. – Sept. 0,2 % wöchentlich
- so gut wie nie, Blattläuse am Neuaustrieb

Mit ihrem exotischen Aussehen, den attraktiven Blüten und den duftenden ätherischen Ölen zählen die „Neuholländer“, wie *Eucalyptus*-Arten auch bezeichnet werden, zu den besonders attraktiven Kübelpflanzen. Die ganzrandigen, derb ledrigen Blätter stehen in der Jugend in der Regel gegenständig, im Alter wechselständig. Die Blüten der Eucalypten sind wunderschön. Sie gehören dem „Bürsten“- oder „Pinsel“-Typus an. Was man dabei sieht, sind die zahlreichen gefärbten, fadenförmigen Staubblätter. Sie sind zwar bei den meisten Arten der Gattung weiß bis cremeweiß, erscheinen jedoch bei den dekorativen gärtnerisch genutzten Arten oft in den schönsten Farben von rosa, gelb und rot. Die ätherischen Öle oder Ölharze sind besonders in den Blättern in verhältnismäßig hoher Konzentration enthalten. Sie liefern der Parfümindustrie wichtige Grundstoffe, haben aber auch für medizinische Zwecke eine große Bedeutung.

Als Kübelpflanzen zu empfehlen sind die folgenden Arten:

Eucalyptus citriodora
Der Zitronen-Eukalyptus

riecht stark nach Zitrone.

Eucalyptus ficifolia
Der Purpur-Eukalyptus

bildet Blüten mit scharlachrot gefärbten Staubfäden.

Eucalyptus globulus
Der Blaugummibaum

ist wohl mit die bekannteste Art und wächst außerordentlich rasch. Die sitzenden, abstehenden oder mehr anliegenden, blaugrünen, weißlich bereiften Blätter sind 7 bis 15 cm lang.

Eucalyptus gunnii

trägt blaugrüne, kreisrunde Jugendblätter. Die hängenden, grünlichen, lanzettlichen, zugespitzten Altersblätter werden bis 10 cm lang. Durch ständigen Rückschnitt lässt sich die Jugendform erhalten.

Rückschnitt nach Bedarf

Bei älteren Pflanzen ist ein geregelter Schnitt nicht notwendig. In der Regel wird man nach Bedarf zurückschneiden oder auslichten, wenn die Pflanze zu groß geworden ist. Das tiefgehende und weitverzweigte Wurzelsystem darf beim Ein- und Umtopfen nicht verletzt werden. Einen stärkeren Rückschnitt der Wurzeln vertragen die meisten Arten nicht.

Eukalyptus und der Koala-Bär

Der Koala-Bär ernährt sich ausschließlich von Eukalyptusblättern, er ist mit Bären weniger verwandt als mit dem Känguruh. Sein Name, den ihm vor langer Zeit die australischen Eingeborenen gaben, bedeutet: Ich trinke nie. Und das tut er auch nicht, denn die frischen Eu kalyptusblätter versorgen ihn mit genügend Feuchtigkeit.

▼ Eukalyptusbäume sind an das Leben in sehr nährstoffarmen Böden angepasst. Wenn sie zu viele Nährstoffe bekommen, wachsen sie zu schnell und vergeilen.

Euonymus japonicus
Japanischer Spindelstrauch

- Stecklinge, Aussaat nur bei grünblättriger Art
- Sommer: hell, luftig, vor direkter Sonne geschützt
- Winter: hell, nicht über 10 °C
- mäßig feucht, Ballen darf nicht austrocknen
- Frühj. – Herbst 0,2 % wöchentlich
- Schildläuse, Spinnmilben, im Winter und Frühjahr Mehltau, bei Nässe Wurzelfäule

Von außergewöhnlicher Schönheit ist der immergrüne Spindelstrauch nicht, doch sind die Pflanzen außerordentlich pflegeleicht und es gibt kaum eine Friedhofskapelle oder Kirche, in der zusammen mit Aukuben und Lorbeerkirschen nicht auch einige Spindelsträucher stehen. Die Art ist sehr variabel, so gibt es groß- und kleinblättrige Formen sowie Sorten mit weißbunten, gelbbunten, hellgelb oder auch hellgraugrün gefleckten Blättern. Im Schatten färben sich die buntlaubigen Sorten nicht so intensiv. Und bei zu hohen Stickstoffgaben geht die Blattzeichnung zurück. Die grünlichweißen Blüten erscheinen im Juni bis Juli. Sie stehen zu fünf bis zwölf in etwa 5 cm langen Trugdolden. Attraktiv sind die rosafarbenen Früchte und der orange färbende Samenmantel.
Die Sorten wachsen im Allgemeinen sehr kompakt. Daher ist ein Beschneiden in der Regel nicht notwenig. Sollten die Pflanzen im Laufe der Zeit unförmig geworden sein, kann kräftig, auch ins ältere Holz, zurückgeschnitten werden.

▲ Den Japanischen Spindelstrauch kann man auch zu Kugeln, Säulen oder Hochstämmchen formen. Insbesondere die kleinblättrigen Sorten sind hierzu geeignet.

Euryops
Gelbe Strauchmargerite

- Stecklinge
- Sommer: sonnig, warm
- Winter: hell, luftig, 5 – 15 °C
- sehr viel
- April – Ende Sept. 0,3 % wöchentlich
- Blattlaus, Weiße Fliege

Die Gattung *Euryops* ist mit der Gattung *Argyranthemum* nahe verwandt und wird im Handel meist auch als gelb blühende Strauchmargerite angeboten. Die ansehnlich gelben Blütenköpfe stehen einzeln an aufrechten, unbeblätterten Stielen endoder achselständig.

Euryops athanasiae
Bei ihm sind die 5 bis 15 cm langen, sehr dicht stehenden, dunkelgrünen Blätter fiederartig gelappt. Die gelben, riemenförmigen Strahlenblüten sind eher locker um die ausgesprochen niedrigstehenden Blütenköpfe angeordnet.

Euryops pectinatus
Er ist wegen seiner hübschen silbriggrauen Blätter einer der dekorativsten Vertreter. Die strahlend gelben Blütenköpfe stehen an bis zu 15 cm langen Stielen.

Euryops tenuissimus
Er wurde Mitte der achtziger Jahre als Sorteneuheit ‘Sonnenschein’ auf den Markt gebracht. Auffallend sind die leuchtend gelben Blüten und der ungewöhnliche Verzweigungsmodus. Aus der Triebspitze treiben neben den Knospen jeweils drei neue Zweige.

Ficus
Feige

- Stecklinge, Echter Feigenbaum gärtnerisch durch Steckhölzer
- Sommer: warm, sonnig, keine pralle Sonne
- Winter: dunkel, 0 – 10 °C, im Frühjahr helles Zwischenquartier
- gleichmäßig feucht
- Apr. – Ende August 0,2 % wöchentlich, Echter Feigenbaum Austrieb bis Ende August 0,3 % wöchentlich
- Brennfleckenkrankheit, Spinnmilben, *Verticillium*-Pilze, Rotpustelkrankheit, Wurzelfäule

Die Gattung *Ficus* ist mit weit über 1000 Arten in den wärmeren Teilen der ganzen Welt verbreitet. Sehr unterschiedlich sind die *Ficus*-Arten in ihrem Erscheinungsbild. Neben Bäumen und Sträuchern findet man auch Lianen und epiphytisch wachsende Arten. Die Blätter sind mit Ausnahme der Echten Feige in der Regel ungeteilt. Allen Arten gemeinsam sind der Blütenstand, die Fruchtform und der Kautschuk haltige Milchsaft. Die Blüten sind äußerlich nicht sichtbar, sondern sitzen innerhalb eines becherförmigen Gebildes, das sich an der Spitze mit einem engen Kanal öffnet, durch den kleine Insekten eindringen können. Von wenigen Pflanzengattungen sind so viele Arten und Sorten in Kultur wie bei *Ficus*. Zur Kübelpflanzenkultur eignen sich aber nur wenige Arten.

Ficus carica
Der Echte Feigenbaum hat als Kübelpflanze viele gute Eigenschaften: dekorative Blätter, früchtetragend, einfach zu überwintern, anspruchslos in der Pflege und kaum krankheitsanfällig. Die langgestielten Blätter können kaum handflächengroß sein, aber auch über 20 cm breit, fast ganzrandig, breitoval bis extrem

tief gelappt, manchmal mit drei, oft mit fünf Lappen. Die Rinde der Äste ist auffallend hellgrau und glatt. Es gibt eine Reihe von Sorten. Sie unterscheiden sich in der Form der Früchte (breitoval bis birnenförmig), in der Farbe der Haut (grün, hellgelb, rotbraun, dunkelrot bis schwarz), in der Farbe des Fruchtfleisches und in der Reifezeit. Zur Kübelpflanzenkultur sind nur selbstfruchtbare Sorten zu empfehlen. Interessant ist die frostharte Bayernfeige 'Violetta'.

WICHTIG

Wenn man vom Urlaub im Süden Steckhölzer von Feigenbäumen, sollte man sich vergewissern, dass man sie von einer selbstfruchtbaren Sorte schneidet.

Ficus macrophylla

Die Großblättrige Feige trägt eilängliche, 10 bis 22 cm lange und 7 bis 12 cm breite, derb lederartige, ganzrandige Blätter, die ziemlich dicht beieinander stehen.

Ficus microcarpa

Die Vorhang-Feige ist in Südostasien bis Indien, Malaysien und Australien heimisch, wird aber heute auch in Südeuropa als Zierbaum angepflanzt. Die dunkelgrünen, stark glänzenden, derb lederigen, 5 bis 8 cm langen und 3 bis 5 cm breiten Blätter haben eine kurze, stumpfe Spitze.

Ficus rubiginosa

Die Rost-Feige besitzt derb lederartige, breitellliptische, unterseits braunfilzige Blätter. Junge Blätter sind beiderseits rostrot. 'Variegata' trägt marmorierte Blätter.

Vermehrung

Die Vermehrung kann durch Aussaat oder vegetativ durch Grünstecklinge und Steckhölzer erfolgen. Die Vermehrung durch Aussaat ist nicht üblich, da keimfähiger Samen bei uns kaum angeboten wird, es sei denn, man bringt sich von einer Reise in den Süden Samen mit. Bei *F. carica* können die selbstfruchtbaren Sorten nur vegetativ über Stecklinge, Ableger, Ausläufer und Veredelung vermehrt werden. Gärtnerisch von Bedeutung ist aber nur die Vermehrung durch Steckhölzer.

▲ Feigen färben ihre Blätter im Herbst schön gelb. Sie können bis zu den ersten Frösten im Freien bleiben. Da sie ihr Laub abwerfen, kann die Überwinterung dunkel erfolgen.

▼ Die Früchte der Feige können je nach Sorte breitoval bis birnenförmig sein. Sie unterscheiden sich auch in der Farbe der Haut (grün, hellgelb, rotbraun, dunkelrot bis schwarz) und des Fruchtfleisches sowie in der Reifezeit.

Krankheiten und Schädlinge

Stehen die Pflanzen zu kalt oder zu nass, sterben die Wurzeln ab und es bilden sich entlang dem Blattrand gelbbraune Flecken. Konzentrisch gezogene, helle Blattflecken mit einem breiten, dunkelbraunen Rand sind ein Hinweis auf die Brennfleckenkrankheit. Die Krankheit beginnt meist vom Blattrand her und wird durch hohe Luftfeuchtigkeit gefördert.
Bei den tierischen Schädlingen ist auf Spinnmilben, Weichhautmilben (hier verkrüppeln die jüngsten Triebchen und Triebenden, die Triebspitzen verkahlen), Blasenfüße (gelbliche, später bräunliche Flecken auf der Blattunterseite) und Schildläuse zu achten.
Mit Ausnahme von Spinnmilben sind tierische Schädlinge bei *F. carica* ohne Bedeutung. Gefährlicher sind Pilze, die in die Gefäßbahnen eindringen (*Verticillium*), aber auch die Rotpustelkrankheit (*Nectria*).

Regenerationsfreudige Feige

Ältere Pflanzen sollte man selten beschneiden, meist wird man nur den einen oder anderen Zweig, der die Krone überragt, entfernen müssen. Alle *Ficus*-Arten sind außerordentlich regenerationsfreudig. Daher können zu groß gewordene Pflanzen auch kräftig zurückgeschnitten werden.

Fortunella
Kumquat, Zwergorange

- Aussaat (Samen von Marktfrüchten), Stecklinge, Veredlung
- Sommer: hell, sonnig
- Winter: hell in Wintergarten oder Gewächshaus, 5 – 10 °C
- im Sommer gleichmäßig feucht, im Winter vorsichtig, weiches Wasser
- Austrieb bis Ende Aug. 0,2 % wöchentlich
- Blatt- und Schildläuse

Die mit *Citrus* nahe verwandte Gattung *Fortunella* gehört ihres niedrigen Wuchses und der leuchtenden Früchte wegen zu den schönsten kleinbleibenden und damit gut zu transportierenden Kübelpflanzen. Die einfachen, länglich bis elliptischen, dunkelgrünen, glänzenden Blätter stehen wechselständig. Der Blattstiel ist schmal geflügelt. Die weißen, wachsartigen, duftenden Blüten sitzen einzeln oder zu drei bis vier achselständig. Die mit Schale verzehrten Früchte gelten als Delikatesse. Auch werden sie kandiert oder zu zu Marmeladen verarbeitet.
Für die Kübelpflanzenkultur sind *F. hindsii*, Hongkong Kumquat, *F. japonica* (Syn. *Citrus japonica*), Runde Kumquat und *F. margarita* (Syn. *Citrus margarita*), Ovale Kumquat, geeignet. Die Kumquats können leicht mit *Citrus madurensis* verwechselt werden und werden daher nicht selten auch unter diesem Namen zum Kauf angeboten.

Beim Bestäuben nachhelfen

In der Regel beginnen Kumquats schon sehr früh im Jahr zu blühen, zu einem Zeitpunkt, wo die natürlichen Bestäuber noch nicht sehr zahlreich vorhanden sind. In dieser Zeit ist es sinnvoll, mit einem Pinsel die Blüten künstlich zu bestäuben. Da sie mit eigenem Pollen bestäubt werden können, kann man die kleinen Blüten auch zwischen Zeigefinger und Daumen vorsichtig zusammendrücken. Da die Narbe kaum über die Staubgefäße hinausragt, lässt sich auf diese Art schnell und zuverlässig der Pollen auf die Narbe bringen. Die Früchte der Kumquats wachsen anfänglich sehr schnell, brauchen aber dann doch fast ein Jahr bis zur Reife.

▼ Kumquatpflanzen kann man schon sehr zeitig im Frühjahr ins Freie räumen, da sie Kälte gut vertragen.

Fuchsia
Fuchsie

- Stecklinge, Hochstämme auch durch Veredlung
- Sommer: Ost- oder Westseite, keine pralle Sonne, windgeschützt
- Winter: dunkel, unter 10 °C, bei heller Überwinterung über 10 °C
- im Sommer viel, andauernde Nässe schadet
- Apr. – Ende Aug. 0,3 % wöchentlich
- Weiße Fliege, Raupen, Blattläuse am jungen Austrieb, Spinnmilben

Die Fuchsie, allgemein als eine der beliebtesten Beet-, Topf- und Balkonpflanzen bekannt, erfreut sich auch als Kübelpflanze großer Wertschätzung. Mit der unnachahmlichen Zierlichkeit ihrer graziösen Blüten wirkt sie besonders beeindruckend. Neben den zahlreichen *Fuchsia*-Hybriden sind auch die folgenden Wildarten und deren Abkömmlinge für die Kübelpflanzenkultur interessant: *F. coccinea*, *F. excorticata*, Baum-Fuchsie, *F. fulgens*, Traubenblütige Fuchsien; *F. magellanica*, Scharlach-Fuchsie und *F. splendens*.

Standort im Sommer

Ideal sind nicht zu windige Standorte an der Ost- oder Westseite des Hauses. Die Pflanzen kommen hier in den vollen Genuss einiger Stunden Morgen- oder Abendsonne, sind aber vor den Strahlen der Mittagssonne geschützt. Südseiten sind nur für wenige Arten und Sorten geeignet und auch nur bei entsprechender Wasser- und Nährstoffversorgung.

Rückschnitt

Bei älteren Pflanzen sollten beim Einräumen alle schwachen oder in das Pflanzeninnere gewachsene Zweige, vor allem die noch nicht ausgereiften (verholzten) Triebe, die in der Regel ohnehin faulen würden, entfernt werden. Den eigentlichen Rückschnitt sollte man besser im Frühjahr vor Beginn des Austriebs durchführen. Ob man im Herbst nicht doch weiter zurückschneidet, hängt auch von den jeweiligen Platzverhältnissen im Winterquartier ab. Die Blüten erscheinen an der Spitze der wachsenden Triebe. Wird eine Fuchsie im Frühjahr nicht beschnitten, wird sie dort weiterwachsen, wo sie im Herbst aufgehört hat. Ohne Schnitt würde die Fuchsie von Jahr zu Jahr an Umfang zunehmen und von innen heraus to-

Düngungsversuch
Ernährungsversuche bei Fuchsien haben ergeben, dass eine richtige Nährstoffversorgung Blütenbildung und Anzahl der Blüten ganz erheblich beeinflusst. Mit steigenden Nährstoffgaben erhöht sich die Blütenzahl ganz beträchtlich. Optimal mit Nährstoffen versorgte Pflanzen entwickelten gegenüber ungedüngten mehr als dreimal so viel Blüten.

▲ Für halbschattige und schattige Plätze gibt es wohl kaum eine dankbarere und üppiger blühende Kübelpflanze als die Fuchsie.

tal verkahlen. Um dies zu verhindern, ist ein regelmäßiger Rück- oder Auslichtungsschnitt notwendig. Er regt die im inneren schlafenden Knospen zu neuem Austrieb an, die Pflanze wird verjüngt und in Form gebracht.
Verbluhte Blumen und Fruchtstände sollte man fortlaufend entfernen. Wenn Fuchsien keine Früchte ausbilden, können sie ihre Energie auf die Bildung immer neuer Blüten verwenden.

Grevillea
Grevillee

- Aussaat, verholzte Stecklinge im August
- Sommer: hell, sonnig, *G. robusta* auch schattig (Blätter werden in der Sonne braunrot)
- Winter: hell, luftig, 5 – 15 °C
- gleichmäßig feucht, im Winter fast trocken, kein hartes Wasser, sonst vergilben die Blätter
- Apr. – Ende Sept. 0,1 % wöchentlich
- selten

Etwas Besonderes sind die Blüten der Grevilleen. Die Einzelblüte besitzt in der Knospenanlage eine Röhre, die vorn in einem runden Kopf endet, der die Staubblätter enthält. Die Blüten öffnen sich, indem der zähe, drahtartige Griffel eine Seite der Röhre durchbricht und die Form einer Uhrfeder annimmt, bevor die Blütenblätter sich entfalten. Mit diesem ungewöhnlichen Verhalten geht eine betörende Farbenpracht Hand in Hand. Farbtöne von Weiß und Creme bis Gelborange und Rot treten auf, die Blütenblätter sind oft anders gefärbt als die Blütenröhre, und die Spitze der Griffel ist bisweilen leuchtend grün.

Grevillea banksii
Die Rotblühende Silbereiche hat gefiederte oder tief fiederspaltige, 10 bis 25 cm langen Blätter, die auf der Unterseite seidig behaart sind. Die Blüten sind leuchtend rot.

Grevillea juniperina
Sie hat dicht gedrängt stehende, nadelförmige Blätter mit stechender Spitze, die seidig behaart sind. Die kurzen Blütentrauben setzen sich aus gelblich-grünen, rot überhauchten Blüten zusammen. Die Kulturform 'Sulphurea' hat reingelbe Blüten.

Grevillea robusta
Die Australische Silbereiche ist nicht nur eine hübsche Blütenpflanze, sondern mit den gefiederten, etwa 15 bis 20 cm langen, unten seidig behaarten Blättern auch eine äußerst attraktive Blattschmuckpflanze. Die prachtvollen goldgelben Blüten sitzen endständig, in einseitigen, 7 bis 10 cm langen Trauben, die an eine etwas große Zahnbürste erinnern.

TIPP

Die Pflanzen sollten sich frei entwickeln können. Ältere Pflanzen gelegentlich auslichten und sich kreuzende Triebe herausschneiden.

Heliotropium arborescens
Strauchige Sonnenwende

- Aussaat, Stecklinge
- Sommer: hell, sonnig, sehr frostempfindlich
- Winter: hell, luftig, 5 – 10 °C
- viel, an heißen, sonnigen Tagen zweimal
- von April bis Ende September wöchentlich 0,3 %
- Weiße Fliegen, Spinnmilben

Zeitweise aus der Mode gekommen, wird die Strauchige Sonnenwende heute zur groß- oder kleinflächigen Bepflanzung von Beeten und Rabatten sowie als Balkon- und Kübelpflanze verwendet. Neben der ausdauernden Blüte und dem harten, olivfarbenen Laub liegt ihr besonderer Wert in der leuchtend dunkelblauen Blütenfarbe. Am schönsten wirken kleine Hochstämme mit 1,5 m hohem Stamm, auf dem dann

◄ Der Heliotrop ist wegen seines Vanilleduftes eine beliebte Topf- und Kübelpflanze. Er wird oft als Hochstämmchen gezogen.

eine rundliche Krone sitzt, die sich im Somer über und über mit Blüten bedeckt. Für die Anzucht von Sträuchern müssen die Pflanzen mehrmals entspitzt werden. Ältere Pflanzen sind im Frühjahr regelmäßig zurückzuschneiden, um die Blühfreudigkeit zu erhalten.

Hibiscus rosa-sinensis Chinesischer Roseneibisch

- Kopf- oder Triebstecklinge mit 2–3 Blättern
- Sommer: warm, windgeschützt, nicht zu früh ausräumen
- Winter: hell, 10–15 °C, bei 15–20 °C blühen sie den ganzen Winter über
- viel, regelmäßig
- Apr.–Ende Sept. 0,3 % wöchentlich, im Winter alle 3–4 Wochen
- Blattläuse an jungen Blättern und Knospen, bei Trockenheit Spinnmilben, Wollläuse, Weiße Fliege

Der Chinesische Roseneibisch zählt zu den bekanntesten und prachtvollsten Ziersträuchern der Tropen. Die meist roten, 10 bis 15 cm breiten Blütenkronen erheben sich über den an der Basis verwachsenen Kelchblättern und bilden zu dem glänzenden, dunklen Blattwerk einen reizvollen Kontrast. Die Blüten erscheinen in den oberen Blattachseln der wachsenden Triebe und stehen auf langen Stielen. Es gibt zahlreiche Hybriden, die durch Kreuzungen entstanden sind. Die Blütenfarben variieren von Weiß über Gelb bis Orange und Rot, wobei der Schlund des „Trichters“ anders gefärbt sein kann als die Blütenkrone im oberen Teil. Daneben werden auch Sorten mit eigenwillig geschlitztem, besonders tiefdunkelgrünem oder hellscheckigem Laub angeboten. Sowohl als Strauch als auch baumförmig gezogen lassen sich *Hibiscus* verwenden.
Die Pflanzen dürfen nicht zu früh ausgeräumt werden, der Temperaturunterschied zwischen Innen und Außen darf nicht zu groß sein, sonst fallen sämtliche Knospen ab, die sich zu dem Zeitpunkt schon gebildet hatten. Im Winter führen tiefere Temperaturen zu völligem Blattverlust und lassen die Pflanzen im Frühjahr nur sehr schwer wieder austreiben. Bei höheren Temperaturen von 15 bis 20 °C und ausreichend hohem Lichtangebot werden den ganzen Winter über Blüten ausgebildet.

► Der Roseneibisch verträgt einen Schnitt sehr gut. Durch ihn entwickelt er sich schöner als ungestutzt.

Howea Kentiapalme

- Aussaat, Samen keimen ungleichmäßig
- Sommer: lichter Schatten unter Bäumen, Morgen- oder Abendsonne
- Winter: hell, junge Pflanzen ganzjährig um 20 °C, später 5–10 °C
- regelmäßig
- März–Sept. 0,2 % wöchentlich
- Spinnmilben, Schild- und Wollläuse, Blasenfüße, Blattfleckenkrankheit

Seit rund 100 Jahren gehört die Kentiapalme zu den am weitesten verbreiteten und heute noch beliebtesten Zimmerpalmen. Aber nicht nur als Zimmerpflanze ist diese Palmenart geeignet, auch als Kübelpflanze hat sie eine große Bedeutung. Sie verdankt ihre Popularität ihrer Haltbarkeit und dem Flair von Südsee, das sie verbreitet. Die Gattung umfasst zwei nahe miteinander verwandte Arten, *H. belmoreana* und *H. forsteriana*, mit fiederig geteilten Blättern und glattem grünen Stamm, der durch die Blattnarben gemustert ist.
Bei den im Handel erhältlichen Topfpflanzen haben die Gärtner meist mehrere Jungpflanzen zusammengesetzt. Als Kübelpflanze empfiehlt es sich, auf 2 bis 3 Pflanzen zu reduzieren. Das Teilen muss unter größtmöglicher Schonung der Wurzeln geschehen. Größere Exemplare sollte man nicht mehr teilen. Wenn man ausdünnen will, ist es besser, überflüssige Stämme herauszuschneiden. Der Wurzelballen darf keinesfalls austrocknen.

Blasenfüße und Blattflecken

Einen Befall durch Blasenfüße erkennt man an hellen Sprenkeln auf den Blättern und typischen schwarzen Kottröpfchen; später ist ein Vergilben und Absterben ganzer Blätter zu beobachten. Gefürchtet ist ein Befall durch die Blattfleckenkrankheit, die durch den Pilz *Exosporium* verursacht wird. Sie macht zunächst durch kleine, runde, gelblich durchscheinende Flecke („Ölflecke“) bemerkbar; die später braun werden. Braune Blattflecken können aber auch leicht durch zu hartes Wasser (über 15 °dH) zustande kommen sowie durch Ballentrockenheit (auch vorübergehend) und Ballennässe im Winter.

Iochroma
Veilchenstrauch

- Aussaat, Stecklinge
- Sommer: hell, sonnig, warm, windgeschützt, mittags leichter Schatten
- Winter: luftig, bei Temperatur weiter Spielraum
- sehr viel, morgens und abends, ab Ende August reduzieren, im Winter fast trocken
- Apr. – Ende Sept. 0,3 % wöchentlich, im Winter alle 3 – 4 Wochen
- Blattläuse, Weiße Fliege, Spinnmilben

Die Gattung *Iochroma* ist in den Subtropen und Tropen der Welt eine weit verbreitete Zierpflanze. Sie umfasst 20 bis 25 Arten kleiner Bäume und Sträucher mit meist filzigen Blättern. *I. coccineum* bildet 4 bis 5 cm lange, scharlachrote Blüten aus, die in hängenden Büscheln am Ende der Triebe sitzen. Bei *I. cyaneum* sitzen die in der Regel tiefblauen, aber auch lila-, rosa- und purpurfarbenen Blüten in Büscheln.

Überwinterung

Je nach Überwinterungstemperatur können die Veilchensträucher ihre zumeist filzigen Blätter fast vollständig behalten oder auch völlig abwerfen. Bei 5 °C verlieren die Pflanzen weitgehend die Blätter. Bei Temperaturen über 10 °C behalten die Pflanzen ihr Laub und blühen bis weit in den Winter hinein. Bei warmer Überwinterung mussen die Pflanzen hell stehen, während bei kühlem Stand auch dunklere Kellerräume zur Überwinterung geeignet sind. Wichtig ist auch, dass die Räume gut lüftbar sind, um den allgegenwärtigen Grauschimmelpilzen die Möglichkeit des Befalls zu nehmen.

Als Sträucher oder Hochstämmchen ziehen

In der Regel werden die Veilchensträucher als Hochstämmchen gezogen. Aber auch von unten verzweigt in Strauchform sind sie attraktiv. Durch häufiges Beschneiden erzielt man buschige Pflanzen mit mehr oder weniger aufrecht wachsenden Trieben. Bei älteren Pflanzen sind die letzjährig gewachsenen Triebe im zeitigen Frühjahr auf zwei bis drei Blattansätze zurückzuschneiden. Gelegentliches Auslichten verhindert ein Verkahlen der Sträucher von innen heraus. Unansehnlich gewordene Pflanzen können zur Verjüngung auch kräftig zurückgeschnitten werden.

Jasminum
Jasmin

- Kopf- oder Teilstecklinge
- Sommer: hell, sonnig
- Winter: hell, luftig, 5 – 10 °C
- im Sommer viel, oberflächliches Abtrocknen schadet nicht
- März – Aug. 0,3 % wöchentlich
- Blattläuse, besonders an jungen Trieben

Bei dem Wort Jasmin denkt man wohl unwillkürlich an einen betörenden Duft. Nicht zu Unrecht, denn die Bedeutung der 200 bis 300 Arten umfassenden Gattung liegt in ihren zumeist wohlriechenden Blüten, mit denen sich so gut parfümieren lässt. Schon die alten Ägypter kannten den Duft. Für die Kübelpflanzenkultur empfehlen sich die folgenden Arten:

Jasminum azoricum

mit windenden Trieben und gelblichen, wohlriechenden Blüten.

Jasminum beesianum

schwach windend, mit duftenden, hell- bis dunkelrosa farbenen Blüten.

▸ Die langröhrigen oder schmaltrichterförmigen Blüten des Veilchenstrauchs erscheinen in den Blattachseln gehäuft am oberen Ende der Triebe in Paaren oder Büscheln.

◂ Die Art *Jasminum azoricum* hat windende Triebe und gelbliche, wohlriechende Blüten.

Jasminum floridum
ebenfalls schwach windend, gelbe Blüten.

Jasminum fruticans
Strauch-Jasmin, ein bis 2 m hoher, sparrig wachsender Strauch mit scharfkantigen, rutenförmigen, grünen Zweigen. Je nach Standort ist dieser Jasmin winter- oder sommergrün. Die fast geruchlosen Blüten stehen in mehrblütigen Blütenständen an kurzen Seitensprossen.

Jasminum humile
blüht gelb, im Handel ist meist die Kulturform 'Revolutum'.

Jasminum mesnyi
Primel-Jasmin, ist wohl die schönste gelb blühende Art.

Jasminum officinale
Echter Jasmin, weltweit wegen des Jasminöls kultiviert, mit weißen, stark duftenden Blüten, die in endständigen Trugdolden beisammensitzen.

Jasminum sambac
Arabischer Jasmin, mit den halb- und stärker gefüllten, als Gardenien-Jasmin bezeichneten Kulturformen, von denen einige schon seit langem unter dem Sortennamen wie 'Grand Duke of Toskany' oder kurz 'Grand Duke', bei uns auch als 'Großherzogin von Toskana' bekannt sind. Berühmt ist *J. sambac* als Aromalieferant des Jasmintees, dessen trockene Blüten man noch gut zwischen den gerollten Teeblättern erkennen kann. Er muss wärmer als die anderen Arten überwintert werden. Im Winter nicht unter 15 °C.

Jasmin als Kletterstrauch
Die genannten Jasmin-Arten sind alle kräftig wachsende Kletttersträucher, die eine Rankhilfe benötigen. Die Blüten werden an einjährigem Holz gebildet. Bei älteren Pflanzen, die ihre „Endgröße" erreicht haben, sollten die abgeblühten Triebe bis auf einen kleinen Ansatz zurückgeschnitten werden. Sind die Pflanzen einmal zu groß geworden, kann man kräftig zurückgeschneiden oder auch nur auslichten. Der aufrecht wachsende Arabische Jasmin lässt sich durch regelmäßigen Schnitt ähnlich wie Liguster oder Buchsbaum formen.

Lagerstroemia
Kräuselmyrte, Lagerströmie

In vielen tropischen und subtropischen Ländern, so auch in den Ländern rund um das Mittelmeer, bestimmen von Juli bis September die Lagerströmien mit ihren rötlich violetten Blüten den Vegetationscharakter ganzer Landschaften. Auch in den warmen Teilen Südtirols gehören sie zum Landschaftsbild. Bei uns kennt man die Kräuselmyrte, wie der deutsche Name lautet, als attraktive Kübelpflanze. Die Blüten stehen in achsel- oder endständigen Rispen, die oft die ganze Pflanze überdecken. Frische Blüten sind von einem tiefen Farbton, ältere verblassen, werden fast weiß. Die unterschiedlichen Schattierungen, welche durch die verschieden alten Blüten entstehen, verleihen der Pflanze ein bezauberndes Aussehen. Die Knospen sind von einem zarten Blaugrün, oft mit einem Anflug von Rosa. Ihren deutschen Namen verdankt die Kräuselmyrte der auffälligen Gestalt der Kronblätter, die so gewellt und kraus wie Krepp sind. Zwei Arten kommen als Kübelpflanzen in Frage: *L. indica*, von der es einige Sorten gibt, und *L. speciosa*. Für formende Schnittmaßnahmen gilt: Je mehr Triebe man belässt, desto größer ist die Zahl der neuen Triebe, desto dünner sind sie und desto spärlicher blühen sie.

- Stecklinge im Frühjahr, Aussaat

- Sommer: volle Sonne, viel Wärme, vor hellen Wänden, windgeschützt
- Winter: wenn dunkel, dann unter 10 °C, bei heller Überwinterung 10 – 15 °C, *L. indica* hell, nicht unter 15 °C

- gleichmäßig, hoher Bedarf bei der Knospenentwicklung und zur Blüte

- Frühj. – Ende Sept. 0,3 % wöchentlich

- Echter Mehltau an Blättern und Knospen, Weiße Fliege, Spinnmilbe

WICHTIG

Lagerströmien sollten windgeschützt stehen, da die jungen einjährigen Triebe leicht abbrechen.

◀ Lagerstroemien wirken baumförmig gezogen wohl am schönsten, sie lassen sich aber auch strauchförmig oder als Hochstämmchen mit kugelförmiger Krone heranziehen.

Bei älteren Pflanzen, die ihre Endgröße erreicht haben, sollten im Frühjahr die abgeblühten Triebe des Vorjahres kräftig zurückgeschnitten werden, da sich die Blüten am jungen, diesjährigen Holz entwickeln.

Lantana
Wandelröschen

- Stecklinge
- Sommer: frei, volle Sonne
- Winter: hell, luftig, 5 – 10 °C, bei starkem Rückschnitt auch dunkel
- regelmäßig
- Apr. – Ende Sept. 0,3 % wöchentlich
- Weiße Fliege, Spinnmilben, Blattläuse, im Winter *Botrytis*

Der deutsche Name Wandelröschen deutet auf ein Merkmal einer Reihe von Arten hin: Ihre Blüten machen im Laufe ihrer Entwicklung einen Farbwechsel durch. Sie „wandeln" im wahrsten Sinne des Wortes im Laufe der Blühzeit ihre Farbe. Zwei Arten sind als Kübelpflanzen von Bedeutung.

Lantana camara-Cultivars
Die Ursprungsart *L. camara* wurde schon in den Gärten der Renaissance in Europa gezogen. Die Blüten stehen in flachen Köpfen, die sich später jedoch ährenförmig strecken. Die Sorten sind durch vielfältige Kreuzungen entstanden. Die Blütenfarbe ist je nach Sorte und Dauer der Blüte sehr verschieden. Im Aufblühen sind sie meist gelb oder rosa, später orange oder scharlach, lila bis violett. Einige Sorten ändern ihre Färbung nicht. Sie blühen weiß, rosafarben, gelb, orangefarben oder violett mit entsprechenden Übergängen.

Lantana montevidensis
Das Kriechende Wandelröschen ist ein mehr oder weniger niederliegend und ausgebreitet wachsender Strauch. Die lilarosa, außen etwas helleren Blüten sitzen in flachen Köpfen. Den Kaskadeneffekt der hängenden Triebe erreicht man am besten, wenn man die Zweige an einem Spalier hochzieht.

Im Kübel regelmäßig gießen
Lantanen kommen in der Natur an scheinbar trockenen Standorten vor. Irrtümlicherweise wird deshalb oft auf eine gewisse Trockenresistenz geschlossen. Dies ist aber nicht der Fall, denn am natürlichen Standort werden lange, tiefreichende Wurzeln ausgebildet, mit denen die Arten wasserführende Schichten erreichen können. Im Kübel müssen die Pflanzen regelmäßig gegossen werden, sonst welken sie sofort. Ballentrocken dürfen die Pflanzen keinesfalls werden, weil sich dann die Blätter sofort einrollen, sie bekommen braune Blattränder und werden schließlich welk. Einmal trocken gewordene Pflanzen erholen sich nur schwer wieder, zumindest muss mit dem Eintrocknen vieler Zweige gerechnet werden. Bei älteren Pflanzen schneidet man im zeitigen Frühjahr die Vorjahrstriebe stark zurück. Entfernen der Samenstände fördert die Bildung neuer Blüten.

▲ Typisch für Lantanen: Changierende Farben bei den Blütenständen.

Laurus nobilis
Lorbeerbaum

- Stecklinge, das ganze Jahr über
- Sommer: sonnig, auch ohne direkte Sonne
- Winter: frostfrei, luftig, hell, Pflanzen sollen sich gegenseitig nicht berühren
- verträgt Trockenheit
- März – Ende Aug. 0,2 % wöchentlich
- gelegentlich Schild- und Wollläuse

Der Lorbeer wird als Kübelpflanze wegen seiner Pflegeleichtigkeit sehr geschätzt. Er ist unter anderem deshalb so beliebt, weil er kleinere Pflegefehler nicht übel nimmt. Zumindest regeneriert er sich schnell wieder. Hat man einmal das Gießen vergessen, welken zwar die Neutriebe, sie erholen sich jedoch nach Wassergaben schnell wieder. Seine dunkelgrünen, aromatischen Blättern kann man selbstverständlich in der Küche mitverwenden. Aber auch die attraktiven, relativ kleinen Blüten können sich sehen lassen. Allerdings wird man Blüten nur an frei wachsenden Pflanzen erwarten können. Bei Pflanzen, die ständig beschnitten bzw. in Form gehalten werden, wird man leider weitgehend auf Blüten verzichten müssen.
Der Lorbeer ist, wie allgemein bekannt, sehr schnittverträglich. Viele Kunstformen

(Pyramiden, Kugelformen und Hochstämmchen) sind ein Beispiel dafür. Man sollte aber auch daran denken, dass ein frei wachsender Strauch nicht minder attraktiv ist. Kunstformen wie Pyramiden sollte man möglichst nicht mit der Heckenschere formieren.

Leonotis leonorus Großblättriges Löwenohr

- Aussaat, Stecklinge
- Sommer: je heller, desto mehr Blüten
- Winter: hell, luftig, 5–10 °C
- sehr viel
- Austrieb bis Ende Aug. 0,3 % wöchentlich
- Blattläuse, Spinnmilben, Weiße Fliege

Das Löwenohr fasziniert durch die Fülle von langröhrigen, wolligen Lippenblüten. Die rotgelben oder orangeroten, 5 bis 6 cm langen Blüten stehen in vielen übereinander stehenden Quirlen in den oberen Blattachseln. Bei älteren Pflanzen kann man die abgeblühten Blütenstände beim Einräumen im Herbst oder auch erst im Frühjahr bis zum Boden zurückschneiden.
Das Löwenohr blüht vier Wochen früher, wenn man es hell im Gewächshaus oder Wintergarten bei 15 °C überwintert.
Das Löwenrohr eignet sich auch als Schnittblume. Die Haltbarkeit als Schnittblume ist gut, wenn die Blätter abgezupft werden. Bekannter sind die getrockneten Blütenstände, die ihre Farbe gut halten.

Ligustrum Liguster, Rainweide

- Stecklinge, Juni bis September
- Sommer: Sonne bis Schatten
- Winter: hell, unter 10 °C
- bei sonnigem Wetter viel
- gleichmäßig, Apr.–Ende Aug. 0,2 % wöchentlich
- Blatt-, Schild- und Wollläuse

Der winterharte Liguster ist bei uns eine weitverbreitete Heckenpflanze. Im asiatischen Raum gibt es eine Reihe immergrüner Liguster-Arten, die sich auch sehr gut als Kübelpflanze eignen.

Ligustrum delavayanum
Delavays Liguster hat glänzend grüne Blätter und bildet im Juni weiße Blüten in 3 bis 5 cm langen, walzenförmigen Rispen aus.

Ligustrum indicum
Die duftenden Blüten stehen in end- und achselständigen, 10 bis 18 cm langen und ebenso breiten Rispen.

Ligustrum japonicum
Der Japanische Liguster ist die einzige immergrüne Art, die in milderen Gebieten auch bei uns im Freien kultiviert werden kann, wenngleich der Strauch in strengen Wintern zurückfriert. 'Variegatum' trägt weißbunt gerandete und gefleckte Blätter. 'Rotundifolium' ist schwachwachsend und trägt rundliche Blätter.

▲ Wegen seiner außerordentlich guten Schnittverträglichkeit wird *Ligustrum lucidum* als Säule, Pyramide oder Hochstamm mit Kugelkrone verwendet.

Ligustrum lucidum
Der Glänzende Liguster ist in Norditalien und im Tessin ein beliebter Straßen- und Zierbaum, der eine Wuchshöhe und -breite von 15 m erreichen kann. In den USA wird der Glänzende Liguster als Grünpflanze zur Innenraumbegrünung angeboten. Von ihm gibt es auch weiß- und gelbbunte Formen. Schon 1794 wurde diese Art eingeführt. Sie ist mit den großen Blättern und dem kräftigen Wuchs die stattlichste und schönste unter den immergrünen Arten. Diese Art zieht man auch als Kübelpflanze baumförmig heran.

Hochstämme und Säulen
Die genannten Liguster-Arten (mit Ausnahme von *L. lucidum*) werden ausschließlich als Säule, Pyramide oder Hochstamm mit Kugelkrone verwendet. Während der Hauptwachstumszeit hält man die Pflanzen durch mehrmaliges Schneiden in Form. Zweige und Triebspitzen mit Hilfe der Gartenschere einkürzen.

Nicht mit der Heckenschere schneiden
Zweige und Triebspitzen gewissenhaft mit Hilfe der Gartenschere oder durch Abzwicken mit den Fingernägeln einkürzen. Heckenscheren zerschneiden und zerquetschen die feinen Blätter, die dann absterben und der Pflanze ein bräunliches Aussehen verleihen.

Magnolia grandiflora Immergrüne Magnolie

- Aussaat, Stecklinge, Veredlung
- Sommer: hell, sonnig, über Mittag leicht schattiert
- Winter: hell, bis 5 °C, leichte Fröste werden vertragen
- im Sommer viel, im Winter sehr wenig
- Apr. – Ende Aug. 0,2 % wöchentlich
- selten, gelegentlich Schildläuse

Magnolien gehören wegen ihren auffallenden Blüten sicher zu den begehrtesten Ziergehölzen unserer Gärten. Neben diesen sommergrünen Arten gibt es eine immergrüne Art, *M. grandiflora*, die als Kübelpflanze schon eine lange Tradition hat. Wer hat nicht schon die Pracht der immergrünen *M. grandiflora* in den Gärten rund um das Mittelmeer bewundert und sich gewünscht, dieses reizvolle Gehölz auch in unsere mitteleuropäischen Gärten zu holen? Leider reicht die Winterhärte dieser aus dem südöstlichen Nordamerika stammenden Art nicht aus, um sicher die frostige Jahreszeit zu überstehen. Lediglich auf einigen wenigen, besonders begünstigten Flecken in Weinbaugebieten sind massive Frostschäden nicht zu befürchten. *Magnolia grandiflora* ist nicht nur wegen ihrer Blüten als Kübelpflanze interessant, sondern auch des attraktiven Blattwerks wegen. Am besten zieht man sie strauch- oder baumförmig. Ältere Pflanzen gelegentlich auslichten und eventuell mäßig zurückschneiden. Die bekannteste, auch bei uns erhältliche Sorte ist 'Galissoniere'. 'Little Gem' ist eine kleinwüchsige Sorte.

Gefahr von Sonnenbrand

Magnolien sind im Frühjahr hochgradig sonnenbrandgefährdet. Die Pflanzen nach und nach an die hohen Lichtintensitäten im Freien gewöhnen.

Malvaviscus arboreus Beerenmalve

- Stecklinge
- Sommer: hell, sonnig, warm, kein Wind
- Winter: hell, über 10 °C
- viel
- viel, Apr. – Ende Sept. 0,3 % wöchentlich
- Blattläuse, Weiße Fliege

Malvaviscus arboreus, in Mexiko bis Peru und Brasilien heimisch, ist ein prachtvoller Zierstrauch, der in vielen tropischen und subtropischen Ländern angepflanzt wird. Der bis 3 m hohe Strauch bildet breit eiförmige, 6 bis 11 cm lange und 4 bis 8 cm breite, meist dreilappige und grob gezähnte Blätter aus. Die hochroten Blüten sitzen an einem 3 bis 7 cm langen Blütenstiel einzeln in den Blattachseln. Sie erscheinen den ganzen Sommer über bis in den Herbst hinein.
Malvaviscus wird in der Regel strauchförmig gezogen, lässt sich aber auch sehr gut als Stamm ziehen. Zu groß gewordene Pflanzen können auch kräftig zurückgeschnitten werden. Durch entsprechenden Schnitt lassen sich die Pflanzen in jeder gewünschten Höhe halten. Gelegentlich ist auszulichten.

Mandevilla sanderi Brasiljasmin

Der Brasiljasmin, ein Kletterstrauch, der in seiner Heimat Brasilien bis 3 m hoch oder auch höher wächst, ist zu einer beliebten Kübelpflanze geworden. Die etwa 5 cm langen und ebenso breiten Blüten sitzen in den Blattachseln. Sie erscheinen in der Regel von Juni bis September. Es gibt in der Zwischenzeit eine Reihe von Kulturformen auf dem Markt. Neben solchen mit weißen Blüten, dominieren Heute die Rottöne. Auch eine gelbe Sorte wird angeboten
Mandevilla braucht eine Kletterhilfe in Form eines Spaliers oder anderen Gerüsts. Zu groß gewordene Pflanzen können zur Verjüngung kräftig zurückgeschnitten werden. *Mandevilla* gehört zu den wenigen Kletterpflanzen, die man im Freien an einem festen Spalier wachsen lassen kann. Zur Überwinterung schneidet man sie unter Verzicht auf die alten Triebe einfach ab. Gegen übermäßige Nässe ist der Falsche Jasmin sehr empfindlich.

Die *Mandevilla*-Blüten verströmen einen süßen, betörenden Duft.

Metrosideros
Eisenholz

- Samen (bis zur Blüte 6 Jahre), Stecklinge (Blüte nach 2–3 Jahren)
- Sommer: hell, sonnig, auch schattig
- Winter: hell, 5–10 °C
- gleichmäßig feucht
- Apr.–Ende Sept. 0,2 % wöchentlich
- wenig anfällig

Die rote Blütenpracht dieser Pflanze ist faszinierend, die rote Blütenfülle kann das Grün der Blätter fast völlig überdecken. Wie bei anderen Myrtengewächsen bleiben in der Gattung *Metrosideros* die Blütenblätter verhältnismäßig unscheinbar. Auffällig sind die langen Staubfäden. Das harte Kernholz, welches aufgrund des hohen spezifischen Gewichtes schwerer als Wasser ist, verlieh den Pflanzen den Namen Eisenholz. Mit ihren hübschen Blättern, die die Zweige dicht bedecken, sind die Eisenholzbäume auch außerhalb der Blütezeit ungewöhnlich attraktiv. Als Kübelpflanzen sind *M. excelsa* und *M. robusta* von Bedeutung.
Bei Pflanzen, die die Blühreife erreicht haben, fördert ein zeitweiliges Trockenhalten der Pflanzen im Frühsommer den Blütenansatz.

Sehr schnittverträglich

Eisenholzbäume werden strauch- oder baumförmig, aber auch als Hochstämmchen gezogen. Sie vertragen Schnitt sehr gut, sodass sie in Neuseeland sogar als Heckenpflanze gezogen werden. Sie verzweigen sich auch ohne Schnitt regelmäßig. Zu groß gewordene Pflanzen können auch kräftig zurückgeschnitten werden. Das sollte direkt nach der Blüte geschehen, um die nächstjährige Blüte nicht zu gefährden.

▼ In Neuseeland ist der Eisenholzbaum Ende Dezember über und über mit roten Blüten überzogen. Die Neuseeländer stellen ihn deswegen als Weihnachtsbaum auf.

Musa
Banane

- Abtrennen der Schösslinge bei Obstbanane, andere Arten durch Samen
- Sommer: hell, sonnig, feucht-warm (tagsüber über 30 °C, nachts nicht unter 20 °C)
- Winter: hell, Obstbananen nicht unter 10 °C, andere Arten auch kühler
- sehr viel, auch im Winter, aber keine Staunässe, kein Kalk im Substrat und im Wasser
- Mai–Sept. 0,4 % wöchentlich, übrige Zeit alle 3–4 Wochen
- Rote Spinne bei trockener Luft, Blattläuse, Schild- und Wollläuse an Mittelrippen der Blätter und den Fruchtständen

Bananen gehören zu den ungewöhnlichsten Erscheinungen im Pflanzenreich. Es gibt Arten, die 15 m hoch werden, und dennoch sind es keine Bäume, sondern riesige Stauden. Die an der Basis des Wurzelstocks entstehenden, spiralig stehenden (rechtsdrehend), in der Jugend eingerollten Blätter bilden mit ihren Blattscheiden einen „falschen Stamm". Die Blätter sind sehr groß (bis zu 5 m), ganzrandig und parallel-fiedernervig. Die großen Blattspreiten hält ein zarter Randnerv zusammen, der durch Windbewegung zerreißen kann und das Blatt bis zur Mittelrippe fiederig zerlappt. Das vegetative Wachstum der Banane schließt mit einem Blütenstand ab. Dabei durchwächst der Blütenstand (eine endständige Traube) den Scheinstamm, um zunächst nach oben zu wachsen, ehe sich die Spitze durch das eigene Gewicht nach unten zu senken beginnt. Jede Banane kann nur einen Fruchtstand hervorbringen und stirbt nach der Reife ab. Aber noch vor dem Absterben haben die Wurzelstöcke am Grunde des Scheinstammes Schösslinge gebildet, die das Leben der Mutterpflanze fortsetzen.
Man kann die Bananen in essbare und samentragende Arten einteilen sowie nach Zwerg- und Riesenformen unterscheiden. Ob Obst-, Mehl-, Textil- oder Wildbanane, für die Verwendung als Kübelpflanzen sind nur Formen mit niedriger Wuchshöhe geeignet.
Von den Obst- oder Ess-Bananen (Formenkreis *M. acuminata* und *M.* × *paradisiaca*) sind für die Kübelpflanzenkultur nur wenige Sorten geeignet, z. B. 'Dwarf Chyla', die Zwergbananen 'Poyo' und 'Valery', 'Dwarf Cavendish' und 'Lacatan'.

Musa basjoo

Interessant ist *M. basjoo*, die Japanische Faser-Banane. Sie hat einen rötlichen „Stamm" und treibt viele Wurzelschösslinge.

Musa textilis

Die Fasern der Blattscheiden von *M. textilis*, dem Manilahanf, liefern den Manilahanf, der unter anderem zur Herstellung von Schiffstauen verwendet wird.

▲ Die in den Gartencentern als Bananen angebotenen Pflanzen gehören durchweg der Art *Ensete ventricosum* an. *Musa*-Arten erhält man in der Regel nur in Kübelpflanzengärtnereien.

Musa troglodytarum

Die Scharlachrote Banane ist eine kleinbleibende Art, deren Stamm selten höher als 1,5 m wird.

Stirbt nach der Fruchtreife ab

Die krautigen Blattstämme der Bananen haben in ihren Anbaugebieten etwa nach sechs Monaten ihre endgültige Höhe erreicht, die sie zum Blühen befähigt. Unter unseren Bedingungen dauert es die doppelte oder dreifache Zeit, da sie bei uns wesentlich langsamer wachsen. Jede Pflanze blüht nur ein einziges Mal und stirbt dann ab. Einige Zeit nach der Fruchtreife fault der Scheinstamm und bricht um. Noch vor dem Absterben haben die Wurzelstöcke um die Mutterpflanze in der Regel mehrere Schösslinge gebildet. Nach dem Absterben der Mutterpflanze teilt man den Wurzelballen und pflanzt die Schösslinge in frische Erde und neue Töpfe ein. Man kann auch die schwachsten Schösslinge entfernen und lässt nur die kräftigsten heranwachsen. In der Regel wird man sowieso nur Platz für eine neue Pflanze haben.

Myrtus communis
Gewöhnliche Myrte, Braut-Myrte

- hauptsächlich Stecklinge, Aussaat
- Sommer: Morgen- oder Abendsonne, auch vollsonnig, aber dann viel gießen
- Winter: hell, 5–10 °C, nicht über 15 °C
- gleichmäßig, kein hartes Wasser
- Apr.–Sept. 0,2 % wöchentlich
- Wurzelfäulnis durch stauende Nässe, Schildläuse, Weiße Fliege

Wenn die Myrte erwähnt wird, denkt man unwillkürlich an eine Hochzeit. Denn wenn Braut und Bräutigam auf Tradition halten, trägt sie ein Myrtenkränzchen im Haar und er ein kleines Myrtensträußchen am Revers. Die Myrte ist aber nicht nur als Lieferant von Hochzeitsschmuck interressant, sondern ist auch eine attraktive Kübelpflanze. Die Myrte ist eine der ältesten Zimmerpflanzen. Im Handel sind verschiedene Varietäten und Kulturformen, die sich unter anderem in Blattstellung, Blattgröße und Blühwilligkeit unterscheiden. Die Myrte ist in der Pflege etwas heikel. Die Erde darf nie ganz austrocknen (schon an einem Wochenende ohne Wasser kann eine Myrte austrocknen), aber auch nie richtig feucht sein (dann werden die Blätter gelb und die Wurzeln faulen). Außerdem mag sie keinen Kalk in der Erde und im Gießwasser.
Wer allerdings einer Myrte zu oft mit der Schere zu nahe kommt, der muss auf Blüten weitestgehend verzichten. Zu groß gewordene Pflanzen kann man kräftig zurückschneiden. Beim Umtopfen ist immer darauf zu achten, dass kein Stück des Stammes unter die Erde kommt. Die Gefahr der Stammfäule ist bei den Myrten besonders groß.
Zur Vermehrung verwendet man leicht verholzte Kopfstecklinge, die man im Frühjahr beschneidet. Bei 15 bis 20 °C bewurzeln sie schnell.

▲ Ähnlich wie Buchsbaum kann man Myrten auch stutzen und in Form schneiden: zu Kugeln, Pyramiden oder auch Kronenbäumchen.

Nandina domestica
Nandine, Himmelsbambus

Mit den Mahonien und Berberitzen verwandt ist die in Mittelchina und Japan verbreitete Gattung *Nandina*. *Nandina* ist der japanische Name für diese Pflanze. Sie ist Japans „geheiligter Bambus", dessen Fruchtzweige im Winter massenhaft auf den Märkten angeboten werden und den man zum Schmücken der Wohnräume und Altäre verwendet. Der immergrüne, aufrechte, meist unverzweigte, vielstämmige Strauch bildet fingerdicke Stämme. Die 30 bis 60 cm langen Blätter sind meist doppelt bis dreifach gefiedert, die Basis der Blattstiele ist oft kugelig aufgetrieben. Einen besonderen Schmuckwert haben die erbsengroßen, hochroten Früchte, die sehr lange haften. Besonders in Japan sind viele Gartenformen bekannt. Neben klein bleibenden und weißbunt belaubten Typen existieren auch solche, die ganzjährig ihre

- Stecklinge (bei 25 °C Bodenwärme bewurzeln lassen)
- Sommer: hell, keine direkte Sonne
- Winter: hell, 0–10 °C
- verträgt kurzfristig Trockenheit
- Apr.–Sept. 0,2 % wöchentlich
- kaum, gelegentlich Spinnmilben

dunkelrote Laubfarbe behalten und Sorten mit weißen oder gelblichen Früchten.

Zusammenpflanzen

Stutzen bringt kaum Vorteile, denn die Pflanzen verzweigen sich auch danach nur wenig. Deshalb pflanzt man besser mehrere Pflanzen zusammen und lässt die dünnen Stängel mit dem großen gefiederten Laub wirken, die ein wenig an Bambus erinnern. Wird die Nandine nach einigen Jahren trotz des gezügelten Wachstums zu groß, so lässt sie sich ohne Bedenken zurückschneiden.

Nerium oleander
Oleander

- Stecklinge, Aussaat (Nachkommen dann nicht sortenrein)
- Sommer: pralle Sonne, viel Wärme
- Winter: hell, luftig, 5–10 °C
- an heißen, sonnigen Tagen sehr viel
- sehr viel, Apr.–Ende Sept. 0,3 % wöchentlich
- Schildläuse, Rußtaupilze, Oleanderkrebs

Der Oleander, Inbegriff mediterraner Flora, ruft Ferienerinnerungen wach und bringt Mittelmeeratmosphäre auf die Terrasse. Kein Wunder, dass der Oleander zu den beliebtesten und am weitesten verbreiteten Kübelpflanzen gehört. Die Franzosen nennen den Oleander „Laurierrose", weil seine Blätter so elegant wie die des Lorbeers und seine Blüten so schön wie die der Rosen sind.

Im Laufe der Zeit sind durch Züchtung und Auslese zu den Blütenfarben Rosa und Weiß, die den Stammformen eigen sind, weitere Farben hinzugekommen. Das Sortiment umfasst heute die Farben Weiß, Cremeweiß, Blassgelb, Rosa von hell bis dunkel, Aprikosenfarben, Lachsfarben, Purpurrosa und Rot. Alle Farbsorten gibt es sowohl mit einfachen, halbgefüllten als auch gefüllten Blüten. Manche Sorten besitzen den bekannten zarten Oleanderduft. Sorten mit weiß-grün und gelb-grün panaschierten Blättern sind ebenfalls bekannt. Wichtig können für den Liebhaber Unterschiede im Wuchs sein. Es gibt Sorten, die von der Basis her reichlich Triebe entwickeln (buschiger Wuchs); andere zeigen diese Neigung weniger und können nur durch mehrmaliges Stutzen zu buschigem Aufbau gebracht werden.

TIPP

Oftmals werden die Pflanzen zu trocken gehalten, dann wachsen und blühen sie nicht so gut.

Krankheiten und Schädlinge

Mitunter treten Schildläuse und in Folge Rußtaupilze auf, die durch schwarze Überzüge die Blätter unansehnlich machen und auch die Stoffproduktion behindern. Größere Gefahr droht durch den Oleanderkrebs, eine Bakteriose, die mitunter an Stecklingen aus südlichen Ländern eingeschleppt wird und sich über den ganzen Bestand verbreiten kann. Anzeichen: Auf den Blättern werden kleine schwarze, von hellem Rand umgebene Flecken sichtbar, die sich vergrößern, emporwölben und schließlich aufbrechen. Bei starkem Befall sind auf den Zweigen schwarz aufgebrochene Linien sichtbar. Die Zweige der Blütenstände sind dann krüppelig verdickt, Blütenanlagen verkümmern. Die Bekämpfung ist schwierig. Befallene Teile müssen entfernt und vernichtet werden. Werkzeuge sollten nach jedem Schnitt gründlich desinfiziert werden.

▲ Wirklich reich blühen Oleander nur in warmen, sonnigen Sommern, in kühlen, regenreichen Jahren entfalten sich ihre Knospen meist nicht. Im Gegensatz zu einigen anderen Pflanzen fühlt er sich gerade bei Prallsonne im Hochsommer wohl, muss dann aber reichlich gegossen werden.

Alte Pflanzen verjüngen

Vieljährige Pflanzen sollten durch Herausnahme der ältesten und höchsten Triebe verjüngt werden. Rückschnitt ist – falls erforderlich – im Frühjahr möglich. Ältere Pflanzen kann man auch ganz kräftig zurückschneiden.

Blüten schonen

Alte Blütenstände sollten nicht entfernt werden, da diese im Frühjahr wieder Knospen treiben.

Vor Gift in Acht nehmen

Vergiftungen können auftreten, wenn man Blüten oder Blätter isst. Daraus ergibt sich für den praktischen Umgang mit Oleanderpflanzen: Auf Kinder aufpassen! Beim Schneiden und Putzen darauf achten, dass kein Pflanzensaft in den Mund oder in die Augen gelangt. Nach beendeter Arbeit Hände, Gesicht und verwendete Werkzeuge gründlich mit Seife waschen.

Olea europaea
Ölbaum, Olive

- Stecklinge, Veredlung auf Sämlinge, Aussaat (bis zur Blüte dauert es 10 Jahre)
- Sommer: sehr warm und sonnig
- Winter: hell, 5–10 °C
- gelegentlich, Wurzelballen kann zeitweilig austrocknen
- März–Aug. 0,3 %
- selten, gelegentlich Schildläuse, Blattläuse an Jungtrieben

Der Ölbaum, eine der Charakterpflanzen der Länder rund um das Mittelmeer, ist eine attraktive, dabei pflegeleichte Kübelpflanze. Die kleinen, nur etwa 3 bis 8 cm langen, lanzettlichen Blättchen ähneln Weidenblättern. Die Blattform ist bei den verschiedenen Varietäten und Kulturformen unterschiedlich ausgeprägt, es kommen auch breite, sogar spatelförmige Blätter vor. Aus den Blattachseln der vorjährigen Triebe entwickeln sich kleine, traubenartige Blütenstände mit weißen oder gelblichen Blüten, die resedaartig duften. Ihnen folgen die bekannten Steinfrüchte. Neben selbstfruchtenden Sorten gibt es auch solche, die einen Partner zur Bestäubung brauchen. Die Früchte variieren je nach Sorte in der Form, Farbe und Größe. Im Durchschnitt sind sie so groß wie eine kleine Pflaume. Neben grünen, weißen, rötlichen und violetten gibt es auch schwarze Früchte.

Junge Pflanzen häufig schneiden

Der Ölbaum wird sowohl strauch- als auch baumförmig gezogen. Jüngere Pflanzen sollten häufig beschnitten werden, da der Wuchs sehr sparrig ist. Ältere Pflanzen können entweder im Herbst, besser noch im Frühjahr, wenn die Pflanzen ins Freie gebracht werden, formiert werden. Zu groß gewordene Pflanzen können zur Verjüngung auch kräftig zurückgeschnitten werden.

Phoenix
Dattelpalme

- Aussaat
- Sommer: sehr sonnig, viel Platz
- Winter: hell, 5–10 °C, *P. roebelenii* nicht unter 10 °C
- im Sommer viel, keine Staunässe, im Winter nur leicht feucht
- März–Ende Sept. 0,2 % wöchentlich
- Blattschwielenkrankheit, Blattfleckenkrankheit, Schildläuse, Spinnmilben, Blasenfüße

Die Gattung *Phoenix* ist wohl die bekannteste Palmengattung überhaupt. Als Kübelpflanze weit verbreitet ist *P. canariensis*, die Kanarische Dattelpalme. Sie wird im Blumenhandel als „die" Dattelpalme verkauft. Weniger verbreitet ist *P. dactylifera*, die Dattelpalme, und die Senegal-Dattelpalme *P. reclinata*, die vergleichsweise dünne Stämme ausbildet. Selten verbreitet ist die wärmebedürftige Zwerg-Dattelpalme *P. roebelenii*, die aber trotz ihrer tropischen Herkunft im Sommer gerne im Freien steht. Diese Palmen wollen, wie ein arabisches Sprichwort lautet, mit dem Fuß im Wasser stehen und mit der Krone im Feuer des Himmels. Sie brauchen, um zu wachsen und ihren charakteristischen Wuchs zu erhalten, sehr viel Licht.

Dattelpalmen selbst aussäen

Für den Pflanzenliebhaber kommt in der Regel nur die generative Vermehrung durch Aussaat in Frage. Vor der Aussaat der Samen empfiehlt es sich, die Kerne für einige Tage in 35 °C warmem Wasser vorzuquellen, bevor man sie bei 25 °C aussät. Da die Keimwurzel sehr lang und bruchempfindlich ist, legt man die Samen gleich in kleine Töpfe. Nach der Keimung, die einige Wochen bis Monate dauern kann, erscheinen, wie bei allen Palmen, zunächst mehr oder weniger grasartig aussehende Blätter. Danach folgen schwalbenschwanzähnlich geformte Blätter und erst im Alter

► Der Ölbaum ist relativ trockenresistent: sein graugeschupptes Laub bildet einen guten Verdunstungsschutz.

◄ Dattelpalmen brauchen viel Raum um sich, damit ihr majestätisches Äußeres voll zur Geltung kommen kann.

von zwei bis drei Jahren bilden sich die ersten gefiederten Blätter.
Die Vermehrung der Kulturformen von *P. dactylifera* erfolgt in den Anbaugebieten ausschließlich auf vegetativem Wege. Dies ist deshalb möglich, weil *P. dactylifera* besonders in ihrer Jugend eine nicht geringe Zahl an Seitentrieben produziert. Diese Seitentriebe werden mit einem scharfen Hauwerkzeug (Meißel oder ähnlichem) von der Mutterpflanze abgetrennt. Neuerdings ist es auch gelungen, durch Gewebekultur vegetative Nachkommen zu erzeugen.

TIPP

Beim Verpflanzen alter, wüchsiger, stark durchwurzelter Pflanzen kann man ohne Schaden den alten Ballen unten und an den Seiten mit einem scharfen Messer etwas verkleinern, damit man den neuen Kübel nicht zu groß wählen muss.

Krankheiten und Schädlinge

Bei zu warmem, dunklem und wenig luftigem Standort tritt bei *Phoenix* oft Pilzbefall (Blattschwielenkrankheit) durch *Graphiola phoenicis* auf, der an kleinen schwarzen Höckern oder Schwielen auf den Blättern zu erkennen ist. Daneben kann es zu einer Blattfleckenkrankheit kommen, die an runden, zunächst gelben, später braunen Flecken zu erkennen ist. Kaltes oder zu hartes Gießwasser, Ballentrockenheit (auch vorübergehend) und Ballennässe im Winter begünstigen das Auftreten.

Phormium
Neuseelandflachs

- Teilung
- Sommer: sonnig, im Schatten verlieren die Blätter ihre schöne Färbung
- Winter: hell, notfalls dunkel, nicht über 10 °C
- gleichmäßig feucht, vorübergehende Trockenheit schadet nicht
- Apr. – Ende Sept. 0,2 % wöchentlich
- kaum, in trockenen Sommern gelegentlich Spinnmilben

Der Neuseelandflachs, eindrucksvoll durch die riesigen Blätter, zählt zu den härtesten und stattlichsten Dekorationspflanzen. Es sind immergrüne, horstartig wachsende Pflanzen mit grundständigen, schwertförmigen Blättern. Im Aussehen gleichen sie riesigen Schwertlilien. Die Blüten stehen in aufrechten Rispen auf blattlosem Schaft.

Phormium colensoi

Bei *P. colensoi* werden die lang zugespitzten, hellgrünen bis gelblich grünen Blätter 60 bis 150 cm lang. Die Kulturform 'Tricolor' trägt zum Rande hin mehrere rahmweiße Streifen, der mittlere Teil der Spreite ist grün, der Rand rot. 'Variegatum' hat Blätter mit ein oder zwei gelbgrünen oder rahmweißen Randstreifen, aber ohne roten Rand.

Phormium tenax

Bei *P. tenax* können die schwertförmigen Blätter bis 3 m lang und 5 bis 12 cm breit werden. Ihre tiefgrüne Farbe geht an den Rändern und am Blattkiel in rot oder bräunlich über. Im Handel sind einige Kulturformen erhältlich. Sie unterscheiden sich in der Größe, im Wuchsverhalten und in der Färbung der Blätter. Ältere Pflanzen kommen auch bei uns regelmäßig zur Blüte. Der hohe Blütenstand ist oben verzweigt.

▲ Der Neuseelandflachs, ein immergrünes Liliengewächs, ist nicht nur dekorativ, sondern gleichzeitig auch sehr unkompliziert in der Kultur.

Phygelius capensis
Kapfuchsie

- Stecklinge im Frühjahr bei 20 °C und gespannter Luft
- Sommer: sonnig, blüht im Halbschatten schlecht
- Winter: hell oder dunkel, luftig, 5 – 10 °C
- im Sommer viel, im Winter austrocknen lassen
- Frühj. – Ende Sept. 0,3 % wöchentlich
- Weiße Fliege, im Frühjahr Blattläuse

Die in Südafrika (Kapland) heimische Art wächst zu einem etwa 1 m hohen, lockerbuschig, horstbildend, mit vereinzelten Ausläufern, im unteren Teil verholzenden Strauch heran. Die eiförmig bis ei-lanzettlichen, gezähnten Blätter ähneln denen der Fuchsie, worauf auch der deutsche Name Kapfuchsie hinweist. Die Blüten sind scharlachrot, innen gelblich gefärbt. Die Blüte beginnt im Juni oder Juli und zieht sich bis in den Herbst hin. Im Handel sind einige Kulturformen erhältlich, die sich in der Blütenfarbe unterscheiden, darunter auch eine gelb blühende Form.
Ältere Pflanzen sollte man im Frühjahr oder auch im Herbst schneiden und dabei alle schwachen vorjährigen Triebe wegnehmen. So bilden sich aus der Basis neue Triebe, die besonders reich blühen. Die Kapfuchsie wird strauchförmig gezogen, Jungpflanzen sollte man mehrmals stutzen, damit sie sich anschießend gut verzweigen.

Pistacia lentiscus Mastixbaum

- Aussaat, halbreife Stecklinge bei 20 °C
- Sommer: sonnig
- Winter: immergrüne *P. lentiscus* hell, laubabwerfende *P. terebinthus* und *P. vera* auch dunkel, beim Austrieb hell, nicht über 10 °C
- mäßig feucht, nie nass, im Winter sporadisch
- Apr. – Ende Aug. 0,2 % wöchentlich
- kaum, gelegentlich Wollläuse

Pistacia lentiscus ist eine vorzügliche Dekorations- und Kübelpflanze, die recht fremdartig wirkt, dabei anspruchslos und pflegeleicht ist. Sie wächst relativ langsam, lässt sich gut beschneiden und wird so gut wie nie von Schädlingen und Krankheiten befallen. Die Rinde der einjährigen Zweige ist hübsch rotbraun gefärbt und steht in gutem Kontrast zu den oberseits glänzend hellgrünen, unterseits matter bleichgrünen, paarig gefiederten Blättern. Die dunkelroten, sehr kleinen Blüten stehen auf kurzen Seitentrieben in kurzen, knäuelförmigen Trauben. Die kugelige Frucht ist anfangs rot, später schwarz. Gelegentlich wird im Kübelpflanzenhandel auch *P. vera*, die Echte Pistazie und *P. terebinthus*, die Terpentin-Pistazie oder Terebinthe angeboten. Beschneiden sollte man die Pflanzen sehr behutsam. In der Regel genügt es, zu lang gewordene Triebe zurückzuschneiden und die Krone etwas auszulichten. Zur Fruchtbildung kommt es nur, wenn man weibliche und männliche Pflanzen besitzt.

Plumbago auriculata Kap-Bleiwurz

Der kleine, kletternde oder niederliegende Strauch fällt durch seine hellblauen, phloxähnlichen Blüten auf, die zahlreich in kurzen, endständigen Ähren sitzen. Sie erscheinen unermüdlich den ganzen Sommer hindurch. Ihr leuchtendes Porzellanblau findet man sonst kaum bei einer Kübelpflanze. Daneben gibt es auch eine weiße Art.
Bleiwurzpflanzen können zu Solitärbüschen, aber auch zu Pyramiden, Halb- und Hochstämmen herangezogen werden. Kräftige Bodentriebe sind für die Stamm- und die spätere Kronenbildung am besten geeignet. Man kann die Triebe aber auch an Spalieren oder Drähten entlang ziehen. Ab Ende Januar werden die Pflanzen leicht ausgelichtet oder zurückgeschnitten. Zu groß gewordene Pflanzen kann man auch kräftig zurückschneiden. Ältere verholzte Sträucher oder Stämme vertragen auch einen weniger günstigen Standort in einem Keller mit wenig Licht.

- Aussaat, krautige Stecklinge
- Sommer: sonnig
- Winter: hell oder fast dunkel, luftig, 0 – 10 °C
- gleichmäßig feucht, oberflächliches Abtrocknen schadet nicht
- Apr. – Ende Sept. 0,3 % wöchentlich
- Blattläuse an Neuaustrieb, Weichhautmilben (gekrümmte Triebspitzen, die absterben)

▶ Der Mastixbaum ist eine vorzügliche Kübelpflanze, die schon im 16. Jahrhundert in Mitteleuropa kultiviert worden ist.

▶▶ Der Bleiwurz blüht in reinstem Himmelblau.

Punica granatum Granatapfel

- Aussaat, unbelaubte 10 cm lange Zwegstecklinge im Febr. / März
- Sommer: sonnig, warm
- Winter: relativ dunkel, beim Austrieb hell, 5 – 10 °C
- Febr. – Aug. gleichmäßig feucht, ab Ende Aug. weniger, im Winter sporadisch
- Ende März – Ende Juli 0,2 % wöchentlich
- kaum, Blattläuse am Neuaustrieb, Spinnmilben in trockenen Sommern

Der Granatapfel gehört sicherlich zu den ältesten in Deutschland gezogenen Kübelpflanzen. Anfang des 16. Jahrhunderts galten sie „als die höchste Zierde" einer Sammlung, und so finden wir sie denn auch durch das gesamte 16. Jahrhundert in einer ganzen Reihe fürstlicher und bürgerlicher Gärten. Als eines der ältesten Arznei- und Kulturgewächse spielt der Granatapfel als „Kultpflanze" eine große Rolle.
Was den Granatapfel als Kübelpflanze so interessant macht, sind neben der relativ einfachen Pflege und den attraktiven Früchten die korallenroten (granatroten) Blüten. Im Handel gibt es eine Reihe von Kulturformen, unter anderem mit weißlichen, gelben, gestreiften und auch gefüllten Blüten.
Der Granatapfel benötigt im Sommer viel Sonne und Wärme. In nassen und trüben Sommern fällt die Blüte nur mäßig aus und die Früchte fallen vorzeitig ab.
Für das Blühen im kommenden Jahr ist es wichtig, dass die Triebe ausreifen können. Deshalb ab Ende August das Gießen nach und nach einschränken.

◄ Als Kübelpflanze am weitesten verbreitet ist die Granatapfelsorte 'Nana', die im Kübel kaum höher als 2 m wird.

Nur große Pflanzen schneiden

Der Granatapfel blüht an gebüschelten Kurztrieben und an den Spitzen der Langtriebe, darauf ist beim Schnitt zu achten. Im Allgemeinen dürfen sich die Pflanzen relativ frei entwickeln. Zurückgeschnitten werden sollten die Pflanzen nur, wenn sie zu groß geworden sind. Bei älteren Pflanzen ist von Jahr zu Jahr die Krone etwas auszulichten, damit von innen heraus immer wieder neue Triebe gebildet werden. Zu groß gewordene Pflanzen können zur Verjüngung kräftig zurückgeschnitten werden.

Salvia Salbei

- krautige Stecklinge, Aussaat (Nachkommen uneinheitlich)
- Sommer: sonnig, aber nicht prallsonnig
- Winter: hell, luftig, 5 – 10 °C
- sehr viel, im Winter vorsichtig
- Apr. – Ende Sept. 0,3 % wöchentlich
- Weiße Fliege, Blattläuse, Grauschimmel im Winter

Die etwa 700 Arten umfassende Gattung *Salvia* ist überwiegend in den wärmeren Gegenden der Erde verbreitet. Es sind ein- und mehrjährige, sehr verschieden behaarte, oft aromatische Kräuter, Halbsträucher oder Sträucher. Typisch für die Gattung sind ihre zumeist sehr auffällig gefärbten, in aufrechten Quirlen stehenden Blüten. Einige der Arten sind uns als Gewürz- und Heilmittel, andere als Sommerblumen bekannt. Weniger bekannt sind verschiedene mehrjährige, nicht winterharte *Salvia*-Arten, die hübsche Kübelpflanzen darstellen.

Salvia canariensis

ist ein bis 2 m hoher Strauch mit weißwolligen Ästen und Blattstielen. Die purpurviolett gefärbten Blüten stehen in verzweigten Trauben. Dieser auf den Kanarischen Inseln heimische Salbei war eine im 16. Jahrhundert häufig kultivierte Orangeriepflanze.

Salvia heerii

ist ein vom Grunde her stark verästelter, kurz-weichhaariger Strauch. Die scharlachroten, zum Schlund hin weiß-gestreiften Blüten stehen am Ende der Zweige und Zweiglein in blattlosen Trauben.

Salvia involucrata

ist wohl eine der schönsten und stattlichsten nicht winterharten *Salvia*-Arten. Der bis 1 m hohe Halbstrauch wächst buschig mit verlängerten, kahlen Ästen, die sich wenig verzweigen. Die smaragdgrünen,

▲ Die mehrjährigen Salbeiarten, wie hier *S. canariensis*, passen gut auf eine Terrasse oder einen Gartenhof, wo sie mit anderen mediterranen Pflanzen vereinigt den Zauber eines subtropischen Gartens verbreiten.

lang gestielten, eirund zugespitzten Blätter stehen weit auseinander. Die sitzenden Blätter des Blütenstandes (Deckblätter) sind breit-eirund, zugespitzt, rosenrot gefärbt und umhüllen die Blüten.
Bei älteren Pflanzen werden am besten im zeitigen Frühjahr die älteren Zweige kurz über dem Boden abgeschnitten, damit sich die Pflanzen von innen heraus verjüngen können.

Senna
Senna

- Aussaat, Stecklinge
- Sommer: warm, volle Sonne
- Winter: hell, 5–10 °C, *C. didymobotrya* nicht unter 10 °C, auch dunkel, doch dann verlieren die Pflanzen das Laub
- sehr viel
- viel, Mitte Apr. – Anf. August 0,3 % wöchentlich
- Weiße Fliege, Blattläuse am Neuaustrieb, Fäulnispilze in der Erde

Wenn in südlichen Ländern prächtige, gelbblühende Bäume und Sträucher bewundert werden, dann handelt es sich oft um Vertreter der Gattung *Senna*. Als Kübelpflanzen lassen sie auch bei uns an trüben Sommertagen die Sonne scheinen. Die Wuchsform der verschiedenen Arten ist sehr variabel, es kommen Bäume, Sträucher, Halbsträucher, Stauden und einjährige Arten vor. Die Pflanzen falten jeweils gegen Abend ihre Fiederblätter nach oben zusammen. Diese Schlafbewegung wird durch den Tag-Nacht-Wechsel gesteuert und schützt die Pflanze vor unnötiger Wärmeabstrahlung während der kühleren Nachtstunden.
Nur verhältnismäßig wenige Arten der umfangreichen Gattung sind in gärtnerischer Kultur. Als Kübelpflanzen eignen sich die folgenden Arten:

Senna corymbosa var. *corymbosa*
Die goldgelben Blüten erscheinen in lang gestielten, achsel- und endständigen Doldentrauben vom Frühling bis zum Herbst. Unter günstigen Bedingungen setzt sich die Blüte im Herbst bis zum Winterbeginn fort. Bei der Varietät var. *plurijuga* sind die Blüten kleiner als bei der Art.

Senna didymobotrya
Ein straff aufrecht wachsender Strauch bis kleiner Baum, dessen junge Triebe und Blätter fein behaart sind. Ihre großen, auffallenden, gelben Blütenstände (lange, schmale Trauben) erscheinen wie Kerzen am Ende der aufrechten Sprosse der Pflanze. In reizvollem Kontrast zum leuchtenden Gelb der bereits geöffneten Blüten stehen die noch geschlossenen schwärzlichen Knospen am oberen Ende des Blütenstandes. Die Blütenstände wachsen bis zu 1 m in die Länge und verkahlen von unten her. Nach dem Verblühen bilden sich an der Basis des alten Blütenstandes einige neue Infloreszenzen.

TIPP zum Schnitt

Ältere Pflanzen vertragen im Frühjahr einen Rückschnitt gut. Sie treiben dann wieder kräftig durch und werden insgesamt wüchsiger. Gewöhnlich kürzt man die Jahrestriebe auf ein Viertel der Länge ein.

▼ Mit ihren paarig gefiederten Blättern und ihrem Blütenreichtum sind *Senna* eine ausgesprochene Augenweide.

Entfernt man die abgeblühten Kerzen zeitig, können sich aus den Blattachseln umso schneller neue Blütenstände entwickeln. Die Blütezeit wird durch diese Maßnahme bis in den Winter hinein verlängert.

Senna multiglandulosa

Sie wächst zu einem bis zu 3 m hohen Strauch heran, dessen Triebe und vor allem die Blattunterseite weißfilzig behaart sind. Die goldgelben Blüten stehen zu zwei bis acht in achsel- und endständigen Trauben.

Solanum
Nachtschatten

- leicht durch Stecklinge, Aussaat
- Sommer: sehr warm und sonnig, *S. jasminoides* auch noch im Halbschatten
- Winter: hell, luftig, um 5 °C, im Wintergarten auch wärmer
- im Sommer reichlich, an heißen Tagen morgens und abends
- Austrieb bis Ende Sept. 0,3 % wöchentlich
- Blätter werden unten oft gelb, Blattläuse, Weiße Fliege, Rote Spinne

Mit etwa 1500 Arten stellt die Gattung *Solanum* einen der größten Verwandtschaftskreise im Pflanzenreich überhaupt dar. Die Gattung *Solanum* liefert stärkereiche Knollen (*S. tuberosum*, Kartoffel), Kochgemüse (*S. melongena*, Aubergine) und zahlreiche Früchte (z. B. *S. quitoense*, Lulo-Frucht). Unter den *Solanum*-Arten gibt es aber auch eine Reihe von sehr zierenden Arten, die mit zu den schönsten und am zuverlässigsten blühenden Kübelpflanzen gehören.

Solanum jasminoides

Der Jasmin-Nachtschatten ist ein raschwachsender, reichverzweigter Schlingstrauch mit dünnen, rutenförmigen Zweigen. Im Mittelmeerraum ist sie eine der verbreitesten Kletterpflanzen. Sie ist vielseitig verwendbar, wenn es notwendig ist, lässt sie sich beliebig zurückschneiden. Die weißblauen Blüten erscheinen in rispenartigen, end- und seitenständigen, zierlichen Trauben. Bei der Kulturform 'Alba' sind sie reinweiß. Wenn auch die Blüten der Pflanze jasminähnliches Aussehen besitzen, so sind sie doch ohne Duft. Die schwarzen Beerenfrüchte sind giftig, reifen bei uns aber meist nicht aus. Wenn es die Standortverhältnisse zulassen, blüht *S. jasminoides* praktisch das ganze Jahr über.

Solanum rantonnetii (*Lycianthes rantonnetii*)

Der Blaue Kartoffelstrauch, der im Handel häufig als Hochstämmchen angeboten wird, gehört wegen seiner überreichen Dauerblüte und der geringen Empfindlichkeit in der Kultur heute zu den beliebtesten nicht kletternden *Solanum*-Arten. Die violett-blauen Blüten mit hellgelber Mitte stehen zu zwei, drei, vier oder fünf in den Blattachseln des älteren Holzes. Bei entsprechenden Standortbedingungen erscheinen die Blüten das ganze Jahre über. Die rot färbenden, etwa 2 cm dicken Früchte sind eine weitere Zierde. Im Handel sind heute in der Regel Auslesen mit besonders großen Blüten erhältlich (unter anderem 'Grandiflorum').

Solanum wendlandii

Der Costa-Rica-Nachtschatten ist wohl die gärtnerisch schönste Art der Gattung. Von Juni bis September bringt sie im Überfluss auffallende, hängende Bündel großer blau-violetter Blüten hervor, von denen sich die gelben Staubbeutel lebhaft abheben. An den Trieben und an den Mittelrippen der Blätter sitzen verstreut kurze, hakenförmige Stacheln, mit deren Hilfe die Pflanze in ihrer Heimat an Sträuchern und an Bäumen emporklettert. *S. wendlandii* eignet sich besonders gut zur Bekleidung von Hauswänden an ortsfesten Spalieren. Durch häufigen Rückschnitt ist es aber auch möglich, sich selbst tragende Pflanzen zu erzielen.
Im Sommer gehören die Pflanzen an den wärmsten und sonnigsten Platz im Garten, auf die Terrasse oder den Balkon. Im Sommer werden die Blätter im unteren Drittel durch Nährstoff- und Wasserman-

Solanum am Spalier ziehen
S. jasminoides und *S. wendlandii* entwickeln sich am schönsten an ortsfesten Spalieren, frei aufgestellt oder an einer Hauswand. Auch Pergolapfeiler sind interessante Standorte für diese Arten. Stellt man die Kübel in der Nähe eines Strauches auf, benötigt man keine künstliche Kletterhilfe, denn beim Durchwachsen von Sträuchen und Bäumen wissen sich die Pflanze selbst zu helfen. Aber auch mit im Kübel angebrachten Kletterhilfen in Form von Stäben, Gittern oder anderen „Pflanzenstützen" lassen sich schöne Effekte erzielen.

▼ Die Blüten des Blauen Kartoffelstrauches sind oft sehr groß und messen bis zu 3 cm im Durchmesser.

gel leicht gelb und fallen anschließend ab. Bei kühler Überwinterung werfen die Pflanzen in der Regel das Laub völlig ab, treiben im Frühjahr wieder willig durch.

Sparrmannia africana Zimmerlinde

- Stecklinge aus Seitentrieben von Blütentrieben
- Sommer: hell, keine pralle Sonne, windgeschützt
- Winter: hell, um 10 °C, wenn niedriger Blattabwurf
- im Sommer stets feucht, im Winter sparsam, keine Nässe
- viel, März – Ende Sept. 0,3 % wöchentlich
- Weiße Fliege, Blattläuse, Spinnmilben, gelbe Blätter

Die Zimmerlinde wird schon seit rund 200 Jahren in Europa kultiviert. Ihre attraktiven Blüten und hellgrünen, flaumig behaarten Blätter, aber auch ihre Robustheit und Schnellwüchsigkeit machten sie zu einer beliebten Zimmerpflanze. Weniger bekannt ist, dass sie auch als stattliche Kübelpflanze verwendet werden kann, die den Sommer über an einer halbschattigen, windgeschützten Stelle im Freien ausgezeichnet gedeiht. Stehen die Pflanzen aber zu schattig, vergeilen sie und sind dann keine Zierde mehr. Zimmerlinden sind äußerst frostempfindlich. Deshalb sind die Pflanzen spät auszuräumen und früh einzuräumen, wenn wirklich keine Fröste mehr auftreten. Schon im Januar beginnt bei der Zimmerlinde wieder die Wachstumszeit, früher als bei manch anderen Kübelpflanzen. Daher ist eine helle Überwinterung im Gewächshaus, Wintergarten oder einem hellen Treppenhaus zu empfehlen.
Da die Zimmerlinde stark wächst, müssen ältere Pflanzen öfter zurückgeschnitten werden.

Strelitzia reginae Strelitzie, Paradiesvogelblume

Strelitzia reginae ist eine große, ausdauernde krautige Pflanze mit zweizeilig angeordneten gestielten, großen, einfachen, ganzrandigen Blättern.
Wie ein aufgeplusterter Federkamm erscheinen die Blütenstände der Strelitzie, die in einem unglaublichen Farbenspiel zwischen Rot und Orange leuchten, das von zungenförmigen, strahlend blauen Zeichnungen durchzogen wird. In Form und Farbenpracht erinnern sie an den Paradiesvogel, daher auch der deutsche Name. Viele Wochen bleibt der Blütentraum erhalten. Als Urlauber-Mitbringsel von den Kanarischen Inseln, Mallorca und Ibiza ist sie ebenso beliebt wie als Schnittblume.
Vermehrt wird in der Regel vegetativ durch Teilung oder Abnahme von Seitentrieben. Sehr vorsichtig teilen, um die Wunden klein zu halten, da sie nur langsam verheilen. Man sollte nicht in zu kleine Teilstücke teilen, wenn rasch wieder eine Blütenbildung erwünscht wird. Eine Anzucht aus Samen ist schwieriger und vor allem zeitraubender. Durch Trocken- und Kühlhalten lässt sich die Blütezeit beeinflussen.
Ältere Blätter sollten bei größeren Exemplaren regelmäßig entfernt werden, um dem verbleibenden Laub genügend Licht und Luft für eine ansprechende Entwicklung zur Verfügung stellen zu können.

- Teilung (April / Mai), Anzucht aus Samen dauert lange
- Sommer: volle Sonne vor heller Hauswand, im Schatten kaum Blüten, Wärme
- Winter: hell, um 10 °C
- sehr viel, im Winter fast trocken
- Apr. – Ende Sept. 0,3 % wöchentlich
- Schildläuse, Spinnmilben, Blattflecken

► Die Zimmerlinde wächst sehr rasch und kann in einem Jahr aus einer Topfpflanze zu einem beachtlichen Strauch heranwachsen.

◄ Der Blütenstand der Strelitzie wird von einem kahnartigen Hochblatt umhüllt.

Syzygium paniculatum
Australische Kirschmyrte

- halbausgereifte Stecklinge
- Sommer: sonnig, vor heller Wand, über 20 °C
- Winter: hell, unter 10 °C
- viel
- 0,1 % wöchentlich
- Schildläuse, Rote Spinne

Bei den Arten der Gattung *Syzygium* handelt es sich um immergrüne Bäume oder Sträucher. Zu dieser Pflanzengruppe gehört auch der Gewürznelkenbaum und einige Obstgehölze. Andere werden wegen der Schönheit ihrer Blüten und Früchte, aber auch wegen ihrer hübschen Belaubung überall in den Tropen kultiviert. Der attraktive rosa bis rot gefärbte Austrieb hebt die Kirschmyrte von anderen Kübelpflanzen ab. Ein zusätzlicher Vorteil liegt in ihrer Robustheit. Die rahmweißen Blüten stehen zu wenigen in end- und achselständigen Rispen beisammen. Aus ihnen entwickelt sich eine purpurrote, eiförmige, 2 cm dicke Beere. Die verschiedenen Spielarten von S. *paniculatum* können unterschiedlich groß sein und unterschiedlich geformte Blüten und Blätter haben. In Kalifornien und Florida wird sie gern als Hecke verwendet, was auf ihre gute Schnittverträglichkeit hindeutet.

Im Sommer kommen die Pflanzen an einen möglichst hellen, sonnigen Platz. Dort wirken sie besonders schön als Flankierung eines Hauseingangs oder vor einer hellen Hauswand. Im Sommer brauchen dicht belaubte ältere Pflanzen viel Wasser. Stehen sie vorübergehend trocken, werfen die Pflanzen ihre Blätter ab, treiben aber wieder durch, wenn bald darauf erneut gegossen wird.

Die Rosa- bis Rotfärbung der Triebspitzen wird von der Temperatur und vom Ernährungszustand der Pflanze beeinflusst. Pflanzen, die wenig Dünger bekommen, färben intensiver als gut mit Dünger versorgte. Die Triebspitzen färben auch intensiver bei niedrigen Temperaturen.

Gut zu formieren

Aufgrund ihrer hohen Schnittverträglichkeit zog man früher die Kirschmyrten ähnlich wie Lorbeer in Kugel-, Säulen- oder Pyramidenform. Für die Formierung gibt es verschiedene Möglichkeiten. Tiefes Stutzen in den stärker verholzten Bereich führt zu einem flachen Pflanzenaufbau. Kompakte Büsche erhält man durch höheres und mehrfaches Stutzen. Sind die Pflanzen zu groß geworden, kann man sie stark zurückschneiden.

◄ *Tibouchina urvilleana* gehört wegen ihrer großen, leuchtend gefärbten Blüten zu den schönsten Blütenpflanzen, wächst aber leider etwas sparrig.

Tibouchina urvilleana
Glänzende Tibouche

- leicht verholzte Kopfstecklinge
- Sommer: sonnig, warm, keine pralle Sonne, im Schatten Laubfall
- Winter: hell im Gewächshaus oder Wintergarten, 5 – 10 °C
- reichlich, im Winter sparsam, nur kalkarmes Wasser unter pH 5,5
- Apr. – Sept. 0,2 % wöchentlich, übrige Zeit alle 2 Wochen
- *Botrytis* bei hoher Luftfeuchtigkeit im Winter, Spinnmilben, Weiße Fliege, Blattläuse

In Amerika nennt man *T. urvilleana* bewundernd Prinzessinnenblume. Zu Recht, blüht die elegante Brasilianerin doch mit riesigen Blüten in exquisiten Blautönen. Der behaarte, immergrüne, 4 bis 6 m hoch kletternde, weichhaarige Strauch trägt vierkantige, rötlich behaarte Triebe. Die eiförmig-elliptischen, fein gesägten Blätter sind 5 bis 12 cm lang und 2,5 bis 3 cm breit. Auf der Unterseite sind sie dicht, auf der Oberseite weniger dicht behaart. Die Blüten stehen einzeln oder zu dritt in endständigen, verzweigten Rispen beisammen. Die Blütenknospen werden von blumenblattartigen, rötlich gefärbten Hochblättern umhüllt, die vor der Blütenentwicklung abfallen. Die natürliche Blütezeit reicht von November bis März, aber die Art kann auch gelegentlich in anderen Jahreszeiten blühen. Die Haltbarkeit der Blüten beträgt an warmen und sonnigen Tagen einen vollen Tag. Bei kühler Witterung und an trüben Tagen sind sie dagegen bis zu vier Tagen geöffnet. Da die Blütenknospen sich in Abständen von mehreren Tagen nacheinander öffnen, hat die Pflanze über mehrere Monate hinweg immer offene Blüten.

Jungpflanzen öfter stutzen

Tibouchina kann in Buschform oder als Hochstamm in beliebiger Höhe gezogen werden. Da die Pflanze von Natur aus

WICHTIG

Tibouchina lässt sich nur mit kalkarmem Wasser mit Erfolg kultivieren. Der pH-Wert sollte nicht über 5,5 liegen. Bei hohen pH-Werten treten leicht Chlorosen auf.

schlecht verzweigt, müssen Jungpflanzen mehrmals gestutzt werden. Anfangs muss man nach jedem neuen Blattpaar stutzen, damit sich die Pflanze kompakt aufbaut. Später entwickeln sich nach der Blüte die Triebknospen in den Achseln des oberen Blattpaares und wachsen zu langen Trieben weiter. Dieser Vorgang setzt sich in den folgenden Jahren fort, sodass sich Sträucher mit bis zu 3 m langen Trieben bilden. Die man jedoch nicht zu stark zurückschneiden darf, weil sich am alten Holz keine entwicklungsfähigen Triebknospen befinden. Beim Umtopfen Wurzeln nicht verletzen.

Trachelospermum
Sternjasmin

- Stecklinge von Seitentrieben blühfreudiger Pflanzen (bei 20 – 25 °C bewurzeln lassen)

- Sommer: sonnig, vor praller Sonne geschützt, im Schatten kaum Blüte
- Winter: hell, nicht unter 5 °C

- Bei Sonne viel, verträgt kurzfristig Trockenheit, im Winter eher trocken

- Apr. – Ende Sept. 0,2 % wöchentlich

- Spinnmilben, Weiße Fliege, Blattläuse an jungen Trieben

Die zur Familie der Apocynaceae (Hundsgiftgewächse) gehörende Gattung *Trachelospermum* umfasst etwa 30 Arten. Es handelt sich um immergrüne, milchsaftführende, windende Kletersträucher mit gegenständig sitzenden, auffallend geaderten, ledrigen Blättern. Die weißen bis gelblichen, sternförmigen, nach Jasmin duftenden Blüten stehen in end- und achselständigen Büscheln. Zwei Arten, *T. asiaticum* mit der Kulturform 'Tricolor' (sie hat dreifarbige Blätter in weiß, grün und rosa) und *T. jasminoides* sind interessante, pflegeleichte Kübelpflanzen. 'Variegatum' hat weißgerandete, weiß gefleckte Blätter, im Winter oft etwas karmin überlaufen; bei 'Wilsonii' sind die Blätter besonders hübsch geadert und karminrot überlaufen.

▶ Der Sternjasmin kann sich mit seinen peitschenartigen Trieben an jeder Kletterhilfe hochwinden.

Stehen die Pflanzen im Winter zu dunkel, werden die Blätter abgeworfen. In der Regel treiben die Pflanzen im Frühjahr wieder durch. Im Winter sind die Pflanzen eher trocken zu halten. Die Pflanzen danken es mit einer besonders reichen Blüte. Im Sommer ist an sonnigen Tagen der Wasserbedarf allerdings sehr hoch. Kurzfristige Trockenheit wird vertragen.

Sternjasmin klettert auch selbst

Im Verlauf der Wachstumszeit bildet der Sternjasmin peitschenartige Triebe aus, die sich an jeder Kletterhilfe, an Spalieren oder Drahtnetzen hochwinden. Auch sind sie wie der Efeu in der Lage, durch Ausbildung von Haftwurzeln an feuchten Flächen zu wurzeln. Durch häufigen Rückschnitt erhält man, soweit überhaupt gewünscht, im Laufe der Zeit sich mehr oder weniger selbsttragende Pflanzen. Zu groß gewordene Pflanzen können zur Verjüngung kräftig zurückgeschnitten werden.

Trachycarpus fortunei
Chinesische Hanfpalme

Das Gebiet der natürlichen Verbreitung von *T. fortunei* reicht von Oberburma über Südchina bis Südjapan. Sie wächst noch auf 32 Grad nördlicher Breite im Himalaja in einer Höhe von 2400 m, wo von November bis März Schnee liegt. Da sie sich unempfindlich gegenüber tieferen Temperaturen zeigt, ist sie weltweit im subtropischen Klimabereich verbreitet. *Trachycarpus fortunei* ist eine schlankstämmige Palme, der Stamm ist in der Jugend völlig, im Alter nur im oberen Teil von einem dichten Netz brauner Fasern und den stehenbleibenden, schräg nach oben gerichteten Blattgrundresten eingehüllt.
Gut gehaltene Hanfpalmen entwickeln pro Jahr sechs Blätter, halbschattig kultivierte in der Regel weniger. Ausgewachsene Blätter von Hanfpalmen vertragen an einem windgeschützten Standort Temperaturen bis −10 °C. Daher kann früh im Jahr ausgeräumt und spät eingeräumt werden. In windigen Lagen muss man Hanfpalmen gut verankern, da sie oft kopflastig werden und umfallen.

- Aussaat bei 20 – 25 °C

- Sommer: sonnig bis halbschattig, windgeschützt
- Winter: nicht zu dunkel, frostfrei

- im Sommer Wurzelballen feucht, keine Staunässe, im Winter sehr wenig

- März – Okt. 0,2 % wöchentlich

- selten Schildläuse

▲ Die Chinesische Hanfpalme kann im Herbst lange draußen stehen, weil sie Frost verträgt.

Im Winter nimmt die Hanfpalme mit jedem nicht zu dunklen, frostfreien Standort vorlieb. Wenn sie relativ dunkel überwintert wird, muss man sie im Frühjahr draußen an einem halbschattigen Ort eingewöhnen, um keine Verbrennungen an den Fächern zu riskieren.

Viburnum tinus
Immergrüner Schneeball, Lorbeer-Schneeball

- Stecklinge, am besten im Mai / Juni

- Sommer: warm, sonnig, auch halbschattig, keine pralle Sonne, verträgt einige Minusgrade
- Winter: luftig, nicht über 5 °C

- reichlich

- Apr. – Ende Juli 0,2 % wöchentlich

- Schild- und Wollläuse, Weiße Fliege, Blattläuse

Mit *Viburnum* verbindet man fast unwillkürlich den Schneeball, diese so dankbar blühenden Sträucher mit den ballförmigen Blütenständen, die gern in Gärten und Anlagen gepflanzt werden. Aber es gibt auch eine Art, nämlich *V. tinus*, die eine dankbare Kübelpflanze ist. Die weiß bis rosaweißen, etwas duftenden Blüten stehen in gewölbten, endständigen Trugdolden. In ihrer Heimat blühen die Pflanzen von November bis April, bei uns im Herbst oder im zeitigen Frühjahr. Schon im Altertum war diese Art als *tinus* bekannt. Heute findet man die Art zu Unrecht nur noch selten, denn die Pflanze ist nicht nur schön, sondern auch recht anspruchslos. Im Handel gibt es mehrere Kulturformen, darunter auch eine Form mit gelbbunten Blättern.

Früh ausräumen

Ein großer Vorteil des Lorbeer-Schneeballs ist, dass er schon relativ früh aus dem Winterquartier ausgeräumt werden kann, da er einige Minusgrade verträgt. Voraussetzung ist allerdings, dass er im Winter nicht zu warm stand. Ideal als Überwinterungsort ist ein heller Platz im Gewächshaus oder Wintergarten, aber auch weniger helle Räume, beispielsweise ein Treppenhaus, sind geeignet, wenn die Temperaturen auf Dauer 5 °C nicht übersteigen. Es muss reichlich gegossen werden, denn auf Grund der vielen dicht stehenden Blätter ist die Wasserverdunstung außerordentlich hoch. Aus diesem Grund ist beim Umtopfen auf einen möglichst großen Gießrand zu achten.
Wie beim Lorbeer kann man aus diesen Pflanzen Kugeln, Pyramiden und Säulen formen. Allerdings muss man dann weitgehend auf Blüten verzichten. Schöner für Terrasse, Balkon oder Dachgarten sind aber natürlich gewachsene Sträucher.

▼ Der Lorbeer-Schneeball blüht im Spätwinter sehr reich. Er muss dafür aber im August das Wachstum abgeschlossen haben.

Washingtonia
Priesterpalme

Das Verbreitungsgebiet der zwei Arten umfassenden Fächerpalmengattung *Washingtonia* erstreckt sich vom südlichen Kalifornien bis nach West-Arizona und dem nordwestlichen Mexiko. Das hervorstechende Merkmal dieser Palmen, zu beobachten an größeren, älteren Bäumen, ist die natürliche, aus den abgestorbenen Blattwedeln gebildete, dichte Umhüllung des Stammes. Da die Wedel nach dem Vertrocknen nicht abfallen, bildet diese Umhüllung eine sehr dauerhafte „Säule“, welche oftmals einen Durchmesser von mehr als 2 m erreichen kann. Dieser Behang ist in seinem Aussehen einem Damenunterrock nicht unähnlich, und in den USA nennt man die Washingtonias deshalb auch Petticoat-(Unterrock-)Palmen oder Priesterpalmen (in Anlehnung an die Soutane). Die Blattfächer der beiden Arten *W. filifera* und *W. robusta*, die sich kaum voneinander unterscheiden, sind beinahe kreisrund und bis über die Mitte eingeschnitten.
An den Rändern ihrer Blattstiele sitzen überaus starke, hellbraune und mit einem weißlichen, flaumbedeckten Rand versehene, zur Pflanze gerichtete Dornen. Diese Bedornung setzt erst nach etwa 2 bis 3 Jahren an den jungen Palmen ein. Washingtonien brauchen viel Licht und

- Aussaat, frische Samen bei 25 – 30 °C aussäen

- Sommer: sehr hell, warm, windgeschützt
- Winter: hell bis dunkel, 0 – 10 °C

- im Sommer gleichmäßig feucht, verträgt auch Trockenheit

- Apr. – Ende September 0,2 % wöchentlich

- Spinnmilben, Woll- und Schildläuse

viel Wärme im Sommer. Geeignet sind Süd- und Westseiten am Haus oder im Garten. Bei nicht ausreichend hellem Stand werden die Blattstiele lang und instabil, die Blätter neigen sich frühzeitig oder knicken gar. Die Pflanzen sehen dann fast welk aus. Stark dem Wind ausgesetzte Lagen sollten nach Möglichkeit gemieden werden, denn der Wind kann die Fächer aufreißen, was der Palme zwar keinen Schaden zufügt, sie aber etwas unansehnlich macht.

Überwinterung

Nach den ersten leichten Nachtfrösten im Herbst holt man die *Washingtonia* herein. Die Überwinterung kann zwar weitgehend dunkel erfolgen, doch leidet das Aussehen der Palmen sehr darunter. Besser eignet sich ein heller Treppenaufgang, ein Gewächshaus oder Wintergarten. Die Temperaturen sollten zwischen 0 und 10 °C liegen. Washingtonien sind auf Dauer nur für denjenigen geeignet, dem ein größeres Überwinterungsquartier zur Verfügung steht. Washingtonien bilden große Wurzelmassen aus, man braucht daher relativ große Kübel.

Yucca
Palmlilie

- blattlose Stammstückstecklinge
- Sommer: vollsonnig, warm
- Winter: hell, frostfrei, fast trocken, im Wintergarten auch über 15 °C
- gleichmäßig feucht, bei dunkler Überwinterung fast trocken
- Apr. – Ende Sept. 0,2 % wöchentlich
- Spinnmilben, Woll- und Schildläuse bei zu trockener Luft

Yuccas sind sehr schöne Schmuckpflanzen von herrlicher Wirkung, darüber hinaus weitgehend problemlos in Haltung und Pflege. Zu Beginn der 70er Jahre kamen die Yuccas groß in Mode und entwickelten sich zu populären Zimmer- und Kübelpflanzen. Yuccas sind neben der Gattung *Dracaena* die bekanntesten einkeimblättrigen Bäume. Es sind immergrüne Pflanzen mit einfachem oder verzweigtem, dickem Stamm oder ohne Stamm. Die schwertförmigen Blätter stehen in endständigen, dicht gedrängten Büscheln. Sie sind meist lang und schmal und haben oft eine dornige Spitze. Als Kübelpflanzen haben folgende stammbildendende Arten Bedeutung: *Y. aloifolia*, *Y. baccata*, *Y. brevifolia* (Josua-Palmlilie), *Y. elephantipes* (Riesen-Palmlilie), *Y. recurvifolia* und *Y. rostrata*. Yuccas werden in der Regel durch blattlose Stammstückstecklinge vermehrt. Auch die Kopftriebe bewurzeln sich. Wenn man selbst durch Stammstecklinge vermehrt, muss man darauf achten, dass das ursprünglich untere Ende auch nach unten in die Erde kommt. Denn Wurzeln werden nur am ursprünglich unteren Ende ausgebildet, während am oberen Ende neue Triebe aus den ehemaligen Blattachseln austreiben. Eine Vermehrung aus eingeführten Samen ist möglich, doch dauert es relativ lange, bis ansehnliche Pflanzen daraus entstehen können.
An der Blattstellung ist bei *Yucca* abzulesen, ob der Standort optimal ist. Nach unten hängende Blätter signalsieren einen zu dunklen Standort. Die Blätter der *Yucca* sind an der Spitze mehr oder weniger stark bedornt. Um die Gefahr von Verletzungen möglichst auszuschließen, sollte ihnen ausreichend Platz gewährt werden.
Eine vorübergehende Trockenheit schadet den Pflanzen nicht.

Die Blüte lässt auf sich warten

Eine Yucca muss erst viele Jahre alt sein, bevor sie das erste Mal blüht. Aber es lohnt sich darauf zu warten, denn das Erscheinen des 1 bis 2 m hohen Blütenstandes mit den vielen großen, hängenden Blüten ist ein wirklich einmaliges Erlebnis.

▼ Palmlilien in Kübeln kann man spät einräumen, da leichte Fröste nicht schaden. Werden die Pflanzen zu groß, kann man sie zurückschneiden. Je tiefer man zurückschneidet, umso langer dauert es, bis ein Neuaustrieb erfolgt. Man kann aber auch die Kopfstücke zur Bewurzelung bringen und gegen die zurückgeschnittenen Pflanzen austauschen.

Eine Auswahl hübscher Balkonpflanzen

Dieser Teil enthält Pflegehinweise für über 40 Balkonpflanzen. Neben Pflanzenarten, die häufig und schon lange mit Erfolg als Balkonblumen kultiviert werden, sind auch unbekanntere Arten aufgeführt. Das Angebot der Balkonblumen beschränkt sich längst nicht mehr auf die traditionellen Arten wie Pelargonien, Fuchsien oder Petunien. Heute erweitern exotische Neuheiten, z. B. *Asteriscus maritimus*, *Convolvulus sabiatus* und *Lobelia erinus* 'Richardii', die als überschäumende Hängepflanzen Furore machen, das Angebot.

▲ Die sogenannten „Strukturpflanzen" sind für eine aufgelockerte Balkonkastenbepflanzung sehr wichtig geworden.

In der Mehrzahl sind Balkonblumen Blütenpflanzen, die den ganzen Sommer über unermüdlich Blüten bilden. Nicht weniger wichtig für Balkonkastenarrangements sind aber die sogenannten Strukturpflanzen. Unter dem Begriff „Strukturpflanzen" werden solche Pflanzenarten und Sorten zusammengefasst, die sich insbesondere durch zierende Blätter (durch Blattfarbe oder -form) und / oder attraktiven Pflanzenaufbau auszeichen, weniger durch einen attraktiven Blütenschmuck. Sie werden mit hübsch blühenden Pflanzen kombiniert, um deren Wirkung zu steigern. Ein altbekanntes Beispiel für eine derartige Pflanze ist das Greiskraut, *Senecio cineraria*.
Grundsätzliche Hinweise zur Kultur und Pflege findet man in den vorherigen Abschnitten und im Allgemeinen Teil des Buches. Die Ausführungen bei den Pflanzenbeschreibungen enthalten Angaben, die über die allgemeinen Hinweise hinausgehen und nur die jeweilige Pflanzengattung oder -art betreffen. In den Randspalten finden sich zusätzliche Informationen, unter anderem Angaben zum Wuchs.

TIPP

Zwischen den Balkonpflanzen, den Sommerblumen und den Kübelpflanzen gibt es Überschneidungen. Sollte eine bestimmte Balkonblume hier nicht aufgeführt sein, so ist sie sicherlich über das Inhaltsverzeichnis bei den Sommerblumen oder den Kübelpflanzen zu finden.

Acalypha chamaedrifolia Hängender Katzenschwanz

Dieser mehr oder weniger hängende Halbstrauch ist eine wunderbare Ampelpflanze, er ist aber auch für gemischte Pflanzungen in Blumenkästen geeignet. Schmuckwert haben die dunkelrosa bis roten, männlichen Blütenstände. Sie werden 8 bis 15 cm lang und haben eine weiche, samtige, wollige Oberfläche. Ein Blütenstand hält 6 bis 8 Wochen.
Der pH-Wert der Erde darf 5,5 nicht übersteigen. Sonst kommt es zu Eisenmangel, der sich durch Chlorosen zeigt. Dann muss man mit einem Eisendünger (z. B. Optifer oder Fetrilon) düngen. Die abgeblühten Blütenstände werden bräunlich und unansehnlich. Sie sind deshalb von Zeit zu Zeit abzuknipsen. Nasse Witterung fördert das Bräunlichwerden der Blütenstände. Wenn es im Herbst kälter wird, können die Pflanzen auch ins Haus geholt werden, wo sie bei genügend Licht auch noch in den Wintermonaten blühen.

- Stecklinge
- sonnig, warm
- viel
- viel
- Weiße Fliege, Spinnmilben

Ageratum houstonianum
Leberbalsam

- Stecklinge, Samen
- volle Sonne, Wärme
- viel
- viel
- Blattläuse, Weiße Fliege, Spinnmilben

Der aus Mexiko stammende Leberbalsam bildet bei uns je nach Sorte aufrecht wachsende, 15 bis 25 cm hohe, sich reichlich verästelnde, dichte Büsche mit dünnen Trieben und herz- bis kreisförmigen Blättern auf kurzen Stielchen. Alle grünen Teile sind behaart, daher sieht das Laub mehr grau als blaugrün aus. Die Blüten bleiben klein, stehen jedoch in vielblütigen Dolden zusammen. Die meisten Sorten blühen blau, es gibt aber auch Züchtungen mit weißen und rosa Blüten. Der Flor beginnt im April und zieht sich den ganzen Sommer bis zum Herbst hin.
Das Leberbalsam bildet geschlossene Farbtupfer, hat aber im Balkonkasten keine große Fernwirkung. Eine Bepflanzung der Kästen einheitlich nur mit Leberbalsam ist nicht zu empfehlen.

▶ Der Leberbalsam mit seinem schönen Blauviolett wirkt besonders gut, wenn er mit gelb blühenden Pantoffelblumen kombiniert wird.

Anagallis monelli
Gauchheil

- Samen oder Stecklinge
- Halbschatten
- viel
- viel
- Blattläuse

Der deutsche Name für diese hübsche Ampelpflanze und Beipflanze in Blumenkästen ist nicht besonders aussagekräftig. Auffallend ist bei dieser niederliegend, hängend wachsenden Pflanze die besonders attraktive, tiefblaue Blütenfarbe. Allerdings ist die Dauerhaftigkeit der Nachblüte nicht immer optimal und die Blüten öffnen sich nur bei Sonnenschein. *Anagallis* sollte man nicht mit zu stark wachsenden Pflanzen kombinieren (z. B. *Bidens* oder Petunien), von denen sie in kurzer Zeit völlig unterdrückt werden.

Antirrhinum majus-Cultivars
Hängelöwenmaul

- Stecklinge, Aussaat
- windempfindlich
- verträgt keine Staunässe
- salzempfindlich
- Grauschimmel, Rost, Blattläuse

Bis zu 1 m lang werdende Blütenkaskaden, üppige Pflanzen mit vielen Blütenwellen und eine Blüte während des ganzen Sommers, dies alles zeichnet diese Löwenmäulchen aus, welches wir sonst nur aufrecht wachsend kennen. Das Hängelöwenmaul ist selbstreinigend und damit pflegeleicht und hat eine gute Widerstandsfähigkeit gegen negative Witterungseinflüsse. Es ist sowohl hitzetolerant wie auch kälteverträglich bis −5 °C. Im Handel sind zwei Sortengruppen: 'Multiflora Lampion' ist eine Farbmischung, die durch Aussaat vermehrt wird. Die Serie 'Clownerie' gibt es in zwei Farben (weiß und dunkelrosa) als Stecklingssorten.
Hält man die Pflanzen des Hängelöwenmauls mehr trocken, bauen sich die Pflanzen kompakter auf und blühen früher.

Asteriscus maritimus
Sternauge, Goldtaler

- Stecklinge
- volle Sonne, in der Jugendphase kühl
- mäßig
- viel
- Weiße Fliege, Blattläuse, Minierfliegen, Blütenthripse

Der Goldtaler trägt seinen Namen zu Recht, besitzt er doch goldgelbe, endständige Strahlenblüten von 3 cm Durchmesser, die nach oben gerichtet sind. Er blüht ausdauernd von April bis Oktober. Die Blüten schließen sich weder bei Dunkelheit noch bei Regen, eine Eigenschaft, die eine Reihe anderer Pflanzenarten mit Strahlenblüten nicht besitzt. Bei den angebotenen Pflanzen handelt es sich um Auslesen. Dabei hat jeder Jungpflanzenanbieter seine eigene Selektion (z. B. 'Gold Coin' oder 'Kompakte Selektion'). *A. maritimu* lässt sich gut mit allen sonnenliebenden Balkonblumen kombinieren.

Blütenköpfe herausschneiden
Die Blütenköpfe werden nach dem Verblühen dunkelgelb und bleiben fest auf der Pflanze sitzen. Sie müssen herausgeschnitten werden, weil sie die Pflanze durch Samenbildung viel Kraft kosten und das Nachblühen verringern.

Begonia-Knollenbegonien-Gruppe
Knollenbegonien

- Aussaat, Knollen teilen
- hell, aber nicht vollsonnig, mögen keine trockene Wärme
- verträgt keine Staunässe
- wenig, regelmäßig
- Echter Mehltau, Blattläuse

Die Knollenbegonien sind eine vielgestaltige Gruppe, die auch für Balkonkästen und Ampeln geeignet sind. Der Flor beginnt im Mai und zieht sich bis zum Frost hin. Die „großblumigen Hybriden" bilden dicke, saftige Triebe mit großen, dunkelgrünen Blättern. Die Blüten stehen in Trugdolden mit wenigen Blüten beisammen. Sie werden bis 16 cm breit und bis 18 cm lang. Es gibt einfach bis gefüllt blühende Sorten, die Ränder der Blumen sind glatt oder gekraust, ferner wurden besondere Formen, wie z. B. kamelienblütige Hybriden, gezüchtet. Das Farbenspiel umfasst Weiß, Gelb, Rosa, Lachs, Scharlach und Karmin bis Tiefrot. Durch ihre Größe und die Reinheit der Töne fallen die Blüten weithin auf. Leider vertragen sie weder Regen noch starken Wind; bei Wetterstürzen fallen die Knospen manchmal vorzeitig ab. Die „mittelblütigen Hybriden" bringen mehrere Triebe und bilden geschlossene „Büsche", ihre Blumen erreichen einen Durchmesser von 5 bis 7 cm. Es gibt eine Vielzahl von Sorten, die durch Wuchs und Blüten – wie auch Blattfarben voneinander abweichen. Haupttöne bei der Blütenfarbe sind Rot, Rosa und Lachs. Zu dieser Gruppe gehören die 'Bertini'- und 'Nonstop'-Sorten. Sie vertragen auch sonnige Standorte gut und haben eine gewisse Resistenz gegen Mehltau. Hübsch sind auch die zweifarbigen Formen, die sogenannten Picotee-Typen, deren Blüten in der Regel rot gerandet und leicht gewellt sind.
Die vielblütigen „Multiflora-Begonien" haben noch kleinere Blüten und Blätter als die vorherige Gruppe.
Während die vorstehenden Gruppen alle aufrecht wachsen, bildet die Girlandenbegonie 'Illumination' biegsame, elegant herabhängende Triebe, die sich stark verzweigen. Es gibt diese Sortengruppe in Apricot, Lachsrosa, Orange und Rosa auf dem Markt. Diese Hängebegonie ist besonders gut für größere Ampeln geeignet. Da sie nicht windfest ist, sollte sie nur an gut windgeschützten Standorten stehen.
Bei Knollenbegonien ist eine einheitliche Bepflanzung zu empfehlen.

WICHTIG zu wissen

Knollenbegonien wachsen in Gegenden mit hoher Luftfeuchtigkeit besonders gut. Trockene Wärme mögen sie nicht. Bei zu sonnigem Stand und allzu trockener Luft wachsen die Pflanzen nicht genügend und bekommen an den Blättern braune Ränder.

▲ Die riesigen Blüten der Knollenbegonien leuchten an halbschattigen Plätzen besonders intensiv.

Knollen überwintern

Die Knollen dieser Begonien können immer wieder verwendet werden. Nach dem Abwelken des Laubes im Herbst die Knollen aufnehmen, dann lässt man sie etwas abtrocknen, und schließlich schneidet man die Triebe bis auf einen kurzen Stumpf ab. Überwintert werden die Knollen in Kästen mit trockenem Torf bei etwa 10 °C. Ab Februar können die Knollen bei 18 °C angetrieben werden. Dazu legt man sie dicht an dicht in Schalen oder Töpfen, bedeckt sie nur wenig mit Erde und stellt die Gefäße hell am Fensterbrett oder im Gewächshaus auf. Ist der Austrieb etwa fingerlang, topft man die Knollen einzeln in 10- bis 11-cm-Töpfe. Nachdem sie abgehärtet, also an die Außentemperatur gewöhnt wurden, können sie wieder ausgepflanzt werden.

Nach der Ansichtsseite pflanzen

Bei den großblumigen Hybriden stehen die Blätter zweizeilig und die Blüten wachsen nur nach vorn. Die Exemplare haben also eine „Ansichtsseite", welche natürlich im Kasten nach vorn gehört.

Begonia-Semperflorens-Gruppe
Eis-Begonien, Eisblumen, Apfelblüten

- aus Samen (staubfein), Stecklingen
- Sonne und Halbschatten
- viel, keine Staunässe
- mäßig
- bei Nässe Grauschimmel, Mehltau
- nicht bei voller Sonneneinstrahlung gießen

Die Eis-Begonien sind im Grunde genommen keine typischen Balkonpflanzen, werden aber hin und wieder zur Bepflanzung gerne genommen. Dies gilt insbesondere für die etwas höher werdenden Arten. Die Sorten blühen weiß, rosa bis lachsfarben und rot in allerlei Nuancen. Auch das Laub unterscheidet sich in der Farbe. Neben den klassischen Grüntönen gibt es auch rotlaubige Sorten. Wenn die Eis-Begonien voll blühen, haben sie eine gute Fernwirkung. Man pflanzt sie deshalb meist in größeren Stückzahlen. Für Arrangements mit anderen Balkonpflanzen sind Apfelblüten nicht so gut geeignet, weil sie leicht unterdrückt werden.

Bidens ferulifolia
Zweizahn

- Aussaat ('Goldene Königin', 'Golden Goddess'), Stecklinge ('Gold Marie', 'Samsara')
- volle Sonne
- viel, verträgt Regen
- viel, frühzeitig nachdüngen
- Weiße Fliege, Minierfliege, Blütenthrips

Der Zweizahn ist eine außerordentlich wüchsige, sehr blühwillige, ein- bis zweijährige Pflanze aus Mittelamerika, die bis zum Frosteinbruch mit ihren gelben Blüten eine große Fernwirkung erzielt. Sie ist insbesondere für Ampeln geeignet, weil sie mit ihrem starken Wuchs in Kombinationspflanzungen selbst Pelargonien und Petunien unterdrückt. Neben stark hängenden Formen gibt es im Handel auch kompakte Selektionen, die nicht hangen, und solche, die als halbhängend bezeichnet werden.

Korbblüten ausknipsen

Die Pflanze reinigt sich durch Überwachsen selbst, jedoch fördert das Entfernen der verblühten Korbblüten die Nachblüte.

Brachyscome multifida
Blaues Gänseblümchen

Braucht saures Substrat
Der pH-Wert sollte unter 6 liegen, weil es bei Werten darüber zu Eisenmangelchlorosen kommt.

- Stecklinge
- Sonne, Halbschatten
- Ballen nie austrocknen lassen, kein kalkhaltiges Wasser
- mäßig
- bei Nässe Pythium-Wurzelfäule oder Stängelgrundfäule, Weiße Fliege, Blütenthrips

Das Blaue Gänseblümchen ist wegen seiner lila-blauen Blütenkörbchen eine beliebte Ampelpflanze, aber auch sehr gut für gemischte Pflanzungen zu verwenden. Der Name *Brachyscome* bezieht sich auf den kurzen Haarschopf der Samenstände. Heimisch ist diese Gattung auf dem australischen Erdteil. Bei guter Wasser- und Nährstoffversorgung blühen die Pflanzen ausdauernd von April bis Oktober. Attraktiv sind auch die wechselständig sitzenden fiedrigen Blätter mit schmallinearischen Zipfeln.
Im Handel sind eine Reihe Sorten verbreitet, die Gärtner bieten aber meist nur eine einzige an. Manchmal gibt es auch dunkellaubige Auslesen. Die Sorte 'Ultra' ist besonders gut als Ampelpflanze geeignet. Die Blütenkörbchen sind leuchtend violettblau mit gelber Mitte.
Neben *B. multifida* wird im Handel auch die leuchtend rosafarben blühende *B. melanocarpa* und die einjährige, durch Samen vermehrte, blau blühende *B. iberidifolia* angeboten.

Calceolaria integrifolia
Pantoffelblume

- Aussaat, Stecklinge
- hell, aber keine pralle Sonne
- viel
- viel
- Blattläuse

Diese halbstrauchige Pflanze wird 40 bis 60 cm hoch und schmückt sich von Mai bis in den Herbst hinein ununterbrochen mit einer Vielzahl leuchtend gelber Pantoffelblüten, die eine über Monate weithin sichtbare, nahezu geschlossene Farbfläche bilden. Calceolarien sind am besten mit anderen Balkonpflanzen, vor allem in roten, braunen und blauen Farbtönen, zu kombinieren. Pantoffelblumen benötigen viel Licht, mögen aber die Prallsonne nicht unbedingt. Nach Westen oder Osten gerichtete Fensterflächen oder Balkone sind ideal. An Südseiten Schutz vor praller Sonne geben.

Calocephalus brownii (*Leucophyta brownii*)
Silberkopf, Silberdraht

- Stecklinge
- Sonne, Halbschatten
- wenig
- wenig
- Blattläuse

Dieser Vertreter aus der Familie der Korbblütler ist ein bizarr geformter, dicht verzweigter, kleiner Strauch mit filigranartig silbergrauen Trieben. Die winzigen, nadelförmigen Blätter sitzen dicht am Stängel. In Ampeln und Balkonkästen bildet der Silberkopf als Strukturpflanze einen wirkungsvollen Kontrast. Die kleinen gelben Blüten sind hübsch, haben aber keine Bedeutung. Der Silberdraht wird häufig im Herbst auf Gräber gepflanzt. Er stirbt im

Winter ab, sieht aber dann immer noch interessant aus. Im Schatten und bei zu viel Feuchtigkeit verändern sich Wuchs und Laubfarbe nachteilig.

Convolvulus sabatius Kriechende Winde

- Stecklinge, 3 bis 5 zusammensetzen
- Sonne, Halbschatten
- ausgeglichen
- mäßig
- Weiße Fliegen, Blattläuse, Spinnmilben, Blütenthrips

Die Kriechende Winde ist eine attraktive Ampelpflanze, eignet sich aber auch für Balkonkästen in gemischten Pflanzungen. Sie wächst halbstrauchig und bildet niederliegende bis hängende, dünne Stängel. Weiße, kurze Haare bekleiden die ganze Pflanze.

Die Blüten, die in den Achseln der oberen Blätter gebildet werden, besitzen eine flach ausgebreitete, breitglockige, fünfblättrige Krone. Nachteilig ist, dass die Blüte im Frühjahr relativ spät beginnt und die salbeiblauen Blüten nur tagsüber geöffnet sind. Auf dem Markt sind verschiedene Sorten, die sich aber nur wenig voneinander unterscheiden. Die Kriechende Winde eignet sich bevorzugt für Ampeln, ist aber für gemischt bepflanzte Blumenkästen wegen ihrer attraktiven Farbe nicht uninteressant, mit gelb ergeben sich hübsche Farbakzente. Bei Trockenheit verliert sie schnell die Blätter und die Knospen vertrocknen rasch. Der Selbstreinigungsgrad der Blüten ist gut, so dass man nur gelegentlich ausputzen muss. Zu feuchte Erde oder lang anhaltend feuchte Witterung fördert Pilzerkrankungen.

Wer selbst vermehrt sollte 3 bis 5 Pflanzen zusammensetzen und zusätzlich etwa 1 bis 2 Wochen nach dem Topfen stutzen. Nur so erhält man ausreichend verzweigte und gut wachsende Pflanzen.

Delosperma echinatum Mittagsblume

- Kopf- oder Teilstecklinge
- viel Licht
- wenig
- wenig
- Chlorosen, Wurzel- und Wurzelhalsfäulen

Diese mehr oder weniger sukkulente Pflanze ist etwas für Balkonkastenfreunde, die es mit dem Gießen nicht so ganz genau nehmen, und ihre Pflanze mal drei oder vier Tage sich selbst überlassen wollen. Sie verträgt nämlich Trockenheit wie kaum eine andere Balkonpflanze. Dafür braucht sie besonders viel Licht. Das heißt, nur an Südseiten wird sie ihre volle Schönheit entfalten können. Die Staudengärtner bieten diese Pflanze mit den hübschen Strahlenblüten schon lange als attraktive Steingartenpflanze an.

Licht und lange Tage sind für einen Blütenansatz erforderlich. Trockene Zeiten und Kühlperioden von sechs bis acht Wochen bei 5 bis 10 °C fördern die Blüte ebenfalls. Ein Problem ist, dass in kühlen regnerischen Jahren die Pflanzen weniger Blüten ausbilden und schlecht wachsen.

Dianthus caryophyllus-Cultivars Gebirgshängenelke

- Stecklinge, selten Samen
- überall, feuchte Luft, kein Wind
- eher wenig, keine Staunässe, sonst *Fusarium*-Pilze
- mäßig
- Rostpilze, Nelkenschwärze, Blattläuse, Spinnmilben, verblühte Triebe regelmäßig entfernen

Unter den vielen ausdauernden Nelkenarten und -Hybriden hat für den Balkon praktisch nur die sogenannte Gebirgshängenelke, die nach ihren Merkmalen zu *D. caryophyllus* gehört, Bedeutung. Von dieser Wildnelke gibt es viele Abkömmlinge, hierzu gehören die stark duftenden Margareten- und Chabaud-, Remontant- und Edelnelken, unsere Landnelken (Grenadinnelken) und die früher in Töpfen gezogenen, heute fast vergessenen Chornelken, die im 18. und 19. Jahrhundert Gegenstand einer weitverbreiteten Liebhaberei waren. Von diesen „Topfchornelken" stammen die Gebirgshängenelken unmittelbar ab; sie sind durch Auslese von Pflanzen mit dünnen, herabhängenden Trieben entstanden. Nach ihrer Herkunft werden die Gebirgshängenelken auch Engadiner und Tiroler Hängenelken genannt. Es gibt Sorten in Rot, Rosa und Gelb.

Bedingung für gutes Gedeihen der Gebirgshängenelken sind allerdings hohe Lichtintensitäten (nicht unbedingt die pralle Sonne) und feuchte Luft. Deshalb findet man die schönsten mit Hängenelken bepflanzten Balkonkästen in Berggegenden Süddeutschlands, Österreichs und der Schweiz. Wichtig ist allerdings ein ausreichender Windschutz, denn die Triebe der Nelken brechen sehr leicht an den Blattknoten ab.

Im Handel gibt es eine Reihe von Sorten, die nicht immer eindeutig zu identifizieren sind, unter anderem die Gruppe der 'Tiroler Gebirgshängenelke' mit karminroten, gefüllten Blüten oder die 'Ballon-Serie' mit roten, lilarosa, weißen, lilaroten und blauvioletten Farbsorten.

Nelkenrost und Nelkenschwärze

Man muss auf Rostpilze (gelbe Flecken und später kleine, längliche, braune Sporenlager an den Blättern und Stängeln) und auf die Nelkenschwärze (grau-braune Flecken mit rot-braunen bis violetten Rändern) achten.

Diascia-Arten
Doppelhörnchen

- Stecklinge, Aussaat
- volles Licht
- ausgeglichen, keine Staunässe
- mäßig
- Pilzkrankheiten; Weiße Fliege, Minierfliege

Die *Diascia*-Arten (so *D. barberae* und *D. vigilis*) sowie ihre Sorten sind hübsche Ampel- und Balkonpflanzen mit zartem Farbenspiel aus hellrosa, lachsrosa und rosafarbenen Blüten. Die zierlichen Pflanzen wirkt romantisch und lieblich. Die Triebe stehen zunächst aufrecht, neigen sich später leicht und schwingen an der Spitze aus. Sie zeigen einen etwas lockeren Aufbau. *Diascia* ist etwas für Spezialisten, da er nicht einfach zu kultivieren ist. Kühles und nasses Wetter wird nicht besonders gut überstanden; auch sind sie sehr empfindlich gegenüber Staunässe und Trockenheit. Bei Ampeln ist wegen der Gefahr von Staunässe der Unterteller, wenn vorhanden, möglichst zu entfernen. Ende Juli / Anfang

▸ Die Blüten des Doppelhörnchen sehen, von nahem betrachtet, ausgesprochen hübsch aus.

August kann eine kleine Blühpause eintreten. Der pH-Wert der Erde sollte 6 nicht übersteigen, weil sonst Eisenchlorosen auftreten können.

Felicia amelloides
Blaue Kapaster

- Stecklinge, mehrere zusammenpflanzen
- warm, sonnig
- Weiße Fliege

Einen hübschen Farbklecks bildet die Kapaster mit ihren himmelblauen Strahl- und gelben Scheibenblüten, die in Blütenköpfchen mit einem Durchmesser von 3,5 cm zusammengefasst sind. Die Blumen stehen einzeln etwa 8 bis 10 cm über dem Laub auf festen Blütenstielen. Die Pflanzen wachsen zunächst buschig aufrecht, um sich dann unter der Last der Blüten mit den Trieben leicht abzusenken. In kühlen, regnerischen Sommern blühen sie nicht gut.

Die im Handel angebotenen Sorten unterscheiden sich nur wenig voneinander. Es gibt auch eine Form ('Variegata Blau') mit gelbgrün panaschiertem Laub, die im Vergleich zu den anderen Sorten etwas schwächer wächst.

Fragaria 'Pink Panda'
Rankende Erdbeere

- Ableger
- Halbschatten, Sonne
- ausgeglichen
- mittel bis viel, blüht bei zu viel Stickstoff schlecht
- Grauschimmel, Echter Mehltau, Blattläuse, Weiße Fliege

„Beerenobst aus dem Blumengarten", so könnte man diese Hybride, eine Kreuzung zwischen der Gartenerdbeere und der Fünffingerstrauch-Art *Potentilla palustris*, titulieren. Äußerlich ähnelt sie einer Erdbeere. Die großen, reinrosafarbenen Blüten erscheinen von April bis in den Herbst hinein. Daneben werden auch kleine rote, essbare Früchte angesetzt. Da die Pflanze viele Ausläufer bildet, entsteht bald ein

◂ Essbare Früchte aus dem Balkonkasten – dank der rankenden Erdbeere 'Pink Panda' ist das möglich

dichter Teppich. Die Ziererdbeere bleibt im Winter grün. Sie wird in der Regel als Bodendecker angepflanzt, ist aber auch eine hübsche, reich blühende Ampel- und Balkonkastenpflanze. Man darf der Ziererdbeere nicht zuviel Stickstoff geben, sonst werden die Pflanzen weich und mastig und setzen nur wenige Blüten an.

Fuchsia-Cultivars
Fuchsie

- Stecklinge
- Sonne, Halbschatten, kein voller Schatten

Fuchsien lassen sich auch für Ampeln und Blumenkästen verwenden. Sie bezaubern mit ihren hängenden Blüten, die aus einer langen, fast trichterförmigen Kronröhre und vier abgespreizten Kronblättern bestehen. Die Blüten sind je nach Sorte groß oder klein, einfach oder gefüllt. Sorten mit einfachen Blüten vertragen Regen besser als gefüllt blühende. Die Mehrzahl der Sorten wächst aufrecht, wie z. B. 'Beacon', 'Cover Girl', 'Dollarprinzessin', 'Winston Churchill'; andere haben hängenden Wuchs und eignen sich besonders gut für Ampeln oder die vorderste Reihe großer Blumenkästen, z. B. 'Balkonkönigin', 'Cascade', 'Multa' und 'Red Spider'. Es sieht gut aus, wenn man Ampeln einheitlich mit einer Sorte bepflanzt, Fuchsien können auch während der Blüte gestutzt, bzw. beschnitten werden. Die Blüte leidet darunter nur kurzfristig, weil fortwährend neue Blüten am wachsenden Trieb gebildet werden.

Glechoma hederacea 'Variegata' Gundelrebe, Gundermann

- Stecklinge
- Schatten, Halbschatten
- ausgeglichen
- mäßig
- Echter Mehltau, Weiße Fliege

Viele kennen diese heimische Staude mit ihren wintergrünen, weiß umrandeten Blättern. In manchen Gärten wird sie als Bodendecker angepflanzt. Ihr wichtigstes Merkmal sind die bis zu 2 m langen, senkrecht nach unten hängenden Ranken. *Glechoma* hat in Balkonkästen eine Funktion als Strukturpflanze. Wegen ihres starken Wuchses sollte man sie nur sparsam einsetzen.
Ballentrockenheit in Verbindung mit starker Besonnung führt zu Verbräunungen des Laubes. Bei zu viel Stickstoff bildet sich die weiß-bunte Blattzeichnung nicht so gut aus. Bei Nährstoffmangel vergilben die älteren Blätter und fallen schließlich ab.

Helichrysum Garten-Strohblume

Helichrysum bracteatum (Xerochrysum bracteatum)

- Stecklinge
- volle Sonne
- gleichmäßig, keine stauende Nässe
- mäßig
- Blattläuse, Weiße Fliege, Bodenpilze

Die Stammform dieser „Strohblume" mit leicht niederliegendem Wuchs stammt aus Australien, wo sie eine beliebte Steingartenpflanze ist. Mit ihren leuchtend gelben Blüten (Durchmesser 3 bis 4 cm), die einzeln auf etwa 12 cm langen Stielen stehen, ist *H. bracteatum* eine attraktive Ampelpflanze oder auch Balkonkastenpflanze in gemischten Pflanzungen. Die Blüte ist wie bei der echten Strohblume fest und papierartig.
Es sind verschiedene gelb blühende Sorten im Handel, die sich nicht leicht voneinander unterscheiden lassen, so z. B. 'Goldene Knöpfe', 'Golden Buttons', 'Golden Beauty' und 'Diamond Head'. 'Coco' hat weiße Blüten mit gelber Mitte; 'Snow Queen' blüht weiß mit rosa. Die Sorten 'Golden Buttons' und 'Goldene Knöpfe' gehören zu der in Australien heimischen *Chrysocephalum apiculatum.*
Ältere und verbräunte Blütenstände sind unbedingt zu entfernen. Dies erhält die Blühfreudigkeit.
Fuchsien gedeihen aufgrund ihrer heimatlichen Standortbedingungen in Gegenden mit hoher Luftfeuchtigkeit am besten.

Knospig schneiden
Für die Verwendung als Trockenblume muss die Blüte knospig geschnitten werden, da sich die Blüte während des Trocknens noch weiter entfaltet.

Helichrysum petiolare

Als Strukturpflanze sorgt die Lakritz-Strohblume für Akzente im Balkonkasten oder in der Ampel. Zu beachten ist allerdings, dass diese Pflanze äußerst stark wächst und andere Pflanzen leicht verdrängt. Wenn sie Nachbarpflanzen zu überwuchern droht, muss man sie zurückschneiden. Im Handel sind Formen mit blaugrünem, gelbgrünem, gelbem und silbrigem Laub.
Die Lakritz-Strohblume und ihre Formen sind phantastische Partner zu allen gar zu steif wirkenden Pflanzen. Deshalb sind sie gut mit Pelargonien, Heliotrop und Begonien zu kombinieren.

- Stecklinge
- volle Sonne
- viel
- mäßig
- keine speziellen

Heliotropium arborescens Strauchige Sonnenwende

Dieses Borretschgewächs aus Peru ist schon lange bekannt und beliebt. Weil sie Insekten, insbesondere Schmetterlinge anlockt, hat die Vanilleblume einen guten Ruf. Heliotrop verzweigt sich gut und trägt längliche, behaarte, runzlige Blätter an kurzen Stielen. Die je nach Sorte violettblauen oder dunkelblauen, köstlich nach Vanille duftenden Blüten stehen in doldig-traubigen Blütenständen. Nicht zuletzt wegen dieses Wohlgeruchs verdienen sie recht häufig gepflanzt zu werden, denn gut duftende Arten für Balkon- und Fensterkästen sind eine Ausnahme. Darüber hinaus blüht die Vanilleblume reich und unermüdlich.
Mit ihrer blauen Farbe lassen sich Heliotrop insbesondere mit gelb oder auch weiß blühenden Pflanzen gut kombinieren. Eine Augenweide sind Kombinationen mit der gelb blühenden Pantoffelblume.

- beim Gärtner, Aussaat, sonst Stecklinge
- warm, sonnig
- viel
- viel
- Blattläuse, Weiße Fliege, bei Wassermangel braune Blätter

Impatiens walleriana
Fleißiges Lieschen

- beim Gärtner Aussaat, sonst durch Stecklinge
- Sonne und Halbschatten
- viel, besonders in der Sonne
- viel, aber nicht zu viel auf einmal, wird sonst mastig
- Blattläuse, Spinnmilben

Das Fleißige Lieschen bildet je nach Sorte 20 bis 60 cm hohe, verzweigte Büsche mit saftreichen Trieben. Die Blüten stehen einzeln oder zu mehreren dicht über dem Laub. Neben Weiß, Rosa, Lachs und Orange findet man Sorten in verschiedenen roten Tönen. Auch zweifarbige Sorten bieten die Gärtner an. Neben einfach blühenden gibt es auch gefüllt blühende Formen, die als rosenblütig bezeichnet werden. Die Blätter sind hellgrün, dunkelgrün, panaschiert oder auch rötlich gefärbt. Der Name Fleißiges Lieschen weist darauf hin, dass diese Pflanze ein unermüdlicher Blüher ist.

Neben *I. walleriana* haben *Impatiens*-Neuguinea-Hybriden als Ampelpflanzen, nicht so sehr als Balkonpflanzen eine große Bedeutung. Die Gruppe entstand erst 1970 durch die Kreuzung von *I. hawkeri* mit anderen *Impatiens*-Arten, die alle aus dem Hochland von Papua-Neuguinea stammen. Diese Hybriden haben einen sukkulenten Charakter und besitzen schmale oder breit-lanzettlich geformte, meist mehrfarbige, bis zu 10 cm lange Blätter, deren Blattrippen farblich abgesetzt sind. Die relativ großen, gespornten Einzelblüten sind weiß, orange-, rosa-, rot-, karmin- oder violettfarben und bieten eine kaum zu überbietende Blütenpracht.

▼ Mit dem Fleißigen Lieschen, das in unzähligen Pastelltönen blüht, lässt sich phantasievoll kombinieren und das in der Sonne wie im Schatten.

An sonnigen Standorten wächst es kompakt, verzweigt sich reich und setzt viele Blüten an. Blüten und Laub stehen dann in reizvollem Kontrast zueinander. Je schattiger der Standort, umso lockerer wird der Aufbau und die Blütenanzahl nimmt ab.

Lamium maculatum
Gefleckte Taubnessel

- Stecklinge
- Halbschatten bis Schatten
- viel
- mäßig
- Blattläuse, Grauschimmel bei Nässe

Diese winterharte Verwandte unserer heimischen Taubnessel ist eine Strukturpflanze für gemischte Balkonkästen und Ampeln, die im Halbschatten und Schatten stehen. Sie wächst auch in der Sonne, wenn sie genügend Wasser bekommt. Im Handel werden verschiedene Typen angeboten: 'White Nancy' trägt silbrig glänzende Blätter; 'Beacon Silver' blüht hübsch rosafarben; 'Golden Nugget' mit gelbem Blatt stammt von *L. aureum* ab; 'Leo Galeobdoln' mit gelber Blütennarbe gehört zur Gattung *Lamiastrum*.

Da die Art recht stark wächst, sollte man sich für Kombinationspflanzungen nicht zu große Pflanzen kaufen. Gelegentlich sollten einzelne Triebe ausgedünnt werden.

Lantana camara-Cultivars
Wandelröschen

- Stecklinge
- volle Sonne
- viel
- viel
- Weiße Fliegen

Die Wandelröschen sind attraktive Kleingehölze mit leicht sparrigem Wuchs. Sie haben vierkantige Zweige und etwas runzlige Blätter und dazu zierliche Blüten, die dicht in ährenförmigen, doldig wirkenden Blütenständen beisammenstehen, welche aus den Blattachseln hervorbrechen. Haupttöne sind Weiß, Rosa, Orange und Lila. Die Blüten wechseln im Lauf der Blüte ihre Farbe, daher auch der Name Wandelröschen. Entsprechend ihrer tropischen Herkunft kann es den Pflanzen nicht warm genug sein, deshalb benötigen sie auch die volle Sonne. Darüber hinaus benötigen sie viel Wasser und auch viele Nährstoffe. Bei entsprechender Pflege blühen die Wandelröschen so reich, dass sie im Hochsommer nahezu geschlossene Farbflecken bilden. Sie sind attraktive Bestandteile von gemischten Balkonkastenbepflanzungen. Lantanen lassen sich auch gut überwintern.

Weiße Fliege und Rußtau
Lantanen ziehen Weiße Fliegen geradezu magisch an. Die Weißen Fliegen sondern Honigtau ab. Wenn man nicht rechtzeitig einschreitet, bildet sich auf dem Honigtau Rußtau, was die Pflanzen unansehnlich macht.

Lobelia erinus Männertreu, Blaue Lobelie

- Aussaat, Stecklinge von den Sorten 'Richardii', 'Azur'
- Sonne, keine pralle Mittagssonne, vorübergehend lichter Schatten
- Ballen nie austrocknen lassen, Lobelien sterben sonst teilweise ab
- regelmäßig
- Fäule, Blattläuse, Bakterien

Das Männertreu ist eine kriechende (hängende) Pflanze mit zahlreichen dünnen Trieben und kleinen lanzettlichen Blättchen. Die ebenfalls kleinen Blüten erscheinen end- oder achselständig so überaus reichlich, dass sie geschlossene Farbflecken bilden. Im Sortiment gibt es verschiedene Wuchstypen, von buschig aufrecht über aufrecht ausladend bis überhängend wachsend. Die Hauptblütenfarbe ist Blau mit verschiedensten Nuancen. Weiße und rotfarbige Sorten sind auch erhältlich.

Lobelia erinus 'Richardii'

ist eine alte, nur vegetativ vermehrbare Sorte (die sich dadurch von den übrigen Sorten unterscheidet). Sie erlebt in den letzten Jahren eine Renaissance. Auch sind die Blüten im Vergleich zu den samenvermehrbaren Sorten relativ groß. Die mittelblauen Blüten mit weißem Auge sind einzeln gestielt. Da die Blüte steril ist, also keine Samen ansetzt, haben sie eine längere Haltbarkeit. Die Sorte 'Azuro' trägt ozeanblaue Blüten. Gefüllt blühend ist 'Kathleen Mallard'.

TIPP für Blühfreude

Ab Ende Juli legt die Lobelie häufig Blühpausen ein, insbesondere bei Hitze oder wenn sie zu wenig Wasser bekommen. Wird bei abklingender Blüte rechtzeitig zurückgeschnitten, fängt die Pflanze schneller wieder an zu blühen.

Lobelien gehören an die Vorderkante der Kästen und werden meist zusammen mit Pelargonien, Lantanen oder auch Petunien verwendet. 'Richardii', 'Azuro' und 'Kathleen Mallard' sind aufgrund ihres starken Wachstums für Ampeln besonders gut geeignet.

Bakterienkrankheit

In den letzten Jahren trat bei der Sorte 'Richardii' eine Bakterienkrankheit auf, die durch das Bakterium *Xanthomonas* verursacht wird. Beginnend an den Blattadern hellt sich die gesamte Blattspreite auf, zum Teil am Anfang mit violetter Verfärbung entlang der Blattadern. Die Krankheit lässt sich nicht bekämpfen.

Lotus berthelotii, Lotus maculatus Hornklee

Die beiden Hornkleearten, die von den Kanaren stammen, wirken in Ampeln besonders gut. An den niederliegend wachsenden, zum Teil herabgebogenen Trieben tragen sie schmale, silbrig bereifte Blätter, die an festen, drahtigen Stängeln sitzen. Die Schmetterlingsblüten stehen aufrecht über dem Laub. Die Sorte 'Red Flash' hat rote Blüten mit schwarzer Flamme. Die Pflanze wirkt auch ohne Blüten attraktiv. Der Hornklee lässt sich vielfältig kombinieren und ist durch die abfließende Bewegung als verbindendes Element in Kästen und Ampeln verwendbar. Die schmalen, silbrig bereiften Blätter weisen auf ein hohes Lichtbedürfnis hin.

- Stecklinge
- viel Licht, hohe Temperaturen hemmen Blütenbildung
- keine Staunässe, sonst faulen die Wurzeln, Wassermangel führt zum Abstoßen der Blätter
- mäßig
- Rote Spinne, Weichhautmilben

◄ Besonders reizvoll wirkt der Hornklee durch die gelben, kupferfarben geflammten Schmetterlingsblüten (bei 'Gold Flash'), die aufrecht über den Trieben stehen.

Lysimachia congestiflora Felberich, Gilbweiderich

Dieses Primelgewächs aus China ist an sich schon lange bei uns bekannt, war aber zwischenzeitlich etwas in Vergessenheit geraten. Als Ampel kultiviert bietet *L. congestiflora* einen wunderbaren Anblick. Allerdings ist diese Pflanze nicht einfach in der Pflege. Sobald sie trocken steht, gibt es Probleme, sie blüht dann nicht mehr kontinuierlich. Während die Sorte 'Lyssi' durch ihre signalgelben Blütenbüschel besticht, ist die Sorte 'Outback Sunset' mit ihren gelb / gelbgrün / rot pa-

- Stecklinge
- Sonne, Halbschatten
- eher wenig, verträgt keine Nässe
- mäßig
- keine artspezifischen

naschierten Blättern eine hübsche Blattpflanze, die als Strukturpflanze zu verwenden ist.
Ebenfalls als Strukturpflanze zu verwenden ist die nahe verwandte Art *L. nummularia* der Pfennig-Gelbweiderich und ihre Sorten, z. B. 'Goldii', 'Harry' und 'Sally'.

Mentha suaveolens 'Variegata' Rundblättrige Minze

- Stecklinge
- Sonne, Halbschatten
- viel
- mäßig
- Grauschimmel, Weiße Fliege, Blattläuse

Diese panaschierte, halbhängende, wohlriechende Minze ist eine hübsche Strukturpflanze für gemischte Bepflanzungen in Ampeln und Balkonkästen. Im Weinbauklima ist diese Minze praktisch winterhart. Sie passt gut zu niedrig wachsenden Dahlien, Gazanien, Salvien, Pelargonien, Fuchsien, Strauchmargeriten und Petunien. Weil sie kräftig wächst, darf man nur wenige Pflanzen nehmen.
Bei guter Ernährung wächst diese Minze sehr üppig, daher vorsichtig düngen. Beginnen die Pflanze zu blühen, empfiehlt es sich, die obersten Triebspitzen zurückzuschneiden, da die Triebspitzen durch den Samenansatz etwas bräunlich werden.

Monopsis lutea Sonderkraut

- Stecklinge
- viel Licht
- gleichmäßig feucht, bei Ballentrockenheit vertrocknen Blüten
- mäßig
- keine artspezifischen

Dieses Glockenblumengewächs stammt aus den Feuchtgebieten von Südafrika. Es ist mehrjährig, aber nicht winterhart. Die dünnen Äste sind mit kleinen gelben Blüten besetzt, die sich aus den Blattachseln entwickeln. Die 2 cm großen, knallgelben Einzelblüten haben eine gute Fernwirkung. Die Pflanzen bilden 80 bis 100 cm lange Triebe. Das Sonderkraut eignet sich als Ampelpflanze, aber auch als Randpflanze in großen Gefäßen oder als Balkonpflanze neben mittelstark wachsenden Partnern. Aufgrund der heimatlichen Standortverhältnisse ist der Lichtbedarf sehr hoch (nach Süden ausrichten), im Halbschatten und Schatten ist die Blüte nur mäßig. Die Erde sollte einen pH-Wert von 5 bis 6 aufweisen, bei pH-Werten über 6 verbunden mit kühler Witterung kann es zu Eisenmangelchlorosen kommen.
Im Handel meist die Sorte 'Monoco Yellow' mit leuchtend gelben Blüten.

Nemesia strumosa Nemesie

Die Nemesie ist ein einjähriges Kräutchen, eine hübsche Pflanze vor allem für gemischte Kästen in Kombination mit anderen Balkonpflanzen, aber auch in größeren Ampeln. Die Blüte beginnt bereits Anfang April und setzt sich bis zum Frost fort. Angeboten werden weiße und rosafarbene Sorten. Nemesien passen gut zu Leberbalsam, Nelken, *Tagetes*, Dost, Taubnessel und Fleißigen Lieschen.
Bekommen die Pflanzen zu viel Dünger, blühen sie nicht mehr so reich und die Blüten sind nicht mehr so intensiv gefärbt. Abgeblühte Triebe zurückschneiden, da sie sonst Samen ansetzen und dann nicht mehr blühen.

- Stecklinge, Aussaat
- volle Sonne
- gleichmäßig, bei Staunässe Chlorosen und Kümmerwuchs, bei Trockenheit Blütenabwurf
- mäßig
- Blattläuse, Weiße Fliege

Nierembergia hippomanica Weißbecher, Becherblüte

Dieses Nachtschattengewächs aus Argentinien wächst ausladend und kompakt. Es passt in gemischte Balkonkästen und größere Ampeln. Nierembergien blühen weiß, blau, violett und purpurviolett. Vor rückstrahlenden Südwänden hält die Blüte in heißen Sommern nicht lange. Die Pflanzen brauchen viel Wasser. Wenn der Ballen austrocknet, werfen sie einzelne Blüten ab und die Triebspitzen vertrocknen. Der Nährstoffbedarf ist vergleichsweise hoch.

- Aussaat, Stecklinge
- helle Ost- und Westseiten
- viel
- viel
- Bodenpilze, Blütenthripse, Blattläuse

Osteospermum ecklonis Paternosterstrauch

Die aus Südafrika stammende Art ist ein hübsch und reich blühender Korbblütler insbesondere für gemischte Pflanzungen in Balkonkästen und größeren Ampeln. An vollsonnigen Standorten blüht diese Pflanze reich und lange. Die Farbpalette der Sorten umfasst Weiß, Dunkelviolett, Rosa, Hellrosa, Cremeweiß, Leuchtendgelb und verschiedene Zwischentöne. Die Mitte des Körbchens ist weiß, gelb oder blau getönt. Durch die seidig glänzenden Blütenblätter wirkt das Kapkörbchen edel. Bei größerer Hitze legt das Kapkörbchen eine Blühpause ein. Die Erde gleichmäßig feucht halten.

- Stecklinge
- volle Sonne
- gleichmäßige Feuchtigkeit
- mäßig
- Falscher Mehltau, Blütenthripse, Blattläuse, Minierfliegen, Weiße Fliegen

▸ Da *Osteospermum ecklonis* sehr stark und hoch wächst, bieten sich andere wüchsige Arten wie *Verbena*-Hybriden, Surfinia-Petunien, Zonal-Pelargonien, aber auch Taubnessel als Strukturpflanze zum Kombinieren an.

Pelargonium peltatum-Cultivars
Efeublättrige Pelargonie, Hängegeranie

- Stecklinge
- Sonne, nicht im Wind
- viel
- hoch, regelmäßig

Efeupelargonien gehören zu den auffälligsten und schmuckvollsten Balkonpflanzen. Ihre langen und reich verzweigten Triebe, die mit einer Vielzahl leuchtender Blüten besetzt sind, bilden Blütenteppiche von ausgezeichneter Nah- und Fernwirkung. Efeupelargonien sind widerstandsfähig gegen Witterungseinflüsse und der Pflegeaufwand ist gering.
Die efeuartigen Blätter sind durchgängig grün oder mit einer wenig hervortretenden Zone versehen. Es gibt eine kaum überschaubare Anzahl von Sorten auf dem Markt. Dabei wird grundsätzlich zwischen einfach und gefüllt blühenden Sorten unterschieden. Die einfach blühenden Sorten sind in der Regel „selbstreinigend", bei ihnen fallen die Blütenblätter im Verblühen ab. Dies ist ein Vor- aber auch ein Nachteil. Der Vorteil ist, dass man nur in größeren Zeitabständen die Pflanzen ausputzen muss, weil die zurückgebliebenen Blütenstiele das Aussehen der Pflanze kaum beeinträchtigen. Nachteil ist, dass die Blütenblätter am Boden „Schmutz" verursachen. Bei den gefüllt blühenden Sorten sind die verblühten Blütenstände regelmäßig auszubrechen, da die Blütenblätter am Stiel vertrocknen und unschön aussehen. Kommt Feuchtigkeit hinzu, faulen sie. Einzelne Sorten hier aufzuführen, würde zu weit führen, die Hauptfarben sind Rosa, Lachsrosa, Rot in verschiedenen Tönen, Fliederfarben und Weiß, einige Sorten sind auch zweifarbig, z. B. rot-weiß.

Pelargonium zonale-Cultivars
Zonal-Pelargonie, Geranie

Die „stehenden" Geranien gehören zusammen mit den „hängenden" Geranien zu den am meisten und liebsten verwendeten Pflanzen für Blumenkästen. Das Sortiment ist sehr umfangreich. Neben einfach blühenden gibt es gefüllt blühende, neben relativ niedrig bleibenden auch höher werdende Sorten. Ob man nun eine

- Aussaat, Stecklinge
- Sonne, Wärme
- viel, Trockenheit wird vertragen
- hoch, regelmäßig

◂ Hauptfarben bei Geranien sind Rosa und Rot in verschiedenen Tönen.

Eine Auswahl von Duftpelargonien für Balkonkästen

Pelargonienart, -sorte	Duftrichtung	Blütenfarbe	Verwendung
'Brunswick'	Apfel	leuchtend lachsrotlila	Blüten-/Strukturpflanze
'Concolour Lace'	Nuss	rot-pink	Blütenpflanze
'Double Apricot'	Aprikose	halbgefüllt, rotweiß	Blütenpflanze
'Kirstenbosch'	Zitrone	weiß-rosa	Blütenpflanze
'Madame Nonin'	Aprikose	hellrosa	Blüten-/Strukturpflanze
'Sweet Mimose'	Karotte	zartrosa-weiß	Blütenpflanze
'Torento'	Ingwer/Limone	lavendel	Strukturpflanze
'Welling'	intensiver Blattduft	karminrot	Blüten-/Strukturpflanze
P. crispum 'Prince of Orange'	Orange	rosa	Blüten-/Strukturpflanze
P. odoratissimum	Pfeffer	weiß	Strukturpflanze

aus Samen oder vegetativ durch Stecklinge vermehrte Sorte verwendet, ist eine persönliche Ansichtssache. In beiden Gruppen gibt es hervorragende Sorten in vielen hübschen Farben. Bei einigen Sorten tritt die Zonierung der Blätter deutlich hervor, während bei anderen die Zone, die der stehenden Geranie den Artnamen *zonale* gab, völlig fehlt.

Die stehenden Pelargonien werden meistens in einer Farbe gepflanzt, sie lassen sich aber ebenso gut mit vielen anderen Balkonblumen kombinieren.

Neben den reich blühenden Geranien und Hängegeranien gibt es eine Reihe von Arten bzw. Sorten, die durch ihre hübsch gefärbten Blätter oder durch ihren Duft die Aufmerksamkeit auf sich ziehen. In der Mehrzahl verwendet man sie als Strukturpflanzen. Duftträger sind ätherische Öle, die den Drüsenhaaren der Blattunterseite entströmen. Durch leichtes Darüberstreichen lässt sich die Duftabgabe verstärken, nicht aber durch starkes Reiben.

TIPP

Die abgeblühten Dolden der Pelargonien sind laufend auszubrechen, vergilbende Blätter zu entfernen, indem man sie am Fuße des Stieles wegbricht.

Krankheiten und Schädlinge

Pelargonien werden von verschiedenen Krankheiten und Schädlingen befallen. Am gefürchtetsten ist die durch ein Bakterium (*Xanthomonas*) verursachte Stängelgrundfäule, Welke- und Blattfleckenkrankheit. Bei letzterer findet man ölig durchscheinende, kleine Flecken im Blatt. Diese Flecken vergrößern sich rasch, fließen ineinander und führen zu vertrockneten Partien. Im weiteren Verlauf sterben einzelne Triebpartien und schließlich die ganze Pflanze ab. Symptome der Stängelgrundfäule sind: Stängelgrund trockenfaul und schwarzbraun verfärbt mit allmählicher Ausbreitung nach oben im Bereich der Leitungsbahnen. Befallene Triebe sterben rasch ab. Eine Bekämpfung ist praktisch nicht möglich. Befallene Pflanzen sind umgehend zu entfernen und über die Mülltonne zu entsorgen. Dies gilt auch für Pflanzen, die von der Kräuselkrankheit (Gelbfleckigkeit) befallen sind, die durch ein Virus verursacht wird. An jungen Blättern zunächst kleine gelbe Flecken, die vertrocknen; wobei sich die Blätter kräuseln. Auch diese Pflanzen dürfen nicht auf den Kompost gelangen.

Bei der *Pythium* Stängelgrundfäule findet man grünschwarze Verfärbungen und Nassfäule am Stängelgrund, die zum Absterben der Pflanze führt.

Der Pelargonienrost zeigt sich zunächst durch gelbliche Flecken auf der Blattoberseite, auf der Blattunterseite findet man später braune, rostfarbene Sporenlager. Die Pflanze stirbt zwar nicht ab, bei stärkerem Befall kommt es aber zu Wachstumsbeeinträchtigungen und Qualitätsminderung. In regennassen Sommern kommt es zu einem verstärkten Befall durch den Grauschimmel.

Von den tierischen Schädlingen sind neben Blattläusen insbesondere Thripse und Weichhautmilben von Bedeutung. Man findet bei den letzten beiden Schädlingen Verkorkungen auf den Blattunterseiten. Es gibt aber auch eine Korksucht, die durch hohe Luftfeuchtigkeit (längere Zeit regnerisches Wetter) oder ungleichmäßigen Wasserhaushalt verursacht wird.

Petunia-Cultivars
Petunie

- Samen, Stecklinge
- vor Regen geschützt, warm, sonnig
- viel, regelmäßig
- viel, regelmäßig
- Blattläuse, Weiße Fliege

Wie viele andere Nachtschattengewächse stammt auch die Petunie aus Südamerika. Alle Pflanzenteile der niederliegend bzw. hängend wachsenden Petunie sind klebrig behaart. Die Blüten haben eine teller- oder trichterförmige Krone mit zusammengewachsenen Blumenblättern, ihr Rand ist glatt, leicht eingeschnitten, aber auch gefranst und gerollt. In den vergangenen 150 Jahren wurden unzählige Sorten gezüchtet. Viele Sorten sind aus den Kulturen wieder verschwunden, andere kamen neu hinzu. Große Bedeutung haben heute die F_1-Hybriden (Heterosis-Sorten), die gleichmäßig wachsen und wetterfest sind. Diese Sorten übertreffen die älteren Züchtungen an Leuchtkraft und Tiefe der Farben, durch größere Blüten, reicheren und längeren Flor und kräftigeren Wuchs. Hauptfarben sind Weiß, Rosa, Lachs, Violett und Rot. Auch Sorten mit mehrfarbigen und gefüllten Blüten werden angeboten. Einheitliche Pflanzungen sind bei Petunien ebenso reizvoll wie Kombinationen mit anderen sonnenliebenden Balkonblumen.

Die auf dem Markt befindlichen kleinblütigen „Petunien“ werden seit einigen Jahren einer eigenständigen Gattung, der Gattung *Calibrachoa* zugeordnet. Wichtiges Unterscheidungsmerkmal ist: Petunien haben Kronzipfel, die sich gegenseitig überlappen, während bei *Calibrachoa* der Kronzipfel, der an der Basis sitzt, die anderen vier umhüllt. Die Kleinblütigkeit der *Calibrachoa* wird durch die enorme Reichblütigkeit mehr als wettgemacht.

Die Farbpalette der *Calibrachoa*-Sorten lässt keine Wünsche übrig. Darunter sind auch gefüllte und zweifarbige Formen. Die Sorten werden in sogenannten Serien angeboten. „Celebration“, „Superbells“ und „Sweet Bells“ sind bekannte Namen. Hinsichtlich der Pflege ist zu beachten, dass die Zauberglöckchen ein Substrat mit niedrigem pH-Wert benötigen, sonst kommt es zu Eisenmangelerscheinungen. Groß ist der „Durst“ der Pflanzen. Da sie möglichst vollsonnig stehen sollten, trocknen die Gefäße entsprechend schnell aus. Was sie allerdings überhaupt nicht lieben ist Staunässe.

Abgeblühtes ausknipsen
Wenn Petunien Samen ansetzen, lässt die Blütenbildung merklich nach. Dagegen gibt es nur ein Mittel: Man muss die verblühten Blumen laufend entfernen.

Chlorosen bei Eisenmangel
Bei pH-Werten über 6 kommt es zu Chlorosen, die auf Eisenmangel zurückzuführen sind. Zu Chlorosen kommt es auch auf schweren oder verdichteten Substraten mit Staunässegefahr. Bei Eisenmangel kann man mit einem Eisendünger (z. B. Sequestren, Optifer oder Fetrilon) düngen.

Krankheiten und Schädlinge
Blattläuse und Weiße Fliege können lästig werden und die Pflanzen durch Absonderung von Honigtau erheblich verunzieren. Gefährlicher sind das Tabakmosaikvirus und das Bronzefleckenvirus, zwei Krankheiten, die nicht bekämpfbar sind. Befallene Pflanzen sind sofort zu vernichten.

Vermehrung
Die Mehrzahl der Petunien werden aus Samen gezogen. Für den Gartenbesitzer ist eine eigene Anzucht nicht unmöglich, aber relativ langwierig und wegen der doch hohen Ansprüche in der Anzucht umständlich. Am besten kauft man sich die notwendigen Pflanzen im Mai, zumal sie im Vergleich zu anderen Balkonpflanzen nicht teuer sind. Verschiedene Sortengruppen (z. B. ‘Surfinia’-Hybriden) lassen sich nur durch Stecklinge vermehren.

▲ Unter der Bezeichnung ‘Surfinia’-Hybriden ist eine reich- und großblütige, sehr wüchsige und wetterbeständige Petuniengruppe im Handel. Sorten dieser Gruppe eignen sich besonders gut für die einheitliche Bepflanzung von Ampeln und Balkonkästen.

Plectranthus forsteri
Harfenstrauch, Mottenkönig, Weihrauchstrauch

Als Strukturpflanze für Balkonkästen und Ampeln hat sich der Weihrauchstrauch, ein schneller und problemloser Wachser, einen Namen gemacht. Sehr reizvoll sieht die Form ‘Marginata’ mit den grün-weiß panaschierten Blättern aus. Durch seinen Weihrauchduft soll er Ungeziefer vertreiben. In Balkonkästen oder Ampeln zwischengepflanzt, können die Triebe meterlang überhängen. Durch gelegentliches Einkürzen sind die Pflanzen leicht im Zaum zu halten. *P. forsteri* lässt sich auch sehr gut als sommerlicher Bodendecker im Garten verwenden.

- Stecklinge
- volle Sonne bis Schatten
- viel, bei Trockenheit werden ältere Blätter braun
- sparsam
- Blattläuse

Portulaca
Portulakröschen

Portulaca grandiflora
Das Portulakröschen ist eine Sukkulente mit niederliegenden, fleischigen Stängeln, die fleischige, stielrunde, kahle Blätter tragen. Die endständigen, großen, einfachen oder gefüllten Blüten öffnen sich nur bei Sonne. Auf dem Markt werden verschiedene einfarbige Selektionen angeboten. Die Hauptfarben sind Weiß, Rosa, Karmin bis Purpur, ferner Gelb und Orange.

- Aussaat, Stecklinge
- volle Sonne
- wenig, verträgt Trockenheit
- zurückhaltend
- Fäulnis, Blattläuse

Im Gegensatz zu *P. grandiflora* bildet *P. umbraticola* flache, in der Form zwischen lanzettlich, oval oder spatelförmig variierende Blätter aus. An den einfachen Blüten fallen die zahlreichen Staubgefäße auf. Die Blütenfarben der Sorten sind Gelb und Rot mit gelber Mitte, aber auch rosa, violette und weiße Farbtöne sind vorhanden. Als Sukkulente benötigt der Portulak eine durchlässige Erde. Die erhält man dadurch, dass man der üblichen Erde etwa 30 % Sand zusetzt.

Salvia
Salbei

- Stecklinge
- volle Sonne, auch West- und Ostselte
- gleichmäßig
- sparsam
- Blattläuse

Salvia officinalis

Der Salbei ist ein ausdauernder, 20 bis 70 cm hoher Halbstrauch mit verzweigten Stängeln, 5 bis 10 cm langen und 1 bis 3 cm breiten, eiförmig-länglichen Blättern. Von der als Gewürzpflanze weit verbreiteten Staude gibt es eine Reihe von buntblättrigen Sorten mit hohem Schmuckwert, die als Strukturpflanzen in Balkonkästen und größeren Ampeln Verwendung finden. 'Icterina' ist eine gelbbunte Form; 'Purpurascens' hat samtige, auberginefarbige Blätter, diese Färbung tritt insbesondere in sonnigen Lagen ausgeprägt in Erscheinung; 'Tricolor' ist mehrfarbig panaschiert. 'Nana', der Zwerg-Salbei, wird nur 35 cm hoch.

- Aussaat, Stecklinge
- sonnig, warm
- viel
- viel, bei zu viel Stickstoff werden Pflanzen mastig
- Spinnmilben, Blattläuse

Salvia splendens

Gleichmäßige, strenge Wuchsform und kräftige Blütenfarbe zeichnen diese Salvienart aus. Je nach Sorte bilden die Pflanzen 25 bis 40 cm hohe und ähnlich breite Büsche mit vielen vierkantigen Trieben und eiförmigen, zugespitzten, frischgrünen Blättern mir gekerbt-gesägten Rändern. Die glühend roten Blüten erscheinen in aus dem Laub herausragenden, endständigen Trauben, die in Quirlen beisammenstehen. Mit ihrer feuerroten Farbe sind Salvien ein weithin sichtbarer Farbenfleck. Dies ist gerade in gemischten Pflanzungen zu berücksichtigen, denn durch die starke Leuchtkraft können andere Farben leicht unterdrückt werden. In Balkonkästen wird man sie mit anderen Pflanzen mischen und nicht für sich pflanzen. Neuerdings gibt es auch Sorten mit lachsrosa und violetten Blüten.

Sanvitalia
Aztekengold, Husarenknopf

Sanvitalia procumbens
Sanvitalia speciosa

- Stecklinge
- sonnig, warm
- sehr nässeempfindlich
- viel
- keine artspezifischen

Sanvitalia speciosa unterscheidet sich von den bekannten *Sanvitalia procumbens*-Sorten durch ihre Reichblütigkeit, das etwas dunklere Laub, die bräunlichen Blütenstiele. Auffällig ist auch, dass die dunkle Mitte fehlt, sodass die Blüten wie kleine Sonnen wirken. Die Triebe werden bis zu 80 cm lang. Es gibt eine Reihe von Selektionen im Handel, so unter anderem 'Aztekengold', 'Golden Sun' und 'Cuzco'. Da die Pflanzen sehr lebhaft und fröhlich wirken, sind sie am besten mit ruhigen Partnern zu kombinieren. Ein besonders starker Kontrast entsteht durch die Kombination mit Vanilleblume oder Pelargonien. Die Blüten reinigen sich weitgehend von selbst, ein Ausputzen ist daher nur in größeren Abständen erforderlich.

▼ Der gelbblühende Husarenkopf lässt sich gut mit blauen und roten Farben kombinieren.

Scaevola aemula
Spaltglucke, Blaue Fächerblume

- Stecklinge
- viel Sonne, eher kühl, dann wachsen die Pflanzen kompakter und blühen intensiver
- viel
- viel
- Pilzkrankheiten bei Nässe, Weiße Fliege, Minierfliegen, Blütenthripse

Die in Australien heimische Fächerblume trägt ihren Namen zu Recht. Sie hat tatsächlich fächerartigen Blüten von zarter, leuchtend lilablauer Farbe mit gelbem Schlund. Die abgeblühten Blüten fallen von alleine ab, sodass sie kaum ausgeputzt werden muss. Mit fortschreitendem Wachstum bilden die Pflanzen an den Triebspitzen laufend neue Blüten aus, sodass bis zu 15 Blüten an einem Trieb zur gleichen Zeit geöffnet sind. Auch das Laub mit länglichen Blättern, die am Blattrand gezähnt sind, ist recht attraktiv. Die Triebe können bei gutem Wachstum bleistiftdick werden und haben die Tendenz, sich an der Spitze leicht nach oben zu biegen. Sie können bis zu 1 m lang werden. Im Handel sind einige wenige Sorten, die sich in der Intensität der Blaufärbung unterscheiden, so z. B. 'Blue Wonder', blau; 'Saphira' und 'Blue Laguna', dunkelblau. Die Blaue Fächerblume ist eine äußerst attraktive Ampelpflanze, die große Gefäße benötigt.
Bei Temperaturen unter 10 °C wird das Wachstum eingestellt, bei Temperaturen um 5 °C färbt sich das Laub dunkelrot. Die Fächerblume braucht wegen der starken Belaubung außerordentlich viel Wasser. Allerdings erholt sie sich auch erstaunlich gut, wenn der Ballen zeitweilig austrocknet. Es verwundert nicht, dass sie wegen der unermüdlichen Blüte und der bis zu 1 m langen Triebe außerordentlich viele Nährstoffe braucht. Der pH-Wert der Erde sollte pH 5 nicht übersteigen, bei Werten darüber muss mit Eisenmangelchlorosen gerechnet werden.

Solenostemon scutellarioides (Plectranthus scutellaroides)
Buntnessel

Die Buntnesseln stammen aus den Tropen und sind krautige Pflanzen mit vierkantigen Trieben. Sie schmücken mit ihren bunt gefärbten Blättern, die kreuzgegenständig angeordnet sind. Die kleinen hellblauen Lippenblüten wirken dagegen kaum. Es gibt zahlreiche Sorten, die sich durch die Größe, Form und / oder Färbung der Blätter voneinander unterscheiden. Haupttöne sind Weiß mit Grün, Gelb, Braun, Rosa, Rot bis Karmin nebst einigen Zwischenstufen. Meistens sind die Blätter mehrfarbig, und ein Hauptton wird durch abweichend bunte Ränder, Bänder, Zonen oder unregelmäßige Flecken ergänzt. Neben diesen aufrecht wachsenden Hybriden ist im Handel auch eine Form mit kriechendem bzw. hängendem Wuchs, kleinen rundlichen Blättern, welche dicht beisammenstehen, karminrot bis braun gefärbt sind und von einem schmalen, hell, gelbgrünen Rand umgeben sind, erhältlich. Dadurch bilden die Pflanzen eine Art gemusterten Teppich. Angeboten wird überwiegend die Sorte 'Fantasy' mit etwas größeren Blättern, die tief unregelmäßig gebuchtet sind.
Das Farbenspiel der Buntnessel wirkt nur auf kurze Distanz. Die Kriechende Form ist für Ampeln hervorragend geeignet sowohl in einheitlicher Bepflanzung als auch in Kombination mit anderen. Darüber hinaus ist sie in Sommerblumenbeeten ein hervorragender Bodendecker.

- Aussaat und Stecklinge
- Sonne bis Halbschatten
- mäßig
- angepasst
- Woll- und Blattläuse, Grauschimmel

Sutera cordata
Bacopa, Schneeflockenblume

Dieses Braunwurzgewächs mit den weißen Blüten stammt aus Südafrika und ist auf den Kanarischen Inseln eingebürgert. Sie ist besonders für große Solitär-Ampeln geeignet, sieht aber auch in gemischten Pflanzungen im Balkonkasten gut aus. Das Sortiment umfasst heute neben weißen Sorten ('Snow Flake' oder 'Weiße Flocke') auch solche mit blassrosa Blüten ('Pink Domino'). Besonders zu empfehlen ist 'Niobe', eine Sorte mit vergleichsweise großem, rundem Laub in dunkelgrün und sehr großen weißen Blüten. Die Blätter besitzen eine samtartige Behaarung.
Der pH-Wert der Erde sollte zwischen 5 und 6 liegen, pH-Werte darüber führen schnell zu Eisenmangelchlorosen. Ebenso entstehen solche Chlorosen bei Staunässe. Nach entsprechender Abhärtung vertragen die Pflanzen im Herbst Temperaturen bis −5 °C.
Bei eigener Vermehrung sollte man in größere Ampeln 3 bis 5 Pflanzen zusammenpflanzen, um von Anfang an eine gute Wirkung zu erzielen.

- Stecklinge
- sonnig
- nicht austrocknen lassen, sonst Blattfall und Rieseln der Blüten
- mäßig, wöchentlich, bei zu viel Stickstoff lange Triebe und wenige Blüten
- bei Nässe Pilzkrankheiten, Blattläuse, Weiße Fliege

Verbena-Cultivars
Verbene, Eisenkraut

- Aussaat (läuft ungleichmäßig auf), Stecklinge
- volle Sonne, warm
- gleichmäßig, keine Staunässe
- viel
- Weiße Fliege

Beim Eisenkraut erscheinen die Blüten am Ende der Triebe in dichten Ähren mit so kurzer Achse, dass die Blütenstände wie Dolden wirken. Bei der Samenbildung streckt sich die Spindel, und die reifenden Samenstände sehen wie kleine Zapfen aus. Die gegenständig oder quirlig sitzenden Blätter mit sägeblattartigen Rändern haben eine deutliche Zeichnung. Bei den Sorten unterscheidet man zwischen kompakt, mehr oder weniger aufrecht wachsenden Sorten (die man sortenecht durch Samen vermehren kann) und stark hängenden Sorten (unter anderem die Sortengruppen 'Babylon', 'Tapien', 'Temari', 'Diamond' und 'Kleopatra'), die sortenecht nur vegetativ durch Stecklinge vermehrt werden können. Bei den samenvermehrbaren Sorten läuft der Samen unregelmäßig auf, die Keimung kann sich über mehrere Wochen hinziehen. Die Farbauswahl ist groß, außer Gelb kommen praktisch alle Farben vor, dabei auch weißgepunktete Formen. Für Blumenkästen und Ampeln eignen sich Gemische ebenso gut wie die sortenreine Pflanzung. Die hängenden Sorten lassen sich gut mit anderen Balkonpflanzen kombinieren wie etwa Geranien. Diese Sorten sind auch gute Flächendecker im Blumengarten.

Wenn man Verblühtes abschneidet, dann blühen die Pflanzen reicher. Bei Sorten der 'Babylon'-Serie und den anderen nur vegetativ vermehrbaren Sorten ist dies zu vernachlässigen, da diese unfruchtbar sind und keine Samen ansetzen.

▲ Die neueren Verbenen-Sorten hängen sehr stark und bilden dicht an die Pflanzgefäße anliegende Teppiche.

Register

* Sternchen verweisen auf Fotos oder Zeichnungen

Der Autor

Wolfgang Kawollek ist gelernter Gärtnermeister und war bis zu seinem Ruhestand Technischer Leiter der Botanischen Lehr- und Versuchsanlagen der Universität Kassel. Er ist als Ausbilder und Referent in der Aus- und Weiterbildung von Gärtnern tätig. Als Autor hat er mehrere erfolgreiche Bücher veröffentlicht. Sein Buch „Alles über Pflanzenvermehrung“, das er zusammen mit seinem Sohn Marco Kawollek geschrieben hat, erhielt den Deutschen Gartenbuchpreis. Der Garten ist für ihn ein Raum der Verantwortung, der Gestaltung und natürlichen Ordnung, aber auch ein Rückzugsraum vom Leistungs- und Tempodruck der heutigen Zeit. Denn Gartenarbeit lenkt ab und lehrt gleichzeitig Demut und Geduld.

	ZIERGARTEN	OBSTGARTEN	GEMÜSEGARTEN
Januar	› Winterschutz überprüfen. › Gehölze von Schnee befreien, wenn Bruch der Äste droht. › Bei anhaltender Trockenheit immergrüne Gehölze wässern. › Bei frostfreiem Wetter mit dem Schneiden der Ziergehölze beginnen. › Im Winterquartier befindliche Balkon- und Kübelpflanzen und eingelagerte Blumenknollen kontrollieren.	› Gartengeräte und Zubehör überprüfen und in Ordnung bringen. › Rankgerüste und Pergolen auf Standsicherheit überprüfen. › Den bereits im Dezember begonnenen Schnitt der Obstbäume und Beerensträucher fortsetzen.	› Im Gemüsegarten fällt in diesem Monat keine Arbeit an. Zeit um den Anbauplan für das Jahr aufzustellen, Keimproben mit altem Saatgut durchzuführen und Saatgutbestellungen vorzunehmen. › Im Herbst in Töpfe gesetzter Schnittlauch kann ins Zimmer geholt und angetrieben werden.
Februar	› Gehölzschnitt an frostfreien Tagen fortsetzen. › Mit der Anzucht von Balkon- und Sommerblumen kann bereits begonnen werden. › Bei offenem Wetter zum Monatsende mit Neupflanzungen von Gehölzen beginnen.	› Fortsetzung des Obstgehölzschnittes, der bis Monatsende beendet sein sollte. › Obstgehölze, die gut tragen sollen, brauchen ausreichend Nährstoffe. Ende Februar/Anfang März ist Düngezeit, damit die Nährstoffe zu Beginn des Wachstums die Wurzeln erreichen.	› Bei günstigen Witterungsbedingungen kann begonnen werden, das Gemüseland aufzulockern und mit Kompost zu verbessern. › Ende des Monats mit der Vorkultur von Frühgemüse und von langsamkeimendem Gemüse beginnen.
März	› Winterschutz bei den Gehölzen langsam entfernen. › Die noch stehenden Halme und Stiele der Ziergräser und Stauden jetzt abschneiden. › Rosen freilegen und schneiden. › Die Pflanzzeit für Gehölze beginnt jetzt richtig. › Herbstblühende Stauden teilen. › Rasen vertikutieren. › Staudenbeete, Sträucher, Bäume und Hecken erhalten eine erste Nährstoffgabe. › Im Winterquartier stehende Balkonblumen und Kübelpflanzen hell aufstellen und ggf. umtopfen. › Mit der Vermehrung von Sommerblumen mit langer Entwicklungszeit beginnen.	› Jetzt ist die beste Zeit für die Neupflanzung von Obststräuchern und Bäumen. › Um das Bodenleben zu fördern, die Baumscheiben der Obstbäume und die freien Flächen zwischen Sträuchern mit organischem Material (wie Kompost oder Mulch) abdecken. › Erdbeerbeete werden oberflächlich gelockert und mit Kompost verbessert.	› Unempfindliche Gemüsearten wie Dicke Bohnen, Schwarzwurzeln, Palerbsen, Pastinaken, Möhren, Zwiebeln und Spinat, Petersilie und Kümmel können jetzt gesät werden. › Unter Folientunneln, Schlitzfolienabdeckungen und Vliesen kann das erste Frühgemüse gepflanzt werden. › Auf dem Fensterbrett oder im heizbaren Gewächshaus geht die Anzucht von Gemüse weiter, auch Staudenkräuter wie Lavendel, Ysop, Rosmarin, Melisse und Salbei werden jetzt vermehrt. › In günstigen Lagen können Ende des Monats die ersten Frühkartoffeln in die Erde kommen.

	ZIERGARTEN	OBSTGARTEN	GEMÜSEGARTEN
April	› Anfangs des Monats lassen sich noch nicht ausgetriebene, wurzelnackte Gehölze pflanzen. › Den Rasen das erste Mal mähen und ggf. düngen. › Stauden endgültig von den abgestorbenen Pflanzenteilen des letzten Jahres säubern. › Einjährige Sommerblumen, die sich für eine Saat an Ort und Stelle eignen, können nun ausgesät werden. › Ab Mitte April können Gladiolen, Montbretien, Tigerblumen, Sommerhyazinthen und Gartenfreesien gesetzt werden; Ende des Monats die Dahlien. › Kübelpflanzen wie Feige, Hanfpalme, Oleander und Lorbeer können ins Freie gebracht werden.	› Stützende Pfähle bei den Obstbäumen und Beerenhochstämmchen sollten auf ihre Funktionsfähigkeit geprüft, morsche Pfähle ersetzt und schadhafte Bindungen erneuert werden. › Potenzielle Schädlinge werden an den Obstgehölzen zunehmend aktiv, so sind u.a. die kleinen Raupen des Frostspanners bereits unterwegs und fressen am jungen Austrieb. › Deutet sich Spitzendürre an Sauerkirschen an, die betroffenen Trieb- oder Zweigpartien bis ins gesunde Holz zurückschneiden. › Für öfter tragende Erdbeersorten und Monatserdbeeren ist jetzt Pflanzzeit.	› Anfang des Monats werden noch Frühkartoffeln gelegt, Spätkartoffeln Ende des Monats bis Anfang Mai. › Die meisten Gemüsearten können nun direkt ins Freie gesät werden. › Gesteckt werden Schalotten, Steckzwiebeln und Knoblauch, gepflanzt werden Kohlrabi und Kopf-Salat. › Für bereits vorgezogene Staudenkräuter ist in diesen Wochen beste Pflanzzeit. › Aubergine, Paprika, Melone, Zucchini, Gurke, Kürbis, Tomate und Zucker-Mais werden nun vorgezogen. › Bereits besäte oder bepflanzte Beete können, soweit die Pflanzen angewachsen und die Sämlinge groß genug sind, gemulcht werden.
Mai	› Alle vorkultivierten oder zugekauften Sommerblumen können ab Mitte Mai ausgepflanzt werden. › Tulpen und Narzissen werden, soweit der Platz anderweitig genutzt werden soll, aus dem Boden genommen und eingeschlagen. › Balkonkästen können nun bepflanzt, die Kübelpflanzen endgültig ausgeräumt werden. › Kiefern bleiben kurz und gedrungen, wenn die jungen sich streckenden Triebe, um die Hälfte oder ein Drittel mit den Fingernägeln eingekürzt werden. › Abgeblühte Frühlingsstauden werden ausgeputzt und zurückgeschnitten.	› Um Erdbeeren vor Verschmutzung und Fäulnis zu bewahren, empfiehlt es sich, eine Mulchdecke aus Stroh zwischen den Reihen auszubringen. › Mulchmaterial unter Obstbäumen und zwischen Beerensträuchern aufbringen oder erneuern. › Weiße Mehltauspitzen an Apfelbäumen und mit Monilia befallene Triebe an Sauerkirschen sind abzuschneiden, um eine weitere Ausbreitung des Pilzes zu unterbinden.	› Gurken, Bohnen und Kürbis und andere wärmeliebende Gemüsearten können nun gesät werden, Jungpflanzen von Tomaten, Zucchini und Melone ab Mitte Mai gepflanzt werden. › Netze ausbringen, um Gemüsefliegen von Möhren, Zwiebeln, Lauch und Kohl fernzuhalten. › Nun ist beste Pflanzzeit für alle Kopf-Kohlarten, Blumen-Kohl, Brokkoli, Kohlrabi, Kopf-Salat, Fenchel, Porree, Sellerie und Rosen-Kohl. › Zu dicht aufgelaufene Saat von z.B. Möhren und Petersilie ausdünnen. › Lücken auf Beeten können mit Schnittsalat geschlossen werden.
Juni	› Bei Rosen auf Krankheiten und Schädlinge achten, abgeblühte Blütenstände entfernen. › Hoch wachsende Stauden stützen und hochbinden. › Abgeblühte Frühjahrsstauden können jetzt geteilt werden. › Abgeblühtes an Rhododendren, Stauden und Sommerblumen entfernen, um Samenbildung zu verhindern. › Abgestorbenes Kraut der im Boden verbliebenen Blumenzwiebeln kann nun entfernt werden. › Aussaatzeit der zweijährigen Blumen wie Bartnelken und Stockrosen. › Balkonblumen regelmäßig düngen und ausputzen. › Mit dem Schnitt der Laubgehölzhecken beginnen.	› Die Erdbeerernte ist in vollem Gange und es reifen köstliche Kirschen. › In Kirschbäumen ggf. Blechstreifen oder Folien anbringen, um Vögel fernzuhalten. › Jetzt ist es Zeit, Raupenleimringe an den Obstbäumen anzubringen. › Wenn bei Apfel und Birne der Fruchtansatz zu stark ist, empfiehlt sich das Ausdünnen der Früchte.	› Die Ernte ist im vollen Gang. › Was im Herbst und Winter geerntet werden soll, muss jetzt ausgesät werden, vor allem aber ist es jetzt Zeit für die Herbst- und Wintersalate Radicchio, Zuckerhut und Endivien. › Ende des Monats endet die Ernte von Rhabarber, die Blütenschäfte sind auszuschneiden. › Ins Freie gesetzte Tomaten vor Regen schützen. › Im Kleingewächshaus setzen Tomaten wegen mangelnder Luftbewegung häufig nur wenige Früchte an. Deshalb Pflanzen ab und zu rütteln, dadurch wird der Pollen gelöst. › Paprikapflanzen an Stäben fixieren, damit sie nicht umfallen.

	ZIERGARTEN	OBSTGARTEN	GEMÜSEGARTEN
Juli	› Rasen regelmäßig mähen, bei Trockenheit wässern. › Düngen der Balkon- und Kübelpflanzen nicht vergessen. › Für Schwertlilien und Pfingstrosen ist jetzt (Um)Pflanzzeit. › Bei Stauden, Sommerblumen, Rhododendren, Rosen und Flieder Verblühtes entfernen. › Wenn noch nicht im Juni erledigt, jetzt laubabwerfende Hecken schneiden.	› Obstbäume mit starkem Fruchtbehang stützen. › Nussbäume sollten jetzt geschnitten werden, auch Süßkirschen und abgeerntete Johannis- und Stachelbeersträucher können ausgelichtet werden. › Abgetragenen Ruten der Himbeeren werden tief am Boden abgeschnitten. › Die Geiztriebe an den diesjährigen Trieben der Brombeeren stutzen. › An Erdbeeren können Kindel für eine Neupflanzung abgenommen werden.	› Gewürz- und Heilkräuter für den Wintervorrat werden jetzt geerntet und getrocknet oder konserviert. › Tomaten aufbinden und regelmäßig ausgeizen, Buschbohnen anhäufeln. › Frühkartoffeln, Dicke Bohnen, Erbsen, Kohlrabi und Zwiebeln machen Platz für Folgekulturen wie Grün-Kohl, China-Kohl und Radicchio. › Wer jetzt Möhren sät, erntet im späten Herbst besonders zartes Gemüse. › Auf abgeernteten Flächen können Gründüngungspflanzen ausgesät werden.
August	› Hauptarbeit ist jetzt die Wasser- und Nährstoffversorgung der Pflanzen. › Jetzt ist die richtige Zeit, Blumen und Zweige für Trockengestecke zu sammeln. › Madonnen- und Königslilien, Pfingstrosen, Steppenkerzen und andere frühjahrsblühende Stauden können gepflanzt und geteilt werden. › Ab Mitte August kann mit dem Pflanzen von immergrünen Gehölzen begonnen werden. › Für zweijährige Blumen ist jetzt Pflanzzeit.	› Die Ernte von Äpfeln, Birnen, Pfirsichen und Pflaumen beginnt. › Jetzt ist günstige Zeit Erdbeeren zu pflanzen. Alle 3 – 4 Jahre empfiehlt es sich, einwandfreies Pflanzgut aus anerkannten Vermehrungsbetrieben zu kaufen. › Ältere Erdbeerpflanzungen werden gedüngt, regelmäßig entrankt und bei Trockenheit gewässert.	› Tomaten über dem 5. oder 6. Blütenstand kappen, denn die oberen Triebe haben keine Chance mehr bis zum Winter auszureifen. › Zwiebeln werden, sobald das Laub gelb geworden ist, aus der Erde genommen und an einem luftigem Ort getrocknet. › Aussaat von Winterrettich, Mai- oder Speiserüben, von Feldsalat, China-Kohl und Spinat. › Abgeerntete freie Flächen sollten für eine Gründüngung genutzt werden.
September	› Nach dem ersten stärkeren Frost Dahlien, Gladiolen, Canna und Knollenbegonien aus dem Boden nehmen. › Frostempfindlichen Kübelpflanzen jetzt einräumen. › Blumenzwiebeln und -knollen können noch bis zum Frosteintritt gesetzt werden. › Samen von Blumen für die eigene Vermehrung ernten. › Unkräuter in den Beeten regelmäßig entfernen.	› Mittelfrühes Kernobst wird jetzt geerntet, späte Pflaumen und Pfirsichsorten ebenfalls, erste Tafeltrauben und gegen Ende des Monats Preiselbeeren. › Für das haltbare Winterobst ist eine geeignete Lagerstätte herzurichten. › Fallobst, das von Monilia oder Obstmaden befallen ist, darf nicht am Boden liegen bleiben, sondern muss vernichtet werden.	› Nun beginnt die Ernte von Spätkartoffeln. › Noch können Spinat, Feldsalat, Wintersalat und Schwarzwurzeln gesät werden. › Alte Rhabarberstöcke können geteilt und neu gepflanzt werden. › Spitzen beim Rosen-Kohl kappen. › Ausdauernde Kräuter wie Schnittlauch, Bergbohnenkraut, Zitronenmelisse und Estragon jetzt teilen.

	ZIERGARTEN	OBSTGARTEN	GEMÜSEGARTEN
Oktober	› Alle frostempfindlichen Pflanzen, einschließlich der nicht winterharten Zwiebeln und Knollen, kommen ins Winterquartier. › Gehölze einschließlich Rosen können gepflanzt oder umgepflanzt werden. › Hochstammrosen am Monatsende umlegen und mit Winterschutz versehen. › Verblühte Sommerblumen abräumen. › Beete mit Kompost anreichern. › Die Fruchtstängel vieler Stauden und Gräser können stehenbleiben. Sie sind dekorativ und dienen Vögeln als Futter. › Rasenflächen vom Laub säubern, nochmals kurz mähen und sauber abrechen.	› Winterobst ernten, die späten Apfel- und Birnensorten sind jetzt pflückreif, ferner Quitten. Das Lager muss kühl, dunkel und sauber sein, Äpfel werden auf dem Stiel und die Birnen auf der Seite oder auf dem Kelch gelagert. › Fallobst und wurmstichige Früchte sofort verwerten oder entsorgen, um Pilzerkrankungen und Schädlingen im kommenden Jahr vorzubeugen. › Pflanzzeit für Beerenobst, Äpfel und Birnen, Süß- und Sauerkirschen, Pflaumen und Quitten. › Mitte Oktober wird es Zeit, Leimringe zum Fang von Frostspannerweibchen um die Baumstämme anzulegen.	› Kürbisse ernten. › Möhren, Sellerie, Meerrettich, Rote Rüben einmieten oder im Keller oder im Einschlag einlagern. › Porree, Rosen-Kohl und Schwarzwurzeln bleiben im Freien, ernten nach Bedarf. › Ist Frost gemeldet, die letzten Bohnen-, Tomaten-, Gurken-, Zucchini-, Kürbis- und Paprikafrüchte ernten. › Möhren, Rettiche und Rote Bete, Kopf-Salat und Endivien ggf. durch eine leichte Vliesauflage vor Frost schützen. › Schnittlauch- und Petersilienpflanzen können ausgegraben und in Töpfen in die Wohnung gestellt werden. › Auf abgeernteten Beeten den Boden bearbeiten und winterfertig machen.
November	› Sommerblumenbeete endgültig abräumen, säubern und den Boden bearbeiten. › Empfindliche Stauden und Gehölze durch Deckreisig oder Vliese vor der Winterkälte schützen. › Rosen anhäufeln und abdecken. › Bei Trockenheit immergrüne Pflanzen gründlich wässern. › Die Töpfe winterharter Kübelpflanzen (z.B. Buchsbaum) frostfest mit Isoliermaterial verpacken.	› Im Obstgarten kehrt langsam Ruhe ein. Kranke Früchte und krankes Laub einsammeln und vernichten, damit Pilze und Schädlinge nicht in der Erde überdauern können. › Das Obst in den Lagerräumen regelmäßig kontrollieren.	› Spätgemüse abernten und einwintern. Rosen-Kohl, Porree und Grün-Kohl können in der Regel auf den Beeten bleiben. In kalten Gegenden sind sie an geschützter Stelle einzuschlagen. › Abgeerntete Flächen abräumen, den Boden bearbeiten. Schwere Böden tief und grobschollig umgraben, da sie sonst leicht verdichten. Dabei kann Humus in Form von Kompost zugeführt werden.
Dezember	› Bei offenem Boden können noch Gehölze gepflanzt werden. Wurzelbereich mit Mulch vor Frost schützen. › Bei Temperaturen über dem Gefrierpunkt kann mit dem Gehölzschnitt begonnen werden. › Bei Gefahr von Astbruch durch Schneebelastung Gehölze von Schnee befreien.	› Um die Stämme junger Bäume vor Hasen und Rehen zu schützen, kann man diese mit Drahthosen umgeben. › Bei frostfreier Witterung kann mit dem Schnitt der Obstbäume und Beerensträucher begonnen werden. › Das Obst in den Lagerräumen regelmäßig kontrollieren.	› Wasserleitungen müssen geleert und der Absperrhahn im Haus zugedreht werden. › Gartengeräte werden kontrolliert, repariert und, soweit es sich um Eisenteile handelt, eingeölt. › Die Mieten und Kellerbestände regelmäßig kontrollieren.

HINWEIS

Da der jährliche und regionale Witterungsverlauf sehr unterschiedlich sein kann, kann es zu Verschiebungen der im Kalender angegebenen Termine kommen.

Bildquellen

Fotos:
Alexander Raths/Shutterstock.com: 207
A. L. Spangler/Shutterstock.com: 236 links
AN NGUYEN /Shutterstock.com: 235
Arina P Habich/Shutterstock.com: 267 links
Bauer, R.: 68 rechts, 229 rechts, 287 unten, 293 oben, 296 links, 335, 509
bjonesphotography/Shutterstock.com: 501 unten
Bross-Burkhardt, B.: 30 oben, 34, 46, 61, 94, 118, 134, 137 oben, 175, 188, 189, 195, 202, 204, 214 oben, 215, 229 links, 232 links, 238, 239, 246, 248, 249 oben, 268, 269, 276 rechts, 277 rechts, 284 unten, 286 rechts unten, 291 rechts, 296 rechts oben, 296 rechts unten, 297, 298 links oben, 298 rechts unten, 387, 393, 415, 425, 430, 433, 436 rechts, 449, 456 unten, 465, 468 links, 472, 473 (beide), 481 rechts , 490 links, 502, 503, 507, 508 rechts, 520, 522, 527, 542, 553 oben, 560, 588, 589
Buchter-Weisbrodt, H.: 340 oben, 344, 345, 355, 356, 358 (beide), 359 (beide), 361 unten, 363, 380 oben, 380 unten
Bühl, R.: 66 oben, 357 Mitte, 375 oben, 382 rechts oben, 382 rechts Mitte
Colourbox.de: 48, 326
Daniel Barquero/Shutterstock.com: 567 rechts
David HAJES Hajek/Shutterstock.com: 234
Denis and Yulia Pogostins/Shutterstock.com: 485, 497
Desiree Walstra /Shutterstock.com: 226 rechts
Evlakhov Valery/Shutterstock.com: 233 rechts
Fischer, M.: 343 links oben, 352, 361 oben
Fotografen Schissler & Fey; www.deraugenblick.com: 70 rechts
Foto Morell: 571 rechts
Fleuroselect: 216 unten
Flora Press/Jonathan Buckley: 313 (beide), 314
Floramedia: 105, 111 unten, 115, 116, 120 links, 122 oben, 124 (beide), 128 oben, 130 oben, 137 unten, 143, 145, 147, 151, 169 oben, 180, 194, 212 rechts, 217 oben, 224 unten, 227, 237, 241 (beide), 242, 243, 257, 258 (beide), 259, 271, 276 links oben, 277 links unten, 281 oben, 339, 341 oben rechts, 351 links, 360, 372 links
Friederike Take/botanikfoto: 4
Haas, H.: 39, 62
Häberli, Obst- und Beerenzentrum: 370, 375 unten, 378 unten, 381 (beide)
helza/Shutterstock.com: 500
Himmelhuber, P.: 12, 15, 54, 58 unten, 68 links, 70 links, 96 (beide), 102, 107 unten, 130 unten, 141 oben, 159, 178, 218, 240, 254, 261 rechts, 262 links unten, 264 rechts oben, 265, 270, 337 links, 340 unten, 343 rechts unten, 346 oben, 351 unten rechts, 380 Mitte, 382 links, 382 rechts unten, 383 (beide), 384, 385, 400, 401, 412, 419, 421, 422, 427, 436 links, 440, 454, 468 rechts, 469, 483, 491, 492 links, 493, 501 links, 506, 511, 516, 517 oben, 534 links, 537 oben, 544 (beide), 549, 550, 551 unten, 555 unten, 557 (beide), 558, 573, 577, 581 links, 586 oben, 591
Hans-Roland Müller/botanikfoto: 78/79
indykb/Shutterstock.com: 364
itakefotos4u/Shutterstock.com: 170
InavanHateren/Shutterstock.com: 583
Jill Chen/Shutterstock.com: 32/33 und U4 rechts
Julia Volodina/Shutterstock.com: 366 unten
Julius Images/B. Redeleit: 138
Julius Images/W. Redeleit: 30 unten, 39 unten, 40, 41, 56, 64, 74, 83, 84, 87, 88, 95, 119, 136, 156, 176 (beide), 181, 190, 193, 199, 206, 208, 210, 223 (beide), 231, 249 unten, 250 rechts, 252, 255, 261 links, 262 oben, 272, 274 links, 283 unten, 286 links oben, 290, 292 links oben, 294, 295 oben, 300/301, 304, 318, 319 unten, 329, 331, 353, 432, 484, 490 rechts, 499, 555 oben, 572, 578
Reinhard, H.: 20, 28, 39 oben, 47, 57, 58 oben, 60, 69, 76, 93, 97, 98 oben, 99, 107 oben, 109, 117, 120 rechts, 122 unten, 125, 128 unten, 129, 131, 132, 141 unten, 168, 196/197, 198, 209, 217 unten, 219 rechts, 225, 230, 232 rechts, 263 links, 264 (rechts Mitte), 266 (beide), 267 rechts, 283 oben, 286 rechts oben, 288, 292 rechts, 292 links unten, 293 unten, 295 unten, 298 rechts oben, 298 rechts Mitte, 306, 319 oben, 337 rechts, 338, 347 (beide), 348, 349 (beide), 350, 362, 372 rechts, 376, 378 oben, 391, 423, 459, 466, 470, 501 rechts, 513, 564, 574 rechts, 576
Kawollek, W.: 59 (beide), 65, 66 unten, 98 unten, 101 oben, 123, 153, 184, 201, 203, 214 unten, 216 oben, 222, 244 unten, 247, 256, 263 rechts, 277 links oben, 279, 284 oben, 305, 311, 321, 365 (beide), 407, 487 links, 525, 529, 530, 531, 534 oben, 537 unten, 539, 545 (beide), 546 unten, 547, 548, 553 unten, 554, 562, 565 links, 566, 569 oben, 570, 575
W. Kordes' Söhne: 187
kryzhov/Shutterstock.com: 413
Landwirtschaftliches Technologiezentrum Augustenberg, Außenstelle Stuttgart: 476, 481 links
Laux, H.E.: 416, 418, 424 (beide), 535, 437, 447, 448, 455 rechts, 460, 462, 464, 471, 474 links, 477 oben, 508 oben, 510, 517 unten, 532, 534 unten, 538, 551 oben, 552, 567 links, 568, 574 links
Marques/Shutterstock.com: 556
Mariusz S. Jurgielewicz/Shutterstock.com: 457
mauritius images: Titelseite, 24, 27, 139, 140, 228, 264 links unten, 307, 342, 426, 444, 461 rechts, 474 unten, 496, 563 rechts
MNStudio/Shutterstock.com: 332/333 und U4 links
muratart /Shutterstock.com: 211
Nickig, M.: 133, 226 oben, 274 rechts, 395, 533
Oksana Shufrych/Shutterstock.com: 451
Ralf Siemieniec /Shutterstock.com: 480
Reinhard, N.: 106, 126, 219 links, 244 oben, 264 rechts unten, 286 links unten, 287 oben, 379, 584
RubinowaDama/Shutterstock.com: 478
Ruckszio, M.: 77, 101 unten, 104 links, 111 oben, 112, 113, 114, 166, 221, 224 oben, 236 rechts, 250 links, 260, 262 rechts unten, 276 links unten, 343 rechts oben, 354
Schaefer, B.: 341 (beide), 346 unten, 351 oben rechts, 357 oben, 357 unten, 369, 374, 377, 434, 456 oben, 505, 524, 541, 565 rechts, 581 rechts
Schuster, T.: 366 oben
Shebeko/Shutterstock.com: 586 unten
spetenfia/Shutterstock.com: 212 links, 281 unten
sripfoto/Shutterstock.com: 233 links, 455 links
Stein, G. und S.: 44, 169 unten, 397, 398, 402, 417, 420, 428, 431 (beide), 438 (beide), 439, 445, 453, 461 links, 477 unten, 486 (beide), 487 rechts, 492 rechts, 494, 495
Stefan Volgenandt/LVWO: 371
Steffen Hauser/botanikfoto: 10/11, 196/197 und U4 Mitte, 300/301, 388/389, 569 unten
Straßberger, W., Bayerische Landesanstalt für Weinbau und Gartenbau: 535 rechts, 536, 540, 546 oben, 559, 561, 563 links, 571 links
Strauß, F.: 17, 518/519
s74/Shutterstock.com: 220
Teresa Kasprzycka/Shutterstock.com: 213
val lawless/Shutterstock.com: 526
V. J. Matthew/Shutterstock.com: 262 oben
vokangel/Shutterstock.com: 291 links
Volker Rauch/Shutterstock.com: 275
W. Neudorff GmbH KG: 37

Zeichnungen:
Abbildung Seite 343 links wurde entnommen aus „Apfelsorten" von Herbert Petzold, Neumann Verlag, 1990.
Alle übrigen Zeichnungen fertigte Helmuth Flubacher nach Vorlagen des Autors.
Die Icons der Pflanzenportraits fertigte Stefan Dehmel.
Zwerge und Kapitelsymbole entstammen der Feder von Susanne Dinklel.

Bibliografische Information der Deutschen Nationalbibliothek
Die Deutsche Nationalbibliothek verzeichnet diese Publikation in der Deutschen Nationalbibliografie; detailierte bibliografische Daten sind im Internet über http://dnb.d-nb.de abrufbar.

Wollgrasweg 41, 70599 Stuttgart (Hohenheim)
E-Mail: info@ulmer.de
Internet: www.ulmer.de
Lektorat: Dr. Angelika Jansen, Birgit Schüller, Helen Haas
Herstellung: Martina Gronau
Innenlayout und dtp: Atelier Reichert, Stuttgart
Umschlagentwurf: Verlag Eugen Ulmer
Reproduktion: timeRay Visualisierungen, Herrenberg
Druck und Bindung: Firmengruppe APPL, aprinta druck, Wemding
Printed in Germany

ISBN 978-3-8001-0336-2